## Wissen aus erster Hand

Monika Can-Weber, Tom Wendel

# Microsoft Excel 2010-Programmierung
# Das Handbuch

Monika Can-Weber, Tom Wendel

# Microsoft Excel 2010-Programmierung Das Handbuch

Microsoft Press

Monika Can-Weber, Tom Wendel: Microsoft Excel 2010-Programmierung – Das Handbuch




15 14 13 12 11 10 9 8 7 6 5 4 3 2 1
12 11 10

ISBN 978-3-86645-460-6



Fachlektorat: Georg Weiherer, Münzenberg
Korrektorat: Dorothee Klein, Siegen
Layout und Satz: mediaService, Siegen (www.media-service.tv)
Umschlaggestaltung: Hommer Design GmbH, Haar (www.HommerDesign.com)
Gesamtherstellung: Kösel, Krugzell (www.KoeselBuch.de)

# Übersicht

# Inhaltsverzeichnis

# Teil G
# Interessantes für Fortgeschrittene ... 725

# Vorwort

Dieses praxisnahe Buch richtet sich an PC-Anwender, die über sehr gute Excel-Kenntnisse verfügen. Fundierte Excel-Kenntnisse sind die allgemeine Voraussetzung für das Programmieren mit Excel-VBA. Excel bietet bereits von Haus aus unzählige Formeln und Funktionen an, die zur Berechnung und Auswertung von Daten dienen. Mit diesen Mitteln sollten Sie vertraut sein, noch bevor Sie Ihr erstes Programm schreiben. Sonst laufen Sie Gefahr, das Rad neu zu erfinden und investieren viele Stunden umsonst.

Die Lektüre baut auf den Grundlagen von VBA auf. Das heißt, Sie finden im ersten Teil des Buches den Einstieg in die VBA-Programmierung von Excel. Die weiteren Teile des Buches sind in unterschiedliche Themenbereiche gegliedert, die nahezu alle Gebiete der VBA-Programmierung mit Excel abdecken und somit sicherlich eine Herausforderung für Sie darstellen. Das Buch ist für den Alltag gestaltet und enthält unzählige einfache und komplexe VBA-Beispielcodes. Die VBA-Prozeduren lassen sich wahlweise selbstständig ausführen oder in bestehende Projekte integrieren.

Hinter VBA-Prozeduren steckt oftmals stunden-, wenn nicht sogar tagelange Arbeit an Nachforschungen. Dieses Buch soll Ihnen die mühevolle Recherchearbeit erleichtern oder gar ganz abnehmen.

# Hilfe aus den Newsgroups

Bei der täglichen Zusammenarbeit mit unseren Benutzern müssen wir immer wieder erstaunt feststellen, dass die wenigsten von ihnen wissen, dass sie im Internet kostenlosen Support rund um Ihren PC finden. Erstaunt wohl deshalb, weil wir uns so selbstverständlich in diesem Umfeld bewegen, um Fragen zu beantworten. Microsoft selbst bietet unzählige Newsgroups zu verschiedensten Computer-Themen an und dies in diversen Sprachen. Überzeugen Sie sich selbst davon, indem Sie den folgenden URL in die Adresszeile Ihres Browsers eingeben:

http://support.microsoft.com/gp/newswelcome

Klicken Sie auf Suche in allen Newsgroups. Geben Sie im Eingabefeld ein Thema ein wie zum Beispiel Excel VBA und wählen Sie im Kombinationsfeld Ihre Sprache aus. Klicken Sie auf die Schaltfläche Go.

Wenn Sie Fragen oder Antworten schreiben möchten, müssen Sie sich anmelden. Klicken Sie dazu auf die Schaltfläche Sign in. Wenn Sie über ein Konto (Windows Live ID) verfügen, melden Sie sich an. Ansonsten müssen Sie zuerst eine Windows Live ID erstellen. Klicken Sie dazu auf die Schaltfläche Sign up now und befolgen Sie die weiteren Schritte.

## Windows Live Mail

Alternativ zur genannten Website können Sie in Windows Vista oder Windows 7 auch *Windows Live Mail* verwenden, um Zugang zu den gewünschten Newsgroups zu erhalten. Gehen Sie wie folgt vor, um eine Newsgroup einzurichten:

1. Starten Sie *Windows Live Mail* (*Outlook* selbst bietet diese Möglichkeit nicht an)
2. Klicken Sie innerhalb der Ordnerliste (die linke Spalte im Fenster) auf Newsgroups
3. Klicken Sie auf die Schaltfläche Newsgroups anzeigen
4. Die Newsgroups werden heruntergeladen
5. Danach wird das Dialogfeld Newsgroupabonnements angezeigt

**Abbildg. 1** Die deutsche Excel-Newsgroup von Microsoft abonnieren

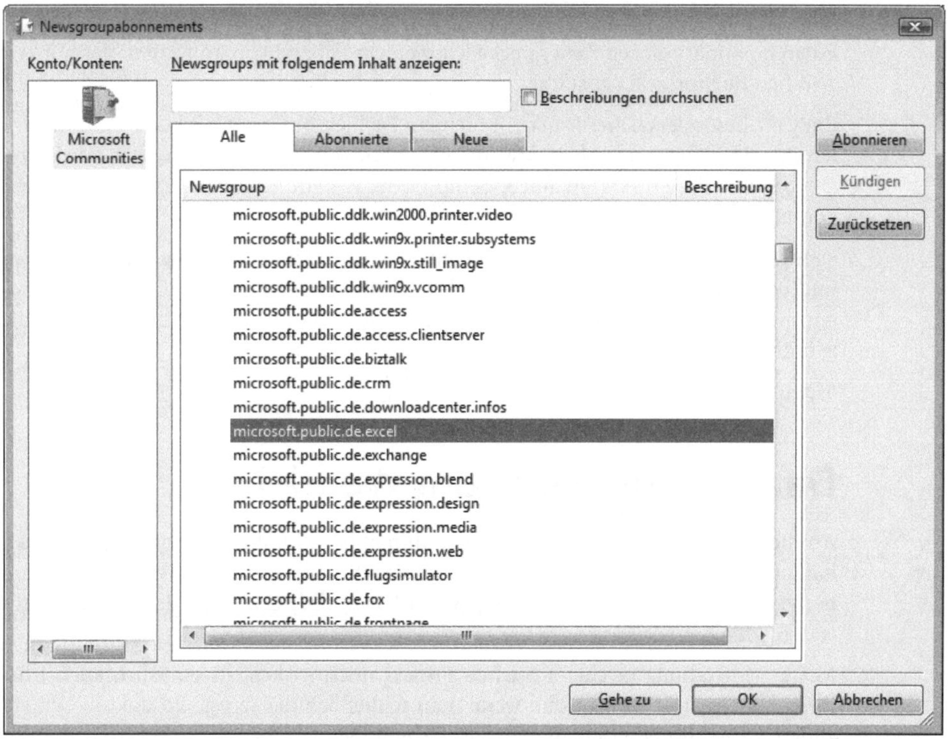


6. Wählen Sie die gewünschte oder die gewünschten Newsgroup(s) aus
7. Klicken Sie auf die Schaltfläche Abonnieren
8. Bestätigen Sie Ihre Auswahl, indem Sie die Schaltfläche *OK* anklicken

Bevor Sie Ihre Fragen in einer dieser Newsgroups stellen, sollten Sie mit der Netikette, also den Verhaltensregeln, vertraut sein. Sie finden diese unter:

*http://support.microsoft.com/gp/ngnetikette/de*

# Danksagung von Monika Can-Weber

Wenn Sie dieses Buch in Händen halten, können Sie davon ausgehen, dass es nicht in einem Atemzug entstanden ist. Es steckt sehr viel Recherche, Geduld, Ausdauer, Liebe zur Materie und zum Schreiben dahinter.

Seit fast 25 Jahren bin ich in der Informatikbranche tätig und habe schon viele Firmen und Etagen durchlaufen. Mein letzter Arbeitgeber, ein international tätiges Unternehmen, hat mich fast zehn Jahre lang als IT-Projektleiterin in den Bann gezogen. Mittlerweile habe ich diese Nabelschnur getrennt und bin seit zwei Jahren der Faszination des schweizerischen Strommarktes erlegen, der sich mitten in der ersten Stufe der Liberalisierung befindet. In diesem neuen Umfeld bin ich für die IT-Geschäftssysteme verantwortlich – eine wunderbare Herausforderung!

Alle meine Bücher entstehen ausschließlich in meiner Freizeit, was bedeutet, dass ich von sehr verständnisvollen und geduldigen Leuten umgeben bin

Einen besonders dicken Kuss schicke ich meinem lieben Ehemann Zülfü, der mir erneut (beim nun zwölften Buchprojekt) geduldig zur Seite gestanden hat.

Ein ganz besonders lieber Dank gilt meinem Fachlektor Georg Weiherer, der nun schon beim sechsten Projekt dafür gesorgt hat, dass mein Deutsch verständlich wird und meine Tipp- und vor allem technischen Fehler verschwinden. Seine Geduld, seine Kompetenz und seine freundliche Art zu kommunizieren weiß ich sehr zu schätzen.

Sandra Michel von Microsoft Press möchte ich dafür danken, dass sie dieses Buchprojekt ermöglicht und koordiniert hat. Ihre freundliche Unterstützung während der Dauer eines Projektes war sehr angenehm. Ein liebes Dankeschön auch an die Korrektoren und Setzer, die diesem Buch den letzten Schliff gegeben haben.

*Monika Can-Weber, Schweiz*

# Danksagung von Tom Wendel

An dieser Stelle möchte ich mich zuerst einmal bei Monika Can bedanken, die es mir ermöglicht hat, überhaupt an diesem Buch mitzuarbeiten. Weiterer Dank gilt Michael Schwimmer, der an vorherigen Auflagen dieses Buches mitgewirkt hat und dessen Texte die Grundlage für meine Arbeit waren.

Meine Motivation, an einem solchen Projekt mitzuwirken, ist natürlich auch jene, dass es einen immer wieder mit Stolz erfüllt, wenn man schließlich das fertige Produkt in den Händen hält und zudem seinen Namen mit auf dem Umschlag findet.

Bedanken möchte ich mich auch bei dem gesamten Team von Microsoft Press und besonders bei unserem Fachlektor Georg Weiherer, der letztendlich mit seinem untrüglichen Blick für Stilblüten und Fehler dafür gesorgt hat, dass das Buch in den Druck gehen konnte.

*Tom Wendel, Deutschland*

# Einleitung

**In diesem Kapitel:**

Bevor wir in die VBA-Welt eintauchen, werden wir Sie mit den in diesem Buch verwendeten Symbolen und Schreibweisen vertraut machen. Sie werden zudem erfahren, wie die Beispieldateien zum Buch aufgebaut sind und erhalten einen ersten Überblick über die im Buch behandelten Themen.

# Die Symbole

Wenn in diesem Buch einem Abschnitt besondere Beachtung geschenkt werden soll, ist dieser jeweils am Seitenrand gekennzeichnet. Die Marginaltexte sind wie folgt definiert:

**ACHTUNG** Es wird auf besondere Umstände hingewiesen, die möglicherweise unerwünschte Wirkungen haben könnten oder eine besondere Beachtung erfordern.

**HINWEIS** Es werden Informationen vermittelt, deren Kenntnisse zum besseren Verständnis des Themas sinnvoll sind. Der Hinweis kann außerdem genutzt werden, um auf weiterführende oder ergänzende Themen in anderen Kapiteln bzw. Büchern zu verweisen.

**TIPP** Es werden alternative Vorgehensweisen oder zusätzlichen Tipps und Tricks im Umgang mit der beschriebenen Software vermittelt.

**WICHTIG** Es wird auf wichtige Zusatzinformationen aufmerksam gemacht, die besonders zu beachten sind.

**BEISPIEL** Es wird beschrieben, wo innerhalb der Beispieldateien die abgedruckten Codebeispiele zu finden sind.

Neben den Texten werden in der Marginalspalte auch Symbole verwendet. Diese sind ebenfalls am Rand der Buchseiten abgedruckt. Es handelt sich dabei um einen bildlichen Hinweis.

# Die Schreibweisen

In diesem Buch werden einheitliche Formatierungen für verschiedene Elemente verwendet. Welche das sind, können Sie der nachfolgenden Übersicht entnehmen.

| Beschreibung | Beispiel | Formatierung |
|---|---|---|
| Menübefehle | *Datei/Öffnen* | Kursiv |
| Grafische Elemente | Die *Abbrechen*-Schaltfläche | Kursiv |
| Pfad- und Dateiangaben | *C:\|MeinPfad\|Mappe1.xlsm* | Kursiv |
| Dateierweiterungen | **.xlsm* | Kursiv |
| Abkürzungen mit Erläuterungen | *VBA* (Visual Basic for Applications) | Kursiv und Normal |

| Beschreibung | Beispiel | Formatierung |
| --- | --- | --- |
| VBA-Code | `Sub Makro1()` `...` `End Sub` | Listingschrift |
| Tastenkombinationen | Strg+Alt+Entf | Tastenkappen |

# Die Begleitdateien zum Buch

Innerhalb der Begleitdateien sind die meisten im Buch abgedruckten Codebeispiele zu finden. Ausnahmen bilden kleine Codeabschnitte, die schnell von Hand abgetippt werden können. Die Beispiele sind alle in Arbeitsmappen oder entsprechenden Dateien untergebracht.

Die Begleitdateien sind entsprechend der Kapitel in einzelne Verzeichnisse unterteilt. Wenn in einem Beispiel Bilder verwendet werden, sind diese ebenfalls innerhalb der Begleitdateien im entsprechenden Ordner zu finden.

# Die Themen

Das Buch baut Schritt für Schritt Programmierwissen auf. Die Teile sind in unterschiedliche Themenbereiche und Kapitel aufgeteilt. Nachfolgend finden Sie eine Kurzbeschreibung zu den einzelnen Teilen.

**Teil A** Der erste Teil umfasst einen generellen Einstieg in die VBA-Programmierung von Excel. Sie lernen den Umgang mit dem Makrorekorder kennen und erfahren, wie aufgezeichnete Codes bereinigt werden können. Es wird vermittelt, was Objekte, Eigenschaften und Methoden sind. Sie werden in die theoretischen Grundkenntnisse eingeführt und lernen, wie Fehler erkannt und behoben werden.

**Teil B** Ab diesem Teil des Buches beginnt die eigentliche Praxis. Es werden Dialogfelder programmiert. Die unterschiedlichen Entscheidungsformen und Sprungmarken werden behandelt. Sie werden in die Arbeit mit Schleifen und Zusammenfassungen eingeführt. Sie erstellen Subprozeduren und Arrays. Des Weiteren wird der Umgang mit Datum und Zeit im Zusammenhang mit VBA näher gebracht.

**Teil C** Dieser Teil erläutert, wie Basisobjekte korrekt angesprochen werden. Sie lernen die Excel-Oberfläche per VBA einzurichten und finden hier unzählige Codebeispiele, die Ihnen den Alltag in der Excel-Programmierung erleichtern werden.

**Teil D** Hier wird gezeigt, wie Sie Ihre eigenen Funktionen per VBA erstellen können. Sie werden zudem mit der ereignisorientierten Programmierung von Excel bekannt gemacht.

**Teil E** Dieser Teil widmet sich hauptsächlich der Auswertung von Daten. Es wird unter anderem aufgezeigt, wie mehrere Bereiche oder Tabellenblätter miteinander verglichen und abgeglichen werden können. Sie lernen, wie der Auto- und Spezialfilter per VBA gesteuert werden kann und wie sich Pivot-Tabellen automatisieren lassen.

**Teil F** In diesem Teil widmen wir uns den Objekten, die sich auf dem Tabellenblatt befinden. Darunter befinden sich Diagramme, grafische Objekte, wie z.B. Bilder, ClipArts, WordArt etc. Sie erfahren, wie Sie Ihre eigenen Befehlsleisten programmieren können und wie UserForms entwickelt werden.

**Teil G** Hier sind bereits vertiefte Kenntnisse in VBA erforderlich. Es wird gezeigt, wie die VBA-Entwicklungsumgebung per VBA manipuliert werden kann. Sie erfahren, was API-Funktionen sind und werden in die Klassenprogrammierung eingeführt.

**Teil H** Der letzte Teil des Buches zeigt, wie von Excel eine Verbindung zu anderen Applikation hergestellt werden kann. Es werden Themen wie Internet und E-Mail behandelt. Sie erforschen die Welt von XML, XSL(T) und Smarttags, generieren Schnittstellen zu anderen Office-Applikationen und werfen auch einen Blick über den Tellerrand von VBA, indem Sie sich mit den Grundlagen von .NET-Framework und VSTO (Visual Studio Tools for Office) beschäftigen.

**Anhang A** Der Anhang A stellt ein Nachschlagwerk dar. Sie finden darin eine Zusammenfassung von Präfixen, Datentypen, Umwandlungsfunktionen und vielem mehr. Des weitern sind sämtliche RibbonX-Steuerelemente, -Eigenschaften, -Ereignisse und Kombinationsmöglichkeiten übersichtlich und mit Bild dargestellt.

**Anhang B** In Anhang B finden Sie übersichtlich dargestellt eine Auflistung sämtlicher Begleitdateien zum Buch.

# Teil A

# Grundkenntnisse in Excel-VBA aufbauen

**In diesem Teil:**

Kapitel 1

# Makrorekorder, VBA und VBE kennen lernen

**In diesem Kapitel:**

In diesem Kapitel erfahren Sie, wie Sie die Sicherheitseinstellungen von Makros optimal einstellen können. Sie lernen, wie Makros aufgezeichnet und aufgerufen werden. Danach erforschen Sie in der VB-Entwicklungsumgebung den VBA-Code, der durch die Makroaufzeichnung erzeugt wurde. Sie lernen diesen Code zu lesen, zu bearbeiten und zu kommentieren.

# Einblenden der Entwicklertools

Wenn Sie sich dazu entschlossen haben, mit Excel zu programmieren, sollten Sie die Registerkarte *Entwicklertools* im Menüband einblenden. Diese wird Sie beim Auffinden von Einstellungen, Aufzeichnen von Makros und vielem mehr unterstützen.

1. Starten Sie Excel 2010.
2. Klicken Sie auf die Registerkarte *Datei* und anschließend auf die Schaltfläche *Optionen*.

**Abbildg. 1.1** Die *Excel-Optionen* öffnen

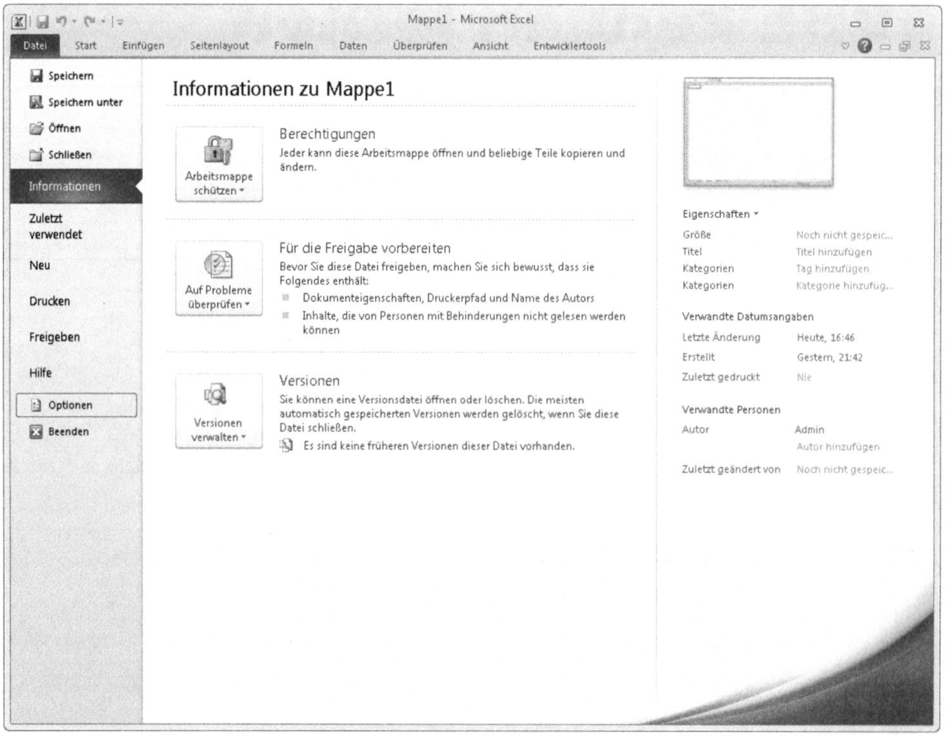


3. Öffnen Sie die Kategorie *Menüband anpassen*.
4. Aktivieren Sie im Listenfeld *Menüband anpassen* das Kontrollkästchen vor *Entwicklertools*.

**Abbildg. 1.2** Die *Entwicklertools* einblenden

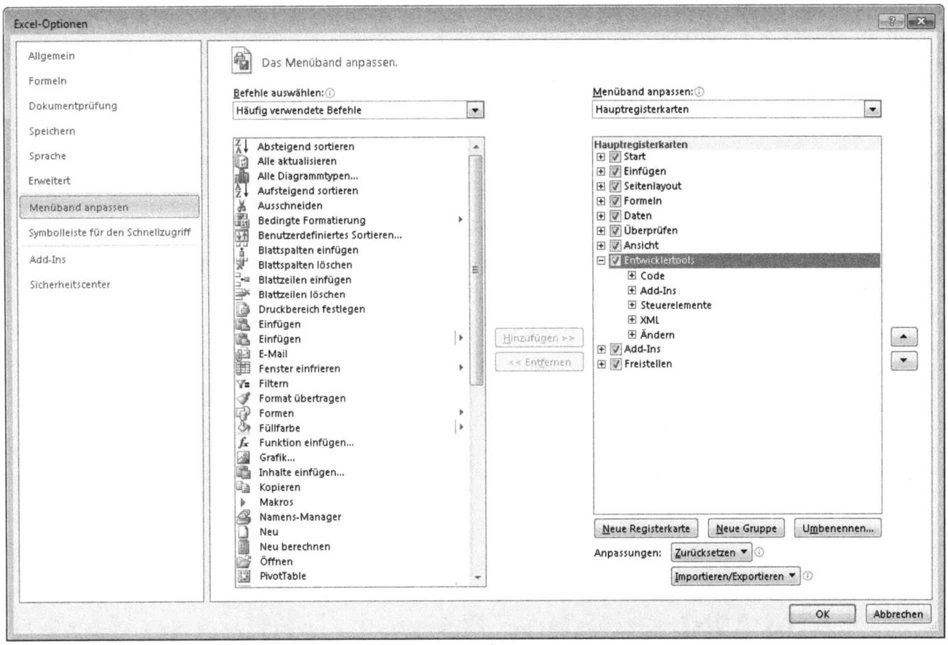


5. Bestätigen Sie die Auswahl, indem Sie auf die Schaltfläche *OK* klicken.
6. Die Registerkarte *Entwicklertools* wird nun im Menüband angezeigt.

**Abbildg. 1.3** Die Registerkarte *Entwicklertools* im Menüband

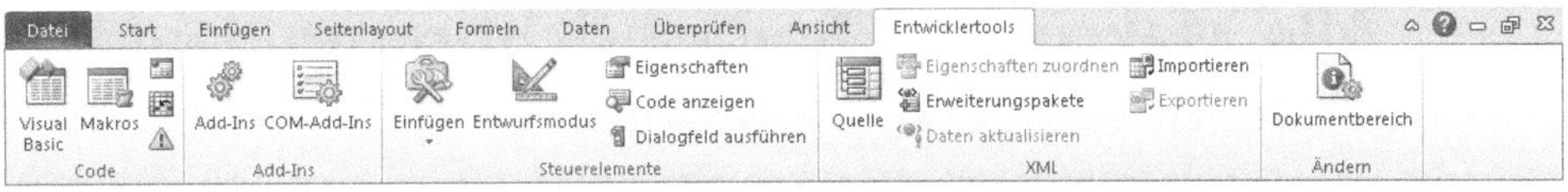


# Die Bedeutung der Sicherheitseinstellungen

Ein sehr wichtiges Thema, wenn Sie in Excel mit Makros und VBA arbeiten, sind die Sicherheitseinstellungen. Standardmäßig sind die VBA-Codes nach der Installation von Office 2010 deaktiviert. Um ein Makro ausführen zu können, müssen Sie zuerst die Sicherheitsstufe herabsetzen. Gehen Sie dabei wie folgt vor:

1. Aktivieren Sie die Registerkarte *Entwicklertools*.
2. Klicken Sie in der Gruppe *Code* auf die Schaltfläche *Makrosicherheit*, um das Dialogfeld *Sicherheitscenter* zu öffnen.
3. Wählen Sie die Kategorie *Einstellungen für Makros* aus.
4. Es stehen Ihnen nun vier unterschiedliche Sicherheitsstufen zur Verfügung.

**Abbildg. 1.4** Sicherheitseinstellungen für Makros auswählen

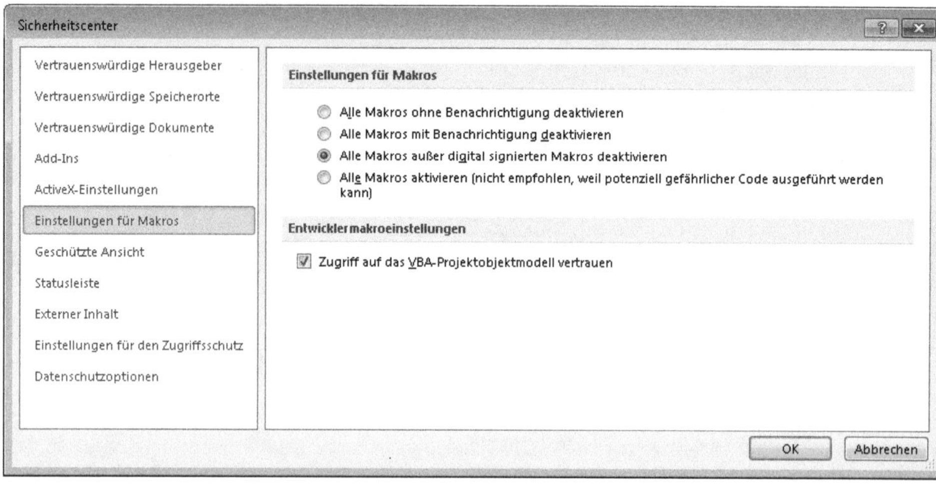


Nachfolgend finden Sie eine Beschreibung der einzelnen Sicherheitseinstellungen in Excel 2010.

# Alle Makros ohne Benachrichtigung deaktivieren

Dies ist die Standardvoreinstellung. Wenn Sie Excel 2010 nach der Installation das erste Mal starten, sind alle Makros deaktiviert. Wenn Sie VBA-Code ausführen wollen, können Sie diese Einstellung nicht verwenden.

# Alle Makros mit Benachrichtigung deaktivieren

Diese Einstellung ist empfehlenswert. Wenn Sie eine Arbeitsmappe öffnen, sind die darin enthaltenen VBA-Codes zunächst inaktiv. Unterhalb des Menübands wird eine Sicherheitswarnung eingeblendet.

**Abbildg. 1.5** Sicherheitswarnung

Klicken Sie auf die Schaltfläche *Inhalt aktivieren* um die Makros ausführen zu können.

# Alle Makros außer digital signierten Makros deaktivieren

In Office 2010 haben Sie die Möglichkeit, in einem Word-Dokument oder einer Excel-Arbeitsmappe ein digitales Zertifikat zu hinterlegen. Dies geschieht mit Hilfe von Computerkryptografie und stellt die Authentizität sicher. Sie können somit einsehen, wer das Zertifikat erstellt hat und entscheiden, ob Sie dieser Person vertrauen.

Digitale Zertifikate können von einer kommerziellen Zertifizierungsstelle bezogen werden. Sie haben aber auch die Möglichkeit, ein eigenes Zertifikat zu erstellen.

**HINWEIS** Bitte beachten Sie, dass ein selbst erstelltes Zertifikat nur auf dem eigenen Computer gültig ist.

1. Klicken Sie in Microsoft Windows 7 auf *Start/Alle Programme/Microsoft Office/Microsoft Office 2010-Tools.*
2. Wählen Sie den Eintrag *Digitales Zertifikat für VBA-Projekte,* um das Dialogfeld *Digitales Zertifikat erstellen* zu öffnen.

**Abbildg. 1.6** Ein eigenes digitales Zertifikat erstellen

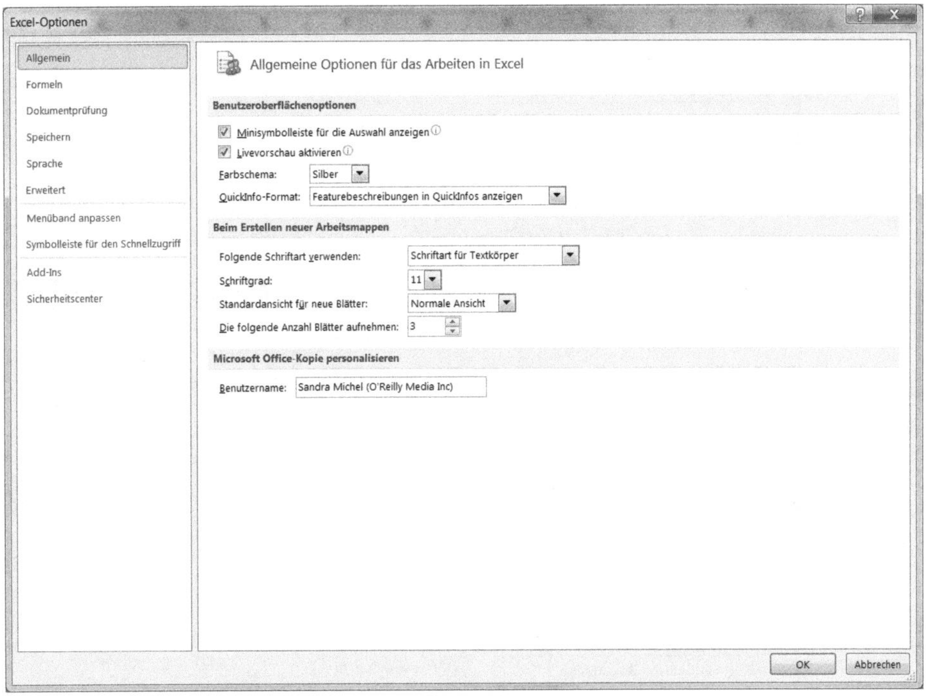


3. Geben Sie einen Namen für das Zertifikat ein und bestätigen Sie die Eingabe mit *OK.*

Das Zertifikat ist nun verfügbar und kann in einem VBA-Projekt verwendet werden.

Um ein selbst signiertes Zertifikat zu verwenden, führen Sie folgende Aktionen aus:

1. Wechseln Sie in die VBA-Umgebung, indem Sie die Tastenkombination `Alt`+`F11` drücken.
2. In der VBA-Umgebung klicken Sie auf *Extras/Digitale Signatur.* Das gleichnamige Dialogfeld wird geöffnet.
3. Klicken Sie im offenen Dialogfeld auf die Schaltfläche *Wählen.*
4. Das zuvor erstellte Zertifikat kann nun ausgewählt werden.
5. Nachdem Sie die offenen Dialogfelder mittels *OK* geschlossen haben, ist das Projekt zertifiziert.
6. Speichern Sie die Arbeitsmappe und verwenden Sie dabei den Dateityp *Excel-Arbeitsmappe mit Makros.*

**Abbildg. 1.7** Eine digitale Signatur einfügen

**Abbildg. 1.8** Ein Zertifikat auswählen

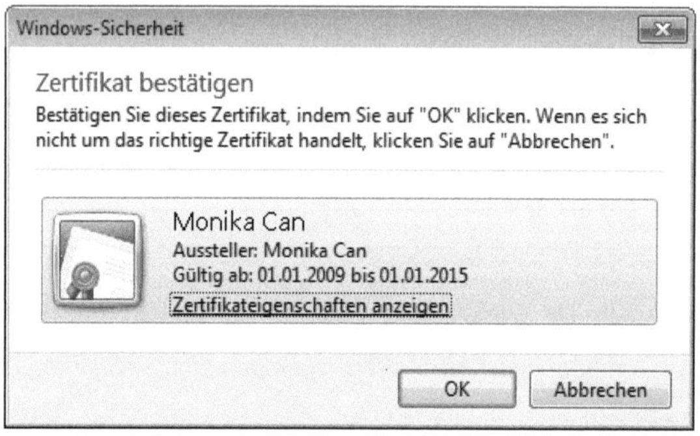


**Abbildg. 1.9** Arbeitsmappe mit Makros abspeichern

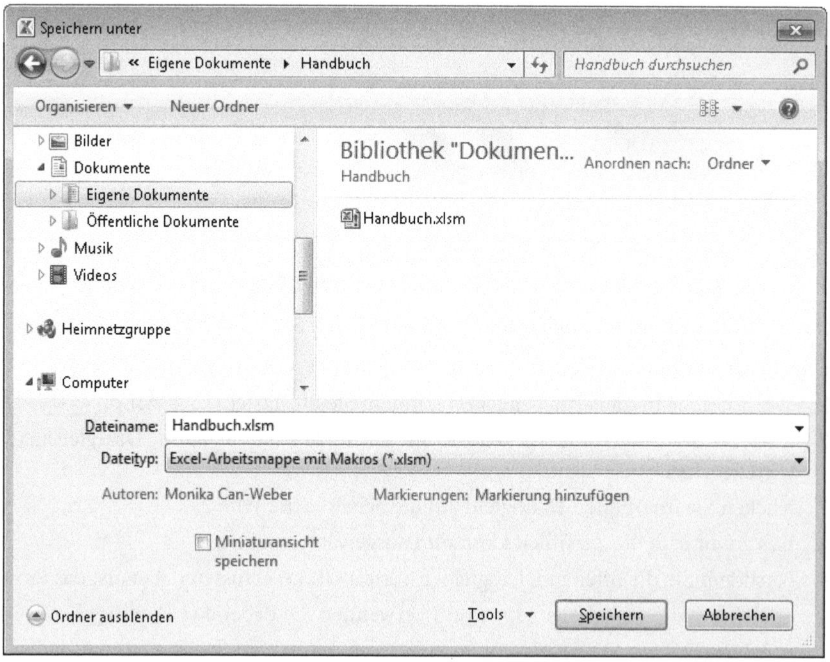

Schließen Sie die Arbeitsmappe und öffnen Sie sie erneut. Unterhalb des Menübands wird nun eine Sicherheitswarnung angezeigt. Klicken Sie auf *Aktivieren*, um dem Zertifikat zu vertrauen und die Makro zu aktivieren.

Wenn es sich um ein neues Zertifikat handelt, so wird der *Sicherheitshinweis für Microsoft Excel* geöffnet. Klicken Sie im offenen Dialogfeld auf die Schaltfläche *Gesamtem Inhalt des Herausgebers vertrauen*, wenn Sie das Zertifikat akzeptieren möchten.

**Abbildg. 1.10** Einem Herausgeber vertrauen

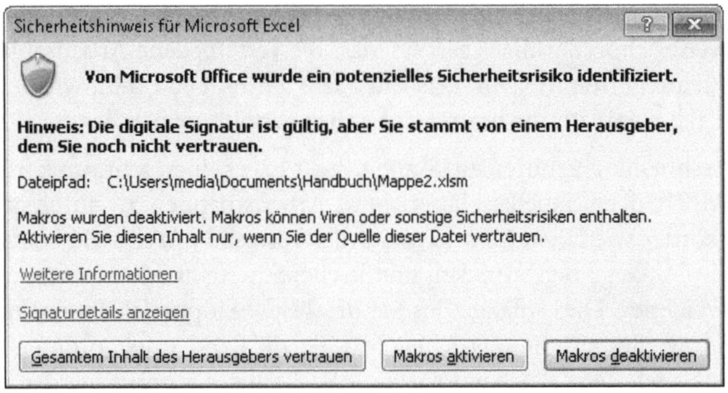


Sie können dieses Vertrauen jederzeit aufheben, indem Sie im Menüband die Registerkarte *Entwicklertools* aktivieren und in der Gruppe *Code* auf *Makrosicherheit* klicken. Aktivieren Sie die Kategorie *Vertrauenswürdige Herausgeber.* Wählen Sie den *Vertrauenswürdigen Herausgeber* aus und klicken Sie auf die Schaltfläche *Entfernen.*

Um ein Zertifikat zu löschen, klicken Sie im Internet Explorer auf *Extras/Internetoptionen*, aktivieren die Registerkarte *Inhalte* und klicken auf die Schaltfläche *Zertifikate.* Dort sind die erstellten Zertifikate aufgelistet und können bei Bedarf gelöscht werden.

# Alle Makros aktivieren

Makroarbeitsmappen werden ohne Rückfrage geöffnet. Alle darin enthaltenen Makro sind aktiv und werden unter Umständen direkt nach dem Öffnen ausgeführt, ohne dass sie explizit gestartet werden. Von dieser Einstellung ist grundsätzlich abzuraten.

**WICHTIG** Jede Excel-Datei, die Sie öffnen, könnte gefährliche Makros enthalten, ganz egal woher sie stammt. Es ist auf keinen Fall empfehlenswert, die Sicherheitseinstellungen auf *Alle Makros aktivieren* einzustellen, auch wenn dies auf den ersten Blick die bequemste Einstellung ist. Bedenken Sie, dass einer Arbeitsmappe eine Ereignisprozedur wie zum Beispiel *Workbook_Open* hinterlegt sein könnte. Diese würde unmittelbar nach dem Start ausgeführt. Im schlimmsten Falle würden Sie gar nicht bemerken, dass diese Ereignisprozedur ausgeführt wurde und womöglich Schaden angerichtet hat.

Empfehlenswert ist die Sicherheitseinstellung *Alle Makros mit Benachrichtigung deaktivieren.* Bei dieser Einstellung sind Makros nach dem Öffnen der Arbeitsmappe zunächst inaktiv. Sie haben nun die Möglichkeit, den VBA-Code zu analysieren. Wenn Sie ihn als sicher einstufen, klicken Sie auf die Schaltfläche *Inhalte aktivieren*, um die verfügbaren VBA-Codes ausführen zu können.

Das Deaktivieren von Makros kann zur Folge haben, dass auch andere Funktionalitäten eingeschränkt sind. Beispielsweise benutzerdefinierte Funktionen, die ja auch auf VBA-Code beruhen.

Wenn Sie auf den Link *Weitere Informationen* klicken, wird ein Hilfefenster eingeblendet. Darin sind verschiedenen Themen aufgelistet, die Sie über Sicherheit, Verschlüsselung, Makrovirenschutz etc. informieren.

# Der Umgang mit dem Makrorekorder

Sie mögen sich nun fragen, was überhaupt ein Makro ist. Ein Makro ist eine Automatisierung von Anweisungen, die mit dem Makrorekorder aufgezeichnet wurden. Als erfahrener Excel-Anwender haben Sie sich möglicherweise schon darüber geärgert, dass Sie verschiedene Arbeitsabläufe immer und immer wieder manuell ausführen müssen. Das kann sehr zeitraubend sein, wie beispielsweise Formatierungen an Ihrem Tabellenblatt, die immer einheitlich gestaltet sein sollen.

Um solche Arbeitsschritte schneller ausführen zu können, stellt Excel einen Makrorekorder zur Verfügung. Er ist dazu da, Arbeiten an Tabellenblättern und Arbeitsmappen zu automatisieren. Sie können sich den Makrorekorder wie einen Kassettenrekorder vorstellen. Wenn Sie beim Kassettenrekorder die Taste »Record« (Aufzeichnen) drücken und ins bereitgestellte Mikrofon sprechen, wird alles, was Sie sagen, aufgezeichnet. Dies solange, bis Sie die Taste »Stopp« (Beenden) drücken. Sie können sich später jederzeit wieder anhören, welchen Text Sie auf Band aufgenommen haben. Der Makrorekorder funktioniert nach dem gleichen Prinzip. Anstelle Ihrer Stimme werden jedoch Ihre Arbeitsschritte aufgenommen. Im Hintergrund von Excel entsteht dabei eine VBA-Prozedur, wie wir Ihnen in Kürze näher vorstellen werden.

Der Makrorekorder ist ein einfach zu bedienendes Hilfsmittel, das sowohl Neueinsteiger als auch Profis gerne verwenden. Neueinsteiger benutzen ihn meist, um Routinearbeiten zu automatisieren und natürlich auch, um ihre ersten Schritte in VBA zu tun und den Code, der dahinter steckt, zu erforschen. Profis verwenden ihn, um schnell Namen von unbekannten Objekten, Eigenschaften und Methoden zu ermitteln.

Mit dem Makrorekorder umzugehen will gelernt sein, denn nicht jede Codezeile, die aufgezeichnet wird, ist unbedingt erforderlich. Per Makrorekorder aufgezeichnete Codes sollten in jedem Fall überprüft und überarbeitet werden. Ein sauber geschriebener oder bereinigter Code wird sich in jedem Fall positiv auf die Ablaufgeschwindigkeit der Prozedur auswirken.

**TIPP** Beim Aufzeichnen von Arbeitsschritten wird nahezu jeder Klick und jede Eingabe, die Sie tätigen, gespeichert. Sie sollten deshalb, noch bevor Sie die Aufzeichnung starten, genau überlegen, was Sie tun möchten.

Überlegen Sie sich die einzelnen Schritte zuerst ohne Aufzeichnung. Gehen Sie jeden einzelnen Schritt manuell durch. Erstellen Sie gegebenenfalls eine Checkliste auf Papier, in der Sie die einzelnen Schritte abhaken können. Beginnen Sie erst mit der eigentlichen Aufzeichnung, wenn Sie genau wissen, welche Arbeitsschritte Sie ausführen möchten.

## Namenskonventionen beachten

Bevor Sie nun mit dem Aufzeichnen eines Makros beginnen, sollen Sie über die Namenskonventionen aufgeklärt werden. Denn nicht jedes Zeichen kann für einen Makronamen verwendet werden.

Namen von Prozeduren können in der Regel (außer bei Ereignisprozeduren) selbst bestimmt werden. Die Zuweisung von Namen ist bis auf wenige Beschränkungen frei definierbar und sprachunabhängig. Folgende Regeln sind dabei zu beachten:

- Als erstes Zeichen muss immer ein Buchstabe verwendet werden.
- Folgende Zeichen dürfen nicht verwendet werden: Leerzeichen, Punkt (.), Ausrufezeichen (!) oder Sonderzeichen wie @, &, $ und #.
- Ein Prozedurname darf maximal 255 Zeichen umfassen.
- Als Prozedurnamen dürfen keine VBA- oder Excel-Schlüsselwörter verwendet werden.
- Der Prozedurname sollte nicht identisch sein mit einem Variablen- oder Konstantennamen, der innerhalb der Prozedur verwendet wird.

Innerhalb eines Moduls können nicht mehrere gleichnamige Prozeduren vorhanden sein. Es ist jedoch möglich, gleichnamige Prozeduren in verschiedenen Modulen unterzubringen. Beim Aufruf einer gleichnamigen Prozedur, die sich in einem anderen Modul befindet, muss der Modulname mit angegeben werden.

**Listing 1.1** Prozeduraufruf mit Angabe des Modulnamens

```
Sub WithModulName()
   Call Modul1.InvoiceNumber
End Sub
```

**HINWEIS** Visual Basic unterscheidet nicht zwischen Groß- und Kleinschreibung. Die Schreibweise der Deklaration wird jedoch in der gesamten Prozedur beibehalten. Wenn Sie in Prozedur- oder Variablennamen Großbuchstaben verwenden, diese jedoch während der Codeerstellung in Kleinbuchstaben schreiben, wird die Schreibweise automatisch der Deklaration angepasst.

# Ein Makro aufzeichnen

Wie Sie nun wissen, ist der Makrorekorder dazu da, einzelne Arbeitsschritte zu automatisieren. Ein einfaches Beispiel: Nehmen wir an, Sie müssen sehr oft Ihren Namen in eine Zelle schreiben. Dieser muss zudem immer identisch formatiert sein. Nun wäre es bestimmt eine Erleichterung, wenn Sie die einzelnen Schritte nicht jedes Mal von neuem manuell ausführen müssten. Sie zeichnen also ein Makro auf, das die Schritte speichert, sodass Sie Ihren formatierten Namen später per Tastendruck jederzeit wieder einfügen können.

Die nachfolgenden Schritte beschreiben, wie Sie ein Makro aufzeichnen können.

1. Platzieren Sie den Mauszeiger in der Zelle, in der Ihr erster Aufzeichnungs-Schritt beginnen soll. Nehmen wir für unser Beispiel die Zelle *B2*.
2. Starten Sie den Makrorekorder über das Menüband auf der Registerkarte *Entwicklertools* in der Gruppe *Code* mit einem Klick auf *Makro aufzeichnen*.
3. Das Dialogfeld *Makro aufzeichnen* wird angezeigt.
4. Geben Sie einen *Makronamen* ein. Beachten Sie dabei, dass ein Makro niemals mit einer Zahl beginnen darf. Es dürfen zudem keine Leer- und Sonderzeichen im Namen enthalten sein. Verwenden Sie anstelle eines Leerzeichens beispielsweise einen Unterstrich (_).

**Abbildg. 1.11** Das Dialogfeld *Makro aufzeichnen*

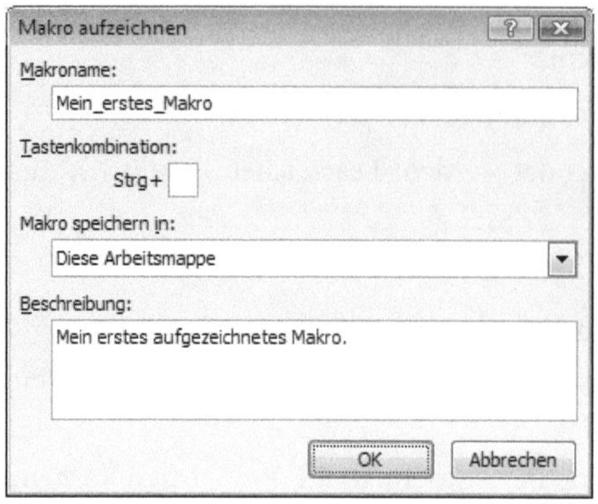


5. Wahlweise können Sie eine Tastenkombination für Ihr Makro definieren. Das Makro lässt sich dann später bequem über diese Tastenkombination starten. Eine Tastenkombination für ein Makro beginnt jeweils mit `Strg` gefolgt von einem weiteren Zeichen. Die Gefahr besteht allerdings darin, Excel-eigene Tastenkombinationen zu überschreiben, denn der Makrorekorder gibt keinen Hinweis, ob eine Tastenkombination bereits belegt ist oder nicht. Wenn Sie zum Beispiel die Tastenkombination `Strg`+`A` wählen, die in Excel dazu reserviert ist, um das gesamte Tabellenblatt zu markieren, wird diese Kombination neu belegt. Die alte Funktion ist dann für die gesamte Anwendung nicht mehr verfügbar, solange diese Arbeitsmappe geöffnet ist. Sollten Sie versehentlich eine Excel-eigene Tastenkombination überschrieben haben, können Sie die Einstellung wieder rückgängig machen. Verwenden Sie dazu im Menüband auf der Registerkarte *Entwicklertools* die Schaltfläche *Makros* in der Gruppe *Code*, wählen Sie aus der Liste das betreffende Makro aus und klicken dann auf die Schaltfläche *Optionen*. Löschen Sie den Inhalt des Feldes, das die Tastenkombination enthält und bestätigen Sie die Eingabe über die Schaltfläche *OK*.
6. Sie können wählen, wohin das Makro gespeichert werden soll. In der Regel wird dazu *Diese Arbeitsmappe* verwendet. Alternativ können Sie das Makro in einer neuen Arbeitsmappe erstellen lassen, die Auswahl können Sie im Listenfeld *Makro speichern in* finden. Eine weitere Auswahl nennt sich *Persönliche Makroarbeitsmappe*. Auf diese Einstellung werden wir später noch zurückkommen.
7. Im Eingabefeld *Beschreibung* können Sie einen beschreibenden Text zu Ihrem Makro eingeben.
8. Nachdem Sie die gewünschten Einträge im Dialogfeld *Makro aufzeichnen* vorgenommen haben, bestätigen Sie Ihre Eingaben mit *OK*.
9. Die einzelnen Schritte können nun durch den Rekorder aufgezeichnet werden. Geben Sie in die Zelle *B2* Ihren Namen ein. Formatieren Sie ihn in *roter* Schriftfarbe und mit dem Schriftschnitt *Fett*. Ansonsten sieht das unten stehende Listing etwas anders aus.
10. Beenden Sie die Aufzeichnung. Verwenden Sie dazu die Schaltfläche *Aufzeichnung beenden*.

Ihr erstes Makro ist nun verfügbar. Wenn Sie sich ansehen möchten, welche Codezeilen der Makrorekorder im Hintergrund mitgeschrieben hat, gehen Sie wie folgt vor:

1. Wechseln Sie in den VBA-Editor, indem Sie die Tastenkombination `Alt`+`F11` drücken.
2. Klicken Sie im Projekt-Explorer zunächst auf das Pluszeichen neben *Module* und doppelklicken Sie anschließend auf das VBA-Projekt mit dem Namen *Modul1*.
3. Doppelklicken Sie auf das Modul, um den darin enthaltenen Code anzeigen zu lassen.

**Abbildg. 1.12** Den aufgezeichneten Makrocode ansehen und auf Wunsch bearbeiten

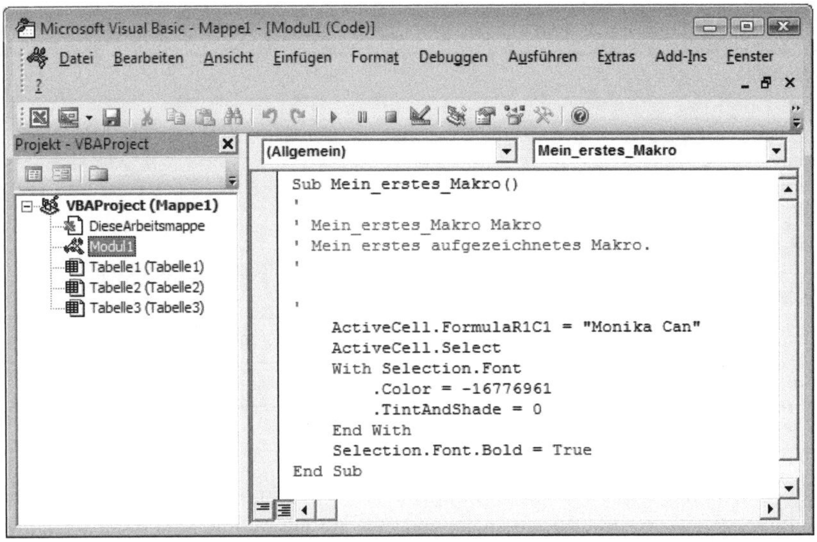


**HINWEIS** Näheres zur Entwicklungsumgebung erfahren Sie später in diesem Kapitel.

Der Code sieht wie folgt aus:

Die erste und die letzte Zeile des Makros sind dazu da, den Code einzuleiten und abzuschließen. Sie bilden das Codegerüst. Ein Makro beginnt jeweils mit dem Schlüsselwort `Sub` gefolgt vom festgelegten Namen und zwei runden Klammern. Bei aufgezeichneten Prozeduren ist das Klammerpaar immer leer. Jedes Makro endet mit der Anweisung `End Sub`. Zwischen `Sub` und `End Sub` ist der Kern des Codes enthalten. Die Zeilen, die an erster Stelle ein Hochkomma enthalten ('), sind Kommentarzeilen. Kommentarzeilen haben keinen Einfluss auf die Prozedur und werden als *nicht ausführbar* angesehen. Diese Zeilen können gelöscht werden, ohne dass sich an der Prozedur etwas ändert. Diesem Thema werden wir uns später noch ausführlicher widmen.

Der Code, der sich zwischen `Sub` und `End Sub` befindet, sollte auf jeden Fall kontrolliert und gegebenenfalls bereinigt werden. Die erste Codezeile innerhalb des Codegerüsts ist weitgehend in Ordnung. Anstelle von `FormulaR1C1`, das für eine Formel steht, können Sie auch `Value` verwenden, denn in unserem Beispiel wird keine Berechnung vorgenommen.

`Select` in der zweiten Codezeile ist überflüssig, denn in VBA können Sie in der Regel davon ausgehen, dass Zellen nicht erst selektiert werden müssen, um sie zu bearbeiten. In diesem Fall können die Formatierungen direkt der Zelle oder dem Bereich zugewiesen werden. Das sieht dann wie folgt aus:

```
Range("B2").Font.Color = -16776961
Range("B2").Font.Bold = True
```

**Tabelle 1.1** Die Übersetzung der verwendeten VBA-Befehle

| VBA-Befehl | Übersetzung |
|---|---|
| ActiveCell | Aktive Zelle |
| Bold | Fettschrift |
| Color | Farbe |
| Font | Schrift |
| FormulaR1C1 | Formel |
| Range | Bereich |
| TintAndShade | Farbe aufhellen oder abdunkeln |
| True/False | Wahr/Falsch |
| Value | Wert |

Damit Range("B2") nicht zweimal geschrieben werden muss, kann es in einer With-Anweisung zusammengefasst werden. Dies ist nicht nur von Vorteil, weil Sie sich dadurch Schreibarbeit ersparen, sondern es erhöht auch die Geschwindigkeit der Prozedur. Der Effekt zeigt sich allerdings erst in umfangreicheren Projekten. Der komplett bereinigte Code sieht nun wie folgt aus:

**Listing 1.2** Ein angepasstes Makro

```
Sub Mein_erstes_Makro()
   With Range("B2")
      .Value = "Monika Can"
      .Font.Color = -16776961
      .Font.Bold = True
   End With
End Sub
```

Beachten Sie die Codezeilen innerhalb der With-Anweisung der obigen Prozedur. Die Eigenschaft Font tritt zweimal auf. Sie können auch diese in einer With-Anweisung unterbringen:

**Listing 1.3** Ein komplett überarbeitetes Makro

```
Sub Mein_erstes_Makro()
   With Range("B2")
      .Value = "Monika Can"
      With .Font
         .Color = -16776961
         .Bold = True
      End With
   End With
End Sub
```

**TIPP** Oftmals kann bei aufgezeichneten Makros auf ganze Codezeilen verzichtet werden. Wenn Sie nicht sicher sind, ob Sie eine Codezeile löschen können, sodass das Makro immer noch wie gewünscht lauffähig ist, können Sie Codezeilen auskommentieren. Setzen Sie dazu ein Hochkomma (') vor die entsprechende Zeile. Führen Sie das Makro erneut aus. Da die Codezeile nun als Kommentar hinterlegt ist, wird sie nicht mehr ausgeführt. Sollten Sie feststellen, dass die Codezeile doch erforderlich ist, müssen Sie lediglich das führende Hochkomma wieder entfernen. Die Codezeile wird damit wieder aktiv und bei erneutem Starten des Makros wieder ausgeführt. Auf diese Weise können Sie sich eine Menge Schreibarbeit ersparen. Hätten Sie die Zeile gelöscht, müsste sie komplett neu geschrieben werden. Der Haken dabei ist, dass man sich nicht immer an den Inhalt einer gelöschten Zeile erinnert. Das wiederum hätte zur Folge, dass unter Umständen das gesamte Makro neu aufgezeichnet werden müsste.

# Ein Makro aufrufen

Das Makro, das Sie zuvor aufgezeichnet haben, können Sie nun jederzeit wieder verwenden. Die hinterlegten Arbeitsschritte werden dabei automatisch auf die entsprechende Zelle angewendet. Gemäß dem vorangegangenen Beispiel wäre das die Zelle *B2*.

Wenn Sie sich noch in der VBA-Umgebung befinden, drücken Sie einfach die Taste F5, um den Code auszuführen. Die Einfügemarke muss sich dabei innerhalb der Prozedur befinden.

Sie müssen sich nicht in der VBA-Umgebung befinden, um einen Code auszuführen. Der Code lässt sich auch von Excel aus aufrufen. Es gibt dazu verschiedene Möglichkeiten. Wenn Sie dem Makro eine Tastenkombination zugewiesen haben, drücken Sie diese. Der Code wird sogleich ausgeführt.

Sollten Sie keine Tastenkombination zugewiesen haben, gehen Sie wie folgt vor:

1. Klicken Sie im Menüband von Excel auf der Registerkarte *Entwicklertools* in der Gruppe *Code* auf die Schaltfläche *Makros*. Das Dialogfeld *Makro* wird angezeigt.
2. Im Listenfeld sehen Sie alle Makros, die in den offenen Arbeitsmappen enthalten sind. Wenn Sie nur die Makros einer bestimmten Arbeitsmappe sehen möchten, ändern Sie die Auswahl im Kombinationsfeld *Makros in*.
3. Nachdem Sie das gewünschte Makro ausgewählt haben, klicken Sie auf die Schaltfläche *Ausführen*. Alternativ dazu können Sie auf den Makronamen doppelklicken.

**Abbildg. 1.13** Das Makro, das Sie ausführen möchten, auswählen

**HINWEIS** Sie können Makros auch verschiedenen Schaltflächentypen zuweisen. Mehr dazu erfahren Sie später in diesem Kapitel.

# Eine Tastenkombination nachträglich zuweisen

Sie können einem bestehenden Makro auch nachträglich eine Tastenkombination zuweisen. Gehen Sie dazu wie folgt vor:

1. Öffnen Sie erneut das Dialogfeld *Makro*.
2. Klicken Sie auf die Schaltfläche *Optionen*.
3. Geben Sie im Eingabefeld *Tastenkombination* einen Buchstaben ein. Wenn Sie den Buchstaben in Kleinschreibung angeben, z.B. »b«, können Sie diesen später mit der Tastenkombination Strg+B aufrufen. Wenn Sie einen Großbuchstaben eingeben, z.B. »B«, wird das Makro mit der Tastenkombination Strg+⇧+B gestartet.
4. Schließen Sie alle geöffneten Dialogfelder, sobald Sie die gewünschten Einstellungen vorgenommen haben.

**Abbildg. 1.14** Groß- oder Kleinbuchstaben als Tastenkombination verwenden

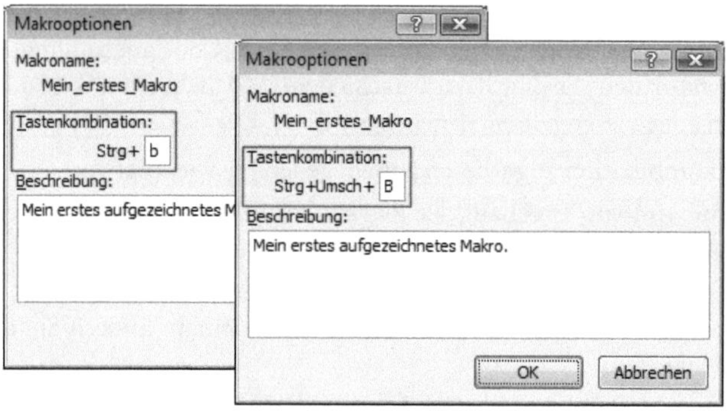


**WICHTIG** Zur Erinnerung: Denken Sie daran, dass bestehende Tastenkombinationen von Excel ohne Rückfrage überschrieben werden. Im Anhang finden Sie eine Übersicht über die belegten und verfügbaren Tastenkombinationen.

Eine Makrotastenkombination ist nur aktiv, wenn die Arbeitsmappe, die das Makro enthält, geöffnet ist.

# Eine Tastenkombination entfernen

Bestehende Tastenkombinationen können entfernt oder geändert werden. Gehen Sie wie folgt vor:

1. Wählen Sie im Menüband auf der Registerkarte *Entwicklertools* in der Gruppe *Code* den Befehl *Makros*.
2. Klicken Sie auf die Schaltfläche *Optionen*.
3. Ändern oder löschen Sie den Buchstaben im Eingabefeld *Tastenkombination*.
4. Schließen Sie alle offenen Dialogfelder.

# Absolute und relative Aufzeichnung

Beim vorangegangenen Beispiel handelte es sich um eine absolute Aufzeichnung. Das bedeutet, dass die Zellen, die angesprochen werden, immer die gleichen sind. Wir haben in dem Beispiel die Zelle *B2* verwendet. Wenn Sie das Makro ausführen, wird der Text immer in die Zelle *B2* geschrieben, egal welche Zelle gerade aktiv ist.

Dies ist nicht immer sinnvoll. Oftmals wäre es wünschenswert, wenn das Makro die Arbeitsschritte in einer beliebig ausgewählten, aktiven Zelle ausführt – also relativ.

Sie können die relative Aufzeichnung jederzeit aktivieren oder deaktivieren, auch direkt während der Aufzeichnung. Verwenden Sie dazu die Schaltfläche *Relative Aufzeichnung*, die sich auf der Registerkarte *Entwicklertools* in der Gruppe *Code* befindet.

Der aufgezeichnete Code sieht nun wie folgt aus:

**Listing 1.4** Ein Makro, das mit relativem Bezug aufgezeichnet wurde

```
Sub Relativer_Bezug()
    ActiveCell.FormulaR1C1 = "Monika Can"
    ActiveCell.Select
    Selection.Font.Bold = True
    Selection.Font.Color = -16776961
End Sub
```

Beim absolut aufgezeichneten Makro war ein fixer Bereich vorhanden: `Range("B2")`. Beim relativen Makro hingegen steht stattdessen `ActiveCell`.

Bevor Sie den Code ausführen, aktivieren Sie die Zelle, auf die das Makro angewendet werden soll. Der im Makro hinterlegte Text »Monika Can« (bzw. Ihr eigener Name) wird dann mit der entsprechenden Formatierung in diese Zelle geschrieben.

Auch diesen Code sollten Sie von überflüssigen Zeilen befreien. Das Ergebnis könnte dann wie folgt aussehen:

**Listing 1.5** Den Code bereinigen

```
Sub Relativer_Bezug()
   With ActiveCell
      .Value = "Monika Can"
      .Font.Bold = True
      .Font.Color = -16776961
   End With
End Sub
```

Auf Wunsch können Sie natürlich auch das `.Font` in einer `With`-Anweisung zusammenfassen.

# Der Unterschied zwischen *ActiveCell* und *Selection*

Unter bestimmten Umständen kann es sein, dass Sie einen Code nicht nur auf eine aktive Zelle, sondern auf einen ganzen Bereich anwenden möchten. Beispielsweise, wenn Sie sämtliche Zellen eines bestimmten Bereichs mit einer roten Hintergrundfarbe versehen möchten. In diesem Fall können Sie nicht mit `ActiveCell` arbeiten, weil damit ja nur die aktive Zelle innerhalb eines selektierten Bereiches formatiert würde.

Der Code in Listing 1.6 verdeutlicht den Unterschied zwischen einem selektierten Bereich (`Selection`) und einer aktiven Zelle (`ActiveCell`).

1. Bevor Sie den nachfolgenden Code ausführen, markieren Sie einen Bereich auf Ihrem Tabellenblatt, beispielsweise *A1:C5*.
2. Halten Sie die [Strg]-Taste gedrückt und klicken Sie auf eine beliebige Zelle inner- oder außerhalb des markierten Bereiches, um eine bestimmte Zelle zu aktivieren. Beispielsweise die Zelle *E3*.
3. Führen Sie das Makro aus.

Der markierte Bereich weist nun eine rote Hintergrundfarbe auf und die darin aktive Zelle eine Blaue.

**Abbildg. 1.15** Der markierte Bereich und die aktive Zelle vor und nach dem Ausführen des Codes

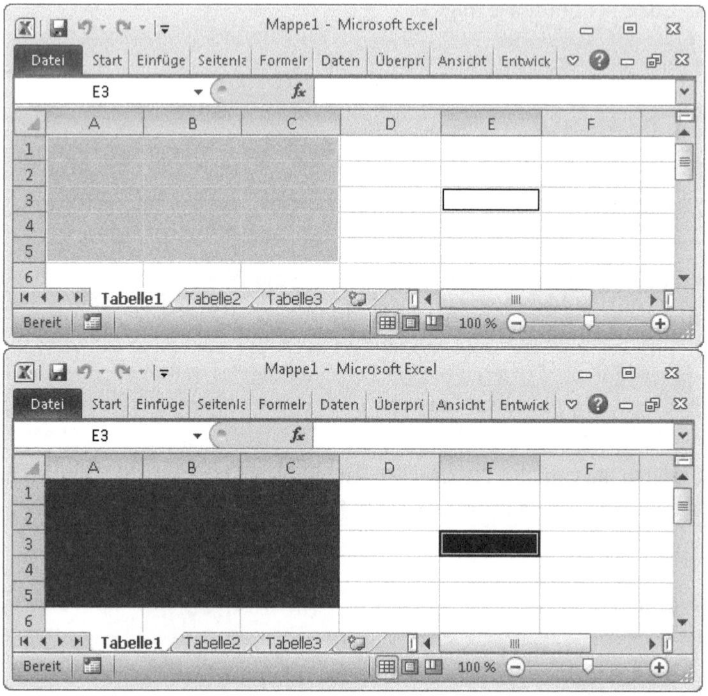


Was geschieht in diesem Code? Die Eigenschaft `Selection` bezieht sich auf den gesamten selektierten Bereich, inklusive der aktiven Zelle. Gemäß Abbildung 1.15 wird mit `Selection` der Bereich *A1:C5* sowie die Zelle *E3* rot hinterlegt. Die Zelle *E3* ändert die Farbe daraufhin jedoch von Rot nach Blau, weil die zweite Codezeile die entsprechende Anweisung enthält. Der Unterschied zwischen einem selektierten Bereich und einer aktiven Zelle wird damit deutlich.

**Listing 1.6** Selektierten Bereich rot einfärben, aktive Zelle blau

```
Sub Bereichsfarbe()
   Selection.Interior.Color = vbRed
   ActiveCell.Interior.Color = vbBlue
End Sub
```

In Tabelle 1.2 finden Sie die Beschreibung zu den verwendeten VBA-Befehlen.

**Tabelle 1.2** Erläuterung der benutzten VBA-Befehle

| VBA-Befehl | Bedeutung |
|---|---|
| `Selection` | Markierter (selektierter) Bereich |
| `ActiveCell` | Aktive Zelle |
| `Interior` | Hintergrund einer Zelle |
| `Color` | Farbe |
| `vbRed` | Rote Farbe |
| `vbBlue` | Blaue Farbe |

## Ein Makro löschen

Wenn Sie ein Makro nicht mehr benötigen und dieses löschen möchten, gehen Sie wie folgt vor:

1. Klicken Sie im Menüband auf der Registerkarte *Entwicklertools* in der Gruppe *Code* auf den Befehl *Makros.*
2. Aktivieren Sie im Listenfeld das Makro, das Sie löschen möchten.
3. Klicken Sie auf die Schaltfläche *Löschen.*
4. Es erfolgt eine Rückfrage, ob das ausgewählte Makro wirklich gelöscht werden soll. Klicken Sie auf die Schaltfläche *Ja*, um dies zu bestätigen.
5. Schließen Sie das Dialogfeld *Makro.*

# Ein Makro auf einfache Weise ausführen

Makros können auf verschiedene Weise aufgerufen werden. Wenn Sie sich im VBA-Editor befinden, setzen Sie die Einfügemarke in die Prozedur und drücken die Taste [F5]. Alternativ dazu können Sie in der Symbolleiste *Voreinstellung* auf die Schaltfläche mit dem grünen Pfeil klicken oder den Menübefehl *Ausführen/Sub/UserForm ausführen* aufrufen.

Wenn Sie ein Makro aus einem Tabellenblatt heraus aufrufen möchten, öffnen Sie im Menüband von Excel die Registerkarte *Entwicklertools* und klicken in der Gruppe *Code* auf die Befehlsschaltfläche *Makros.* Wählen Sie im Dialogfeld *Makro* die gewünschte Prozedur aus. Wenn das Makro häufiger aus dem Tabellenblatt heraus aufgerufen werden muss, ist der Weg über das Menüband etwas umständlich. Wesentlich einfacher ist es, wenn sich im Tabellenblatt eine Schaltfläche befindet, über die das Makro ausgeführt werden kann. Wie Sie gleich erfahren werden, gibt es unterschiedliche Schaltflächentypen.

## Es gibt kein Zurück

Wenn Sie mit Makros arbeiten, müssen Sie unbedingt wissen, dass es für einmal ausgeführte Prozeduren kein Zurück gibt. Die Funktion *Rückgängig* wird nach dem Ausführen eines Makros automatisch zurückgestellt. Wenn Sie sicherstellen möchten, dass ein Makro keine vorhandenen Daten überschreibt, gibt es zwei Möglichkeiten:

- Speichern Sie die Arbeitsmappe vor dem Ausführen eines Makros unter einem anderen Namen ab. Damit haben Sie im Notfall eine Sicherheitskopie, auf die Sie zurückgreifen können.
- Speichern Sie die Arbeitsmappe vor dem Ausführen des Makros ab. Falls tatsächlich unerwünschte Veränderungen vorgenommen wurden, schließen Sie die Arbeitsmappe, ohne sie zuvor noch einmal zu speichern, und öffnen Sie sie erneut.

# Eine Formularsteuerelement-Schaltfläche verwenden

Sie können ein Makro einer Formularsteuerelement-Schaltfläche zuweisen. Sie finden diese unter *Entwicklertools/Steuerelemente/Einfügen/Formularsteuerelemente.*

1. Klicken Sie im genannten Pfad auf das Element *Schaltfläche.*
2. Der Mauszeiger ändert seine Darstellungsform von einem Pfeil in ein Kreuz. Ziehen Sie in Ihrem Tabellenblatt einen Rahmen auf. Durch zusätzliches Drücken der `Alt`-Taste können Sie die Schaltfläche exakt in die Zellen einpassen.
3. Direkt nach dem Einfügen der Schaltfläche öffnet sich das Dialogfeld *Makro zuweisen.* Wählen Sie in diesem Dialogfeld das Makro aus, das Sie der Schaltfläche hinterlegen möchten, und bestätigen Sie Ihre Auswahl durch einen Klick auf *OK.*
4. Um das Makro auszuführen, müssen Sie erst den Entwurfsmodus der Schaltfläche verlassen. Klicken Sie dazu auf eine beliebige Zelle.
5. Wenn Sie danach die Schaltfläche betätigen, wird das Makro ausgeführt

Sie können ein Makro auch im Nachhinein einer Schaltfläche zuweisen:

1. Klicken Sie dazu mit der rechten Maustaste auf die Schaltfläche und wählen Sie aus dem Kontextmenü den Befehl *Makro zuweisen.*
2. Wählen Sie nun im Dialogfeld das gewünschte Makro aus und bestätigen Sie die Auswahl mit *OK.*

Die Schaltfläche trägt standardmäßig den Namen *Schaltfläche* gefolgt von einer aufsteigenden Nummer. Der Text und die Zahl sind nur sichtbar, wenn die Schaltfläche groß genug ist.

1. Um den Text einer Schaltfläche zu ändern, klicken Sie mit der rechten Maustaste auf die Schaltfläche. Die Schaltfläche wird nun durch mit Markierungspunkten versehen.
2. Wählen Sie im Kontextmenü den Befehl *Text bearbeiten* aus und ändern Sie nach Belieben den Text.
3. Um den Entwurfsmodus zu verlassen, klicken Sie auf eine beliebige Zelle. *Formularsteuerelement*-Schaltflächen lassen sich nur bedingt formatieren. Um die Möglichkeiten einzusehen, klicken Sie mit der rechten Maustaste auf die Schaltfläche und wählen Sie aus dem Kontextmenü den Befehl *Steuerelement formatieren.*

**TIPP** Sie können ein Makro auch an eine Grafik binden. Fügen Sie dazu eine beliebige Grafik auf Ihr Tabellenblatt ein. Klicken Sie es mit der rechten Maustaste an und wählen Sie im Kontextmenü den Befehl *Makro zuweisen* aus. Das gleichnamige Dialogfeld wird geöffnet. Wählen Sie hier das Makro aus, das Sie der Grafik zuweisen möchten, und schließen Sie das Dialogfeld. Mit einem Klick auf die Grafik wird das Makro ausgeführt.

# Eine ActiveX-Befehlsschaltfläche verwenden

Alternativ zu einer *Formularsteuerelement*-Schaltfläche können Sie eine ActiveX-Befehlsschaltfläche verwenden. Sie finden diese unter *Entwicklertools/Steuerelemente/Einfügen/ActiveX-Steuerelemente.*

1. Klicken Sie im genannten Pfad auf die Auswahl *Befehlsschaltfläche* und ziehen Sie auf dem Tabellenblatt einen Rahmen auf.
2. Eine entsprechende Befehlsschaltfläche wird erstellt und der Entwurfsmodus aktiviert.
3. Die Schaltfläche trägt den Namen *CommandButton*, gefolgt von einer fortlaufenden Nummer.
4. Um dieser Schaltfläche ein Makro zuzuweisen, müssen Sie eine Codezeile hinterlegen. Klicken Sie doppelt auf die Schaltfläche, um in den VBA-Editor zu gelangen.
5. Sie finden dort zwei vordefinierte Codezeilen. Es handelt sich dabei um das Gerüst für eine *Click*-Ereignisprozedur, die direkt dem Tabellenblatt hinterlegt ist, in dem die Befehlsschaltfläche eingefügt wurde. Wie es der Name der Ereignisprozedur bereits verrät, wird diese per Klick auf die Befehlsschaltfläche ausgeführt. In dieses Codegerüst muss der Name der Prozedur, die gestartet werden soll, eingetragen werden. Angeführt wird die Befehlszeile in der Regel durch die Anweisung `Call`, gefolgt vom Namen des Makros.

**Listing 1.7** Makro zuweisen

```
Private Sub CommandButton1_Click()
   Call MyColorMakro
End Sub
```

Die Anweisung `Call` ist optional. Sie können auch nur den Makronamen eintragen.

**Listing 1.8** Makro zuweisen (ohne *Call*)

```
Private Sub CommandButton1_Click()
   MyColorMakro
End Sub
```

Befehlsschaltflächen können beliebig formatiert und umbenannt werden. Verwenden Sie dazu im VBA-Editor das Eigenschaftenfenster. Sollte das Eigenschaftenfenster nicht angezeigt werden, können Sie es mittels der Taste F4 einblenden.

Das Eigenschaftenfenster können Sie auch von der Excel-Oberfläche aus benutzen. Aufrufen lässt es sich über das Menüband auf der Registerkarte *Entwicklertools* in der Gruppe *Steuerelemente* mit dem Befehl *Eigenschaften.*

Rechts neben der Eigenschaft *Caption* kann der Befehlsschaltfläche ein neuer Name zugewiesen werden.

Wenn Sie die Farbe der Befehlsschaltfläche verändern möchten, klicken Sie ins Feld rechts neben der Eigenschaft *BackColor.* Ein Klick auf den Pfeil des Kombinationsfeldes öffnet eine Farbpalette. Diese enthält die beiden Registerkarten *Palette* und *System.* Wenn Sie *Palette* auswählen, stehen Ihnen verschiedene Farben zur Verfügung.

**Abbildg. 1.16** Das Eigenschaftenfenster

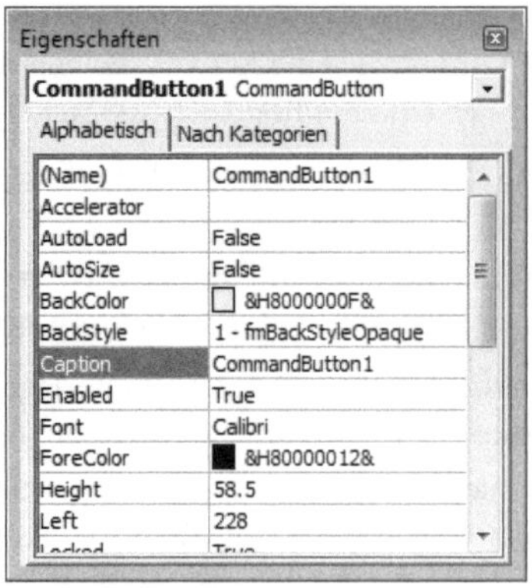


**Abbildg. 1.17** Die Farbpaletten

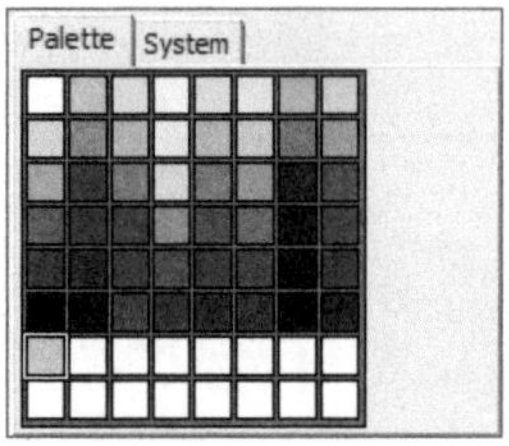


Falls die bestehende Farbpalette nicht ausreichen sollte, klicken Sie mit der rechten Maustaste auf eines der weißen Felder. Das Dialogfeld *Farbe definieren* wird geöffnet. Sie können nun eine beliebige andere Farbe festlegen.

Der hinterlegte VBA-Code kann erst durch Klicken auf die ActiveX-Befehlsschaltfläche ausgeführt werden, wenn diese sich nicht mehr im Entwurfsmodus befindet. Um den Entwurfsmodus zu verlassen, klicken Sie auf die entsprechende (orange) hinterlegte Schaltfläche *Entwurfsmodus* auf der Registerkarte *Entwicklertools* in der Gruppe *Steuerelemente.*

# Die persönliche Makroarbeitsmappe (*PERSONAL.XLSB*)

Wenn Sie ein Makro aufzeichnen, wird dieses automatisch in *Diese Arbeitsmappe* gespeichert, sofern Sie vor der Aufzeichnung keinen anderen Speicherort auswählen. Im Dialogfeld *Makro aufzeichnen*, das Sie über *Entwicklertools/Code/Makro aufzeichnen* aufrufen, kann der Speicherort gewählt werden. Im Kombinationsfeld *Makro speichern in* stehen drei Speicherorte zur Auswahl:

- *Persönliche Makroarbeitsmappe*
- *Neue Arbeitsmappe*
- *Diese Arbeitsmappe*

**Abbildg. 1.18** Ein Makro in der Arbeitsmappe *PERSONAL.XLSB* abspeichern

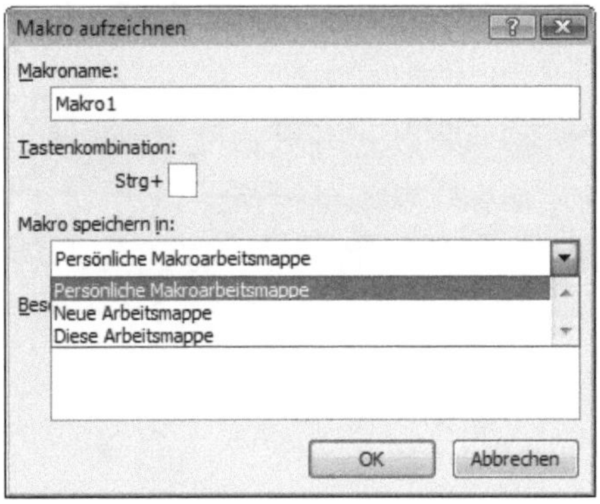


Wenn Sie *Diese Arbeitsmappe* wählen, steht das Makro ausschließlich in der Arbeitsmappe zur Verfügung, in der Sie sich befinden, wenn Sie die Aufzeichnung starten.

Sie können die aktive Arbeitsmappe auch unberührt lassen und das Makro in einer neuen Arbeitsmappe erstellen. Wählen Sie dazu den Eintrag *Neue Arbeitsmappe* aus. Die neue Arbeitsmappe wird automatisch erzeugt, sobald Sie die *OK*-Schaltfläche anklicken.

Sie können ein Makro auch für sämtliche Arbeitsmappen, sprich für die gesamte Excel-Anwendung, zur Verfügung stellen. Wählen Sie dazu den Speicherort *Persönliche Makroarbeitsmappe* aus. Dabei wird das Makro in eine Datei namens *PERSONAL.XLSB* gespeichert.

**WICHTIG** Die Datei *PERSONAL.XLSB* steht nach der Installation von Excel bzw. Office nicht automatisch zur Verfügung. Sie wird erst angelegt, sobald einmal ein Makro mit dem Speicherort *Persönliche Makroarbeitsmappe* aufgezeichnet wurde. Die Datei *PERSONAL.XLSB* wird im Office-Unterordner *XLSTART* angelegt.

In Windows 7 und Windows Vista lautet der Pfad in der Regel:

```
C:\Users\[Benutzername]\AppData\Roaming\Microsoft\Excel\XLSTART\PERSONAL.XLSB
```

In älteren Windows-Versionen:

```
C:\Dokumente und
Einstellungen\[Benutzername]\Anwendungsdaten\Microsoft\Excel\XLSTART\PERSONAL.XLSB
```

Anstelle von *[Benutzername]* steht Ihr Name.

Wenn Sie die *PERSONAL.XLSB* löschen möchten, öffnen Sie im Windows-Explorer den oben genannten Pfad und entfernen die Datei.

Bitte beachten Sie: Der Ordner *Anwendungsdaten* ist standardmäßig versteckt und erst verfügbar, wenn er sichtbar gemacht wird. In Windows 7 und Windows Vista finden Sie die Einstellung, um Systemordner bzw. Dateien einzublenden, im Windows-Explorer unter: *Organisieren/Ordner- und Suchoptionen* auf der Registerkarte *Ansicht* unter *Versteckte Dateien und Ordner*, Option *Ausgeblendete Dateien, Ordner und Laufwerke anzeigen*.

In älteren Windows-Versionen finden Sie die Einstellung im Windows-Explorer unter: *Extras/Ordneroptionen*, Registerkarte *Ansicht*, Option *Alle Dateien und Ordner anzeigen*.

Wenn Sie die Datei *PERSONAL.XLSB* einmal erzeugt haben, ist sie im Projekt-Explorer des VBA-Editors verfügbar. Die darin enthaltenen Makros können eingesehen und bearbeitet werden.

**Abbildg. 1.19** Das VBA-Projekt *PERSONAL.XLSB*

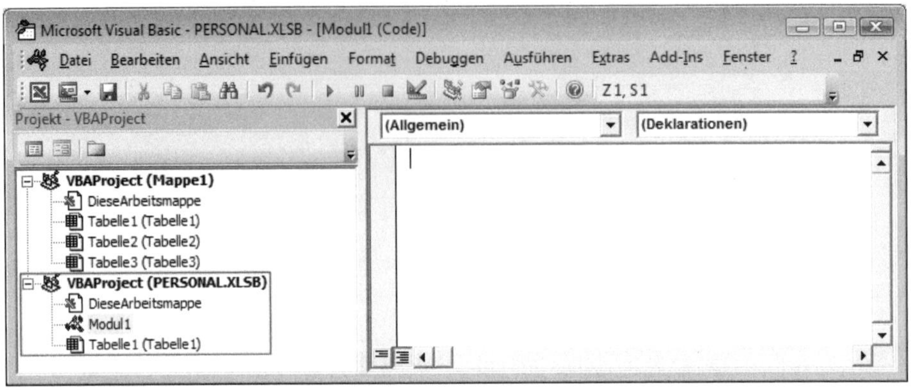


Die Arbeitsmappe *PERSONAL.XLSB* wird beim Start von Excel automatisch im Hintergrund geladen. Die Arbeitsmappe ist, zum Schutz vor versehentlichen Veränderungen, nicht sichtbar.

Wenn Sie ein Makro in der persönlichen Makroarbeitsmappe erstellt haben, erscheint beim Schließen der Applikation die in Abbildung 1.20 gezeigte Meldung.

**Abbildg. 1.20** Speicherrückfrage bezüglich *PERSONAL.XLSB*

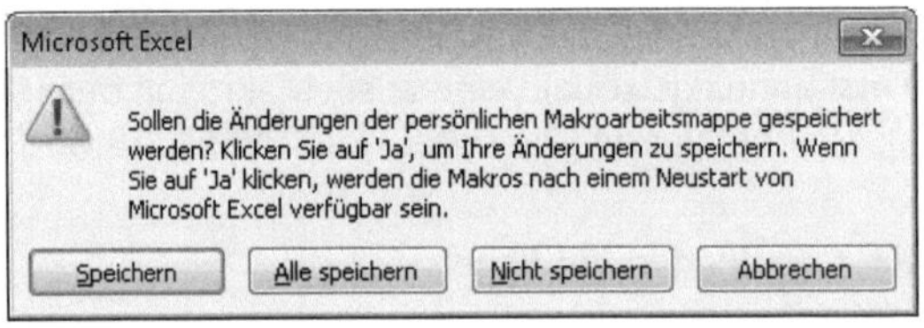


Klicken Sie auf *Speichern*, wenn Sie die Makros speichern möchten. Nur so stehen sie Ihnen später, beim erneuten Start von Excel, wieder zur Verfügung.

# Den VBA-Editor kennen lernen

Um in die VBA-Umgebung von Excel zu gelangen, gibt es verschiedene Wege. Einer davon führt über das Menüband und dort über *Entwicklertools/Code/Visual Basic*. Der kürzere Aufruf jedoch erfolgt über die Tastenkombination Alt+F11. Ein weiterer Weg ist der Klick mit der rechten Maustaste auf eine der unten im Fenster angezeigten Registerkarten für die Tabellenblätter. Wählen Sie im Kontextmenü den Eintrag *Code anzeigen* aus. Egal, welchen Weg Sie wählen: Sie befinden sich anschließend im VBA-Editor.

Die Abbildung 1.21 zeigt die vier Grundelemente der VBA-Entwicklungsumgebung (VBE). Im oberen Bereich sind dies der Projekt-Explorer und der VBA-Editor. Im unteren Bereich befinden sich das Eigenschaftenfenster und der Direktbereich.

Weitere Fenster, wie zum Beispiel das Lokal-Fenster, können über den Menübefehl *Ansicht* eingeblendet werden.

# Der Projekt-Explorer

Im Ordner *Microsoft Excel Objekte* des Projekt-Explorers befinden sich standardmäßig *DieseArbeitsmappe* sowie die einzelnen Tabellenblätter. Für jedes in der Arbeitsmappe enthaltene Tabellenblatt wird in der VBE ein Dokumentmodul (auch Klassenmodul genannt) angezeigt (z.B. *Tabelle1 (Tabelle1)*). Diese sind, entsprechend der Anzahl der Tabellenblätter, fortlaufend nummeriert. Der Name des Dokumentmoduls setzt sich aus zwei Komponenten zusammen. Der erste Teil ist der Name des Dokumentmoduls. Der zweite Teil, der sich in Klammer befindet, ist der Name des Tabellenblattes selbst. Der Name des Dokumentmoduls lässt sich im Eigenschaftenfenster an erster Stelle im Feld *(Name)* verändern. In Abbildung 1.21 ist das Feld farbig hinterlegt.

**HINWEIS** Alle im Ordner *Microsoft Excel Objekte* enthaltenen Codeblätter werden in der Regel ausschließlich für die ereignisorientierte Programmierung verwendet. Näheres dazu erfahren Sie in Kapitel 14.

Im Projekt-Explorer können drei weitere Typen hinzugefügt werden. Klicken Sie dazu mit der rechten Maustaste auf eine beliebige Stelle innerhalb Ihres Projektes und wählen Sie im Kontextmenü den Befehl *Einfügen* aus. Sie können nun entweder ein *UserForm*, ein *Modul* oder ein *Klassenmodul* auswählen und in Ihr Projekt einfügen. Die Erläuterungen zu diesen unterschiedlichen Modultypen finden Sie am Ende dieses Kapitels.

**Abbildg. 1.21** Die VBA-Entwicklungsumgebung (VBE)

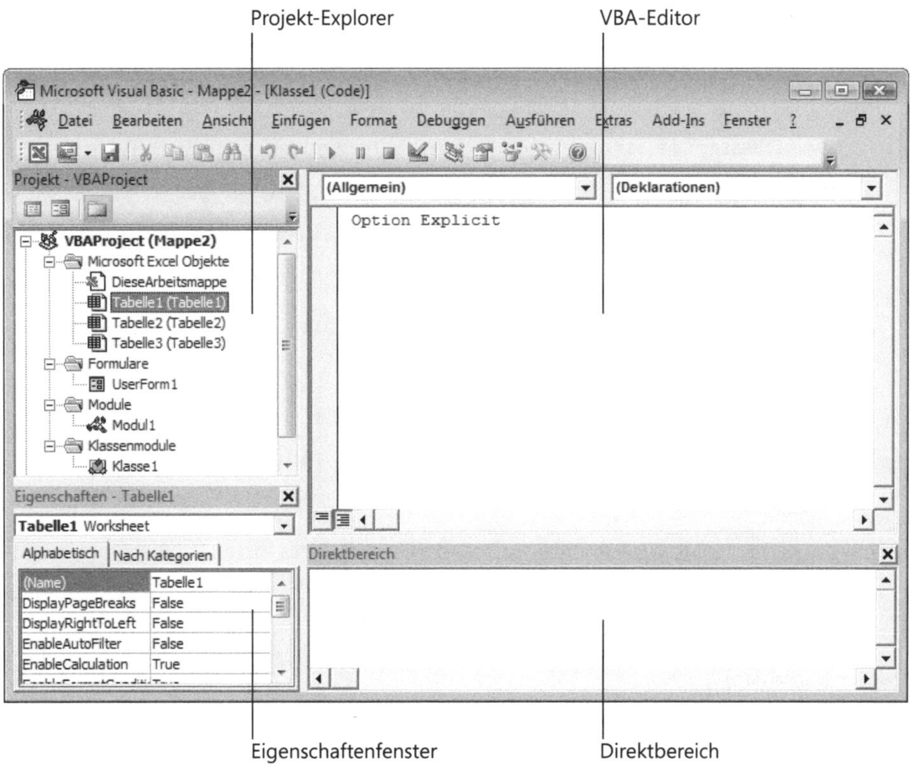

# Der VBA-Editor

Der Kern der Visual Basic-Entwicklungsumgebung (VBE) ist der VBA-Editor, worin der VBA-Code geschrieben wird. Wie Sie in Abbildung 1.21 erkennen können, ist bereits eine Codezeile, nämlich `Option Explicit` vorhanden. Diese wird standardmäßig zu Beginn eines jeden Moduls automatisch eingefügt, sofern in der VBE unter dem Menübefehl *Extras/Optionen* auf der Registerkarte *Editor* das Kontrollkästchen *Variablendeklaration erforderlich* aktiviert ist (siehe Abbildung 1.22).

Es handelt sich bei `Option Explicit` um eine sehr sinnvolle Einstellung, die Ihnen eine Menge Ärger ersparen kann. Sie erzwingt die Deklaration aller im Code verwendeten Variablen. Wenn Sie in Ihrem VBA-Code Variablen verwenden, die nicht zu Beginn der Prozedur dimensioniert (*Dim*) wurden, werden Sie durch ein Meldungsfenster darauf hingewiesen. So können leicht Tippfehler in Variablen gefunden werden. Zugegeben, manchmal kann die Einstellung nervig sein, denn das Meldungsfeld erscheint immer dann, wenn Ungereimtheiten entdeckt werden. Wenn Sie jedoch häufig VBA-Codes schreiben, werden Sie vermutlich früher oder später diese Einstellung vornehmen. Tippfehler in Variablen sind eine sehr ärgerliche Fehlerquelle, die man oftmals gar nicht in Betracht zieht und den Fehler ganz woanders sucht.

Im folgenden Beispiel ist die Variable `strMessage` in der letzten Codezeile falsch geschrieben. Da zu Beginn der Prozedur die Variablendeklaration durch `Option Explicit` erzwungen wurde, wird der Fehler beim Ausführen des Codes erkannt und markiert. Ohne `Option Explicit` würde der Fehler übergangen. Es würde trotzdem ein Meldungsfeld anzeigt, dieses wäre jedoch leer. In umfangreichen Prozeduren kann die Suche nach einem solchen Fehler sehr zeitaufwändig sein.

**Listing 1.9** Tippfehler in der Variable

```
Option Explicit

Sub HelloWorld()
   Dim strMessage As String
   strMessage = "Hello World"
   MsgBox strMesage     ' <--- Tippfehler
End Sub
```

**Abbildg. 1.22** Die Variablendeklaration erzwingen

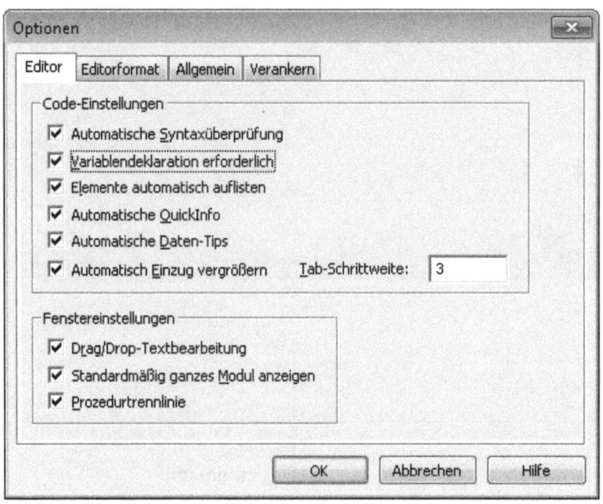

# Das Eigenschaftenfenster

Das Eigenschaftenfenster präsentiert sich unterschiedlich, je nachdem, welches Objekt in der VBE aktiv ist. Dies bedeutet, dass die Anzahl an Eigenschaften variieren kann. Je nach aktivem Objekt werden komplett unterschiedliche Eigenschaften angezeigt. Im Eigenschaftenfenster können verschiedene Einstellungen vorgenommen werden, unter anderem auch die Formatierung von Objekten.

Falls das Eigenschaftenfenster bei Ihnen nicht sichtbar ist, können Sie es in der VBE über den Menübefehl *Ansicht/Eigenschaftenfenster* oder die Taste F4 einblenden.

Bei einer neu erstellten Arbeitsmappe können Sie sich beispielsweise die Eigenschaften von *DieseArbeitsmappe* oder der einzelnen Tabellenblätter ansehen und verändern.

**Abbildg. 1.23** Das Eigenschaftenfenster

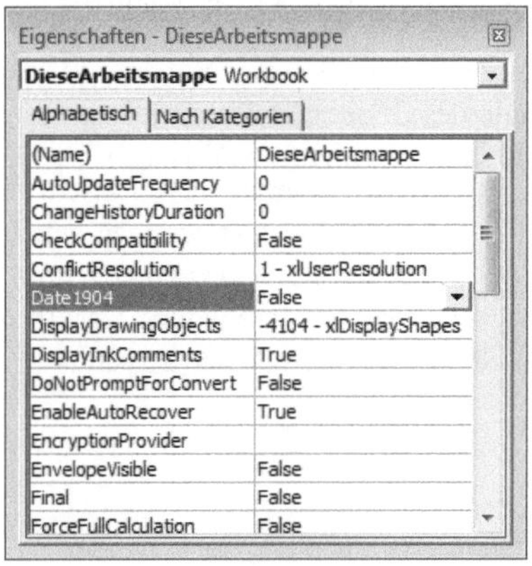


Wenn Sie eine Veränderung an den Eigenschaften vornehmen, werden diese automatisch direkt auf die aktive Arbeitsmappe angewendet. Nehmen wir als Beispiel die Eigenschaft *Date1904*. Gemäß Abbildung 1.23 ist diese Eigenschaft deaktiviert und weist somit *False* auf. Um die Einstellung zu aktivieren, klicken Sie auf die Eigenschaft und wählen nach einem Klick auf den Dropdownpfeil in der Liste den Eintrag *True* aus. Dies hat einen unmittelbaren Einfluss auf die Optionen, denn dort wird das entsprechende Kontrollkästchen aktiviert. Um dies zu prüfen, gehen Sie wie folgt vor:

1. Wechseln Sie von der VBE zu Excel.
2. Klicken Sie auf *Datei/Optionen*.
3. Aktivieren Sie die Kategorie *Erweitert*.
4. Wenn im Eigenschaftenfenster der VBE unter *Date1904* der Wert *True* eingestellt ist, ist im Abschnitt *Beim Berechnen dieser Arbeitsmappe* das Kontrollkästchen vor *1904-Datumswerte verwenden* aktiviert, ansonsten deaktiviert.
5. Wenn Sie das Kontrollkästchen in Dialogfeld *Optionen* deaktivieren, wird im Eigenschaftenfenster der VBE die Eigenschaft automatisch auf *False* zurückgestellt.

Das Eigenschaftenfenster enthält zwei Registerkarten. Je nachdem, welche aktiv ist, wird der Inhalt des Eigenschaftenfensters anders angeordnet dargestellt:

- Durch das Aktivieren der Registerkarte *Alphabetisch* werden die Namen der Eigenschaften alphabetisch aufsteigend sortiert angezeigt.

- Wenn Sie die Registerkarte *Nach Kategorien* aktivieren, werden die Eigenschaften in Gruppen zusammengefasst. *DieseArbeitsmappe* enthält lediglich die Gruppe *Verschiedenes.*

Die Vielzahl an Eigenschaften lässt sich am besten an entsprechenden Beispielen erläutern. Sie werden deshalb im Verlauf dieses Buchs noch häufiger mit dem Eigenschaftenfenster vertraut gemacht.

# Der Direktbereich

Das Direktfenster kann für verschiedene Zwecke verwendet werden. Der sinnvollste Einsatz ist wohl das Abfragen des Inhaltes einer Variablen über die Anweisung `Debug.Print`. Auf diese Weise kann festgestellt werden, ob die Variable den gewünschten Wert enthält.

Falls der Direktbereich nicht eingeblendet ist, können Sie ihn in der VBE über den Menübefehl *Ansicht/Direktfenster* anzeigen lassen. Alternativ dazu verwenden Sie die Tastenkombination Strg+G.

In der folgenden Beispielprozedur wird der Variablen `strName` eine Zeichenfolge zugewiesen. Führen Sie den Code aus, indem Sie den Mauszeiger innerhalb des Codes platzieren und die Taste F5 drücken. Die Codezeile `Debug.Print strName` veranlasst, dass der Inhalt der Variablen im Direktfenster ausgegeben wird.

**Listing 1.10** Variableninhalt im Direktfenster ausgeben

```
Sub VarContent()
   Dim strName As String
   strName = "Monika Can"
   Debug.Print strName
End Sub
```

**Abbildg. 1.24** Das Codefenster befindet sich in der oberen Hälfte und der Direktbereich in der unteren

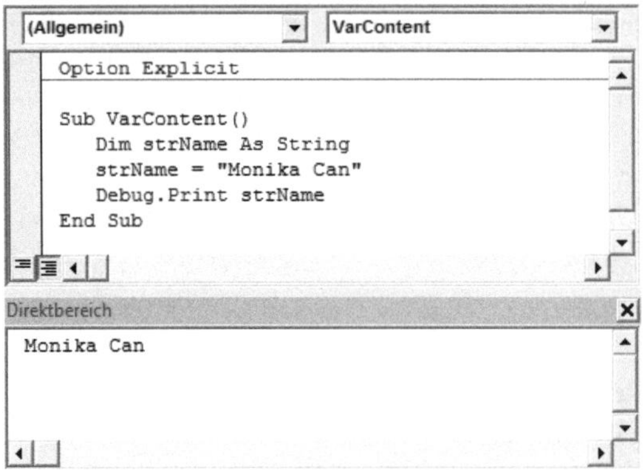


Weiterhin kann das Direktfenster dazu verwendet werden, einzelne Codezeilen zu testen. Beispielweise lässt sich der Name der zurzeit aktiven Arbeitsmappe auslesen. Geben Sie im Direktfenster selbst ein Fragezeichen (?) gefolgt von der gewünschten Anweisung ein: `?ActiveWorkbook.Name`. Bestätigen Sie die Eingabe mit der ↵-Taste. Das Ergebnis wird im Direktfenster angezeigt.

# Weitere Einstellungsmöglichkeiten

In der VBE können verschiedene Einstellungen vorgenommen werden. Nachfolgend werden einige davon beschrieben. Ein Klick auf die *Hilfe*-Schaltfläche im Dialogfeld *Optionen* zeigt eine vollständige Beschreibung aller möglichen Einstellungen an.

## Elemente des Editors ein- oder ausblenden

Das Verhalten des Editors kann auf Wunsch den eigenen Bedürfnissen angepasst werden.

1. Rufen Sie den Menübefehl *Extras/Optionen* auf, um das Dialogfeld *Optionen* zu öffnen.
2. Aktivieren Sie die Registerkarte *Editor*, sofern sie nicht bereits aktiv ist.

**Abbildg. 1.25** Einstellungsmöglichkeiten für den Editor

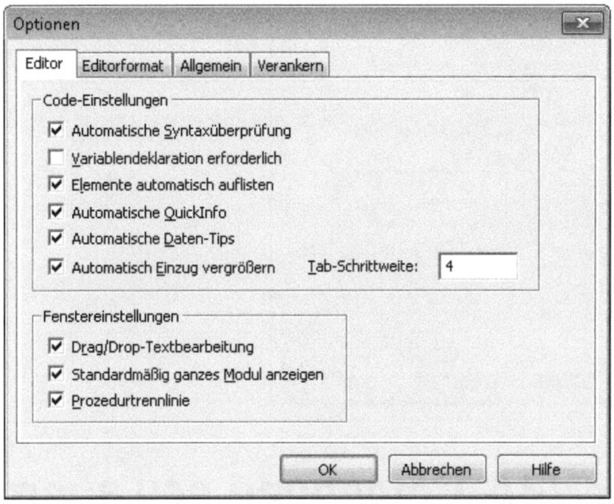


Nachfolgend finden Sie eine Beschreibung zu den wichtigsten Einstellungen der Registerkarte *Editor*.

**Tabelle 1.3** Nützliche Editor-Einstellungen

| Auswahl | Bedeutung |
|---|---|
| *Automatische Syntaxprüfung* | Nachdem Sie eine Codezeile vollständig eingegeben haben, wird automatisch geprüft, ob darin ein Fehler enthalten ist. Beispielsweise ein Tippfehler in einer VBA-Anweisung. |
| *Variablendeklaration erforderlich* | Dieses Thema wurde in diesem Kapitel bereits ausführlich beschreiben |
| *Elemente automatisch auflisten* | Damit ist die IntelliSense-Funktion gemeint. Sie können diese auf Wunsch deaktivieren. Mehr dazu erfahren Sie in Kapitel 3. |
| *Automatisch Einzug vergrößern* | Ein Code wird in der Regel strukturiert dargestellt. Das bedeutet, dass die Codezeilen nach einer gewissen Logik eingerückt werden, um die Lesbarkeit zu erhöhen. Eine Codezeile wird eingerückt, indem die [Tab]-Taste gedrückt wird. Die Standardeinstellung lautet auf vier Leerzeichen. Diese Schrittweite können Sie erhöhen oder reduzieren.<br>Diese Einstellung hat allerdings keinen Einfluss auf den Makrorekorder. Er wird die vier Schritte auch weiterhin beibehalten. |
| *Prozedurtrennlinie* | Fügt automatisch eine Trennlinie zwischen zwei Prozeduren ein |

### Formate des Editors ändern

Nicht jedes Zeichen im Editor wird schwarz dargestellt. Kommentarzeilen erscheinen automatisch in grüner Farbe, VBA-Schlüsselwörter werden blau angezeigt usw. Auch die Schriftart kann verändert werden.

1. Rufen Sie den Menübefehl *Extras/Optionen* auf und aktivieren Sie die Registerkarte *Editorformat*.
2. Aktivieren Sie im Listenfeld *Code-Farben* den Texttyp, den Sie verändern möchten.
3. Nehmen Sie die gewünschten Schrift- und Farbeinstellungen vor.

**Abbildg. 1.26** Editorformate ändern

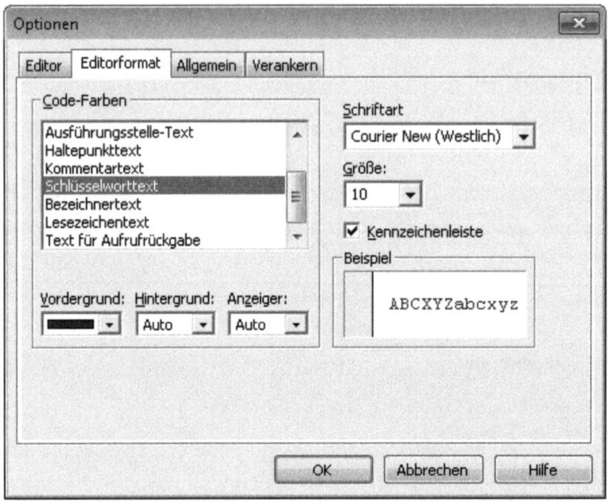


## Elemente in der VBA-Umgebung neu anordnen

Fenster, die in der VBE eingeblendet sind, können verschoben werden. Sie können beispielsweise den Projekt-Explorer an einer anderen Stelle platzieren.

### Elemente verankern

Die meisten Elemente der VBE sind verankert. Das bedeutet, dass ein fester Platz (oder mehrere) für sie reserviert ist, wo sie untergebracht werden können. Der Projekt-Explorer und das Eigenschaftenfenster zum Beispiel sind am linken Rand des VBE verankert.

Die Verankerung kann über den Menübefehl *Extras/Optionen* auf der Registerkarte *Verankern* aufgehoben werden. Das ist jedoch wenig sinnvoll, denn dadurch überlagert das losgelöste Fenster das Codefenster. Nur wenn Sie vorzugsweise mit verkleinertem Fenstermodus arbeiten, werden Sie es unter Umständen mögen. Ansonsten lassen Sie besser die Finger davon.

### Elemente platzieren

Wenn Sie dennoch eines der verankerten Fenster z. B. das *Eigenschaftenfenster* in eine andere Position gezogen haben, steht es möglicherweise frei schwebend über dem Codefenster. Sie werden bald feststellen, dass das keine gute Idee war, denn Sie werden häufig damit beschäftigt sein, das Fenster zu verschieben, weil es nämlich früher oder später über Ihrem Code liegt und Sie dadurch in Ihrer Arbeit behindert.

Wie bereits erwähnt, kann es recht umständlich sein, die Ausgangslage wieder herzustellen, denn die Fenster haben die leidige Angewohnheit, lieber nebeneinander als untereinander liegen zu wollen.

**TIPP** Wenn Sie das Eigenschaftenfenster losgelöst haben und es wieder unter dem Projekt-Explorer platzieren möchten, führen Sie einen Doppelklick auf die jeweilige Titelleiste aus. Falls nötig, passen Sie anschließend die Höhe der Fenster manuell an.

# VBA-Code kommentieren

Ihren Code zu kommentieren, ist eines der wichtigsten Dinge in der VBA-Programmierung. Wenn Sie Ihren Code sauber und ausführlich kommentieren, werden Sie sich jederzeit wieder darin zurecht finden. Oft kommt es vor, dass eine Prozedur erst nach einem längeren Zeitraum wieder bearbeitet werden muss. Sie werden dann möglicherweise überrascht sein, wie fremd Ihnen Ihre eigenen Programmzeilen vorkommen und sind umso dankbarer, wenn Sie eine gute Beschreibung vorfinden. Der Code sollte so gut kommentiert sein, dass auch andere Programmierer verstehen, was in der Prozedur geschieht. Versuchen Sie, weder Platz sparend noch verschwenderisch zu sein. Kommentare sollen kurz, übersichtlich und aussagekräftig sein.

Eine Kommentarzeile wird jeweils durch ein Hochkomma (') eingeleitet. Kommentare werden im VBA-Editor grün dargestellt und sind daran leicht als solche zu erkennen.

Es gibt verschiedene Orte, wo Sie Ihre Kommentare einfügen können. Man kann diese in drei Stufen unterteilen: den Modullevel, den Prozedurlevel und den Codelevel.

## Modullevel-Kommentare

Ein Modullevel-Kommentar wird oberhalb `Option Explicit`, also direkt zu Beginn des Moduls, erfasst. Er beschreibt kurz und treffend, welche Prozeduren sich im ausgewählten Modul befinden, und eventuell noch, was sie tun.

**Listing 1.11** Modullevel-Kommentar

```
'
' Beschreibung: Hier folgt eine kurze Beschreibung
'               zu den Prozeduren, die sich in diesem
'               Modul befinden.
'               Beispiel: In diesem Modul befinden sich
'               verschiedene Makros zum Üben.
'
Option Explicit

Sub test1()
   MsgBox "Hallo Welt"
End Sub
```

# Prozedurlevel-Kommentare

Ein Prozedurlevel-Kommentar wird direkt über einer bestimmten Prozedur eingefügt. Er beschreibt in erster Linie, was die folgende Prozedur tut. In der Regel ist dies der ausführlichste Teil der Kommentierung. Sie sollten, unter anderem, die Beschreibungen zu einzelnen Variablen oder sonstigen Besonderheiten aufführen. Auf jeden Fall sollten Sie die einzelnen Versionen des Codes dokumentieren. Dies kann beispielsweise in Form eines Datums geschehen. Es sollte auch der Autor erwähnt werden, damit bei Bedarf klar ist, mit wem Rücksprache gehalten werden muss.

**Listing 1.12** Prozedurlevel-Kommentar

```
' -------------------------------------------------------------
' Beschreibung: Ein einfaches Beispiel zur Erstellung eines
'               Meldungsfensters.
'
' Variable:     Befüllen der Textvariablen "str" und
'               späteres Ergänzen derselben.
'
' -------------------------------------------------------------
' Datum      | Programmierer(in) | Beschreibung
' -------------------------------------------------------------
' 01.05.2010 | Monika Can        | Einfache MsgBox
' 28.06.2011 | Zülfü Can         | Übung mit einer Variablen
'            |                   | ergänzt

Sub test1()
   Dim str As String

   str = "Hallo Welt"
   MsgBox str
   str = str & " von Monika Can"
   MsgBox str
End Sub
```

# Codelevel-Kommentare

Codelevel-Kommentare befinden sich innerhalb eines Codes und beschreiben kurz und knapp einzelne Abschnitte oder Elemente eines Codes.

Kommentare müssen nicht zwingend in eigenen Zeilen stehen, sondern Sie können diese auch hinter einer Codezeile einfügen.

Falls Sie eine lange Kommentarzeile einfügen möchten, können Sie diese durch ein Leerzeichen gefolgt von einem Unterstrich (_) umbrechen. Codezeilen lassen sich übrigens auf dieselbe Weise umbrechen.

**Listing 1.13** Kommentare in Prozeduren

```
Sub MyColorMakro()
   ' Zellen einfärben
   Range("A1:B5").Interior.Color = vbRed       ' Rot
   Range("C6:D10").Interior.Color = vbBlue     ' Blau
   Range("E11:F15").Interior.Color = vbGreen   ' Grün
```

**Listing 1.13** Kommentare in Prozeduren *(Fortsetzung)*

```
    ' Dies ist eine Kommentarzeile, die durch einen _
      Unterstrich umbrochen wurde.
End Sub
```

**TIPP** Wenn Sie ein Makro aufgezeichnet haben, sind darin unter Umständen Codezeilen enthalten, die nicht benötigt werden. Wenn Sie nicht sicher sind, ob auf eine Codezeile wirklich verzichtet werden kann, ist es sinnvoll, diese durch ein Hochkomma als Kommentar zu deklarieren. Die Codezeile wird dadurch als Kommentar gewertet und nicht ausgeführt. Sie können dann das Makro ausführen und prüfen, ob die Prozedur immer noch wie gewünscht funktionstüchtig ist. Wenn nicht, entfernen Sie das Hochkomma und die Codezeile wird bei erneutem Aufrufen des Makros wieder ausgeführt. Hätten Sie die Zeile gänzlich gelöscht, müssten Sie unter Umständen das gesamte Makro erneut aufzeichnen, da der Inhalt der gelöschten Zeile nicht mehr verfügbar wäre.

# Die Visual Basic-Hilfe

Wie das in allen Office-Versionen der Fall ist, wurde auch die VBA-Hilfe laufend erweitert. Nicht zuletzt, weil mit jeder Version neue Objekte, Eigenschaften oder Methoden hinzugekommen sind.

**HINWEIS** Mehr zum Thema Objekte, Eigenschaften und Module erfahren Sie in Kapitel 2.

Womöglich tun Sie sich mit der Hilfe zu Beginn etwas schwer. In Excel ist das ja nicht anders. Das liegt jedoch nur daran, dass Ihnen die VBA-Begriffe noch nicht vertraut sind. Mit etwas Erfahrung werden Sie die Hilfe durchaus zu schätzen wissen, denn sie enthält unter anderem unzählige Beispiele.

Genau wie in Excel gibt es auch in VBA verschiedene Wege, um zur Hilfe zu gelangen. Nachfolgend einige Tipps, wie die Hilfe verwendet werden kann:

1. Markieren Sie in Ihrem VBA-Code einen Befehl und drücken Sie die Taste F1. Wenn das Thema in der Hilfe zur Verfügung steht, werden Sie dorthin geführt.
2. Falls zu dem angeforderten Befehl mehrere Erläuterungen vorhanden sind, wird ein Inhaltsverzeichnis mit Hyperlinks angezeigt. Diese können angeklickt werden, um zu den dahinter verborgenen Tipps zu gelangen.

**Abbildg. 1.27** Hilfe zu einem bestimmten Befehl anfordern

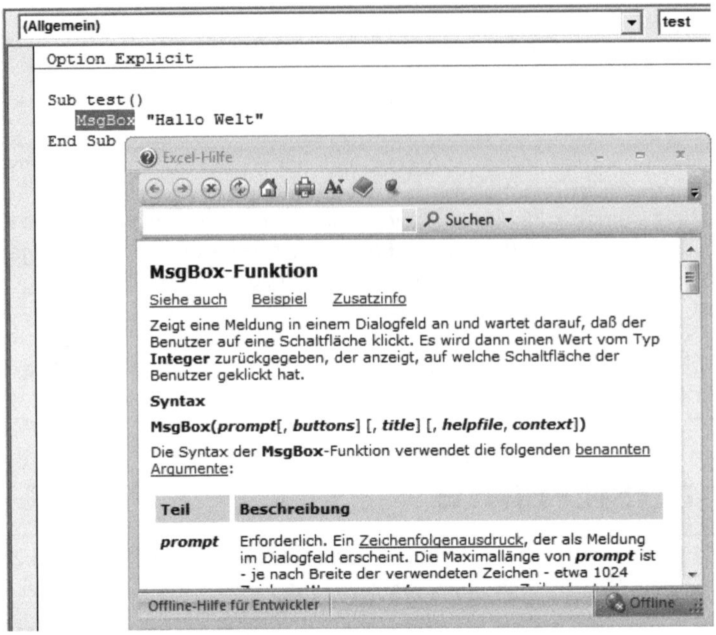


Ein weiterer Weg, um im VBA-Editor ein Hilfethema aufzurufen, führt über die Menüleiste:

1. Rufen Sie den Menübefehl *?/Microsoft Visual Basic for Applications-Hilfe* auf. Nach dem Aufrufen des Befehls steht Ihnen ein Suchfenster zur Verfügung.

**Abbildg. 1.28** Das Hilfedialogfeld verwenden

2. Geben Sie ins Eingabefeld den Suchbegriff ein und drücken Sie die [↵]-Taste.
3. Die gefundenen Hilfethemen werden im Aufgabenbereich als Hyperlinks angezeigt. Sie brauchen diesen nur zu folgen, um den gewünschten Hilfedialog zu öffnen.

Es gibt noch einen dritten Weg, um Hilfethemen aufzurufen. Dieser Weg ist so unscheinbar, dass er oft gar nicht bemerkt wird. Er befindet sich in der ganz rechts in der Menüleiste der VBE.

**Abbildg. 1.29** Eingabefeld für die Hilfe

1. Geben Sie in das dort enthaltene Eingabefeld einen Suchbegriff ein und drücken Sie die [↵]-Taste. Der Aufgabenbereich wird eingeblendet.
2. Wiederum präsentierten sich, genau wie zuvor, die Hilfethemen in Form von Hyperlinks.

# Mit Modulen arbeiten

Das Thema Module ist sehr wichtig in VBA, denn jeder Code, der erzeugt wird, steht in einem Modul. Es gibt verschiedene Modultypen und es ist entscheidend, den Code im richtigen Modul unterzubringen.

Ein Modul ist ein Container, der eine oder mehrere Prozeduren aufnehmen kann. Die Module wiederum sind immer in einem Projekt untergebracht. Ein Projekt entspricht einer Excel-Arbeitsmappe.

## Welche Modultypen gibt es?

Wenn Sie ein Makro aufzeichnen, wird automatisch ein Standardmodul erzeugt, was auch völlig korrekt ist. Jeder gewöhnliche VBA-Code wird in ein Standardmodul gespeichert. Alle anderen Modultypen sind für besondere Arten von Prozeduren gedacht, wie Sie gleich erfahren werden.

**Tabelle 1.4** Die verschiedenen Modultypen im Überblick

<table>
<tr><th>Modultyp</th><th>Bedeutung</th></tr>
<tr><td>Dokumentmodul<br>
</td><td>Dokumentmodule werden häufig auch als Objekt- oder Klassenmodule bezeichnet. Letzteres ist nicht falsch, jedoch etwas verwirrend, da herkömmliche Klassenmodule in einem separaten Modul untergebracht sind.<br>Ein Dokumentmodul umfasst immer DieseArbeitsmappe sowie einige Tabellenblätter. Die Anzahl der Tabellenblätter hängt davon ab, wie viele sich in der Arbeitsmappe befinden. Wenn ein weiteres Tabellenblatt eingefügt wird, steht automatisch auch ein weiteres Dokumentmodul zur Verfügung.<br>Ein Dokumentmodul ist in der Regel ausschließlich für Ereignisprozeduren vorgesehen. Mehr darüber erfahren Sie in Kapitel 14.</td></tr>
</table>

**Tabelle 1.4** Die verschiedenen Modultypen im Überblick *(Fortsetzung)*

| Modultyp | Bedeutung |
|---|---|
| Formularmodul 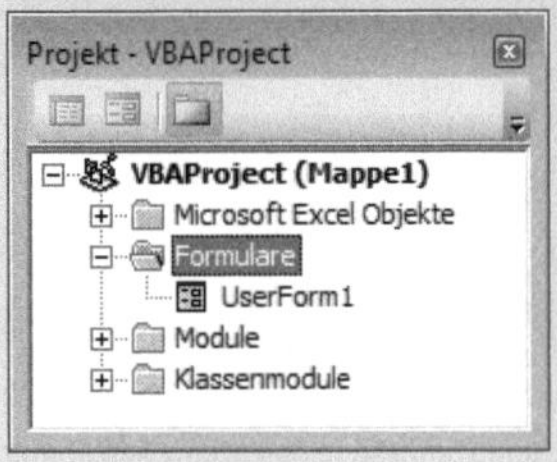  | Formularmodule werden auch als UserForm-Module bezeichnet. Beides ist richtig. Beim Erstellen eines Formularmoduls wird automatisch ein UserForm angelegt. Damit können Formulare zur Eingabe von Daten erstellt werden.<br>Mehr dazu erfahren Sie in Kapitel 21. |
| Standardmodul 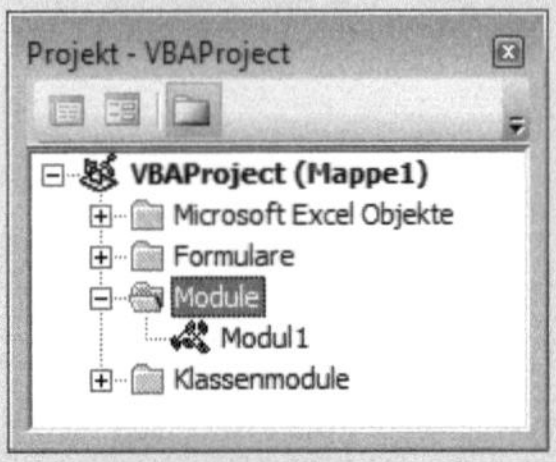  | Standardmodule oder einfach Module genannt, sind diejenigen, die wohl am häufigsten im Einsatz sind. Wie bereits erwähnt, werden auch Codes, die durch den Makrorekorder erzeugt werden, darin abgespeichert.<br>Wir werden im Verlaufe dieses Buches somit sehr häufig mit Standardmodulen arbeiten. |
| Klassenmodul 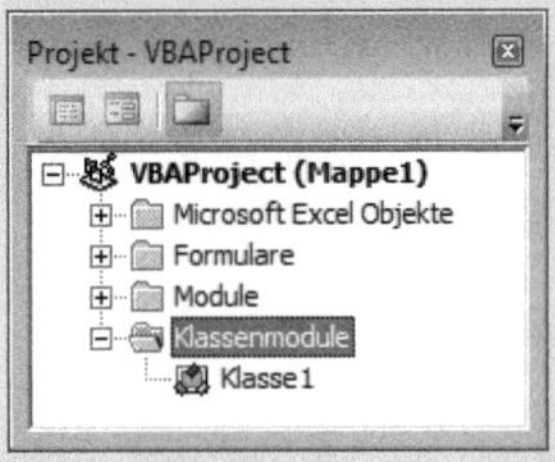  | Klassenmodule sind eine ganz besondere Art von Modulen. In ihnen können unter anderem Prozeduren untergebracht sein, die neue *Eigenschaften* oder *Methoden* erzeugen.<br>Mehr dazu erfahren Sie in Kapitel 25. |

# Ein Modul einfügen

Nachdem Sie nun die verschiedenen Modultypen kennen, möchten Sie sicherlich erfahren, wie diese manuell erzeugt werden können (der Makrorekorder tut dies ja automatisch).

Sie können lediglich Standardmodule, Formularmodule und Klassenmodule manuell einfügen. Dokumentmodule werden automatisch erzeugt, sobald ein neues Tabellenblatt angelegt wird.

Ein Modul einzufügen ist denkbar einfach. Wichtig ist, dass Sie zuvor sicherstellen, dass Sie sich im richtigen Projekt befinden. Wie so oft führen viele Wege nach Rom. Nachfolgend werden die verschiedenen Wege aufgezeigt. Sie können für sich selbst entscheiden, welcher für Sie der einfachste ist:

- Der erste Weg führt über das Menü *Einfügen*. Rufen Sie darin den gewünschten Modultyp auf.

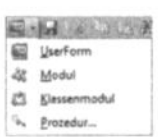

- Der zweite Weg führt über die Symbolleiste *Voreinstellungen*. Klicken Sie darin auf die zweite Schaltfläche von links (der Name variiert je nach Voreinstellung) und wählen Sie im daraufhin geöffneten Dropdownmenü den entsprechenden Modultyp aus.

- Der dritte Weg führt über das Kontextmenü. Klicken Sie mit der rechten Maustaste auf Ihr Projekt und wählen Sie im Kontextmenü den Befehl *Einfügen* gefolgt vom gewünschten Modultyp aus.
- Alternativ zu den genannten Möglichkeiten können Sie auch mit Tastenkombinationen arbeiten. Wählen Sie `Alt`+`E`,`M` um ein Standardmodul einzufügen. `Alt`+`E`,`U` fügt ein Formularmodul (UserForm) ein und `Alt`+`E`,`K` ein Klassenmodul.

# Ein Modul umbenennen

Standardmodule tragen automatisch den Namen *Modul1*, *Modul2*, *Modul3* usw. Jedes Standardmodul, das neu eingefügt wird, wird entsprechend weiternummeriert. Ein Formularmodul trägt den Namen *UserForm1*, ein Klassenmodul den Namen *Klasse1* und ein Dokumentmodul den Namen *Tabelle1* usw. Einzig das Dokumentmodul *DieseArbeitsmappe* kann pro Projekt nur einmal vorhanden sein, denn ein Projekt entspricht, wie Sie wissen, einer einzelnen Arbeitsmappe.

Diese Namen sind nicht besonders aussagekräftig. Nehmen wir an, Sie erstellen drei Standardmodule mit verschiedenen Prozeduren darin. Ein Jahr vergeht und Sie möchten die Prozeduren verwenden oder anpassen. Es ist nicht auszuschließen, dass Sie sich dann nicht mehr daran erinnern können, welches Modul zu welchem Zweck erstellt wurde. Die Module sollten deshalb aussagekräftige Namen tragen.

**TIPP** Bevor Sie damit beginnen, Ihre Module umzubenennen, sollten Sie sich mit dem Gedanken vertraut machen, *Präfixe* zu verwenden. Präfixe bestehen in der Regel aus einem Kürzel aus drei Buchstaben, die einem Namen vorangestellt werden.

Sie fragen sich nun bestimmt, wozu das gut ist. Ganz einfach, Sie erreichen damit eine bessere Übersicht. Erfahrene Programmierer verwenden Präfixe nicht nur in Bezug auf Module, sondern für nahezu alle VBA-Objekte. Besonders bei der Arbeit mit UserForms ist dies sehr nützlich, denn Sie erkennen dann innerhalb eines Codes sofort, welcher Elementtyp angesprochen wird. Es mag Ihnen jetzt, zu diesem frühen Zeitpunkt, als umständlich und überflüssig erscheinen, aber Sie werden sich bestimmt später wieder daran erinnern.

Es gibt keine wirklichen Konventionen für Präfixe, aber in der Regel sind sich die Programmierer stillschweigend darüber einig. Als »roten Faden« verwenden viele Programmierer die Vorschläge von Gregory Reddick. Seine Webseite unter *http://www.xoc.net/standards/default.asp* deckt die meisten Konventionen ab (die Webseite ist in englischer Sprache verfasst).

Es gibt eine Vielzahl von Präfixen. Es wäre sinnlos, diese hier schon alle aufzulisten. Deshalb nachfolgend zunächst eine Liste für die Modulpräfixe. Weitere Präfixvorschläge werden im Verlauf des Buchs folgen.

**Tabelle 1.5** Präfixe für Module

| Präfix | Bedeutung |
|---|---|
| sht | Dokumentmodul (sheet) |
| frm | Formularmodul (form) |
| mdl | Standardmodul (module) |
| cls | Klassenmodul (class) |

Sehen wir uns nun an, wie einem Modul ein neuer Name zugewiesen werden kann. Bestimmt können Sie sich noch an das Eigenschaftenfenster erinnern. Genau dort wird ein neuer Name vergeben:

1. Aktivieren Sie das Modul, das Sie umbenennen möchten.

**Abbildg. 1.30** Einen Modulnamen ändern

2. Doppelklicken Sie im Eigenschaftenfenster auf das Eingabefeld neben dem Eintrag *(Name)* und geben Sie dort den neuen Namen ein.
3. Beenden Sie die Eingabe, indem Sie die [↵]-Taste betätigen. Das Modul trägt nun den neuen Namen.

# Ein Modul exportieren

Sie können Module exportieren, um zum Beispiel eine Sicherheitskopie zu erstellen oder diese später wieder in eine beliebige Arbeitsmappe zu importieren.

Um ein Modul zu exportieren, gehen Sie wie folgt vor:

1. Klicken Sie mit der rechten Maustaste auf das Modul, das Sie exportieren möchten, und wählen Sie im Kontextmenü den Befehl *Datei exportieren* aus. Das Dialogfeld *Datei exportieren* wird geöffnet.
2. Wählen Sie einen Speicherpfad aus und klicken Sie auf die Schaltfläche *Speichern*, um den Vorgang auszuführen.
3. Je nach zu exportierendem Modultyp wird eine andere Dateierweiterung vergeben. Standardmodule erhalten die Erweiterung *.bas*, Formularmodule *.frm* und Dokument- und Klassenmodule *.cls*.

**Abbildg. 1.31** Über dieses Dialogfeld können Sie ein Modul in eine Datei exportieren

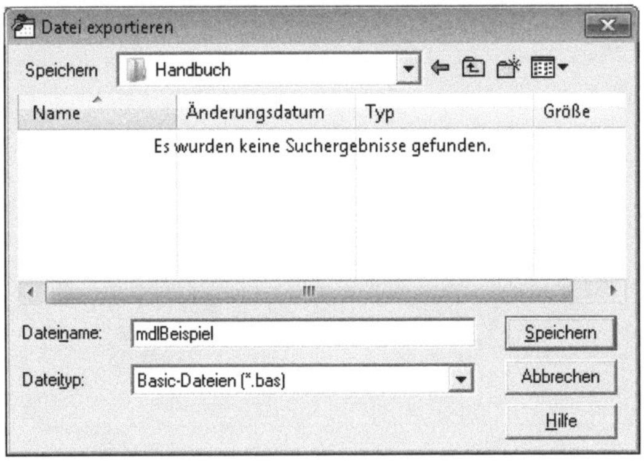


# Ein Modul importieren

Ein zuvor exportiertes Modul kann in ein beliebiges Projekt wieder importiert werden:

1. Klicken Sie mit der rechten Maustaste auf das Projekt, in das Sie das Modul importieren möchten, und wählen Sie aus dem Kontextmenü den Befehl *Datei importieren*. Das gleichnamige Dialogfeld wird geöffnet.
2. Wählen Sie aus dem Dateisystem den richtigen Pfad und die Datei aus und klicken Sie danach auf die Schaltfläche *Öffnen*. Der Import wird ausgeführt.

# Ein Modul löschen

Wenn Sie ein Modul nicht mehr benötigen, können Sie es löschen:

1. Klicken Sie mit der rechten Maustaste auf das zu löschende Modul und wählen Sie im Kontextmenü den Befehl *Entfernen von (Name des Moduls)*. Es erfolgt die Rückfrage, ob das Modul exportiert werden soll, bevor es gelöscht wird.

**Abbildg. 1.32** Rückfrage, ob das Modul exportiert werden soll

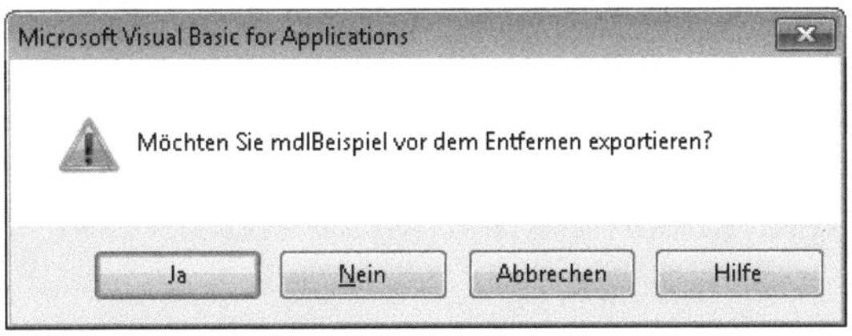


2. Wenn Sie dies nicht tun möchten, sondern den Löschvorgang fortsetzen wollen, klicken Sie auf die Schaltfläche *Nein*. Dies ist anfänglich etwas verwirrend, denn wenn eine Datei gelöscht werden soll, muss die Rückfrage in der Regel mit *Ja* beantwortet werden.
3. Wenn Sie das Modul vor dem Löschen sichern möchten, bestätigen Sie die Rückfrage mit *Ja*.
4. Wählen Sie einen Speicherort für das Modul aus.
5. Klicken Sie dann auf die Schaltfläche *Speichern*. Das Modul ist nun einerseits gesichert und wird andererseits aus dem Projekt entfernt.

Kapitel 2

# Objekte, Eigenschaften und Methoden erforschen

**In diesem Kapitel:**

Bei VBA handelt es sich um eine objekt- und ereignisorientierte Programmiersprache. Es ist somit unerlässlich, sich mit den Objekten, Methoden und Ereignissen auszukennen. Die wichtigsten davon werden Ihnen in diesem Kapitel vermittelt.

# Ein sinnbildlicher Vergleich mit der Natur

Es ist nicht einfach, sich Objekte anhand trockener Theorie vorzustellen. Wir werden deshalb zuerst einen kleinen Ausflug in die Natur unternehmen, die einige Parallelen aufweist.

Im Grunde genommen ist Excel ein richtiger Urwald an Objekten. Es dauert seine Zeit, bis man sich in diesem Dschungel zurechtfindet. Wichtige Helfer bei der Erforschung der Objekte sind einerseits die VBA-Hilfe und andererseits der Makrorekorder. Den Makrorekorder können Sie jederzeit sehr einfach benutzen, um den VBA-Namen eines Objekts zu ermitteln. Starten Sie den Rekorder und klicken Sie das gesuchte Objekt an. Der damit erzeugte VBA-Code zeigt in der Regel bereits das gewünschte VBA-Objekt auf, so dass Sie die Aufzeichnung wieder beenden können.

Wie kann man nun Objekte mit der Natur in Verbindung bringen? Am besten versuchen Sie sich das bildlich vorzustellen. Nehmen wir für unser Beispiel einen Wald. Der Wald selbst stellt, von außen her betrachtet, das oberste Objekt der Hierarchie dar und somit die Excel-Applikation. Wenn Sie den Wald betreten, befinden Sie sich sozusagen eine Ebene tiefer. Sie sehen nicht mehr den Wald an sich, sondern die einzelnen Bäume. Diese vergleichen wir mit Arbeitsmappen. Wenn Sie auf einen der Bäume klettern, befinden Sie sich wiederum eine Ebene tiefer in der Hierarchie. Wenn Sie sich umschauen, sehen Sie Äste. Die Äste stellen wir uns als Tabellenblätter vor. An den Ästen hängen Blätter. Diese sind in der Hierarchie wiederum eine Ebene tiefer und können mit Zellen verglichen werden.

**Abbildg. 2.1** Objekte mit der Natur verglichen

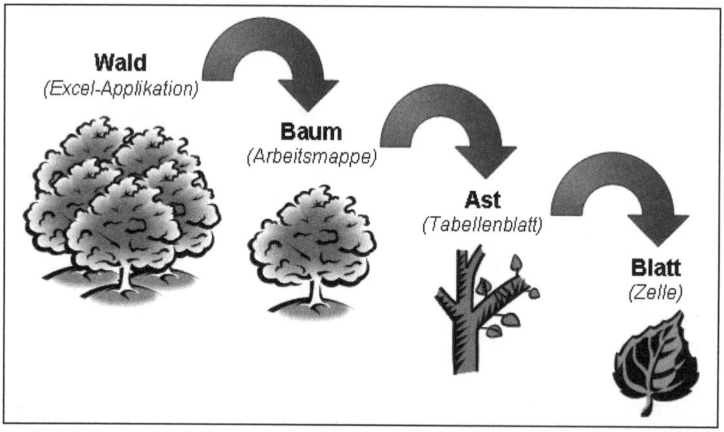


# Die Basisobjekte von Excel kennen lernen

In Excel stehen sehr viele Objekte zur Verfügung. Für den Einstieg sollten Sie sich zuerst mit den Basisobjekten auseinandersetzen, die Excel beim Start der Applikation automatisch zur Verfügung stellt. Es geht dabei um die Applikation selbst, um Arbeitsmappen, Tabellenblätter, Zellen, Zeichen und so weiter. Wichtig zu wissen ist, dass all die Objekte einer bestimmten Hierarchie unterliegen. Sehen Sie sich zur Verdeutlichung bitte Abbildung 2.2 an.

Die Abbildung zeigt, dass an oberster Stelle der Hierarchie die Excel-Applikation selbst steht. Ihr untergeordnet finden Sie die Arbeitsmappen. Innerhalb einer Arbeitsmappe können sich ein oder mehrere Tabellenblätter befinden. Diese sind somit einer Arbeitsmappe untergeordnet. Innerhalb eines Tabellenblattes finden Sie Zeilen, Spalten, Bereiche und Zellen. Da diese sich innerhalb des Tabellenblattes befinden, sind sie dem Tabellenblatt untergeordnet. Eine Zelle kann verschiedene Elemente enthalten, wie zum Beispiel ein oder mehrere Zeichen, Kommentare und so weiter. Die Vielfalt an Objekten, die Excel umfasst, ist zu Beginn etwas verwirrend. Angemerkt soll sein, dass wir hier lediglich von den Basisobjekten sprechen. Es gibt eine Vielzahl an weiteren Objekten, wie zum Beispiel Diagramme mit all ihren Unterobjekten (Datenreihen, Datenpunkte usw.), PivotTables, mit den verschiedenen Elementen und so weiter. Diese werden in angemessener Weise an entsprechender Stelle in diesem Buch beschrieben.

**Abbildg. 2.2** Die Hierarchie der Basisobjekte

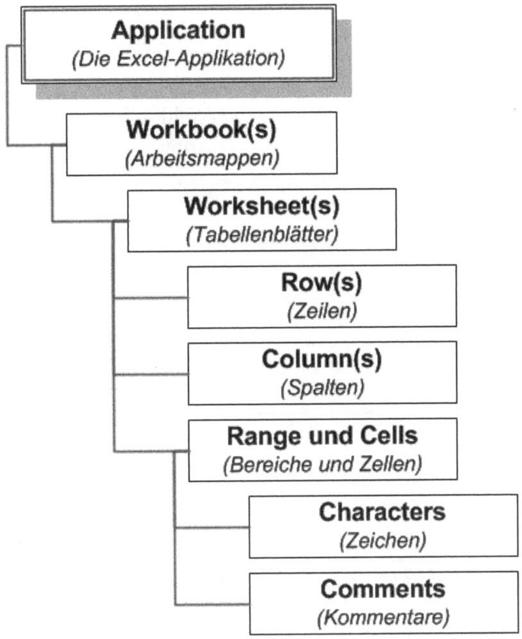


# Die Excel-Applikation ist ein Objekt

Wie Sie nun wissen, stellt die Excel-Applikation, also das Programm selbst, die oberste Stufe in der gesamten Hierarchie dar. In der VBA-Sprache trägt dieses Objekt den Namen `Application`. Das Objekt kann mit einer Vielzahl an Methoden und Eigenschaften verbunden werden. Sie werden in diesem Kapitel noch verschiedene Beispiele finden, wie die Excel-Applikation angesprochen werden kann.

# Arbeitsmappen-Objekte innerhalb von Excel verstehen

Excel-Dateien werden im Umgang mit VBA als Objekt `Workbook` bezeichnet. Eine Arbeitsmappe, sprich ein `Workbook`, ist somit nichts anderes als eine bestimmte Datei. Der Zugriff auf geöffnete Arbeitsmappen kann über drei unterschiedliche Eigenschaften erfolgen.

**Tabelle 2.1** Die drei Eigenschaften für eine Arbeitsmappe

| Eigenschaft | Beschreibung |
|---|---|
| `Workbooks(Index)` | `Workbooks` wird verwendet, wenn eine bestimmte, geöffnete Arbeitsmappe angesprochen werden soll. Innerhalb des runden Klammerpaars, das dem Objekt `Workbooks()` folgt, muss ein Index oder Name eingetragen werden.<br>Die Indexnummer gibt die Reihenfolge an, in der die Arbeitsmappen geöffnet oder erstellt wurden. `Workbooks(1)` ist somit die erste Arbeitsmappe und `Workbooks(Workbooks.Count)` die letzte. `Workbooks.Count` bedeutet »Arbeitsmappen zählen«.<br>Einer ungespeicherten Arbeitsmappe wird automatisch ein temporärer Name zugewiesen. Dieser ist der Titelleiste abzulesen. Die erste neu erstellte Arbeitsmappe trägt den Namen *Mappe1*. Wenn eine weitere erstellt wird, trägt sie den Namen *Mappe2* usw. Es erfolgt somit eine aufsteigende Nummerierung nach *Mappe*.<br>`Workbooks("Mappe1").Activate`<br>Wenn Sie eine Arbeitsmappe zum ersten Mal speichern, weisen Sie ihr einen Dateinamen zu. Diesem Dateinamen wird automatisch die Dateiendung  zugewiesen. Um bereits gespeicherte Arbeitsmappen anzusprechen, muss der volle Dateiname verwendet werden.<br>`Workbooks("MeineGespeicherteMappe.xlsx").Activate` |
| `ActiveWorkbook` | Das `ActiveWorkbook` ist die Arbeitsmappe, die momentan aktiv ist |
| `ThisWorkbook` | `ThisWorkbook` wird verwendet, wenn die Arbeitsmappe angesprochen werden soll, in der sich der auszuführende VBA-Code befindet. Oftmals ist sie mit der aktiven Arbeitsmappe identisch. |

# Objekte in der Onlinehilfe abfragen

Falls Sie sich einen Überblick über das Objektmodell von Excel verschaffen möchten, gehen Sie wie folgt vor:

1. Rufen Sie die Onlinehilfe der VBE auf, indem Sie in der Menüleiste auf das Fragezeichen (*?*) klicken.
2. Wählen Sie den Menübefehl *Microsoft Visual Basic for Applications-Hilfe* aus und geben Sie in die Eingabezeile den Begriff *Objektmodellreferenz für Excel* ein. Klicken Sie dann auf die Schaltfläche *Suchen*.
3. In der Liste, die sich nun öffnet, wählen Sie den ersten Eintrag *Excel-Objektreferenzmodell* aus.
4. In früheren Versionen wurde das Modell in Form eines Flussdiagramms dargestellt. Dies ist seit der Version 2007 leider nicht mehr der Fall. Dennoch finden Sie hier eine wertvolle Hilfe. Klicken Sie den Hyperlink des gewünschten Objekts an. Es werden zugehörige Beispielcodes und Erläuterungen angezeigt.

**HINWEIS** In früheren Excel-Versionen rufen Sie die Onlinehilfe der VBE über die Taste [F1] auf und geben das Stichwort *Excel-Objekte* ein. Bestätigen Sie die Eingabe mit der [Eingabe]-Taste. Im rechten Fenster wird nun das Modell grafisch dargestellt.

# Was kann man mit Objekten tun? (Methoden)

Allein das Wissen, was ein Objekt ist, ist zwar recht hilfreich, reicht aber noch nicht aus. Sie möchten die Objekte ja in irgendeiner Weise ansprechen und verändern. Wenn Sie das tun, wenden Sie eine Methode an. Eine Methode ist somit eine VBA-Anweisung, die eine Aktion an einem Objekt auslöst. In der VBA-Programmierung gibt es eine Vielzahl von Methoden. Sie können ein Objekt beispielsweise *selektieren*, *aktivieren*, *speichern*, *löschen*, *drucken* und so weiter.

Denken Sie wieder an den Wald, der die Objekte bildlich vor Augen führt. Wenn Sie in einem Wald einen Baum fällen, dann haben Sie sinnbildlich ein Objekt gelöscht. Um ein Objekt zu löschen, verwenden Sie die Methode `Delete`.

**Abbildg. 2.3** Ein Objekt löschen

## Methoden an der Applikation anwenden

Es ist, im Vergleich zu anderen Objekten, nicht so häufig der Fall, dass Methoden direkt auf die Applikation angewendet werden. Die Tabelle 2.2 zeigt einige Methoden und Beispiele auf, die relativ einfach anzuwenden sind. Weitere Methoden in Bezug auf die Applikation werden im Verlauf des Buchs in den entsprechenden Kapiteln behandelt.

**Tabelle 2.2** Methoden in Bezug auf die Applikation

| Methode | Bedeutung |
|---|---|
| `Calculate` | Diese Methode berechnet alle geöffneten Arbeitsmappen, ein bestimmtes Arbeitsblatt einer Arbeitsmappe oder einen bestimmten Zellbereich in einem Arbeitsblatt.<br>`Application.Calculate`<br>`Worksheets(1).Calculate`<br>`Worksheets(1).Columns(2).Calculate`<br>Um die Wirkung zu testen, schalten Sie auf manuelle Neuberechnung um: *Datei/Optionen/Formeln/Berechnungsoptionen*. Aktivieren Sie das Optionsfeld *Manuell*. |

Tabelle 2.2 Methoden in Bezug auf die Applikation *(Fortsetzung)*

| Methode | Bedeutung |
|---|---|
| `CalculateFull` | Erzwingt eine vollständige Berechnung der Daten in allen geöffneten Arbeitsmappen |
| `ConvertFormula` | Konvertiert Zellbezüge in Formeln zwischen den Bezugsarten *A1* und *Z1S1*, zwischen relativen und absoluten Bezügen oder beides.<br>Beispiel von *Z1S1* nach *A1*:<br>`MsgBox Application.ConvertFormula( _`<br>`Formula:="=SUM(R1C1:R5C2)", _`<br>`fromReferenceStyle:=xlR1C1, _`<br>`toReferenceStyle:=xlA1)`<br>Beispiel von *A1* nach *Z1S1*:<br>`MsgBox Application.ConvertFormula( _`<br>`Formula:="=SUM($A$1:B5)", _`<br>`fromReferenceStyle:=xlA1, _`<br>`toReferenceStyle:=xlR1C1)` |
| `Quit` | Verlassen der Excel-Applikation. Für jede ungespeicherte Arbeitsmappe erscheint ein Dialogfeld mit der Rückfrage, ob die Datei gespeichert werden soll oder nicht:<br>`Application.Quit` |

# Methoden an Arbeitsmappen anwenden

In der Regel müssen Arbeitsmappen nur dann explizit angesprochen werden, wenn mehrere davon geöffnet sind und nur eine bestimmte etwas ausführen soll.

Nehmen wir als Beispiel die Methode `Activate`. Mit ihr kann eine der offenen Arbeitsmappen aktiviert werden. Sie müssen lediglich wissen, welche Arbeitsmappe aktiviert werden soll. Dazu können Sie entweder deren *Index* oder den *Namen* der Arbeitsmappe verwenden.

Wenn Sie drei Arbeitsmappen geöffnet haben, egal ob gespeichert oder nicht, und Sie möchten die zweite davon öffnen, so verwenden Sie den Index 2.

Listing 2.1 Eine Arbeitsmappe über den Index ansprechen

```
Sub MappeAktivierenIndex()
   Workbooks(2).Activate
End Sub
```

Die Tücke beim Arbeiten mit dem Index ist, dass die Arbeitsmappen nicht immer in derselben Reihenfolge geöffnet sind, oder neu erzeugte Arbeitsmappen dazwischen liegen. In diesem Falle wäre nicht sichergestellt, dass Sie die richtige Arbeitsmappe aktivieren.

Wenn Sie wissen, dass eine solche Situationen eintreten könnte, sollten Sie besser mit dem Namen der Arbeitsmappe arbeiten. Namen müssen immer von Anführungszeichen umgeben werden.

Ungespeicherte Dateien enthalten noch keine Dateierweiterung. Dementsprechend muss diese weggelassen werden.

**Listing 2.2** Eine ungespeicherte Datei über den Namen ansprechen

```
Sub MappeAktivierenNameUngespeichert()
   Workbooks("Mappe2").Activate
End Sub
```

Bei bereits gespeicherten Dateien hingegen ist die Angabe der Dateierweiterung *.xlsx* bzw. *.xls* zwingend erforderlich.

**Listing 2.3** Eine gespeicherte Datei über den Namen ansprechen

```
Sub MappeAktivierenNameGespeichert()
   Workbooks("MeineDatei.xlsx").Activate
End Sub
```

Wenn eine Arbeitsmappe bereits aktiv ist, können Sie die Eigenschaft `ActiveWorkbook` verwenden. Dabei müssen Sie weder einen Index noch einen Namen einsetzen.

**Listing 2.4** Die aktive Arbeitsmappe ausdrucken

```
Sub AktiveMappeDrucken()
   ActiveWorkbook.PrintOut
End Sub
```

Die am häufigsten verwendeten Methoden in Bezug auf Arbeitsmappen können Sie der Tabelle 2.3 entnehmen.

**Tabelle 2.3** Die wichtigsten Methoden in Bezug auf Arbeitsmappen

| Methode | Bedeutung |
|---|---|
| `Activate` | Arbeitsmappe aktivieren |
| `Close` | Arbeitsmappe schließen |
| `PrintOut` | Arbeitsmappe drucken |
| `Save` | Arbeitsmappe unter bestehendem Namen speichern |
| `SaveAs` | Arbeitsmappe unter neuem Namen speichern. Bei dieser Methode muss ein Parameter übergeben werden, wenn die Arbeitsmappe einen neuen Namen erhalten soll: `Workbooks("Mappe1.xlsx").SaveAs _ ("C:\MeineMappe.xlsx")` |

# Methoden an Tabellenblättern ausführen

Genauso wie für Arbeitsmappen gibt es auch für Tabellenblätter eine Vielzahl von Methoden. Die wichtigsten davon finden Sie in Tabelle 2.4.

**Tabelle 2.4** Die wichtigsten Methoden in Bezug auf Tabellenblätter

| Methode | Bedeutung |
|---|---|
| `Activate` | Ein Tabellenblatt aktivieren |
| `Copy` | Ein Tabellenblatt kopieren |

Tabelle 2.4 Die wichtigsten Methoden in Bezug auf Tabellenblätter *(Fortsetzung)*

| Methode | Bedeutung |
|---|---|
| `Delete` | Ein Tabellenblatt löschen |
| `Move` | Ein Tabellenblatt verschieben |
| `PrintOut` | Ein Tabellenblatt ausdrucken |
| `Protect/Unprotect` | Einen Blattschutz vergeben oder aufheben |
| `Select` | Ein Tabellenblatt selektieren |

**HINWEIS** Dieses Kapitel dient hauptsächlich der Vorbereitung auf die folgenden Kapitel. Wir verzichten deshalb ab hier darauf, jede Methode oder Eigenschaft in den Tabellen mit einem Beispiel zu versehen. Die meisten davon werden später ohnehin noch im Detail erläutert.

Sie können innerhalb einer Arbeitsmappe ein bestimmtes Tabellenblatt aktivieren. Auch hierbei können Sie mit dem Index oder dem Namen arbeiten.

Listing 2.5 Ein Tabellenblatt über den Index ansprechen

```
Sub TabellenblattAktivierenIndex()
   Worksheets(2).Activate
End Sub
```

Listing 2.6 Ein Tabellenblatt über den Namen ansprechen:

```
Sub TabellenblattAktivierenName()
   Worksheets("Tabelle2").Activate
End Sub
```

Wenn Sie ein bereits aktives Tabellenblatt ansprechen möchten, können Sie das Objekt `ActiveSheet` verwenden.

**TIPP** Objekte wie Arbeitsmappen und Tabellenblätter können kombiniert werden. Wenn Sie das Tabellenblatt *Tabelle2* der Arbeitsmappe *MeineMappe.xlsx* aktivieren möchten, lautet die Codezeile wie folgt:

```
Workbooks("MeineMappe.xlsx").Worksheets("Tabelle2").Activate
```

# Methoden auf Zellen und Bereiche ausüben

Bereiche und Zellen können gleichermaßen über das Objekt `Range` angesprochen werden. Dem Objekt folgt ein rundes Klammerpaar. Darin wird in Anführungszeichen die Zelle oder der Bereich angegeben, der verwendet werden soll.

Listing 2.7 Die Zelle *B5* aktivieren

```
Sub ZelleAktivieren()
   Range("B5").Activate
End Sub
```

**Listing 2.8** Den Bereich *A1:B5* aktivieren

```
Sub BereichAktivieren()
   Range("A1:B5").Activate
End Sub
```

Der Tabelle 2.5 können Sie die wichtigsten Methoden in Bezug auf Bereich entnehmen.

**Tabelle 2.5** Die wichtigsten Methoden in Bezug auf Bereiche

| Methode | Bedeutung |
|---|---|
| `Activate` | Zellen aktivieren |
| `AddComment`<br>`ClearComments` | Kommentar in Zelle einfügen<br>Kommentar aus Zelle entfernen |
| `AutoFilter` | AutoFilter aktivieren oder deaktivieren |
| `Clear` | Zelleninhalte und Formate entfernen |
| `ClearContents` | Zelleninhalte entfernen |
| `ClearFormats` | Zellenformate entfernen |
| `Copy` | Zellen kopieren |
| `Delete` | Zellen löschen |
| `PasteSpecial` | Spezielles Einfügen; z.B. nur Formate oder nur Werte übertragen |
| `Select` | Zellen selektieren |

# Wie werden Objekte verändert? (Eigenschaften)

Neben Methoden sind Eigenschaften ein wichtiger Bestandteil von VBA. Eigenschaften sind Merkmale von Objekten. Ein Objekt kann zum Beispiel rot sein, es kann eine bestimmte Schriftart haben, oder es kann einen Namen tragen usw.

Denken Sie zurück an unseren Wald. Bäume sind (meist) braun und deren Blätter grün. Beide Farben sind somit Eigenschaften von unterschiedlichen Objekten. Ein Blatt, das im Herbst die Farbe von Grün nach Rot und nach Gelb ändert, ändert somit jeweils die Eigenschaft `Color`.

**Abbildg. 2.4** Ein Objekt neu einfärben

**Ein Blatt ändert im Herbst die Farbe**
*(Ein andersfarbiges Objekt = Die Eigenschaft Color)*

# Der Applikation einen neuen Namen zuweisen

Die Excel-Applikation trägt standardmäßig in der Titelleiste den Text *Microsoft Excel.* Diese Beschriftung können Sie per VBA ändern.

**Abbildg. 2.5** Die Standardtitelleiste

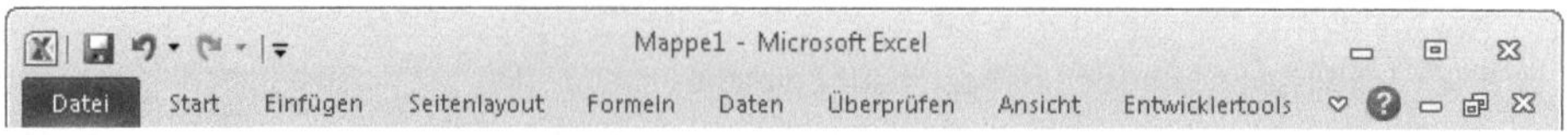


Verwenden Sie dazu die Eigenschaft `Caption`:

**Listing 2.9** Die Titelleiste ändern

```
Sub ExcelBezeichnungAendern()
   Application.Caption = "Monika Can"
End Sub
```

**Abbildg. 2.6** Die veränderte Titelleiste

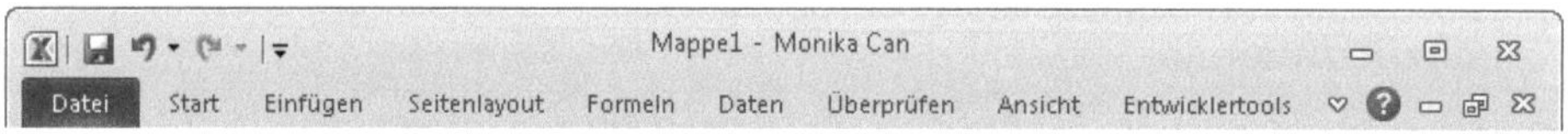


Wenn Sie die Beschriftung wieder zurücksetzen möchten, übergeben Sie einfach einen Leerstring (""):

**Listing 2.10** Die Titelleiste zurücksetzen

```
Sub ExcelBezeichnungZuruecksetzen()
   Application.Caption = ""
End Sub
```

# Den Namen der aktiven Arbeitsmappe ermitteln

Wenn Sie mehrere Arbeitsmappen geöffnet haben, können Sie herausfinden, welche gerade die aktive ist.

**Listing 2.11** Name der aktiven Arbeitsmappe ermitteln

```
Sub NameDerAktivenMappe()
   MsgBox ActiveWorkbook.Name
End Sub
```

Die Ausgabe des Namens erfolgt in einem Meldungsfeld. Die Eigenschaft lautet `Name`.

**Abbildg. 2.7** Ausgabe des Namens der aktiven Arbeitsmappe in einem Meldungsfeld

# Ein Tabellenblatt umbenennen

Sie haben die Möglichkeit, Tabellenblätter per VBA umzubenennen. Dazu wird ebenfalls die Eigenschaft `Name` verwendet.

Im folgenden Beispiel wird das zweite Tabellenblatt umbenannt.

**Abbildg. 2.8** Die *Tabelle2* soll umbenannt werden

Der VBA-Code dazu lautet:

**Listing 2.12** Verändern des Tabellenblattnamens

```
Sub Blatt2NameAendern()
   Worksheets(2).Name = "Der neue Name"
End Sub
```

**Abbildg. 2.9** Der neu zugewiesene Name für das zweite Tabellenblatt

# Farbige Zellen und Bereiche

Eigenschaften von Zellen und Bereichen können beispielsweise Hintergrundfarben sein.

Um Bereiche einzufärben, werden zwei Eigenschaften benötigt. Zum einen die Eigenschaft `Interior`. `Interior` bedeutet zu Deutsch Hintergrund. Um dem Hintergrund eine Farbe zuzuweisen, muss zudem die Eigenschaft `Color` verwendet werden. Den beiden kombinierten Eigenschaften wird schließlich die gewünschte Farbkonstante übergeben. In unserem Beispiel ist es die VB-Konstante `vbRed`. Sie steht für eine rote Farbe. Das Ganze wenden wir auf den Bereich *A1:B5* an.

**Listing 2.13** Den Bereich *A1:B5* rot einfärben

```
Sub FarbigerBereich()
   Range("A1:B5").Interior.Color = vbRed
End Sub
```

Um die Farbe wieder zu entfernen, verwenden Sie die Eigenschaft `ColorIndex`, gefolgt von der Excel-Konstanten `xlNone`.

**Listing 2.14** Hintergrundfarbe für Bereich *A1:B5* entfernen

```
Sub FarbigenBereichZuruecksetzen()
   Range("A1:B5").Interior.ColorIndex = xlNone
End Sub
```

Der nachfolgenden Tabelle können Sie entnehmen, welche VB-Konstanten für Farben verwendet werden können.

**Tabelle 2.6** Farbkonstanten

| VB-Konstante | Farbe |
|---|---|
| `vbBlack` | Schwarz |
| `vbBlue` | Blau |
| `vbCyan` | Cyan (Türkis) |
| `vbGreen` | Grün |
| `vbMagenta` | Magenta (Rosarot) |
| `vbRed` | Rot |
| `vbWhite` | Weiß |
| `vbYellow` | Gelb |

# Was ist IntelliSense?

IntelliSense erleichtert das Schreiben von VBA-Codes. Wenn Sie in Ihrem VBA-Code ein bestimmtes Schlüsselwort gefolgt von einem Punkt eingeben, wird über IntelliSense automatisch eine Liste von weiteren zugehörigen Schlüsselwörtern angezeigt. Wenn Sie den Namen eines Objekts eingeben, werden automatisch dessen Eigenschaften und Methoden angezeigt. Bei der Eingabe von Methoden werden die zugehörigen Argumente aufgelistet.

Um einen Eintrag aus der Liste auszuwählen, klicken Sie diesen doppelt mit der linken Maustaste an. Falls Sie lieber mit der Tastatur arbeiten, wählen Sie mit den Pfeiltasten [↑] oder [↓] im Listenfeld den gewünschten Eintrag aus und betätigen dann die Taste [↹] oder [Leertaste]. Mit etwas Übung kann man auf diese Weise sehr schnell Codezeilen schreiben. Wenn Sie keinen Eintrag aus dem Listenfeld auswählen möchten, verlassen Sie IntelliSense, indem Sie die [Esc]-Taste drücken.

**Abbildg. 2.10** Die IntelliSense-Liste

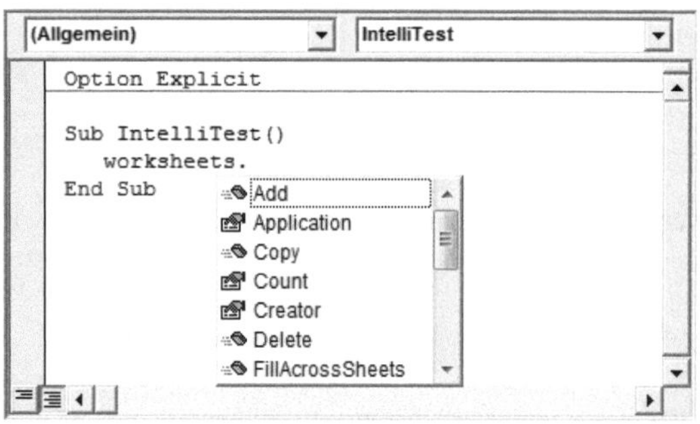


IntelliSense kann zudem verwendet werden, um während der Eingabe begonnene Schlüsselwörter zu vervollständigen. Verwenden Sie dazu die Tastenkombination [Strg]+[Leertaste]. Falls die Eingabe nicht eindeutig ist, wird eine Auswahlliste angezeigt. Geben Sie beispielsweise nur die Zeichen »Deb« ein und drücken dann die genannte Tastenkombination, wird das Wort automatisch zu »Debug« vervollständigt.

# Objekte referenzieren

Objekte können referenziert werden. Das bedeutet, sie werden an eine Variable übergeben. Die Variable wird dabei zuerst mit `Dim` deklariert. Dabei muss der korrekte Datentyp verwendet werden (mehr zum Thema Datentypen erfahren Sie in Kapitel 3). Danach erfolgt die Referenzierung. Dies geschieht über das Schlüsselwort `Set`.

Das Referenzieren kann verschiedene Vorteile mit sich bringen. Zum einen können Sie sich damit die Schreibarbeit verkürzen und die Übersichtlichkeit erhöhen. Zum anderen steht Ihnen dadurch die IntelliSense-Liste für Objekte zur Verfügung, wo sie ohne Referenzierung nicht eingeblendet wird.

Nehmen wir als Beispiel das Objekt `Worksheets`. Normalerweise öffnet sich die IntelliSense-Liste, nachdem der Punkt hinter einem Objekt eingegeben wurde. Dem ist jedoch nicht so bei folgender Codezeile:

```
Worksheets(2).Activate
```

Wenn wir das Objekt jedoch an eine Variable übergeben, wie das in folgender Darstellung der Fall ist, dann steht die IntelliSense-Liste zur Verfügung.

**Abbildg. 2.11** IntelliSense-Liste aktivieren

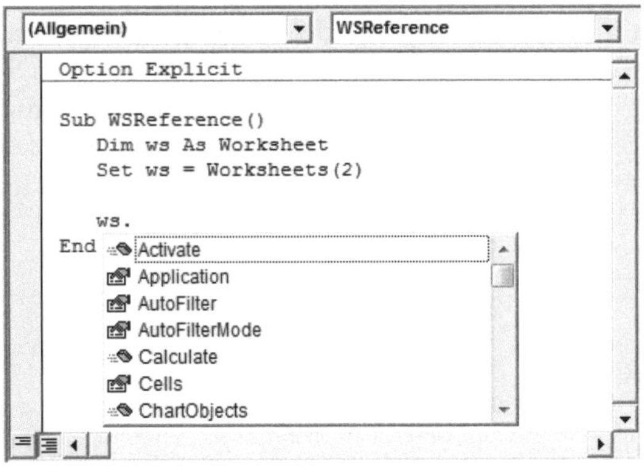


**HINWEIS** Beachten Sie, dass bei Abbildung 2.11 die Variable `ws` als `Worksheet` deklariert wurde. Also in der Einzahl. Bei der Referenzierung mit `Set` hingegen wurde `Worksheets`, also die Mehrzahl, verwendet. Woran liegt das?

VBA enthält so genannte *Sammlungen*, auch *Auflistungen* genannt. Eine Sammlung ist eine Gruppe von Objekten derselben Klasse. Die Sammlung selbst stellt wiederum ein Objekt dar.

`Workbooks` ist eine Sammlung aller `Workbook`-Objekte und `Worksheets` ist eine Sammlung aller `Worksheet`-Objekte, die in einem bestimmten `Workbook`-Objekt enthalten sind.

Sie können mit einer ganzen Sammlung an Objekten oder mit nur einem Objekt einer Sammlung arbeiten.

Die nachfolgenden Beispiele zeigen einige klassische Beispiele zur Referenzierung von Objekten.

**Listing 2.15** Eine Arbeitsmappe referenzieren

```
Sub MappeReferenzieren()
   Dim wb As Workbook
   Set wb = Workbooks("Mappe2.xlsx")
   wb.Activate
End Sub
```

**Listing 2.16** Ein Tabellenblatt referenzieren

```
Sub TabellenblattReferenzieren()
   Dim ws As Worksheet
   Set ws = Worksheets("Tabelle2")
   ws.Activate
End Sub
```

**Listing 2.17** Einen Bereich referenzieren

```
Sub BereichReferenzieren()
   Dim rng As Range
   Set rng = Range("A1:B5")
   rng.Select
End Sub
```

In der Regel werden Referenzierungen auf Objekte nach Ablauf der Prozedur automatisch aufgehoben. Es kann jedoch in Einzelfällen erforderlich sein, dass dies manuell geschieht. Verwenden Sie in einem solchen Fall die Anweisung `Set wb = Nothing`, um das Objekt freizugeben. Viele Programmierer benutzen das Zurücksetzen routinemäßig, um generell Sonderfällen vorzubeugen und Problemen von Anfang an aus dem Weg zu gehen.

**Listing 2.18** Ein referenziertes Objekt wieder freigeben

```
Sub MappeReferenzieren()
   Dim wb As Workbook
   Set wb = Workbooks("Mappe2.xlsx")
   wb.Activate
   Set wb = Nothing
End Sub
```

# Arbeiten mit dem Objektkatalog

Mit dem Objektkatalog können Sie sich einen Überblick über die Objekte, Eigenschaften und Methoden von Excel verschaffen. Es gibt verschiedene Wege, um den Objektkatalog in der VBE aufzurufen:

- Rufen Sie den Menübefehl *Ansicht/Objektkatalog* auf
- Drücken Sie die Taste F2

- Klicken Sie in der Symbolleiste *Voreinstellung* auf das Symbol *Objektkatalog*

In jedem Fall wird daraufhin der Objektkatalog eingeblendet.

**Abbildg. 2.12** Der Objektkatalog

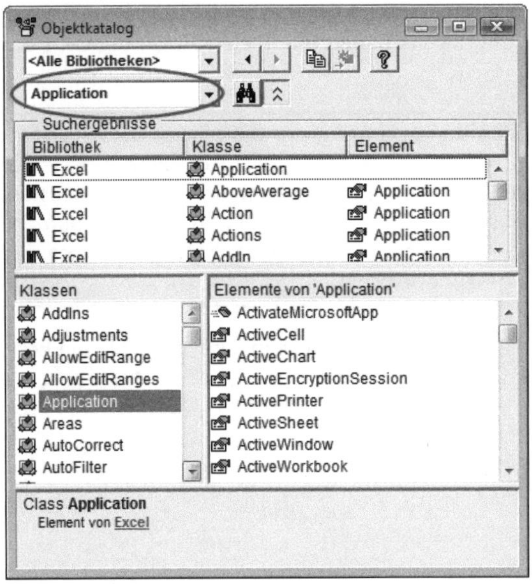


Im Objektkatalog steht ein Kombinationsfeld zur Verfügung. Standardmäßig zeigt dieses den Eintrag *<Alle Bibliotheken>* an. Wenn Sie die angezeigten Objekte einschränken möchten, wählen Sie den gewünschten Eintrag aus, beispielsweise *VBAProject*.

Im linken Bereich werden dann die entsprechenden Objekte aufgelistet. Wählen Sie eines der Objekte aus, indem Sie es mit der linken Maustaste einfach anklicken. Im rechten Listenfeld werden die zugehörigen Methoden und Eigenschaften angezeigt.

Jedem Eintrag ist ein Symbol vorangestellt. Die Bedeutung der einzelnen Symbole können Sie der nachfolgenden Tabelle entnehmen.

**Tabelle 2.7** Symbole des Objektkatalogs

| Symbol | Bedeutung |
|---|---|
|  | Methode oder Funktion |
|  | Eigenschaft |
|  | Ereignis |
|  | VBA-Konstante |
|  | Auflistung von VBA-Konstanten |
|  | Modul |
|  | Klasse |
|  | Global. Enthält sämtliche Eigenschaften, Methoden usw. |

Sie können auch nach bestimmten Schlüsselwörtern suchen. Tippen Sie dazu das gewünschte Schlüsselwort ins zweite Eingabefeld ein und bestätigen Sie die Eingabe mit der [↵]-Taste. In der unteren Hälfte des Objektkatalogs wird im linken Teil des Fensters das eingegebene Schlüsselwort angezeigt und im rechten Teil die zugehörigen Eigenschaften und Methoden. Methoden werden durch ein grünes Symbol dargestellt und Eigenschaften durch eine Hand, die nach unten auf ein Blatt zeigt.

**HINWEIS** Im Objektkatalog werden standardmäßig nur die offiziell unterstützten Schlüsselwörter angezeigt. Es gibt jedoch auch verborgene Schlüsselwörter, die nur angezeigt werden, wenn sie explizit eingeblendet werden. Klicken Sie dazu mit der rechten Maustaste auf das Dialogfeld des Objektkatalogs und wählen Sie im Kontextmenü den Befehl *Verborgene Elemente anzeigen* aus. Verborgene Elemente sind durch ihre hellgraue Schrift von den Standardelementen zu unterscheiden, die in schwarz geschrieben sind.

Um den Objektkatalog zu schließen, klicken Sie auf das Kreuz in der rechten oberen Ecke.

Kapitel 3

# Theoretische Grundkenntnisse beherrschen

**In diesem Kapitel:**

Die Theorie in diesem Kapitel ist sehr wichtig, denn sie bildet den Grundstock, auf dem die Praxis aufbaut. Es gibt Regeln, die unbedingt beachtet werden sollten, um Code optimal und professionell zu gestalten. Um die trockene Theorie etwas aufzufrischen, sind einzelne Abschnitte mit Codebeispielen versehen.

Der Hauptbestandteil dieses Kapitel sind Datentypen, Präfixe sowie Variablen und Konstanten. Sie erfahren zudem, was der Unterschied zwischen *Private* und *Public* ist.

# Datentypen einsetzen

Die erste Frage, die Sie sich nun stellen mögen, ist wohl, was ein Datentyp ist. Datentypen werden bei der Dimensionierung von Variablen und Konstanten verwendet. Genauso wie in Excel werden in VBA in der Regel Daten verarbeitet. Diese Daten können unterschiedlichen Typs sein. Um solche Daten innerhalb eines VBA-Codes zu speichern, verwenden Sie eine Variable, der Sie jeweils einen geeigneten Datentyp zuweisen.

Am besten lässt sich das Ganze mit Zellen eines Tabellenblattes vergleichen. Eine Zelle stellt eine Variable dar. Wenn sie gefüllt ist, enthält sie Daten. Diesen Daten können Sie unterschiedliche Formate zuweisen; Eine Zahl ohne Nachkommastelle, eine Zahl mit Nachkommastelle(n), eine Zahl mit Tausendertrennzeichen, Datumsformate, Textformate (wenn nicht gerechnet werden muss) usw. Genauso verhält es sich in VBA. Hier ist es, wie beim Zellenformat in Excel, sehr wichtig, das richtige Format zu verwenden, um das gewünschte Ergebnis zu erhalten.

In VBA werden solche Formatierungen in der Regel vorgenommen, bevor die Variablen mit Daten gefüllt werden. Die einzelnen Datentypen unterscheiden sich insbesondere in deren Speicherbedarf. Wenn Sie zu Beginn eines Codes wissen, dass Sie mit einer Zahl im Bereich von 0 bis 255 arbeiten, dann verwenden Sie für diese Zahl den Datentypen *Byte* und nicht *Double*, denn *Byte* beansprucht nur 1 Byte, *Double* hingegen 8 Bytes.

Der nachfolgenden Liste können Sie die am häufigsten in Excel verwendeten Datentypen, deren Speicherbedarf und Wertebereich entnehmen. In der vierten Spalte finden Sie zudem, falls verfügbar, deren Typenkennzeichen. Solche Typenkennzeichen können alternativ zu den ausgeschriebenen Namen von Datentypen verwendet werden. Von einer Verwendung ist jedoch abzuraten, da sie nicht aussagekräftig genug sind und somit nicht von jedermann »entschlüsselt« werden können. Eine Variable vom Typ *Integer* würde ausgeschrieben mit dem Typennamen beispielsweise `Dim intMyValue as Integer` lauten. Mit dem Typenkennzeichen würde die Anweisung folgendermaßen aussehen: `Dim intMyValue%`.

**Tabelle 3.1** Datentypen

| Datentyp | Speicherbedarf | Wertebereich | Typenkennzeichen |
|---|---|---|---|
| Byte | 1 Byte | 0 bis 255 | |
| Boolean | 2 Bytes | True oder False | |
| Integer | 2 Bytes | –32.768 bis 32.767 | % |
| Long (lange Ganzzahl) | 4 Bytes | –2.147.483.648 bis 2.147.483.647 | & |
| LongLong | 8 Bytes | -263 bis 263 - 1 | |

**Tabelle 3.1** Datentypen *(Fortsetzung)*

| Datentyp | Speicherbedarf | Wertebereich | Typenkennzeichen |
|---|---|---|---|
| LongPtr | 4 Bytes (auf 32Bit)<br>8 Bytes (auf 64Bit) | | |
| Single (Gleitkommazahl mit einfacher Genauigkeit) | 4 Bytes | –3,402823E38 bis –1,401298E–45 für negative Werte; 1,401298E–45 bis 3,402823E38 für positive Werte | ! |
| Double (Gleitkommazahl mit doppelter Genauigkeit) | 8 Bytes | –1,79769313486231E308 bis –4,94065645841247E-324 für negative Werte; 4,94065645841247E–324 bis 1,79769313486232E308 für positive Werte. | # |
| Currency (skalierte Ganzzahl) | 8 Bytes | –922.337.203.685.477,5808 bis 922.337.203.685.477,5807 | @ |
| Decimal | 14 Bytes | +/–79.228.162.514.264.337.593.543.950.335 ohne Dezimalzeichen; +/–7,9228162514264337593543950335 mit 28 Nachkommastellen; die kleinste Zahl ungleich Null ist +/–0,0000000000000000000000000001. | |
| Date | 8 Bytes | 1. Januar 100 bis 31. Dezember 9999 | |
| Object | 4 Bytes | Beliebiger Verweis auf ein Objekt vom Typ *Object* | |
| String (variable Länge) | 10 Bytes plus Zeichenfolgenlänge | 0 bis ca. 2 Milliarden | $ |
| String (feste Länge) | Zeichenfolgenlänge | 1 bis ca. 65.400 | |
| Variant (mit Zahlen) | 16 Bytes | Numerische Werte im Bereich des Datentyps *Double* | |
| Variant (mit Zeichen) | 22 Bytes plus Zeichenfolgenlänge | Wie bei *String* mit variabler Länge | |
| Benutzerdefiniert (mit *Type*) | Zahl ist von Elementen abhängig | Der Bereich für jedes Element entspricht dem Bereich des zugehörigen Datentyps | |

# Präfixe verwenden

Präfixe sind Abkürzungen, die am Anfang von Variablennamen verwendet werden und darüber Auskunft geben sollen, welcher Datentyp einer Variablen zugewiesen wurde. Der Tabelle 3.2 können Sie die Präfixe für Datentypen entnehmen. In der Regel besteht ein Präfix aus drei Zeichen, gefolgt von einem aussagekräftigen Namen für die Variable. Es gibt noch weitere Präfixe, zum Beispiel für Steuerelemente, Diagrammelemente usw. Auf diese Präfixe werden Sie jeweils an entsprechender Stelle in diesem Buch hingewiesen.

Der Vorteil beim Verwenden von Präfixen besteht darin, dass innerhalb einer Prozedur jederzeit zu erkennen ist, welcher Datentyp der Variablen zugewiesen wurde, sofern ein korrektes Präfix verwendet wurde. Bei der Suche nach einem Fehler in einer Prozedur kann dies hilfreich sein.

**Listing 3.1** Präfixe in Variablennamen verwenden

```
Sub UsePrefix()
   Dim bytSmallValue As Byte
   Dim lngBigValue As Long
   Dim strMyName As String

   bytSmallValue = 255
   lngBigValue = 12345.12345
   strMyName = "Monika Can"
End Sub
```

**Tabelle 3.2** Datentypen und deren Präfixe

| Präfix | Datentyp |
|---|---|
| byt | Byte |
| bln | Boolean |
| int | Integer |
| lng | Long |
| sng | Single |
| dbl | Double |
| cur | Currency |
| dec | Decimal |
| dat | Date |
| obj | Object |
| str | String |
| var | Variant |

# Variablen kennen lernen

Bei den Beispielen mit Datentypen und Präfixen sind Sie bereits mit Variablen in Kontakt gekommen. Sie sollen nun erfahren, was genau Variable sind und wie und warum sie verwendet werden.

Variablen sind ein wesentlicher Bestandteil einer VBA-Prozedur. Es handelt sich dabei um dynamische Speicherplätze, die während der Dauer einer Prozedur befüllt werden. Der Inhalt einer Variablen kann sich während der Dauer einer Prozedur ein oder mehrmals verändern. Genauso als würden Sie den Inhalt einer Zelle immer wieder überschreiben.

Kommen wir nochmals auf den Vergleich von einer Variablen mit einer Zelle zurück. Nehmen wir an, die Zelle *A3* enthält eine Summe, die sich aus der Berechnung 100+100 zusammensetzt. Die Zelle *A3* enthält somit den Wert 200. Wenn sich nun einer der Werte der Addition verändert, z.B.

100+300, dann ändert sich automatisch auch das Ergebnis in Zelle *A3* von 200 auf 400. Genauso wie der Inhalt einer Zelle kann sich auch der Inhalt einer Variablen verändern.

## Variablen korrekt deklarieren

Variablen sollten zu Beginn einer Prozedur deklariert werden. Dies ist nicht unbedingt erforderlich, erhöht jedoch die Übersichtlichkeit der Prozedur und vermindert Fehlerquellen. Eine Variablendeklaration wird immer mit dem Schlüsselwort `Dim` eingeleitet.

Jeder einzelnen Variablen sollte ein geeigneter Datentyp zugewiesen werden. Falls kein Datentyp angegeben wird, wird automatisch der Typ `Variant` angenommen. Der Datentyp `Variant` erscheint im ersten Moment einfach und bequem, denn er kann jede Form von Daten aufnehmen. Dennoch wird dieser Datentyp nur in den seltensten Fällen verwendet, denn er nimmt mit 16 Bytes bei Zahlen und 22 Bytes bei Text bei Weitem am meisten Speicherplatz in Anspruch.

In der nachfolgenden Prozedur wird eine einzelne Variable, unter Angabe des geeigneten Datentyps, dimensioniert und in einer Berechnung verwendet. Der Inhalt der Variablen wird im *Direktfenster* ausgegeben. Verwenden Sie die Tastenkombination [Strg]+[G], um das Direktfenster einzublenden, falls noch nicht geschehen.

**Listing 3.2** Die Verwendung einer Variablen

```
Sub MeineErsteBerechnung()
   Dim intSumme As Integer

   intSumme = 12 * 345

   Debug.Print intSumme
End Sub
```

**Abbildg. 3.1** Den Inhalt der Variablen im Direktbereich anzeigen

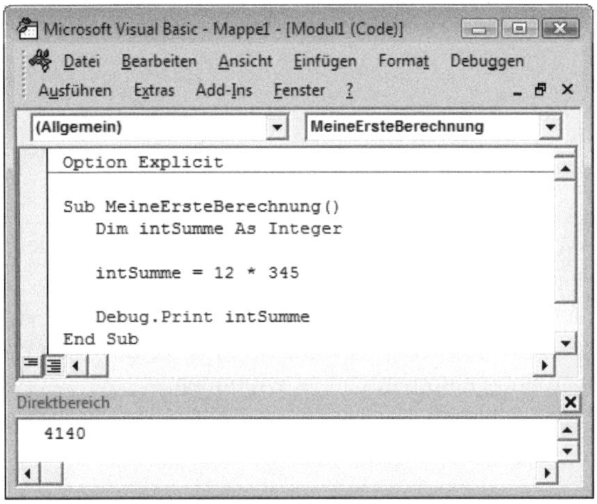


**TIPP** Um den Code am schnellsten in der VBE auszuführen, stellen Sie zuerst sicher, dass sich die Einfügemarke innerhalb der Prozedur befindet, und drücken Sie dann die Taste [F5].

# Mehrere Variablen in einer Zeile deklarieren

Wenn Sie mehrere Variablen verwenden, können Sie jede Variable in einer eigenen Zeile deklarieren. Dabei wird jeder Zeile das Schlüsselwort Dim vorangestellt.

Im folgenden Beispiel wird dasselbe erreicht wie im vorangegangenen. Diesmal werden allerdings mehrere Variablen verwendet. Jeder zu multiplizierende Wert wird zuerst an eine Variable übergeben. Das Ergebnis der Berechnung wird wiederum in einer Variablen gespeichert. Das Ergebnis wird im Direktbereich ausgegeben.

**Listing 3.3** Die Verwendung mehrer Variablen in je einer Zeile

```
Sub MeineErsteBerechnung()
   Dim bytWert As Byte
   Dim intWert As Integer
   Dim intSumme As Integer

   bytWert = 12
   intWert = 345
   intSumme = bytWert * intWert

   Debug.Print intSumme
End Sub
```

Damit nicht jede Variable eine eigene Zeile beansprucht, können Sie mehrere in einer Zeile unterbringen. Das Schlüsselwort Dim muss dabei nur einmal, nämlich zu Beginn der Zeile, verwendet werden. Die einzelnen Variablen werden jeweils durch ein Komma voneinander getrennt.

**Listing 3.4** Variablen in einer Zeile zusammenfassen

```
Sub MeineDritteBerechnung()
   Dim bytWert As Byte, intWert As Integer, intSumme As Integer

   bytWert = 12
   intWert = 345
   intSumme = bytWert * intWert

   Debug.Print intSumme
End Sub
```

**TIPP** Die meisten VBA-Wörter beginnen mit einem Großbuchstaben oder beinhalten zumindest einen.

Sie brauchen sich um die Groß- und Kleinschreibung jedoch nicht zu kümmern, sondern können die Anweisungen ausschließlich in Kleinbuchstaben eingeben. Wenn Sie am Ende der Zeile die ↵-Taste drücken, wird die Umwandlung automatisch vorgenommen.

Es kann sogar von Vorteil sein, wenn Sie alles in Kleinbuchstaben eingeben, denn wenn Sie die ↵-Taste drücken und ein VBA-Wort nicht umgewandelt wird, können Sie davon ausgehen, dass ein Tippfehler vorliegt.

# Den Datentyp *Variant* vermeiden

Wie bereits erwähnt, wird der Datentyp `Variant` oft aus Bequemlichkeit verwendet. Dem Datentypen `Variant` ist es egal, ob eine Zahl oder ein Buchstabe vorliegt. Er kann beides verarbeiten. Er sollte jedoch aufgrund seiner hohen Anforderung an den Speicherplatz nach Möglichkeit nicht benutzt werden. Oftmals geschieht die Verwendung jedoch auch aus Unwissenheit.

**WICHTIG** Wie Sie soeben gelernt haben, können Variablen sowohl neben- als auch untereinander geschrieben werden. Wenn Variablen in eine Zeile geschrieben werden, muss dennoch nach jeder Variablen der Datentyp angegeben werden. In der folgenden Dimensionierung wird nur der Variablen `intSumme` der Datentyp `Integer` zugewiesen. Die Variablen `bytWert` und `intWert` erhalten den Datentyp `Variant`.

```
Dim bytWert, intWert, intSumme As Integer
```

Die korrekte Dimensionierung können Sie der nachfolgenden Codezeile entnehmen. Beachten Sie, dass der gewünschte Datentyp nach jeder Variablen aufgeführt wird:

```
Dim bytWert As Byte, intWert As Integer, intSumme As Integer
```

Namen von Variablen unterliegen denselben Konventionen wie Namen von Prozeduren.

Der Datentyp `Variant` hat jedoch nicht nur Nachteile, ganz im Gegenteil. Es gibt Situationen, in denen er sich nicht vermeiden lässt. Beispielsweise, wenn die Form des Rückgabewertes unbekannt ist, oder aber auch im Umgang mit bestimmten Objekten, zu denen kein explizierter Datentyp angegeben werden kann.

# Statische Variablen (*Static*)

Als `Dim` deklarierte Variablen verlieren ihren Inhalt, nachdem die Prozedur beendet wurde. Wenn der Wert einer Variablen erhalten bleiben soll, verwenden Sie an Stelle von `Dim` das Schlüsselwort `Static`. Die Prozedur kann mehrmals ausgeführt und die Variable immer weiterverwendet werden. Eine statische Variable kann allerdings nur innerhalb der Prozedur verwendet werden, in der sie deklariert wurde. In anderen Prozeduren oder Modulen steht sie nicht zur Verfügung.

Im folgenden Beispiel wird der Inhalt der Variablen `intValue` bei jedem Ausführen der Prozedur um den Wert 1 erhöht.

**Listing 3.5** Verwendung einer statischen Variablen

```
Sub StatischerWert()
   Static intValue As Integer

   intValue = intValue + 1
   MsgBox intValue
End Sub
```

## Öffentliche Variablen (*Public*)

Wenn Variablen innerhalb einer Prozedur deklariert werden, haben sie nur in dieser einen Prozedur Gültigkeit. Dies bedeutet, dass der Inhalt einer Variablen nicht in anderen Prozeduren zur Verfügung steht. Da dies jedoch oftmals erforderlich ist, können Variablen global deklariert werden. Sie stehen damit nicht nur prozedur-, sondern auch modulübergreifend zur Verfügung. Globale Variablen werden in der Regel außerhalb (über) einer Prozedur deklariert. Der Bereich wird als *öffentlich* bezeichnet. Das Schlüsselwort `Dim` wird dabei durch `Public` ersetzt.

Im folgenden Beispiel wird die Variable `strComment` öffentlich, also als `Public` deklariert. In der Prozedur `CreateComment` wird der Variablen `strComment` die Zeichenkette »Hallo Welt« übergeben. Nachdem die Variable den Wert angenommen hat, kann sie auch in anderen Prozeduren, hier in `CheckComment`, verwendet werden. Wichtig ist, dass zuerst die Prozedur aufgerufen wird, die der Variablen einen Wert zuweist. Die beiden Prozeduren können sich durchaus auch in unterschiedlichen Modulen befinden.

**Listing 3.6** Verwendung einer öffentlichen Variablen

```
Public strComment As String

Sub CreateComment()
   strComment = "Hallo Welt"
End Sub

Sub CheckComment()
   MsgBox strComment
End Sub
```

# Benutzerdefinierte Konstanten verwenden

Konstanten sind statische Platzhalter. Dies bedeutet, dass sich deren Inhalt während der Dauer der Prozedur nie verändert. In der Regel wird einer Konstanten ihr Wert direkt zu Beginn der Prozedur zugewiesen. Die Deklaration einer Konstanten erfolgt über die Anweisung `Const`. Anstelle von Konstanten können Sie theoretisch auch Variablen verwenden. Dabei würde jedoch die Gefahr bestehen, dass deren Werte während der Dauer der Prozedur überschrieben würden. Einer Konstanten können Sie beispielsweise einen Mehrwertsteuersatz zuweisen. Dieser bleibt immer unverändert, außer wenn sich das Mehrwertsteuergesetz ändern würde. Falls sich der Mehrwertsteuersatz tatsächlich ändern sollte, besteht der Vorteil einer Konstanten darin, dass die Zahl lediglich zu Beginn der Prozedur angepasst werden muss. Eine weitere Verwendungsmöglichkeit von Konstanten sind Pfad- und Dateinamen.

Das nachfolgende Beispiel arbeitet mit zwei Konstanten `Const` und einer Variablen `Dim`. Beide Konstanten erhalten einen festen Wert. Nach dem Anlegen einer neuen Mappe wird der Variablen `dblValue` der Wert 500 zugewiesen. Dieser Wert wird in *Tabelle1*, Zelle *A1* geschrieben. Der Variablen `dblValue` wird die Mehrwertsteuer hinzuaddiert. In Zelle *A2* wird der Wert der Konstanten `sngVAT` geschrieben. An Zelle *A3* wird der berechnete Wert der Variablen `dblValue` übergeben.

**Listing 3.7** Verwendung von Konstanten

```
Sub VAT()
   ' Mehrwertsteuersatz der Schweiz hinterlegen
   Const sngVAT As Single = 0.076
   ' Pfad und Dateiname hinterlegen
```

**Listing 3.7** Verwendung von Konstanten *(Fortsetzung)*

```
    Const strPath As String = "C:\MyFiles\VAT.xlsx"

    Dim dblValue As Double

    Workbooks.Add
    dblValue = 500

    With Worksheets("Tabelle1")
       .Range("A1") = dblValue

       dblValue = dblValue + (dblValue * sngVAT)

       .Range("A2") = sngVAT
       .Range("A3") = dblValue
    End With

    ThisWorkbook.SaveAs strPath
End Sub
```

Die Veränderung des Inhaltes der Variablen `dblValue` wird in *Tabelle1* deutlich, denn die Zelle *A1* enthält nun den Wert 500. Dabei handelt es sich um den Wert, der der Variablen `dblValue` zu Beginn der Prozedur zugewiesen wurde. Nach der Berechnung hat sich der Inhalt der Variablen `dblValue` verändert. Dieser ist Zelle *A3* zu entnehmen. Am Ende der Prozedur wird die Mappe abgespeichert. Dazu wird der zu Beginn festgelegte Pfad- und Dateiname verwendet.

# Integrierte Konstanten

Neben den bis jetzt angesprochenen Konstanten gibt es auch eine Reihe an integrierten VBA-Konstanten. Sie sind in VBA bereits enthalten und können bei Bedarf verwendet werden. In der Regel beginnen diese mit dem Präfix `vb` oder `xl`.

Diese Art von Konstanten werden Sie in Ihren VBA-Codes immer wieder antreffen. Sie können beispielsweise eine Konstante verwenden, um einer Zelle eine rote Hintergrundfarbe zuzuweisen:

```
ActiveCell.Interior.Color = vbRed
```

Viele der vordefinierten Konstanten haben sowohl einen Namen, als auch einen numerischen Wert, der verwendet werden kann.

Bei der Verwendung einer `MsgBox` zum Beispiel können die unterschiedlichsten Konstanten zum Einsatz kommen. Das nachfolgende Codefragment enthält die Konstante `vbInformation`.

```
MsgBox "Hallo Welt", vbInformation
```

An Stelle des Namens der Konstanten können Sie auch deren Wert 64 verwenden. Das Ergebnis ist im Grunde genommen das gleiche.

```
MsgBox "Hallo Welt", 64
```

Microsoft empfiehlt allerdings, die Namen den numerischen Werten vorzuziehen. Das begründet sich darin, dass sich Microsoft vorbehält, die Nummern von Version zu Version zu ändern, wohingegen die Namen bestehen bleiben.

**Abbildg. 3.2** Eine integrierte Konstante für eine *MsgBox* verwenden

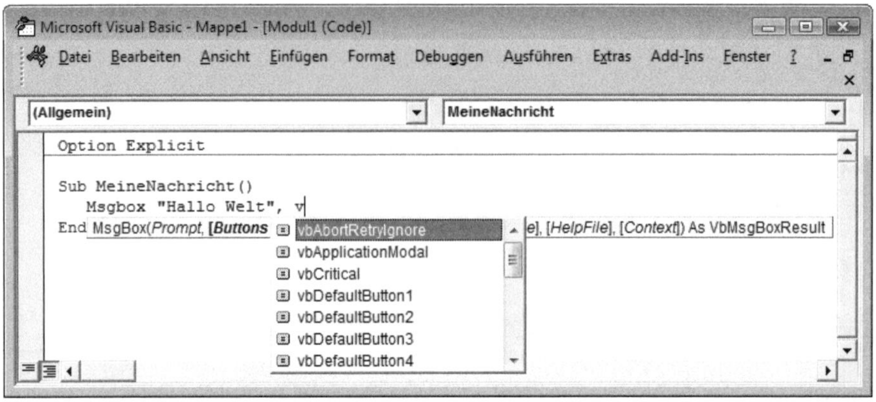


Die Entwicklungsumgebung unterstreicht diese Aussage. In der IntelliSense-Liste wird bei der Auswahl an integrierten Konstanten, die automatisch eingeblendet werden, nur deren Namen angezeigt.

Wenn Sie Näheres zu integrierten Konstanten erfahren möchten, bietet der Objektkatalog Unterstützung. Rufen Sie ihn auf, indem Sie die Taste F2 drücken.

Konstanten sind im Objektkatalog in Klassen unterteilt. Um die Auswahl zu reduzieren, geben Sie ins zweite Eingabefeld den Begriff *constant* ein und drücken die ↵-Taste. Die Konstanten werden nun in verschiedenen Klassen angezeigt.

**Abbildg. 3.3** Integrierte Konstanten über den Objektkatalog abfragen

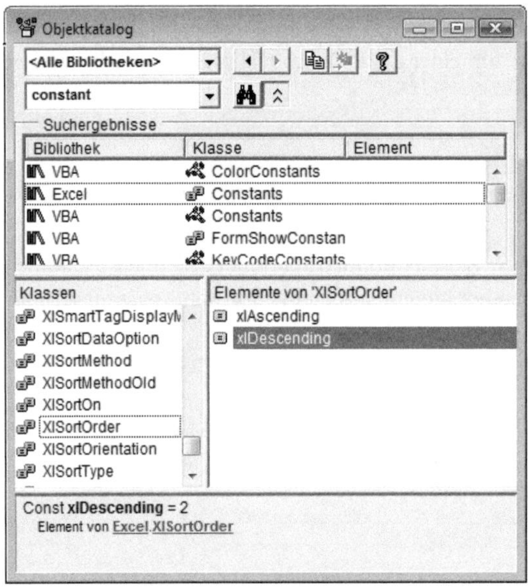

Wenn Sie eine bestimmte Konstante anklicken, können Sie deren numerischen Wert im unteren Teil des Fensters einsehen.

# Datentypen konvertieren

Es kann vorkommen, dass Datentypen innerhalb von VBA-Prozeduren zu einem anderen Typ konvertiert werden müssen, da sonst beispielsweise eine Berechnung nicht möglich wäre.

**Tabelle 3.3** Datentypen konvertieren

| Funktion | Rückgabewert |
|---|---|
| `CBool` | Boolean |
| `CByte` | Byte |
| `CCur` | Currency |
| `CDate` | Date |
| `CDbl` | Double |
| `CDec` | Decimal |
| `CInt` | Integer |
| `CLng` | Long |
| `CSng` | Single |
| `CVar` | Variant |
| `CStr` | String |

Die Abbildung 3.4 zeigt, wie die Zahl `2.345` in drei verschiedene Typen umgewandelt wird. Der VBA-Code ist dem oberen Teil der Abbildung zu entnehmen und das Ergebnis dem unteren Teil, dem *Direktbereich*. Zuerst wird die Zahl in den Typ `Integer` umgewandelt. Da dieser Datentyp keine Kommastellen zulässt, wird entsprechend auf- oder abgerundet. Danach wird die Zahl in den Typ `Double` umgewandelt, der Kommastellen unterstützt. Die dritte und letzte Umwandlung erfolgt über `CDate` in Datum und Uhrzeit.

**Abbildg. 3.4** Datentypumwandlung

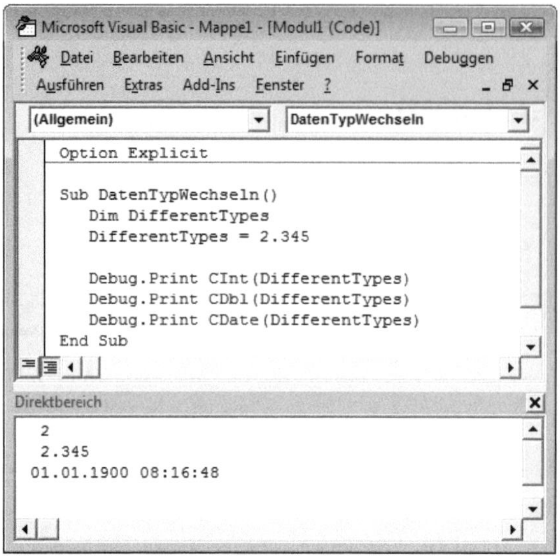


**ACHTUNG** Es ist nicht möglich, einen Wert in einen Typ umzuwandeln, der diesen Wert nicht zulässt. Der Datentyp `Byte` lässt nur Werte zwischen 0 und 255 zu. Die Zahl 827 könnte somit nicht in `Byte` umgewandelt werden.

Es stehen vier weitere Funktionen zum Umwandlung von Daten zur Verfügung.

**Tabelle 3.4** Umwandlungsfunktionen

| Funktion | Beschreibung | Beispiel |
|---|---|---|
| `Val(Zeichenfolge)` | Wandelt eine Zeichenfolge in eine Zahl um | Ausgangslage: `Val("8000 Zürich")` Ergebnis: 8000 |
| `Str(Zahl)` | Wandelt eine Zahl in eine Zeichenfolge um | Ausgangslage: `Str(8000)` Ergebnis: »8000« |
| `Hex(Zahl)` | Wandelt eine Zahl in einen Hexadezimalwert um | Ausgangslage: `Hex(8000)` Ergebnis: 1F40 |
| `Oct(Zahl)` | Wandelt eine Zahl in einen Oktalwert um | Ausgangslage: `Oct(8000)` Ergebnis: 17500 |

# Datentypen prüfen

Es kann überprüft werden, ob eine Variable den gewünschten Datentyp enthält. Dabei wird ein Wert vom Typ `Boolean`, also *Wahr* oder *Falsch*, zurückgegeben.

In der folgenden Prozedur wird geprüft, ob der Variablen `datBirthday` ein gültiges Datum übergeben wurde. Eine entsprechende Ausgabe, ob die Datumsangabe wahr oder falsch ist, erfolgt in einem Meldungsfeld `MsgBox`.

**Listing 3.8** Überprüfung eines Datentyps

```
Sub CheckType()
   Dim datBirthday

   datBirthday = "05.09.1968"

   If IsDate(datBirthday) Then
      MsgBox IsDate(datBirthday)
   Else
      MsgBox IsDate(datBirthday)
   End If
End Sub
```

**Tabelle 3.5** Datentypen prüfen

| Funktion | Beschreibung |
|---|---|
| `IsArray(VarName)` | Prüft, ob ein Array vorliegt |
| `IsDate(Ausdruck)` | Prüft, ob ein Datum vorliegt |
| `IsEmpty(Ausdruck)` | Prüft, ob eine Variable initialisiert wurde |
| `IsError(Ausdruck)` | Prüft, ob ein Fehlerwert vorliegt |
| `IsMissing(ArgName)` | Prüft, ob einer Prozedur ein optionales Argument vom Typ **`Variant`** übergeben wurde |
| `IsNull(Ausdruck)` | Prüft, ob die Variable einen gültigen Wert enthält |
| `IsNumeric(Ausdruck)` | Prüft, ob der Ausdruck als Zahl ausgewertet werden kann |
| `IsObject(Bezeichner)` | Prüft, ob ein Bezeichner eine Objektvariable darstellt |

Kapitel 4

# Fehler erkennen und beheben

**In diesem Kapitel:**

In VBA-Prozeduren können vielerlei Fehler auftreten. Nicht immer ist es leicht, diese zu analysieren und zu beheben. Dieses Kapitel soll Ihnen als Leitfaden zur Abhilfe bei Fehlern dienen.

# Wie können Fehler entstehen?

Fehler in Prozeduren können sich unterschiedlich äußern. Es gibt Fehler, die noch während der Eingabe des Codes entdeckt werden. Oftmals handelt es sich dabei um Tippfehler, auf die bei Eingabe der [↵]-Taste durch ein Dialogfeld hingewiesen wird. Bereits in Kapitel 1 wurde geraten, die Variablendeklaration durch `Option Explicit` zu erzwingen. Damit kann bereits eine Vielzahl an Fehlern, die durch falsch eingegebene Variablen entstehen können, entdeckt werden.

Während Ihrer Laufbahn als Programmierer werden Sie, wie die meisten Programmierer, des Öfteren auf das Dialogfeld des Debuggers stoßen. Dieses wird ausgelöst, wenn beispielsweise auf den Namen eines Tabellenblattes verwiesen wird, das nicht existiert (siehe Abbildung 4.1) Das Debugger-Fenster wird zudem beispielsweise angezeigt, wenn ein falscher Datentyp bei der Deklaration verwendet wurde. Wenn eine Variable als `Byte` hinterlegt wurde, kann diese nur einen Wert im Bereich von 0 bis 255 annehmen. Wenn nun versucht würde, einer solchen Variablen einen Wert von 500 zuzuweisen, würde das Debugger-Fenster einen Überlauf melden. Wenn Sie im Debugger-Fenster auf die Schaltfläche *Debuggen* klicken, wird die fehlerhafte Codezeile gelb hinterlegt. Leider ist die Meldung, die im Debugger-Fenster angezeigt wird, oftmals wenig aufschlussreich. Ein Klick auf die Schaltfläche *Hilfe* zeigt zwar weitergehende Informationen an, aber diese entsprechen nicht immer dem Problem, das zu dieser Fehlermeldung führt. Wenn Sie die Schaltfläche *Beenden* verwenden, wird die Prozedur, ohne auf den Fehler hinzudeuten, verlassen.

**Abbildg. 4.1** Das Debugger-Fenster

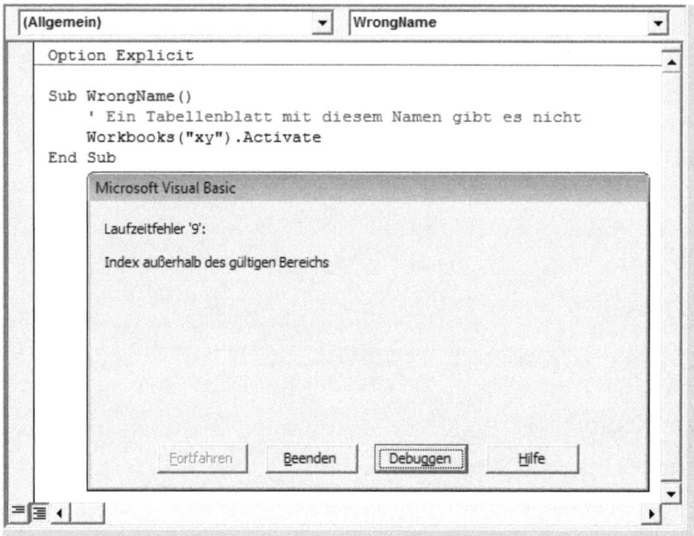

# Es gibt drei Testfenster

Es gibt in der VBE drei Testfenster, die als Hilfsmittel bei der Fehleranalyse verwendet werden können: das Direktfenster, das Lokal-Fenster und das Überwachungsfenster. Welche Funktionen die Fenster ausüben, werden Sie gleich erfahren.

## Das Direktfenster verwenden

Das Direktfenster (auch Direktbereich genannt) kann für verschiedenen Zwecke genutzt werden. Einerseits können Sie darin direkt VBA-Befehle eingeben, ohne eine ganze Prozedur zu schreiben. Andererseits können Sie es zur Rückgabe von Variableninhalten nutzen.

Um das Direktfenster einzublenden, verwenden Sie den Menübefehl *Ansicht/Direktfenster* oder drücken die Tastenkombination `Strg`+`G`. Bei unveränderter Grundeinstellung erscheint das Direktfenster am unteren Rand der VBE.

**Abbildg. 4.2** Der Direktbereich

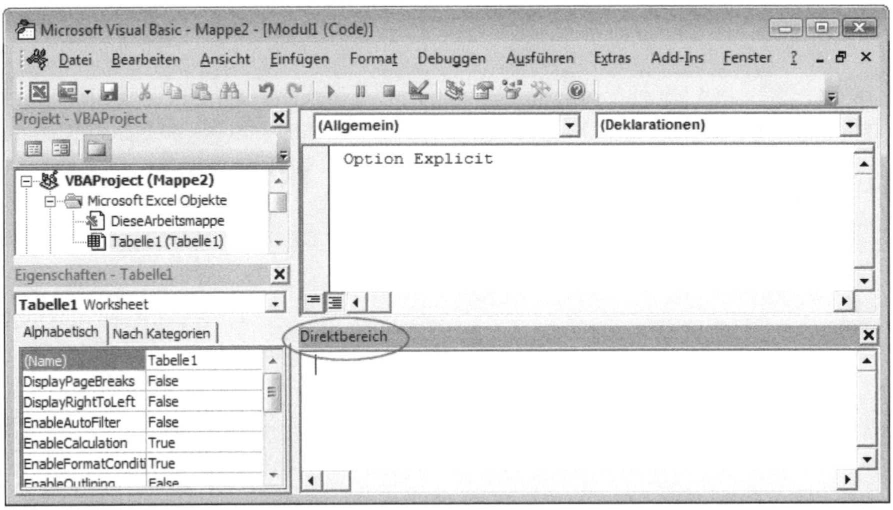


Sie können das Direktfenster verwenden, um direkt VBA-Befehle einzugeben, deren Rückgabewert Sie erfahren möchten. Immer wenn Sie einen Rückgabewert ermitteln wollen, stellen Sie dem Befehl ein Fragezeichen (?) voran. Ein Beispiel:

```
?Activesheet.Name
```

Gehen Sie dabei wie folgt vor:

1. Geben Sie im Eingabefeld des Direktbereiches die gewünschte Anweisung ein.
2. Drücken Sie die `↵`-Taste, um den Rückgabewert im Direktbereich anzeigen zu lassen.
3. In unserem Beispiel wird der Name des aktiven Tabellenblattes zurückgegeben.

**Abbildg. 4.3** Einen Rückgabewert abfragen

Ein Laufzeitfehler 438 entsteht, wenn Sie vergessen, das Fragezeichen vor der Anweisung einzugeben, die einen Rückgabewert im Direktfenster ausgeben soll.

**Abbildg. 4.4** Fehlermeldung, die entsteht, wenn das Fragezeichen nicht eingegeben wird

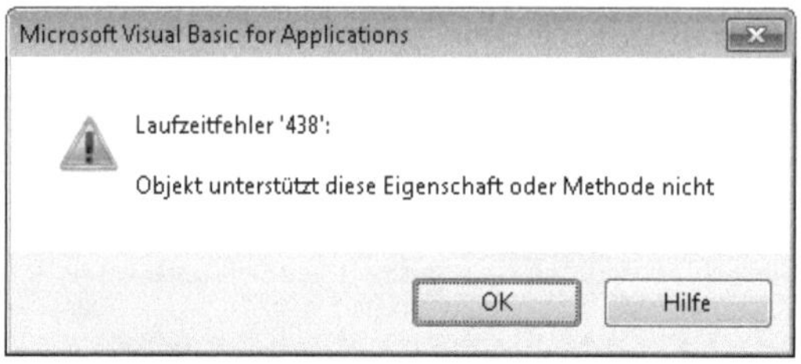


**TIPP** Sie können auch im Direktfenster die IntelliSense-Liste verwenden. Geben Sie die ersten Zeichen des Befehls ein und drücken Sie die Tastenkombination Strg+Leertaste.

**Abbildg. 4.5** Die IntelliSense-Listen im Direktbereich verwenden

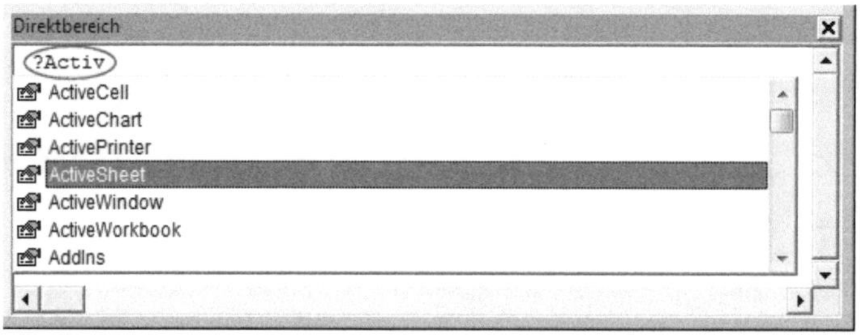


# Das Direktfenster zur Überwachung loslösen

Das Direktfenster ist, wie alle anderen Fenster der VBE (siehe Kapitel 1), standardmäßig verankert. Sie können es aus der Verankerung lösen, indem Sie es am blauen, oberen Rand (die Titelleiste) festhalten und mit gedrückter linker Maustaste aus der Verankerung wegziehen. Sie können alternativ auch doppelt auf die Titelleiste des Direktbereichs klicken.

**Abbildg. 4.6** Das Direktfenster loslösen

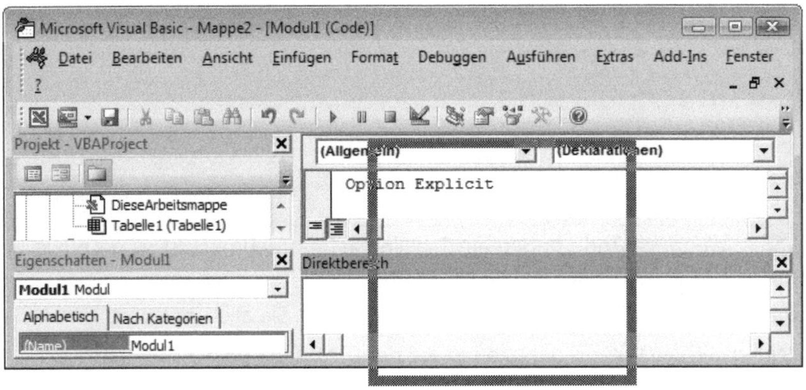


Das Direktfenster wird nun frei schwebend über der VBE angezeigt.

**Abbildg. 4.7** Das frei schwebende Direktfenster

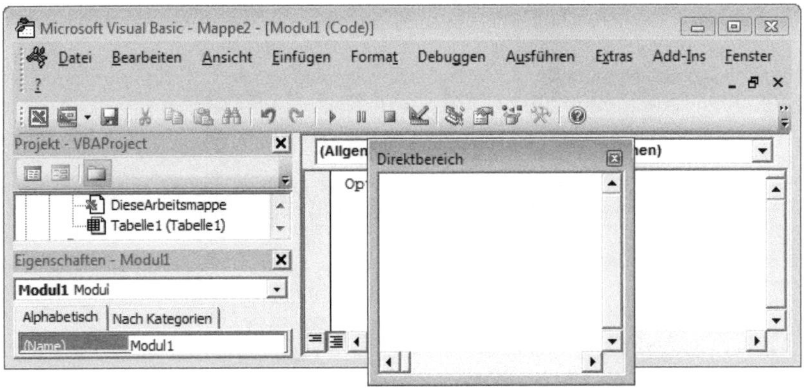


Sobald das Direktfenster losgelöst ist, können Sie es nach Belieben über der VBE anordnen. Es lässt sich auch in der Größe verändern. Fassen Sie dazu einen der Ränder oder die Ecken an und ziehen Sie sie mit gedrückter linker Maustaste in die gewünschte Größe.

Um das Direktfenster wieder zu verankern, brauchen Sie lediglich doppelt auf die Titelleiste zu klicken.

# Eingaben ohne Rückgabewerte

Wenn Sie Anweisungen ausführen möchten, die keinen Rückgabewert erfordern, lassen Sie das Fragezeichen vor der Anweisung weg. Dies wird in der Regel dann angewendet, wenn das Direktfenster einen Eingabewert an ein Objekt übergibt. Beispielsweise beim Befüllen von Zellen mit Werten.

Die Abbildung 4.8 zeigt, wie der Wert 500 an jede Zelle des Bereichs *A1:B5* übergeben wird.

**Abbildg. 4.8** Anweisungen an ein Objekt übergeben

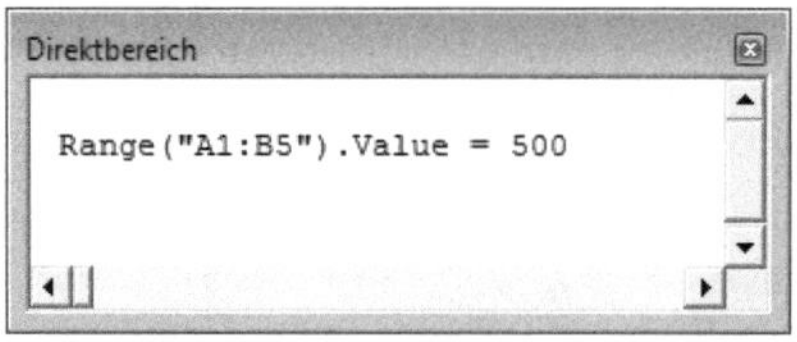


**TIPP** Wenn Sie Änderungen am Tabellenblatt vornehmen, ist es oft etwas umständlich, ständig zwischen der VBE und Excel zu wechseln.

Durch eine entsprechende Anordnung der Fenster haben Sie alles im Überblick:

- Verkleinern Sie die VBE so, dass sie gut auf der Excel-Oberfläche Platz hat.
- Das Direktfenster kann sogar schwebend über der Excel-Applikation angezeigt werden.

Sie können nun im Direktfenster Ihre Befehle eingeben und zugleich sehen, was auf dem Tabellenblatt geschieht:

**Abbildg. 4.9** Die Rückgabe auf dem Tabellenblatt verfolgen

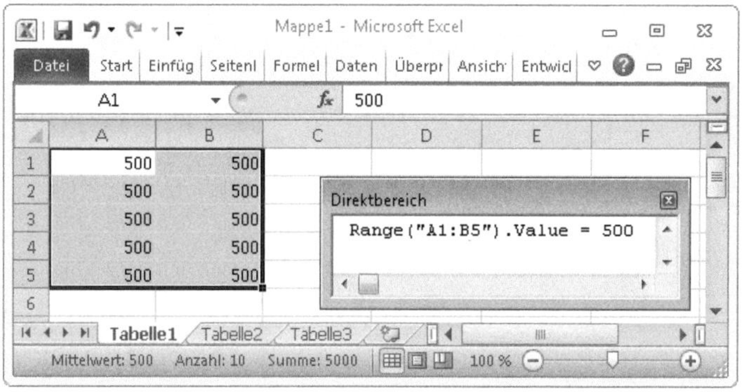


# Variablen abfragen (*Debug.Print*)

Wie Sie gelernt haben, können sich Variableninhalte während der Laufzeit einmalig oder mehrmals verändern. Innerhalb der Prozedur können Sie die Anweisung `Debug.Print` verwenden, um den Inhalt einer Variablen zu erfahren.

Im folgenden Codebeispiel wird die Variable `strTitel` zweimal mit unterschiedlichen Werten befüllt.

**Listing 4.1** Variableninhalte im Direktbereich ausgeben

```
Sub VariablenPruefen1()
   Dim strTitel As String

   strTitel = "Excel-VBA"
   Debug.Print strTitel
```

**Listing 4.1** Variableninhalte im Direktbereich ausgeben *(Fortsetzung)*

```
   strTitel = "Das Handbuch"
   Debug.Print strTitel
End Sub
```

Nach jedem Befüllen wird der aktuelle Inhalt der Variable an das Direktfenster übergeben.

**Abbildg. 4.10** Die Rückgabe von Variableninhalten im Direktbereich

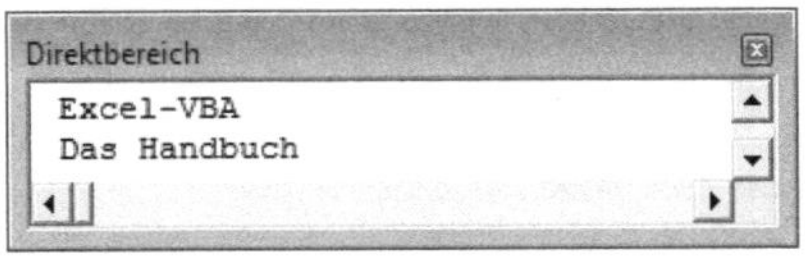


Sie können Variableninhalte auch nebeneinander im Direktfenster ausgeben. Sie brauchen diese lediglich durch ein Komma (,) voneinander zu trennen:

**Listing 4.2** Variableninhalte durch ein Komma trennen

```
Sub VariablenPruefen2()
   Dim strTitel As String, strAutor As String
   strTitel = "Excel-VBA, Das Handbuch"
   strAutor = "Monika Can"
   Debug.Print strTitel, strAutor
End Sub
```

**Abbildg. 4.11** Variablen nebeneinander anordnen

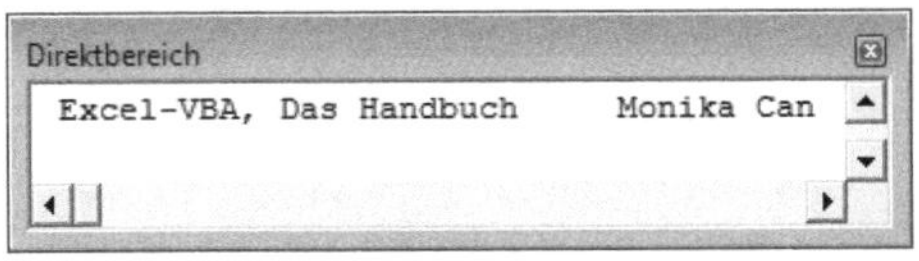


Zwar greifen wir jetzt in diesem Buch etwas vor, denn Schleifen wurden bisher noch nicht behandelt. Dennoch ist es wichtig zu wissen, dass auch deren Inhalt Schritt für Schritt im Direktfenster angezeigt werden kann, denn innerhalb einer Schleife kann sich eine Variable beliebig oft verändern.

Das nachfolgende Beispiel zeigt, wie Tabellenblattnamen in einer Schleife durchlaufen werden.

**Abbildg. 4.12** Variablen in Schleifen prüfen

```
Sub VariablenPruefen3()
   Dim i As Integer
   For i = 1 To Worksheets.Count
      Debug.Print Worksheets(i).Name,
   Next i
End Sub
```

Bei jedem Schleifendurchlauf erfolgt eine Ausgabe im Direktfenster.

**Abbildg. 4.13** Ausgabe der Schleifendurchläufe im Direktbereich

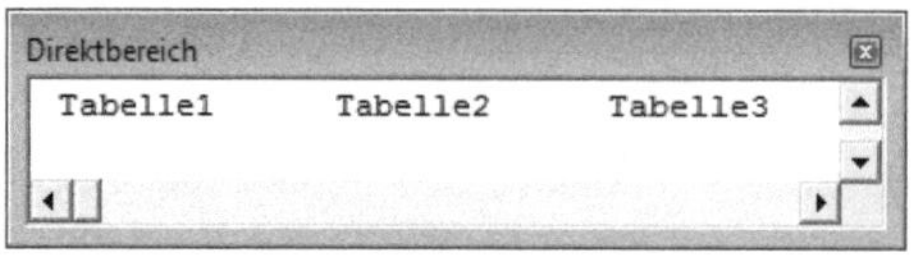


Beachten Sie das Komma am Ende der Zeile, die durch das `Debug.Print` angeführt wird. Es veranlasst, dass die Werte nicht untereinander, sondern nebeneinander geschrieben werden. Wenn Sie die Werte untereinander ausgeben möchten, lassen Sie das Komma einfach weg.

Sie können die `For`-Schleife auch verkürzen, sodass diese nur eine einzelne Zeile in Anspruch nimmt. Beachten Sie dabei die Doppelpunkte, denn diese sind entscheidend:

```
For i = 1 To Worksheets.Count: Debug.Print Worksheets(i).Name,: Next i
```

**BEISPIEL** Die obigen Beispiele befinden sich innerhalb der Begleitdateien zum Buch im Ordner *\Buch\Kap04*. Die Mappe nennt sich *Bsp04_01.xlsm*. Die Prozeduren sind in *Modul01* untergebracht.

# Das Lokal-Fenster benutzen

Im Lokal-Fenster können Sie die Variableninhalte und -typen anzeigen lassen. Um das Lokalfenster einzublenden, verwenden Sie den Menübefehl *Ansicht/Lokal-Fenster*.

**Abbildg. 4.14** Das Lokal-Fenster

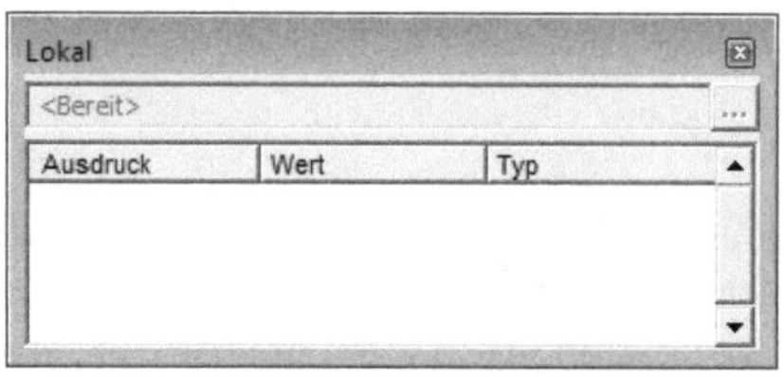


Das Lokal-Fenster ist vorerst leer. Es besteht aus drei Spalten: *Ausdruck*, *Wert* und *Typ*. Wenn das Lokal-Fenster befüllt ist, werden in der Spalte *Ausdruck* die Variablennamen angezeigt. In der Spalte *Wert* erscheinen die Inhalte der Variablen und in der Spalte *Typ* der zugeordnete Datentyp.

Um das Lokal-Fenster zu befüllen, müssen Sie über eine Prozedur verfügen, die eine oder mehrere Variablen enthält.

Sie müssen zudem einen oder mehrere Haltepunkte setzen. Um einen Haltepunkt zu setzen, klicken Sie vor der entsprechenden Codezeile auf die Leiste. Alternativ dazu verwenden Sie die Taste F9. Es wird ein rotbrauner Punkt eingefügt und die Codezeile wird in derselben Farbe hinterlegt.

**Abbildg. 4.15** Einen Haltepunkt einfügen

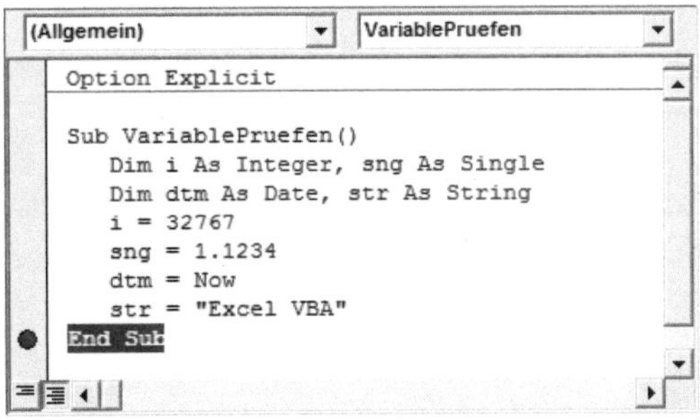


Wenn Sie die Prozedur ausführen ([F5]-Taste), wird der Code an der Stelle unterbrochen, an der sich der Haltepunkt befindet. Die Zeile wird durch einen gelben Pfeil markiert und in derselben Farbe hinterlegt.

Je nachdem, wo der Haltepunkt gesetzt ist, wird durch erneutes Drücken der Taste [F5] der Code fortgeführt oder erneut aufgerufen.

**Abbildg. 4.16** Bei einem Haltepunkt stoppen

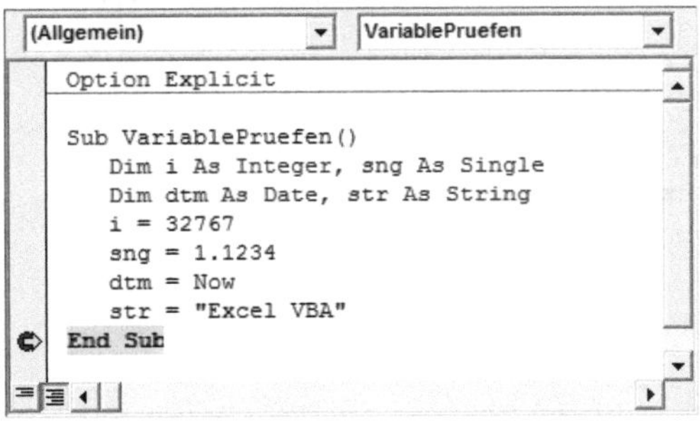


Mit der Aktion erreichen Sie, dass im Lokal-Fenster sämtliche Variablen inklusive deren Werte und Datentypen angezeigt werden.

**Abbildg. 4.17** Die Inhalte der Variablen und deren Datentypen werden im Lokal-Fenster aufgelistet

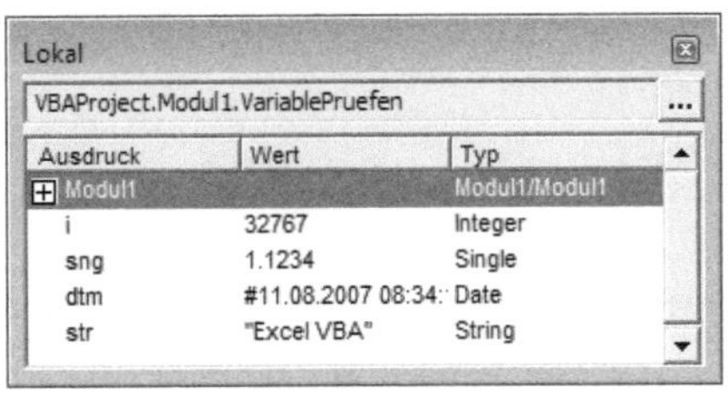


Sie können den Haltepunkt wieder entfernen, indem Sie auf den rotbraunen Punkt klicken oder wiederum die Taste [F9] in der entsprechenden Zeile betätigen.

Um sämtliche Haltepunkte einer Prozedur zu entfernen, verwenden Sie die Tastenkombination [Strg]+[⇧]+[F9].

# Mit dem Überwachungsfenster arbeiten

Das Überwachungsfenster ist dem Lokal-Fenster von der Ansicht her sehr ähnlich. Das Überwachungsfenster zeigt zusätzlich die Spalte *Kontext* an. In dieser Spalte wird der Modul- und Prozedurname angezeigt.

Um das Überwachungsfenster einzublenden, verwenden Sie den Menübefehl *Ansicht/Überwachungsfenster*. Das vorerst leere Überwachungsfenster wird angezeigt.

**Abbildg. 4.18** Das Überwachungsfenster

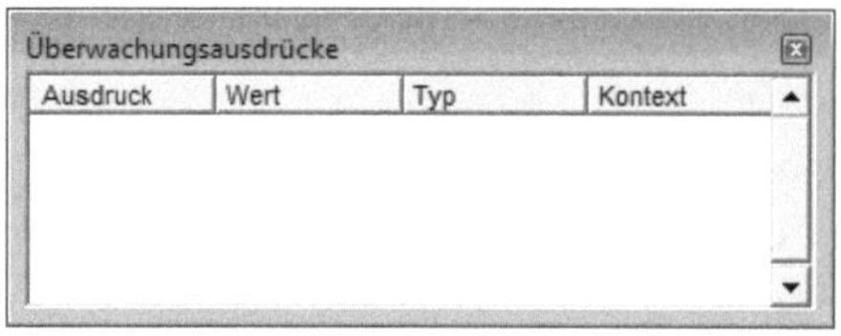


Der Umgang mit dem Überwachungsfenster ist etwas umständlicher als der mit dem Lokal-Fenster. Die zu überwachenden Variablen müssen explizit festgelegt werden.

Der einfachste Weg, um eine Überwachung einzufügen, führt über das Kontextmenü des Überwachungsfensters:

1. Klicken Sie mit der rechten Maustaste auf das Überwachungsfenster.
2. Wählen Sie aus dem Kontextmenü den Befehl *Überwachung hinzufügen.*
3. Das Dialogfeld *Überwachung hinzufügen* wird angezeigt.

**Abbildg. 4.19** Ausdruck hinzufügen

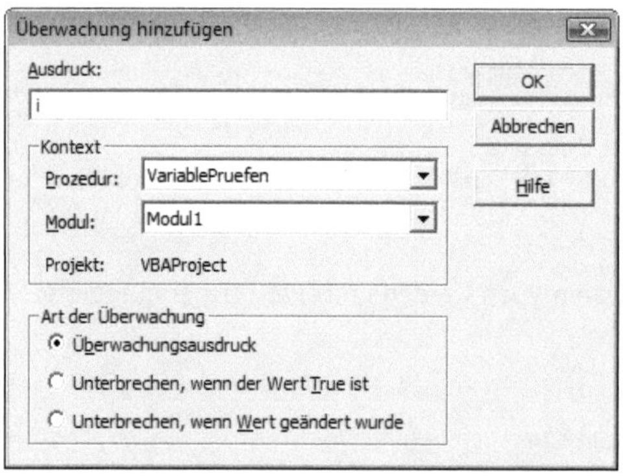


4. Geben Sie ins Eingabefeld *Ausdruck* den Namen der Variablen ein, die Sie überwachen möchten.
5. Klicken Sie auf die Schaltfläche *OK.*
6. Im Überwachungsfenster ist nun der hinzugefügte Eintrag ersichtlich.

**Abbildg. 4.20** Der Überwachungsausdruck wird angezeigt

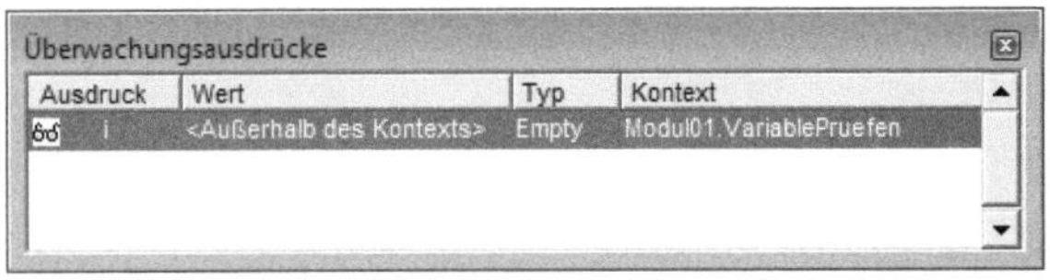


Wiederholen Sie den Vorgang so oft, bis alle erforderlichen Variablen im Überwachungsfenster angezeigt werden.

Setzen Sie dann Haltepunkte an der gewünschten Stelle und führen Sie den VBA-Code aus, um den Variableninhalt zu prüfen.

**Abbildg. 4.21** Alle Überwachungsausdrücke anzeigen

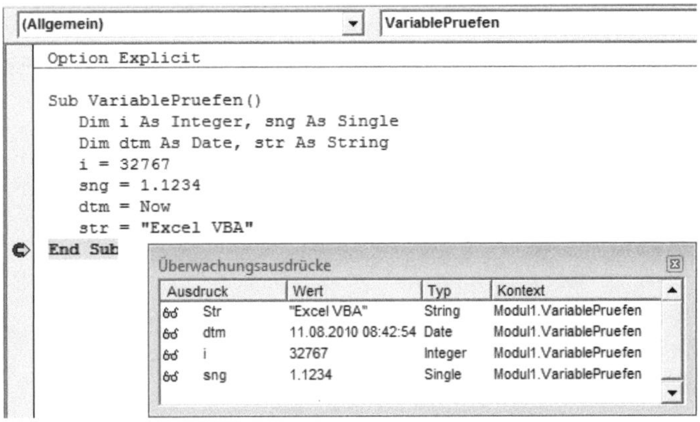


Sie müssen einen oder mehrere Haltepunkte setzen, um das Überwachungsfenster zu befüllen.

Überwachungsausdrücke können jederzeit wieder entfernt werden:

1. Klicken Sie mit der rechten Maustaste im Überwachungsfenster auf den Ausdruck, den Sie entfernen möchten.
2. Wählen Sie im Kontextmenü den Eintrag *Überwachung entfernen* aus.
3. Die Überwachung wird daraufhin gelöscht.

# Prozeduren debuggen

Der Begriff *Debuggen* bedeutet, ein Programm zu testen. Sie können den Debugger verwenden, um einzelne Codezeilen auf Fehler zu überprüfen und Variableninhalte zu überwachen.

Während Ihrer Laufbahn als VBA-Programmierer werden Sie mit größter Wahrscheinlichkeit früher oder später auf das Debugger-Dialogfeld stoßen (siehe Abbildung 4.22) oder auf andere Dialogfelder, die einen Fehler melden.

**Abbildg. 4.22** Laufzeitfehler 13 und Laufzeitfehler 6

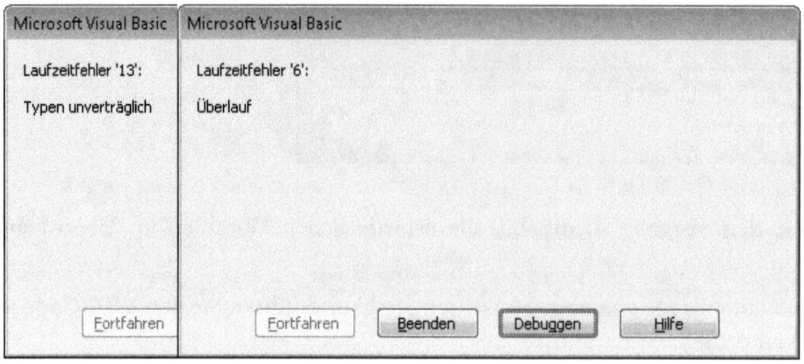


Der Laufzeitfehler 13 entsteht, wenn zum Beispiel versucht wird, einer Variablen, die mit dem Datentyp `Integer` deklariert wurde, einen Text zuzuweisen. Der Laufzeitfehler 6 kann entstehen, wenn eine Variable als `Byte` deklariert wurde und dann versucht wird, dieser einen Wert größer 255 zu übergeben.

**Listing 4.3** Fehlerhafte Variablendeklaration

```
Sub FalscheDeklaration()
   Dim i As Integer, byt As Byte
   Dim dtm As Date, str As String
   i = "Hallo Welt"    ' <-- Laufzeitfehler 13
   byt = 12345         ' <-- Laufzeitfehler 6
   dtm = Now
   str = "Excel-VBA"
End Sub
```

**BEISPIEL** Das obige Beispiel befindet sich innerhalb der Begleitdateien zum Buch im Ordner *\Buch\Kap04*. Die Mappe nennt sich *Bsp04_01.xlsm*. Die Prozedur ist in *Modul02* untergebracht.

Solche Meldungen werden immer dann angezeigt, wenn der Compiler einen Fehler in Ihrem Code entdeckt, den er nicht verarbeiten kann. Leider sind die Meldungen nicht immer sonderlich aussagekräftig.

Gemäß Abbildung 4.22 entstand der Laufzeitfehler 1004, weil der Versuch unternommen wurde, eine Datei zu öffnen, die nicht existiert.

Das Debugger-Dialogfeld enthält unter anderem die beiden Schaltflächen *Beenden* und *Debuggen*. Mittels *Beenden* können Sie die Prozedur abbrechen. Wenn Sie auf die Schaltfläche *Debuggen* klicken, wird die VBE geöffnet. Die fehlerhafte Codezeile ist gelb hinterlegt und durch einen gelben Pfeil in der linken Leiste gekennzeichnet.

**Abbildg. 4.23** Der Laufzeitfehler 1004

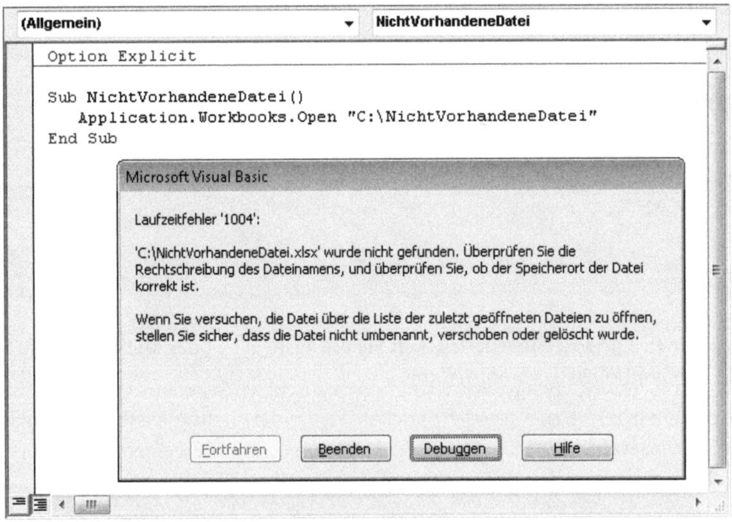


Der Code muss nun auf eine beliebige Art verlassen werden. Sie können beispielsweise die Taste F5 drücken. Damit wird das Debugger-Fenster erneut geöffnet. Das Ausführen des Codes kann nun über die Schaltfläche *Beenden* abgebrochen werden.

Alternativ dazu können Sie auch die Schaltfläche *Zurücksetzen* verwenden. Sie befindet sich in der Symbolleiste *Voreinstellung* in der VBE.

# Debuggen im Einzelschritt

Im Menü *Debuggen* stehen verschiedene Befehle zur Verfügung, die Sie beim Testen Ihrer Programme unterstützen. Einige davon haben Sie bereits kennen gelernt.

Debuggen im Einzelschritt bedeutet, eine Prozedur Zeile für Zeile (oder bis zu einem Haltepunkt) auszuführen und dann zu unterbrechen, um beispielsweise den Inhalt einer Variablen zu prüfen:

- Um einen einzelnen Schritt auszuführen, drücken Sie die Taste F8.
- Ein wiederholtes Drücken der Taste F8 führt Sie jeweils zum nächsten Einzelschritt. Die gerade aktive Zeile wird dabei gelb hinterlegt.
- Wenn Sie die Einfügemarke auf eine Variable setzen und eine Weile darauf belassen, wird deren Inhalt in einer QuickInfo angezeigt.

**Abbildg. 4.24** Debuggen im Einzelschritt und Variableninhalt in einer QuickInfo anzeigen lassen

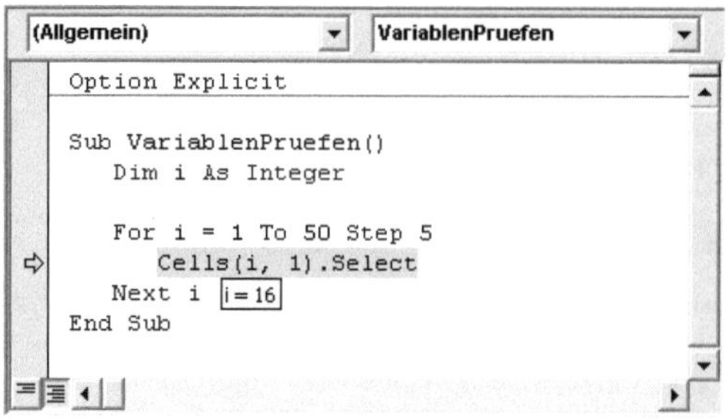

- Um die Prozedur zu Ende zu führen, drücken Sie die Taste F5 oder klicken auf die Schaltfläche *Fortsetzen* in der Symbolleiste *Voreinstellung*.

- Um die Prozedur vorzeitig zu verlassen, klicken Sie in der Symbolleiste *Voreinstellung* auf die Schaltfläche *Zurücksetzen*.

# Haltepunkte setzen

Wenn Sie einen umfangreichen Code manuell debuggen möchten, würde es zu weit führen, Zeile für Zeile und Schleife für Schleife im Einzelschritt zu durchlaufen. Um die Prozedur nur an bestimmten Stellen zu unterbrechen, können Sie Haltepunkte punktuell an den Orten setzen, wo Sie einen möglichen Fehler vermuten oder den Inhalt einer Variablen überprüfen möchten:

- Um einen Haltepunkt zu setzen, aktivieren Sie die entsprechende Codezeile und drücken die Taste F9.
- Alternativ dazu können Sie auch einfach in der linken Leiste vor der gewünschten Codezeile klicken.
- Ein weiterer Weg führt über den Menübefehl *Debuggen/Haltepunkt ein/aus*.

In jedem Fall erscheint in der linken Leiste ein rotbrauner Punkt und die Codezeile wird in derselben Farbe hinterlegt.

Um Haltepunkte zu entfernen, können Sie wiederum einen der zuvor aufgelisteten Befehle verwenden.

**Abbildg. 4.25** Einen oder mehrere Haltepunkte setzen

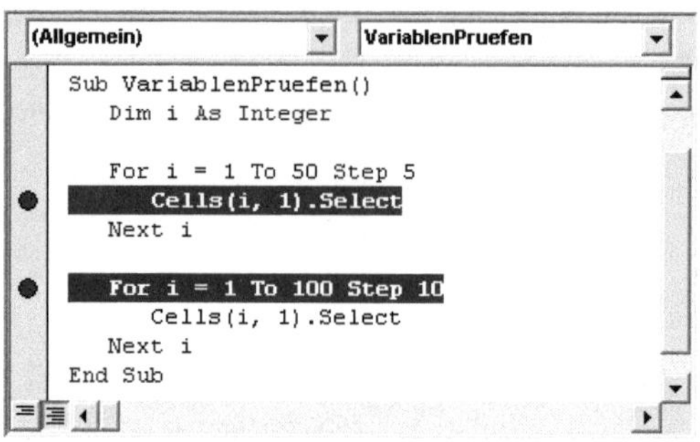


Drücken Sie die Taste F8, um die Einzelschritte zu den gesetzten Haltepunkten auszuführen.

## Debuggen im Prozedurschritt

Das Debuggen im Prozedurschritt führt im Grunde genommen dasselbe aus, wie das Debuggen im Einzelschritt. Der Gedanke ist der, dass, wenn eine Prozedur eine andere aufruft, im Prozedurschritt zu der zweiten Prozedur gewechselt werden kann. Verwenden Sie die Tastenkombination ⇧+F8, um Prozedurschritte auszuführen.

Starten Sie den Vorgang, indem Sie die Einfügemarke in die erste Prozedur setzen und dann die Taste F8 drücken. Setzen Sie danach mit ⇧+F8 den Vorgang fort.

**Abbildg. 4.26** Debuggen im Prozedurschritt

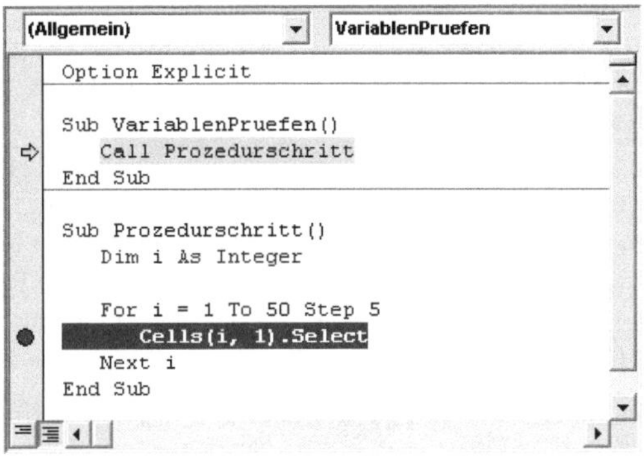


## Debuggen bis zur Cursorposition

Sie können die Prozedur auch einfach dort ausführen, wo sich die Einfügemarke momentan befindet:

1. Setzen Sie dazu die Einfügemarke in die Codezeile, die Sie überprüfen möchten.
2. Drücken Sie die Tastenkombination Strg+F8. Die Zeile wird gelb hinterlegt. Der Variableninhalt kann in der QuickInfo eingesehen werden.
3. Drücken Sie wiederholt die Tastenkombination Strg+F8, wenn Sie die Schritte weiter ausführen möchten.
4. Der Debugger-Modus kann jederzeit unter Benutzung der Tastenkombination Strg+⇧+F8 verlassen werden.

# Fehler tolerieren

In VBA-Prozeduren können immer wieder Fehler entstehen, die das Debugger-Dialogfeld öffnen. Solche Fehler müssen Sie unbedingt korrigieren, bevor Sie die Prozedur mehreren Benutzern zugänglich machen. Die meisten Endanwender kennen sich mit VBA nicht aus und können auch nicht wissen, wie mit dem Debugger-Dialogfeld umzugehen ist.

Selbst wenn ein Programm vermeintlich in- und auswändig getestet wurde, ist nicht auszuschließen, dass je nach Konstellation ein Fehler entsteht. Je komplexer die Prozedur ist, desto größer die Fehlerquelle. Empfehlenswert ist es, die Prozedur durch verschiedene Benutzer testen zu lassen, bevor sie veröffentlich wird. Nicht umsonst verschickt selbst Microsoft Alpha- und Beta-Versionen (Testversionen) an einen auserlesenen Kreis von Benutzern, die ihnen beim Testen für eine Endversion behilflich sind. Oftmals dauert es Monate, bis ein Programm soweit ausgereift ist, dass es veröffentlicht werden kann.

In der Regel lassen sich Fehler korrekt ausprogrammieren. Häufig ist dies eine große Herausforderung, wenn nicht sogar Geduldsfrage. Oftmals sind umfassende Programmierkenntnisse erforderlich, um einen Fehler zu beheben. Es gibt in VBA sogar Situationen, in denen ein Fehler schlicht umgangen werden muss, weil er nicht vollständig ausprogrammiert werden kann.

So genannte `On Error`- oder `GoTo`-Anweisungen genießen unter Programmierern generell einen schlechten Ruf, weil der Einsatz nicht ungefährlich ist. Nach Möglichkeit sollten Sie darauf verzichten und eine bessere Lösung suchen.

# Fehlermeldungen unterdrücken (*On Error Resume Next*)

Durch ein `On Error Resume Next` können VBA-Fehler schlicht übergangen werden. Dies ist die einfachste und bequemste Methode, um eine VBA-Prozedur ohne Unterbrechung ab einer bestimmten Codezeile auszuführen. Problematisch daran ist, dass damit möglicherweise kritische Fehler übergangen werden, die zu einem falschen Ergebnis führen. Überlegen Sie sich also gut, wann und ob Sie die Anweisung wirklich verwenden möchten.

Im folgenden Beispiel wird versucht, ein Tabellenblatt zu aktivieren, das in der Arbeitsmappe nicht vorhanden ist. Es entsteht dabei der Laufzeitfehler 9.

**Abbildg. 4.27** Beim Versuch, ein nicht existierendes Tabellenblatt anzusprechen, entsteht ein Laufzeitfehler

Bequemerweise könnte man nun oberhalb der fehlerhaften Codezeile ein `On Error Resume Next` einbauen.

**Listing 4.4** On Error Resume Next

```
Sub FalscherBlattName1()
   On Error Resume Next
   Worksheets(10).Name = "Neuer Name"
End Sub
```

Beim erneuten Ausführen des Codes wird das Debugger-Dialogfeld übergangen und der Code wird weitergeführt, ohne dass etwas geschieht. Es ist anzunehmen, dass der Code in der Praxis etwas umfangreicher wäre und weitere Anweisungen an dem Tabellenblatt ausgeführt werden müssten. Dadurch, dass der Fehler einfach unterdrückt wurde, ist man sich oft nicht bewusst, dass ein Teil des Codes nicht ausgeführt wurde.

Ein solcher Code sollte auf jeden Fall sauber ausprogrammiert werden. In unserem Beispiel könnte eine `If`-Entscheidung weiterhelfen:

1. In der Variablen (`i`) wird der Tabellenblattindex zwischengespeichert. Der Vorteil beim Verwenden einer Variablen liegt darin, dass sie bei einer Änderung nur zu Beginn der Prozedur angepasst werden muss.
2. In der `If`-Entscheidung wird die gesamte Anzahl an Tabellenblättern mit dem Inhalt der Variablen verglichen. Damit kann geprüft werden, ob überhaupt so viele Tabellenblätter vorhanden sind.
3. Wenn kein Fehler entsteht, wird das Tabellenblatt mit dem Index 10 umbenannt. Ansonsten wird ein Meldungsfeld angezeigt. Damit ist der Fehler sauber dokumentiert.

**Abbildg. 4.28** Benutzerdefinierte Meldung ausgeben, wenn das Tabellenblatt nicht existiert

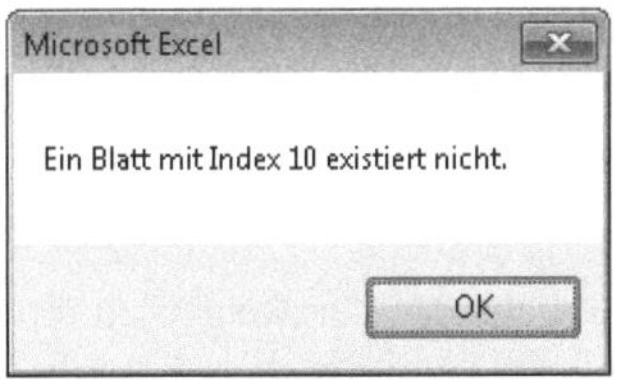


**Listing 4.5** Möglichen Fehler abfangen

```
Sub FalscherBlattName2()
   Dim i As Integer
   i = 10

   If Worksheets.Count >= i Then
      Worksheets(i).Name = "Neuer Name"
   Else
      MsgBox "Ein Blatt mit Index " & i & " existiert nicht."
   End If
End Sub
```

**HINWEIS** Das Thema `If`-Entscheidungen wird in Kapitel 6 im Detail behandelt.

**BEISPIEL** Die obigen Beispiele befinden sich innerhalb der Begleitdateien zum Buch im Ordner *\Buch\Kap04*. Die Mappe nennt sich *Bsp04_01.xlsm*. Die Prozeduren sind in *Modul03* untergebracht.

# Fehlerunterdrückung zurücksetzen (*On Error GoTo 0*)

Wenn Sie trotz allem einmal die Anweisung `On Error Resume Next` verwenden müssen, was durchaus nicht auszuschließen ist, dann sollten Sie die Fehlerunterdrückung nach der kritischen Stelle wieder deaktivieren. Dies geschieht mit der Anweisung `On Error GoTo 0`. Die Prozedur läuft danach ganz normal weiter. Sollten noch mehr Fehler im Code enthalten sein, erscheint wieder, wie gewohnt, eine Fehlermeldung.

**Listing 4.6** On Error GoTo 0

```
Sub FehlerZuruecksetzen()
   On Error Resume Next
   Worksheets(10).Name = "Neuer Name"
   On Error GoTo 0
   '
   ' Weitere Codezeilen
End Sub
```

**BEISPIEL** Das obige Beispiel befindet sich innerhalb der Begleitdateien zum Buch im Ordner *\Buch\Kap04*. Die Mappe nennt sich *Bsp04_01.xlsm*. Die Prozedur ist in *Modul04* untergebracht.

# Fehler in Sprungmarken abfangen

Eine weitere Möglichkeit, einen Fehler abzufangen, besteht darin, eine Sprungmarke zu verwenden. Sie können dieser einen beliebigen Namen zuweisen. Wir nennen Sie hier *Fehlerbehandlung*.

Die Anweisung `On Error GoTo Fehlerbehandlung` ermöglicht das Verzweigen zu einer bestimmten Stelle im Code, sobald ein Fehler auftritt. Um es vereinfacht auszudrücken, bewirkt die Anweisung folgendes: Gehe zur Sprungmarke `Fehlerbehandlung`, wenn ein Fehler auftritt.

Die Fehlerbehandlung, bzw. die Sprungmarke, ist in unserem folgenden Beispiel am Ende der Prozedur zu finden. Beachten Sie den Doppelpunkt (:), der auf Fehlerbehandlung folgt. Dieser ist zwingend erforderlich.

Bevor zur Sprungmarke verzweigt wird, muss die Prozedur mit `Exit Sub` verlassen werden. Dies, damit der Code beim Eintritt eines Fehlers nicht weiter ausgeführt werden kann.

Nachdem das Programm zur Sprungmarke verzweigt ist, werden die dort hinterlegen Anweisungen ausgeführt. In unserem Beispiel wird ein Meldungsfeld ausgegeben.

**Listing 4.7** Zu einer Sprungmarke verzweigen

```
Sub ZuSprungmarke()
   Dim i As Integer
   i = 10

   On Error GoTo Fehlerbehandlung
   Worksheets(i).Name = "Neuer Name"
   Exit Sub
```

**Listing 4.7** Zu einer Sprungmarke verzweigen *(Fortsetzung)*

```
Fehlerbehandlung:
   MsgBox "Ein Blatt mit Index " & i & " existiert nicht."
End Sub
```

**BEISPIEL** Das obige Beispiel befindet sich innerhalb der Begleitdateien zum Buch im Ordner *\Buch\Kap04*. Die Mappe nennt sich *Bsp04_01.xlsm*. Die Prozedur ist in *Modul05* untergebracht.

# Weitere Informationen zum Thema Fehler

Nachfolgend finden Sie noch einige weiterführende Tipps und Tricks zum Thema Fehlerbehandlung.

## Integrierte Fehlermeldungen selbst erzeugen (*Err*)

Die Sprungmarke, die wir zuvor erzeugt haben, endete in einem benutzerdefinierten Meldungsfeld. Es gab allerdings keinen Hinweis darauf, welche integrierte Fehlermeldung dabei unterdrückt wurde. Auf Wunsch können Sie solche Fehlernummern abfragen und Ihre Meldung an den Anwender ergänzen. Es wird dabei das Objekt `Err` in Kombination mit verschiedenen Eigenschaften hinzugezogen.

**Listing 4.8** Integrierte Fehlermeldungen verwenden

```
Sub IntegriertenFehlerErzeugen()
   Dim i As Integer
   i = 10

   On Error GoTo Fehlerbehandlung
   Worksheets(i).Name = "Neuer Name"
   Exit Sub

Fehlerbehandlung:
   MsgBox "Ein Blatt mit Index " & i & " existiert nicht." & _
          Chr(10) & Chr(10) & _
          "Fehlernummer: " & Err.Number & _
          Chr(10) & _
          "Fehlerbeschreibung: " & Err.Description & _
          Chr(10) & _
          "Fehlerquelle: " & Err.Source
End Sub
```

**Abbildg. 4.29** Benutzerdefinierte Nachricht mit integrierten Fehlermeldungen

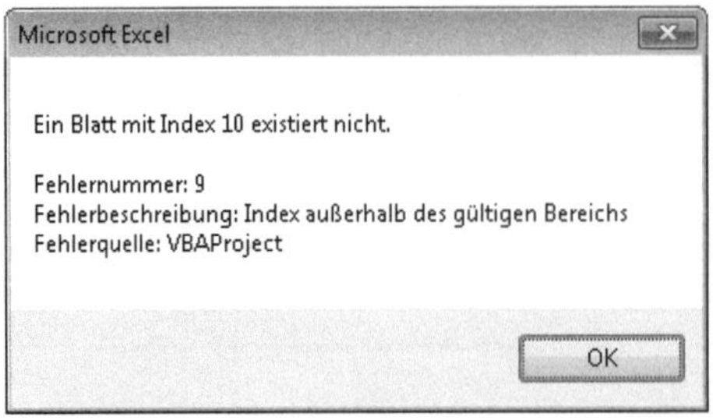


**BEISPIEL** Das obige Beispiel befindet sich innerhalb der Begleitdateien zum Buch im Ordner *\Buch\Kap04*. Die Mappe nennt sich *Bsp04_01.xlsm*. Die Prozedur ist in *Modul06* untergebracht.

# Eine Fehlermeldung erzeugen

Das Objekt `Err` kann auch verwendet werden, um integrierte Fehlermeldungen bewusst zu erzeugen. Es wird dazu die Methode `Raise` verwendet. Ihm folgt die Nummer des Fehlers, der benutzt werden soll.

`Err.Raise` wird vorwiegend bei der Programmierung von Klassenmodulen verwendet. Mehr zum Thema »Klassenmodule« erfahren Sie in Kapitel 25.

**Listing 4.9** Eine integrierte Fehlermeldung erzeugen

```
Sub FehlerErzeugen()
   On Error Resume Next
   Err.Raise 1004    ' <-- Fehler explizit erzeugen
   MsgBox ("Fehler: " & CStr(Err.Number) & " " & Err.Description)
   Worksheets(1).Activate
End Sub
```

Ein Meldungsfeld wird angezeigt und die Prozedur nach dem Bestätigen der *OK*-Schaltfläche fortgesetzt.

**Abbildg. 4.30** Fehlermeldung anzeigen

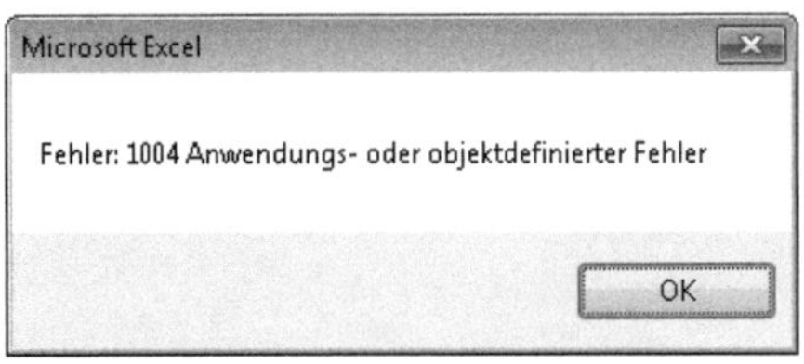


**BEISPIEL** Das obige Beispiel befindet sich innerhalb der Begleitdateien zum Buch im Ordner *\Buch\Kap04*. Die Mappe nennt sich *Bsp04_01.xlsm*. Die Prozedur ist in *Modul07* untergebracht.

# Das Debugger-Fenster umgehen

Sie können das Objekt `Err` auch in der Kombination mit der Methode `Clear` verwenden. `Clear` veranlasst, dass das Debugger-Fenster unterdrückt und die Eigenschaften des `Err`-Objekts zurückgesetzt werden. Die Prozedur wird fortgeführt.

**Listing 4.10** Eigenschaften von *Err* zurücksetzen

```
Sub FehlerZuruecksetzen()
   On Error Resume Next
   Worksheets(10).Activate ' <-- Tatsächlicher Fehler
   MsgBox ("Fehler: " & CStr(Err.Number) & " " & Err.Description)
   Err.Clear               ' <-- Fehler zurücksetzen und fortfahren
   Worksheets(1).Activate
End Sub
```

**BEISPIEL** Das obige Beispiel befindet sich innerhalb der Begleitdateien zum Buch im Ordner *\Buch\Kap04*. Die Mappe nennt sich *Bsp04_01.xlsm*. Die Prozedur ist in *Modul08* untergebracht.

Der Tabelle 4.1 können Sie die gängigsten Eigenschaften und Methoden entnehmen, die in Kombination mit dem Objekt `Err` verwendet werden.

**Tabelle 4.1** Das Objekt *Err* und die wichtigsten Methoden und Eigenschaften

| Eigenschaft/Methode | Beschreibung |
|---|---|
| `Clear` | Die Methode setzt alle Eigenschaften des `Err`-Objekts zurück |
| `Description` | Diese Eigenschaft enthält eine kurze Beschreibung zum Fehler |
| `Number` | Diese Eigenschaft gibt die Fehlernummer zurück |
| `Raise` | Diese Methode erzeugt einen Fehler |
| `Source` | Diese Eigenschaft gibt die Quelle des Fehlers an. In VBA wird dies kaum verwendet, denn es wird lediglich der Name des Projekts angezeigt. |

# Programme unterbrechen

Wenn Sie umfangreiche Prozeduren ausführen, deren Laufzeit sehr lang ist, haben Sie die Möglichkeit, diese zu unterbrechen. Die Anweisung dazu lautet `Application.EnableCancelKey`, gefolgt von der gewünschten Konstante (siehe Tabelle 4.2).

**Tabelle 4.2** Möglichkeiten, ein Programm zu unterbrechen.

| Konstante | Bedeutung |
|---|---|
| `xlDisabled` | Das Betätigen der [Esc]-Taste wird ignoriert |
| `xlInterrupt` | Die Prozedur wird unterbrochen. Sie haben die Möglichkeit, die Prozedur zu testen oder zu beenden. |
| `xlErrorHandler` | Die Prozedurlaufzeit kann mittels der [Esc]-Taste abgebrochen werden. Es wird ein Fehler an die momentan ausgeführte Prozedur zurückgesendet (Fehlercode 18). Dieser Fehler kann durch eine Fehlerbehandlungsroutine `On Error GoTo` ausarbeitet werden. |

# Die Konstante *xlDisabled* verwenden

Die Laufzeit einer Prozedur kann normalerweise durch das Gedrückt halten der Esc-Taste abgebrochen werden. Es wird daraufhin das Debugger-Fenster angezeigt. Nicht immer ist es erwünscht, dass Benutzer dies tun können. Verwenden Sie die Konstante `xlDisabled` in Kombination mit der Eigenschaft `EnableCancelKey`, um das *Abbrechen* zu unterdrücken.

Sie sollten die Benutzer zu Beginn der Prozedur in einem Meldungsfeld darauf hinweisen, dass die Prozedur nicht abgebrochen werden kann und ihnen die Möglichkeit geben, den Vorgang noch zu stoppen.

**Abbildg. 4.31** Benutzerinformation, dass die Prozedur nicht abgebrochen werden kann

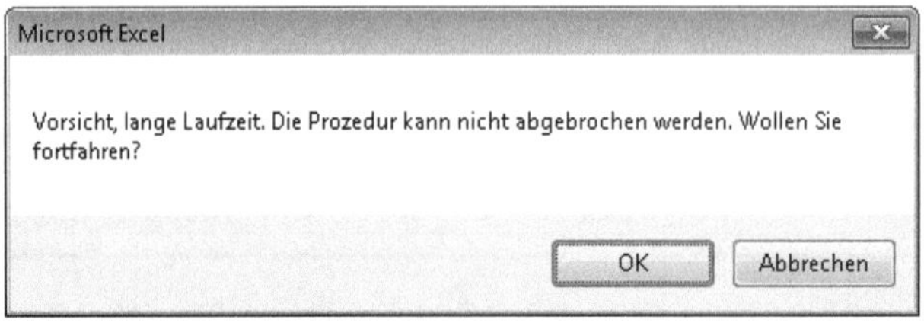


**Listing 4.11** Prozedurunterbrechung unterdrücken

```
Sub UnterbrechungUnterdruecken()
   Dim i As Integer, str As String

   Application.EnableCancelKey = xlDisabled

   str = MsgBox("Vorsicht, lange Laufzeit. " & _
             "Die Prozedur kann nicht abgebrochen werden. " & _
             "Wollen Sie fortfahren?", vbOKCancel)

   If str = vbOK Then
      For i = 1 To 20000
         Cells(i, 1).Select
      Next i
   End If
End Sub
```

**BEISPIEL** Das obige Beispiel befindet sich innerhalb der Begleitdateien zum Buch im Ordner *\Buch\Kap04*. Die Mappe nennt sich *Bsp04_01.xlsm*. Die Prozedur ist in *Modul09* untergebracht.

# Die Konstante *xlInterrupt* einsetzen

Eine Verwendung von `xlInterrupt` ist in der Regel nicht nötig, denn es handelt sich dabei um die Standardeinstellung, dass eine Prozedur mit Esc abgebrochen werden kann.

Sie können die Konstante jedoch in Kombination mit `xlDisabled` verwenden. Das heißt, Sie können bestimmen, dass nur ein gewisser Abschnitt Ihrer Prozedur nicht unterbrochen werden kann.

**Listing 4.12** Prozedurabbruch nur für einen Teil des Codes zulassen

```
Sub UnterbrechungZulassen()
   Dim i As Integer

   ' In diesem Codeblock kann die Prozedur nicht abgebrochen werden
   Application.EnableCancelKey = xlDisabled
   For i = 1 To 20000
      Cells(i, 1).Select
   Next i

   ' Ab hier kann die Prozedur wieder unterbrochen werden
   Application.EnableCancelKey = xlInterrupt
   For i = 1 To 20000
      Cells(i, 2).Select
   Next i
End Sub
```

**BEISPIEL** Das obige Beispiel befindet sich innerhalb der Begleitdateien zum Buch im Ordner *\Buch\Kap04*. Die Mappe nennt sich *Bsp04_01.xlsm*. Die Prozedur ist in *Modul10* untergebracht.

# Die Konstante *xlErrorHandler* benutzen

Wenn Sie die Konstante `xlErrorHandler` verwenden, können Sie eine Prozedur durch das Drücken der [Esc]-Taste während der Laufzeit abbrechen. Es wird dabei der Fehler 18 an die Prozedur zurückgegeben. Dieser Fehler kann in einer Sprungmarke abgefangen werden. Sie haben dort die Möglichkeit, eine eigene Meldung zu erzeugen. Der Vorteil dabei ist, dass das Debugger-Fenster nicht erscheint.

**Listing 4.13** Unterbrechung mit eigener Meldung behandeln

```
Sub Err18()
   Dim i As Integer, str As String

   On Error GoTo Fehlerbehandlung

   Application.EnableCancelKey = xlErrorHandler

   str = MsgBox("Vorsicht, lange Laufzeit. " & _
                "Die Prozedur kann nicht abgebrochen werden. " & _
                "Wollen Sie fortfahren?", vbOKCancel)

   If str = vbOK Then
      For i = 1 To 20000
         Cells(i, 1).Select
      Next i
   End If
   Exit Sub

Fehlerbehandlung:
   If Err = 18 Then MsgBox "Es wurde abgebrochen."
End Sub
```

**Abbildg. 4.32** Die benutzerdefinierte Nachricht

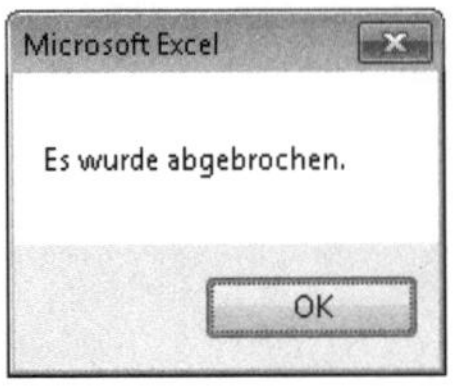


**BEISPIEL** Das obige Beispiel befindet sich innerhalb der Begleitdateien zum Buch im Ordner *\Buch\Kap04*. Die Mappe nennt sich *Bsp04_01.xlsm*. Die Prozedur ist in *Modul11* untergebracht.

# Teil B

# Der Einstieg in die VBA-Programmierung

**In diesem Teil:**

Kapitel 5

# Dialogfelder programmieren und aufrufen

**In diesem Kapitel:**

In VBA gibt es verschiedene Arten von Fenstern, die programmiert oder aufgerufen werden können. Zum einen können einfache Meldungsfelder auf dem Bildschirm angezeigt werden, die den Benutzer der Applikation schlicht über etwas informieren, oder ihn auffordern, sich für eine Aktion zu entscheiden. Zum Beispiel, indem er entweder die Schaltfläche *OK* oder *Abbrechen* anklickt. Zum anderen gibt es Eingabedialogfelder, die eine einfache Eingabezeile zur Verfügung stellen, in die ein Wert eingetragen werden kann. Dieser Wert wird in der Regel später in einer Variablen weiterverarbeitet.

Excel selbst verfügt über unzählige Dialogfelder wie zum Beispiel *Öffnen*, *Speichern*, *Drucken* usw. Diese Dialogfelder können per VBA aufgerufen und verwendet werden.

Schließlich gibt es noch die UserForms. Dabei handelt es sich um Dialogfelder, die Sie komplett selbst gestalten können. Das Thema ist jedoch relativ komplex und deshalb werden wir ihm ein eigenes Kapitel widmen (siehe Kapitel 21).

# Meldungsfelder programmieren (*MsgBox*)

Auf den bisherigen Buchseiten sind Sie bereits häufiger auf Meldungsfelder gestoßen. Sie werden hier im Detail erfahren, wie diese erzeugt und gestaltet werden können.

**BEISPIEL** Die Beispiele zum Thema *Meldungsfelder* befinden sich innerhalb der Beispieldateien zum Buch im Ordner *\Buch\Kap05*. Die Mappe nennt sich *Bsp05_01.xlsm*.

Das VBA-Schlüsselwort für ein Meldungsfeld lautet `MsgBox`. Das »Msg« im ersten Teil des Schlüsselwortes ist die Abkürzung für das englische Wort *Message*. Ein Blick in ein Sprachwörterbuch verrät, dass das Wort als »Nachricht« oder »Meldung« übersetzt werden kann. Meldungsfelder werden in VBA gern und häufig eingesetzt, denn sie sind einfach zu programmieren. In der Regel dienen sie dazu, eine Nachricht auf dem Bildschirm auszugeben. Die Nachricht wartet darauf, dass eine darin enthaltene Schaltfläche angeklickt wird.

Der einfachste Weg, ein Meldungsfeld zu programmieren, besteht darin, das Schlüsselwort `MsgBox` gefolgt vom anzuzeigenden Text einzutippen. Der Text, der in dem Meldungsfeld ausgegeben werden soll, wird immer in Anführungs- und Schlusszeichen geschrieben. Eine einzelne Codezeile reicht aus, um das umzusetzen. Das nachfolgende Beispiel gibt das klassische »Hallo Welt« aus.

**Listing 5.1** Hallo Welt

```
Sub MeineErsteNachricht()
   MsgBox "Hallo Welt"
End Sub
```

**ACHTUNG** Solange ein Meldungsfeld auf dem Bildschirm angezeigt wird, kann weder in der Excel-Mappe noch in der VBE gearbeitet werden. Es ist somit zwingend notwendig, das Meldungsfeld zu schließen.

**Abbildg. 5.1** Ein einfaches Meldungsfeld

# Die Titelleiste verändern

Wie Sie Abbildung 5.1 entnehmen können, wird der Text »Hallo Welt« im mittleren Teil des Fensters angezeigt. Im oberen Teil des Meldungsfeldes, in der Titelleiste, ist der Text *Microsoft Excel* zu finden. Im unteren Teil befindet sich die Schaltfläche *OK*.

Den Titelleistentext können Sie verändern, indem Sie nach dem Schlüsselwort `MsgBox` das Argument `Title` gefolgt vom gewünschten Text eingeben. Mehrere Argumente werden jeweils durch Kommas voneinander getrennt.

**Listing 5.2** Die Titelleiste ändern

```
Sub TitelVeraendern()
   MsgBox "Beachten Sie die Titelzeile!", Title:="Meine 2. Nachricht"
End Sub
```

**Abbildg. 5.2** Meldungsfeld mit veränderter Titelleiste

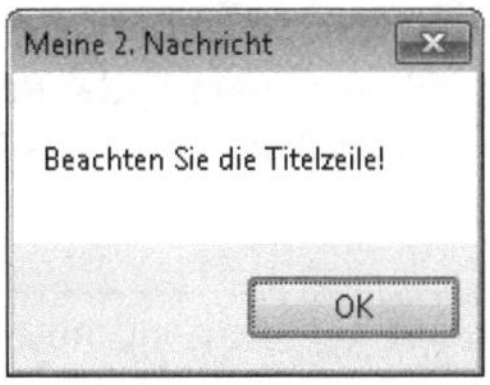


# Nachrichtenzeilen im Code umbrechen

Damit der Code in der VBE übersichtlich bleibt, empfiehlt es sich, längere Anweisungen durch einen Unterstrich umzubrechen. Wenn Sie den Text innerhalb einer `MsgBox`-Anweisung umbrechen möchten, müssen Sie das Sonderzeichen & dem Unterstrich voranstellen. Dies verbindet die beiden Textpassagen miteinander. Zwischen dem & und dem _ wird ein Leerzeichen eingefügt. Beachten Sie zudem, dass der Text am Ende der Zeile durch ein Anführungszeichen abgeschlossen werden muss. Die neue Zeile muss wiederum mit einem Anführungszeichen beginnen.

Wenn Sie das Sonderzeichen & innerhalb der Anführungszeichen verwenden, wird es als Text und nicht als Anweisung für den Code gewertet.

**Listing 5.3** Nachrichtenzeilen im Code umbrechen

```
Sub MeineLangeNachricht()
   MsgBox "Hallo Leser! Sie sind dabei, eine lange Nachricht " & _
          "zu programmieren. Ich wünsche Ihnen dabei viel " & _
          "Erfolg."
End Sub
```

Im angezeigten Meldungsfeld wird der gesamte Text in einer Zeile angezeigt, also nicht umgebrochen, wie im Code.

**Abbildg. 5.3** Die Ausgabe erfolgt in einer einzelnen Zeile

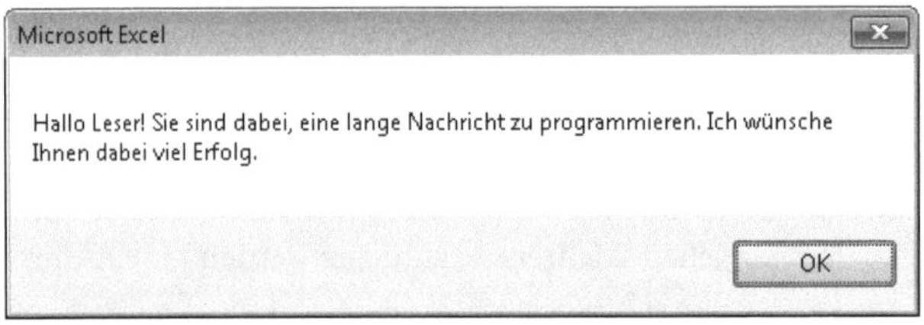


**WICHTIG** Beachten Sie, dass in einer `MsgBox` maximal 1.024 Zeichen ausgegeben werden können. Weitere Zeichen werden ohne Warnung einfach abgeschnitten.

# Zeilenumbrüche verwenden

Die Breite eines Meldungsfeldes ist natürlich begrenzt, wodurch der Text irgendwann automatisch umbrochen wird. Um den Code im VBA-Editor übersichtlich zu gestalten, wird er in der Regel spätestens bei der Bildschirmbreite umbrochen. Dadurch wird verhindert, dass ständig mit der Bildlaufleiste nach links und rechts gescrollt werden muss.

**HINWEIS** In Meldungsfeldern können *keinerlei* Textformatierungen vorgenommen werden. Es ist somit nicht möglich, beispielsweise ein Wort in einer anderen Farbe oder in einem anderen Schriftstil anzuzeigen. Sie haben lediglich die Möglichkeit, den Text unter Zuhilfenahme von Zeilenvorschüben, Wagenrückläufen und Tabulatoren etwas übersichtlich zu gestalten. Dazu können Konstanten oder ASCII-Zeichen verwendet werden.

ASCII-Zeichencodes werden in VBA durch das Schlüsselwort `Chr` angeführt. Danach folgt im runden Klammerpaar der Zeichencode. So genannte nicht darstellbare Zeichen sind in der ASCII-Tabelle im Bereich von 0 bis 31 zu finden. In diesem Bereich sind unter anderem die Werte 9, 10 und die 13 enthalten, die wir für unsere Gestaltung benötigen (siehe Tabelle 5.1).

**Tabelle 5.1** ASCII-Code und Konstanten für Tabulator und Umbrüche

| ASCII | Konstante | Englisch | Deutsch |
|---|---|---|---|
| `Chr(9)` | `vbTab` | Tabulator | Tabulator |
| `Chr(10)` | `vbLf` | Line Feed | Zeilenvorschub |
| `Chr(13)` | `vbCr` | Carriage Return | Wagenrücklauf |

Um einen Zeilenumbruch durchzuführen, können Sie somit die Funktion `Chr(10)` verwenden. Um einen größeren Abstand zwischen den Zeilen zu erzeugen, verwenden Sie die Funktion `Chr(10)` mehrmals nacheinander.

**Listing 5.4** Die Funktion *Chr(10)* verwenden

```
Sub ZeilenvorschubInNachricht()
   MsgBox "Hallo Leser!" & Chr(10) & Chr(10) & _
          "Sie sind dabei, eine lange Nachricht mit" & Chr(10) & _
          "Zeilenvorschüben zu programmieren." & Chr(10) & Chr(10) & _
          "Ich wünsche Ihnen dabei viel Erfolg."
End Sub
```

**Abbildg. 5.4** Ein Meldungsfeld mit Zeilenvorschüben

# Tabulatoren benutzen

Wie Sie Tabelle 5.1 entnehmen können, haben Sie die Möglichkeit, Tabulatorzeichen in einem Meldungsfeld zu verwenden. Ein Tabulator umfasst standardmäßig vier Zeichen. Diese Einstellung können Sie individuell anpassen. Die Funktion für das Verwenden von Tabulatorzeichen lautet `Chr(9)`.

**Listing 5.5** Die Funktion *Chr(9)* verwenden

```
Sub TabulatorInNachricht()
  MsgBox "Hallo Leser!" & Chr(10) & Chr(10) & _
         "Sie sind dabei, eine lange Nachricht" & Chr(10) & _
         "mit Zeilenvorschüben und Tabulatoren " & Chr(10) & _
         "zu programmieren." & Chr(10) & Chr(10) & _
         "Viel Erfolg!" & Chr(10) & Chr(10) & _
         Chr(9) & "Monika Can, Schweiz"
End Sub
```

**TIPP** Die darstellbaren Zeichen beginnen in der ASCII-Tabelle bei 32 und enden bei 255. Natürlich können auch darstellbare Zeichen in ASCII codiert in einer Prozedur verwendet werden, auch wenn dies wenig sinnvoll ist.

Die folgende Codezeile zeigt in einem Meldungsfeld die Zeichenkette »Monika« an:

```
MsgBox Chr(77) & Chr(111) & Chr(110) & Chr(105) & Chr(107) & Chr(97)
```

**Abbildg. 5.5** Ein Meldungsfeld mit Zeilenvorschüben und Tabulatoren

Eine weitere Formatierungsmöglichkeit besteht darin, den Text mit `vbMsgBoxRight` in einem Meldungsfeld rechtsbündig auszugeben. Auch ein Lesen von rechts nach links über `vbMsgBoxRtlReading` kann eingerichtet werden. Dies hat bei unserem Zeichensatz jedoch keine Auswirkung. In Sprachräumen, wie zum Beispiel dem Arabischen, wo tatsächlich von rechts nach links gelesen wird, kann diese Einstellung hilfreich sein.

**Tabelle 5.2** Konstanten für Formatierungen

| Konstante | Wert | Beschreibung |
|---|---|---|
| `vbMsgBoxRight` | 524288 | Rechtsbündiger Text |
| `vbMsgBoxRtlReading` | 1048576 | Von rechts nach links lesen |

# Anführungszeichen im Text eingeben

Anführungs- und Schlusszeichen sind im VBA-Editor reservierte Schlüsselwörter, die dazu gedacht sind, Text als solchen zu hinterlegen. Wenn Sie innerhalb eines Meldungsfeldes einen Text in Anführungs- und Schlusszeichen ausgeben möchten, muss dieser zusätzlich zwischen Anführungs- und Schlusszeichen geschrieben werden. Es werden also zwei " verwendet.

**Listing 5.6** Anführungszeichen richtig anwenden

```
Sub Anfuehrungszeichen()
   MsgBox "Ein Wort durch ""Anführungszeichen"" umgeben."
End Sub
```

**Abbildg. 5.6** Anführungszeichen in einem Meldungsfeld ausgeben

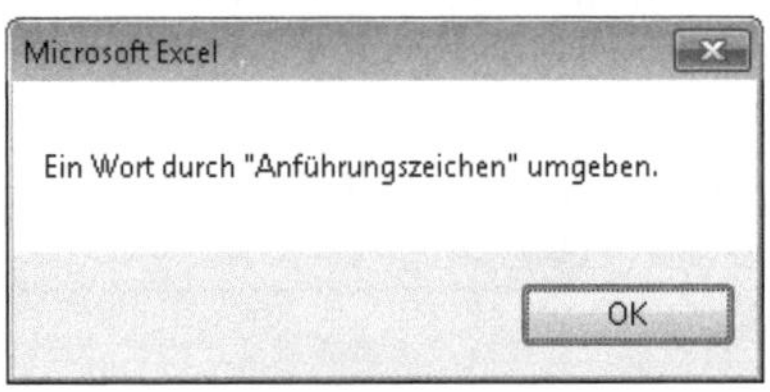

# Welche Parameter sind wichtig?

Einer `MsgBox`-Anweisung können Sie mehrere Argumente übergeben. Welche Argumente zur Verfügung stehen, können Sie der QuickInfo entnehmen, die sich öffnet, nachdem Sie eine öffnende runde Klammer nach `MsgBox` eingegeben haben (siehe Abbildung 5.7).

**Abbildg. 5.7** Parameter für Schaltflächen

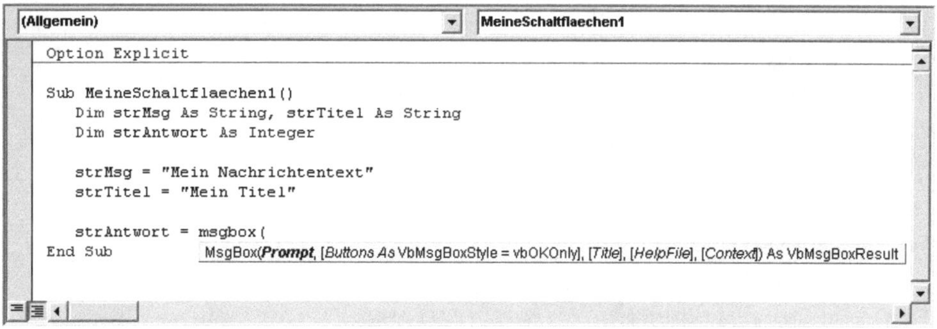


Die drei wichtigsten Argumente für Meldungsfelder können Sie Tabelle 5.3 entnehmen.

**Tabelle 5.3** Wichtige Parameter für eine *MsgBox*

| Argumente | Bedeutung |
|---|---|
| `Prompt` | Erforderlich. Der Text, der im Meldungsfeld angezeigt wird. |
| `Buttons` | Optional. Konstanten oder Werte für Schaltflächen. |
| `Title` | Optional. Die Titelleiste des Meldungsfeldes. |

# Schaltflächen einfügen

In einem Meldungsfeld wird standardmäßig die Schaltfläche *OK* angezeigt. Sobald die Schaltfläche angeklickt wird, wird das Meldungsfeld wieder geschlossen. Bei Bedarf können Sie auch andere oder weitere Schaltflächen einblenden.

Mit der Kombination *Ja* und *Nein* können Sie zum Beispiel erreichen, dass der Benutzer dazu aufgefordert wird, eine Entscheidung zu treffen.

Im folgenden Beispiel werden wir einerseits einen Text im Meldungsfeld anzeigen. Zum anderen verändern wir die Titelleiste. Beide Texte bereiten wir jeweils in einer Variablen auf (`strMsg` und `strTitel`), um den Code etwas übersichtlicher zu gestalten.

Die Variable `strAntwort` ist erforderlich, um abzufragen, ob die Schaltfläche *Ja* oder *Nein* angeklickt wurde. Beachten Sie, dass die Variable mit dem Datentyp *Integer* deklariert wurde. Der Grund liegt darin, dass die Schaltfläche *Ja* im Hintergrund den Rückgabewert 6 hat, die Schaltfläche *Nein* den Rückgabewert 7.

Die VB-Konstante `vbYesNo` dient dazu, die Schaltflächen *Ja* und *Nein* anzuzeigen. Sie trägt den Wert 4. Somit könnten Sie anstelle der VB-Konstanten auch den Wert 4 im Code verwenden.

```
strAntwort = MsgBox(strMsg, 4, strTitle)
```

Der folgende Code veranlasst, dass in einer `MsgBox` die Schaltflächen *Ja* und *Nein* angezeigt werden. Das Anklicken einer der beiden Schaltflächen öffnet ein weiteres Meldungsfeld, über das angezeigt wird, welche der beiden Schaltflächen angeklickt wurde.

**Listing 5.7** Zwei Schaltflächen programmieren

```
Sub MeineSchaltflaechen()
   Dim strMsg As String, strTitel As String
   Dim strAntwort As Integer

   strMsg = "Mein Nachrichtentext"
   strTitel = "Mein Titel"

   strAntwort = MsgBox(strMsg, vbYesNo, strTitel)

   If strAntwort = vbYes Then
      MsgBox "Ja = Wert " & strAntwort
   Else
      MsgBox "Nein = Wert " & strAntwort
   End If
End Sub
```

**Abbildg. 5.8** Ein Meldungsfeld mit zwei Schaltflächen und deren Rückgabewerte

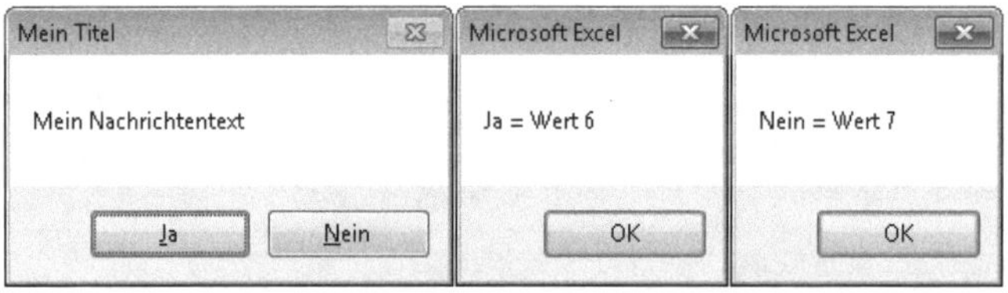


Die verfügbaren Argumente für Schaltflächen und deren Werte können Sie Tabelle 5.4 entnehmen.

**Tabelle 5.4** Verfügbare Schaltflächen

| Konstante | Wert | Schaltfläche(n) |
|---|---|---|
| vbOKOnly | 0 | *OK* (Standardeinstellung) |
| vbOKCancel | 1 | *OK* und *Abbrechen* |
| vbAbortRetryIgnore | 2 | *Abbrechen*, *Wiederholen* und *Ignorieren* |
| vbYesNoCancel | 3 | *Ja*, *Nein* und *Abbrechen* |
| vbYesNo | 4 | *Ja* und *Nein* |
| vbRetryCancel | 5 | *Wiederholen* und *Abbrechen* |

Die Tabelle 5.5 führt die möglichen Rückgabewerte von `MsgBox` auf.

**Tabelle 5.5** Rückgabewerte der Schaltflächen

| Konstante | Wert | Schaltfläche |
|---|---|---|
| vbOK | 1 | *OK* |
| vbCancel | 2 | *Abbrechen* |

**Tabelle 5.5** Rückgabewerte der Schaltflächen *(Fortsetzung)*

| Konstante | Wert | Schaltfläche |
|---|---|---|
| `vbAbort` | 3 | *Abbrechen* |
| `vbRetry` | 4 | *Wiederholen* |
| `vbIgnore` | 5 | *Ignorieren* |
| `vbYes` | 6 | *Ja* |
| `vbNo` | 7 | *Nein* |

Wenn ein Meldungsfeld mit mehreren Schaltflächen angezeigt wird, erhält standardmäßig die erste Schaltfläche den Default. Dies bedeutet, dass diese vorselektiert ist, sodass lediglich die [↵]-Taste gedrückt werden muss, um sie zu bestätigen.

Die Anordnung der Schaltflächen ist durch VBA fest vorbestimmt. Wenn Sie die Konstante `vbYesNo` verwenden, wird immer an erster Stelle die Schaltfläche *Ja* und an zweiter Stelle die Schaltfläche *Nein* angezeigt. Die erste Schaltfläche, also *Ja*, erhält somit den Default.

Die Schaltflächen können nicht ausgetauscht werden, um beispielsweise an erster Stelle *Nein* stehen zu haben. Wenn das Meldungsfeld auf dem Bildschirm erscheint und die [↵]-Taste gedrückt wird, wird automatisch *Ja* ausgeführt. Je nachdem, was dadurch ausgelöst wird, kann dies gefährlich sein.

Sie haben, unter Verwendung der Konstanten `vbDefaultButton2` die Möglichkeit, den Default auf die Schaltfläche *Nein*, also auf die zweite Schaltfläche zu legen. Falls drei Schaltflächen vorhanden sind, und Sie den Default auf die dritte legen möchten, lautet die Konstante `vbDefaultButton3`.

**HINWEIS** Wie Sie dem nachfolgenden Codebeispiel entnehmen können, besteht die Möglichkeit, mehrere Konstanten durch ein Pluszeichen (+) miteinander zu verbinden.

Wenn Sie an Stelle von Konstanten mit deren Werten arbeiten, müssen diese addiert werden. Die Konstante `vbYesNo` hat den Wert 4 und die Konstante `vbDefautButton2` den Wert 256. Addieren Sie diese beiden Werte, erhalten Sie den Wert 260. Die Codezeile würde, wenn Sie mit Werten arbeiten, wie folgt aussehen:

```
MsgBox "Hallo Welt", Buttons:=260
```

**Listing 5.8** Zweite Schaltfläche als Default

```
Sub DefaultFestlegen()
   MsgBox "Hallo Welt", Buttons:=vbYesNo + vbDefaultButton2
End Sub
```

Die Schaltfläche mit dem Default wird hervorgehoben dargestellt. Gemäß Abbildung 5.9 ist es die Schaltfläche *Nein*.

**Abbildg. 5.9** Der Default ist auf *Nein* gesetzt

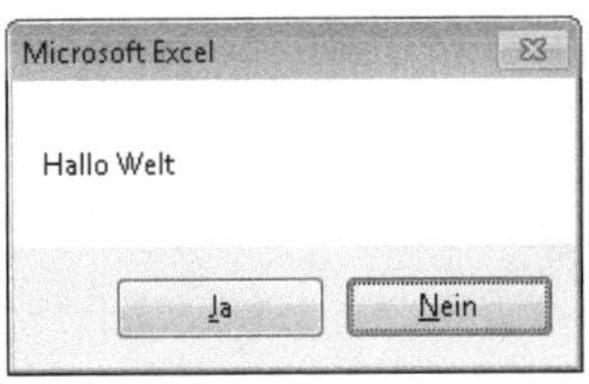

**Tabelle 5.6** Konstanten und Werte für Default-Schaltflächen

| Konstante | Wert | Beschreibung |
|---|---|---|
| vbDefaultButton1 | 0 | Die erste Schaltfläche ist die Standardschaltfläche |
| vbDefaultButton2 | 256 | Die zweite Schaltfläche ist die Standardschaltfläche |
| vbDefaultButton3 | 512 | Die dritte Schaltfläche ist die Standardschaltfläche |
| vbDefaultButton4 | 768 | Die vierte Schaltfläche ist die Standardschaltfläche |

# Symbole einblenden

Neben Titel, Text und Schaltflächen können in Meldungsfeldern zusätzlich Symbole angezeigt werden. Diese sind dazu gedacht, den Inhalt der Meldung durch eine Grafik zu unterstreichen.

Wenn Sie beispielsweise eine Frage stellen, dann verwenden Sie die Konstante `vbQuestion`, um ein Fragezeichen-Symbol einzublenden. Es kann jeweils nur ein Symbol in einem Meldungsfeld angezeigt werden. Die vier zur Verfügung stehenden Symbole können Sie der Tabelle 5.7 entnehmen.

**Listing 5.9** Fragezeichen-Symbol

```
Sub SymbolAnzeigen()
   MsgBox "Möchten Sie weiterfahren?", vbQuestion
End Sub
```

**Abbildg. 5.10** Meldungsfeld mit Fragezeichen-Symbol

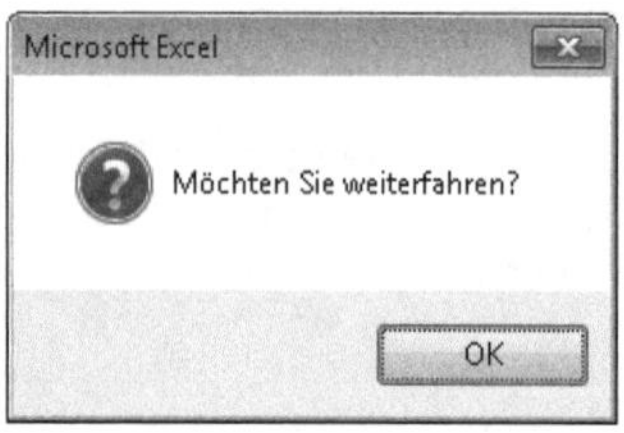


**Tabelle 5.7** Verfügbare Symbole

| Konstante | Wert | Symbol |
|---|---|---|
| vbCritical | 16 |  |
| vbQuestion | 32 |  |
| vbExclamation | 48 |  |
| vbInformation | 64 |  |

# Eingabedialogfelder erstellen

Eingabedialogfelder werden verwendet, wenn der Benutzer zu einer Eingabe aufgefordert werden soll. Diese Art von Fenster unterscheidet sich von einem Meldungsfeld darin, dass eine Eingabezeile zur Verfügung steht.

**BEISPIEL** Die Beispiele zum Thema *Eingabedialogfelder* befinden sich innerhalb der Beispieldateien zum Buch im Ordner *\Buch\Kap05*. Die Mappe nennt sich *Bsp05_02.xlsm*.



## Eine *InputBox* programmieren

Im folgenden Code wird der Benutzer aufgefordert, seinen Namen einzugeben. Als Defaultwert wurde ein Name hinterlegt. Beim Aufruf der Prozedur wird dieser bereits in der Eingabezeile angezeigt. Wenn Sie den Defaultwert weglassen, erscheint eine leere Eingabezeile. Die Eingabe wird der Variablen `strVorschlag` übergeben. Am Ende der Prozedur wird der Inhalt der Variablen in einem Meldungsfeld angezeigt.

**Listing 5.10** Eingabeaufforderung erstellen

```
Sub EinEingabedialog()
   Dim strMeldung As String, strTitel As String
   Dim strVorschlag As String, strAntwort As String

   strMeldung = "Geben Sie etwas ein."
   strTitel = "Mein Eingabedialog"
   strVorschlag = "Hallo Leser"

   strAntwort = InputBox(strMeldung, strTitel, strVorschlag)

   MsgBox strAntwort
End Sub
```

**Abbildg. 5.11** Ein Eingabefenster und die Rückgabe

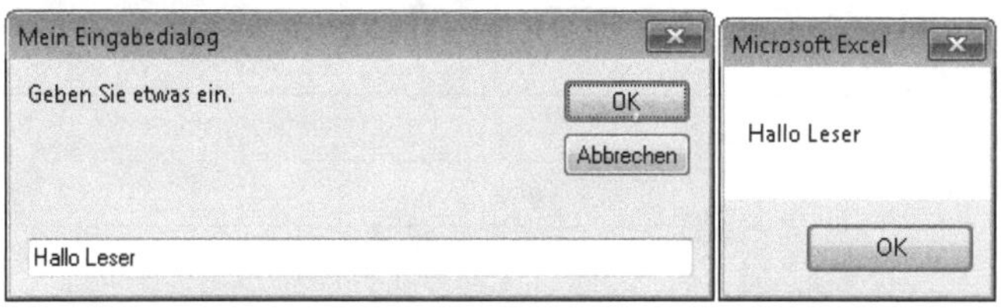


Eine `InputBox` enthält standardmäßig die Schaltflächen *OK* und *Abbrechen*. Das Problem bei obigem Beispiel besteht darin, dass beim Anklicken der Schaltfläche *Abbrechen* ein leeres Meldungsfeld angezeigt wird.

Die Schaltfläche *Abbrechen* kann nicht, wie in einer `MsgBox`, über einen Wert oder eine VB-Konstante abgefragt werden. Um diese zu programmieren, verwenden Sie eine `Select...Case`- oder `If...Then...Else`-Entscheidung. In unserem nächsten Beispiel verwenden wir Letzteres.

In der Entscheidung wird geprüft, ob eine Eingabe erfolgt ist oder nicht. Sowohl eine fehlende Eingabe als auch ein Klick auf die Schaltfläche *Abbrechen* gibt einen leeren Wert ("") zurück. Die Prozedur wird in diesem Fall über `Exit Sub` verlassen. Wenn eine Eingabe erfolgt, wird ein Meldungsfeld angezeigt, das den Inhalt der Variablen zurückgibt. Näheres zum Thema Entscheidungen erfahren Sie in Kapitel 6.

**Listing 5.11** Die Schaltflächen des Eingabefensters programmieren

```
Sub KorrektesAbbrechen()
   Dim strMeldung As String, strTitel As String
   Dim strVorschlag As String, strAntwort As String

   strMeldung = "Geben Sie etwas ein."
   strTitel = "Mein Eingabedialog"
   strVorschlag = "Hallo Leser"

   strAntwort = InputBox(strMeldung, strTitel, strVorschlag)

   If strAntwort = "" Then
      Exit Sub
   Else
      MsgBox strAntwort
   End If
End Sub
```

# Eine *Application.InputBox* erstellen

Neben der einfachen `InputBox`-Anweisung kann eine `Application.InputBox`-Anweisung verwendet werden. Letztere unterscheidet sich von der gewöhnlichen `InputBox` einerseits leicht im Erscheinungsbild und andererseits im erweiterten Funktionsumfang.

Bei der Verwendung einer `Application.InputBox`-Anweisung haben Sie unter anderem die Möglichkeit, Formeln und Zellbezügen einzugeben. Um diese zu verwenden, muss ein `Type` mit angegeben werden. Die zur Verfügung stehenden Typen können Sie Tabelle 5.8 entnehmen.

**Tabelle 5.8** Typen für *InputBox*

| Wert | Bedeutung |
|---|---|
| 0 | Formel |
| 1 | Zahl |
| 2 | Text (Zeichenfolge) |
| 4 | Logischer Wert (True oder False) |
| 8 | Zellbezug bzw. ein Range-Objekt |
| 16 | Fehlerwert, wie z.B. #NA |
| 64 | Wertematrix |

Greifen wir wieder unser Beispiel von vorhin auf. Diesmal ist es allerdings so aufgebaut, dass nur ein numerischer Wert ins Eingabefeld eingetragen werden kann. Wenn Sie einen alphanumerischen Wert eingeben, wird vom System eine Fehlermeldung ausgegeben. Der Typ, der eine Zahl erzwingt, hat den Wert 1 (`Type:=1`).

**Listing 5.12** Eine numerische Eingabe erzwingen

```
Sub NumerischeEingabe()
   Dim strMeldung As String, strTitel As String
   Dim strVorschlag As String, strAntwort As String

   strMeldung = "Geben Sie etwas ein."
   strTitel = "Mein Eingabedialog"
   strVorschlag = 123

   strAntwort = Application.InputBox(strMeldung, strTitel, _
                                     strVorschlag, Type:=1)

   If strAntwort = False Then
      Exit Sub
   Else
      MsgBox strAntwort
   End If
End Sub
```

**Abbildg. 5.12** Das Eingabefenster sowie die Meldung bei korrekter oder falscher (nicht numerischer) Eingabe

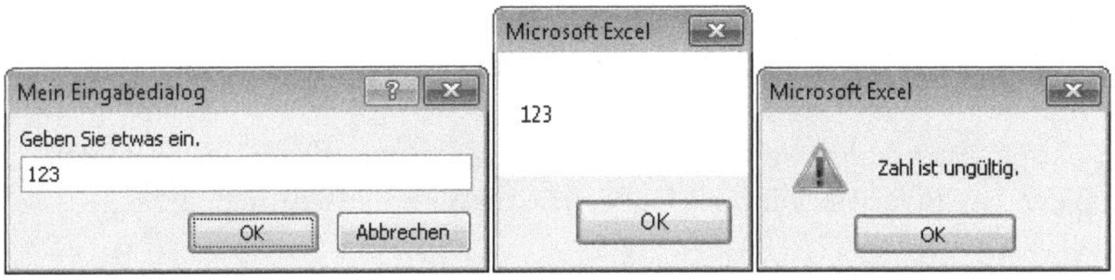


**WICHTIG** Das Eingabefenster *Zahl ist ungültig* wird nur angezeigt, wenn ein nicht numerischer Wert eingegeben wurde.

**WICHTIG** Vielleicht ist Ihnen aufgefallen, dass wir im vorigen Beispiel in der `If...Then...Else`-Entscheidung keinen Leerstring, sondern `False` abgefragt haben.

Der Grund liegt darin, dass sich die *Abbrechen*-Schaltfläche der `Application.InputBox` anders verhält als die der einfachen `InputBox`. Beim Anklicken der Schaltfläche wird ihr der Wert `False` und kein Leerstring zurückgegeben. Dementsprechend musste die Entscheidung angepasst werden.

# Integrierte Dialogfelder aufrufen

Eine andere Art von Fenster, die in Excel verwendet werden kann, sind die integrierten Dialogfelder. Diese Fenster können nicht verändert, sondern lediglich angezeigt werden. Ein Beispiel ist das Dialogfeld *Öffnen*, das Ihnen nach dem Aufruf des Menübefehls *Datei/Öffnen* angezeigt wird. Um dieses Dialogfeld aus einer Prozedur heraus anzeigen zu lassen, verwenden Sie die Eigenschaft `Dialogs` gefolgt von der gewünschten Konstante. Es gibt eine Vielzahl solcher Konstanten. Welche dies sind, wird deutlich, sobald Sie die öffnende runde Klammer eingeben und sich die IntelliSense-Liste öffnet.

**Abbildg. 5.13** Die IntelliSense-Liste zu den Konstanten der integrierten Dialogfelder

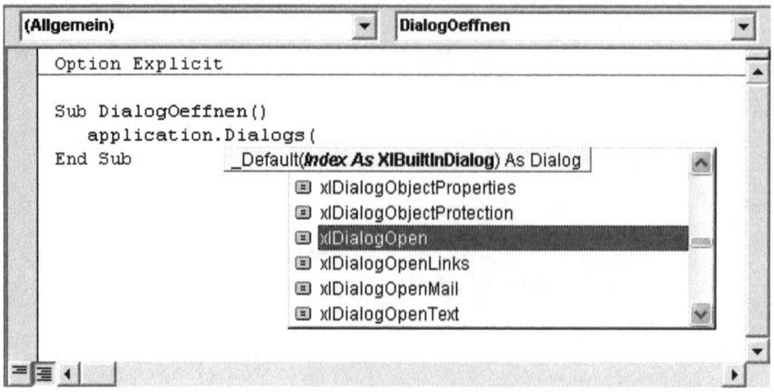


**BEISPIEL** Die Beispiele zum Thema *Integrierte Dialogfelder* befinden sich innerhalb der Beispieldateien zum Buch im Ordner *\Buch\Kap05*. Die Mappe nennt sich *Bsp05_03.xlsm*.

# Das Dialogfeld *Öffnen* anzeigen

In unserem Beispiel verwenden wir die Konstante `xlDialogOpen`, die für das Dialogfeld *Öffnen* steht. Unter Zusatz der Methode `Show` wird das Dialogfeld auf dem Bildschirm angezeigt.

**Listing 5.13** Das Dialogfeld *Öffnen* anzeigen

```
Sub DialogOeffnen()
   Application.Dialogs(xlDialogOpen).Show
End Sub
```

# Das Dialogfeld *Speichern unter* öffnen

Das Dialogfeld *Speichern unter* verhält sich im Grunde genommen genauso wie das Dialogfeld *Öffnen*. Hier gehen wir jedoch noch etwas weiter. Den Dateinamen, unter dem die Arbeitsmappe gespeichert werden soll, übergeben wir als erstes Argument. Als zweites Argument legen wir fest, dass die Datei als Textdatei (*.txt*) gespeichert werden soll. Es wird dazu die Konstante `xlTextWindows` verwendet.

**Listing 5.14** Das Dialogfeld *Speichern unter*

```
Sub DialogSpeichernUnter()
   Application.Dialogs(xlDialogSaveAs).Show "C:\Beispiele\Bsp05_03.txt", xlTextWindows
End Sub
```

Wunschgemäß wird das Dialogfeld geöffnet.

**Abbildg. 5.14** Das Dialogfeld *Speichern unter* wird geöffnet

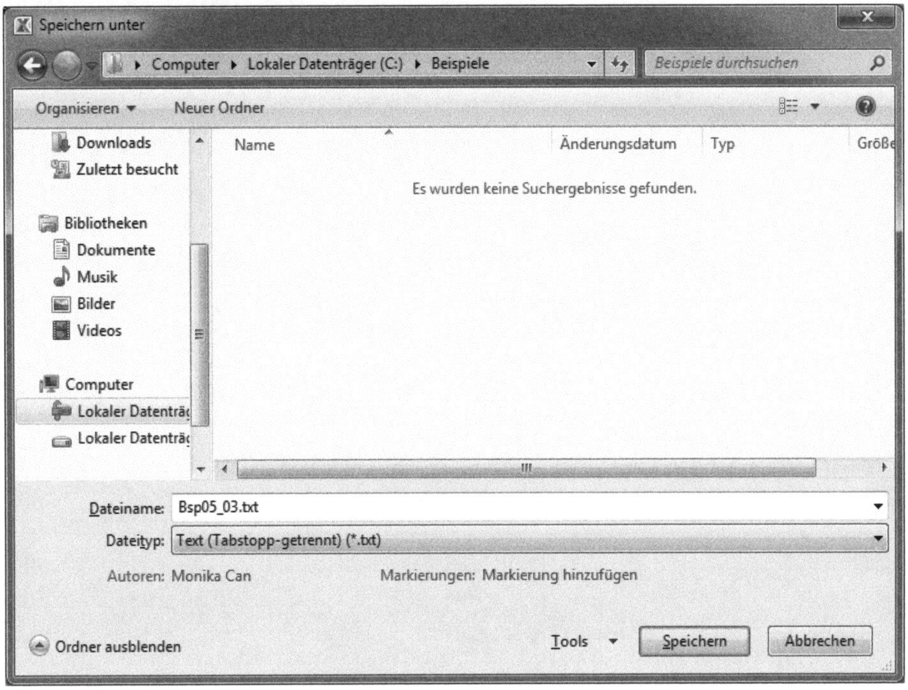

Kapitel 6

# Entscheidungen, Zusammenfassungen und Sprungmarken erlernen

**In diesem Kapitel:**

Auf Entscheidungen und Zusammenfassungen sind Sie auf den vorangegangenen Buchseiten bereits vereinzelt gestoßen. In diesem Kapitel finden Sie eine grundlegende Einführung dazu.

Durch Entscheidungen können Sie je nach Zutreffen eine bestimmte Aktion auslösen. Zusammenfassungen werden eingesetzt, um Code zu optimieren und übersichtlich zu gestalten. Verzweigungen und Sprungmarken werden verwendet, um innerhalb einer Prozedur zu einer gekennzeichneten Stelle zu springen und den Code von hier aus weiter ausführen zu lassen.

# Was sind Entscheidungen?

Bevor wir uns Entscheidungen (auch Verzweigungen genannt) anhand von Praxisbeispielen anschauen, wollen wir erst erforschen, was Entscheidungen sind. Ohne das Grundprinzip verstanden zu haben, wird es etwas schwierig, umfangreiche oder gar verschachtelte Verzweigungen zu verstehen. Oftmals kann es nicht schaden, Bleistift und Papier zur Hand zu nehmen und ein Vorhaben zu skizzieren.

**BEISPIEL** Die Beispiele zum Thema *Entscheidungen* befinden sich innerhalb der Begleitdateien zum Buch im Ordner *\Buch\Kap06*. Die Mappe nennt sich *Bsp06_01.xlsm*. Die Prozeduren befinden sich in *Modul1*.

Ein beliebtes und leicht nachvollziehbares theoretisches Beispiel stellt der Bankautomat dar. Er führt, während Sie Geld abheben, zumindest eine Entscheidung aus. Diese prüft, ob Ihr Konto gedeckt ist oder nicht. Entscheidungen können je nach Zutreffen die eine oder andere Aktion ausführen. Wenn Sie schon mit der Tabellenfunktion *WENN* gearbeitet haben, sollte Ihnen das Prinzip nicht ganz fremd sein.

**Abbildg. 6.1** Eine Entscheidung auf dem Papier entwerfen

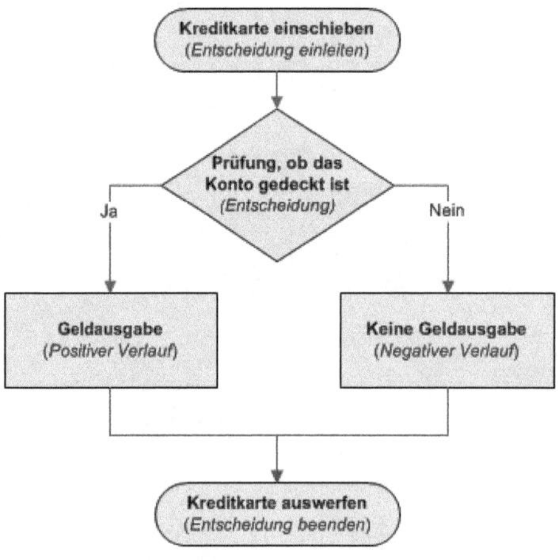


Lassen Sie uns die Situation mit dem Bankautomaten etwas genauer unter die Lupe nehmen. Die Abbildung 6.1 zeigt, wie eine Entscheidung aufgebaut sein könnte. Stellen Sie sich vor, Sie stehen vor dem Geldautomaten und schieben Ihre Kreditkarte in den dafür vorgesehenen Schlitz. Der Automat beginnt zu arbeiten. Er wird prüfen, ob Sie kreditwürdig sind oder nicht und steht somit vor der

Entscheidung, ob er Ihnen das gewünschte Geld auszahlen kann. Er wird dazu Ihr Kreditlimit prüfen. Wenn noch genügend Geld vorhanden ist, wird er Ihnen einen Betrag auszahlen, ansonsten nicht. Somit ist die Entscheidung getroffen. Danach werden Sie Ihre Kreditkarte zurückerhalten, es sei denn, sie ist nicht mehr gültig und wird eingezogen. Diesen Aspekt lassen wir jedoch weg, denn er würde zu einer weiteren Entscheidung führen.

## Eine *If…Then…Else*-Entscheidung verwenden



Eine häufig verwendete Entscheidung ist die `If...Then...Else`-Anweisung. Die Entscheidung wird immer durch ein `If` eingeleitet. Darauf folgt die erste Überprüfung, sowie am Ende der Codezeile das Schlüsselwort `Then`. Abgeschlossen wird die Entscheidung jeweils durch `End If`. Zwischen der einleitenden und der abschließenden Codezeile können weitere Überprüfungen vorgenommen werden (`Else` und `ElseIf`).

Am besten lässt sich das Verhalten an einem Beispiel erläutern. In der folgenden Prozedur wird der Variablen `byt` der Wert 1 übergeben. In der `If...Then...Else`-Entscheidung wird geprüft, ob der Inhalt der Variablen einer 1 entspricht. Trifft dies zu (wie das in unserem Code der Fall ist), wird in einem Meldungsfeld (`MsgBox`) die Nachricht *Übereinstimmung* ausgegeben. Wenn der Wert der Variablen zu Beginn der Prozedur verändert wird, trifft die Übereinstimmung mit 1 nicht mehr zu. Es erfolgt somit keine Aktion.

**Listing 6.1** Eine einfache Prüfung zur Übereinstimmung

```
Sub Entscheidung1()
   Dim byt As Byte

   byt = 1

   If byt = 1 Then
      MsgBox "Übereinstimmung"
   End If
End Sub
```

Bauen wir unser Beispiel etwas aus, indem wir zu einem `Else` verzweigen. So haben wir die Möglichkeit, eine weitere Meldung auszugeben, wenn keine Übereinstimmung stattfindet. Es wird nun, je nachdem, wohin die Entscheidung verzweigt, jeweils eine andere Nachricht angezeigt.

**Listing 6.2** Zwei Verzweigungen

```
Sub Entscheidung2()
   Dim byt As Byte

   byt = 1

   If byt = 1 Then
      MsgBox "Übereinstimmung"
   Else
      MsgBox "Keine Übereinstimmung"
   End If
End Sub
```

Das Ganze lässt sich beliebig ausarbeiten. Wenn weitere Überprüfungen hinzukommen, werden diese mit ElseIf bearbeitet. Erst bei der letzten Verzweigung wird wiederum Else verwendet.

In der folgenden Prozedur wird geprüft, ob die Variable byt den Wert 1, 2 oder 3 enthält. Je nachdem wird eine Meldung angezeigt. Sollte keiner der Werte mit der Variablen übereinstimmen, wird die Nachricht *Keine Übereinstimmung* angezeigt.

Listing 6.3 Eine Mehrfachentscheidung

```
Sub Entscheidung3()
   Dim byt As Byte

   byt = 2

   If byt = 1 Then
      MsgBox "Wert 1 trifft zu"
   ElseIf byt = 2 Then
      MsgBox "Wert 2 trifft zu"
   ElseIf byt = 3 Then
      MsgBox "Wert 3 trifft zu"
   Else
      MsgBox "Keine Übereinstimmung"
   End If
End Sub
```

# Entscheidungen verschachteln

Etwas komplizierter gestaltet sich das Ganze, wenn eine weitere Entscheidung in die erste verschachtelt werden muss. Denken wir an unser simples Beispiel mit dem Geldautomaten zurück. Heutzutage kann man (zumindest in der Schweiz) an den meisten Geldautomaten wählen, ob die Auszahlung in EUR oder CHF erfolgen soll. Sie können somit *entscheiden*, in welcher Währung Sie Ihre Banknoten haben möchten. Unsere Skizze wird entsprechend erweitert.

Genauso verhält es sich im VBA-Code. Wir werden nun in den ersten Zweig unserer Entscheidung eine Verschachtelung einfügen. Passen wir das Beispiel unserer Zeichnung an. Wir arbeiten nun mit zwei Variablen. Die Variable strKredit steht für die Kreditwürdigkeit. Wenn der Wert Ja übergeben wird, kann eine Auszahlung erfolgen. Es muss nur noch geprüft werden, ob der Betrag in Euro oder Schweizer Franken ausgezahlt werden soll. Dementsprechend übergeben wir der Variablen strWaehrung entweder EUR oder CHF.

**Abbildg. 6.2** Eine verschachtelte Entscheidung auf dem Papier entwerfen

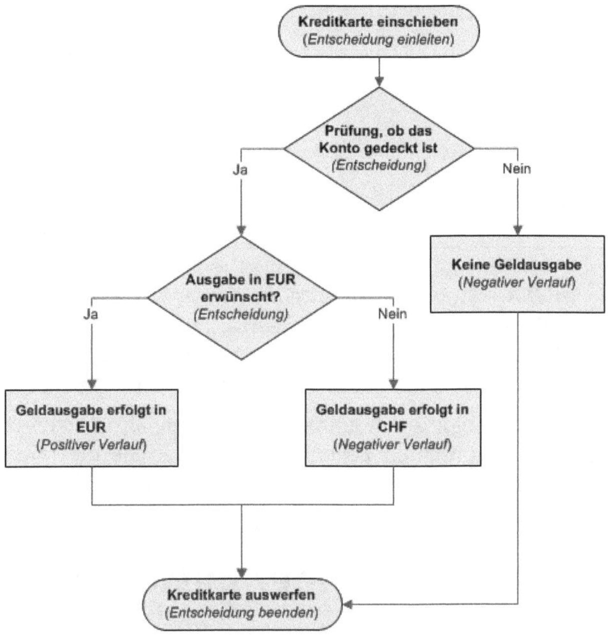


Wohin führt die Verschachtelung bei der Übergabe von `Ja` und `CHF`? Die Stelle ist im Code mit einem <-- gekennzeichnet.

**Listing 6.4** Eine verschachtelte Entscheidung

```
Sub VerschachtelteEntscheidung()
   Dim strKredit As String
   Dim strWaehrung As String

   strKredit = "Ja"
   strWaehrung = "CHF"

   If strKredit = "Ja" Then
      If strWaehrung = "EUR" Then
         MsgBox "Kreditwürdig; Auszahlung in EUR"
      Else
         MsgBox "Kreditwürdig; Auszahlung in CHF"  ' <--
      End If
   Else
      MsgBox "Nicht kreditwürdig"
   End If
End Sub
```

Unser Meldungsfeld zeigt somit an, dass wir einerseits kreditwürdig sind und andererseits die Auszahlung in `CHF` wünschen.

**Abbildg. 6.3** Die getroffene Entscheidung

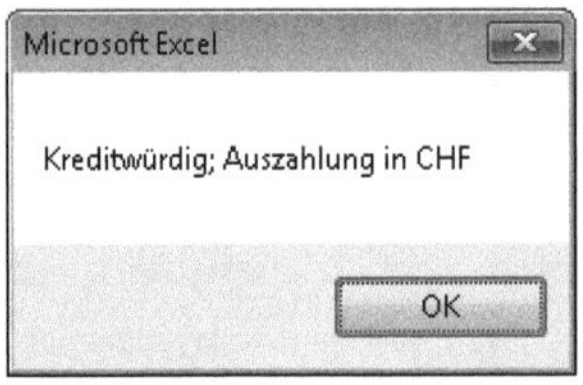


**TIPP** Um in einem solchen Code nicht die Übersicht zu verlieren, sollte mit Einrückungen gearbeitet werden. Wenn Sie im VBA-Editor die [Tab]-Taste drücken, wird der Text standardmäßig um vier Leerzeichen eingerückt. Wenn Sie die Anzahl der Leerzeichen verändern möchten, rufen Sie in der VBE den Menübefehl *Extras/Optionen* auf. Auf der Registerkarte *Editor* befindet sich das Eingabefeld *Tab-Schrittweite*. Geben Sie dort die gewünschte Anzahl von Leerzeichen ein.

Sie haben die Möglichkeit, ganze Codeblöcke auf einmal einzurücken, also nach rechts zu verschieben. Markieren Sie dazu die gewünschten Zeilen und betätigen Sie die [Tab]-Taste. Um Codeblöcke nach links zu verschieben, verwenden Sie die Tastenkombination [⇧]+[Tab].

# Operatoren als Bestandteil einer Entscheidung

Um einen Vergleich in einer Entscheidung darzustellen, muss mit einem Vergleichsoperator gearbeitet werden. In unseren bisherigen Beispielen haben wir jeweils den Vergleichsoperator = (Gleich) verwendet. Dieser kann jedoch nicht in jedem Fall angewendet werden. Es kann vorkommen, dass überprüft werden muss, ob ein Wert größer, kleiner, ungleich usw. ist, gemessen an einem anderen Wert.

Tabelle 6.1 können Sie die verschiedenen Vergleichsoperatoren entnehmen.

**Tabelle 6.1** Vergleichsoperatoren

| Operator | Bedeutung |
|---|---|
| = | Gleich (entspricht) |
| <> | Ungleich (entspricht nicht) |
| > | Größer als |
| >= | Größer oder gleich |
| < | Kleiner als |
| <= | Kleiner oder gleich |

Neben Vergleichsoperatoren können auch logische Operatoren zum Einsatz kommen, wie beispielsweise ein *UND* oder ein *ODER*.

**Tabelle 6.2** Logische Operatoren

| Operator | Bedeutung |
|---|---|
| `And` | Dient zum Durchführen einer logischen Und-Verknüpfung (Konjunktion) zwischen zwei Ausdrücken |
| `Eqv` | Dient zum Bestimmen einer logischen Äquivalenz zwischen zwei Ausdrücken |
| `Imp` | Dient zum Durchführen einer logischen Folge (Implikation) zwischen zwei Ausdrücken |
| `Not` | Führt eine logische Negation eines Ausdrucks durch |
| `Or` | Dient zum Durchführen einer logischen Oder-Verknüpfung (Disjunktion) von zwei Ausdrücken |
| `Xor` | Dient zum Durchführen einer logischen Exklusion zwischen zwei Ausdrücken |

**HINWEIS** Eine ausführliche und weiterführende Beschreibung zu den logischen Operatoren können Sie in der Visual Basic-Hilfe nachlesen.



Verbinden wir sowohl Vergleichsoperatoren als auch logische Operatoren in einem Beispiel. Die Ausgangslage dafür ist folgende: Die Zelle *A1* enthält einen beliebigen Betrag. Je nach Höhe dieses Betrags soll der Hintergrund der Zelle mit einer roten, grünen oder gelben Hintergrundfarbe versehen werden.

In der `If`-Entscheidung prüfen wir zuerst, ob der Betrag kleiner oder gleich 0 (<= 0) ist. Bei Zutreffen wird die Zelle rot hinterlegt. Im zweiten Zweig kommt ein logischer Operator in Kombination mit Vergleichsoperatoren zum Einsatz. Es wird geprüft, ob der Zellinhalt größer als 0 (> 0) ist *UND* kleiner als 100 (< 100). Wenn der Betrag in diesem Bereich liegt, wird die Zelle *A1* grün eingefärbt. Ansonsten, also wenn der Betrag größer oder gleich 100 ist, wird die Zelle *A1* gelb hinterlegt.

**Listing 6.5** Operatoren im Einsatz

```
Sub Operatoren()
   If Range("A1") <= 0 Then
      Range("A1").Interior.Color = vbRed
   ElseIf Range("A1") > 0 And Range("A1") < 100 Then
      Range("A1").Interior.Color = vbGreen
   Else
      Range("A1").Interior.Color = vbYellow
   End If
End Sub
```

# Eine *IIf*-Entscheidung anwenden

Für einfache Überprüfungen mit nur zwei Rückgabemöglichkeiten kann mit der Tabellenfunktion `Wenn` gearbeitet werden. In VBA lautet die Funktion `IIf`. Übersichtlicher und flexibler ist jedoch nach wie vor die `If...Then...Else`-Entscheidung, da sich diese jederzeit beliebig ausbauen lässt.

Die beiden folgenden Prozeduren führen exakt dieselbe Funktion aus. Es wird die Meldung `Wahr` ausgegeben, wenn der Inhalt der Variablen 1 ist, ansonsten wird `Falsch` angezeigt.

**Listing 6.6** Die ausgeschriebene Form

```
Sub IIfEntscheidung1()
   Dim byt As Byte

   byt = 1

   If byt = 1 Then
      MsgBox "Wahr"
   Else
      MsgBox "Falsch"
   End If
End Sub
```

Nachfolgend sehen Sie die verkürzte Form unter Verwendung der Tabellenfunktion `IIf`.

**Listing 6.7** Eine *IIf*-Entscheidung zur Verkürzung der Prozedur

```
Sub IIfEntscheidung2()
   Dim byt As Byte

   byt = 1

   MsgBox IIf(byt = 1, "Wahr", "Falsch")
End Sub
```

# *Select Case* als Alternative nutzen

Eine Alternative zur `If...Then...Else`-Entscheidung bietet `Select Case`. Auch hier wird der Inhalt einer Variablen auf eine mögliche Übereinstellung überprüft. Diese Art von Entscheidung wird immer durch `Select Case` eingeleitet und durch `End Select` abgeschlossen. Zwischen der einleitenden und der abschließenden Codezeile werden die Überprüfungen mit `Case` vorgenommen.

Zu Beginn der folgenden Prozedur wird der Variablen `byt` der Wert 2 übergeben. Innerhalb der `Select Case`-Entscheidung wird überprüft, ob der Inhalt der Variablen mit dem Wert 1, 2 oder 3 übereinstimmt. Bei Zutreffen wird eine entsprechende Meldung ausgegeben. Die letzte Prüfung, `Case Else`, ist dazu da, eine Nachricht auszugeben, wenn keine der Prüfungen Übereinstimmung gefunden hat. `Case Else` ist nicht in jedem Fall erforderlich und kann, wenn kein Bedarf vorhanden ist, weggelassen werden.

**Listing 6.8** Eine *Select Case*-Entscheidung

```
Sub SelectCase()
   Dim byt As Byte

   byt = 2

   Select Case byt
      Case 1
         MsgBox "Die Variable enthält eine 1"
      Case 2
         MsgBox "Die Variable enthält eine 2"
      Case 3
         MsgBox "Die Variable enthält eine 3"
```

**Listing 6.8** Eine *Select Case*-Entscheidung *(Fortsetzung)*

```
      Case Else
         MsgBox "Die Variable enthält weder 1 noch 2 noch 3"
   End Select
End Sub
```

# *GoTo* und *Exit Sub* vermeiden

In einer Prozedur sollte nach Möglichkeit auf `GoTo` verzichtet werden. Eine `GoTo`-Anweisung ist dazu da, von einer bestimmten Stelle im Programm zu einer anderen zu springen. Bei häufigem Einsatz von `GoTo` kann der Code leicht unübersichtlich und schwer nachvollziehbar werden. In den meisten VBA-Codes lassen sich `GoTo`-Anweisungen durch Entscheidungen oder Schleifen umgehen.

Dennoch kann nicht in jedem Fall darauf verzichtet werden. Eine `GoTo`-Anweisung kann beispielsweise in Kombination mit `On Error` verwendet werden, um bei einem Fehler auf das Ende der Prozedur zu verzweigen und dort eine entsprechende Nachricht auszugeben. Zusätzlich muss eine Sprungmarke verwendet werden. Den Namen der Sprungmarke können Sie selbst bestimmen. Die Anweisung `On Error GoTo` wird immer in Kombination mit `Exit Sub` eingesetzt. Dies ist erforderlich, da die Prozedur an entsprechender Stelle verlassen werden muss.

**BEISPIEL** Die Beispiele zum Thema *Zusammenfassungen* befinden sich innerhalb der Begleitdateien zum Buch im Ordner *\Buch\Kap06*. Die Mappe nennt sich *Bsp06_01.xlsm*. Die Prozeduren befinden sich in *Modul2*.

Das nachfolgende Beispiel versucht eine Mappe zu öffnen, die nicht existiert. Beim Ausführen des Codes wird deshalb unweigerlich der Debugger gestartet. Um dies zu verhindern, verwenden wir eine `On Error GoTo`-Anweisung und verzweigen zu einer Sprungmarke, wo eine Meldung ausgegeben wird.

**Listing 6.9** *On Error GoTo* im Einsatz

```
Sub NichtVorhandeneMappe1()
   Dim strPfad As String
   Dim strDatei As String

   On Error GoTo Sprungmarke
   strPfad = "C:\Test\"
   strDatei = "NichtVorhandeneDatei.xlsm"

   Workbooks.Open strPfad & strDatei

Sprungmarke:
   MsgBox "Ein Mappe mit dem Namen " & strDatei & " existiert nicht."
End Sub
```

Um Ihnen zu zeigen, dass in diesem Fall auf `GoTo` verzichtet werden kann, finden Sie nachfolgend eine Prozedur, die in einer `If...Then...Else`-Entscheidung den möglichen Fehler abfängt. Die `Dir`-Funktion wird verwendet, wenn eine Datei oder ein Verzeichnis auf seine Existenz überprüft werden soll. Wenn ein Leerstring ("") zurückgegeben wird, stimmt entweder der Dateiname oder der Pfad oder beides nicht.

Listing 6.10 *GoTo* ausprogrammieren

```
Sub NichtVorhandeneMappe2()
   Dim strPfad As String
   Dim strDatei As String

   strPfad = "C:\Test\"
   strDatei = "NichtVorhandeneDatei.xlsm"

   If Dir(strPfad & strDatei) = "" Then
      MsgBox "Die Datei " & strDatei & " existiert nicht."
   Else
      Workbooks.Open strPfad & strDatei
   End If
End Sub
```

Ein ganz anderes Einsatzgebiet für `GoTo` ist die Anweisung `Application.Goto`. Sie kann als Sprungmarke in einer Mappe verwendet werden, um in einem bestimmten Tabellenblatt zu einer Zelle oder einem Bereich zu gelangen, um diesen zu selektieren. `Application.Goto` kann problemlos genutzt werden, denn die Anweisung wird nicht dazu verwendet, um innerhalb des Codes zu springen und geht somit nicht zu Lasten der Übersichtlichkeit einer Prozedur.

Listing 6.11 Die Anweisung *Application.Goto* anwenden

```
Sub GoToRange()
   Application.Goto Worksheets(2).Range("B7:C9")
End Sub
```

Kapitel 7

# Mit Schleifen und Zusammenfassungen arbeiten

**In diesem Kapitel:**

Schleifen werden eingesetzt, wenn innerhalb des Codes eine Wiederholung bis zu einem bestimmten Ereignis erfolgen soll. Es gibt verschiedene Schleifenarten, die je nach Einsatzgebiet verwendet werden können. Welche das sind, werden Sie auf den folgenden Seiten erfahren. Sie lernen zudem, wie mittels `With`-Anweisungen Codeblöcke zusammengefasst und möglichst übersichtlich gestaltet werden können.

# Mit Schleifen arbeiten

In VBA gibt es verschiedene Varianten an Schleifen, die je nach Anwendungsgebiet eingesetzt werden können. Die wichtigsten davon werden Ihnen in diesem Kapitel vorgestellt.

**BEISPIEL** Die Beispiele zum Thema *Schleifen* befinden sich innerhalb der Begleitdateien zum Buch im Ordner *\Buch\Kap07*. Die Mappe nennt sich *Bsp07_01.xlsm*. Die Prozeduren befinden sich in *Modul1*.

Können Sie sich noch an unseren Bankautomaten aus Kapitel 6 erinnern? An ihm lässt sich auch sehr schön erläutern, was in einer Schleife geschieht.

Sie stehen also wiederum vor dem Bankautomaten und schieben Ihre Kreditkarte ein. Als Erstes werden Sie nach Ihrem Pin-Code gefragt. Bei all den Passwörtern und Pin-Codes, die man sich heutzutage merken muss, kann man schnell etwas durcheinander bringen. Sie geben einen Code ein und haben leider den falschen verwendet. Der Bankautomat gibt Ihnen eine weitere Möglichkeit und Sie können den Code nochmals eingeben. Ohne es zu merken, befinden Sie sich schon mitten in einer Schleife. Der Bankautomat wird Sie erst zu einer weiteren Aktion leiten, wenn Sie den Code richtig eingegeben haben.

Um den Sachverhalt zu verdeutlichen, sehen wir uns auch diesmal eine Skizze an (siehe Abbildung 7.1). Natürlich ist das Ganze sehr vereinfacht dargestellt, denn der Bankautomat würde es kaum zulassen, dass Sie den Pin-Code beliebig oft eingeben.

**Abbildg. 7.1** Eine Schleife auf dem Papier entwerfen

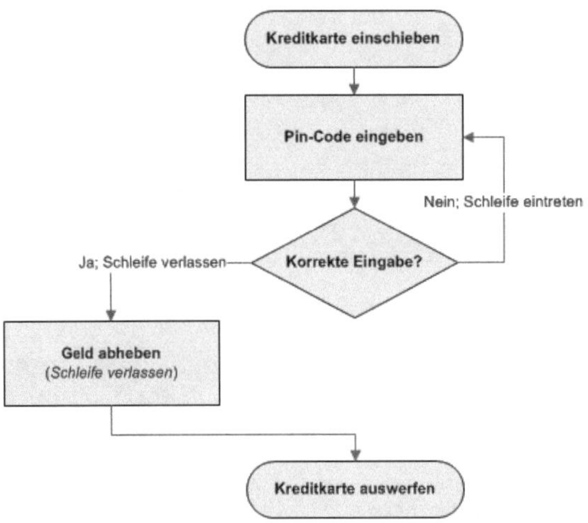

# *For...Next*-Schleifen durchlaufen

Bei `For...Next` handelt es sich um eine Zählschleife. Dies bedeutet, dass ein Zähler verwendet wird, der bei jedem Schleifendurchlauf erhöht oder reduziert wird. Der Zähler sagt aus, wie oft die Schleife durchlaufen werden soll. Für gewöhnlich wird dazu eine Variable verwendet. Um die Variable einer Zählschleife leicht zu erkennen, haben sich viele Programmierer darauf geeinigt, sie als `i` zu bezeichnen.

Um zu verdeutlichen, was genau in den nachstehenden Beispielen geschieht, erfolgt die Ausgabe jeweils im zweiten Tabellenblatt der Arbeitsmappe, in der sich der Code befindet (`ThisWorkbook`), jeweils in einer anderen Spalte.

In der untenstehenden Prozedur wird ein einfacher Zähler verwendet. Die Schleife wird fünfmal durchlaufen. Bei jedem Durchlauf wird der Zähler um den Wert 1 erhöht. Den Zähler benutzen wir zugleich als Zeilenindex. Auf dem Tabellenblatt werden somit in Spalte *A* fünf Zahlen eingetragen.

**Listing 7.1** *For...Next* mit Zähler

```
Sub ForNext_Zaehler()
   Dim i As Integer

   For i = 1 To 5
      ThisWorkbook.Worksheets(2).Cells(i, 1) = i
   Next i
End Sub
```

**Abbildg. 7.2** Die Schleife wurde fünfmal in Einzelschritten durchlaufen und dabei jeweils um 1 erhöht

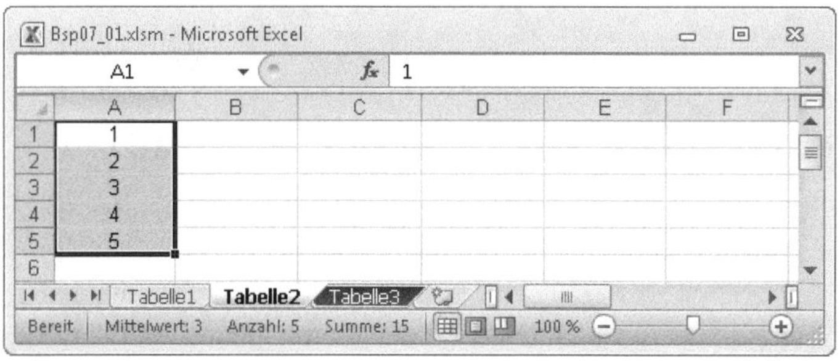


**TIPP** Falls eine Schleife sehr umfangreich ist und die Ausführung lange andauert, haben Sie die Möglichkeit, sie vorzeitig zu verlassen. Drücken Sie dazu die [Esc]-Taste. Unter Umständen kann es eine Weile dauern, bis eine Reaktion erfolgt. Warten Sie ab, bis das Debugger-Fenster angezeigt wird, und klicken Sie darin auf die Schaltfläche *Beenden*.

# *For...Next*-Schleifen schrittweise durchlaufen

Eine Schleife muss nicht zwingend in Einzelschritten ausgeführt werden. Sie können die Schrittweite selbst bestimmen, indem Sie das Schlüsselwort `Step` verwenden.

Im nachfolgenden Beispiel wird der Zähler von 1 bis 50 festgelegt. Da die Schrittweite 10 beträgt, werden auf dem Tabellenblatt wiederum fünf Zahlen eingetragen. Die Ausgabe erfolgt in Spalte *B*.

Diesmal können wir die Variable `i` nicht als Zeilenindex verwenden, da sonst zwischen den Zeilen jeweils neun leere Zellen entstehen würden. Die Ausgabe soll in einem Block erfolgen. Wir nehmen deshalb die Variable `x` zu Hilfe und platzieren sie innerhalb der Schleife. Sie wird bei jedem Durchlauf um den Wert 1 erhöht und dient als Zeilenindex.

**Listing 7.2** *For...Next* stufenweise durchlaufen

```
Sub ForNext_Schrittweise()
   Dim i As Integer
   Dim x As Integer

   For i = 1 To 50 Step 10
      x = x + 1
      ThisWorkbook.Worksheets(2).Cells(x, 2) = i
   Next i
End Sub
```

**Abbildg. 7.3** Die Schleife wurde fünfmal durchlaufen und jeweils um einen 10er-Schritt erhöht

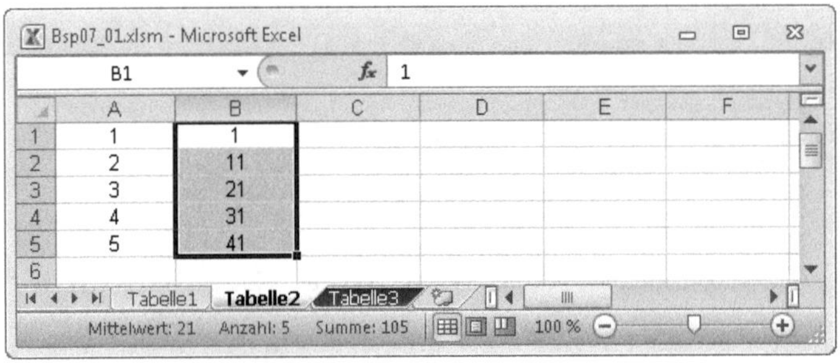


# *For...Next*-Schleifen rückwärts durchlaufen

Sie können eine Schleife auch rückwärts durchlaufen. Beachten Sie, dass wir hier den Zähler bei 50 ansetzen und dann in 10er-Minusschritten rückwärts zählen.

Die fünf Zahlen werden in die Spalte *C* eingetragen. Die Reihenfolge ist diesmal, aufgrund des Rückwärtsdurchlaufes, absteigend.

**Listing 7.3** *For...Next* rückwärts durchlaufen

```
Sub ForNext_Rueckwaerts()
   Dim i As Integer
   Dim x As Integer

   For i = 50 To 1 Step -10
      x = x + 1
      ThisWorkbook.Worksheets(2).Cells(x, 3) = i
   Next i
End Sub
```

**Abbildg. 7.4** Die Schleife wurde fünfmal in 10er-Rückwärtsschritten durchlaufen

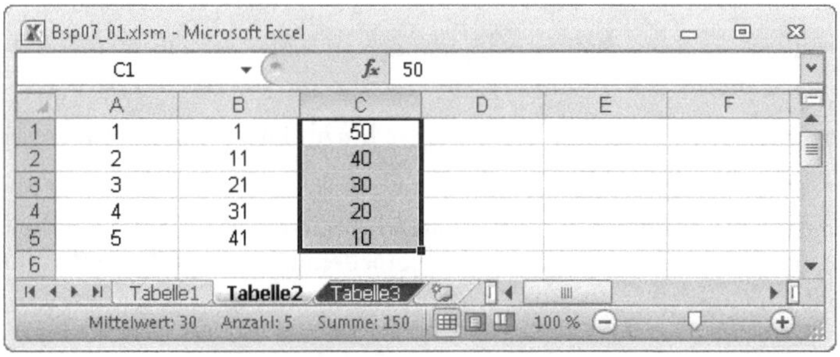


# *For...Next*-Schleifen vorzeitig verlassen

Sie können eine Schleife vorzeitig verlassen, wenn eine bestimmte Bedingung erfüllt wird. Dies geschieht hier in einer `If`-Entscheidung. Es ist zwar geplant, dass die Schleife zehnmal durchlaufen wird, dennoch wird sie abgebrochen, wenn der Zähler > 5 erreicht. Um aus der Schleife auszutreten, wird die Anweisung `Exit For` angewendet.

**Listing 7.4** *For...Next* vorzeitig verlassen

```
Sub ForNext_Verlassen()
   Dim i As Integer

   For i = 1 To 10
      If i > 5 Then
         Exit For
      End If

      ThisWorkbook.Worksheets(2).Cells(i, 4) = i
   Next i
End Sub
```

**Abbildg. 7.5** Die Schleife wurde nach fünf Durchläufen abgebrochen

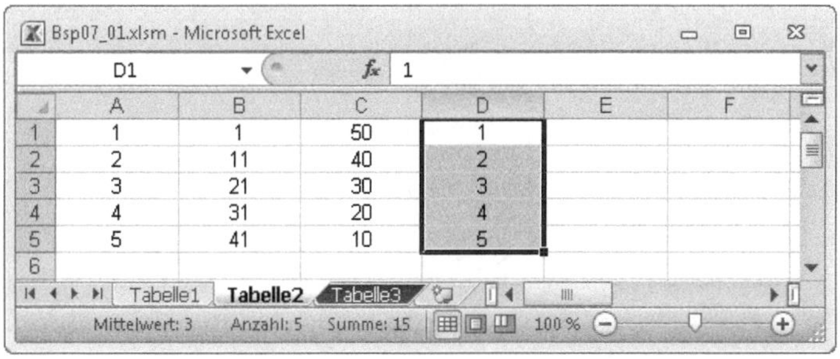

# *For...Next*-Schleifen verschachteln

Sie haben die Möglichkeit, mehrere Schleifen ineinander zu verschachteln. Dabei entstehen eine äußere und eine innere Schleife.

Für unser Beispiel nehmen wir einen weiteren i-Zähler hinzu. Die Variable i1 dient der äußeren Schleife und die Variable i2 der inneren.

Die äußere Schleife wird im folgenden Beispiel dreimal durchlaufen; die innere jedoch neunmal. Der Grund für diese »Ungleichheit« liegt darin, dass bei jedem Durchlauf der äußeren Schleife die gesamte innere Schleife mit ausgeführt wird.

**Listing 7.5** Schleifen verschachteln

```
Sub ForNext_Verschachtelt()
   Dim i1 As Integer
   Dim i2 As Integer
   Dim x As Integer

   For i1 = 1 To 3
      x = x + 1
      ThisWorkbook.Worksheets(2).Cells(x, 5) = "Außen - " & i1

      For i2 = 1 To 3
         x = x + 1
         ThisWorkbook.Worksheets(2).Cells(x, 5) = i2 & " - Innen"
      Next i2
   Next i1
End Sub
```

**Abbildg. 7.6** Der Verhalten der beiden verschachtelten Schleifen

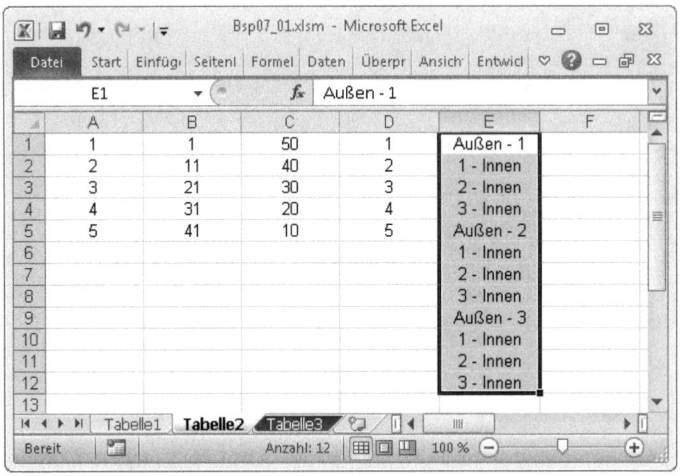

# Mittels *For Each* Tabellenblätter ansprechen

For Each-Schleifen werden im Zusammenhang mit Objekten wie zum Beispiel Zellen oder Tabellenblättern eingesetzt. Nach Möglichkeit sollte diese Schleife der For...Next-Schleife vorgezogen werden, denn sie ist schneller. Die Schleife wird jeweils durch eine For Each-Anweisung eingeleitet und muss mit einer Next-Zeile abgeschlossen werden.

**HINWEIS** Beim Arbeiten mit einer For Each-Schleife ist es wichtig, bei der Variablendeklaration das richtige Objekt anzugeben. Manchmal ist es nicht ganz einfach, dieses zu ermitteln. Alternativ zum Objekt kann in der Regel auch mit dem Datentyp Variant gearbeitet werden.

Manuell kann es sehr umständlich sein, jedem einzelnen Tabellenblatt einer Arbeitsmappe einen Blattschutz zuzuweisen. Jedes Tabellenblatt muss dabei einzeln aktiviert werden. Mit der folgenden Prozedur wird dies automatisiert.

Zu Beginn der Prozedur wird das Objekt Worksheet an die Variable ws übergeben. Dieses wir innerhalb der Schleife vermehrt verwendet. Unter anderem im Kopf der Schleife. Dort wird festgelegt, dass jedes Worksheet der Sammlung Worksheets durchlaufen wird, also jedes Tabellenblatt. Die Methode für den Blattschutz nennt sich Protect.



**Listing 7.6** Blattschutz für jedes Tabellenblatt einrichten

```
Sub BlattschutzMappeEin()
   Dim ws As Worksheet

   For Each ws In Worksheets
      ws.Protect
   Next ws
End Sub
```

Um den Blattschutz für alle Tabellenblatter wieder zu entfernen, erstellen wir eine zweite Prozedur. Das Pendant zu Protect lautet Unprotect.

**Listing 7.7** Blattschutz wieder aufheben

```
Sub BlattschutzMappeAus()
   Dim ws As Worksheet

   For Each ws In Worksheets
      ws.Unprotect
   Next ws
End Sub
```

# Mittels *For Each* Zellen abarbeiten

Sehen wir uns ein weiteres Beispiel in Bezug auf For Each-Schleifen an. Diesmal werden die Zellen des Bereiches *B1:B4* durchlaufen. Unser Ziel ist es, die Zelladressen zu ermitteln. Dies geschieht mittels der Eigenschaft Address. Diese gibt, ohne die Angabe von Argumenten, einen absoluten Zellbezug zurück *$B$1*, *$B$2* usw. Jedes der beiden Dollarzeichen kann mittels des booleschen Wertes False ausgeblendet werden. Im runden Klammerpaar von Address können zwei Argumente eingetragen werden, für jedes Dollerzeichen eines. Um beide Dollarzeichen zu unterdrücken, lautet die Anweisung somit Address(False, False). Dadurch erfolgt eine Rückgabe von *B1*, *B2* usw.

Das erste `False` steht für den Zeilenbezug und das zweite für den Spaltenbezug. Das erscheint auf den ersten Blick verdreht, folgt aber demselben Prinzip, dass in VBA immer wieder bei Indexangaben für Zellen auszumachen ist, wie Sie noch erfahren werden. An erster Stelle steht die Zeile und erst danach folgt die Spalte.

**Abbildg. 7.7** Zelladressen und deren Argumente (absolut und relativ)

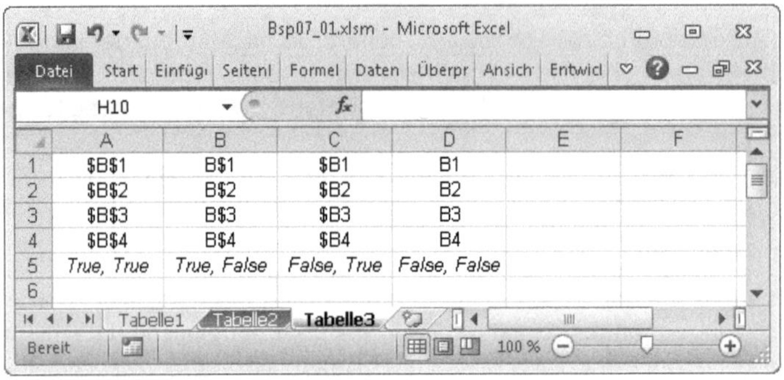


In unserer Prozedur verwenden wir zwei Variablen. Die Variable `i` wird benutzt, um die Zelladressen untereinander in die einzelnen Zellen zu schreiben. Die Variable `c` benötigen wir für die Objekt-Schleife. Der Buchstabe `c` steht für `Cell` und somit für Zelle. Sie können theoretisch auch jeden anderen Buchstaben benutzen, aber in der VBA-Programmierung hat sich generell dieser Buchstabe für Zellenobjekte eingebürgert.

Die zweite Variable, den Buchstaben `i`, verwenden wir, um die Zelladressen des Bereichs *B1:B4* untereinander in die einzelnen Zellen einzutragen. Der Zähler `i` muss bei jedem Schleifendurchlauf um den Wert 1 erhöht werden.

Die Ausgabe erfolgt auf dem dritten Tabellenblatt in unserer Beispielmappe. Damit das Tabellenblatt nicht in nahezu jeder Codezeile wiederholt eingetragen wird, fassen wir es in einer `With`-Anweisung zusammen. Näheres zum Thema Zusammenfassungen erfahren Sie später in diesem Kapitel.

**Listing 7.8** Zelladressen für den Bereich *B1:B4* in einer *For Each*-Schleife ermitteln

```
Sub Zelladressen()
   Dim c As Range
   Dim i As Integer

   With ThisWorkbook.Worksheets(3)
      .Unprotect

      For Each c In .Range("B1:B4")
         i = i + 1
         .Cells(i, 1) = c.Address
         .Cells(i, 2) = c.Address(True, False)
         .Cells(i, 3) = c.Address(False, True)
         .Cells(i, 4) = c.Address(False, False)
      Next c
   End With
End Sub
```

# *Do While...Loop* benutzen

Eine `Do...Loop`-Schleife wird so lange ausgeführt, bis ein bestimmter Zustand eintrifft. Es gibt zwei Arten von `Do...Loop`-Schleifen. Die eine verwendet das Schlüsselwort `While` (solange) und die andere `Until` (bis). Sie finden nachfolgend je ein Beispiel. Jede `Do...Loop`-Schleife wird durch eine `Do`-Zeile begonnen und durch eine `Loop`-Zeile abgeschlossen.

Im ersten Beispiel wird mit `While` gearbeitet. Die Zellen der Spalte *A* in *Tabelle2* sollen so lange durchlaufen werden, bis die erste leere Zelle gefunden wird. Dazu wird der Zähler `i` verwendet, dem vor Eintritt in die Schleife der Wert 1 zugewiesen wird. Innerhalb der Schleife wird der Zähler jeweils um den Wert 1 erhöht. Beachten Sie den Operator Ungleich (<>), den wir in der ersten Zeile der Schleife einsetzen. Er veranlasst, dass die Schleife so lange mit `While` durchlaufen wird, bis eine leere ("") Zelle gefunden wird. Am Ende der Prozedur wird die erste freie Zelladresse der Spalte *A* ausgegeben.

**Listing 7.9** Erste freie Zelle ermitteln

```
Sub DoWhileLoop()
   Dim i As Integer

   i = 1

   Do While ThisWorkbook.Worksheets(2).Range("A" & i) <> ""
      i = i + 1
   Loop

   MsgBox Range("A" & i).Address
End Sub
```

**Abbildg. 7.8** Die Ausgabe der Zelladresse

# *Do Until...Loop* kennen lernen

Im unserem zweiten Beispiel in Bezug auf `Do Loop` verwenden wir `Until`. Das Ergebnis dieser Schleife ist dasselbe wie zuvor. Der Unterschied neben der Anweisung `Until` besteht im Operator. Diesmal wird ein Gleichheitszeichen (=) verwendet. Die Schleife wird so lange ausgeführt, bis die erste leere Zeile in der Spalte *A* gefunden wird.

**Listing 7.10** Eine andere Methode zum Ermitteln der ersten freien Zelle

```
Sub DoUntilLoop()
   Dim i As Integer

   i = 1
```

**Listing 7.10** Eine andere Methode zum Ermitteln der ersten freien Zelle *(Fortsetzung)*

```
    Do Until ThisWorkbook.Worksheets(2).Range("A" & i) = ""
       i = i + 1
    Loop

    MsgBox Range("A" & i).Address
End Sub
```

## *While...Wend* verwenden

Die Verwendung der `While...Wend`-Schleife ist der `Do...Loop`-Schleife sehr ähnlich. Die Schleife wird ebenfalls so lange ausgeführt, bis der gewünschte Zustand eintrifft. Um dies zu verdeutlichen, ist das nachfolgende Codebeispiel analog der vorangegangenen Beispiele aufgebaut. Diese Schleifenart wird immer durch `While` eingeleitet und durch `Wend` abgeschlossen.

**Listing 7.11** *While...Wend* zum Ermitteln der ersten freien Zelle

```
Sub WhileWend()
    Dim i As Integer

    i = 1

    While ThisWorkbook.Worksheets(2).Range("A" & i) <> ""
       i = i + 1
    Wend

    MsgBox Range("A" & i).Address
End Sub
```

# Codezeilen zusammenfassen

Eine `With`-Anweisung haben Sie bereits in Kapitel 1 im Zusammenhang mit der Bereinigung von Makrorekorder-Code kennen gelernt. `With`-Anweisungen sind dazu da, mehrere Anweisungen für ein bestimmtes Objekt zusammenzufassen. Neben der Tatsache, dass Sie sich etwas Schreibarbeit ersparen, wird damit die Geschwindigkeit von Prozeduren erhöht. Der Code kann auf diese Weise zudem übersichtlicher gestaltet werden.

Eine `With`-Anweisung wird jeweils durch das Schlüsselwort `With` eingeleitet. Danach folgt die Angabe des Objekts. Abgeschlossen wird eine `With`-Anweisung durch eine `End With`-Zeile. Zwischen diesen beiden Zeilen werden die gewünschten Angaben zum Objekt zusammengefasst. Eine `With`-Anweisung macht nur Sinn, wenn darin mehrere Angaben zum Objekt erfolgen. Wenn das Objekt nur einmal angesprochen wird, kann auf die `With`-Anweisung verzichtet werden.

**BEISPIEL** Die Beispiele zum Thema *Zusammenfassungen* befinden sich innerhalb der Begleitdateien zum Buch im Ordner *\Buch\Kap07*. Die Mappe nennt sich *Bsp07_01.xlsm*. Die Prozeduren befinden sich in *Modul2*.

In der folgenden Prozedur werden der definierten Zelle verschiedene Formatierungen zugewiesen. Alle Anweisungen betreffen `ThisWorkbook.Worksheets(2).Range("A20")` und können somit zusammengefasst werden.

**Listing 7.12** Verwendung von *With*

```
Sub WithVerwenden()
   With ThisWorkbook.Worksheets(2).Range("A20")
      .Interior.Color = vbYellow      ' Gelber Hintergrund
      .Value = "Monika"               ' Zellinhalt
      .HorizontalAlignment = xlCenter ' Horizontal zentriert
      .VerticalAlignment = xlCenter   ' Vertikal zentriert
      .Orientation = 90               ' 90° Drehung
      .Font.Bold = True               ' Fett
      .Font.Italic = True             ' Kursiv
      .Font.Size = 16                 ' 16 Punkt Schriftgröße
      .Font.Color = vbRed             ' Rote Textfarbe
   End With
End Sub
```

**Abbildg. 7.9** Die formatierte Ausgabe erfolgt an entsprechender Stelle auf dem gewünschten Tabellenblatt

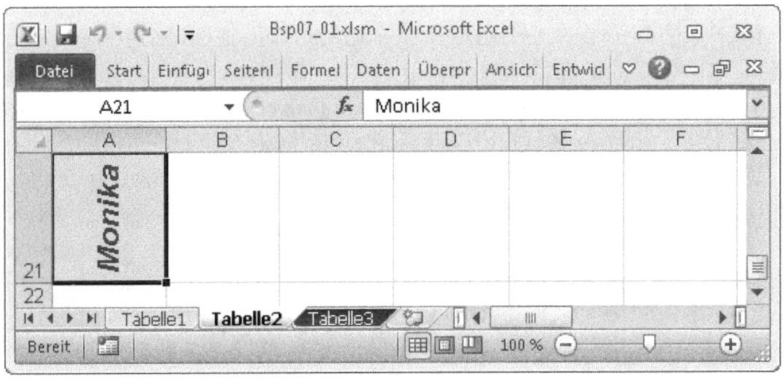


With-Anweisungen können verschachtelt werden. Bei der Betrachtung des vorangegangenen Beispiels fällt auf, dass das Objekt `Font` mehrmals verwendet wird. Das bedeutet, dass auch dieses Objekt in einer weiteren `With`-Anweisung zusammengefasst werden kann. Das Ergebnis der verschachtelten Zusammenfassung sieht wie folgt aus:

**Listing 7.13** Verschachtelte *With*-Anweisungen

```
Sub VerschachteltesWith()
   With ThisWorkbook.Worksheets(2).Range("A21")
      .Interior.Color = vbYellow      ' Gelber Hintergrund
      .Value = "Monika"               ' Zellinhalt
      .HorizontalAlignment = xlCenter ' Horizontal zentriert
      .VerticalAlignment = xlCenter   ' Vertikal zentriert
      .Orientation = 90               ' 90° Drehung

      With .Font
         .Bold = True               ' Fett
         .Italic = True             ' Kursiv
         .Size = 16                 ' 16 Punkt Schriftgröße
         .Color = vbRed             ' Rote Textfarbe
      End With

   End With
End Sub
```

# Geschwindigkeit von Prozeduren messen

Das Thema Geschwindigkeit wurde in diesem Buch bereits mehrmals angesprochen und ist sehr wichtig in der VBA-Programmierung. Viele Codes lassen sich auf verschiedene Weise programmieren. Die Meinungen über den jeweiligen Programmierstil gehen für gewöhnlich auseinander. In einem sind sich die Programmierer jedoch einig: Die Prozedur soll möglichst schnell sein. Die Geschwindigkeit einer Prozedur lässt sich, unter zu Hilfenahme einer API-Funktion (Application Programming Interface, Anwendungsprogrammierschnittstelle), messen.

**HINWEIS** Näheres zum Thema API erfahren Sie in Kapitel 24.

**BEISPIEL** Die nachfolgenden Beispiele befinden sich innerhalb der Begleitdateien zum Buch im Ordner *\Buch\Kap07*. Die Mappe nennt sich *Bsp07_02.xlsm*.

Bevor wir einen Vergleich vornehmen, werden wir uns anhand eines Codefragments den Kern der API-Funktion ansehen. Direkt nach `Option Explicit`, also über allen Prozeduren, wird die API-Deklaration `Private Declare Function` vorgenommen. Jede Prozedur in dem Modul kann somit auf die Funktion zugreifen. Die Funktion `GetTickCount` gibt die Systemzeit in Millisekunden zurück. Mittels `Lib "kernel32"` kann auf die benötigte DLL (Dynamic Link Library) zugegriffen werden. Innerhalb der Prozedur verwenden wir die Variable `lngStart`. Dieser übergeben wir die aktuelle Systemzeit, um den Startwert festzulegen. Danach folgt die Prozedur, die gemessen werden soll (nächstes Codebeispiel). Am Ende der Prozedur geben wir die Differenz zwischen der aktuellen Uhrzeit `GetTickCount` und der Startzeit, die in der Variablen `lngStart` gespeichert wurde, im Direktfenster aus. Der Wert wird in Millisekunden angezeigt. Um den Wert zusätzlich in Sekunden anzuzeigen, wird die Berechnung durch den Faktor 1.000 dividiert.

**Listing 7.14** Zeit messen (Codefragment)

```
Option Explicit
Private Declare Function GetTickCount Lib "kernel32" () As Long

Sub MyDuration()
   Dim lngStart As Long
   lngStart = GetTickCount

   ' [...]

   Debug.Print GetTickCount - lngStart & " Millisekunden"
   Debug.Print (GetTickCount - lngStart) / 1000 & " Sekunden"
End Sub
```

Nachfolgend finden Sie drei Prozeduren, die exakt dasselbe ausführen, jedoch einen unterschiedlichen Programmierstil verwenden. Die erste Prozedur sollte theoretisch die schnellste sein, denn sie verwendet eine `For Each`-Schleife, die bekanntlich für Objekte verwendet werden soll. Zudem fasst sie die Anweisungen für das `Range`-Objekt mit `With` zusammen. Es werden in der Prozedur 1.000 Zellen der Spalte *A* mit gelbem Hintergrund formatiert. Zudem wird den Zellen ein Text zugewiesen. Wenn Sie eine größere Zeitdifferenz zwischen den einzelnen Prozeduren erhalten möchten, ersetzen Sie den Wert 1.000 in allen Prozeduren durch eine beliebig höhere Zahl.

**HINWEIS** Um ein optimales Testergebnis zu erhalten, sollten Sie darauf achten, dass im Hintergrund keine anderen Programme (z.B. Virenscanner) ausgeführt werden. Am besten schließen Sie sämtliche Applikationen bis auf die Excel-Datei, in der die Tests durchgeführt werden sollen. Das wiederholte Ausführen ein und derselben Prozedur kann dennoch zu unterschiedlichen Ergebnissen führen. Dies hängt davon ab, welche Prozesse im Hintergrund zusätzlich ausgeführt werden.

**Listing 7.15** Erster Geschwindigkeitstest (optimaler Programmierstil)

```
Sub Test1()
   Dim lngStart As Long
   Dim c As Range

   lngStart = GetTickCount

      For Each c In Range("A1:A1000")
         With c
            .Interior.Color = vbYellow
            .Value = "Monika"
         End With
      Next c

   Debug.Print (GetTickCount - lngStart) / 1000 & " Sekunden"
End Sub
```

In der zweiten Prozedur wurde die `For Each`-Schleife durch eine `For...Next`-Schleife ausgetauscht. Auf eine `With`-Zusammenfassung wurde verzichtet. Theoretisch sollte diese Prozedur langsamer sein als die vorangegangene.

**Listing 7.16** Zweiter Geschwindigkeitstest

```
Sub Test2()
   Dim lngStart As Long
   Dim i As Long

   lngStart = GetTickCount

      For i = 1 To 1000
         Cells(i, 1).Interior.Color = vbYellow
         Cells(i, 1).Value = "Monika"
      Next i

   Debug.Print (GetTickCount - lngStart) / 1000 & " Sekunden"
End Sub
```

Einen deutlichen Geschwindigkeitsverlust können Sie beim Ausführen der nachfolgenden Prozedur erfahren. Der Grund liegt darin, dass beim Durchlaufen der Schleife jeweils die Zelle selektiert wird.

**Listing 7.17** Dritter Geschwindigkeitstest

```
Sub Test3()
   Dim lngStart As Long
   Dim i As Long
```

**Listing 7.17** Dritter Geschwindigkeitstest *(Fortsetzung)*

```
   lngStart = GetTickCount

      For i = 1 To 1000
         Cells(i, 1).Select
         ActiveCell.Interior.Color = vbYellow
         ActiveCell.Value = "Monika"
      Next i

   Debug.Print (GetTickCount - lngStart) / 1000 & " Sekunden"
End Sub
```

Kapitel 8

# Subprozeduren und Arrays anwenden



**In diesem Kapitel:**

In diesem Kapitel erlernen Sie den Umgang mit Subprozeduren (Unterprozeduren). Sie erfahren, wie eine Prozedur aus einer Prozedur ausgerufen werden kann und was ein rekursiver Prozeduraufruf ist. Sie werden zudem in das Thema Arrays und Datenfelder eingeführt.

# Prozeduren aus Prozeduren aufrufen (*Call*)

Es gibt unterschiedliche Einsatzmöglichkeiten für die Verwendung so genannter Subprozeduren. Angewendet werden sie zum Beispiel dann, wenn ein Codeblock in verschiedenen Prozeduren im selben Modul oder Projekt verwendet wird. Damit der Codeblock nicht mehrmals eingetippt werden muss, kann er in eine Subprozedur ausgelagert werden. In der Hauptprozedur ist nur eine einzelne Codezeile erforderlich, um die Subprozedur aufzurufen.

Ein weiteres Einsatzgebiet ist der rekursive Programmaufruf. Rekursiv bedeutet, dass die Prozedur sich selbst aufruft, um die darin enthaltenen Codezeilen erneut auszuführen.

**BEISPIEL** Die Beispiele zum Thema *Subprozeduren* befinden sich innerhalb der Beispieldateien zum Buch im Ordner *\Buch\Kap08*. Die Mappe nennt sich *Bsp08_01.xlsm*.

## Eine Subprozedur aufrufen

Eine Subprozedur zu anderen Prozeduren ist nur dann sinnvoll, wenn viele Codezeilen zusammengefasst werden können, die dann aus den entsprechenden Hauptprozeduren heraus aufgerufen werden. Der Einsatz sollte jedoch gut überlegt sein, denn die Übersicht über die einzelnen Codes kann genauso verloren gehen, wie beim Verwenden von `GoTo` innerhalb ein und derselben Prozedur.

Nachfolgend finden Sie ein einfaches Beispiel, das verdeutlicht, wie der Aufruf einer Subprozedur erfolgen kann. Ausgeführt wird nur die Hauptprozedur `AufrufByCall`. Aus der Hauptprozedur heraus wird mittels der Anweisung `Call` die Subprozedur `Unterprozedur` aufgerufen.

**HINWEIS** Die Angabe des Schlüsselworts `Call` ist nicht zwingend erforderlich. Es genügt, wenn lediglich der Prozedurname angegeben wird.

**Listing 8.1** Eine Subprozedur aufrufen

```
Sub AufrufPerCall()
   Call Unterprozedur
End Sub

Sub Unterprozedur()
   With ThisWorkbook.Worksheets(1).Range("A1")
      .Interior.Color = vbMagenta
      .Value = "Hallo Welt"
      .Font.Size = 16
   End With
End Sub
```

**HINWEIS** In der Praxis umfasst in der Regel bereits die Hauptprozedur mehrere Codezeilen. Die `Call`-Codezeile ist nur ein Bestandteil davon.

# Ein rekursiver Prozeduraufruf

Ein rekursiver Prozeduraufruf erfolgt dann, wenn sich das Programm aus sich selbst heraus aufruft. Beim Aufruf `Call` wird der eigene Prozedurname übergeben.

Die nachfolgende Prozedur gibt auf dem Bildschirm ein Meldungsfeld mit den Schaltflächen *Wiederholen* und *Abbrechen* aus. Der Rückgabewert der `MsgBox` wird an die Variable `intMsg` übergeben. Mittels einer `If...Then...Else`-Entscheidung wird geprüft, welcher Wert der Variablen übergeben wurde, bzw. welche Schaltfläche angeklickt wurde. Wenn auf die Schaltfläche *Wiederholen* geklickt wurde, ruft sich die Prozedur selbst nochmals auf: `Call RekursiverAufruf`. Die geschieht so lange, bis auf die Schaltfläche *Abbrechen* geklickt wird.

**Listing 8.2** Rekursiver Programmaufruf

```
Sub RekursiverAufruf()
   Dim intMsg As Integer

   intMsg = MsgBox("Möchten Sie die Prozedur erneut aufrufen?", _
                   vbRetryCancel)

   If intMsg = vbRetry Then
      Call RekursiverAufruf
   End If
End Sub
```

**Abbildg. 8.1** Soll die Prozedur nochmals ausgeführt werden?

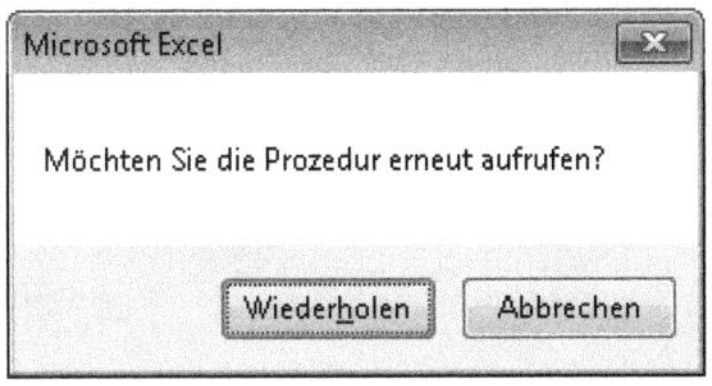


# Parameterangaben bei Prozedurnamen

Bis jetzt haben wir den Prozeduren keine Parameter übergeben, das heißt das runde Klammerpaar nach dem Prozedurnamen blieb leer. Das Klammerpaar wird unterschiedlich verwendet. Zum einen wird es bei Ereignisprozeduren automatisch, je nach Auswahl ausgefüllt, zum anderen wird es häufig in VBA-Funktionen verwendet. Bei Funktionen werden die Werte dann an die Parameter übergeben, wenn eine Berechnung aufgerufen wird. Dem Thema Funktionen werden wir uns in Kapitel 13 näher zuwenden und dem Thema Ereignisprozeduren in Kapitel 14.

An dieser Stelle wird ein generelles Beispiel dargestellt, das die Unterschiede zwischen `byVal` (by Value) und `byRef` (by Reference) verdeutlichen soll.

Um mit Parameterübergaben in Prozedurnamen zu arbeiten, sind zwei Prozeduren erforderlich: eine Hauptprozedur und eine Subprozedur. Die Hauptprozedur bereitet die Werte auf. In einer Subprozedur mit Parameterangaben können die Werte weiterverwendet und gegebenenfalls verändert werden. Wichtig dabei ist, dass die Angabe des Datentyps in den beiden Prozeduren übereinstimmt. Wenn in der Hauptprozedur die Variable als Byte deklariert wird, muss die zugehörige Variable der Subprozedur ebenfalls als Byte hinterlegt werden. Die Variablennamen der beiden Prozeduren können unterschiedlich oder identisch sein. In unserem nachfolgenden Beispiel sind Sie unterschiedlich. Dies spielt jedoch absolut keine Rolle, da die Variablen komplett unabhängig voneinander sind und deshalb auch in beiden Prozeduren deklariert werden müssen.

In der Hauptprozedur werden die Variablen x und y deklariert. Der Variable x wird der Wert 10 zugewiesen, der Variable y der Wert 20. Danach wird die Subprozedur aufgerufen, wobei die beiden Variablen übergeben werden.

In der Subprozedur werden die beiden Variablen, die die Werte übernehmen sollen, direkt nach dem Prozedurnamen hinterlegt. Die Variablen tragen den Namen a und b. Die Variable a wird mit dem Wert 15 multipliziert (10 * 15) und die Variable b wird mit dem Wert 180 addiert (20 + 180). Das Ergebnis im Direktfenster lautet somit 150 für die Variable a und 200 für die Variable b.

**Abbildg. 8.2** Verdeutlichung der Verwendung der Variablen und des Aufrufs der Subprozedur

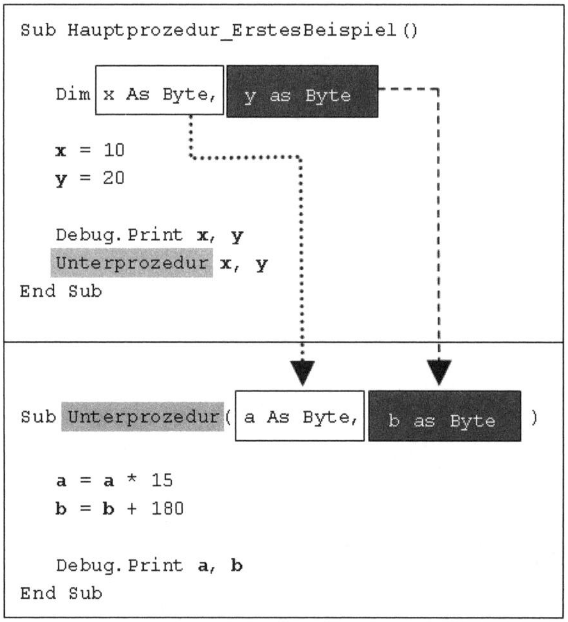


**Listing 8.3** Prozeduren mit Parameterübergabe

```
Sub Hauptprozedur_ErstesBeispiel()
   Dim x As Byte, y As Byte

   x = 10
   y = 20

   Debug.Print x, y
```

**Listing 8.3** Prozeduren mit Parameterübergabe *(Fortsetzung)*

```
   Unterprozedur x, y
End Sub

Sub Unterprozedur(a As Byte, b As Byte)
   a = a * 15
   b = b + 180

   Debug.Print a, b
End Sub
```

**Abbildg. 8.3** Die Veränderung der Variablen wird im Direktfenster deutlich

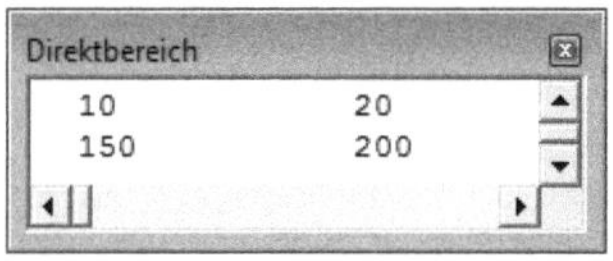




Bei der Deklaration von Parametern nach dem Prozedurnamen kann wahlweise `ByRef` oder `ByVal` angegeben werden. Falls keine Angabe erfolgt, gilt automatisch `ByRef`. Wenn mit `ByVal` gearbeitet wird, dann verwendet die Subprozedur im Grunde genommen eine Kopie der Werte aus der Hauptprozedur. Dadurch ist gewährleistet, dass der Inhalt der Variablen in der Hauptprozedur unverändert bleibt. Mittels `ByRef` hingegen wird auch der Inhalt der Variablen der Hauptprozedur verändert. Das nachfolgende Beispiel unterstreicht diese Aussage.

Nachdem die Hauptprozedur ausgeführt wurde, können die einzelnen Werte dem Direktfenster entnommen werden. Bei »2.)« wird deutlich, dass mittels `ByVal` die Originalwerte aus der Hauptprozedur erhalten geblieben sind.

**Listing 8.4** Der Unterschied zwischen *ByRef* und *ByVal*

```
Sub Hauptprozedur_ZweitesBeispiel()
   Dim x As Byte
   Dim y As Byte

   ' Variablen befüllen
   x = 10
   y = 20

   ' 1. Unterprozedur aufrufen (ByVal)
   ByVal_Unterprozedur x, y
   Debug.Print "2.) " & x, y    ' <-- Unveränderte Werte (10, 20)
   Debug.Print

   ' 2. Unterprozedur aufrufen (ByRef)
   ByRef_Unterprozedur x, y
   Debug.Print "4.) " & x, y    ' <-- Veränderte Werte (30, 60)
End Sub

' Es wird eine Kopie der Werte aus der Hauptprozedur erstellt.
' Die Werte der Hauptprozedur bleiben somit unverändert.
Sub ByVal_Unterprozedur(ByVal a As Byte, ByVal b As Byte)
   a = a * 3
   b = b * 3
```

**Listing 8.4** Der Unterschied zwischen *ByRef* und *ByVal* *(Fortsetzung)*

```
   Debug.Print "1.) " & a, b
End Sub

' Der Code verändert auch die Inhalte der Variablen aus der
' Hauptprozedur. Es besteht somit keine Verbindung.
Sub ByRef_Unterprozedur(ByRef a As Byte, ByRef b As Byte)
   a = a * 3
   b = b * 3

   Debug.Print "3.) " & a, b
End Sub
```

**Abbildg. 8.4** Die Rückgabewerte der beiden Subprozeduren im Direktbereich

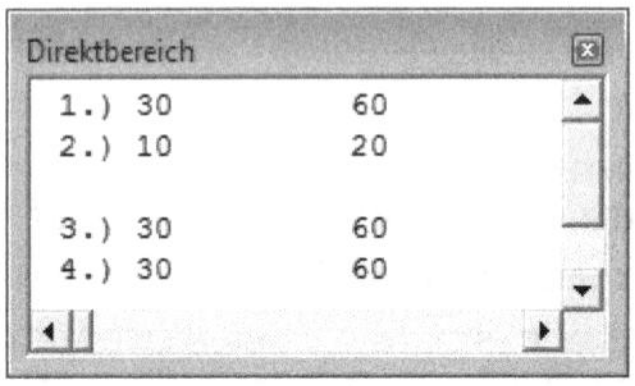


# Mit Arrays arbeiten

Arrays, auch Datenfelder genannt, sind eine erweiterte Form von Variablen. Im Gegensatz zu Variablen, die nur einen einzigen Wert speichern können, sind Arrays in der Lage, mehrere Werte aufnehmen. Wenn ein Array verwendet wird, muss nur eine Variablendeklaration vorgenommen werden. Theoretisch könnte für jedes Datenfeld des Arrays eine eigene Variable deklariert werden. Damit würde der Code jedoch unnötig kompliziert und zudem unübersichtlich werden.

Arrays werden, genau wie einfache Variablen, mittels `Dim` deklariert und mit einem geeigneten Datentyp versehen. Innerhalb der Variablendeklaration wird zudem festgelegt, wie viele Daten das Array aufnehmen soll. Dabei können eine Untergrenze und eine Obergrenze definiert werden.

Die Untergrenze der nachfolgenden Codezeile liegt bei 1 und die Obergrenze bei 12. Das Array kann somit zwölf Zahlen aufnehmen. Da das Array als `Byte` festgelegt wurde, müssen die Zahlen im Bereich von 0 bis 255 liegen.

```
Dim arrMonth(1 To 12) As Byte
```

Sie können die Angabe der Untergrenze auch weglassen und nur die Anzahl der Datenfelder angeben, die das Array aufnehmen soll. Dabei ist allerdings zu beachten, dass bei einer nicht festgelegten Untergrenze automatisch der Index 0 als Untergrenze gilt. Das folgende Array könnte somit insgesamt 13 Werte aufnehmen, nämlich von 0 bis 12.

```
Dim arrMonth(12) As Byte
```

Wenn Sie zu Beginn des Moduls, also noch vor der ersten Prozedur, `Option Base 1` einfügen, beginnt jedes Array dieses Moduls, dem keine Untergrenze zugeordnet wurde, mit dem Index 1.

**BEISPIEL** Die Beispiele zum Thema *Arrays* befinden sich innerhalb der Beispieldateien zum Buch im Ordner *\Buch\Kap08*. Die Mappe nennt sich *Bsp08_02.xlsm*.

# Eindimensionale Arrays



Sie können sich ein Array wie eine Excel-Tabelle vorstellen. Ein eindimensionales Array nimmt dabei eine einzelne Spalte in Anspruch. Das nachfolgende Beispiel verdeutlicht den Vorteil *eines* Array gegenüber *mehreren* Variablen. Das eine Array nimmt sieben Namen auf. Eine Deklaration von *sieben* einzelnen Variablen kann somit auf *ein* Array reduziert werden. Mittels einer `For`-Schleife können sämtliche Werte, die im Array enthalten sind, an das Direktfenster (oder an ein Tabellenblatt) übergeben werden.

**Listing 8.5** Eindimensionales Array

```
Sub Vorname1()
   Dim arr(1 To 7) As String
   Dim i As Integer

   arr(1) = "Robert"
   arr(2) = "Erna"
   arr(3) = "Silvia"
   arr(4) = "Felix"
   arr(5) = "Anita"
   arr(6) = "Alex"
   arr(7) = "Monika"

   For i = 1 To 7
      Debug.Print arr(i)
   Next i
End Sub
```

**Abbildg. 8.5** Die Rückgabe im Direktbereich

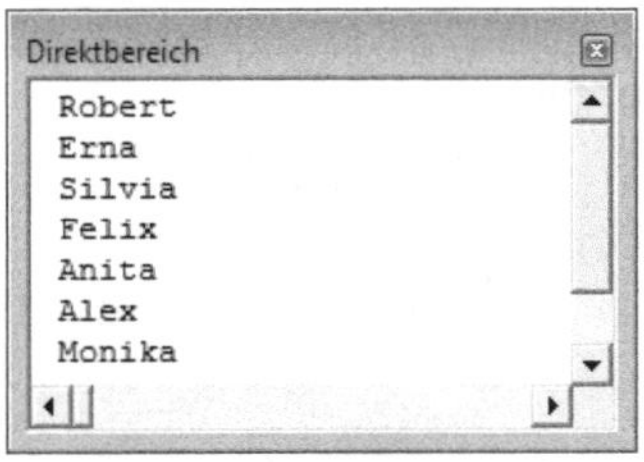


Im vorangegangenen Beispiel wurden sowohl eine Unter- als auch eine Obergrenze angegeben. Wenn Sie die Untergrenze weglassen, müssen Sie daran denken, dass der Index des Array bei Null beginnt. Von daher kann die Obergrenze auf den Wert 6 festgelegt werden. Das obige Beispiel würde demnach verändert wie folgt aussehen:

```
Sub Vorname2()
   Dim arr(6) As String
   Dim i As Integer

   arr(0) = "Robert"
   arr(1) = "Erna"
   arr(2) = "Silvia"
   arr(3) = "Felix"
   arr(4) = "Anita"
   arr(5) = "Alex"
   arr(6) = "Monika"

   For i = 0 To 6
      Debug.Print arr(i)
   Next i
End Sub
```

Die Deklaration des Wertes 6 ist etwas verwirrend, da das Array im Grunde genommen 7 Werte aufnehmen kann. Damit die Untergrenze dennoch beim Index 1 beginnt kann, muss – wie bereits erwähnt – am Anfang des Moduls die Anweisung `Option Base 1` eingefügt werden.

```
Option Explicit
Option Base 1
Sub Vorname()
   Dim arr(7) As String
   Dim i As Integer

   arr(1) = "Robert"
   arr(2) = "Erna"
   arr(3) = "Silvia"
   arr(4) = "Felix"
   arr(5) = "Anita"
   arr(6) = "Alex"
   arr(7) = "Monika"

   For i = 1 To 7
      Debug.Print arr(i)
   Next i
End Sub
```

**Abbildg. 8.6** Grafischer Vergleich der drei behandelten Deklarationsmöglichkeiten

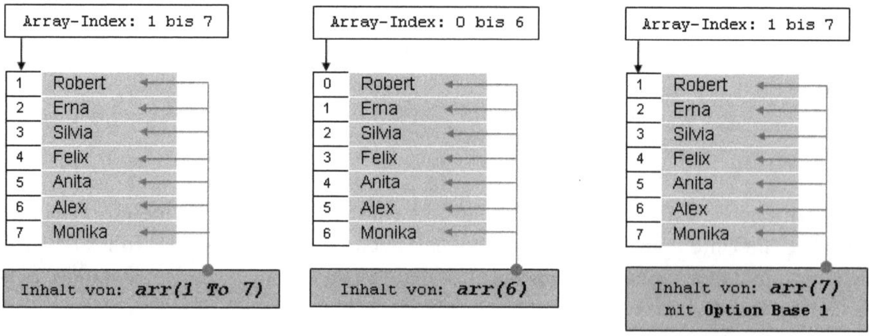

Wenn das Array gemischte Daten wie Text und Zahlen aufnehmen soll, wird der Datentyp `Variant` verwendet. Dieser sollte jedoch nur verwendet werden, wenn es sich nicht vermeiden lässt, denn er nimmt von allen Datentypen am meisten Speicherplatz in Anspruch.

**Listing 8.6** Variant

```
Sub PersoenlicheDaten()
   Dim arr(1 To 5) As Variant
   Dim i As Integer

   arr(1) = "Franca Feuerstein"
   arr(2) = "Flintstones & Co."
   arr(3) = "7777"
   arr(4) = "Felsental"
   arr(5) = "Tel. 777 77 77"

   For i = 1 To 5
      Debug.Print arr(i)
   Next i
End Sub
```



**Abbildg. 8.7** Die Ausgabe im Direktbereich

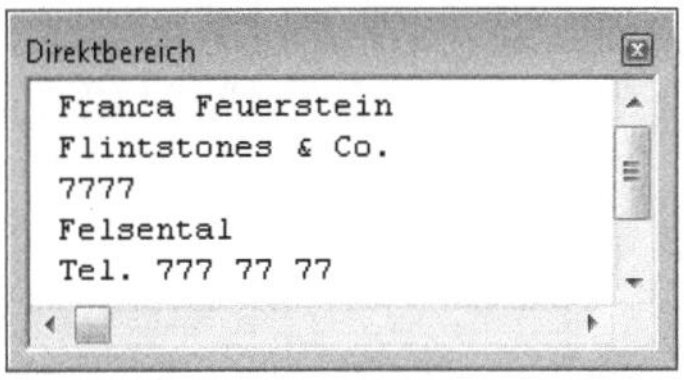


# Mehrdimensionale Arrays

Um sich ein mehrdimensionales Array vorstellen zu können, bietet, wie zuvor, eine Excel-Tabelle einen passenden Vergleich. Nehmen wir als Beispiel ein zweidimensionales Array. Dabei werden mehrere Spalten und Zeilen verwendet. Die vorangegangenen Beispiele enthielten *eine* Dimension und somit *eine* Spalte. Die Spalte umfasste jeweils sieben Zeilen.

Bei einem zweidimensionalen Array kommt eine weitere Dimension hinzu. Dies bedeutet, dass sich das Array nun in eine richtige Tabelle oder Matrix mit *mehreren* Spalten und Zeilen ausweitet. Ein mehrdimensionales Arrays ist an der Deklaration innerhalb des runden Klammerpaars zu erkennen. Beachten Sie die Angabe `1 To 3`, sie stellt die Anzahl Zeilen einer Spalte dar und somit die erste Dimension. Die Angabe `1 To 4` steht für vier Spalten und somit für die zweite Dimension.

```
Dim arr(1 To 3, 1 To 4) As String
```

Am besten lässt sich das Ganze anhand eines Beispiels und einer Abbildung verdeutlichen.

Das folgende Beispiel umfasst zwei Dimensionen. Die drei Zeilen sind in einzelne Codeblöcke separiert, die jeweils den Inhalt der vier Spalten umfassen. Das Ergebnis wird bei der Ausgabe im Direktfenster deutlich.

**Listing 8.7** Ein zweidimensionales Array

```
Sub MultiArray1()
   Dim arr(1 To 3, 1 To 4) As String
   Dim bytRow As Byte
   Dim bytCol As Byte

   arr(1, 1) = "(1, 1) 2"
   arr(1, 2) = "(1, 2) 3"
   arr(1, 3) = "(1, 3) 4"
   arr(1, 4) = "(1, 4) 5"

   arr(2, 1) = "(2, 1) 3"
   arr(2, 2) = "(2, 2) 4"
   arr(2, 3) = "(2, 3) 5"
   arr(2, 4) = "(2, 4) 6"

   arr(3, 1) = "(3, 1) 4"
   arr(3, 2) = "(3, 2) 5"
   arr(3, 3) = "(3, 3) 6"
   arr(3, 4) = "(3, 4) 7"

   For bytRow = 1 To 3
      For bytCol = 1 To 4
         Debug.Print arr(bytRow, bytCol),
      Next bytCol
      Debug.Print
   Next bytRow
End Sub
```

Anhand der folgenden Grafik ist zu erkennen, was im vorangegangenen Code ausgeführt wurde.

**Abbildg. 8.8** Grafische Darstellung eines zweidimensionalen Arrays

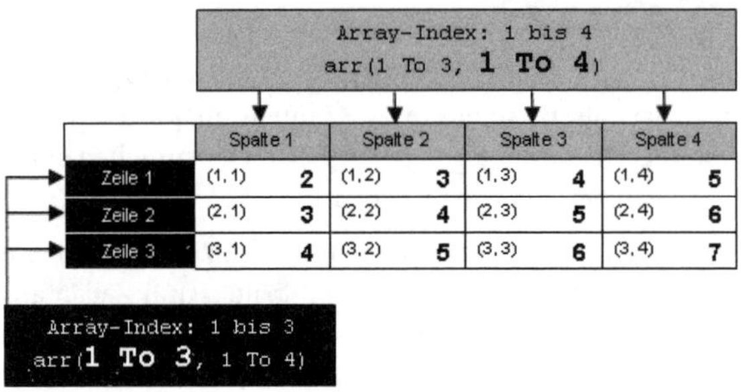


Das vorangegangene Codebeispiel kann durch zwei ineinander verschachtelte `For`-Schleifen deutlich verkürzt werden:

```
Sub MultiArray2()
   Dim arr(1 To 3, 1 To 4) As Byte
   Dim bytRow As Byte
   Dim bytCol As Byte

   For bytRow = 1 To 3
      For bytCol = 1 To 4
         arr(bytRow, bytCol) = bytRow + bytCol
         Debug.Print arr(bytRow, bytCol),
      Next bytCol
      Debug.Print
   Next bytRow
End Sub
```

Noch komplexer wird die Verwendung von drei Dimensionen. Verglichen mit einer Excel-Tabelle wird dabei nicht mehr nur mit Zeilen und Spalten gearbeitet, sondern es kommen noch Tabellenblätter hinzu. Die dritte Dimension stellt somit eigene Tabellenblätter mit darin enthaltenen Zeilen und Spalten dar.

**Abbildg. 8.9** Grafische Darstellung eines dreidimensionalen Arrays

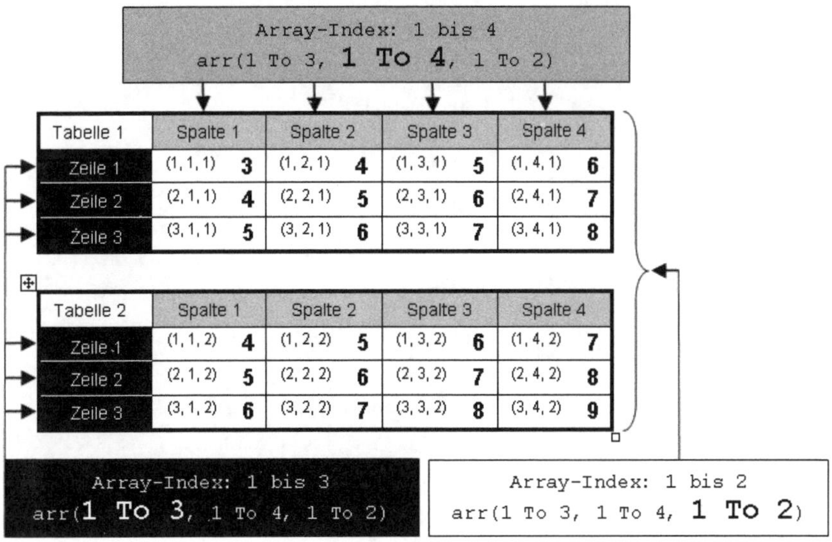


Die Prozedur dazu könnte folgendermaßen aussehen:

**Listing 8.8** Ein dreidimensionales Array

```
Sub MultiArray3()
   Dim arr(1 To 3, 1 To 4, 1 To 2) As String
   Dim bytRow As Byte
   Dim bytCol As Byte
   Dim bytTab As Byte

   ' ---> TABELLE 1 (in unserem Beispiel Tabelle 2) <---
   ' Spalte 1
```

**Listing 8.8** Ein dreidimensionales Array *(Fortsetzung)*

```
    arr(1, 1, 1) = "(1, 1, 1) 3"    ' Zeile 1
    arr(1, 2, 1) = "(1, 2, 1) 4"    ' Zeile 2
    arr(1, 3, 1) = "(1, 3, 1) 5"    ' Zeile 3
    arr(1, 4, 1) = "(1, 4, 1) 6"    ' Zeile 4

    ' Spalte 2
    arr(2, 1, 1) = "(2, 1, 1) 4"    ' Zeile 1
    arr(2, 2, 1) = "(2, 2, 1) 5"    ' Zeile 2
    arr(2, 3, 1) = "(2, 3, 1) 6"    ' Zeile 3
    arr(2, 4, 1) = "(2, 4, 1) 7"    ' Zeile 4

    ' Spalte 3
    arr(3, 1, 1) = "(3, 1, 1) 5"    ' Zeile 1
    arr(3, 2, 1) = "(3, 2, 1) 6"    ' Zeile 2
    arr(3, 3, 1) = "(3, 3, 1) 7"    ' Zeile 3
    arr(3, 4, 1) = "(3, 4, 1) 8"    ' Zeile 4

    ' ---> TABELLE 2 (in unserem Beispiel Tabelle 3) <---
    ' Spalte 1
    arr(1, 1, 2) = "(1, 1, 2) 4"    ' Zeile 1
    arr(1, 2, 2) = "(1, 2, 2) 5"    ' Zeile 2
    arr(1, 3, 2) = "(1, 3, 2) 6"    ' Zeile 3
    arr(1, 4, 2) = "(1, 4, 2) 7"    ' Zeile 4

    ' Spalte 2
    arr(2, 1, 2) = "(2, 1, 2) 5"    ' Zeile 1
    arr(2, 2, 2) = "(2, 2, 2) 6"    ' Zeile 2
    arr(2, 3, 2) = "(2, 3, 2) 7"    ' Zeile 3
    arr(2, 4, 2) = "(2, 4, 2) 8"    ' Zeile 4

    ' Spalte 3
    arr(3, 1, 2) = "(3, 1, 2) 6"    ' Zeile 1
    arr(3, 2, 2) = "(3, 2, 2) 7"    ' Zeile 2
    arr(3, 3, 2) = "(3, 3, 2) 8"    ' Zeile 3
    arr(3, 4, 2) = "(3, 4, 2) 9"    ' Zeile 4

    For bytTab = 2 To 3
       Worksheets(bytTab).Activate
       For bytRow = 1 To 3
          For bytCol = 1 To 4
             Worksheets(bytTab).Cells(bytRow, bytCol) = _
                (bytTab - 1) + bytRow + bytCol
          Next bytCol
       Next bytRow
    Next bytTab
End Sub
```

Der vorangegangene Code lässt sich deutlich verkürzen, indem drei ineinander verschachtelte `For`-Schleifen verwendet werden. Jede der Schleifen stellt eine Dimension des Arrays dar.

```
Sub MultiArray4()
   Dim arr(1 To 3, 1 To 4, 1 To 2) As Byte
   Dim bytRow As Byte
   Dim bytCol As Byte
   Dim bytWS As Byte

   For bytRow = 1 To 3          ' <--- Drei Zeilen
      For bytCol = 1 To 4       ' <--- Vier Spalten
         For bytWS = 1 To 2     ' <--- Zwei Tabellen
            arr(bytRow, bytCol, bytWS) = bytRow + bytCol + bytWS
            Debug.Print arr(bytRow, bytCol, bytWS),
         Next bytWS
         Debug.Print
      Next bytCol
      Debug.Print
   Next bytRow
End Sub
```

Ein mehrdimensionales Array kann bis zu 60 Dimensionen aufnehmen. Es ist jedoch eher unwahrscheinlich, dass dies komplett ausgeschöpft wird, denn das Vorstellungsvermögen lässt ein solches Volumen kaum noch zu.



# LBound und UBound

Mittels `LBound` (Lower Boundary) kann während der Laufzeit einer Prozedur die Untergrenze eines Arrays ermittelt werden und mittels `UBound` (Upper Boundary) die Obergrenze.

**Listing 8.9** *LBound* und *UBound*

```
Sub OberUntergrenze()
   Dim arr(1 To 5)

   arr(1) = "Hasan"
   arr(2) = "Kiymet"
   arr(3) = "Zülfü"
   arr(4) = "Mesut"
   arr(5) = "Ümit"

   Debug.Print "Lower Boundary: " & LBound(arr)
   Debug.Print "Upper Boundary: " & UBound(arr)
End Sub
```

**Abbildg. 8.10** Die Ausgabe im Direktbereich

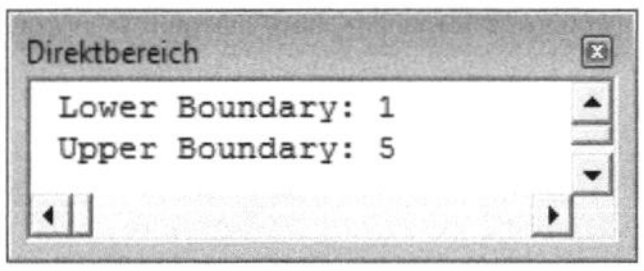

# Dynamische Arrays (*ReDim* und *Preserve*)

Ein dynamisches Array wird verwendet, wenn zu Beginn der Prozedur nicht festgelegt werden kann, wie viele Felder das Array aufnehmen soll. Das runde Klammerpaar nach dem Variablennamen bleibt deshalb leer:

```
Dim arr() as Integer
```

Erst während der Laufzeit der Prozedur wird die Größe des Array festgelegt. Dazu wird die Anweisung `ReDim` (Redimensionierung) verwendet. Über denselben Befehl kann während der Dauer der Prozedur die Größe des Datenfeldes neu festgelegt werden. Das Array verliert dabei seinen Inhalt. Wenn der Inhalt erhalten bleiben soll, wird die Anweisung `ReDim Preserve` eingesetzt.

**TIPP** Bei der Verwendung von dynamischen Arrays ist der Einsatz von `Option Base 1` ratsam, denn damit ist sichergestellt, dass die Untergrenze beim Index 1 und nicht bei 0 beginnt.

Die Beschreibung der folgenden Prozedur ist direkt im Code als Kommentarzeilen untergebracht. Das Ergebnis wird im Direktfenster deutlich.

**Listing 8.10** *ReDim* und *Preserve*

```
Option Explicit
Option Base 1

Sub ReDimPreserve()
   Dim arr() As Byte
   Dim i As Byte

   ' Drei Datenfelder werden festgelegt
   ReDim arr(3)
      For i = 1 To 3
         arr(i) = i
         Debug.Print arr(i),
      Next i
   Debug.Print

   ' Neu werden fünf Datenfelder festgelegt.
   ' Der Inhalt des vorherigen Array wird entfernt.
   ReDim arr(5)
      For i = 1 To 5
         arr(i) = i + 5
         Debug.Print arr(i),
      Next i
   Debug.Print

   ' Die zuvor zugeordneten Werte bleiben erhalten.
   ' Es werden zwei Datenfelder ergänzt (Preserve).
   ReDim Preserve arr(7)
      For i = 6 To 7
         arr(i) = i + 5
      Next i
```

**Listing 8.10** *ReDim* und *Preserve* *(Fortsetzung)*

```
      For i = 1 To 7
         Debug.Print arr(i),
      Next i
End Sub
```

**Abbildg. 8.11** Die Ausgabe im Direktbereich

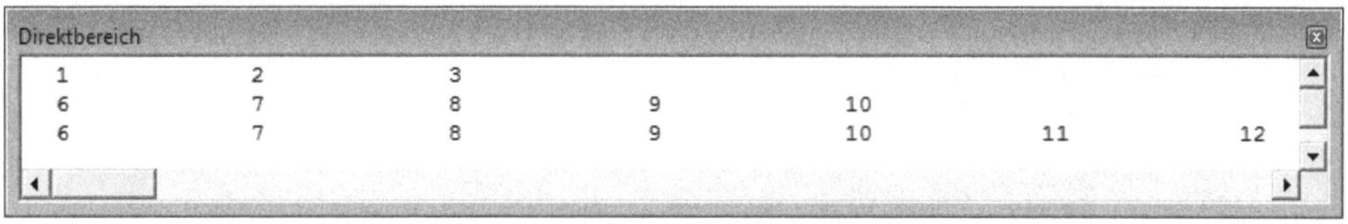


**ACHTUNG** Bei Verwendung von mehrdimensionalen Arrays muss beachtet werden, dass nur das letzte Array als dynamisch gilt.

# Ein dynamisches Array in der Praxis

Sehen wir uns nun ein Praxisbeispiel an, in welchem ein dynamisches Array verwendet wird. Die Ausgangslage für dieses Beispiel ist ein Tabellenblatt, in dem drei Spalten ausgefüllt sind. In der Spalte *A* befindet sich das Land, in der Spalte *B* der Name und in Spalte *C* der Betrag.

**BEISPIEL** Das Beispiel befindet sich innerhalb der Beispieldateien zum Buch im Ordner *\Buch\Kap08*. Die Mappe nennt sich *Bsp08_03.xlsm*.

**Abbildg. 8.12** Die Ausgangslage

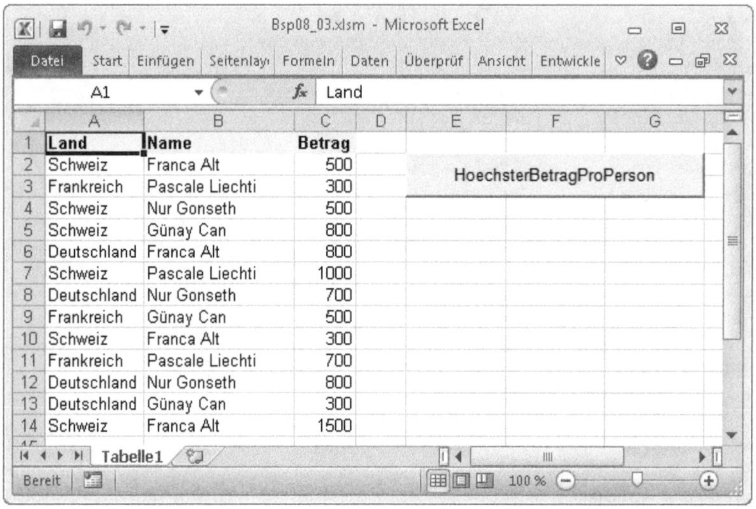

Ziel ist es, ein Land auszuwählen und zu den Personen, die in diesem Land wohnen, jeweils den höchsten Betrag in einem separaten Tabellenblatt auszugeben.

**Abbildg. 8.13** Ein mögliches Ergebnis

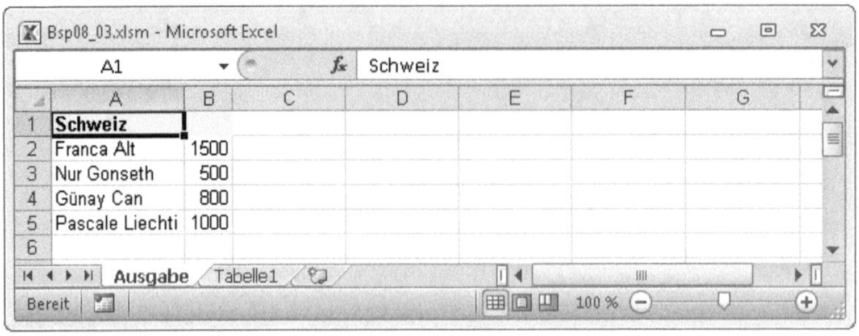


Nach dem Start der Prozedur wird ein Eingabefenster angezeigt, in das das Land eingegeben werden kann. Das Array wird dazu verwendet, nach und nach die einzelnen Namen aufzunehmen. Jeder Name wird nur einmal im Array vorhanden sein. Die Beschreibung zu den einzelnen Codezeilen oder -blöcken ist direkt in der Prozedur in Kommentarzeilen untergebracht.

**Listing 8.11** Höchsten Wert pro Name auslesen

```
Option Explicit
Option Base 1

Sub HoechsterBetragProPerson()
   ' Variablendeklaration
   Dim strCountry As String    ' InputBox für das Land
   Dim arr() As String         ' Dynamisches Array
   Dim bytDouble As Byte       ' Doppelte Werte im Array vermeiden

   Dim intArr As Integer       ' Zähler für Array
   Dim lngRow As Long          ' Zähler für Schleife Zeilen
   Dim lngArr As Long          ' Zähler für Schleife Array

   Dim wsStart As Worksheet    ' Starttabellenblatt
   Dim wsNew As Worksheet      ' Neues Tabellenblatt

   Dim lngCells As Long        ' Anzahl benutzte Zellen
   Dim dblMax As Double        ' Höchster Betrag

   ' Falls bereits ein Tabellenblatt mit dem Namen "Ausgabe"
   ' besteht, wird es gelöscht
   For Each wsNew In Worksheets
      If wsNew.Name = "Ausgabe" Then
         Application.DisplayAlerts = False
         wsNew.Delete
         Application.DisplayAlerts = True
      End If
   Next wsNew

   ' Referenzierung auf das Starttabellenblatt
   Set wsStart = Worksheets("Tabelle1")
```

**Listing 8.11** Höchsten Wert pro Name auslesen *(Fortsetzung)*

```
' Neues Tabellenblatt erzeugen, referenzieren und benennen
Set wsNew = Worksheets.Add
wsNew.Name = "Ausgabe"

' InputBox für die Eingabe des Landes
strCountry = InputBox("Das Land eingeben", Default:="Schweiz")

' Anhand der ersten Spalte die Anzahl der benutzten
' Zellen ermitteln
lngCells = wsStart.UsedRange.Columns(1).Cells.Count

' Das Array für den ersten Eintrag dimensionieren
intArr = 1
ReDim arr(intArr)


With wsStart
   ' Das Array nach und nach mit eindeutigen Namen füllen
   For lngRow = 2 To lngCells
      ' Um doppelte Namen zu vermeiden, wird der Inhalt des
      ' Arrays überprüft. Wenn der Name bereits vorhanden
      ' ist, wird der Wert 1 an bytDouble übergeben
      For lngArr = 1 To intArr
         If arr(lngArr) = .Cells(lngRow, 2) And _
            .Cells(lngRow, 1).Value = strCountry Then
            bytDouble = 1
            Exit For
         End If
      Next lngArr

      ' Wenn bytDouble den Wert 0 enthält und der Name, der somit
      ' noch nicht im Array vorhanden ist, wird er
      ' an das Array übergeben
      If bytDouble = 0 And _
            .Cells(lngRow, 1).Value = strCountry Then
         arr(intArr) = .Cells(lngRow, 2)
         ' Das Array für einen möglichen weiteren Eintrag
         ' um ein Feld erweitern und neu dimensionieren
         intArr = intArr + 1
         ReDim Preserve arr(intArr)
      End If
      ' Variable für den nächsten Schleifendurchlauf zurücksetzen
      bytDouble = 0
   Next lngRow

   ' Die Namen aus dem Array auslesen
   For lngArr = 1 To UBound(arr()) - 1
      ' Den Maximalwert zum zugehörigen Namen ermitteln
      For lngRow = 2 To lngCells
         If arr(lngArr) = .Cells(lngRow, 2) And _
            .Cells(lngRow, 1).Value = strCountry Then
            If dblMax < .Cells(lngRow, 3) Then
               dblMax = .Cells(lngRow, 3)
            End If
         End If
```

**Listing 8.11** Höchsten Wert pro Name auslesen *(Fortsetzung)*

```
                With wsNew
                    ' Eine Überschrift ins neue Tabellenblatt einfügen
                    ' und formatieren
                    .Range("A1").Value = strCountry
                    With .Range("A1:B1")
                        .Interior.ColorIndex = 36
                        .Font.Bold = True
                    End With
                    ' Den Namen und Maximalwert an das neue
                    ' Tabellenblatt übergeben
                    .Cells(lngArr + 1, 1) = arr(lngArr)
                    .Cells(lngArr + 1, 2) = dblMax
                    ' Die Breite der Spalten automatisch anpassen
                    .Columns("A:B").AutoFit
                End With
            Next lngRow
            ' Variable für den nächsten Schleifendurchlauf zurücksetzen
            dblMax = 0
        Next lngArr
    End With

    ' Die Objektverweise freigeben
    Set wsStart = Nothing
    Set wsNew = Nothing
End Sub
```

**HINWEIS** Bevor Sie mit dem Programmieren einer so komplexen Prozedur beginnen, sollten Sie zuerst abklären, ob nicht Excel selbst bereits eine geeignete Funktion anbietet. Das Ergebnis des vorangegangenen Codes ließe sich beispielsweise mittels einer Pivot-Tabelle sehr schnell umsetzen und wäre zudem flexibler.

# Ein Array sortieren

Es gibt verschiedene Methoden, um Arrays zu sortieren. Die nachfolgende Methode arbeitet mit zwei ineinander verschachtelten `For`-Schleifen.

Die äußere Schleife durchläuft jedes Feld des Arrays einmal, bis auf das letzte, denn dieses ergibt sich von selbst, weil am Ende ja nur noch eine Zahl übrig bleibt.

In unserem Beispiel müssen sechs Zahlen sortiert werden. Die äußere Schleife wird somit fünfmal durchlaufen. Die innere Schleife wird beim ersten Durchlauf der äußeren Schleife fünfmal durchlaufen, beim zweiten Durchlauf nur noch viermal, beim dritten Schleifendurchlauf nur noch dreimal etc. Dies, weil bei jedem Schleifendurchlauf bereits eine Zahl ermittelt wurde.

Innerhalb der inneren Schleife werden die Werte ausgetauscht, sofern das Vergleichsfeld größer ist als das soeben erreichte Feld.

Am besten lässt sich das Verhalten der beiden Schleifen anhand einer Grafik darstellen. Die Abbildung 8.14 zeigt im oberen Bereich das Array mit den Originalwerten, die sortiert werden sollen. Der mittlere Bereich stellt den ersten Schleifendurchlauf dar. Immer wenn eine Zahl kleiner ist als die erste Zahl des Arrays, werden die beiden Werte vertauscht. Der untere Teil der Grafik zeigt den neu angeordneten Inhalt des Arrays an.

**Abbildg. 8.14** Der erste Schleifendurchlauf

| Array Ausgangslage | | | | | |
|---|---|---|---|---|---|
| 1 | 2 | 3 | 4 | 5 | 6 |
| 3 | 6 | 2 | 5 | 1 | 4 |

| Vergleich Index 1 | Feld | Index | Aktion |
|---|---|---|---|
| 3 | 6 | 2 | --- |
| 3 | 2 | 3 | Austausch |
| 2 | 5 | 4 | --- |
| 2 | 1 | 5 | Austausch |
| 1 | 4 | 6 | --- |

| Arrayinhalt nach dem ***ersten*** Schleifendurchlauf | | | | | |
|---|---|---|---|---|---|
| 1 | 2 | 3 | 4 | 5 | 6 |
| 1 | 6 | 3 | 5 | 2 | 4 |

Die erste Zahl ist somit bereits die kleinste Zahl und muss beim zweiten Durchlauf der äußeren Schleife nicht mehr berücksichtigt werden. Der zweite Schleifendurchlauf erfolgt somit nur noch viermal. Die Basis für den neuen Schleifendurchlauf bildet der aktuelle Inhalt des Arrays (siehe unterer Teil der Abbildung 8.14)

**Abbildg. 8.15** Der zweite Schleifendurchlauf

| Vergleich Index 2 | Feld | Index | Aktion |
|---|---|---|---|
| 6 | 3 | 3 | Austausch |
| 3 | 5 | 4 | --- |
| 6 | 2 | 5 | Austausch |
| 2 | 4 | 6 | --- |

| Arrayinhalt nach dem ***zweiten*** Schleifendurchlauf | | | | | |
|---|---|---|---|---|---|
| 1 | 2 | 3 | 4 | 5 | 6 |
| 1 | 2 | 6 | 5 | 3 | 4 |

Nach dem zweiten Schleifendurchlauf ist die zweite Zahl eruiert. Es bleiben nur noch vier Zahlen übrig, die miteinander vergleichen werden müssen. Das Verfahren wird so bis zum Ende durchgezogen.

**Abbildg. 8.16** Der dritte, vierte und fünfte Schleifendurchlauf

| Vergleich Index 3 | Feld | Index | Aktion |
|---|---|---|---|
| 6 | 5 | 4 | Austausch |
| 5 | 3 | 5 | Austausch |
| 3 | 4 | 6 | --- |

| Arrayinhalt nach dem ***dritten*** Schleifendurchlauf | | | | | |
|---|---|---|---|---|---|
| 1 | 2 | 3 | 4 | 5 | 6 |
| 1 | 2 | 3 | 6 | 5 | 4 |

| Vergleich Index 4 | Feld | Index | Aktion |
|---|---|---|---|
| 6 | 5 | 5 | Austausch |
| 5 | 4 | 6 | Austausch |

| Arrayinhalt nach dem ***vierten*** Schleifendurchlauf | | | | | |
|---|---|---|---|---|---|
| 1 | 2 | 3 | 4 | 5 | 6 |
| 1 | 2 | 3 | 4 | 6 | 5 |

| Vergleich Index 5 | Feld | Index | Aktion |
|---|---|---|---|
| 6 | 5 | 6 | Austausch |

| Arrayinhalt nach dem ***fünften*** Schleifendurchlauf | | | | | |
|---|---|---|---|---|---|
| 1 | 2 | 3 | 4 | 5 | 6 |
| 1 | 2 | 3 | 4 | 5 | 6 |

Die Umsetzung des VBA-Codes sieht wie folgt aus:

**Listing 8.12** Ein Array sortieren

```
Option Explicit
Option Base 1

Sub SortArray()
   Dim arr(6) As Byte
   Dim bytDummy As Byte
   Dim i As Byte
   Dim x As Byte

   ' Array unsortiert befüllen
   arr(1) = 3
   arr(2) = 6
   arr(3) = 2
   arr(4) = 5
   arr(5) = 1
   arr(6) = 4

   ' Die äußere Schleife 5mal durchlaufen
   For i = 1 To 5
      ' Die innere Schleife 5mal durchlaufen (Datenaustausch)
```

**Listing 8.12** Ein Array sortieren *(Fortsetzung)*

```
      For x = i + 1 To 6
         If arr(i) > arr(x) Then
            bytDummy = arr(i)
            arr(i) = arr(x)
            arr(x) = bytDummy
         End If
      Next x
   Next i

   ' Die sortierte Ausgabe im Direktfenster
   For i = 1 To 6
      Debug.Print arr(i);
   Next i
End Sub
```

**BEISPIEL** Das Beispiel befindet sich innerhalb der Beispieldateien zum Buch im Ordner *\Buch\Kap08*. Die Mappe nennt sich *Bsp08_04.xlsm*. Die Prozedur ist im Modul *mdl_01_SortArray* untergebracht.

Kapitel 9

# Datum und Uhrzeit verwenden

**In diesem Kapitel:**

In diesem Kapitel dreht sich alles um Datum, Uhrzeit und Kalender. Sie lernen, wie Zeitformate verwendet werden können und wenden diese praktisch an, indem Sie verschiedene Kalender erstellen.

# Der Umgang mit Datum und Uhrzeit

Der Umgang mit Datum und Uhrzeit ist in VBA etwas gewöhnungsbedürftig, denn in VBA muss das amerikanische Format berücksichtigt werden. Im deutschen Sprachraum verwenden wir zur Darstellung eines Datums zuerst den Tag, dann den Monat und am Schluss das Jahr (31.12.2010) In der amerikanischen Schreibweise hingegen wird zuerst der Monat, dann der Tag und schließlich das Jahr geschrieben (12/31/2010).

Die Uhrzeit wird ebenfalls unterschiedlich gehandhabt. In deutschsprachigen Raum wird *20:15* Uhr geschrieben, in den USA hingegen *08:15 pm*. Wenn es sich um 08:15 Uhr vormittags handelt, wird *08:15 am* geschrieben. Das *am* (ante meridiem) wird für Uhrzeiten der ersten Tageshälfte verwendet, das *pm* (post meridiem) für Uhrzeiten der zweiten Tageshälfte.

Obwohl in VBA die amerikanische Schreibweise erforderlich ist, werden die Daten im deutschen Format ausgegeben. Dies hängt von den *Regions- und Sprachoptionen* ab.

**BEISPIEL** Die folgenden Beispiele befinden sich innerhalb der Beispieldateien zum Buch im Ordner *\Buch\Kap09*. Die Mappe nennt sich *Bsp09_01.xlsm*. Die Prozeduren sind in *Modul1* untergebracht.

Sowohl das Datum als auch die Uhrzeit werden von einer Raute (#) umgeben. Nachfolgend finden Sie ein Beispiel. Beachten Sie die Ausgabe im Direktfenster, sie erfolgt im deutschen Format.

**Listing 9.1** Datum und Uhrzeit

```
Sub RichtigeSchreibweise()
   Debug.Print #12/31/2010#
   Debug.Print #8:15:00 AM#
   Debug.Print #8:15:00 PM#
End Sub
```

**Abbildg. 9.1** Die Ausgabe im Direktbereich

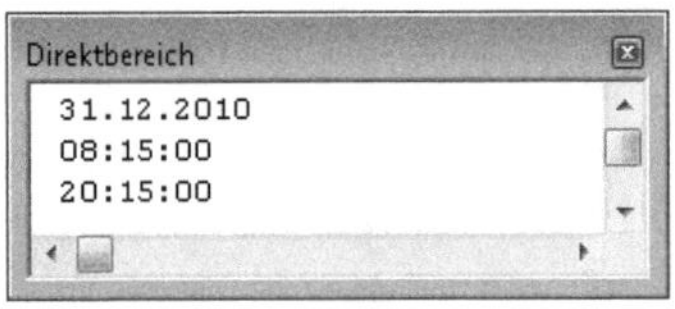


Wenn Sie nicht mit der amerikanischen Schreibweise arbeiten möchten, haben Sie alternativ die Möglichkeit, die deutsche Schreibweise zu verwenden und diese mit `CDate` in ein für VBA lesbares Datum zu konvertieren. Davon ist jedoch aus zwei Gründen abzuraten. Zum einen ist die Verarbeitung langsamer, zum anderen kann der Code nicht in Ländern eingesetzt werden, die ein anderes Format verwenden.

Listing 9.2 CDate

```
Sub DatumZeitKonvertieren()
   Debug.Print CDate("31.12.2010")
   Debug.Print CDate("20:15")
End Sub
```

**HINWEIS** Bei der Ausgabe von umgewandelten Werten im Tabellenblatt muss gegebenenfalls das Zellenformat auf das europäische Format angepasst werden.

Eine weitere Alternative bietet die `DateSerial`-Funktion für das Datum und die `TimeSerial`-Funktion für die Uhrzeit. Dabei muss allerdings auf die Anordnung der Argumente geachtet werden. IntelliSense zeigt die korrekte Reihenfolge in einem QuickInfo-Fenster an. Um ein Datum zu verwenden, lautet die Reihenfolge *Jahr, Monat, Tag*. Bei der Uhrzeit ist die Reihenfolge *Stunde, Minute, Sekunde*.

Sie können die Reihenfolge auch selbst bestimmen, indem Sie die Namen der Argumente angeben. Das nachfolgende Beispiel zeigt beide Möglichkeiten.



Listing 9.3 *DateSerial* und *TimeSerial*

```
Sub DatumZeitSerial()
   Debug.Print DateSerial(2010, 12, 31)
   Debug.Print TimeSerial(20, 15, 0)

   Debug.Print DateSerial(Day:=31, Month:=12, Year:=2010)
   Debug.Print TimeSerial(Second:=0, Minute:=15, Hour:=20)
End Sub
```

Abbildg. 9.2 Die Ausgabe im Direktbereich

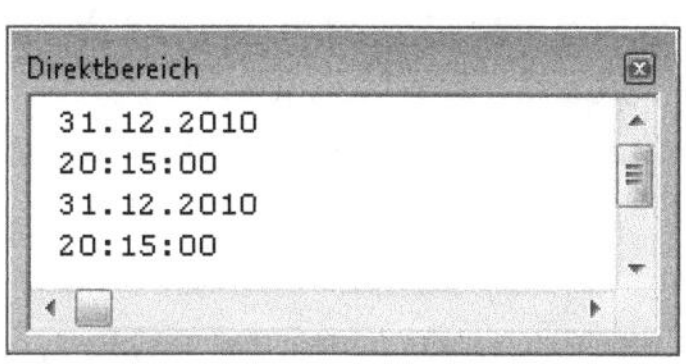


Mittels `Date` und `Time` können Sie das aktuelle Datum und die aktuelle Uhrzeit ausgeben. Die korrekte Ausgabe hängt von der Einstellung bei *Datum und Uhrzeit* in der Systemsteuerung von Windows ab.

Listing 9.4 Aktuelles Datum und Uhrzeit

```
Sub AktuellesDatumZeit()
   Debug.Print Date
   Debug.Print Time
End Sub
```

Sie können sowohl das Datum als auch die Uhrzeit in ihre Einzelteile zerlegen und entsprechend ausgeben.

**Abbildg. 9.3** Datum und Zeit getrennt

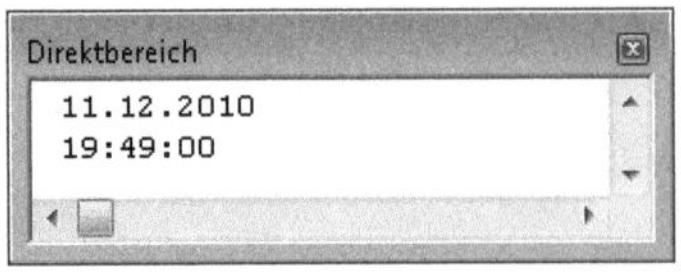


**Listing 9.5** Datum und Uhrzeit in Einzelteilen

```
Sub Getrennt()
   Debug.Print Day(Date)
   Debug.Print Month(Date)
   Debug.Print Year(Date)

   Debug.Print Hour(Time)
   Debug.Print Minute(Time)
   Debug.Print Second(Time)
End Sub
```

**Abbildg. 9.4** Getrennte Ausgabe im Direktbereich

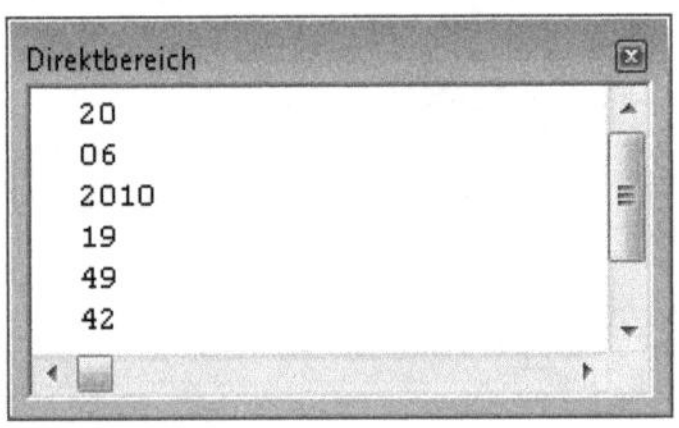


Mittels der Funktion `Weekday` können Wochentage ermittelt werden. Jedem Wochentag ist ein Wert im Bereich von 1 bis 7 zugeordnet. Da in den USA der Sonntag der erste Tag der Woche ist, entspricht der Wert 1 dem Sonntag. Alternativ dazu können auch Konstanten verwendet werden. Der Tabelle 9.1 können Sie die erforderlichen Werte und Konstanten im Zusammenhang mit Wochentagen entnehmen.

**Tabelle 9.1** Wochentag (*Weekday*)

| Konstante | Wert | Beschreibung |
|---|---|---|
| `vbSunday` | 1 | Sonntag |
| `vbMonday` | 2 | Montag |
| `vbTuesday` | 3 | Dienstag |
| `vbWednesday` | 4 | Mittwoch |
| `vbThursday` | 5 | Donnerstag |
| `vbFriday` | 6 | Freitag |
| `vbSaturday` | 7 | Samstag |

Sie können ermitteln, auf welchen Wochentag Ihr Geburtstag in einem bestimmten Jahr fällt. In einer `Select...Case`-Entscheidung wird geprüft, um welchen Wochentag es sich handelt. Entsprechend wird ein Text in Direktfenster angezeigt.

**Listing 9.6** Wochentag ermitteln

```
Sub Wochentag()
   Dim bytWeekday As Byte

   bytWeekday = Weekday(#9/5/2011)

   Select Case bytWeekday
      Case 1
         Debug.Print "Sonntag"
      Case 2
         Debug.Print "Montag"
      Case 3
         Debug.Print "Dienstag"
      Case 4
         Debug.Print "Mittwoch"
      Case 5
         Debug.Print "Donnerstag"
      Case 6
         Debug.Print "Freitag"
      Case 7
         Debug.Print "Samstag"
   End Select
End Sub
```

**Abbildg. 9.5** Wochentag im Direktbereich ausgeben

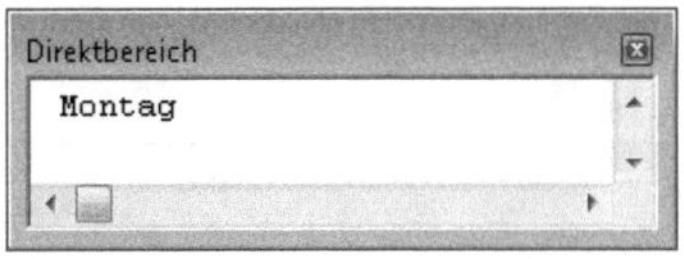


Über die `Format`-Funktion haben Sie die Möglichkeit, das Format einer Datumsausgabe zu bestimmen. Um aus einem Datum heraus das Langformat des Monats zu ermitteln, verwenden Sie die Funktion `Format`, gefolgt von einem runden Klammerpaar. Innerhalb der runden Klammern stehen einerseits das Datum und andererseits das gewünschte Format.

**Listing 9.7** Datum formatieren

```
Sub Datumsformat()
   Debug.Print Format(#9/5/2011, "mmmm")
End Sub
```

**Abbildg. 9.6** Monat im Direktfenster ausgeben

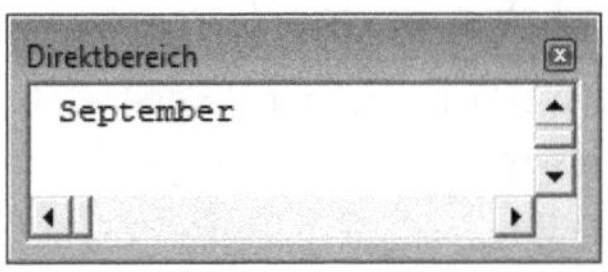

Der Tabelle 9.2 können Sie die verfügbaren Formatierungsmöglichkeiten entnehmen.

**Tabelle 9.2** Formatierungsmöglichkeiten mit der *Format*-Funktion

| Format | Beschreibung |
|---|---|
| s | Sekunde ohne führende Nullen (0–59) |
| ss | Sekunde mit führenden Nullen (00–59) |
| n | Minute ohne führende Nullen (0–59) |
| nn | Minute mit führenden Nullen (00–59) |
| h | Stunde ohne führende Nullen (0–23) |
| hh | Stunde mit führenden Nullen (00–23) |
| ttttt | Komplett ausgeschriebene Uhrzeit (08:15:30) |
| d | Tag ohne führende Nullen (1–31) |
| dd | Tag mit führenden Nullen (01–31) |
| ddd | Tag im Kurzformat (So–Sa) |
| dddd | Tag im Langformat (Sonntag–Samstag) |
| ddddd | Ausgeschriebenes Datum nur mit Zahlen (01.01.2011) |
| dddddd | Komplett ausgeschriebenes Datum (Samstag, 1. Januar 2011) |
| w | Wochentagnummer (1 für Sonntag bis 7 für Samstag) |
| ww | Kalenderwoche (1–53) |
| m | Monat in Zahlen ohne führende Nullen (1–12) |
| mm | Monat in Zahlen mit führenden Nullen (01–12) |
| mmm | Monat im Kurzformat (Jan–Dez) |
| mmmm | Monat im Langformat (Januar–Dezember) |
| q | Quartal in Zahlen (1–4) |
| y | Kalendertag (1–366) |
| yy | Jahr im Kurzformat (00–99) |
| yyyy | Jahr im Langformat (000–9999) |

# Datums- und Zeitdifferenz ermitteln

Mittels der Funktion `DateDiff` können Sie die Differenz zwischen zwei Uhrzeiten oder Daten ausgeben. Die Ausgabe kann unterschiedlich erfolgen, zum Beispiel in Stunden, Wochen, Jahren usw. Die zur Verfügung stehenden Formate können Sie der Tabelle 9.3 entnehmen.

Bei der Verwendung der Funktion `DateDiff` wird im runden Klammerpaar an erster Stelle angegeben, in welcher Form die Ausgabe erfolgen soll. Die Angabe wird von Anführungszeichen umgeben. Durch ein Komma getrennt erfolgt die Angabe des Startwertes. Nach einem weiteren Komma folgt die Angabe des Endwertes.

**Listing 9.8** *DateDiff*-Funktion

```
Sub Datumsdifferenzen()
   Debug.Print DateDiff("h", Time, #8:15:00 PM#) & " Stunden"
   Debug.Print DateDiff("n", Time, #8:15:00 PM#) & " Minuten"

   Debug.Print DateDiff("yyyy", Date, #9/5/2011#) & " Jahre"
   Debug.Print DateDiff("m", Date, #9/5/2011#) & " Monate"
   Debug.Print DateDiff("ww", Date, #9/5/2011#) & " Wochen"
   Debug.Print DateDiff("d", Date, #9/5/2011#) & " Tage"
End Sub
```

**Abbildg. 9.7** Datums- und Zeitdifferenzen im Direktbereich ausgeben

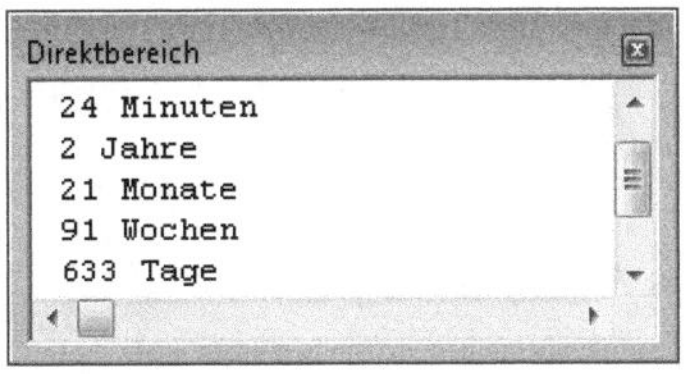




**BEISPIEL** Das obige Beispiel befindet sich innerhalb der Beispieldateien zum Buch im Ordner *\Buch\Kap09*. Die Mappe nennt sich *Bsp09_01.xlsm*. Die Prozedur ist in *Modul2* untergebracht.

**Tabelle 9.3** Einstellungsmöglichkeiten für die Funktion *DateDiff*

| Einstellung | Beschreibung |
|---|---|
| s | Sekunde |
| h | Stunde |
| n | Minute |
| d | Tag |
| y | Tag des Jahres |
| w | Wochentag |
| ww | Woche |
| m | Monat |
| q | Quartal |
| yyyy | Jahr |

# Eine Nachricht drei Sekunden lang anzeigen lassen

Sie können eine Nachricht erzeugen, die nach einer bestimmten Zeitspanne, zum Beispiel drei Sekunden, automatisch wieder verschwindet. Das Fenster, das angezeigt wird, ähnelt einem Meldungsfeld (MsgBox). In Wirklichkeit lässt sich eine MsgBox jedoch nicht zeitlich steuern. Es muss mit einem Windows-Popupfenster gearbeitet werden, das zur Laufzeit der Prozedur erzeugt wird.

Es sind zwei Variablen erforderlich. Die Variable objMSR wird als Objekt deklariert. Mittels der Set-Anweisung wird das Windows-Objekt WScript.Shell erzeugt. Um das Fenster anzuzeigen, wird der Variablen intPopUp das Popup-Fenster übergeben. Im runden Klammerpaar wird an erster Stelle die Meldung eingetragen, die im Fenster erscheinen soll. An zweiter Stelle wird in Sekunden festgehalten, wie lange die Meldung angezeigt werden soll.

**Listing 9.9** Nachricht drei Sekunden lang anzeigen

```
Sub NachrichtDreiSekunden()
    Dim objMSR As Object
    Dim intPopUp As Integer

    Set objMSR = CreateObject("WScript.Shell")

    intPopUp = objMSR.Popup("Hallo Welt", 3)
End Sub
```

**BEISPIEL** Das obige Beispiel befindet sich innerhalb der Beispieldateien zum Buch im Ordner *\Buch\Kap09*. Die Mappe nennt sich *Bsp09_01.xlsm*. Die Prozedur ist in *Modul3* untergebracht.

# Eine zeitgesteuerte Prozedur

Um eine Prozedur zu einem bestimmten Zeitpunkt auszuführen, ist eine zweite Prozedur erforderlich. In der ersten Prozedur wird gesteuert, wann die zweite Prozedur ausgeführt werden soll. In der zweiten Prozedur wird der Programmcode hinterlegt, der ausgeführt werden soll. In unserem Beispiel wird in der zweiten Prozedur eine MsgBox ausgegeben, die die aktuelle Uhrzeit und einen Text anzeigt.

In der ersten Prozedur wird die Methode Application.OnTime eingesetzt. Sie legt fest, dass zu einem bestimmten Zeitpunkt in der Zukunft ein Ereignis ausgelöst wird. Mittels TimeValue und der Angabe der Uhrzeit wird der Zeitpunkt bestimmt. Nach der Angabe der Uhrzeit folgen ein Komma sowie der Name der Prozedur, die bei Erreichen der Uhrzeit ausgeführt werden soll.

Wichtig dabei ist, dass die erste Prozedur manuell gestartet wird. Sie wartet solange mit dem Ausführen der zweiten Prozedur, bis das System die gewünschte Uhrzeit erreicht hat.

Listing 9.10 Prozedur zu einer bestimmten Uhrzeit ausführen

```
Sub StartZuBestimmterUhrzeit()
   Application.OnTime TimeValue("12:00:00 pm"), "MeineOnTimeProzedur"
End Sub

Sub MeineOnTimeProzedur ()
   MsgBox Time & " Mittagspause"
End Sub
```

**TIPP** Um die Prozedur nicht manuell anstoßen zu müssen, können Sie diese in einen `Workbook_Open`-Ereignis unterbringen. Damit das Ereignis ausgelöst wird, muss die Prozedur in *Diese-Arbeitsmappe* stehen (näheres zum Umgang mit Ereignisprozeduren erfahren Sie in Kapitel 14).

```
Private Sub Workbook_Open()
   Application.OnTime TimeValue("12:00:00 pm"), "MeineOnTimeProzedur"
End Sub
```



Wenn die Prozedur nicht zu einer bestimmten Uhrzeit, sondern z.B. fünf Sekunden nach dem Aufrufen der ersten Prozedur ausgeführt werden soll, ergänzen Sie die Funktion `Now`. Im Klammerpaar von `TimeValue` geben Sie an, nach wie vielen Stunden, Minuten und Sekunden die zweite Prozedur ausgeführt werden soll.

Listing 9.11 Prozedur nach fünf Sekunden ausführen

```
Sub ProzedurVerzoegertAufrufen()
   Application.OnTime Now + TimeValue("00:00:05"), "MeineProzedur"
End Sub

Sub MeineProzedur()
   MsgBox Time
End Sub
```

**BEISPIEL** Die obigen Beispiele befinden sich innerhalb der Beispieldateien zum Buch im Ordner *\Buch\Kap09*. Die Mappe nennt sich *Bsp09_01.xlsm*. Die Prozeduren sind in *Modul4* untergebracht.

# Ein bestimmtes Datum suchen

In Excel kommt es oft vor, dass in einer Spalte Datumsangaben vorliegen, zu denen Sie täglich aktuelle Daten eingeben müssen. Bei einem größeren Umfang einer Tabelle kann es etwas umständlich sein, jeden Tag das aktuelle Datum zu suchen. Um sich diese Arbeit zu erleichtern, können Sie eine VBA-Prozedur entwerfen, die Sie bequem zum aktuellen Datum führt.

## Zellen mit heutigem Datum suchen

In der folgenden Prozedur wird der zu durchsuchende Bereich referenziert (`Set`). Wir gehen sogar noch einen Schritt weiter und geben in der Referenzierung gleich an, wonach gesucht werden soll: nach dem aktuellen Datum. Dazu dient die Funktion `Find`. Im runden Klammerpaar geben wir an, was gesucht werden soll, nämlich das heutige Datum (`Date`).

Da die Prozedur in einem Fehler enden würde, wenn kein heutiges Datum gefunden würde, verwenden wir eine `If`-Entscheidung, die diesen möglichen Fehler abfängt. Sollte tatsächlich ein Fehler eintreten, geben wir eine entsprechende Meldung auf dem Bildschirm aus. Ansonsten wird die gesuchte Zelle selektiert.

**Listing 9.12** Heutiges Datum markieren

```
Sub HeutigesDatumSelektieren()
   Dim rng As Range
   Set rng = ThisWorkbook.Worksheets(1).Range("A1:A99999"). _
             Find(What:=Date)

   If rng Is Nothing Then
      MsgBox "Heutiges Datum in Bereich nicht vorhanden."
   Else
      rng.Select
   End If
End Sub
```

**Abbildg. 9.8** Heutiges Datum selektieren

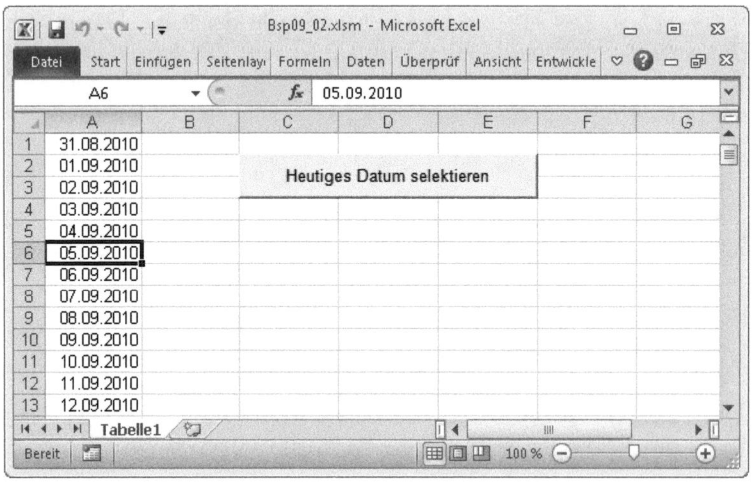

**BEISPIEL** Das obige Beispiel befindet sich innerhalb der Beispieldateien zum Buch im Ordner *\Buch\Kap09*. Die Mappe nennt sich *Bsp09_02.xlsm*. Die Prozedur ist in *Modul1* untergebracht.

# Heutiges Datum rot hinterlegen

Anders verhält es sich, wenn sich in der Spalte *A* mehrmals das heutige Datum befindet und Sie alle entsprechenden Zellen hervorheben möchten. Beispielsweise, indem Sie die Zellen rot hinterlegen.

In unserer Beispielprozedur befinden sich die zu suchenden Daten in der Spalte *A*. Dementsprechend nehmen wir die Referenzierung vor. Direkt danach setzen wir die Farben in Spalte *A* zurück. Dazu verwenden wir die Eigenschaft `ColorIndex` und übergeben ihr die Konstante `xlNone`. Würden wir dies nicht tun, hätten wir spätestens nach zwei Tagen ein Problem, denn es würden die Datumsangaben von zwei Tagen in roter Hintergrundfarbe angezeigt.

In der `For`-Schleife werden alle Zellen des referenzierten Bereiches durchlaufen und auf eine Übereinstimmung mit dem heutigen Datum überprüft. Wenn das aktuelle Datum gefunden wird, wird die Zelle rot hinterlegt.

Der Einstieg in die VBA-Programmierung

**Listing 9.13** Alle heutigen Daten rot hinterlegen

```
Sub AlleZellenMitHeutigemDatumRot()
   Dim c As Range
   Dim rng As Range

   Set rng = ThisWorkbook.Worksheets(1).Range("A1:A999")

   rng.Interior.ColorIndex = xlNone

   For Each c In rng
      If c = Date Then
         c.Interior.Color = vbRed
      End If
   Next c
End Sub
```

**BEISPIEL** Das obige Beispiel befindet sich innerhalb der Beispieldateien zum Buch im Ordner *\Buch\Kap09*. Die Mappe nennt sich *Bsp09_03.xlsm*. Die Prozedur ist in *Modul1* untergebracht.

**Abbildg. 9.9** Das heutige Datum wird jeweils rot hinterlegt

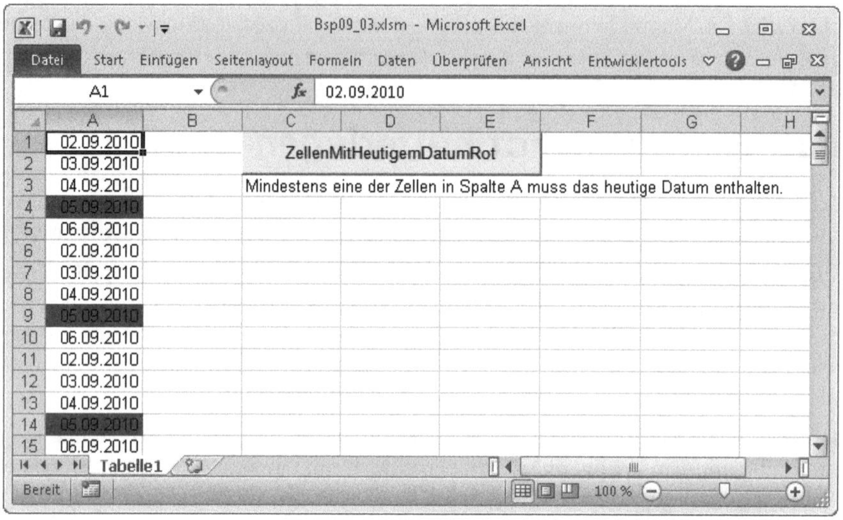


# Zellen mit bestimmtem Datum selektieren

Alternativ zum aktuellen Datum können Sie auch ein beliebiges Datum suchen. Sie brauchen dabei nur die `Date`-Funktion durch das gewünschte Datum zu ersetzen.

In unserem Beispiel steht das zu suchende Datum in Zelle *C4*. Alternativ dazu können Sie das Datum auch im Kopf der `If`-Entscheidung hinterlegen, indem Sie es in Anführung- und Schlusszeichen setzen (`"31.10.2010"`). Das Problem bei hartcodierten Eingaben besteht darin, dass man Änderungen jeweils am Code selbst vornehmen muss. Wenn das Datum jedoch aus einer Zelle bezogen wird, kann es jeder Benutzer selbst verändern, ohne dazu über VBA-Kenntnisse verfügen zu müssen.

**Listing 9.14** Ein beliebiges Datum rot hinterlegen

```
Sub BeliebigesDatumRot()
   Dim c As Range
   Dim rng As Range

   Set rng = ThisWorkbook.Worksheets(1).Range("A1:A999")

   rng.Interior.ColorIndex = xlNone

   For Each c In rng
      If c = Range("C4") Then
         c.Interior.Color = vbRed
      End If
   Next c
End Sub
```

**BEISPIEL** Die obigen Beispiele befinden sich innerhalb der Beispieldateien zum Buch im Ordner *\Buch\Kap09*. Die Mappe nennt sich *Bsp09_04.xlsm*. Die Prozedur ist in *Modul1* untergebracht.

# Einen Jahreskalender erstellen

Nachfolgend finden Sie ein komplexes Beispiel, das zeigt, wie die zuvor behandelten Möglichkeiten in der praktischen Anwendung eingesetzt werden können. Die Prozedur erstellt zu einem beliebigen Jahr einen Kalender.

**Abbildg. 9.10** Der Jahreskalender

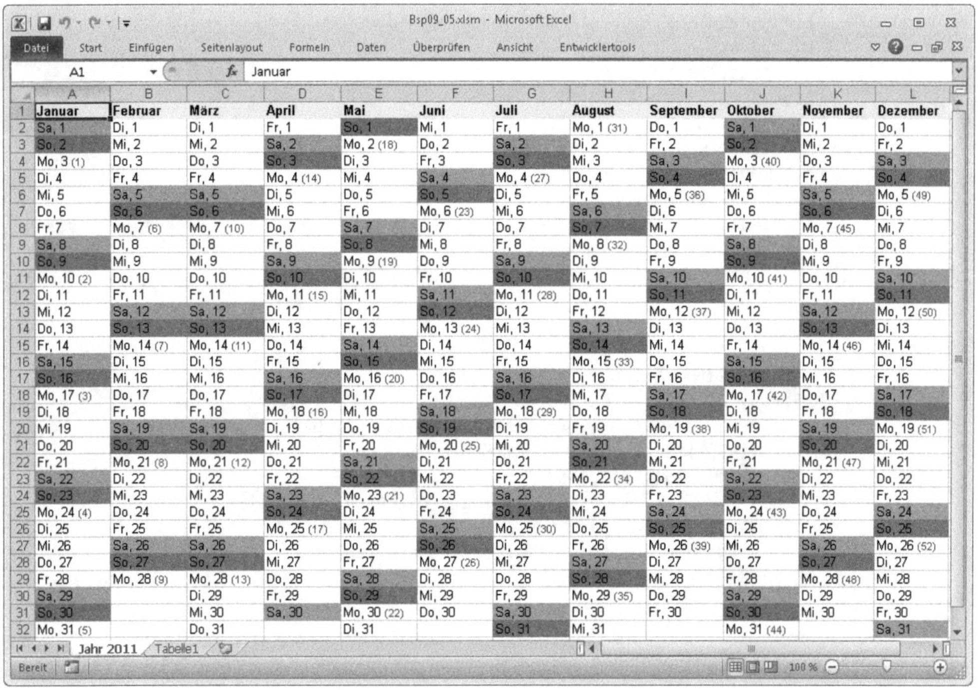

| Januar | Februar | März | April | Mai | Juni | Juli | August | September | Oktober | November | Dezember |
|---|---|---|---|---|---|---|---|---|---|---|---|
| Sa, 1 | Di, 1 | Di, 1 | Fr, 1 | So, 1 | Mi, 1 | Fr, 1 | Mo, 1 (31) | Do, 1 | Sa, 1 | Di, 1 | Do, 1 |
| So, 2 | Mi, 2 | Mi, 2 | Sa, 2 | Mo, 2 (18) | Do, 2 | Sa, 2 | Di, 2 | Fr, 2 | So, 2 | Mi, 2 | Fr, 2 |
| Mo, 3 (1) | Do, 3 | Do, 3 | So, 3 | Di, 3 | Fr, 3 | So, 3 | Mi, 3 | Sa, 3 | Mo, 3 (40) | Do, 3 | Sa, 3 |
| Di, 4 | Fr, 4 | Fr, 4 | Mo, 4 (14) | Mi, 4 | Sa, 4 | Mo, 4 (27) | Do, 4 | So, 4 | Di, 4 | Fr, 4 | So, 4 |
| Mi, 5 | Sa, 5 | Sa, 5 | Di, 5 | Do, 5 | So, 5 | Di, 5 | Fr, 5 | Mo, 5 (36) | Mi, 5 | Sa, 5 | Mo, 5 (49) |
| Do, 6 | So, 6 | So, 6 | Mi, 6 | Fr, 6 | Mo, 6 (23) | Mi, 6 | Sa, 6 | Di, 6 | Do, 6 | So, 6 | Di, 6 |
| Fr, 7 | Mo, 7 (6) | Mo, 7 (10) | Do, 7 | Sa, 7 | Di, 7 | Do, 7 | So, 7 | Mi, 7 | Fr, 7 | Mo, 7 (45) | Mi, 7 |
| Sa, 8 | Di, 8 | Di, 8 | Fr, 8 | So, 8 | Mi, 8 | Fr, 8 | Mo, 8 (32) | Do, 8 | Sa, 8 | Di, 8 | Do, 8 |
| So, 9 | Mi, 9 | Mi, 9 | Sa, 9 | Mo, 9 (19) | Do, 9 | Sa, 9 | Di, 9 | Fr, 9 | So, 9 | Mi, 9 | Fr, 9 |
| Mo, 10 (2) | Do, 10 | Do, 10 | So, 10 | Di, 10 | Fr, 10 | So, 10 | Mi, 10 | Sa, 10 | Mo, 10 (41) | Do, 10 | Sa, 10 |
| Di, 11 | Fr, 11 | Fr, 11 | Mo, 11 (15) | Mi, 11 | Sa, 11 | Mo, 11 (28) | Do, 11 | So, 11 | Di, 11 | Fr, 11 | So, 11 |
| Mi, 12 | Sa, 12 | Sa, 12 | Di, 12 | Do, 12 | So, 12 | Di, 12 | Fr, 12 | Mo, 12 (37) | Mi, 12 | Sa, 12 | Mo, 12 (50) |
| Do, 13 | So, 13 | So, 13 | Mi, 13 | Fr, 13 | Mo, 13 (24) | Mi, 13 | Sa, 13 | Di, 13 | Do, 13 | So, 13 | Di, 13 |
| Fr, 14 | Mo, 14 (7) | Mo, 14 (11) | Do, 14 | Sa, 14 | Di, 14 | Do, 14 | So, 14 | Mi, 14 | Fr, 14 | Mo, 14 (46) | Mi, 14 |
| Sa, 15 | Di, 15 | Di, 15 | Fr, 15 | So, 15 | Mi, 15 | Fr, 15 | Mo, 15 (33) | Do, 15 | Sa, 15 | Di, 15 | Do, 15 |
| So, 16 | Mi, 16 | Mi, 16 | Sa, 16 | Mo, 16 (20) | Do, 16 | Sa, 16 | Di, 16 | Fr, 16 | So, 16 | Mi, 16 | Fr, 16 |
| Mo, 17 (3) | Do, 17 | Do, 17 | So, 17 | Di, 17 | Fr, 17 | So, 17 | Mi, 17 | Sa, 17 | Mo, 17 (42) | Do, 17 | Sa, 17 |
| Di, 18 | Fr, 18 | Fr, 18 | Mo, 18 (16) | Mi, 18 | Sa, 18 | Mo, 18 (29) | Do, 18 | So, 18 | Di, 18 | Fr, 18 | So, 18 |
| Mi, 19 | Sa, 19 | Sa, 19 | Di, 19 | Do, 19 | So, 19 | Di, 19 | Fr, 19 | Mo, 19 (38) | Mi, 19 | Sa, 19 | Mo, 19 (51) |
| Do, 20 | So, 20 | So, 20 | Mi, 20 | Fr, 20 | Mo, 20 (25) | Mi, 20 | Sa, 20 | Di, 20 | Do, 20 | So, 20 | Di, 20 |
| Fr, 21 | Mo, 21 (8) | Mo, 21 (12) | Do, 21 | Sa, 21 | Di, 21 | Do, 21 | So, 21 | Mi, 21 | Fr, 21 | Mo, 21 (47) | Mi, 21 |
| Sa, 22 | Di, 22 | Di, 22 | Fr, 22 | So, 22 | Mi, 22 | Fr, 22 | Mo, 22 (34) | Do, 22 | Sa, 22 | Di, 22 | Do, 22 |
| So, 23 | Mi, 23 | Mi, 23 | Sa, 23 | Mo, 23 (21) | Do, 23 | Sa, 23 | Di, 23 | Fr, 23 | So, 23 | Mi, 23 | Fr, 23 |
| Mo, 24 (4) | Do, 24 | Do, 24 | So, 24 | Di, 24 | Fr, 24 | So, 24 | Mi, 24 | Sa, 24 | Mo, 24 (43) | Do, 24 | Sa, 24 |
| Di, 25 | Fr, 25 | Fr, 25 | Mo, 25 (17) | Mi, 25 | Sa, 25 | Mo, 25 (30) | Do, 25 | So, 25 | Di, 25 | Fr, 25 | So, 25 |
| Mi, 26 | Sa, 26 | Sa, 26 | Di, 26 | Do, 26 | So, 26 | Di, 26 | Fr, 26 | Mo, 26 (39) | Mi, 26 | Sa, 26 | Mo, 26 (52) |
| Do, 27 | So, 27 | So, 27 | Mi, 27 | Fr, 27 | Mo, 27 (26) | Mi, 27 | Sa, 27 | Di, 27 | Do, 27 | So, 27 | Di, 27 |
| Fr, 28 | Mo, 28 (9) | Mo, 28 (13) | Do, 28 | Sa, 28 | Di, 28 | Do, 28 | So, 28 | Mi, 28 | Fr, 28 | Mo, 28 (48) | Mi, 28 |
| Sa, 29 | | Di, 29 | Fr, 29 | So, 29 | Mi, 29 | Fr, 29 | Mo, 29 (35) | Do, 29 | Sa, 29 | Di, 29 | Do, 29 |
| So, 30 | | Mi, 30 | Sa, 30 | Mo, 30 (22) | Do, 30 | Sa, 30 | Di, 30 | Fr, 30 | So, 30 | Mi, 30 | Fr, 30 |
| Mo, 31 (5) | | Do, 31 | | Di, 31 | | So, 31 | Mi, 31 | | Mo, 31 (44) | | Sa, 31 |

Die Beschreibungen zu den einzelnen Codeblöcken sind direkt im Programm als Kommentarzeilen hinterlegt.

**Listing 9.15** Jahreskalender

```
Sub Jahreskalender()
   Dim ws As Worksheet
   Dim varYear As Variant
   Dim bytMonth As Byte
   Dim bytDay As Byte
   Dim bytWeekday As Byte
   Dim strWeekday As String
   Dim bytWeekNo As Byte
   Dim bytDummy As Byte

   ' Das Jahr des Kalenders, der ausgegeben werden soll
   varYear = Range("B2")
```

**Listing 9.15** Jahreskalender *(Fortsetzung)*

```
' Falls bereits ein Blatt mit dem Namen "Jahr xxxx"
' existiert, soll dieses gelöscht werden
For Each ws In Worksheets
   If ws.Name = "Jahr " & varYear Then
      ws.Delete
   End If
Next ws

' Ein neues Tabellenblatt mit dem Namen "Jahr xxxx"
' einfügen
Worksheets.Add
ActiveSheet.Name = "Jahr " & varYear

' Monatsüberschriften einfügen und formatieren
For bytMonth = 1 To 12
   With Cells(1, bytMonth)
      .Value = Format(DateSerial(varYear, bytMonth, 1), _
                  "mmmm")
      .Interior.ColorIndex = 36
      .Font.Bold = True
   End With

   ' Tage aufbereiten
   For bytDay = 1 To Day(DateSerial _
                       (varYear, bytMonth + 1, 0))
      With Cells(bytDay + 1, bytMonth)
        bytWeekday = Weekday(DateSerial _
                             (varYear, bytMonth, bytDay))

        ' Wochentage in Textformat aufbereiten
        Select Case bytWeekday
           Case 1
              strWeekday = "So"
           Case 2
              strWeekday = "Mo"
           Case 3
              strWeekday = "Di"
           Case 4
              strWeekday = "Mi"
           Case 5
              strWeekday = "Do"
           Case 6
              strWeekday = "Fr"
           Case 7
              strWeekday = "Sa"
        End Select

        ' Wochentage und Tage eintragen
        .Value = strWeekday & ", " & bytDay

        ' Samstage hellgrau hervorheben
        If bytWeekday = 7 Then
           .Interior.ColorIndex = 15
        End If
```

**Listing 9.15** Jahreskalender *(Fortsetzung)*

```
            ' Sonntage dunkelgrau hervorheben
            If bytWeekday = 1 Then
               .Interior.ColorIndex = 48
            End If

            ' Kalenderwoche eintragen
            bytWeekNo = _
               Format(DateSerial(varYear, bytMonth, bytDay), _
                                   "ww")
            If bytDummy < bytWeekNo And strWeekday = "Mo" Then
               bytDummy = bytWeekNo - 1
               .Value = .Value & " (" & bytDummy & ")"
               ' Formatierung Kalenderwoche
               With .Characters _
                    (Start:=InStr(1, .Value, "("), _
                                  Length:=4).Font
                  .Size = 8
                  .Color = vbRed
               End With
            End If

          End With
       Next bytDay
    Next bytMonth
End Sub
```

**BEISPIEL** Das obige Beispiel befindet sich innerhalb der Beispieldateien zum Buch im Ordner *\Buch\Kap09*. Die Mappe nennt sich *Bsp09_05.xlsm*. Die Prozedur ist in *Modul1* untergebracht.

**HINWEIS** bUnser gregorianischer Kalender sieht vor, dass in jedem vierten Jahr (2008, 2012, 2016 usw.) ein Schalttag im Februar eingeschoben wird. Damit hat der Februar in einem Schaltjahr nicht wie gewohnt 28, sondern 29 Tage. Würden die Schalttage nicht eingefügt, würde im Verlauf vieler Jahre unser Kalender nicht mehr mit den Jahreszeiten übereinstimmen. Da jedes vierte Jahr im Grunde genommen zu viel ist, wird bei 100er Jahreszahlen auf einen Schalttag verzichtet (z.B. 1700, 1800 und 1900). Jedes 100ste Jahr wäre allerdings zu viel, um Schalttage auszulassen, deshalb haben alle 400er Jahre wiederum einen Schalttag, so wie das z.B. in den Jahren 1200, 1600, 2000 der Fall war und im Jahre 2400 wieder der Fall sein wird.

# Einen Monatskalender erstellen

Die Schwierigkeit, einen Monatskalender zu erstellen, besteht darin, den ersten Tag jeden Monats in die richtige Zelle einzutragen. Die zweite Herausforderung ergibt sich daraus, die folgenden Tage korrekt anzuschließen und jede Woche mit einer neuen Zeile zu beginnen.

**Abbildg. 9.11** Ein Monatskalender

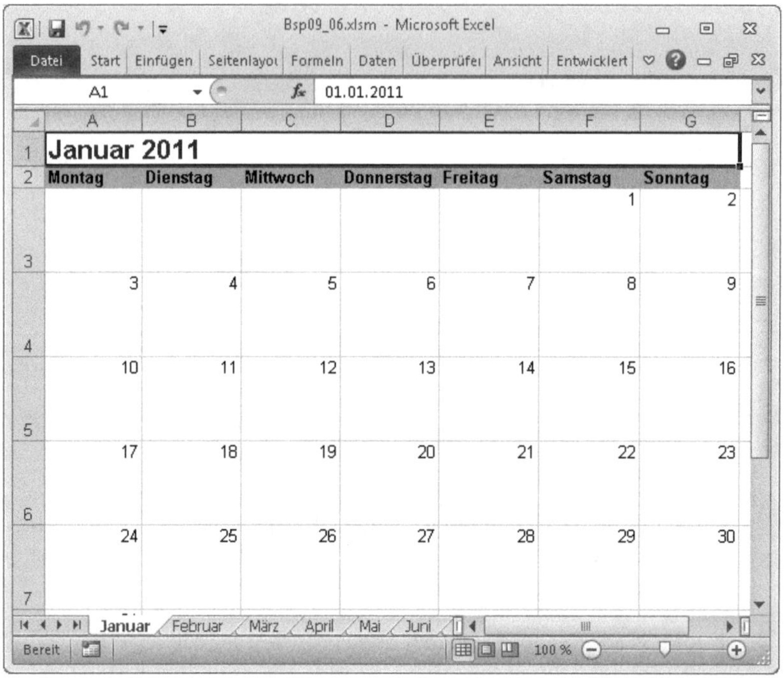


Die Erläuterungen zu den einzelnen Codezeilen sind als Kommentare in der folgenden Prozedur hinterlegt:

**Listing 9.16** Einen Monatskalender erstellen

```
Sub Monatskalender()
   Dim intYear As Integer ' Jahr
   Dim bytWS As Byte      ' Tabellenblätter einfügen
   Dim bytTitle As Byte   ' Titelzeile einfügen
   Dim bytMonth As Byte   ' Monat (aus Tabellenblattname)

   Dim bytFirst As Byte   ' Variable 1. Tag
   Dim bytForward As Byte ' Variable ab 2. Tag

   Dim bytCol As Byte     ' Spaltenindex
   Dim bytRow As Byte     ' Zeilenindex
   Dim bytDays As Byte    ' Restliche Tage durchlaufen
   ' Jahr aus Zelle A11 beziehen
   intYear = Range("A11")
```

**Listing 9.16** Einen Monatskalender erstellen *(Fortsetzung)*

```
' Fehlende Tabellenblätter für 12 Monate einfügen,
' sodass die Mappe über 12 Tabellenblätter verfügt
For bytWS = Worksheets.Count + 1 To 12
   Worksheets.Add After:=Worksheets(Worksheets.Count)
Next bytWS

' Die 12 Tabellenblätter durchlaufen
For bytWS = 1 To 12
   With Worksheets(bytWS)
      ' Tabellenblätter benennen
      .Name = Format(MonthName(bytWS), "mmmm")

      ' Überschrift einfügen (Zeile 1)
      .Range("A1:G1").Merge
      .Range("A1") = .Name & " " & intYear
      .Range("A1").NumberFormat = "mmmm yyyy"
      .Range("A1").HorizontalAlignment = xlLeft
      .Range("A1").Font.Bold = True
      .Range("A1").Font.Color = vbBlue
      .Range("A1").Font.Size = 16

      For bytTitle = 1 To 7
         ' Wochentage einfügen und formatieren (Zeile 2)
         .Cells(2, bytTitle) = WeekdayName(bytTitle)
         .Cells(2, bytTitle).Interior.ColorIndex = 15
         .Cells(2, bytTitle).Font.Bold = True

         ' Datumseinträge beginnen (ab Zeile 3)
         bytRow = 3

         ' Die Zelle für den ersten Tag des Monats befüllen
         If Format(Weekday(DateSerial(intYear, bytWS, 1)), _
            "dddd") = .Cells(2, bytTitle) Then

            .Cells(bytRow, bytTitle) = 1
            bytFirst = bytTitle
         End If
      Next bytTitle

      ' Den Spaltenindex für den 2. Tag festlegen
      bytCol = bytFirst + 1
      ' Die Variable für den 2. Tag und die folgenden Tage
      bytForward = 2

      ' Die restlichen Tage ermitteln
      For bytDays = bytFirst + 1 To _
         Day(DateSerial(intYear, bytWS + 1, 0)) + _
                      (bytFirst - 1)

         ' Spaltenwechsel, sobald ein "Montag" auftritt
         If Format(Weekday _
            (DateSerial(intYear, bytWS, bytForward)), _
            "dddd") = "Montag" Then

            ' Zeile wechseln, wenn eine neue Woche anbricht
            bytRow = bytRow + 1
```

**Listing 9.16** Einen Monatskalender erstellen *(Fortsetzung)*

```
                ' Den Spaltenindex zurücksetzen
                bytCol = 1
             End If

             ' Das Datum des nächsten Tages eintragen
             .Cells(bytRow, bytCol) = _
                Day(DateSerial(intYear, bytWS, bytForward))

             ' Zur nächsten Spalte wechseln
             bytCol = bytCol + 1
             ' Der jeweils nächste Tag
             bytForward = bytForward + 1
          Next bytDays

          ' Zeilenhöhe und Textausrichtung festlegen
          With .Rows("3:" & bytRow)
             .RowHeight = 50
             .VerticalAlignment = xlTop
          End With
       End With
    Next bytWS

    ' Zur ersten Zelle der ersten Tabelle springen
    Application.GoTo Worksheets(1).Range("A1")
End Sub
```

**BEISPIEL** Das obige Beispiel befindet sich innerhalb der Beispieldateien zum Buch im Ordner *\Buch\Kap09*. Die Mappe nennt sich *Bsp09_06.xlsm*. Die Prozedur ist in *Modul1* untergebracht.

# Einen Wochenkalender erstellen

Unser Kalender ist so aufgebaut, dass auf jedem Tabellenblatt die Wochentage in die erste Zeile eingetragen werden. Auf dem ersten Tabellenblatt bilden Sie die Basis, um den ersten Tag des Jahres in die richtige Spalte zu schreiben.

Die Prozedur stellt sicher, dass die Arbeitsmappe über 53 Tabellenblätter verfügt. Für jede Kalenderwoche eines. Da die Arbeit an so vielen Tabellenblättern eine Prozedur recht stark bremsen kann, fügen wir nach der Variablendeklaration ein `Application.ScreenUpdating = False` ein. Damit erreichen wir, dass die Bildschirmaktualisierung unterdrückt und die Prozedur massiv beschleunigt wird. Sie können sich selbst davon überzeugen, indem Sie den Code mit und ohne diese Anweisung ausführen. Am Ende der Prozedur muss der Anweisung wieder der Wert `True` übergeben werden, um die Bildschirmaktualisierung wieder zu aktivieren.

**Abbildg. 9.12** Ein Wochenkalender

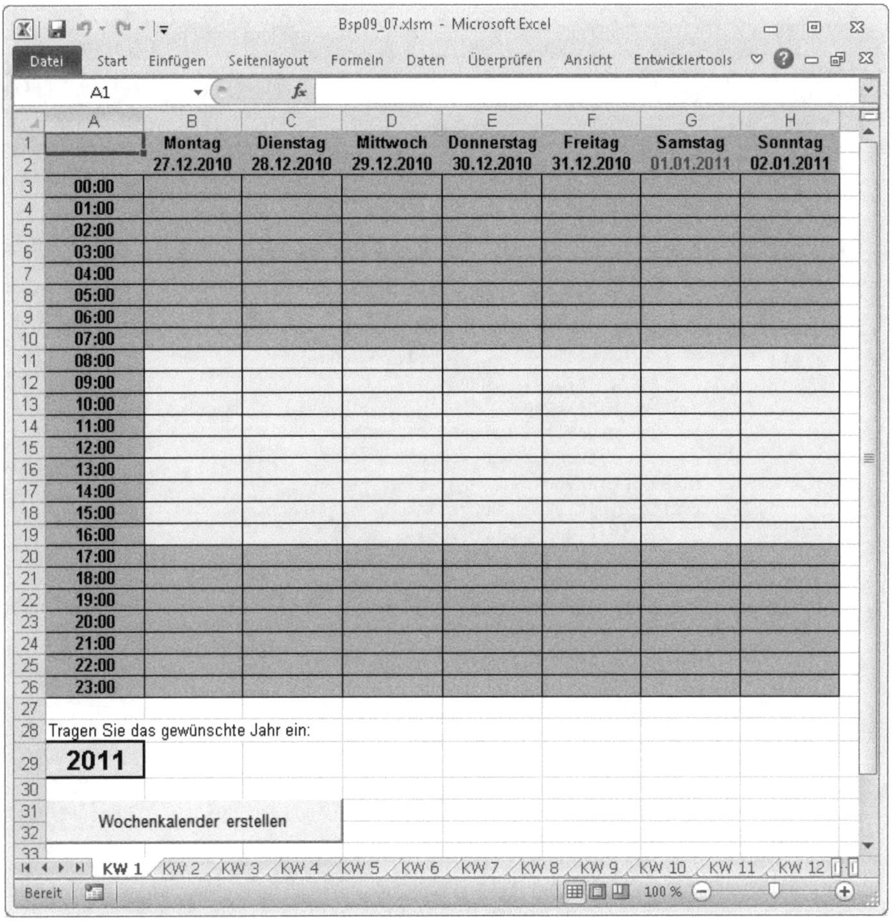


Die Beschreibung zu den einzelnen Codezeilen können Sie als Kommentare der Prozedur entnehmen.

**Listing 9.17** Einen Wochenkalender erstellen

```
Sub Wochenkalender()
   Dim intYear As Integer            ' Jahr
   Dim bytWS As Byte                 ' Blätter für 53 Wochen
   Dim bytTitle As Byte              ' Wochentage pro Blatt
   Dim intDay1 As Integer            ' 1. Tag im Jahr
   Dim bytCol As Byte                ' Spaltenindex
   Dim bytWeekDay As Byte            ' Wochentage pro Blatt

   Application.ScreenUpdating = False

   ' Das Jahr aus Zelle A29 beziehen
   intYear = Range("A29")

   ' Fehlende Tabellenblätter für 53 Wochen einfügen
```

**Listing 9.17** Einen Wochenkalender erstellen *(Fortsetzung)*

```
    For bytWS = Worksheets.Count + 1 To 53
       Worksheets.Add After:=Worksheets(Worksheets.Count)
    Next bytWS

    ' Den ersten Tag im Jahr positionieren
    For intDay1 = 2 To 8
       With Worksheets(1)
          ' Montag bis Freitag auf 1. Tabellenblatt einfügen
          For bytTitle = 1 To 7
             .Cells(1, bytTitle + 1) = WeekdayName(bytTitle)
          Next bytTitle

          ' Wochentagsübereinstimmung suchen
          If Format(DateSerial(intYear, 1, 1), "dddd") = _
                .Cells(1, intDay1) Then
             ' 1. Datum eintragen
             .Cells(2, intDay1) = DateSerial(intYear, 1, 1)
             ' 1. Woche mit den Tagen vom alten Jahr befüllen
             If intDay1 > 2 Then
                .Cells(2, intDay1).AutoFill _
                   Destination:=.Range(.Cells(2, 2), _
                                .Cells(2, intDay1))
             End If
             ' 1. Tag im Jahr rot einfärben
             .Cells(2, intDay1).Font.Color = vbRed
             ' Zähler für weitere Spalten aufbereiten
             bytCol = intDay1 + 1
          End If
       End With
    Next intDay1

    ' Startvariable für die weiteren Tage
    intDay1 = 2
    For bytWS = 1 To 53
       With Worksheets(bytWS)
          ' Tabellenblätter benennen (Kalenderwoche)
          .Name = "KW " & bytWS

          ' Montag bis Freitag pro Tabellenblatt einfügen
          For bytTitle = 1 To 7
             .Cells(1, bytTitle + 1) = WeekdayName(bytTitle)
          Next bytTitle

          ' Zeitspalte einfügen
          .Range("A3") = "00:00"
          .Range("A3").AutoFill Destination:=.Range("A3:A26")

          ' Formatierungen Tage und Zeit
          With .Range("B1:H2,A1:A26")
             .HorizontalAlignment = xlCenter
             .Font.Bold = True
             .Interior.ColorIndex = 15
          End With

          ' Formatierungen Zeitrahmen (zweifarbig)
          .Range("B3:H10,B20:H26").Interior.ColorIndex = 37
```

**Listing 9.17** Einen Wochenkalender erstellen *(Fortsetzung)*

```
         .Range("B11:H19").Interior.ColorIndex = 34

         ' Rahmenlinien einfügen
         With .Range("A3:H26")
            .Borders(xlEdgeLeft).LineStyle = xlContinuous
            .Borders(xlEdgeTop).LineStyle = xlContinuous
            .Borders(xlEdgeBottom).LineStyle = xlContinuous
            .Borders(xlEdgeRight).LineStyle = xlContinuous
            .Borders(xlInsideVertical).LineStyle = _
                                     xlContinuous
            .Borders(xlInsideHorizontal).LineStyle = _
                                     xlContinuous
         End With

         ' Pro Tabellenblatt eine Woche aufbereiten
         For bytWeekDay = bytCol To 8
            ' Datumsangaben an Zellen übergeben
            Worksheets(bytWS).Cells(2, bytCol) = _
               DateSerial(intYear, 1, intDay1)
            ' Spaltenzahl pro Tag um 1 erhöhen
            bytCol = bytCol + 1
            ' Tage aufzählen
            intDay1 = intDay1 + 1
         Next bytWeekDay
         ' Spaltenindex für die nächste Woche aufbereiten
         bytCol = 2
      End With
   Next bytWS

   ' Zur ersten Zelle des ersten Tabellenblattes springen
   Application.Goto Worksheets(1).Range("A1")

   Application.ScreenUpdating = True
End Sub
```

**BEISPIEL** Das obige Beispiel befindet sich innerhalb der Beispieldateien zum Buch im Ordner *\Buch\Kap09*. Die Mappe nennt sich *Bsp09_07.xlsm*. Die Prozedur ist in *Modul1* untergebracht.

Der Einstieg in die VBA-Programmierung

# Teil C

# Wissen und Praxis verbinden

**In diesem Teil:**

Kapitel 10

# Der gekonnte Umgang mit Basisobjekten



**In diesem Kapitel:**

Vielleicht mögen Sie sich fragen, welche Objekte als Basisobjekte bezeichnet werden. Eine berechtigte Frage, denn im Gesamtumfang von Excel sind sehr viele Objekte enthalten. Mit Basisobjekten sind hier Zellen, Bereiche, Spalten, Zeilen, Tabellen und Arbeitsmappen gemeint.

# Zellen und Bereiche ansprechen

Im täglichen Umgang mit VBA sehe ich immer wieder Programme, die überflüssige Befehle oder Befehlszeilen enthalten, meist dadurch bedingt, dass sie durch den Makrorekorder aufgezeichnet wurden. Je nachdem, wie umfangreich eine Prozedur ist, kann dies einen erheblichen Einfluss auf die Geschwindigkeit haben. Es gibt die verschiedensten Programmiertechniken, die nicht zuletzt den Stil eines Programmierers ausmachen. Viele Codes lassen sich optimieren. Es ist dabei abzuwägen, wie viel Zeit man in ein Projekt investieren kann und will, denn die Suche nach der kürzest möglichen Prozedur ist oftmals sehr zeitraubend.

## Vermeiden von *Select* und *Activate*

Besonders verschmäht unter den Programmierern sind die Methoden `Select` und `Activate`. Beide lassen sich in der Regel vermeiden. Der Übeltäter solch überflüssiger Anweisungen ist oft der Makrorekorder, denn er zeichnet, wie könnte er auch anders, einfach die Befehle auf, die Sie ausführen. Das Problem dabei liegt nicht bei Ihnen, denn um einen Bereich rot einzufärben, sind Sie nun mal gezwungen, zuerst den gewünschten Bereich zu markieren.

Was zeichnet der Makrorekorder auf, wenn Sie den Bereich *A1:B5* rot hinterlegen? In der Regel Folgendes:

**Listing 10.1** Der Makro-Code

```
Sub Makro1()
    Range("A1:B5").Select
    With Selection.Interior
        .ColorIndex = 3
        .Pattern = xlSolid
   End With
End Sub
```

Was ist hier geschehen? Sie haben zuerst den Bereich *A1:B5* markiert und ihm dann die rote Hintergrundfarbe zugewiesen. Dabei sind eine Reihe von Anweisungen entstanden, auf die verzichtet werden kann.

Sobald Sie das `Select` oder/und `Selection` eines solchen Codes sehen, sollten Sie misstrauisch werden und sich fragen, ob und wie sich die Methode vermeiden lässt.

Versuchen Sie den Code zu bereinigen. All die Codezeilen zwischen dem `Sub` und dem `End Sub` der obigen Prozedur lassen sich auf eine einzige reduzieren:

**Listing 10.2** Der bereinigte Code

```
Sub Makro2()
    Range("A1:B5").Interior.ColorIndex = 3
End Sub
```

Übung macht den Meister! Scheuen Sie nicht davor zurück, zu versuchen, Ihre ersten Codezeilen zu reduzieren. Die Mühe lohnt sich, denn Ihre Codes werden professionell gestaltet sein. Ziel ist es, überflüssige Codezeilen zu vermeiden und den Code möglichst übersichtlich zu gestalten, so dass auch andere Programmierer sich leicht in Ihre Projekte einarbeiten können.

Trotzdem werden Sie in diesem Kapitel häufiger auf diese »falschen Freunde« stoßen, denn dadurch lassen sich die Basisobjekte am einfachsten ansteuern, ohne sie gleich zu verändern. Im Verlauf dieses Buchs, und nachdem Sie mit den Grundlagen vertraut sind, werden Sie auf den richtigen Weg geführt.

**BEISPIEL** Die obigen Beispiele befinden sich innerhalb der Beispieldateien zum Buch im Ordner *\Buch\Kap10*. Die Mappe nennt sich *Bsp10_01.xlsm*. Die Prozeduren sind im *Modul1* enthalten.

# Zellenbezug oder Index verwenden (*Range* oder *Cell*)

Das Objekt `Range` haben Sie ja bereits kennen gelernt. Damit kann Bezug auf eine bestimmte Zelle oder einen Bereich genommen werden. Sie können alternativ auch mit dem Objekt `Cells` arbeiten. Ihm folgt ein rundes Klammerpaar. Innerhalb des Klammerpaars werden zwei Koordinaten angegeben. Bei der ersten Zahl handelt es sich um den *Zeilenindex* und bei der zweiten um den *Spaltenindex*.

Um die Zelle *G9* zu befüllen, lautet der VBA-Code:

**Listing 10.3** Zelle *G9* befüllen

```
Sub UseCells()
   Cells(9, 7).Value = "Hallo Welt"
End Sub
```

Die Anweisung `Cells(9, 7)` bedeutet somit, dass die Zelle, die den Wert erhalten soll, sich in der neunten Zeile und der siebten Spalte (Spalte *G*) befindet.

Das Ganze ist etwas gewöhnungsbedürftig, denn die Angaben im runden Klammerpaar scheinen verdreht zu sein. Der Grund liegt darin, dass Sie an Bezüge wie *G9* gewöhnt sind. Bei *G9* ist die erste Angabe der Bezug auf die Spaltenüberschrift, also *G*. Erst die zweite Angabe, die *9*, nimmt Bezug auf die Zeile.

**BEISPIEL** Das obige Beispiel befindet sich innerhalb der Beispieldateien zum Buch im Ordner *\Buch\Kap10*. Die Mappe nennt sich *Bsp10_01.xlsm*. Die Prozedur ist im *Modul2* enthalten.

# Arbeiten mit *Offset*

Die Eigenschaft `Offset` wird verwendet, um von einer bestimmten Position aus eine Zelle anzusprechen. `Offset` agiert nach einem ähnlichen Prinzip wie `Cells`. Der Eigenschaft folgt ebenfalls ein rundes Klammerpaar, worin die Koordinaten bestimmt werden. Mit der ersten Zahl legen Sie fest, wie viele

Zeilen ab der aktuellen Position nach unten oder oben »gesprungen« werden soll. Es ist somit wiederum ein *Zeilenbezug*. Mit der zweiten Zahl legen Sie fest, wie viele Spalten ab der aktuellen Position nach links oder rechts »gesprungen« werden soll. Damit sind wir wieder beim *Spaltenbezug*.

Nehmen wir an, Sie befinden sich in Zelle *G9*. Die Zelle *G9* ist somit die `ActiveCell`, also die aktive Zelle. Sie möchten nun von hier aus die Zelle *I9* mit dem Text *Hallo* und die Zelle *F6* mit dem Text *Welt* befüllen.

**Listing 10.4** Die Verwendung von *Offset*

```
Sub UseOffset()
   ' Sie befinden sich in der Zelle G9
   ActiveCell.Offset(0, 2).Value = "Hallo"    ' Zelle I9
   ActiveCell.Offset(-3, -1).Value = "Welt"   ' Zelle F6
End Sub
```

**BEISPIEL** Das obige Beispiel befindet sich innerhalb der Beispieldateien zum Buch im Ordner *\Buch\Kap10*. Die Mappe nennt sich *Bsp10_01.xlsm*. Die Prozedur ist im *Modul3* enthalten.

**WICHTIG** Wenn Sie sich beim Ausführen des Codes beispielsweise in Zelle *A1* befinden, wird ein Fehler erzeugt. Dies liegt daran, dass `ActiveCell.Offset(-3, -1).Value = "Welt"` versucht, nach oben und links zu gelangen. Dies ist aber ab der Zelle *A1* nicht möglich.

Sie können bei der Verwendung von `Offset` auch das `Range`-Objekt verwenden und dabei die Startzelle angeben:

```
Range("G9").Offset(0, 2).Value = "Hallo"
Range("G9").Offset(-3, -1).Value = "Welt"
```

# Zellen einfügen (*Insert*)

Wenn Sie manuell eine Zelle in einen Tabellenbereich einfügen, benutzen Sie beispielsweise das Zellenkontextmenü und wählen darin den Befehl *Zellen einfügen* aus. Dadurch wird das gleichnamige Dialogfeld geöffnet.

**Abbildg. 10.1** Auswahl, wohin die aktive Zelle verschoben werden soll

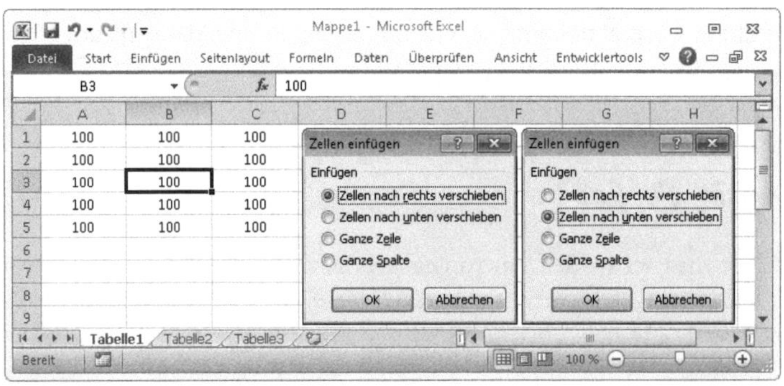

Es stehen vier Optionsfelder zur Verfügung. Um eine Zelle einzufügen, können Sie wählen, ob die aktive Zelle nach rechts oder nach unten verschoben werden soll. In VBA wird dazu die Methode `Insert` verwendet. Ihr folgt die Excel-Konstante `xlShiftToRight` oder `xlShiftDown`.

**Listing 10.5** Zellen einfügen

```
Sub InsertCells()
   ' Zellen nach rechts verschieben
   Range("B10").Insert xlShiftToRight

   ' Zellen nach unten verschieben
   Range("B10").Insert xlShiftDown
End Sub
```

**BEISPIEL** Das obige Beispiel befindet sich innerhalb der Beispieldateien zum Buch im Ordner *\Buch\Kap10*. Die Mappe nennt sich *Bsp10_02.xlsm*. Die Prozedur ist im *Modul1* enthalten.

# Zellen löschen (*Delete*)

Sehr ähnlich wie beim Einfügen verhält es sich beim Löschen. Sie müssen dabei lediglich die Methode `Insert` durch die Methode `Delete` austauschen. Die Konstanten, die dazu verwendet werden können, lauten `xlShiftToLeft` und `xlShiftUp`.

**Listing 10.6** Zellen löschen

```
Sub DeleteCells()
   ' Zellen nach oben verschieben
   Range("B10").Delete xlShiftUp

   ' Zellen nach links verschieben
   Range("B10").Delete xlShiftToLeft
End Sub
```

**BEISPIEL** Das obige Beispiel befindet sich innerhalb der Beispieldateien zum Buch im Ordner *\Buch\Kap10*. Die Mappe nennt sich *Bsp10_02.xlsm*. Die Prozedur ist im *Modul2* enthalten.

# Leerzellen löschen (*SpecialCells*)

Auf Wunsch können Sie alle leeren Zellen im benutzten Bereich löschen. Verwenden Sie dazu die Methode `SpecialCells` und tragen Sie in deren runden Klammerpaar die Konstante `xlCellTypeBlanks` ein. Die Methode kann zum Beispiel an `Selection` oder an `ActiveSheet.Cells` gebunden werden. Sie können auch ein beliebiges anderes Tabellenblatt verwenden.

Der Methode `SpecialCells` übergeben Sie schließlich die Methode `Delete` gefolgt von der gewünschten Konstante. In unserem Beispiel sollen die Zellen nach oben gelöscht werden. Wir verwenden somit die Konstante `xlShiftUp`.

**Listing 10.7** Leere Zellen löschen

```
Sub DeleteEmptyCells()
   ActiveSheet.Cells.SpecialCells(xlCellTypeBlanks).Delete _
      Shift:=xlShiftUp
End Sub
```

**BEISPIEL** Das obige Beispiel befindet sich innerhalb der Beispieldateien zum Buch im Ordner *\Buch\Kap10*. Die Mappe nennt sich *Bsp10_03.xlsm*. Die Prozedur ist im *Modul1* enthalten.

Die Abbildung 10.2 zeigt die Tabelle vor und nach dem Löschen der Zellen.

**Abbildg. 10.2** Tabelle vor und nach dem Löschen der leeren Zellen

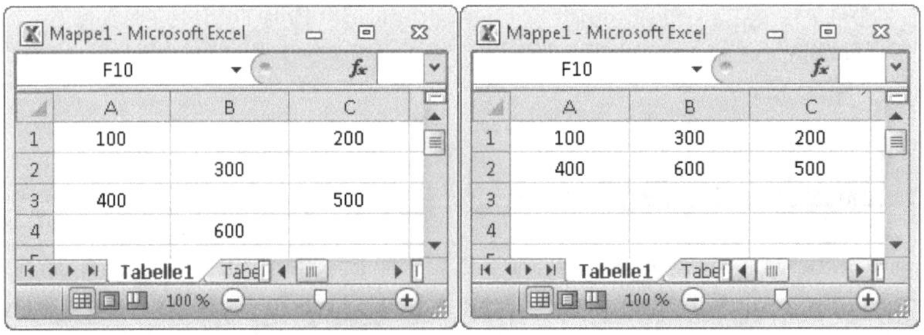


**HINWEIS** Sie können leere Zellen eines Bereiches auch manuell erreichen. Klicken Sie dazu im Menüband von Excel auf der Registerkarte *Start* in der Gruppe *Bearbeiten* auf die Schaltfläche *Suchen und Auswählen* und rufen Sie im Dropdownmenü den Befehl *Inhalte auswählen* auf. Aktivieren Sie im daraufhin geöffneten Dialogfeld das Optionsfeld *Leerzellen* und bestätigen Sie mit der Schaltfläche *OK*.

Die Methode `SpecialCells` kann, neben dem Ansprechen von Leerzellen, noch weitere Aktionen ausführen. Eine Zusammenfassung aller Konstanten im Zusammenhang mit der Methode `SpecialCells` können Sie der Tabelle 10.1 entnehmen.

**Tabelle 10.1** Die Konstanten zur Methode *SpecialCells* sowie deren Beschreibung

| xlCellType-Konstante | Beschreibung |
|---|---|
| `xlCellTypeAllFormatConditions` | Zellen mit beliebigem Format |
| `xlCellTypeAllValidation` | Zellen mit Gültigkeitskriterien |
| `xlCellTypeBlanks` | Leerzellen |
| `xlCellTypeComments` | Zellen mit Kommentaren |
| `xlCellTypeConstants` | Zellen mit Konstanten |
| `xlCellTypeFormulas` | Zellen mit Formeln |
| `xlCellTypeLastCell` | Die letzte Zelle im verwendeten Bereich |

**Tabelle 10.1** Die Konstanten zur Methode *SpecialCells* sowie deren Beschreibung *(Fortsetzung)*

| xlCellType-Konstante | Beschreibung |
|---|---|
| `xlCellTypeSameFormatConditions` | Zellen mit gleichem Format |
| `xlCellTypeSameValidation` | Zellen mit gleichen Gültigkeitskriterien |
| `xlCellTypeVisible` | Alle sichtbaren Zellen |

# Inhalt von Zellen löschen (*Clear*)

Wenn Sie Zellen löschen, bedingt dies jeweils, dass Nebenzellen verschoben werden. Nicht immer ist dies erwünscht. Sie können deshalb auch lediglich den Inhalt einer Zelle entfernen. Verwenden Sie dazu die Methode `Clear`. Sie entfernt *Formate*, *Inhalte* und *Kommentare*.

**Listing 10.8** Zellinhalt löschen

```
Sub RemoveCellContent()
   Range("B9").Clear
End Sub
```

# Werte in Zellen löschen (*ClearContents*)

Wenn Sie nur die Werte einer Zelle entfernen möchten, die Formatierungen und Kommentare jedoch erhalten bleiben sollen, dann verwenden Sie die Methode `ClearContents`.

**Listing 10.9** Nur Werte löschen

```
Sub RemoveContents()
   Range("B10").ClearContents
End Sub
```

# Zellenformate löschen (*ClearFormats*)

Wenn Sie die Werte und Kommentare eine Zelle beibehalten und nur die Formatierungen entfernen möchten, benutzen Sie die Methode `ClearFormats`.

**Listing 10.10** Zellformate löschen

```
Sub RemoveFormats()
   Range("B11").ClearFormats
End Sub
```

# Zellen verschieben (*Cut*)

Wenn Sie eine Zelle mit deren Inhalt an eine andere Stelle verschieben möchten, verwenden Sie die Methode `Cut`. Nach `Cut` folgt der Wert `Destination` sowie die Angabe der Zielzelle.

**Listing 10.11** Zellen verschieben

```
Sub MoveCells()
   Range("B9").Cut Destination:=Range("E9")
End Sub
```

# Zellen kopieren (*Copy*)

Das Prinzip, um eine Zelle zu kopieren, ist dem des Verschiebens sehr ähnlich. Es muss lediglich die Methode `Cut` durch `Copy` ausgetauscht werden:

**Listing 10.12** Zellen kopieren

```
Sub CopyCells()
   Range("B10").Copy Destination:=Range("E10")
End Sub
```

Gehen wir diesmal noch einen Schritt weiter. Falls Sie den kopierten Bereich in ein anderes (existierendes) Tabellenblatt einfügen möchten, geben Sie zusätzlich den Namen oder den Index des Tabellenblattes an:

**Listing 10.13** Kopie in anderem Tabellenblatt ausgeben

```
Sub Copy2()
   Range("A1:B5").Copy Worksheets("Tabelle2").Range("A6")
End Sub
```

Es kann auch das Tabellenblatt der Quelle mit angegeben werden:

**Listing 10.14** Kopieren von Tabelle zu Tabelle

```
Sub Copy3()
   Worksheets("Tabelle1").Range("A1:B5").Copy _
      Worksheets("Tabelle2").Range("A6")
End Sub
```

Wenn Sie einen Bereich in eine andere Mappe kopieren möchten, geben Sie zusätzlich den Namen der Mappe an. Unerlässlich dabei ist, dass beide Mappen geöffnet sind und bereits vorab gespeichert wurden.

**Listing 10.15** Kopieren von Mappe zu Mappe und in andere Tabelle

```
Sub Copy4()
  Workbooks("Mappe1.xlsm").Worksheets("Tabelle1").Range("A1:B5").Copy _
     Workbooks("Mappe2.xlsm").Worksheets("Tabelle2").Range("A6")
End Sub
```

Wenn der Kopiervorgang innerhalb der Prozedur mehrmals wiederholt werden soll, empfiehlt es sich, die Objekte zu referenzieren, denn die Codezeilen sind, unter Angabe der Mappe und des Tabellenblattes, ziemlich lang geworden. Durch die Übergabe der Objekte an eine Variable kann ein erneutes Verwenden deutlich verkürzt werden.

**Listing 10.16** Einen referenzierten Bereich kopieren

```
Sub Copy5()
   Dim rngSource As Range
   Dim rngTarget As Range

   Set rngSource = Workbooks("Mappe1.xlsm"). _
                   Worksheets("Tabelle1"). _
                   Range("A1:B5")
   Set rngTarget = Workbooks("Mappe2.xlsm"). _
                   Worksheets("Tabelle2"). _
                   Range("A6")

   rngSource.Copy rngTarget

   Set rngSource = Nothing
   Set rngTarget = Nothing
End Sub
```

# Nur Werte oder Formate einfügen (*PasteSpecial*)

Mittels der Methode `PasteSpecial` können Sie festlegen, dass nur *Formate, Formeln, Kommentare* usw. eingefügt werden sollen. Im folgenden Beispiel wird gezeigt, wie nur Werte übernommen werden. Dazu wird die Excel-Konstante `xlPasteValues` verwendet.

Die Codezeile `Application.CutCopyMode = False` bewirkt, dass der Kopiermodus (Laufrahmen) aufgehoben wird.

**Listing 10.17** Nur Werte oder Formate einfügen

```
Sub CopyContentsOnly()
   Range("B11").Copy
   Range("E11").PasteSpecial xlPasteValues
   Application.CutCopyMode = False
End Sub
```

Mittels der Methode `PasteSpecial` können noch weitere Aktionen ausgeführt werden. Die wichtigsten davon finden Sie in Tabelle 10.2.

**Tabelle 10.2** Excel-Konstanten für die *PasteSpecial*-Methode

| Konstante | Beschreibung |
|---|---|
| `xlPasteAll` | Standardeinstellung. Es wird alles übernommen. |
| `xlPasteAllExceptBorders` | Alles außer Rahmenlinien wird übernommen |
| `xlPasteColumnWidths` | Spaltenbreite übernehmen |

Wissen und Praxis verbinden

Tabelle 10.2 Excel-Konstanten für die *PasteSpecial*-Methode *(Fortsetzung)*

| Konstante | Beschreibung |
|---|---|
| `xlPasteComments` | Kommentare übernehmen |
| `xlPasteFormats` | Formate übernehmen |
| `xlPasteFormulas` | Formeln übernehmen |
| `xlPasteFormulasAndNumberFormats` | Formeln und Zahlenformate übernehmen |
| `xlPasteValidation` | Gültigkeiten übernehmen |
| `xlPasteValues` | Werte übernehmen |
| `xlPasteValuesAndNumberFormats` | Werte und Zahlenformate übernehmen |

**TIPP** Es würde zu weit führen, hier alle Möglichkeiten der `PasteSpecial`-Methode aufzuführen. Sie können diese jedoch auch selbst erforschen, indem Sie den Makrorekorder benutzen. Die `PasteSpecial`-Methode verbirgt sich im Menüband von Excel hinter *Start/Bearbeiten/Suchen und Auswählen/Inhalte auswählen*. Versetzen Sie vor dem Aufrufen des Makrorekorders eine Zelle in den Kopiermodus `Strg`+`C`.

# Der Unterschied zwischen Selektieren und Aktivieren

Eine Zelle kann aktiviert oder selektiert werden. Beide Male geschieht augenscheinlich dasselbe.

Listing 10.18 Bereich aktivieren

```
Sub RangeActivate()
   Range("A1:C5").Activate
End Sub
```

Listing 10.19 Bereich selektieren

```
Sub RangeSelect()
   Range("A1:C5").Select
End Sub
```

Wenn Sie nun fragen, wo denn der Unterschied liegt, ist die Frage durchaus berechtigt. Wenn man etwas selektiert, heißt es noch lange nicht, dass es auch aktiv ist. Am besten lässt sich dies an einem kleinen Beispiel demonstrieren.

In der folgenden Prozedur wird der Bereich *A1:C5* selektiert. Innerhalb der Selektion wird die Zelle *B3* aktiviert.

Listing 10.20 Selektieren und aktivieren

```
Sub SelectAndActivate()
   Range("A1:C5").Select
   Range("B3").Activate
End Sub
```

**BEISPIEL** Das obige Beispiel befindet sich innerhalb der Beispieldateien zum Buch im Ordner *\Buch\Kap10*. Die Mappe nennt sich *Bsp10_04.xlsm*. Die Prozedur ist im *Modul1* enthalten.

Nach dem Ausführen des Codes ist der Bereich *A1:C5* selektiert und die Zelle *B3* aktiviert.

**Abbildg. 10.3** Selektierter Bereich und aktive Zelle

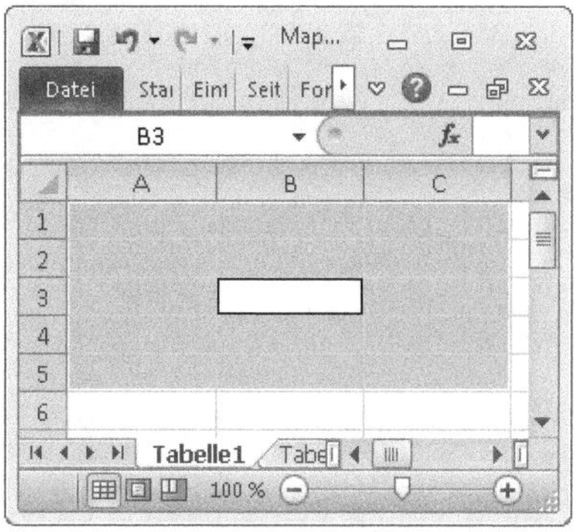


In Excel können Sie immer nur eine Zelle auf einmal bearbeiten, deshalb kann auch immer nur eine Zelle die aktive sein.

# Benutzten Bereich markieren (*UsedRange*)

Mittels der Eigenschaft `UsedRange` können Sie den benutzten Bereich einer Tabelle ansprechen. Dabei werden sämtliche Zellen berücksichtigt, die einen Wert enthalten. Nicht beachtet bleiben Objekte, wie Grafiken, Schaltflächen usw., die auf dem Tabellenblatt zu finden sind.

Das folgende Beispiel zeigt, wie der benutzte Bereich mit einer grünen Hintergrundfarbe belegt werden kann:

**Listing 10.21** Benutzten Bereich grün einfärben

```
Sub UsedRangeGreen()
   ActiveSheet.UsedRange.Interior.Color = vbGreen
End Sub
```

**BEISPIEL** Das obige Beispiel befindet sich innerhalb der Beispieldateien zum Buch im Ordner *\Buch\Kap10*. Die Mappe nennt sich *Bsp10_05.xlsm*. Die Prozedur ist im *Modul1* enthalten.

Wie Sie Abbildung 10.4 entnehmen können, wurden alle Zellen, die den benutzten Bereich ausmachen, grün hinterlegt.

**Abbildg. 10.4** Die benutzten Zellen sind grün hinterlegt

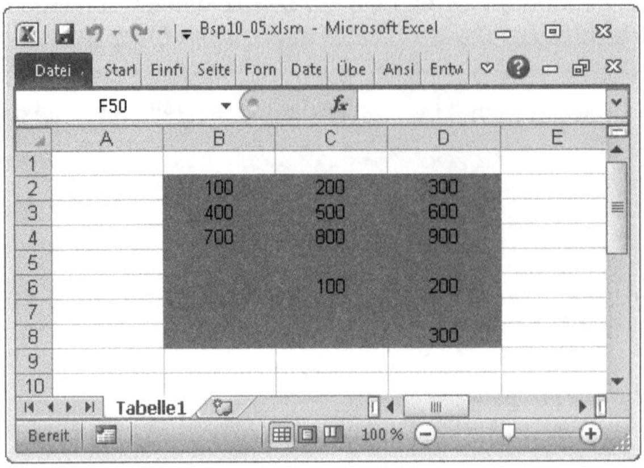

**ACHTUNG** Leider ist `UsedRange` hin und wieder unberechenbar. Es kann vorkommen, dass völlig unerwartet ein viel zu großer Bereich angesprochen wird, obwohl darin keine ersichtlichen Daten vorhanden sind. Es scheint, als würde er sich früher vorhandene Formate oder Zellinhalte merken und nicht mehr freigeben. `UsedRange` ist somit mit Vorsicht zu genießen.

# Umliegenden Bereich markieren (*CurrentRegion*)

Wenn Sie nur den Bereich rund um eine bestimmte Zelle ansprechen möchten, dann verwenden Sie die Eigenschaft `CurrentRegion`.

Der folgende Code zeigt, wie der Bereich rund um die Zelle *C3* gelb hinterlegt wird:

**Listing 10.22** Umliegenden Bereich gelb einfärben

```
Sub CurrentRegionYellow()
   Range("C3").CurrentRegion.Interior.Color = vbYellow
End Sub
```

Das Ergebnis können Sie der Abbildung 10.5 entnehmen.

**BEISPIEL** Das obige Beispiel befindet sich innerhalb der Beispieldateien zum Buch im Ordner *\Buch\Kap10*. Die Mappe nennt sich *Bsp10_05.xlsm*. Die Prozedur ist im *Modul2* enthalten.

**Abbildg. 10.5** Rund um eine bestimmte Zelle markieren

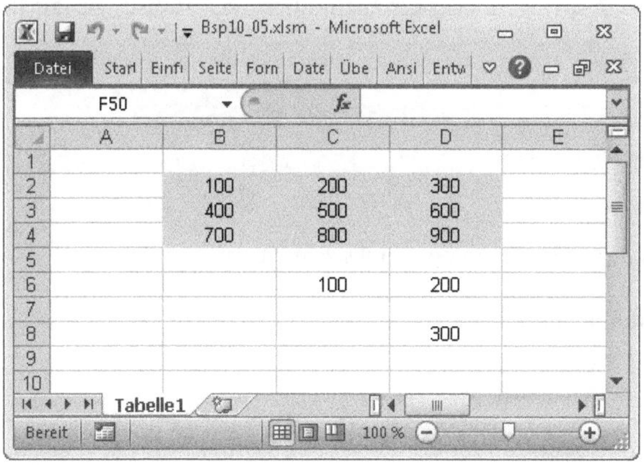


# Farben entfernen

Mit der folgenden Prozedur werden die im benutzten Bereich (*UsedRange*) zugewiesenen Farben wieder entfernt. Als Konstante wird *xlNone* verwendet, was vom Englischen übersetzt *keine* heißt.

**Listing 10.23** Farben im benutzten Bereich entfernen

```
Sub RemoveColors()
   ActiveSheet.UsedRange.Interior.Color = xlNone
End Sub
```

**BEISPIEL** Das obige Beispiel befindet sich innerhalb der Beispieldateien zum Buch im Ordner *\Buch\Kap10*. Die Mappe nennt sich *Bsp10_05.xlsm*. Die Prozedur ist im *Modul3* enthalten.



# Weitere Techniken zum Markieren

Das Markieren oder Ansprechen von Bereichen kann unendlich kombiniert werden. Nicht immer ist es einfach, sich damit zurechtzufinden. Um Ihnen das Ganze etwas näher zu bringen, finden Sie nachfolgend eine Zusammenstellung unterschiedlicher Konstellationen.

**BEISPIEL** Die folgenden Beispiele befinden innerhalb der Beispieldateien zum Buch im Ordner *\Buch\Kap10*. Die Mappe nennt sich *Bsp10_06.xlsm*.

## Die letzte benutzte Zelle in einer Spalte ermitteln

Um die letzte benutzte Zelle in Spalte *A* zu ermitteln, übergeben wir im runden Klammerpaar der Eigenschaft `Cells` als Zeilenindex die gesamte Anzahl an Zeilen im Tabellenblatt (`Rows.Count`). Alternativ dazu können Sie auch den Wert *1048576* eintragen. Die Spalte *A* wird über deren Spaltenindex, also den Wert 1 angesprochen. Damit haben wir jedoch erst die letzte Zelle ermittelt. Wir müssen nun noch so weit wie möglich nach oben springen. Dies geschieht über die Anweisung `End(xlUp)`.

**Listing 10.24** Letzte benutzte Zelle in Spalte *A*

```
Sub Sample1()
   Cells(Rows.Count, 1).End(xlUp).Select
End Sub
```

Gemäß Abbildung 10.6 ist nach dem Ausführen des Codes Zelle *A3* markiert.

**Abbildg. 10.6** Die letzte benutzte Zelle der Spalte *A* wurde markiert

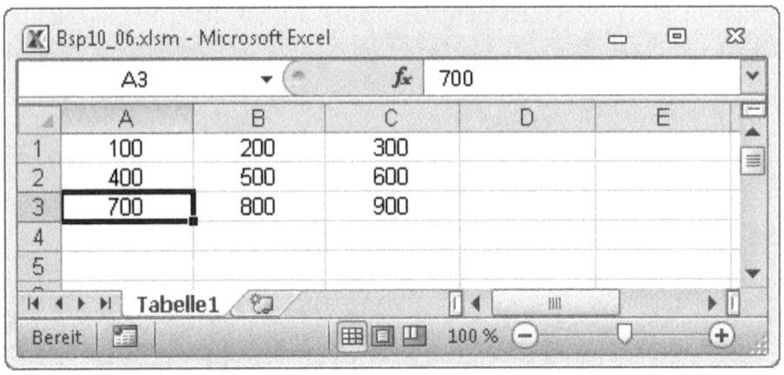


## Die erste freie Zelle einer Spalte ermitteln

Oftmals kommt es vor, dass nicht die letzte belegte Zelle einer Spalte ermittelt werden muss, sondern die erste freie. Dies, um weitere Daten in der leeren Zelle einzutragen.

Wir ergänzen unser obiges Beispiel somit um die Anweisung `Offset(1, 0)`. Der erste Eintrag im runden Klammerpaar stellt den Zeilenindex dar. Da wir eine Zeile nach unten navigieren möchten, müssen wir den Wert 1 eintragen. Der Wert 0 für den Spaltenindex bedeutet, dass die Spalte nicht gewechselt werden soll.

**Listing 10.25** Erste freie Zelle in Spalte *A*

```
Sub Sample2()
   Cells(Rows.Count, 1).End(xlUp).Offset(1, 0).Select
End Sub
```

Gemäß Abbildung 10.7 ist nach dem Ausführen des Codes Zelle *A4* markiert.

**Abbildg. 10.7** Die erste freie Zelle der Spalte *A* wurde markiert

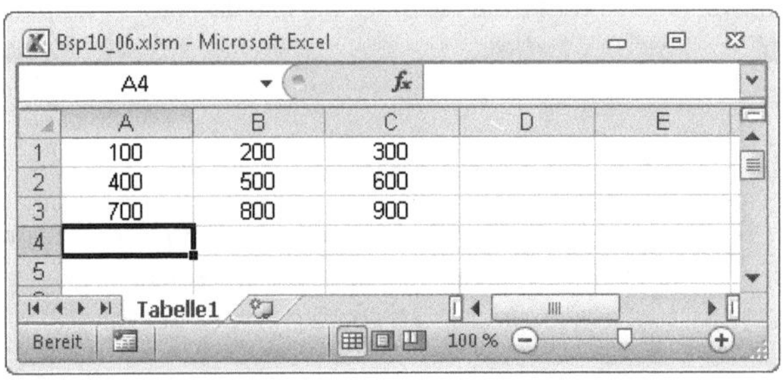

## Die letzte benutzte Zelle in einer Zeile ermitteln

Wenn Sie das Ganze nun umdrehen und nicht die letzte benutzte Zelle einer Spalte, sondern einer Zeile markieren möchten, sind verschiedene Änderungen am Code erforderlich.

Im runden Klammerpaar der Eigenschaft `Cells` wird an erster Stelle der Zeilenindex der Zeile eingetragen, deren letzte benutzte Zelle ermittelt werden soll. In unserem Beispiel die Zeile *1*. Als Spaltenindex zählen wir die Anzahl Spalten pro Tabellenblatt (`Columns.Count`). Sie können stattdessen auch den Wert *16384* eintragen, der ebenfalls der Gesamtanzahl von Spalten entspricht.

Diesmal müssen wir nicht von unten nach oben, sondern von rechts nach links springen. Der Eigenschaft `End` übergeben wir somit die Konstante `xlToLeft`.

**Listing 10.26** Letzte benutzte Zelle in Zeile 1

```
Sub Sample3()
   Cells(1, Columns.Count).End(xlToLeft).Select
End Sub
```

Wie Sie der Abbildung 10.8 entnehmen können, ist nach dem Ausführen des Codes die Zelle *C1* markiert.

**Abbildg. 10.8** Die letzte benutzte Zelle der ersten Zeile wurde markiert

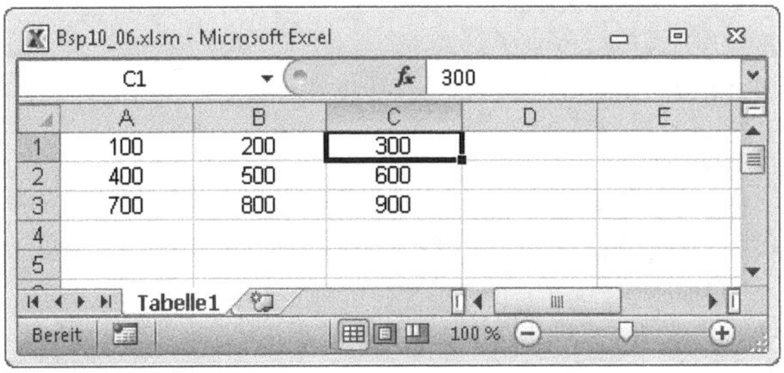


## Die erste freie Zelle einer Zeile ermitteln

Um zur ersten freien Zelle der Zeile *1* zu gelangen, ergänzen wir wiederum ein `Offset`. Diesmal tragen wir als Zeilenindex den Wert 0 ein und als Spaltenindex den Wert 1.

**Listing 10.27** Die erste freie Zelle der Zeile 1

```
Sub Sample4()
   Cells(1, Columns.Count).End(xlToLeft).Offset(0, 1).Select
End Sub
```

Die Abbildung 10.9 zeigt, dass nach dem Ausführen der Prozedur Zelle *D1* markiert ist.

**Abbildg. 10.9** Die erste freie Zelle der ersten Zeile wurde markiert

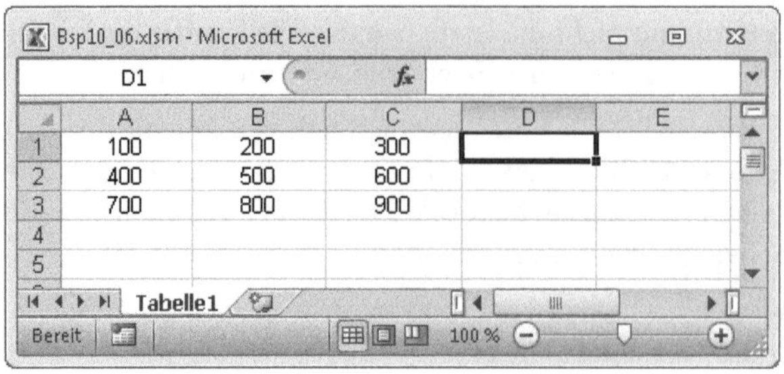

## Die letzte benutzte Zelle einer Tabelle ermitteln

Sie können auch die letzte benutzte Zelle eines Bereiches markieren. Es empfiehlt sich, dazu die Methode `SpecialCells` zu benutzen. Entscheidend ist die Konstante `xlCellTypeLastCell`, die ins runde Klammerpaar der Methode eingetragen wird.

**Listing 10.28** Letzte benutzte Zelle markieren

```
Sub Sample5()
   ActiveSheet.Cells.SpecialCells(xlCellTypeLastCell).Select
End Sub
```

Laut unserem Beispiel in Abbildung 10.10 ist nach dem Ausführen des Codes die Zelle *C3* markiert.

**Abbildg. 10.10** Die letzte benutzte Zelle wurde markiert

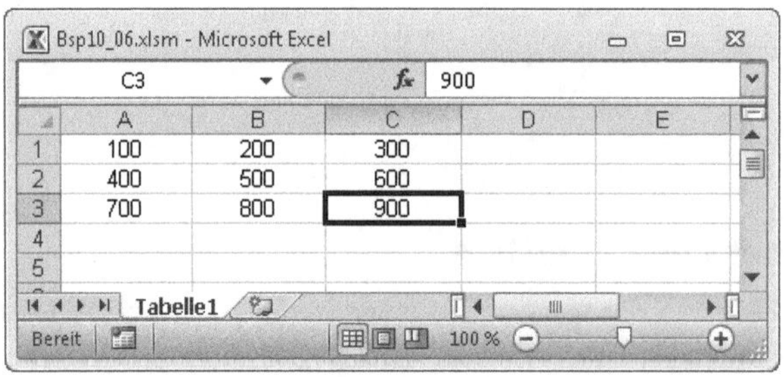

## Ab einer bestimmten Zelle bis zur letzten belegten Zelle markieren

Die Methode `SpecialCells` können Sie auch in Kombination mit anderen VBA-Anweisungen verwenden. Beispielsweise, um ab einer bestimmten Zelle bis zum Ende eines Bereiches zu markieren. In unserem Beispiel ist die Startzelle die Zelle *B2*. Da wir die Zelladresse der letzten belegten Zelle benötigen, ergänzen wir die Methode `SpecialCells` um die Eigenschaft `Address`.

**Listing 10.29** Ab Zelle *B2* bis zur letzten Zelle markieren

```
Sub Sample6()
   Range("B2:" & ActiveSheet.Cells. _
      SpecialCells(xlCellTypeLastCell).Address).Select
End Sub
```

Wie Sie der Abbildung 10.11 entnehmen können, ist in unserem Beispiel nach dem Ausführen des Codes der Bereich *B2:C3* markiert.

**Abbildg. 10.11** Der gesamte Bereich ab Zelle *B2* ist markiert

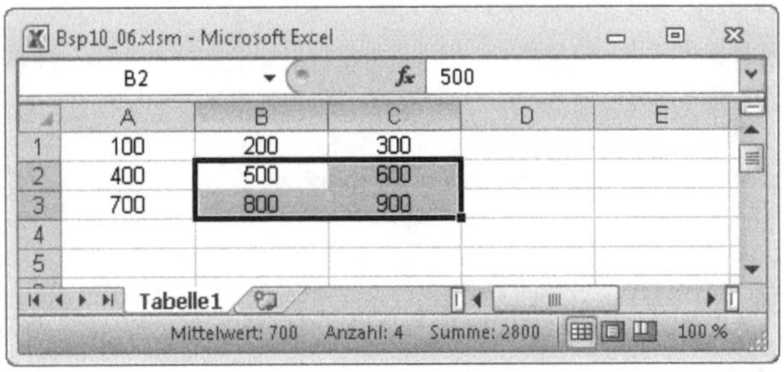


## Eine bestimmte Anzahl an Zellen nach unten markieren

Unser Ziel ist es, ab der aktiven Zelle vier Zellen nach unten zu markieren. Am besten dazu eignet sich das `Range`-Objekt. Ihm kann die Start- und die Endzelle übergeben werden. Da der Startwert in unserem Beispiel die aktive Zelle ist, tragen wir diese an erster Stelle im runden Klammerpaar ein. Getrennt durch ein Komma müssen wir nun noch die letzte Zelle des Bereichs angeben. Da ab der aktiven Zelle vier Zellen nach unten markiert werden soll, müssen wir `ActiveCell` den gewünschten `Offset` übergeben. Da die Zählung bei Offset jeweils bei 0 und nicht 1 beginnt, verwenden wir die Zahl 3 nicht 4.

**Listing 10.30** Die aktive Zelle und drei Zellen nach unten markieren

```
Sub Sample7()
   Range(ActiveCell, ActiveCell.Offset(3, 0)).Select
End Sub
```

In unserem Beispiel ist die aktive Zelle die Zelle *B2*. Dementsprechend ist nach dem Ausführen des Codes der Bereich *B2:B5* markiert.

**Abbildg. 10.12** Die aktive Zelle, sowie drei weitere Zellen nach unten sind markiert

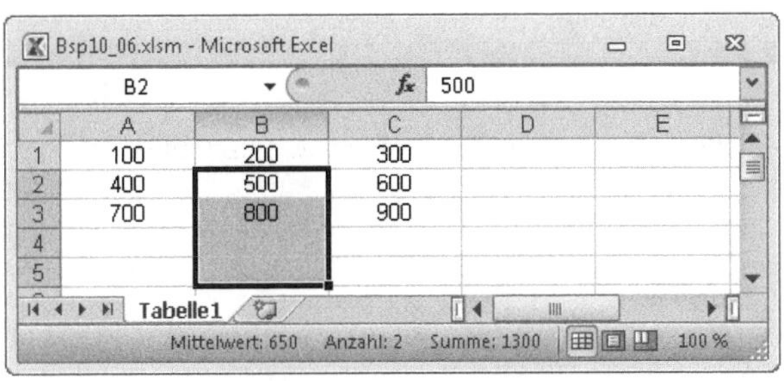


## Eine bestimmte Anzahl an Zellen nach rechts markieren

Drehen wir das Ganze um und markieren von links nach rechts. Die Befehle im VBA-Code bleiben dieselben. Sie müssen lediglich korrekt vertauscht werden.

**Listing 10.31** Die aktive Zelle und drei weitere Zellen nach rechts markieren

```
Sub Sample8()
   Range(ActiveCell.Offset(0, 3), ActiveCell).Select
End Sub
```

In diesem Beispiel ist wiederum die Zelle *B2* die aktive. Somit ist nach dem Ausführen des Codes der Bereich *B2:E2* markiert.

**Abbildg. 10.13** Die aktive Zelle, sowie drei weitere Zellen nach rechts wurden markiert

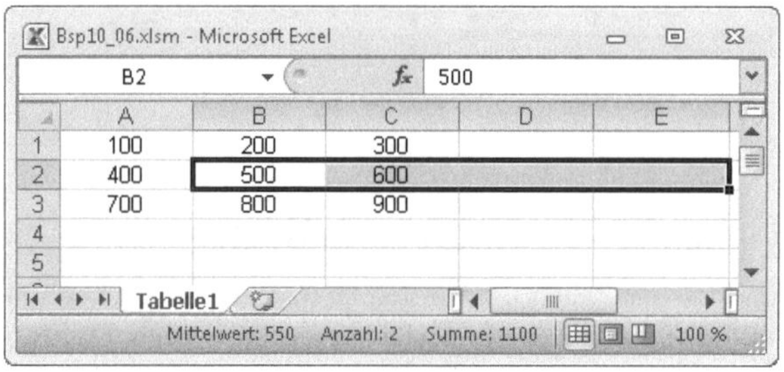


## Einen Bereich dynamisch markieren

Unser Ziel ist es, ab einer bestimmten Startzelle bis zum Ende des benutzten Bereichs einer befüllten Spalte zu gelangen. In unserem Beispiel ab Zelle *A1* bis zur letzten benutzten Zellen in Spalte *B*. Da *A1* und *B* fest vorgegeben sind, können wir diese im `Range`-Objekt so eintragen. Um jedoch zum Ende von Spalte *B* zu gelangen, müssen wir dynamisch arbeiten, denn die letzte Zeile in Spalte *B* ist uns nicht bekannt. Um diese zu ermitteln, verwenden wir in `Cells` als Zeilenindex `Rows.Count` und als Spaltenindex den Wert 2, der für die Spalte *B* steht. Damit erreichen wir das Ende der Spalte *B* und somit in Zelle *B1048576*. Nun müssen wir noch nach oben zur letzten benutzten Zelle gelangen. Dies tun wir mit `End(xlUp)`. Von dieser Zelle benötigen wir jedoch nur den Zeilenindex, denn *B* ist ja schon fest vorgegeben. Wir ergänzen somit `Row` und haben damit den gewünschten Zeilenindex.

**Listing 10.32** Ab Zelle *A1* dynamisch zum Ende von Spalte B markieren

```
Sub Sample9()
   Range("A1:B" & Cells(Rows.Count, 2).End(xlUp).Row).Select
End Sub
```

Nach dem Ausführen des Codes ist in unserem Beispiel der Bereich *A1:B3* markiert.

**Abbildg. 10.14** Der markierte Bereich *A1:B3*

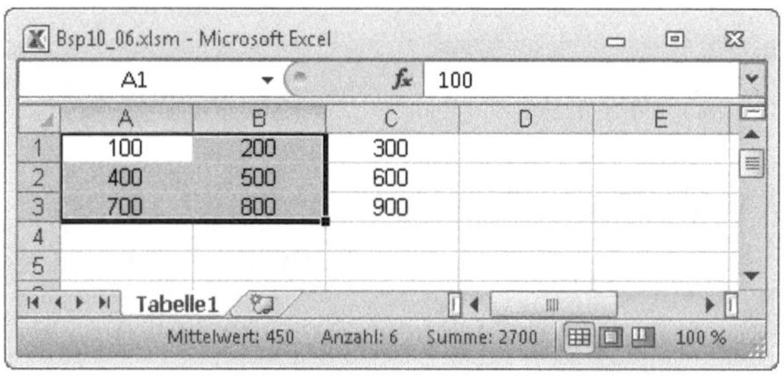

### Zur ersten Zelle der nächsten Spalte springen

Diesmal ist es unser Wunsch, von der aktiven Zelle aus zur ersten Zelle der nächsten Spalte zu gelangen. Nehmen wir an, unsere aktive Zelle ist die Zelle *C5*, so soll nach dem Ausführen des Codes die Zelle *D1* die aktive sein. Wenn die aktive Zelle die Zelle *A50* ist, so soll die Zelle *B1* aktiviert werden.

Der Zeilenindex ist somit klar. Es soll in jedem Fall die erste Zeile sein. Diesen Wert tragen wir ins runde Klammerpaar von `Cells` an erster Stelle ein. Den neuen Spaltenindex ermitteln wir, indem wir zum aktuellen Spaltenindex den Wert 1 addieren.

**Listing 10.33** Die erste Zelle der nächsten Spalte markieren

```
Sub Sample10()
   Cells(1, ActiveCell.Column + 1).Select
End Sub
```

# Markierte Zellen, Zeilen oder Spalten zählen

Um die Zellen eines markierten Bereiches zu zählen, verwenden Sie die Anweisung `Selection.Cells` gefolgt von der Eigenschaft `Count`. In unserem Beispiel erfolgt die Ausgabe der gezählten Zellen in einem Meldungsfeld.

**Listing 10.34** Zellen eines markierten Bereiches zählen

```
Sub CountSelectedCells()
   MsgBox "Es wurden " & Selection.Cells.Count & " Zellen gezählt"
End Sub
```

**Abbildg. 10.15** Im markierten Bereich wurden vier Zellen gezählt

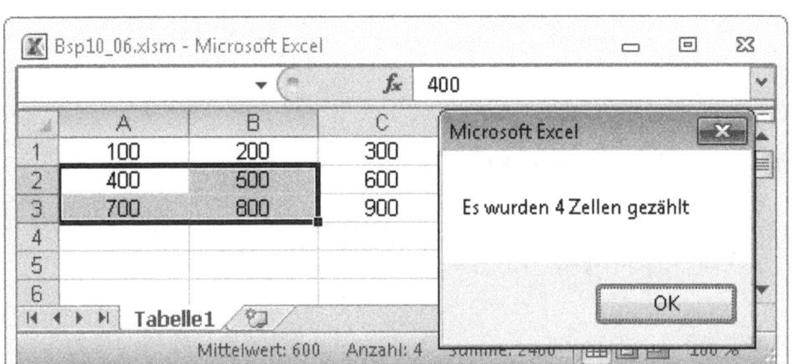


**TIPP** Sie können statt der Zellen auch Spalten oder Zeilen zählen. Ersetzten Sie dazu `Cells` durch `Rows` oder `Columns`.

# Alle Werte eines Tabellenblattes zählen

Wenn Sie ermitteln möchten, wie viele Werte sich auf einem bestimmten Tabellenblatt befinden, können Sie die Eigenschaft `WorksheetFunction` verwenden. Sie ist an das Objekt `Application` gebunden, welches jedoch nicht zwingend angegeben werden muss. `WorksheetFunction` erwartet als Übergabewert immer eine Funktion. In unserem Beispiel ist es die Funktion Count. Sie entspricht der Tabellenfunktion *ANZAHL()*.

**Listing 10.35** Alle numerischen Werte einer Tabelle zählen

```
Sub CountUsedCells()
   MsgBox "Es wurden " & _
          WorksheetFunction.Count(Worksheets(1).UsedRange) & _
          " belegte Zellen auf dem Tabellenblatt gezählt"
End Sub
```

**BEISPIEL** Das obige Beispiel befindet sich innerhalb der Beispieldateien zum Buch im Ordner *\Buch\Kap10*. Die Mappe nennt sich *Bsp10_07.xlsm*. Die Prozedur ist im *Modul1* enthalten.

Mittels Count werden ausschließlich numerische Werte gezählt. Entsprechend ist in unserem Beispiel (siehe Abbildung 10.16) der Rückgabewert 9.

**Abbildg. 10.16** Die Anzahl an gezählten Werten beträgt 9

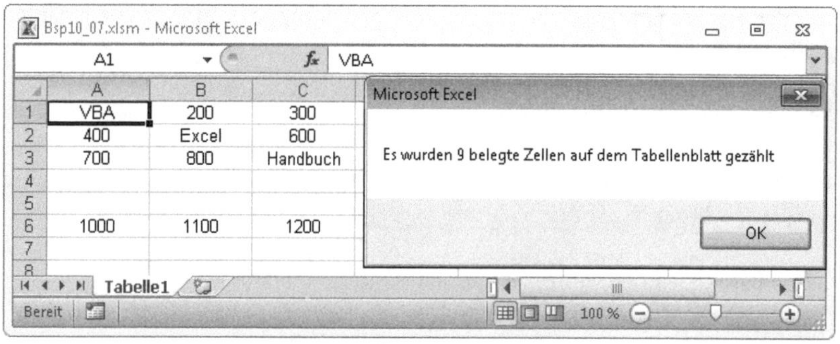


# Alle benutzten Zellen zählen

Wenn Sie alle Zellen zählen möchten, die einen Wert enthalten, egal, ob Zahlen oder Buchstaben, verwenden Sie die Funktion CountA. Sie entspricht der Tabellenfunktion *ANZAHL2()*.

**Listing 10.36** Alle alphanumerischen Werte zählen

```
Sub CountValues()
   MsgBox "Es wurden " & _
          WorksheetFunction.CountA(Worksheets(1).UsedRange) & _
          " belegte Zellen auf dem Tabellenblatt gezählt"
End Sub
```

**BEISPIEL** Das obige Beispiel befindet sich innerhalb der Beispieldateien zum Buch im Ordner *\Buch\Kap10*. Die Mappe nennt sich *Bsp10_07.xlsm*. Die Prozedur ist im *Modul2* enthalten.

Es werden somit sämtliche Zellen gezählt, die einen Eintrag enthalten.

Abbildg. 10.17 Die Anzahl der gezählten belegten Zellen beträgt 12

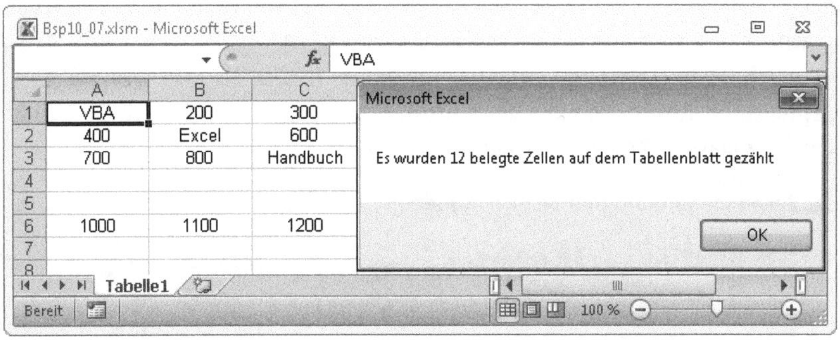


# Verbundene Zellen

Sie können in Excel Zellen miteinander verbinden. Markieren Sie dazu mehrere Zellen und klicken Sie im Menüband auf der Registerkarte *Start* in der Gruppe *Ausrichtung* auf die Schaltfläche *Verbinden und zentrieren.*

**BEISPIEL** Die folgenden Beispiele befinden sich innerhalb der Beispieldateien zum Buch im Ordner *\Buch\Kap10*. Die Mappe nennt sich *Bsp10_08.xlsm*.

Um Zellen per VBA zu verbinden, geben Sie den gewünschten Bereich an und ergänzen die Methode `Merge`.

Listing 10.37 Zellen verbinden

```
Sub MyMergedCells()
   Range("A4:F7").Merge
End Sub
```

Nach dem Ausführen des Codes sind die Zellen verbunden.

Abbildg. 10.18 Der Bereich *A4:F7* ist verbunden

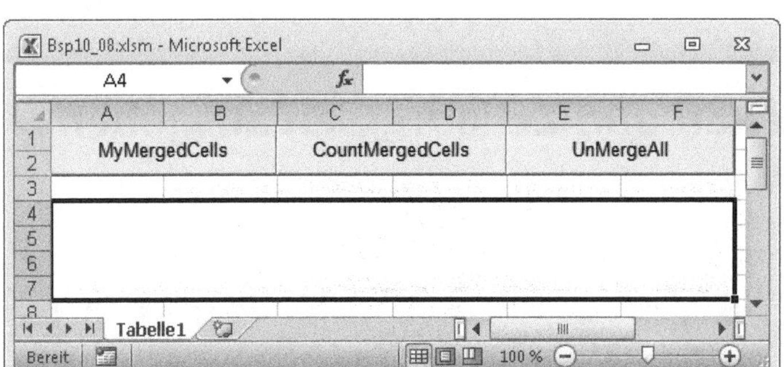

Selbst ein verbundener Bereich besteht nach wie vor aus einzelnen Zellen. Um die Anzahl dieser Zellen zu ermitteln, verwenden Sie die Eigenschaft `MergeArea` gefolgt von `Cells.Count`. Die gesamte Kette an Anweisungen übergeben Sie an eine beliebige Zelle (z.B. `Range("A4")`), die sich im verbundenen Bereich befindet.

Mittels der Eigenschaft `MergeArea` können Sie auch ermitteln, welchen Bereich der Verbund umfasst. Weisen Sie der Eigenschaft die Eigenschaft `Address` zu.

**Listing 10.38** Anzahl der Zellen im Verbund und Bereich ausgeben

```
Sub CountMergedCells()
   MsgBox Range("A4").MergeArea.Cells.Count & Chr(10) & _
          Range("A4").MergeArea.Address(False, False)
End Sub
```

Die Rückgabe unseres obigen Codes erfolgt in einem Meldungsfeld. Unser Verbund umfasst 24 Zellen, die sich im Bereich *A4:F7* befinden.

**Abbildg. 10.19** Die Anzahl der Verbundzellen und deren Bereich

Um einen Verbund aufzuheben, verwenden Sie die Methode `UnMerge`. Diese übergeben Sie an eine der Zellen im verbundenen Bereich (`Range("A4").UnMerge`). Sie können auch sämtliche Zellverbünde auf einem Tabellenblatt aufheben. Verwenden Sie dazu an Stelle von `Range` die Angabe des Tabellenblattes gefolgt von `Cells`.

**Listing 10.39** Alle Zellverbünde aufheben

```
Sub UnMergeAll()
   ActiveSheet.Cells.UnMerge
End Sub
```

# Zeilen, Spalten und Zelladressen ausgeben

Den Basisumgang mit Zelladressen haben Sie bereits in Kapitel 7 kennen gelernt. Wir gehen hier noch einen Schritt weiter, indem wir auch Zeilen- und Spaltenindexe ermitteln.

**BEISPIEL** Die folgenden Beispiele befinden sich innerhalb der Beispieldateien zum Buch im Ordner *\Buch\Kap10.* Die Mappe nennt sich *Bsp10_09.xlsm*.

Die Ausgangslage für die nun folgenden Beispiele lautet: In verschiedenen Zellen auf unserem Tabellenblatt, auch außerhalb des in Abbildung 10.20 sichtbaren Bereichs, befindet sich das Wort »VBA«. In unserer ersten Prozedur werden alle Zeilenindexe zu den Zellen ermittelt, die das Wort »VBA« enthalten.

**Abbildg. 10.20** Das gesuchte Wort nennt sich »VBA«

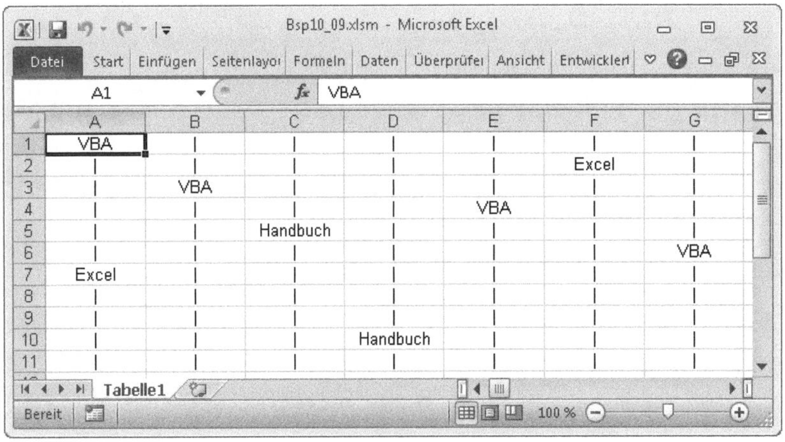


Wir verwenden eine `For`-Schleife, die alle Zeilen im benutzten Bereich (`UsedRange`) durchläuft. Innerhalb der Schleife verwenden wir eine `If`-Entscheidung, die prüft, ob `c`, also die Zelle, die die Schleife soeben erreicht hat, das Wort »VBA« enthält. Wenn dies zutrifft, übergeben wir den Zeilenindex von `c` an die Variable `strMsg`. Auf diese Weise sammeln wir die Werte und befüllen nach und nach die Variable `strMsg`.

**Listing 10.40** Zeilenindexe ausgeben, die »VBA« enthalten

```
Sub GetRows()
   Dim c As Range
   Dim strMsg As String

   strMsg = "Zeile(n):" & Chr(10)

   For Each c In ActiveSheet.UsedRange
      If c = "VBA" Then
         strMsg = strMsg & c.Row & ", "
      End If
   Next c

   MsgBox strMsg
End Sub
```

Nachdem die Schleife vollständig durchgelaufen ist, geben wir alle Zeilenindexe, die sich nun in der Variablen `strMsg` befinden, in einem Meldungsfeld aus.

**Abbildg. 10.21** Die ermittelten Zeilenindexe

Ähnlich verfahren wir, um die Spaltenindexe zu ermitteln. Wir brauchen lediglich `Row` durch `Column` zu ersetzen.

**Listing 10.41** Spaltenindexe ausgeben, die »VBA« enthalten

```
Sub GetColumns()
   Dim c As Range
   Dim strMsg As String

   strMsg = "Spalten(n):" & Chr(10)

   For Each c In ActiveSheet.UsedRange
      If c = "VBA" Then
         strMsg = strMsg & c.Column & ", "
      End If
   Next c

   MsgBox strMsg
End Sub
```

Die in dem Meldungsfeld ausgegebenen Werte entsprechen nun den Spaltenindexen, in denen das Wort »VBA« auftaucht.

**Abbildg. 10.22** Die ermittelten Spaltenindexe

Etwas komplizierter wird es, wenn statt des Spaltenindexes der Spaltenbuchstabe ermittelt werden soll. Wir müssen mit der Adresse der Zelle arbeiten, die das Wort »VBA« enthält. `Address` gibt, ohne Angabe von Argumenten, einen absoluten Zellenbezug zurück, wie z.B. *$A$1*. Diesen müssen wir nun so aufsplitten, dass nur der Buchstabe zurückbleibt. Das Ganze muss funktionstüchtig sein, auch wenn zwei Spaltenbuchstaben auftreten (*$XFD$1048576*). Es gibt verschiedenen Formeln, die dazu in der Lage sind. Wir verwenden hier `Mid` in Kombination mit `InStr`.

Mittels der `Mid`-Funktion kann eine bestimmte Anzahl an Zeichen aus einer Zeichenfolge entnommen werden. Die Syntax lautet: *Zeichenfolge*, *Start* und *Länge*. Die Zelladresse ist somit unsere gesamte Zeichenfolge (*$A$1*). Gestartet wird bei der zweiten Position und somit nach dem ersten Dollarzeichen.

Nun muss nur noch die Länge ermittelt werden. Wir verwenden dazu die Funktion `InStr`. Sie gibt einen Wert zurück, der die Position des ersten Auftretens einer Zeichenfolge innerhalb einer anderen Zeichenfolge angibt. Ihre Übergabewerte sind *Start*, *Zeichenfolge1*, *Zeichenfolge2* und *Vergleich*, wobei nicht alle Angaben verwendet werden müssen. Der Start ist wiederum das zweite Zeichen, also das erste Zeichen nach dem Dollarzeichen. Die Zeichenfolge ist die Zelladresse. Der Vergleich ist das zweite Dollarzeichen. Mittels `InStr` haben wir die Position des zweiten Dollarzeichens ermittelt. Allerdings haben wir damit erst die Position des zweiten Dollarzeichens (dritte oder vierte

Stelle) gefunden und nicht die Länge, die wir brauchen. Würden wir das so stehen lassen, hätten wir in jedem Fall immer zwei Zeichen zu viel, also drei oder vier Zeichen. Deshalb subtrahieren wir diese von der Funktion InStr.

**Listing 10.42** Den Spaltenbuchstaben ermitteln

```
Sub GetColumnLetters()
   Dim c As Range
   Dim strMsg As String

   strMsg = "Spalten(n):" & Chr(10)

   For Each c In ActiveSheet.UsedRange
      If c = "VBA" Then
         strMsg = strMsg & _
            Mid(c.Address, 2, InStr(2, c.Address, "$") - 2) & ", "
      End If
   Next c

   MsgBox strMsg
End Sub
```

**Abbildg. 10.23** Nur die Spaltenbuchstaben werden ausgegeben

# AutoAusfüllen per VBA

Die Excel-Funktion *AutoAusfüllen* wird auf Tabellenblättern sehr häufig verwendet. Sie ist dazu da, Zahlenreihen auf einfache Art fortzusetzen. Auch auf Datumswerte, Formeln usw. lässt sich *AutoAusfüllen* anwenden.

**BEISPIEL** Die folgenden Beispiele befinden sich innerhalb der Beispieldateien zum Buch im Ordner *\Buch\Kap10*. Die Mappe nennt sich *Bsp10_10.xlsm*.

In VBA gibt es zum *AutoAusfüllen* die Methode AutoFill. Sie erfüllt exakt denselben Zweck. Voraussetzung ist in jedem Fall, dass mindestens zwei Zellen befüllt sind, aufgrund derer Excel ermitteln kann, wie die Reihe fortgeführt werden soll.

In unserem Beispiel steht in Zelle *A1* der Wert 1 und in Zelle *A2* der Wert 2. Aufgrund dieser beiden Werte soll nun eine Reihe gebildet werden, die bis zur Zelle *A7* reicht.

Im VBA-Code werden, ebenso wie beim manuellen AutoAusfüllen, die ersten beiden Zellen als Basis benutzt (Range("A1:A2")). Die Methode AutoFill wird an Range übergeben. Nun muss noch der Bereich festgelegt werden, der befüllt werden soll (Destination). Beachten Sie, dass dieser die Zellen *A1* und *A2* ebenfalls umfassen muss!

**Listing 10.43** Zahlenreihen ausfüllen

```
Sub EasyAutoFill()
   Range("A1:A2").AutoFill Destination:=Range("A1:A7")
End Sub
```

**Abbildg. 10.24** Die Zahlenreihe vor und nach dem Ausführen des VBA-Codes

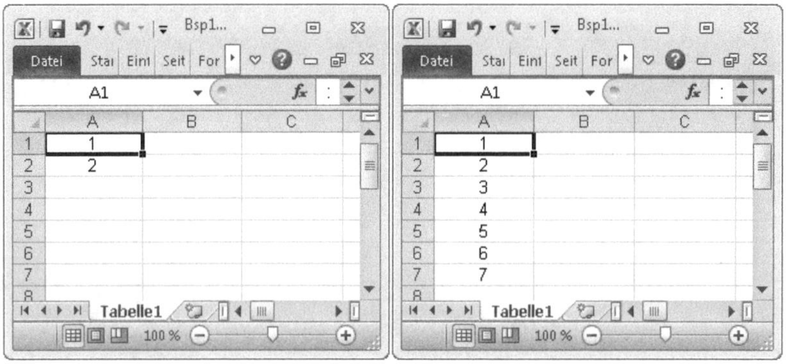

Etwas umständlicher wird das Ganze, wenn der Endwert anhand einer bestimmten Zelle auf dem Tabellenblatt bestimmt werden soll. Beispielsweise der letzten befüllten Zelle in Spalte *C*.

Die Zellen *A2* bis *Ax* sind fest vorgegeben. Wir müssen somit nur noch ermitteln, wo sich der letzte Eintrag in Spalte *C* (Index 3) befindet.

**Listing 10.44** Das Ende dynamisch bestimmen

```
Sub DynamicAutoFill()
   Range("A1:A2").AutoFill _
      Destination:=Range("A1:A" & Cells(Rows.Count, 3).End(xlUp).Row)
End Sub
```

**Abbildg. 10.25** Der letzte *AutoAusfüllen*-Eintrag wurde gemessen an Zelle *C7*

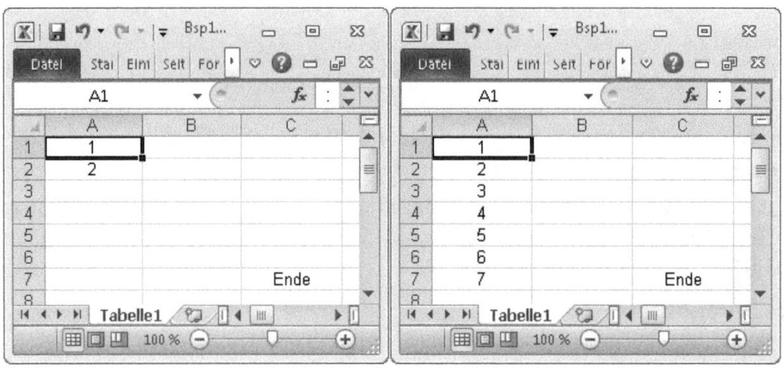

Wenn Sie die Werte nicht als Reihe fortführen, sondern kopieren möchten, ergänzen Sie in Ihrem VBA-Code noch die passende Konstante. Für das Kopieren lautet sie `xlFillCopy`.

**Listing 10.45** Automatisches Kopieren

```
Sub CopyAutoFill()
   Range("A1:A2").AutoFill Destination:=Range("A1:A7"), _
      Type:=xlFillCopy
End Sub
```

Die beiden Basiswerte werden damit nicht als Reihe fortgeführt, sondern kopiert.

**Abbildg. 10.26** Die kopierten Werte wurden auf den gewünschten Bereich übertragen

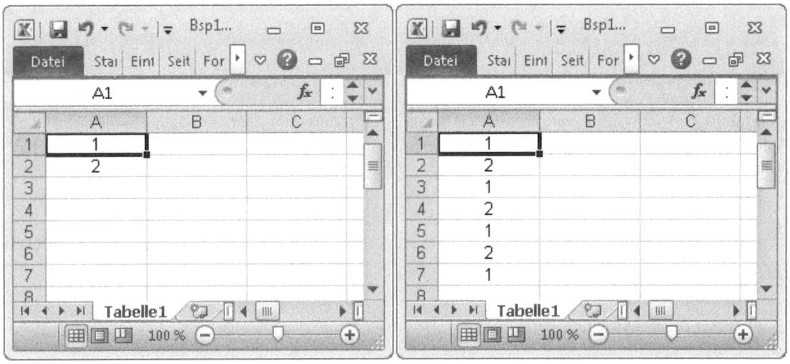

Der Methode AutoFill können noch weitere Konstanten übergeben werden, die Sie bitte Tabelle 10.3 entnehmen.

**Tabelle 10.3** Konstanten für die Funktion *AutoFill*

| Konstante | Beschreibung |
|---|---|
| xlFillDays | Tage ausfüllen |
| xlFillFormats | Nur Formate ausfüllen |
| xlFillSeries | Reihe |
| xlFillWeekdays | Wochentage ausfüllen |
| xlGrowthTrend | Exponentieller Trend |
| xlFillCopy | Zellen kopieren |
| xlFillDefault | Standardwert |
| xlFillMonths | Monate ausfüllen |
| xlFillValues | Ohne Formate ausfüllen |
| xlFillYears | Jahre ausfüllen |
| xlLinearTrend | Linearer Trend |

# Zeilen und Spalten bearbeiten

Nachdem Sie nun mit dem Umgang von Zellen und Bereichen vertraut sind, gehen wir einen Schritt weiter und schauen uns die Arbeit mit Zeilen und Spalten an.

## Markieren von Zeilen und Spalten

Um Zeilen zu markieren, benutzen Sie die Eigenschaft `Rows`. Ihr übergeben Sie einen oder mehrere Zeilenindexe.

**Listing 10.46** Die zweite und dritte Zeile wird markiert

```
Sub SelectRows()
   Rows("2:3").Select
End Sub
```

Um Spalten zu markieren, verwenden Sie die Eigenschaft `Columns` und übergeben Ihr die Spaltenbuchstaben.

**Listing 10.47** Die Spalten *B* und *C* werden markiert

```
Sub SelectColumns()
   Columns("B:C").Select
End Sub
```

**BEISPIEL** Die obigen Beispiele befinden sich innerhalb der Beispieldateien zum Buch im Ordner *\Buch\Kap10*. Die Mappe nennt sich *Bsp10_11.xlsm*. Die Prozeduren sind im *Modul1* enthalten.

## Aktive Zeile oder Spalte markieren

Die Tastenkombination ⇧+Leertaste veranlasst, dass die Zeile markiert wird, in der sich die aktive Zelle befindet. Um dies per VBA zu realisieren, verwenden Sie statt eines fixen Zeilenindex die Anweisung `ActiveCell.Row`.

**Listing 10.48** Die aktive Zeile markieren

```
Sub SelectActiveRow()
   Rows(ActiveCell.Row).Select
End Sub
```

Das Pendant dazu, also die Tastenkombination um eine aktive Spalte zu markieren, lautet Strg+Leertaste.

**Listing 10.49** Die aktive Spalte markieren

```
Sub SelectActiveColumn()
   Columns(ActiveCell.Column).Select
End Sub
```

**BEISPIEL** Die obigen Beispiele befinden sich innerhalb der Beispieldateien zum Buch im Ordner *\Buch\Kap10*. Die Mappe nennt sich *Bsp10_11.xlsm*. Die Prozeduren sind im *Modul2* enthalten.

# Mehrere Zeilen oder Spalten markieren

Um mehrere Zeilen oder Spalten auf dem Tabellenblatt zu markieren, halten Sie die [Strg]-Taste gedrückt und klicken nacheinander auf unterschiedliche Zeilen- oder Spaltenüberschriften. Dabei werden diese markiert. Es entsteht dabei ein Array.

In VBA werden diese jeweils durch ein Komma voneinander getrennt. Das Objekt, das dazu verwendet wird, lautet `Range`.

**Listing 10.50** Mehrere Zeilen markieren

```
Sub MultiSelectRows()
   Range("2:3,5:5").Select
End Sub
```

**Listing 10.51** Mehrere Spalten markieren

```
Sub MultiSelectColumns()
   Range("B:B, D:D").Select
End Sub
```

Das Ganze kann auch kombiniert werden, so dass sowohl Zeilen als auch Spalten markiert sind.

**Listing 10.52** Zeilen und Spalten markieren

```
Sub MultiCombination()
   Range("2:3,5:5,B:B,D:D").Select
End Sub
```

**BEISPIEL** Die obigen Beispiele befinden sich innerhalb der Beispieldateien zum Buch im Ordner *\Buch\Kap10*. Die Mappe nennt sich *Bsp10_11.xlsm*. Die Prozeduren sind im *Modul3* enthalten.

**Abbildg. 10.27** Die drei Markierungsmöglichkeiten

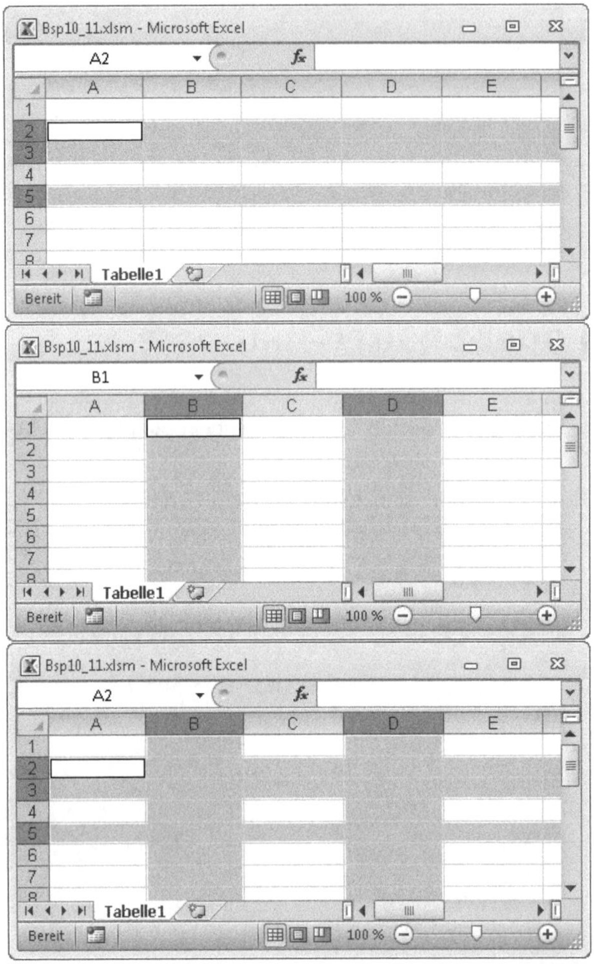


# Eine Zeile oder Spalte einfügen

Es gibt zwei Möglichkeiten, um eine leere Zeile in ein Tabellenblatt einzufügen. Das eine Verfahren ähnelt dem des Einfügens von Zellen. Anstatt jedoch einleitend eine Zelle anzugeben, wird die Eigenschaft `Rows` mit einem Zeilenindex angegeben. Die neue Zeile wird oberhalb eingefügt.

**Listing 10.53** Eine Zeile einfügen (*Rows*)

```
Sub InsertRows()
   Rows(2).Insert
End Sub
```

Das andere Verfahren besteht darin, das Objekt `Range` zu nutzen. Es wird dabei die Zelle angegeben, über der eine neue Zeile eingefügt werden soll. Zusätzlich ist die Eigenschaft `EntireRow` erforderlich.

**Listing 10.54** Eine Zeile einfügen (*Range*)

```
Sub InsertRowsRange()
   Range("B2").EntireRow.Insert
End Sub
```

Um eine Spalte mittels `Columns` einzufügen, sieht die Prozedur wie folgt aus (beachten Sie, dass die Spalte immer linkerhand eingefügt wird).

**Listing 10.55** Eine Spalte einfügen (*Columns*)

```
Sub InsertColumns()
   Columns(2).Insert
End Sub
```

Wenn Sie lieber mit `Range` arbeiten, denken Sie daran, dass noch die Eigenschaft `EntireColumn` erforderlich ist.

**Listing 10.56** Eine Spalte einfügen (*Range*)

```
Sub InsertColumnsRange()
   Range("B2").EntireColumn.Insert
End Sub
```

# Mehrere Zeilen oder Spalten einfügen

Bei Bedarf können Sie auch gleich mehrere Zeilen und/oder Spalten einfügen. Geben Sie im runden Klammerpaar nach `Range` die gewünschten Zeilen oder Spalten ein. Nicht angrenzende Zeilen oder Spalten sind durch ein Komma zu trennen. Zeilen und Spalten lassen sich nicht in einer Codezeile kombinieren, sondern müssen getrennt behandelt werden.

**Listing 10.57** Mehrere Zeile und Spalten einfügen

```
Sub InsertCellsAndRows()
   Range("2:2,4:5").Insert
   Range("B:B,D:E").Insert
End Sub
```

# Eine Zeile oder Spalte löschen

Um eine Zeile oder Spalte zu löschen, verfahren Sie genauso wie beim Einfügen. Ersetzen Sie lediglich die Methode `Insert` durch `Delete`

**Listing 10.58** Die zweite Zeile löschen (*Rows*)

```
Sub DeleteRows()
   Rows(2).Delete
End Sub
```

Listing 10.59 Die zweite Zeile löschen (*Range*)

```
Sub DeleteRowsRange()
   Range("B2").EntireRow.Delete
End Sub
```

Listing 10.60 Die zweite Spalte löschen (*Columns*)

```
Sub DeleteColumns()
   Columns(2).Delete
End Sub
```

Listing 10.61 Die zweite Spalte löschen (*Range*)

```
Sub DeleteColumnsRange()
   Range("B2").EntireColumn.Delete
End Sub
```

# Mehrere Zeilen oder Spalten löschen

Auch das Verfahren, um mehrere Zeilen und/oder Spalten zu löschen, ist dem des Einfügens ähnlich. Ersetzten Sie die Methode `Insert` durch `Delete`.

Listing 10.62 Zeilen und Spalten löschen

```
Sub DeleteCellsAndRows()
   Range("2:2,4:5").Delete
   Range("B:B,D:E").Delete
End Sub
```

# Zeilen oder Spalten kopieren

Um eine Zeile oder eine Spalte zu kopieren, verwenden Sie die Methode `Copy` gefolgt von `Destination`, also dem Ziel.

Listing 10.63 Zeile 8 kopieren und in Zeile 14 einfügen

```
Sub CopyRow()
   Rows(8).Copy Destination:=Rows(14)
End Sub
```

Listing 10.64 Spalte 4 kopieren und in Spalte 7 einfügen

```
Sub CopyColumn()
   Columns(4).Copy Destination:=Columns(7)
End Sub
```

Sie haben die Möglichkeit, die Ausgabe auf einem anderen Tabellenblatt oder in einer anderen Arbeitsmappe zu veranlassen. Geben Sie dazu zusätzlich das Tabellenblatt und bei Bedarf die Arbeitsmappe als Ziel oder Quelle an.

**Listing 10.65** Kopieren zwischen Arbeitsmappen und Tabellenblättern

```
Sub CopyRowColumnSheet()
   ThisWorkbook.Worksheets(2).Rows(8).Copy _
      Destination:=Workbooks(2).Worksheets(3).Rows(14)

   ThisWorkbook.Worksheets(3).Columns(4).Copy _
      Destination:=Worksheets(2).Columns(7)
End Sub
```

# Höhe von Zeilen oder Breite von Spalten festlegen

Um die Höhe einer Zeile festzulegen, verwenden Sie die Eigenschaft `RowHeight` und übergeben Ihr einen Pixelwert. Es können keine Millimeter und Zentimeter eingestellt werden.

**Listing 10.66** Zeilenhöhe festlegen

```
Sub HeightOfRows()
   Rows("7:9").RowHeight = 30
End Sub
```

Wenn Sie die Breite einer Spalte verändern möchten, benutzen Sie die Eigenschaft `ColumnWidth`.

**Listing 10.67** Spaltenbreite festlegen

```
Sub WidthOfColumn()
   Columns("C:E").ColumnWidth = 15
End Sub
```

# Automatisches Anpassen der Höhe oder Breite (*AutoFit*)

Wenn Sie in Excel eine Spalte automatisch dem längsten Eintrag anpassen wollen, klicken Sie doppelt zwischen die Spaltenüberschrift. Diesen Effekt können Sie auch mittels VBA herbeiführen. Die Methode dazu lautet `AutoFit`. Sie kann sowohl für Spalten als auch für Zeilen eingesetzt werden.

**Listing 10.68** Automatisches Anpassen der Höhe und Breite von Zeilen und Spalten

```
Sub AutoSize()
   Rows("7:9").AutoFit
   Columns("C:E").AutoFit
End Sub
```

# Ein- und Ausblenden von Zeilen und Spalten

Manuell werden Zeilen oder Spalten ausgeblendet, indem rechts auf den Zeilen- oder Spaltenkopf geklickt und aus dem Kontextmenü der Befehl *Ausblenden* ausgewählt wird.

Um eine ausgeblendete Spalte wieder einzublenden, müssen die beiden Spalten, die sich links und rechts neben der ausgeblendeten befinden, markiert werden. Bei Zeilen ist es die obere und die untere. Nach einem Rechtsklick auf die markierten Spalten- oder Zeilenköpfe wird im Kontextmenü der Eintrag *Einblenden* ausgewählt.

Um Zeilen und Spalten per VBA auszublenden, wird die Eigenschaft `Hidden` in Kombination mit `True` eingesetzt. Um die Objekte `Columns` und `Rows` wieder einzublenden, wird der Wert `True` durch `False` ersetzt.

**Listing 10.69** Zeilen und Spalten ausblenden

```
Sub HideColumnsAndRows()
   Rows("17:18").Hidden = True
   Columns("A:B").Hidden = True
End Sub
```

Wenn mehrere nicht zusammenhängende Spalten und Zeilen ausgeblendet werden sollen, muss an Stelle von `Rows` oder `Columns` das Objekt `Range` verwendet werden. Die Eigenschaften `EntireRow` und `EntireColumn` veranlasst das Ausblenden der gesamten Zeile bzw. Spalte. Die unabhängigen Bereiche werden durch ein Komma voneinander getrennt.

**Listing 10.70** Unabhängige Zeilen und Spalten ausblenden

```
Sub HideRange()
   Range("20:25, 30:35, 40:35").EntireRow.Hidden = True
   Range("K:M, O:O, Q:R").EntireColumn.Hidden = True
End Sub
```

Um sämtliche Zeilen und Spalten einzublenden, geben Sie alle Zeilen bzw. Spalten im runden Klammerpaar an.

**Listing 10.71** Alles Spalten und Zeilen wieder einblenden

```
Sub FadeInAll()
   Rows("1:1048576").Hidden = False
   Columns("A:XFD").Hidden = False
End Sub
```

**BEISPIEL** Die obigen Beispiele befinden sich innerhalb der Beispieldateien zum Buch im Ordner *\Buch\Kap10*. Die Mappe nennt sich *Bsp10_12.xlsm*. Die Prozeduren sind im *Modul1* enthalten.

# Welche Spalten oder Zeilen sind ausgeblendet?

Wenn Spalten oder Zeilen in einer Tabelle ausgeblendet sind, ist dies an den fehlenden Spalten- und Zeilenbeschriftungen zu erkennen. Die Suche nach ausgeblendeten Objekten kann sich als aufwändig erweisen, besonders wenn es sich um eine umfangreiche Tabelle handelt.

Im folgenden Beispiel wird gezeigt, wie in einem Meldungsfeld die Buchstaben der ausgeblendeten Spalten und die Nummern der ausgeblendeten Zeilen ausgegeben werden können.

**Abbildg. 10.28** Ausgeblendete Spalten und Zeilen

In der ersten `For`-Schleife werden die ausgeblendeten Spalten ermittelt. Da wir nicht den Spaltenindex, sondern den Spaltenbuchstaben ermitteln möchten, müssen wir mit der Spaltenadresse arbeiten. Wir verwenden dazu die `Address`-Eigenschaft. Das Resultat der Anweisung `Columns(i).Address` wäre beispielsweise *$A:$A*. Um das Dollarzeichen, das auf einen absoluten Verweis hindeutet, auszublenden, wird im runden Klammerpaar hinter `Address` zweimal `False` eingetragen, für jedes Dollarzeichen eines. Das Ergebnis ist dann *A:A*. Es soll jedoch nur ein *A* angezeigt werden. Wir verwenden die Funktionen `Left` und `Find`, um das oder die Zeichen vor dem Doppelpunkt zu ermitteln. Um den Code etwas übersichtlicher zu gestalten, referenzieren wir die Anweisung `Application.WorksheetFunction`.

Um den Index der ausgeblendeten Zeilen zu erhalten, verwenden wir eine zweite `For`-Schleife. Der Index der ausgeblendeten Zeilen wird dabei in der Variablen `strRows` zwischengespeichert.

Am Ende der Prozedur wird in einer `If`-Entscheidung geprüft, ob ausgeblendete Objekte gefunden wurden. Nach Ablauf der Prozedur wird eine entsprechende Nachricht am Bildschirm angezeigt (siehe Abbildung 10.28).



**Listing 10.72** Ausgeblendete Spaltenbuchstaben und Zeilennummern ermitteln

```
Sub HiddenColsAndRows()
   Dim i As Integer
   Dim AWF As WorksheetFunction
   Dim strAdr As String
   Dim strCol As String
   Dim strRows As String

   ' Referenzieren
   Set AWF = Application.WorksheetFunction

   ' Buchstaben der ausgeblendeten Spalten ermitteln
   For i = 1 To 16384
      If Columns(i).Hidden Then
         strAdr = Columns(i).Address(False, False)

         strCol = strCol & "   " & _
            Left(strAdr, AWF.Find(":", strAdr) - 1)
      End If
   Next i

   ' Nummern der ausgeblendeten Zeilen ermitteln
   ' Es werden 1000 Zeilen überprüft
   For i = 1 To 1000
      If Rows(i).Hidden Then
         strRows = strRows & "   " & i
      End If
   Next i
```

**Listing 10.72** Ausgeblendete Spaltenbuchstaben und Zeilennummern ermitteln *(Fortsetzung)*

```
    ' Meldungsfeld ausgeben
    If strCol <> "" Or strRows <> "" Then
       MsgBox "Spalte(n): " & strCol & Chr(13) & _
              "Zeile(n): " & strRows
    Else
       MsgBox "Es sind keine Spalten und Zeilen ausgeblendet"
    End If

    ' Referenziertes Objekt freigeben
    Set AWF = Nothing
End Sub
```

**BEISPIEL** Das obige Beispiel befindet sich innerhalb der Beispieldateien zum Buch im Ordner *\Buch\Kap10*. Die Mappe nennt sich *Bsp10_12.xlsm*. Die Prozedur ist im *Modul2* enthalten.

# Leere Zeilen oder Spalten ausblenden

Um leere Zeilen eines benutzen Bereiches auszublenden, muss zuerst der Index der letzten benutzten Zeile ermittelt werden. Dies geschieht mittels der Methode `SpecialCells` in Kombination mit der Konstanten `xlCellTypeLastCell`. Unter Zugabe der Eigenschaft `Row` kann der gewünschte Wert an die Variable `lngLastRow` übergeben werden.

**HINWEIS** Die letzte Zelle einer Tabelle kann auch ohne VBA selektiert werden. Klicken Sie dazu im Menüband von Excel auf der Registerkarte *Start* in der Gruppe *Bearbeiten* auf *Suchen und Auswählen* und rufen Sie im zugehörigen Dropdownmenü den Befehl *Inhalte auswählen* auf. Das Dialogfeld *Inhalte auswählen* wird angezeigt. Aktivieren Sie das Optionsfeld *Letzte Zelle*. Schließen Sie das Dialogfeld per Klick auf die Schaltfläche *OK*. Die letzte Zelle der Tabelle ist nun selektiert.

Um das Bildschirmflackern zu unterdrücken und die Geschwindigkeit der Prozedur zu erhöhen, wird vor der Schleife die Eigenschaft `ScreenUpdating = False` eingesetzt. Da sich die Eigenschaft auf die Applikation bezieht, muss sie am Ende der Prozedur wieder auf `True` gesetzt werden. Ansonsten würde der Bildaufbau für Excel generell deaktiviert bleiben.

Die `For`-Schleife durchläuft nun Zeile für Zeile den benutzten Bereich der Tabelle. Unter Zuhilfenahme der Funktion `CountA` kann geprüft werden, ob eine Zeile einen Wert enthält oder nicht. Wenn nicht, wird die Zeile ausgeblendet.

Die Funktion `CountA` entspricht der Tabellenfunktion `Anzahl2`. Mit dieser Funktion werden in einem angegebenen Bereich Zellen gezählt, die einen Eintrag haben. Dabei spielt es keine Rolle, ob es sich um eine Zahl oder um einen Text handelt. In unserer Prozedur wird Zeile für Zeile geprüft, ob `CountA` einen Wert gleich 0 findet. Bei Zutreffen bedeutet dies, dass die Zeile leer ist.

**Listing 10.73** Leere Zeilen ausblenden

```
Sub HideEmptyRows()
   Dim lngLastRow As Long
   Dim i As Integer

   lngLastRow = ActiveSheet.Cells.SpecialCells(xlCellTypeLastCell).Row

   Application.ScreenUpdating = False
      For i = 1 To lngLastRow
         If Application.WorksheetFunction.CountA(Rows(i)) = 0 Then
            Rows(i).Hidden = True
         End If
      Next i
   Application.ScreenUpdating = True
End Sub
```

**BEISPIEL** Das obige Beispiel befindet sich innerhalb der Beispieldateien zum Buch im Ordner *\Buch\Kap10*. Die Mappe nennt sich *Bsp10_13.xlsm*. Die Prozedur ist im *Modul1* enthalten.

# Leere Zeilen und Spalten löschen

Wenn leere Zeilen nicht nur ausgeblendet, sondern gänzlich gelöscht werden sollen, kann eine ähnliche Prozedur wie zuvor verwendet werden. Die Anweisung `Hidden = True` wird durch `Delete` ersetzt.

Da Excel beim Löschen einer Zeile die folgenden Zeilen jeweils von unten nach oben schiebt, muss die Schleife in diesem Beispiel umgekehrt werden. Der Zähler beginnt bei der letzten Zeile und zählt rückwärts `Step -1` nach oben. Nur so kann sichergestellt werden, dass sämtliche leeren Zeilen entfernt werden.



**Listing 10.74** Leere Zeilen löschen

```
Sub DeleteEmptyRows()
   Dim lngLastRow As Long
   Dim i As Integer

   lngLastRow = ActiveSheet.Cells.SpecialCells(xlCellTypeLastCell).Row

   Application.ScreenUpdating = False
      For i = lngLastRow To 1 Step -1
         If Application.WorksheetFunction.CountA(Rows(i)) = 0 Then
            Rows(i).Delete
         End If
      Next i
   Application.ScreenUpdating = True
End Sub
```

**BEISPIEL** Das obige Beispiel befindet sich innerhalb der Beispieldateien zum Buch im Ordner *\Buch\Kap10*. Die Mappe nennt sich *Bsp10_13.xlsm*. Die Prozedur ist im *Modul2* enthalten.

**ACHTUNG** Denken Sie daran, dass die Schaltfläche *Rückgängig* bei ausgeführten VBA-Prozeduren nicht verwendet werden kann. Es empfiehlt sich daher, vor Löschaktionen per VBA immer eine Sicherheitskopie der Mappe anzulegen.

Die Prozedur für das Löschen von Spalten sieht ähnlich aus. Der Unterschied besteht lediglich darin, dass das Objekt `Row(s)` durch `Column(s)` ersetzt werden muss.

**Listing 10.75** Leere Spalten löschen

```
Sub DeleteEmptyColumns()
   Dim lngLastColumn As Long
   Dim i As Integer

   lngLastColumn = ActiveSheet.Cells. _
                SpecialCells(xlCellTypeLastCell).Column

   Application.ScreenUpdating = False
      For i = lngLastColumn To 1 Step -1
         If Application.WorksheetFunction.CountA(Columns(i)) = 0 Then
            Columns(i).Delete
         End If
      Next i
   Application.ScreenUpdating = True
End Sub
```

**BEISPIEL** Das obige Beispiel befindet sich innerhalb der Beispieldateien zum Buch im Ordner *\Buch\Kap10*. Die Mappe nennt sich *Bsp10_13.xlsm*. Die Prozedur ist im *Modul3* enthalten.

# Der Umgang mit Tabellenblättern

In diesem Abschnitt lernen Sie den Unterschied zwischen `Sheets` und `Worksheets` kennen. Sie erfahren zudem die wichtigsten Grundlagen rund um die Verwendung von Tabellenblättern mittels VBA.

## Worksheets oder Sheets?

Wenn Sie mit dem Makrorekorder Aufzeichnungen vornehmen, treffen Sie oft auf das Auflistungsobjekt `Sheets` anstelle von `Worksheets`. Sie mögen sich bereits gefragt haben, worin der Unterschied besteht.

Wenn Sie in Excel mit der rechten Maustaste auf eine Blattregisterkarte klicken und im Kontextmenü den Eintrag *Einfügen* wählen, öffnet sich das gleichnamige Dialogfeld.

**Abbildg. 10.29** Verschiedene Blattformen

Auf der Registerkarte *Allgemein* stehen insgesamt fünf Tabellenblatttypen zur Verfügung. Die meisten davon sind Überbleibsel aus der Version 95, die noch immer verfügbar sind. Sie dienten damals, als VBA noch in Deutsch gehalten war, zur Unterstützung in der Programmierung. Heute, mit den modernen Mitteln, werden sie kaum noch gebraucht. Einzig das *Tabellenblatt* und das *Diagramm* sind noch aktuell.

Bei jedem dieser Blätter handelt es sich um unterschiedliche Blatttypen. Nur das *Tabellenblatt* kann mittels des Objekts `Worksheets` angesprochen werden. Die anderen Blätter wie beispielsweise Diagramme sind `Sheets`. Um es präziser auszudrücken, können sämtliche Blätter, eingeschlossen das Tabellenblatt, über das Objekt `Sheets` angesprochen werden.

Es empfiehlt sich, für Tabellenblätter `Worksheets` zu verwenden. Zumindest, wenn Sie in Ihrem VBA-Code sowohl Tabellenblätter als auch Diagrammblätter ansprechen. Dem Code ist so deutlicher zu entnehmen, wann welcher Blatttyp benutzt wird.

**Listing 10.76** Aktivieren des zweiten Tabellenblatts

```
Sub SecondSheet()
   Worksheets("Tabelle2").Activate
End Sub
```

Wenn Sie versuchen würden, ein Diagrammblatt über `Worksheets` anzusprechen, würde die Prozedur in einem Fehler enden. Bei Diagrammblättern ist nur das Objekt `Sheets` zugelassen:

**Listing 10.77** Ein Diagrammblatt aktivieren

```
Sub ActivateChart()
   Sheets("Diagramm1").Activate
End Sub
```

# Zellen eines bestimmten Tabellenblattes verändern

Wenn Sie die Zellen eines anderen Tabellenblattes ändern möchten, ohne diese vorher zu selektieren, kombinieren Sie `Worksheets` und `Range`. Sie können das Tabellenblatt dabei über den Index oder den Namen ansprechen.

Im folgenden Code wird auf dem zweiten Tabellenblatt der Bereich *B6:C10* mit einer gelben Hintergrundfarbe belegt.

**Listing 10.78** Farbe eines Bereiches auf dem zweiten Tabellenblatt verändern

```
Sub ChangeColorSecondSheet()
   Worksheets(2).Range("B6:C10").Interior.Color = vbYellow
End Sub
```

# Ein neues Tabellenblatt einfügen

Mittels der Methode `Add` können Sie ein neues Tabellenblatt in Ihre Arbeitsmappe einfügen. Ohne irgendwelche Argumente wird das neue Tabellenblatt vor dem aktiven Tabellenblatt eingefügt.

```
Worksheets.Add
```

Mittels des Arguments `Before` können Sie festlegen, *vor* welchem bestehenden Tabellenblatt das neue eingefügt werden soll. Die folgende Codezeile fügt das neue Tabellenblatt vor dem ersten Tabellenblatt ein.

```
Worksheets.Add Before:=Worksheets(1)
```

Mit dem Argument `After` können Sie veranlassen, dass das neue Tabellenblatt *nach* einem bestehenden eingefügt wird. Die folgende Beispielzeile zeigt, wie ein neues Tabellenblatt an letzter Stelle aller Tabellenblätter eingefügt werden kann. `Worksheets.Count` gibt die Anzahl an vorhandenen Tabellenblättern zurück. Dieser Rückgabewert wird als Index verwendet. Damit ist gewährleistet, dass das neue Tabellenblatt an letzter Stelle eingefügt wird, egal über wie viele bestehende Tabellenblätter die Arbeitsmappe bereits verfügt.

```
Worksheets.Add After:=Worksheets(Worksheets.Count)
```

Sie können auf Wunsch auch gleich mehrere Tabellenblätter einfügen. Verwenden Sie dazu zusätzlich das Argument `Count`.

```
Worksheets.Add After:=Worksheets(Worksheets.Count), Count:=3
```

# Ein Tabellenblatt verschieben

Das Prinzip, um ein Tabellenblatt zu verschieben, ist dem des Einfügens sehr ähnlich. Verwenden Sie die Methode `Move`, sowie eines der Argumente `Before` oder `After`.

Die folgende Prozedur zeigt, wie das Tabellenblatt mit dem Namen *Tabelle3* an die letzte Stelle innerhalb der Arbeitsmappe verschoben werden kann.

**Listing 10.79** Tabellenblatt ans Ende verschieben

```
Sub MoveWorksheet()
   Worksheets("Tabelle3").Move After:=Sheets(Sheets.Count)
End Sub
```

# Ein Tabellenblatt kopieren

Wenn Sie ein bestehendes Tabellenblatt kopieren möchten, verwenden Sie die Methode `Copy`. Auch hier können Sie wieder die Argumente `Before` und `After` einsetzen.

Das folgende Beispiel kopiert das Tabellenblatt mit dem Namen *Tabelle1*. Das neue Tabellenblatt wird an letzter Stelle in der Arbeitsmappe eingefügt. Durch das Kopieren ist das neue Tabellenblatt das aktive. Wir weisen ihm gleich einen neuen Namen zu.

**Listing 10.80** Ein Tabellenblatt kopieren

```
Sub CopyWorksheet()
   Worksheets("Tabelle1").Copy After:=Sheets(Sheets.Count)
   ActiveSheet.Name = "MeinNeuesTabellenblatt"
End Sub
```

# Bestimmtes Tabellenblatt löschen

Es gibt zwei Wege, um ein Tabellenblatt zu löschen. Der eine führt über den Index, der andere über den Namen des Tabellenblatts. Der Vorteil am Index ist, dass der Name des Tabellenblattes nicht bekannt sein muss. Es wird lediglich angegeben, das wievielte Tabellenblatt gelöscht werden soll (`Delete`). In der folgenden Prozedur wird das zweite Tabellenblatt der aktiven Mappe gelöscht.

**BEISPIEL** Die folgenden Beispiele befinden sich innerhalb der Beispieldateien zum Buch im Ordner *\Buch\Kap10*. Die Mappe nennt sich *Bsp10_14.xlsm*. Die Prozeduren sind in *Modul1* untergebracht.

**Listing 10.81** Ein Tabellenblatt löschen

```
Sub WorksheetDelete()
   Worksheets(2).Delete
End Sub
```

Sobald die Löschanweisung erfolgt ist, fragt Excel zurück, ob das Arbeitsblatt wirklich gelöscht werden soll. Klicken Sie wahlweise auf die Schaltfläche *Löschen* oder *Abbrechen*.

**Abbildg. 10.30** Rückfrage, ob das Tabellenblatt wirklich gelöscht werden soll

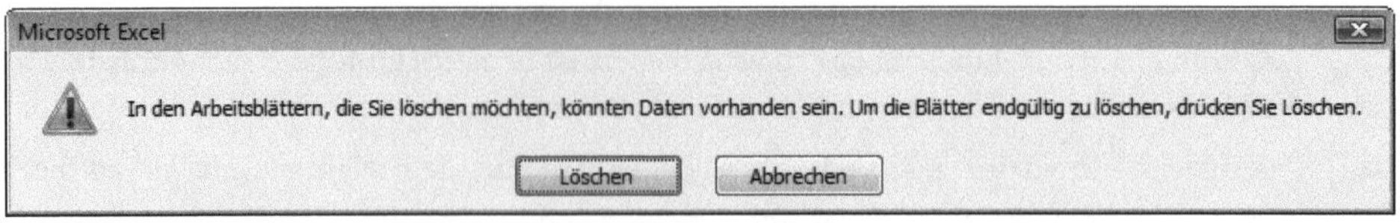


Sie können die Löschrückfrage unterdrücken, indem Sie die Anweisung `Application.DisplayAlerts`, gefolgt vom Wert `False` vor der Löschanweisung einfügen. Beachten Sie, dass die Eigenschaft `DisplayAlerts` direkt dem `Application`-Objekt zugewiesen wird. Die Eigenschaft hat somit für die gesamte Excel-Applikation Gültigkeit. Sämtliche Eingabeaufforderungen und Warnmeldungen der Applikation werden damit dauerhaft deaktiviert. Es ist daher dringend zu empfehlen, die Meldung am Ende der Prozedur wieder zu aktivieren, indem ihr der Wert `True` zugewiesen wird.

**Listing 10.82** Tabellenblatt ohne Rückfrage löschen

```
Sub DeleteSheetWithoutRequest()
   Application.DisplayAlerts = False
   WorkSheets(2).Delete
   Application.DisplayAlerts = True
End Sub
```

Falls ein Tabellenblatt mit dem Index 2 nicht existiert, das heißt, wenn in der Mappe nur ein Tabellenblatt vorhanden ist, würde die obige Prozedur zu einem Fehler führen. Deshalb empfiehlt es sich, in einer `If`-Entscheidung zu prüfen, ob ein solches Tabellenblatt vorhanden ist.

**Listing 10.83** Ein Tabellenblatt löschen mit Fehlerbehandlung

```
Sub DeleteOneSheetCheckError()
   If Worksheets.Count > 1 Then
      Worksheets(2).Delete
   Else
      MsgBox "Das Tabellenblatt existiert nicht."
   End If
End Sub
```

Der zweite Weg, um ein Tabellenblatt zu löschen, führt über dessen Namen. Der Vorteil bei der Angabe des Namens besteht darin, dass kein falsches Tabellenblatt gelöscht wird, sofern der Name korrekt angegeben wurde. Bei der Auswahl über den Index ist die Gefahr, ein Tabellenblatt versehentlich zu löschen, unter Umständen größer.

Um einen möglichen Fehler abzufangen, wird in einer `If`-Entscheidung geprüft, ob mehr als ein Tabellenblatt in der Arbeitsmappe enthalten ist, denn eines muss immer vorhanden sein. Die `If`-Entscheidung prüft zudem, ob überhaupt ein Tabellenblatt mit dem Namen *Tabelle9* vorhanden ist.

**Listing 10.84** Fehlerbehandlung beim Löschen eines Tabellenblattes

```
Sub DeleteOneSheetErrorHandling()
   Dim ws As Worksheet

   For Each ws In Worksheets
      If Worksheets.Count > 1 And ws.Name = "Tabelle9" Then
```

**Listing 10.84** Fehlerbehandlung beim Löschen eines Tabellenblattes *(Fortsetzung)*

```
            Worksheets("Tabelle9").Delete
            Exit For
         End If
      Next ws
   End Sub
```

# Alle Tabellenblätter löschen (außer einem)

Es ist ein Ding der Unmöglichkeit, sämtliche Tabellenblätter aus einer Arbeitsmappe zu entfernen. Ein sichtbares Tabellenblatt muss immer vorhanden sein.

Wenn Sie tatsächlich alle derzeit vorhandenen Tabellenblätter aus einer Arbeitsmappe entfernen möchten, fügen Sie zu Beginn der Prozedur ein komplett neues Tabellenblatt ein. Löschen Sie anschließend die übrigen Tabellenblätter.

In unserer folgenden Prozedur wird ein neues Tabellenblatt eingefügt und an erster Stelle positioniert. Dazu verwenden wir das Argument `Before` gefolgt von `Worksheets(1)`. In der `For`-Schleife, deren Zähler bei 2 endet, werden die restlichen Tabellenblätter gelöscht. Die Schleife muss zwingend rückwärts laufen, damit kein Index übergangen wird.

**Listing 10.85** Ein neues Tabellenblatt einfügen und die alten Tabellenblätter löschen

```
Sub RemoveSheetsExceptOne()
   Dim i As Integer

   ' Ein neues Tabellenblatt einfügen
   Worksheets.Add Before:=Worksheets(1)
   ActiveSheet.Name = "Neues Blatt"

   Application.DisplayAlerts = False
   For i = Worksheets.Count To 2 Step -1
      Worksheets(i).Delete
   Next i
   Application.DisplayAlerts = True
End Sub
```

**BEISPIEL** Das obige Beispiel befindet sich innerhalb der Beispieldateien zum Buch im Ordner *\Buch\Kap10*. Die Mappe nennt sich *Bsp10_14.xlsm*. Die Prozedur ist in *Modul2* untergebracht.

# Ein- und Ausblenden von Tabellenblättern

Oftmals werden Tabellenblätter verwendet, um Daten zwischenzuspeichern, die für den Endbenutzer irrelevant oder verwirrend sind und deshalb nicht sichtbar sein sollen. Zum Beispiel Basisdaten für Formeln oder Quellen für Listen der Datengültigkeit. Um Benutzer solcher Arbeitsmappen nicht unnötig mit diesen Hintergrunddaten zu belasten, können Sie einzelne Tabellenblätter ausblenden. Es empfiehlt sich allerdings nicht, auf ausgeblendeten Tabellenblättern vertrauliche oder geheime Daten zu verwalten, denn jeder erfahrene Excel-Anwender weiß, wie man Tabellenblätter wieder einblenden kann.

Um ein oder mehrere Tabellenblätter manuell auszublenden, selektieren Sie diese(s) und öffnen im Bereich der Blattregisterkarten das Kontextmenü. Wählen Sie *Ausblenden*. Bei dieser Aktion wird veranlasst, dass die Blattregisterkarte dieser Tabellenblätter nicht mehr sichtbar ist und sich somit nicht mehr auswählen lässt. Um ein Tabellenblatt einzublenden wiederholen Sie den Vorgang und rufen im Kontextmenü den Befehl *Einblenden* auf. Das gleichnamige Dialogfeld wird sichtbar und Sie können das Tabellenblatt, das wieder eingeblendet werden soll, auswählen.

**Abbildg. 10.31** Ein Tabellenblatt wieder einblenden

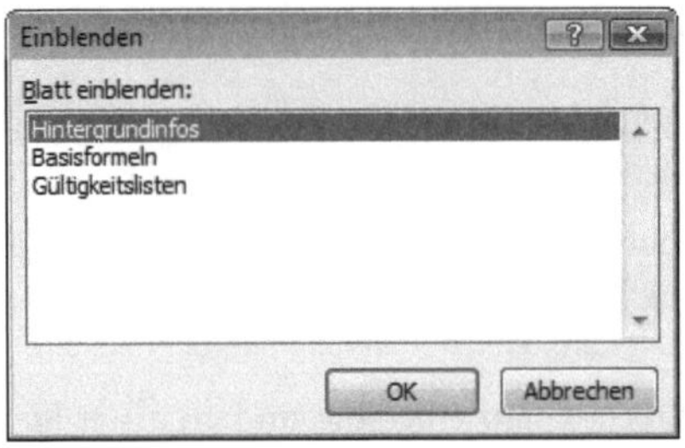


Der Nachteil dabei ist, dass sich nicht mehrere Tabellenblätter auf einmal wieder einblenden lassen. Sie müssen jedes einzelne Tabellenblatt anwählen und über den oben genannten Weg einblenden. Wenn es sich um viele Tabellenblätter handelt, die wieder eingeblendet werden müssen, ist das recht umständlich. Per VBA lässt sich das Ganze automatisieren.

Sehen wir uns zuerst an, wie Tabellenblätter per VBA ausgeblendet werden können. Der eine Weg führt über ein Array, dem Sie die Tabellenblattnamen übergeben. Die Eigenschaft, um ein Tabellenblatt auszublenden nennt sich `Visible`. Zum Ausblenden übergeben Sie den Wert `True`, zum Einblenden `False`.

**BEISPIEL** Die folgenden Beispiele befinden sich innerhalb der Beispieldateien zum Buch im Ordner *\Buch\Kap10*. Die Mappe nennt sich *Bsp10_15.xlsm*. Die Prozeduren sind in *Modul1* untergebracht.

**Listing 10.86** Tabellenblätter ausblenden mittels Array

```
Sub HideSheets()
   Worksheets(Array("Hintergrundinfos", "Basisformeln", _
                    "Gültigkeitslisten")).Visible = False
End Sub
```

Wenn die Tabellenblätter direkt nebeneinander oder in regelmäßigen Abständen auseinander liegen, können Sie mit einer Schleife arbeiten.

**Listing 10.87** Tabellenblätter ausblenden mittels einer Schleife

```
Sub HideSheetsLoop()
   Dim i As Integer

   For i = 2 To 4
      Worksheets(i).Visible = False
   Next i
End Sub
```

Um ein einzelnes Tabellenblatt wieder einzublenden, verwenden Sie dessen Namen im runden Klammerpaar nach `Worksheets` oder `Sheets` und übergeben die Anweisung `Visible = True`.

**Listing 10.88** Ein bestimmtes Tabellenblatt wieder einblenden

```
Sub VisibleOneSheet()
   Worksheets("Basisformeln").Visible = True
End Sub
```

Wenn Sie sämtliche ausgeblendeten Tabellenblätter wieder einblenden möchten, arbeiten Sie mit einer `For Each`-Schleife.

**Listing 10.89** Alle Tabellenblätter wieder einblenden

```
Sub AllWorksheetsVisible()
   Dim ws As Worksheet

   For Each ws In Worksheets
      ws.Visible = True
   Next ws
End Sub
```

**HINWEIS** Der VBE ist es egal, ob Tabellenblätter ein- oder ausgeblendet sind. Das Projekt zeigt in jedem Fall immer alle Tabellenblätter an.

**Abbildg. 10.32** Im VBAProject sind alle Tabellenblätter ersichtlich

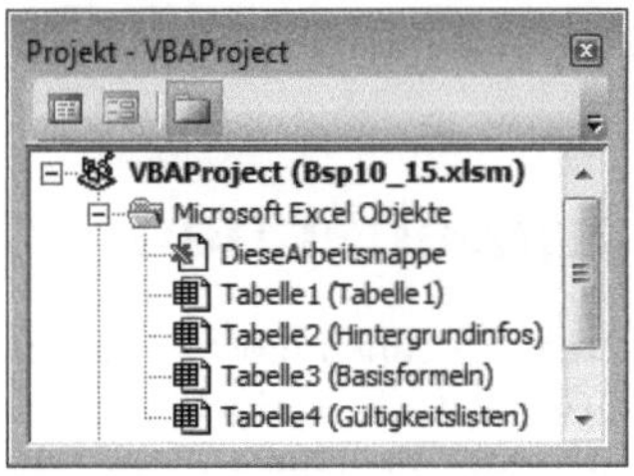


Bislang haben wir der Eigenschaft `Visible` lediglich den Wert `True` oder `False` übergeben. Es gibt noch drei Konstanten, die stattdessen verwendet werden können.

**Tabelle 10.4** Konstanten für die Eigenschaft *Visible*

| Konstante | Beschreibung |
|---|---|
| `xlSheetHidden` | Das Tabellenblatt wird ausgeblendet und kann per VBA oder manuell wieder eingeblendet werden |
| `xlSheetVisible` | Das Tabellenblatt wird eingeblendet |
| `xlSheetVeryHidden` | Das Tabellenblatt wird versteckt ausgeblendet, sodass es manuell unzugänglich ist |

Um ein Tabellenblatt so zu verstecken, dass es manuell nicht mehr eingeblendet werden kann, verwenden Sie die Konstante xlVeryHidden.

**Listing 10.90** Manuelles Einblenden unterdrücken

```
Sub VeryHidden()
   Worksheets("Basisformeln").Visible = xlVeryHidden
End Sub
```

Um das Tabellenblatt wieder einzublenden, verwenden Sie Visible = True oder Visible = xlSheetVisible.

# Tabellenblätter umbenennen

Tabellenblattnamen sind variabel. Das heißt, Sie können ein Tabellenblatt nach Belieben umbenennen. Manuell klicken Sie dazu doppelt auf die Blattregisterkarte und überschreiben den bestehenden Namen.

Um genau das per VBA zu tun, geben Sie das Tabellenblatt an, das Sie umbenennen möchten und fügen die Eigenschaft Name an. Ihr übergeben Sie den neuen Namen und schreiben diesen in Anführungszeichen.

**Listing 10.91** Ein Tabellenblatt umbenennen

```
Sub RenameSheet()
   Worksheets(1).Name = "Mein Blatt"
End Sub
```

# Tabellenblätter automatisch umbenennen

Wenn Sie sämtliche Tabellenblätter in Ihrer Arbeitsmappe neu benennen möchten, arbeiten Sie mit einer Schleife. In unserem Beispiel wird eine Zählschleife verwendet. Sie ermittelt, wie viele Tabellenblätter in der Arbeitsmappe vorhanden sind Worksheets.Count. Nachdem die Anzahl an Tabellenblättern bekannt ist, wird jedem einzelnen Tabellenblatt der neue Name zugewiesen.

**Listing 10.92** Alle Tabellenblätter neu benennen

```
Sub RenameAllSheets()
   Dim i As Integer

   For i = 1 To Worksheets.Count
      Worksheets(i).Name = "Blatt" & i
   Next i
End Sub
```

Ein Fehler entsteht, wenn an einer anderen Position als jener, die die Schleife soeben erreicht hat, bereits ein Tabellenblatt mit diesem Namen vorhanden ist.

Um diesen Fehler zu umgehen, können Sie innerhalb der Zählschleife eine For Each-Schleife verwenden. Innerhalb dieser inneren Schleife wird geprüft, ob bereits ein gleichnamiges Tabellenblatt vorhanden ist. Sollte dieser Fall eintreten, geben wir eine Meldung aus und verlassen die Prozedur mittel `Exit Sub`.

**Listing 10.93** Fehlerbehandlung beim automatischen Umbenennen

```
Sub RenameAllSheetsErrorhandler()
   Dim i As Integer
   Dim ws As Worksheet
   Dim strWBName As String

   For i = 1 To Worksheets.Count
      strWBName = "Tabelle" & i
      For Each ws In Worksheets
         If ws.Name = strWBName Then
            MsgBox "Ein Tabellenblatt mit den Namen " & strWBName & _
                   " existiert bereits."
            Exit Sub
         End If
      Next ws
      Worksheets(i).Name = strWBName
   Next i
End Sub
```

**BEISPIEL** Die obigen Beispiele befinden sich innerhalb der Beispieldateien zum Buch im Ordner *\Buch\Kap10*. Die Mappe nennt sich *Bsp10_16.xlsm*. Die Prozeduren sind in *Modul1* untergebracht.

# Schutz von Tabellen, Bereichen und Mappen

Manuell können Sie in Excel einen Schutz von Tabellenblättern über das Menüband mit *Start/Zellen/Format/Blatt schützen* erreichen. Geben Sie bei Bedarf ein Kennwort ein und merken Sie sich dieses gut!

In der Regel soll das Blatt nicht komplett geschützt werden. Es sollen lediglich einzelne Handlungen untersagt werden, wie zum Beispiel das Verändern gesperrter Zellen.

**WICHTIG** Was vielen Excel-Benutzern unbekannt ist, ist die Tatsache, dass standardmäßig alle Zellen eines Tabellenblattes gesperrt sind. Die Sperrung wird jedoch erst aktiv, wenn das Tabellenblatt durch einen Blattschutz belegt wird.

Wenn einzelne Zellen, trotz Blattschutz, zur Bearbeitung zugelassen werden sollen, müssen diese, bevor der Blattschutz aktiviert wird, freigegeben werden.

Gehen Sie wie folgt vor, um die Sperre für einzelne Zellen zu deaktivieren:

1. Markieren Sie alle Zellen, die zur Bearbeitung zugelassen werden sollen
2. Klicken Sie im Menüband unter *Start/Zellen/Format* auf den Befehl *Zelle sperren*

Seit Version XP (2002) stehen im Dialogfeld *Blatt schützen* nicht weniger als 15 Auswahlmöglichkeiten zur Verfügung, die es zulassen, einige Elemente des Tabellenblattes vom Schutz auszuschließen.

**Abbildg. 10.33** Blatt schützen

Wenn Sie einen Blattschutz per VBA programmieren möchten, empfiehlt es sich, den Makrorekorder einzusetzen, die gewünschten Schritte aufzuzeichnen und die Aufzeichnung danach anzupassen. Für jede Einstellungsmöglichkeit, die im Dialogfeld *Blatt schützen* zur Verfügung steht, gibt es ein eigenes Argument.

Die `Protect`-Methode steht für den Schutz des Blattes. Ihr können Sie eines oder mehrere der Argumente übergeben. Nähere Informationen erhalten Sie in der VBA-Hilfe unter dem Stichwort *Protect*. Mittels `EnableSelection = xlUnlockedCells` wird verhindert, dass gesperrte Zellen selektiert werden können.

Um ein Kennwort mitzuliefern, wird das Argument `Password`, gefolgt vom gewünschten Passwort, verwendet.

In der folgenden Prozedur werden, bevor der Blattschutz gesetzt wird, einige Zellen zur Bearbeitung freigegeben `Locked = False`. Damit die freigegeben Zellen leicht zu erkennen sind, werden sie durch eine graue Hintergrundfarbe hervorgehoben.

Da Zellen nur bei inaktivem Blattschutz freigegeben werden können, muss zu Beginn der Prozedur sichergestellt werden, dass das Blatt nicht geschützt ist `Unprotect`.

In der Prozedur wird zudem das Filtern von Daten über `AllowFiltering` zugelassen. Diese Einstellung ist erst seit Version 2002 (XP) möglich. Der Filter selbst muss gesetzt werden, bevor das Blatt geschützt wird.

**Listing 10.94** Blattschutz mit Zellenfreigabe

```
Sub SheetProtection()
   ' Blattschutz mit Kennwort aufheben
   ActiveSheet.Unprotect _
      Password:="Monika"

   ' Zellen zur Bearbeitung freigeben und
   ' mit einer grauen Hintergrundfarbe belegen
   With Range("A2:C20, E2:E20")
      .Locked = False
      .Interior.ColorIndex = 15
   End With
```

**Listing 10.94** Blattschutz mit Zellenfreigabe *(Fortsetzung)*

```
   ' Blattschutz mit Kennwort setzen
   With ActiveSheet
      .Protect _
         Password:="Monika", _
         AllowFiltering:=True
      .EnableSelection = xlUnlockedCells
   End With
End Sub
```

Um den Blattschutz aufzuheben, verwenden Sie die nachfolgende Prozedur. In diesem Beispiel ist das Passwort bereits hinterlegt. Dies macht in der Praxis nur in wenigen Fällen Sinn und dient hier lediglich der Veranschaulichung. Der umgekehrte Fall ist eher realistisch. Mittels VBA wird ein Blattschutz aufgehoben, es werden innerhalb der Prozedur Änderungen am Tabellenblatt vorgenommen und am Ende der Prozedur wird der Blattschutz wieder zugeteilt.

**Listing 10.95** Den Blattschutz aufheben

```
Sub UnprotectSheet()
   ActiveSheet.Unprotect Password:="Monika"
End Sub
```

**BEISPIEL** Die obigen Beispiele befinden sich innerhalb der Beispieldateien zum Buch im Ordner *\Buch\Kap10*. Die Mappe nennt sich *Bsp10_17.xlsm*. Die Prozeduren sind in *Modul1* untergebracht.

# Zellen entsperren und sperren

Sie können vor dem Zuweisen des Blattschutzes per VBA festlegen, welche Zellen zur Bearbeitung freigegeben, also entsperrt sein sollen. Geben Sie dazu die Zelle, den oder die Bereich(e) an und übergeben Sie die Eigenschaft `Locked` gefolgt vom Wert `False`.

**Listing 10.96** Blattschutz aufheben, Zellen entsperren und Blattschutz wieder zuweisen

```
Sub LockRange()
   With Worksheets(1)
      .Unprotect
      .Range("B2:C5,D6:E8").Locked = False
      .Protect
   End With
End Sub
```

Um das Gegenteil zu bewirken, also Zellen zu sperren, übergeben Sie der Eigenschaft `Locked` den Wert `True`.

# Nicht gesperrte Zellen farbig hinterlegen

Nicht gesperrte Zellen, also Zellen, in die eine Eingabe erfolgen kann, auch wenn das Tabellenblatt geschützt ist, sind nicht ohne weiteres zu erkennen. Sie können diese Zellen hervorheben, indem Sie ihnen beispielsweise eine bestimmte Hintergrundfarbe zuweisen.

In unserem Beispiel werden diese Zellen grün hinterlegt. Wir sprechen jeweils den benutzten Bereich (`UsedRange`) an. Sie können stattdessen auch einen fixen Bereich (`Range`) angeben. Nach der Variablendeklaration werden zuerst alle Farben entfernt. Dies, damit bei erneutem Ausführen des Codes alte Zellen nicht mehr mit grüner Farbe hinterlegt sind. Es könnte ja sein, dass weitere Zellen ge- oder entsperrt worden sind.

**Abbildg. 10.34** Die entsperrten Zellen sind hervorgehoben

In der `For Each`-Schleife werden alle Zellen des benutzten Bereiches durchlaufen. In der `If`-Entscheidung wird geprüft, ob die Zelle entsperrt ist: `Locked = False`. Bei Zutreffen wird die Zelle mit einer grünen Hintergrundfarbe versehen.

**Listing 10.97** Nicht gesperrte Zellen grün anzeigen

```
Sub UnLockedCellsGreen()
   Dim c As Range

   ' Farben zuerst entfernen
   ActiveSheet.Unprotect
   ActiveSheet.UsedRange.Interior.ColorIndex = xlNone

   ' Grüne Farbe entsperrten Zellen zuweisen
   For Each c In ActiveSheet.UsedRange.Cells
      If c.Locked = False Then
         c.Interior.Color = vbGreen
      End If
   Next c
   ActiveSheet.Protect
End Sub
```

**BEISPIEL** Das obige Beispiel befindet sich innerhalb der Beispieldateien zum Buch im Ordner *\Buch\Kap10*. Die Mappe nennt sich *Bsp10_18.xlsm*.

# Keine Selektion auf dem Tabellenblatt zulassen

Per VBA können Sie veranlassen, dass keine Zelle auf dem Tabellenblatt ausgewählt werden kann. Voraussetzung dafür ist, dass das Tabellenblatt geschützt ist. Zur Unterdrückung von Selektierungen wird die Eigenschaft `EnableSelection` verwendet, gefolgt von der Konstanten `xlNoSelection`.

**Listing 10.98** Keine Selektion zulassen

```
Sub NoSelection()
   With Worksheets(1)
      .Protect
      .EnableSelection = xlNoSelection
   End With
End Sub
```

**BEISPIEL** Das obige Beispiel befindet sich innerhalb der Beispieldateien zum Buch im Ordner *\Buch\Kap10*. Die Mappe nennt sich *Bsp10_19.xlsm*. Die Prozedur ist in *Modul1* untergebracht.

# Keine Restriktionen auf gesperrte Zellen

Wenn Sie, wie im obigen Beispiel beschrieben, das Selektieren von Zellen unterdrückt haben, und dieses wieder aufheben möchten, verwenden Sie die Konstante `xlNoRestrictions`.

In der folgenden Prozedur wird die Restriktion für sämtliche Tabellenblätter in der aktiven Arbeitsmappe aufgehoben. Wir verwenden dazu eine `For Each`-Schleife, die alle Tabellenblätter einzeln anspricht.

**Listing 10.99** Restriktionen aufheben

```
Sub NoRestriction()
   Dim ws As Worksheet

   For Each ws In Worksheets
      With ws
         .EnableSelection = xlNoRestrictions
         .Protect
      End With
   Next ws
End Sub
```

**BEISPIEL** Das obige Beispiel befindet sich innerhalb der Beispieldateien zum Buch im Ordner *\Buch\Kap10*. Die Mappe nennt sich *Bsp10_19.xlsm*. Die Prozedur ist in *Modul2* untergebracht.

# Markieren gesperrter Zellen unterdrücken

Mittels der Eigenschaft `EnableSelection` haben Sie noch eine dritte Möglichkeit. Sie können das Markieren von gesperrten Zellen auf einem geschützten Tabellenblatt gänzlich unterdrücken. Ein Selektieren gesperrter Zellen wird nach dem Ausführen des folgenden Codes nicht mehr möglich sein. Beachten Sie, dass wir diesmal die Konstante `xlUnlockedCells` verwenden.

**Listing 10.100** Das Selektieren von gesperrten Zellen unterdrücken

```
Sub RestrictionForLockedCells()
   Dim ws As Worksheet

   For Each ws In Worksheets
      With ws
         .EnableSelection = xlUnlockedCells
         .Protect
      End With
   Next ws
End Sub
```

Um die Restriktion aufzuheben, ersetzten Sie `xlUnlockedCells` durch `xlNoRestrictions`.

**BEISPIEL** Das obige Beispiel befindet sich innerhalb der Beispieldateien zum Buch im Ordner *\Buch\Kap10*. Die Mappe nennt sich *Bsp10_19.xlsm*. Die Prozedur ist in *Modul3* untergebracht.

# Tabellenblattnamen in Zellen schreiben

Per VBA können Sie mittels einer Schleife sämtliche Namen aller Tabellenblätter einer Arbeitsmappe in einer Spalte ausgeben.

**Abbildg. 10.35** Zellinhalt aus Tabellenblattnamen gezogen

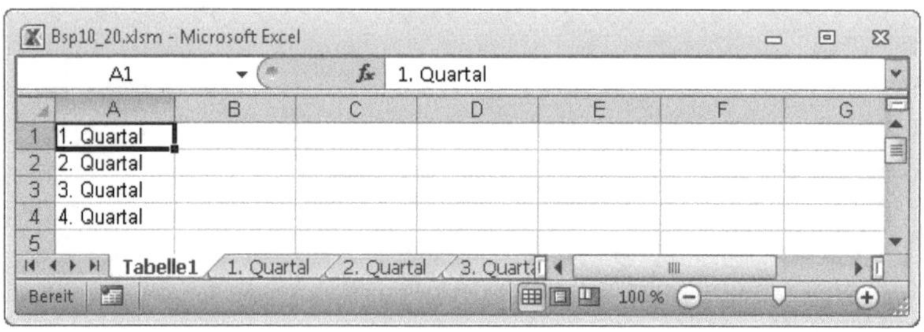


Die folgende Prozedur ist so aufgebaut, dass vor dem Eintritt in die Schleife ein neues Tabellenblatt erzeugt wird. Dies, um zu verhindern, dass bestehende Daten auf einem Tabellenblatt überschrieben werden. Das Tabellenblatt wird an erster Stelle positioniert. Die Schleife durchläuft alle Tabellenblätter der Arbeitsmappe, beginnend bei 2, damit wird das neu erzeugte Tabellenblatt ausgeschlossen. Innerhalb der Schleife wird veranlasst, dass in Spalte *A* untereinander die Namen der Tabellenblätter in die Zellen geschrieben werden. Entscheidend ist die Eigenschaft `Name`, die der Eigenschaft `Worksheets(i)` folgt. Sie steht für den Namen des Tabellenblattes, der ermittelt werden soll.

**Listing 10.101** Tabellenblattnamen in Zellen schreiben

```
Sub GetTabNames()
   Dim i As Integer

   Worksheets.Add Before:=Worksheets(1)
   For i = 2 To Worksheets.Count
      ActiveSheet.Cells(i - 1, 1) = Worksheets(i).Name
   Next i
End Sub
```

**BEISPIEL** Das obige Beispiel befindet sich innerhalb der Beispieldateien zum Buch im Ordner *\Buch\Kap10*. Die Mappe nennt sich *Bsp10_20.xlsm*. Die Prozedur ist in *Modul1* untergebracht.

# Tabellenblattnamen aus Zelle beziehen

Sie können auch das Gegenteil der Prozedur aus dem vorangegangenen Beispiel erwirken. Nämlich, dass die Tabellenblattnamen aus Zellen bezogen werden.

**BEISPIEL** Die folgenden Beispiele befinden sich innerhalb der Beispieldateien zum Buch im Ordner *\Buch\Kap10*. Die Mappe nennt sich *Bsp10_21.xlsm*. Die Prozeduren sind in *Modul1* untergebracht.

Damit kein Überlauf entsteht, gestalten wir die Schleife so, dass sie die vorhandenen Tabellenblätter und die Anzahl der Zelleneinträge zählt. Den vorhandenen Tabellenblättern wird dann der Inhalt der Zellen aus Spalte *A* übergeben. Die Zahlschleife beginnt in Spalte *A* mit der Zelle 1 und endet bei dem Zeilenindex, der mit dem höchsten Index aller Tabellenblätter übereinstimmt. Achten Sie darauf, dass die angesprochenen Zellen nicht leer sind, da sonst ein Laufzeitfehler die Folge ist.

**Listing 10.102** Zellinhalt an Blattregisterkarten übergeben

```
Sub UseCellNames()
   Dim i As Integer

   For i = 1 To Worksheets.Count
      Worksheets(i).Name = Cells(i, 1)
   Next i
End Sub
```

**Abbildg. 10.36** Zellinhalt als Blattregisterkarte verwenden

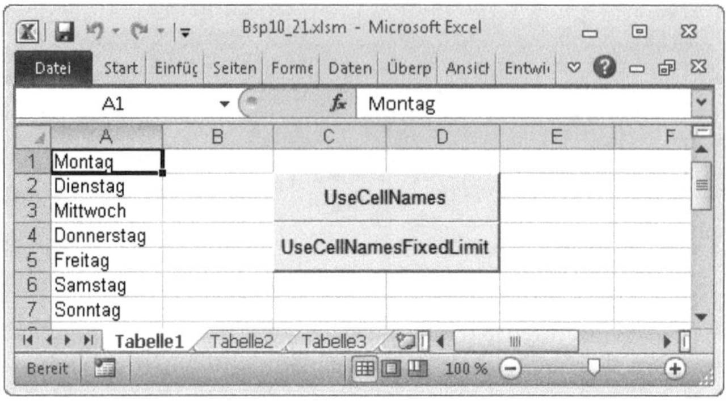


Sie können die Schleife auch so erstellen, dass zusätzliche Tabellenblätter erzeugt werden, falls erforderlich.

Geben Sie dabei im Schleifenkopf fest an, wie viele Tabellenblätter benötigt werden. Innerhalb der Schleife wird in einer Entscheidung geprüft, ob genügend Tabellenblätter vorhanden sind. Wenn nicht, werden diese erzeugt.

**Listing 10.103** Zusätzliche Tabellenblätter erzeugen, falls erforderlich

```
Sub UseCellNamesFixedLimit()
   Dim i As Integer

   For i = 1 To 7
      If i <= Worksheets.Count Then
         Worksheets(i).Name = Cells(i, 1)
      Else
         Worksheets.Add After:=Worksheets(Worksheets.Count)
         ActiveSheet.Name = Worksheets(1).Cells(i, 1)
      End If
   Next i

   Application.Goto Worksheets(1).Range("A1")
End Sub
```

**Abbildg. 10.37** Falls erforderlich, neue Tabellenblätter erzeugen

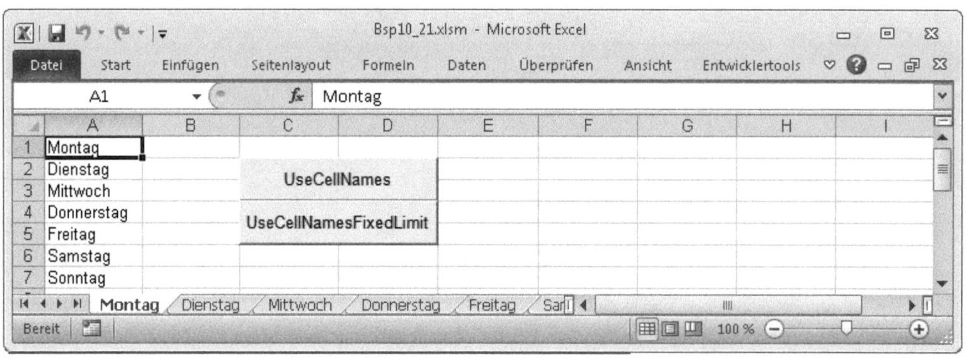

# Tabellenblätter sortieren

In unserem folgenden Beispiel existiert eine Mappe mit verschiedenen Tabellenblättern. Jedes der Tabellenblätter trägt einen anderen Wochentagnamen. Die Wochentagnamen sind wild durcheinander gemischt. Die Tabellenblätter sollen in der richtigen Reihenfolge sortiert werden (siehe Abbildung 10.38).

**Abbildg. 10.38** Tabellenblätter vor und nach der Sortierung

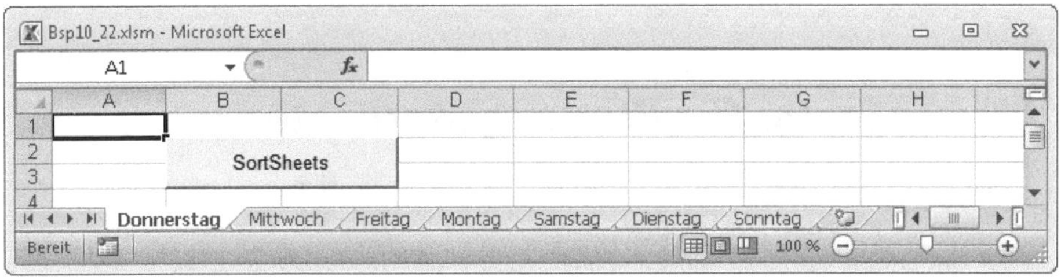


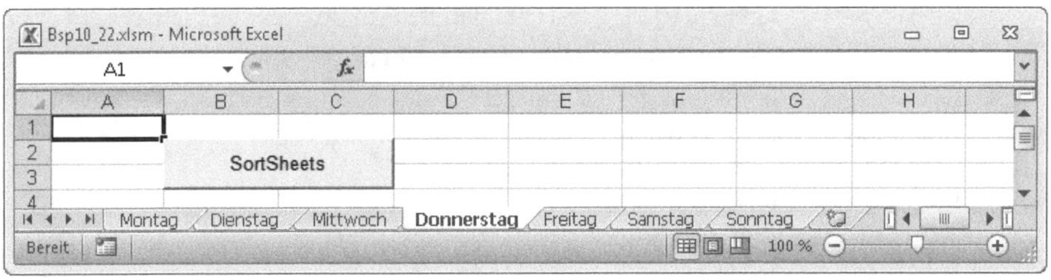


Damit die Tabellenblätter korrekt sortiert werden, verwenden wir zwei ineinander verschachtelte Schleifen. Bei der äußeren Schleife handelt es sich um eine Do-Schleife, die so lange durchlaufen wird, bis der Wert 7, der dem Sonntag entspricht, erreicht ist.

Die innere Schleife, also die For-Schleife, durchläuft sämtliche Tabellenblätter und vergleicht deren Namen mit dem Wochentagnamen. Bei einer Übereinstimmung wird das Tabellenblatt an der richtigen Stelle in der Mappe eingeordnet.

**Listing 10.104** Wochentagblätter sortieren

```
Sub SortSheets()
   Dim i As Integer
   Dim ws As Worksheet

   i = 1

   Do While i < 8
      For Each ws In Worksheets
         If ws.Name = WeekdayName(i) Then
            ws.Move Before:=Worksheets(i)
            Exit For
         End If
      Next ws
   i = i + 1
   Loop
```

Wissen und Praxis verbinden

**Listing 10.104** Wochentagblätter sortieren *(Fortsetzung)*

```
    Application.Goto Worksheets("Donnerstag").Range("A1")
End Sub
```

**BEISPIEL** Das obige Beispiel befindet sich innerhalb der Beispieldateien zum Buch im Ordner *\Buch\Kap10*. Die Mappe nennt sich *Bsp10_22.xlsm*. Die Prozedur ist in *Modul1* untergebracht.

# Neue Farbe für Blattregisterkarten

Seit der Excel-Version 2002 ist es möglich, Blattregisterkarten mit Farben zu versehen. Es wurde eigens dazu ein neues VBA-Objekt entwickelt. Dieses nennt sich `Tab`.

1. Um einer Blattregisterkarte manuell eine neue Farbe zuzuweisen, selektieren Sie diese. Mittels einer Mehrfachselektion können gleich mehrere Blattregisterkarten neu eingefärbt werden.
2. Klicken Sie mit der rechten Maustaste auf den Bereich, wo sich die Blattregisterkarten befinden
3. Im nun geöffneten Kontextmenü wählen Sie den Befehl *Registerfarbe* aus
4. Es wird eine Farbpalette angezeigt, aus der Sie eine beliebige Farbe auswählen können. Um eine zugewiesene Farbe zu entfernen, klicken Sie auf *Keine Farbe*.

**Abbildg. 10.39** Die Farbpalette für Tabellenreiter

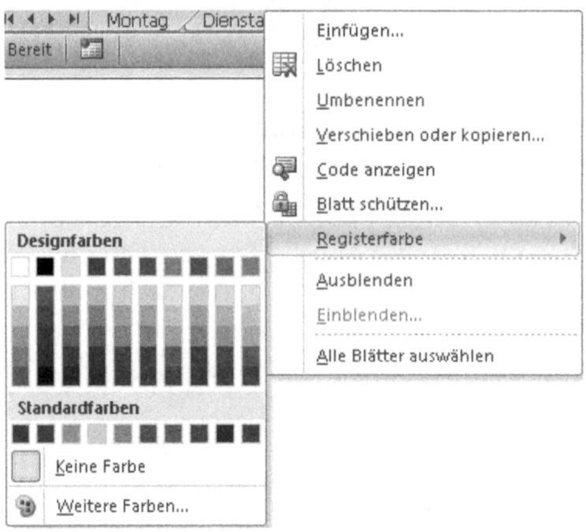


**HINWEIS** Bei selektierten Tabellenblättern ist nicht die volle Registerfarbe zu erkennen, sondern eine Schattierung. Der Grund liegt darin, dass nach wie vor die *Selektierung* selbst hervorgehoben werden muss. Um das aktive Tabellenblatt erkennen zu können, ist dessen Blattregisterkartenschrift fett formatiert.

Gemäß Abbildung 10.40 wurde jede zweite Blattregisterkarte rot hinterlegt. Es sind zwei Tabellenblätter selektiert, wobei *Dienstag* das aktive ist.

bbildg. 10.40 Unterschiedliche Farbe von roten Blattregisterkarten

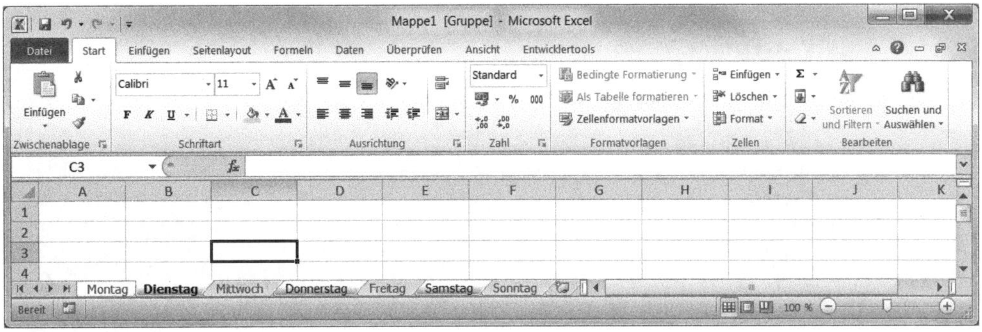


Die folgende Prozedur zeigt, wie eine Blattregisterkarte blau hinterlegt wird:

isting 10.105 Blattregisterkarte blau hinterlegen

```
Sub ColorTab()
   ThisWorkbook.Worksheets(1).Tab.Color = vbBlue
End Sub
```

**HINWEIS** Weitergehende Informationen zum Thema Farben finden Sie in Kapitel 12.



# Arbeitsmappen manipulieren

Auf den folgenden Buchseiten lernen Sie den Umgang mit Arbeitsmappen per VBA kennen.

## Arbeitsmappen öffnen

Mittels der `Open`-Methode kann eine Arbeitsmappe geöffnet werden. Ihr übergeben Sie den Pfad- und Dateiname.

Das folgende Beispiel zeigt, wie eine Arbeitsmappe unter Angabe des Pfades geöffnet werden kann. Wenn sich die Datei im selben Verzeichnis befindet wie die Arbeitsmappe, in der die Prozedur enthalten ist, kann alternativ zu einem Pfad die Anweisung `ThisWorkbook.Path` verwendet werden.

isting 10.106 Arbeitsmappen öffnen

```
Sub WorkbookOpen1()
   Workbooks.Open "C:\Mappe1.xlsm"
   Workbooks.Open ThisWorkbook.Path & "\Bsp10_22.xlsm"
End Sub
```

Der Nachteil bei obigem Beispiel besteht darin, dass eine Fehlermeldung ausgelöst wird, wenn eine falsche Pfad- oder Dateiangabe erfolgt. Um diesen Fehler abzufangen, wird in der untenstehenden Prozedur der Pfad- und Dateiname an die Variable `strPath` übergeben. In einer `If`-Entscheidung wird mittels der `Dir`-Funktion geprüft, ob eine solche Datei in diesem Pfad vorhanden ist oder nicht. Bei Zutreffen wird die Datei geöffnet, ansonsten wird eine Meldung ausgegeben.

**Listing 10.107** Mappe öffnen, mit Fehlerprüfung

```
Sub WorkbookOpen2()
   Dim strPath As String

   strPath = "C:\Mappe7.xlsm"

   If Dir(strPath) = "" Then
      MsgBox "Die Datei " & strPath & " existiert nicht."
      Exit Sub
   Else
      Workbooks.Open strPath
   End If
End Sub
```

Eine weitere Möglichkeit, um eine Arbeitsmappe zu öffnen, führt über das integrierte Dialogfeld `xlDialogOpen`. Über die Methode `Show` wird veranlasst, dass das Excel-eigene Dialogfeld *Öffnen* angezeigt wird.

**Listing 10.108** Das Dialogfeld *Öffnen* anzeigen

```
Sub WorkbookOpen3()
   Application.Dialogs(xlDialogOpen).Show
End Sub
```

**BEISPIEL** Die obigen Beispiele befinden sich innerhalb der Beispieldateien zum Buch im Ordner *\Buch\Kap10*. Die Mappe nennt sich *Bsp10_23.xlsm*. Die Prozeduren sind in *Modul1* untergebracht.

# Arbeitsmappen speichern

Wenn eine neue Arbeitsmappe das erste Mal gespeichert werden muss, wird die Methode `SaveAs` verwendet. Ihr muss zwingend ein Dateiname und/oder Pfad übergeben werden. Natürlich ist hier darauf zu achten, dass der Angegebene Speicherort auch existiert und der Benutzer über Schreibrechte verfügt.

**Listing 10.109** Eine neue Arbeitsmappe speichern

```
Sub WorkbookSaveAs()
   ThisWorkbook.SaveAs ("C:\Beispiele\Beispiel1.xlsm")
End Sub
```

**HINWEIS** An Stelle von `ThisWorkbook` können Sie auch `ActiveWorkbook` oder `Workbooks` verwenden. Bei `Workbooks` geben Sie im runden Klammerpaar den Index oder Namen der Arbeitsmappe an:

```
Workbooks(1)
Workbooks("Mappe2")
```

Sie können eine Kopie der bestehenden Arbeitsmappe erzeugen. Die Methode `SaveCopyAs` veranlasst, dass die Kopie erstellt wird und die geöffnete Arbeitsmappe unverändert bleibt. Beachten Sie, dass die Kopie der Arbeitsmappe nicht denselben Namen tragen darf wie das Original.

**HINWEIS** Bei jeder Speicherung empfiehlt es sich, zuerst zu prüfen, ob bereits eine Datei mit diesem Namen im angegebenen Pfad vorhanden ist.

**Listing 10.110** Eine Kopie einer Arbeitsmappe erzeugen

```
Sub WorkbookSaveCopyAs()
   Dim str As String

   str = "C:\Beispiele\Beispiel2.xlsm"

   If Dir(str) = "" Then
      ThisWorkbook.SaveCopyAs (str)
   Else
      MsgBox "Eine Datei mit diesem Namen existiert schon."
   End If
End Sub
```

Um Änderungen an einer bestehenden Arbeitsmappe zu speichern, verwenden Sie die Methode `Save`.

**Listing 10.111** Eine bestehende Arbeitsmappe speichern

```
Sub WorkbookSave()
   ThisWorkbook.Save
End Sub
```

**BEISPIEL** Die obigen Beispiele befinden sich innerhalb der Beispieldateien zum Buch im Ordner *\Buch\Kap10*. Die Mappe nennt sich *Bsp10_24.xlsm*. Die Prozeduren sind in *Modul1* untergebracht.



## Alle offenen Dateien speichern und Applikation verlassen

Um alle geöffneten Arbeitsmappen zu speichern, können Sie mit einer `For Each`-Schleife arbeiten. Gemäß der folgenden Prozedur wird vorausgesetzt, dass die Dateien bereits einmal gespeichert worden sind und somit einen Dateinamen haben.

Sollte eine Arbeitsmappe noch nicht gespeichert worden sein, vergibt Excel einen Namen. Dieser entspricht dem Eintrag in der Titelleiste, also zum Beispiel *Mappe1*, *Mappe2*, *Mappe3* etc. Die Datei trägt nach dem Speichern die Dateiendung *.xlsm*.

**Listing 10.112** Alle Dateien speichern und Excel schließen

```
Sub SaveAllWorkbooksAndQuit()
   Dim wb As Workbook

   For Each wb In Workbooks
      wb.Save
   Next wb
```

Listing 10.112 Alle Dateien speichern und Excel schließen *(Fortsetzung)*

```
   Application.Quit
End Sub
```

Sie können zur Sicherheit auch eine Rückfrage einbauen. Im folgenden Beispiel erscheint vor dem Speichern und Schließen ein Meldungsfeld (`MsgBox`), das Ihnen die Möglichkeit gibt, den Vorgang abzubrechen.

Listing 10.113 Speichern und Schließen mit Rückfrage

```
Sub SaveAllWorkbooksAndQuitRequest()
   Dim wb As Workbook

   If MsgBox("Möchten Sie wirklich alle Dateien speichern " & _
            "und die Applikation schließen?", _
            vbYesNo + vbQuestion) = vbYes Then
      For Each wb In Workbooks
         wb.Save
      Next wb
      Application.Quit
   Else
      MsgBox "Der Vorgang wurde abgebrochen.", vbCritical
   End If
End Sub
```

**BEISPIEL** Die obigen Beispiele befinden sich innerhalb der Beispieldateien zum Buch im Ordner *\Buch\Kap10*. Die Mappe nennt sich *Bsp10_24.xlsm*. Die Prozeduren sind in *Modul2* untergebracht.

# Arbeitsmappen schließen

Um eine Mappe zu schließen, ist im Grunde genommen lediglich eine einzelne Codezeile erforderlich. Die `Close`-Methode veranlasst das Schließen. Die Angabe von `SaveChanges:=False` bewirkt, dass Änderungen an der Mappe verworfen werden. Verwenden Sie den Wert `True`, um Änderungen zu speichern.

Listing 10.114 Mappe schließen

```
Sub CloseWorkbook1()
   Workbooks("Mappe15").Close SaveChanges:=False
End Sub
```

Wiederum empfiehlt sich eine Fehlerabfrage für den Fall, dass ein falscher Mappenname oder Index verwendet wurde.

**Listing 10.115** Mappe mit Fehlerabfrage schließen

```
Sub CloseWorkbook2()
   Dim wb As Workbook

   For Each wb In Workbooks
    If wb.Name = "Mappe15" Then
        Workbooks("Mappe15").Close SaveChanges:=False
    End If
   Next wb
End Sub
```

# Eine neue Arbeitsmappe erzeugen

Es ist denkbar einfach, eine neue Mappe zu erzeugen. Geben Sie das Auflistungsobjekt `Workbooks` an, gefolgt von der Methode `Add`.

**Listing 10.116** Mappe erzeugen

```
Sub CreateWorkbook()
   Workbooks.Add
End Sub
```

# Arbeitsmappen ansprechen

Bevor auf Tabellenblätter und Bereiche einer anderen Mappe zugegriffen werden kann, muss die Mappe aktiviert werden. Verwenden Sie dazu den Index der Mappe oder deren Dateinamen. Wenn es sich um eine bereits gespeicherte Mappe handelt, muss die Dateierweiterung mit angegeben werden, z.B. *Mappe2.xlsm*.

**Listing 10.117** Mappen ansprechen

```
Sub OtherWorkbook1()
   Workbooks("Mappe2").Activate
   Workbooks(2).Activate
End Sub
```

Die obige Prozedur führt zu einem Fehler, wenn eine Mappe mit dem angegebenen Namen oder Index nicht geöffnet ist. Um einen möglichen Fehler abzufangen, wird in der folgenden Prozedur bei der Angabe des Namens mit einer `For`-Schleife gearbeitet. In der `If`-Entscheidung wird geprüft, ob eine Mappe mit diesem Namen geöffnet ist. Falls nicht, wird die Prozedur ergebnislos abgebrochen.

Wenn die Mappe über den Index angesprochen wird, wird gezählt, wie viele Mappen insgesamt geöffnet sind. Falls der Index im gültigen Bereich liegt, wird die Mappe aktiviert, ansonsten wird eine Meldung ausgegeben. Das Ansprechen einer Mappe über deren Index kann gefährlich sein, denn die Position der Mappe in der Taskleiste ist nicht konstant. Sie laufen somit Gefahr, versehentlich eine falsche Mappe zu manipulieren.

**Listing 10.118** Eine Arbeitsmappe ansprechen

```
Sub OtherWorkbook2()
   Dim wb As Workbook

   ' Prüfen, ob der Mappenname gültig ist
   For Each wb In Workbooks
      If wb.Name = "Mappe2" Then
         Workbooks("Mappe2").Activate
      End If
   Next wb

   ' Prüfen, ob der Index gültig ist
   If Workbooks.Count > 5 Then
      Workbooks(6).Activate
   Else
      MsgBox "Es ist keine Mappe mit Index 6 geöffnet."
   End If
End Sub
```

**BEISPIEL** Die obigen Beispiele befinden sich innerhalb der Beispieldateien zum Buch im Ordner *\Buch\Kap10*. Die Mappe nennt sich *Bsp10_25.xlsm*. Die Prozeduren sind in *Modul1* untergebracht.

# Namen der geöffneten Arbeitsmappen ermitteln

Sie können die Namen aller offenen Arbeitsmappen in einem Meldungsfeld, dem Direktfenster oder in Zellen ausgeben. In der folgenden Prozedur geschieht Ersteres. Wir verwenden eine `For Each`-Schleife, um alle offenen Arbeitsmappen zu durchlaufen. Den Namen jeder Arbeitsmappe übergeben wir an die Variable `str`. Am Ende der Prozedur wird der Inhalt von `str` über eine `MsgBox`-Anweisung angezeigt.

**Listing 10.119** Namen offener Arbeitsmappen ermitteln

```
Sub GetOpenWorkbookNames()
   Dim str As String
   Dim wb As Workbook

   For Each wb In Workbooks
      str = str & wb.Name & Chr(10)
   Next wb

   MsgBox str
End Sub
```

**Abbildg. 10.41** Ausgabe der Mappennamen in einem Meldungsfeld

**BEISPIEL** Das obige Beispiel befindet sich innerhalb der Beispieldateien zum Buch im Ordner *\Buch\Kap10*. Die Mappe nennt sich *Bsp10_26.xlsm*. Die Prozedur ist in *Modul1* untergebracht.

Kapitel 11

# Die Excel-Oberfläche einrichten



**In diesem Kapitel:**

In diesem Kapitel erfahren Sie, wie Sie die Excel-Oberfläche über VBA verändern können. Sie lernen, wie Bildschirmelemente ein- und ausgeblendet werden. Was hier nicht behandelt wird, ist der Umgang mit dem Menüband und den Kontextmenüs. Das Thema ist so komplex, dass wir ihm ein eigenes Kapitel widmen (siehe Kapitel 20).

Was Ihnen hier noch vermittelt wird, ist der korrekte Umgang mit Kopf- und Fußzeilen, sowie Informationen rund um Druckangelegenheiten.

# Optionen für die Arbeitsoberfläche

In Excel stehen unzählige Optionen zur Verfügung, mit denen Sie die Programmoberfläche einrichten können. Viele davon finden Sie im Dialogfeld *Optionen* (*Datei/Optionen*). Auf den nachfolgenden Buchseiten finden Sie einige Beispiele zu diesem Thema. Sie lernen, wie solche Objekte korrekt ein- und ausgeblendet werden können.

## Gitternetzlinien ein- und ausblenden

Als fleißiger Excel-Anwender und nun Programmierer sind Sie bestens vertraut mit den Gitternetzlinien, die die einzelnen Zellen voneinander trennen und als solche zu erkennen geben. Ohne entsprechende Einstellung werden diese Gitternetzlinien nicht ausgedruckt (mehr dazu später in diesem Kapitel). Es kann vorkommen, dass diese Gitternetzlinien störend sind und ausgeblendet werden müssen. Sie können sich damit ersparen, immer wieder in die Seitenansicht zu wechseln, um zu prüfen, wie der Ausdruck aussehen könnte.

Für jede der Schaltflächen ist eine VBA-Prozedur erforderlich. Die Eigenschaft `DisplayGridelines` steht für die Gitternetzlinien. Übergeben Sie den Wert `True`, wenn die Gitternetzlinien eingeblendet werden sollen, und `False`, um sie auszublenden.

Die Eigenschaft `DisplayGridelines` kommt nicht ohne die Eigenschaft `ActiveWindow` aus. Der Grund liegt darin, dass die Ansicht nur für den momentan aktiven Bildschirm gilt.

**Listing 11.1** Gitternetzlinien einblenden

```
Sub GridelinesOn()
   ActiveWindow.DisplayGridlines = True
End Sub
```

**Listing 11.2** Gitternetzlinien ausblenden

```
Sub GridelinesOff()
   ActiveWindow.DisplayGridlines = False
End Sub
```

**Abbildg. 11.1** Ein- und ausgeblendete Gitternetzlinien

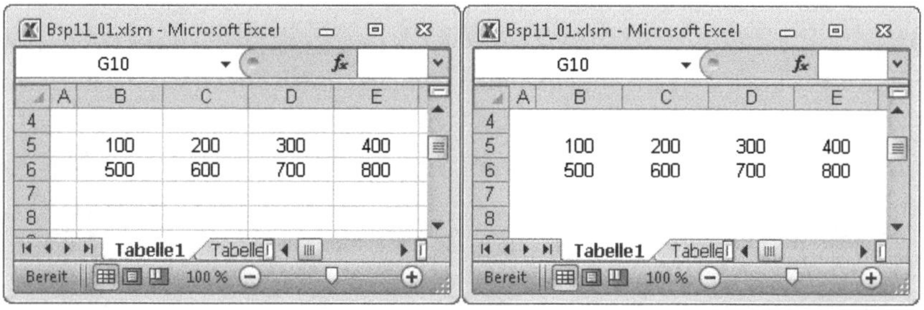


**TIPP** Über das Menüband (*Ansicht/Anzeigen/Gitternetzlinien*) können Sie die Gitternetzlinien ebenfalls ein- und ausblenden.

Die Arbeit mit `ActiveWindow` birgt Nachteile. Wenn Sie beispielsweise die Gitternetzlinien für sämtliche Tabellenblätter einer Arbeitsmappe ausblenden möchten, kommen Sie nicht umhin, diese zuerst zu aktivieren.

**Listing 11.3** Gitternetzlinien aller Tabellenblätter ausblenden

```
Sub AllOff()
  Dim ws As Worksheet

  For Each ws In Worksheets
    ws.Activate
    ActiveWindow.DisplayGridlines = False
  Next ws

  Application.Goto Worksheets(1).Range("A1")
End Sub
```

**Listing 11.4** Gitternetzlinien aller Tabellenblätter einblenden

```
Sub AllOn()
  Dim ws As Worksheet

  For Each ws In Worksheets
    ws.Activate
    ActiveWindow.DisplayGridlines = True
  Next ws

  Application.Goto Worksheets(1).Range("A1")
End Sub
```

**BEISPIEL** Die obigen Beispiele befinden sich innerhalb der Beispieldateien zum Buch im Ordner *\Buch\Kap11*. Die Mappe nennt sich *Bsp11_01.xlsm*.

# Blattregisterkarten ein- und ausblenden

Blattregisterkarten werden in der Regel dann ausgeblendet, wenn verhindert werden soll, dass Benutzer zwischen den Tabellenblätter wechseln können. Oder um sie vor neugierigen Blicken zu verbergen.

Die Eigenschaft nennt sich `DisplayWorkbookTabs`. Auch sie ist an die Eigenschaft `ActiveWindow` gebunden.

**Listing 11.5** Blattregisterkarten einblenden

```
Sub TabsOn()
   ActiveWindow.DisplayWorkbookTabs = True
End Sub
```

**Listing 11.6** Blattregisterkarten ausblenden

```
Sub TabsOff()
   ActiveWindow.DisplayWorkbookTabs = False
End Sub
```

**Abbildg. 11.2** Ein- und ausgeblendete Blattregisterkarten

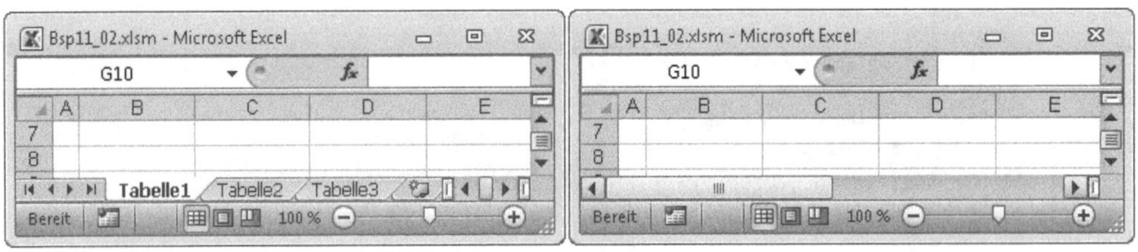


**BEISPIEL** Die obigen Beispiele befinden sich innerhalb der Beispieldateien zum Buch im Ordner *\Buch\Kap11*. Die Mappe nennt sich *Bsp11_02.xlsm*.

# Formeln ein- und ausblenden

Formeln sind auf dem Tabellenblatt für gewöhnlich nicht ersichtlich. Es wird lediglich das Ergebnis angezeigt. Um den Aufbau einer Formel einzusehen, wird in der Regel die Ergebniszelle selektiert und die Formel in der Bearbeitungsleiste überprüft oder verändert.

Sie haben die Möglichkeit, Formeln direkt auf dem Tabellenblatt einzublenden. Verwenden Sie dazu die Eigenschaft `DisplayFormulas`.

**Listing 11.7** Formeln einblenden

```
Sub FormulasOn()
   ActiveWindow.DisplayFormulas = True
End Sub
```

**Listing 11.8** Formeln ausblenden

```
Sub FormulasOff()
   ActiveWindow.DisplayFormulas = True
End Sub
```

**Abbildg. 11.3** Ein- und ausgeblendete Formeln

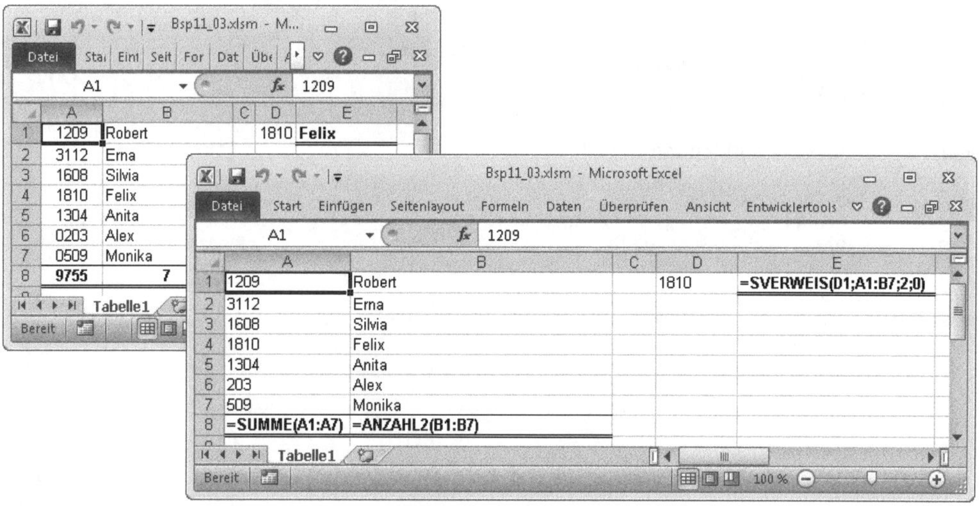


**BEISPIEL** Die obigen Beispiele befinden sich innerhalb der Beispieldateien zum Buch im Ordner *\Buch\Kap11*. Die Mappe nennt sich *Bsp11_03.xlsm*.

# Weitere Elemente der Oberfläche einrichten

Auf den folgenden Buchseiten werden einzelne Elemente behandelt, die sich auf die Ansicht beziehen.

## Die Statusleiste ein- oder ausblenden

Der Statusleiste sind verschiedene Informationen zu entnehmen. Links ausgerichtet steht meistens »Bereit«. Wenn Sie gerade Daten eingeben, ändert sich der Text auf »Eingeben«. Wenn Sie eine Zelle mit der Maus verschieben, so lautet die Nachricht »Ziehen Sie mit der Maus, um Zellen zu verschieben«. Der rechte Teil der Statusleiste ist in verschiedene Felder unterteilt. In diesen werden unter anderem Formelergebnisse zurückgegeben und es wird angezeigt, welche Tasten arretiert sind.

Per VBA-Befehl können Sie die Statusleiste ein- oder ausblenden. Die Eigenschaft dazu nennt sich `DisplayStatusBar`.

**HINWEIS** Beachten Sie, dass die Eigenschaft direkt an das Objekt `Application` übergeben wird. Dies bedeutet, dass sich eine Veränderung der Statusleiste auf die gesamte Excel-Applikation auswirkt. Wenn Sie die Statusleiste ausblenden, ist sie generell nicht mehr sichtbar, auch nicht, wenn Sie eine neue Arbeitsmappe anlegen.

**Listing 11.9** Statusleiste einblenden

```
Sub StatusBarOn()
   Application.DisplayStatusBar = True
End Sub
```

**Listing 11.10** Statusleiste ausblenden

```
Sub StatusBarOff()
   Application.DisplayStatusBar = False
End Sub
```

**Abbildg. 11.4** Ein- und ausgeblendete Statusleiste

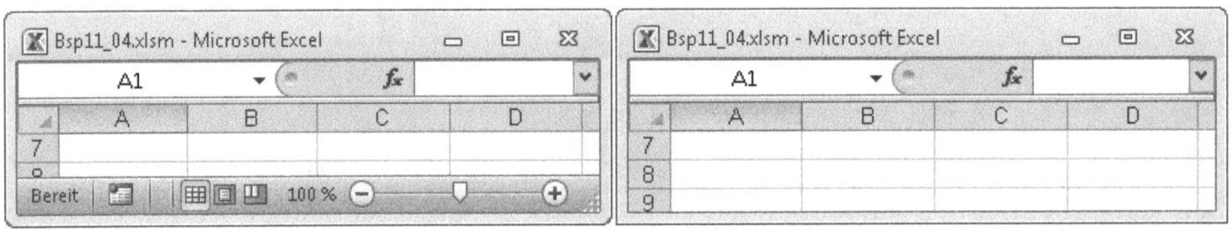


**BEISPIEL** Die obigen Beispiele befinden sich innerhalb der Beispieldateien zum Buch im Ordner *\Buch\Kap11*. Die Mappe nennt sich *Bsp11_04.xlsm*.

# Eigenen Text in der Statusleiste ausgeben

Bei Bedarf können Sie im linken Teil der Statusleiste einen eigenen Text ausgeben. Beispielsweise dann, wenn eine Prozedur länger andauert und Sie auf diesen Zustand hinweisen möchten.

Die Eigenschaft zum Verändern des linksbündigen Textes lautet `StatusBar`. Ihr übergeben Sie den gewünschten Text.

In der folgenden Prozedur wird in der `With`-Anweisung zuerst sichergestellt, dass die Statusleiste eingeblendet ist. Danach wird der gewünschte Text an die Eigenschaft `StatusBar` übergeben. Die `For`-Schleife hier ist lediglich beispielhaft. Sie wird lange genug ausgeführt, so dass Sie die Veränderung in der Statusleiste sehen können. Normalerweise steht an ihrer Stelle die eigentliche Prozedur.

Wichtig ist, dass Sie am Ende der `With`-Anweisung der Eigenschaft `StatusBar` den Wert `False` übergeben. Dadurch übernimmt Excel wieder das Kommando.

**Listing 11.11** Linksbündigen Text in der Statusleiste verändern

```
Sub OwnTextInStatusBar()
   Dim i As Integer
```

**Listing 11.11** Linksbündigen Text in der Statusleiste verändern *(Fortsetzung)*

```
   With Application
      .DisplayStatusBar = True
      .StatusBar = "Bitte haben Sie etwas Geduld ..."

         For i = 1 To 10000
            Cells(i, 1).Select
         Next i

      .StatusBar = False
   End With

   Range("A1").Select
End Sub
```

**Abbildg. 11.5** Veränderte Anzeige während der Dauer der Prozedur

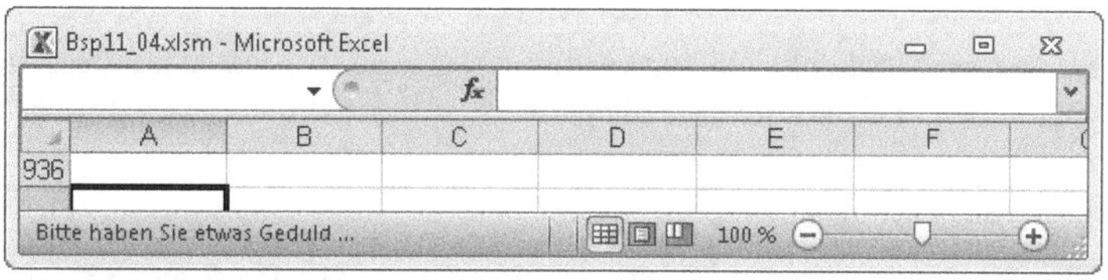


**BEISPIEL** Das obige Beispiel befindet sich innerhalb der Beispieldateien zum Buch im Ordner *\Buch\Kap11*. Die Mappe nennt sich *Bsp11_04.xlsm*.

# Die Bearbeitungsleiste ein- und ausblenden

Die *Bearbeitungsleiste* ist die Leiste, in der Sie Ihre Formeln eintippen können, oder von der aus Sie den Assistenten *Funktion einfügen* aufrufen können. In der Bearbeitungsleiste befindet sich ganz links zudem das *Namenfeld*, das die aktive Zelladresse ausgibt und über das benannte Bereiche definiert werden können.

Auf Wunsch können Sie die Bearbeitungsleiste ausblenden. Verwenden Sie dazu die Eigenschaft `DisplayFormulaBar`, gefolgt vom Wert `True` oder `False`.

**Listing 11.12** Die Bearbeitungsleiste einblenden

```
Sub FormulaBarOn()
   Application.DisplayFormulaBar = True
End Sub
```

**Listing 11.13** Die Bearbeitungsleiste ausblenden

```
Sub FormulaBarOff()
   Application.DisplayFormulaBar = False
End Sub
```

Abbildg. 11.6 Ein- und ausgeblendete Bearbeitungsleiste

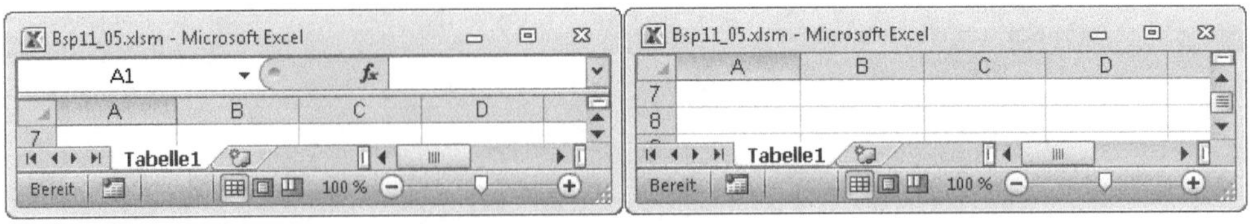


**BEISPIEL** Die obigen Beispiele befinden sich innerhalb der Beispieldateien zum Buch im Ordner *\Buch\Kap11*. Die Mappe nennt sich *Bsp11_05.xlsm*.

# Zwischen Ansichten wechseln

In Excel stehen verschiedene Möglichkeiten zur Verfügung, wie Sie Ihre Daten auf dem Tabellenblatt anzeigen können. Der Tabelle 11.1 können Sie die gängigsten Einstellungen entnehmen.

Tabelle 11.1 Die unterschiedlichen Ansichtsformen

| Deutscher Begriff | VBA-Befehl | Beschreibung |
|---|---|---|
| Ganzer Bildschirm | `Application. _ DisplayFullScreen = True`<br><br>`Application. _ DisplayFullScreen = False` | Im Vollbildmodus wird das Anwendungsfenster maximiert. Es wird der gesamte Bildschirm belegt und die Titelleiste der Anwendung verdeckt. Menüband, die Statusleiste und die Bearbeitungsleiste behalten ihre unterschiedlichen Einstellungen für den Vollbildmodus und den Normalmodus bei.<br>Menüband: *Ansicht/Arbeitsmappenansichten/ Ganzer Bildschirm*. |
| Seitenumbruch-vorschau | `ActiveWindow. _ View = xlPageBreakPreview` | Die Seitenumbruchvorschau zeigt deutlich die einzelnen Seiten und deren Reihenfolge an. Im Hintergrund der Zellen wird eine Seitennummerierung eingeblendet.<br>Menüband: *Ansicht/Arbeitsmappenansichten/ Umbruchvorschau*. |
| Normale Ansicht | `ActiveWindow. _ View = xlNormalView` | Die normale Arbeitsoberfläche wird angezeigt.<br>Menüband: *Ansicht/Arbeitsmappenansichten/ Normal*. |
| Seitenumbruch | `ActiveSheet. _ DisplayAutomaticPageBreaks = _ False` | Seitenumbrüche werden in Form von gestrichelten Linien angezeigt.<br>Die Einstellung kann über den Menüband: *Ansicht/Arbeitsmappenansichten/Seitenlayout*. |

**BEISPIEL** Beispiele für die obige Tabelle befinden sich innerhalb der Beispieldateien zum Buch im Ordner *\Buch\Kap11*. Die Mappe nennt sich *Bsp11_06.xlsm*.

# Dateieigenschaften manipulieren

Es gibt zwei unterschiedliche Eigenschaftentypen, die über *Datei/Informationen/Eigenschaften/ Dokumentbereich anzeigen* zu finden sind: Die integrierten sowie die benutzerdefinierten Dokumenteigenschaften. Klicken Sie auf *Dokumenteigenschaften/Erweiterte Eigenschaften* um das vollständige Eigenschaftenfenster zu öffnen. Die integrierten Dokumenteigenschaften sind über die ersten vier Registerkarten verteilt (*Allgemein*, *Zusammenfassung*, *Statistik* und *Inhalt*).

Die benutzerdefinierten Eigenschaften können auf der Registerkarte *Anpassen* selbst definiert werden. Um eine benutzerdefinierte Eigenschaft zu erstellen, wechseln Sie zur Registerkarte *Anpassen*. Füllen Sie die Felder *Name* und *Wert* aus und klicken Sie auf die Schaltfläche *Hinzufügen*.

**Abbildg. 11.7** Dialogfeld *Eigenschaften*

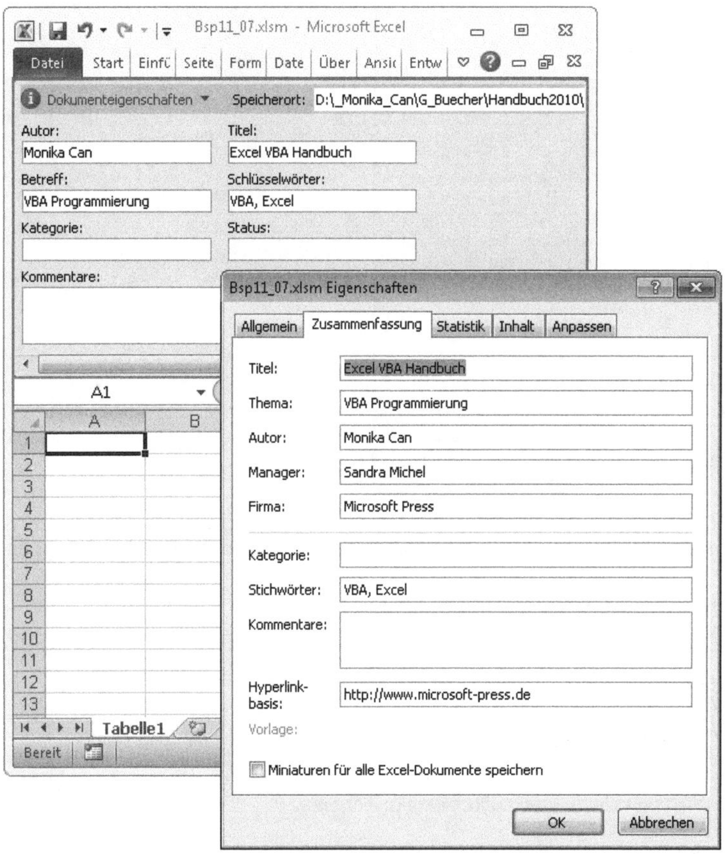


## Dateieigenschaften auslesen

Sowohl die benutzerdefinierten als auch die integrierten Dokumenteigenschaften können per VBA ermittelt werden. Die `BuiltinDocumentProperties`-Eigenschaft gibt die integrierten Dokumenteigenschaften zurück, die `CustomDocumentProperties`-Eigenschaft die benutzerdefinierten.

Um eine benutzerdefinierte Eigenschaft manuell festzulegen, öffnen Sie das Dialogfeld *Eigenschaften* wie zuvor beschrieben. Aktivieren Sie die Registerkarte *Anpassen.*

Geben Sie bei *Name* den Namen für die Eigenschaft ein. Bei *Wert* geben Sie den Text ein, den Sie der Eigenschaft zuordnen möchten. Klicken Sie auf die Schaltfläche *Hinzufügen*, um den Eintrag zu speichern.

Sie können auch eine der bestehenden Eigenschaften im angezeigten Listenfeld auswählen und ihr einen Wert zuweisen.

**Abbildg. 11.8** Benutzerdefinierte Eigenschaften festlegen

In der nachfolgenden Prozedur werden in zwei `For`-Schleifen die beiden Eigenschaftentypen ausgelesen.

**Listing 11.14** Eigenschaften auslesen

```
Sub ReadProperties()
   Dim i As Integer
   Dim objBDP As Object
   Dim objCDP As Object

   Set objBDP = ThisWorkbook.BuiltinDocumentProperties
   Set objCDP = ThisWorkbook.CustomDocumentProperties

   On Error Resume Next
   With Range("A1")
      .Value = "Integrierte Eigenschaften"
      .Font.Bold = True
   End With
   For i = 1 To objBDP.Count
      Cells(i + 1, 1) = objBDP(i).Name
      Cells(i + 1, 2) = objBDP(i).Value
   Next i
```

**Listing 11.14** Eigenschaften auslesen *(Fortsetzung)*

```
   With Range("D1")
      .Value = "Benutzerdefinierte Eigenschaften"
      .Font.Bold = True
   End With
   For i = 1 To objCDP.Count
      Cells(i + 1, 4) = objCDP(i).Name
      Cells(i + 1, 5) = objCDP(i).Value
   Next i

   Columns("A:E").AutoFit

   Set objBDP = Nothing
   Set objCDP = Nothing
End Sub
```

**Abbildg. 11.9** Ausgelesene Eigenschaften

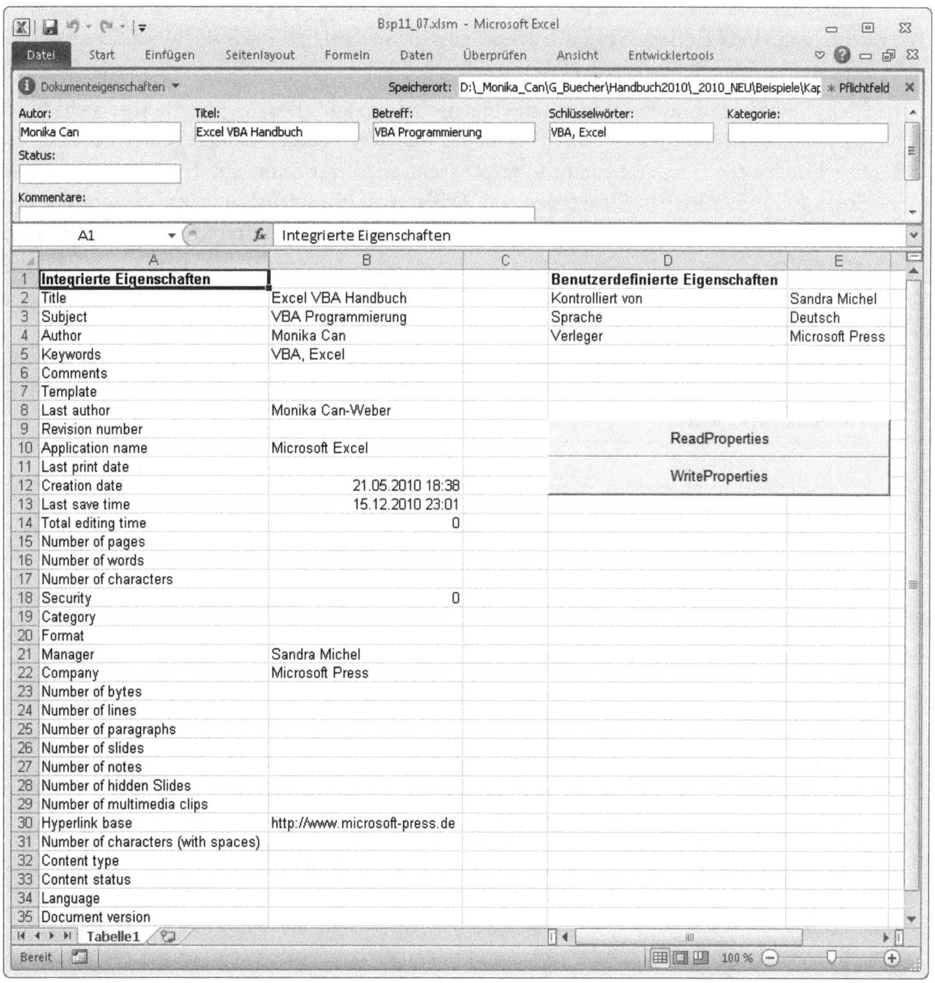

**BEISPIEL** Das obige Beispiel befindet sich innerhalb der Beispieldateien zum Buch im Ordner *\Buch\Kap11*. Die Mappe nennt sich *Bsp11_07.xlsm*. Die Prozedur ist im *Modul1* untergebracht.

# Dateieigenschaften erstellen

Genauso wie es möglich ist, Eigenschaften auszulesen, können die Felder auch per VBA ausgefüllt werden. Es können lediglich die Felder ausgefüllt werden, die sich im Dialogfeld *Eigenschaften* auf der Registerkarte *Zusammenfassung* befinden. Sie haben zudem die Möglichkeit, per VBA benutzerdefinierte Eigenschaften zu erstellen (Registerkarte *Anpassen*).

In der folgenden Prozedur werden zuerst die integrierten Eigenschaftenfelder ausgefüllt. Die Namen sind bekannt, da wir sie mit der vorangegangenen Prozedur ermittelt und in das Tabellenblatt geschrieben haben (siehe Abbildung 11.9).

In der zweiten Hälfte der Prozedur wird eine benutzerdefinierte Eigenschaft erstellt. Die benutzerdefinierte Eigenschaft muss zuerst mit `Item.Delete` gelöscht werden, damit sie neu beschrieben werden kann. Um einen Fehler zu unterdrücken, falls die Eigenschaft noch nicht existieren sollte, verwenden wird die Anweisung `On Error Resume Next`.

Über die `Add`-Methode wird die neue Eigenschaft erstellt. Das Argument `Name` steht für den Namen der Eigenschaft und das Argument `Value` für den Wert. Diesen beiden Feldern können Sie frei einen Text hinterlegen. Das Argument `LinkToContent` wird nur dann auf `True` gesetzt, wenn ein Link zu einem Zellinhalt hergestellt werden soll. Dazu muss ein Bezug zu einem benannten Bereich in der Mappe hergestellt werden. Dem Argument `Type` können vier unterschiedliche Konstanten zugewiesen werden:

**Tabelle 11.2** Konstanten für das Argument *Type*

| Konstante | Beschreibung |
|---|---|
| `msoPropertyTypeString` | Text |
| `msoPropertyTypeDate` | Datum |
| `msoPropertyTypeNumber` | Zahl |
| `msoPropertyTypeBoolean` | Wahr oder Falsch |

**Listing 11.15** Eigenschaften erstellen

```
Sub WriteProperties()
   Dim objBDP As Object
   Dim objCDP As Object

   Set objBDP = ThisWorkbook.BuiltinDocumentProperties
   Set objCDP = ThisWorkbook.CustomDocumentProperties

   ' Integrierte Dokumenteigenschaften
   objBDP("Title") = "VBA-Programmierung mit Excel"
   objBDP("Subject") = "Das Handbuch"
   objBDP("Author") = "Monika Can "
   objBDP("Comments") = "---"
```

**Listing 11.15** Eigenschaften erstellen *(Fortsetzung)*

```
    ' Benutzerdefinierte Dokumenteigenschaften
    On Error Resume Next
    With objCDP
       .Item("Eine benutzerdef. Eigenschaft").Delete

       .Add _
          Name:="Eine benutzerdef. Eigenschaft", _
          LinkToContent:=False, _
          Value:="Ein neuer Eintrag", _
          Type:=msoPropertyTypeString
    End With

    Set objBDP = Nothing
    Set objCDP = Nothing
End Sub
```

**BEISPIEL** Das obige Beispiel befindet sich innerhalb der Beispieldateien zum Buch im Ordner *\Buch\Kap11*. Die Mappe nennt sich *Bsp11_07.xlsm*. Die Prozedur ist im *Modul2* untergebracht.



# Fenstertechniken anwenden

Unter Fenstertechniken verstehen wir den Fensterstatus. Der Status fast jedes Windows-Fensters kann verändert werden auf:

- Minimiert
- Maximiert oder Normal (Doppelfunktion)
- Schließen

Manuell verwendet man dazu eines der drei Symbole, die sich in der rechten oberen Ecke der Applikation oder Arbeitsmappe befinden.

## Fensterstatus verändern

Der Status kann auch per VBA verändert werden. Es wird dazu die Eigenschaft `WindowState` verwendet. Sie ist entweder an das Objekt `Application` oder `ActiveWindow` gebunden.

Wie Sie der Abbildung 11.10 entnehmen können, sind die Symbole Fensterstatus zweimal vorhanden. Dies jedoch nur, solange eine Arbeitsmappe geöffnet ist. Die äußeren Symbole beziehen sich auf die Excel-Applikation, also auf `Application` und die inneren auf die aktive Arbeitsmappe `ActiveWindow`.

Je nachdem, ob Sie nun den Fensterstatus der Applikation oder der Arbeitsmappe verändern möchten, verwenden Sie `Application` oder `ActiveWindow`.

Der Normalstatus stellt das aktive Fenster, oder die Applikation in einer bestimmten Größe dar. Sie können dabei den Abstand von oben und links angeben, sowie die Höhe und Breite, die das Fenster einnehmen soll.

**Abbildg. 11.10** Eine Arbeitsmappe im Status *Normal*

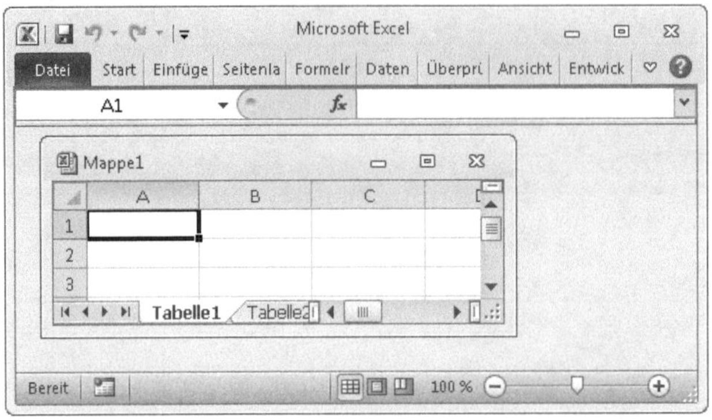


Um den »Normal«-Zustand einzurichten, wird die Konstante `xlNormal` verwendet. Den Eigenschaften `Left`, `Top`, `Height` und `Width` (Links, Oben, Höhe und Breite) können Sie den Abstand bzw. die Größe übergeben.

**Listing 11.16** Normaler Fensterstatus

```
Sub WindowNormal()
   With ActiveWindow
      .WindowState = xlNormal
      .Left = 10
      .Top = 10
      .Height = 100
      .Width = 200
   End With
End Sub
```

Wenn ein Fenster minimiert wird, ist es so klein dargestellt, dass nur noch die Titelleiste sichtbar ist. Wenn Sie die Applikation selbst verkleinern, ist sie nur noch in der Taskleiste sichtbar.

**Abbildg. 11.11** Eine Arbeitsmappe im Status *Minimiert*

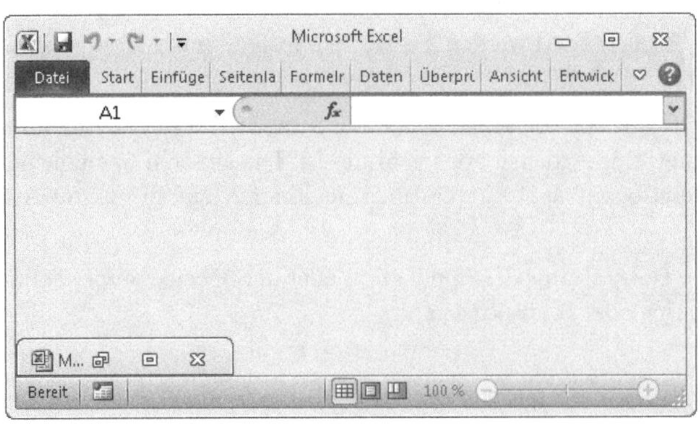

Um das Fenster zu minimieren, verwenden Sie die Konstante `xlMinimized`.

**Listing 11.17** Minimierter Fensterstatus

```
Sub WindowMin()
   ActiveWindow.WindowState = xlMinimized
End Sub
```

Um die volle Fenstergröße einzurichten, benutzen Sie die Konstante `xlMaximized`.

**Listing 11.18** Maximierter Fensterstatus

```
Sub WindowMax()
   ActiveWindow.WindowState = xlMaximized
End Sub
```

**Abbildg. 11.12** Eine Arbeitsmappe im Status *Maximiert*

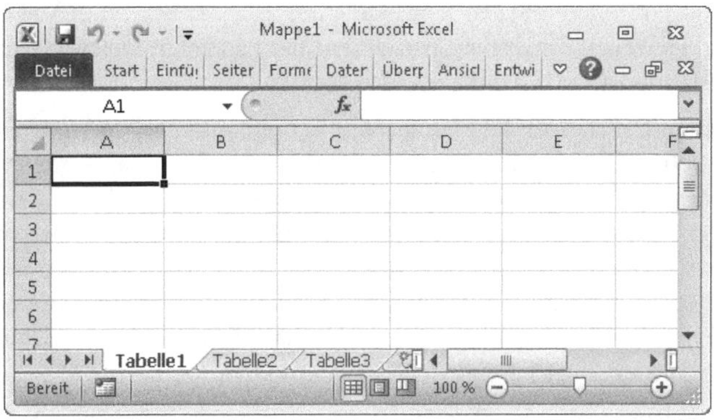


Wissen und Praxis verbinden

**BEISPIEL** Die obigen Beispiele befinden sich innerhalb der Beispieldateien zum Buch im Ordner *\Buch\Kap11*. Die Mappe nennt sich *Bsp11_08.xlsm*. Die Prozeduren sind im *Modul1* untergebracht.

# Fensterstatus abfragen

Bei Bedarf können Sie den Fensterstatus abfragen. Verwenden Sie dazu eine Entscheidung, die die einzelnen Konstanten abfragt.

**Listing 11.19** Den Fensterstatus ermitteln

```
Sub GetWindowState()
   Dim str As String

   With ActiveWindow
      If .WindowState = xlNormal Then
         MsgBox "Status Normal"
      ElseIf .WindowState = xlMinimized Then
```

Listing 11.19 Den Fensterstatus ermitteln *(Fortsetzung)*

```
            MsgBox "Status Minimiert"
        ElseIf .WindowState = xlMaximized Then
            MsgBox "Status Maximiert"
        End If
    End With
End Sub
```

**BEISPIEL** Das obige Beispiel befindet sich innerhalb der Beispieldateien zum Buch im Ordner *\Buch\Kap11*. Die Mappe nennt sich *Bsp11_08.xlsm*. Die Prozedur ist im *Modul2* untergebracht.

# Kopf- und Fußzeilen verändern

Fragen rund um Kopf- und Fußzeilen tauchen sehr häufig auf. Das Benutzen des Makrorekorders im Umgang mit Kopf- und Fußzeilen kann sehr hilfreich sein, denn er liefert viele der erforderlichen Angaben, die für einen endgültigen Code benutzt werden können.

Manuell werden Kopf- und Fußzeilen über das Menüband mit *Einfügen/Text/Kopf- und Fußzeile* eingefügt. Seit Excel-Version 2002 (XP) ist es möglich, den Pfad der aktuellen Mappe sowie ein Bild in Kopf- und Fußzeilen zu integrieren. In den vorherigen Excel-Versionen konnte der Pfad nur per VBA beispielsweise über die Anweisung `ActiveSheet.PageSetup.LeftFooter = ActiveWorkbook.FullName` eingefügt werden. Das Einfügen von Bildern war gänzlich unmöglich. Dabei musste man sich des unbefriedigenden Tricks bedienen, mit Wiederholungszeilen zu arbeiten. Heute kann all das auch ohne VBA bewerkstelligt werden. Dennoch kommt es oft vor, dass Kopf- und Fußzeileneinträge per VBA automatisiert werden müssen, um Zeit und somit Geld zu sparen.

Es gibt insgesamt sechs Bereiche, wo Kopf- bzw. Fußzeilenangaben untergebracht werden können. Nämlich je drei in der Kopf- und in der Fußzeile. Da wir diese in den folgenden Beispielen immer wieder verwenden werden, wollen wir gleich zu Beginn die Eigenschaften dazu klären (siehe Tabelle 11.3)

Tabelle 11.3 Eigenschaften für Kopf- und Fußzeilen

| VBA-Eigenschaft | Bedeutung |
|---|---|
| `LeftHeader` | Linke Kopfzeile |
| `CenterHeader` | Mittlere Kopfzeile |
| `RightHeader` | Rechte Kopfzeile |
| `LeftFooter` | Linke Fußzeile |
| `CenterFooter` | Mittlere Fußzeile |
| `RightFooter` | Rechte Fußzeile |

# Formatieren von Kopf- und Fußzeilen

Formatierungen können zwar ebenfalls aufgezeichnet werden, um Ihnen jedoch zu ersparen, dass Sie sämtliche Formatierungsmöglichkeiten aufzeichnen müssen, finden Sie in der Tabelle 11.4 eine Zusammenfassung. Farbiger Hintergrund wird auch heute, in der Version 2010, noch nicht unterstützt.

**Tabelle 11.4** Formatierungen in Kopf- und Fußzeilen

| Formatierung | Ergebnis |
|---|---|
| "**&8**Monika Can" | Schriftgröße |
| "&""**Courier, Fett**""Monika Can" | Schriftart kombiniert mit Fettschrift |
| "&""**Courier, Kursiv**""Monika Can" | Schriftart kombiniert mit Kursivschrift |
| "&""**-,Fett Kursiv**""Monika Can" | Schriftart unverändert, kombiniert mit Fett und Kursiv |
| "**&U**Monika Can" | Unterstrichen |
| "**&E**Monika Can" | Doppelt unterstrichen |
| "**&S**Monika Can" | Durchstrichen |
| "**&X**Monika Can" | Hochgestellt |
| "**&Y**Monika Can" | Tiefgestellt |
| "&MFF0000Monika Can" | Roter Text |
| "&M00FF00Monika Can" | Grüner Text |
| "&M0000FFMonika Can" | Blauer Text |
| "&MFFFF00Monika Can" | Gelber Text |
| "&M00FFFFMonika Can" | Cyan Text |
| "&MFF00FFMonika Can" | Magenta Text |
| "&M000000Monika Can" | Schwarzer Text |
| "&MFFFFFFMonika Can" | Weißer Text |

**BEISPIEL** Die Beispiele zu Kopf- und Fußzeilen befinden sich innerhalb der Beispieldateien zum Buch im Ordner *\Buch\Kap11*. Die Mappe nennt sich *Bsp11_09.xlsm*.

Nachfolgend ein Beispiel, das eine Kombination der oben genannten Möglichkeiten in der Kopfzeile zeigt. In die Fußzeilen werden Information wie Seiten, Anzahl Seiten, Dateiname und Pfad eingefügt.

**Listing 11.20** Kopf- und Fußzeilen formatieren

```
Sub FormatFooterAndHeader()
   With ActiveSheet.PageSetup
      ' Kopfzeile
      .LeftHeader = "&""Courier,Fett""&10" & _
```

Wissen und Praxis verbinden

Listing 11.20 Kopf- und Fußzeilen formatieren *(Fortsetzung)*

```
                    Application.UserName
        .CenterHeader = "&E&20Antrag"
        .RightHeader = "&D"

        ' Fußzeile
        .LeftFooter = "Seite &P von &N"
        .CenterFooter = ""
        .RightFooter = "Pfad/Datei: &Z&F"
    End With
End Sub
```

# Felder in Kopf- und Fußzeilen verwenden

Excel stellt verschiedene Felder zur Verfügung, die in Kopf- und Fußzeilen verwendet werden können. Die Felder stehen sowohl in Kopf- als auch Fußzeilen in Form von Schaltflächen zur Verfügung. Um diese manuell zu erreichen, klicken Sie im Menüband auf der Registerkarte *Einfügen* in der Gruppe *Text* auf die Schaltfläche *Kopf- und Fußzeile*. Seit Version 2007 präsentiert sich ein gänzlich verändertes Bild, wobei jedoch viele der Befehle dieselben geblieben sind wie in Vorgängerversionen.

Abbildg. 11.13 Felder für Kopf- und Fußzeilen

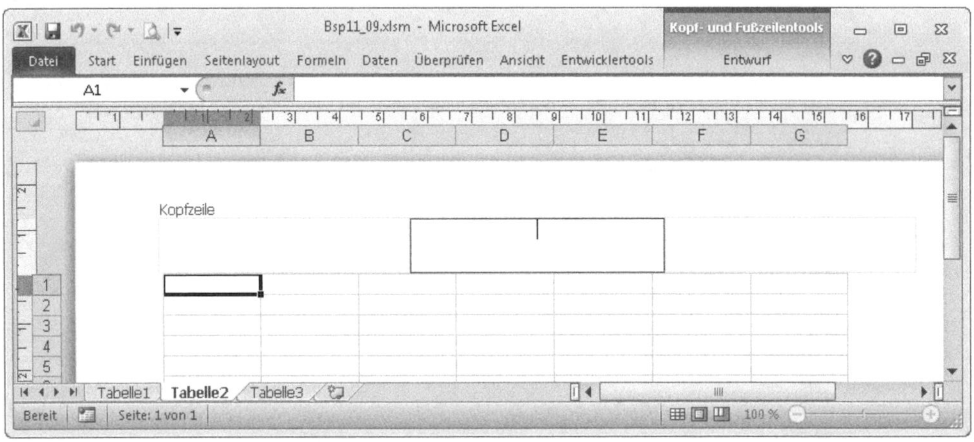


Jedem Befehl des Menübands für Kopf- und Fußzeilen ist in VBA ein Befehl zugewiesen. Er beginnt immer mit einem &, worauf ein bestimmter Buchstabe folgt. Die Formatierungsanweisungen haben wir bereits in Tabelle 11.4 behandelt. Wir beschränken uns deshalb auf die restlichen Feldfunktionen.

Tabelle 11.5 Felder für Kopf- und Fußzeilen

| Feld | Beschreibung |
|---|---|
| &P | Aktuelle Seite |
| &N | Anzahl Seiten insgesamt |
| &D | Datum |

**Tabelle 11.5** Felder für Kopf- und Fußzeilen *(Fortsetzung)*

| Feld | Beschreibung |
|---|---|
| &T | Uhrzeit |
| &Z&F | Pfad und Datei |
| &F | Nur Datei |
| &A | Blattregistername |
| &G | Grafik<br>Hier muss zu Beginn zusätzlich der Pfad zur entsprechenden Grafik angegeben werden:<br>`ActiveSheet.PageSetup. _`<br>`RightFooterPicture.Filename = _`<br>`C:\MeinBild.jpg"` |

# Zeilenumbrüche in Kopf- und Fußzeilen

Obwohl Kopf- und Fußzeilen eigentlich sechs unterschiedliche Felder sind, können diese nicht wie eine Zelle bearbeitet werden. So haben Sie zum Beispiel keine Möglichkeit, die Breite der Felder individuell anzupassen.

Wenn der Text der linken Fußzeile nun so lang ist, dass er über den mittleren Abschnitt hinausragt, wird der Text der mittleren Fußzeile ganz oder teilweise überschrieben. Dadurch werden die darin enthalten Informationen unleserlich (siehe Abbildung 11.14). Wenn es sich lediglich um Text handelt, der eingetippt wird, kann die [↵]-Taste gedrückt werden, um den Text umzubrechen. Das Problem entsteht, wenn ein Feld, wie zum Beispiel der Pfad, der recht lang sein kann, eingefügt wird. Es besteht keine Möglichkeit, diesen manuell zu umbrechen.

**Abbildg. 11.14** Die linke Fußzeile überlagert die mittlere

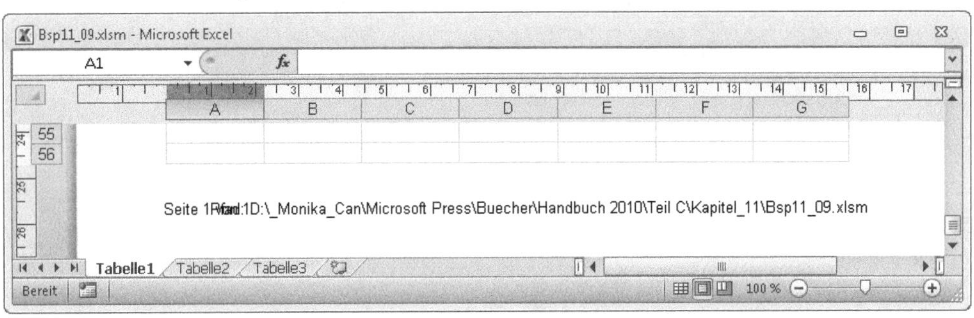


In der folgenden Prozedur wird der Pfad Stück für Stück auf maximal 30 Zeichen pro Zeile aufgeteilt. Dazu wird die Variable `strPath` verwendet, der nach und nach die einzelnen Zeichen, getrennt durch einen Zeilenvorschub, übergeben werden. Der Variablen `strPath` wird zu Beginn der Prozedur der Pfad- und Dateiname der aktiven Mappe übergeben.

In der `If`-Entscheidung wird geprüft, ob der Pfadname mehr als 90 Zeichen umfasst. Wenn dies zutrifft, werden mittels der Funktionen `Left`, `Right` und `Len`, der Variablen `strPath` die ersten beiden Zeilen übergeben. Diese sind nun durch einen Zeilenvorschub getrennt `Chr(10)`. Die erste Zeile enthält jetzt 90 Zeichen und die zweite Zeile enthält die restlichen Zeichen. Um die zweite Zeile ebenfalls zu kürzen, wird die Variable `strPath` wiederum neu aufbereitet. Nach dem Aufbereiten umfasst die erste Zeile 60 Zeichen, die zweite Zeile 30 Zeichen und die dritte Zeile die restlichen Zeichen. Um die letzte der vier Zeilen zu erhalten, wird die Variable erneut um eine Zeile erweitert. Die ersten drei Zeilen enthalten danach jeweils 30 Zeichen und die letzte Zeile die restlichen.

Für den Fall, dass die Variable `strPath` weniger als 90 Zeichen enthält, wird eine `ElseIf`-Verzweigung eingesetzt. Wenn die Variable mehr als 60 Zeichen und weniger oder gleich 90 Zeichen enthalten sollte, reicht eine Aufteilung auf drei Zeilen aus.

Eine weitere `ElseIf`-Verzweigung wird für den zweizeiligen Fall benötigt, d.h. wenn die Variable `strPath` mehr als 30 Zeichen und weniger oder gleich 60 Zeichen enthalten sollte, sind lediglich zwei Zeilen erforderlich. Bei weniger als oder gleich 30 Zeichen erübrigt sich ein Aufteilen.

Falls der Pfad mehr als 120 Zeichen lang sein sollte, muss eine weitere `If`-Entscheidung programmiert werden, da sonst unter Umständen die erste Zeile wiederum in die mittlere Fußzeile ragen würde.

**Listing 11.21** Fußzeile umbrechen

```
Sub BreakFooter()
   Dim strPath As String

   strPath = ActiveWorkbook.FullName

   ' Wenn der Pfad länger als 90 Zeichen ist,
   ' wird er über vier Zeilen verteilt
   If Len(strPath) > 90 Then
      strPath = Left(strPath, 90) & Chr(10) & _
         Right(strPath, Len(strPath) - 90)
      strPath = Left(strPath, 60) & Chr(10) & _
         Right(strPath, Len(strPath) - 60)
      strPath = Left(strPath, 30) & Chr(10) & _
         Right(strPath, Len(strPath) - 30)

   ' Wenn der Pfad länger als 60 Zeichen ist,
   ' wird er über drei Zeilen verteilt
   ElseIf Len(strPath) > 60 Then
      strPath = Left(strPath, 60) & Chr(10) & _
         Right(strPath, Len(strPath) - 60)
      strPath = Left(strPath, 30) & Chr(10) & _
         Right(strPath, Len(strPath) - 30)

   ' Wenn der Pfad länger als 30 Zeichen ist,
   ' wird er über zwei Zeilen verteilt
   ElseIf Len(strPath) > 30 Then
      strPath = Left(strPath, 30) & Chr(10) & _
         Right(strPath, Len(strPath) - 30)
   End If

   ' Übergabe der Variablen an die linke Fußzeile
   With ActiveSheet.PageSetup
      .LeftHeader = ""
      .CenterHeader = ""
      .RightHeader = ""
```

**Listing 11.21** Fußzeile umbrechen *(Fortsetzung)*

```
      .LeftFooter = strPath
      .CenterFooter = "Die mittlere Fußzeile wird" & _
                      Chr(10) & _
                      "nicht mehr überschrieben"
      .RightFooter = ""
   End With
End Sub
```

Nach dem Einfügen der Zeilenvorschübe sieht die Fußzeile in der Seitenansicht wie folgt aus:

**Abbildg. 11.15** Der Pfad in der linken Fußzeile über zwei Zeilen verteilt

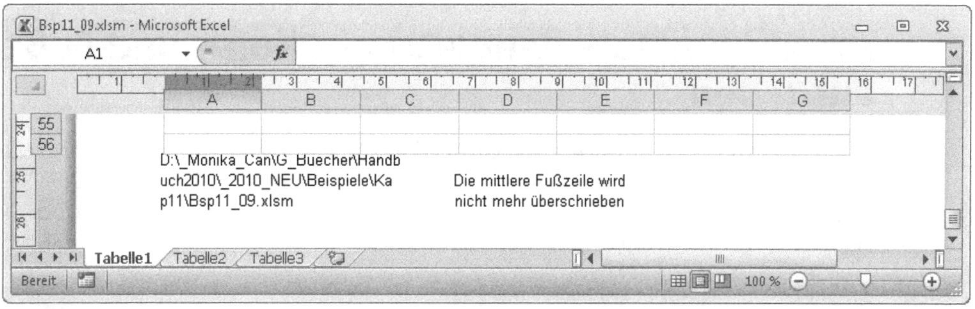


# Benutzername in Kopf- und Fußzeilen ausgeben

Es gibt zwei Arten von Benutzernamen. Der eine ist jener, mit dem Sie am System angemeldet sind. Um diesen zu ermitteln, verwenden Sie die Anweisung `Environ("UserName")`.

Der andere ist der, den Sie in Ihrer Applikation einstellen können. Sie finden ihn über *Datei/Optionen/Allgemein/Microsoft Office-Kopie personalisieren/Benutzername.* Um diesen auszugeben, verwenden Sie die Anweisung `Application.UserName`.

**Listing 11.22** Benutzername in Kopfzeile ausgeben

```
Sub GetUserName()
   With ActiveSheet.PageSetup
      .LeftHeader = "System-User: " & Environ("UserName")
      .CenterHeader = "Excel-User: " & Application.UserName
      .RightHeader = ""

      .LeftFooter = ""
      .CenterFooter = ""
      .RightFooter = ""
   End With
End Sub
```

Wissen und Praxis verbinden

Abbildg. 11.16 Die beiden Benutzernamen in der Kopfzeile anzeigen

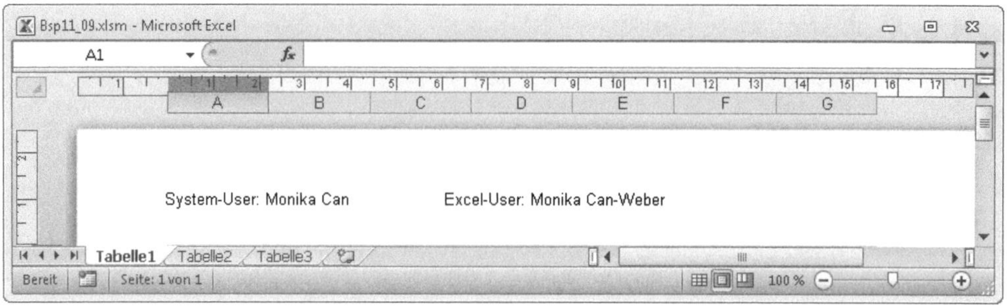


# Anzahl der Tabellenblätter in Kopf- und Fußzeilen ausgeben

Es gibt kein vordefiniertes Feld, das die Anzahl der Tabellenblätter in Kopf- oder Fußzeilen ausgibt. Um diese Information zu erhalten, müssen Sie mit VBA arbeiten. Die Anzahl der Tabellenblätter einer Arbeitsmappe wird über die Anweisung `Worksheets.Count` ermittelt. Übergeben Sie diese der gewünschten Kopf- oder Fußzeile.

Listing 11.23 Anzahl Tabellenblätter in Kopfzeile ausgeben

```
Sub CountWorksheets()
   With ActiveSheet.PageSetup
      .LeftHeader = "Anzahl Tabellenblätter: " & Worksheets.Count
      .CenterHeader = ""
      .RightHeader = ""

      .LeftFooter = ""
      .CenterFooter = ""
      .RightFooter = ""
   End With
End Sub
```

# Gleiche Kopf- und Fußzeilen für alle Tabellenblätter einrichten

Um in der gesamten Arbeitsmappe die Kopf- und Fußzeilen per Knopfdruck einheitlich zu gestalten, müssen Sie mit einer Schleife arbeiten. Die folgende Prozedur zeigt, wie sämtliche Kopf- und Fußzeilenfelder der gesamten Arbeitsmappe befüllt werden können.

Listing 11.24 Gleiche Kopf- und Fußzeilen für alle Tabellenblätter

```
Sub HeaderAndFooterForAll()
   Dim ws As Worksheet

   For Each ws In Worksheets
      With ws.PageSetup
         .LeftHeader = "Linke Kopfzeile"
```

Listing 11.24 Gleiche Kopf- und Fußzeilen für alle Tabellenblätter *(Fortsetzung)*

```
         .CenterHeader = "Mittlere Kopfzeile"
         .RightHeader = "Rechte Kopfzeile"

         .LeftFooter = "Linke Fußzeile"
         .CenterFooter = "Mittlere Fußzeile"
         .RightFooter = "Rechte Fußzeile"
      End With
   Next ws
End Sub
```

# Sämtliche Kopf- und Fußzeilen aus einer Arbeitsmappe entfernen

Um alle Kopf- und Fußzeilen aus einer Arbeitsmappe zu entfernen, verwenden Sie im Grunde genommen dieselbe Prozedur wie zuvor. Übergeben Sie jedoch jeweils einen Leerstring an Kopf- und Fußzeilenfelder.

Listing 11.25 Sämtliche Kopf- und Fußzeilen aus der Arbeitsmappe entfernen

```
Sub RemoveHeaderAndFooterForAll()
   Dim ws As Worksheet

   For Each ws In Worksheets
      With ws.PageSetup
         .LeftHeader = ""
         .CenterHeader = ""
         .RightHeader = ""

         .LeftFooter = ""
         .CenterFooter = ""
         .RightFooter = ""
      End With
   Next ws
End Sub
```

# Grafik in Kopf- und Fußzeilen einfügen

Wie Sie bereits erfahren haben, können seit der Excel-Version 2002 Grafiken in Kopf- und Fußzeilen eingefügt werden. Sie können sogar noch weiter gehen und der Grafik einige Formatierungsanweisungen zuweisen.

**Abbildg. 11.17** Grafik in Kopfzeile

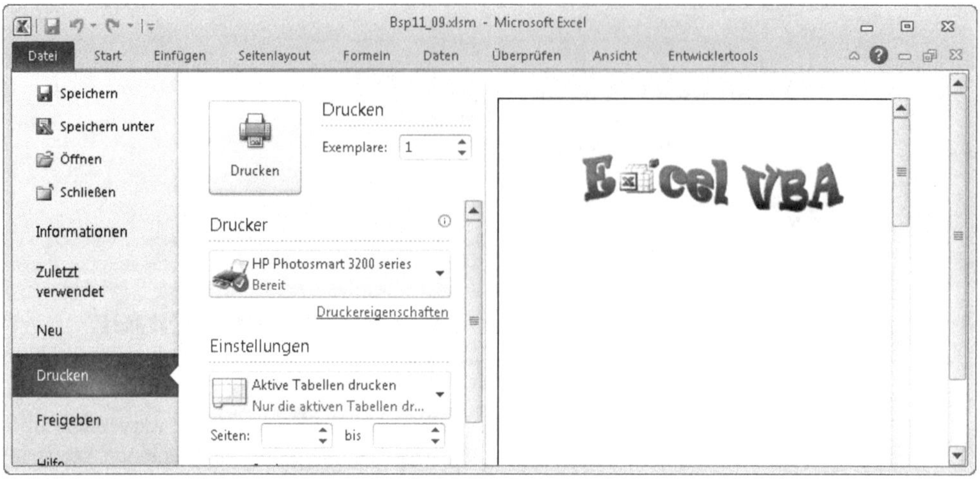

Der Pfad und Dateiname sowie die Formatierungen werden der Eigenschaft `LeftHeaderPicture` übergeben, sofern Sie die Grafik in die linke Kopfzeile einfügen möchten. Am Ende, nachdem die Grafik aufbereitet ist, folgt der Befehl, die Grafik einzufügen (`LeftHeader = "&G"`).

**Listing 11.26** Grafik in Kopfzeile einfügen und Größe bestimmen

```
Sub HeaderPicture()
   ' Pfad und Datei angeben und formatieren
   With ActiveSheet.PageSetup.LeftHeaderPicture
      .Filename = ThisWorkbook.Path & "\ExcelLogo.jpg"
      .Height = 38.25                          ' Höhe
      .Width = 165                             ' Breite
      .Brightness = 0.5                        ' Helligkeit
      .ColorType = msoPictureAutomatic         ' Farbtransformation
      .Contrast = 0.7                          ' Kontrast
      .CropBottom = -0.5                       ' Zuschneiden von unten
      .CropLeft = -0.5                         ' Zuschneiden von links
      .CropRight = -0.5                        ' Zuschneiden von rechts
      .CropTop = -0.5                          ' Zuschneiden von oben
   End With

   ' Grafik einfügen
   ActiveSheet.PageSetup.LeftHeader = "&G"
End Sub
```

Zur Bestimmung der Farbtransformation stehen vier Konstanten zur Verfügung:

**Tabelle 11.6** Konstanten zur Farbtransformation

| Konstante | Beschreibung |
|---|---|
| `msoPictureAutomatic` | Standard (Automatisch) |
| `msoPictureBlackAndWhite` | Schwarzweiß |

**Tabelle 11.6** Konstanten zur Farbtransformation *(Fortsetzung)*

| Konstante | Beschreibung |
|---|---|
| `msoPictureGrayscale` | Graustufe |
| `msoPictureWatermark` | Ausgeblichen |

# Wiederholungszeilen einrichten (Blattschutz)

Bevor es Excel-Version 2002 (XP) gab, musste getrickst werden, um eine Grafik, z.B. ein Firmenlogo auf jeder Druckseite, zu platzieren. Da beispielsweise die Version 2000 noch in vielen Firmen eingesetzt wird, muss unter Umständen die Kompatibilität gewahrt werden. Wenn Sie also wissen, dass die Arbeitsmappe auch durch Benutzer verwendet wird, die noch nicht über die Versionen 2002 oder höher verfügen, sollten Sie auf die herkömmliche Trickkiste zurückgreifen. Ansonsten wird die Anzeige der Grafik womöglich fehlschlagen.

1. Fügen Sie die Grafik am oberen Rand auf Ihrem Tabellenblatt ein.
2. Wählen Sie im Menüband auf der Registerkarte *Seitenlayout* in der Gruppe *Seite einrichten* die Schaltfläche *Drucktitel* und stellen Sie sicher, dass die Registerkarte *Blatt* aktiv ist.
3. Geben Sie ins Eingabefeld *Wiederholungszeilen oben* alle Zeilen an, über der die Grafik eingefügt wurde (zum Beispiel: *$1:$4*).
4. Schließen Sie das Dialogfeld, indem Sie die Schaltfläche *OK* anklicken.

Das Problem, das jetzt noch besteht, ist, dass alles, was sich im Bereich der Wiederholungszeilen befindet, auf jeder Seite angedruckt wird. Also auch Zellen, die versehentlich befüllt werden. Um dies zu verhindern, gehen Sie wie folgt vor:

1. Markieren Sie das gesamte Tabellenblatt `Strg`+`A`.
2. Wählen Sie im Menüband *Start/Zahl/Zellen formatieren* (Klick auf das Symbol für den Aufruf eines Dialogfeldes rechts neben der Gruppenbezeichnung) und aktivieren Sie die Registerkarte *Schutz.*
3. Deaktivieren Sie das Kontrollkästchen *Gesperrt* und schließen Sie das Dialogfeld *Zellen formatieren.*
4. Markieren Sie nun den Bereich, in dem sich die Wiederholungszeilen befinden, und rufen Sie erneut das Dialogfeld *Zellen formatieren* auf.
5. Aktivieren Sie das Kontrollkästchen *Gesperrt* und schließen Sie das offene Dialogfeld
6. Nun muss nur noch das Tabellenblatt geschützt werden. Wählen Sie dazu im Menüband *Start/Zellen/Format/Blatt schützen.*
7. Deaktivieren Sie das Kontrollkästchen *Gesperrte Zellen auswählen* und klicken Sie auf die Schaltfläche *OK.*

Der Bereich, in dem sich die Wiederholungszeilen befinden, kann nun nicht mehr ausgewählt werden.

**ACHTUNG** Wiederholungszeilen sind nur funktionstüchtig auf Druckseiten, die untereinander, also horizontal angeordnet sind. Wenn Sie das Ganze auch auf vertikale Seiten anwenden möchten, müssen Sie die Grafik dort erneut einfügen.

Wenn Sie über eine entsprechende VBA-Prozedur verfügen, können Sie sich die einzelnen Arbeitsschritte sparen und die Wiederholungszeilen mit Grafik per Knopfdruck einfügen.

**Abbildg. 11.18** Grafiken innerhalb von Wiederholungszeilen

In der folgenden Prozedur werden auch vertikale Seitenumbrüche berücksichtigt. Die Eigenschaft für einen horizontalen Seitenumbruch lautet `HPageBreaks` und die Eigenschaft für Vertikal nennt sich `VPageBreaks`.

**Listing 11.27** Wiederholungszeile mit Grafik automatisch einfügen

```
Sub HeaderPictureRepeat()
   Dim strPath As String
   Dim pic As Picture
   Dim i As Integer

   strPath = ThisWorkbook.Path & "\ExcelLogo.jpg"

   With ThisWorkbook.Worksheets(1)
      ' Blattschutz aufheben
      .Unprotect

      ' Bereits bestehende Grafik entfernen
      For Each pic In .Pictures
         If pic.Name Like "ExcelLogo*" Then
            .Pictures.Delete
            Exit For
         End If
      Next pic

      ' Grafik für horizontale Seiten einfügen
      Set pic = .Pictures.Insert(strPath)
      With pic
         .Left = 0
         .Top = 0
         .Height = 38.25
         .Width = 165
         .Name = "ExcelLogo0"
      End With

      ' Grafiken für vertikale Seitenumbrüche einfügen
      For i = 1 To .VPageBreaks.Count
         Set pic = .Pictures.Insert(strPath)
         With .Range(.VPageBreaks(i).Location.Address)
            pic.Left = .Left
            pic.Top = .Top
            pic.Height = 38.25
            pic.Width = 165
            pic.Name = "ExcelLogo" & i
         End With
```

**Listing 11.27** Wiederholungszeile mit Grafik automatisch einfügen *(Fortsetzung)*

```
        Next i

        ' Wiederholungszeilen einrichten
        .PageSetup.PrintTitleRows = "$1:$3"

        ' Zellen sperren und entsperren, Blatt schützen
        .Rows("1:3").Locked = True
        .Rows("4:1048576").Locked = False
        .EnableSelection = xlUnlockedCells
        .Protect
        .Range("A4").Select
    End With

    Set pic = Nothing
End Sub
```

**HINWEIS** Mehr zum Thema Grafiken erfahren Sie in Kapitel 19.

**BEISPIEL** Das obige Beispiel befindet sich innerhalb der Beispieldateien zum Buch im Ordner *\Buch\Kap11*. Die Mappe nennt sich *Bsp11_10.xlsm*.



# Antworten auf Fragen rund ums Drucken

Im letzten Abschnitt dieses Kapitels werden die am häufigsten gestellten Fragen rund ums Drucken beantwortet.

**BEISPIEL** Die Beispiele zu Kopf- und Fußzeilen befinden sich innerhalb der Beispieldateien zum Buch im Ordner *\Buch\Kap11*. Die Mappe nennt sich *Bsp11_11.xlsm*.

## Ein Tabellenblatt auf verschiedene Weise ausdrucken

Eine Tabelle kann grundsätzlich nur ausgedruckt werden, wenn Daten auf dem Tabellenblatt enthalten sind. Der Versuch, eine leere Tabelle zu drucken, endet in einer entsprechenden Meldung, die auf dem Bildschirm angezeigt wird. Das Gleiche gilt auch für den Wechsel in die Seitenansicht. Dieser kann nur erfolgen, wenn zumindest ein Zeichen auf dem Tabellenblatt vorhanden ist – und sei es nur ein Leerzeichen.

Abbildg. 11.19 Ohne Daten ist kein Drucken möglich

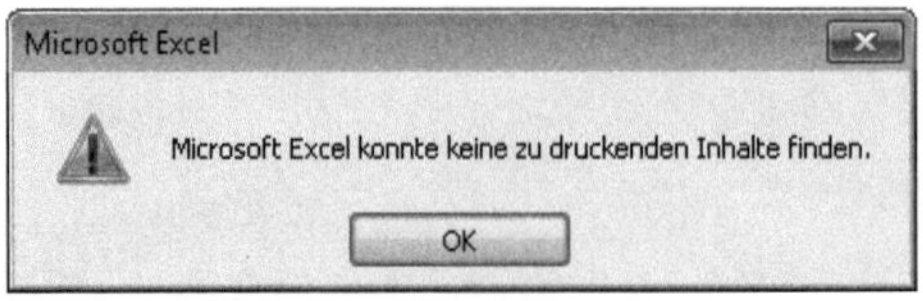


Um ein Tabellenblatt auszudrucken, geben Sie zuerst an, welches gedruckt werden soll, gefolgt von der Methode `PrintOut`.

Listing 11.28 Die aktive Tabelle drucken

```
Sub PrintActiveSheet()
   ActiveSheet.PrintOut
End Sub
```

Wenn Sie mehrere Kopien dieses Tabellenblattes ausgeben möchten, ergänzen Sie die `ActiveSheet.PrintOut`-Anweisung mit `Copies:=`, gefolgt von der gewünschten Anzahl an Kopien.

Listing 11.29 Mehrere Kopien drucken

```
Sub PrintActiveSheetCopy()
   ActiveSheet.PrintOut Copies:=5
End Sub
```

Wenn die Ausgabe der Mehrfachkopien zusätzlich sortiert erfolgen soll, verwenden Sie `Collate:=True`.

Listing 11.30 Ausdruck in sortierter Reihenfolge

```
Sub PrintActiveSheetCollate()
   ActiveSheet.PrintOut Collate:=True
End Sub
```

Wenn die Tabelle aus mehreren Druckseiten besteht, können Sie festlegen, welche davon ausgedruckt werden sollen. Es werden dazu die Argumente `From` und `To`, gefolgt von der ersten und letzten Seite verwendet.

Listing 11.31 Nur bestimmte Druckseiten ausgeben

```
Sub SeveralPrintsheets()
   ActiveSheet.PrintOut From:=2, To:=4
End Sub
```

Die einzelnen verfügbaren Argumente können auch kombiniert werden:

Listing 11.32 Argumente kombinieren

```
Sub MixedPrint()
   ActiveSheet.PrintOut Copies:=3, Collate:=True, From:=2, To:=4
End Sub
```

Sie können den Ausdruck auch zuerst in der Seitenansicht betrachten, bevor Sie die Daten auf Papier ausdrucken. Es wird dazu das Argument `Preview` gefolgt vom Wert `True` verwendet.

**Listing 11.33** Seitenansicht aufrufen

```
Sub ShowPreview()
   ActiveSheet.PrintOut Preview:=True
End Sub
```

Alternativ dazu können Sie auch direkt `ActiveSheet.PrintPreview` einsetzen.

# Mehrere Tabellenblätter drucken

Sie haben auch die Möglichkeit, gleich mehrere Tabellenblätter auf einmal auszudrucken. Geben Sie dazu die Namen der Tabellenblätter in einem Array an.

**Listing 11.34** Mehrere Tabellenblätter drucken

```
Sub PrintSeveralSheets()
   Worksheets(Array("Tabelle1", "Tabelle3")).PrintOut
End Sub
```

Wenn Sie die Namen der zu druckenden Tabellenblätter nicht kennen, können Sie auch mit dem Index arbeiten. Wichtig dabei ist, dass Sie die `Name`-Eigenschaft nicht vergessen, denn das Array erwartet einen Namen.

**Listing 11.35** Tabellenblätter über den Index ansprechen

```
Sub PrintSeveralSheets()
   Worksheets(Array(Worksheets(1).Name, Worksheets(3).Name)).PrintOut
End Sub
```

# Alle Tabellenblätter drucken

Wenn Sie gleich alle Tabellenblätter der Arbeitsmappe ausdrucken möchten, verwenden Sie eine `For Each`-Schleife. Diese spricht jedes Tabellenblatt an und druckt es aus.

**Listing 11.36** Alle Tabellenblätter ausdrucken

```
Sub PrintAllSheets()
   Dim ws As Worksheet

   For Each ws In Worksheets
      ws.PrintOut
   Next ws
End Sub
```

# Bereiche drucken

Um einen Bereich auszudrucken, müssen Sie lediglich anstelle eines Tabellenblattes den Bereich angeben.

Listing 11.37 Einen Bereich drucken

```
Sub PrintRange()
   Range("A1:B5").PrintOut
End Sub
```

Sie können auch zwei Bereiche auf je einem A4-Blatt ausdrucken. Sie brauchen dazu lediglich im runden Klammerpaar nach `Range` beide Bereiche einzutragen.

Listing 11.38 Zwei Bereiche auf je einem Blatt

```
Sub PrintTwoRanges()
   Worksheets(1).Range("A1:B5, C6:D10").PrintOut
End Sub
```

Etwas schwieriger wird es, wenn Sie zwei unabhängige Bereiche auf einem A4-Blatt ausdrucken möchten, denn das ist standardmäßig in Excel nicht vorgesehen und Sie müssen mit einem Trick arbeiten.

Damit die vorhandenen Tabellenblätter unberührt bleiben, erstellen wir zu Beginn der Prozedur ein neues Tabellenblatt. Auf diesem Tabellenblatt werden so quasi Fotografien von den beiden Bereichen erstellt. Das Tabellenblatt wird dann ausgedruckt und wieder gelöscht.

Mittels der `CopyPicture`-Methode kann ein Abbild eines Bereiches erstellt werden. Damit das »Foto« des Bereiches genauso aussieht, als wenn es ausgedruckt würde, wird der Methode das Argument `Appearance` gefolgt von der Konstanten `xlPrinter` übergeben.

**HINWEIS** Mehr zum Thema grafische Objekte erfahren Sie in Kapitel 19.

Das Objekt befindet sich nun in der Zwischenablage. Mittels der Methode `Paste` fügen wir das Objekt auf unserem temporären Tabellenblatt an derselben Stelle ein, an der sich auch das Original auf dem anderen Tabellenblatt befindet.

Listing 11.39 Zwei unabhängige Bereiche auf einem A4-Blatt ausdrucken

```
Sub PrintTwoRangesOneSheet()
   ' Temporäres Tabellenblatt erstellen
   Worksheets.Add Before:=Worksheets(1)

   With Worksheets(1)
      ' Ersten Bereich kopieren
      Worksheets(2).Range("A1:B5").CopyPicture Appearance:=xlPrinter
      .Paste Destination:=.Range("A1")

      ' Zweiten Bereich kopieren
      Worksheets(2).Range("C6:D10").CopyPicture Appearance:=xlPrinter
      .Paste Destination:=.Range("C6")
```

**Listing 11.39** Zwei unabhängige Bereiche auf einem A4-Blatt ausdrucken *(Fortsetzung)*

```
        ' Ausdrucken
        .PrintOut

        ' Temporäres Tabellenblatt wieder löschen
        Application.DisplayAlerts = False
        .Delete
        Application.DisplayAlerts = True
    End With
End Sub
```

Auf diese Weise können Sie auch tabellenübergreifend Bereiche sammeln und auf einem A4-Blatt ausdrucken.

**Listing 11.40** Tabellenübergreifende Bereiche auf einem Blatt ausdrucken

```
Sub PrintRangesFromSeveralSheets()
    ' Temporäres Tabellenblatt erstellen
    Worksheets.Add Before:=Worksheets(1)

    With Worksheets(1)
        ' Ersten Bereich kopieren
        Worksheets(2).Range("A1:B5").CopyPicture Appearance:=xlPrinter
        .Paste Destination:=.Range("A1")

        ' Zweiten Bereich kopieren
        Worksheets(2).Range("C6:D10").CopyPicture Appearance:=xlPrinter
        .Paste Destination:=.Range("C6")

        ' Ersten Bereich kopieren (anderes Tabellenblatt)
        Worksheets(3).Range("A6:B10").CopyPicture Appearance:=xlPrinter
        .Paste Destination:=.Range("A6")

        ' Zweiten Bereich kopieren (anderes Tabellenblatt)
        Worksheets(3).Range("C1:D5").CopyPicture Appearance:=xlPrinter
        .Paste Destination:=.Range("C1")

        ' Ausdrucken
        .PrintOut

        ' Temporäres Tabellenblatt wieder löschen
        Application.DisplayAlerts = False
        .Delete
        Application.DisplayAlerts = True
    End With
End Sub
```



# Einen Druckbereich festlegen

Auf einem Tabellenblatt können Sie einen bestimmten Druckbereich festlegen. Dies bedeutet, dass die Zellen, die außerhalb dieses Bereiches liegen, nicht gedruckt werden.

Um einen Druckbereich manuell festzulegen, markieren Sie zuerst die gewünschten Zellen und wählen Sie dann im Menüband *Seitenlayout/Seite einrichten/Druckbereich/Druckbereich festlegen.*

Per VBA erfolgt dies über die Anweisung `PageSetup.PrintArea`. Ihr wird der Bereich übergeben, der als Druckbereich eingerichtet werden soll. Beachten Sie, dass die Eigenschaft `Address` zwingend dem `Range`-Objekt folgen muss.

**Listing 11.41** Einen Druckbereich festlegen

```
Sub MyPrintAreaRange()
   ActiveSheet.PageSetup.PrintArea = Range("A1:B5").Address
End Sub
```

Sie können das Ganze auch dynamisch halten, indem Sie dem Druckbereich die Anweisung `CurrentRegion.Address` oder `UsedRange.Address` übergeben.

Um einen Druckbereich aufzuheben, übergeben Sie der Eigenschaft `PrintArea` einen Leerstring.

**Listing 11.42** Druckbereich aufheben

```
Sub RemovePrintAreaRange()
   ActiveSheet.PageSetup.PrintArea = ""
End Sub
```

# Das Drucken-Dialogfeld öffnen

Sie können per VBA auch einfach das integrierte *Drucken*-Dialogfeld öffnen und darin die gewünschten Einstellungen vornehmen, um dann manuell über die *OK*-Schaltfläche den Druck auszulösen.

**Listing 11.43** Das *Drucken*-Dialogfeld öffnen

```
Sub PrintDialog()
   Application.Dialogs(xlDialogPrint).Show
End Sub
```

**Abbildg. 11.20** Das *Drucken*-Dialogfeld

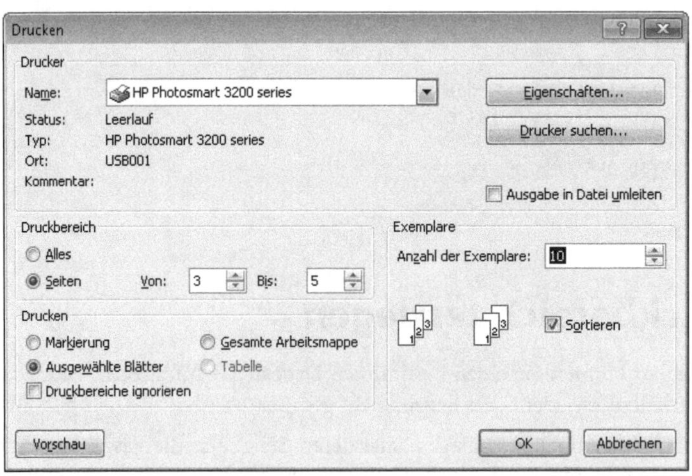

Sie können dem *Drucken*-Dialogfeld auch verschiedene Argumente übergeben. Das erste Argument im folgenden Code steht für das Optionsfeld *Seiten*. Wenn Sie an Stelle des Wertes 2 eine 1 eintragen, wird die Option *Alles* aktiv. Das zweite und dritte Argument stehen für *Von* und *Bis*. Im letzten hier aufgeführten Argument wird die *Anzahl der Exemplare* angegeben.

**Listing 11.44** *Drucken*-Dialogfeld mit Voreinstellungen öffnen

```
Sub PrintDialogSettings()
   Application.Dialogs(xlDialogPrint).Show 2, 3, 5, 10
End Sub
```

# Anzahl der Druckseiten pro Tabellenblatt ermitteln

Wenn Sie ermitteln möchten, wie viele Druckseiten in Ihrem Tabellenblatt enthalten sind, verwenden Sie die Methode `ExecuteExcel4Macro("Get.Document(50)")`.

**Listing 11.45** Die Anzahl an Druckseiten zurückgeben

```
Sub NumberOfPages()
   MsgBox Application.ExecuteExcel4Macro("Get.Document(50)") & _
         " Druckseiten"
End Sub
```

**HINWEIS** Excel4Macros sind Relikte aus alten Excel-Versionen, die nach wie vor weiterverwendet werden können. Es gibt noch einige wenige Excel4Macros, mit denen sich Aktionen ausführen lassen, die ansonsten kaum per VBA programmierbar sind, so wie jenes aus obigem Beispiel.

Sie können den Versuch unternehmen, die Seitenzahlen aufgrund der horizontalen und vertikalen Seitenumbrüche zu ermitteln. Seien Sie jedoch gewarnt, denn die Angaben sind nicht immer korrekt. Im Gegensatz dazu liefert das Excel4Macro immer ein korrektes Ergebnis.

**Listing 11.46** Druckseiten zählen (ungenaue Angaben möglich)

```
Sub WrongNumberOfPages()
   With ActiveSheet
      MsgBox (.HPageBreaks.Count + 1) * (.VPageBreaks.Count + 1) & _
             " Druckseiten. Vorsicht! Falsche Ausgabe möglich.", vbCritical
   End With
End Sub
```

# Leerzeilen für den Druck ausblenden

Ausgeblendete Zeilen oder Spalten werden auf einem Ausdruck nicht angezeigt. Sie werden übergangen, als wären sie nicht vorhanden. Dies können Sie sich zu Nutze machen, wenn Sie nur befüllte Zeilen ausdrucken möchten.

Im folgenden VBA-Code wird eine Zählschleife verwendet, um die einzelnen Zeilen zu durchlaufen. Der Durchlauf muss rückwärts erfolgen, damit kein Konflikt mit bereits ausgeblendeten Zeilen entsteht.

In der `If`-Enscheidung nehmen wir die Tabellenfunktion `CountA` (*ANZAHL2()*) zu Hilfe, um Leerzeilen zu ermitteln. Wenn eine Leerzeile vorliegt, wird sie ausgeblendet.

Nach der Schleife wird die Druckvorschau angezeigt. Nach dem Beenden der Druckvorschau werden die ausgeblendeten Zeilen wieder eingeblendet.

**Listing 11.47** Leere Zeilen nicht ausdrucken

```
Sub HideEmptyRows()
   Dim i As Long

   With ActiveSheet
      ' Leere Zeilen ausblenden
      For i = .UsedRange.Rows.Count To 1 Step -1
         If Application.WorksheetFunction.CountA(Rows(i)) = 0 Then
            .Rows(i).Hidden = True
         End If
      Next i

      ' Druckvorschau; verwenden Sie PrintOut zum Drucken
      .PrintPreview

      ' Ausgeblendete Zeilen wieder einblenden
      .UsedRange.EntireRow.Hidden = False
   End With
End Sub
```

**Abbildg. 11.21** Tabellenblatt mit Leerzeilen und Druckvorschau nach dem Ausführen des Codes

# Ausgeblendete Tabellenblätter drucken

Wenn Sie ausgeblendete Tabellenblätter ausdrucken möchten, verwenden Sie die Eigenschaft `Visible` und fragen die Konstanten `xlSheetHidden` und `xlSheetVeryHidden` ab. Wie Sie in Kapitel 10 erfahren haben, sind beide dazu da, um Tabellenblätter auszublenden. Demzufolge müssen wir in unserem VBA-Code auch beide Möglichkeiten berücksichtigen.

Vor dem Ausdruck oder dem Wechsel in die Seitenvorschau blenden wir die Tabellenblätter ein und danach wieder aus.

**Listing 11.48** Ausgeblendete Tabellenblätter ausdrucken

```
Sub PrintHiddenWorksheets()
   Dim ws As Worksheet

   For Each ws In ThisWorkbook.Worksheets
      With ws
         If .Visible = xlSheetHidden Or _
            .Visible = xlSheetVeryHidden Then

            If .Visible = xlSheetHidden Then
               .Visible = xlSheetVisible
               .PrintPreview
               .Visible = xlSheetHidden
            End If

            If .Visible = xlSheetVeryHidden Then
               .Visible = xlSheetVisible
               .PrintPreview
               .Visible = xlSheetVeryHidden
            End If
         End If
      End With
   Next
End Sub
```

# Wechseln zwischen Hoch- und Querformat

Nach dem Aufruf von *Seitenlayout/Seite einrichten/Ausrichtung* können Sie wählen, ob das Tabellenblatt im Hoch- oder Querformat vorliegen soll. Die VBA-Eigenschaft dazu nennt sich `Orientation`. Ihr kann wahlweise die Konstante `xlLandscape` (Querformat) oder `xlPortrait` (Hochformat) übergeben werden.

**Listing 11.49** Umstellen auf Querformat

```
Sub ChangeToLandscape()
   ActiveSheet.PageSetup.Orientation = xlLandscape
End Sub
```

**Listing 11.50** Umstellen auf Hochformat

```
Sub ChangeToPortrait()
   ActiveSheet.PageSetup.Orientation = xlPortrait
End Sub
```

# Gitternetzlinien, Spalten- und Zeilenköpfe ausdrucken

Gitternetzlinien und Spalten- sowie Zeilenköpfe werden standardmäßig nicht ausgedruckt. Um beides auf dem Ausdruck erscheinen zu lassen, klicken Sie im Menüband unter *Seitenlayout/Seite einrichten* auf die Schaltfläche *Drucktitel*. Aktivieren Sie das oder die gewünschten Kontrollkästchen auf der Registerkarte *Blatt*.

In VBA werden dazu die Eigenschaften `PrintHeadings` (Spalten- und Zeilenköpfe) und `PrintGridelines` (Gitternetzlinien) verwendet. Ihnen kann wahlweise der Wert `True` oder `False` übergeben werden.

**HINWEIS** Ausgeblendete Gitternetzlinien sind in Normalansicht und Seitenlayout nicht erkennbar, sondern nur in der Druckvorschau.

**Listing 11.51** Gitternetzlinien und Köpfe einblenden

```
Sub HeadingsAndGridlinesOn()
   With ActiveSheet.PageSetup
      .PrintHeadings = True
      .PrintGridlines = True
   End With
End Sub
```

**Listing 11.52** Gitternetzlinien und Köpfe ausblenden

```
Sub HeadingsAndGridlinesOff()
   With ActiveSheet.PageSetup
      .PrintHeadings = False
      .PrintGridlines = False
   End With
End Sub
```

Kapitel 12

# Nützliche Helfer

**In diesem Kapitel:**

In diesem Kapitel behandeln wir verschiedene Themen wie zum Beispiel, wie Sie Formatierungen an Zellen vornehmen können. Sie werden zudem über die Arbeit mit Farben und deren Vielfalt aufgeklärt und erfahren, wie die Arbeit mit Kommentaren per VBA aussieht. Außerdem lernen Sie, wie Tasten programmiert und gesteuert werden können.

Am Ende des Kapitels finden Sie noch einige nützliche Informationen rund um integrierte Tabellen- und VBA-Funktionen. Diese bilden die Basis für viele VBA-Codes. Es ist deshalb sehr wichtig, dass Sie deren korrekte Bedeutung und den Umgang damit kennen.

# Formatierungen an Zellen bearbeiten

Formatierungen an Zellen gehören zu den täglichen Aufgaben eines jeden Excel-Benutzers. Vieles in Zusammenhang damit lässt sich automatisieren. Auf den folgenden Buchseiten werden deshalb die wichtigsten Formatierungsmöglichkeiten beschrieben.

**BEISPIEL** Die folgenden Beispiele befinden sich innerhalb der Beispieldateien zum Buch im Ordner *\Buch\Kap12*. Die Mappe nennt sich *Bsp12_01.xlsm*.

## Die Schriftart ändern

Nehmen wir an, auf Ihrem Tabellenblatt befinden sich in verschiedenen Zellen Einträge, denen die Schriftart *Arial* zugeordnet ist. Sie möchten diese nun durch die Schriftart *Courier* ersetzen.

Die Eigenschaft zum generellen Verändern von Schriften nennt sich `Font`. Um den Namen der Schriftart zu wechseln, ergänzen Sie die Eigenschaft `Name` und übergeben ihr den Namen der neuen Schriftart.

**Listing 12.1** Ändern der Schriftart

```
Sub ChangeFont()
   Range("A1:D1").Font.Name = "Courier"
End Sub
```

## Die Schriftart ersetzen

Nehmen wir an, Sie verwenden unterschiedliche Schriftarten auf dem Tabellenblatt und möchten nun alle Zellen, denen *Arial* zugewiesen ist, neu *Stencil* zuweisen. Je nach Umfang der Tabelle könnte das manuell ziemlich aufwändig werden.

Per VBA verwenden Sie eine Schleife, die den gewünschten Bereich durchläuft und in einer `If`-Entscheidung prüft, welches die aktuelle Schriftart ist. Wenn *Arial* auftritt, wird die gewünschte Ersetzung vorgenommen.

**Listing 12.2** Schriftart ersetzen

```
Sub ChangeArialToStencil()
   Dim c As Range
```

**Listing 12.2** Schriftart ersetzen *(Fortsetzung)*

```
   For Each c In Range("A1:D5")
      If c.Font.Name = "Arial" Then
         c.Font.Name = "Stencil"
      End If
   Next c
End Sub
```

**HINWEIS** Ein Beispiel ohne Schleife finden Sie im Abschnitt »Schriftfarben ersetzen« ab Seite 322.

**TIPP** Die folgenden Schritte zeigen, wie Sie Schriftarten auch manuell ersetzen können, ohne dabei jede Zelle zu selektieren und ohne VBA-Code zu verwenden.

**Abbildg. 12.1** Formate ersetzen

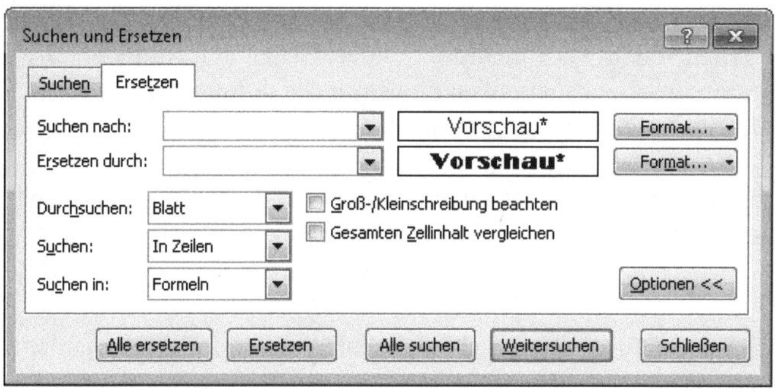


1. Rufen Sie im Menüband unter *Start/Bearbeiten/Suchen und Auswählen* den Befehl *Ersetzen* auf oder verwenden Sie die Tastenkombination [Strg]+[H].
2. Klicken Sie auf die Schaltfläche *Optionen*.
3. Klicken Sie auf die Schaltfläche *Format* bei *Suchen nach*.
4. Aktivieren Sie die Registerkarte *Schrift*.
5. Wählen Sie die Schriftart aus, die Sie ersetzen möchten und bestätigen Sie mit *OK*.
6. Klicken Sie auf die Schaltfläche *Format* bei *Ersetzen durch*.
7. Wählen Sie die neue Schriftart aus und klicken Sie auf *OK*.
8. Klicken Sie auf die Schaltfläche *Alle ersetzen*.

Das Ganze kann auch auf andere Formatierungen, wie zum Beispiel Rahmen, Muster, Schriftfarben etc. angewendet werden.

# Schriftfarben bestimmen

Um die Schriftfarbe zu verändern, verwenden Sie wiederum die Eigenschaft `Font`. Diesmal jedoch gefolgt von der Eigenschaft `Color` oder `ColorIndex`. Der Eigenschaft `Color`, die wir in diesem Beispiel verwenden, weisen Sie die gewünschte Farbkonstante zu.

**HINWEIS** Mehr zum Thema *Farben* erfahren Sie später in diesem Kapitel. Sie lernen dort den genauen Unterschied zwischen `Color` und `ColorIndex` kennen.

**Listing 12.3** Schriftfarbe verändern

```
Sub ChangeColor()
   Range("A1:D1").Font.Color = vbRed
End Sub
```

# Schriftfarben ersetzen

Stellen Sie sich vor, Ihr Tabellenblatt weist mehrere hundert Zellen auf. Rund ein Drittel davon ist mit einer blauen Schriftfarbe versehen. Sie müssen diese nun durch Rot ersetzen. Wenn Sie dies alles von Hand formatieren müssen, werden Sie eine Weile damit beschäftigt sein.

**HINWEIS** Im Abschnitt »Die Schriftart ersetzen« ab Seite 320 wurde ein manueller Weg aufgezeigt, wie Schriftarten ersetzt werden können. Diese Technik lässt sich auch auf Schriftfarben anwenden.

Um Schriftfarben per VBA zu verändern, können Sie die folgende Prozedur verwenden:

**Listing 12.4** Farbe Blau durch Rot ersetzen

```
Sub ChangeFromBlueToRed()
   With Application
      .FindFormat.Font.Color = vbBlue
      .ReplaceFormat.Font.Color = vbRed
   End With

   Cells.Replace _
      What:="", _
      Replacement:="", _
      SearchFormat:=True, _
      ReplaceFormat:=True
End Sub
```

# Welche Schriftformatierungen gibt es noch?

Neben der Schriftart und -farbe können auch weitere Zellenformatierungen vorgenommen werden. Alle unter dem Hut der Eigenschaft `Font`. Welche das sind und wie diese in VBA heißen, können Sie der Tabelle 12.1 entnehmen. Die Eigenschaften `OutlineFont` und `Shadow` haben in Windows keine Wirkung und fehlen daher in der Tabelle.

Tabelle 12.1 Eigenschaften für Schriftformatierungen im Überblick

| Eigenschaft | Beschreibung |
|---|---|
| `Name` | Ändern der Schriftart, indem der entsprechende Schriftname übergeben wird<br>`.Name = "Courier"` |
| `Size` | Ändert die Schriftgröße, indem der gewünschte Wert übergeben wird<br>`.Size = 12` |
| `Strikethrough` | Durchgestrichen |
| `Superscript` | Hochgestellt |
| `Subscript` | Tiefgestellt |
| `Underline` | Unterstrichen. Es stehen die folgenden fünf Konstanten zur Verfügung:<br>`xlUnderlineStyleNone`<br>Standard. Ohne Unterstrich<br>`xlUnderlineStyleSingle`<br>Einfacher Unterstrich<br>`xlUnderlineStyleDouble`<br>Doppelter Unterstrich<br>`xlUnderlineStyleSingleAccounting`<br>Einfach (Buchhaltung)<br>`xlUnderlineStyleDoubleAccounting`<br>Doppelt (Buchhaltung) |
| `ColorIndex` | Ändert den Farbindex. Mehr dazu später. |

# Teile von Zeichenketten formatieren

Sie können auch nur Teile von Zeichenketten formatieren. Verwenden Sie dazu die Methode `Characters`. Ihr übergeben Sie im runden Klammerpaar zwei Argumente. Den `Start`, d.h. das Zeichen, ab dem die Formatierung beginnen soll und die Länge (`Length`), also die Anzahl an Zeichen, die berücksichtigt werden sollen.

Nehmen wir als Beispiel das Zeichen für Wasser »H2O«. Korrekt dargestellt wird das zweite Zeichen tiefgestellt. Der Start ist somit beim zweiten Zeichen und die Länge beträgt ein Zeichen.

Listing 12.5 Nur das zweite Zeichen formatieren

```
Sub FormatPart()
   Range("A1").Characters(Start:=2, Length:=1).Font.Subscript = True
End Sub
```

Abbildg. 12.2 Die Zelle vor und nach dem Formatieren der Zahl 2

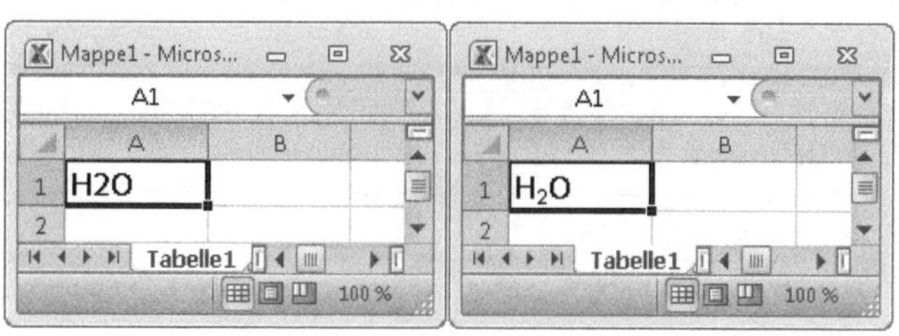

# Zellen mit Rahmen umgeben

Wenn Sie mit Rahmen arbeiten, verwenden Sie nach der Angabe des Bereichs die Auflistung `Borders`. Ihr können drei weitere Eigenschaften übergeben werden. Die Linienart (`LineStyle`), die Liniendicke (`Weight`) und die Farbe (`Color`). Die Angabe mindestens einer der Eigenschaften ist erforderlich.

**Listing 12.6** Zellen mit Rahmen versehen

```
Sub MyBorders()
   With Range("A1:D5")
      .Borders(xlEdgeLeft).LineStyle = xlContinuous
      .Borders(xlEdgeTop).Weight = xlThin
      .Borders(xlEdgeBottom).Color = vbRed
      .Borders(xlEdgeRight).LineStyle = xlContinuous
      .Borders(xlInsideVertical).Weight = xlThin
      .Borders(xlInsideHorizontal).Color = vbRed
   End With
End Sub
```

Ein Rahmen besteht in Excel aus sechs Einzelteilen, die die Eigenschaft `Borders` aufnehmen kann. Welche das sind, können Sie der Tabelle 12.2 entnehmen.

**Tabelle 12.2** Konstanten für die Eigenschaft *Borders*

| Eigenschaft | Beschreibung |
|---|---|
| `xlEdgeLeft` | Linker Rand des Bereiches |
| `xlEdgeTop` | Oberer Rand des Bereiches |
| `xlEdgeBottom` | Unterer Rand des Bereiches |
| `xlEdgeRight` | Rechter Rand des Bereiches |
| `xlInsideVertical` | Vertikale Innenlinie(n) |
| `xlInsideHorizontal` | Horizontale Innenlinie(n) |

Für die Eigenschaft `LineStyle` (Linienart) stehen verschiedenen Konstanten zur Verfügung. Diese sind in Tabelle 12.3 aufgelistet.

**Tabelle 12.3** Konstanten für die Eigenschaft *LineStyle*

| Eigenschaft | Abbildung |
|---|---|
| `xlContinuous` | |
| `xlDash` | |
| `xlDashDot` | |
| `xlDashDotDot` | |
| `xlDot` | |
| `xlDouble` | |

**Tabelle 12.3** Konstanten für die Eigenschaft *LineStyle* *(Fortsetzung)*

| Eigenschaft | Abbildung |
|---|---|
| `xlSlantDashDot` | |
| `xlLineStyleNone` | Keine Linie |

Auch für die Eigenschaft `Weight` (Liniendicke) stehen mehrere Konstanten zur Auswahl. Näheres erfahren Sie in Tabelle 12.4. Die Abbildungen sind in Kombination mit `LineStyle` und `xlContinuous` entstanden. Das Ganze lässt sich natürlich beliebig kombinieren.

**Tabelle 12.4** Konstanten für die Eigenschaft *Weight*

| Eigenschaft | Abbildung |
|---|---|
| `xlHairline` | |
| `xlThin` | |
| `xlMedium` | |
| `xlThick` | |

Wenn lediglich ein Rahmen eingefügt werden soll, der eine Zelle oder einen ganzen Bereich umgibt, können Sie die Methode `BorderAround` verwenden.

**Listing 12.7** Rahmen um Bereich festlegen

```
Sub BorderAroundRange()
   Range("A6:D8").BorderAround , xlThick
End Sub
```



# Formate kopieren

Bestehende Zellformate können von einer Zelle auf eine andere Zelle oder einen ganzen Bereich übertragen werden. Das manuelle Vorgehen dazu kennen Sie bestimmt. Sie markieren die Zelle, deren Formate Sie auf andere Zellen anwenden möchten. Anschließend klicken Sie auf der Registerkarte *Start* in der Gruppe *Zwischenablage* auf die Schaltfläche *Format übertragen* und markieren die Zelle(n).

Das Verfahren per VBA ist sehr ähnlich. Zuerst wird die Zelle angegeben, von der die Formate übernommen werden sollen. Die Zelle wird, unter Verwendung der `Copy`-Methode, in die Zwischenablage kopiert. Danach wird der Bereich angegeben, auf den die Formate übertragen werden sollen. Aus der Zwischenablage dürfen nun nur die Formate, nicht jedoch eventuell vorhandener Text übernommen werden. Verwenden Sie dazu die Methode `PasteSpecial`, gefolgt von der Konstante `xlPasteFormats`. Die Konstante ist entscheidend, denn sie besagt, dass nur die Formate übernommen werden sollen.

Am Ende der Prozedur wird der Kopiermodus `CutCopyMode` aufgehoben. Dadurch verschwindet der Laufrahmen, der die Zelle umgibt, die soeben kopiert wurde.

Listing 12.8 Formate kopieren

```
Sub CopyFormats()
   Range("D5").Copy
   Range("D7:D8").PasteSpecial xlPasteFormats
   Application.CutCopyMode = False
End Sub
```

# Formate entfernen

Um eine Zelle oder einen Bereich von sämtlichen zugewiesenen Formaten zu befreien, verwenden Sie die Methode `ClearFormats`.

Manuell geschieht dies, indem Sie den Zellbereich markieren, dessen Formate entfernt werden sollen. Danach klicken Sie auf der Registerkarte *Start* in der Gruppe *Bearbeiten* auf die Schaltfläche *Löschen* und wählen im zugehörigen Dropdownmenü den Befehl *Formate löschen* aus.

Listing 12.9 Formate entfernen

```
Sub DeleteFormats()
   Range("D7:D8").ClearFormats
End Sub
```

# Zahlenformate zuweisen (*NumberFormat*)

Mit der Eigenschaft `NumberFormat`, die Sie beispielsweise einem `Range`-Objekt übergeben, können Sie im Grunde genommen dasselbe erreichen, wie über ein benutzerdefiniertes Zahlenformat. Nach der Zuweisung eines Formats wird der zu Grunde liegende Wert in der gewünschten Form angezeigt.

Listing 12.10 Ein Beispiel für Zahlenformate

```
Sub UseNumberFormat()
   ' Datumsformat auf eine Zelle anwenden
   Range("A1:B2").NumberFormat = "dd.mm.yyyy"

   ' Formate einer Zeile zurücksetzen
   Rows(7).NumberFormat = "General"

   ' Bestimmtes Zahlenformat auf eine Spalte anwenden
   Columns("E").NumberFormat = "$#,##0.00_);[Red]($#,##0.00)"
End Sub
```

**BEISPIEL** Das obige Beispiel befindet sich innerhalb der Beispieldateien zum Buch im Ordner *\Buch\Kap12*. Die Mappe nennt sich *Bsp12_02.xlsm*.

# Jetzt wird's bunt

Auf den bisherigen Buchseiten haben wir vermehrt mit Farben gearbeitet. Dabei haben wir meist die Eigenschaft `Color` verwendet. Leider können Sie damit nur einen Teil aller Farben ansprechen, die in Excel zur Verfügung stehen. Wenn Sie alle Farben im Zugriff haben möchten, müssen Sie auf `ColorIndex` zurückgreifen.

## *Color* im Vergleich zu *ColorIndex*

Seit der Excel-Version 2007 ist die Farbpalette von ursprünglich 56 auf beliebig viele Farben angewachsen. Die Gestaltungsmöglichkeiten in Bezug auf Farben lassen somit kaum noch Wünsche offen.

### Farbkonstanten

Die einfachste Möglichkeit, Farben anzuwenden, besteht darin, deren Konstante zu verwenden. Der Nachteil dabei ist, dass damit lediglich acht Farben angesprochen werden können. Welche dies sind, können Sie der Tabelle 12.5 entnehmen.

**Tabelle 12.5** Verfügbare Farbkonstanten

| Farbkonstante | Farbe |
|---|---|
| `vbBlack` | Schwarz |
| `vbBlue` | Blau |
| `vbCyan` | Cyan |
| `vbGreen` | Grün |
| `vbMagenta` | Magenta |
| `vbRed` | Rot |
| `vbWhite` | Weiß |
| `vbYellow` | Gelb |

Eine Farbkonstante wird in Verbindung mit der Eigenschaft `Color` eingesetzt. Um einem Bereich eine rote Schriftfarbe zuzuweisen, sieht der Code wie folgt aus:

**Listing 12.11** Farbkonstanten im Einsatz

```
Sub UseColorConstants()
   Range("B17:C20").Font.Color = vbRed
End Sub
```

### Farbindex

Jeder der in Excel verfügbaren Farben ist ein Index zugewiesen. Der Nachteil gegenüber einer Farbkonstante besteht darin, dass ein Index nicht aussagekräftig ist. Wenn Sie einem Bereich eine rote Hintergrundfarbe zuweisen möchten, müssen Sie den Index der Farbe kennen.

Der folgende Code tut dasselbe, wie jener aus dem vorangegangenen Beispiel. Einem bestimmten Bereich wird eine rote Schriftfarbe zugewiesen.

**Listing 12.12** Farbindex im Einsatz

```
Sub UseColorIndex()
   Range("B17:C20").Font.ColorIndex = 3
End Sub
```

## RGB-Farben

Eine weitere Möglichkeit im Umgang mit Farben besteht darin, mit RGB-Werten zu arbeiten. Dabei werden der Eigenschaft `Color` die gewünschten RGB-Farbwerte zugewiesen. RGB-Farben setzen sich immer aus den drei Farbbestandteilen Rot, Grün und Blau zusammen. Die Werte, die zugewiesen werden können, bewegen sich im Bereich von 0 bis 255.

**Listing 12.13** RGB-Werte zuweisen

```
Sub UseRGB ()
   Range("B17:C20").Font.Color = RGB(255, 0, 0)
End Sub
```

# Farben entfernen

Es gibt mindestens zwei Möglichkeiten, um Hintergrundfarben zu entfernen. Entweder Sie übergeben der Eigenschaft `ColorIndex` die Konstante `xlNone` oder den Farbindex `-4142`.

**Listing 12.14** Farben entfernen mittels Konstante

```
Sub RemoveColors()
   Range("A1:D5").Interior.ColorIndex = xlNone
End Sub
```

**Listing 12.15** Farben entfernen mittels Farbindex

```
Sub RemoveColors()
   Range("A1:D5").Interior.ColorIndex = -4142
End Sub
```

Wenn Sie sämtliche Farben auf dem gesamten Tabellenblatt entfernen möchten, ersetzen Sie `Range` durch `Cells`.

**Listing 12.16** Alle Farben aus dem Tabellenblatt entfernen

```
Sub RemoveColors()
   Cells.Interior.ColorIndex = xlNone
End Sub
```

# Eine Standardfarbtabelle erstellen

Wenn Sie viel mit Farben arbeiten, erstellen Sie am besten per VBA eine Standardfarbtabelle, die den Index und die zugehörige Farbe auflistet.

Im folgenden Beispiel wird über mehrere Spalten und Zeilen verteilt eine solche Farbtabelle erzeugt. Die Tabelle ist so angeordnet, dass jeweils eine Spalte mit dem Farbindex erstellt wird. Eine Spalte rechts daneben werden den Zellen die dem Index entsprechenden Hintergrundfarben zugewiesen (siehe Abbildung 12.3).

**Abbildg. 12.3** Farbindex mit zugehöriger Hintergrundfarbe

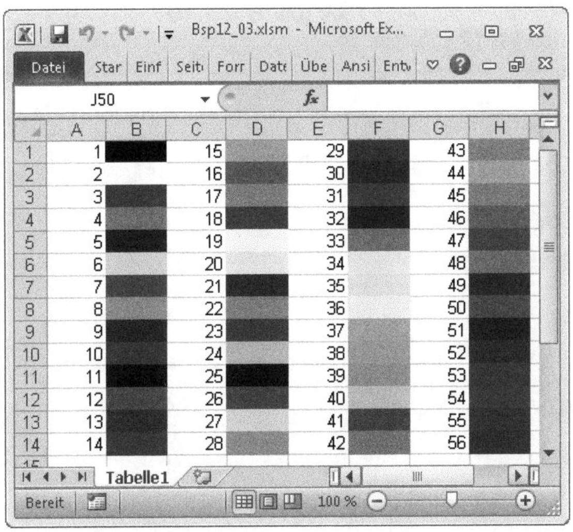


Es wird mit einer For-Schleife gearbeitet, die 14 Mal durchlaufen wird. Die Zahl 14 multipliziert mit 4 ergibt die 56 Standardfarben. Um die Tabelle möglichst kompakt zu halten, wird am Ende der Prozedur die Spaltenbreite auf 6 Punkt festgelegt.

**Listing 12.17** Eine Farbtabelle erstellen

```
Sub CreateColorTable()
   Dim i As Integer

   For i = 1 To 14
      ' Index und Farben für Spalte A und B
      Cells(i, 1).Value = i
      Cells(i, 2).Interior.ColorIndex = i

      ' Index und Farben für Spalte C und D
      Cells(i, 3).Value = i + 14
      Cells(i, 4).Interior.ColorIndex = i + 14

      ' Index und Farben für Spalte E und F
      Cells(i, 5).Value = i + 28
      Cells(i, 6).Interior.ColorIndex = i + 28
```

**Listing 12.17** Eine Farbtabelle erstellen *(Fortsetzung)*

```
      ' Index und Farben für Spalte G und H
      Cells(i, 7).Value = i + 42
      Cells(i, 8).Interior.ColorIndex = i + 42
   Next i

   ' Spaltenbreite auf 6 Punkte einstellen
   Columns("A:H").ColumnWidth = 6
End Sub
```

**BEISPIEL** Das obige Beispiel befindet sich innerhalb der Beispieldateien zum Buch im Ordne *\Buch\Kap12*. Die Mappe nennt sich *Bsp12_03.xlsm*.

# Farbindex oder Farbnummer ermitteln

Falls einer Zelle bereits eine Hintergrundfarbe zugewiesen ist und Sie deren Index erfahren möchten, führen Sie die folgende Prozedur aus. Sie zeigt in einem Meldungsfeld die gewünschte Zahl an.

**Listing 12.18** Farbindex und -nummer ermitteln

```
Sub GetColor()
   MsgBox "Index: " & ActiveCell.Interior.ColorIndex & ", " & _
          "Nummer: " & ActiveCell.Interior.Color
End Sub
```

**ACHTUNG** Bitte beachten Sie, dass über den Index nur die 56 Standardfarben angesprocher werden können. Wenn Ihre Zelle mit einer der neuen Farben befüllt ist, muss mit der Farbnummer und nicht mit dem Index gearbeitet werden.

# Farbige Zellen zählen

Excel bietet leider keine Funktion an, mit der farbige Zellen gezählt werden können. Sie können das Zählen jedoch problemlos per VBA vornehmen. Sie brauchen dazu lediglich zwei Variablen, eine Schleife und eine Entscheidung.

Die Variable `c` wird dazu benutzt, die Zellen im angegeben Bereich in der `For`-Schleife zu durchlaufen. Die Variable `i` wird als Zähler verwendet. Sie wird innerhalb der `If`-Entscheidung jeweils um den Wert 1 erhöht, wenn `c` auf eine farbige Zelle trifft.

Der Farbindex `-4142` steht für Zellen, denen keine Hintergrundfarbe zugewiesen ist.

**Listing 12.19** Anzahl farbiger Zellen zurückgeben

```
Sub CountAllColors()
   Dim c As Range
   Dim i As Integer

   For Each c In Range("B2:L12")
```

**Listing 12.19** Anzahl farbiger Zellen zurückgeben *(Fortsetzung)*

```
      If c.Interior.ColorIndex <> -4142 Then
         i = i + 1
      End If
   Next c

   MsgBox "Es wurden " & i & " farbige Zellen gezählt."
End Sub
```

**Abbildg. 12.4** Alle farbigen Zellen eines Bereichs zählen

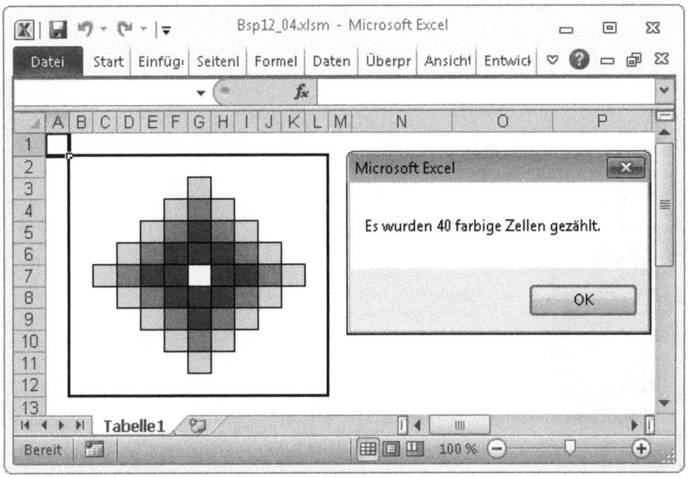


Wenn Sie nicht die Gesamtzahl aller Farben ermitteln möchten, sondern jede Farbe für sich gezählt werden soll, verwenden Sie am besten eine `Select...Case`-Entscheidung. Sie ist sehr übersichtlich. Alternativ können Sie natürlich auch eine `If`-Entscheidung einsetzen.

Wichtig ist, dass die Entscheidung jede der gewünschten Farben ermittelt und an eine eigene Variable übergibt. Am Ende der Prozedur, also nach der Schleife, können Sie dann den Inhalt der einzelnen Variablen in einem Meldungsfeld oder anderenorts ausgeben.

**Listing 12.20** Jede Farbe für sich zählen

```
Sub CountColors()
   Dim c As Range
   Dim intY As Integer
   Dim intR As Integer
   Dim intB As Integer
   Dim intG As Integer

   For Each c In Range("B12:L24")
      Select Case c.Interior.Color
         Case vbYellow
            intY = intY + 1
         Case vbRed
            intR = intR + 1
         Case vbBlue
            intB = intB + 1
```

Wissen und Praxis verbinden

**Listing 12.20** Jede Farbe für sich zählen *(Fortsetzung)*

```
         Case vbGreen
            intG = intG + 1
      End Select
   Next c

   MsgBox intY & " mal Gelb" & Chr(10) & _
          intR & " mal Rot" & Chr(10) & _
          intB & " mal Blau" & Chr(10) & _
          intG & " mal Grün"
End Sub
```

**Abbildg. 12.5** Anzahl pro Farbe ausgeben

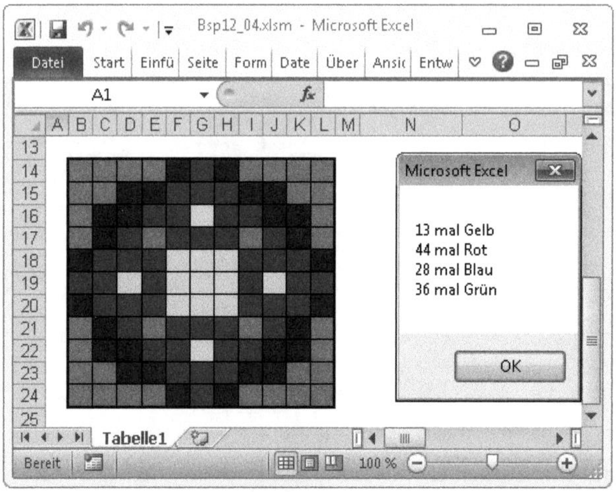


Wenn Sie Farben verwenden, die keine VB-Farbkonstante haben, müssen Sie mit der Eigenschaft `ColorIndex` arbeiten und anstelle der Konstanten den Index angeben. Am besten nehmen Sie dazu die Farbtabelle zu Hilfe, die wir in diesem Kapitel (siehe Seite 329) erstellt haben.

**Listing 12.21** Mit dem *ColorIndex* arbeiten

```
Sub CountColorsIndex()
   Dim c As Range
   Dim intY As Integer
   Dim intR As Integer
   Dim intB As Integer
   Dim intG As Integer

   For Each c In Range("B12:L24")
      Select Case c.Interior.ColorIndex
         Case 6
            intY = intY + 1
         Case 3
            intR = intR + 1
         Case 5
            intB = intB + 1
         Case 4
```

**Listing 12.21** Mit dem *ColorIndex* arbeiten *(Fortsetzung)*

```
            intG = intG + 1
        End Select
    Next c

    MsgBox intY & " mal Gelb" & Chr(10) & _
           intR & " mal Rot" & Chr(10) & _
           intB & " mal Blau" & Chr(10) & _
           intG & " mal Grün"
End Sub
```

**BEISPIEL** Die obigen Beispiele befinden sich innerhalb der Beispieldateien zum Buch im Ordner *\Buch\Kap12*. Die Mappe nennt sich *Bsp12_04.xlsm*.

# Farben austauschen

Wenn sich auf Ihrem Tabellenblatt verschiedene Zellen befinden, die beispielsweise mit einer roten Hintergrundfarbe versehen sind, und Sie die Farbe durch Gelb ersetzen möchten, verwenden Sie wiederum eine Schleife und eine Entscheidung. In der Schleife werden alle Zellen im angegeben Bereich durchlaufen. In der Entscheidung wird geprüft, ob die Zelle rot hinterlegt ist. Wenn dies zutrifft, wird die rote Farbe durch Gelb ersetzt.

**Listing 12.22** Hintergrundfarben austauschen

```
Sub ReplaceColors()
   Dim c As Range

   For Each c In Range("A1:D7")
      If c.Interior.Color = vbRed Then
         c.Interior.Color = vbYellow
      End If
   Next c
End Sub
```

**BEISPIEL** Das obige Beispiel befindet sich innerhalb der Beispieldateien zum Buch im Ordner *\Buch\Kap12*. Die Mappe nennt sich *Bsp12_05.xlsm*.

# Farbige Zellen schützen

Wie Sie wissen, sind alle Zellen eines Tabellenblattes geschützt. Dieser Effekt wird jedoch erst aktiv, wenn der Blattschutz eingerichtet wird.

Wenn Sie alle farbigen Zellen eines Tabellenblattes schützen möchten, sodass keine Daten in diese Zellen eingegeben werden können, müssen Sie zuerst den Zellschutz für den gewünschten Bereich oder das gesamte Tabellenblatt aufheben.

Danach können Sie mittels einer Schleife alle Zellen des Bereiches durchlaufen, dessen farbige Zellen Sie schützen möchten. Den farbigen Zellen wird dabei der Zellschutz wieder zugewiesen.

Am Ende der Prozedur muss noch das Tabellenblatt geschützt werden, damit der Zellenschutz in Kraft tritt.

**Listing 12.23** Farbige Zellen schützen

```
Sub ProtectColorCells()
   Dim c As Range

   ' Eventuell vorhandenen Blattschutz aufheben
   ActiveSheet.Unprotect

   ' Alle Zellen entsperren
   ActiveSheet.Cells.Locked = False

   ' Farbige Zellen sperren
   For Each c In Range("A1:D7")
      If c.Interior.ColorIndex <> -4142 Then
         c.Locked = True
      End If
   Next c

   ' Blattschutz einrichten
   ActiveSheet.Protect

   MsgBox "Die farbigen Zellen sind nun geschützt."
End Sub
```

Um die Ausgangslage wieder herzustellen, heben Sie den Blattschutz auf und sperren wieder alle Zellen.

**Listing 12.24** Vorgang zurücksetzen

```
Sub RemoveProtection()
   ActiveSheet.Unprotect
   ActiveSheet.Cells.Locked = True

   MsgBox "Der Schutz wurde aufgehoben."
End Sub
```

**BEISPIEL** Die obigen Beispiele befinden sich innerhalb der Beispieldateien zum Buch im Ordner *\Buch\Kap12*. Die Mappe nennt sich *Bsp12_06.xlsm*.

# Verknüpfungen hervorheben

Verknüpfungen auf andere Tabellenblätter sind in der Regel daran zu erkennen, dass sie innerhalb der Formel beispielsweise eine eckige Klammer und/oder ein Ausrufezeichen beinhalten:

```
=SUMME([Mappe2]Tabelle1!$A$1:$A$5)
```

Wenn Sie solche Formeln suchen und hervorheben möchten, müssen Sie auf diese Zeichen prüfen. In unserem Beispiel werden Zellen, die einen externen Bezug enthalten, gelb hervorgehoben.

**Listing 12.25** Verknüpfungen gelb hervorheben

```
Sub HighlightExternalFormulas()
   Dim c As Range

   For Each c In Range("A1:C5")
      With c
         If Left(.Formula, 1) = "=" And _
            InStr(.Formula, "[") Or _
            Left(.Formula, 1) = "=" And _
            InStr(.Formula, "!") Then

               c.Interior.Color = vbYellow
         End If
      End With
   Next c
End Sub
```

**Abbildg. 12.6** Alle Zellen mit Verknüpfungen wurden gelb hinterlegt

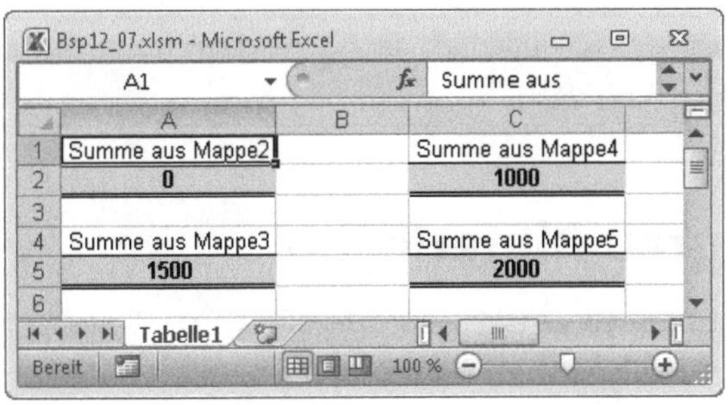


**HINWEIS** Beim Öffnen der Beispieldatei wird eine Sicherheitswarnung angezeigt, dass die automatische Aktualisierung von Hyperlinks deaktiviert wurde. Die Warnung begründet sich darin, dass in den Formeln auf externe Arbeitsmappen verwiesen wird. Sie können den Warnhinweis ignorieren.

Ein weiterführendes Beispiel in Bezug auf externe Verknüpfungen finden Sie in Kapitel 22.

**BEISPIEL** Das obige Beispiel befindet sich innerhalb der Beispieldateien zum Buch im Ordner *\Buch\Kap12*. Die Mappe nennt sich *Bsp12_07.xlsm*.

# Rote Zellen markieren

Wenn Zellen einer bestimmten Farbe selektiert werden sollen, verwenden Sie eine Schleife und eine Entscheidung. Die Schleife durchläuft den gewünschten Bereich. In der Entscheidung wird geprüft, ob die jeweilige Zelle die entsprechende Farbe enthält. Wenn dies zutrifft, wird die Zelladresse in einer Variablen (`strAddress`) zwischengespeichert. Da unabhängige Zellangaben durch ein Komma getrennt werden müssen (z.B. *A1,C2*), übergeben wir der Variablen zudem bei jedem Treffer ein Komma. Auf diese Weise enthält die Variable jedoch als letztes Zeichen ein überflüssiges Komma. Dieses wird am Ende der Prozedur in der Selektionsanweisung entfernt.

**Listing 12.26** Rote Zellen markieren

```
Sub SelectRedCells()
   Dim c As Range
   Dim strAddress As String

   For Each c In Range("A1:D5")
      If c.Interior.Color = vbRed Then
         strAddress = strAddress & c.Address(False, False) & ","
      End If
   Next c

   If strAddress <> "" Then
      Range(Left(strAddress, Len(strAddress) - 1)).Select
   End If
End Sub
```

**BEISPIEL** Das obige Beispiel befindet sich innerhalb der Beispieldateien zum Buch im Ordner *\Buch\Kap12*. Die Mappe nennt sich *Bsp12_08.xlsm*.

# Jede zweite Zeile grau hinterlegen

Um umfangreiche Tabellen übersichtlich zu gestalten, entsteht oftmals der Wunsch, jede zweite Zeile in einer anderen Farbe zu hinterlegen, beispielsweise in Grau.

**Abbildg. 12.7** Tabellen übersichtlich gestalten, indem jede zweite Zeile hervorgehoben wird

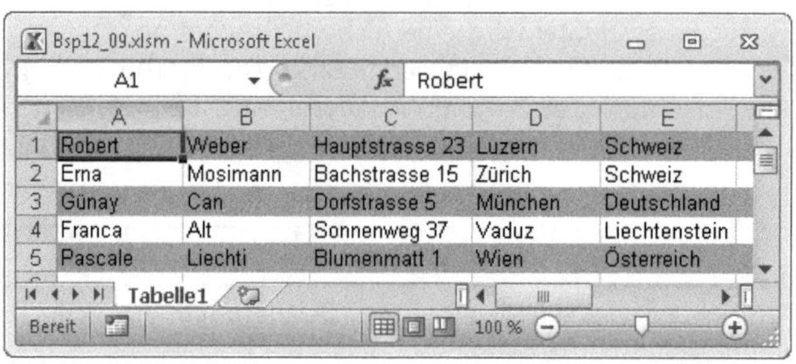


In unserem Beispiel werden zuerst alle Farben aus dem Tabellenblatt entfernt. Dies ist erforderlich, falls die Prozedur mehr als einmal ausgeführt wird, für den Fall, dass Spalten gelöscht oder eingefügt werden.

Wir verwenden danach eine `For`-Schleife, die in Zweierschritten ausgeführt wird (`Step 2`). Jeder zweiten Zeile wird dabei die graue Hintergrundfarbe zugewiesen.

**Listing 12.27** Jede zweite Zeile wird grau hinterlegt

```
Sub SecondRowGrey()
   Dim i As Integer

   ' Vorhandene Farben entfernen
   Cells.Interior.ColorIndex = xlNone

   ' Jede zweite Zeile grau hinterlegen
   For i = 1 To ActiveSheet.UsedRange.Rows.Count Step 2
      Rows(i).Interior.ColorIndex = 15
   Next i
End Sub
```

**BEISPIEL** Das obige Beispiel befindet sich innerhalb der Beispieldateien zum Buch im Ordner *\Buch\Kap12*. Die Mappe nennt sich *Bsp12_09.xlsm*.

Der Nachteil bei Verwendung der obigen VBA-Prozedur besteht darin, dass beim Löschen oder Einfügen von Zeilen die Prozedur jedes Mal erneut ausgeführt werden muss. Eine elegantere Lösung (ohne VBA) kann unter Verwendung einer bedingten Formatierung erreicht werden.

1. Markieren Sie sämtliche Zellen (Strg+A) oder beliebig viele Zeilen.
2. Stellen Sie sicher, dass die Zelle *A1* die aktive ist (die Strg-Taste gedrückt halten und die Zelle *A1* anklicken).
3. Klicken Sie auf der Registerkarte *Start* in der Gruppe *Formatvorlagen* auf die Schaltfläche *Bedingte Formatierung* und wählen Sie im daraufhin geöffneten Dropdownmenü den Befehl *Neue Regel* aus.
4. Wählen Sie in der Liste *Regeltyp auswählen* den Eintrag *Formeln zur Ermittlung der zu formatierenden Zellen verwenden* aus.
5. Tragen Sie ins Eingabefeld die folgende Formel ein: `=REST(ZEILE(A1);2)=0`
6. Klicken Sie auf die Schaltfläche *Formatieren* und aktivieren Sie die Registerkarte *Ausfüllen*.
7. Wählen Sie eine graue Hintergrundfarbe aus und schließen Sie alle offenen Dialogfelder.



**Abbildg. 12.8** Mittels der bedingten Formatierung jede zweite Zeile grau hinterlegen

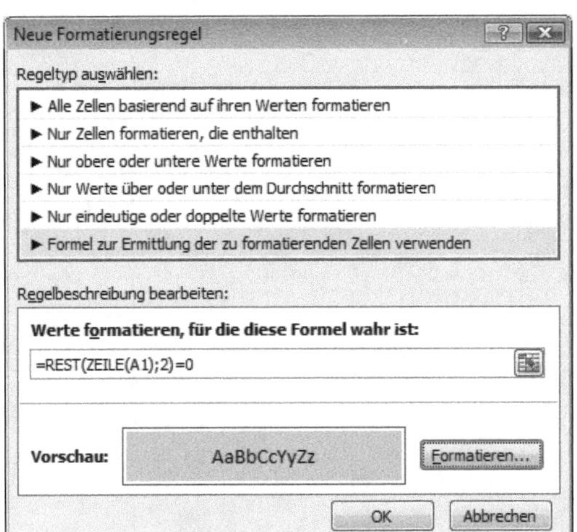

Es ist jetzt jede zweite Zeile grau hinterlegt. Sie können nun nach Belieben Zeilen löschen, einfügen, Daten sortieren usw., ohne dass die grauen Zellen beeinflusst werden.

# Minuszahlen rot blinken lassen

Mittels einer VBA-Prozedur können Sie veranlassen, dass spezielle Zahlen, beispielsweise Minuszahlen, in einen Blinkmodus versetzt werden. In unserem Beispiel geschieht dies im Sekundentakt. Zellen, in denen ein Wert <0 vorkommt, werden wechselweise mit einer roten oder keiner Hintergrundfarbe versehen.

In der folgenden Prozedur verwenden wir die Variable `blnStart`, die als `Static` deklariert wird. Dies ist erforderlich, damit der Wert der Variablen nach dem Beenden der Prozedur erhalten bleibt. Am Ende der Prozedur erfolgt innerhalb der Anweisung `Application.OnTime` ein rekursiver Programmaufruf. Das heißt, dass die Prozedur nach jedem Durchlauf automatisch sich selbst wieder aufruft. Dies geschieht hier im Sekundentakt ab der aktuellen Systemzeit:

```
Now + TimeValue("00:00:01")
```

Die Variable `blnStart`, die als `Boolean` deklariert ist, ändert nach jedem Durchgang den Wert von `True` auf `False`, dann wieder auf `True` usw. Wäre die Variable nicht statisch, würde sie den Wert jeweils nach Ablauf der Prozedur verlieren und das Blinken könnte nicht ausgeführt werden.

In der Zelle *C1* geben wir jeweils den aktuellen Inhalt der Variablen `blnStart` aus. Dies dient hier lediglich der Demonstration. Sie können die Codezeile auch weglassen.

Innerhalb der `If`-Entscheidung wird geprüft, welches der derzeitige Wert der Variablen `blnStart` ist. Wenn die Variable den Wert `True` gespeichert hat, werden alle Zellen im angegebenen Bereich rot hinterlegt. Danach wird der Variablen der Wert `False` zugewiesen. Bei erneutem Aufrufen der Prozedur verzweigt die Entscheidung zu `ElseIf`. Da die Variable `blnStart` nun den Wert `False` enthält, wird die Hintergrundfarbe entfernt.

Das Spiel wird so lange wiederholt, bis die Prozedur gestoppt wird.

**Listing 12.28** Minuszahlen rot blinken lassen

```
Sub FlashOn()
   Static blnStart As Boolean
   Dim c As Range

   Range("C1") = blnStart   ' Optional

   If blnStart = True Then
      For Each c In Range("B2:B13")
         If c < 0 Then c.Interior.Color = vbRed
      Next c
      blnStart = False
   ElseIf blnStart = False Then
      Range("B2:B13").Interior.ColorIndex = xlNone
      blnStart = True
   End If

   Application.OnTime _
      EarliestTime:=Now + TimeValue("00:00:01"), _
```

Listing 12.28 Minuszahlen rot blinken lassen *(Fortsetzung)*

```
      Procedure:="FlashOn"
      Schedule:=True
End Sub
```

Um die obige Prozedur anzuhalten, ist eine weitere Prozedur erforderlich. Hier verwenden wir wiederum die Anweisung `Application.OnTime`, der wir eine Sekunde Zeit geben, um den Vorgang abzubrechen. Eine Zeitangabe ist zwingend erforderlich. Neben der Zeitangabe muss definiert werden, welche Prozedur gestoppt werden soll. Das Argument `Schedule:=False` veranlasst das Beenden. Das Errorhandling wird benötigt, damit kein Fehler entsteht, wenn die Prozedur mehrmals ausgeführt wird, d.h. versucht wird, eine Prozedur anzuhalten, die nicht aktiv ist.

Listing 12.29 Die Prozedur *FlashOn* stoppen

```
Sub FlashOff()
   On Error Resume Next
   Application.OnTime _
      EarliestTime:=Now + TimeValue("00:00:01"), _
      Procedure:="FlashOn", _
      Schedule:=False
End Sub
```

**BEISPIEL** Die obigen Beispiele befinden sich innerhalb der Beispieldateien zum Buch im Ordner *\Buch\Kap12*. Die Mappe nennt sich *Bsp12_10.xlsm*.

# Wochenenden farbig hervorheben

Um Wochenenden farbig hervorzuheben, wird die Funktion `Weekday` verwendet. Die Zellen, die mittels der Schleife durchlaufen werden, müssen Datumsangaben enthalten. In der Entscheidung wird geprüft, ob eine Zelle ein Datum enthält oder nicht. Das Geburtsland von VBA sind die USA, wo eine Woche mit einem Sonntag beginnt. Dies muss in unserem Code berücksichtigt werden. Der Sonntag wird somit über den Wert 1 angesprochen und der Samstag über den Wert 7.

Wurde ein Wochenendtag gefunden, wird die Zelle mit einer blauen Hintergrundfarbe belegt. Da Blau relativ dunkel ist, weisen wir der Schrift die Farbe weiß zu, so dass das Datum auf dem blauen Hintergrund gut zu erkennen ist. Die Schrift wird zudem Fett formatiert.

Listing 12.30 Wochenendtage blau hinterlegen

```
Sub Weekend()
   Dim c As Range

   For Each c In Range("A2:L32")
      If Weekday(c) = 1 Or c <> "" And Weekday(c) = 7 Then
         c.Interior.Color = vbBlue
         c.Font.Color = vbWhite
         c.Font.Bold = True
      End If
   Next c
End Sub
```

**Abbildg. 12.9** Wochenenden farbig hervorheben

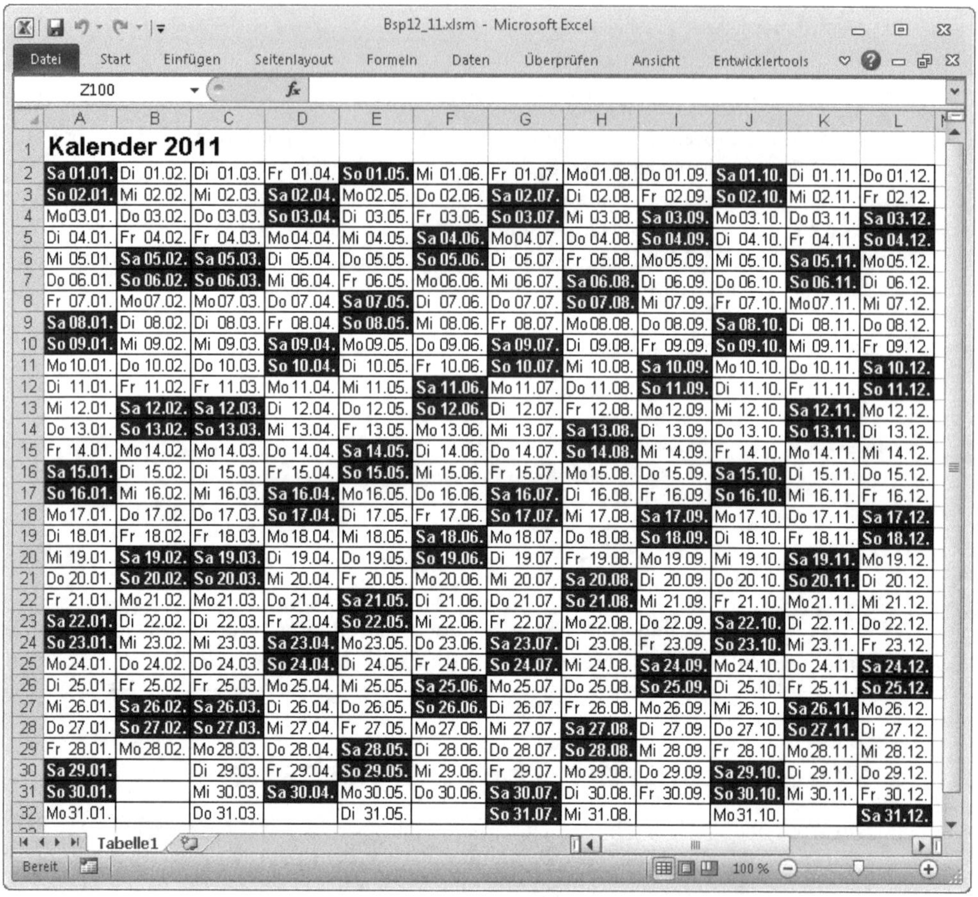


| | A | B | C | D | E | F | G | H | I | J | K | L |
|---|---|---|---|---|---|---|---|---|---|---|---|---|
| 1 | Kalender 2011 | | | | | | | | | | | |
| 2 | Sa 01.01. | Di 01.02. | Di 01.03. | Fr 01.04. | So 01.05. | Mi 01.06. | Fr 01.07. | Mo 01.08. | Do 01.09. | Sa 01.10. | Di 01.11. | Do 01.12. |
| 3 | So 02.01. | Mi 02.02. | Mi 02.03. | Sa 02.04. | Mo 02.05. | Do 02.06. | Sa 02.07. | Di 02.08. | Fr 02.09. | So 02.10. | Mi 02.11. | Fr 02.12. |
| 4 | Mo 03.01. | Do 03.02. | Do 03.03. | So 03.04. | Di 03.05. | Fr 03.06. | So 03.07. | Mi 03.08. | Sa 03.09. | Mo 03.10. | Do 03.11. | Sa 03.12. |
| 5 | Di 04.01. | Fr 04.02. | Fr 04.03. | Mo 04.04. | Mi 04.05. | Sa 04.06. | Mo 04.07. | Do 04.08. | So 04.09. | Di 04.10. | Fr 04.11. | So 04.12. |
| 6 | Mi 05.01. | Sa 05.02. | Sa 05.03. | Di 05.04. | Do 05.05. | So 05.06. | Di 05.07. | Fr 05.08. | Mo 05.09. | Mi 05.10. | Sa 05.11. | Mo 05.12. |
| 7 | Do 06.01. | So 06.02. | So 06.03. | Mi 06.04. | Fr 06.05. | Mo 06.06. | Mi 06.07. | Sa 06.08. | Di 06.09. | Do 06.10. | So 06.11. | Di 06.12. |
| 8 | Fr 07.01. | Mo 07.02. | Mo 07.03. | Do 07.04. | Sa 07.05. | Di 07.06. | Do 07.07. | So 07.08. | Mi 07.09. | Fr 07.10. | Mo 07.11. | Mi 07.12. |
| 9 | Sa 08.01. | Di 08.02. | Di 08.03. | Fr 08.04. | So 08.05. | Mi 08.06. | Fr 08.07. | Mo 08.08. | Do 08.09. | Sa 08.10. | Di 08.11. | Do 08.12. |
| 10 | So 09.01. | Mi 09.02. | Mi 09.03. | Sa 09.04. | Mo 09.05. | Do 09.06. | Sa 09.07. | Di 09.08. | Fr 09.09. | So 09.10. | Mi 09.11. | Fr 09.12. |
| 11 | Mo 10.01. | Do 10.02. | Do 10.03. | So 10.04. | Di 10.05. | Fr 10.06. | So 10.07. | Mi 10.08. | Sa 10.09. | Mo 10.10. | Do 10.11. | Sa 10.12. |
| 12 | Di 11.01. | Fr 11.02. | Fr 11.03. | Mo 11.04. | Mi 11.05. | Sa 11.06. | Mo 11.07. | Do 11.08. | So 11.09. | Di 11.10. | Fr 11.11. | So 11.12. |
| 13 | Mi 12.01. | Sa 12.02. | Sa 12.03. | Di 12.04. | Do 12.05. | So 12.06. | Di 12.07. | Fr 12.08. | Mo 12.09. | Mi 12.10. | Sa 12.11. | Mo 12.12. |
| 14 | Do 13.01. | So 13.02. | So 13.03. | Mi 13.04. | Fr 13.05. | Mo 13.06. | Mi 13.07. | Sa 13.08. | Di 13.09. | Do 13.10. | So 13.11. | Di 13.12. |
| 15 | Fr 14.01. | Mo 14.02. | Mo 14.03. | Do 14.04. | Sa 14.05. | Di 14.06. | Do 14.07. | So 14.08. | Mi 14.09. | Fr 14.10. | Mo 14.11. | Mi 14.12. |
| 16 | Sa 15.01. | Di 15.02. | Di 15.03. | Fr 15.04. | So 15.05. | Mi 15.06. | Fr 15.07. | Mo 15.08. | Do 15.09. | Sa 15.10. | Di 15.11. | Do 15.12. |
| 17 | So 16.01. | Mi 16.02. | Mi 16.03. | Sa 16.04. | Mo 16.05. | Do 16.06. | Sa 16.07. | Di 16.08. | Fr 16.09. | So 16.10. | Mi 16.11. | Fr 16.12. |
| 18 | Mo 17.01. | Do 17.02. | Do 17.03. | So 17.04. | Di 17.05. | Fr 17.06. | So 17.07. | Mi 17.08. | Sa 17.09. | Mo 17.10. | Do 17.11. | Sa 17.12. |
| 19 | Di 18.01. | Fr 18.02. | Fr 18.03. | Mo 18.04. | Mi 18.05. | Sa 18.06. | Mo 18.07. | Do 18.08. | So 18.09. | Di 18.10. | Fr 18.11. | So 18.12. |
| 20 | Mi 19.01. | Sa 19.02. | Sa 19.03. | Di 19.04. | Do 19.05. | So 19.06. | Di 19.07. | Fr 19.08. | Mo 19.09. | Mi 19.10. | Sa 19.11. | Mo 19.12. |
| 21 | Do 20.01. | So 20.02. | So 20.03. | Mi 20.04. | Fr 20.05. | Mo 20.06. | Mi 20.07. | Sa 20.08. | Di 20.09. | Do 20.10. | So 20.11. | Di 20.12. |
| 22 | Fr 21.01. | Mo 21.02. | Mo 21.03. | Do 21.04. | Sa 21.05. | Di 21.06. | Do 21.07. | So 21.08. | Mi 21.09. | Fr 21.10. | Mo 21.11. | Mi 21.12. |
| 23 | Sa 22.01. | Di 22.02. | Di 22.03. | Fr 22.04. | So 22.05. | Mi 22.06. | Fr 22.07. | Mo 22.08. | Do 22.09. | Sa 22.10. | Di 22.11. | Do 22.12. |
| 24 | So 23.01. | Mi 23.02. | Mi 23.03. | Sa 23.04. | Mo 23.05. | Do 23.06. | Sa 23.07. | Di 23.08. | Fr 23.09. | So 23.10. | Mi 23.11. | Fr 23.12. |
| 25 | Mo 24.01. | Do 24.02. | Do 24.03. | So 24.04. | Di 24.05. | Fr 24.06. | So 24.07. | Mi 24.08. | Sa 24.09. | Mo 24.10. | Do 24.11. | Sa 24.12. |
| 26 | Di 25.01. | Fr 25.02. | Fr 25.03. | Mo 25.04. | Mi 25.05. | Sa 25.06. | Mo 25.07. | Do 25.08. | So 25.09. | Di 25.10. | Fr 25.11. | So 25.12. |
| 27 | Mi 26.01. | Sa 26.02. | Sa 26.03. | Di 26.04. | Do 26.05. | So 26.06. | Di 26.07. | Fr 26.08. | Mo 26.09. | Mi 26.10. | Sa 26.11. | Mo 26.12. |
| 28 | Do 27.01. | So 27.02. | So 27.03. | Mi 27.04. | Fr 27.05. | Mo 27.06. | Mi 27.07. | Sa 27.08. | Di 27.09. | Do 27.10. | So 27.11. | Di 27.12. |
| 29 | Fr 28.01. | Mo 28.02. | Mo 28.03. | Do 28.04. | Sa 28.05. | Di 28.06. | Do 28.07. | So 28.08. | Mi 28.09. | Fr 28.10. | Mo 28.11. | Mi 28.12. |
| 30 | Sa 29.01. | | Di 29.03. | Fr 29.04. | So 29.05. | Mi 29.06. | Fr 29.07. | Mo 29.08. | Do 29.09. | Sa 29.10. | Di 29.11. | Do 29.12. |
| 31 | So 30.01. | | Mi 30.03. | Sa 30.04. | Mo 30.05. | Do 30.06. | Sa 30.07. | Di 30.08. | Fr 30.09. | So 30.10. | Mi 30.11. | Fr 30.12. |
| 32 | Mo 31.01. | | Do 31.03. | | Di 31.05. | | So 31.07. | Mi 31.08. | | Mo 31.10. | | Sa 31.12. |

Um die Zellformatierungen für die Wochenenden wieder zurückzusetzen, verwenden Sie eine zweite Prozedur. Geben Sie den Bereich an, der die Datumsangaben enthält, und entfernen Sie die Hintergrundfarbe. Die Schriftformatierungen müssen ebenfalls wieder in den Originalzustand zurückversetzt werden.

**Listing 12.31** Zellformatierungen zurücksetzen

```
Sub RemoveFormatting()
   With Range("A2:L32")
      .Interior.ColorIndex = xlNone
      .Font.Color = 0
      .Font.Bold = False
   End With
End Sub
```

**BEISPIEL** Die obigen Beispiele befinden sich innerhalb der Beispieldateien zum Buch im Ordner *\Buch\Kap12*. Die Mappe nennt sich *Bsp12_11.xlsm*.

# Arbeiten mit Kommentaren

Kommentare werden häufig verwendet, um eine nähere Beschreibung zu einer Zelle zu hinterlegen. Dieser Text soll nicht in der Zelle erscheinen, sondern nur bei Bedarf eingeblendet werden.

Bevor wir uns der VBA-Programmierung zuwenden, werden Sie einige generelle Hinweise in Bezug auf Kommentare erfahren:

- **Kommentar einfügen**

  Um einen Kommentar manuell in eine Zelle einzufügen, klicken Sie mit der rechten Maustaste auf die Zelle, zu der ein Kommentar hinterlegt werden soll. Wählen Sie im Kontextmenü den Eintrag *Kommentar einfügen* aus (alternativ dazu verwenden Sie die Tastenkombination [⇧]+[F2]). Ein rotes Dreieck wird in der rechten oberen Zelle angezeigt und ein Kommentarfeld geöffnet. Darin steht Ihr Name. Sollte dies nicht der Fall sein, überprüfen Sie über *Datei/Optionen/Allgemein/Microsoft Office-Kopie personalisieren*, ob der richtige Benutzername eingetragen ist, denn von hier wird der Text bezogen, der vorab in das Kommentarfeld eingetragen wird.

- **Kommentar bearbeiten**

  Um einen Kommentar zu bearbeiten, klicken Sie mit der rechten Maustaste auf die entsprechende Zelle. Wählen Sie im Kontextmenü den Eintrag *Kommentar bearbeiten* aus. Das Kommentarfeld wird angezeigt und Änderungen können vorgenommen werden.

- **Kommentare verschieben**

  Wenn Sie das Kommentarfeld verschieben möchten, wählen Sie wiederum im Kontextmenü den Eintrag *Kommentar bearbeiten* aus. Solange sich der Kommentar im Bearbeitungsmodus befindet, wird er durch einen gepunkteten Rahmen umgeben. Dieser kann mit gedrückter linker Maustaste angefasst und verschoben werden. Dabei bleibt das Kommentarfeld weiterhin mit der ursprünglichen Zelle verbunden.

- **Kommentare formatieren**

  Um einen Kommentar zu formatieren, wechseln Sie wiederum in den Bearbeitungsmodus (Kontextmenübefehl *Kommentar bearbeiten*). Bei aktivem Bearbeitungsmodus klicken Sie mit der rechten Maustaste auf den Rahmen des Kommentarfeldes und wählen im Kontextmenü den Eintrag *Kommentar formatieren* aus. Das gleichnamige Dialogfeld wird geöffnet. Darin stehen verschiedene Registerkarten zur Formatierung des Kommentars zur Verfügung.

- **Kommentar ein-/ausblenden**

  Zellen, die einen Kommentar enthalten, sind am roten Dreieck in der rechten oberen Ecke zu erkennen. Wenn Sie einen einzelnen Kommentar einblenden möchten, sodass er offen sichtbar ist, klicken Sie die entsprechende Zelle mit der rechten Maustaste an. Wählen Sie im Kontextmenü den Eintrag *Kommentare ein-/ausblenden*.

- **Kommentare löschen**

  Um einen Kommentar zu löschen, klicken Sie ebenfalls mit der rechten Maustaste auf die gewünschte Zelle und wählen im Kontextmenü den Eintrag *Kommentar löschen* aus.

- **Einstellungen in den Optionen**

  Standardmäßig sind Kommentare durch Indikatoren, also die roten Dreiecke in der oberen rechten Ecke, zu erkennen. Falls Sie diese ausblenden möchten, wählen Sie *Datei/Optionen/Erweitert/Anzeige*. Aktivieren Sie die Option *Keine Kommentare und Indikatoren*. Wenn Sie *Kommentare und Indikatoren* auswählen, werden sowohl die Indikatoren als auch die Kommentarfelder selbst angezeigt. *Nur Indikatoren, und Kommentare nur beim Draufzeigen* ist die Standardeinstellung. Es werden nur die roten Dreiecke in der rechten oberen Ecke der Zelle angezeigt, sofern ein Kommentar enthalten ist.

**HINWEIS** Die in den *Excel-Optionen* vorgenommenen Einstellungen wirken sich auf die gesamte Excel-Applikation aus.

- **Einstellungen in Seite einrichten**

  Weitere Einstellungsmöglichkeiten finden Sie im Menüband unter *Seitenlayout/Seite einrichten* (Dialogfeld) auf der Registerkarte *Blatt*. Beim Kombinationsfeld *Kommentare* ist standardmäßig der Eintrag *(Keine)* voreingestellt. Ändern Sie die Einstellung auf *Am Ende des Blattes*, werden sämtliche Kommentare, die auf dem Tabellenblatt enthalten sind, auf einer separaten Seite ausgedruckt. Bereits in der Seitenansicht ist dies zu erkennen. Es wird neben dem Inhalt des Kommentars die Zelladresse angegeben.

  Wählen Sie *Wie auf dem Blatt angezeigt*, werden die Kommentarfelder auf dem Blatt ausgedruckt, und zwar an der Stelle, wo sie eingefügt wurden. Damit dies funktioniert, muss nach dem Aufruf von *Datei/Optionen* in der Kategorie *Erweitert* das Optionsfeld *Kommentare und Indikatoren* aktiviert sein.

# Kommentare erstellen

Wenden wir uns nun der Programmierung von Kommentaren zu. Das Einfügen eines Kommentars ist recht einfach. Geben Sie die Zelle an, in die der Kommentar eingefügt werden soll. Anschließend folgt die Methode `AddComment` sowie der gewünschte Text.

**Listing 12.32** Kommentar einfügen

```
Sub NewComment1()
   Range("A1").AddComment "Hallo Excel-VBA"
End Sub
```

**Abbildg. 12.10** Der Kommentar wurde in die Zelle *A1* eingefügt

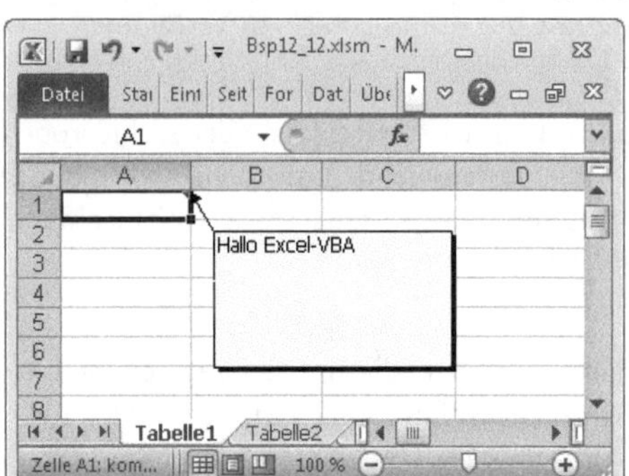

Ein Problem kann entstehen, wenn bereits ein Kommentar in der Zelle enthalten ist. Bei obiger Prozedur würde der Debugger gestartet. Es ist daher ratsam, die Zelle zuerst auf bereits bestehende Kommentare zu überprüfen. In unserem nächsten Beispiel geschieht dies in einer `If`-Entscheidung. Der Kommentar wird nur eingefügt, wenn noch keiner in der Zelle enthalten ist:

**Listing 12.33** Vor dem Einfügen des Kommentars prüfen, ob schon ein Kommentar vorhanden ist

```
Sub NewComment2()
   If Range("A1").Comment Is Nothing Then
      Range("A1").AddComment "Hallo Welt"
   End If
End Sub
```

Wenn ein vorhandener Kommentar in jedem Fall überschrieben werden soll, muss zuerst der bisherige Kommentar gelöscht werden:

**Listing 12.34** Falls bereits ein Kommentar vorhanden ist, wird dieser gelöscht

```
Sub NewComment3()
   With Range("A1")
      If .Comment Is Nothing Then
         .AddComment "Hallo Excel-VBA"
      Else
         .Comment.Delete
         .AddComment "Hallo Excel-VBA"
      End If
   End With
End Sub
```

**BEISPIEL** Das obige Beispiel befindet sich innerhalb der Beispieldateien zum Buch im Ordner *\Buch\Kap12*. Die Mappe nennt sich *Bsp12_12.xlsm*. Die Prozedur ist im *Modul1* untergebracht.



# Kommentare ergänzen

Bestehende Kommentare können per VBA ergänzt werden. Auch hier ist es ratsam, in der Prozedur zuerst zu prüfen, ob die Zelle bereits einen Kommentar enthält oder nicht. Damit kann gegebenenfalls der Start des Debuggers verhindert werden.

Die folgende Prozedur bezieht sich jeweils auf die aktive Zelle. In der `If`-Entscheidung wird geprüft, ob bereits ein Kommentar in der Zelle enthalten ist. Falls nicht, wird ein Meldungsfeld angezeigt, das rückfragt, ob ein neuer Kommentar erstellt werden soll. Wenn dies mit *Ja* bestätigt wird, öffnet sich ein Eingabefenster, in das der Text eingegeben werden kann, der in den Kommentar aufgenommen werden soll.

**Abbildg. 12.11** Ergänzenden Text über ein Eingabefenster einfügen

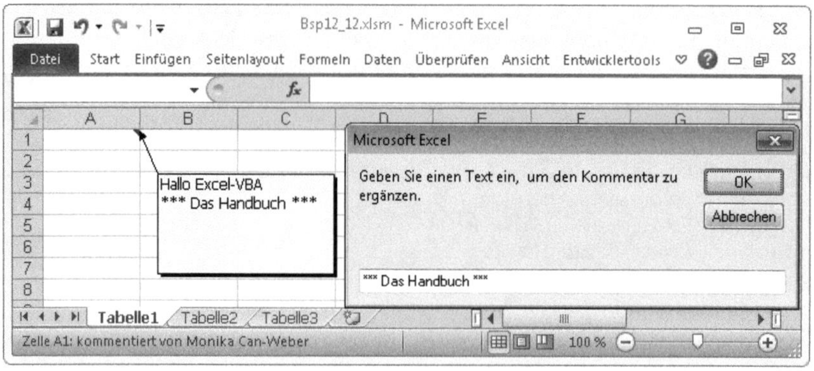


Wenn die Zelle bereits einen Kommentar enthält, wird zu `Else` verzweigt. In der Variablen `strAddComment` wird der Text zwischengespeichert, der bereits im Kommentar enthalten ist. Es wird zudem ein Eingabefenster geöffnet, in das der Text eingegeben werden kann, der dem Kommentar hinzugefügt werden soll. Die Variable `strAddComment` enthält nun den alten sowie den neuen Text. Dieser wird in das Kommentarfeld zurückgeschrieben.

**Listing 12.35** Einen Kommentar ergänzen

```
Sub SupplementComment()
   Dim intYesNo As Integer
   Dim strNewComment As String
   Dim strAddComment As String

   With ActiveCell
      ' Prüfen, ob bereits ein Kommentar enthalten ist
      ' Falls nicht, rückfragen, ob einer erstellt werden soll
      If .Comment Is Nothing Then
         intYesNo = MsgBox("Es ist kein Kommentar vorhanden." & _
                           Chr(10) & _
                          "Möchten Sie einen erstellen?", vbYesNo)

         ' Wenn die Schaltfläche "Ja" gedrückt wurde, ein
         ' Eingabefenster anzeigen, das eine Texteingabe erwartet
         If intYesNo = vbYes Then
            strNewComment = InputBox("Geben Sie einen Kommentar ein.")
            .AddComment strNewComment
         End If
      Else

         ' Wenn bereits ein Kommentar enthalten ist, ein
         ' Eingabefenster anzeigen, damit ein weiterer Text
         ' eingegeben werden kann
         strAddComment = .Comment.Text & _
                         Chr(10) & _
                        InputBox("Geben Sie einen Text ein, " & _
                                 " um den Kommentar zu ergänzen.")
         .Comment.Text strAddComment
      End If
   End With
End Sub
```

**BEISPIEL** Das obige Beispiel befindet sich innerhalb der Beispieldateien zum Buch im Ordner *\Buch\Kap12*. Die Mappe nennt sich *Bsp12_12.xlsm*. Die Prozedur ist im *Modul2* untergebracht.

# Einen Kommentar formatieren

Kommentare können auf verschiedenste Arten formatiert werden. Der Makrorekorder liefert zwar Unterstützung, die Anpassung des Codes, ohne `Select`, ist jedoch nicht immer ganz einfach. Nachfolgend finden Sie deshalb einige Formatierungsmöglichkeiten in bereinigter Form. Die Beschreibung ist direkt im Code untergebracht.

Das Ergebnis können Sie der Abbildung 12.12 entnehmen.

**Abbildg. 12.12** Formatierter Kommentar

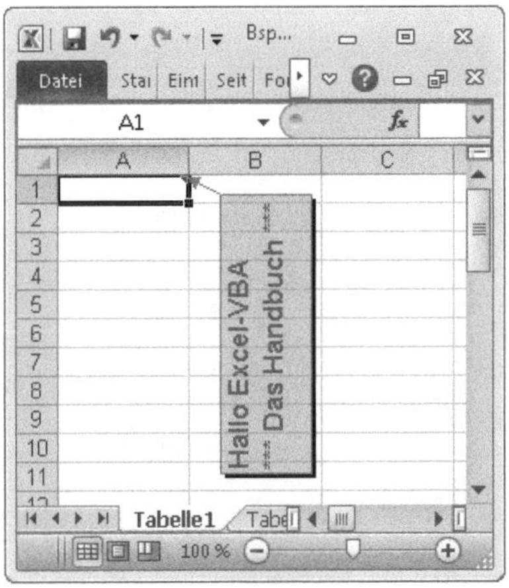


**Listing 12.36** Kommentare formatieren

```
Sub CommentFormatting()
   With ActiveCell
      If .Comment Is Nothing Then
         MsgBox "Es ist kein Kommentar vorhanden."
      Else
         ' Rosa Hintergrundfarbe
         ' und Kommentar offen anzeigen
         With .Comment.Shape
            With .Fill
               .ForeColor.SchemeColor = 45
               .Visible = msoTrue
               .Transparency = 0.5
            End With

            ' Graue Linienfarbe
            .Line.ForeColor.SchemeColor = 55

            ' Einstellungen zur Ausrichtung
```

**Listing 12.36** Kommentare formatieren *(Fortsetzung)*

```
            With .TextFrame
               .Orientation = 2
               .VerticalAlignment = xlBottom
               .AutoSize = True

               ' Einstellungen zur Schrift
               With .Characters.Font
                  .Name = "Arial"         ' Schriftart
                  .Size = 12              ' Schriftgröße
                  .ColorIndex = 16        ' Graue Schriftfarbe
                  .Bold = True            ' Fettschrift
               End With
            End With
         End With
      End If
   End With
End Sub
```

Wenn alle Kommentare einer gesamten Arbeitsmappe mit denselben Formatierungen versehen werden sollen, muss mit zwei ineinander verschachtelten `For Each`-Schleifen gearbeitet werden.

**Listing 12.37** Alle Kommentare einer Arbeitsmappe mit einheitlichen Formatierungen versehen

```
Sub CommentFormattingWorkbook()
   Dim ws As Worksheet
   Dim com As Comment

   For Each ws In ActiveWorkbook.Worksheets
      For Each com In ws.Comments
         If com Is Nothing Then
            MsgBox "Es ist kein Kommentar vorhanden."
         Else
            With com.Shape
               With .Fill
                  .ForeColor.SchemeColor = 45
                  .Visible = msoTrue
                  .Transparency = 0.5
               End With

               .Line.ForeColor.SchemeColor = 55

               With .TextFrame
                  .Orientation = 2
                  .VerticalAlignment = xlBottom
                  .AutoSize = True

                  With .Characters.Font
                     .Name = "Arial"
                     .Size = 12
                     .ColorIndex = 16
                     .Bold = True
                  End With
               End With
            End With
         End If
```

**Listing 12.37** Alle Kommentare einer Arbeitsmappe mit einheitlichen Formatierungen versehen *(Fortsetzung)*

```
      Next com
   Next ws
End Sub
```

**BEISPIEL** Die obigen Beispiele befinden sich innerhalb der Beispieldateien zum Buch im Ordner *\Buch\Kap12*. Die Mappe nennt sich *Bsp12_12.xlsm*. Die Prozeduren sind in *Modul3* untergebracht.

# Kommentare löschen

Um einen einzelnen Kommentar zu löschen, zum Beispiel den Kommentar der aktiven Zelle, reicht eine einzige Codezeile aus. Es wird die Methode `ClearComments` verwendet.

**Listing 12.38** Kommentare löschen

```
Sub DeleteOneComment()
   ActiveCell.ClearComments
End Sub
```

Um sämtliche Kommentare eines Tabellenblattes zu löschen, empfiehlt es sich, mit der `SpecialCells`-Methode in Kombination mit der Konstanten `xlCellTypeComments` zu arbeiten:

**Listing 12.39** Alle Kommentare eines Tabellenblattes löschen

```
Sub DeleteCommentsSheet()
   ActiveSheet.Cells.SpecialCells(xlCellTypeComments).ClearComments
End Sub
```

Um sämtliche Kommentare einer Arbeitsmappe zu entfernen, wird mit einer `For`-Schleife gearbeitet:

**Listing 12.40** Alle Kommentare einer Arbeitsmappe löschen

```
Sub DeleteCommentsWorkbook()
   Dim i As Integer

   For i = 1 To Worksheets.Count
      Worksheets(i).Cells.ClearComments
   Next i
End Sub
```

**BEISPIEL** Die obigen Beispiele befinden sich innerhalb der Beispieldateien zum Buch im Ordner *\Buch\Kap12*. Die Mappe nennt sich *Bsp12_12.xlsm*. Die Prozeduren sind in *Modul4* untergebracht.

# Kommentartext aus Zelle beziehen

Wenn Sie den Inhalt einer Zelle in einen Kommentar aufnehmen möchten, geben Sie in einer `With`-Anweisung die gewünschte Zelle an.

In unserem Beispiel ist es die aktive Zelle. Innerhalb der Zusammenfassung wird zuerst veranlasst, dass ein bereits vorhandener Kommentar aus der Zelle entfernt wird (`ClearComments`). Danach wird ein neuer Kommentar eingefügt (`AddComment`). Der Kommentar wird hier zusätzlich eingeblendet, sodass er auf dem Tabellenblatt sichtbar ist, ohne dass zuvor die Zelle aktiviert werden muss (`Visible=True`). Daraufhin wird der Text für den Kommentar aufbereitet. Dies geschieht, indem der Inhalt der aktiven Zelle an die Eigenschaft `Text` des Kommentars übergeben wird. Damit kein Fehler entsteht, wenn in der Zelle eine Zahl oder ein Datum vorliegt, nehmen wir mittels der Funktion `CStr` eine Typumwandlung nach Text vor.

Wir veranlassen zudem, dass das Kommentarfeld automatisch der Größe des Textes, der nun in der Kommentarbox enthalten ist, angepasst wird (`AutoSize`).

**Abbildg. 12.13** Der Kommentarinhalt stammt aus der aktiven Zelle

Damit kein Fehler auftritt, wenn die aktive Zelle leer ist, wird die `With`-Anweisung in eine `If`-Entscheidung integriert, die eine entsprechende Prüfung vornimmt.

Vor dem Ende der Prozedur wird der Zelleninhalt gelöscht. Dieser Schritt ist optional.

**Listing 12.41** Kommentarinhalt aus Zelle beziehen

```
Sub Cellcontent()
   If ActiveCell <> "" Then
      With ActiveCell
         .ClearComments
         .AddComment
         .Comment.Visible = True
         .Comment.Text Text:=CStr(ActiveCell.Value)
         .Comment.Shape.TextFrame.AutoSize = True
      End With
   End If

   ActiveCell.ClearContents
End Sub
```

Wenn Sie das Verfahren nicht nur auf die aktive Zelle, sondern auf sämtliche befüllte Zellen der Arbeitsmappe anwenden möchten, verwenden Sie zwei Schleifen. Die eine, die nach und nach jedes einzelne Tabellenblatt durchläuft, und die andere, um alle Zellen des benutzten Bereichs eines Tabellenblattes zu durchforsten.

**Listing 12.42** Inhalt sämtlicher Zellen der Arbeitsmappe in Kommentare aufnehmen

```
Sub CellcontentAll()
   Dim ws As Worksheet
   Dim c As Range

   For Each ws In Worksheets
      For Each c In ws.UsedRange
         If c <> "" Then
            With c
               .ClearComments
               .AddComment
               .Comment.Visible = True
               .Comment.Text Text:=c.Value
               .Comment.Shape.TextFrame.AutoSize = True
            End With
            c.ClearContents
         End If
      Next c
   Next ws
End Sub
```

**BEISPIEL** Die obigen Beispiele befinden sich innerhalb der Beispieldateien zum Buch im Ordner *\Buch\Kap12*. Die Mappe nennt sich *Bsp12_12.xlsm*. Die Prozeduren sind in *Modul5* untergebracht.



# Inhalt von Kommentaren in Zellen übernehmen

Das nachfolgende Beispiel zeigt, wie Sie sämtliche Kommentare einer Arbeitsmappe auslesen und als Text in ein neues Tabellenblatt schreiben können (siehe Abbildung 12.14).

Während der Laufzeit wird ein neues Tabellenblatt mit dem Namen *Kommentare* erzeugt und an erster Stelle in der Arbeitsmappe platziert. In der Spalte *A* wird der Inhalt des Kommentars ausgegeben. In Spalte *B* wird die Quelltabelle eingetragen und in Spalte *C* die Zelle, in der der Kommentar steht.

Damit die Prozedur mehrmals ausgeführt werden kann, ohne dass der Debugger gestartet wird, muss vor dem Erzeugen des Tabellenblattes in einer `For`-Schleife geprüft werden, ob bereits ein Tabellenblatt mit dem Namen *Kommentare* in der Arbeitsmappe enthalten ist. Wenn dies zutrifft, wird das Tabellenblatt mit `Delete` gelöscht. Zu Beginn der Prozedur werden sowohl die Bildschirmaktualisierung als auch Warnungen deaktiviert. Dies, damit beim Löschen des Tabellenblattes keine Rückmeldung erfolgt. Beides wird am Ende der Prozedur wieder aktiviert.

**Abbildg. 12.14** Ausgelesene Kommentare in neuem Tabellenblatt zusammenfassen

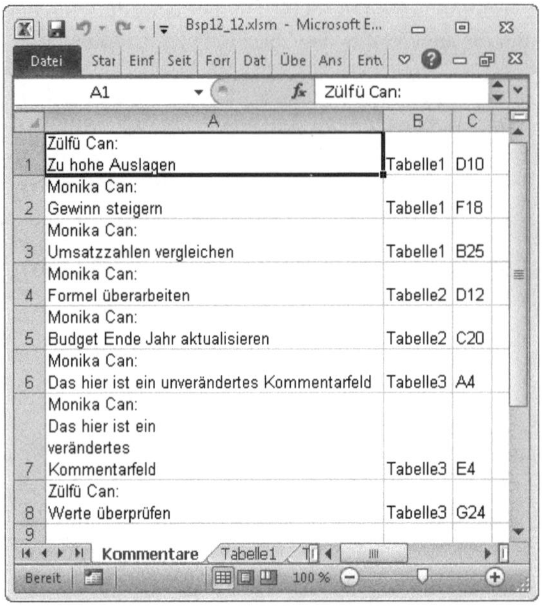


In zwei ineinander verschachtelten `For`-Schleifen werden sämtliche Kommentare ausgelesen und ins neue Tabellenblatt eingetragen.

**Listing 12.43** Kommentare auslesen

```
Sub GetCommentcontent()
   Dim ws As Worksheet
   Dim com As Comment
   Dim i As Integer

   ' Bildschirmaktualisierungen und Warnungen deaktivieren
   With Application
      .DisplayAlerts = False
      .ScreenUpdating = False
   End With

   ' Prüfen, ob das Tabellenblatt "Kommentare" bereits
   ' vorhanden ist. Bei Zutreffen löschen.
   For Each ws In Worksheets
      If ws.Name = "Kommentare" Then
         ws.Delete
      End If
   Next ws

   ' Tabellenblatt "Kommentare" für die Ausgabe
   ' der Kommentare einfügen
   Worksheets.Add Before:=Worksheets(1)
   Worksheets(1).Name = "Kommentare"

   ' Alle Tabellenblätter auf Kommentare überprüfen
```

**Listing 12.43** Kommentare auslesen *(Fortsetzung)*

```
    For Each ws In ActiveWorkbook.Worksheets
       For Each com In Worksheets(ws.Name).Comments

          ' Wenn ein Kommentar gefunden wird, wird dessen Inhalt,
          ' sowie die Quelltabelle und Quellzelle ins neue
          ' Tabellenblatt (Spalten A bis C) geschrieben
          With Worksheets(1)
             i = i + 1
             .Cells(i, 1).Value = com.Text
             .Cells(i, 2).Value = ws.Name
             .Cells(i, 3).Value = com.Parent.Address(False, False)
          End With
       Next com
    Next ws

    ' Spaltenbreite und Zeilenhöhe automatisch anpassen
    With Worksheets(1)
       With .Columns("A:C")
          .ColumnWidth = 250
          .AutoFit
       End With

       .Rows("1:" & Rows.Count).AutoFit
    End With

    ' Bildschirmaktualisierungen und Warnungen wieder aktivieren
    With Application
       .DisplayAlerts = True
       .ScreenUpdating = True
    End With
 End Sub
```

**BEISPIEL** Das obige Beispiel befindet sich innerhalb der Beispieldateien zum Buch im Ordner *\Buch\Kap12*. Die Mappe nennt sich *Bsp12_12.xlsm*. Die Prozedur ist in *Modul6* untergebracht.

# Kommentare mit Benutzername, Datum und Uhrzeit

Beim manuellen Erzeugen von Kommentaren wird automatisch der Benutzername eingefügt. Bei unseren vorangegangenen Beispielen, die per VBA erzeugt wurden, fehlte diese Information. Auf Wunsch können Sie zu Beginn des Kommentarfeldes den Benutzernamen und zusätzlich das Erstelldatum und die Uhrzeit einfügen.

**Abbildg. 12.15** Kommentar mit Benutzername, Datum und Uhrzeit

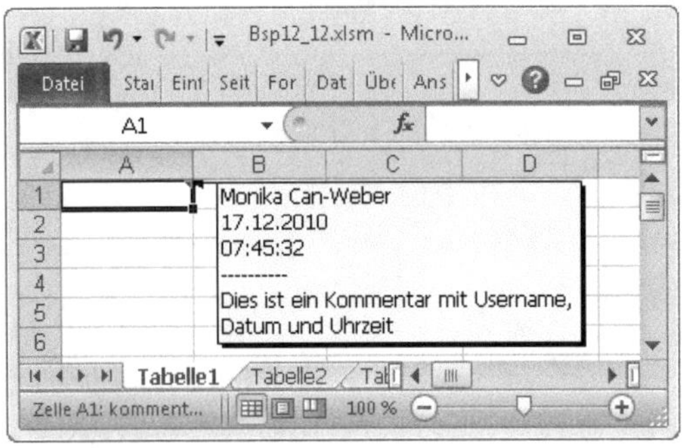


**HINWEIS** Mittels `Application.UserName` wird der Name zurückgegeben, der im Dialogfeld *Excel-Optionen* in der Kategorie *Allgemein* im Abschnitt *Microsoft Office-Kopie personalisieren* eingetragen ist. Sie können alternativ den Namen verwenden, mit dem der Benutzer am System angemeldet ist. Verwenden Sie dazu den Befehl `Environ("UserName")`.

**Listing 12.44** Benutzername, Datum und Uhrzeit einfügen

```
Sub AdditionalInformations()
   With ActiveCell
      .ClearComments
      .AddComment
      .Comment.Visible = True
      .Comment.Text _
         Text:=Application.UserName & Chr(10) & _
               Date & Chr(10) & _
               Time & Chr(10) & _
               "----------" & Chr(10) & _
               "Dies ist ein Kommentar mit Username," & Chr(10) & _
               "Datum und Uhrzeit"
      .Comment.Shape.TextFrame.AutoSize = True
   End With
End Sub
```

Wenn Sie den Benutzernamen fett formatieren möchten, so wie das beim manuellen Einfügen der Fall ist, übergeben Sie den Benutzernamen am besten an eine Variable. Der Grund liegt darin, dass wir später die Länge des Namens ermitteln müssen. Bei der Textübergabe geben Sie die Variable an, die den Benutzernamen enthält und fügen die weiteren Informationen wie Datum, Uhrzeit etc. hinzu.

**Abbildg. 12.16** Benutzername in Fettschrift formatiert

Am Ende der Prozedur wird der Benutzername formatiert. Dies geschieht mittels der Methode `Characters`. Ihr werden die beiden Argumente `Start` und `Length` übergeben. Bei `Start` wird eingetragen, ab welchem Zeichen die Formatierung beginnen soll. Da sich der Benutzername zu Beginn unseres Kommentars befindet, ist dies der Wert 1. Danach muss angegeben werden, wie viele Zeichen der Eintrag enthält, der formatiert werden soll. Dazu verwenden wir die Funktion `Len`, der wir die Variable übergeben, die den Benutzername enthält.

**Listing 12.45** Einen Kommentar einfügen, der eine bestimmte Zeichenkette fett formatiert

```
Sub UserNameFormatted()
   Dim str As String

   ' Benutzername in Variablen zwischenspeichern
   str = Application.UserName & ":" & Chr(10)

   With ActiveCell
      .ClearComments
      .AddComment
      .Comment.Visible = True
      .Comment.Text _
         Text:=str & _
               Date & Chr(10) & _
               Time & Chr(10) & _
               "----------" & Chr(10) & _
               "Dies ist ein Kommentar mit Username," & Chr(10) & _
               "Datum und Uhrzeit"

      With .Comment.Shape.TextFrame
         ' Einen Teil der Zeichenkette fett formatieren
         .Characters(Start:=1, Length:=Len(str)).Font.Bold = True
         .AutoSize = True
      End With
   End With
End Sub
```

**HINWEIS** Sie können auch Textpassagen formatieren, die sich an einer beliebigen Stelle befinden. Dazu bereiten Sie am besten verschiedene Variablen auf. Ein Beispiel dazu finden Sie im Abschnitt »Kommentare mit speziellen Formen« ab Seite 355.

**BEISPIEL** Die obigen Beispiele befinden sich innerhalb der Beispieldateien zum Buch im Ordner *\Buch\Kap12*. Die Mappe nennt sich *Bsp12_12.xlsm*. Die Prozeduren sind in *Modul7* untergebracht.

# Über Kommentare Änderungen rapportieren

Damit Änderungen, die an einer Zelle vorgenommen werden, laufend in einem Kommentar rapportiert werden können, muss mit einer Ereignisprozedur gearbeitet werden, die an das Tabellenblatt gebunden ist.

**Abbildg. 12.17** Rapportierung in Kommentar

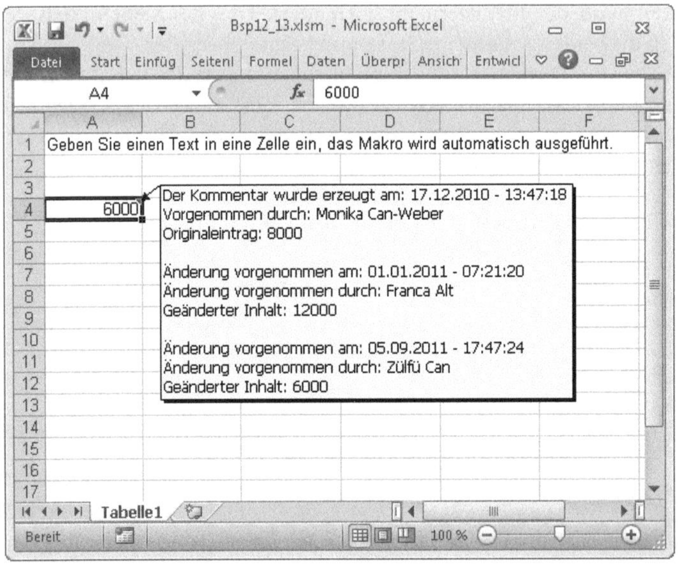


Zu Beginn der Prozedur wird in einer `If`-Entscheidung geprüft, ob mehr als eine Zelle markiert wurde. Da dies Probleme verursachen könnte, die im Debugger enden, wird eine Bereichsbearbeitung unterdrückt.

Danach wird geprüft, ob die Zelle bereits einen Kommentar enthält. Wenn nicht, wird ein Ersteintrag erzeugt. Wenn bereits ein Kommentar enthalten ist, wird dieser um die neuen Informationen ergänzt (siehe Abbildung 12.17).

Am Ende der Prozedur wird die Größe des Kommentars automatisch neu angepasst.

**Listing 12.46** In Kommentar rapportieren

```
Private Sub Worksheet_Change(ByVal Target As Range)
   Dim strComment As String

   ' Fehler unterdrücken, die beim Ausführungen von Aktionen
   ' auf ganze Bereiche ausgelöst werden könnten
```

**Listing 12.46** In Kommentar rapportieren *(Fortsetzung)*

```
        If Target.Count > 1 Then
            Exit Sub
        End If

        With Target
            ' Falls noch kein Kommentar in der Zelle vorhanden ist,
            ' einen erzeugen und den Ersteintrag rapportieren
            If .Comment Is Nothing Then
                .AddComment "Der Kommentar wurde erzeugt am: " & _
                            Date & " - " & Time & Chr(10) & _
                            "Vorgenommen durch: " & _
                            Application.UserName & Chr(10) & _
                            "Originaleintrag: " & _
                            .Value
            Else
                ' Den alten Text zwischenspeichern
                strComment = .Comment.Text & Chr(10)

                ' Den neuen Text aufbereiten und zurückschreiben
                .Comment.Text strComment & Chr(10) & _
                              "Änderung vorgenommen am: " & _
                              Date & " - " & Time & Chr(10) & _
                              "Änderung vorgenommen durch: " & _
                              Application.UserName & Chr(10) & _
                              "Geänderter Inhalt: " & _
                              .Value
            End If

            ' Automatische Anpassung der Größe des Kommentarfeldes
            .Comment.Shape.TextFrame.AutoSize = True
            .Comment.Visible = True
        End With
    End Sub
```

**HINWEIS** Mehr zum Thema Ereignisprozeduren erfahren Sie in Kapitel 14.

**BEISPIEL** Das obige Beispiel befindet sich innerhalb der Beispieldateien zum Buch im Ordner *\Buch\Kap12*. Die Mappe nennt sich *Bsp12_13.xlsm*. Die Ereignisprozedur ist der *Tabelle1* hinterlegt.

# Kommentare mit speziellen Formen

Ein spezieller Trick, der kaum VBA-Code erfordert, ist das Verändern der Form eines Kommentars. Für gewöhnlich wird dieser als Rechteck dargestellt. Sie können Ihren Kommentar per VBA jedoch in einer beliebigen AutoForm darstellen.

**Abbildg. 12.18** Ein gewöhnliches und ein verändertes Kommentarfeld

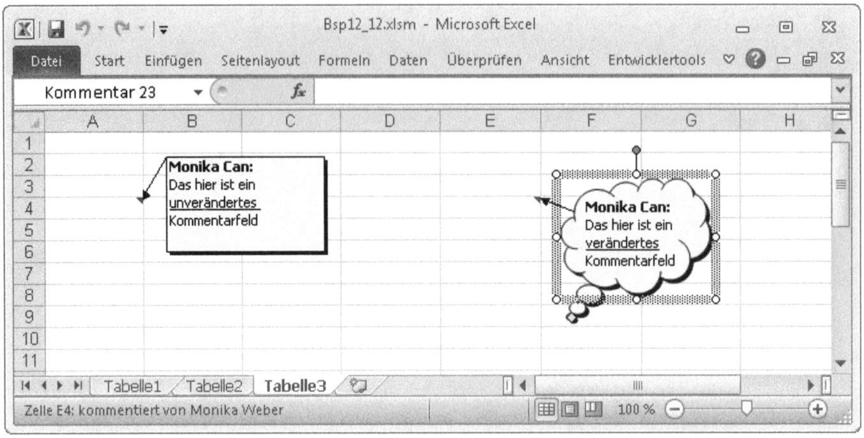


Der folgende Code zeigt wie Sie das obige Beispiel mit dem wolkenförmigen Kommentar komplett formatiert einfügen können. Die vier Variablen sind erforderlich, damit Sie die gewünschten Textabschnitte innerhalb des Kommentars fett und unterstrichen formatieren können.

**Listing 12.47** Ein vollständig formatierter Kommentar in Wolkenform

```
Sub ChangeAutoForm()
   Dim str1 As String
   Dim str2 As String
   Dim str3 As String
   Dim str4 As String


   str1 = Application.UserName & ":" & Chr(10)
   str2 = "Das hier ist ein" & Chr(10)
   str3 = "verändertes" & Chr(10)
   str4 = "Kommentarfeld"

   With ActiveCell
      .ClearComments
      .AddComment

      With .Comment
         .Visible = True
         .Text Text:=str1 & str2 & str3 & str4

         With .Shape
            ' Textabschnitt fett
            .TextFrame. _
               Characters(Start:=1, _
                          Length:=Len(str1)).Font.Bold = True

            ' Textabschnitt unterstrichen
            .TextFrame. _
               Characters(Start:=Len(str1 + str2), _
                          Length:=Len(str3)).Font.Underline = True
```

**Listing 12.47** Ein vollständig formatierter Kommentar in Wolkenform *(Fortsetzung)*

```
            ' AutoForm ändern
            .AutoShapeType = msoShapeCloudCallout
            .TextFrame.AutoSize = True
         End With
      End With
   End With
End Sub
```

**BEISPIEL** Das obige Beispiel befindet sich innerhalb der Beispieldateien zum Buch im Ordner *\Buch\Kap12*. Die Mappe nennt sich *Bsp12_12.xlsm*. Die Prozeduren sind in *Modul8* untergebracht.

# Tasten per VBA steuern

Per VBA haben Sie die Möglichkeit, eigene Tastenkombinationen zu erstellen, Tastaturanschläge zu simulieren oder Schaltflächen eines Dialogfeldes fernzusteuern.

## Tastenkombinationen erstellen (*OnKey*)

Excel stellt von Haus aus etliche Tastenkombinationen zur Verfügung. Um beispielsweise die aktive Spalte zu markieren, verwenden Sie [Strg]+[Leertaste]. Die aktive Zeile markieren Sie mit [⇧]+[Leertaste]. Und um das gesamte Tabellenblatt zu markieren, drücken Sie [Strg]+[A] oder auch [Strg]+[⇧]+[Leertaste] usw.

Tastenkombinationen können verwendet werden, um auf einfache und schnelle Weise eine Prozedur zu starten. Der manuelle Weg führt in Excel über das Menüband (*Entwicklertools/Code/Makros*). Wählen Sie die Prozedur aus, der Sie eine Tastenkombination zuweisen möchten, und klicken Sie im Dialogfeld *Makro* auf die Schaltfläche *Optionen*. Geben Sie die gewünschte Taste und gegebenenfalls einen beschreibenden Text dazu ein. Schließen Sie danach alle offenen Dialogfelder.

**WICHTIG** Eine manuell zugewiesene Tastenkombination wird mit der Prozedur gespeichert, der sie zugewiesen wurde. Wenn sich die Prozedur bzw. das Modul in einer Arbeitsmappe befindet, ist die Tastenkombination nur so lange gültig, bis die Arbeitsmappe und damit auch die Prozedur geschlossen wird.

Wenn Sie einer Prozedur manuell eine Tastenkombination zuweisen, die bereits durch Excel verwendet wird, wie z.B. [Strg]+[A], gilt diese Tastenkombination nur noch zum Starten der Prozedur und nicht mehr, um das gesamte Tabellenblatt zu markieren. Solange diese Arbeitsmappe geöffnet ist, wirkt sich die Tastenkombination auf sämtliche zusätzlich geöffneten Arbeitsmappen aus.

Wenn Sie eine Tastenkombination einer Prozedur zuweisen, die sich in der *PERSONAL.XLSB* befindet, bedenken Sie, dass diese immer beim Start von Excel geladen wird. Dies bedeutet, dass die Tastenkombination generell nicht mehr für den Excel-eigenen Gebrauch verwendet werden kann.

Alternativ zum manuellen Weg können Sie eine Tastenkombination per VBA einer Prozedur zuweisen. Die Methode dazu lautet `OnKey`. Als Argumente werden ein `Key` vom Typ `String`, das bedeutet die gewünschte Tastenkombination, sowie der Prozedurname (Typ `Variant`) übergeben. Das zweite Argument ist optional, wie Sie noch sehen werden.

**WICHTIG** Die Methode `OnKey` wird in Kombination mit `Application` eingesetzt, wodurch die zugewiesene Tastenkombination für die gesamte Excel-Anwendung Gültigkeit hat. Die Tastenkombination bleibt also so lange erhalten, bis die Anwendung, das heißt Excel, geschlossen wird.

Wenn lediglich die Arbeitsmappe geschlossen wird, ist die Tastenkombination immer noch gespeichert. Beim Drücken der Tastenkombination öffnet Excel die entsprechende Arbeitsmappe.

Es empfiehlt sich deshalb, die Tastenkombination im `Workbook_Open`-Ereignis unterzubringen und im `Workbook_BeforeClose`-Ereignis wieder zurückzusetzen. Damit ist sichergestellt, dass die Tastenkombination nach dem Schließen der Arbeitsmappe wieder freigegeben ist.

In der ersten der beiden folgenden Ereignisprozeduren wird die Tastenkombination Strg+A der Prozedur `MyMsgBox` zugewiesen. In der zweiten Ereignisprozedur wird die Tastenkombination zurückgesetzt. Das optionale Argument `Procedure` wird dabei weggelassen. Beide Ereignisprozeduren befinden sich in *DieseArbeitsmappe*. Die Prozedur `MyMsgBox`, der die Tastenkombination zugewiesen wird, befindet sich in einem Modul.

**Listing 12.48** Eine Tastenkombination zuweisen und zurücksetzen

```
' In "DieseArbeitsmappe"
Private Sub Workbook_Open()
   Application.OnKey "^a", "MyMsgBox"
End Sub
Private Sub Workbook_BeforeClose(Cancel As Boolean)
   Application.OnKey "^a"
End Sub
' In einem Modul
Sub MyMsgBox()
   MsgBox "Hallo Welt"
End Sub
```

**BEISPIEL** Das obige Beispiel befindet sich innerhalb der Beispieldateien zum Buch im Ordner *\Buch\Kap12*. Die Mappe nennt sich *Bsp12_14.xlsm*. Die Ereignisprozeduren sind in *DieseArbeitsmappe* hinterlegt, die Prozedur befindet sich in *Modul1*.

Das Caret-Zeichen (^), das dem Buchstaben »a« vorangestellt ist, entspricht dem Drücken der Taste Strg. Wenn Sie dieses Zeichen weglassen würden, würde die Prozedur direkt dem Buchstaben »a« zugewiesen. Das würde bedeuten, dass der Buchstabe »a« nur noch zum Prozeduraufruf verwendet werden kann.

Der nachfolgenden Tabelle können Sie die Tasten entnehmen, die zur Kombination verwendet werden können.

Nicht nur numerische und alphanumerische Tasten können in einer Tastenkombination verwendet werden, sondern die restlichen Tasten, die auf der Tastatur zur Verfügung stehen. Welche das sind, können Sie der Tabelle 12.7 entnehmen.

**Tabelle 12.6** Kombinationstasten

| Kombinieren mit | Vorangestelltes Zeichen |
|---|---|
| [⇧] | + (Pluszeichen) |
| [Strg] | ^ (Caret-Zeichen) |
| [Alt] | % (Prozentzeichen) |

**Tabelle 12.7** Weitere Tasten

| Taste | Code |
|---|---|
| [Bild ↑] | {PGDN} |
| [Bild ↓] | {PGUP} |
| [Einfg] | {INSERT} |
| [↵] | ~ (Tilde) |
| [↵] | {RETURN} |
| [↵] (Zehnertastatur) | {ENTER} |
| [Ende] | {END} |
| [Entf] | {CLEAR} |
| Entfernen oder [Entf] | {DELETE} oder {DEL} |
| [Esc] | {ESCAPE} oder {ESC} |
| [F1] bis [F12] | {F1} bis {F12} |
| [CapsLock] | {CAPSLOCK} |
| Hilfe | {HELP} |
| [←] | {LEFT} |
| [↑] | {UP} |
| [→] | {RIGHT} |
| [↓] | {DOWN} |
| [Num] | {NUMLOCK} |
| [Pos1] | {HOME} |
| [Rollen] | {SCROLLOCK} |
| [Rück] | {BACKSPACE} oder {BS} |
| [⇆] | {TAB} |
| [Untbr] | {BREAK} |

Um eine der oben genannten Tasten einer Prozedur zu verwenden, lautet die Codezeile beispielsweise `Application.OnKey "{F1}", "MyMsgBox"`.

# Tasten senden (*SendKeys*)

Mittels der Methode `SendKeys` können Tastaturanschläge oder Schaltflächen ferngesteuert werden. Die Inhalte von Tabelle 12.6 und Tabelle 12.7 haben auch für `SendKeys` Gültigkeit.

Im folgenden Beispiel wird die Datenmaske aufgerufen. Die Datenmaske weist verschiedene Schaltflächen auf, die mittels der `Alt`-Taste ausgeführt werden können. Um beispielsweise einen neuen Datensatz zu erzeugen, wird die Tastenkombination `Alt`+`N` betätigt. Um von Feld zu Feld zu springen, wird die `⭾`-Taste gedrückt, und um das Dialogfeld zu schließen, wird die Tastenkombination `Alt`+`C` verwendet.

Der Code ist so aufgebaut, dass Sie beim Ausführen nicht einmal bemerken werden, dass das Einfügen des Datensatzes über die Datenmaske erfolgt, weil Sie diese nicht zu Gesicht bekommen werden.

**Listing 12.49** Ein Dialogfeld fernsteuern

```
Sub FillDialog()
   ' Alt+N für "Neu" und Tabulatortasten
   SendKeys "%{n}" & _
      "Monika" & "{TAB}" & _
      "Can" & "{TAB}" & _
      "Schweiz"

   ' Das Dialogfeld schließen
   SendKeys "%{c}"

   ' Die Datenmaske ausführen
   Application.CommandBars.FindControl(ID:=860).Execute
End Sub
```

**Abbildg. 12.19** Die Datenmaske

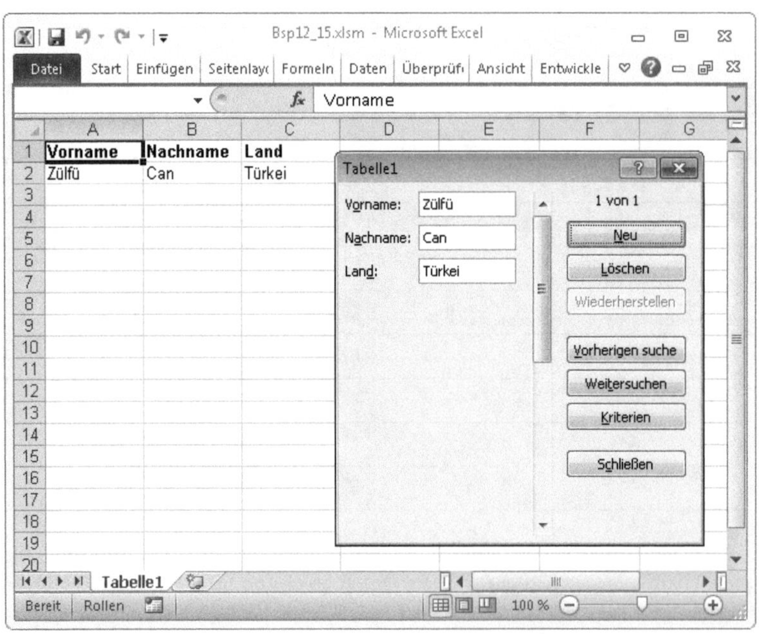

**BEISPIEL** Das obige Beispiel befindet sich innerhalb der Beispieldateien zum Buch im Ordner *\Buch\Kap12*. Die Mappe nennt sich *Bsp12_15.xlsm*.

# Brauchbares rund um Tabellen- und VBA-Funktionen

In diesem Abschnitt erfahren Sie unter anderem, wie verschiedenen Tabellen- oder VBA-Funktionen verwendet werden können. Was Sie hier nicht lernen, ist das Erstellen von benutzerdefinierten Funktionen. Diesem Thema wenden wir uns im Detail in Kapitel 13 zu.

## Formeln hervorheben

Es gibt verschiedene Möglichkeiten, Zellen, die Formeln enthalten, hervorzuheben. Die schnellste und einfachste Möglichkeit führt über die Methode `SpecialCells` in Kombination mit der Konstante `xlCellTypeFormulas`. Im folgenden Code wird allen Zellen, die eine Formel enthalten, eine rote Hintergrundfarbe zugewiesen.

**Listing 12.50** Formeln rot hinterlegen

```
Sub ColorFormulas1()
   ActiveSheet.Cells. _
      SpecialCells(xlCellTypeFormulas). _
      Interior.Color = vbRed
End Sub
```

Eine weitere Möglichkeit besteht darin, die Zellen im benutzten Bereich in einer `For Each`-Schleife zu durchlaufen und dabei mittels der Eigenschaft `HasFormula` jede Zelle auf enthaltene Formeln zu überprüfen.

**ACHTUNG** Da in der folgenden Prozedur jede Zelle in einer Schleife durchlaufen werden muss, ist sie um einiges langsamer als die vorhergehende. Dies wird vor allem in umfangreichen Tabellen deutlich.

Generell sind, falls verfügbar, Excel-eigene Funktionen zu bevorzugen, da diese in den meisten Fällen schneller sind. Im obigen Code wird dies deutlich, denn eine Schleife ist nicht erforderlich.

**Listing 12.51** Formeln blau hinterlegen

```
Sub ColorFormulas2()
   Dim c As Range

   For Each c In ActiveSheet.UsedRange
      If c.HasFormula = True Then
         c.Interior.Color = vbBlue
      End If
   Next c
End Sub
```

Wissen und Praxis verbinden

**BEISPIEL** Die beiden obigen Beispiele befinden sich innerhalb der Beispieldateien zum Buch im Ordner *\Buch\Kap12*. Die Mappe nennt sich *Bsp12_16.xlsm*.

# Formeln in Tabellenblatt ausgeben

Bei umfangreichen Arbeitsmappen, die viele Formeln enthalten, ist es oft etwas umständlich, eine bestimmte Formel zu finden. Mittels VBA haben Sie die Möglichkeit, sämtliche Formeln, die sich in Ihrer Arbeitsmappe befinden, auf einem (separaten) Tabellenblatt auszugeben.

**Abbildg. 12.20** Alle Formeln zusammengefasst auf einem Tabellenblatt ausgeben

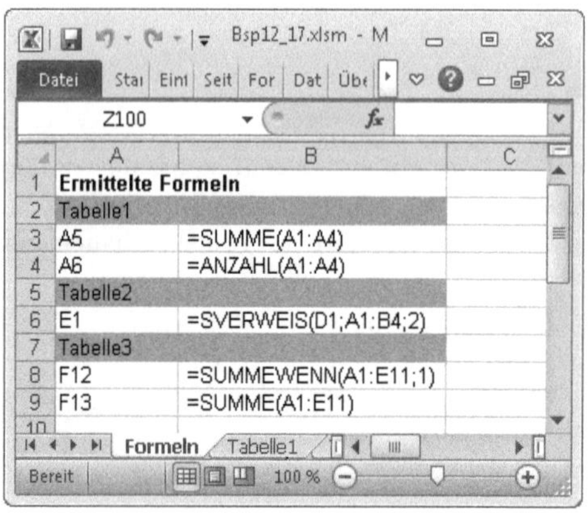


Damit keine bestehenden Daten überschrieben werden, erstellen wir ein neues Tabellenblatt mit dem Namen *Formeln*. Hier sollen die gefundenen Formeln eingetragen werden. Zu Beginn der Prozedur wird geprüft, ob das Tabellenblatt zu einem früheren Zeitpunkt schon einmal erstellt wurde. Sollte dies der Fall sein, wird es zunächst gelöscht.

Direkt im Anschluss fügen wir in die Zelle *A1* eine Überschrift ein. Anschließend folgt der eigentliche Kern der Prozedur. In einer äußeren Schleife werden sämtliche Tabellenblätter, außer dem ersten, das wir neu eingefügt haben, durchlaufen. Zu Beginn dieser Schleife ermitteln wir den aktuellen Tabellenblattnamen und geben diesen als Überschrift über den Formeln ein, die sich auf dem Tabellenblatt befinden. Diese Überschrift versehen wir mit einem grauen Hintergrund, der sich über zwei Zellen bzw. Spalten erstreckt. Hierzu verwenden wir eine Eigenschaft, mit der wir bislang noch nicht gearbeitet haben. Sie nennt sich `Resize`. Allein mit der Eigenschaft `Offset` könnten wir hier nur eine Zelle einfärben. Mittels `Resize` kann die »Markierung« erweitert werden. Im runden Klammerpaar von `Resize` geben wir an, um wie viele Zeilen und/oder Spalten die Markierung erweitert werden soll. Der erste Index steht für Zeilen und der zweite für Spalten. Da es bei einer Zeile bleiben soll, tragen wir als Zeilenindex den Wert 1 ein. Da jedoch über zwei Spalten formatiert werden soll, tragen wir als Spaltenindex den Wert 2 ein.

In der inneren Schleife werden sämtliche Zellen des benutzten Bereiches der aktuellen Tabelle durchlaufen. In einer `If`-Entscheidung wird geprüft, ob eine Zelle eine Formel enthält `HasFormula`. Wurde eine Formel gefunden, wird diese in die Spalte *B* des Tabellenblattes *Formeln* eintragen.

Mittels der Eigenschaft `FormulaLocal` können die Formeln unter Verwendung von so genannten A1-Bezügen ausgegeben werden. In die Spalte *A* tragen wir die Zelladresse `Address` ein.

Den Zähler `i` verwenden wir, um die gefundenen Formeln zu zählen. In der letzten `If`-Entscheidung wird geprüft, ob der Zähler den Wert 0 enthält. Sollte dies zutreffen, wurden keine Formeln in der gesamten Arbeitsmappe gefunden. In diesem Fall geben wir eine entsprechende Meldung auf dem Bildschirm aus.

**Listing 12.52** Sämtliche Formeln einer Arbeitsmappe ermitteln

```
Sub GetFormulas()
   Dim ws As Worksheet
   Dim intWS As Integer
   Dim c As Range
   Dim i As Integer
   Dim lngRows As Long

   ' Tabellenblatt "Formeln" löschen, falls bereits vorhanden
   For Each ws In Worksheets
      If ws.Name = "Formeln" Then
         Application.DisplayAlerts = False
         ws.Delete
         Application.DisplayAlerts = True
      End If
   Next ws

   ' Tabellenblatt "Formeln" neu einfügen
   Worksheets.Add Before:=Worksheets(1)
   Worksheets(1).Name = "Formeln"

   ' Überschrift aufbereiten
   With ActiveSheet
      .Range("A1") = "Ermittelte Formeln"
      .Range("A1").Font.Bold = True
   End With

   With Worksheets("Formeln")
      ' Tabellenblätter durchlaufen
      For intWS = 2 To Worksheets.Count
         lngRows = .UsedRange.Rows.Count

         ' Tabellenblattname ausgeben
         With .Cells(lngRows, 1)
            .Offset(1, 0) = Worksheets(intWS).Name
            .Offset(1, 0).Resize(1, 2).Interior.ColorIndex = 15
         End With

         ' Formeln ermitteln
         For Each c In Worksheets(intWS).UsedRange
            lngRows = .UsedRange.Rows.Count

            If c.HasFormula Then
               .Cells(lngRows, 1).Offset(1, 0) = c.Address(0, 0)
               .Cells(lngRows, 2).Offset(1, 0) = " " & c.FormulaLocal
               i = i + 1
            End If
         Next c
```

**Listing 12.52** Sämtliche Formeln einer Arbeitsmappe ermitteln *(Fortsetzung)*

```
      Next intWS
   End With

   ' Meldung ausgeben, wenn keine Formeln gefunden wurden
   If i = 0 Then
      MsgBox "Diese Mappe enthält keine Formeln", vbInformation
      Exit Sub
   End If

   ' Spalte B automatisch in der Breite anpassen
   Worksheets("Formeln").Columns("B").AutoFit
End Sub
```

**BEISPIEL** Das obige Beispiel befindet sich innerhalb der Beispieldateien zum Buch im Ordner *\Buch\Kap12*. Die Mappe nennt sich *Bsp12_17.xlsm*.

# Den kleinsten und größten Wert einer Spalte finden (*Min* und *Max*)

Wenn eine umfangreiche Tabelle vorliegt, ist es oft etwas umständlich, den niedrigsten bzw. höchsten Wert einer Spalte zu ermitteln. Mit oder ohne VBA können Sie solche Werte mittels einer entsprechenden Zellhintergrundfarbe versehen. Sehen wir uns zuerst einen möglichen VBA-Lösungsweg an. Die folgende Prozedur ist so aufgebaut, dass der niedrigste Wert einer Spalte jeweils mit einer roten Farbe hinterlegt wird und der höchste mit einer grünen.

**Abbildg. 12.21** Den niedrigsten Wert pro Spalte rot hinterlegen, den höchsten grün

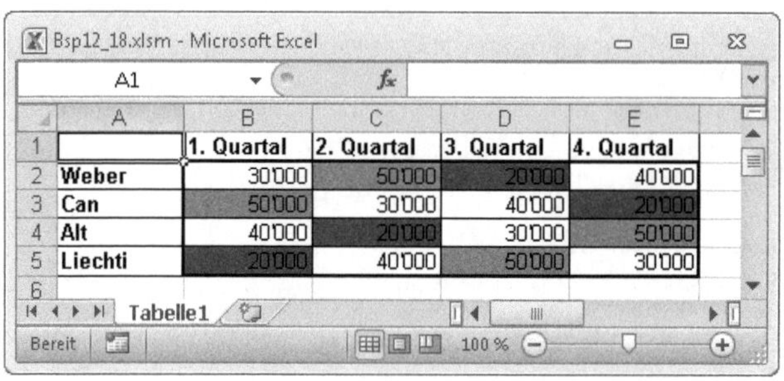


Es werden dazu zwei Tabellenfunktionen (`WorksheetFunction`) zu Hilfe genommen. Um den niedrigsten Wert zu finden, verwenden wir `Min`, und um den höchsten Wert zu ermitteln, benutzen wir `Max`. Die Prüfungen werden in je einer `If`-Entscheidung vorgenommen.

**Listing 12.53** Den Minimal- und Maximalwert pro Spalte ermitteln

```
Sub MinMax()
   Dim c As Range
   Dim wsf As WorksheetFunction

   Set wsf = Application.WorksheetFunction

   For Each c In Range("B2:E5")
      c.Interior.ColorIndex = xlNone

      ' Den niedrigsten Wert rot einfärben
      If c = wsf.Min(Columns(c.Column)) Then
         c.Interior.Color = vbRed
      End If

      ' Den höchsten Wert grün einfärben
      If c = wsf.Max(Columns(c.Column)) Then
         c.Interior.Color = vbGreen
      End If
   Next c

   Set wsf = Nothing
End Sub
```

**BEISPIEL** Das obige Beispiel befindet sich innerhalb der Beispieldateien zum Buch im Ordner *\Buch\Kap12*. Die Mappe nennt sich *Bsp12_18.xlsm*.

Wie gesagt, müssen Sie nicht unbedingt mit VBA arbeiten, um diesen Effekt hervorzurufen. Sie können dies auch unter Zuhilfenahme einer bedingten Formatierung erreichen. Gehen Sie dabei wie folgt vor:

1. Markieren Sie den Bereich, der die Zahlen enthält. In unserem Beispiel ist dies der Bereich *B2:E5* (siehe Abbildung 12.21).
2. Klicken Sie im Menüband auf der Registerkarte *Start* in der Gruppe *Formatvorlagen* auf die Schaltfläche *Bedingte Formatierung* und wählen Sie im daraufhin geöffneten Dropdownmenü den Befehl *Neue Regel* aus.
3. Wählen Sie dann den Regeltyp *Formel zur Ermittlung der zu formatierenden Zellen verwenden.*
4. Geben Sie in die Eingabezeile die Formel `=B2=MIN(B$2:E$5)` ein.
5. Klicken Sie auf die Schaltfläche *Formatieren*, um das Dialogfeld *Zellen formatieren* zu öffnen.
6. Aktivieren Sie die Registerkarte *Ausfüllen* und wählen Sie die rote Farbe aus.
7. Schließen Sie die offenen Dialogfelder.
8. Wiederholen Sie die Schritte 2 bis 6, geben Sie diesmal die Formel `=B2=MAX(B$2:E$5)` ein und wählen Sie eine grüne Füllfarbe.
9. Schließen Sie nun alle offenen Dialogfelder.

Die Minimal- und Maximalwerte sind nun ebenfalls in Rot und Grün hinterlegt.

**Abbildg. 12.22** Minimal- und Maximalwerte mittels bedingter Formatierung einfärben

Der Vorteil der manuellen Lösung gegenüber unseres VBA-Codebeispiels besteht darin, dass sich die Hintergrundfarbe von Mindest- und Höchstwerten automatisch verändert, wenn Zahlen angepasst werden.

# Umschalten zwischen Klein- und Großbuchstaben (*UCase/LCase*)

Mittels der Funktion `UCase` kann eine Zeichenkette, die aus Groß- und Kleinbuchstaben besteht, in reine Großbuchstaben umgewandelt werden. *UCase* steht für *Upper Case*. Um eine Zeichenkette in Kleinbuchstaben umzuwandeln, verwenden Sie die Funktion `LCase` (*Lower Case*).

**Listing 12.54** Groß- und Kleinbuchstaben

```
Sub UCaseLCase()
   Dim str As String

   str = "Dies ist ein Text"

   MsgBox str & Chr(10) & _
          UCase(str) & Chr(10) & _
          LCase(str)
End Sub
```

Die Ausgabe des Inhalts der Variablen `str` erfolgt dreimal in einem Meldungsfeld. Zuerst wird der unveränderte Text angezeigt, dann der Text in Großbuchstaben und schließlich in Kleinbuchstaben.

**Abbildg. 12.23** Umgewandelte Variable

**BEISPIEL** Das obige Beispiel befindet sich innerhalb der Beispieldateien zum Buch im Ordner *\Buch\Kap12*. Die Mappe nennt sich *Bsp12_19.xlsm*. Die Prozeduren sind im *Modul1* untergebracht.

# Zeichenfolgen oder Formate ersetzen (*Replace*)

Mittels der Methode `Replace` können Sie den Inhalt von Zellen oder einen Teil davon ersetzen. Der Methode können dabei verschiedene Argumente übergeben werden (siehe Tabelle 12.8).

**Listing 12.55** Zeichenfolge ersetzen

```
Sub ReplaceString()
   Range("A1:C3").Replace _
      What:="Excel", _
      Replacement:="Word", _
      Lookat:=xlPart, _
      SearchOrder:=xlByRows, _
      MatchCase:=True
End Sub
```

**Tabelle 12.8** Die Argumente für *Replace*

| Argument | Beschreibung |
|---|---|
| `What` | Erforderlich: Angabe, welche Zeichenfolge ersetzt werden soll. |
| `Replacement` | Erforderlich: Angabe der neuen Zeichenfolge. |
| `Lookat` | Optional: Die Konstante `xlPart` wird verwendet, wenn nur ein Teil einer Zeichenkette oder eines Zellinhaltes ersetzt werden soll. Die Konstante `xlWhole` wird verwendet, wenn der gesamte Zellinhalt mit dem Suchwert übereinstimmen muss. |
| `SearchOrder` | Optional: Die Konstante `xlByRows` veranlasst, dass die Suche Zeile für Zeile stattfindet, also von links nach rechts. Die Konstante `xlByColumns` wird verwendet, wenn spaltenweise, also von oben nach unten gesucht werden soll. |
| `MatchCase` | Optional: Verwenden Sie `True`, wenn die Groß- und Kleinschreibung berücksichtigt werden soll. |
| `SearchFormat` | Optional: Wird verwendet, wenn Formate gesucht werden sollen. |
| `ReplaceFormat` | Optional: Wird verwendet, um Formate zu ersetzen. |

Sie können die Methode `ReplaceFormat` auch verwenden, um Zellenformate zu ersetzen. Beispielsweise um eine gelbe Zellenhintergrundfarbe in eine rote umzuwandeln. Es wird dazu den Methoden `SearchFormat` und `ReplaceFormat` der Wert `True` übergeben.

Zu Beginn der Prozedur wird der Eigenschaft `FindFormat` die Hintergrundfarbe übergeben, die ersetzt werden soll. Mittels der Eigenschaft `ReplaceFormat` wird die neue Hintergrundfarbe bestimmt.

Wenn nur das Zellenformat, nicht jedoch der Inhalt ersetzt werden soll, übergeben Sie den erforderlichen Argumenten `What` und `Replacement` einen Leerstring.

**Listing 12.56** Formate ersetzen

```
Sub ReplaceFormatting()
   Application.FindFormat.Interior.Color = vbYellow
   Application.ReplaceFormat.Interior.Color = vbRed

   Range("A1:C3").Replace _
      What:="", _
      Replacement:="", _
      SearchFormat:=True, _
      ReplaceFormat:=True
End Sub
```

**BEISPIEL** Die obigen Beispiele befinden sich innerhalb der Beispieldateien zum Buch im Ordner *\Buch\Kap12*. Die Mappe nennt sich *Bsp12_19.xlsm*. Die Prozeduren sind in *Modul2* untergebracht.

# Die Anzahl an Zeichen eines Strings ermitteln (*Len*)

Um die Anzahl an Zeichen einer Zeichenfolge zu ermitteln, wird die Funktion `Len` verwendet. Ihr wird im runden Klammerpaar die Zeichenfolge oder eine Variable übergeben.

**BEISPIEL** Die nachfolgenden Beispiele befinden sich innerhalb der Beispieldateien zum Buch im Ordner *\Buch\Kap12*. Die Mappe nennt sich *Bsp12_19.xlsm*. Die Prozeduren sind in *Modul3* untergebracht.

**Listing 12.57** Die Anzahl an Zeichen eines Strings zurückgeben

```
Sub GetLen()
   MsgBox Len("Excel VBA Handbuch")
End Sub
```

# Den linken Teil einer Zeichenkette finden (*Left*)

Die Funktion `Left` gibt den linken Teil einer Zeichenkette zurück. Innerhalb des runden Klammerpaars wird an erster Stelle der String eingetragen. An zweiter Stelle steht die Anzahl an Zeichen, die von links her gezählt ausgegeben werden sollen. In nachfolgendem Beispiel wird das Wort »Excel« ermittelt.

**Listing 12.58** Den linken Teil einer Zeichenkette ausgeben

```
Sub GetLeft()
   MsgBox Left("Excel VBA Handbuch", 5)
End Sub
```

# Den rechten Teil einer Zeichenkette ermitteln (*Right*)

Mittels der Funktion `Right` kann der rechte Teil einer Zeichenkette ermittelt werden. Im runden Klammerpaar wird an erster Stelle der komplette String eingetragen. Als zweites Argument erfolgt die Anzahl an Zeichen, die von rechts her gezählt ausgegeben werden sollen. Im folgenden Beispiel ist dies das Wort »Handbuch«.

**Listing 12.59** Den rechten Teil einer Zeichenkette ausgeben

```
Sub GetRight()
   MsgBox Right("Excel VBA Handbuch", 8)
End Sub
```

# Teile einer Zeichenfolge ermitteln (*Mid*)

Um einen bestimmten Teil einer Zeichenfolge zu ermitteln, verwenden Sie die Funktion `Mid`. Ihr können im runden Klammerpaar drei Argumente übergeben werden. `String`, also die Zeichenfolge oder eine Variable. `Start`, das heißt die Position des Zeichens, ab der die Ausgabe erfolgen soll und optional die Länge (`Length`) bzw. die Anzahl an Zeichen ab dem Start.

**Listing 12.60** Teile einer Zeichenkette ausgeben

```
Sub GetMid()
   Dim str As String
   Dim strFirstWord As String
   Dim strMiddleWord As String
   Dim strLastWord As String
   Dim strLastTwo As String

   str = "Excel VBA Handbuch"

   strFirstWord = Mid(str, 1, 5)
   strMiddleWord = Mid(str, 7, 3)
   strLastWord = Mid(str, 11, 9)
   strLastTwo = Mid(str, 7)
```

Wissen und Praxis verbinden

**Listing 12.60** Teile einer Zeichenkette ausgeben *(Fortsetzung)*

```
   MsgBox UCase(str) & Chr(10) & _
          "----------------------------" & Chr(10) & _
          strFirstWord & Chr(10) & _
          strMiddleWord & Chr(10) & _
          strLastWord & Chr(10) & _
          strLastTwo
End Sub
```

**Abbildg. 12.24** Teilstrings ausgeben

# Die Position eines Zeichens ausgeben (*Instr*)

Mittels der Funktion `Instr` kann die Position des Auftretens eines bestimmten Zeichens ermittelt werden. Es werden dabei ein oder mehrere Zeichen innerhalb einer Zeichenfolge gesucht.

Insgesamt können vier Argumente übergeben werden, wobei in der Regel nur die ersten drei verwendet werden. Das erste Argument nennt sich `Start`. Die Angabe dieses Argumentes ist optional. Sie können damit festlegen, ab welchem Zeichen die Suche erfolgen soll. Als zweites Argument (`String1`) wird die gesamte Zeichenkette eingetragen. Das dritte Argument (`String2`) ist die Angabe des Zeichens, dessen Position gefunden werden soll.

**Listing 12.61** Die Position von Zeichen ermitteln

```
Sub GetInstr()
   Dim str As String

   str = "EXCEL VBA HANDBUCH"

   MsgBox InStr(str, "V") & Chr(10) & _
          InStr(10, str, "A")
End Sub
```

**Abbildg. 12.25** Die Positionen der Zeichen ausgeben

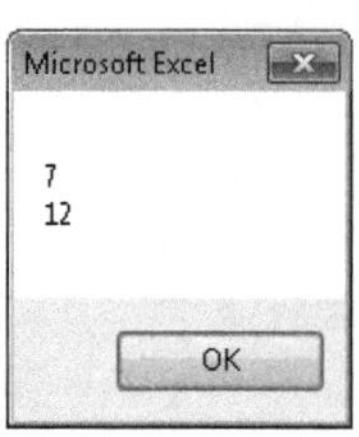

# Den Rest einer ganzzahligen Division ermitteln (*Mod*)

Der Operator `Mod` gibt den Rest einer ganzzahligen Division zweier Zahlen zurück.

**Listing 12.62** Den ganzzahligen Rest einer Division ermitteln

```
Sub GetMod()
   MsgBox 10 Mod 5 & Chr(10) & _
          10 Mod 4 & Chr(10) & _
          10 Mod 3 & Chr(10) & _
          10 Mod 2 & Chr(10) & _
          10 Mod 1 & Chr(10) & _
          10 Mod 5.1 & Chr(10) & _
          10 Mod 5.5 & Chr(10) & _
          10.5 Mod 5.1 & Chr(10) & _
          10.5 Mod 5.5
End Sub
```

**Abbildg. 12.26** Die ganzzahligen Rückgabewerte der Divisionen

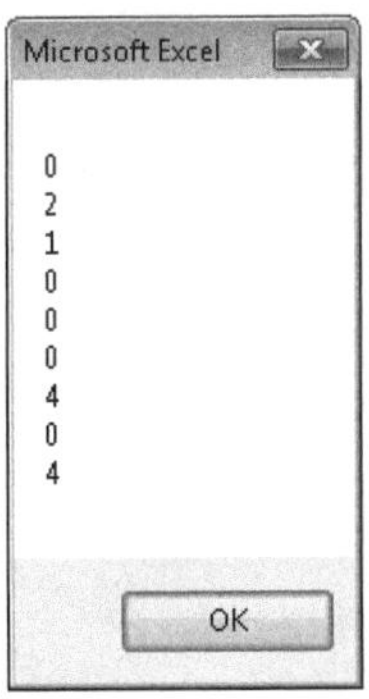

# Teil D

# Formeln und Ereignisse erstellen

**In diesem Teil:**

Kapitel 13

# Funktionen selbst kreieren



**In diesem Kapitel:**

Excel stellt bereits von Haus aus eine sehr große Anzahl vordefinierter Funktionen zur Verfügung, die zur Berechnung der unterschiedlichsten Werte eingesetzt werden können. Deshalb mag es auf den ersten Blick überflüssig erscheinen, zusätzlich eine Formel per VBA zu programmieren. Trotz allem decken die Excel-eigenen Funktionen nicht immer die Vielzahl der in der Praxis benötigten Formeln ab. Hinzu kommt, dass sich wiederholt verwendete Funktionen per VBA verkürzen lassen. In diesem Kapitel werden Sie erfahren, wie per VBA eigene Formeln programmiert werden können.

Seit Excel-Version 95 ist VBA in Englisch gehalten. Dies bedeutet, dass Sie die englischen Begriffe für die bestehenden Excel-Tabellenfunktionen kennen müssen, um sie in VBA verwenden zu können. Um die englischen Begriffe von neueren Formeln zu erfahren, haben Sie die Möglichkeit, diese mit dem Makrorekorder zu ermitteln. Wie dies funktioniert, werden Sie direkt im Anschluss erfahren.

Im Unterschied zu den bis jetzt behandelten Prozeduren wird eine Funktion nicht mit `Sub` eingeleitet, sondern mit `Function`. Eine Funktion gibt immer einen Wert zurück. Sie kann in einem Tabellenblatt als Formel verwendet oder aus einer Prozedur heraus aufgerufen werden.

**ACHTUNG** Wenn Sie VBA-Funktionen programmieren, müssen Sie wissen, dass diese nicht wie Prozeduren eingesetzt werden können. Es ist nicht möglich, mittels einer Funktion Veränderungen an Bereichen oder anderen Objekten in Ihrem Tabellenblatt vorzunehmen. Eine Funktion kann beispielsweise nicht die Farbe einer Zelle verändern, auch wenn dies in gewissen Fällen sinnvoll erscheinen mag. Funktionen sind einzig und alleine dazu da, um Werte zurückzugeben.

# Englische Funktionsnamen per Makrorekorder ermitteln

Sie haben die Möglichkeit, die englischen Funktionsnamen unter Zuhilfenahme des Makrorekorders zu ermitteln. Nehmen wir als Beispiel die Funktion *RUNDEN()*. Führen Sie folgende Schritte aus, um den englischen Funktionsnamen zu erfahren.

1. Geben Sie in Zelle *A1* den Wert *700,75* ein.
2. Geben Sie in Zelle *B1* die Formel `=RUNDEN(A1;0)` ein. Die Formel rundet auf eine Ganzzahl auf oder ab.
3. Schließen Sie die Formeleingabe mit der [↵]-Taste ab.
4. Aktivieren Sie die Zelle *B1*.
5. Starten Sie den Makrorekorder (*Entwicklertools/Code/Makro aufzeichnen*).
6. Drücken Sie während der Aufzeichnung die Taste [F2] und anschließend die [↵]-Taste.
7. Beenden Sie die Aufzeichnung.

In der VBE können Sie nun dem aufgezeichneten Makro die Codezeile `ActiveCell.FormulaR1C1 = "=ROUND(RC[-1],0)"` entnehmen. Die Übersetzung für die Funktion *RUNDEN()* lautet in VBA somit `ROUND()`.

Die aufgezeichnete Codezeile sieht auf den ersten Blick etwas verwirrend aus, deshalb hier einige Erläuterungen dazu. Die Eigenschaft `FormulaR1C1` gibt einen Z1S1-Bezug zurück. `R1` (bzw. Z1) steht für *Row*1 (oder *Zeile*1) und `C1` (bzw. S1) steht für *C*olumn1 (oder *S*palte1). Immer wenn mit dem Makrorekorder eine Funktion aufgezeichnet wird, wird diese Bezugsart ausgegeben.

In Anführungszeichen steht ein Gleichheitszeichen, gefolgt vom Funktionsnamen und dem Zellenbezug. Der Zellbezug wird in diesem Beispiel als `RC[-1]` angegeben. Dies bedeutet, dass sich die

Zelle, auf die sich die Berechnung bezieht, in derselben Zeile (Row) befindet wie die Formel. Deshalb ist hinter dem R kein Index in eckigen Klammern erforderlich. Die zu berechnende Zahl liegt eine Spalte linkerhand der Formel, deshalb die Angabe [-1].

Würde die Formel in der Zelle *C3* stehen, würde der Bezug R[-2]C[-2] lauten. Von der Formel aus gesehen würde die zu berechnende Zahl somit *zwei* Zellen links und *zwei* Spalten oberhalb liegen.

In der VBA-Programmierung sind solche Bezüge kaum anzutreffen. Es wird vielmehr auf das Objekt Bezug genommen, wie Sie gleich erfahren werden.

# Eigene Funktionen programmieren

Bleiben wir für unser nächstes Beispiel bei der Funktion *RUNDEN()*. Diese lässt sich recht einfach per VBA nachstellen. Wie Sie bereits erfahren haben, werden Funktionen im Gegensatz zu anderen Prozeduren mit Function eingeleitet. Danach folgt der Name der Funktion. Im runden Klammerpaar wird die Berechnungsgrundlage, das heißt der Bezug, angegeben.

**HINWEIS** Sowohl dem Funktionsnamen, der einen Wert zurückgibt, als auch der/den Variablen im runden Klammerpaar sollte ein Datentyp zugewiesen werden. Wenn dies nicht geschieht, gilt, wie auch sonst, automatisch Variant als Datentyp.

Dem nachfolgenden Beispiel können Sie entnehmen, dass dem Funktionsnamen dblRound die gesamte Berechnung übergeben wird.

**Listing 13.1** Runden

```
Function dblRound(rngCell As Range) As Double
   dblRound = Application.WorksheetFunction.Round(rngCell, 0)
End Function
```

**Abbildg. 13.1** Die Funktion *RUNDEN()* grafisch dargestellt

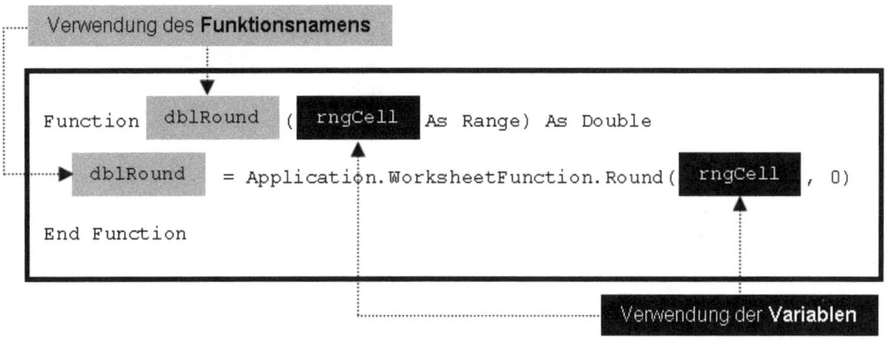


**BEISPIEL** Das Beispiel befindet sich innerhalb der Beispieldateien zum Buch im Ordner *\Buch\Kap13*. Die Mappe nennt sich *Bsp13_01.xlsm*. Das Modul heißt *Modul1*.

Genau wie Excel-Tabellenfunktionen können auch selbst erstellte VBA-Funktionen direkt in die Zelle eingegeben werden:

```
=dblRound(A1)
```

Damit eine Excel-Tabellenfunktion in VBA verwendet werden kann, ist das Hinzufügen von `Application.WorksheetFunction` erforderlich. Je nach Objekt-Bibliothek, in der die Funktion untergebracht ist, kann darauf verzichtet werden. Da dies in den einzelnen Excel-Versionen unterschiedlich gehandhabt wird, kann hier keine generelle Empfehlung gegeben werden.

# VBA-Funktionen in einer Tabelle verwenden

In Excel sind Funktionen in Kategorien unterteilt. VBA-Funktionen werden standardmäßig der Kategorie *Benutzerdefiniert* zugeordnet. Um eine VBA-Funktion aufzurufen, geben Sie entweder die Formel direkt in die Zelle ein oder verwenden den *Funktions-Assistenten*. Dieser befindet sich links neben der Bearbeitungsleiste (siehe Abbildung 13.2).

**Abbildg. 13.2** Den Funktions-Assistenten aufrufen

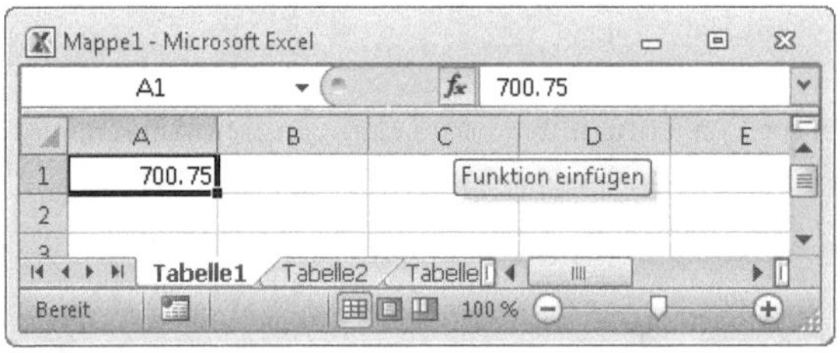


Nach dem Aufruf des Funktions-Assistenten wird das Dialogfeld *Funktion einfügen* angezeigt. Um die selbst erstellten VBA-Funktionen aufrufen zu können, wählen Sie die Kategorie *Benutzerdefiniert* aus. Es sei denn, Sie haben die Funktion explizit einer anderen Kategorie zugewiesen. Dann wählen Sie diese Kategorie aus.

**Abbildg. 13.3** Selbst erstellte Funktionen befinden sich in der Kategorie *Benutzerdefiniert*

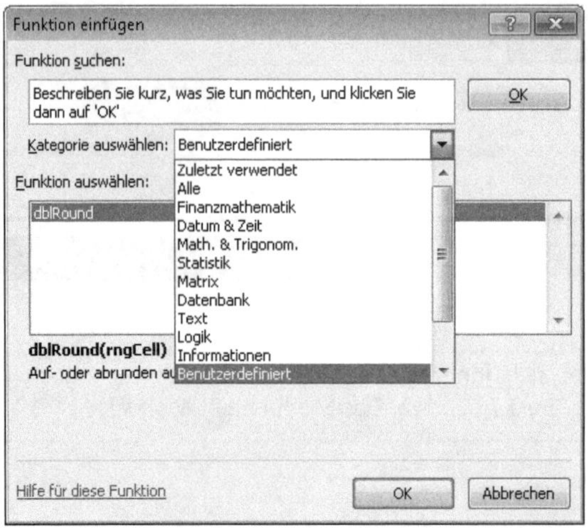

Unsere Runden-Funktion `dblRound` wird darin aufgeführt. Wenn die Funktion aufgerufen wird, wird ein weiteres Dialogfeld geöffnet. Es nennt sich *Funktionsargumente*. Es steht eine Eingabezeile zur Verfügung. Diese entspricht der Variablen `rngCell`, die in der Funktion hinterlegt wurde. Hier kann der Zellbezug, der gerundet werden soll, eingegeben werden. Die Ausgabe der Rundung erfolgt in der aktiven Zelle.

**Abbildg. 13.4** Funktionsargumente

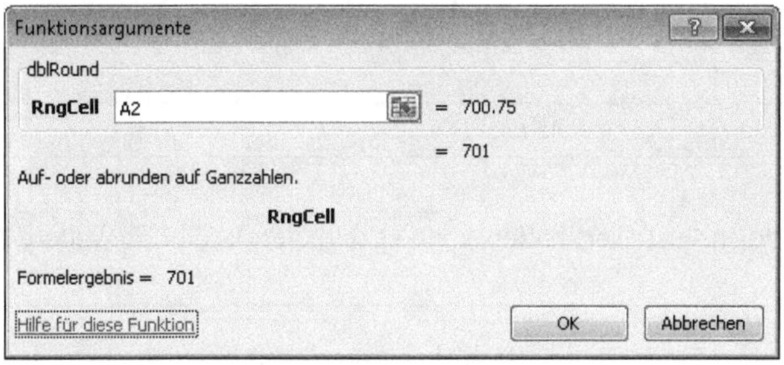


# VBA-Funktionen einer anderen Kategorie zuweisen

Selbst erstellte VBA-Funktionen werden, wie Sie nun wissen, automatisch zuerst der Funktionskategorie *Benutzerdefiniert* zugewiesen. Sie haben per VBA die Möglichkeit, Ihre Funktionen anderen Kategorien zuzuweisen. Insgesamt stehen 15 Kategorien zu Verfügung. Jene, die in der Tabelle 13.1 mit einem Stern (*) gekennzeichnet sind, werden erst erstellt, wenn eine Funktion per VBA dieser Kategorie zugewiesen wird.

**Tabelle 13.1** Funktionskategorien

| Index | Kategorienamen |
|---|---|
| 1 | Finanzmathematik |
| 2 | Datum & Zeit |
| 3 | Math. & Trigonom. |
| 4 | Statistik |
| 5 | Matrix |
| 6 | Datenbank |
| 7 | Text |
| 8 | Logik |
| 9 | Information |
| 10 | Menübefehle * |
| 11 | Benutzerorientiert * |
| 12 | Makrosteuerung * |

Tabelle 13.1 Funktionskategorien *(Fortsetzung)*

| Index | Kategorienamen |
|---|---|
| 13 | DDE/Extern * |
| 14 | Benutzerdefiniert * |
| 15 | Technisch |
| 16 | Cube |
| 17 | Kompatibilität |
| 18 bis 32 | Benutzerdefinierte Kategorien * |

**HINWEIS** Sollten Sie Add-Ins installiert haben, kann es sein, dass bei Ihnen weitere Kategorien angezeigt werden.

Um eine Funktion in eine andere Kategorie zu verschieben, ist eine `Sub`-Prozedur erforderlich. Unter der Verwendung der Methode `Application.MacroOption` und verschiedener Argumente können Sie die Funktion in die gewünschte Kategorie übertragen.

Das Argument `Macro` wird verwendet, um den Funktionsnamen, in unserem Beispiel `dblRound`, zu übergeben. Mittels `Description` kann ein beschreibender Text hinterlegt werden, der beim Formelaufruf über den Funktionsassistenten im Dialogfeld *Funktionsargumente* angezeigt wird. Dem Argument `Category` wird die Indexnummer der Kategorie übergeben, in die die Funktion verschoben werden soll. Im folgenden Listing ist dies die Kategorie *Finanzmathematik.*

Listing 13.2 Funktionskategorie

```
Sub MoveCategory()
   Application.MacroOptions _
      Macro:="dblRound", _
      Description:="Auf- oder Abrunden auf Ganzzahlen", _
      Category:=1
End Sub
```

Wie Sie der Tabelle 13.1 entnehmen können, ist es möglich, auch benutzerdefinierte Kategorien zu erstellen (Index 18 bis 32). Übergeben Sie dazu dem Argument `Category` einen beliebigen Namen. Das Ausführen des folgenden Codes bewirkt, dass einerseits eine Kategorie mit dem Namen *Meine eigene Kategorie* erstellt, und andererseits die Funktion `dblRound` in diese Kategorie verschoben wird.

Listing 13.3 Eine benutzerdefinierte Kategorie erstellen

```
Sub CreateOwnCategory()
   Application.MacroOptions _
      Macro:="dblRound", _
      Description:="Auf- oder Abrunden auf Ganzzahlen", _
      Category:="Meine eigene Kategorie"
End Sub
```

**BEISPIEL** Das Beispiel befindet sich innerhalb der Beispieldateien zum Buch im Ordner *\Buch\Kap13*. Die Mappe nennt sich *Bsp13_01.xlsm*. Das Modul heißt *Modul2*.

# Eine Funktion ohne Übergabewerte

Die Funktion `dblRound`, die wir erstellt haben, enthielt einen Übergabewert. Dies ist an zwei Faktoren zu erkennen. Zum einen wurde im runden Klammerpaar nach dem Funktionsnamen eine Variable deklariert. Zum anderen wird beim Aufruf der Funktion über den Funktionsassistenten ein Eingabefeld angezeigt, das der Variablen entspricht.

Nicht immer ist ein Übergabewert erforderlich. Wenn zum Beispiel der Name des aktiven Tabellenblattes in einer Zelle ausgegeben werden soll, ist keine Eingabe notwendig, denn die Übergabe erfolgt bereits in der Funktion. Somit bleibt das Klammerpaar nach dem Funktionsnamen leer.

**Listing 13.4** Name des aktiven Blattes

```
Function strActiveSheet() As String
   strActiveSheet = ActiveSheet.Name
End Function
```

**BEISPIEL** Das Beispiel befindet sich innerhalb der Beispieldateien zum Buch im Ordner *\Buch\Kap13*. Die Mappe nennt sich *Bsp13_02.xlsm*. Das Modul heißt *mdl_01_ActiveSheet*.

Um den Namen des aktiven Tabellenblattes auszugeben, tippen Sie in eine beliebige Zelle die Formel `=strActiveSheet()` ein und bestätigen die Eingabe mit der [↵]-Taste. Alternativ dazu können Sie den Funktions-Assistenten starten und die Funktion auswählen. Das Dialogfeld *Funktionsargumente* kann durch Betätigen der Schaltfläche *OK* gleich wieder geschlossen werden, denn eine Eingabe ist nicht erforderlich, da keine Übergabewerte erwartet werden.

# Neuberechnung (*Application.Volatile*)

Benutzerdefinierte VBA-Funktionen werden in der Regel, genau wie Tabellenfunktonen, nur dann neu berechnet, wenn es erforderlich ist. Das heißt, die Neuberechnung findet statt, sobald sich der Inhalt einer Zelle ändert, die das Ergebnis der Funktion beeinflusst.

In dem zuvor behandelten Beispiel ohne Argumente wird der Wert der Funktion im Code übergeben. Zur Erinnerung: Die Funktion gibt in einer Zelle den Namen des aktiven Blattes aus. Wenn sich nun der Tabellenblattname ändert, wird das Ergebnis der Funktion nicht sofort angepasst. Auch dann nicht, wenn die Taste [F9] gedrückt wird, mit der im Normalfall eine Neuberechnung manuell angestoßen werden kann.

Mit der Methode `Application.Volatile` können Sie veranlassen, dass Neuberechnungen häufiger stattfinden. Nehmen wir als Beispiel die Tabellenfunktion `Zufallszahl()`. Wenn Sie diese in eine Zelle eingeben, wird das Ergebnis laufend neu berechnet, sobald in einer beliebigen Zelle eine Veränderung vorgenommen wird. Im nachfolgenden Beispiel wird exakt die Tabellenfunktion `Zufallszahl` per VBA nachgestellt.

Listing 13.5 Zufallszahl

```
Function dblRandom() As Double
   dblRandom = Rnd()
End Function
```

Geben Sie zum Vergleich in einem Tabellenblatt in die Zelle *A1* die Tabellenfunktion `=Zufallszahl()` ein. Geben Sie in die Zelle *B1* die VBA-Funktion `=dblRandom()` ein. Drücken Sie nun die Taste F9, um eine manuelle Neuberechnung zu veranlassen. Der Inhalt der Zelle *A1* wird sich verändern, nicht jedoch der Inhalt von Zelle *B1*.

Erstellen wir nun eine weitere VBA-Zufallsfunktion, diesmal jedoch unter Verwendung der Methode `Application.Volatile`:

```
Function dblRandomVolatile() As Double
   Application.Volatile True
   dblRandom = Rnd()
End Function
```

Geben Sie nun in die Zelle *C1* des gleichen Tabellenblattes die VBA-Funktion `=dblRandomVolatile()` ein. Wenn Sie nun die Taste F9 betätigen, werden Sie feststellen, dass sowohl die Zelle *A1* als auch die Zelle *C1* neu berechnet werden.

**BEISPIEL** Das Beispiel befindet sich innerhalb der Beispieldateien zum Buch im Ordner *\Buch\Kap13*. Die Mappe nennt sich *Bsp13_02.xlsm*. Das Modul heißt *mdl_02_Random*.

# Eine Funktion mit mehreren Übergabewerten

Mehrere Übergabewerte lassen sich beispielsweise dann verwenden, wenn die Werte aus verschiedenen unabhängigen Zellen berechnet werden sollen. Das nachfolgende Beispiel berechnet die Werte aus den Zellen *B1*, *B2* und *B3*. Entsprechend sind im runden Klammerpaar nach dem Funktionsnamen drei Variablen deklariert. Im Dialogfeld *Funktionsargumente* werden, entsprechend der drei Variablen, drei Eingaben erwartet. Eine weitere Variable wird innerhalb der Prozedur verwendet, um die Zwischenberechnung zu speichern.

Listing 13.6 Rechnen mit drei Übergabewerten

```
Function dblCosts(lngPiece As Long, _
                  dblPrice As Double, _
                  dblDiscount As Double) As Double
   Dim dblSubtotal As Double

   dblSubtotal = lngPiece * dblPrice
   dblCosts = dblSubtotal - dblSubtotal * dblDiscount
End Function
```

**Abbildg. 13.5** Drei Übergabewerte

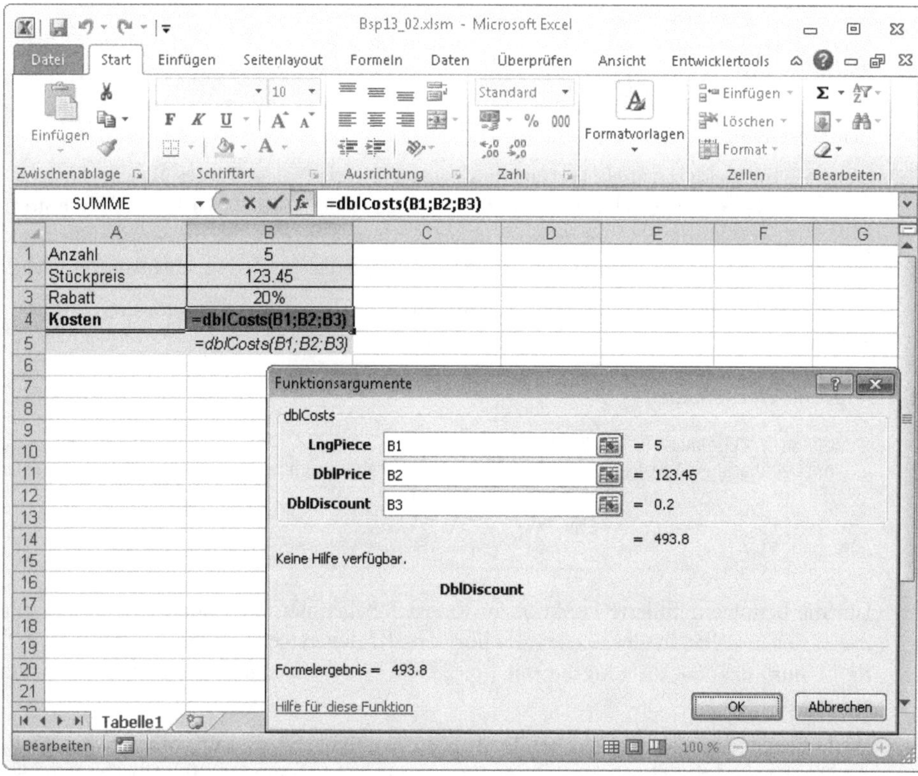


**BEISPIEL** Das Beispiel befindet sich innerhalb der Beispieldateien zum Buch im Ordner *\Buch\Kap13*. Die Mappe nennt sich *Bsp13_02.xlsm*. Das Modul heißt *mdl_03_Costs*.

# Bereichsfunktionen

Bereichsfunktionen kennen Sie beispielsweise von der Excel-Tabellenfunktion *Summe* her. Es wird nicht nur auf eine einzelne Zelle, sondern auf einen zusammenhängenden Bereich Bezug genommen. Um einen Bereich ansprechen zu können, muss die Variable nach dem Funktionsnamen als `Range` deklariert werden.

**Listing 13.7** Bereichsfunktion

```
Function dblSum(rng As Range) As Double
   dblSum = Application.WorksheetFunction.Sum(rng)
End Function
```

**BEISPIEL** Das Beispiel befindet sich innerhalb der Beispieldateien zum Buch im Ordner *\Buch\Kap13*. Die Mappe nennt sich *Bsp13_02.xlsm*. Das Modul heißt *mdl_04_Sum*.

# Array-Funktionen

Auch Array-Funktionen können selbst programmiert werden. Das nachfolgende Beispiel zeigt, wie Wochennamen mittels einer VBA-Funktion eingefügt werden können. Eine Array-Funktion gibt immer einen Wert vom Typ `Variant` zurück. Auf eine Deklaration des Datentyps kann deshalb verzichtet werden.

Wenn Sie mit Array-Formeln vertraut sind, wissen Sie, dass diese immer über die Tastenkombination [Strg]+[⇧]+[↵] abgeschlossen werden müssen. Die Formel wird dadurch automatisch von geschweiften Klammern {} umgeben. Tippen Sie die geschweiften Klammern nicht manuell ein, sondern erzeugen Sie sie immer über die angegebene Tastenkombination, ansonsten entsteht kein Array.

Der folgenden Funktion können Sie entnehmen, dass die Werte, die an die Funktion übergeben werden, in einer `Array`-Funktion aufbereitet werden.

**Listing 13.8** Array mit Wochentagen

```
Function arrWeekname() As Variant
   arrWeekname = Array("Montag", "Dienstag", "Mittwoch", _
                       "Donnerstag", "Freitag", _
                       "Samstag", "Sonntag")
End Function
```

Um die benutzerdefinierte Funktion in Ihrem Tabellenblatt anwenden zu können, markieren Sie zuerst sieben Zellen in einer Zeile (also horizontal). Geben Sie die Formel `=arrWeekname()` ein. Wichtig ist nun, dass Sie die Eingabe mit [Strg]+[⇧]+[↵] beenden. Die sieben Wochentage werden angezeigt.

Wenn Sie das Array vertikal verwenden möchten, müssen Sie es transponieren. Verwenden Sie dazu die Tabellenfunktion `MTRANS` und fügen Sie im runden Klammerpaar die selbst erstellte Funktion ein. Markieren Sie dazu wiederum zuerst die sieben Zellen, diesmal jedoch vertikal, also nach unten. Geben Sie die folgende Formel ein und beenden Sie die Eingabe mit der Tastenkombination [Strg]+[⇧]+[↵].

```
=MTRANS(arrWeekname())
```

**BEISPIEL** Das Beispiel befindet sich innerhalb der Beispieldateien zum Buch im Ordner *\Buch\Kap13*. Die Mappe nennt sich *Bsp13_02.xlsm*. Das Modul heißt *mdl_05_Array*.

# Unbestimmte Anzahl an Übergabewerten (Parameter-Array)

Parameter-Arrays werden verwendet, wenn die Anzahl der Übergabewerte nicht von Anfang an festgelegt werden kann. Die Anzahl der Übergabewerte bleibt somit flexibel. Nehmen wir an, Sie möchten in Ihrem Tabellenblatt Werte aus mehreren einzelnen Zellen addieren. Die Anzahl der Zellen kann variieren. Es wäre sinnlos, eine lange Liste von Variablen nach dem Funktionsnamen zu hinterlegen. Sie würden früher oder später an Grenzen stoßen, oder einige der Variablen würde unbenutzt bleiben.

Um ein Parameter-Array zu realisieren, wird nach dem Funktionsnamen ein dynamisches Array hinterlegt. In unserem Beispiel nennt es sich `varList()`. Damit die Variable als Parameter-Array erkannt wird, muss das Schlüsselwort `ParamArray` vorangestellt werden. Um die einzelnen Übergabewertes des Arrays auszulesen, verwenden wir eine `For Each`-Schleife. Dem Funktionsnamen werden nach und nach die addierten Werte übergeben.

**BEISPIEL** Das Beispiel befindet sich innerhalb der Beispieldateien zum Buch im Ordner *\Buch\Kap13*. Die Mappe nennt sich *Bsp13_03.xlsm*. Das Modul heißt *Modul1*.

**ting 13.9** Parameter-Array

```
Function dblMulti(ParamArray varList() As Variant) As Double
   Dim varArg As Variant

   For Each varArg In varList
      dblMulti = dblMulti + varArg
   Next varArg
End Function
```

Beim Aufruf der benutzerdefinierten Funktion wird im Dialogfeld *Funktionsargumente* deutlich, dass beliebig viele Übergabewerte eingegeben werden können, denn die Anzahl der Eingabefelder erweitert sich mit jeder Eingabe. Im oberen Teil des Dialogfeldes erscheint ab einer bestimmten Anzahl von Werten eine Bildlaufleiste.

**bildg. 13.6** Dialogfeld eines Parameter-Arrays

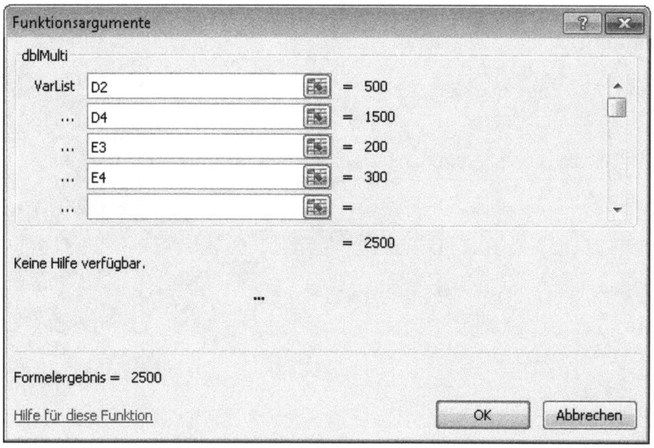


Im vorangegangenen Beispiel können keine Bereiche angewendet werden. Falls die Rückgabewerte des Arrays mit einem Bereich addiert werden sollen, wird ein weiteres Argument benötigt, das als `Range` hinterlegt wird.

**WICHTIG** Das Parameter-Array muss immer an *letzter* Stelle der Deklaration stehen.

**Listing 13.10** Parameter-Array mit Bereich

```
Function dblMultiSum(rngSum As Range, _
                     ParamArray varList() As Variant) _
                     As Double
   Dim varArg As Variant

   For Each varArg In varList
      dblMultiSum = dblMultiSum + varArg
   Next varArg

   ' Addition des Arrays mit dem summierten Bereich
   dblMultiSum = dblMultiSum + _
                 Application.WorksheetFunction.Sum(dblSum)
End Function
```

# Eine Funktion in einer Prozedur verwenden

VBA-Funktionen werden nicht nur in Tabellenblättern, sondern auch innerhalb von Prozeduren aufgerufen. Oftmals wird ein und derselbe Programmcode innerhalb von vielen Prozeduren verwendet. Damit der Code nicht jedes Mal neu geschrieben oder in die Prozedur hineinkopiert werden muss, kann eine Funktion erstellt werden, die bei Bedarf aus einer beliebigen Sub-Prozedur heraus aufgerufen wird.

Die nachfolgende Funktion gibt die letzte benutzte Zeile einer Tabelle zurück. Das Klammerpaar nach dem Funktionsnamen bleibt leer, da der Rückgabewert innerhalb der Funktion übergeben wird.

**Listing 13.11** Letzte benutzte Zeile ermitteln

```
Function lngLastUsedRow() As Long
   Dim i As Integer
   Dim lngMin As Long
   Dim lngMax As Long

   For i = 1 To 16384
      lngMin = Cells(1048576, i).End(xlUp).Row

      If lngMax < lngMin Then
         lngMax = lngMin
      End If
   Next i

   lngLastUsedRow = lngMax
End Function
```

In der folgenden Sub-Prozedur kann der Rückgabewert der zuvor erstellten VBA-Funktion mehrmals verwendet werden. In der Tabelle soll ein Datensatz unterhalb der bestehenden Tabelle eingefügt werden. Da die Funktion die letzte *benutzte* Zelle innerhalb aller Spalten ermittelt, muss beim ersten Zeilenindex der Wert 1 addiert werden(+1). Dadurch, dass das Ermitteln der letzten benutzten Zeile in die Funktion ausgelagert wurde, kann der Code der Sub-Prozedur recht kurz gehalten werden.

```
Sub FillInLastRow()
   Cells(lngLastUsedRow + 1, 1) = "Püntener"
   Cells(lngLastUsedRow, 2) = "Heidi"
   Cells(lngLastUsedRow, 3) = "Schweiz"
End Sub
```

**BEISPIEL** Das Beispiel befindet sich innerhalb der Beispieldateien zum Buch im Ordner *\Buch\Kap13*. Die Mappe nennt sich *Bsp13_04.xlsm*. Das Modul heißt *mdl_01_Row*.

**Abbildg. 13.7** Die Datensätze werden jeweils eine Zeile unterhalb eingefügt

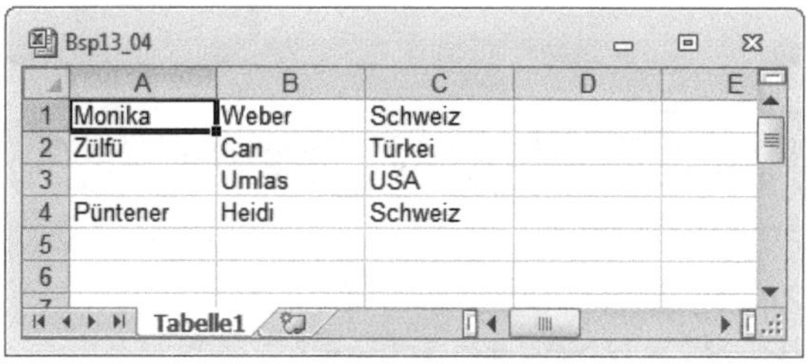


Wenn die Datensätze nicht unterhalb in Zeilen, sondern nach rechts in Spalten ergänzt werden müssen, sieht die Funktion sehr ähnlich aus. Um die letzte benutzte Spalte zu ermitteln, müsste die Schleife 1.048.576 Mal durchlaufen werden, da theoretisch in jeder Zeile der Tabelle ein Eintrag vorhanden sein könnte. Das macht wenig Sinn und würde zu lange dauern, zumal die Anzahl der Zeilen bekannt sein dürfte. Unsere Tabelle umfasst, gemäß Abbildung 13.7, derzeit vier Zeilen. Demnach wäre es ausreichend, wenn der Schleifendurchlauf viermal erfolgen würde, um den jeweils letzten Spalteneintrag zu erfahren. Da sich der Wert ändern kann, werden wir uns diesmal in der Funktion nicht festlegen. Wir deklarieren nach dem Funktionsnamen die Variable `lngRows`.

**Listing 13.12** Letzte benutzte Spalte ermitteln

```
Function intLastUsedColumn(ByVal lngRows As Long) As Integer
   Dim i As Long
   Dim lngMin As Long
   Dim lngMax As Long

   For i = 1 To lngRows
      lngMin = Cells(i, 16384).End(xlToLeft).Column

      If lngMax < lngMin Then
         lngMax = lngMin
      End If
   Next i

   intLastUsedColumn = lngMax
End Function
```

Da die Funktion nun einen Rückgabewert erwartet, muss nach dem Funktionsnamen im runden Klammerpaar ein Wert übergeben werden. Innerhalb der `Sub`-Prozedur verwenden wir dazu die Variable `i`, der wir die Anzahl der Zeilen übergeben. Eine Variable ist sinnvoll, da bei einer Änderung der Anzahl von Zeilen nur ein einzelner Wert angepasst werden muss und nicht sämtliche Übergabewerte nach dem Funktionsnamen.

**Listing 13.13** Erste freie Spalte befüllen

```
Sub FillInLastColumn()
   Dim i As Integer

   i = 4
   Cells(1, lngLastUsedColumn(i) + 1) = "Europa"
   Cells(2, lngLastUsedColumn(i)) = "Asien"
   Cells(3, lngLastUsedColumn(i)) = "Amerika"
   Cells(4, lngLastUsedColumn(i)) = "Europa"
End Sub
```

**BEISPIEL** Das Beispiel befindet sich innerhalb der Beispieldateien zum Buch im Ordner *\Buch\Kap13*. Die Mappe nennt sich *Bsp13_04.xlsm*. Das Modul heißt *mdl_02_Col*.

# Eine Tastenkombination zuweisen

Die Methode `Application.MacroOption`, die wir bereits in Listing 13.2 eingesetzt haben, kann unter der Verwendung anderer Argumente dazu benutzt werden, einer Prozedur eine Tastenkombination zuzuweisen. Generell ist es *nicht* möglich, direkt einer VBA-Funktion eine Tastenkombination zuzuweisen. Die Zuweisung kann nur an eine `Sub`-Prozedur erfolgen. Deshalb werden wir eine `Sub`-Prozedur erstellen, die die Funktion aufruft.

Für die Zuweisung einer Tastenkombination werden die Argumente `HasShortcutkey` und `ShortcutKey` eingesetzt. Die beiden Argumente treten immer in Kombination auf. Dem Argument `HasShortcutkey` muss der Wert `True` übergeben werden. Dem Argument `ShortcutKey` wird die Taste übergeben, die zum Aufruf dienen soll. In unserem Beispiel ist das die Taste [r]. Der Aufruf der Prozedur erfolgt über die Tastenkombination [Strg]+[r]. Wenn Sie ein großes [R] als Taste festlegen, erfolgt der Aufruf über die Tastenkombination [Strg]+[⇧]+[r]. Bestehende Excel-Tastenkombinationen werden dabei überschrieben.

Um der Funktion indirekt eine Tastenkombination per VBA zuzuweisen, sind somit insgesamt drei Prozeduren erforderlich. Die erste Prozedur weist der `Sub`-Prozedur `CallFunction` die Tastenkombination zu. Diese wiederum beinhaltet den Aufruf der VBA-Funktion. Beim Drücken der Tastenkombination wird also die Prozedur `CallFunction` ausgeführt.

Unser Beispiel ist so aufgebaut, dass jeder beliebige Wert in einem Tabellenblatt ohne Formeleingabe auf eine Ganzzahl gerundet werden kann. Aktivieren Sie die Zelle, die die zu rundende Zahl enthält und drücken Sie die Tastenkombination [Strg]+[r].

**Abbildg. 13.8** Grafische Darstellung der Prozeduraufrufe

```
Sub CreateShortcut()
   Application.MacroOptions _
      Macro:="CallFunction", _
      HasShortcutkey:=True, _
      ShortcutKey:="r"
End Sub

Function dblRound(rngCell As Range) As Double
   dblRound = Application.WorksheetFunction.Round(rngCell, 0)
End Function

Sub CallFunction()
   ActiveCell.Value = dblRound(ActiveCell)
End Sub
```

**BEISPIEL** Das Beispiel befindet sich innerhalb der Beispieldateien zum Buch im Ordner *\Buch\Kap13*. Die Mappe nennt sich *Bsp13_05.xlsm*. Das Modul heißt *mdl_01_Shortcut*.

Sie können selbst definierte Tastenkombinationen zurücksetzen, indem Sie dem Argument `ShortcutKey` einen leeren Wert übergeben und die Prozedur `CreateShortcut` erneut ausführen:

```
ShortcutKey:=""
```

**TIPP** Die Prozedur `CreateShortcut` muss nur einmal ausgeführt werden und wird dann im Grunde genommen nicht mehr benötigt.

Um einer Prozedur eine Tastenkombination zuzuweisen, ist nicht zwingend eine VBA-Prozedur erforderlich. Sie können stattdessen im Menüband von Excel auf der Registerkarte *Entwicklertools* in der Gruppe *Code* auf die Schaltfläche *Makros* klicken. Wählen Sie im daraufhin geöffneten Dialogfeld *Makro* die Prozedur aus (z.B. `CallFunction`), der Sie eine Tastenkombination zuweisen möchten. Klicken Sie auf die Schaltfläche *Optionen* und tragen Sie im ersten Eingabefeld die gewünschte Taste ein.

# Funktionen generell zur Verfügung stellen

Funktionen stehen nur in den Arbeitsmappen zur Verfügung, in denen sie hinterlegt wurden. Sobald die Mappe geschlossen wird, können die Funktionen nicht mehr verwendet werden. Bestimmt werden Sie Funktionen erstellen, auf die Sie in jeder Situation zugreifen möchten. Dabei wäre es natürlich etwas umständlich, wenn erst die Mappe geöffnet werden müsste, die die besagte Funktion enthält.

Sie haben zwei Möglichkeiten, Ihre Funktionen für die gesamte Excel-Sitzung zur Verfügung zu stellen. Zum einen können Sie Module in der Arbeitsmappe *PERSONAL.XLSB* abspeichern und zum anderen ein Add-In erzeugen. Dabei handelt es sich jeweils um Arbeitsmappen, die beim Start von Excel im Hintergrund geladen werden.

# PERSONAL.XLSB

Die Mappe *PERSONAL.XLSB* steht erst zur Verfügung, wenn ein Makro aufgezeichnet und dabei als Speicherort *Persönliche Makroarbeitsmappe* gewählt wurde. Alternativ zu einer Makroaufzeichnung können Sie die Datei auch erzeugen, indem Sie eine leere Arbeitsmappe erstellen und diese im Office-Unterordner *XLSTART* unter dem Namen *PERSONAL.XLSB* abspeichern.

Wenn Sie Ihre Funktionen oder Prozeduren in einem Modul der *PERSONAL.XLSB* hinterlegen, stehen diese für die gesamte Excel-Anwendung zur Verfügung. Das heißt, sobald Excel gestartet wird, wird im Hintergrund die Datei *PERSONAL.XLSB* geladen und somit auch die darin enthaltenen VBA-Codes.

# Funktionen in Add-Ins bereitstellen

Alternativ zur *PERSONAL.XLSB* können Sie Ihre Funktionen, und natürlich auch andere Prozeduren, in einem Add-In abspeichern und auf einem beliebigen Computer installieren.

Microsoft liefert bereits eine Reihe von Add-Ins für Excel mit, die nach Bedarf installiert werden können. Sie finden diese unter *Entwicklertools/Add-Ins/Add-Ins.* Bevor Sie nun damit beginnen, alle zu aktivieren und damit installieren, sollten Sie bedenken, dass jedes der Add-Ins einen gewissen Speicherplatz in Anspruch nimmt. Installieren Sie deshalb nur diejenigen, die Sie wirklich benötigen. Um ein bestehendes Add-In zu installieren, reicht es aus, im Dialogfeld *Add-Ins* das entsprechende Kontrollkästchen zu aktivieren und mit *OK* zu bestätigen.

**Abbildg. 13.9** Standardmäßig in Excel vorhandene Add-Ins

Um Ihre Funktionen in einem Add-In zur Verfügung zu stellen, gehen Sie wie folgt vor:

1. Erzeugen Sie eine neue leere Arbeitsmappe.
2. Erstellen Sie ein Modul und fügen Sie die gewünschten VBA-Funktionen ein.
3. Speichern Sie die Mappe als Add-In ab. Klicken Sie dazu auf *Datei/Speichern unter* aus, legen Sie den Dateityp *Excel-Add-In (*.xlam)* fest und bestätigen Sie mit *Speichern.*

4. Schließen Sie die Mappe.
5. Um das Add-In zu installieren, klicken Sie auf *Entwicklertools/Add-Ins/Add-Ins.*
6. Klicken Sie im Dialogfeld *Add-Ins* auf die Schaltfläche *Durchsuchen.*
7. Wählen Sie den Pfad aus, in dem Sie das Add-In abgespeichert haben.
8. Wählen Sie das Add-In mit einem Doppelklick aus.
9. Das Add-In wird geladen, aktiviert und im Dialogfeld *Add-Ins* angezeigt.
10. Bestätigen Sie die Auswahl mit *OK* und verlassen Sie so das Dialogfeld *Add-In.*

Die im Add-In enthaltenen Funktionen stehen nun für die gesamte Excel-Applikation zur Verfügung. Die Add-Ins werden bei jedem Start von Excel im Hintergrund geladen. Die Arbeitsmappe bleibt dabei für den Anwender verborgen.

Falls Sie vorhaben, das Add-In verschiedenen Benutzern zur Verfügung zu stellen, sollten Sie bedenken, dass die darin enthaltenen Funktionen und Prozeduren ungeschützt zur Verfügung stehen. Jeder Anwender hat somit die Möglichkeit, die Add-Ins zu verändern, was nicht immer erwünscht ist. Sie haben deshalb die Möglichkeit, Add-Ins durch ein Passwort zu schützen.

Gehen Sie wie folgt vor:

1. Erzeugen Sie eine neue leere Arbeitsmappe.
2. Erstellen Sie ein Modul und fügen Sie die gewünschten VBA-Funktionen ein.
3. Wählen Sie in der VBE den Menübefehl *Extras/Eigenschaften von VBAProject.*
4. Holen Sie im Dialogfeld *VBAProject – Projekteigenschaften* die Registerkarte *Schutz* in den Vordergrund.
5. Aktivieren Sie das Kontrollkästchen *Projekt für die Anzeige sperren.*
6. Geben Sie in die beiden Eingabefelder zweimal dasselbe Kennwort ein und bestätigen Sie mit *OK.* Merken Sie sich das Kennwort gut, denn ohne dieses können Sie später nicht mehr auf die im Add-In verborgenen Funktionen und Prozeduren zugreifen.
7. Wechseln Sie zu Excel, speichern Sie die Datei als Add-In ab (Dateityp *.xlam*) und wechseln Sie dann wieder zurück in die VBE.
8. Klicken Sie im Projekt-Explorer der entsprechenden Mappe auf *DieseArbeitsmappe* und setzten Sie die Eigenschaft *IsAddin* auf *True.*

**Abbildg. 13.10** Die Eigenschaft *IsAddin* anpassen

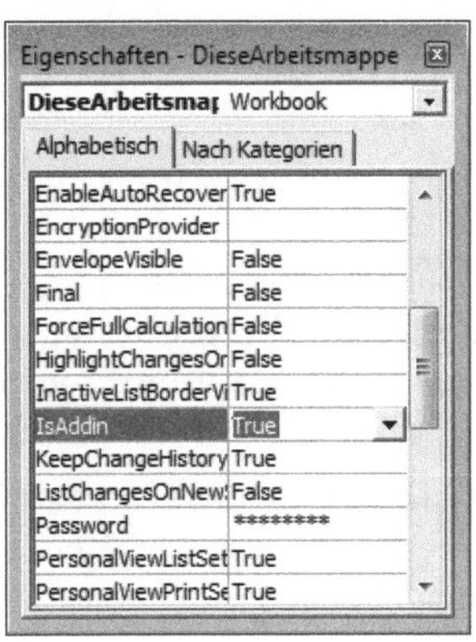

**9.** Speichern Sie die Änderungen ab. Die Mappe wird damit geschlossen.

**10.** Schließen Sie Excel und starten Sie die Applikation erneut.

**11.** Installieren Sie nun das Add-In (Schritt 3 bis 6 der vorangegangenen Beschreibung).

Das VBA-Projekt wird zwar in der VBE angezeigt, lässt sich jedoch nur noch einsehen, wenn das festgelegt Kennwort eingegeben wird.

**TIPP** Sie können jedes VBA-Projekt, auch wenn es nicht als Add-In verwendet wird, durch ein Kennwort schützen. Führen Sie dazu lediglich die obigen Schritte 3 bis 6 aus. Speichern und schließen Sie die Mappe. Beim erneuten Öffnen der Mappe ist das Modul nur noch durch eine entsprechende Kennworteingabe zugänglich.

# Hilfreiche Funktionen für den Alltag

Nachfolgend finden Sie einige hilfreiche Beispiele, die in der Praxis angewendet werden können. Sie sollen Ihnen zudem das Arbeiten mit Funktionen näher bringen.

## Englische und deutsche Formelnamen ermitteln

Zu Beginn dieses Kapitels haben Sie erfahren, wie die englischen Funktionsnamen mittels Makrorekorder aufgezeichnet werden können. Alternativ dazu können Sie eine VBA-Prozedur erstellen, die die gesamte Formel in Deutsch und in Englisch zurückgibt.

**Abbildg. 13.11** Deutsche und englische Formelnamen ausgeben

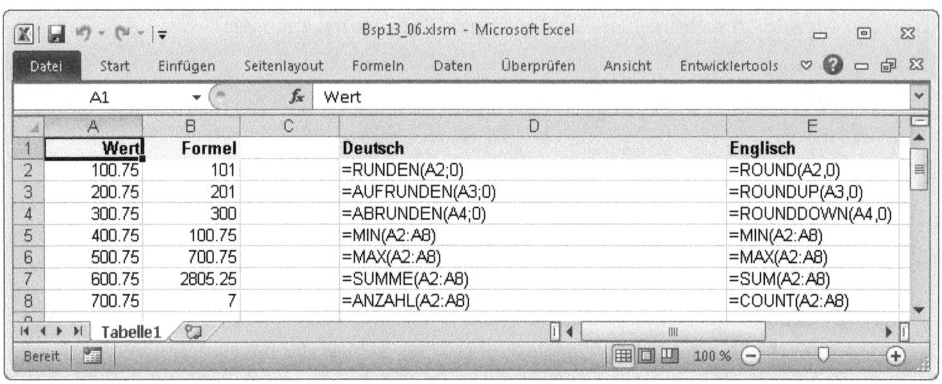


| | A | B | C | D | E |
|---|---|---|---|---|---|
| 1 | Wert | Formel | | Deutsch | Englisch |
| 2 | 100.75 | 101 | | =RUNDEN(A2;0) | =ROUND(A2,0) |
| 3 | 200.75 | 201 | | =AUFRUNDEN(A3;0) | =ROUNDUP(A3,0) |
| 4 | 300.75 | 300 | | =ABRUNDEN(A4;0) | =ROUNDDOWN(A4,0) |
| 5 | 400.75 | 100.75 | | =MIN(A2:A8) | =MIN(A2:A8) |
| 6 | 500.75 | 700.75 | | =MAX(A2:A8) | =MAX(A2:A8) |
| 7 | 600.75 | 2805.25 | | =SUMME(A2:A8) | =SUM(A2:A8) |
| 8 | 700.75 | 7 | | =ANZAHL(A2:A8) | =COUNT(A2:A8) |

In der Prozedur wird mit einer `For Each`-Schleife gearbeitet, die den gewünschten Bereich `B2:B8` Zelle für Zelle durchläuft. In der `If`-Entscheidung wird über `HasFormula` geprüft, ob in der Zelle eine Formel vorhanden ist. Trifft dies zu, werden in den Nebenspalten die Formeln eingetragen.

Beiden Einträgen wird ein Hochkomma (') vorangestellt, damit Excel diese nicht als Formel wertet. Um die Formeln in Deutsch auszugeben, wird `FormulaLocal` verwendet. `Local` bedeutet die lokale Sprachversion von Office bzw. Excel, die auf dem Computer installiert ist. Die englische Ausgabe der Formel erfolgt über die Eigenschaft `Formula`.

**Listing 13.14** Formelnamen mittels Prozedur ausgeben

```
Sub GetEnglishAndGerman()
   Dim c As Range

   For Each c In Range("B2:B8")
      With c
         If .HasFormula Then
            .Offset(0, 2) = "'" & .FormulaLocal     ' Deutsch
            .Offset(0, 3) = "'" & .Formula          ' Englisch
         End If
      End With
   Next c

   Columns("D:F").AutoFit   ' Automatische Anpassung der Spaltenbreite
End Sub
```

**BEISPIEL** Das obige Beispiel befindet sich innerhalb der Beispieldateien zum Buch im Ordner *\Buch\Kap13*. Die Mappe nennt sich *Bsp13_06.xlsm*. Das Modul heißt *mdl_01_GermEngl*. Die beiden folgenden Funktionen befinden sich in derselben Mappe im Modul *mdl_02_GermEngl*.

Sie können auch VBA-Funktionen erstellen, um die deutschen und englischen Funktionsnamen per Formeleingabe zu ermitteln.

**Listing 13.15** Formelnamen mittels *Function* ausgeben

```
' Die Formeln in deutscher Sprache ausgeben
Function strGerman(rngCell As Range) As String
   strGerman = rngCell.FormulaLocal
End Function

' Die Formeln in englischer Sprache ausgeben
Function strEnglish(rngCell As Range) As String
   strEnglish = rngCell.Formula
End Function
```

# Eine vereinfachte Wenn-Funktion

Die Tabellenfunktion *WENN()*, die durch Excel zur Verfügung gestellt wird, kann bis zu 64 Mal verschachtelt werden. Ein Beispiel: In der Zelle *A1* steht ein Wert zwischen 1 und 12. Je nachdem, welcher Wert in Zelle *A1* steht, soll in Zelle *B1* der entsprechende Monatsname ausgegeben werden.

```
=WENN(A1=1;"Januar";WENN(A1=2;"Februar";WENN(A1=3;"März";WENN(A1=4;"April";WENN(A1=5;"Mai"
;WENN(A1=6;"Juni";WENN(A1=7;"Juli";WENN(A1=8;"August";WENN(A1=9;"September";WENN(A1=10;"Ok
tober";WENN(A1=11;"November";WENN(A1=12;"Dezember"))))))))))))
```

Um eine vielfache Verschachtelung auch für einen weniger erfahrenen Excel-Anwender leicht bedienbar zur Verfügung zu stellen, haben Sie die Möglichkeit, eine benutzerdefinierte Funktion per VBA zu erstellen. Sie können damit die Formeleingabe wesentlich verkürzen und zudem beliebig viele Verschachtelungen vornehmen. In der folgenden Prozedur wird die WENN-Bedingung durch eine `Select Case`-Entscheidung umgesetzt. Alternativ dazu können Sie auch mit einer `If`-Entscheidung arbeiten.

**BEISPIEL** Die restlichen Beispiele dieses Kapitels befinden sich innerhalb der Beispieldateien zum Buch im Ordner *\Buch\Kap13*. Die Mappe nennt sich *Bsp13_07.xlsm*.

**Listing 13.16** Wenn-Funktion

```
Function strIf(bytValue As Byte) As String
   Select Case bytValue
      Case Is = 1
         strIf = "Januar"
      Case Is = 2
         strIf = "Februar"
      Case Is = 3
         strIf = "März"
      Case Is = 4
         strIf = "April"
      Case Is = 5
         strIf = "Mai"
      Case Is = 6
         strIf = "Juni"
      Case Is = 7
         strIf = "Juli"
      Case Is = 8
         strIf = "August"
      Case Is = 9
         strIf = "September"
      Case Is = 10
         strIf = "Oktober"
      Case Is = 11
         strIf = "November"
      Case Is = 12
         strIf = "Dezember"
      Case Else
         strIf = "Ungültiger Wert"
   End Select
End Function
```

Zwar ist der VBA-Code nicht unbedingt kurz, durchaus aber die Formel, die der Benutzer eingeben muss, nämlich: *=strIf(A1)*.

# Inhalte farbiger Zellen berechnen

Eine Funktion, die in Excel gänzlich fehlt, ist das Berechnen von farbigen Zellen oder Zellinhalten. In Excel-VBA stehen acht Farbkonstanten zur Verfügung, die unter Einsatz der Eigenschaft `Color` verwendet werden können. Die Konstante kann zudem in Zusammenarbeit mit `RGB` eingesetzt werden. In Kapitel 5 werden diese im Detail vorgestellt. An dieser Stelle werden wir uns auf die acht Farbkonstanten beschränken, die Sie Tabelle 13.2 entnehmen können.

**Tabelle 13.2** Farbkonstanten

| Konstante | Beschreibung |
|---|---|
| `vbBlack` | Schwarz |
| `vbBlue` | Blau |
| `vbCyan` | Cyan (Türkis) |
| `vbGreen` | Grün |
| `vbMagenta` | Magenta (Rosarot) |
| `vbRed` | Rot |
| `vbWhite` | Weiß |
| `vbYellow` | Gelb |

Die Funktion ist so aufgebaut, dass im Dialogfeld *Funktionsargumente* zwei Eingaben erwartet werden. Zum einen der Name der Farbe und zum anderen der Bereich, auf den Bezug genommen werden soll (siehe Abbildung 13.12).

**ACHTUNG** Beim Umgang mit Formeln in Bezug auf Farben ist zu beachten, dass diese nicht neu berechnet werden, wenn sich lediglich die Hintergrundfarbe einer Zelle ändert. Auch die Zugabe von `Application.Volatile` ändert nichts daran, dass die automatische Berechnung ausbleibt. Das Drücken der Taste F9 bleibt genauso ergebnislos. Um eine Neuberechnung zu veranlassen, muss die Zelle, die die Formel enthält, selektiert werden. Durch einen Doppelklick auf die Zelle oder das Drücken der Taste F2 gelangen Sie in den Bearbeitungsmodus der Formel. Sie können diesen, ohne eine Änderung vorzunehmen, wieder verlassen. Erst jetzt ist eine Neuberechnung erfolgt.

**Abbildg. 13.12** Rechnen mit farbigen Zellen

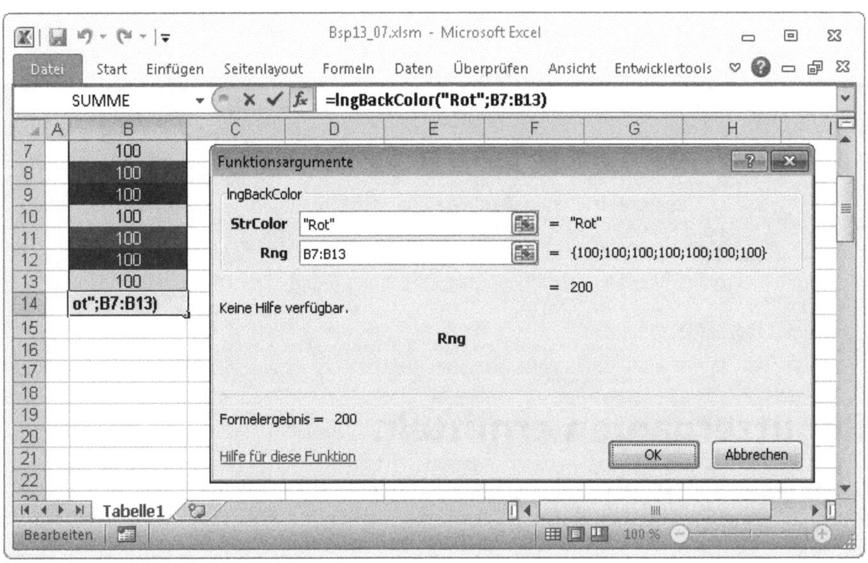

Das Beispiel zeigt die Berechnung von Zellen, die eine bestimmte Hintergrundfarbe aufweisen. So können Sie beispielsweise die Summe von Blau+Gelb oder die Differenz von Gelb-Rot oder das Produkt aus Rot und Blau berechnen. Wenn Sie sich auf die Textfarbe beziehen möchten, ändern Sie die Eigenschaft `Interior` in `Font` ab.

**Listing 13.17** Summieren von Zellen einer bestimmten Hintergrundfarbe

```
Function lngBackColor(strColor As String, rng As Range) As Long
   Dim c As Range

   For Each c In rng
      With c.Interior
         If strColor = "Schwarz" Then
            If .Color = vbBlack Then
               lngBackColor = lngBackColor + c.Value
            End If
         ElseIf strColor = "Blau" Then
            If .Color = vbBlue Then
               lngBackColor = lngBackColor + c.Value
            End If
         ElseIf strColor = "Cyan" Then
            If .Color = vbCyan Then
               lngBackColor = lngBackColor + c.Value
            End If
         ElseIf strColor = "Grün" Then
            If .Color = vbGreen Then
               lngBackColor = lngBackColor + c.Value
            End If
         ElseIf strColor = "Magenta" Then
            If .Color = vbMagenta Then
               lngBackColor = lngBackColor + c.Value
            End If
         ElseIf strColor = "Rot" Then
            If .Color = vbRed Then
               lngBackColor = lngBackColor + c.Value
            End If
         ElseIf strColor = "Weiß" Then
            If .Color = vbWhite Then
               lngBackColor = lngBackColor + c.Value
            End If
         ElseIf strColor = "Gelb" Then
            If .Color = vbYellow Then
               lngBackColor = lngBackColor + c.Value
            End If
         End If
      End With
   Next c
End Function
```

# Benutzernamen ermitteln

Wie Sie bereits erfahren haben, gibt es zwei Arten von Benutzernamen. Der eine ist jener, mit dem Sie am System angemeldet sind. Um diesen zu ermitteln, verwenden Sie die Anweisung `Environ("UserName")`. Der andere ist der Benutzername, den Sie in Ihrer Applikation einstellen können. Sie finden ihn unte

*Datei/OptionenAllgemein/Microsoft Office-Kopie personalisieren.* Um diesen ausgeben zu können, verwenden Sie die Anweisung `Application.UserName`.

In der nachfolgenden Funktion werden beide Benutzernamen ermittelt.

**Listing 13.18** *UserName* und *Environ("UserName")*

```
Function strUserName() As String
   Application.Volatile
   strUserName = "Excel-User: " & Application.UserName & _
                 " <---> " & _
                 "System-User: " & Environ("UserName")
End Function
```

# Sternzeichen aus einem Datum ermitteln

Mittels einer VBA-Funktion können Sie auf einfache Weise aus einem beliebigen Datum das zugehörige Sternzeichen ermitteln. Es ist dazu lediglich eine Entscheidung erforderlich, die alle möglichen Daten prüft und das entsprechende Sternzeichen ausgibt. Damit die Berechnung unabhängig vom Jahr erfolgen kann, wird diese in einer Variablen verwaltet.

**Listing 13.19** Ein Sternzeichen ermitteln

```
Function ZodiacSign(rng As Range) As String
   Dim i As Integer

   i = Year(rng)

   Select Case DateSerial(i, Month(rng), Day(rng))
      Case CDate("22.12." & i - 1) To CDate("20.01." & i)
         ZodiacSign = "Steinbock"
      Case CDate("21.01." & i) To CDate("19.02." & i)
         ZodiacSign = "Wassermann"
      Case CDate("20.02." & i) To CDate("20.03." & i)
         ZodiacSign = "Fische"
      Case CDate("21.03." & i) To CDate("20.04." & i)
         ZodiacSign = "Widder"
      Case CDate("21.04." & i) To CDate("20.05." & i)
         ZodiacSign = "Stier"
      Case CDate("21.05." & i) To CDate("21.06." & i)
         ZodiacSign = "Zwillinge"
      Case CDate("22.06." & i) To CDate("22.07." & i)
         ZodiacSign = "Krebs"
      Case CDate("23.07." & i) To CDate("23.08." & i)
         ZodiacSign = "Löwe"
      Case CDate("24.08." & i) To CDate("23.09." & i)
         ZodiacSign = "Jungfrau"
      Case CDate("24.09." & i) To CDate("23.10." & i)
         ZodiacSign = "Waage"
      Case CDate("24.10." & i) To CDate("22.11." & i)
         ZodiacSign = "Skorpion"
      Case CDate("23.11." & i) To CDate("21.12." & i)
         ZodiacSign = "Schütze"
   End Select
End Function
```

# Eine Zufallszahl mit Unter- und Obergrenze

Die Funktion `Rnd` gibt eine Zufallszahl im Bereich von 0 bis 1 zurück. Wenn Sie eine Zufallszahl in diesem Bereich generieren möchten, verwenden Sie die folgende benutzerdefinierte Funktion. `Application.Volatile` veranlasst, dass beim Drücken der F9-Taste eine neue Zufallszahl ermittelt wird.

**Listing 13.20** Eine Zufallszahl generieren

```
Function sngRandom() As Single
   Application.Volatile
   sngRandom = Rnd
End Function
```

Sie können die Unter- und Obergrenze auch selbst festlegen. Mittels der Funktion `Int` können Sie den ganzzahligen Anteil einer Zahl zurückgeben. Innerhalb dieser Funktion legen wir die Unter- und Obergrenze fest. Diese multiplizieren wir mit der Zufallszahl. Die Zufallszahl muss um den Wert 500 erhöht werden, damit die Untergrenze nicht unterschritten wird.

**Listing 13.21** Eine Zufallszahl im Bereich 500 bis 1000

```
Function intRndLimited() As Integer
   Application.Volatile
   intRndLimited = Int((1000 - 500 + 1) * Rnd + 500)
End Function
```

# Zeichenfolgen rückwärts schreiben

Mittels der Funktion `StrReverse` haben Sie die Möglichkeit, Zeichenfolgen umzukehren.

**Abbildg. 13.13** Zeichen in umgekehrter Reihenfolge ausgeben

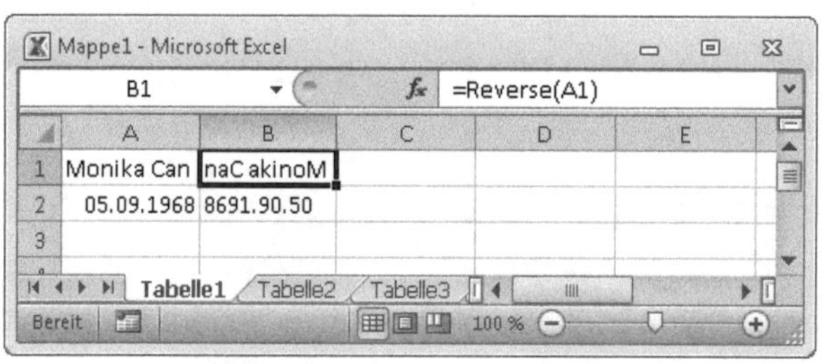


**Listing 13.22** Zeichenfolgen umdrehen

```
Function Reverse(rng As Range)
   Reverse = StrReverse(rng)
End Function
```

# Namen vertauschen

In Excel-Listen kommt es immer wieder vor, dass der Vor- und Nachname in einer Zelle steht.

**Abbildg. 13.14** Vor- und Nachname vertauschen

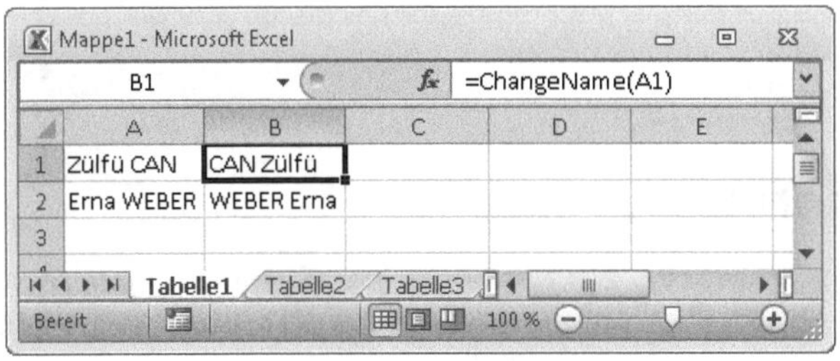


Es gibt verschiedenen Techniken und Funktionen, um die Reihenfolge in Nach- und Vorname umzudrehen. Sie können zum Beispiel die folgende Formel verwenden:

```
=GLÄTTEN(RECHTS(A1;LÄNGE(A1)-FINDEN(" ";A1)) &" " &LINKS(A1;FINDEN(" ";A1)))
```

Egal wie man es dreht und wendet, die Formel wird immer relativ komplex. Um den Benutzern den Aufbau einer solchen Formel zu ersparen, können Sie eine VBA-Funktion entwickeln.

**Listing 13.23** Reihenfolge umdrehen

```
Function ChangeName(c) As String
   Dim wf As WorksheetFunction
   Set wf = Application.WorksheetFunction

   ChangeName = Trim(Right(c, Len(c) - _
                wf.Find(" ", c)) & " " & _
                Left(c, wf.Find(" ", c)))

   Set wf = Nothing
End Function
```

Wenn Sie obige Funktion verwenden, müssen Sie die vertauschten Namen in einer Hilfsspalte ausgeben. In der Hilfsspalte stehen dann Formeln statt der effektiven Werte. Sie können die Formeln manuell in Werte umwandeln, indem Sie die Hilfsspalte in den Kopiermodus versetzen, im Menüband *Start/Bearbeiten/Suchen und Auswählen/Inhalte auswählen* aufrufen und das Optionsfeld *Werte* auswählen.

Mittels einer zusätzlichen `Sub`-Prozedur können Sie sich das manuelle Nachbearbeiten ersparen. Die folgende Funktion ist so aufgebaut, dass in allen markierten Zellen die Namen direkt ausgetauscht werden, ohne eine Formel in den Zellen auszugeben. Sie brauchen lediglich die Prozedur auszuführen. Innerhalb der `For`-Schleife wird auf die obige Funktion `ChangeName` zurückgegriffen.

Listing 13.24 Formeln in Werte umwandeln

```
Sub ChangeNameDef()
   Dim c As Range

   For Each c In Selection
      c = ChangeName(c)
   Next c
End Sub
```

# Initialen generieren

Unter Verwendung der folgenden Formel können Sie Initialen aus einem Vor- und einem Nachnamen auslesen:

```
=LINKS(A1;1)&TEIL(A1;FINDEN(" ";A1;1)+1;1)
```

Die Formel stößt allerdings an ihre Grenzen, wenn mehrere Vornamen bestehen, oder der Nachname aus mehreren Wörtern besteht.

Abbildg. 13.15 Anfangsbuchstaben auslesen

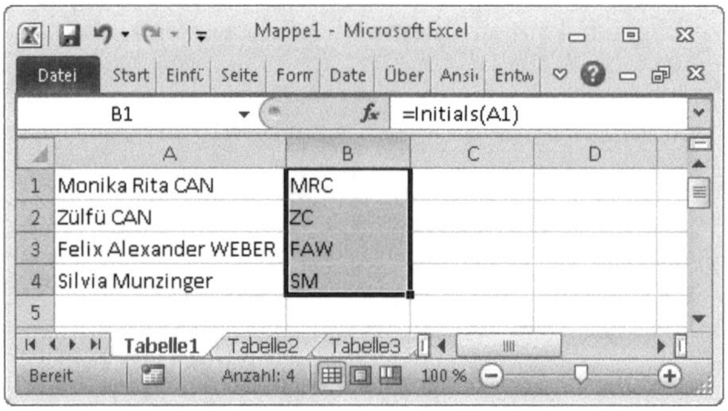


In der folgenden VBA-Funktion werden die Anfangsbuchstaben aller Wörter einer Zelle ermittelt. Die For-Schleife durchläuft sämtliche Zeichen innerhalb der Zelle. In der If-Entscheidung wird geprüft, ob das aktuelle Zeichen ein Leerzeichen ist. Wenn dies zutrifft, wird der darauf folgende Buchstabe ausgelesen und an die Variable strInit übergeben. Damit auch der erste Buchstabe, dem kein Leerzeichen vorangeht, in der Variablen enthalten ist, wird dieser noch vor Eintritt in die Schleife der Variablen zugewiesen.

Listing 13.25 Inititalen auslesen

```
Function Initials(c) As String
   Dim i As Integer
   Dim strInit As String

   strInit = Left(c, 1)

   For i = 1 To Len(c)
      If Mid(c, i, 1) = " " Then
```

**Listing 13.25** Inititalen auslesen *(Fortsetzung)*

```
         strInit = strInit & Mid(c, (InStr(i, c, " ") + 1), 1)
      End If
   Next i

   Initials = strInit
End Function
```

# Ganzzahlen in Buchstaben ausgeben

Sie haben mittels VBA die Möglichkeit, eine Funktion zu programmieren, die Zahlen in Buchstaben ausgeschrieben ausgibt.

**Abbildg. 13.16** Zahlen in Buchstaben ausgeben

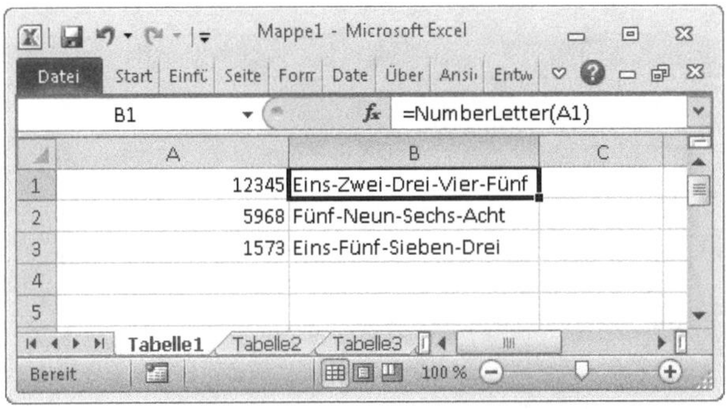


In folgendem Beispiel werden sämtliche Zahlen von 0 bis 9 in einem Array aufbereitet und an die Variable `strNumber` übergeben. In der `If`-Entscheidung wird geprüft, ob eine Zahl vorliegt. Trifft dies zu, wird die `For`-Schleife gestartet. Diese durchläuft alle Ziffern, die in der Zelle vorgefunden werden und wandelt sie in die Zahlen um. Den Index des Arrays bildet die Formel `Mid(c, i, 1)` und somit die Ziffer, die jeweils in der Schleife aufgefunden wird.

**Listing 13.26** Zahlen transformieren

```
Function NumberLetter(c) As String
   Dim strNumber
   Dim i As Integer
   Dim str As String

   strNumber = Array("Null-", "Eins-", "Zwei-", "Drei-", "Vier-", _
                     "Fünf-", "Sechs-", "Sieben-", "Acht-", "Neun-")

   If IsNumeric(c) Then
      For i = 1 To Len(c)
         str = str & strNumber(Mid(c, i, 1))
      Next i
   End If

   NumberLetter = Left(str, Len(str) - 1)
End Function
```

# Umlaute in Selbstlaute umwandeln

Mittels der Tabellenfunktion *WECHSELN()* haben Sie die Möglichkeit, Zeichen oder Werte auszutauschen. Ein häufiger Einsatz für diese Funktion findet beim Umwandeln von Umlauten statt. Je nach Anzahl an Zeichen, die ersetzt werden soll, wird die Formeln entsprechend verschachtelt und somit komplex:

```
=WECHSELN(WECHSELN(WECHSELN(WECHSELN(WECHSELN(WECHSELN(A1;"ä";"ae");"Ä";"Ae");"ö";"oe");"Ö
";"Oe");"ü";"ue");"Ü";"Ue")
```

Um die Formeleingabe zu verkürzen, können Sie eine benutzerdefinierte VBA-Funktion erstellen.

**Abbildg. 13.17** Umlaute austauschen

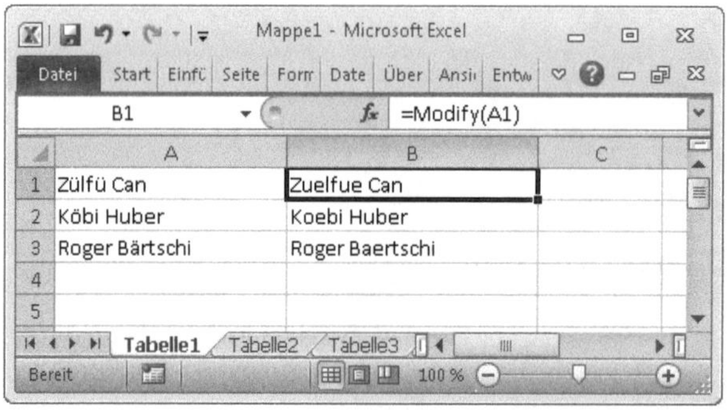


Die VBA-Funktion für *WECHSELN()* heißt `Substitute`. Sie kann innerhalb der benutzerdefinierten Funktion genauso aufgebaut werden wie *WECHSELN()*. Auf dem Tabellenblatt lässt sich die verkürzte Funktion bequem einsetzen (siehe Abbildung 13.17).

**Listing 13.27** Umlaute in Selbstlaute umwandeln

```
Function Modify(rng As Range) As String
   Dim wf As WorksheetFunction
   Set wf = Application.WorksheetFunction

   Modify = wf.Substitute( _
            wf.Substitute( _
            wf.Substitute( _
            wf.Substitute( _
            wf.Substitute( _
            wf.Substitute( _
            rng, "ä", "ae"), _
                 "Ä", "Ae"), _
                 "ö", "oe"), _
                 "Ö", "Oe"), _
                 "ü", "ue"), _
                 "Ü", "Ue")

   Set wf = Nothing
End Function
```

# Eine Auswahl programmieren

Mittels einer Auswahl können Sie Noten in Wörter umwandeln. Die geeignete Funktion dazu nennt sich `Choose`. Ihr übergeben Sie an erster Stelle innerhalb des runden Klammerpaars den Index. Je nach Zahl (Index), die Sie in die Funktion eingeben, wird ein entsprechender Text ausgegeben.

**Abbildg. 13.18** Eine Note eingeben

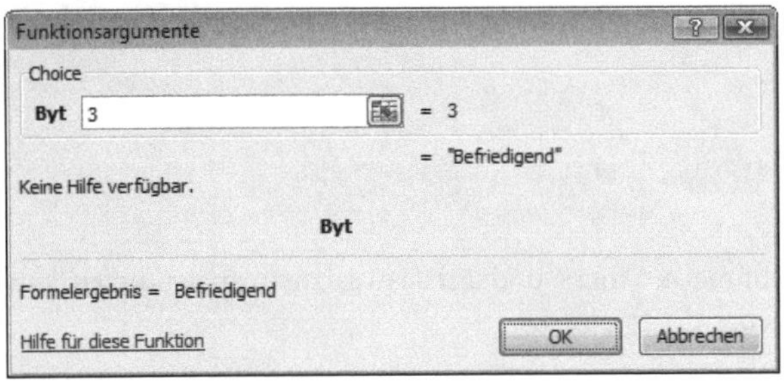


**Listing 13.28** Noten in Worte fassen

```
Function Choice(byt As Byte) As String
   Choice = Choose(byt, _
                   "Sehr gut", _
                   "Gut", _
                   "Befriedigend", _
                   "Ausreichend", _
                   "Mangelhaft", _
                   "Ungenügend")
End Function
```

# Die Quersumme einer Zelle berechnen

Eine Quersumme ergibt sich aus der Summe aller Ziffern einer Zahl. Die Quersumme von 12345 ist 15 (=1+2+3+4+5). Mittels einer einfachen VBA-Funktion können Sie das Berechnen von Quersummen vereinfachen.

In einer `If`-Entscheidung wird geprüft, ob der Zellinhalt eine Zahl ist. Dies, damit kein Fehler entsteht, wenn keine Zahl vorliegt. Die `For`-Schleife zählt die Anzahl der Ziffern der Zahl `Len(c)` und wird entsprechend oft durchlaufen. Die Funktion `Mid` addiert bei jedem Schleifendurchlauf die nächste Ziffer und übergibt das Ergebnis an die VBA-Funktion.

**Listing 13.29** Die Quersumme aus dem Inhalt einer Zelle berechnen

```
Function CheckSum(c As Range) As Long
   Dim i As Integer

   If IsNumeric(c) Then
      For i = 1 To Len(c)
         CheckSum = CheckSum + Mid(c, i, 1)
      Next i
   End If
End Function
```

# Runden auf den 5er genau

Die Schweizer sind es gewohnt, auf den 5er genau zu rechnen, denn ihre Währung ist in Franke und Rappen gehalten, wobei die kleinste Einheit 5 Rappen sind. Es kommt somit sehr oft vor, da auf 5 Rappen auf- oder abgerundet werden muss. Es gibt dazu verschiedene Formeln, wie zum Be spiel:

```
=RUNDEN(A1*20;0)/20
```

oder

```
=RUNDEN(A1/5;2)*5
```

Damit man sich die Formel nicht merken muss, und um das Verfahren zu verkürzen, kann mit eine VBA-Funktion gearbeitet werden:

**Listing 13.30** Runden auf 5 Rappen

```
Function Round5(c) As Double
   Round5 = Round(c / 5, 2) * 5
End Function
```

**Abbildg. 13.19** Auf den 5er genau

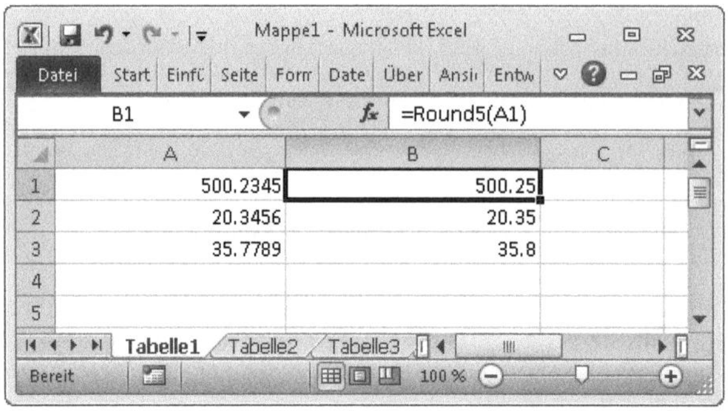


# Prüfen, ob eine Zelle eine Formel enthält

Unter Verwendung einer VBA-Funktion können Sie prüfen, ob eine Zelle eine Formel enthält ode nicht. Der Rückgabewert der folgenden Funktion ist *WAHR*, wenn die zu prüfende Zelle eine For mel enthält, oder *FALSCH*, wenn keine Formel vorhanden ist.

**Listing 13.31** Zelle auf Formel prüfen

```
Function FormulaYesNo(c As Range) As Boolean
   If c.HasFormula Then
      FormulaYesNo = True
   End If
End Function
```

# Prüfen, ob ein Datum vorliegt

Mit der Funktion `IsDate` kann geprüft werden, ob eine Zelle ein Datum enthält oder nicht.

**Listing 13.32** Zelle auf Datum prüfen

```
Function DateYesNo(c As Range) As String
   If IsDate(c) Then
      DateYesNo = "Datum vorhanden"
   Else
      DateYesNo = "Kein Datum vorhanden"
   End If
End Function
```

# Zelle auf Format prüfen

Sie können eine VBA-Funktion verwenden, um Zellen auf deren Format bzw. Inhalt zu prüfen. In der folgenden Funktion wird ermittelt, ob eine leere Zelle vorliegt, ein Text oder ein numerischer Wert, oder ein logischer Wert wie *WAHR* oder *FALSCH*, oder ob die Zelle einen Fehler enthält.

**Listing 13.33** Formate einer Zelle abfragen

```
Function GetFormat(c As Range)
   Dim wf As WorksheetFunction

   Set wf = Application.WorksheetFunction

   Select Case True
      Case IsEmpty(c)
         GetFormat = "Leere Zelle"
      Case wf.IsText(c)
         GetFormat = "Text"
      Case wf.IsNumber(c)
         GetFormat = "Numerisch"
      Case wf.IsLogical(c)
         GetFormat = "Logisch"
      Case wf.IsErr(c)
         GetFormat = "Fehler"
   End Select

   Set wf = Nothing
End Function
```

**Abbildg. 13.20** Verschiedene Formate abfragen

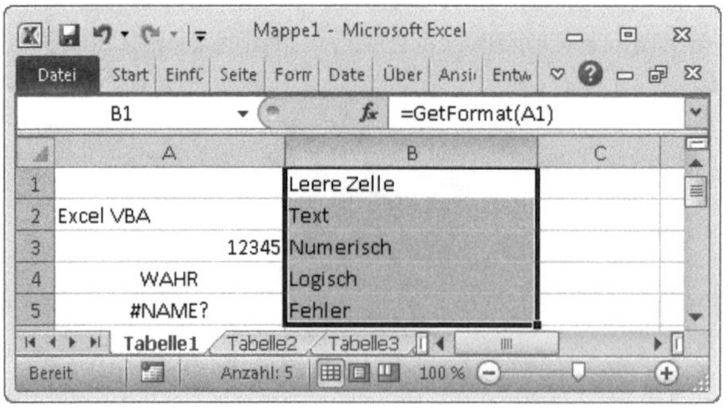


# Prüfen, ob eine Datei vorhanden ist

Die folgende Funktion prüft, ob eine bestimmte Datei im angegebenen Verzeichnis vorhanden ist oder nicht. Der Rückgabewert ist *WAHR* oder *FALSCH*.

**Listing 13.34** Prüfen, ob eine Datei existiert

```
Function FileAvailable(c As Range) As Boolean
   If c <> "" Then
      FileAvailable = (Dir(c) <> "")
   End If
End Function
```

**Abbildg. 13.21** *WAHR* ausgeben, wenn die Datei im angegebenen Pfad gefunden wird

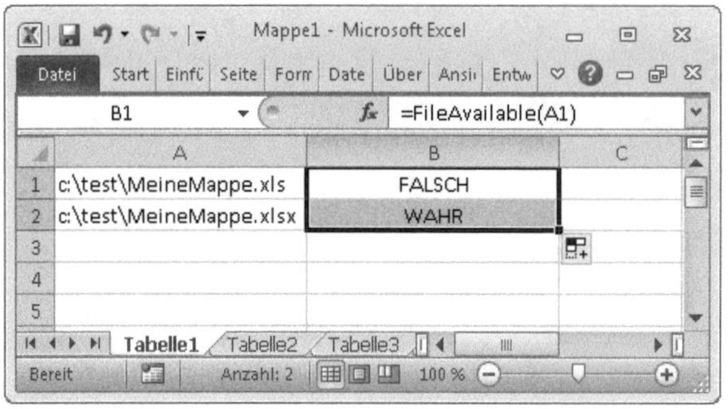

Kapitel 14

# Ereignisorientierte Programmierung

**In diesem Kapitel:**

Was sind Ereignisprozeduren? VBA ist eine ereignis- und objektorientierte Programmiersprache. Ereignisprozeduren sind eine besondere Art von VBA-Prozeduren, die nicht manuell aufgerufen werden müssen, sondern automatisch ausgeführt werden, sobald ein bestimmtes Ereignis eintritt. Dies kann zum Beispiel der Fall sein, wenn ein Doppelklick auf eine Zelle erfolgt, oder wenn eine Arbeitsmappe geöffnet bzw. geschlossen wird. Es gibt sehr viele unterschiedliche Ereignisse. Einigen davon werden wir uns in diesem Kapitel zuwenden, andere jedoch sind in entsprechende Kapitel ausgelagert, wie zum Beispiel Ereignisse in Bezug auf Diagramme und UserForms.

# Wie und wo werden Ereignisprozeduren erstellt?

Entscheidend beim Erstellen von Ereignisprozeduren ist, dass diese am richtigen Ort untergebracht werden. Wenn eine Ereignisprozedur in einem generellen Modul erstellt wird, kann das Ereignis nicht ausgeführt werden. Eine Ereignisprozedur befindet sich immer »hinter« dem Objekt, zu dem es eine Aktion ausführen soll.

Sobald eine neue Mappe erzeugt wird, ist im entsprechenden VBA-Projekt das Modul *DieseArbeitsmappe* enthalten. Des Weiteren ist zu jedem Tabellenblatt, das in der Mappe vorhanden ist, ein eigenes Modul verfügbar. Ereignisprozeduren, die sich auf die Mappe beziehen, werden somit im Modul *DieseArbeitsmappe* erstellt, und Ereignisse, die die Tabelle betreffen, werden im Modul des entsprechenden Tabellenblattes untergebracht.

**Abbildg. 14.1** Im Projekt-Fenster werden die verfügbaren Module aufgelistet

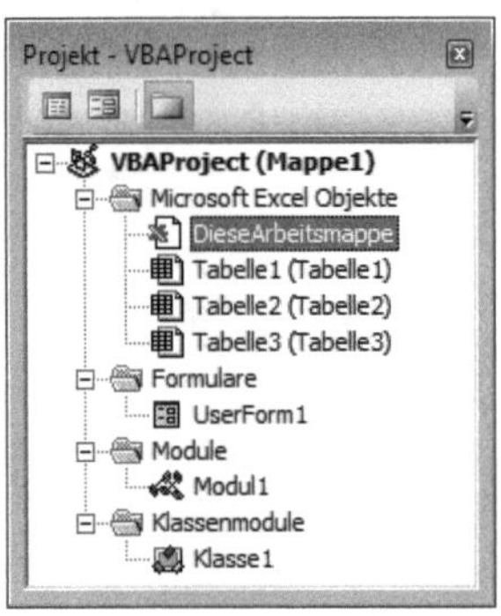


Sobald Sie sich im richtigen Modul befinden, wird Ihnen VBA behilflich sein, denn die verfügbaren Ereignisse sind fest vordefiniert und können nur noch ausgewählt werden. Wenn Sie zum Beispiel ein Ereignis erstellen möchten, das sich auf die Mappe bezieht, klicken Sie im Projekt-Fenster doppelt auf *DieseArbeitsmappe*. Um sicherzustellen, dass Sie sich im richtigen Modul befinden, werfen Sie einen Blick in die Titelleiste des VBA-Editors. Dort wird angezeigt, welches Modul derzeit geöffnet ist.

Um den Rahmen für eine Ereignisprozedur zusammenzustellen, stehen Ihnen im VBA-Editor zwei Kombinationsfelder zur Verfügung (siehe Abbildung 14.2). Wenn Sie ein Ereignis erstellen möchten, das direkt nach dem Öffnen der Mappe ausgeführt wird, wählen Sie im ersten Kombinationsfeld den Eintrag `Workbook` und im zweiten den Eintrag `Open` aus. Sobald die Auswahl getroffen ist, stehen die einleitende und die abschließende Codezeile zur Verfügung. Zwischen den beiden Zeilen kann der Code eingegeben werden.

Anstatt die Kombinationsfelder zu nutzen, können Sie die einleitende Codezeile auch selbst eingeben. Bedenken Sie jedoch, dass dabei die Gefahr besteht, dass sich Tippfehler einschleichen. Argumente müssen in der richtigen Reihenfolge eingefügt werden. Es ist möglich, andere Parameternamen zu verwenden, davon ist jedoch abzuraten. Wenn Sie mit den Standardnamen arbeiten, können Verwechslungen vermieden werden.

**Abbildg. 14.2** Die Ereignisprozedur *Workbook_Open* erstellen

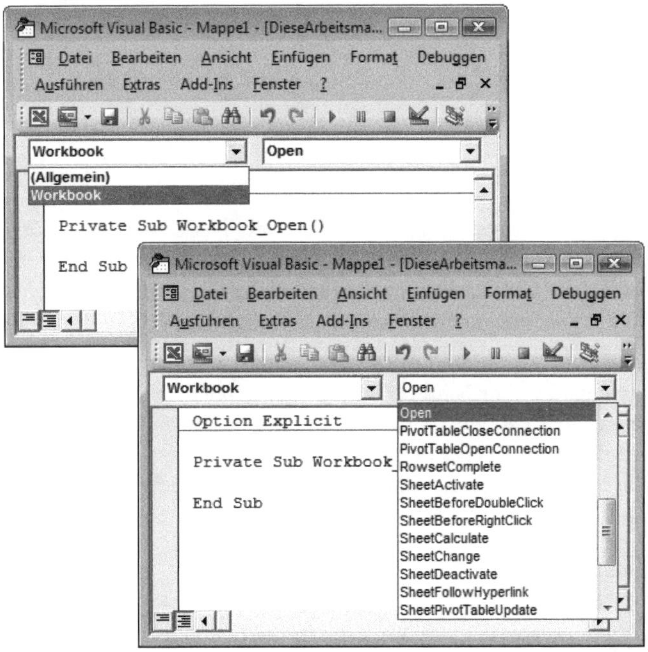


Die nachfolgende Ereignisprozedur wird automatisch ausgeführt, sobald die Mappe geöffnet wird. Es wird ein Meldungsfeld angezeigt, das den Namen der soeben geöffneten Mappe anzeigt.

**BEISPIEL** Die folgenden Beispiele befinden sich innerhalb der Beispieldateien zum Buch im Ordner *\Buch\Kap14*. Die Mappe nennt sich *Bsp14_01.xlsm*.

**Listing 14.1** Workbook_Open

```
Private Sub Workbook_Open()
   MsgBox "Sie haben soeben die Mappe """ & _
          ThisWorkbook.Name & """ geöffnet."
End Sub
```

Es ist nicht möglich, zwei gleiche Ereignisse in einem Modul zu erstellen. Wie auch bei anderen Prozeduren muss der Name eindeutig sein. Somit kann pro Mappe beispielsweise nur einmal das Ereignis `Workbook_Open` verwendet werden. Es ist hingegen möglich, für jedes einzelne Tabellenblatt ein `Worksheet_Change`-Ereignis zu erstellen. Das bedeutet, dass in einer Mappe mehrere `Worksheet_Change`-Ereignisse vorhanden sein können, jedoch wiederum nur eines pro Tabellenblatt.

ByVal

Falls Parameter verwendet werden, müssen diese oftmals mit `ByVal` deklariert werden. Damit wird beispielsweise verhindert, dass veränderte Werte an das Objekt übergeben werden. Wenn es sich bei dem Parameter um ein Objekt handelt, lassen sich zwar dessen Eigenschaften verändern oder Methoden ausführen, es kann jedoch kein neu definiertes Objekt an den Parameter zurückgegeben werden.

Target

Der englische Begriff `Target` bedeutet ins Deutsche übersetzt *Ziel*. Das Schlüsselwort `Target` taucht häufig als Parameter in Ereignisprozeduren auf und ist jeweils als `Range`, also als Bereich, deklariert. Damit kann eine einzelne Zelle oder ein ganzer Bereich angesprochen werden. Die folgende Ereignisprozedur bewirkt, dass jeder Zelle des *markierten* Bereiches der Wert 7 übergeben wird.

**Listing 14.2** Wert an Target übergeben

```
Private Sub Worksheet_SelectionChange(ByVal Target As Range)
   Target.Value = 7
End Sub
```

Intersect

Nicht immer ist es erwünscht, dass mittels `Target` jede Zelle eines markierten Bereiches angesprochen wird. Es kann vorkommen, dass nur ein bestimmter Bereich innerhalb von `Target` in die Verarbeitung eingeschlossen werden soll. Mit der Methode `Intersect` kann eine rechteckige Schnittmenge definiert werden, indem als Argumente mehrere Bereiche übergeben werden.

Bevor wir uns dem Einsatz von `Intersect` in Kombination mit `Target` zuwenden, soll erst geklärt werden, was eine Schnittmenge ist. Eine Schnittmenge ist der Bereich, der sich innerhalb von zwei sich überschneidenden Bereichen befindet. Am besten lässt sich das anhand eines Beispiels und eines Bildes erklären. Im folgenden Beispiel werden die Bereiche *A1:C5* und *B2:D6* an die Variable `rngInsect` übergeben. Die Schnittmenge der beiden festgelegten Bereiche liegt im Bereich *B2:C5* (siehe Abbildung 14.3).

**Listing 14.3** Eine Schnittmenge festlegen

```
Sub IntersectingSet()
   Dim rngInsect As Range

   ' Zwei Bereiche, die sich überschneiden
   Set rngInsect = _
      Application.Intersect(Range("A1:C5"), Range("B2:D6"))

   ' Die beiden Bereiche gelb und grün einfärben
   Range("A1:C5").Interior.Color = vbYellow  ' Gelb
   Range("B2:D6").Interior.Color = vbGreen   ' Grün

   ' Die Schnittmenge rot einfärben
   rngInsect.Interior.Color = vbRed          ' Rot
End Sub
```

**Abbildg. 14.3** Eine Schnittmenge in der Tabelle

In der nachfolgenden Ereignisprozedur wird eine Schnittmenge in Kombination mit `Target` festgelegt. `Target` steht für den Bereich, der markiert wird. Als zweiter Bereich wird *A1:A5* festgelegt. Innerhalb von `Target` können somit nur die Zellen *A1*, *A2*, *A3*, *A4* und *A5* angesprochen werden. Welche Zellen die Schnittmenge zu `Target` bilden, hängt davon ab, welcher Bereich markiert wird. Wenn beispielsweise der Bereich *A1:D3* markiert wird (`Target`), liegt die Schnittmenge im Bereich *A1:A3*.

In der `If`-Entscheidung wird geprüft, ob im `Target`-Bereich eine der Zellen *A1:A5* liegt. Wenn nicht, wird die Prozedur verlassen. Bei Zutreffen wird die Schnittmenge mit einem roten Hintergrund belegt. Die Ereignisprozedur `SelectionChange` wird ausgeführt, sobald sich an der Selektion, also an der Auswahl der Zellen, etwas ändert.

**Listing 14.4** Schnittmenge mit Target

```
Private Sub Worksheet_SelectionChange(ByVal Target As Range)
   Set Target = Intersect(Target, Range("A1:A5"))

   If Target Is Nothing Then
      Exit Sub
   Else
      Target.Interior.Color = vbRed
   End If
End Sub
```

**Cancel**

Einige Ereignisprozeduren führen selbst ein Ereignis aus, ohne dass dieses gewollt erzeugt wird. Diese Ereignisprozeduren haben in der Regel einen `Cancel`-Parameter, der als `ByRef` deklariert ist. Bei Übergabe des Werts `True` kann das Ereignis der Prozedur gestoppt werden. Nehmen wir als Beispiel den Rechtsklick. Bei einem Klick mit der rechten Maustaste auf ein Objekt wird für gewöhnlich ein Kontextmenü geöffnet. Wenn Sie den Rechtsklick jedoch nutzen möchten, um ein Ereignis auszulösen, ohne dass das Kontextmenü geöffnet wird, übergeben Sie dem Schlüsselwort `Cancel` den Wert `True`.

**Listing 14.5** Deaktivierung des Kontextmenüs

```
Private Sub Worksheet_BeforeRightClick(ByVal Target As Range, _
                                       Cancel As Boolean)
   Cancel = True
   MsgBox "Hallo Welt"
End Sub
```

# Ereignisse deaktivieren

In einigen Fällen ist es erforderlich, die Ereignisse zu deaktivieren, um eine endlose Rekursion zu verhindern. Nehmen wir an, Sie möchten die Eingabe in Zelle *A1* so einschränken, dass nur der Wert 10 zulässig ist. Um dies umzusetzen, verwenden Sie das Ereignis `Worksheet_Change`. Bei Eingabe eines falschen Wertes wird ein Meldungsfeld angezeigt und der Inhalt der Zelle *A1* mittels `Clear` entfernt. Das Problem dabei ist, dass die Methode `Clear` ihrerseits das Ereignis `Change` auslöst. Dies bedeutet, dass sich die Prozedur selbst nochmals aufruft. Damit dies nicht geschieht, kann mittels `Application.EnableEvents = False` ein rekursiver Aufruf verhindert werden.

Wenn Sie den Effekt wirklich testen möchten, öffnen Sie die Beispielmappe *Bsp14_01.xlsm*, die den nachfolgenden Code enthält. Lassen Sie die Zelle *A1* leer. Damit enthält sie einen Wert <>10, der als ungültig gewertet wird. Geben Sie in eine beliebige Zelle einen Wert ein. Das Meldungsfeld wird pro Eingabe einmal angezeigt. Wenn Sie die Codezeile `Application.EnableEvents = False` entfernen oder in eine Kommentarzeile umwandeln, indem Sie ein Hochkomma voranstellen, wird die Prozedur einige hundert Male ausgeführt, sobald Sie eine beliebige Zelle verändern. Um die Endlosschleife abzubrechen, halten Sie die [Esc]-Taste so lange gedrückt, bis die Prozedur beendet wird.

**Listing 14.6** EnableEvents

```
Private Sub Worksheet_Change(ByVal Target As Range)
   Application.EnableEvents = False
      If Range("A1").Value <> 10 Then
         MsgBox "Ungültige Eingabe"
         Range("A1").Clear
      End If
   Application.EnableEvents = True
End Sub
```

**BEISPIEL** Das Beispiel befindet sich innerhalb der Beispieldateien zum Buch im Ordner *\Buch\Kap14*. Die Mappe nennt sich *Bsp14_01.xlsm*. Die Prozedur befindet sich im Modul des Tabellenblattes.

**WICHTIG** Die Eigenschaft `EnableEvents` bezieht sich auf die Applikation. Dies bedeutet, dass die Ereignisse bei einer Übergabe des Wertes `False` für die gesamte Excel-Anwendung deaktiviert werden. Es ist deshalb wichtig, dass die Eigenschaft wieder auf `True` zurückgesetzt wird.

Die Eigenschaft `EnableEvents` hat übrigens keine Auswirkung auf Objekte außerhalb des Excel-Objektmodells. Ereignisse, beispielsweise in Bezug auf ActiveX-Steuerelemente und UserForms, werden trotz der Deaktivierung auch weiterhin ausgeführt.

# Welche Ereignisse gibt es?

In Excel gibt es sehr viele verschiedene Ereignisprozeduren, die eingesetzt werden können. Es würde zu weit führen, hier alle aufzulisten. Jenen, die am häufigsten eingesetzt werden, werden wir uns nachfolgend in den einzelnen Abschnitten dieses Kapitels zuwenden. Ereignisprozeduren lassen sich nach Themen gruppieren. Der Tabelle 14.1 können Sie eine Zusammenfassung dieser Gruppen und eine Kurzbeschreibung dazu entnehmen.

Tabelle 14.1 Übersicht der verfügbaren Ereignisse

| Objekt | Beschreibung |
|---|---|
| Arbeitsmappenereignisse | Ereignisse, die sich auf die Arbeitsmappe beziehen. Zum Beispiel das Ereignis `Open`, das ausgeführt wird, sobald die Mappe geöffnet wird. |
| Tabellenblattereignisse | Ereignisse, die sich auf das Tabellenblatt beziehen. Zum Beispiel das Ereignis `Change`. Es wird ausgeführt, sobald sich in einer Zelle des Tabellenblattes etwas verändert. |
| Steuerelementereignisse | Ereignisse, die sich auf Steuerelemente beziehen. Zum Beispiel das Ereignis `Click`. Es wird ausgeführt, sobald ein Steuerelement angeklickt wird. |
| Diagrammereignisse | Ereignisse, die sich auf Diagrammblätter beziehen. Zum Beispiel das Ereignis `SeriesChange`. Es wird ausgeführt, sobald sich ein Datenpunkt ändert. Diesem Thema wenden wir uns in Kapitel 18 zu. |
| Ereignisse in UserForms | Ereignisse, die sich auf UserForms beziehen. Zum Beispiel das Ereignis `Initialize`. Es wird ausgeführt, sobald das UserForm aufgerufen wird. Diesem Thema werden wir uns in Kapitel 21 zuwenden. |

# Ereignisse in Mappen

Ereignisse, die sich auf Mappen beziehen, werden immer im Modul *DieseArbeitsmappe* erstellt. Die Liste der `Workbook`-Ereignisse wird von Version zu Version umfangreicher. In den folgenden Abschnitten werden die gebräuchlichsten Ereignisse in Bezug auf Arbeitsmappen, Tabellenblätter und Steuerelemente vorgestellt.

## *Workbook_Activate*- und *Workbook_Deactivate*-Ereignis

Das `Workbook_Activate`-Ereignis wird ausgeführt, sobald die Mappe, die das Ereignis enthält, aktiviert wird. Das Gegenstück dazu lautet `Workbook_Deactivate`. Das Ereignis wird ausgeführt, wenn die Mappe deaktiviert wird.

### Fenster maximieren und minimieren

Beim Aktivieren der Mappe wird das aktive Fenster mit einer festgelegten Größe geöffnet. Beim Deaktivieren wird auf den Vollbildmodus umgestellt.



Listing 14.7 Minimieren beim Aktivieren der Mappe

```
Private Sub Workbook_Activate()
   With ActiveWindow
       .WindowState = xlNormal
       .Top = 60
       .Left = 60
       .Height = 400
       .Width = 400
   End With
End Sub
```

Listing 14.8 Maximieren beim Deaktivieren der Mappe

```
Private Sub Workbook_Deactivate()
   ActiveWindow.WindowState = xlMaximized
End Sub
```

**BEISPIEL** Das Beispiel befindet sich innerhalb der Beispieldateien zum Buch im Ordner *\Buch\Kap14*. Die Mappe nennt sich *Bsp14_03.xlsm*. Die Ereignisprozedur befindet sich in *Diese-Arbeitsmappe*.

# *Workbook_Open*-Ereignis

Das `Workbook_Open`-Ereignis wird unmittelbar nach dem Öffnen der Mappe ausgeführt.

## Aktivieren eines bestimmten Tabellenblattes

In unserem Beispiel enthält die Arbeitsmappe sieben Tabellenblätter. Jedes Tabellenblatt trägt den Namen eines Wochentages (Montag, Dienstag, Mittwoch usw.). Beim Öffnen der Mappe soll das Tabellenblatt aktiviert werden, das mit dem heutigen Wochentag übereinstimmt.

Zur Erinnerung: Die Funktion `Weekday` gibt einen Wert zwischen 1 und 7 zurück. Die Nummer kann beim Ansprechen eines Tabellenblattes als Index genutzt werden. Dabei muss allerdings berücksichtigt werden, dass die amerikanische Woche mit einem Sonntag beginnt. Somit entspricht in VBA der Wochentag 1 einem Sonntag. Da bei uns die Woche mit dem Montag beginnt, muss der Index entsprechend reduziert werden. In der folgenden Prozedur wird in einer `If`-Entscheidung geprüft, ob die Wochennummer größer als 1 ist. Bei Zutreffen wird der Index um den Wert 1 subtrahiert. Der Sonntag kann in diesem Fall nicht über den Wochenindex angesprochen werden. Deshalb wird er in der `If`-Entscheidung separat berücksichtigt.

Tabelle 14.2 Aktivieren eines Tabellenblattes

```
Private Sub Workbook_Open()
   Dim bytWeekday As Byte

   bytWeekday = Weekday(Date)

   If bytWeekday > 1 Then
      Worksheets(bytWeekday - 1).Activate    ' Montag bis Samstag
   Else
      Worksheets(7).Activate                 ' Sonntag
   End If
End Sub
```

**BEISPIEL** Das Beispiel befindet sich innerhalb der Beispieldateien zum Buch im Ordner *\Buch\Kap14*. Die Mappe nennt sich *Bsp14_02.xlsm*. Die Ereignisprozedur befindet sich in *Diese-Arbeitsmappe*.

**Abbildg. 14.4** Tabellenblatt mit heutigem Wochentag aktivieren

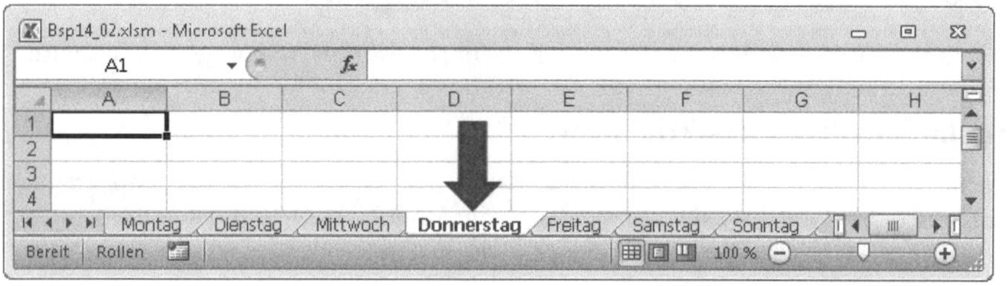


## Einen Zähler verwenden

In einem Tabellenblatt soll ein Zähler geführt werden, der bei jedem Öffnen der Mappe um den Wert 1 erhöht wird. Der Wert steht in Zelle *A1*. Beim Öffnen der Mappe wird zudem ein Meldungsfeld angezeigt, das mitteilt, wie oft die Mappe bereits geöffnet wurde.

**Listing 14.9** Zähler erhöhen

```
Private Sub Workbook_Open()
   Range("A1").Value = Range("A1").Value + 1

   MsgBox "Die Mappe wurde bereits " & _
   Range("A1").Value & " Mal geöffnet."
End Sub
```

**BEISPIEL** Das Beispiel befindet sich innerhalb der Beispieldateien zum Buch im Ordner *\Buch\Kap14*. Die Mappe nennt sich *Bsp14_03.xlsm*. Die Ereignisprozedur befindet sich in *Diese-Arbeitsmappe*.

## Rollbereich festlegen (*ScrollArea*)

Unter Verwendung der Eigenschaft `ScrollArea` kann der horizontale und vertikale Rollbereich festgelegt werden. Der Bereich, der definiert wird, kann weder über Pfeiltasten noch über Bildlaufleisten verlassen werden. Auch unter Verwendung der [Tab]-Taste kann nur innerhalb des festgelegten Bereiches gesprungen werden. Es können zudem keine ganzen Spalten und Zeilen mehr selektiert werden.

Leider wird der Rollbereich nach dem Verlassen der Mappe wieder zurückgesetzt. Es ist deshalb naheliegend, den Rollbereich im Ereignis `Workbook_Open` der entsprechenden Arbeitsmappe zu hinterlegen. Er wird auf diese Weise bei jedem Öffnen der Mappe erneut festgelegt.

**Listing 14.10** ScrollArea

```
Private Sub Workbook_Open()
   Worksheets(1).ScrollArea = "A1:H50"
End Sub
```

**BEISPIEL** Das Beispiel befindet sich innerhalb der Beispieldateien zum Buch im Ordner *\Buch\Kap14*. Die Mappe nennt sich *Bsp14_04.xlsm*. Die Ereignisprozedur befindet sich in *Diese-Arbeitsmappe*.

# *Workbook_BeforeClose*-Ereignis

Das Ereignis `Workbook_BeforeClose` wird ausgeführt, bevor die Mappe geschlossen wird.

## Schließen-Kreuz deaktivieren

Wenn Sie verhindern möchten, dass die Mappe über das Schließen-Kreuz in der rechten oberen Ecke geschlossen werden kann, verwenden Sie im Modul *DieseArbeitsmappe* die Anweisung `Cancel = True`. Um das Schließen-Kreuz wieder zu aktivieren, ersetzen Sie `True` durch `False`.

**Listing 14.11** Schließen-Kreuz deaktivieren

```
Private Sub Workbook_BeforeClose(Cancel As Boolean)
   ' In der Beispieldatei ist das Ereignis deaktiviert und muss erst aktiviert werden
   Cancel = True
End Sub
```

**BEISPIEL** Das Beispiel befindet sich innerhalb der Beispieldateien zum Buch im Ordner *\Buch\Kap14*. Die Mappe nennt sich *Bsp14_02.xlsm*. Die Ereignisprozedur befindet sich in *DieseArbeitsmappe*.

## Das Speichern einer Mappe erzwingen

Das nächste Beispiel zeigt, wie Sie sicherstellen können, dass eine Mappe vor dem Schließen gespeichert wird. In der `If`-Entscheidung wird geprüft, ob die Mappe bereits gespeichert wurde. Wenn nicht, wird dies ohne Rückfrage nachgeholt.

**HINWEIS** Das Schlüsselwort `Me` kann verwendet werden, um das Objekt anzusprechen, in dessen Modul sich die Prozedur befindet. In diesem Falle ist es die aktive Arbeitsmappe.

**Listing 14.12** Speichern erzwingen

```
Private Sub Workbook_BeforeClose(Cancel As Boolean)
   With Me
      If .Saved = False Then
         .Save
      End If
   End With
End Sub
```

**BEISPIEL** Das Beispiel befindet sich innerhalb der Beispieldateien zum Buch im Ordner *\Buch\Kap14*. Die Mappe nennt sich *Bsp14_03.xlsm*. Die Ereignisprozedur befindet sich in *DieseArbeitsmappe*.

# *Workbook_BeforeSave*-Ereignis

Das Ereignis `Workbook_BeforeSave` wird ausgeführt, bevor die Mappe gespeichert wird.

## Letzte Speicherung protokollieren

Der nachfolgende Code schreibt in Zelle *A1* jeweils das Datum und die Uhrzeit der letzten Speicherung der Mappe.

**Listing 14.13** Speicherdatum und Zeit ausgeben

```
Private Sub Workbook_BeforeSave _
      (ByVal SaveAsUI As Boolean, Cancel As Boolean)
   Worksheets(1).Range("A1") = "Letzte Speicherung erfolgte: " & Now
End Sub
```

**BEISPIEL** Das Beispiel befindet sich innerhalb der Beispieldateien zum Buch im Ordner *\Buch\Kap14*. Die Mappe nennt sich *Bsp14_02.xlsm*. Die Ereignisprozedur befindet sich in *DieseArbeitsmappe*.

**Abbildg. 14.5** Speicherung protokollieren

## Das Speichern einer Mappe verhindern

Um das Speichern einer Mappe zu verhindern, verwenden Sie die Anweisung `Cancel = True`. Beim Schließen der Mappe erfolgt zwar die Rückfrage, ob gespeichert werden soll, die Schaltfläche *Ja* kann jedoch nicht betätigt werden. Der Anwender ist somit gezwungen, entweder die Schaltfläche *Nein* oder *Abbrechen* anzuklicken.

**Listing 14.14** Speichern verhindern

```
Sub WorkBook_BeforeSave _
      (ByVal SaveAsUI As Boolean, Cancel As Boolean)
   Cancel = True
End Sub
```

**BEISPIEL** Das Beispiel befindet sich innerhalb der Beispieldateien zum Buch im Ordner *\Buch\Kap14*. Die Mappe nennt sich *Bsp14_03.xlsm*. Die Ereignisprozedur befindet sich in *DieseArbeitsmappe*.

# *Workbook_BeforePrint*-Ereignis

Das Ereignis `Workbook_BeforePrint` wird vor jedem Ausdruck und vor jedem Wechsel in die Seitenansicht ausgeführt.

## Vollständigen Pfad in der Fußzeile ausgeben

Um den vollständigen Pfad einer Mappe auszugeben, wird in VBA die Eigenschaft `FullName` verwendet. Damit der Pfad in jedem Tabellenblatt der Mappe beim Ausdruck in die rechte Fußzeile `RightFooter` geschrieben wird, verwenden wir eine `For Each`-Schleife. Da sich der Pfad durch eine Speicherung in ein anderes Verzeichnis ändern kann, wird die Fußzeile vor jedem Ausdruck oder Wechsel in die Seitenansicht durch das Ereignis `Workbook_BeforePrint` aktualisiert.

**Listing 14.15** Pfad in Fußzeile

```
Private Sub Workbook_BeforePrint(Cancel As Boolean)
   Dim ws As Worksheet

   For Each ws In Worksheets
      ws.PageSetup.RightFooter = Me.FullName
   Next ws
End Sub
```

**BEISPIEL** Das Beispiel befindet sich innerhalb der Beispieldateien zum Buch im Ordner *\Buch\Kap14*. Die Mappe nennt sich *Bsp14_02.xlsm*. Die Ereignisprozedur befindet sich in *Diese-Arbeitsmappe*.

# *Workbook_SheetCalculate*-Ereignis

Das `Workbook_SheetCalculate`-Ereignis wird ausgelöst, sobald eine Neuberechnung des Tabellenblattes stattgefunden hat.

## Farbwechsel bei Neuberechnung

Um zu verdeutlichen, was geschieht, wenn das `Workbook_SheetCalculate`-Ereignis ausgelöst wird, wird im nachfolgenden Code nach jeder Neuberechnung ein Farbwechsel vorgenommen. Das heißt, alle Zellen im benutzten Bereich, die eine Formel beinhalten, erhalten wechselseitig eine rote oder gelbe Hintergrundfarbe.

**Listing 14.16** Farbwechsel bei Neuberechnung

```
Private Sub Workbook_SheetCalculate(ByVal Sh As Object)
   Dim c As Range

   For Each c In ActiveSheet.UsedRange
      With c
         If .HasFormula And .Interior.Color = vbRed Then
            .Interior.Color = vbYellow
         ElseIf c.HasFormula And .Interior.Color = vbYellow Then
```

**Listing 14.16** Farbwechsel bei Neuberechnung *(Fortsetzung)*

```
            .Interior.Color = vbRed
         End If
      End With
   Next c
End Sub
```

**HINWEIS** Die vorformatierten Zellen befinden sich auf dem Tabellenblatt *Montag*.

**BEISPIEL** Das Beispiel befindet sich innerhalb der Beispieldateien zum Buch im Ordner *\Buch\Kap14*. Die Mappe nennt sich *Bsp14_02.xlsm*. Die Ereignisprozedur befindet sich in *DieseArbeitsmappe*.

# Ereignisse in Tabellenblättern

Jedem einzelnen Tabellenblatt können verschiedene Ereignisse hinterlegt werden. Nachfolgend finden Sie einige Beispiele.

## *Worksheet_Activate*- und *Worksheet_Deactivate*-Ereignis

Die beiden Ereignisse `Worksheet_Activate` und `Worksheet_Deactivate` treten häufig in Kombination auf. Das Ereignis `Worksheet_Activate` wird ausgeführt, sobald das entsprechende Tabellenblatt aktiviert wird. Das Ereignis `Worksheet_Deactivate` wird bei der Deaktivierung, also beim Verlassen des entsprechenden Tabellenblattes, aufgerufen.

### Datum und Uhrzeit protokollieren

Um festzuhalten, wann das Blatt aktiviert oder deaktiviert wurde, können Sie ein entsprechendes Protokoll führen.

**Abbildg. 14.6** Die zwei Protokollspalten

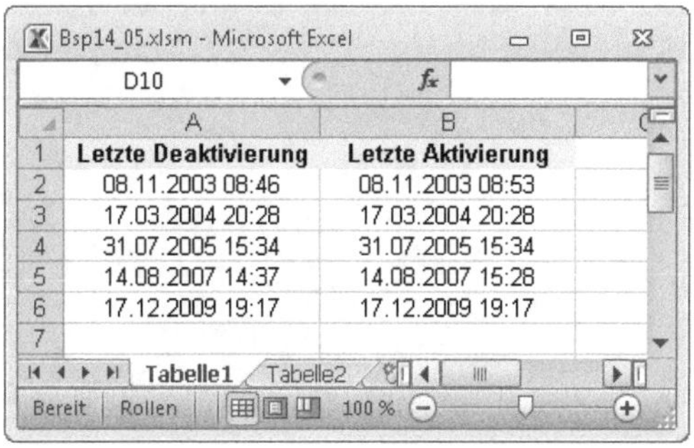

Da das Protokoll in dem Tabellenblatt geführt wird, in dem sich Ereignisprozeduren befinden, kann das Tabellenblatt mit `Me` angesprochen werden. Wenn das Protokoll in einem anderen Tabellenblatt geführt werden soll, ersetzen Sie die Anweisung `Me` durch die Angabe des Zielblattes, z.B. `Worksheets(2)` oder `Worksheets("Tabelle2")`.

**Listing 14.17** Aktivier- und Deaktivierdatum speichern

```
Private Sub Worksheet_Activate()
   Me.Cells(Rows.Count, 2).End(xlUp).Offset(1, 0).Value = Now
End Sub

Private Sub Worksheet_Deactivate()
   Me. Cells(Rows.Count, 1).End(xlUp).Offset(1, 0).Value = Now
End Sub
```

**BEISPIEL** Das Beispiel befindet sich innerhalb der Beispieldateien zum Buch im Ordner *\Buch\Kap14*. Die Mappe nennt sich *Bsp14_05.xlsm*. Die Ereignisprozedur befindet sich in Modul *Tabelle1 (Tabelle1)*.

# *Worksheet_BeforeDoubleClick*-Ereignis

Das `Worksheet_BeforeDoubleClick`-Ereignis wird ausgelöst, sobald im entsprechenden Tabellenblatt eine Zelle doppelt angeklickt wird.

## Die erste freie Zelle einer Spalte selektieren

In umfangreichen Tabellen, in denen laufend Einträge ergänzt werden müssen, ist es oftmals umständlich, zur ersten freien Zelle zu gelangen, um einen weiteren Wert eintragen zu können. Das folgende Beispiel schafft Abhilfe. Per Doppelklick wird innerhalb der aktiven Spalte zur ersten freien Zelle nach dem letzten Eintrag gesprungen.

In der Prozedur wird in einer `If`-Entscheidung geprüft, ob bereits ein Eintrag in der aktiven Spalte vorhanden ist. Wenn nicht, wird die erste Zelle selektiert. Ist bereits ein Eintrag vorhanden, wird die erste freie Zelle unterhalb des letzten Eintrages selektiert.

**Listing 14.18** Erste freie Zelle selektieren

```
Private Sub Worksheet_BeforeDoubleClick _
   (ByVal Target As Range, Cancel As Boolean)

   With Cells(Rows.Count, ActiveCell.Column).End(xlUp)
      If .Value = "" Then
         .Select
      Else
         .Offset(1, 0).Select
      End If
   End With
End Sub
```

**BEISPIEL** Das Beispiel befindet sich innerhalb der Beispieldateien zum Buch im Ordner *\Buch\Kap14*. Die Mappe nennt sich *Bsp14_06.xlsm*. Die Ereignisprozedur befindet sich in Modul *Tabelle1 (Tabelle1)*.

# *Worksheet_BeforeRightClick*-Ereignis

Um per Rechtsklick ein selbst definiertes Ereignis auszulösen, wird das Ereignis `Worksheet_BeforeRightClick` verwendet.

## Per Rechtsklick den Funktions-Assistenten anzeigen

Durch einen Rechtsklick mit der Maus soll statt des Kontextmenüs der Funktions-Assistent geöffnet werden. Damit die Anzeige des Kontextmenüs unterdrückt wird, ist die Anweisung `Cancel = True` erforderlich.

**Listing 14.19** Funktionsassistent per Rechtsklick öffnen

```
Private Sub Worksheet_BeforeRightClick _
   (ByVal Target As Range, Cancel As Boolean)

   Cancel = True

   Application.Dialogs(xlDialogFunctionWizard).Show
End Sub
```

**BEISPIEL** Das Beispiel befindet sich innerhalb der Beispieldateien zum Buch im Ordner *\Buch\Kap14*. Die Mappe nennt sich *Bsp14_07.xlsm*. Die Ereignisprozedur befindet sich im Modul *Tabelle1 (Tabelle1)*.

# *Worksheet_Change*-Ereignis

Das Ereignis `Worsheet_Change` wird ausgelöst, wenn Zellen des Arbeitsblattes geändert werden.

## Änderungen an einem Tabellenblatt protokollieren

Wenn mehrere Benutzer an einem Tabellenblatt arbeiten, wäre es oft gut zu wissen, wer zu welchem Zeitpunkt welche Änderungen vorgenommen hat. Sie können dazu das Ereignis `Worksheet_Change` einsetzen.

Unsere Beispielmappe besteht aus zwei Tabellenblättern. Die Ereignisprozedur ist dem ersten Tabellenblatt hinterlegt. Es befindet sich somit hinter dem Tabellenblatt, zu dem das Protokoll geführt werden soll.

Im zweiten Tabellenblatt, das den Namen *Protokoll* trägt, wird das Protokoll geführt. In die Spalte *A* wird die Adresse der Zelle geschrieben, die geändert wird `Target.Address(False, False)`. Die beiden `False` unterdrücken die Anzeige der $-Zeichen, die einen absoluten Zellbezug darstellen. In die

Spalte *B* wird der neu eingetragene Wert geschrieben. Wenn der Inhalt einer Zelle gelöscht wird, wird eine leere Zelle angezeigt. Spalte *C* ist zu entnehmen, wer die Änderungen vorgenommen hat. Es wird dabei der Benutzername verwendet, der in der Applikation festgelegt wurde. In Spalte *D* wird das Datum und die Uhrzeit der Änderung eingetragen.

**Listing 14.20** Änderungen protokollieren

```
Private Sub Worksheet_Change(ByVal Target As Range)
   With Worksheets("Protokoll").Cells(Rows.Count, 1).End(xlUp)
      .Offset(1, 0) = Target.Address(False, False)
      .Offset(1, 1) = Target.Value
      .Offset(1, 2) = Application.UserName
      .Offset(1, 3) = Now
   End With
End Sub
```

**Abbildg. 14.7** Das Protokoll

| | A | B | C | D |
|---|---|---|---|---|
| 1 | Geänderte Zelle | Neuer Wert | Geändert durch | Änderungsdatum |
| 2 | A1 | 500 | Monika Weber | 08.11.2005 10:48 |
| 3 | A2 | 300 | Monika Weber | 08.11.2005 10:48 |
| 4 | A3 | 800 | Monika Weber | 08.11.2005 10:50 |
| 5 | A1:A3 | | Zülfü Can | 08.11.2005 10:52 |
| 6 | A1 | 700 | Zülfü Can | 08.11.2005 10:52 |
| 7 | A1 | 500 | Monika Can | 12.08.2007 08:31 |
| 8 | A2 | 200 | Monika Can | 12.08.2007 08:32 |
| 9 | A4 | 800 | Monika Can-Weber | 17.12.2010 19:31 |

Damit nicht jeder Benutzer das Protokoll einsehen kann, können Sie das Tabellenblatt so schützen, dass es nur zugänglich ist, wenn ein Passwort eingegeben wird.

Wir verwenden dazu die Ereignisse `Worksheet_Activate` und `Worksheet_Deactivate`, die wir dem Tabellenblatt *Protokoll* hinterlegen. Die Spalten *A:D* müssen ausgeblendet sein, damit die darin enthaltenen Einträge beim Ausführen des `Activate`-Ereignisses nicht sichtbar sind.

Im `Worksheet_Activate`-Ereignis wird in einer `If`-Entscheidung das Passwort hinterlegt und abgefragt. Beim Wechsel in das Tabellenblatt *Protokoll* wird ein Eingabefenster angezeigt, das die Passworteingabe erwartet. Bei Eingabe des korrekten Passworts werden die Spalten *A:D* eingeblendet. Bei falscher Eingabe wird zum ersten Tabellenblatt zurückgekehrt. Damit auf jeden Fall beim Wechsel zurück in das erste Tabellenblatt die Spalten *A:D* wieder ausgeblendet werden, ist das Ereignis `Worksheet_Deactivate` erforderlich.

**Listing 14.21** Um das Protokoll einzusehen, ist eine Passworteingabe erforderlich

```
Private Sub Worksheet_Activate()
   Dim strPassword As String

   strPassword = InputBox("Geben Sie das Passwort ein")
```

**Listing 14.21** Um das Protokoll einzusehen, ist eine Passworteingabe erforderlich *(Fortsetzung)*

```
   If strPassword = "vba" Then
      Columns("A:D").Hidden = False
   Else
      Worksheets(1).Activate
   End If
End Sub

Private Sub Worksheet_Deactivate()
   Columns("A:D").Hidden = True
End Sub
```

**BEISPIEL** Das Beispiel befindet sich innerhalb der Beispieldateien zum Buch im Ordner *\Buch\Kap14*. Die Mappe nennt sich *Bsp14_08.xlsm*. Die Ereignisprozeduren befinden sich in den Modulen *Tabelle1 (Tabelle1)* und *Tabelle2 (Protokoll)*.

**ACHTUNG** Trotz des vermeintlichen Schutzes ist es ein Leichtes, das Tabellenblatt einzusehen. Sie müssen lediglich das Tabellenblatt *Protokoll* vor das Tabellenblatt *Tabelle1* verschieben. Die `InputBox` wird zwar angezeigt, das Blatt ist jedoch nach Betätigen der Schaltfläche *Abbrechen* frei zugänglich. Blenden Sie noch die Spalten *A:D* ein und die »geheimen« Daten kommen zum Vorschein.

Damit die Benutzer gar nicht erst wissen, dass ein Protokoll mitgeführt wird, könnten Sie das Tabellenblatt ausblenden. Aktivieren Sie dazu das Tabellenblatt *Protokoll* und rufen Sie über *Start/Zellen/Format/Sichtbarkeit/Ausblenden & Einblenden* den Befehl *Blatt ausblenden* auf. Pfiffige Benutzer werden jedoch auch hier einen Schleichweg finden. Das Passwort ist somit nicht unbedingt sicher.

## Beliebig viele Bedingungen

Unter Verwendung der bedingten Formatierung können Sie Zellen oder Zellinhalte farbig hervorheben. Dies in Abhängigkeit davon, ob die Bedingung erfüllt wird oder nicht. Die bedingte Formatierung lässt seit Version 2007 endlich drei Bedingungen zu. Mit VBA können Sie dies ebenfalls erreichen, indem Sie mit einer Entscheidung (`If` oder `Select Case`) arbeiten.

**Abbildg. 14.8** Zellenhintergrundfarbe in Abhängigkeit einer Zahl

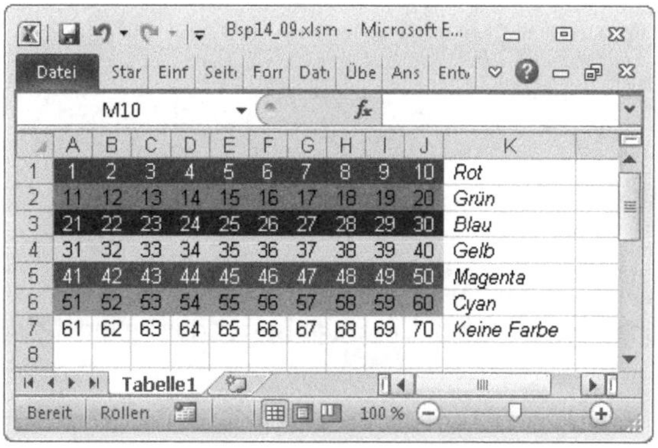

Unser folgendes Beispiel ist so aufgebaut, dass bei Eingabe einer Zahl in eine Zelle automatisch deren Zellhintergrundfarbe bestimmt wird. Innerhalb der Entscheidung wird geprüft, welche Zahl eingetippt wurde. Liegt diese im Bereich 1 bis 60, nimmt der Zellenhintergrund automatisch die entsprechende Farbe an.

Da `Target` jede Zelle in einem markierten Bereich anspricht, müssen wir eine Obergrenze für die Anzahl an Zellen des `Target`-Bereiches festlegen. In unserer `If`-Entscheidung ist es die Zahl 16.384. Sie entspricht der Anzahl von Zellen, die eine Zeile umfasst. Sie können den Wert auch auf 1 festlegen. Der Code wird dann allerdings nur ausgeführt, wenn die Markierung lediglich eine Zelle umfasst. Ansonsten wird abgebrochen.

Sollten Sie den `If`-Codeblock gänzlich weglassen, werden Sie sehr lange Wartezeiten haben, wenn Sie beispielsweise eine Spalte löschen. Beim manuellen Löschen einer Spalte müssen Sie immer zuerst die Spalte markieren und dann die Löschanweisung ausführen. Das bedeutet, dass sich innerhalb der Markierung (`Target`) 1.048.576 Zellen befinden. Der Code wird somit 1.048.576 Mal ausgeführt.

In der `Select Case`-Entscheidung können Sie beliebig viele Bedingungen erfassen. In unserem Beispiel sind es sechs.

**Listing 14.22** Sechs Bedingungen erstellen

```
Private Sub Worksheet_Change(ByVal Target As Range)
   Dim c As Range

   ' Obergrenze an Zellen innerhalb von Target festlegen
   If Target.Count > 16384 Then
      Exit Sub
   End If

   ' Sechs Bedingungen mit unterschiedlichen Farben
   For Each c In Target
      Select Case c
         Case 1 To 10
            c.Interior.ColorIndex = 3   ' Rot
         Case 11 To 20
            c.Interior.ColorIndex = 4   ' Grün
         Case 21 To 30
            c.Interior.ColorIndex = 5   ' Blau
         Case 31 To 40
            c.Interior.ColorIndex = 6   ' Gelb
         Case 41 To 50
            c.Interior.ColorIndex = 7   ' Magenta
         Case 51 To 60
            c.Interior.ColorIndex = 8   ' Cyan
         Case Else
            c.Interior.ColorIndex = xlNone
      End Select
   Next c
End Sub
```

**BEISPIEL** Das Beispiel befindet sich innerhalb der Beispieldateien zum Buch im Ordner *\Buch\Kap14*. Die Mappe nennt sich *Bsp14_09.xlsm*. Die Ereignisprozedur befindet sich in Modul *Tabelle1 (Tabelle1)*.

## *Worksheet_SelectionChange*-Ereignis

Das Ereignis `Worksheet_SelectionChange` wird ausgeführt, sobald die Zelle gewechselt wird.

### Bereich bei jeder Änderung neu sortieren

Sobald im Bereich *A1:A50* eine Änderung vorgenommen wird, soll der Bereich neu sortiert werden. Die folgende Ereignisprozedur wird nur ausgeführt, wenn im Bereich *A1:A50* eine Änderung der Markierung erfolgt. Die Schnittstelle wurde mittels `Intersect` entsprechend festgelegt. Um den Bereich absteigend zu sortieren, wird die Konstante `xlDescending` eingesetzt. Um aufsteigend zu sortieren, ersetzen Sie die Konstante `xlDescending` durch `xlAscending`.

**Listing 14.23** Absteigend sortieren im Bereich *A1:A50*

```
Private Sub Worksheet_SelectionChange(ByVal Target As Range)
   Set Target = Intersect(Target, Range("A1:A50"))

   If Target Is Nothing Then
      Exit Sub
   Else
      With Me
         .Range("A1:A50").Sort _
            Key1:=.Range("A1"), _
            Order1:=xlDescending
      End With
   End If
End Sub
```

**BEISPIEL** Das Beispiel befindet sich innerhalb der Beispieldateien zum Buch im Ordner *\Buch\Kap14*. Die Mappe nennt sich *Bsp14_10.xlsm*. Die Ereignisprozedur befindet sich im Modul *Tabelle1 (Tabelle1)*.

# Steuerelemente (ActiveX)

In Excel gibt es verschiedene Steuerelemente, die in ein Tabellenblatt eingefügt, oder auf einem UserForm angeordnet werden können. Den Steuerelementen für UserForms wenden wir uns in Kapitel 21 zu.

Sämtlichen ActiveX-Steuerelementen können Ereignisprozeduren hinterlegt werden. Die Ereignisprozeduren befinden sich immer im Modul des Tabellenblatts, auf dem sich das Steuerelement befindet.

Die Standardsteuerelemente für das Tabellenblatt finden Sie im Menüband von Excel über *Entwicklertools/Steuerelemente/Einfügen* im Abschnitt *ActiveX-Steuerelemente.*

Um ein Steuerelement in ein Tabellenblatt einzufügen, wählen Sie aus der *Steuerelement-Toolbox* das gewünschte Element durch einmaliges Anklicken aus. Der Mauszeiger ändert seine Form in ein Kreuz. Ziehen Sie mit gedrückter linker Maustaste im Tabellenblatt einen Rahmen auf. Das Steuerelement wird eingefügt.

**TIPP** Die Größe eines Steuerelementes lässt sich nachträglich jederzeit verändern. Bei aktivem Entwurfsmodus wird das Steuerelement durch vier Eck- und vier Seitenpunkte umgeben. Mit gedrückter linker Maustaste kann an den Punkten gezogen werden, um die gewünschte Größe einzustellen. Wenn Sie das Steuerelement exakt über einem Zellenbereich anordnen möchten, halten Sie zusätzlich die [Alt]-Taste gedrückt.

**Abbildg. 14.9** Eck- und Seitenpunkte eines Steuerelementes

Nach dem Erzeugen eines Steuerelementes wird automatisch der *Entwurfsmodus* aktiviert. Ein Doppelklick auf das Steuerelement öffnet das entsprechende Modul des Tabellenblattes, in dem das Ereignis zum Steuerelement erstellt werden kann.

Damit das Steuerelement im Tabellenblatt verwendet werden kann, das heißt, damit der hinterlegte Code ausgeführt werden kann, muss der Entwurfsmodus verlassen werden. Wechseln Sie dazu zurück ins Tabellenblatt und klicken Sie auf der Registerkarte *Entwicklertools* in der Gruppe *Steuerelemente* auf die Schaltfläche *Entwurfsmodus*.

Alternativ zum Doppelklick auf das Steuerelement können Sie die Schaltfläche *Code anzeigen* verwenden, um in die VBE zu gelangen.

Jedes Steuerelement verfügt über verschiedene Eigenschaften, die über das Eigenschaftenfenster oder mittels einer VBA-Anweisung verändert werden können. Wenn Sie sich in der VBE befinden, können Sie das Eigenschaftenfenster über die [F4]-Taste einblenden. Das Eigenschaftenfenster kann auch direkt von Excel aus aufgerufen werden. Verwenden Sie dazu auf der Registerkarte *Entwicklertools* in der Gruppe *Steuerelemente* das Symbol *Eigenschaften*.

**WICHTIG** Der Entwurfsmodus muss aktiv sein, damit vom Tabellenblatt die Eigenschaften eines Steuerelements eingesehen und verändert werden können.

# Standardsteuerelemente

Jedes Steuerelement hat sowohl im Deutschen als auch im Englischen eine eigene *Bezeichnung*, wie zum Beispiel *Kontrollkästchen*, *Befehlsschaltfläche* usw. Damit ein Steuerelement in der VBE angesprochen werden kann, trägt es zudem einen *Namen*. Standardmäßig setzt sich dieser aus dem englischen Begriff sowie einer aufsteigenden Nummer zusammen: `CheckBox1`, `CheckBox2` usw. Um in umfangreichen Prozeduren den Überblick über die Steuerelemente nicht zu verlieren, empfiehlt es sich, diese mit einem Präfix sowie einem aussagekräftigen Namen zu versehen, wie beispielsweise `chk_Red` und `chk_Blue`. Im Eigenschaftenfenster eines Steuerelementes kann an erster Stelle ein neuer Name eingegeben werden.

**Abbildg. 14.10** Steuerelemente im Eigenschaftenfenster umbenennen

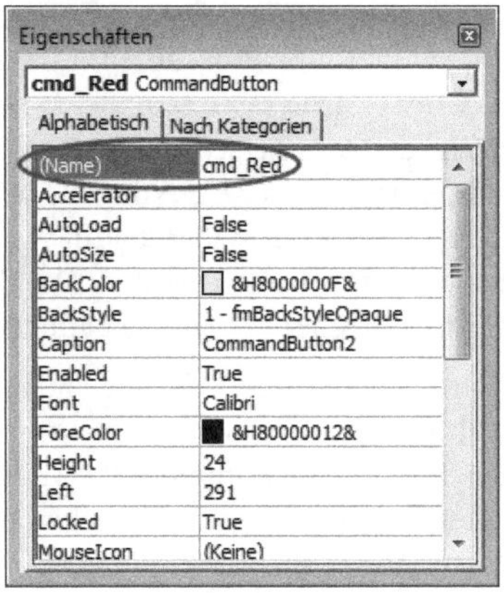


Der Tabelle 14.3 können Sie sowohl die deutschen als auch die englischen Bezeichnungen zu den einzelnen Steuerelementen entnehmen. Sie finden in der Tabelle zudem die in der Praxis gebräuchlichen Präfixe.

**Tabelle 14.3** Standardsteuerelemente mit Präfixen und Bezeichnungen

| Steuerelement | Präfix | Deutsche Bezeichnung | Englische Bezeichnung |
|---|---|---|---|
|  | chk | Kontrollkästchen | CheckBox |
|  | txt | Textfeld | TextBox |
|  | cmd | Befehlsschaltfläche | CommandButton |
|  | opt | Optionsfeld | OptionButton |
|  | lst | Listenfeld | ListBox |
| 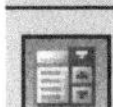 | cbo | Kombinationsfeld | ComboBox |
|  | tgl | Umschaltfläche | ToggleButton |
|  | spn | Drehfeld | SpinButton |
|  | vsb/hsb | Bildlaufleiste (vertikal/horizontal) | ScrollBar |
| 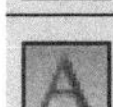 | lbl | Bezeichnung | Label |
|  | img | Bild | Image |

In den folgenden Abschnitten werden die einzelnen Steuerelemente im Detail erläutert.

# Befehlsschaltfläche (*CommandButton*)

Befehlsschaltflächen werden in Tabellenblättern häufig genutzt, um Prozeduren aufzurufen. Verwechseln Sie nicht die *Formularsteuerelemente* mit den *ActiveX-Steuerelementen*. Beide können zwar eingesetzt werden, um Prozeduren aufzurufen. Der entscheidende Unterschied besteht jedoch darin, dass Formularschaltflächen keine Ereignisprozeduren hinterlegt werden können. Ein weiterer Unterschied besteht in der Formatierung der Schaltflächen. Einer Formularschaltfläche kann nach wie vor, auch in der Version 2010, keine andere Flächenfarbe zugewiesen werden. Der Schaltfläche aus den *ActiveX-Steuerelementen* hingegen schon, beispielsweise über das Eigenschaftenfenster.

Fügen Sie eine ActiveX-Schaltfläche in Ihr Tabellenblatt ein, und weisen Sie ihr einen geeigneten Namen zu. Die erste Schaltfläche, die in das Tabellenblatt eingebunden wird, trägt automatisch den Namen `CommandButton1`. Weitere Schaltflächen werden fortlaufend nummeriert. Ändern Sie die Beschriftung der Schaltfläche, indem Sie im Eigenschaftenfenster im Feld rechts neben `Caption` den gewünschten Text eingeben.

**Abbildg. 14.11** Name und Beschriftung der Schaltfläche ändern

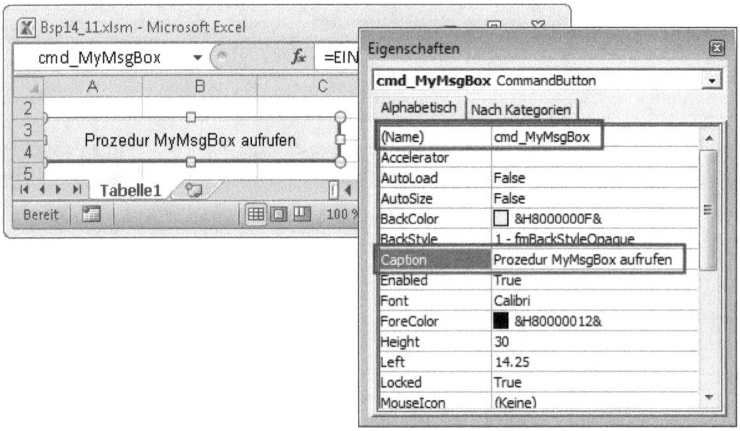


Gemäß Abbildung 14.11 trägt die Schaltfläche nun den Namen `cmd_MyMsgBox` und die Beschriftung *Prozedur MyMsgBox aufrufen*. Klicken Sie nun doppelt auf die Schaltfläche, um in die VBE zu gelangen und den Prozeduraufruf zu hinterlegen.

Ein Coderahmen für das Ereignis `Click` wird bereits angezeigt. Schreiben Sie zwischen die einleitende und abschließende Codezeile das Schlüsselwort `Call` gefolgt vom Prozedurnamen. Auf Wunsch können Sie beim Prozeduraufruf das Schlüsselwort `Call` auch weglassen. Falls in einem weiteren Modul eine Prozedur mit demselben Namen vorhanden sein sollte, muss der Name des Moduls mit angegeben werden: `Call Modul1.MyMsgBox`.

**BEISPIEL** Die nachfolgenden Beispiele befinden sich innerhalb der Beispieldateien zum Buch im Ordner *\Buch\Kap14*. Die Mappe nennt sich *Bsp14_11.xlsm*.

**Listing 14.24** CommandButton

```
Private Sub cmd_MyMsgBox_Click()
   Call MyMsgBox
End Sub
```

Die aufgerufene `Sub`-Prozedur befindet sich für gewöhnlich in einem allgemeinen Modul.

```
Sub MyMsgBox()
   MsgBox "Hallo Welt"
End Sub
```

# Umschaltfläche (*ToggleButton*)

Umschaltflächen sind mit Befehlsschaltflächen verwandt. Der Unterschied besteht darin, dass eine Umschaltfläche per wiederholtem Klick erhoben oder vertieft angezeigt wird.

Der Zustand der Schaltfläche kann mittels `Value` abgefragt werden. Wird die Schaltfläche gedrückt, ist der Wert `True`, ansonsten `False`. Je nachdem kann ein gewünschtes Ereignis ausgelöst werden.

**Abbildg. 14.12** Zwei Umschaltflächen: eine in gedrücktem und die andere in nicht gedrücktem Zustand

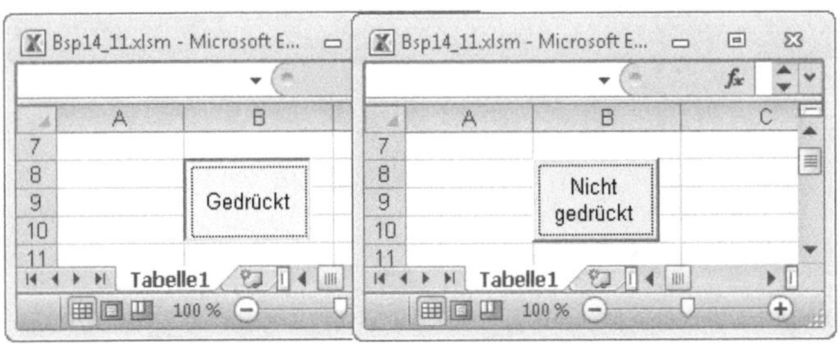


Im folgenden Beispiel wird in einer `If`-Entscheidung der Zustand der Schaltfläche abgefragt. Wenn der Wert `True` ist, wird die Beschriftung der Schaltfläche auf *Gedrückt* geändert. Zudem wird der Inhalt aller Zellen im Tabellenblatt, die eine Formel enthalten, rot und fett geschrieben. Bei erneutem Klick auf die Umschaltfläche ändert sich die Beschriftung der Umschaltfläche auf *Nicht gedrückt* und die zugewiesenen Schriftformatierungen werden zurückgesetzt.

**Listing 14.25** ToggleButton

```
Private Sub tgl_UpDown_Click()
   With tgl_UpDown
      If .Value = True Then
         .Caption = "Gedrückt"
         With Cells.SpecialCells(xlCellTypeFormulas).Font
            .Color = vbRed
            .Bold = True
         End With
      Else
         .Caption = "Nicht gedrückt"
         With Cells.SpecialCells(xlCellTypeFormulas).Font
            .Color = vbBlack
```

**Listing 14.25** ToggleButton *(Fortsetzung)*

```
            .Bold = False
         End With
      End If
   End With
End Sub
```

**HINWEIS** Mittels der Methode `SpecialCells` können neben Formeln auch andere Zellwerte ermittelt werden. Weitere Informationen zur Methode `SpecialCells` können Sie in Kapitel 10 nachlesen.

# Bezeichnungsfeld (*Label*)

Bezeichnungsfelder werden in der Regel zur Beschriftung anderer Steuerelemente verwendet. Bezeichnungsfelder können aber auch verwendet werden, um während der Ausführung einer Prozedur Werte anzunehmen.

Für das nächste Beispiel werden zwei Steuerelemente verwendet: zum einen eine Befehlsschaltfläche und zum anderen ein Bezeichnungsfeld. Die Befehlsschaltfläche `cmd_Calculate` wird verwendet, um per `Click`-Ereignis dem Bezeichnungsfeld `lbl_Sum` eine Berechnung zu übergeben.

**Abbildg. 14.13** Label mit Rückgabewert

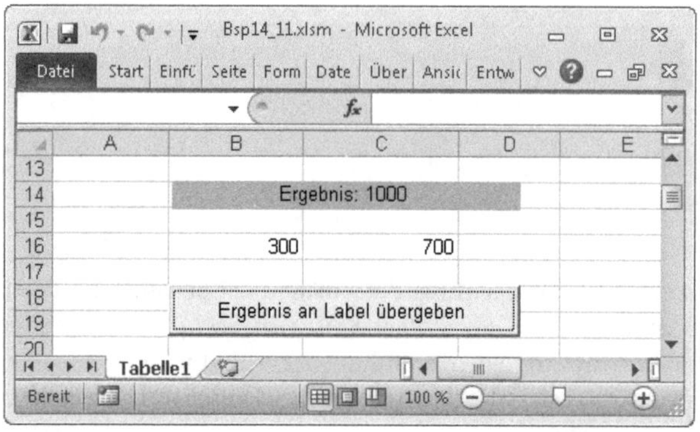


**TIPP** Während der Laufzeit unseres Beispiels wird der Inhalt des Bezeichnungsfeldes zentriert ausgerichtet. Es ist nicht notwendig, dass Formatierungen wie diese bei jedem Aufruf der Prozedur erneut zugewiesen werden. Um solche VBA-Anweisungen zu vermeiden, nehmen Sie die Einstellung von Anfang an im Eigenschaftenfenster vor. Die gesamte Prozedur kann dadurch übersichtlicher gehalten werden und läuft zudem schneller ab.

Die Bezeichnung der Eigenschaft im Eigenschaftenfenster ist immer analog dem VBA-Schlüsselwort (in diesem Fall `TextAlign`). Die verfügbaren Konstanten können im Eigenschaftenfenster aus dem entsprechenden Kombinationsfeld ausgewählt werden.

**Listing 14.26** Label

```
Private Sub cmd_Calculate_Click()
   Dim dblSum As Double

   dblSum = Range("B16").Value + Range("C16").Value

   With lbl_Sum
      .Caption = "Ergebnis: " & dblSum
      .TextAlign = fmTextAlignCenter
   End With
End Sub
```

## Textfeld (*TextBox*)

Textfelder werden oftmals mit Bezeichnungsfeldern verwechselt. Im Gegensatz zu Bezeichnungsfeldern, die nur Werte anzeigen können, erwarten Textfelder die Eingabe von Werten zur möglichen weiteren Verarbeitung.

Nachdem ein Textfeld eingefügt und doppelt angeklickt wurde, wird in der VBE standardmäßig der Rahmen für das Ereignis `Change` zu dem Textfeld erstellt. Das Ereignis bewirkt, dass bei jeder Eingabe das entsprechende Zeichen verarbeitet wird. Ein Beispiel: Wenn die Ausgabe an eine Zelle erfolgt, wird laufend jedes einzelne Zeichen während der Eingabe in das Textfeld an die Zelle übergeben.

**Listing 14.27** TextBox

```
Private Sub txt_SingleInput_Change()
   Range("A27").Value = txt_SingleInput
End Sub
```

PasswordChar

Textfelder können für die Eingabe von Passwörtern verwendet werden. Entscheidend dabei ist, dass bei der Eigenschaft *PasswordChar* ein sprechendes Zeichen hinterlegt wird, um die Eingabe zu verschlüsseln. In der Regel ist dies ein Sternchen (*). Für jedes eingetippte Zeichen wird im Textfeld ein Sternchen an Stelle des effektiven Zeichens angezeigt.

**Abbildg. 14.14** Einfaches und verschlüsseltes Textfeld

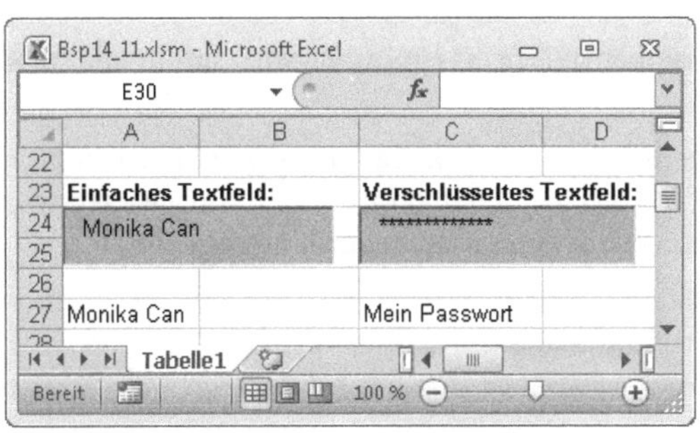


Multiline

In die bisher erstellen Textfelder konnte lediglich *eine* Textzeile eingegeben werden. Durch die Umstellung der Eigenschaft `Multiline` auf `True` ist das Textfeld in der Lage, mehrere Zeilen aufzunehmen. Ein

Zeilenumbruch erfolgt automatisch, sobald der rechte Rand des Textfeldes erreicht ist. Um manuell einen Zeilenumbruch zu erzeugen, muss die Tastenkombination [⇧]+[↵] gedrückt werden.

EnterKey-Behavior

Das Drücken der Tastenkombination [⇧]+[↵] ist recht umständlich und kann unterdrückt werden, indem die Eigenschaft *EnterKeyBehavior* auf `True` eingestellt wird. Sie können nun mehrere Zeilen im Textfeld eingeben und brauchen, um einen Zeilenumbruch zu erzeugen, lediglich die [↵]-Taste zu drücken.

Word-Wrap

Damit bei der Einstellung `Multiline = True` am rechten Rand des Textfeldes nicht automatisch ein Zeilenumbruch erfolgt, setzen Sie die Eigenschaft `WordWrap` auf `False`. Die Eigenschaft `WordWrap` kann nur im Zusammenhang mit `Multiline = True` verwendet werden.

**Abbildg. 14.15** Multiline und WordWrap

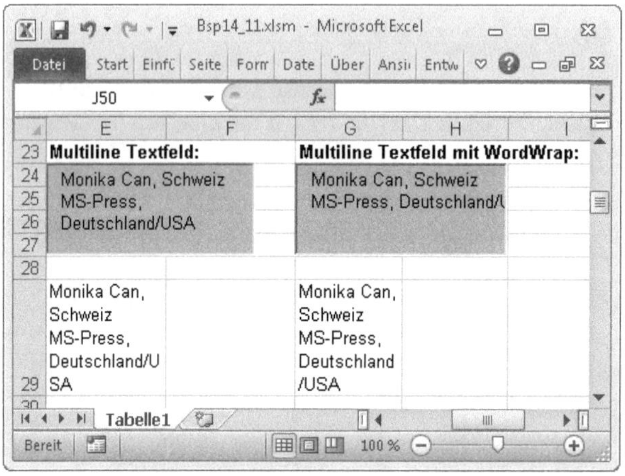


Max-Length

Falls Sie die Anzahl der Zeichen, die in das Textfeld eingegeben werden können, einschränken möchten, geben Sie bei der Eigenschaft `MaxLength` den Wert ein, der der maximal zulässigen Eingabe an Zeichen entspricht.

# Optionsfeld (*OptionButton*)

Optionsfelder treten in der Regel in Gruppen auf. In einer Gruppe von Optionsfeldern kann immer nur ein Feld aktiv sein.

In unserer Beispieldatei sind drei Optionsfelder enthalten. Durch das Aktivieren eines der Optionsfelder soll dem Bereich *A33:A38* eine entsprechende Hintergrundfarbe zugewiesen werden. Jedem der Optionsfelder wird dabei eine eigene `Click`-Ereignisprozedur hinterlegt.

**Listing 14.28** OptionButton

```
Private Sub opt_Red_Click()
   If opt_Red = True Then
      Range("A33:A38").Interior.Color = vbRed
   End If
End Sub

Private Sub opt_Green_Click()
```

**Listing 14.28** OptionButton *(Fortsetzung)*

```
   If opt_Green = True Then
      Range("A33:A38").Interior.Color = vbGreen
   End If
End Sub

Private Sub opt_Blue_Click()
   If opt_Blue = True Then
      Range("A33:A38").Interior.Color = vbBlue
   End If
End Sub
```

Group-Name

Im Grunde genommen kann in einem Tabellenblatt immer nur ein Optionsfeld aktiv sein. Wenn dennoch mehrere Optionsfelder aktiviert werden müssen, können diese in Gruppen zusammengefasst werden.

Der Gruppenname befindet sich im Eigenschaftenfenster unter `GroupName`. Standardmäßig ist der Gruppenname identisch mit dem Tabellenblattnamen, in dem sich die Optionsfelder befinden. Ändern Sie diesen so ab, dass jedes Optionsfeld einer Gruppe denselben `GroupName` trägt.

**Abbildg. 14.16** Mittels *GroupName* das Aktivieren mehrerer Optionsfelder auf einem Tabellenblatt ermöglichen

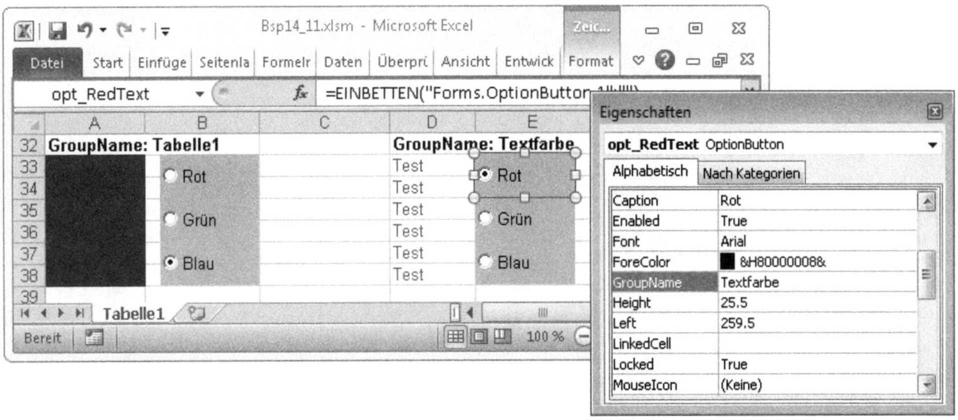


Gemäß Abbildung 14.16 bestehen auf dem Tabellenblatt zwei Gruppen zu je drei Optionsfelder. Der Name der ersten Gruppe lautet *Tabelle1* und der Name der zweiten Gruppe *Textfarbe.*

**Listing 14.29** Optionsfelder in Bezug auf Gruppen

```
' Jedem Optionsfeld wurde im Eigenschaftenfenster
' unter GroupName der Name "Textfarbe" zugewiesen
Private Sub opt_RedText_Click()
   If opt_RedText = True Then
      Range("D33:D38").Font.Color = vbRed
   End If
End Sub

Private Sub opt_GreenText_Click()
   If opt_GreenText = True Then
      Range("D33:D38").Font.Color = vbGreen
```

Listing 14.29 Optionsfelder in Bezug auf Gruppen *(Fortsetzung)*

```
   End If
End Sub

Private Sub opt_BlueText_Click()
   If opt_BlueText = True Then
      Range("D33:D38").Font.Color = vbBlue
   End If
End Sub
```

# Kontrollkästchen (*CheckBox*)

Kontrollkästchen sind mit Optionsfeldern verwandt. Der Unterschied besteht einerseits in der Form der Steuerelemente (ein Kontrollkästchen ist viereckig, ein Optionsfeld rund), andererseits besteht der entscheidende Unterschied darin, dass bei Kontrollkästchen eine Mehrfachauswahl getroffen werden kann. Es ist somit möglich, dass mehrere Kontrollkästchen gleichzeitig aktiv sind.

Abbildg. 14.17 Kontrollkästchen

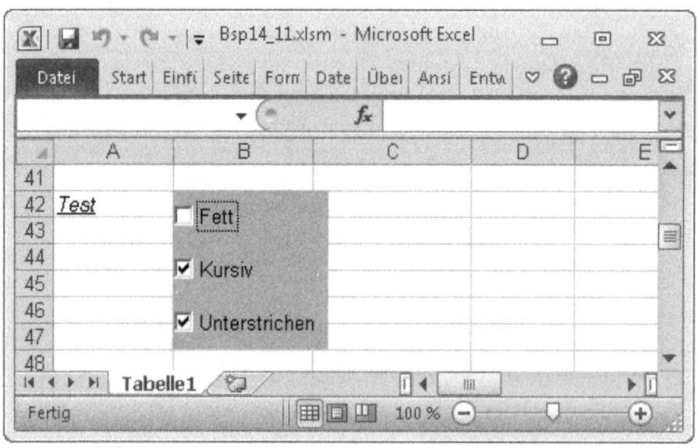


Anhand des Werts `Value` kann der Zustand eines Kontrollkästchens auf Wahr (aktiviert) oder Falsch (nicht aktiviert) überprüft werden. In unserem Beispiel befinden sich im Tabellenblatt drei Kontrollkästchen. Jedem wird ein `Click`-Ereignis hinterlegt. In einer `If`-Entscheidung wird der Wert auf seinen Zustand überprüft `If chk_Bold.Value = True Then`. Falls Sie sich etwas Schreibarbeit ersparen möchten, können Sie auf die Angabe von `Value = True` verzichten. Beim Aktivieren eines oder mehrerer Kontrollkästchen wird dem Text in Zelle *A42* eine oder mehrere Formatierungen zugewiesen.

Listing 14.30 CheckBox

```
Private Sub chk_Bold_Click()
   With Range("A42").Font
      If chk_Bold.Value = True Then
         .Bold = True
      Else
         .Bold = False
      End If
   End With
End Sub
```

**Listing 14.30** CheckBox *(Fortsetzung)*

```
Private Sub chk_Italic_Click()
   With Range("A42").Font
      If chk_Italic.Value = True Then
         .Italic = True
      Else
         .Italic = False
      End If
   End With
End Sub

Private Sub chk_Underline_Click()
   With Range("A42").Font
      If chk_Underline.Value = True Then
         .Underline = True
      Else
         .Underline = False
      End If
   End With
End Sub
```

GroupName

Genau wie Optionsfelder können auch Kontrollkästchen in Gruppen zusammengefasst werden.

# Listenfeld (*ListBox*)

Listenfelder sind Steuerelemente, die in der Lage sind, mehrere Werte aufzunehmen. Je nachdem, in welcher Größe das Listenfeld erstellt wird, werden ein oder mehrere Einträge offen angezeigt. Wenn mehr Eintrage vorhanden sind, als das Listenfeld offen anzeigen kann, wird im Listenfeld automatisch eine Bildlaufleiste eingeblendet.

**Abbildg. 14.18** Listenfeld

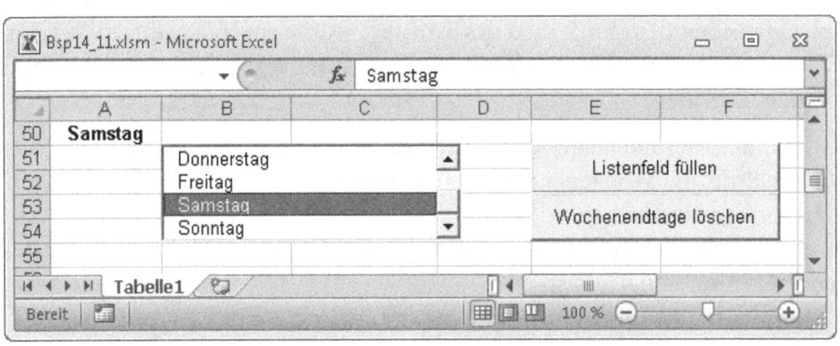


In unserem Beispiel wird das Listenfeld durch das Anklicken der Befehlsschaltfläche *Listenfeld füllen* mit den sieben Wochentagnamen gefüllt. Die Ereignisprozedur für das Befüllen des Feldes wird somit der Befehlsschaltfläche *Listenfeld füllen* hinterlegt. Zu Beginn der Prozedur wird der Inhalt des Listenfeldes mit `Clear` entfernt. Dies ist erforderlich, da das Listenfeld sonst bei erneutem Klick auf die Befehlsschaltfläche nochmals mit denselben Werten gefüllt würde, was doppelte Einträge zur Folge hätte. Die einzelnen Wochentage werden mittels der Methode `AddItem` an das Listenfeld übergeben.

**Listing 14.31** ListBox

```
Private Sub cmd_FillListBox_Click()
   With lst_weekday
      .Clear

      .AddItem "Montag"
      .AddItem "Dienstag"
      .AddItem "Mittwoch"
      .AddItem "Donnerstag"
      .AddItem "Freitag"
      .AddItem "Samstag"
      .AddItem "Sonntag"
   End With
End Sub
```

Per Klick auf einen der Wochentage, die nun im Listenfeld enthalten sind, soll dieser an die aktive Zelle übergeben werden. Wir verwenden dazu das `Click`-Ereignis des Listenfeldes:

```
Private Sub lst_weekday_Click()
   ActiveCell.Value = lst_weekday.Value
End Sub
```

RemoveItem

In unserer Beispieldatei ist eine weitere Schaltfläche enthalten. Sie trägt den Namen *Wochenendtage löschen*. Sie ist dazu da, sowohl den Samstag als auch den Sonntag aus dem Listenfeld zu entfernen. Jedem Eintrag im Listenfeld ist ein Index zugewiesen. Die Indexnummerierung beginnt immer mit dem Wert 0. Dies bedeutet, dass dem Montag der Index 0 zugewiesen ist, dem Dienstag der Index 1, dem Sonntag der Index 6 usw. Um einen Eintrag aus dem Listenfeld zu entfernen, wird die Methode `RemoveItem` in Kombination mit der Indexnummer verwendet.

In der Ereignisprozedur, die der Befehlsschaltfläche *Wochenendtage löschen* zugewiesen ist, wird zuerst der Sonntag mit dem Index 6 und dann der Samstag mit dem Index 5 gelöscht. Die Löschung beginnt somit beim letzten Eintrag. Im Grunde genommen könnte auch zuerst der Samstag mit dem Index 5 gelöscht werden. Dabei würde der Sonntag jedoch automatisch den Index 5 an Stelle von 6 annehmen, denn mit dem Entfernen des Samstags würde ein Indexeintrag weniger vorhanden sein. Das wiederum würde bedeuten, dass zweimal `RemoveItem (5)` verwendet werden müsste, um denselben Effekt zu erreichen.

Um zu verhindern, dass der Debugger gestartet wird, wenn noch kein Eintrag vorhanden ist, oder zweimal versucht würde, die Wochenendtage zu löschen, wird zu Beginn der Ereignisprozedur eine `If`-Entscheidung eingesetzt. Darin wird geprüft, wie viele Einträge im Listenfeld `ListCount` vorhanden sind. Wenn 0 oder 5 Einträge vorhanden sind, wird ein entsprechendes Meldungsfeld angezeigt und die Prozedur wird vorzeitig verlassen.

**Listing 14.32** Ein Listenfeld mit Fehlerprüfung

```
Private Sub cmd_Delete_Click()
   With lst_weekday
      If .ListCount = 0 Or .ListCount = 5 Then
         MsgBox "Es sind keine Einträge vorhanden, " & Chr(13) & _
               "oder die Wochenendtage wurden bereits gelöscht."
         Exit Sub
      End If
```

**Listing 14.32** Ein Listenfeld mit Fehlerprüfung *(Fortsetzung)*

```
        .RemoveItem (6)
        .RemoveItem (5)
    End With
End Sub
```

**TIPP** Um alle Einträge aus einem Listenfeld zu löschen, kann mit der Methode `Clear` gearbeitet werden:
`lst_weekday.Clear`

# Kombinationsfeld (*ComboBox*)

Kombinationsfelder (auch Dropdownfelder genannt) sind mit den Listenfeldern verwandt. Der Unterschied besteht darin, dass in einem Kombinationsfeld lediglich ein Eintrag offen angezeigt wird. Wenn die restlichen Einträge eingesehen und ausgewählt werden sollen, muss die Liste über den Dropdownpfeil an der rechten Seite des Kombinationsfeldes geöffnet werden.

**Abbildg. 14.19** ComboBox

Da das Verhalten ansonsten mit dem des Listenfeldes identisch ist, wird an dieser Stelle auf ein Codebeispiel verzichtet. Der Vollständigkeit halber finden Sie innerhalb der Beispieldateien zum Buch in der Datei *Bsp14_11.xlsm* sowohl ein Beispiel zu einem Listenfeld als auch eines zu einem Kombinationsfeld.

# Drehfeld (*SpinButton*)

Ein Drehfeld besteht aus zwei Pfeilen, denen eine Ober- und eine Untergrenze zugewiesen werden kann. Der maximal zulässige Wert wird im Eigenschaftenfenster des Drehfeldes bei `Max` eingetragen und der Minimalwert bei `Min`. Per Klick auf den entsprechenden Pfeil des Drehfeldes wird der Wert im angegebenen Bereich entweder erhöht oder reduziert.

**Abbildg. 14.20** Festlegen von *Min* und *Max*

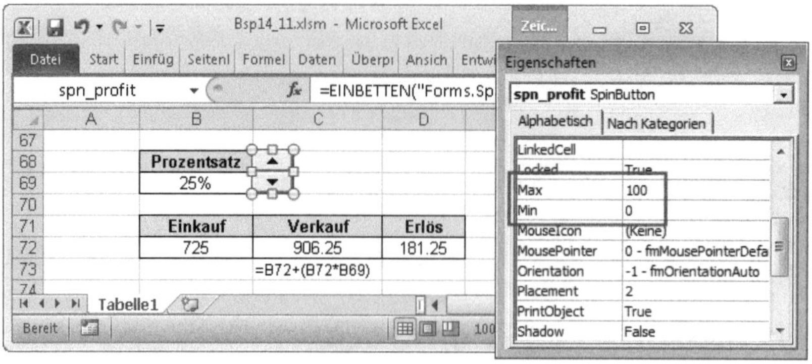


In unserem Beispiel kann per Drehfeld der Prozentsatz in Zelle *B69* stufenweise um ein Prozent verändert werden. In Zelle *B72* wird manuell der Einkaufspreis eingetragen. In der Zelle *C72* wird automatisch der Verkaufspreis und in Zelle *D72* der Erlös berechnet.

**Listing 14.33** SpinButton

```
Private Sub spn_profit_Change()
   Range("B69").Value = spn_profit.Value / 100
End Sub
```

# Bildlaufleiste (*ScrollBar*)

Bildlaufleisten sind den Drehfeldern sehr ähnlich. In der Anzeige unterscheiden sie sich darin, dass bei der Bildlaufleiste zwischen den beiden Pfeilen noch ein Balken mit einem Schieber angezeigt wird. Genau wie bei Drehfeldern kann im Eigenschaftenfenster ein Maximal- und ein Minimalwert festgelegt werden.

**Abbildg. 14.21** Einen Farbverlauf über die Bildlaufleisten verändern

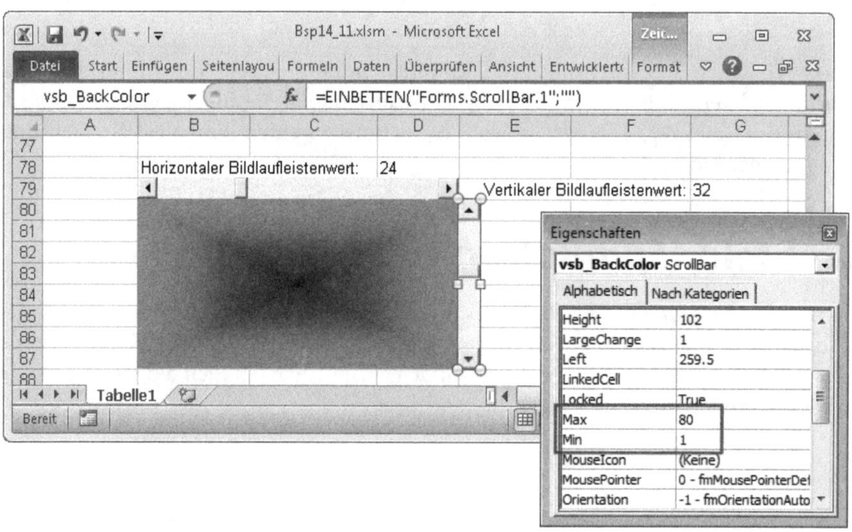

Unser Beispiel besteht aus einem Rechteck mit einem zweifarbig verlaufenden Fülleffekt. Dem Rechteck wurde der Namen *Farbverlauf* zugewiesen. Um ein aktives Objekt umzubenennen, verwenden Sie das *Namenfeld*, das sich links neben der Bearbeitungsleiste befindet.

Mittels der horizontalen Bildlaufleiste soll die äußere Farbe und über die vertikale Bildlaufleiste die innere Farbe verändert werden. Bei beiden Bildlaufleisten wurde der Minimalwert auf 1 und der Maximalwert auf 80 festgelegt. Durch das Bewegen der Bildlaufleisten kann ein verschiedenfarbiger Farbverlaufeffekt erzeugt werden. Der aktuelle Wert der beiden Bildlaufleisten wird auf dem Tabellenblatt in Zelle *D78* und *G79* ausgegeben.

**Listing 14.34** ScrollBar

```
Private Sub hsb_ForeColor_Change()
   Shapes("Farbverlauf").Fill _
      .ForeColor.SchemeColor = hsb_ForeColor.Value
   Range("D78").Value = hsb_ForeColor.Value
End Sub

Private Sub vsb_Backcolor_Change()
   Shapes("Farbverlauf").Fill _
      .BackColor.SchemeColor = vsb_BackColor.Value
   Range("G79").Value = vsb_BackColor.Value
End Sub
```

# Bild (*Image*)

Das Steuerelement *Bild* kann eine Bilddatei anzeigen. In diesem Beispiel wird nicht ein Ereignis verwendet, das dem Bild selbst hinterlegt wird, sondern das `Change`-Ereignis des Tabellenblattes. Zelle *E90* ist ein Zellendropdownfeld zugewiesen. Ein Zellendropdownfeld kann im Menüband auf der Registerkarte *Daten* in der Gruppe *Datentools* mit dem Befehl *Datenüberprüfung* erstellt werden. Unter *Zulassen* wurde *Liste* gewählt und als *Quelle* wurden die Werte 1, 2 und 3 hinterlegt. Je nach Auswahl einer der zugelassenen Werte wird ein anderes Bild angezeigt.

**Listing 14.35** Image

```
Private Sub Worksheet_Change(ByVal Target As Range)
   Set Target = Intersect(Target, Range("E90"))

   If Target Is Nothing Then
      Exit Sub
   End If

   With img_Photo
      Select Case Range("E90")
         Case 1
            .Picture = LoadPicture _
                       (ThisWorkbook.Path & "\Cat.gif")
         Case 2
            .Picture = LoadPicture _
                       (ThisWorkbook.Path & "\Feet.gif")
         Case 3
            .Picture = LoadPicture _
                       (ThisWorkbook.Path & "\Flower.gif")
```

**Listing 14.35** Image *(Fortsetzung)*

```
    End Select
  End With
End Sub
```

**Abbildg. 14.22** Bildauswahl per Zellendropdownfeld verändern

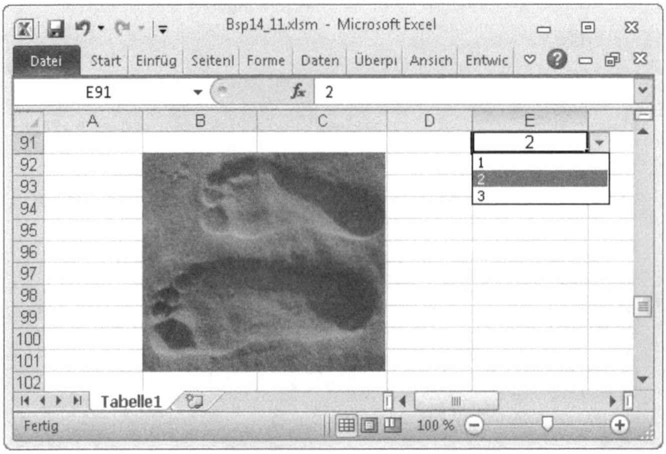


Picture-SizeMode

Nicht immer passt ein Bild exakt in den vorgegebenen Bildrahmen. Mittels der Eigenschaft `PictureSizeMode` kann festgelegt werden, in welcher Größe und Skalierung das Bild angezeigt werden soll. Der Tabelle 14.4 können Sie entnehmen, welche Konstanten der Eigenschaft `PictureSizeMode` zugewiesen werden können.

**Tabelle 14.4** Konstanten zur Einstellung der Bildgröße und Skalierung

| Konstante | Beschreibung |
|---|---|
| `fmPictureSizeModeClip` | Schneidet den Teil des Bildes ab, der größer ist als das Formular oder die Seite (Voreinstellung) |
| `fmPictureSizeModeStretch` | Dehnt das Bild, um das Formular oder die Seite auszufüllen. Diese Einstellung verzerrt das Bild sowohl in vertikaler als auch in horizontaler Richtung. |
| `fmPictureSizeModeZoom` | Vergrößert das Bild, verzerrt das Bild aber weder in vertikaler noch in horizontaler Richtung |

# Zusätzliche Steuerelemente

Über das Symbol *Weitere Steuerelemente* (*Entwicklertools/Steuerelemente/Einfügen/ActiveX-Steuer-elemente*) steht Ihnen eine Reihe an weiteren Steuerelementen zur Verfügung. Per Klick auf das Symbol öffnet sich ein Listenfeld. Betätigen Sie die darin enthaltene Bildlaufleiste, um zu den unteren Einträgen zu gelangen.

**Abbildg. 14.23** Zusätzliche Steuerelemente

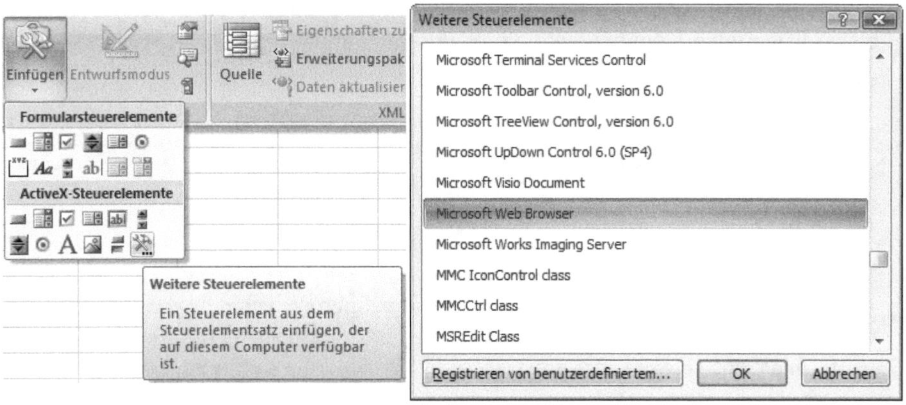


## Eine animierte Grafik in Excel

In Excel können standardmäßig keine Animationen in Grafiken ausgeführt werden. Das bedeutet, wenn beispielsweise eine animierte *.gif*-Datei in ein Tabellenblatt eingefügt wird, steht das Bild still. Von einer *.gif*-Datei, die sich aus verschiedenen Bildfolgen zusammensetzt, wird immer nur das erste Bild angezeigt.

Falls Sie dennoch eine animierte Grafik in Ihr Tabellenblatt einfügen möchten, können Sie ein Webbrowserfenster einbinden. Voraussetzung für die korrekte Anzeige der Animation ist, dass der Internet Explorer installiert ist.

**Abbildg. 14.24** Animierte Grafiken

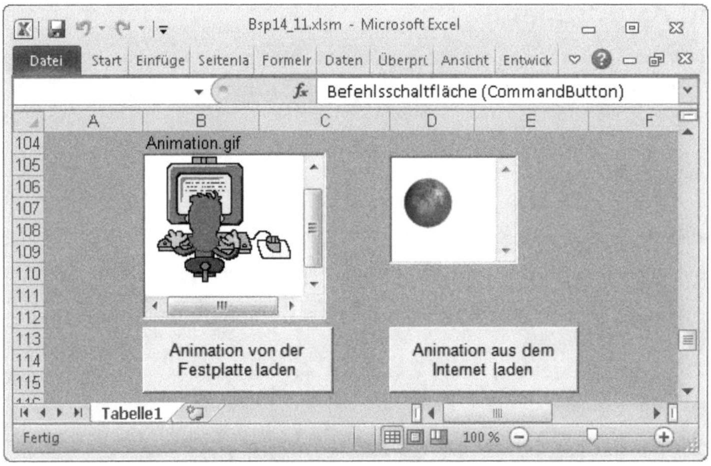


Um ein Browserfenster in ein Tabellenblatt einzufügen, wählen Sie aus der Liste der weiteren Steuerelemente *Microsoft Web Browser* aus (siehe Abbildung 14.23). Ziehen Sie auf dem Tabellenblatt einen Rahmen. Im Rahmen wird eine schwarze Fläche mit dem Windows-Logo angezeigt. Das erste eingefügte Browserfenster trägt automatisch den Namen `Webbrowser1`. Weitere Fenster werden fortlaufend nummeriert mit `WebBrowser2`, `WebBrowser3` usw.

Unter Verwendung der Methode Navigate und der Angabe eines Pfades und Dateinamens, der zu der Grafik führt, kann die Animation in das Browserfenster geladen werden. Der Code wird in einem allgemeinen Modul erstellt und von dort aus mit der Taste F5 ausgeführt.

**Listing 14.36** Webbrowser

```
Sub Animation()
   ActiveSheet.WebBrowser1.Navigate _
      ThisWorkbook.Path & "\" & Range("B103")
End Sub
```

Die animierte Grafik muss nicht zwingend auf der Festplatte abgelegt sein. Sie können auch eine Animation, die sich an einem beliebigen Ort im Internet befindet, in Ihr Browserfenster laden. Geben Sie dazu in Anführungszeichen ("") die Webadresse an. Damit die Animation im Browserfenster angezeigt werden kann, muss eine aktive Verbindung zum Internet bestehen.

```
Sub AnimationInternet()
   ActiveSheet.WebBrowser2.Navigate _
      "http://www.jumper.ch/Logos/weltkugel3.gif"
End Sub
```

**HINWEIS** Um das Browserfenster nachträglich in der Größe zu verändern oder an einen anderen Ort zu verschieben, muss der Entwurfsmodus aktiv sein. Bei aktivem Entwurfsmodus kann es vorkommen, dass das Browserfenster aus der Sicht verschwindet. Es wird manchmal nicht einmal ein Rahmen angezeigt, der erahnen ließe, wo sich das Steuerelement befindet. Erst wenn auf die Stelle geklickt wird, wo sich das Browserfenster befindet, wird es durch die Eck- und Seitenpunkte sichtbar und kann entsprechend vergrößert, verkleinert oder verschoben werden.

## Navigation auf der Festplatte

Sie können einen Webbrowser auch nutzen, um Dateien und Ordner anzuzeigen, die sich in einem bestimmten Pfad befinden. Im Browserfenster können Sie Ordner wechseln und darin enthaltene Dateien öffnen.

**Abbildg. 14.25** Auf der Festplatte navigieren

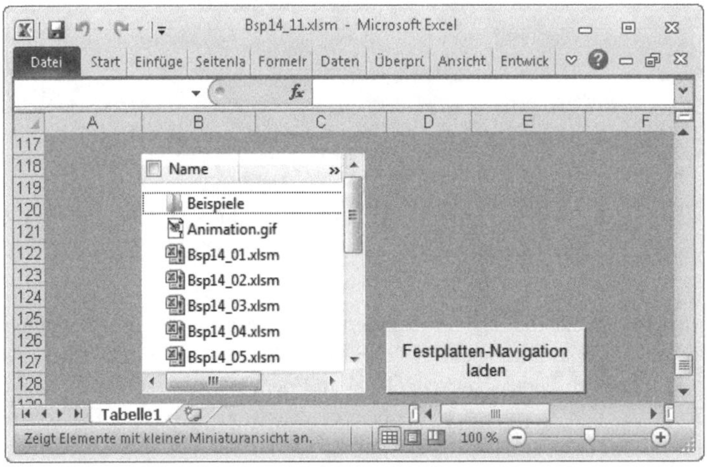

**WICHTIG** Bei Pfadangaben sollte grundsätzlich geprüft werden, ob diese gültig sind oder nicht. Damit kann gegebenenfalls das Starten des Debuggers verhindert werden.

Im nachfolgenden Codebeispiel wird dazu eine `If`-Entscheidung eingesetzt. Mittels der Funktion `Dir` und der Pfadangabe im runden Klammerpaar, hier eine Variable, wird geprüft, ob ein Übergabewert vorhanden ist. Wenn nicht, wird die Prozedur vorzeitig verlassen.

An das Browserfenster wird schließlich der gewünschte Pfad übergeben. In unserem Beispiel ist zu Beginn der Prozedur die Variable `strPath` deklariert, die dafür vorgesehen ist, den Pfad aufzunehmen.

Das Webbrowserfenster, das als Navigator dient, wird folgendermaßen befüllt:

**Listing 14.37** Navigation Explorer

```
Sub NavigateFileSystem()
   Dim strPath As String

   strPath = ThisWorkbook.Path & "\"

   ' Prüfen, ob die Pfadangabe korrekt ist
   If Dir(strPath) = "" Then
      MsgBox "Falsche Pfadangabe"
      Exit Sub
   End If

   ' Ordner und Dateien ins Browserfenster laden
   ActiveSheet.WebBrowser3.Navigate strPath
End Sub
```

Weitere Steuerelemente werden in Kapitel 21 behandelt.

# Steuerelemente aus einem Tabellenblatt entfernen

Bei korrekter Verwendung von Präfixen ist es relativ einfach, einzelne Steuerelementtypen aus einem Tabellenblatt zu entfernen. Es kann dabei auf die ersten drei Zeichen des Elementnamens Bezug genommen werden. Das folgende Beispiel zeigt, wie aus einem Tabellenblatt nur Kontrollkästchen, das heißt Steuerelemente, deren Namen mit `chk` beginnen, gelöscht werden können.



**BEISPIEL** Die beiden nachfolgenden Beispiele befinden sich innerhalb der Beispieldateien zum Buch im Ordner *\Buch\Kap14*. Die Mappe nennt sich *Bsp14_12.xlsm*. Das Modul heißt *mdl_01_Delete*.

**Listing 14.38** Entfernen von Kontrollkästchen

```
Sub DeleteOnlyCheckBox()
   Dim shp As Shapes
   Dim i As Integer

   Set shp = ActiveSheet.Shapes

   ' Nur Kontrollkästchen entfernen
   For i = ActiveSheet.Shapes.Count To 1 Step -1
```

**Listing 14.38** Entfernen von Kontrollkästchen *(Fortsetzung)*

```
        If Left(shp(i).Name, 3) = "chk" Then
            shp(i).Delete
        End If
    Next i
End Sub
```

Wenn alle Steuerelemente aus einem Tabellenblatt gelöscht werden sollen, ist es oftmals umständlich, diese einzeln manuell zu entfernen. Hinzu kommt, dass vielleicht *ActiveX-Steuerelemente*, nicht jedoch *Formularsteuerelemente* entfernt werden müssen. Da sich die beiden Elementtypen auf den ersten Blick kaum voneinander unterscheiden lassen, erweist sich das Löschen von Hand zusätzlich als problematisch.

Die nachfolgende Prozedur nimmt beim Ansprechen der Elemente auf deren Typ (`Type`) Bezug. Steuerelemente sind vom Typ `msoOLEControlObject`.

**Listing 14.39** Entfernen aller Steuerelemente aus der Steuerelement-Toolbox

```
Sub DeleteToolBoxElements()
    Dim shp As Shape

    ' Nur Steuerelemente aus der Steuerelement-Toolbox entfernen
    For Each shp In ActiveSheet.Shapes
        If shp.Type = msoOLEControlObject Then
            shp.Delete
        End If
    Next shp
End Sub
```

In der Beispieldatei wird der Effekt deutlich, denn es befinden sich auf dem Tabellenblatt zwei *Formularsteuerelemente*. Um diese hervorzuheben, sind sie von grau eingefärbten Zellen umgeben. Auf dem Tabellenblatt befinden sich zudem drei *ActiveX-Steuerelemente*. Beim Ausführen der Prozedur `DeleteToolBoxElements` bleiben nur die beiden *Formular*-Schaltflächen stehen.

**Abbildg. 14.26** Verschiedene Elemente löschen

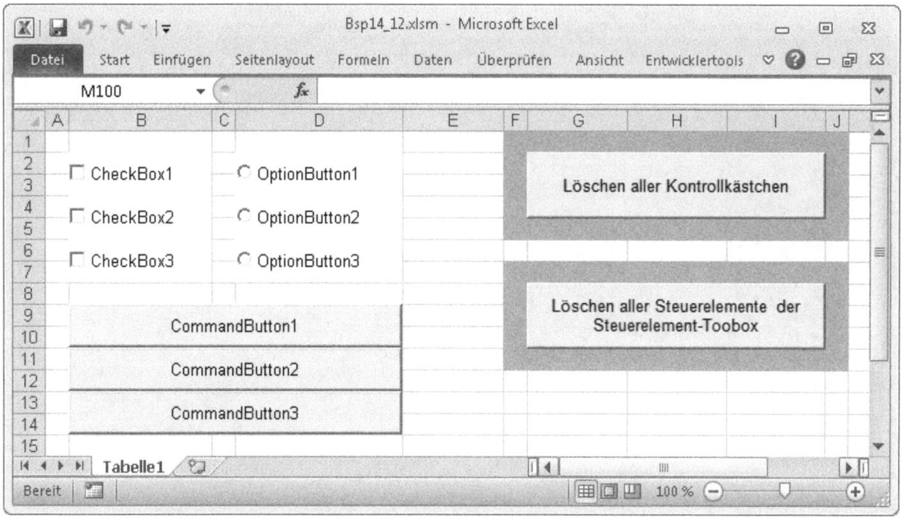


In Kapitel 19 werden verschiedene Objekttypen wie Grafiken, Clipart, WordArt usw. behandelt. Dort erfahren Sie auch mehr über das Löschen der einzelnen Objekte.

Formeln und Ereignisse erstellen

# Teil E

# Auswertungs-techniken anwenden

**In diesem Teil:**

Kapitel 15

# Daten auswerten

**In diesem Kapitel:**

In diesem Kapitel geht es hauptsächlich um die Auswertung von Daten. Dabei lernen Sie unterschiedliche Methoden kennen, wie Daten verglichen werden können. Gleiche oder ungleiche Daten werden wahlweise hervorgehoben. Des Weiteren erfahren Sie, wie Daten per VBA sortiert und transponiert werden können. Sie werden mit Datenmasken vertraut gemacht und erforschen die Datengültigkeit. Zudem werden Sie über das Arbeiten mit benannten Bereichen informiert.

# Daten vergleichen

Auf den folgenden Buchseiten lernen Sie verschiedenen Techniken kennen, mit denen Daten verglichen werden können.

## Werte vergleichen und farblich hervorheben

Die Ausgangslage für unser erstes Beispiel ist eine Tabelle, in der drei Werte mit einem bestimmten Bereich verglichen werden sollen.

Jeder der drei Werte der Zellen *A1:A3* hat eine andere Hintergrundfarbe (Rot, Grün und Gelb). Im Datenbereich *C1:G10* sollen übereinstimmende Werte ermittelt und mit den entsprechenden Farben hervorgehoben werden.

**Abbildg. 15.1** Übereinstimmend Zahlen farbgenau hervorheben

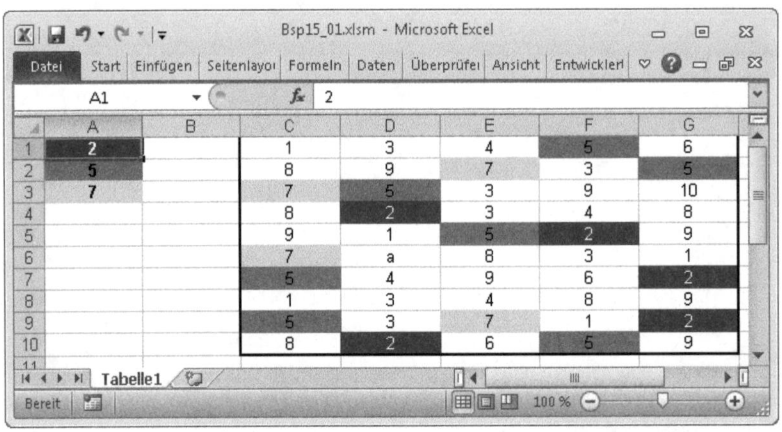


In unserer Prozedur arbeiten wir mit einem Array, das drei Felder aufnehmen kann: `arrNumbers(3)`. Damit die Nummerierung des Arrays mit 1 und nicht mit 0 beginnt, deklarieren wir außerhalb des Moduls die Anweisung `Option Base 1`.

In der ersten `For`-Schleife wird das Array mit den Werten aus dem Bereich *A1:A3* gefüllt. In der zweiten `For`-Schleife wird der Inhalt des Arrays mit dem Inhalt der Zellen des Bereiches *C1:G10* verglichen. Je nachdem, welche Zahl des Arrays mit dem Bereich übereinstimmt, wird die Zelle mit der entsprechenden Hintergrundfarbe belegt.

Am Ende der Prozedur wird in einem Meldungsfeld ausgegeben, wie viele rote, grüne und gelbe Zellen im Bereich *C1:G10* ermittelt wurden. Dazu verwenden wir die drei Zähler `intRed`, `intGreen` und `intYellow`.

**Abbildg. 15.2** Gezählte farbliche Übereinstimmungen ausgeben

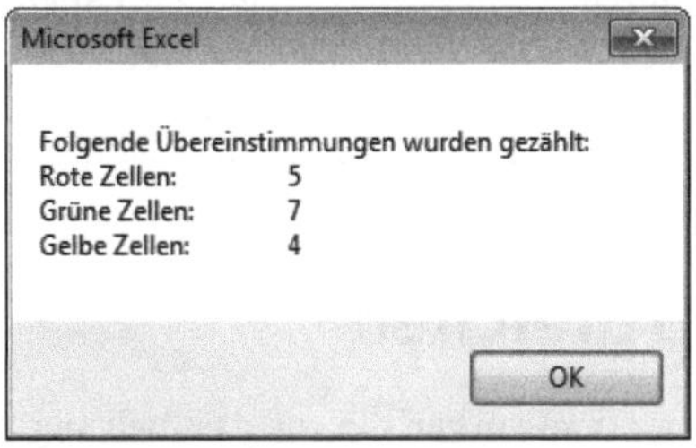


**Listing 15.1** Werte vergleichen

```
Option Explicit
Option Base 1

Sub CompareValuesColors()
   Dim arrNumbers(3) As Variant
   Dim i As Integer
   Dim c As Range

   Dim intRed As Integer
   Dim intGreen As Integer
   Dim intYellow As Integer

   ' Array-Felder füllen
   For i = 1 To 3
      arrNumbers(i) = Cells(i, 1)
   Next i

   ' Felder vergleichen - Treffer farbig hervorheben
   For Each c In Range("C1:G10")
      Select Case c
         Case arrNumbers(1)
            c.Interior.Color = vbRed
            intRed = intRed + 1
         Case arrNumbers(2)
            c.Interior.Color = vbGreen
            intGreen = intGreen + 1
         Case arrNumbers(3)
            c.Interior.Color = vbYellow
            intYellow = intYellow + 1
         Case Else
            c.Interior.ColorIndex = -4142
      End Select
   Next c

   ' Meldungsfeld mit Ausgabe der gezählten farbigen Felder
   MsgBox "Folgende Übereinstimmungen wurden gezählt: " & Chr(10) & _
          "Rote Zellen: " & Chr(9) & intRed & Chr(10) & _
          "Grüne Zellen: " & Chr(9) & intGreen & Chr(10) & _
          "Gelbe Zellen: " & Chr(9) & intYellow
End Sub
```

**BEISPIEL** Das obige Beispiel befindet sich innerhalb der Beispieldateien zum Buch im Ordner *\Buch\Kap15*. Die Mappe nennt sich *Bsp15_01.xlsm*. Die Prozedur befindet sich im Modul *mdl_01_Compare*.

# Datenreihe mit Bereich vergleichen

Das folgende Beispiel ist insofern flexibler gegenüber dem vorherigen, als dass beliebig viele Daten der ersten Zeile mit dem Bereich *A3:E10* verglichen werden können. Diesmal spielt der Farbunterschied keine Rolle. Alle Treffer werden mit einer grauen Hintergrundfarbe belegt.

**Abbildg. 15.3** Treffer grau hervorheben

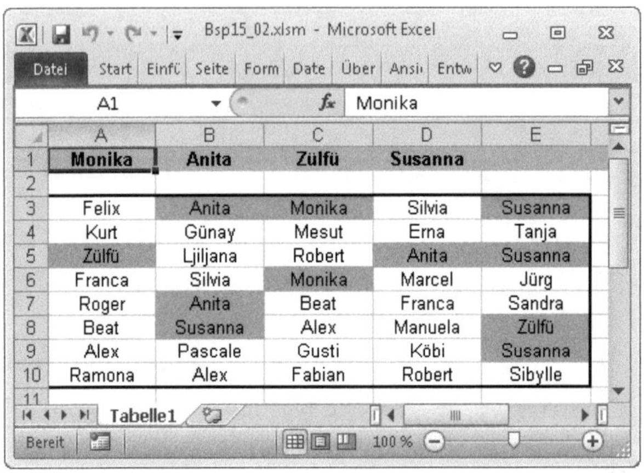


Um die Flexibilität zu erhalten, arbeiten wir mit einem dynamischen Array: `arrNumber()`. Dem Zähler `intCounter` werden die Anzahl der Suchbegriffe aus Zeile 1 übergeben. Mittels dieses Zählers kann das Array über `ReDim` dimensioniert werden.

In der ersten `For`-Schleife wird das Array mit den Werten aus Zeile 1 gefüllt. Nach der Schleife werden die Hintergrundfarben des Bereiches *A3:E10* zurückgesetzt. In der zweiten `For`-Schleife werden die Array-Felder durchlaufen. Dazu verwenden wir die Untergrenze `LBound` und die Obergrenze `UBound` des Arrays.

Innerhalb der Schleife befindet sich eine weitere `For`-Schleife, die alle Zellen des Bereiches auf übereinstimmende Werte überprüft. Falls ein Treffer gefunden wird, wird die Zelle grau hinterlegt.

**Listing 15.2** Datenreihe mit Bereich vergleichen

```
Option Explicit
Option Base 1

Sub CompareValues()
   Dim arrNumbers() As Variant
   Dim intCounter As Integer
   Dim i As Integer
   Dim c As Range
```

**Listing 15.2** Datenreihe mit Bereich vergleichen *(Fortsetzung)*

```
   ' Anzahl benötigter Arrayfelder
   intCounter = Rows(1).End(xlToRight).Column

   ' Array-Dimension festlegen
   ReDim arrNumbers(intCounter)

   ' Array-Felder füllen
   For i = 1 To intCounter
      arrNumbers(i) = Cells(1, i)
   Next i

   ' Hintergrundfarbe des Bereichs zurücksetzen
   Range("A3:E10").Interior.ColorIndex = -4142

   ' Felder vergleichen - Treffer grau hinterlegen
   For i = LBound(arrNumbers) To UBound(arrNumbers)
      For Each c In Range("A3:E10")
         If c.Value = arrNumbers(i) Then
            c.Interior.ColorIndex = 15
         End If
      Next c
   Next i
End Sub
```

**BEISPIEL** Das obige Beispiel befindet sich innerhalb der Beispieldateien zum Buch im Ordner *\Buch\Kap15*. Die Mappe nennt sich *Bsp15_02.xlsm*. Die Prozedur befindet sich im Modul *mdl_01_Compare*.

# Zwei Bereiche vergleichen

Wenn zwei Bereiche identisch sein sollen, ist es nicht immer einfach, kleine Ungleichheiten zu entdecken. Mittels einer VBA-Prozedur lassen sich diese Unterschiede schnell und einfach hervorheben.

**Abbildg. 15.4** Zwei Bereiche vergleichen

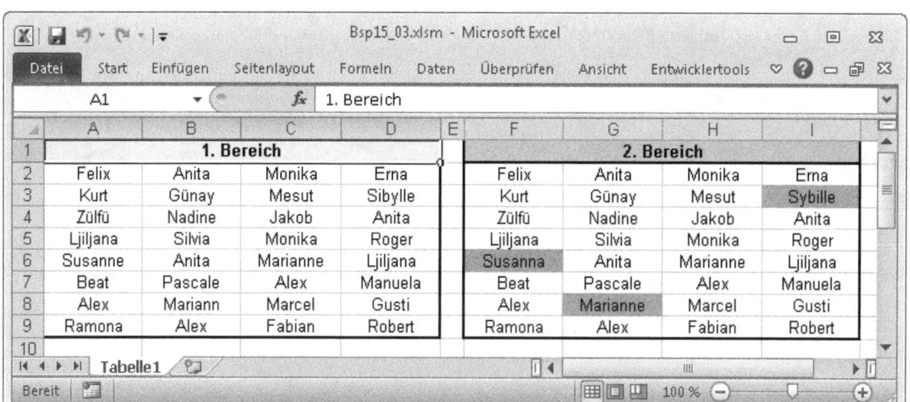

Erneut verwenden wir ein dynamisches Array. Zuvor ermitteln wir, wie viele Zellen der Bereich umfasst. Diesen Wert übergeben wir der Variable `intRange`. Im Anschluss kann das Array entsprechend dimensioniert werden.

In der ersten `For`-Schleife übergeben wir dem Array sämtliche Werte des ersten Bereichs. Danach setzen wir die Hintergrundfarbe der Zellen des zweiten Bereiches zurück.

Die `Do While`-Schleife wird solange durchlaufen, bis sämtliche Zellen des ersten Bereiches mit den Zellen des zweiten Bereiches verglichen sind. In der inneren `For`-Schleife werden die Daten aus dem Array mit den Daten des zweiten Bereichs verglichen; sobald eines der Felder des zweiten Bereiches nicht mit dem ersten Bereich übereinstimmt, wird es mit einer grauen Hintergrundfarbe versehen.

**Listing 15.3** Bereiche vergleichen

```
Option Explicit
Option Base 1

Sub CompareRanges()
   Dim arr() As Variant
   Dim intRange As Integer
   Dim i As Integer
   Dim c As Range

   intRange = Range("A2:D9").Cells.Count

   ReDim arr(intRange)

   ' Daten des 1. Bereichs an das Array übergeben
   i = 1
   For Each c In Range("A2:D9")
      arr(i) = c.Value
      i = i + 1
   Next c

   Range("F2:I9").Interior.ColorIndex = -4142

   ' Die beiden Bereiche vergleichen
   ' Ungleiche Daten im 2. Bereich grau hinterlegen
   i = 1
   Do While i < intRange
      For Each c In Range("F2:I9")
         If c.Value <> arr(i) Then
            c.Interior.ColorIndex = 15
         End If
         i = i + 1
      Next c
   Loop
End Sub
```

**BEISPIEL** Das obige Beispiel befindet sich innerhalb der Beispieldateien zum Buch im Ordner *\Buch\Kap15*. Die Mappe nennt sich *Bsp15_03.xlsm*. Die Prozedur befindet sich im Modul *mdl_01_Compare*.

# Tabellenblätter vergleichen

Die feinen Abweichungen zweier unterschiedlicher Tabellenblätter zu ermitteln, kann sehr aufwändig sein und am Ende ist nicht auszuschließen, dass etwas übersehen wurde. Der Einsatz einer VBA-Prozedur, die die beiden Tabellenblätter automatisch vergleicht, drängt sich förmlich auf.

Um zwei Tabellen miteinander zu vergleichen, sieht das Verfahren ganz anders aus als in den vorangegangenen Prozeduren, wo nur Bereiche vergleichen wurden. Es gibt verschiedene Möglichkeiten, um fehlerhafte Daten zu kennzeichnen. Im folgenden Beispiel werden auf dem zweiten Tabellenblatt die unterschiedlichen Zellen rot eingekreist. Den ungleichen Zellen wird zudem ein Kommentarfeld hinterlegt, dem der Wert des ersten Tabellenblattes zu entnehmen ist.

**Abbildg. 15.5** Tabellenblätter vergleichen

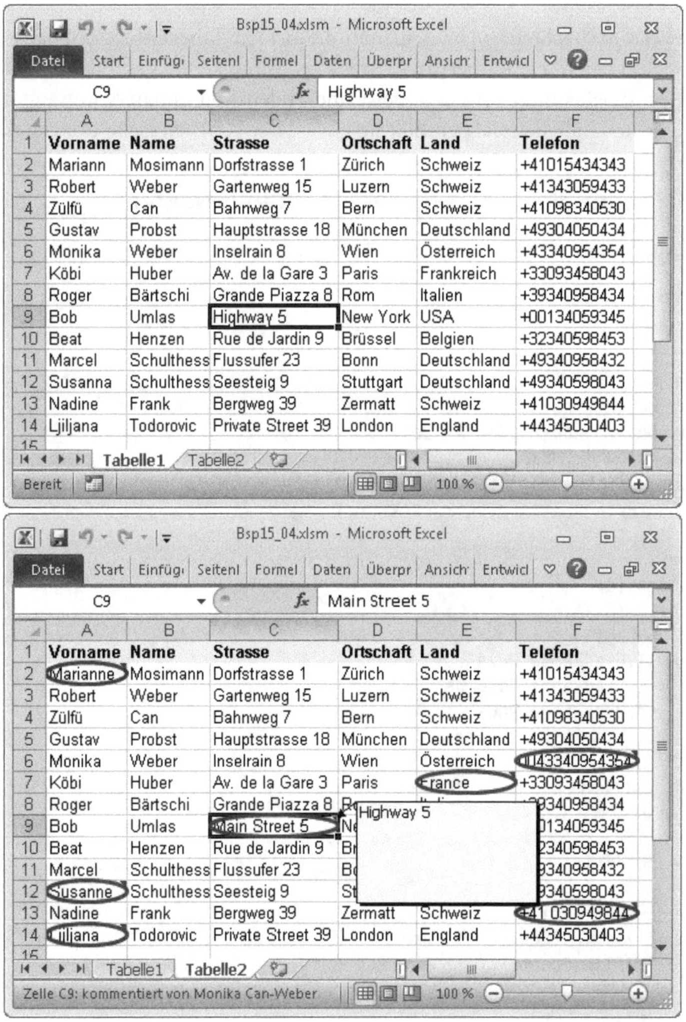




Auswertungstechniken anwenden

Zu Beginn der Prozedur werden sämtlichen erforderlichen Variablen deklariert. Um den Code möglichst übersichtlich zu gestalten, referenzieren wir die sich wiederholenden Objektkombinationen.

Danach wird zuerst über `Call RemoveCircleAndComments` die zweite Prozedur aufgerufen. Sie entfernt bereits vorhandene Kreise und Kommentare im zweiten Tabellenblatt. Dies ist erforderlich, um zu verhindern, dass der Debugger gestartet wird, wenn bereits Kreise und Kommentare im zweiten Tabellenblatt vorhanden sind.

Der Bildschirmaufbau (`ScreenUpdating`) wird deaktiviert, um das Flackern am Bildschirm zu verhindern und zudem die Geschwindigkeit der Prozedur zu optimieren. Am Ende der Prozedur wird die Eigenschaft wieder aktiviert.

Für den Fall, dass die beiden Tabellenblätter unterschiedliche Datenmengen, sprich unterschiedliche Spalten- und Zeilenzahlen, enthalten, wird in zwei `If`-Entscheidungen ermittelt, welches der höchste Zeilen- und Spaltenwert der beiden Tabellen ist.

Danach werden in zwei verschachtelten `For`-Schleifen die beiden Tabellenblätter Spalte um Spalte und Zeile um Zeile auf Ungleichheiten überprüft. Falls Unstimmigkeiten gefunden werden, werden diese Zellen im zweiten Tabellenblatt rot eingekreist und zudem mit einem Kommentar versehen. Der Kommentar im zweiten Tabellenblatt enthält den Wert der gleichen Zelle des ersten Tabellenblattes.

Am Ende der Prozedur werden die referenzierten Objekte wieder freigegeben.

**Listing 15.4** Tabellenblätter vergleichen

```
Option Explicit

Sub CompareTwoSheets()
   Dim ws1 As Worksheet, ws2 As Worksheet
   Dim objws1Row As Object, objws1Col As Object
   Dim objws2Row As Object, objws2Col As Object
   Dim lngMaxRow As Long, intMaxCol As Integer
   Dim lngRow As Long, intCol As Integer
   Dim varCompWS1 As Variant, varCompWS2 As Variant

   ' Referenzierung
   Set ws1 = Worksheets(1)
   Set ws2 = Worksheets(2)

   Set objws1Row = ws1.UsedRange.Rows
   Set objws1Col = ws1.UsedRange.Columns
   Set objws2Row = ws2.UsedRange.Rows
   Set objws2Col = ws2.UsedRange.Columns

' Vorhandene Kreise und Kommentare entfernen
   Call RemoveCircleAndComments

   Application.ScreenUpdating = False

   ' Maximale Zeilenanzahl ermitteln
   If objws1Row.Count > objws2Row.Count Then
      lngMaxRow = objws1Row.Count
   Else
      lngMaxRow = objws1Row.Count
   End If
```

**Listing 15.4** Tabellenblätter vergleichen *(Fortsetzung)*

```
   ' Maximale Spaltenanzahl ermitteln
   If objws1Col.Count > objws2Col.Count Then
      intMaxCol = objws1Col.Count
   Else
      intMaxCol = objws1Col.Count
   End If

   ' Jede Zelle der beiden Tabellenblätter vergleichen
   For intCol = 1 To intMaxCol
      For lngRow = 1 To lngMaxRow
         varCompWS1 = ws1.Cells(lngRow, intCol)
         varCompWS2 = ws2.Cells(lngRow, intCol)
            If varCompWS1 <> varCompWS2 Then

               ' Unterschiedliche Einträge rot einkreisen
               With ws2
                  With .Shapes.AddShape(msoShapeOval, _
                     .Cells(lngRow, intCol).Left, _
                     .Cells(lngRow, intCol).Top, _
                     .Cells(lngRow, intCol).Width, _
                     .Cells(lngRow, intCol).Height)
                     .Fill.Visible = msoFalse
                     .Line.ForeColor.SchemeColor = 10
                  End With

                  ' Kommentar einfügen
                  .Cells(lngRow, intCol).AddComment varCompWS1
               End With
            End If
      Next lngRow
   Next intCol

   Application.ScreenUpdating = True

   ' Objekte freigeben
   Set ws1 = Nothing
   Set ws2 = Nothing
   Set objws1Row = Nothing
   Set objws1Col = Nothing
   Set objws2Row = Nothing
   Set objws2Col = Nothing
End Sub
```

Die zweite Prozedur wird verwendet, um die Kreise und Kommentare, die im zweiten Tabellenblatt eingefügt wurden, wieder zu entfernen. Eine ausführliche Beschreibung zu `Shapes`, wie beispielsweise Kreisobjekte, erhalten Sie in Kapitel 19.

**Listing 15.5** Kreise und Kommentare entfernen

```
Sub RemoveCircleAndComments()
   Dim ws2 As Worksheet
   Dim shp As Shape
   Dim c As Range

   Set ws2 = Worksheets(2)
```

Auswertungstechniken anwenden

**Listing 15.5** Kreise und Kommentare entfernen *(Fortsetzung)*

```
    ' Rote Kreise entfernen
    For Each shp In ws2.Shapes
       If shp.Type = msoAutoShape Then
          shp.Delete
       End If
    Next shp

    ' Kommentare löschen
    For Each c In ws2.UsedRange.Cells
       If Not c.Comment Is Nothing Then
          c.Comment.Delete
       End If
    Next c

    Set ws2 = Nothing
End Sub
```

Die folgende Prozedur ist dazu gedacht, im zweiten Tabellenblatt den Inhalt der Kommentare zu übernehmen, damit die beiden Tabellen identisch sind, falls dies die Anforderung ist.

Innerhalb der Prozedur `GetCommentValues` wird zuerst die Prozedur `CompareTwoSheets` aufgerufen. Damit werden die beiden Tabellen miteinander vergleichen.

Die `For`-Schleife durchläuft alle Zellen des benutzten Bereiches `UsedRange`. In der `If`-Entscheidung wird geprüft, ob in der Zelle ein Kommentar vorhanden ist. Trifft dies zu, wird der Inhalt des Kommentars in die Zelle geschrieben. Damit wird der alte Eintrag der Zelle überschrieben. Danach wird der Kommentar gelöscht.

**Listing 15.6** Kommentare an Zellen übergeben

```
Sub GetCommentValues()
   Dim ws2 As Worksheet
   Dim shp As Shape
   Dim c As Range

   Set ws2 = Worksheets(2)

   ' Auf Änderungen prüfen
   Call CompareTwoSheets

   ' Kommentare übernehmen
   For Each c In ws2.UsedRange.Cells
      With c
         If Not .Comment Is Nothing Then
            .Value = .Comment.Text
            .Comment.Delete
         End If
      End With
   Next c

   Set ws2 = Nothing
End Sub
```

**BEISPIEL** Die obigen Beispiele befinden sich innerhalb der Beispieldateien zum Buch im Ordner *\Buch\Kap15*. Die Mappe nennt sich *Bsp15_04.xlsm*. Die Prozeduren befinden sich in Modul *mdl_01_CompareTwoSheets*.

# Daten sortieren

Die Beispiele in diesem Abschnitt zeigen, wie Sie Daten auf Ihrem Tabellenblatt auf verschiedene Weise sortieren können.

**BEISPIEL** Die nächsten drei Beispiele befinden sich innerhalb der Beispieldateien zum Buch im Ordner *\Buch\Kap15*. Die Mappe nennt sich *Bsp15_05.xlsm*. Die Prozeduren befinden sich im Modul *mdl_01_Sort*.

## Vertikal sortieren

Die gängigste Sortiermethode ist das vertikale Sortieren. Das heißt, Sie sortieren die Daten innerhalb einer Spalte zeilenweise auf- oder absteigend. Die Sortierfunktionen finden Sie im Menüband auf der Registerkarte *Daten* in der Gruppe *Sortieren und Filtern*.

Zu beachten ist Folgendes: Wenn mehrere zusammenhängende Spalten vorliegen (z.B. *A1:C10*), und Sie möchten die ganzen Zeilen innerhalb des Blockes sortieren, markieren Sie lediglich eine Zelle innerhalb der Spalte, nach der auf- oder absteigend sortiert werden soll, und wählen dann die Sortierfunktion. Wenn nur die Daten in der Spalte *B* sortiert werden sollen, markieren Sie vor dem Sortieren den Bereich. Die Daten außerhalb des markierten Bereiches werden nicht in die Sortierung mit einbezogen.

Um den VBA-Code für die Sortierung zu erhalten, verwenden Sie am besten den Makrorekorder und zeichnen das Ganze auf.

Der folgende Code sortiert sämtliche Zeilen im Bereich *A1:B5*. Der erste Sortierschlüssel `Key1` sorgt dafür, dass die Daten in der Spalte *A* aufsteigend `xlAscending` sortiert werden. Der zweite Sortierschlüssel `Key2` veranlasst, dass in der Spalte *B* absteigend `xlDescending` sortiert wird. Dies bedeutet, wenn in Spalte *A* der gleiche Eintrag mehrmals vorkommt, werden in der gleichen Zeile in Spalte *B* die zugehörigen Einträge absteigend sortiert. Es sind in VBA drei Sortierschlüssel möglich (*Key1* bis *Key3*). Mittels des Arguments `Orientation` wird festgelegt, dass zeilenweise `xlRows` sortiert werden soll.

**Listing 15.7** Vertikal sortieren

```
Sub SortVertical1()
   Range("A1:B5").Sort _
      Key1:=Range("A1"), _Order1:=xlAscending, _
      Key2:=Range("B1"), _Order2:=xlDescending, _
      Orientation:=xlRows
End Sub
```

Auswertungstechniken anwenden

Seit Version 2007 ist die Beschränkung von drei Schlüsseln auf 65 erweitert. Auf die nummerierten Keys wird nun in VBA verzichtet. Nachfolgend ein Beispiel, wie mehr als drei Sortierschlüssel angewendet werden können.

**Listing 15.8** Vertikal sortieren (Alternative)

```
Sub SortVertical2()
   With Worksheets("Tabelle1").Sort
      ' Bestehende Sortierebenen löschen
      .SortFields.Clear

      ' Neue Sortierebenen hinzufügen
      .SortFields.Add Key:=Range("A1:A5"), Order:=xlAscending
      .SortFields.Add Key:=Range("B1:B5"), Order:=xlDescending
      .SortFields.Add Key:=Range("C1:C5"), Order:=xlAscending
      .SortFields.Add Key:=Range("D1:D5"), Order:=xlDescending

      ' Sortierung ausführen
      .SetRange Range("A1:D5")
      .Apply
   End With
End Sub
```

# Horizontal sortieren

Wenn die Daten zeilenweise, also horizontal sortiert werden sollen, klicken Sie im Dialogfeld *Sortieren* auf die Schaltfläche *Optionen* und wählen die Option *Zeile sortieren.*

In VBA wird für die horizontale Sortierung das Argument `Orientation` verwendet und die Konstante `xlColumns` übergeben.

**Listing 15.9** Horizontal sortieren

```
Sub SortHorizontal1()
   Range("A1:E1").Sort _
      Key1:=Range("A1"), _
      Order1:=xlAscending, _
      Orientation:=xlColumns
End Sub
```

Wenn Sie aus bestimmten Gründen versuchen möchten, die horizontale (oder vertikale) Sortierung selbst zu programmieren, bieten Ihnen die folgenden Codezeilen einen Lösungsansatz.

Es werden zwei `For`-Schleifen mit unterschiedlichen Zählern verwendet. In der äußeren `For`-Schleife werden hier sämtliche Zellen der ersten Zeile durchlaufen. In der inneren Schleife werden dieselben Zellen nochmals durchlaufen. Beim ersten Durchlaufen der äußeren Schleife wird der erste Wert also beispielsweise der Inhalt der Zelle *A1*, mit sämtlichen Werten der ersten Zeile verglichen. In der `If`-Entscheidung wird geprüft, ob der Wert der äußeren Schleife kleiner ist als der Wert der inneren Schleife. Wenn dies zutrifft, werden beide Werte miteinander vertauscht. Dies geschieht so lange, bis die äußere Schleife sämtliche Werte mit der inneren Schleife verglichen hat.

Die folgende Zeichnung stellt bildlich dar, wie zuerst die Werte in der inneren Schleife mit den Werten der äußeren Schleife verglichen werden, wobei es sich in Wirklichkeit um ein und dieselbe Zeile handelt

**Abbildg. 15.6** Das Vergleichen der Zahlen

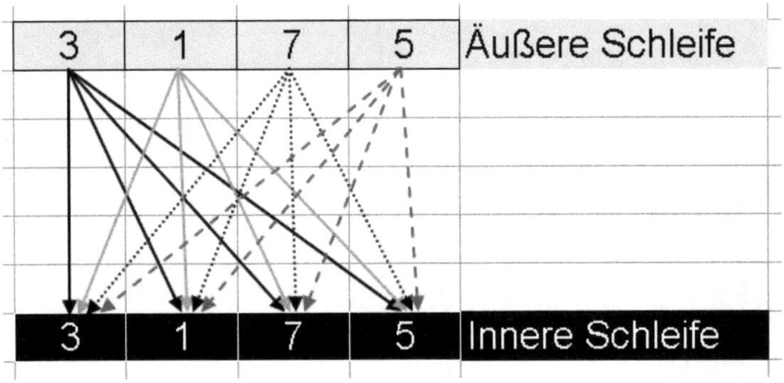


**Listing 15.10** Erweitertes horizontales Sortieren

```
Sub SortHorizontal2()
   Dim i As Integer
   Dim j As Integer
   Dim varDummy1 As Variant
   Dim varDummy2 As Variant

   For i = 1 To Cells(1, 16384).End(xlToLeft).Column
      For j = 1 To Cells(1, 16384).End(xlToLeft).Column
         If Cells(1, i) < Cells(1, j) Then
            varDummy1 = Cells(1, j)
            varDummy2 = Cells(1, i)
            Cells(1, i) = varDummy1
            Cells(1, j) = varDummy2
         End If
      Next j
   Next i
End Sub
```

Nach Möglichkeit sollten Sie die Excel-eigenen Bordmittel verwenden, denn diese sind in der Regel um einiges schneller.

# Blöcke sortieren

Wenn Sie in Ihrem Tabellenblatt ganze Blöcke beziehungsweise Bereiche sortieren oder verschieben möchten, müssen Sie auf VBA zugreifen, denn Excel bietet in diesem speziellen Fall keine Sortierfunktion an.

In unserem Beispiel bestehen fünf Blöcke zu je drei Spalten. Die Zeilenanzahl kann variieren. In jedem Block befinden sich Nummern im selben Nummernbereich, beispielsweise 0–9, 10–19, 20–29 usw. Die Nummernblöcke sollen nun in aufsteigender Reihenfolge sortiert werden. Als Sortierkriterium gilt immer die erste Nummer in einem Block.

**Abbildg. 15.7** Der Bereich vor und nach der Sortierung

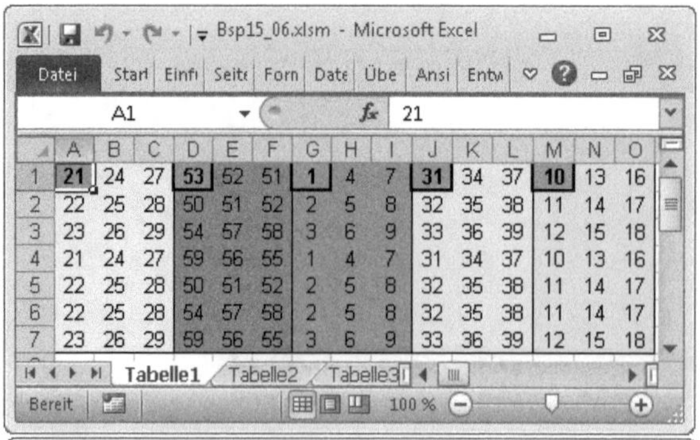


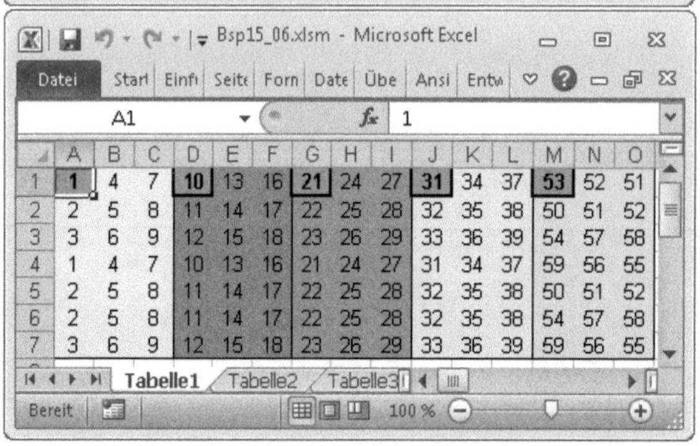


Zu Beginn der Prozedur übergeben wir an die Variable `c` die Anzahl der Spalten pro Block. Sollte sich die Spaltenzahl ändern, muss nur diese eine Zahl angepasst werden.

An die Variable `r` übergeben wir die Anzahl an Zeilen des Blockes. Dabei gehen wir davon aus, dass der erste leere Eintrag in Spalte *A* auf das Ende des zu sortierenden Bereiches hinweist. Damit erreichen wir die gewünschte Dynamik in Bezug auf die Anzahl von Zeilen.

Die erste `For`-Schleife wird in Schritten, entsprechend der Anzahl Spalten pro Block, durchlaufen. In der zweiten `For`-Schleife geschieht dasselbe, jedoch ausschließlich im zweiten Block. Auf diese Weise können die Blöcke miteinander verglichen und gegebenenfalls vertauscht werden. Die einzelnen Codezeilen in der zweiten Schleife sind direkt in der Prozedur kommentiert.

Mittels `Resize` kann auf einfache Weise ein ganzes Array, sprich ein ganzer Block, an eine Variable übergeben werden.

Die Eigenschaft `Formula` veranlasst, dass die Sortierung korrekt funktioniert, auch wenn Formeln in den Zellen vorhanden sind.

**Listing 15.11** Blöcke sortieren bzw. verschieben

```
Sub SortBlocks1()
   Dim varDummy As Variant
   Dim i As Integer, j As Integer
   Dim r As Long, c As Integer

   ' Anzahl Spalten pro Block
   c = 3
   ' Anzahl Zeilen des gesamten Bereiches
   r = Range("A1").End(xlDown).Row

   ' Ab der ersten Spalte wird die Schleife dynamisch bis zur
   ' letzten belegten Spalte des Bereiches durchlaufen
   For i = 1 To Cells(1, 16384).End(xlToLeft).Column Step c

      ' Vergleichsschleife
      For j = 1 To Cells(1, 16384).End(xlToLeft).Column - _
            c Step c

         ' Prüfen, ob der Wert im ersten Block größer ist
         ' als der Werte im zweiten Block
         If Cells(1, j).Value > Cells(1, j + c).Value Then

            ' Bei Zutreffen wird der Block mit den höheren
            ' Werten an die Variable varDummy übergeben
            varDummy = Cells(1, j).Resize(r, c).Formula

            ' Der Block mit den höheren Werten wird mit
            ' Block der kleineren Werten überschrieben
            ' und damit nach vorne "verschoben"
            Cells(1, j).Resize(r, c).Formula = _
               Cells(1, j + c).Resize(r, c).Formula

            ' Der Block mit den kleineren Werten wird
            ' durch den Inhalt der Variablen varDummy (höher)
            ' überschrieben und damit nach hinten "verschoben"
            Cells(1, j + c).Resize(r, c).Value = varDummy
         End If
      Next j
   Next i
End Sub
```

Etwas anders sieht der Code aus, wenn sich der Suchbegriff nicht in der ersten Zelle, sondern beispielsweise in der zweiten Zelle der vierten Zeile befindet.

**Abbildg. 15.8** Vor und nach der Sortierung, wenn der Sortierbegriff nicht in der ersten Zelle eines Blocks steht

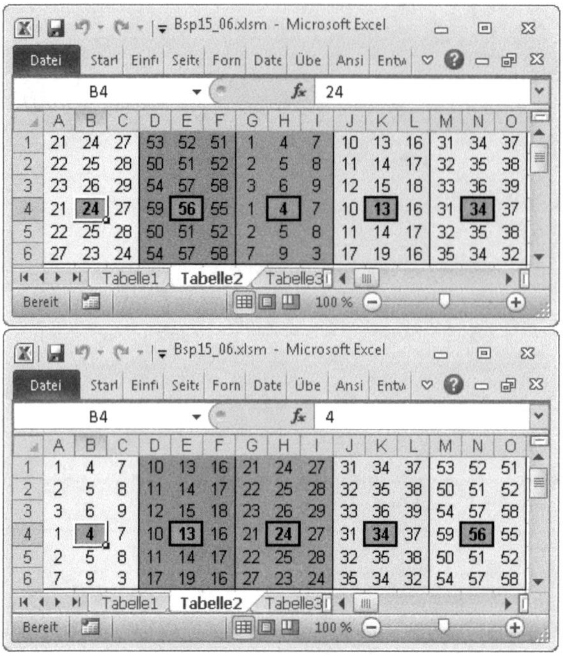

Die Schleifen werden diesmal erst ab der zweiten Spalte durchlaufen. Auch der Zellbezug ändert sich entsprechend auf die vierte Zeile.

Damit das gewünschte Array entsteht, muss nun zusätzlich mit `Offset` gearbeitet werden. Das Verhalten lässt sich am besten bildlich darstellen.

Über die Eigenschaft `Cells(4, j)` werden die Sortierschlüssel, also die Koordinaten, angesprochen. Diese befinden sich gemäß Abbildung 15.8 alle auf Höhe der Zeile 4. Beim Spaltenindex handelt es sich um 2, 5, 8 und 11. Der letzte Block wird wiederum ausgeschlossen.

Mittels `Offset(-3, -1)` wird ein Bereich von drei Zeilen nach oben und einer Spalte nach links »markiert«.

Die Anweisung `Resize(r, c)` erweitert den Bereich nach unten, entsprechend der festgelegten Anzahl Zeilen (Variable `r`). Der Bereich wird zudem nach rechts erweitert. In unserer Prozedur beinhaltet die Variable `c` den Wert 3, was der Anzahl Spalten eines Blockes entspricht.

**Abbildg. 15.9** Cells, Offset und Resize

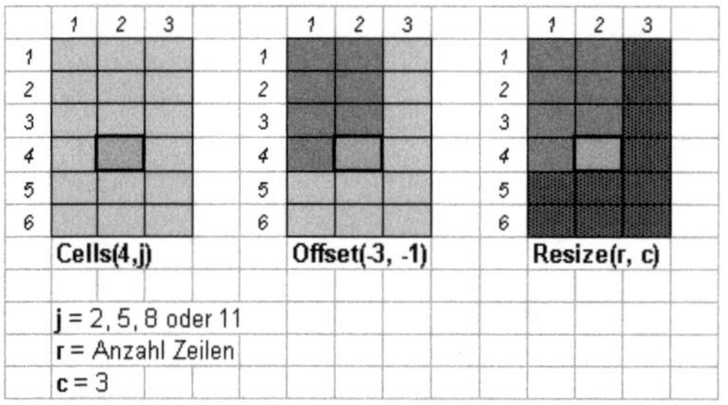

Das Zusammenführen dieser drei Eigenschaften ergibt das gewünschte Array:

**Listing 15.12** Blockweise sortieren, mit Suchbegriff in beliebiger Zelle

```
Sub SortBlocks2()
   Dim varDum As Variant
   Dim i As Integer, j As Integer
   Dim r As Long, c As Integer

   c = 3
   r = Range("A1").End(xlDown).Row

   For i = 2 To Cells(4, 16384).End(xlToLeft).Column Step c
      For j = 2 To Cells(4, 16348).End(xlToLeft).Column - c Step c
         If Cells(4, j).Value > Cells(4, j + c).Value Then
            varDum = Cells(4, j).Offset(-3, -1).Resize(r, c).Formula
            Cells(4, j).Offset(-3, -1).Resize(r, c).Formula = _
               Cells(4, j + c).Offset(-3, -1).Resize(r, c).Formula
            Cells(4, j + c).Offset(-3, -1).Resize(r, c).Value = varDum
         End If
      Next j
   Next i
End Sub
```

**BEISPIEL** Die obigen Beispiele befinden sich innerhalb der Beispieldateien zum Buch im Ordner *\Buch\Kap15*. Die Mappe nennt sich *Bsp15_06.xlsm*. Die Prozeduren befinden sich im Modul *mdl_01_SortBlock*.

# Farbige Zellen sortieren

Excel bietet seit Version 2007 gewisse Möglichkeiten an, Zellen Schritt für Schritt nach Farben zu sortieren. Dennoch wollen wir uns hier ansehen, wie eine Farbsortierung per VBA umgesetzt oder gar optimiert werden kann.

In der folgenden Prozedur werden die Zellen anhand des Farbindex sortiert. Am einfachsten ist es, wenn Sie mit einer Hilfsspalte arbeiten, in der Sie den Farbindex in der zu sortierenden Spalte eintragen.

Nachdem dies geschehen ist, wird die Hilfsspalte sortiert und anschließend wieder gelöscht.

**Listing 15.13** Sortieren nach Farbindex

```
Sub SortColors()
   Dim i As Integer

   ' Hilfsspalte einfügen
   Columns(1).Insert

   ' Farbindex in Hilfsspalte einfügen
   For i = 1 To 12
      Cells(i, 1) = Cells(i, 2).Interior.ColorIndex
   Next i
```

**Listing 15.13** Sortieren nach Farbindex *(Fortsetzung)*

```
   ' Sortieren nach Farbindex
   Range("A1:B" & i).Sort Key1:=Range("A1"), Order1:=xlAscending

   ' Hilfsspalte löschen
   Columns(1).Delete
End Sub
```

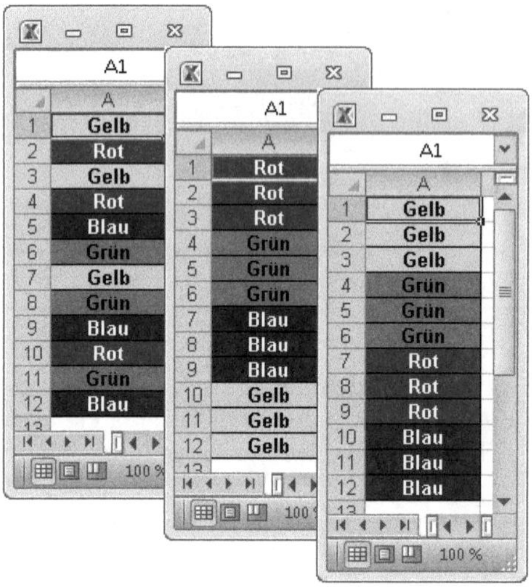


**Abbildg. 15.10** Zellen vor und nach dem Sortieren

Nicht immer stellt der Farbindex die Sortierreihenfolge dar, die gewünscht ist. Sie können auch selbst bestimmen, welche Farbe in welcher Reihenfolge sortiert werden soll. Verwenden Sie dazu eine Entscheidung, die je nach Farbe in die Hilfsspalte einen aufsteigenden Wert einfügt. Wenn Gelb an erster Stelle stehen soll, tragen Sie in die Hilfsspalte den Wert 1 ein. Wenn Grün als nächste Farbe folgen soll, verwenden Sie dafür den Wert 2 usw.

**Listing 15.14** Sortieren nach bestimmter Farbreihenfolge

```
Sub SortColorsSpecial()
   Dim i As Integer

   ' Hilfsspalte einfügen
   Columns(1).Insert

   ' Zahl für Farbe in Hilfsspalte einfügen
   For i = 1 To 12
      Select Case Cells(i, 2).Interior.ColorIndex
         Case 6   ' Gelb
            Cells(i, 1) = 1
         Case 4   ' Grün
            Cells(i, 1) = 2
         Case 3   ' Rot
            Cells(i, 1) = 3
```

**Listing 15.14** Sortieren nach bestimmter Farbreihenfolge *(Fortsetzung)*

```
            Case 5   ' Blau
               Cells(i, 1) = 4
         End Select
      Next i

      ' Sortieren nach vorgegebener Reihenfolge
      Range("A1:B" & i).Sort Key1:=Range("A1"), Order1:=xlAscending

      ' Hilfsspalte löschen
      Columns(1).Delete
   End Sub
```

**BEISPIEL** Die obigen Beispiele befinden sich innerhalb der Beispieldateien zum Buch im Ordner *\Buch\Kap15*. Die Mappe nennt sich *Bsp15_07.xlsm*.

# Daten transponieren

Das so genannte Transponieren kann verwendet werden, um Spalten gegen Zeilen und Zeilen gegen Spalten zu vertauschen:

1. Um manuell einen Bereich zu transponieren, markieren Sie einen Bereich und kopieren ihn dann mit [Strg]+[C].
2. Bei aktivem Kopiermodus klicken Sie mit der rechten Maustaste auf eine Zielzelle außerhalb des Laufrahmens.
3. Rufen Sie im Kontextmenü den Befehl *Inhalte einfügen* auf.
4. Im gleichnamigen Dialogfeld aktivieren Sie das Kontrollkästchen *Transponieren* und klicken dann auf die Schaltfläche *OK*.
5. Nach dem Schließen des Dialogfeldes wird der transponierte Bereich eingefügt.
6. Danach kann über die [Esc]-Taste der Kopiermodus aufgehoben und der nicht mehr benötigte Bereich gelöscht werden.

## Einfaches Transponieren

Mittels der folgenden Prozedur haben Sie die Möglichkeit, in beide Richtungen zu transponieren. Mit Hilfe zweier Eingabefenster können der Quellbereich und die Zielzelle markiert werden. Nachdem der Bereich kopiert wurde, wird er transponiert. Dazu bedienen wir uns der Methode `PasteSpecial` in Kombination mit `Transpose:=True`.

Für den Fall eines Fehlers verwenden wir ausnahmsweise `On Error GoTo Errorhandler`, um zum Ende der Prozedur zu verzweigen und eine Meldung auszugeben. Die Erläuterung zu den Codezeilen finden Sie als Kommentare direkt in der Prozedur:

**Listing 15.15** Einfaches Transponieren

```
Sub SimpleTranspose()
   Dim rngSource As Range
   Dim rngTarget As Range

   ' Prozedur verlassen, wenn in einem der Eingabefelder auf
   ' "Abbrechen" geklickt wird, oder ein ungültiger Bereich
   ' markiert wurde
   On Error GoTo Errorhandler

   ' Quellbereich referenzieren
   Set rngSource = Application.InputBox _
                   ("Markieren Sie den Quellbereich.", _
                    Title:="Transponieren", _
                    Default:=Selection.Address, Type:=8)

   ' Zielzelle referenzieren
   Set rngTarget = Application.InputBox _
                   ("Markieren Sie die Zielzelle.", _
                    Title:="Transponieren", Type:=8)

   ' Quellbereich kopieren
   rngSource.Copy

   ' Kopierten Bereich transponiert einfügen
   rngTarget.PasteSpecial Transpose:=True

   ' Kopiermodus aufheben
   Application.CutCopyMode = False

   ' Quelle löschen und Zelle A1 selektieren
   rngSource.Delete
   Range("A1").Select

   ' Objekte zurücksetzen
   Set rngSource = Nothing
   Set rngTarget = Nothing

   Exit Sub
Errorhandler:    MsgBox "Die Prozedur wurde abgebrochen."
End Sub
```

**BEISPIEL** Das obige Beispiel befindet sich innerhalb der Beispieldateien zum Buch im Ordner *\Buch\Kap15*. Die Mappe nennt sich *Bsp15_08.xlsm*. Die Prozedur befindet sich im Modul *mdl_01_Transpose*.

# Mehrere Bereiche auf einmal transponieren

Etwas anders sieht das Transponieren aus, wenn mehrere Bereiche auf einmal transponiert werden müssen. Bei einer umfangreichen Tabelle wäre es zu aufwändig, jeden Bereich einzeln zu transponieren, so wie das bei Abbildung 15.11 der Fall ist.

**Abbildg. 15.11** Mehrere Bereiche auf einmal transponieren

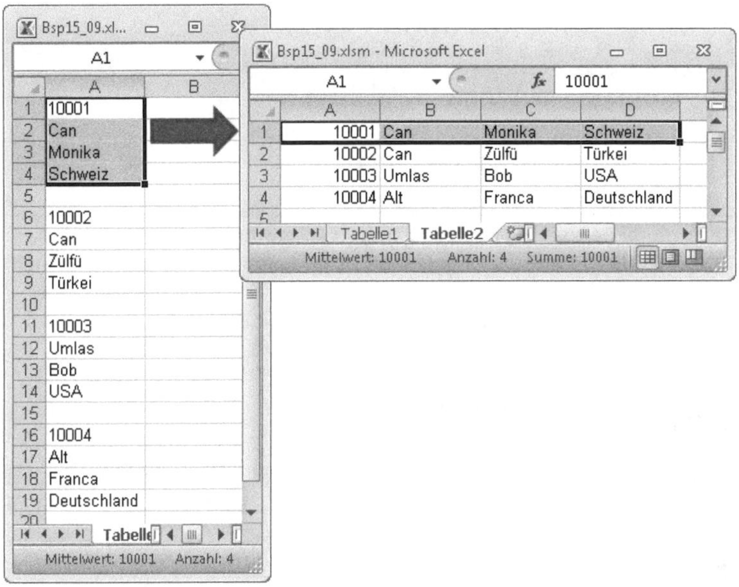


Um ein solches Transponieren per VBA zu erreichen, muss mit zwei ineinander verschachtelten Schleifen gearbeitet werden.

Die `Do`-Schleife wird so lange durchlaufen, bis das Ende der Spalte *A* erreicht ist. Um dies zu realisieren, wird mit der Variablen `lngSource` gearbeitet. Der Variablen wird vor dem Eintritt in die Schleife der Wert 1 zugewiesen. Vor Ende der Schleife wird die Variable jeweils um den Wert 5 erhöht, was in unserem Beispiel immer der ersten Zelle eines nächsten Blockes entspricht. Sobald die eine leere Zelle (`Empty`) erreicht wird, bedeutet dies, dass kein weiterer Bereich mehr vorhanden ist.

Die `For`-Schleife wird jeweils viermal durchlaufen, was immer den vier Zellen einer der Blöcke entspricht, die transponiert werden sollen. Die Variable `intTarget` wird dazu gebraucht, um im zweiten Tabellenblatt die transponierten Daten Zeile für Zeile untereinander zu schreiben. Dazu wird nach der `For`-Schleife deren Wert jeweils um 1 erhöht.

**Listing 15.16** Spezielles Transponieren

```
Sub TransposeSpecial()
   Dim lngSource As Long
   Dim intTarget As Integer
   Dim i As Byte

   lngSource = 1
   intTarget = 1
```

**Listing 15.16** Spezielles Transponieren *(Fortsetzung)*

```
   With Worksheets(1)
      Do While .Cells(lngSource, 1) <> Empty
         For i = 1 To 4
            Worksheets(2).Cells(intTarget, i) = _
               .Cells(lngSource + i - 1, 1)
         Next i

         lngSource = lngSource + 4
         intTarget = intTarget + 1
      Loop
   End With
End Sub
```

**BEISPIEL** Das obige Beispiel befindet sich innerhalb der Beispieldateien zum Buch im Ordner *\Buch\Kap15*. Die Mappe nennt sich *Bsp15_09.xlsm*. Die Prozedur befindet sich im Modul *mdl_01_Transpose*.

# Datenmasken verwenden

Leider sind mit der Einführung des Menübands einige Befehle scheinbar verschwunden. So zum Beispiel die Datenmaske, die die Eingabe von Datensätzen in umfangreichen Tabellen erleichtern soll.

Die Datenmaske ist nicht gänzlich verschwunden, sie wurde lediglich nicht ins Menüband integriert. Wenn Sie häufig damit arbeiten, empfiehlt es sich, eine Schaltfläche in der *Symbolleiste für den Schnellzugriff* zur Verfügung zu stellen. Gehen Sie dabei wie folgt vor:

1. Klicken Sie im *Schnellzugriff* auf *Symbolleiste für den Schnellzugriff anpassen/Befehle nicht im Menüband.* Oder rufen Sie den Menübefehl *Datei/Optionen/Menüband anpassen* auf.
2. Klicken Sie ins Listenfeld und tippen Sie den Buchstaben »m« ein, um in die Nähe des Eintrags *Maske* zu gelangen.
3. Übertragen Sie *Maske* mittels der Schaltfläche *Hinzufügen* in die *Symbolleiste für den Schnellzugriff*

4. Schließen Sie das Dialogfeld *Excel-Optionen* mit *OK*. Der Befehl zum Aufrufen der Datenmaske befindet sich nun in der Symbolleiste für den Schnellzugriff.

Damit die Datenmaske ausgeführt werden kann, muss im Tabellenblatt eine Überschrift vorhanden sein, die als Feldbezeichnung dient. Nach dem Öffnen der Datenmaske können die leeren Felder befüllt werden. Der neue Datensatz wird dann dem Tabellenblatt hinzugefügt.

**Abbildg. 15.12** Datensätze unter Verwendung der Datenmaske hinzufügen

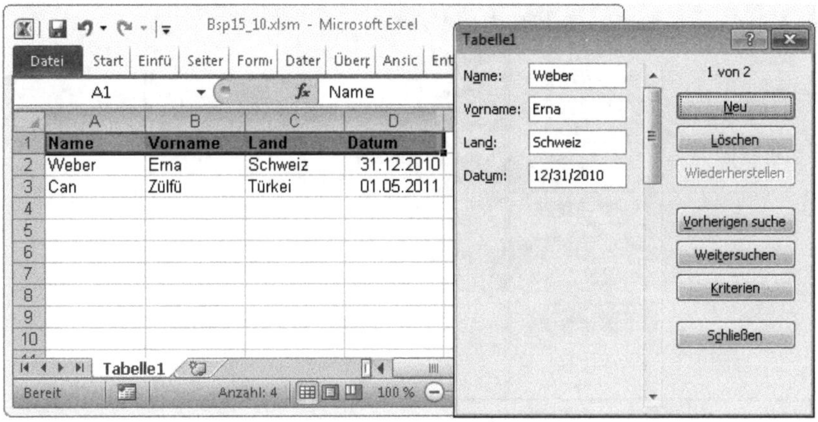


**BEISPIEL** Die folgenden Beispiele zum Thema Datenmaske befinden sich innerhalb der Beispieldateien zum Buch im Ordner *\Buch\Kap15*. Die Mappe nennt sich *Bsp15_10.xlsm*. Die Prozeduren befinden sich in Modul *mdl_01_DataForm*.

# Die Datenmaske per VBA aufrufen

Sie können die Datenmaske auch per VBA aufrufen. Die zu verwendende Methode nennt sich `ShowDataForm`. Nach dem Ausführen des Codes wird das gewünschte Dialogfeld angezeigt.

**Listing 15.17** Die Datenmaske aufrufen

```
Sub MyDataForm()
   ActiveSheet.ShowDataForm
End Sub
```

# Eine Datenmaske mit europäischen Datumsangaben

Das Unschöne bei der Verwendung der Methode `ShowDataForm` besteht darin, dass Datumsangaben im amerikanischen Format angezeigt werden. Obwohl Datumsangaben dennoch im europäischen Format eingetragen werden können, betrachten viele Benutzer die für uns verkehrte Reihenfolge von Tag und Monat als störend.

**Abbildg. 15.13** Amerikanische und europäische Datumsangabe

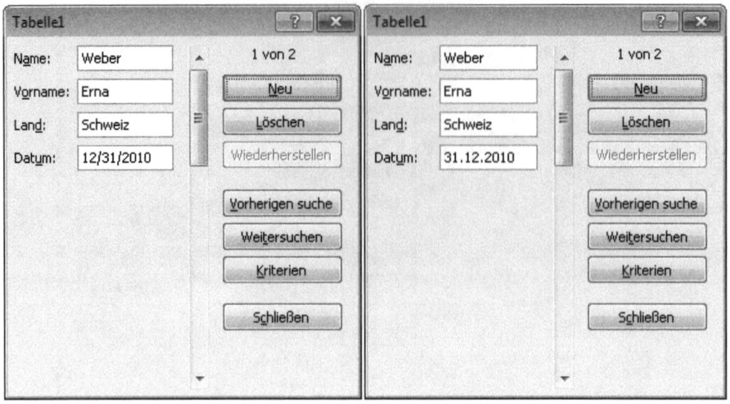


Um Datumsangaben im europäischen Format einzublenden, müssen Sie die Methode `FindControl` verwenden. Die Methode `FindControl` wird der Eigenschaft `CommandBars` zugewiesen. Das Steuerelement für die Datenmaske hat die ID 860. Sie wird im runden Klammerpaar von `FindControl` eingetragen. Um die Datenmaske auszuführen, wird die Methode `Execute` benutzt. Zu Beginn der Prozedur wird der Datenbereich selektiert, der die Überschrift enthält. Damit wird sichergestellt, dass die Datenmaske die Eingabefelder korrekt beschriftet.

**Listing 15.18** Datenmaske mit europäischem Datum

```
Sub MyEuropeanDataForm()
   Range("A1").Select
   Application.CommandBars.FindControl(ID:=860).Execute
End Sub
```

# Eine Datenmaske für einen bestimmten Bereich

Die Datenmaske erkennt in der Regel automatisch, welche Überschriften sich im Tabellenblatt befinden und blendet diese als Feldbezeichnungen ein. Wenn Sie nur einen Teil der Überschriften in der Datenmaske anzeigen möchten, müssen Sie mit einem benannten Bereich arbeiten. Es ist dazu in der deutschen Excel-Version eigens der Name *Datenbank* reserviert. Die Datenmaske erkennt automatisch, wenn ein Bereich mit *Datenbank* benannt ist und zeigt nur die darin enthaltenen Daten in der Datenmaske an.

1. Markieren Sie die Spalten, die in der Datenmaske angezeigt werden sollen.
2. Drücken Sie die Tastenkombination Strg+F3 und geben Sie als Name das Wort *Datenbank* ein. Alternativ zur Tastenkombination rufen Sie über das Menüband auf der Registerkarte *Formeln* in der Gruppe *Definierte Namen* den Befehl *Namen definieren* auf oder geben den Namen direkt ins dafür vorgesehene *Namenfeld* ein.

**Abbildg. 15.14** Den Namen *Datenbank* für den ausgewählten Bereich hinterlegen

Wenn Sie nun die Datenmaske aufrufen, werden nur die in der *Datenbank* definierten Datensätze angezeigt.

# Datengültigkeit erforschen (Datenüberprüfung)

Die Gültigkeitsprüfung wird in Excel eingesetzt, um die Eingabe von Daten in Zellen oder Bereiche einzuschränken.

**HINWEIS** Seit Excel 2007 heißt das Dialogfeld nicht mehr *Gültigkeitsprüfung*, sondern *Datenüberprüfung*.

Sie können die Datenüberprüfung aufrufen, indem Sie im Menüband auf der Registerkarte *Daten* in der Gruppe *Datentools* auf den Befehl *Datenüberprüfung* klicken. Es stehen Ihnen im Dialogfeld *Datenüberprüfung* drei Registerkarten zur Verfügung. Auf der ersten Registerkarte werden die *Gültigkeitskriterien* festgelegt. Die Standardeinstellung im Feld *Zulassen* lautet *Jeden Wert*. Sobald Sie aus dem Kombinationsfeld einen anderen Eintrag auswählen, werden die übrigen Felder aktiviert, je nachdem, welche Felder benötigt werden.

**Abbildg. 15.15** Datenüberprüfung

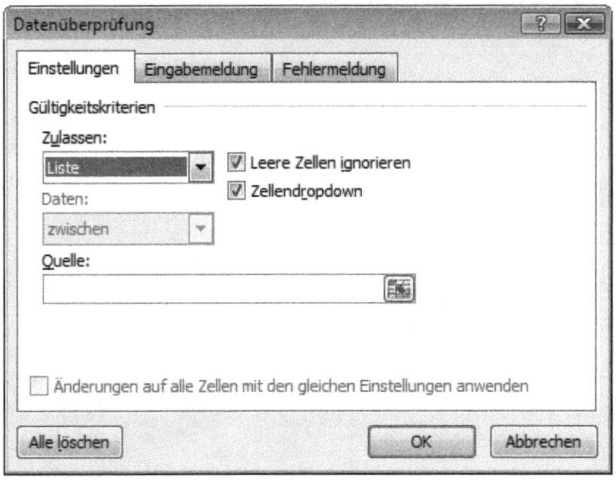


Auswertungstechniken anwenden

Eingabemeldung

Wechseln Sie zur Registerkarte *Eingabemeldung*, um bei Bedarf eine Meldung zu hinterlegen, die angezeigt werden soll, sobald eine Zelle aktiviert wird, der eine Gültigkeit zugewiesen wurde.

Fehlermeldung

Auf der dritten Registerkarte *Fehlermeldung* können Sie einen Text eingeben, der angezeigt werden soll, wenn ein falscher Wert in die eingeschränkte Zelle eingegeben wird.

**BEISPIEL** Die folgenden Beispiele zum Thema Datengültigkeit befinden sich innerhalb der Beispieldateien zum Buch im Ordner *\Buch\Kap15*. Die Mappe nennt sich *Bsp15_11.xlsm*. Die Prozeduren befinden sich im Modul *mdl_01_Validation*.

# Zellendropdownfelder löschen

Wenn Sie die Gültigkeit eines Bereichs löschen möchten, markieren Sie zuerst diesen Bereich und klicken dann im Dialogfeld *Datenüberprüfung* auf die Schaltfläche *Alle löschen*. Es werden sämtliche Gültigkeiten des markierten Bereichs gelöscht.

In VBA lautet die Eigenschaft für die Gültigkeit `Validation`. Wenn Sie sämtliche vorhandenen Gültigkeitsprüfungen eines Tabellenblattes löschen möchten, setzen Sie folgende Prozedur ein:

**Listing 15.19** Löschen von Gültigkeiten per VBA

```
Sub DeleteValidation()
   ActiveSheet.Cells.Validation.Delete
End Sub
```

Um sämtliche Gültigkeiten der gesamten Mappe zu entfernen, verwenden Sie zusätzlich eine `For Each`-Schleife.

**Listing 15.20** Sämtliche Gültigkeiten einer Mappe entfernen

```
Sub DeleteValidationWorkbook()
   Dim ws As Worksheet

   For Each ws In Worksheets
      ws.Cells.Validation.Delete
   Next ws
End Sub
```

# Zellendropdownfelder erstellen

Eine per VBA erstellte Gültigkeitsprüfung kann beispielsweise wie folgt aussehen. Entnehmen Sie die Beschreibung der einzelnen Codezeilen bitte den Kommentaren in der Prozedur:

**Listing 15.21** Gültigkeit erstellen

```
Sub AddValidation()
   With Range("D3:D12").Validation
      ' Allfällig vorhandene Gültigkeit löschen
      .Delete
```

**Listing 15.21** Gültigkeit erstellen *(Fortsetzung)*

```
      ' Neue Gültigkeit erstellen
      ' Nur Ganzzahlen im Bereich 0 bis 10 sind erlaubt
      .Add _
         Type:=xlValidateWholeNumber, _
         AlertStyle:=xlValidAlertStop, _
         Operator:=xlBetween, _
         Formula1:="0", _
         Formula2:="10"

      ' Leerzellen ignorieren
      .IgnoreBlank = True

      ' Optionaler Wert. Er wird ignoriert, wenn zuvor
      ' bei Type nicht xlValidateList gewählt wurde
      .InCellDropdown = True

      ' Eingabemeldung
      .InputTitle = "Hinweis"
      .InputMessage = _
         "In dieser Zelle ist nur eine Eingabe im " & _
         "Bereich von 0 bis 10 erlaubt."
      .ShowInput = True

      ' Fehlermeldung
      .ErrorTitle = "Fehler"
      .ErrorMessage = _
         "Sie haben keinen Wert im Bereich von " & _
         "0 bis 10 eingegeben."
      .ShowError = True
   End With
End Sub
```

Nachfolgend finden Sie eine Zusammenstellung der Konstanten, die bei `Type` eingesetzt werden können:

**Tabelle 15.1** Konstanten zu *Type*

| Type | Index | Beschreibung |
|---|---|---|
| `xlValdiateCustom` | 7 | Benutzerdefiniert |
| `xlValidateDate` | 4 | Datum |
| `xlValidateDecimal` | 2 | Dezimal |
| `xlValidateInputOnly` | 0 | Jeden Wert |
| `xlValidateList` | 3 | Liste |
| `xlValidateTextLength` | 6 | Textlänge |
| `xlValidateTime` | 5 | Zeit |
| `xlValidateWholeNumber` | 1 | Ganze Zahl |

Beim Argument `AlertStyle` stehen drei verschiedene Symbole zur Auswahl:

Tabelle 15.2 Symbol (*AlertStyle*)

| AlertStyle | Index | Beschreibung |
|---|---|---|
| `xlValidAlertInformation` | 3 | Weiße Sprechblase mit blauem Ausrufezeichen |
| `xlValidAlertStop` | 1 | Roter Kreis mit weißem Kreuz |
| `xlValidAlertWarning` | 2 | Gelbes Dreieck mit schwarzem Ausrufezeichen |

Beim Argument `Operator` können folgende Konstanten verwendet werden:

Tabelle 15.3 Konstanten zu den verschiedenen Operatoren

| Operator | Index | Beschreibung |
|---|---|---|
| `xlBetween` | 1 | Zwischen |
| `xlEqual` | 3 | Gleich |
| `xlGreater` | 5 | Größer als |
| `xlGreaterEqual` | 7 | Größer oder gleich |
| `xlLess` | 6 | Kleiner als |
| `xlLessEqual` | 8 | Kleiner oder gleich |
| `xlNotBetween` | 2 | Nicht zwischen |
| `xlNotEqual` | 4 | Ungleich |

Zellen-dropdown

Eine beliebte Auswahl für die Gültigkeitsprüfung ist die *Liste*. Damit kann ein Zellendropdownfeld erstellt werden. Als *Quelle* können Sie in dem Feld direkt Ihre Einträge, getrennt durch ein Semikolon, eintippen (`Apfel;Birne;Pfirsich`). Alternativ dazu können Sie einen Bezug auf einen Bereich in Ihrem Tabellenblatt herstellen (`=A1:A3`). Zellen, denen eine solche Gültigkeit zugewiesen wurde, weisen beim Aktivieren der Zelle rechterhand einen Dropdownpfeil auf. Sie können aus der Liste nun einen der hinterlegten Werte auswählen. Andere Werte als die des Dropdowns sind für diese Zellen nicht zugelassen.

**TIPP** Wenn Sie einen Bezug zu einer anderen Tabelle herstellen möchten, müssen Sie den Listenbereich mit einem Namen versehen. Verwenden Sie dazu das *Namensfeld*, das sich linkerhand der *Bearbeitungsleiste* befindet.

Im Dialogfeld *Datenüberprüfung* können Sie dann einen Bezug auf diesen benannten Bereich herstellen, egal, auf welchem Tabellenblatt sich die Liste mit den Werten befindet. Nehmen wir an, der benutzerdefinierte Name lautet »Früchte«, dann geben Sie im Feld *Quelle* »=Früchte« ein.

Wenn Sie den Bezug auf eine andere Mappe herstellen möchten, muss der benannte Bereich von der Mappe aus hergestellt werden, in der das Dropdownfeld erscheinen soll. Öffnen Sie die Zielmappe und rufen Sie über das Menüband auf der Registerkarte *Formeln* in der Gruppe *Definierte Namen* den Befehl *Namen definieren* auf. Geben Sie den gewünschten Namen ein und wechseln Sie ins Feld *Bezieht sich auf*. Geben Sie dort ein Gleichheitszeichen (=) ein und wechseln Sie, bei geöffnetem Dialogfeld, in die Mappe, die die Liste enthält. Markieren Sie den gewünschten

Bereich. Die Formel sieht beispielsweise folgendermaßen aus: `=[Bsp15_11.xlsm]Tabelle1!$A$5:$A$7`. Sie können nun in der Zielmappe die Gültigkeitsprüfung auf den zugewiesenen Namen definieren (z.B. `=WeitereFrüchte`). Eine Angabe des Mappennamens ist nicht erforderlich. Das Dropdownfeld funktioniert jedoch nur, wenn beide Mappen geöffnet sind.

# Arbeiten mit benannten Bereichen

Im letzten Abschnitt dieses Kapitels dreht sich alles um benannte Bereiche.

**BEISPIEL** Die folgenden Beispiele zu benannten Bereichen finden Sie innerhalb der Beispieldateien zum Buch im Ordner *\Buch\Kap15*. Die Mappe nennt sich *Bsp15_12.xlsm*.

## Benannte Bereiche erstellen

Bereiche werden in der Regel benannt, um das Ansprechen in Formeln zu vereinfachen. Benannte Bereiche beziehen sich auf die gesamte Arbeitsmappe. Wenn Sie beispielsweise in *Tabelle2* einen benannten Bereich mit dem Namen *MeinBereich* erstellen, der sich auf die Zellen *C5:D10* bezieht, so lautet eine Summenformel, die in *Tabelle1* eingefügt wird, nicht mehr *=SUMME(Tabelle2!C5:D10)*, sondern nur noch *=SUMME(MeinBereich)*.

1. Um einen benannten Bereich manuell zu erstellen, markieren Sie zuerst den Bereich, dem Sie einen Namen zuweisen möchten
2. Rufen Sie dann über das Menüband auf der Registerkarte *Formeln* in der Gruppe *Definierte Namen* den Befehl *Namen definieren* auf, um das Dialogfeld *Neuer Name* zu öffnen
3. In die erste Zeile tippen Sie den gewünschten Namen ein und wählen Sie den Bereich aus
4. Im Feld *Bezieht sich auf* wird der zuvor markierte Bereich angezeigt

Alternativ dazu können Sie auch den *Namens-Manager* verwenden. Am einfachsten lässt sich dieser über die Tastenkombination `Strg`+`F3` aufrufen.

**Abbildg. 15.16** Bereich benennen

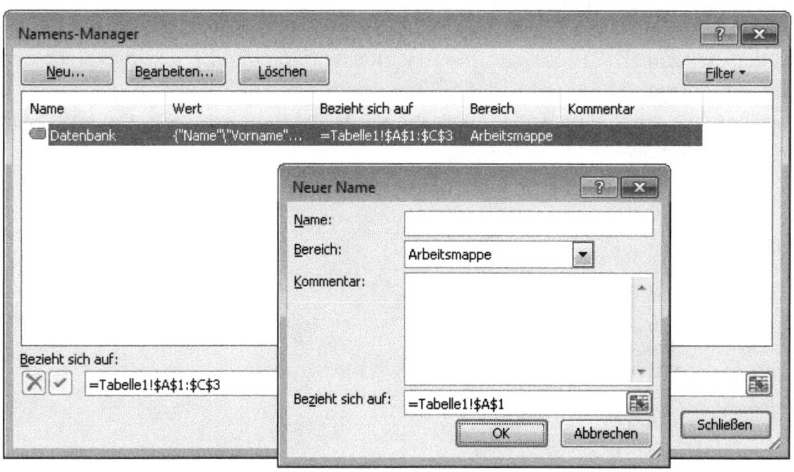

Um per VBA einen benannten Bereich zu erzeugen, verwenden Sie die Eigenschaft `Name` der Arbeitsmappe. Mittels der `Add`-Methode wird der Name zugewiesen. Dem Argument `RefersToLocal` wird der gewünschte Bereich übergeben. Damit der Bereich gut zu erkennen ist, weisen wir ihm eine graue Hintergrundfarbe zu.

**ACHTUNG** Namen für benannte Bereiche dürfen keine Leerzeichen enthalten und müssen mit einem Buchstaben beginnen. Sonderzeichen sind nicht zugelassen.

**Listing 15.22** Einen Bereich benennen

```
Sub CreateNamedRange()
   Dim obj As Object

   Set obj = Worksheets(2).Range("C5:D10")

   ActiveWorkbook.Names.Add _
      Name:="MeinBereich", _
      RefersToLocal:=obj

   obj.Interior.ColorIndex = 15

   Set obj = Nothing
End Sub
```

# Benannte Bereiche markieren

Um einen benannten Bereich anzusprechen, oder ihn zu markieren, verwenden Sie die Anweisung `Application.Goto` und übergeben ihr den gewünschten Bereichsnamen.

**Listing 15.23** Benannten Bereich markieren

```
Sub SelectNamedRange()
   Application.Goto Reference:="MeinBereich"
End Sub
```

# Benannte Bereiche berechnen

Wenn Sie den benannten Bereich summieren möchten, verwenden Sie die Eigenschaft `Formula` gefolgt von der Formel. Diese wird in Anführungszeichen geschrieben. Auf Wunsch können Sie auch diese Codezeile durch eine Schleife und eine Entscheidung umgeben, um einen Fehler zu vermeiden, wenn der Bereich nicht existiert.

**Listing 15.24** Einen Bereich berechnen

```
Sub CalculateNamedRange()
   Dim i As Integer

   For i = 1 To Names.Count
      If Names(i).Name = "MeinBereich" Then
         Range("F2").Formula = "=Sum(MeinBereich)"
      End If
   Next i
End Sub
```

# Benannte Bereiche ausgeben

Falls Sie ermitteln möchten, welche Bereiche sich wo in Ihrer Arbeitsmappe befinden, können Sie diese per VBA auslesen. Mittels der folgenden Prozedur werden die benannten Bereiche alphabetisch sortiert in einem Meldungsfeld ausgegeben. Bedenken Sie, dass eine `MsgBox` maximal 1.024 Zeichen anzeigen kann. Wenn sich viele Bereiche in Ihrer Mappe befinden, geben Sie die Informationen alternativ im Direktfenster oder in einem Tabellenblatt aus.

**Abbildg. 15.17** Benannte Bereiche ausgeben

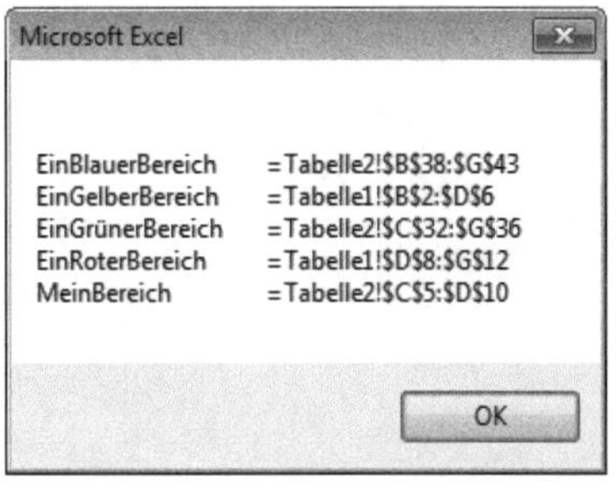


Damit die Prozedur nicht im Debugger endet, sofern keine benannten Bereiche in der Mappe enthalten sind, wird eine entsprechende Prüfung in der `If`-Entscheidung vorgenommen. Falls keine benannten Bereiche vorhanden sind, wird eine entsprechende Meldung auf dem Bildschirm angezeigt.

Wenn benannte Bereiche gefunden werden, werden deren Namen in der `For`-Schleife an die Variable `strName` übergeben. Damit Sie wissen, wo sich die benannten Bereiche befinden, wird in der Variablen zudem die Bereichsadresse gespeichert (siehe Abbildung 15.17).

**Listing 15.25** Benannte Bereiche per VBA ermitteln

```
Sub GetNamedRanges()
   Dim i As Integer
   Dim strName As String

   If Names.Count > 0 Then
      For i = 1 To Names.Count
         strName = strName & Chr(13) & _
                   ActiveWorkbook.Names(i).Name _
                   & Chr(9) & _
                   Names(i)
      Next i
      MsgBox strName
   Else
      MsgBox "Es wurden keine benannten Bereiche gefunden."
   End If
End Sub
```

# Benannte Bereiche löschen

Mittels *Formeln/Definierte Namen/Namens-Manager* können seit der Excel-Version 2007 mehrere benannte Bereiche markiert und über die Schaltfläche *Löschen* entfernt werden. In älteren Versionen war dies nicht möglich und die Löschung mehrerer benannter Bereiche erwies sich als zeitaufwändig.

**Abbildg. 15.18** Mehrere benannte Bereiche löschen

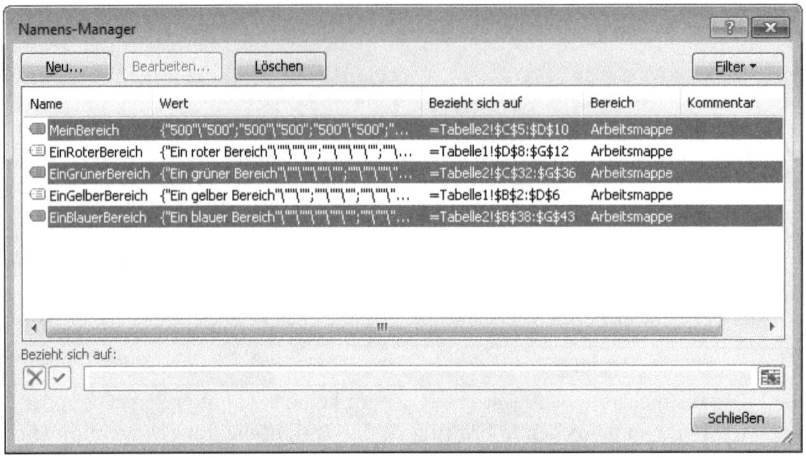


Das folgende Beispiel zeigt, wie per VBA sämtliche benannten Bereiche aus einer Arbeitsmappe entfernt werden können. Die `For`-Schleife muss rückwärts durchlaufen werden, da die Bereiche über deren Index angesprochen und gelöscht werden. Bei einer Vorwärtsschleife würde die Prozedur früher oder später im Debugger enden, da der Zähler `i` keinen entsprechenden Eintrag mehr finden könnte, weil er bereits gelöscht wurde.

**Listing 15.26** Benannte Bereiche löschen

```
Sub DeleteNames()
   Dim i As Integer

   For i = Names.Count To 1 Step -1
      ActiveWorkbook.Names(i).Delete
   Next i
   MsgBox "Es wurden alle Namen entfernt."
End Sub
```

Kapitel 16

# AutoFilter und Spezialfilter einsetzen

**In diesem Kapitel:**

Der Schwerpunkt in diesem Kapitel liegt auf dem Filtern von Daten in Tabellenblättern. Sie lernen, wie der Auto- und Spezialfilter per VBA eingesetzt werden kann.

# AutoFilter mittels VBA steuern

**BEISPIEL** Sämtliche Beispiele zu AutoFilter befinden sich innerhalb der Beispieldateien zum Buch im Ordner *\Buch\Kap16*. Die Mappe nennt sich *Bsp16_01.xlsm*. Beachten Sie die verschiedenen Module und Tabellenblätter.

AutoFilter werden verwendet, um aus einer Tabelle bestimmte Daten einfach und schnell zusammengefasst anzeigen zu lassen. Um einen AutoFilter manuell zu setzen, markieren Sie die gewünschten Überschriften und klicken dann im Menüband auf der Registerkarte *Daten* in der Gruppe *Sortieren und Filtern* auf die Schaltfläche *Filtern*. In jedem der markierten Felder wird nun rechterhand ein Filterpfeil angezeigt. Durch Klicken auf einen der Pfeile werden in einem Dropdownfeld sämtliche unterschiedliche Daten der Spalte aufgelistet. Wenn ein Eintrag aus dieser Liste ausgewählt wird, werden nur die übereinstimmenden Daten angezeigt. Sobald der Filter auf eine Spalte angewendet wird, ändert sich das Symbol des Filters.

**WICHTIG** Wenn Daten gefiltert wurden und somit ein Teil der Zeilen nicht mehr sichtbar ist, bedeutet das nicht, dass die Zeilen gelöscht wurden. Sie sind lediglich ausgeblendet und können jederzeit wieder eingeblendet werden.

Um wieder sämtliche Einträge anzeigen zu lassen, klicken Sie auf den Filterpfeil und aktivieren das Kontrollkästchen *(Alles auswählen)*.

## Berechnungen von gefilterten Daten (Teilergebnis)

Wenn Daten aus einer gefilterten Liste berechnet werden sollen, zum Beispiel eine Summe, wird nicht die Funktion *SUMME*, sondern *TEILERGEBNIS* eingesetzt. Die Funktion *SUMME* würde ein falsches Ergebnis liefern, da auch ausgeblendete Daten in die Berechnung mit einbezogen würden.

Im runden Klammerpaar der Funktion *TEILERGEBNIS* wird an erster Stelle eine Zahl von 1 bis 11 eingesetzt. Die 9 zum Beispiel steht für Summe:

```
=TEILERGEBNIS(9;D2:D18)
```

Der Tabelle 16.1 können Sie die verfügbaren Werte entnehmen.

Neu seit Version 2003 sind die Werte 101 bis 111 (siehe Tabelle 16.1). Im AutoFilter spielt es keine Rolle, ob die Werte 1 bis 11 oder 101 bis 111 verwendet werden. Die neuen Werte werden eingesetzt, wenn Zeilen (ohne AutoFilter) über *Start/Zellen/Format/Ausblenden & Einblenden/Zeilen ausblenden* ausgeblendet werden.

Angenommen, im Bereich *A1:A10* steht in jeder Zelle der Wert 100. Blenden Sie nun die Zeilen *3:5* aus. Geben Sie in Zelle *A11* die folgende Formel ein:

```
=TEILERGEBNIS(9;A1:A10)
```

und in Zelle *A12* die Formel:

```
=TEILERGEBNIS(109;A1:A10)
```

Der Unterschied wird nun deutlich. In Zelle *A11* steht der Wert 1.000 und in Zelle *A12* der Wert 700.

### Gefilterte Daten kopieren

Wenn Sie eine Tabelle gefiltert haben und nur die gefilterten Daten für weitere Zwecke verwenden möchten, kopieren Sie die gefilterten Daten `Strg`+`C`, wechseln beispielsweise auf ein anderes Tabellenblatt und fügen dort die Daten aus der Zwischenablage ein `Strg`+`V`. Die ausgeblendeten Daten werden beim Kopieren nicht berücksichtigt.

**Tabelle 16.1** Teilergebnis

| Funktion (bezieht ausgeblendete Werte ein) | Funktion (ignoriert ausgeblendete Werte) | Funktion |
|---|---|---|
| 1 | 101 | MITTELWERT |
| 2 | 102 | ANZAHL |
| 3 | 103 | ANZAHL2 |
| 4 | 104 | MAX |
| 5 | 105 | MIN |
| 6 | 106 | PRODUKT |
| 7 | 107 | STABW |
| 8 | 108 | STABWN |
| 9 | 109 | SUMME |
| 10 | 110 | VARIANZ |
| 11 | 111 | VARIANZEN |

## Einen einfachen AutoFilter programmieren

Wenn Sie den AutoFilter per VBA in einer Zeile aktivieren oder deaktivieren möchten, geben Sie die Zeile mit Index an und ergänzen die Methode `AutoFilter`.

Bei wiederholtem Ausführen des Codes wird der Filter wechselseitig aktiviert oder deaktiviert.

**Listing 16.1** AutoFilter aktivieren/deaktivieren

```
Sub ActivateDeactivateFilter()
   ActiveSheet.Rows(1).AutoFilter
End Sub
```

Wenn Sie neben dem Setzen des Filters auch gleich eine Filteraktion ausführen möchten, ergänzen Sie die entsprechenden Argumente. Jeder Filterpfeil besitzt einen Index, beginnend bei 1. Wenn Sie nun über den zweiten Filterpfeil filtern möchten, geben Sie beim Argument `Field` den Index 2 an.

Als zweites Argument folgt das Filterkriterium. Wir verwenden hier das erste Kriterium `Criteria1` und übergeben den Namen »Weber«. Nach dem Ausführen des Codes ist der Filter gesetzt und die zweite Spalte zeigt alle »Weber«-Einträge an.

**Listing 16.2** Daten filtern

```
Sub SetFiltered()
   ActiveSheet.Range("A1").AutoFilter _
      Field:=2, _
      Criteria1:="Weber"
End Sub
```

Ein Filterpfeil kann maximal zwei Kriterien besitzen. Wenn Sie beide einsetzen möchten, verwenden Sie zusätzlich das Argument `Criteria2`. Bei zwei Filterkriterien muss zudem ein `Operator` mit angegeben werden. Diesmal filtern wir die Spalte *D*, die Zahlen enthält. Es sollen nur Zahlen angezeigt werden, die größer/gleich 100 und kleiner als 500 sind.

**Listing 16.3** Filter mit zwei Kriterien

```
Sub TwoCriteria()
   ActiveSheet.Range("A1").AutoFilter _
      Field:=4, _
      Criteria1:=">=100", _
      Operator:=xlAnd, _
      Criteria2:="<500"
End Sub
```

**Abbildg. 16.1** Ergebnis eines einfachen Filters mit zwei Kriterien

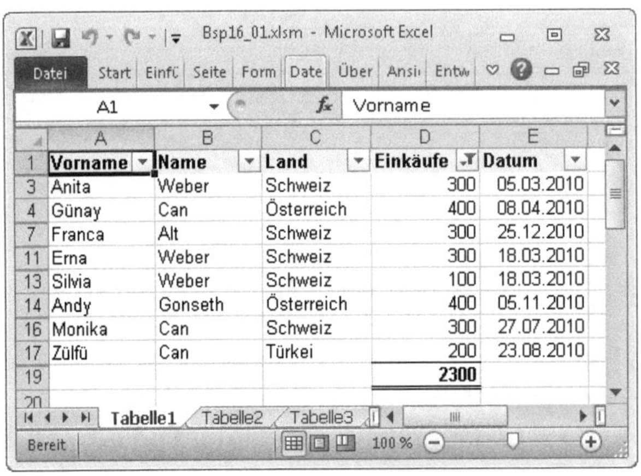


| | A | B | C | D | E |
|---|---|---|---|---|---|
| 1 | Vorname | Name | Land | Einkäufe | Datum |
| 3 | Anita | Weber | Schweiz | 300 | 05.03.2010 |
| 4 | Günay | Can | Österreich | 400 | 08.04.2010 |
| 7 | Franca | Alt | Schweiz | 300 | 25.12.2010 |
| 11 | Erna | Weber | Schweiz | 300 | 18.03.2010 |
| 13 | Silvia | Weber | Schweiz | 100 | 18.03.2010 |
| 14 | Andy | Gonseth | Österreich | 400 | 05.11.2010 |
| 16 | Monika | Can | Schweiz | 300 | 27.07.2010 |
| 17 | Zülfü | Can | Türkei | 200 | 23.08.2010 |
| 19 | | | | 2300 | |

In der nachfolgenden Tabelle finden Sie alle Operatoren und einige der Platzhaltermöglichkeiten, die in Kriterien eingesetzt werden können.

Tabelle 16.2 Operatoren für Kriterien

| Operatoren für Kriterien | Beschreibung |
| --- | --- |
| Das genaue Kriterium eingeben (z.B. `Criteria1:="Weber"`) | Entspricht |
| <> (z.B. `Criteria1:="<>100"`) | Entspricht nicht |
| > | Ist größer als |
| >= | Ist größer oder gleich |
| < | Ist kleiner als |
| <= | Ist kleiner oder gleich |
| =W* | Alle Einträge, die mit »W« beginnen |
| <>W* | Alle Einträge, nicht die mit »W« beginnen |
| =*W | Alle Einträge, die mit dem Buchstaben »W« enden |
| <>*W | Alle Einträge, die nicht mit »W« enden |
| <>*W* | Einträge, die den Buchstaben »W« nicht enthalten |

In der folgenden Tabelle finden Sie eine Zusammenstellung aller im AutoFilter zur Verfügung stehenden Operatoren:

Tabelle 16.3 Operatoren

| Operator | Index | Beschreibung |
| --- | --- | --- |
| `xlAnd` | 1 | Und |
| `xlBottom10Items` | 4 | Die niedrigsten x Werte |
| `xlBottom10Percent` | 6 | Die niedrigsten x Prozent |
| `xlOr` | 2 | Oder |
| `xlTop10Items` | 3 | Die höchsten x Werte |
| `xlTop10Percent` | 5 | Die höchsten x Prozent |

# Filtern über ein Eingabefeld

Mittels VBA haben Sie die Möglichkeit, das Setzen des AutoFilters benutzerfreundlich zu gestalten. Beispielsweise, indem Sie ein Eingabefeld programmieren, in das lediglich eine Zahl eingegeben werden muss, um das gewünschte Filterkriterium auszuwählen oder den AutoFilter zu deaktivieren.

**Abbildg. 16.2** Filterkriterium mittels *InputBox* definieren

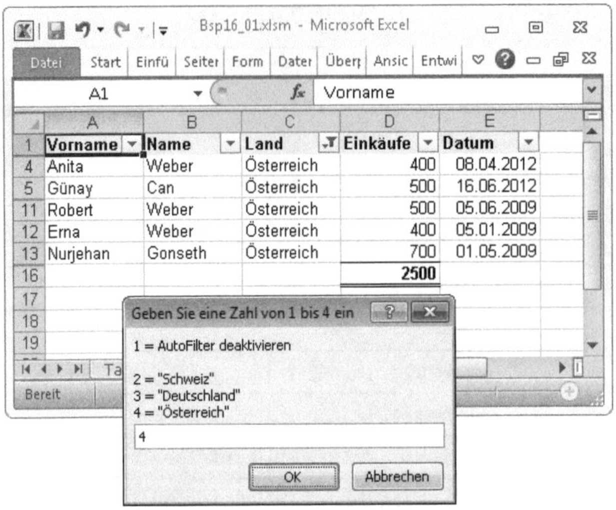


In der folgenden Prozedur wird zuerst die `InputBox` aufbereitet. Der Text der `InputBox` beschreibt, welche Zahl eingegeben werden muss, um die gewünschte Aktion auszuführen.

In der Entscheidung wird geprüft, welche Zahl eingegeben wurde. Bei 1 wird der AutoFilter deaktiviert, das heißt, es werden alle Datensätze eingeblendet. Bei 2, 3 oder 4 wird in der Spalte *C* nach dem entsprechenden Land gefiltert. Sollte eine ungültige Eingabe erfolgen, wird eine Meldung auf dem Bildschirm angezeigt.

**Listing 16.4** Ein Eingabefeld zur Erleichterung der Filterung erstellen

```
Sub FilterInputBox()
   Dim lngCriteria As Long

   lngCriteria = Application.InputBox _
                ("1 = AutoFilter deaktivieren" & Chr(10) & Chr(10) & _
                 "2 = ""Schweiz""" & Chr(10) & _
                 "3 = ""Deutschland""" & Chr(10) & _
                 "4 = ""Österreich""", _
                 Title:="Geben Sie eine Zahl von 1 bis 4 ein", _
                 Default:=2, _
                 Type:=1)

   With ActiveSheet.Range("A1")
      If lngCriteria = 0 Then
         Exit Sub
      ElseIf lngCriteria = 1 Then
         ActiveSheet.AutoFilterMode = False
      ElseIf lngCriteria = 2 Then
         .AutoFilter Field:=3, Criteria1:="Schweiz"
      ElseIf lngCriteria = 3 Then
         .AutoFilter Field:=3, Criteria1:="Deutschland"
      ElseIf lngCriteria = 4 Then
         .AutoFilter Field:=3, Criteria1:="Österreich"
```

**Listing 16.4** Ein Eingabefeld zur Erleichterung der Filterung erstellen *(Fortsetzung)*

```
      Else
         MsgBox "Falsche Eingabe"
      End If
   End With
End Sub
```

# Datumsangaben im AutoFilter verwenden

Um nach einem Datum zu filtern, muss bedacht werden, dass in VBA das US-Datumsformat MM/TT/YYYY gilt und nicht wie bei uns das Format TT.MM.JJJJ. Nachfolgend werden alle Daten gefiltert, die größer/gleich dem 1. Juni 2012 und kleiner/gleich dem 31. Dezember 2012 sind.

**Listing 16.5** Filtern nach US-Datumsart

```
Sub FilterDateUS()
   ActiveSheet.Range("A1").AutoFilter _
      Field:=5, _
      Criteria1:=">=06/01/2012", _
      Operator:=xlAnd, _
      Criteria2:="<=12/31/2012
End Sub
```

Wenn Sie aus bestimmten Gründen nicht mit dem amerikanischen Format arbeiten möchten, gibt es eine Alternative, die unserem europäischen Datumsformat entspricht. Dabei muss das gewünschte Anfangs- und Enddatum in Zellen des Tabellenblattes geschrieben werden. In unserem Beispiel steht das Anfangsdatum in Zelle *G1* und das Enddatum in Zelle *H1* (siehe Abbildung 16.3).

**Abbildg. 16.3** Filtern nach hiesigem Datum

Die Operatoren für die Kriterien werden in Anführungszeichen geschrieben. Danach folgt das Verkettungszeichen (&) und die Zellangabe. Das Entscheidende hierbei ist die Eigenschaft `Value2`. Wenn `Value` statt `Value2` verwendet würde, würde die Filterung fehlschlagen und es würden alle Datensätze ausgeblendet.

Auswertungstechniken anwenden

**Listing 16.6** Datumsbezug auf Tabellenzellen

```
Sub FilterDate()
   ActiveSheet.Range("A1").AutoFilter _
      Field:=5, _
      Criteria1:=">=" & Range("G1").Value2, _
      Operator:=xlAnd, _
      Criteria2:="<=" & Range("H1").Value2
End Sub
```

# Filtern trotz Blattschutz zulassen

Seit Version 2007 ist es möglich, den AutoFilter trotz Blattschutz anzuwenden. Um dies einzustellen, verwenden Sie im Menüband den Aufruf *Überprüfen/Änderungen/Blatt schützen*. Aktivieren Sie im Dialogfeld *Blatt schützen* das Kontrollkästchen *AutoFilter verwenden*.

Wenn Sie mit einer älteren Office-Version arbeiten, können Sie sich des folgenden Codes bedienen.

Mittels der Methode `Protect` wird bekanntlich der Blattschutz aktiviert. Der Methode können verschiedene Argumente übergeben werden, unter anderem die Methode `UserInterfaceOnly`. Sie bewirkt, dass der AutoFilter trotz Blattschutz ausgeführt werden kann.

**WICHTIG** Wichtig ist, dass der AutoFilter noch vor dem Festlegen des Blattschutzes aktiviert wird, sodass die Filterpfeile eingeblendet sind. Der Grund liegt darin, dass die Schaltfläche *Filtern* (Registerkarte *Daten*, Gruppe *Sortieren und Filtern*) auch unter Verwendung von `UserInterfaceOnly` deaktiviert bleibt.

Das Argument `UserInterfaceOnly` kann nicht permanent festgelegt werden. Dies bedeutet, dass es beim Schließen der Mappe seine Wirkung verliert. Wenn die Mappe also geschlossen und wieder geöffnet wird, müsste `UserInterfaceOnly` erneut aktiviert werden. Damit dieser Vorgang nicht jedes Mal manuell ausgeführt werden muss, hinterlegen Sie die Codezeilen als `Workbook_Open`-Ereignis im Modul `DieseArbeitsmappe`. Sie bewirken damit, dass `UserInterfaceOnly` bei jedem Öffnen der Arbeitsmappe automatisch erneut gesetzt wird.

**Listing 16.7** AutoFilter bei Blattschutz verwenden

```
Private Sub Workbook_Open()
   With Worksheets("Tabelle4")
      .Protect UserInterfaceOnly:=True
      .EnableAutoFilter = True
   End With
End Sub
```

# Den AutoFilter ausblenden

Wenn Sie den AutoFilter manuell deaktivieren möchten, klicken Sie im Menüband auf der Registerkarte *Daten* in der Gruppe *Sortieren und Filtern* auf die Schaltfläche *Filtern*. In VBA verwenden Sie die Eigenschaft `AutoFilterMode` und setzen den Wert auf `False`.

**Listing 16.8** AutoFilter ausblenden

```
Sub RemoveFilter()
   ActiveSheet.AutoFilterMode = False
End Sub
```

# Einen einzelnen Filterpfeil ausblenden

Manuell ist es nicht möglich, einen einzelnen Filterpfeil auszublenden. Beim Deaktivieren des Filters werden immer alle Pfeile ausgeblendet. Es ist auch nicht möglich, AutoFilter auf nicht zusammenhängende Zellen zu setzen. Probieren Sie es aus. Selektieren Sie die Zellen *A1*, *C1* und *D1*. Wenn Sie nun auf die Schaltfläche *Filtern* (Registerkarte *Daten*, Gruppe *Sortieren und Filtern*) klicken, werden Sie durch eine Warnmeldung begrüßt, die besagt, dass dies nicht möglich ist.

**Abbildg. 16.4** Einen Filterpfeil ausblenden

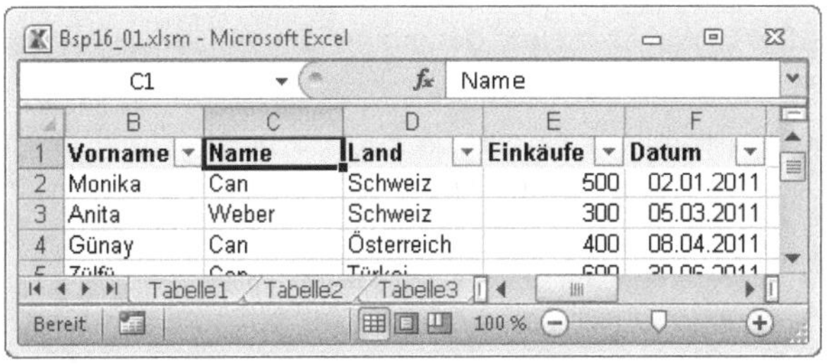


Per VBA geht das sehr wohl. Geben Sie beim Argument `Field` den Index des auszublendenden Pfeils an, hier der zweite Pfeil. Um den Filter auszublenden, geben Sie beim Argument `VisibleDropDown` den booleschen Wert `False` an. Die Spalte *B* kann nun nicht mehr gefiltert werden, denn der Filterpfeil wurde nicht eingeblendet.

Um den Pfeil wieder einzublenden, ersetzen Sie `False` durch `True`.

**Listing 16.9** Nur den einen Filterpfeil ausblenden

```
Sub DeactivateOneFilterArrow1()
   With ActiveSheet.Range("A1")
      .AutoFilter _
         Field:=2, _
         VisibleDropDown:=False
   End With
End Sub
```

**HINWEIS** Pro Tabellenblatt kann immer nur ein AutoFilter eingesetzt werden. Der Filter kann sich immer nur auf eine zusammenhängende Zeile beziehen.

Wenn innerhalb eines Tabellenblattes zwei Datenbereiche existieren, die durch eine leere Spalte getrennt sind, in deren erster Zelle kein Filterpfeil erscheinen soll, muss mit einem Trick gearbeitet werden. Geben Sie in die Zeile, die gefiltert werden soll, eine Überschrift ein. Versehen Sie die Zelle mit weißer Schriftfarbe, sodass der Text nicht sichtbar ist (siehe Abbildung 16.5).

**Abbildg. 16.5** AutoFilter auf zwei Tabellen

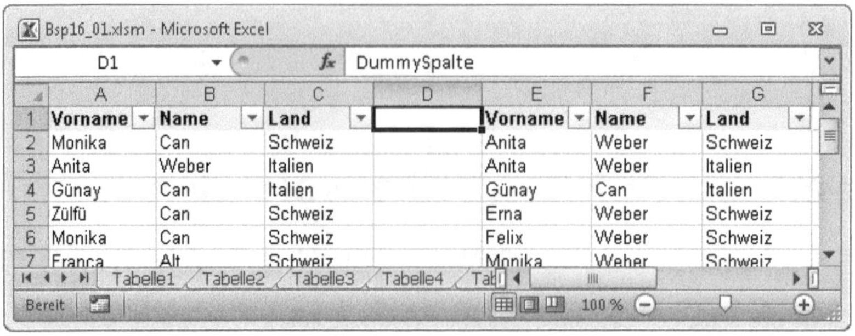


Der Filter kann nun auf den zusammenhängenden Bereich der zu filternden Zeile gesetzt werden, wobei der vierte Filterpfeil ausgeblendet wird.

Wenn nun im zweiten Datenbereich auf den Namen gefiltert wird, werden natürlich auch die Zeilen der ersten Tabelle ausgeblendet. Der Grund liegt darin, dass immer ganze Zeilen ausgeblendet werden. Das Ausblenden einzelner Zellen ist nicht möglich.

Diese Prozedur für dieses Beispiel ist mit der vorherigen Prozedur identisch, bis auf den Unterschied, dass diesmal der vierte Filterpfeil ausgeblendet wird.

**Listing 16.10** Der vierte Filterpfeil wird ausgeblendet

```
Sub DeactivateOneFilterArrow2()
   With ActiveSheet.Range("A1")
      .AutoFilter _
         Field:=4, _
         VisibleDropDown:=False
   End With
End Sub
```

# Leere Einträge filtern

Wenn ein AutoFilter-Pfeil angeklickt wird, steht der Eintrag *(Leere)* zur Auswahl. Dies jedoch nur, wenn in der betroffenen Spalte einzelne leere Zellen vorhanden sind. Damit können Sie innerhalb der gewünschten Spalte nach leeren Zellen filtern.

**Abbildg. 16.6** Leere und nichtleere Einträge anzeigen

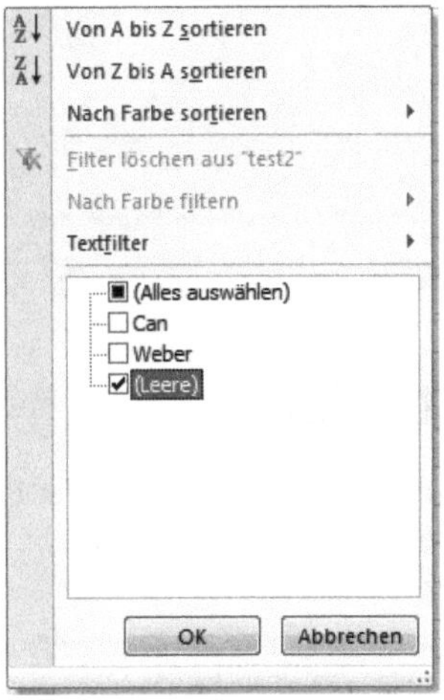


In der VBA-Prozedur ist alleine das angegebene Kriterium ausschlaggebend. Als Kriterium wird lediglich der Operator <> verwendet:

**Listing 16.11** Leere bzw. nicht leere Einträge anzeigen

```
Sub EmptyNotempty()
   With ActiveSheet.Range("A1")
      .AutoFilter _
         Field:=1, _
         Criteria1:="<>"     ' Nicht leere anzeigen

      .AutoFilter _
         Field:=3, _
         Criteria1:="="      ' Leere anzeigen
   End With
End Sub
```

# Alle Datensätze einblenden

Um manuell alle Datensätze wieder einzublenden, verwenden Sie die Schaltfläche *Filtern* (Registerkarte *Daten*, Gruppe *Sortieren und Filtern*). Damit heben Sie den Filter auf. Durch einen erneuten Klick auf die Schaltfläche *Filter* werden die Filterpfeile wieder eingeblendet.

In VBA kann man `ShowAllData` verwenden, um alle Datensätze einzublenden. Dies kann allerdings nur durchgeführt werden, wenn mindestens eine Spalte gefiltert ist. Damit die Prozedur nicht im Debugger endet, muss daher zuerst der Filtermodus `FilterMode` überprüft werden.

Listing 16.12 Datensätze einblenden

```
Sub AllData()
   With ActiveSheet
      If .FilterMode = True Then
         .ShowAllData
      End If
   End With
End Sub
```

# Prüfen, ob der Filtermodus aktiv ist

Wenn Sie mit gefilterten Datensätzen arbeiten, sollten Sie immer zuerst prüfen, ob der Filtermodus aktiv ist, d.h. die Filterpfeile eingeblendet sind. Wenn Sie dies nicht tun und der AutoFilter ist nicht aktiviert, entsteht ein Fehler und das Debugger-Fenster wird angezeigt.

Der AutoFilter-Modus kann in einer Entscheidung über die Eigenschaft `AutoFilterMode` abgefragt werden.

Listing 16.13 AutoFilter-Modus abfragen

```
Sub CheckFilterMode()
   If ActiveSheet.AutoFilterMode Then
      MsgBox "Der AutoFilter ist aktiv."
   Else
      MsgBox "Der AutoFilter ist nicht aktiv."
   End If
End Sub
```

# Filterbereich ohne Titelzeile markieren

Unter Verwendung der Codezeile `ActiveSheet.AutoFilter.Range.Select` können Sie den gesamten Filterbereich inklusive Titelzeile markieren.

Wenn Sie die Titelzeile von der Markierung ausschließen möchten, verwenden Sie `Offset(1, 0)` um eine Zeile nach unten zu gelangen. Das alleine reicht jedoch noch nicht aus, denn wir erreichen damit lediglich, dass die gesamte Markierung nach unten verschoben wird. Damit ist also eine Leerzeile zu viel im Markierumfang enthalten.

Um die gesamte Markierung um eine Zeile zu verringern, ergänzen Sie `Resize(rng.Rows.Count - 1)`. Mittels `Resize` kann die Größe des angegebenen Bereiches verändert werden. Im runden Klammerpaar übergeben wir die gesamte Anzahl an Zeilen, die der AutoFiter umfasst und reduzieren ihn um eine Zeile (-1).

Listing 16.14 Nur Datensätze des Filterbereiches markieren (ohne Titelzeile)

```
Sub SelectFilterRange()
   Dim rng As Range

   If ActiveSheet.AutoFilterMode Then
      Set rng = ActiveSheet.AutoFilter.Range
```

**Listing 16.14** Nur Datensätze des Filterbereiches markieren (ohne Titelzeile) *(Fortsetzung)*

```
      rng. _
         Offset(1, 0). _
         Resize(rng.Rows.Count - 1). _
         Select
   Else
      MsgBox "Der AutoFilter ist nicht aktiv."
   End If
End Sub
```

# Nur gefilterte Datensätze markieren

Wenn Sie nur die gefilterten Datensätze markieren möchten, ergänzen Sie den obigen Code mit `SpecialCells(xlVisible)`. Das folgende Beispiel zeigt zudem, wie Sie statt einer Referenzierung (`Set`) mit der `With`-Anweisung arbeiten können.

**Listing 16.15** Es werden nur die gefilterten Datensätze markiert

```
Sub SelectFilteredRows()
   If ActiveSheet.AutoFilterMode Then
      With ActiveSheet.AutoFilter.Range
         .Offset(1, 0).Resize(.Rows.Count - 1) _
            .SpecialCells(xlVisible).Select
      End With
   Else
      MsgBox "Der AutoFilter ist nicht aktiv."
   End If
End Sub
```

# Sichtbare Zellen kopieren

Oft kommt es vor, dass gefilterte, also sichtbare Zeilen in einen anderen Bereich oder auf ein anderes Tabellenblatt kopiert werden müssen.

Die Anweisung `ActiveSheet.AutoFilter.Range` bietet die Möglichkeit, nur den Bereich anzusprechen, der den AutoFilter umgibt. Mittels `SpecialCells(xlVisible)` werden die sichtbaren Zellen ermittelt. In unserem Beispiel werden diese kopiert und auf dem aktiven Tabellenblatt ab Zelle *A30* eingefügt.

**Listing 16.16** Sichtbare Zellen in einen anderen Bereich kopieren

```
Sub CopyVisibleCells()
   If ActiveSheet.AutoFilterMode Then
      ActiveSheet.AutoFilter.Range.SpecialCells(xlVisible).Copy _
         Destination:=Range("A30")
   Else
      MsgBox "Der AutoFilter ist nicht aktiv."
   End If
End Sub
```

# Anzahl gefilterter Zeilen zählen

Wenn Sie Datensätze filtern, wird in der Statusleiste angezeigt, wie viele Datensätze gefiltert wurden und wie viele sich insgesamt im Filterbereich befinden. Je nach Aktion, die Sie ausführen, verschwindet diese Meldung in der Statusleiste. Sie können die Anzahl an gefilterten Zeilen auch per VBA ermitteln. Es gibt verschiedene Wege, dies umzusetzen. Nachfolgend finden Sie zwei davon.

**Abbildg. 16.7** Meldung in der Statusleiste

In der ersten Prozedur wird die Anzahl an sichtbaren Zellen der Spalte 1 gezählt. Um die Titelzeile von der Zählung auszuschließen, subtrahieren wir den Wert 1, der einer Zeile entspricht.

**Listing 16.17** Anzahl sichtbarer Zeilen ausgeben

```
Sub CountFilteredRows1()
   If ActiveSheet.AutoFilterMode Then
      With ActiveSheet.AutoFilter.Range.Columns(1)
         MsgBox .SpecialCells(xlVisible).Count - 1
      End With
   Else
      MsgBox "Der AutoFilter ist nicht aktiv."
   End If
End Sub
```

In unserem zweiten Beispiel arbeiten wir mit der Methode `Intersect`. Ihr können zwei Bereiche übergeben werden. Das Ergebnis wird innerhalb der Schnittmenge gesucht.

Der erste Bereich stellt die gesamte Anzahl gefilterten Zellen dar. Die Schnittmenge bildet die erste Spalte. Es werden somit alle sichtbaren Zellen innerhalb der ersten Spalte gezählt.

Wir gehen noch weiter und zählen die gesamte Anzahl an sichtbaren und nicht sichtbaren Zeilen. Damit können wir die Excel-eigene Meldung nachproduzieren, die nach dem Filtern in der Statusleiste angezeigt wird.

**Abbildg. 16.8** Anzahl gefilterter und nicht gefilterter Zeilen ausgeben

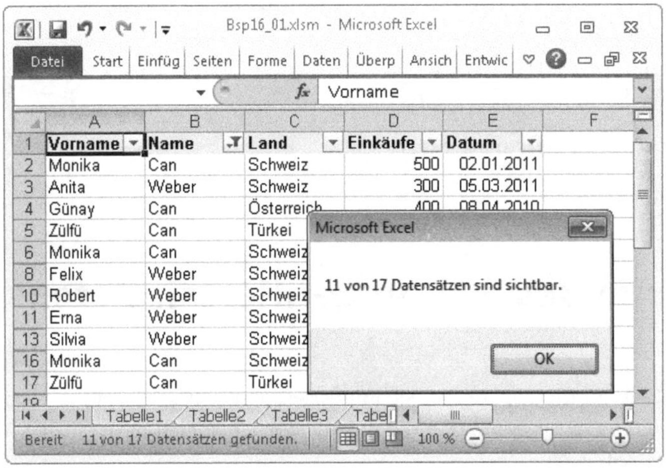


**Listing 16.18** Anzahl gefilterter Zeilen und Gesamtzeilen ermitteln

```
Sub CountFilteredRows2()
   Dim lngFiltered As Long
   Dim lngTotal As Long

   If ActiveSheet.AutoFilterMode Then
      With ActiveSheet.AutoFilter.Range
         lngFiltered = Intersect( _
                       .SpecialCells(xlVisible), _
                       .Columns(1) _
                       ).Count - 1

         lngTotal = .Rows.Count - 1
      End With

      MsgBox lngFiltered & " von " & _
             lngTotal & " Datensätzen sind sichtbar."
   Else
      MsgBox "Der AutoFilter ist nicht aktiv."
   End If
End Sub
```

# Zeilennummer des ersten gefilterten Datensatzes ausgeben

Um den ersten gefilterten Datensatz zu finden bzw. dessen Zeilennummer auszugeben, sprechen Sie zuerst den Filterbereich an. Ihm übergeben Sie `Offset(1, 0)`, um die Titelzeile auszuschließen. Mittels `SpecialCells(xlVisible)` kann nun die erste sichtbare Zeile nach der Titelzeile gefunden werden. Die `Row`-Eigenschaft gibt die gesuchte Zeilennummer zurück.

**Listing 16.19** Zeilennummer des ersten gefilterten Datensatzes

```
Sub FirstFilteredRow()
   If ActiveSheet.AutoFilterMode Then
      MsgBox ActiveSheet.AutoFilter.Range. _
         Offset(1, 0).SpecialCells(xlVisible).Row
   Else
      MsgBox "Der AutoFilter ist nicht aktiv."
   End If
End Sub
```

# Zeilennummer des letzten gefilterten Datensatzes ausgeben

Um die letzte belegte Zeile zu finden, können Sie mit `MsgBox Cells(Rows.Count, 1).End(xlUp).Row` arbeiten. Dies funktioniert allerdings nur, wenn auf dem Tabellenbereich in der Spalte *A* nach dem Filterbereich keine weiteren Daten folgen.

**Listing 16.20** Zeilennummer des letzten gefilterten Datensatzes

```
Sub LastFilteredRow1()
   If ActiveSheet.AutoFilterMode Then
      MsgBox Cells(Rows.Count, 1).End(xlUp).Row
   Else
      MsgBox "Der AutoFilter ist nicht aktiv."
   End If
End Sub
```

Wenn in Spalte *A* noch weitere Daten vorhanden sind, müssen Sie anders verfahren. In der folgenden Prozedur wird ermittelt, wie viele Zeilen sich im AutoFilter-Bereich befinden. Damit `End(xlUp).Row` greift, muss noch eine leere Zeile vorhanden sein. Deshalb wird zur Gesamtanzahl an Zeilen des AutoFilter-Bereiches der Wert 1 addiert. Nun kann die letzte sichtbare Zeile im AutoFilter-Bereich unter Verwendung von `End(xlUp).Row` ermittelt werden.

**Listing 16.21** Die sichere Alternative

```
Sub LastFilteredRow2()
   If ActiveSheet.AutoFilterMode Then
      MsgBox Rows(ActiveSheet.AutoFilter.Range. _
                  Rows.Count + 1).End(xlUp).Row
   Else
      MsgBox "Der AutoFilter ist nicht aktiv."
   End If
End Sub
```

# Datensätze nach Farben filtern

Wenn Ihre Datensätze farbig hinterlegt sind, haben Sie mittels VBA die Möglichkeit, die Daten nach Farben zu filtern.

**HINWEIS** Dieses Beispiel basiert auf dem Code in Kapitel 15 mit dem Titel »Farbige Zellen sortieren«.

**Abbildg. 16.9** Datensätze vor und nach dem Filtern nach einer Farbe

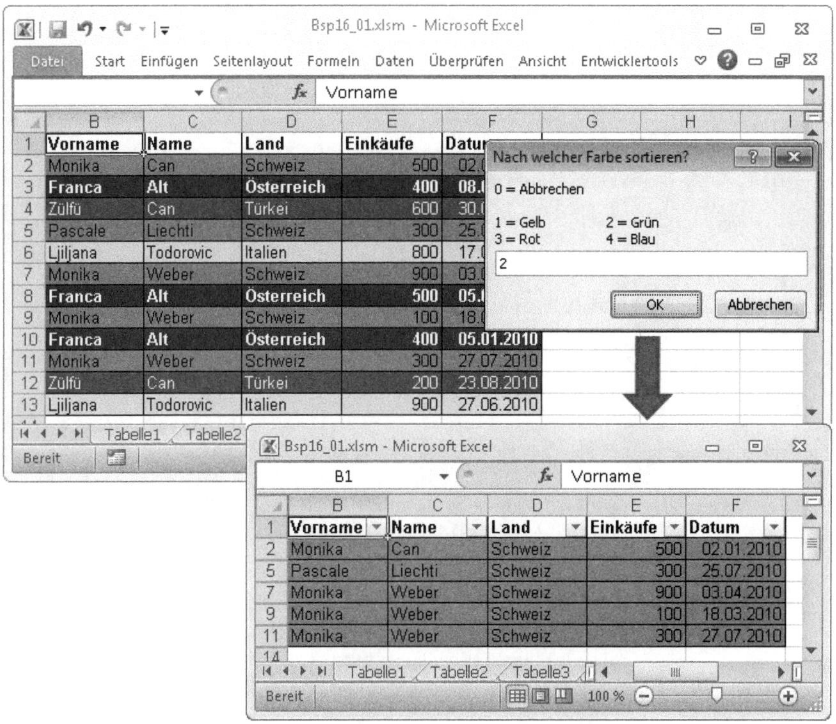


Am einfachsten ist das Verfahren, wenn Sie mit einer Hilfsspalte arbeiten. Wir fügen deshalb zu Beginn der Prozedur eine Spalte ein, weisen ihr in der ersten Zelle eine Überschrift zu und blenden die Spalte dann aus.

In der darauf folgenden Schleife werden sämtliche belegten Zellen des benutzen Bereiches durchlaufen. In der `Select Case`-Entscheidung wird jeder verwendeten Farbe eine Zahl zugewiesen. Basierend auf dieser Zahl wird im Anschluss an die Schleife der Filter gesetzt.

Der Benutzer hat die Möglichkeit, die Farbzahl, die gefiltert werden soll, über eine `InputBox` einzugeben.

In der `If`-Entscheidung am Ende der Prozedur wird geprüft, ob eine gültige Zahl eingegeben wurde. Wenn nicht, wird eine Meldung ausgegeben und die Prozedur wird rekursiv aufgerufen.

**Listing 16.22** Datensätze nach Farben filtern

```
Sub FilterColorData()
   Dim i As Long
   Dim bytColor As Byte

   ' Hilfsspalte einfügen, falls noch nicht vorhanden,
   ' und ausblenden
   If Range("A1") <> "Farbfilterindex" Then
      Columns(1).Insert
      Columns(1).Hidden = True
      Range("A1") = "Farbfilterindex"
   Else
      Columns(1).Hidden = True
   End If

   ' Zahl für Farbe in Hilfsspalte einfügen
   For i = 1 To ActiveSheet.UsedRange.Rows.Count
      Select Case Cells(i, 2).Interior.ColorIndex
         Case 6   ' Gelb
            Cells(i, 1) = 1
         Case 4   ' Grün
            Cells(i, 1) = 2
         Case 3   ' Rot
            Cells(i, 1) = 3
         Case 5   ' Blau
            Cells(i, 1) = 4
      End Select
   Next i

   ' Filtern nach Farbe
   bytColor = Application.InputBox( _
            "0 = Abbrechen" & Chr(10) & Chr(10) & _
            "1 = Gelb" & Chr(9) & Chr(9) & _
            "2 = Grün" & Chr(10) & _
            "3 = Rot" & Chr(9) & Chr(9) & _
            "4 = Blau", _
            Title:="Nach welcher Farbe sortieren?", _
            Default:=1, _
            Type:=1)

   ' Prüfen, ob eine gültige Zahl eingegeben wurde
   If bytColor > 0 And bytColor < 5 Then

      ' Filter für Hilfsspalte festlegen
      Rows(1).AutoFilter
      Range("A1").AutoFilter _
         Field:=1, _
         Criteria1:=bytColor

      ' Abbrechen, wenn 0 eingegeben oder die
      ' Schaltfläche "Abbrechen" gedrückt wird.
      ' Es werden dann alle Daten eingeblendet.
   ElseIf bytColor = 0 Then
      Call ShowAll
      Exit Sub
```

**ting 16.22** Datensätze nach Farben filtern *(Fortsetzung)*

```
   Else
      MsgBox "Geben Sie eine Zahl im Bereich von 0 bis 4 ein."
      Call FilterColorData
   End If
End Sub
```

**ting 16.23** Prozedur, um alle Daten einzublenden

```
Sub ShowAll()
   With ActiveSheet
      If .FilterMode = True Then
         .ShowAllData
      End If
   End With
End Sub
```

# Der Umgang mit dem Spezialfilter

Der AutoFilter hat seine Grenzen. Beispielsweise dann, wenn mehr als zwei Filterkriterien erforderlich sind. Nachfolgend finden Sie einige Prozeduren, die zeigen, wie der Spezialfilter eingesetzt werden kann.

Um manuell mit dem Spezialfilter zu arbeiten, erstellen Sie einerseits die Tabelle, in der Daten gefiltert werden sollen, und andererseits, separat auf dem Tabellenblatt, einen Bereich, in den die Kriterien eingetragen werden können.

**TIPP** Der Bereich mit den Kriterien sollte vorzugsweise unter- oder oberhalb des zu filternden Bereiches geführt werden, damit die Kriterien beim Filtern nicht mit ausgeblendet werden.

Damit der Spezialfilter erkennt, welche Daten gefiltert werden sollen, müssen die Spaltenüberschriften im Kriterienbereich mit den Spaltenüberschriften des Datenbereiches identisch sein.

Gemäß Abbildung 16.10 bestehen in der Tabelle zwei Kriterienbereiche, die wahlweise eingesetzt werden können. Beachten Sie, dass beim Kriterienbereich 1 die Überschrift *Einkäufe* zweimal aufgeführt wird. Damit wird erreicht, dass nur Werte im Bereich >200 *und* <500 angezeigt werden, die auf den Namen »Weber« zutreffen.

Im zweiten Kriterienbereich werden alle Einträge mit Namen »Weber«, die Werte im Bereich >200 und <500 aufweisen, *sowie* alle mit Namen »Can«, die Werte <500 aufweisen, angezeigt.

Auf diese Weise können beliebig viele Kriterienbereiche mit verschiedenen Filterkriterien zusammengestellt werden. Natürlich können im Kriterienbereich auch andere Spaltenüberschriften des Listenbereiches verwendet werden, oder zusätzliche.

Nachdem die Datenquelle und der Kriterienbereich erstellt wurden, kann der Spezialfilter aufgerufen werden. Dies geschieht über das Menüband auf der Registerkarte *Daten* in der Gruppe *Sortieren und Filtern* mit der Schaltfläche *Erweitert*. Das Dialogfeld *Spezialfilter* wird angezeigt. Markieren Sie bei geöffnetem Dialogfeld den *Listenbereich* sowie einen der *Kriterienbereiche*. Achten Sie darauf, dass beide Male die Überschrift in die Markierung mit einbezogen wird (siehe Abbildung 16.11).

**Abbildg. 16.10** Tabelle mit zwei Kriterienbereichen

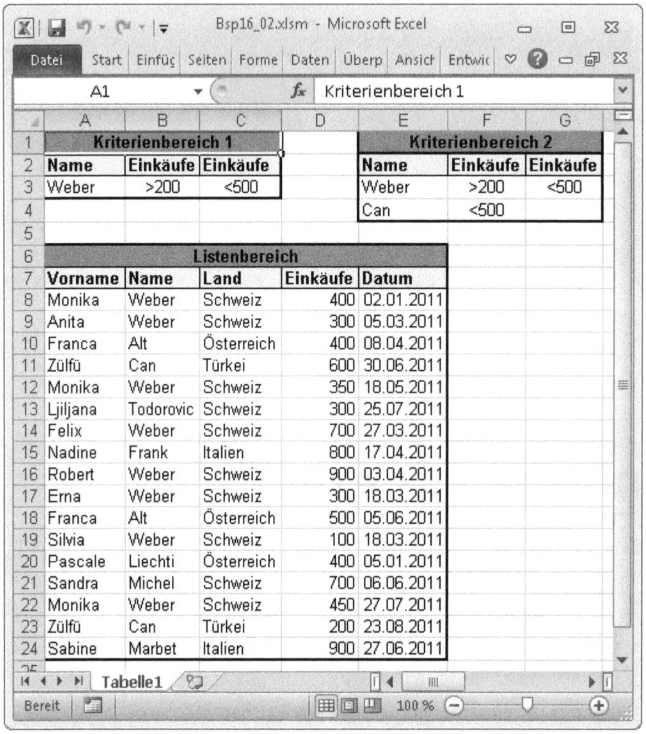


| | A | B | C | D | E | F | G |
|---|---|---|---|---|---|---|---|
| 1 | Kriterienbereich 1 | | | | Kriterienbereich 2 | | |
| 2 | Name | Einkäufe | Einkäufe | | Name | Einkäufe | Einkäufe |
| 3 | Weber | >200 | <500 | | Weber | >200 | <500 |
| 4 | | | | | Can | <500 | |
| 5 | | | | | | | |
| 6 | Listenbereich | | | | | | |
| 7 | Vorname | Name | Land | Einkäufe | Datum | | |
| 8 | Monika | Weber | Schweiz | 400 | 02.01.2011 | | |
| 9 | Anita | Weber | Schweiz | 300 | 05.03.2011 | | |
| 10 | Franca | Alt | Österreich | 400 | 08.04.2011 | | |
| 11 | Zülfü | Can | Türkei | 600 | 30.06.2011 | | |
| 12 | Monika | Weber | Schweiz | 350 | 18.05.2011 | | |
| 13 | Ljiljana | Todorovic | Schweiz | 300 | 25.07.2011 | | |
| 14 | Felix | Weber | Schweiz | 700 | 27.03.2011 | | |
| 15 | Nadine | Frank | Italien | 800 | 17.04.2011 | | |
| 16 | Robert | Weber | Schweiz | 900 | 03.04.2011 | | |
| 17 | Erna | Weber | Schweiz | 300 | 18.03.2011 | | |
| 18 | Franca | Alt | Österreich | 500 | 05.06.2011 | | |
| 19 | Silvia | Weber | Schweiz | 100 | 18.03.2011 | | |
| 20 | Pascale | Liechti | Österreich | 400 | 05.01.2011 | | |
| 21 | Sandra | Michel | Schweiz | 700 | 06.06.2011 | | |
| 22 | Monika | Weber | Schweiz | 450 | 27.07.2011 | | |
| 23 | Zülfü | Can | Türkei | 200 | 23.08.2011 | | |
| 24 | Sabine | Marbet | Italien | 900 | 27.06.2011 | | |

**Abbildg. 16.11** Dialogfeld *Spezialfilter*

Wenn Sie die Daten an gleicher Stelle gefiltert ausgeben möchten, lassen Sie das Optionsfeld *Liste a gleicher Stelle filtern* aktiviert. Die gefilterten Daten werden lediglich ausgeblendet (nicht gelöscht) ähnlich wie beim AutoFilter, mit dem Unterschied, dass keine Filterpfeile erscheinen.

Falls Sie eine *Kopie* der Daten an einer anderen Stelle im Tabellenblatt ausgeben möchten, aktiviere Sie das Optionsfeld *An eine andere Stelle kopieren*. Das Feld *Kopieren nach* wird aktiv. Setzen Sie di Einfügemarke in dieses Eingabefeld und klicken Sie die Zelle an, ab der die Kopie der gefilterte Daten ausgegeben werden kann. Achten Sie darauf, dass Sie keine Zelle im Kriterien- oder Daten bereich selektieren, sonst wird die Aktion mit einer Warnmeldung abgebrochen.

**TIPP** Gefilterte Daten können auch auf einem zweiten Tabellenblatt ausgegeben werden. Dabei muss der Filter allerdings von dem Tabellenblatt aus gestartet werden, in das die Daten kopiert werden sollen – *und nicht von dem Tabellenblatt aus, in dem die Quelldaten stehen*! Ansonsten wird eine Warnmeldung angezeigt und die Filteraktion wird abgebrochen.

Der folgende VBA-Code zeigt, wie Sie diesen Vorgang automatisieren können. Es wird der erste Kriterienbereich des Tabellenblattes verwendet. Die Kopie der Daten wird ab der Zelle *A26* eingefügt.

Die Methode zum Spezialfilter lautet `AdvancedFilter`. Ihr werden verschiedene Argumente übergeben. Dem Argument `Action` können wahlweise zwei Konstanten zugewiesen werden:

**Tabelle 16.4** Konstanten für das Argument *Action*

| Konstante | Beschreibung |
|---|---|
| `xlFilterCopy` | Eine Kopie der gefilterten Daten an einer anderen Stelle ausgeben. |
| `xlFilterInPlace` | Die gefilterten Daten an gleicher Stelle ausgeben. Die Datenzeilen, die nicht den Kriterien entsprechen, werden ausgeblendet. |

Beim Argument `CriteriaRange` wird der Kriterienbereich eingetragen. Falls bei `Action` die Konstante `xlFilterCopy` gewählt wurde, muss ein Ausgabebereich `CopyToRange` angegeben werden.

**Listing 16.24** Spezialfilter per VBA

```
Sub UseAdvancedFilter()
   Range("A7:E24").AdvancedFilter _
      Action:=xlFilterCopy, _
      CriteriaRange:=Range("A2:C3"), _
      CopyToRange:=Range("A26")
End Sub
```

**BEISPIEL** Das obige Beispiel befindet sich innerhalb der Beispieldateien zum Buch im Ordner *\Buch\Kap16*. Die Mappe nennt sich *Bsp16_02.xlsm*. Die Prozedur befindet sich in Modul *mdl_01_AdvancedFilter*.

# Doppelte Datensätze ausblenden

Nicht vielen Excel-Anwendern ist bekannt, dass sich der Spezialfilter sehr gut eignet, um auf schnelle Weise doppelte Datensätze aus einer Tabelle zu entfernen. Auf einen Kriterienbereich kann in diesem Fall verzichtet werden.

Der Spezialfilter eignet sich natürlich nur, sofern die Datensätze auch tatsächlich identisch sind. Wenn zwei Datensätze gleich sind, bis auf die Tatsache, dass im einen die Telefonnummer wie folgt geschrieben wird: »0049 123 456« und im anderen »0049 123456«, also mit einem fehlenden Leerzeichen, wird der Datensatz als nicht identisch gewertet. In solchen Fällen muss die Datenbank ohnehin genauer überprüft werden.

Um die Aktion auszuführen, klicken Sie im Menüband auf der Registerkarte *Daten* in der Gruppe *Sortieren und Filtern* auf die Schaltfläche *Erweitert*. Markieren Sie den Listenbereich. Falls Sie eine

Kopie der Daten an einer anderen Stelle ausgeben möchten, aktivieren Sie das Optionsfeld *An eine andere Stelle kopieren* und geben Sie bei *Kopieren nach* eine Zielzelle ein. Entscheidend ist, dass Sie das Kontrollkästchen *Keine Duplikate* aktivieren.

In der folgenden Prozedur werden die Daten an gleicher Stelle gefiltert ausgegeben. Um doppelte Datensätze zu vermeiden, verwenden Sie das Argument `Unique` und übergeben den booleschen Wert `True`.

**Listing 16.25** Doppelte Datensätze entfernen

```
Sub WithoutDoubleRecords()
   Range("A2:E70").AdvancedFilter _
      Action:=xlFilterInPlace, _
      Unique:=True     ' Doppelte Datensätze ausblenden
End Sub
```

**BEISPIEL** Das obige Beispiel befindet sich innerhalb der Beispieldateien zum Buch im Ordner *\Buch\Kap16*. Die Mappe nennt sich *Bsp16_03.xlsm*. Die Prozedur befindet sich im Modul *mdl_01_RemoveDuplicates*.

# Ereignisorientiert filtern

Das letzte Beispiel zum Thema Spezialfilter ist so aufgebaut, dass die Filteraktionen laufend bei der Änderung von Kriterien neu ausgegeben werden, ohne dass von Hand eine Prozedur gestartet werden muss. Um dies umsetzen, werden wir das `Change`-Ereignis des Tabellenblattes verwenden.

Wie Sie bereits erfahren haben, können die Quelldaten und die Ausgabedaten auf unterschiedlichen Tabellenblättern liegen. Wichtig dabei ist, dass der Filter von dem Tabellenblatt her ausgeführt wird, in dem die Ausgabe der gefilterten Daten erfolgen soll. Das bedeutet, dass die Ereignisprozedur dem Ausgabeblatt hinterlegt werden muss. In unserem Beispiel ist das *Tabelle1*. Der Listenbereich, der die gesamte Datenbank umfasst, befindet sich in *Tabelle2* (Abbildung 16.12).

**Abbildg. 16.12** Ereignisorientierter Filter mit Ausgabe im zweiten Tabellenblatt

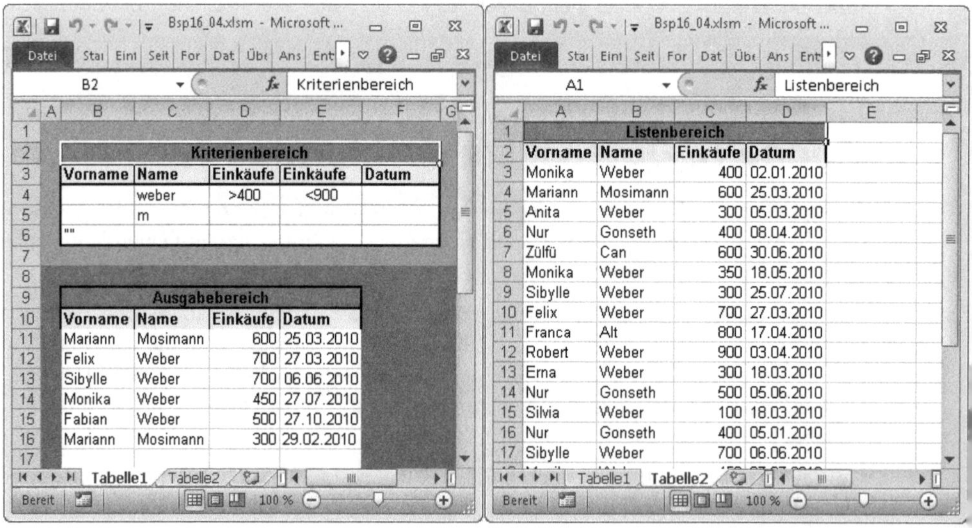

Der Bereich der Filterkriterien ist in diesem Beispiel relativ groß gehalten. Er deckt alle Spalten des Listenbereiches ab und führt zudem die Spalte *Einkäufe* zweimal auf, damit die Beträge eingegrenzt werden können.

Der Kriterienbereich umfasst drei Zeilen, in die die verschiedenen Kriterien eingegeben werden können. Falls eine Zeile nicht verwendet wird, müssen mindestens ins erste Feld zwei Anführungszeichen geschrieben werden. Ansonsten würde der Spezialfilter alle Einträge anzeigen.

Die der *Tabelle1* hinterlegte Ereignisprozedur sieht wie folgt aus:

**Listing 16.26** Ereignisorientierter Spezialfilter

```
Private Sub Worksheet_Change(ByVal Target As Range)
   Dim ws2 As Worksheet
   Dim rngList As Range
   Dim rngCriteria As Range

   Set ws2 = Worksheets("Tabelle2")
   Set rngCriteria = Range("B3:G6")
   Set rngList = ws2.Range("A2:E" & ws2.UsedRange.Rows.Count)

   ' Filterung ausführen
   If Not (Application.Intersect(rngCriteria, Target) Is Nothing) Then
      rngList.AdvancedFilter _
         Action:=xlFilterCopy, _
         CriteriaRange:=rngCriteria, _
         CopyToRange:=Range("B10:F10"), _
         Unique:=False
   End If

   Set ws2 = Nothing
   Set rngList = Nothing
   Set rngCriteria = Nothing
End Sub
```

Die Referenzierungen wurden vorgenommen, um den Kern der Prozedur, die Filterung, möglichst übersichtlich zu gestalten.

**BEISPIEL** Das obige Beispiel befindet sich innerhalb der Beispieldateien zum Buch im Ordner *\Buch\Kap16*. Die Mappe nennt sich *Bsp16_04.xlsm*. Die Ereignisprozedur ist an die *Tabelle1* gebunden.

Kapitel 17

# Pivot-Tabellen programmieren

**In diesem Kapitel:**

Oftmals steht man als Excel-Anwender vor der Aufgabe, bestimmte Daten aus einer umfangreichen Tabelle auszuwerten. Mit verschiedenen Formeln und Filtern kann man zwar vieles erreichen, dennoch reichen diese Möglichkeiten oft nicht aus. Der Einsatz von Pivot-Tabellen drängt sich auf. Damit lassen sich in der Regel innerhalb kürzester Zeit große Datenmengen auf einfache Weise auswerten. Das Schöne daran ist, dass man die Daten per Mausklick in den verschiedensten Varianten zusammenstellen und wieder umstellen kann, ohne dabei die Originaltabelle zu berühren. Pivot-Tabellen kann man sich im Grunde genommen vorstellen wie eine Schablone. Die Daten darin sind lediglich zur Quelle verlinkt. Das Ändern von Daten in der Pivot-Tabelle selbst ist von daher nicht zugelassen.

Die Möglichkeiten von Pivot-Tabellen sind schier unerschöpflich. Pivot-Tabellen können auf verschiedenste Weise gestaltet werden. Es stehen diverse Berechnungsmöglichkeiten und Optionen zur Verfügung. Pivot-Daten können sogar in einem Pivot-Diagramm grafisch dargestellt werden.

Die nachfolgenden Beispiele werden Ihnen zeigen, wie Sie mit dem Objekt `PivotTables` und den hierarchisch untergeordneten Objekten, wie zum Beispiel `PivotField`, umgehen können.

# Der Pivot-Tabellen-Assistent

Bevor wir mit dem Programmieren von Pivot-Tabellen beginnen, werden wir zuerst Schritt für Schritt eine Pivot-Tabelle erstellen. Unsere Beispieldatei enthält eine Tabelle, die ausgewertet werden soll. Um daraus eine Pivot-Tabelle entstehen zu lassen, wird zuerst das Dialogfeld *PivotTable erstellen* geöffnet. Dies geschieht über das Menüband auf der Registerkarte *Einfügen* in der Gruppe *Tabellen* mit einem Klick auf die Schaltfläche *PivotTable*.

**Abbildg. 17.1** PivotTable erstellen

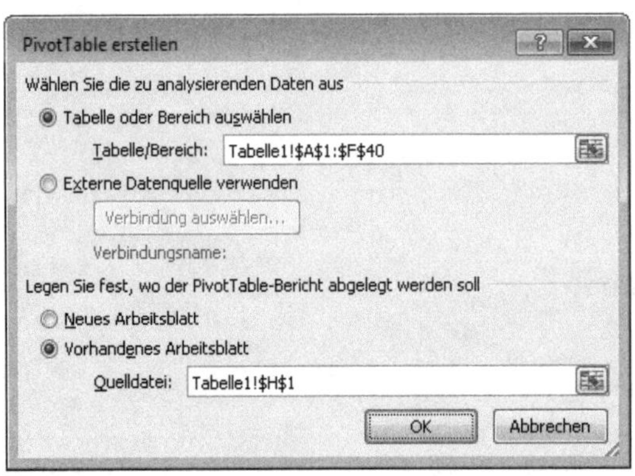


Im Dialogfeld *PivotTable erstellen* geben Sie den Quellbereich Ihrer Daten an, sowie den Zielbereich, in den die Pivot-Tabelle eingefügt werden soll. Sobald dies geschehen ist, erscheinen auf der Excel-Oberfläche die notwendigen Elemente, um die Pivot-Tabelle zusammenzustellen.

Sie können die Pivot-Tabelle nun nach Belieben gestalten, indem Sie in der *PivotTable-Feldliste* die Felder aktivieren, die im Pivot-Tabellen-Bereich erscheinen sollen. Die aktiven Felder können Sie in den unteren Bereich der *Feldliste* ziehen. Damit beeinflussen Sie das Layout.

**Abbildg. 17.2** Vorgaben zum Erstellen der Pivot-Tabelle

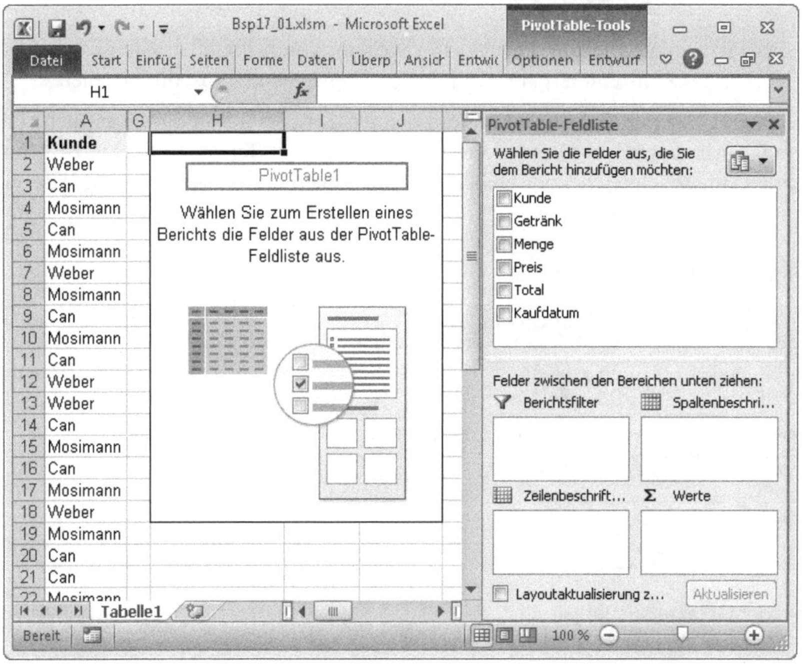


**Abbildg. 17.3** Eine fertige Pivot-Tabelle

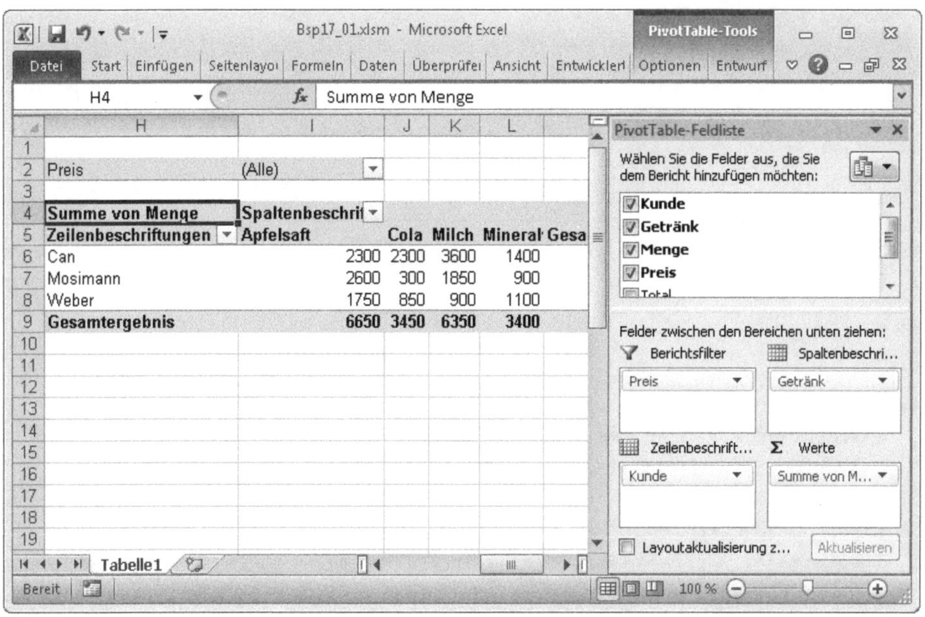

# Pivot-Tabellen-Objekte

Falls Sie Ihre Pivot-Tabellen immer nach dem gleichen Grundprinzip erstellen möchten, können Sie sich die Schritte des Assistenten sparen, indem Sie eine geeignete Prozedur erstellen.

Wenn Sie Ihren Code per Makrorekorder aufzeichnen, muss dieser in der Regel zuerst einmal übersichtlich angeordnet werden. Ohne die notwendigsten Pivot-Tabellen-Objekte zu kennen, fällt es schwer, einen aufgezeichneten Code zu bereinigen. Deshalb finden Sie in der nachfolgenden Tabelle die wichtigsten Objekte und deren Beschreibung sowie einen Hierarchieüberblick:

**Tabelle 17.1** Die wichtigsten Pivot-Tabellen-Objekte

| Objekte | Beschreibung |
|---|---|
| `PivotCache` | Der Zwischenspeicher (Daten-Buffer) der Pivot-Tabellendaten. Unter Zugabe von **`Add`**-Methode und weiteren Anweisungen wird die Pivot-Tabelle erzeugt (ein **`Workbook`**-Objekt) |
| `PivotTables` | Die Pivot-Tabelle selbst (ein **`Worksheet`**-Objekt) |
| `PivotFields` | Die Felder der Pivot-Tabelle (ein **`PivotTable`**-Objekt) |
| `PivotItems` | Jedes Pivot-Tabellenfeld enthält eine Ansammlung an Pivot-Items. In unserem Beispiel sind das u.a. »Apfelsaft«, »Cola«, »Mineralwasser« usw. (ein **`PivotField`**-Objekt). |

**Abbildg. 17.4** Hierarchie der Objekte aus Tabelle 17.1

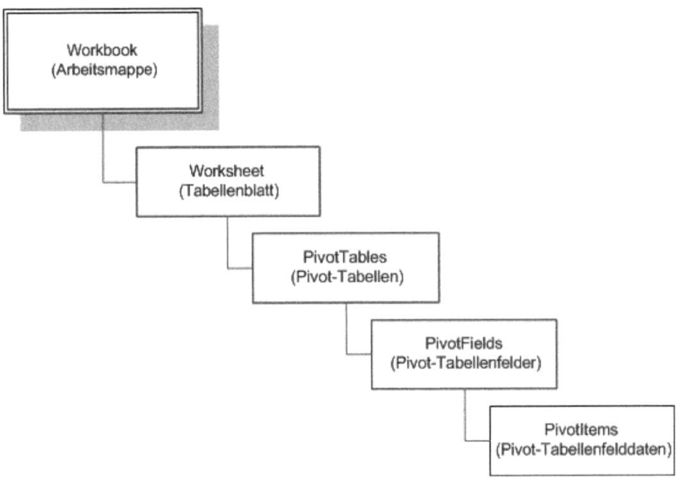


Wissenswert ist zudem, dass eine Pivot-Tabelle in die folgenden vier Bereiche aufgeteilt ist, in die die Datenfelder `PivotFields` gezogen werden können:

**Tabelle 17.2** Pivot-Tabellen-Bereiche

| Element | Konstante | Beschreibung |
|---|---|---|
| Seite | `xlPageField` | Seitenfelder |
| Zeile | `xlRowField` | Anordnung der Daten in Zeilen |

**Tabelle 17.2** Pivot-Tabellen-Bereiche *(Fortsetzung)*

| Element | Konstante | Beschreibung |
|---|---|---|
| Spalte | `xlColumnField` | Anordnung der Daten in Spalten |
| Daten | `xlDataField` | Felder für den zu berechnenden Datenbereich |

Die Elemente entsprechen dem folgenden Pivot-Tabellen-Aufbau:

**Abbildg. 17.5** Pivot-Tabellen-Aufbau

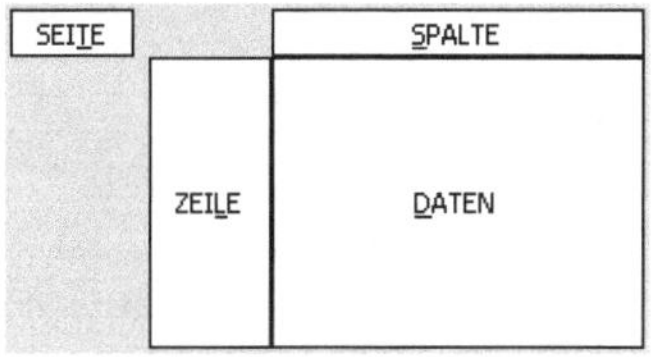


# Pivot-Tabellen löschen

Vielleicht klingt es etwas verfrüht, wenn wir uns zuerst ansehen, wie Pivot-Tabellen per VBA aus einem Tabellenblatt gelöscht werden, noch bevor wir überhaupt eine Pivot-Tabelle erstellt haben. Da jedoch das Löschen alter Pivot-Tabellen ein Bestandteil einer Prozedur ist, die eine neue Pivot-Tabelle erzeugt, werden wir diesen Schritt vorziehen.

Die folgende Prozedur bedient sich einer `For Each`-Schleife, die sämtliche im Tabellenblatt enthaltenen Pivot-Tabellen löscht. Wichtig dabei ist die Eigenschaft `TableRange2`, denn sie bezieht die Seitenfelder mit ein, während `TableRange1` die Seitenfelder nicht einschließt.

Selbst wenn keine Pivot-Tabelle im aktiven Tabellenblatt enthalten ist, erzeugt diese Prozedur keinen Fehler. Dadurch ersparen wir uns eine Fehlerbehandlung, wie z.B. ein `On Error Resume Next` für unser nächstes Beispiel.

**Listing 17.1** Pivot-Tabellen löschen

```
Sub DeleteAllPivottables()
   Dim pt As PivotTable

   With ActiveSheet
      For Each pt In .PivotTables
         pt.TableRange2.Delete
      Next pt   End With
End Sub
```

**BEISPIEL** Das obige Beispiel befindet sich innerhalb der Beispieldateien zum Buch im Ordner *\Buch\Kap17*. Die Mappe nennt sich *Bsp17_01.xlsm*. Die Prozedur ist im Modul *mdl_01_PTDelete* untergebracht.

# Eine Pivot-Tabelle erzeugen

Nachdem Sie nun die wichtigsten Objekte kennen und auch das Löschen von Pivot-Tabellen bekannt ist, können wir per VBA eine neue Pivot-Tabelle erstellen.

**Abbildg. 17.6** Quelldaten und Pivot-Tabelle

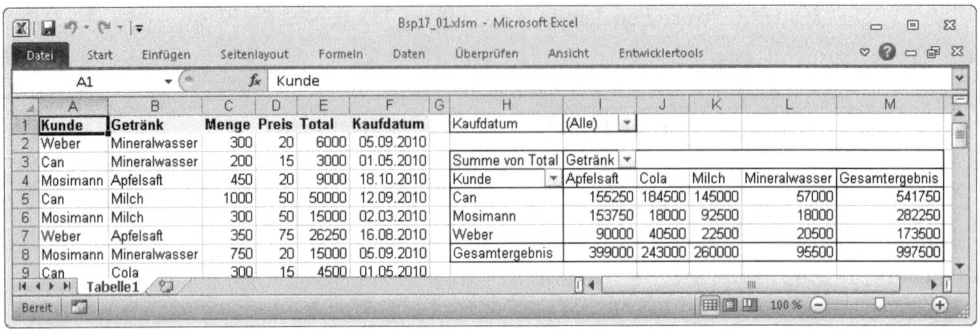

| | A | B | C | D | E | F |
|---|---|---|---|---|---|---|
| 1 | Kunde | Getränk | Menge | Preis | Total | Kaufdatum |
| 2 | Weber | Mineralwasser | 300 | 20 | 6000 | 05.09.2010 |
| 3 | Can | Mineralwasser | 200 | 15 | 3000 | 01.05.2010 |
| 4 | Mosimann | Apfelsaft | 450 | 20 | 9000 | 18.10.2010 |
| 5 | Can | Milch | 1000 | 50 | 50000 | 12.09.2010 |
| 6 | Mosimann | Milch | 300 | 50 | 15000 | 02.03.2010 |
| 7 | Weber | Apfelsaft | 350 | 75 | 26250 | 16.08.2010 |
| 8 | Mosimann | Mineralwasser | 750 | 20 | 15000 | 05.09.2010 |
| 9 | Can | Cola | 300 | 15 | 4500 | 01.05.2010 |

| H | I | J | K | L | M |
|---|---|---|---|---|---|
| Kaufdatum | (Alle) | | | | |
| | | | | | |
| Summe von Total | Getränk | | | | |
| Kunde | Apfelsaft | Cola | Milch | Mineralwasser | Gesamtergebnis |
| Can | 155250 | 184500 | 145000 | 57000 | 541750 |
| Mosimann | 153750 | 18000 | 92500 | 18000 | 282250 |
| Weber | 90000 | 40500 | 22500 | 20500 | 173500 |
| Gesamtergebnis | 399000 | 243000 | 260000 | 95500 | 997500 |

In der ersten `For`-Schleife werden bereits vorhandene Pivot-Tabellen des aktiven Tabellenblattes gelöscht (wie zuvor beschrieben). Dies ist erforderlich, da die Prozedur sonst mit einer Fehlermeldung antworten würde, sofern im Zielbereich bereits eine Pivot-Tabelle vorhanden wäre.

Danach werden mit `Set` die Objekte referenziert, die zum Erstellen der Pivot-Tabelle erforderlich sind. Da unsere Pivot-Tabelle auf demselben Tabellenblatt ausgegeben werden soll, auf dem auch die Daten zu finden sind, geben wir bei der zweiten Referenzierung den Zielort an:

```
TableDestination:=ActiveSheet.Range("H1")
```

In der zweiten `With`-Anweisung werden die vier Felder aufbereitet, die unsere Pivot-Tabelle ausmachen. Wahlweise können auch weitere Felder des Quellbereiches mit einbezogen werden, oder Sie können die Felder anders anordnen.

Am Ende der Prozedur werden die Spalten automatisch in der Breite angepasst. Danach werden die referenzierten Objekte wieder freigegeben.

**Listing 17.2** Pivot-Tabelle per VBA erzeugen

```
Sub CreatePivotTable()
   Dim ptCache As PivotCache
   Dim ptTable As PivotTable
   Dim i As Integer

   ' Alle Pivot-Tabellen des aktiven Blattes löschen
   With ActiveSheet
      For Each ptTable In .PivotTables
         ptTable.TableRange2.Delete
      Next ptTable
   End With

   ' Neue Pivot-Tabelle mit dynamischer Zeilenzahl erstellen
   Set ptCache = ActiveWorkbook.PivotCaches.Add _
```

**Listing 17.2** Pivot-Tabelle per VBA erzeugen *(Fortsetzung)*

```
                    (SourceType:=xlDatabase, _
                     SourceData:="A1:F" & _
                        ActiveSheet.UsedRange.Rows.Count)

   ' Pivot-Tabelle auf aktuellem Tabellenblatt erstellen
   Set ptTable = ptCache.CreatePivotTable _
                 (TableDestination:=ActiveSheet.Range("H1"), _
                  TableName:="MyPivotTable")

   With ptTable
      .PivotFields("Kaufdatum").Orientation = xlPageField
      .PivotFields("Kunde").Orientation = xlRowField
      .PivotFields("Getränk").Orientation = xlColumnField
      .PivotFields("Total").Orientation = xlDataField
   End With

   ' Spaltenbreite automatisch anpassen
   Columns("A:N").AutoFit

   Set ptCache = Nothing
   Set ptTable = Nothing
End Sub
```

**BEISPIEL** Das obige Beispiel befindet sich innerhalb der Beispieldateien zum Buch im Ordner *\Buch\Kap17*. Die Mappe nennt sich *Bsp17_01.xls*. Die Prozedur ist im Modul *mdl_02_PTCreate* untergebracht.

# Gleichzeitig zwei Pivot-Tabellen erzeugen

Auf Wunsch können Sie gleichzeitig zwei unterschiedliche Pivot-Tabellen auf einem Tabellenblatt erzeugen.

Damit die Datenquelle in unserem Code leicht anzusprechen ist, weisen wir ihr einen Namen zu. Gehen Sie dazu wie folgt vor:

1. Markieren Sie den Datenbereich.
2. Drücken Sie die Tastenkombination Strg+F3, um den *Namens-Manager* aufzurufen. Klicken Sie darin auf die Schaltfläche *Neu*, um das Dialogfeld *Namen definieren* zu öffnen.
3. Geben Sie in die Eingabezeile den Namen *MeinePivotTabelle* ein.
4. Klicken Sie auf die Schaltfläche *OK*, um das Dialogfeld zu schließen.

Beim Referenzieren der Datenquelle können Sie nun als Source auf den zuvor definierten Namen zugreifen:

```
SourceData:="MeinePivotTabelle"
```

Damit die erste Pivot-Tabelle auf einem neuen Tabellenblatt entsteht, wird keine Destination angegeben:

```
TableDestination:=""
```

Die zweite Pivot-Tabelle soll auf demselben (neuen) Tabellenblatt erstellt werden, wie die erste. Wir geben deshalb bei der Referenzierung das Ziel vor:

```
TableDestination:=Worksheets(1).Rows(Rows.Count).End(xlUp).Offset(5, 0)
```

Da wir nicht wissen, wie viele Zeilen die erste Pivot-Tabelle einnimmt, müssen wir dynamisch vorgehen. Das neu erzeugte Tabellenblatt mit der ersten Pivot-Tabelle befindet sich an erster Stelle in der Arbeitsmappe `Worksheets(1)`. Die zweite Pivot-Tabelle soll unterhalb eingefügt werden `Rows(Rows.Count).End(xlUp)`, wobei ein Abstand von zwei Zeilen entstehen soll `Offset(5, 0)`. Auf den ersten Blick ist es etwas verwirrend, dass für zwei Zeilen bei `Offset` der Zeilenindex mit 5 verwendet wird. Dies begründet sich darin, dass die eigentliche Pivot-Tabelle ausschließlich des Seitenfeldes gerechnet werden muss.

**Abbildg. 17.7** Zwei Pivot-Tabellen auf einem Tabellenblatt

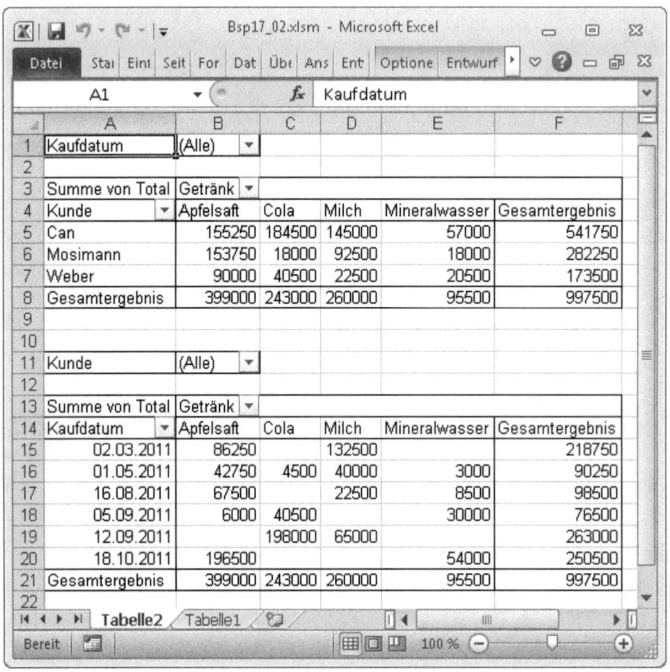

| | A | B | C | D | E | F |
|---|---|---|---|---|---|---|
| 1 | Kaufdatum | (Alle) | | | | |
| 2 | | | | | | |
| 3 | Summe von Total | Getränk | | | | |
| 4 | Kunde | Apfelsaft | Cola | Milch | Mineralwasser | Gesamtergebnis |
| 5 | Can | 155250 | 184500 | 145000 | 57000 | 541750 |
| 6 | Mosimann | 153750 | 18000 | 92500 | 18000 | 282250 |
| 7 | Weber | 90000 | 40500 | 22500 | 20500 | 173500 |
| 8 | Gesamtergebnis | 399000 | 243000 | 260000 | 95500 | 997500 |
| 9 | | | | | | |
| 10 | | | | | | |
| 11 | Kunde | (Alle) | | | | |
| 12 | | | | | | |
| 13 | Summe von Total | Getränk | | | | |
| 14 | Kaufdatum | Apfelsaft | Cola | Milch | Mineralwasser | Gesamtergebnis |
| 15 | 02.03.2011 | 86250 | | 132500 | | 218750 |
| 16 | 01.05.2011 | 42750 | 4500 | 40000 | 3000 | 90250 |
| 17 | 16.08.2011 | 67500 | | 22500 | 8500 | 98500 |
| 18 | 05.09.2011 | 6000 | 40500 | | 30000 | 76500 |
| 19 | 12.09.2011 | | 198000 | 65000 | | 263000 |
| 20 | 18.10.2011 | 196500 | | | 54000 | 250500 |
| 21 | Gesamtergebnis | 399000 | 243000 | 260000 | 95500 | 997500 |
| 22 | | | | | | |

**HINWEIS** Beachten Sie, dass für jede Pivot-Tabelle ein eigener Name definiert werden muss:

```
TableName:="MyFirstPivotTable"
TableName:="MySecondPivotTable"
```

Der vollständige Code sieht somit wie folgt aus:

**Listing 17.3** Zwei Pivot-Tabellen auf einem neuen Tabellenblatt erzeugen

```
Sub CreateTwoPivotTables()
   Dim ptCache As PivotCache
   Dim ptTable As PivotTable
   Dim i As Integer

   ' Die Datenquelle angeben
   Set ptCache = ActiveWorkbook.PivotCaches.Add _
                 (SourceType:=xlDatabase, _
                  SourceData:="MeinePivotTabelle")

   ' ---------------------------------------------------
   ' DIE ERSTE PIVOT-TABELLE ERSTELLEN
   ' ---------------------------------------------------
   Set ptTable = ptCache.CreatePivotTable _
              (TableDestination:="", _
               TableName:="MyFirstPivotTable")

   ' Pivot-Tabellenfelder anordnen
   With ptTable
      .PivotFields("Kaufdatum").Orientation = xlPageField
      .PivotFields("Kunde").Orientation = xlRowField
      .PivotFields("Getränk").Orientation = xlColumnField
      .PivotFields("Total").Orientation = xlDataField
   End With

   ' ---------------------------------------------------
   ' DIE ZWEITE PIVOT-TABELLE ERSTELLEN
   ' ---------------------------------------------------
   Set ptTable = ptCache.CreatePivotTable _
              (TableDestination:=Worksheets(1). _
                                 Rows(Rows.Count).End(xlUp). _
                                 Offset(5, 0), _
               TableName:="MySecondPivotTable")

   ' Pivot-Tabellenfelder anordnen
   With ptTable
      .PivotFields("Kunde").Orientation = xlPageField
      .PivotFields("Kaufdatum").Orientation = xlRowField
      .PivotFields("Getränk").Orientation = xlColumnField
      .PivotFields("Total").Orientation = xlDataField
   End With

   ' Spaltenbreite automatisch anpassen
   Columns("A:N").AutoFit

   Set ptCache = Nothing
   Set ptTable = Nothing
End Sub
```

**BEISPIEL** Das obige Beispiel befindet sich innerhalb der Beispieldateien zum Buch im Ordner *\Buch\Kap17*. Die Mappe nennt sich *Bsp17_02.xlsm*. Die Prozedur ist in Modul *mdl_01_PTCreateTwo* untergebracht.

# Berechnungen in Pivot-Tabellen

In unseren bisherigen Beispielen haben wir im Datenbereich jeweils die Summe der Datenfelder ausgegeben. Auf Wunsch können Sie die Berechnungsmethode ändern.

Manuell gehen Sie dabei wie folgt vor:

1. Klicken Sie mit der rechten Maustaste auf den Datenbereich.
2. Wählen Sie im Kontextmenü den Eintrag *Wertefeldeinstellungen* aus, um das gleichnamige Dialogfeld zu öffnen.
3. Wählen Sie im Listenfeld die gewünschte Funktion aus und klicken Sie auf die Schaltfläche *OK*, um das Dialogfeld wieder zu schließen.

**Abbildg. 17.8** Berechnungsmethoden für Pivot-Tabellenfelder

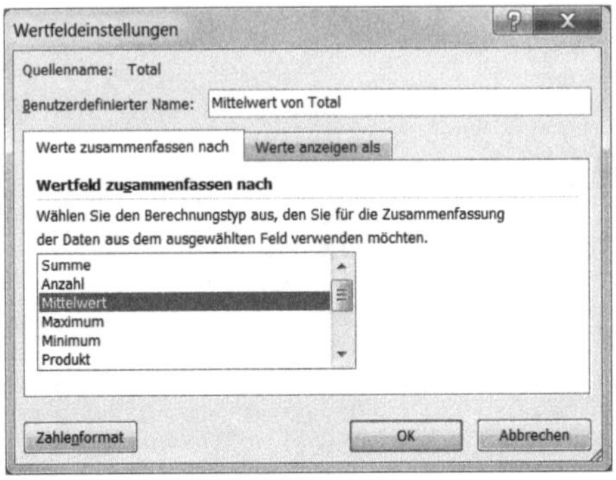


Der Tabelle 17.3 können Sie die verfügbaren Funktionen und deren Konstanten entnehmen.

**Tabelle 17.3** Berechnungsmöglichkeiten für Pivot-Tabellenfelder

| Konstante | Index | Funktion |
|---|---|---|
| `xlCount` | –4112 | Anzahl |
| `xlCountNums` | –4113 | Anzahl Zahlen |
| `xlMax` | –4136 | Maximum |
| `xlMin` | –4139 | Minimum |
| `xlAverage` | –4106 | Mittelwert |
| `xlProduct` | –4149 | Produkt |
| `xlStDev` | –4155 | Standardabweichung (Stichprobe) |
| `xlStDevP` | –4156 | Standardabweichung (Grundgesamtheit) |
| `xlSum` | –4157 | Summe |
| `xlUnknown` | 1000 | Unbekannt |
| `xlVarP` | –4165 | Varianz (Grundgesamtheit) |
| `xlVar` | –4164 | Varianz (Stichprobe) |

Um das Auswahlverfahren für die am häufigsten benutzten Funktionen zu verkürzen, erstellen wir in unserem Beispiel auf dem Tabellenblatt ein Zellendropdownfeld.

Selektieren Sie die Zelle, in der die gewünschten Funktionen zur Auswahl stehen sollen, zum Beispiel die Zelle *H10*.

1. Klicken Sie auf der Registerkarte *Daten* in der Gruppe *Datentools* auf den Befehl *Datenüberprüfung*
2. Wählen Sie im Kombinationsfeld *Zulassen* den Wert *Liste* aus
3. Geben Sie unter *Quelle* die Namen der gewünschten Funktionen ein. Zum Beispiel: *Summe;Anzahl;Mittelwert;Minimum;Maximum.*
4. Klicken Sie auf die Schaltfläche *OK*, um das Dialogfeld *Datenüberprüfung* zu schließen

**Abbildg. 17.9** Funktion über ein Zellendropdownfeld auswählen

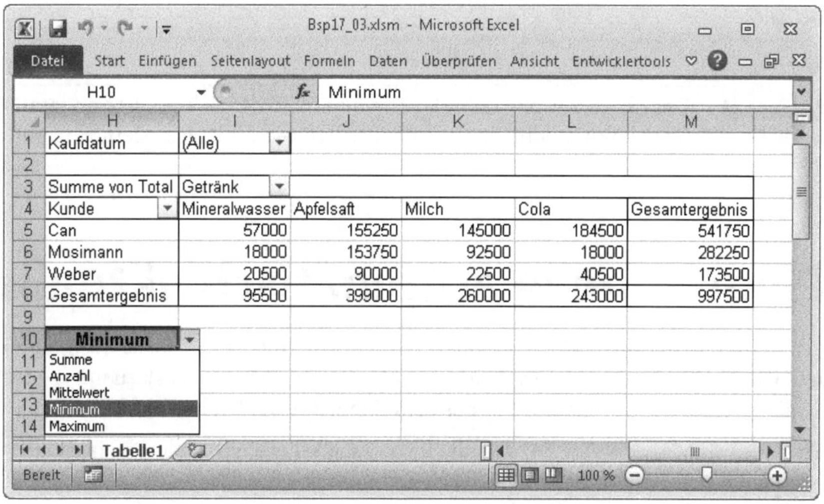


Damit bei der Auswahl der gewünschten Funktion die Pivot-Tabelle die Berechnung umstellt, benötigen wir eine `Change`-Ereignisprozedur, die an das Tabellenblatt gebunden ist.

Zu Beginn der Prozedur wird in der `If`-Entscheidung festgelegt, dass die Ereignisprozedur nur aufgeführt werden soll, wenn in der Zelle *H10* eine Auswahl getroffen wird.

In der `Select Case`-Entscheidung wird, je nach Auswahl der Funktion, die Berechnung für die Pivot-Tabellenfelder geändert. Im Kopf der `With`-Anweisung wird die erste Zelle im Datenbereich angegeben. `Me` ist eine verkürzte Form, um die Pivot-Tabelle anzusprechen.

**Listing 17.4** Ereignisprozedur für das Berechnen aufgrund der Auswahl aus dem Zellendropdownfeld

```
Private Sub Worksheet_Change(ByVal Target As Range)

   ' Prozedur nur ausführen, wenn sich in Zelle "H10" etwas ändert
   If Target.Address <> "$H$10" Then
      Exit Sub
   End If

   ' Berechnungen für Zellendropdown-Auswahl
   With Me.Range("I5")
```

**Listing 17.4** Ereignisprozedur für das Berechnen aufgrund der Auswahl aus dem Zellendropdownfeld *(Fortsetzung)*

```
      Select Case Range("H10")
         Case "Summe"
            .PivotField.Function = xlSum
         Case "Anzahl"
            .PivotField.Function = xlCount
         Case "Mittelwert"
            .PivotField.Function = xlAverage
         Case "Minimum"
            .PivotField.Function = xlMin
         Case "Maximum"
            .PivotField.Function = xlMax
      End Select
   End With
End Sub
```

**BEISPIEL** Das obige Beispiel befindet sich innerhalb der Beispieldateien zum Buch im Ordner *\Buch\Kap17*. Die Mappe nennt sich *Bsp17_03.xlsm*. Die Ereignisprozedur ist im Modul *Tabelle1* untergebracht.

# Eine Pivot-Tabelle automatisch aktualisieren

Wenn Daten in der Quelltabelle geändert werden, wird die Pivot-Tabelle *nicht* automatisch aktualisiert. Die Aktualisierung muss explizit ausgeführt werden. Klicken Sie dazu mit der rechten Maustaste auf die Pivot-Tabelle und wählen Sie aus dem Kontextmenü den Befehl *Aktualisieren*.

Wenn Sie veranlassen möchten, dass die Pivot-Tabelle bei jeder Änderung der Quelltabelle automatisch aktualisiert wird, arbeiten Sie am besten mit dem `Worksheet_Change`-Ereignis. Dabei muss der Quellbereich mittels `Intersect` eingeschränkt werden, da die Neuberechnung sonst zu lange dauern würde.

Es wird zudem die Bildschirmaktualisierung (`ScreenUpdating`) deaktiviert, um die Geschwindigkeit der Prozedur zu erhöhen und das Bildschirmflackern zu unterdrücken.

Die Methode zur Aktualisierung der Pivot-Tabelle lautet `RefreshTable`.

**Listing 17.5** Pivot-Tabelle aktualisieren

```
Private Sub Worksheet_Change(ByVal Target As Range)
   Application.ScreenUpdating = False
      If Not (Application.Intersect(Range("A1:F40"), Target) _
         Is Nothing) Then
            Me.PivotTables(1).RefreshTable
      End If
   Application.ScreenUpdating = True
End Sub
```

**BEISPIEL** Das obige Beispiel befindet sich innerhalb der Beispieldateien zum Buch im Ordner *\Buch\Kap17*. Die Mappe nennt sich *Bsp17_04.xlsm*. Die Ereignisprozedur ist im Modul *Tabelle1* untergebracht.

# Pivot-Tabelle sortieren

Pivot-Tabellenfelder können auf- oder absteigend sortiert werden. Der Aufruf über das Menüband erfolgt mit *PivotTable-Tools/Optionen/Sortieren und Filtern/Sortieren.*

Die beiden folgenden Prozeduren zeigen, wie Daten eines Pivot-Tabellenfeldes wahlweise auf- oder absteigend sortiert werden können. Zur Sortierung wird die Methode `AutoSort` verwendet. Die Konstante für aufsteigend lautet `xlAscending` und die Konstante für absteigend `xlDescending`.

**Listing 17.6** Pivot-Tabellenfeld aufsteigend sortieren

```
Sub SortAscending()
   ActiveSheet.PivotTables("MyPivotTable"). _
      PivotFields("Kunde"). _
      AutoSort xlAscending, "Kunde"
End Sub
```

**Listing 17.7** Pivot-Tabellenfeld absteigend sortieren

```
Sub SortDescending()
   ActiveSheet.PivotTables("MyPivotTable"). _
      PivotFields("Kunde"). _
      AutoSort xlDescending, "Kunde"
End Sub
```

**BEISPIEL** Das obige Beispiel befindet sich innerhalb der Beispieldateien zum Buch im Ordner *\Buch\Kap17*. Die Mappe nennt sich *Bsp17_05.xlsm*. Die Prozeduren sind in Modul *mdl_01_PTSort* untergebracht.

# Pivot-Tabellenfelder vertauschen

In unseren bisherigen Beispieldateien haben wir jeweils mit den Pivot-Tabellenfeldern *Kunde* und *Getränk* gearbeitet, wobei das eine in der Spalte und das andere in der Zeile angeordnet war. Auf Wunsch können Sie die beiden Felder gegeneinander vertauschen. Manuell können Sie die Felder nach Belieben vertauschen, indem Sie sie mit der Maus an die gewünschte Stelle im Pivot-Tabellenlayout ziehen.

Um die Felder per VBA gegeneinander auszutauschen, verwenden Sie die Eigenschaft `Orientation` gefolgt von der entsprechenden Konstanten (`xlColumnField` oder `xlRowField`).

Die folgende Prozedur ist an eine ActiveX-Umschaltfläche gebunden. Bei jedem Klick auf die Umschaltfläche werden die beiden Felder miteinander vertauscht.

**Listing 17.8** Pivot-Tabellenfelder vertauschen

```
Private Sub ToggleButton1_Click()
   With ActiveSheet.PivotTables("MyPivotTable")
      If .PivotFields("Kunde").Orientation = xlColumnField Then
         .PivotFields("Kunde").Orientation = xlRowField
         .PivotFields("Getränk").Orientation = xlColumnField
      Else
         .PivotFields("Getränk").Orientation = xlRowField
         .PivotFields("Kunde").Orientation = xlColumnField
      End If
   End With
End Sub
```

**BEISPIEL** Das obige Beispiel befindet sich innerhalb der Beispieldateien zum Buch im Ordner *\Buch\Kap17*. Die Mappe nennt sich *Bsp17_06.xlsm*. Die Ereignisprozedur ist an den *ToggleButton1* gebunden.

# Pivot-Tabellenfelder formatieren

Eine Pivot-Tabelle verfügt über drei Hauptelemente, die gestaltet werden können. Jedes Element wird durch eine andere Eigenschaft angesprochen. Welche Hauptelemente das sind, können Sie der Abbildung 17.10 entnehmen.

**Abbildg. 17.10** Die drei Hauptelemente einer Pivot-Tabelle

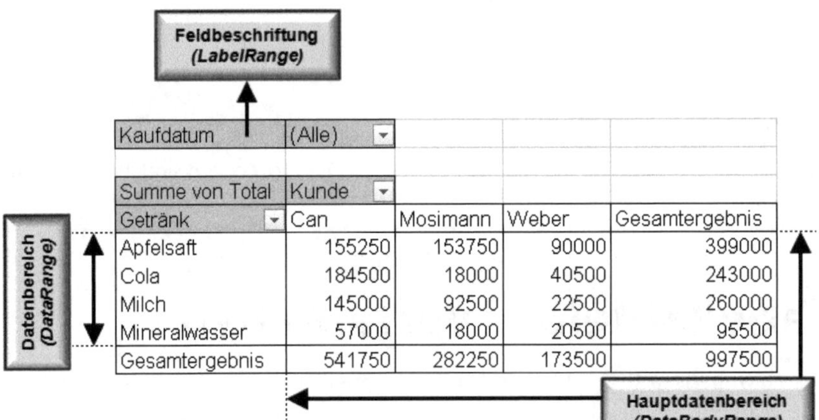


| Summe von Total | Kunde | | | |
|---|---|---|---|---|
| Getränk | Can | Mosimann | Weber | Gesamtergebnis |
| Apfelsaft | 155250 | 153750 | 90000 | 399000 |
| Cola | 184500 | 18000 | 40500 | 243000 |
| Milch | 145000 | 92500 | 22500 | 260000 |
| Mineralwasser | 57000 | 18000 | 20500 | 95500 |
| Gesamtergebnis | 541750 | 282250 | 173500 | 997500 |

Im folgenden Code nehmen wir verschiedene Formatierungen an einigen der Pivot-Tabellenelemente vor:

**Listing 17.9** Pivot-Tabellenelemente formatieren

```
Sub MyFormatting()
   With ActiveSheet.PivotTables("MyPivotTable")
      With .PivotFields("Kunde")
         .LabelRange.Interior.Color = vbGreen
         .DataRange.Interior.Color = vbYellow
      End With

      With .PivotFields("Getränk")
         .LabelRange.Interior.Color = vbBlue
         .LabelRange.Font.Color = vbWhite
         .DataRange.Interior.Color = vbCyan
      End With

      With .PivotFields("Kaufdatum")
         .LabelRange.Interior.Color = vbRed
         .LabelRange.Font.Color = vbWhite
         .DataRange.Interior.Color = vbMagenta
         .DataRange.Font.Color = vbWhite
      End With

      With .DataBodyRange
         .Interior.Color = vbBlack
         .Font.Color = vbWhite
      End With
   End With
End Sub
```

**Abbildg. 17.11** Formatierte Pivot-Tabellenelemente

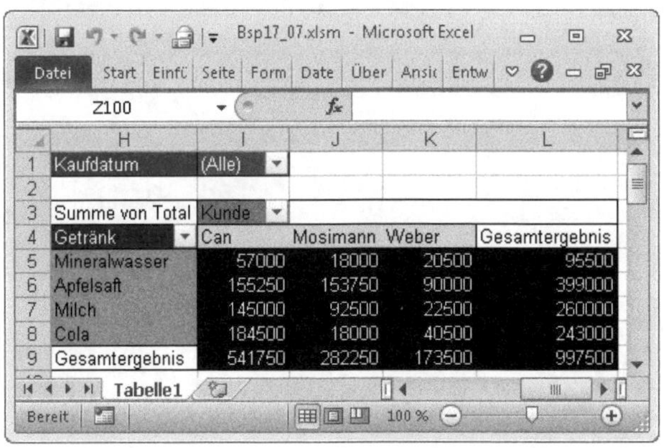


**BEISPIEL** Das obige Beispiel befindet sich innerhalb der Beispieldateien zum Buch im Ordner *\Buch\Kap17*. Die Mappe nennt sich *Bsp17_07.xlsm*. Die Prozedur ist im Modul *mdl_01_PTFormatting* untergebracht.

# Eine komplett formatierte Pivot-Tabelle erzeugen

Die nachfolgende Prozedur zeigt, wie eine Pivot-Tabelle fertig formatiert erzeugt werden kann.

**Abbildg. 17.12** Eine fertig formatierte Pivot-Tabelle erzeugen

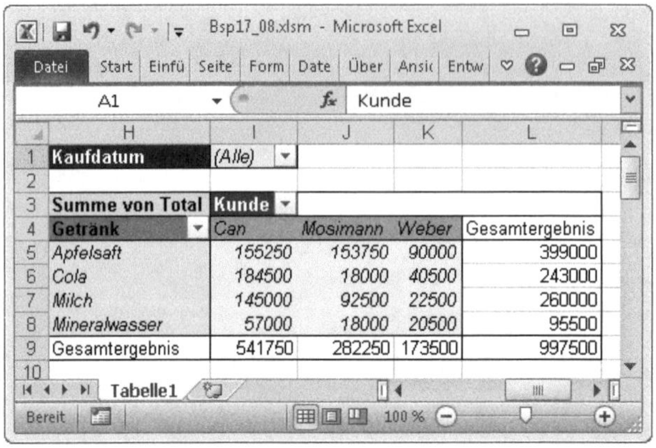


Die Beschreibung der einzelnen Formatierungen ist direkt im Code untergebracht.

**Listing 17.10** Formatierte Pivot-Tabelle einfügen

```
Sub CreateFormattedPivotTable()
   Dim ptCache As PivotCache
   Dim ptTable As PivotTable
   Dim i As Integer

   With ActiveSheet
      For Each ptTable In .PivotTables
         ptTable.TableRange2.Delete
      Next ptTable
   End With

   Set ptCache = ActiveWorkbook.PivotCaches.Add _
                 (SourceType:=xlDatabase, _
                  SourceData:="A1:F" & _
                     ActiveSheet.UsedRange.Rows.Count)

   Set ptTable = ptCache.CreatePivotTable _
              (TableDestination:=ActiveSheet.Range("H1"), _
               TableName:="MyPivotTable")

   With ptTable
      .PivotFields("Kaufdatum").Orientation = xlPageField
      .PivotFields("Getränk").Orientation = xlRowField
      .PivotFields("Kunde").Orientation = xlColumnField
      .PivotFields("Total").Orientation = xlDataField
   End With
```

**Listing 17.10** Formatierte Pivot-Tabelle einfügen *(Fortsetzung)*

```
  ' -----------------------------------------------
  ' FORMATIERUNGEN
  ' -----------------------------------------------
  With ptTable
     ' Seitenfeld formatieren
     With .PivotFields("Kaufdatum")
        ' Farbe und fett für Feld
        With .LabelRange
           .Interior.ColorIndex = 5   ' Blau
           .Font.Bold = True          ' Fett
           .Font.Color = vbWhite      ' Weiß
        End With

        ' Farbe und kursiv für Daten
        With .DataRange
           .Interior.ColorIndex = 34  ' Hellblau
           .Font.Italic = True        ' Kursiv
        End With
     End With

     ' Spaltenfeld formatieren
     With .PivotFields("Kunde")
        ' Farbe und fett für Feld
        With .LabelRange
           .Interior.ColorIndex = 3   ' Rot
           .Font.Color = vbWhite      ' Weiß
           .Font.Bold = True          ' Fett
        End With

        ' Farbe und kursiv für Daten
        With .DataRange
           .Interior.ColorIndex = 38  ' Rosa
           .Font.Italic = True        ' Kursiv
        End With
     End With

     ' Zeilenfeld formatieren
     With .PivotFields("Getränk")
        ' Farbe und fett für Feld
        With .LabelRange
           .Interior.ColorIndex = 4   ' Grün
           .Font.Bold = True          ' Fett
        End With

        ' Farbe und kursiv für Daten
        With .DataRange
           .Interior.ColorIndex = 35  ' Hellgrün
           .Font.Italic = True        ' Kursiv
        End With
     End With

     ' Datenfeld formatieren
     With .PivotFields("Summe von Total")
        ' Farbe und fett für Feld
        With .LabelRange
           .Interior.ColorIndex = 6   ' Gelb
```

Listing 17.10 Formatierte Pivot-Tabelle einfügen *(Fortsetzung)*

```
            .Font.Bold = True          ' Fett
         End With

         ' Farbe und kursiv für Daten
         With .DataRange
            .Interior.ColorIndex = 36  ' Hellgelb
            .Font.Italic = True        ' Kursiv
         End With
      End With
   End With

   ' Spaltenbreite automatisch anpassen
   Columns("A:N").AutoFit

   Set ptCache = Nothing
   Set ptTable = Nothing
End Sub
```

**BEISPIEL** Das obige Beispiel befindet sich innerhalb der Beispieldateien zum Buch im Ordner *\Buch\Kap17*. Die Mappe nennt sich *Bsp17_08.xlsm*. Die Prozedur ist in Modul *mdl_01_PTFormatted* untergebracht.

# Teil F

# Objekte auf dem Tabellenblatt

In diesem Teil:

# Kapitel 18

# Diagramme automatisieren

**In diesem Kapitel:**

Das Arbeiten mit Diagrammen erfreut sich in Excel großer Beliebtheit. Zahlen können grafisch dargestellt werden und lassen sich dadurch oftmals besser verstehen, vergleichen und präsentieren.

Excel ist in Bezug auf Diagramme eine hervorragende Applikation, denn Sie können unter anderem zwischen mehr als 100 unterschiedlichen Diagrammtypen wählen und sind damit in der Lage, nahezu alle Daten in der gewünschten Form auszuwerten.

Diese Vielfalt macht das Programmieren natürlich nicht ganz einfach. Voraussetzung ist in jedem Fall, dass Sie mit dem Objektmodell der Diagramme vertraut sind. Zwar lässt sich das Erzeugen eines Diagramms mit dem Makrorekorder aufzeichnen, ohne Kenntnisse der damit zusammenhängenden Objekte wird es aber recht schwierig, den VBA-Code zu bereinigen oder gar anzupassen.

In diesem Kapitel lernen Sie die wichtigsten Objekte kennen, die in Bezug auf Diagramme eingesetzt werden können. Sie erfahren zudem, wie Diagramme per VBA erzeugt und bearbeitet werden können.

# Das Diagramm-Objektmodell

Das Diagramm-Objektmodell ist komplex. Die Abbildung 18.1 zeigt lediglich einen Teil der verfügbaren Objekte, die in Bezug auf Diagramme eingesetzt werden können. Dem Bild sind die wichtigsten und am häufigsten eingesetzten Objekte zu entnehmen. Es ist unerlässlich, die Hierarchie zu kennen, um innerhalb einer Prozedur die erforderlichen Referenzierungen vornehmen zu können bzw. die Objekte korrekt anzusprechen.

Die erste Hierarchiestufe stellt die Applikation (`Application`), also Excel selbst dar. Die nächste Stufe ist die Arbeitsmappe `Workbook`. Danach folgt das Objekt `Worksheet`, das für ein Tabellenblatt steht. `ChartObjects` ist das Objekt, das benötigt wird, um ein eingebettetes Diagramm anzusprechen. Tiefer in der Hierarchie folgt das Objekt `Chart` sowie die einzelnen Diagrammelemente, denen wiederum Objekte untergeordnet sein können.

Bildg. 18.1 Das Diagramm-Objektmodell für eingebettete Diagramme

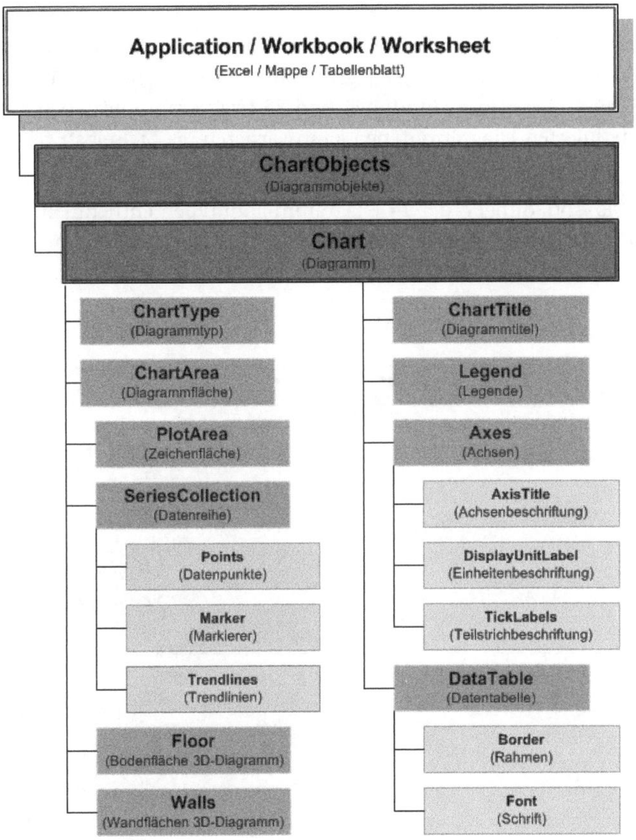


Wenn Sie mit Diagrammblättern arbeiten, fällt das Objekt `ChartObjects` weg. Diagrammblätter (Objekt `Chart`) sind in der Hierarchie direkt dem Objekt `Workbook` untergeordnet.

Bildg. 18.2 Das Diagramm-Objektmodell für Diagrammblätter

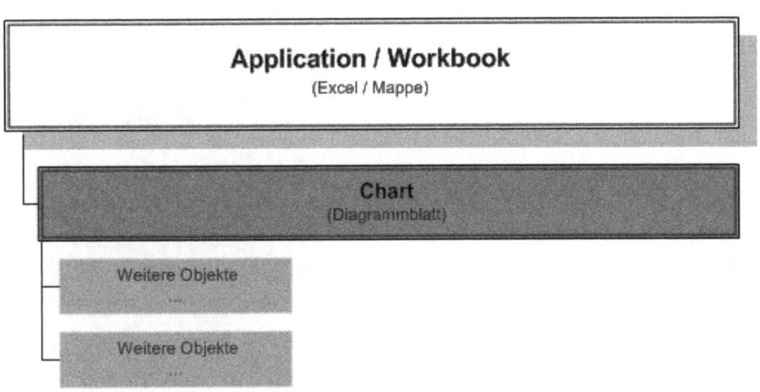

# Welche Diagrammtypen gibt es?

Wie bereits erwähnt, stehen in Excel mehr als 100 Diagrammtypen zur Verfügung. Dabei unterscheidet man zwischen Diagrammhaupt- und Diagrammuntertypen, sowie benutzerdefinierten Diagrammtypen. Es stehen 14 Diagrammhaupttypen und 73 Diagrammuntertypen zur Auswahl. Die Anzahl der benutzerdefinierten Diagrammtypen kann variieren, da Sie selbst welche erzeugen können.

Der Tabelle 18.1 können Sie Abbildungen der 14 Diagrammhaupttypen entnehmen. In der Spalte *Beschreibung* finden Sie die deutsche Hauptbezeichnung. Es werden zudem die möglichen VBA-Konstanten zu den verfügbaren Haupt- und Untertypen aufgeführt.

**Tabelle 18.1** Diagrammhaupttypen

| Diagrammtyp | Beschreibung | Diagrammtyp | Beschreibung |
|---|---|---|---|
|  | Säule<br>xlColumnClustered<br>xlColumnStacked<br>xlColumnStacked100<br>xl3DColumnClustered<br>xl3DColumnStacked<br>xl3DColumnStacked100<br>xl3DColumn |  | Balken<br>xlBarClustered<br>xlBarStacked<br>xlBarStacked100<br>xl3DBarClustered<br>xl3DBarStacked<br>xl3DBarStacked100 |
|  | Linie<br>xlLine<br>xlLineStacked<br>xlLineStacked100<br>xlLineMarkers<br>xlLineMarkersStacked<br>xlLineMarkersStacked100<br>xl3DLine | 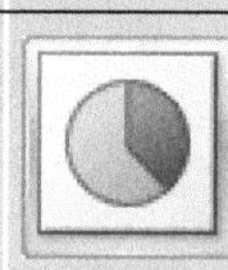 | Kreis<br>xlPie<br>xl3DPie<br>xlPieOfPie<br>xlPieExploded<br>xl3DPieExploded<br>xlBarOfPie |
|  | Punkt (XY)<br>xlXYScatter<br>xlXYScatterSmooth<br>xlXYScatterSmoothNoMarkers<br>xlXYScatterLines<br>xlXYScatterLinesNoMarkers |  | Fläche<br>xlArea<br>xlAreaStacked<br>xlAreaStacked100<br>xl3DArea<br>xl3DAreaStacked<br>xl3DAreaStacked100 |
|  | Ring<br>xlDoughnut<br>xlDoughnutExploded |  | Netz<br>xlRadar<br>xlRadarMarkers<br>xlRadarFilled |
|  | Oberfläche<br>xlSurface<br>xlSurfaceWireframe<br>xlSurfaceTopView<br>xlSurfaceTopViewWireframe |  | Blase<br>xlBubble<br>xlBubble3DEffect |

**Tabelle 18.1** Diagrammhaupttypen *(Fortsetzung)*

| Diagrammtyp | Beschreibung | Diagrammtyp | Beschreibung |
|---|---|---|---|
| 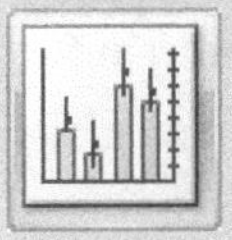 | Kurs<br>xlStockHLC<br>xlStockOHLC<br>xlStockVHLC<br>xlStockVOHLC |  | Zylinder<br>xlCylinderColClustered<br>xlCylinderColStacked<br>xlCylinderColStacked100<br>xlCylinderBarClustered<br>xlCylinderBarStacked<br>xlCylinderBarStacked100<br>xlCylinderCol |
|  | Kegel<br>xlConeColClustered<br>xlConeColStacked<br>xlConeColStacked100<br>xlConeBarClustered<br>xlConeBarStacked<br>xlConeBarStacked100<br>xlConeCol |  | Pyramide<br>xlPyramidColClustered<br>xlPyramidColStacked<br>xlPyramidColStacked100<br>xlPyramidBarClustered<br>xlPyramidBarStacked<br>xlPyramidBarStacked100<br>xlPyramidCol |

Die Auswahl der Diagrammtypen steht zur Verfügung, sobald der Diagramm-Assistent gestartet wurde.

**HINWEIS** Das Programmieren von Diagrammen erweist sich in einigen Fällen als nicht ganz einfach. Um sämtliche möglichen Fehlerquellen, die im Debugger enden könnten, auszuprogrammieren, wird ein Code meist sehr umfangreich, wobei es vorkommen kann, dass der Kern der Prozedur nur einen Teil der gesamten Prozedur ausmacht.

Damit wir uns hier auf den wesentlichen Teil eines Beispiels konzentrieren können, lässt es sich nicht vermeiden, an einigen Stellen die Anweisung `On Error Resume Next` einzusetzen.

# Ein Diagramm manuell erzeugen

Um ein Diagramm zu erzeugen, muss in erster Linie eine Tabelle mit Zahlen vorhanden sein. Der grafisch darzustellende Bereich wird markiert. Danach wird der Diagramm-Assistent aufgerufen. Um ein Diagramm zu erstellen, öffnen Sie im Menüband die Registerkarte *Einfügen* und wählen in der Gruppe *Diagramme* den gewünschten Diagrammtyp aus.

Diagramme können grundsätzlich in zwei verschiedenen Formen auftreten. Zum einen können ein oder mehrere Diagramme auf dem Tabellenblatt eingebettet werden, in dem sich die zu Grunde liegenden Daten befinden. Sie haben zudem die Möglichkeit, ein Diagramm auf einem eigens dafür vorgesehenen Diagrammblatt darzustellen. Die Auswahl des Speicherortes wird im letzten Schritt des Assistenten vorgenommen.

# Ein Diagramm per VBA erzeugen

Um sich mit den Objekten, Methoden und Eigenschaften zum Erzeugen von Diagrammen vertraut zu machen, zeichnen Sie Ihr erstes Diagramm am besten mit dem Makrorekorder auf.

Der nachfolgende aufgezeichnete Code zeigt ein einfaches Säulendiagramm, das auf dem bestehenden Tabellenblatt eingefügt wurde.

**Listing 18.1** Ein per Makrorekorder aufgezeichneter Code zum Erstellen eines Säulendiagramms

```
Sub RecordedColumnChart()
   Charts.Add
   ActiveChart.ChartType = xlColumnClustered
   ActiveChart.SetSourceData _
      Source:=Sheets("Tabelle1").Range("A1:B5"), _
      PlotBy:=xlColumns
   ActiveChart.Location _
      Where:=xlLocationAsObject, _
      Name:="Tabelle1"
   ActiveChart.HasLegend = True
   ActiveChart.Legend.Select
   Selection.Position = xlRight
End Sub
```

Um dasselbe Diagramm zu erzeugen, reichen die in Listing 18.2 gezeigten Codezeilen aus. Mittels der `With`-Anweisung wird das Erzeugen des Diagramms über `Charts.Add` zu einem Block zusammengefasst. Innerhalb der `With`-Anweisung wird der Diagrammtyp bestimmt. Danach folgt die Angabe des Quellbereiches. Zu guter Letzt wird festgelegt, wo das Diagramm ausgegeben werden soll. In diesem Fall im selben Tabellenblatt, in dem sich auch die Daten befinden. Wenn für das Diagramm ein eigenes Diagrammblatt erzeugt werden soll, ersetzten Sie die letzte Codezeile durch `.Location Where:=xlLocationAsNewSheet`.

**Listing 18.2** Der bereinigte Code

```
Sub CleanedColumnChart()
   With Charts.Add
      .ChartType = xlColumnClustered
      .SetSourceData Source:=Sheets("Tabelle1").Range("A1:B5"), _
                     PlotBy:=xlColumns
      .Location Where:=xlLocationAsObject, Name:="Tabelle1"
   End With
End Sub
```

**BEISPIEL** Die beiden obigen Beispiele befinden sich innerhalb der Beispieldateien zum Buch im Ordner *\Buch\Kap18*. Die Mappe nennt sich *Bsp18_01.xlsm*. Die Prozeduren sind im Modul *mdl_01_CreateChart* untergebracht.

# Name des Diagramms ändern

Jedes Diagramm, das sich auf einem Tabellenblatt befindet, verfügt über einen Namen. Den Namen können Sie im *Namenfeld* ablesen. Dieses befindet sich linkerhand der Bearbeitungsleiste.

**Abbildg. 18.3** Den Diagrammnamen im Namenfeld ablesen

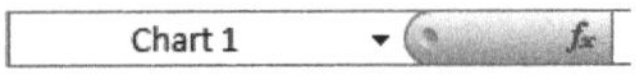


Sie können den Namen eines Diagramms per VBA verändern. Verwenden Sie dazu die Eigenschaft `Name` gefolgt von der gewünschten Bezeichnung.

```
ActiveSheet.ChartObjects(1).Name = "Mein Diagramm"
```

# Diagramme korrekt ansprechen

Beim Ansprechen von Diagrammen müssen Sie beachten, dass es eingebettete Diagramme und Diagrammblätter gibt.

## Ein eingebettetes Diagramm ansprechen

Ein eingebettetes Diagramm liegt, ähnlich wie eine Grafik, auf einem Tabellenblatt. Sie können ein Diagramm über dessen Index oder Namen ansprechen. Das Auflistungsobjekt nennt sich `ChartObjects`.

**Listing 18.3** Ein eingebettetes Diagramm aktivieren

```
Sub EmbeddedChart()
   ActiveSheet.ChartObjects(1).Activate
End Sub
```

Damit kein Fehler entsteht, falls kein Diagramm auf dem Tabellenblatt vorhanden ist, sollten Sie eine Fehlerroutine einbauen, die prüft, ob das angegebene Diagramm überhaupt existiert.

In der folgenden Prozedur verwenden wir eine `If`-Entscheidung die prüft, ob mindestens ein Diagrammobjekt auf dem Tabellenblatt vorhanden ist. Falls dies zutrifft, wird das Diagramm aktiviert.

**Listing 18.4** Prüfen, ob ein Diagramm vorhanden ist

```
Sub CheckIfExists()
   If ActiveSheet.ChartObjects.Count > 0 Then
      ActiveSheet.ChartObjects(1).Activate
   End If
End Sub
```

## Ein Diagrammblatt ansprechen

Ein Diagrammblatt kann im Grunde genommen genauso angesprochen werden wie ein gewöhnliches Tabellenblatt (entweder über den Index oder den Namen). Zu beachten ist lediglich, dass das Auflistungsobjekt `Sheets` an Stelle von `Worksheets` verwendet werden muss.

**Listing 18.5** Ein Diagrammblatt ansprechen

```
Sub ActivateSheet()
   Sheets("Diagramm1").Activate
End Sub
```

Etwas umdenken müssen Sie, wenn Sie eine Fehlerprüfung für ein Diagrammblatt verwenden möchten. Bei gewöhnlichen Tabellenblättern haben wir bis jetzt eine `For Each`-Schleife verwendet, die alle Tabellenblatt-Objekte durchlaufen hat. Dies war möglich, weil innerhalb der `Worksheets`-Sammlung ein `Worksheet`-Objekt existiert. Das Objekt `Sheets` gibt es jedoch nur in der Mehrzahl. Es gibt in VBA kein Objekt `Sheet`. Daher können Sie auch keine `For Each`-Schleife verwenden.

In der folgenden Prozedur verwenden wir deshalb eine `For`-Schleife mit einem Zähler. Dieser durchläuft alle Diagrammblätter. In der `If`-Entscheidung wird geprüft, ob ein Blatt mit dem Namen *Diagramm1* existiert. Wenn dies zutrifft, wird es aktiviert.

**Listing 18.6** Prüfen, ob ein Diagrammblatt vorhanden ist

```
Sub ChartSheet()
   Dim i As Integer
   For i = 1 To Sheets.Count
      If Sheets(i).Name = "Diagramm1" Then
         Sheets("Diagramm1").Activate
      End If
   Next i
End Sub
```

# Diagramme ausdrucken

Beim Ausdrucken von Diagrammen ist ebenfalls zu beachten, ob es sich um ein eingebettetes Diagramm handelt oder um ein Diagrammblatt.

## Ein eingebettetes Diagramm ausdrucken

Beim Ausdrucken von Tabellenblättern mit eingebetteten Diagrammen werden der Datenbereich sowie das Diagramm oder die Diagramme auf einem oder mehreren Blättern ausgedruckt. Wenn Sie das Diagramm vor dem Ausdrucken selektieren, wird nur das Diagramm selbst ausgedruckt. Das Diagramm wird dabei auf A4-Blattgröße angepasst.

Mittels der folgenden Prozedur werden sämtliche eingebetteten Diagramme, die in einem Tabellenblatt enthalten sind, auf je einem Blatt ausgedruckt.

**Listing 18.7** Eingebettete Diagramme eines Tabellenblattes ausdrucken

```
Sub PrintEmbeddedCharts()
   Dim chtObj As ChartObject

   For Each chtObj In ActiveSheet.ChartObjects
      chtObj.Chart.PrintOut
   Next chtObj
End Sub
```

## Ein Diagrammblatt ausdrucken

Wenn Sie nur Diagramme ausdrucken möchten, die auf eigenen Diagrammblättern platziert sind, verwenden Sie die folgende Prozedur. Es werden sämtliche Diagrammblätter ausgedruckt, die in der Mappe enthalten sind.

**Listing 18.8** Sämtliche Diagrammblätter ausdrucken

```
Sub PrintChartSheets()
   With ActiveWorkbook.Charts
      If .Count > 0 Then
         .PrintOut
      Else
         MsgBox "Es sind keine Diagrammblätter vorhanden"
      End If
   End With
End Sub
```

**BEISPIEL** Die beiden obigen Beispiele befinden sich innerhalb der Beispieldateien zum Buch im Ordner *\Buch\Kap18*. Die Mappe nennt sich *Bsp18_01.xlsm*. Die Prozeduren befinden sich im Modul *mdl_02_PrintCharts*.

# Diagramme löschen

Um ein einzelnes eingebettetes Diagramm aus einem Tabellenblatt per VBA zu löschen, reicht die Anweisung `ActiveSheet.ChartObjects(1).Delete` aus.

Damit kein Fehler auftritt, wenn kein Diagramm im Tabellenblatt enthalten ist, sollte in einer `If`-Entscheidung eine entsprechende Prüfung vorgenommen werden. Im folgenden Beispiel werden in der `If`-Entscheidung die vorhandenen Diagramme gezählt. Wenn die Zahl größer ist als 0, ist ein eingebettetes Diagramm vorhanden, das gelöscht werden kann. Sollte kein Diagramm vorhanden sein, wird eine entsprechende Nachricht ausgegeben.

**Listing 18.9** Ein eingebettetes Diagramm löschen

```
Sub DeleteOneChart()
   With ActiveSheet
      If .ChartObjects.Count > 0 Then
         .ChartObjects(1).Delete
      Else
```

**Listing 18.9** Ein eingebettetes Diagramm löschen *(Fortsetzung)*

```
         MsgBox "Es ist kein Diagramm vorhanden."
      End If
   End With
End Sub
```

Um sämtliche eingebettete Diagramme aus einem Tabellenblatt zu entfernen, wird mit einer `For Each`-Schleife gearbeitet. Eine Fehlerbehandlung ist hier nicht erforderlich, da der Debugger nicht gestartet wird, auch wenn kein Diagramm vorhanden ist.

**Listing 18.10** Alle eingebetteten Diagramme eines Tabellenblattes löschen (Schleife)

```
Sub DeleteAllCharts()
   Dim chtObj As ChartObject

   For Each chtObj In ActiveSheet.ChartObjects
      chtObj.Delete
   Next chtObj
End Sub
```

Die etwas elegantere und kürzere Variante lautet:

**Listing 18.11** Alle eingebetteten Diagramme löschen (ohne Schleife)

```
Sub DeleteAllCharts2()
   ActiveSheet.ChartObjects.Delete
End Sub
```

Mittels des folgenden Codes werden sämtliche Diagrammblätter aus einer Mappe entfernt.

**Listing 18.12** Sämtliche Diagrammblätter löschen

```
Sub DeleteChartSheets()
   Dim cht As Chart

   For Each cht In ActiveWorkbook.Charts
      cht.Delete
   Next cht
End Sub
```

**BEISPIEL** Die obigen Beispiele befinden sich innerhalb der Beispieldateien zum Buch im Ordner *\Buch\Kap18*. Die Mappe nennt sich *Bsp18_01.xlsm*. Die Prozeduren befinden sich in Modul *mdl_03_DeleteCharts*.

# Diagrammobjekte ein- oder ausblenden

Die meisten Diagrammobjekte, so wie auch das Diagramm selbst, lassen sich per Knopfdruck ein- oder ausblenden. Nachfolgend finden Sie einige Beispiele dazu. Jedes der Beispiele ist an eine Umschaltfläche aus der *Steuerelement-Toolbox* gebunden. Beim Klick auf die Umschaltfläche werden die Elemente ein- oder ausgeblendet.

**BEISPIEL** Die Beispiele zum Ein- und Ausblenden von Objekten befinden sich innerhalb der Beispieldateien zum Buch im Ordner *\Buch\Kap18*. Die Mappe nennt sich *Bsp18_02.xlsm*. Die Prozeduren sind als Ereignisprozeduren an die Umschaltflächen gebunden.

# Diagramm ein- oder ausblenden

Das Ein- und Ausblenden von Objekten geschieht immer mittels der Eigenschaft `Visible`, welcher der Wert `True` oder `False` übergeben wird.

Um das gesamte Diagramm ein- oder auszublenden, verwenden Sie das Auflistungsobjekt `ChartObjects`.

**Listing 18.13** Das Diagramm ein- oder ausblenden

```
Private Sub tglChart_Click()
   With ActiveSheet.ChartObjects(1)
      If .Visible Then
         .Visible = False
         tglChart.Caption = "Diagramm einblenden"
      Else
         .Visible = True
         tglChart.Caption = "Diagramm ausblenden"
      End If
   End With
End Sub
```

# Die Achsen ein- oder ausblenden

Sobald Sie mit Objekten innerhalb des Diagramms arbeiten, kommt das Objekt `Chart` hinzu. Ihm folgt die Eigenschaft des Objektes, das verändert werden soll. Um die Diagrammachsen ein- oder auszublenden, wird die Eigenschaft `HasAxis` verwendet.

Da ein Diagramm über mehrere Achsen verfügen kann, muss im runden Klammerpaar nach `HasAxis` eine Konstante angegeben werden. Die Konstante für die Rubrikenachse lautet `xlCategory` und die für die Größenachse nennt sich `xlValue`.

**Listing 18.14** Rubriken- und Größenachse ein- oder ausblenden

```
Private Sub tglAxis_Click()
   With ActiveSheet.ChartObjects(1).Chart
      If .HasAxis(xlCategory) And .HasAxis(xlValue) Then
         .HasAxis(xlCategory) = False
         .HasAxis(xlValue) = False
         tglAxis.Caption = "Achsen einblenden"
      Else
         .HasAxis(xlCategory) = True
         .HasAxis(xlValue) = True
         tglAxis.Caption = "Achsen ausblenden"
      End If
   End With
End Sub
```

**HINWEIS** Falls Sie mit einer Sekundärachse arbeiten, müssen Sie einen zweiten Index verwenden. Dieser sagt aus, ob Sie die Primärachse oder die Sekundärachse ansprechen möchten.

```
.HasAxis(xlValue, xlPrimary) = True
.HasAxis(xlValue, xlSecondary) = True
```

## Verschiedene Diagrammelemente ein- oder ausblenden

Nach dem gleichen Prinzip wie im vorangegangenen Beispiel können auch andere Diagrammelemente ein- oder ausgeblendet werden. Die wichtigsten Elemente können Sie der Tabelle 18.2 entnehmen.

**Tabelle 18.2** Einige der Diagrammelemente, die sich ein- oder ausblenden lassen

| Eigenschaft | Beschreibung |
|---|---|
| `HasLegend` | Legende |
| `HasDataTable` | Datentabelle |
| `HasTitle` | Diagrammtitel |

Viele der Elemente, die sich ein- und ausblenden lassen, sind an andere Objekte als das `Chart` gebunden. Es würde zu weit führen, diese hier alle zu nennen. Mittels des Makrorekorders können Sie die gewünschten Befehle und Kombinationen bequem aufzeichnen und die gewünschten Codefragmente in Ihre Prozedur übernehmen.

# Die Legende platzieren

Die Legende wird standardmäßig am rechten Rand innerhalb des Diagramms eingeblendet. Diese Position können Sie ändern. Manuell verfahren Sie dazu wie folgt:

1. Klicken Sie mit der rechten Maustaste auf die Legende und wählen Sie aus dem Kontextmenü den Befehl *Legende formatieren*.
2. Aktivieren Sie die Kategorie *Legendenoptionen* und wählen Sie die gewünschte Legendenposition aus.
3. Schließen Sie das Dialogfeld *Legende formatieren*, indem Sie auf die Schaltfläche *OK* klicken.

Das VBA-Objekt für Legende nennt sich `Legend`. Um die Ausrichtung zu verändern, benötigen Sie zusätzlich die Eigenschaft `Position`. Dieser übergeben Sie die gewünschte Konstante. Im folgenden Beispiel wird `xlBottom` benutzt. Damit wird die Legende unterhalb des Diagramms platziert.

Die Legende muss eingeblendet sein, um deren Position zu bestimmen. Wenn dies nicht der Fall ist, entsteht ein Fehler. In der Prozedur wird deshalb zuerst das Einblenden veranlasst.

**Listing 18.15** Die Legende am unteren Rand innerhalb des Diagramms anordnen

```
Sub LegendPosition()
   With ActiveSheet.ChartObjects(1).Chart
      ' Sicherstellen, dass die Legende eingeblendet ist
      .HasLegend = True
```

**Listing 18.15** Die Legende am unteren Rand innerhalb des Diagramms anordnen *(Fortsetzung)*

```
        ' Die Legende am unteren Rand positionieren
        .Legend.Position = xlBottom
    End With
End Sub
```

Es stehen insgesamt fünf Konstanten für die Platzierung der Legende zur Verfügung. Welche das sind, können Sie Tabelle 18.3 entnehmen.

**Tabelle 18.3** Konstanten zur Platzierung der Legende

| Konstante | Ausrichtung |
|---|---|
| `xlBottom` | Unten |
| `xlCorner` | Rechte obere Ecke |
| `xlTop` | Oben |
| `xlRight` | Rechts (Standardeinstellung) |
| `xlLeft` | Links |

**BEISPIEL** Das obige Beispiel befindet sich innerhalb der Beispieldateien zum Buch im Ordner *\Buch\Kap18*. Die Mappe nennt sich *Bsp18_02.xlsm*. Die Prozedur ist im Modul *mdl_01_LegendPosition* hinterlegt.

# Diagrammelemente formatieren

Das Thema *Diagramme formatieren* ist schier unerschöpflich. Auf den folgenden Seiten sind die wichtigsten Formatierungsmöglichkeiten beschrieben. Wenn Sie mit diesen Techniken vertraut sind, werden Sie in der Lage sein, weitere Formatierungen selbst zu programmieren. Die Herausforderung besteht darin, die entsprechenden Objekte zu kennen.

Jedes Diagramm besteht aus einer Diagramm- und einer Zeichnungsfläche. Das Objekt für die Diagrammfläche lautet `ChartArea` und das Objekt für die Zeichnungsfläche nennt sich `PlotArea`.

Um die richtige Fläche anzusprechen, müssen Sie den Unterschied zwischen diesen beiden Objekten kennen. Der größere Flächenbereich, und somit der äußere, stellt die Diagrammfläche dar. Der Flächenbereich, auf dem die Daten grafisch dargestellt werden, stellt die Zeichnungsfläche dar (siehe Abbildung 18.4).

Abbildg. 18.4 Unterschied zwischen Diagrammfläche und Zeichnungsfläche

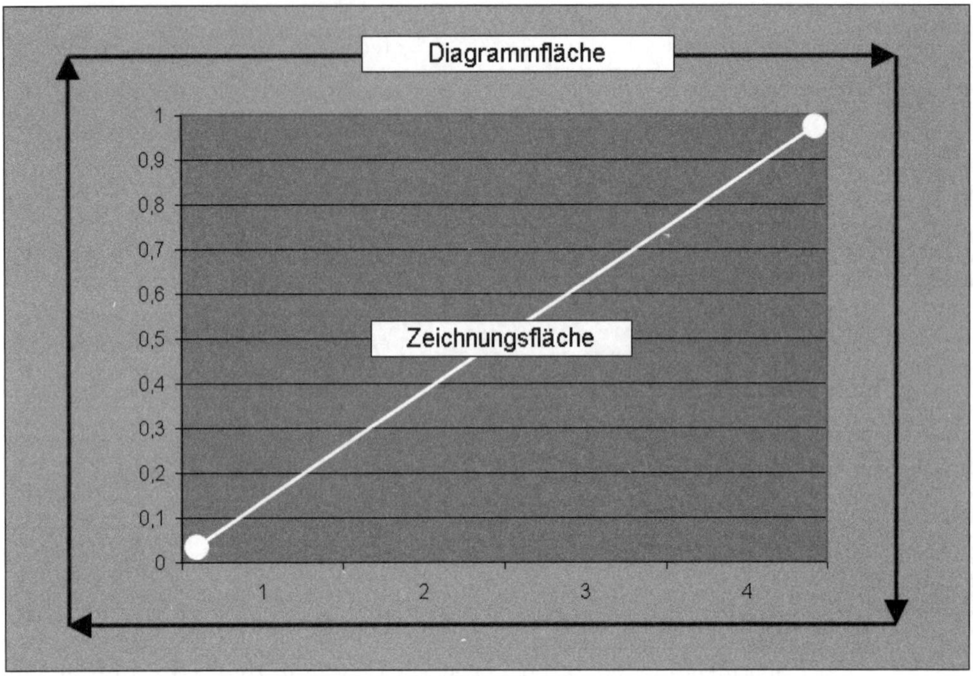


Beide Flächen können unabhängig voneinander formatiert werden. Um die Formatierung manuell vorzunehmen, klicken Sie mit der rechten Maustaste auf die gewünschte Fläche und wählen aus dem Kontextmenü den Befehl *Diagrammbereich formatieren* oder *Zeichnungsfläche formatieren.*

# Datenreihen formatieren

Das wohl Wichtigste innerhalb eines Diagramms sind die Datenreihen, denn sie stellen die Daten des ausgewählten Datenbereichs grafisch dar. Datenreihen treten in verschiedenen Formen auf, wie zum Beispiel in Säulen, Balken, Linien, Kreisen usw. Um Datenreihen anzusprechen, wird das Objekt `SeriesCollection` eingesetzt.

Meistens stehen in einem Diagramm mehrere Datenreihen zur Verfügung. Diese können unabhängig voneinander einzeln formatiert werden. Um eine Datenreihe manuell zu formatieren, klicken Sie mit der rechten Maustaste auf die gewünschte Datenreihe und wählen im Kontextmenü den Befehl *Datenreihen formatieren* aus. Im zugehörigen Dialogfeld stehen verschiedene Kategorien zur Formatierung der Datenreihen zur Verfügung.

Im nachfolgenden Code verwenden wir vier Zufallsgeneratoren, die für jede der vier Datenreihen jeweils eine Zufallsfarbe generieren. Die Zufallszahlen-Funktion `Rnd` wird mit dem Faktor 56 multipliziert, der dem höchsten zulässigen Farbindex entspricht. Das bedeutet, dass vier Zufallszahlen im Bereich zwischen 1 und 56 entstehen können.

**Abbildg. 18.5** Unterschiedliche Diagrammtypen unterscheiden sich im Ansprechen der Datenreihen

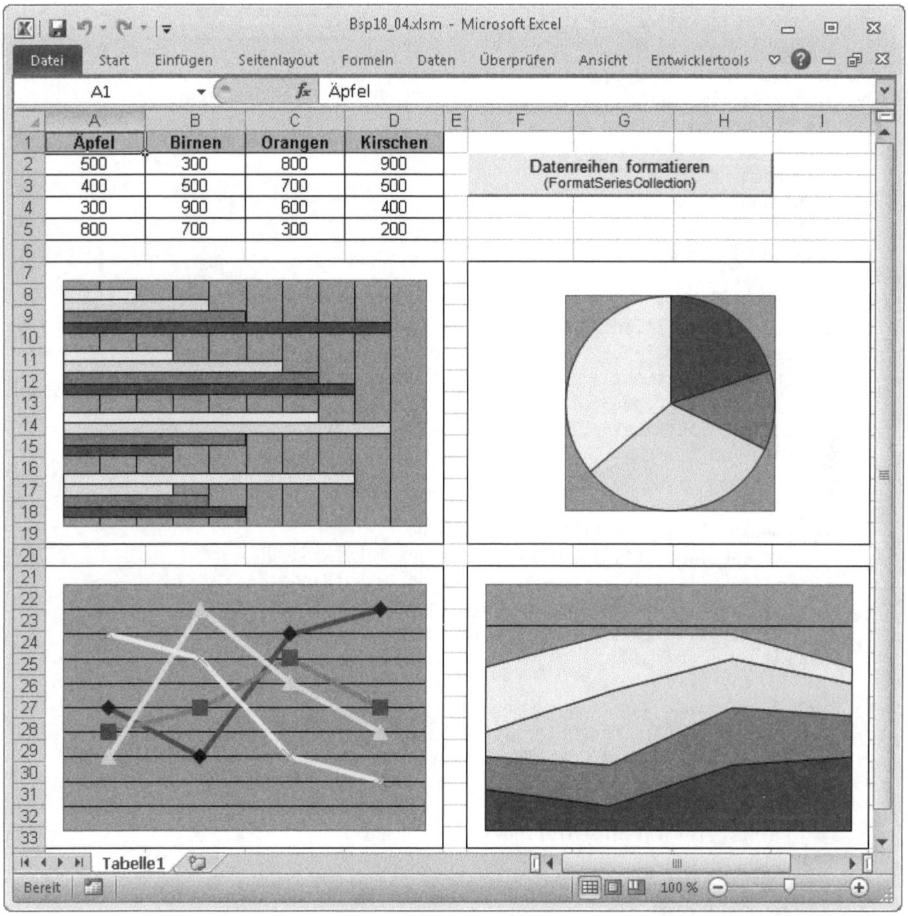


Wie bereits erwähnt, werden die Datenreihen der Diagramme jeweils über das Objekt `SeriesCollection` angesprochen. Die Vielfalt der unterschiedlichen Diagrammtypen erfordert dennoch eine teils unterschiedliche Programmierung. In unserer Beispielmappe sind vier verschiedene Diagrammtypen enthalten (siehe Abbildung 18.5).

Beim ersten Diagrammtyp handelt es sich um ein Balkendiagramm und beim letzten um ein Flächendiagramm. Beide verhalten sich identisch. Bei der Zuweisung der Hintergrundfarbe werden die einzelnen Datenreihen angesprochen. Dem Objekt `Interior`, das für die Hintergrundfläche steht, werden die Farbwerte zugewiesen.

Das Liniendiagramm verhält sich insofern anders, als dass keine Fläche, sondern eine Linie vorliegt. Deshalb wird die Farbe nicht dem Objekt `Interior`, sondern dem Objekt `Border` zugewiesen.

Wiederum anders verhält es sich beim Programmieren der Hintergrundfarbe für ein Kreisdiagramm. Dieses besteht aus nur einer Datenreihe, der vier *Datenpunkte* (`Points`) zugeordnet sind. Dementsprechend muss die Hintergrundfarbe an die vier Datenpunkte der Datenreihe übergeben werden.

**Listing 18.16** Datenreihen formatieren

```
Sub FormatSeriesCollection()
   Dim bytRandom1 As Byte
   Dim bytRandom2 As Byte
   Dim bytRandom3 As Byte
   Dim bytRandom4 As Byte

   bytRandom1 = Rnd * 56
   bytRandom2 = Rnd * 56
   bytRandom3 = Rnd * 56
   bytRandom4 = Rnd * 56

   ' Balkendiagramm
   With Worksheets(1).ChartObjects(1).Chart
      .SeriesCollection(1).Interior.ColorIndex = bytRandom1
      .SeriesCollection(2).Interior.ColorIndex = bytRandom2
      .SeriesCollection(3).Interior.ColorIndex = bytRandom3
      .SeriesCollection(4).Interior.ColorIndex = bytRandom4
   End With

   ' Liniendiagramm
   With Worksheets(1).ChartObjects(2).Chart
      .SeriesCollection(1).Border.ColorIndex = bytRandom1
      .SeriesCollection(2).Border.ColorIndex = bytRandom2
      .SeriesCollection(3).Border.ColorIndex = bytRandom3
      .SeriesCollection(4).Border.ColorIndex = bytRandom4
   End With

   ' Kreisdiagramm
   With Worksheets(1).ChartObjects(3).Chart.SeriesCollection(1)
      .Points(1).Interior.ColorIndex = bytRandom1
      .Points(2).Interior.ColorIndex = bytRandom2
      .Points(3).Interior.ColorIndex = bytRandom3
      .Points(4).Interior.ColorIndex = bytRandom4
   End With

   ' Flächendiagramm
   With Worksheets(1).ChartObjects(4).Chart
      .SeriesCollection(1).Interior.ColorIndex = bytRandom1
      .SeriesCollection(2).Interior.ColorIndex = bytRandom2
      .SeriesCollection(3).Interior.ColorIndex = bytRandom3
      .SeriesCollection(4).Interior.ColorIndex = bytRandom4
   End With
End Sub
```

**BEISPIEL** Das obige Beispiel befindet sich innerhalb der Beispieldateien zum Buch im Ordner *\Buch\Kap18*. Die Mappe nennt sich *Bsp18_03.xlsm*. Das Modul heißt *mdl_01_FormatSC*.

# Einzelne Datenpunkte formatieren

Eine Datenreihe kann aus einem oder mehreren Datenpunkten bestehen. Abbildung 18.6 zeigt, dass der dritte Datenpunkt der zweiten Datenreihe markiert und anders formatiert ist.

**Abbildg. 18.6** Eigens formatierter Datenpunkt

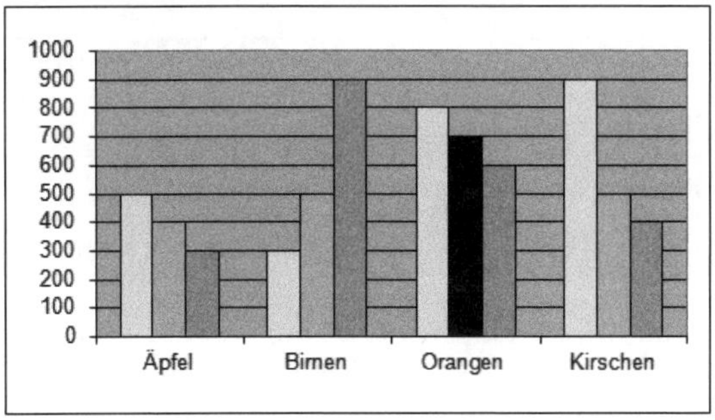


Wenn Sie einen einzelnen Datenpunkt verändern möchten, verwenden Sie zusätzlich zum Objekt `SeriesCollection` das Objekt `Points`.

**Listing 18.17** Einen einzelnen Datenpunkt formatieren

```
Sub FormatSinglePoint()
   ActiveSheet.ChartObjects(1).Chart. _
      SeriesCollection(2).Points(3). _
      Interior.ColorIndex = 1
End Sub
```

**BEISPIEL** Das obige Beispiel befindet sich innerhalb der Beispieldateien zum Buch im Ordner *\Buch\Kap18*. Die Mappe nennt sich *Bsp18_04.xlsm*. Das Modul heißt *mdl_01_FormatPoint*.

# Markierer formatieren

Markierer treten in Linien- und Punktdiagrammen auf. Sie kennzeichnen Datenpunkte innerhalb von sichtbaren oder unsichtbaren Linien. Markierer können unterschiedliche Formen `MarkerStyle` aufweisen. Welche das sind, können Sie der Tabelle 18.4 entnehmen.

**Tabelle 18.4** Die verfügbaren Markiererformen (*MarkerStyle*)

| Beschreibung | Konstante | Index |
|---|---|---|
| Automatisch | `xlMarkerStyleAutomatic` | –4105 |
| Kein Marker | `xlMarkerStyleNone` | –4142 |
| Dreieck | `xlMarkerStyleTriangle` | 3 |
| Kreis | `xlMarkerStyleCircle` | 8 |

**Tabelle 18.4** Die verfügbaren Markiererformen (*MarkerStyle*) *(Fortsetzung)*

| Beschreibung | Konstante | Index |
|---|---|---|
| Kurzer Strich | `xlMarkerStyleDot` | –4118 |
| Langer Strich | `xlMarkerStyleDash` | –4115 |
| Pluszeichen | `xlMarkerStylePlus` | 9 |
| Stern | `xlMarkerStyleStar` | 5 |
| Viereck | `xlMarkerStyleSquare` | 1 |
| Viereck hochgestellt | `xlMarkerStyleDiamond` | 2 |
| Ein X | `xlMarkerStyleX` | –4168 |

Markierer können zudem in Größe und Farbe verändert werden und es kann wahlweise ein Schatten ein- oder ausgeblendet werden. Um diese Einstellungen manuell vorzunehmen, klicken Sie mit der rechten Maustaste auf einen der Markierer und wählen aus dem Kontextmenü den Eintrag *Datenreihen formatieren*. Mittels der Kategorien *Markierungsoptionen* und *Markierungsfüllung* können Sie die gewünschten Einstellungen in Bezug auf Markierer vornehmen.

**Abbildg. 18.7** Markierer eines Liniendiagramms formatieren

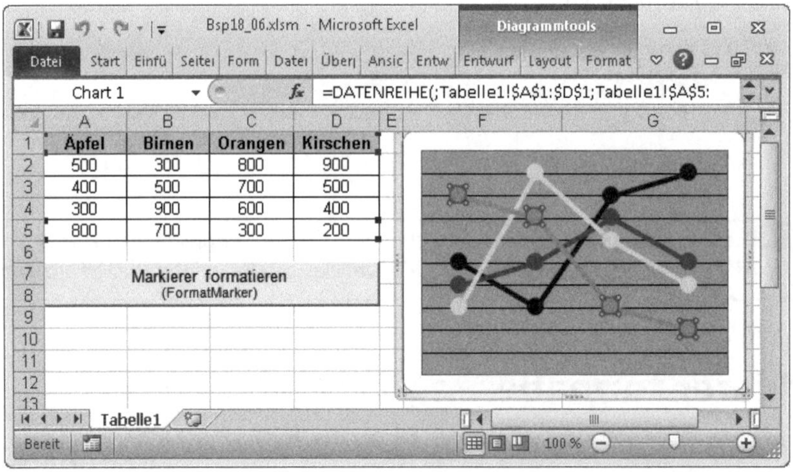


Unsere Beispieldatei enthält ein Liniendiagramm, dem per VBA automatisch die gewünschten Formatierungen für die Markierer zugewiesen werden.

Den Kommentaren in der folgenden Prozedur können Sie die Beschreibung der einzelnen Formatierungen entnehmen.

**Listing 18.18** Markierer per VBA formatieren

```
Sub FormatMarker()
   Dim chtSC As SeriesCollection
   Dim i As Integer

   Set chtSC = Worksheets(1).ChartObjects(1).Chart.SeriesCollection

   For i = 1 To chtSC.Count
      With chtSC(i)
         ' Hintergrundfarbe des Markierers:
         ' gleich wie Linienfarbe
         .MarkerBackgroundColorIndex = .Border.ColorIndex

         ' Vordergrundfarbe des Markierers:
         ' gleich wie Linienfarbe
         .MarkerForegroundColorIndex = .Border.ColorIndex

         ' Art des Markierers: Kreis
         .MarkerStyle = xlMarkerStyleCircle

         ' Größe des Markierers: 10 Punkte
         ' (Die maximale Größe ist 72 Punkte)
         .MarkerSize = 10

         ' Schatten: Keiner
         .Shadow = False
      End With
   Next i

   Set chtSC = Nothing
End Sub
```

**BEISPIEL** Das obige Beispiel befindet sich innerhalb der Beispieldateien zum Buch im Ordner *\Buch\Kap18*. Die Mappe nennt sich *Bsp18_05.xlsm*. Das Modul heißt *mdl_01_Marker*.

# Die Skalierung eines Säulendiagramms ändern

Datenreihen von Säulen- und Balkendiagrammen können skaliert werden. Dies geschieht manuell wie folgt:

1. Klicken Sie mit der rechten Maustaste auf die Größenachse.
2. Wählen Sie im Kontextmenü den Eintrag *Achse formatieren* aus, um das gleichnamige Dialogfeld zu öffnen.
3. Sie können hier verschiedene Einstellungen vornehmen, die die Skalierung des Diagramms verändert.

**Abbildg. 18.8** Skalierungsmöglichkeiten

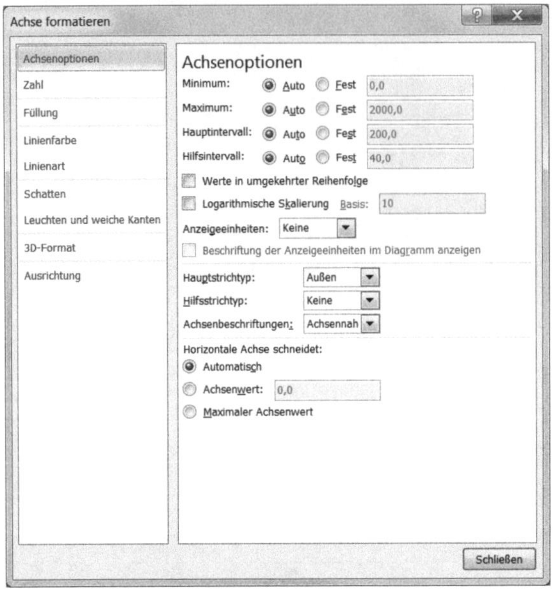


Der Tabelle 18.5 können Sie die Eigenschaften für die einzelnen Einstellungen entnehmen. Einige der Auswahlmöglichkeiten werden über Konstanten gesteuert. Diese werden, sofern verfügbar, in einer eigenen Spalte aufgelistet.

**Tabelle 18.5** Eigenschaften und Konstanten zur Skalierung

| Beschreibung | Eigenschaft | Konstante |
|---|---|---|
| Minimum | `MinimumScale` | |
| Maximum | `MaximumScale` | |
| Hauptintervall | `MajorUnit` | |
| Hilfsintervall | `MinorUnit` | |
| Rubrikenachse (X) schneidet bei: | `Crosses` | `xlAxisCrossesAutomatic` |
| | | `xlMinimum` |
| | | `xlMaximum` |
| | | `xlAxisCrossesCustom` |
| Logarithmische Skalierung | `ScaleType` | `xlScaleLinear` |
| | | `xlScaleLogarithmic` |
| Werte in umgekehrter Reihenfolge | `ReversePlotOrder` (`True` oder `False`) | |

**Tabelle 18.5** Eigenschaften und Konstanten zur Skalierung *(Fortsetzung)*

| Beschreibung | Eigenschaft | Konstante |
|---|---|---|
| Anzeigeeinheiten | `DisplayUnit` | `xlNone` |
| | | `xlHundredMillions` |
| | | `xlHundredThousands` |
| | | `xlMillions` |
| | | `xlTenThousands` |
| | | `xlThousands` |
| | | `xlHundreds` |
| | | `xlMillionMillions` |
| | | `xlTenMillions` |
| | | `xlThousandMillions` |

Im folgenden Beispiel wird der Maximalwert der Größenachse verändert. Damit dies bequem vom Tabellenblatt her ausgeführt werden kann, fügen wir ein Drehfeld ein. Bei einem Klick auf die Pfeiltaste nach oben wird der Wert um 10 erhöht. Bei einem Klick nach unten wird der Wert um 10 reduziert.

**Abbildg. 18.9** Die Skalierung der Größenachse über ein Drehfeld regeln

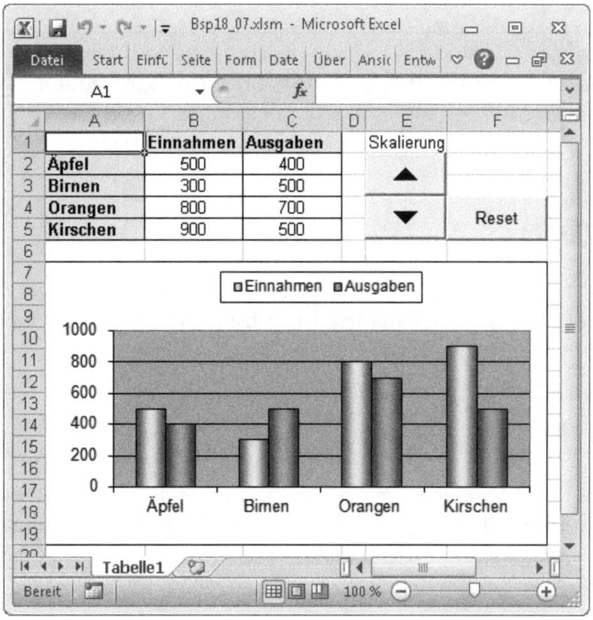


Für jede der Pfeiltasten ist eine Ereignisprozedur erforderlich.

Listing 18.19 Ereignisprozedur zum Erhöhen des Wertes

```
Private Sub spn_Scale_SpinUp()
   With ActiveSheet.ChartObjects(1).Chart.Axes(xlValue)
      .MaximumScale = .MaximumScale + 10
   End With
End Sub
```

Listing 18.20 Ereignisprozedur zum Reduzieren des Wertes

```
Private Sub spn_Scale_SpinDown()
   With ActiveSheet.ChartObjects(1).Chart.Axes(xlValue)
      .MaximumScale = .MaximumScale - 10
   End With
End Sub
```

Damit Sie die ursprünglichen Werte per Knopfdruck wiederherstellen können, empfiehlt es sich, dazu eine eigene Prozedur zu erstellen. Der Maximalwert unseres Beispiels beträgt vor dem Skalieren 1.000. Da nur dieser Wert über das Drehfeld verändert wird, reicht eine Codezeile für das Zurücksetzen aus.

Listing 18.21 Den ursprünglichen Maximalwert wiederherstellen

```
Sub ResetScale()
   ActiveSheet.ChartObjects(1).Chart.Axes(xlValue). _
      MaximumScale = 1000
End Sub
```

**BEISPIEL** Die obigen Beispiele befinden sich innerhalb der Beispieldateien zum Buch im Ordner *\Buch\Kap18*. Die Mappe nennt sich *Bsp18_06.xlsm*. Die Ereignisprozeduren sind *Tabelle1* hinterlegt. Das Modul, das die Wiederherstellen-Prozedur enthält, nennt sich *mdl_01_ResetScale*.

# Achsen ausrichten

Die Teilstrichbeschriftungen der Achsen sind standardmäßig horizontal ausgerichtet. Die Ausrichtung kann bis zu –90 Grad und +90 Grad verändert werden. Die Schrift wird dabei in die entsprechende Richtung gedreht.

Wir arbeiten in diesem Beispiel wiederum mit Drehfeldern, über die die Ausrichtung verändert werden kann. Das Diagramm verfügt über zwei Primärachsen und eine Sekundärachse. Es sind demnach drei Ereignisprozeduren erforderlich.

Jede Ereignisprozedur arbeitet nach demselben Prinzip. Zu Beginn der Prozedur werden der minimale und maximale Wert hinterlegt. Alternativ zum Erfassen der Werte im Code können Sie diese auch im Eigenschaftenfenster unter `Min` und `Max` eintragen.

Der Objektname für die *Teilstrichbeschriftung* lautet `Ticklabels`. Die Eigenschaft zur Veränderung der Ausrichtung nennt sich `Orientation`. Ihr wird der gewünschte Wert übergeben. Da dieser hier jeweils im Drehfeld gespeichert ist, beziehen wir ihn daraus.

Damit Sie den aktuellen Wert der Ausrichtungen dem Tabellenblatt entnehmen können, tragen wir ihn in die Nebenzellen der Drehfelder ein.

**Abbildg. 18.10** Ausrichtungen von Teilstrichbeschriftungen über Drehfelder verändern

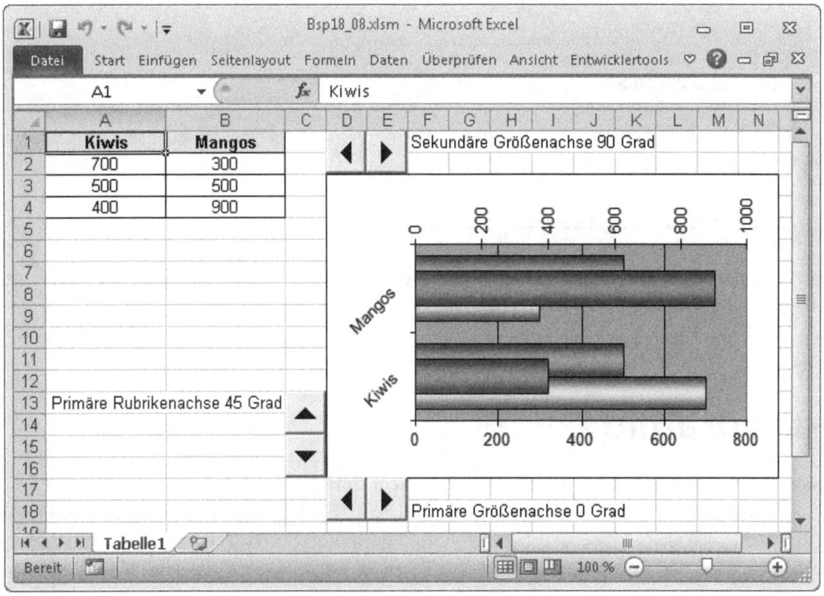


**Listing 18.22** Ausrichtung der Beschriftung der sekundären Größenachse

```
Private Sub spn_SecValue_Change()
   spn_SecValue.Min = -90
   spn_SecValue.Max = 90

   ActiveSheet.ChartObjects(1).Chart. _
      Axes(xlValue, xlSecondary). _
      TickLabels.Orientation = spn_SecValue

   Range("F1") = "Sekundäre Größenachse " & spn_SecValue & " Grad"
End Sub
```

**Listing 18.23** Ausrichtung der Beschriftung der primären Rubrikenachse

```
Private Sub spn_PrimCategory_Change()
   spn_PrimCategory.Min = -90
   spn_PrimCategory.Max = 90

   ActiveSheet.ChartObjects(1).Chart. _
      Axes(xlCategory, xlPrimary). _
      TickLabels.Orientation = spn_PrimCategory

   Range("B13") = "Primäre Rubrikenachse " & spn_PrimCategory & " Grad"
End Sub
```

Listing 18.24 Ausrichtung der Beschriftung der primären Größenachse

```
Private Sub spn_PrimValue_Change()
   spn_PrimValue.Min = -90
   spn_PrimValue.Max = 90

   ActiveSheet.ChartObjects(1).Chart. _
      Axes(xlValue, xlPrimary). _
      TickLabels.Orientation = spn_PrimValue

   Range("F18") = "Primäre Größenachse " & spn_PrimValue & " Grad"
End Sub
```

**BEISPIEL** Die obigen Beispiele befinden sich innerhalb der Beispieldateien zum Buch im Ordner *\Buch\Kap18*. Die Mappe nennt sich *Bsp18_07.xlsm*. Die Ereignisprozeduren sind *Tabelle1* hinterlegt.

# 3D-Diagramme

3D-Diagramme unterscheiden sich, abgesehen von der Optik, nur wenig von 2D-Diagrammen. Sie haben genauso wie 2D-Diagramme eine Diagramm- und eine Zeichnungsfläche. Hinzu kommen jedoch noch zwei Wände und eine Bodenfläche, die den 3D-Effekt ermöglichen. Dies bedeutet, dass zwei neue Objekte hinzukommen. Das Objekt für Wände lautet `Walls` und das Objekt für Böden `Floor`.

Abbildg. 18.11 Wände und Bodenfläche eines 3D-Diagramms

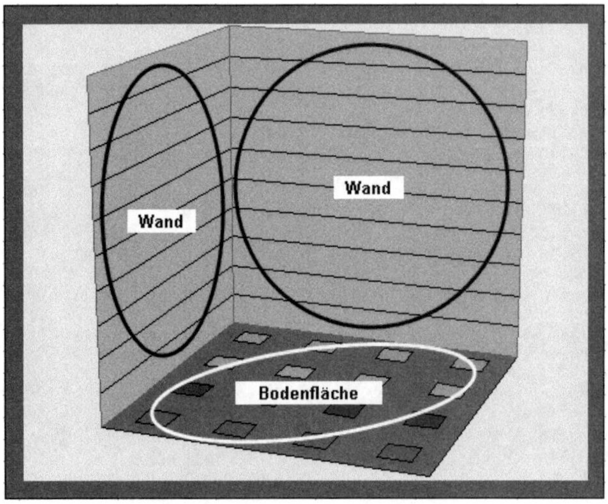


In der folgenden Prozedur wird der Bodenfläche eine rote Farbe zugewiesen und den Wänden eine blaue.

**Listing 18.25** Wände und Bodenfläche formatieren

```
Sub Format3DChart()
   With Worksheets(1).ChartObjects(1).Chart
      ' Boden in roter Farbe
      .Floor.Interior.ColorIndex = 3

      ' Wände in blauer Farbe
      .Walls.Interior.ColorIndex = 5
   End With
End Sub
```

**BEISPIEL** Das obige Beispiel befindet sich innerhalb der Beispieldateien zum Buch im Ordner *\Buch\Kap18*. Die Mappe nennt sich *Bsp18_08.xlsm*. Das Modul heißt *mdl_01_3D*.

# 3D-Oberflächendiagramme

3D-Oberflächendiagramme verhalten sich etwas speziell in Bezug auf die Formatierung der Datenreihen. Aus den vorangegangenen Beispielen sind wir es gewohnt, dass ein Rechtsklick auf eine Datenreihe das Kontextmenü öffnet. Bei einem Rechtsklick auf die Datenreihe eines 3D-Oberflächendiagrammes geschieht jedoch gar nichts. Das erweckt den Eindruck, als könnten die Farben der Datenreihen eines Oberflächendiagramms nicht verändert werden. Dem ist jedoch nicht so. Die Farben können über die Legendensymbole bestimmt werden.

1. Um ein Legendensymbol anzusprechen, klicken Sie zuerst mit der linken Maustaste auf die Legende.
2. Klicken Sie danach wiederum mit der linken Maustaste auf den gewünschten Legendeneintrag.
3. Nachdem der Legendeneintrag markiert wurde, kann das darin enthaltene Legendensymbol selektiert werden. Klicken Sie dazu mit der linken Maustaste auf das farbige Symbol.
4. Sobald das Legendensymbol selektiert ist, klicken Sie mit der rechten Maustaste auf die Markierung und wählen im Kontextmenü den Eintrag *Legende formatieren* aus.
5. Im entsprechenden Dialogfeld können Sie nun unter *Füllung* die gewünschte Farbe festlegen.

Abbildg. 18.12 Datenreihen eines 3D-Oberflächendiagramms formatieren

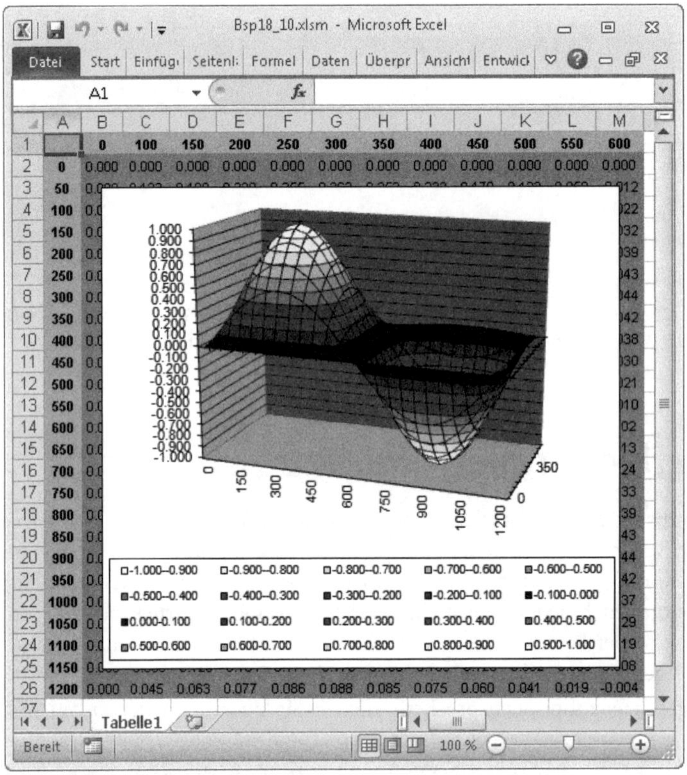


Sie haben zudem die Möglichkeit, die Anzahl der Farben zu erhöhen. Diese hängt vom Hauptintervall der Größenachse ab.

1. Klicken Sie mit der rechten Maustaste auf die Größenachse und wählen Sie im Kontextmenü den Befehl *Achse formatieren* aus.
2. Aktivieren Sie im zugehörigen Dialogfeld die Kategorie *Achsenoptionen.*
3. Je niedriger der Wert bei *Hauptintervall* eingestellt wird, desto mehr Farben und Legendeneinträge werden angezeigt.

Wenden wir uns der VBA-Programmierung der Farben zu. Genauso wie die Farben manuell über das Legendensymbol festgelegt werden, geschieht dies auch mittels VBA. Manuell musste zuerst die Legende, dann der Legendeneintrag und schließlich das Legendensymbol selektiert werden. Dies entspricht den Hierarchiestufen der VBA-Objekte. Innerhalb des Diagramms (`Chart`) wird die Legende (`Legend`) angesprochen. Danach folgt der Legendeneintrag (`LegendEntries`) und schließlich das Legendensymbol (`LegendKey`).

Im nachfolgenden Beispiel werden die Farben nach dem Zufallsprinzip vergeben.

Listing 18.26 Farben eines Oberflächendiagramms ändern

```
Sub FormatSurfaceChart()
   Dim chtLgdE As LegendEntries
   Dim i As Integer
```

**Listing 18.26** Farben eines Oberflächendiagramms ändern *(Fortsetzung)*

```
   Set chtLgdE = Worksheets(1).ChartObjects(1).Chart _
                 .Legend.LegendEntries

   For i = 1 To chtLgdE.Count
      chtLgdE(i).LegendKey.Interior.ColorIndex = rnd * 56
   Next i

   Set chtLgdE = Nothing
End Sub
```

**BEISPIEL** Das obige Beispiel befindet sich innerhalb der Beispieldateien zum Buch im Ordner *\Buch\Kap18*. Die Mappe nennt sich *Bsp18_09.xlsm*. Das Modul heißt *mdl_01_Surface*.

# Diagrammbeschriftungen formatieren

In einem Diagramm können verschiedene Datenbeschriftungen vorhanden sein, die sich auf Wunsch ein- oder ausblenden lassen. Es handelt sich dabei beispielsweise um den Diagrammtitel, die Achsenbeschriftung usw. Jede dieser Beschriftungen kann unterschiedlich formatiert werden.

## Diagrammtitel und Achsentitel

Falls der Diagramm- und die Achsentitel in einem Diagramm fehlen sollten, können Sie beides manuell einfügen, indem Sie bei aktivem Diagramm im Menüband über die kontextbezogene Registerkarte *Diagrammtools/Layout* die Gruppe *Beschriftungen* öffnen. Sie finden dort die Schaltflächen *Diagrammtitel* und *Achsentitel*.

Nachdem die einzelnen Beschriftungsfelder eingefügt wurden, können diese formatiert werden. Klicken Sie mit der rechten Maustaste auf das entsprechende Beschriftungsfeld und wählen Sie im Kontextmenü den Eintrag *Diagrammtitel formatieren* oder den Eintrag *Achsentitel formatieren* aus.

In einem VBA-Code wird zuerst sichergestellt, dass die Titel eingeblendet sind (`HasTitle = True`). Danach werden die gewünschten Formatierungen vorgenommen.

**Listing 18.27** Formatierung der Diagramm- und Achsentitel

```
Sub FormatHeading()
   With Worksheets(1).ChartObjects(1).Chart
      ' Diagrammtitel
      .HasTitle = True
      With .ChartTitle
         .Characters.Text = "Diagrammtitel"
         .Font.ColorIndex = 6
         .Interior.ColorIndex = 5
      End With

      ' Rubrikenachse
      With .Axes(xlCategory)
```

**Listing 18.27** Formatierung der Diagramm- und Achsentitel *(Fortsetzung)*

```
        .HasTitle = True
        With .AxisTitle
           .Characters.Text = "Rubrikenachse"
           .Font.ColorIndex = 5
           .Interior.ColorIndex = 6
        End With
     End With

     ' Größenachse
     With .Axes(xlValue)
        .HasTitle = True
        With .AxisTitle
           .Characters.Text = "Größenachse"
           .Font.ColorIndex = 5
           .Interior.ColorIndex = 6
        End With
     End With
  End With
End Sub
```

**BEISPIEL** Das obige Beispiel befindet sich innerhalb der Beispieldateien zum Buch im Ordner *\Buch\Kap18*. Die Mappe nennt sich *Bsp18_10.xlsm*. Das Modul heißt *mdl_01_FormatHeading*.

# Achsentext formatieren

In 2D-Diagrammen stehen zwei Achsen zur Verfügung. Die Größenachse (Z), die vertikal verläuft, und die Rubrikenachse (X), die horizontal angeordnet ist. Bei 3D-Diagrammen ist zusätzlich die Reihenachse (Y) verfügbar. Diese verläuft diagonal.

**Abbildg. 18.13** Die unterschiedlichen Achsen

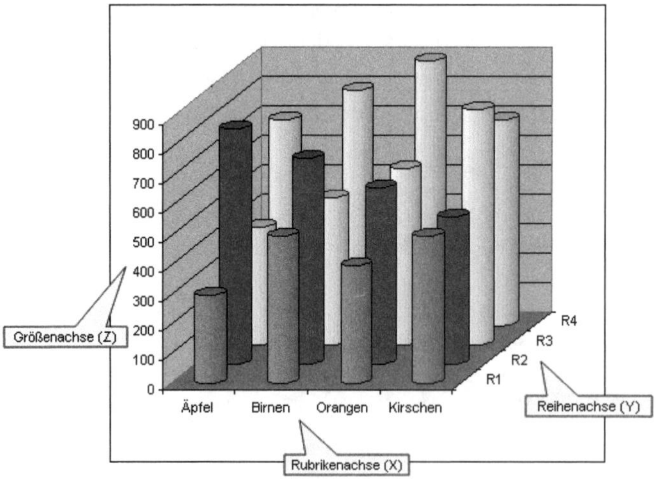

Die Achsen können per Kontextmenü ausgeblendet werden. Klicken Sie dazu mit der rechten Maustaste auf eine der Achsen und wählen Sie im Kontextmenü den Eintrag *Löschen* aus.

Um fehlende Achsen einzublenden, klicken Sie bei aktivem Diagramm im Menüband auf die Schaltfläche *Achsen* (Registerkarte *Diagrammtools/Layout*, Gruppe *Achsen*).

Um Achsen zu formatieren, klicken Sie mit der rechten Maustaste auf die entsprechende Achse und wählen im Kontextmenü den Eintrag *Achse formatieren* aus. Im entsprechenden Dialogfeld können verschiedene Formatierungen vorgenommen werden.

Per VBA werden die Achsen über die Methode `Axes` angesprochen. Ihr wird die Konstante für die entsprechende Achse zugewiesen.

**Tabelle 18.6** Konstanten für Achsen

| Beschreibung | Achsen-Konstante (Axes) |
|---|---|
| Größenachse (Z) | xlValue |
| Rubrikenachse (X) | xlCategorie |
| Reihenachse (Y) | xlSeriesAxis |

In der folgenden Prozedur werden sämtliche Achsen eines 3D-Diagrammes formatiert.

**Listing 18.28** Achsen formatieren

```
Sub FormatAxes()
   Dim cht As Chart

   Set cht = Worksheets(1).ChartObjects(1).Chart

   With cht
      ' Alle Achsen einblenden
      .HasAxis(xlValue) = True
      .HasAxis(xlCategory) = True
      .HasAxis(xlSeriesAxis) = True

      ' Größenachse (Z) formatieren
      With .Axes(xlValue)
         With .TickLabels.Font
            .FontStyle = "Fett"
            .Size = 8
            .ColorIndex = 3
         End With
      End With

      ' Rubrikenachse (X) formatieren
      With .Axes(xlCategory)
         With .TickLabels.Font
            .FontStyle = "Normal"
            .Size = 8
            .ColorIndex = 5
         End With
      End With

      ' Reihenachse (Y) formatieren
```

**Listing 18.28** Achsen formatieren *(Fortsetzung)*

```
      With .Axes(xlSeriesAxis)
         With .TickLabels.Font
          .FontStyle = "Kursiv"
          .Size = 10
          .ColorIndex = 4
         End With
      End With
   End With

   Set cht = Nothing
End Sub
```

**BEISPIEL** Das obige Beispiel befindet sich innerhalb der Beispieldateien zum Buch im Ordner *\Buch\Kap18*. Die Mappe nennt sich *Bsp18_11.xlsm*. Das Modul heißt *mdl_01_FormatAxes*.

# Trendlinien bearbeiten

Bei einigen Diagrammtypen, wie z.B. bei Säulen, Balken und Linien, kann für jede Datenreihe eine Trendlinie eingefügt werden.

1. Um eine Trendlinie manuell einzufügen, klicken Sie mit der rechten Maustaste auf die gewünschte Datenreihe.
2. Wählen Sie aus dem Kontextmenü den Befehl *Trendlinie hinzufügen* aus.
3. Das Dialogfeld *Trendlinie formatieren* wird geöffnet.
4. Nehmen Sie die gewünschten Einstellungen vor.

**Abbildg. 18.14** Einstellungen für Trendlinien

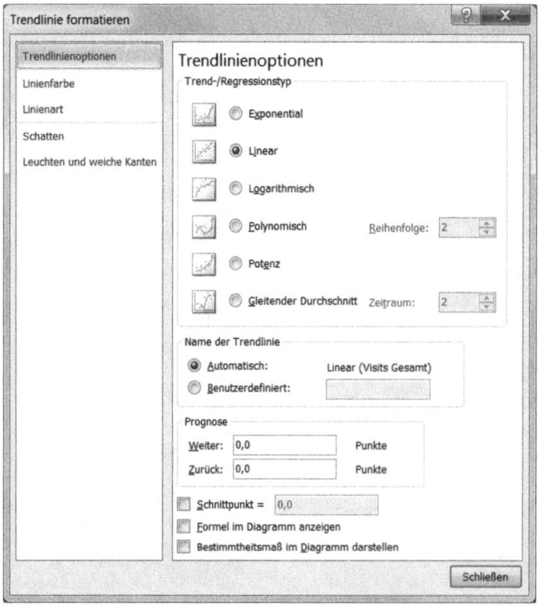

Wie Sie der Abbildung 18.14 entnehmen können, sind insgesamt sechs unterschiedliche Trendlinientypen verfügbar. Das VBA-Auflistungsobjekt für Trendlinien lautet `Trendlines`. Um einen bestimmten Trendlinientyp vorzugeben, muss die entsprechende Konstante übergeben werden.

**Tabelle 18.7** Die sechs verfügbaren Trendlinientypen

| Trendlinien-Typ | Konstante |
|---|---|
| Linear | `xlLinear` (Standard) |
| Logarithmisch | `xlLogarithmic` |
| Polynomisch | `xlPolynomial` |
| Potenz | `xlPower` |
| Exponential | `xlExponential` |
| Gleitender Durchschnitt | `xlMovingAvg` |

Das VBA-Objekt für Trendlinien lautet `Trendlines`. Pro Datenreihe könnten theoretisch mehrere Trendlinien eingefügt werden. Um dies bei wiederholtem Ausführen des VBA-Codes zu vermeiden, sollten die vorhandenen Trendlinien zu Beginn der Prozedur gelöscht werden.

In unserem Beispiel werden zwei ineinander verschachtelte `For`-Schleifen eingesetzt. In der inneren `For`-Schleife werden eventuell bereits vorhandene Trendlinien gelöscht. In der äußeren `For`-Schleife werden neue Trendlinien eingefügt.

**Abbildg. 18.15** Logarithmische Trendlinien in der jeweiligen Säulenfarbe

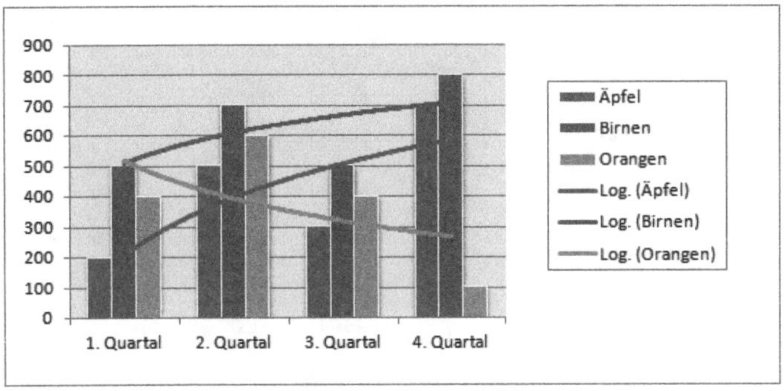


Eine Trendlinie hat standardmäßig eine schwarze Linienfarbe. Damit sich die Linien optisch besser den einzelnen Datenreihen zuordnen lassen, weisen wir ihnen die Farben der Datenreihen zu.

**HINWEIS** Farbige Trendlinien lassen sich nur auf 2D-Säulen anwenden. Bei 3D-Säulen sind sie weiß.

**Listing 18.29** Trendlinien einfügen

```
Sub AddTrendlines()
   Dim chtSC As SeriesCollection
   Dim i As Integer
   Dim x As Integer

   Set chtSC = Worksheets(1).ChartObjects(1).Chart.SeriesCollection

   For i = 1 To chtSC.Count
      ' Eventuell vorhandene Trendlinien löschen
      For x = 1 To chtSC(i).Trendlines.Count
         chtSC(i).Trendlines(x).Delete
      Next x

      ' Neue Trendlinien einfügen und
      ' entsprechend der Datenreihen formatieren
      With chtSC(i).Trendlines.Add
         .Type = xlLogarithmic
         .Border.Color = chtSC(i).Interior.Color
         .Format.Line.Weight = 2.5
      End With
   Next i

   Set chtSC = Nothing
End Sub
```

**Listing 18.30** Trendlinien löschen

```
Sub DeleteTrendlines()
   Dim chtSC As SeriesCollection
   Dim i As Integer
   Dim x As Integer

   Set chtSC = Worksheets(1).ChartObjects(1).Chart.SeriesCollection

   For i = 1 To chtSC.Count
      ' Trendlinien löschen
      For x = 1 To chtSC(i).Trendlines.Count
         chtSC(i).Trendlines(x).Delete
      Next x
   Next i

   Set chtSC = Nothing
End Sub
```

**BEISPIEL** Die obigen Beispiele befinden sich innerhalb der Beispieldateien zum Buch im Ordner *\Buch\Kap18*. Die Mappe nennt sich *Bsp18_12.xlsm*. Das Modul heißt *mdl_01_Trendlines*.

# Benutzerdefinierte Diagramme erstellen

Viele Firmen legen Wert darauf, dass ein einheitliches Erscheinungsbild nach außen hin gewährleistet ist. Dies beginnt beim Briefpapier und endet beim Absender der E-Mail-Adresse. PowerPoint-Folien müssen nach dem gleichen Prinzip aufgebaut sein und auch die Farben von Diagrammen dürfen nicht frei gewählt werden.

Oftmals wird sehr viel Zeit in die einheitliche Gestaltung investiert, sofern noch keine Vorlagen vorhanden sind. Nicht vielen Excel-Benutzern ist es bewusst, dass benutzerdefinierte Diagramme genau diese Arbeit abnehmen oder zumindest erleichtern können.

## Benutzerdefiniertes Diagramm erstellen

Nachfolgend erfahren Sie zuerst den manuellen Weg zum Erstellen eines benutzerdefinierten Diagramms:

1. Gestalten Sie Ihr Diagramm wie gewohnt.
2. Aktivieren Sie das Diagramm und klicken Sie im Menüband auf die Schaltfläche *Als Vorlage speichern* (kontextbezogene Registerkarte *Diagrammtools/Entwurf*, Gruppe *Typ*). Das Dialogfeld *Diagrammvorlage speichern* wird geöffnet.
3. Weisen Sie der Vorlage einen Namen zu und klicken Sie auf die Schaltfläche *Speichern*.

## Ein benutzerdefiniertes Diagramm erstellen

Um ein benutzerdefiniertes Diagramm per VBA zu erstellen, wird die Methode `AddChartAutoFormat` verwendet. Die Methode erwartet drei Argumente.

**Tabelle 18.8** Argumente für die Methode *AddChartAutoFormat*

| Argument | Beschreibung |
|---|---|
| `Chart` | Erforderlich: Ein bestehendes Diagramm, aufgrund dessen Formats das benutzerdefinierte Diagramm erstellt wird |
| `Name` | Erforderlich. Der Name für das AutoFormat |
| `Description` | Optional: Eine Beschreibung für das benutzerdefinierte Diagramm |

Beim Ausführen des folgenden Codes wird ein benutzerdefiniertes Diagramm erstellt. Sie finden die Vorlage, indem Sie bei aktivem Diagramm den Menübefehl *Diagrammtools/Entwurf/Typ/Diagrammtyp ändern* aufrufen. Im Dialogfeld *Diagrammtyp ändern* klicken Sie auf die Schaltfläche *Vorlagen verwalten*. Bei Bedarf können Sie die *.crtx*-Datei hier löschen.

**Abbildg. 18.16** Diagrammvorlagen

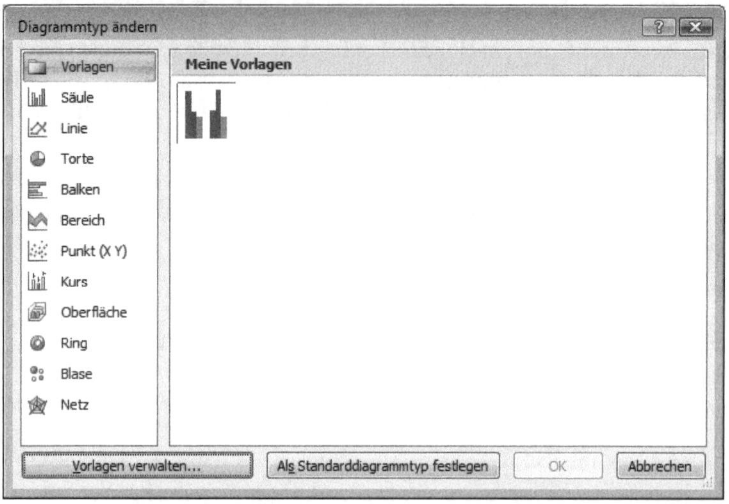


Um die Vorlage auf ein Diagramm anzuwenden, wählen Sie den Ordner *Vorlagen* aus, der sich in der Kategorienleiste befindet.

**Listing 18.31** Ein benutzerdefiniertes Diagramm erstellen

```
Sub CreateUserDefChart()
   Application.AddChartAutoFormat _
      Chart:=ActiveSheet.ChartObjects(1).Chart, _
      Name:="Firmen Säulendiagramm", _
      Description:="Vorformatiertes Säulendiagramm"

   MsgBox "Das benutzerdefinierte Diagramm wurde erstellt."
End Sub
```

**BEISPIEL** Das obige Beispiel befindet sich innerhalb der Beispieldateien zum Buch im Ordner *\Buch\Kap18*. Die Mappe nennt sich *Bsp18_13.xlsm*. Das Modul heißt *mdl_01_CreateUserDefChart*.

# Negative Datenpunkte hervorheben

Falls in Ihrem Diagramm negative Zahlen vorkommen sollten, und Sie diese in einer anderen Farbe hervorheben möchten, klicken Sie mit der rechten Maustaste auf die Datenreihe und wählen im Kontextmenü den Befehl *Datenreihen formatieren* aus. Aktivieren Sie im zugehörigen Dialogfeld zunächst die Kategorie *Füllung* und darin das Kontrollkästchen *Invertieren, falls negativ.* Die negativen Datenpunkte erscheinen in weißer Farbe.

**Abbildg. 18.17** Negative Datenpunkte weiß formatieren

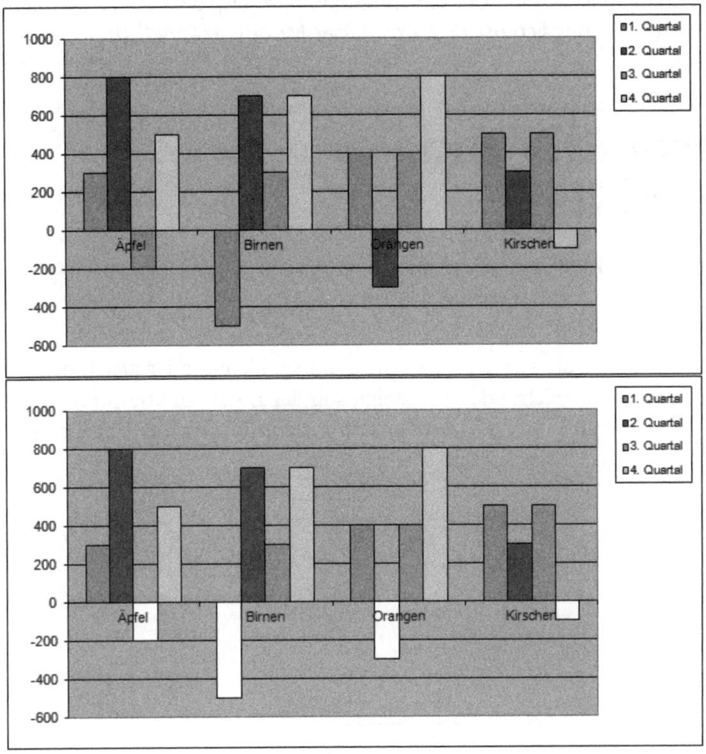


Mittels einer VBA-Prozedur lässt sich dies recht einfach automatisieren. Das Beispiel ist so aufgebaut, dass die Farben der Datenreihen erhalten bleiben, sofern sie im positiven Bereich liegen, also größer als 0 sind. Sobald ein Datenpunkt einen negativen Wert aufweist, wird er weiß dargestellt. Der Code muss nur einmal ausgeführt werden. Wenn nach dem Ausführen des Codes Zahlen am Diagramm verändert werden, sodass sie in den negativen Bereich fallen, werden sie automatisch weiß eingefärbt.

**Listing 18.32** Negative Datenpunkte weiß formatieren

```
Sub InvertNegativeDatapoints()
   Dim chtSC As SeriesCollection
   Dim i As Integer

   Set chtSC = Worksheets(1).ChartObjects(1).Chart.SeriesCollection

      For i = 1 To chtSC.Count
         With chtSC(i)
            ' Invertieren aktivieren
            .InvertIfNegative = True
         End With
      Next i

   Set chtSC = Nothing
End Sub
```

**BEISPIEL** Das obige Beispiel befindet sich innerhalb der Beispieldateien zum Buch im Ordner *\Buch\Kap18*. Die Mappe nennt sich *Bsp18_14.xlsm*. Das Modul heißt *mdl_01_Invert*.

# Bedingte Formatierung von Diagrammpunkten

Anders als im vorherigen Beispiel muss vorgegangen werden, wenn die Datenpunkte in Abhängigkeit ihres Wertes farbig formatiert werden sollen. Manuell gibt es dazu keine Lösung und auch keinen effizienten Trick.

Die Datenpunkte sollen eine rote Farbe aufweisen, wenn sie kleiner oder gleich dem Wert 0 sind. Wenn der Wert die Zahl 500 erreicht oder übersteigt, soll der Datenpunkt grün formatiert werden. Bei einem Wert größer als 0 und kleiner als 500 soll der Datenpunkt eine gelbe Farbe aufweisen.

**Abbildg. 18.18** Bedingte Formatierung je nach Wert

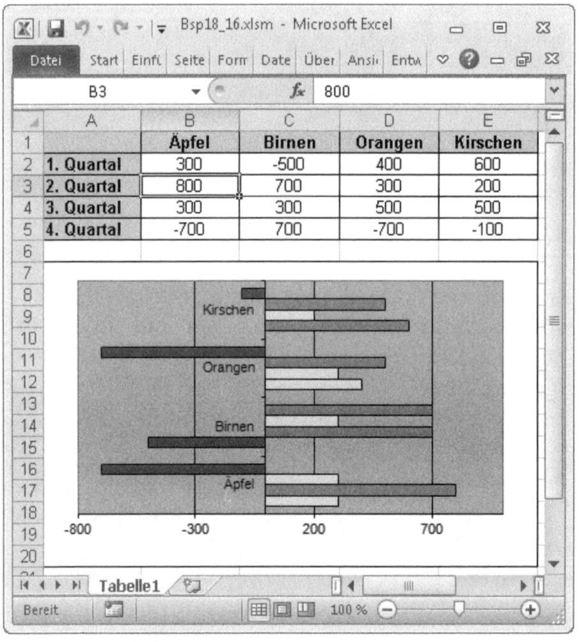


Damit die Farbe der Datenpunkte laufend angepasst wird, wenn sich ein Wert in der zugrunde liegenden Tabelle verändert, muss mit dem `Worksheet_Change`-Ereignis gearbeitet werden. Dieses wird an das entsprechende Tabellenblatt gebunden.

Zu Beginn der Ereignisprozedur wird in der `If`-Entscheidung festgelegt, dass der Code nur ausgeführt werden soll, wenn eine Veränderung im Bereich *B2:E5* stattfindet. Dies ist erforderlich, da der Code sonst nach jeder Veränderung einer beliebigen Zelle ausgeführt würde.

Danach wird die Applikation um eine Sekunde angehalten. Meine bisher durchgeführten Tests haben ergeben, dass dies – je nach Geschwindigkeit des Rechners – erforderlich ist, besonders wenn mit Minuswerten gearbeitet wird. Ohne diese kurze Unterbrechung könnte die gesamte Applikation blockiert werden, was zu einem Absturz führen würde. Je nach Leistung Ihres Rechners müssen Sie die Zahl unter Umständen sogar erhöhen.

In der ersten For-Schleife werden alle Datenreihen durchlaufen. In der inneren Schleife werden pro Datenreihe sämtliche Datenpunkte auf deren Werte überprüft. In der If-Entscheidung werden die Werte der Datenpunkte überprüft. Je nach Größe des Wertes wird die gewünschte Farbe zugewiesen.

**Listing 18.33** Datenpunkte je nach Wert andersfarbig formatieren

```
Private Sub Worksheet_Change(ByVal Target As Range)
   ' Anwendungsbereich einschränken
   If Application.Intersect(Target, Range("B2:E5")) Is Nothing Then
      Exit Sub
   End If

   ' Applikation eine Sekunde rechnen lassen
   Application.Wait Now + TimeValue("00:00:01")

   Dim chtSC As SeriesCollection    ' Datenreihe
   Dim chtPT As Point               ' Datenpunkt
   Dim intSC As Integer             ' Zähler für die Datenreihen
   Dim intPT As Integer             ' Zähler für die Datenpunkte
   Dim varValues As Variant         ' Zwischenspeicher für Datenwerte

   ' Datenreihe referenzieren
   Set chtSC = ActiveSheet.ChartObjects(1).Chart.SeriesCollection

      ' Datenreihen durchlaufen
      For intSC = 1 To chtSC.Count

         ' Datenpunkte innerhalb von Datenreihen durchlaufen
         For intPT = 1 To chtSC(intSC).Points.Count

            ' Datenpunkte referenzieren
            Set chtPT = chtSC(intSC).Points(intPT)
            varValues = chtSC(intSC).Values

               ' Bedingte Formatierung
               If varValues(intPT) <= 0 Then
                  chtPT.Interior.ColorIndex = 3   ' Rot
               ElseIf varValues(intPT) >= 500 Then
                  chtPT.Interior.ColorIndex = 4   ' Grün
               Else
                  chtPT.Interior.ColorIndex = 6   ' Gelb
               End If

            ' Objekt freigeben
            Set chtPT = Nothing
         Next intPT
      Next intSC

   ' Objekt freigeben
   Set chtSC = Nothing
End Sub
```

**BEISPIEL** Das obige Beispiel befindet sich innerhalb der Beispieldateien zum Buch im Ordner *\Buch\Kap18*. Die Mappe nennt sich *Bsp18_15.xlsm*. Die Ereignisprozedur befindet sich in Modul *Tabelle1 (Tabelle1)*.

# Diagramm mit Schwebebalken

So genannte Schwebebalken können erzeugt werden, indem Datenpunkte eines Diagramms ausgeblendet werden. Ein solches Diagramm kann beispielsweise verwendet werden, um Präsenzzeiten von Mitarbeitern grafisch darzustellen.

In unserer Beispieldatei besteht eine Tabelle aus insgesamt fünf Zeilen. Um das gewünschte Diagramm zu erstellen, werden die Bereiche *A1:F2* und *A5:F5* markiert. Danach wird ein gestapeltes Balkendiagramm erzeugt.

**Abbildg. 18.19** Schwebebalken

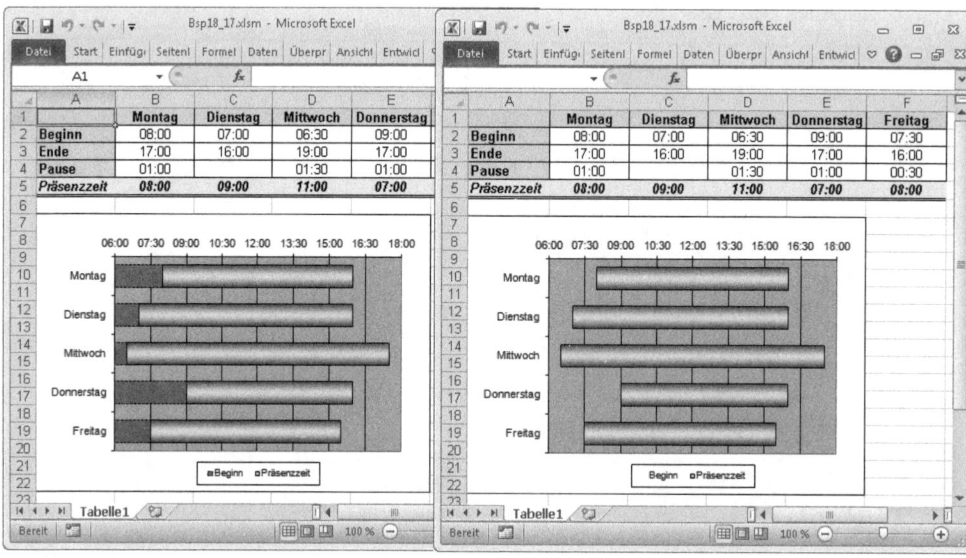

Um die Reihenfolge so umzukehren, dass der Montag oben und der Freitag unten angezeigt wird, klicken Sie mit der rechten Maustaste auf die Rubrikenachse (vertikal) und wählen im Kontextmenü den Befehl *Achse formatieren* aus. Aktivieren Sie im zugehörigen Dialogfeld zunächst die Kategorie *Achsenoptionen* und darin das Kontrollkästchen *Kategorien in umgekehrter Reihenfolge.*

In der Zeitachse (Größenachse – vertikal) soll ein Startwert von 06:00 und ein Endwert von 18:00 angezeigt werden. Um dies umzusetzen, klicken Sie mit der rechten Maustaste auf die Größenachse und wählen im Kontextmenü den Eintrag *Achse formatieren* aus. Aktivieren Sie die Kategorie *Achsenoptionen.* Geben Sie bei *Minimum* den festen Wert 0,25, bei *Maximum* den Wert 0,75 und bei *Hauptintervall* den Wert 0,0625 ein.

Damit die zweite Datenreihe als Schwebebalken angezeigt wird, muss die erste Datenreihe ausgeblendet werden. Um die erste Datenreihe per Tastendruck ein- oder ausblenden zu können, fügen wir im Tabellenblatt eine ActiveX-Umschaltfläche ein. Dieser hinterlegen wir das folgende `Click`-Ereignis, wobei die Formatierung der ersten Datenreihe, je nach Zustand der Umschaltfläche verändert wird.

**Listing 18.34** Schwebebalken ein- oder ausblenden

```
Private Sub tbl_OnOff_Click()
   Dim chtSC As SeriesCollection

   Set chtSC = Worksheets(1).ChartObjects(1).Chart.SeriesCollection

      With chtSC(1)
         If tbl_OnOff.Value = True Then
            ' Schwebebalken ausblenden
            .Interior.ColorIndex = xlNone
            .Border.Weight = xlThin
            .Border.LineStyle = xlNone
            tbl_OnOff.Caption = "Schwebebalken einblenden"
         Else
            ' Schwebebalken einblenden
            .Interior.ColorIndex = 16
            .Border.Weight = 1
           tbl_OnOff.Caption = "Schwebebalken ausblenden"
         End If
      End With

   Set chtSC = Nothing
End Sub
```

**BEISPIEL** Das obige Beispiel befindet sich innerhalb der Beispieldateien zum Buch im Ordner *\Buch\Kap18*. Die Mappe nennt sich *Bsp18_16.xlsm*. Die Ereignisprozedur befindet sich in *Tabelle1 (Tabelle1)*.

# Kombinationsdiagramme erstellen

Kombinationsdiagramme werden auch als Verbunddiagramme bezeichnet. Behalten wir den ersten Begriff bei, da dieser auch in der Excel-Hilfe zu finden ist. Die Besonderheit von Kombinationsdiagrammen besteht darin, dass innerhalb eines Diagramms zwei Diagrammtypen kombiniert werden.

**HINWEIS** Nicht alle Diagrammtypen können als Kombinationsdiagramm verwendet werden. Es eignen sich ausschließlich 2D-Diagramme der folgenden Typen: Säulen, Balken, Linie, Kreis, Punkt, Fläche, Ring und Netz.

Kombinationsdiagramme werden vorwiegend verwendet, wenn ein Diagramm mit zwei Datenreihen vorliegt. Dabei könnte die eine Datenreihe vom Typ Säule sein und die andere vom Typ Linie. Damit lassen sich beispielsweise Soll- und Ist-Werte effizient vergleichen (siehe Abbildung 18.20).

Sehen wir uns vorab an, wie ein Kombinationsdiagramm manuell erstellt wird. Zuerst wird das Basisdiagramm erzeugt. Um der zweiten Datenreihe einen anderen Typ zuzuordnen, klicken Sie mit der rechten Maustaste auf die Datenreihe und wählen aus dem Kontextmenü den Befehl *Datenreihen-Diagrammtyp ändern*. Wählen Sie den gewünschten Typ aus.

Wenn Sie für die zweite Datenreihe eine so genannte Sekundärachse einblenden möchten, wählen Sie aus dem Kontextmenü der Achse den Befehl *Datenreihen formatieren*. Aktivieren Sie in der Kategorie *Reihenoptionen* das Optionsfeld *Sekundärachse*.

**Abbildg. 18.20** Kombinationsdiagramm

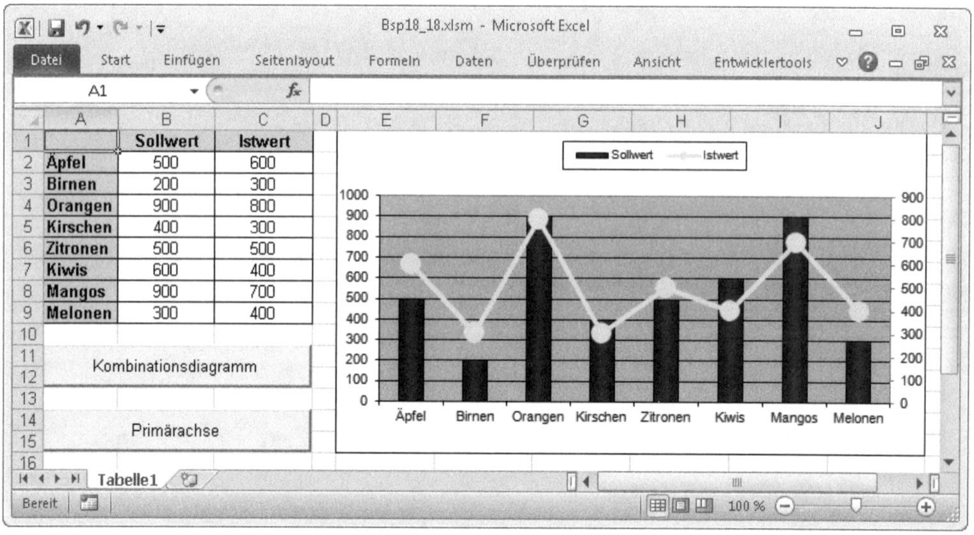


In unserer Beispieldatei gibt es zwei Umschaltflächen. Über die erste Umschaltfläche kann zwischen dem Normaldiagramm, also zweimal Säule, und dem Kombinationsdiagramm, entsprechend Säule/Linie, gewechselt werden. Über die zweite Schaltfläche lässt sich wahlweise zwischen Primär- und Sekundärachse wechseln.

Jeder der beiden Umschaltflächen muss eine `Click`-Ereignisprozedur hinterlegt werden. In der `If`-Entscheidung wird jeweils der aktuelle Zustand der Umschaltfläche (`True` oder `False`) abgefragt und entsprechend darauf reagiert.

**Listing 18.35** Zwischen Normal- und Kombinationsdiagramm umschalten

```
Private Sub tgl_Combination_Click()
  Dim chtSC As SeriesCollection

  Set chtSC = ActiveSheet.ChartObjects(1).Chart.SeriesCollection

    With chtSC(2)
      If tgl_Combination = True Then
        ' Diagrammtyp: Säulen
        .ChartType = xlColumnClustered

        ' Formatierung: Roter Farbverlauf
        With .Fill
          .ForeColor.SchemeColor = 3
          .OneColorGradient _
```

**Listing 18.35** Zwischen Normal- und Kombinationsdiagramm umschalten *(Fortsetzung)*

```
                Style:=msoGradientVertical, _
                Variant:=4, _
                Degree:=0.231372549019608
            End With

            ' Schaltflächenbeschriftung ändern
            tgl_Combination.Caption = "Normaldiagramm"
        Else
            ' Diagrammtyp: Linie
            .ChartType = xlLineMarkers

            ' Linieneffekt: Dicke Linie und rote Farbe
            With .Border
                .Weight = xlThick
                .ColorIndex = 3
            End With

            ' Schaltflächenbeschriftung ändern
            tgl_Combination.Caption = "Kombinationsdiagramm"
        End If
    End With

    Set chtSC = Nothing
End Sub
```

**Listing 18.36** Zwischen Primär- und Sekundärachse umschalten

```
Private Sub tgl_Primary_Click()
    Dim chtSC As SeriesCollection

    Set chtSC = ActiveSheet.ChartObjects(1).Chart.SeriesCollection

        With chtSC(2)
            If tgl_Primary = True Then
                ' Primärachse
                .AxisGroup = 1
                tgl_Primary.Caption = "Sekundärachse"
            Else
                ' Sekundärachse
                .AxisGroup = 2
                tgl_Primary.Caption = "Primärachse"
            End If
        End With

    Set chtSC = Nothing
End Sub
```

**BEISPIEL** Das obige Beispiel befindet sich innerhalb der Beispieldateien zum Buch im Ordner *\Buch\Kap18*. Die Mappe nennt sich *Bsp18_17.xlsm*. Die Ereignisprozedur befindet sich in *Tabelle1 (Tabelle1)*.

# Halbtransparente Datenpunkte

Wenn Sie den Hintergrund Ihres Diagramms durch Ihre Datenreihen hindurchschimmern lassen möchten, klicken Sie mit der rechten Maustaste auf eine der Datenreihen. Wählen Sie aus dem Kontextmenü den Eintrag *Datenreihen formatieren*. Aktivieren Sie die Kategorie *Füllung*, geben Sie bei *Transparenz* die gewünschte Prozentzahl ein oder betätigen Sie den Schieber.

**Abbildg. 18.21** Transparenz für Datenreihen einstellen

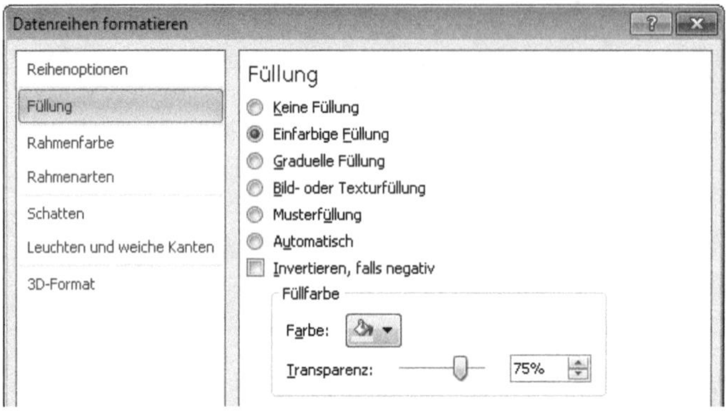


Das Ergebnis sieht wie folgt aus:

**Abbildg. 18.22** Halbtransparente Datenreihen

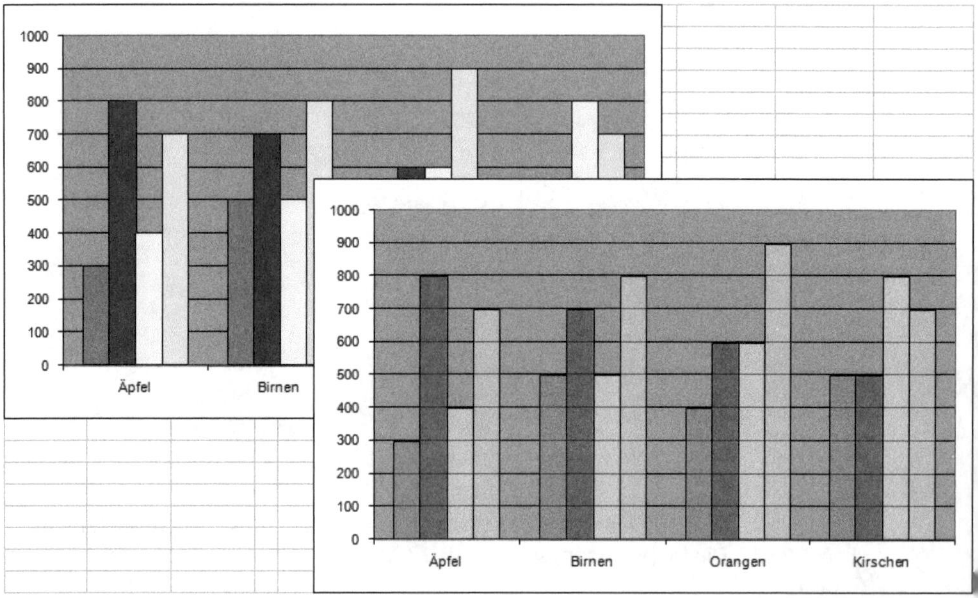


Im Beispiel werden die Datenpunkte einzeln durchlaufen und mit jedem Durchlauf die Füllfarbe mit einer Transparenz angesetzt.

**Listing 18.37** Transparente Diagrammreihen

```
Sub TransparentSeriesCollection()
   Dim chtS As Series
   For Each chtS In ActiveSheet.ChartObjects(1).Chart.SeriesCollection
      chtS.Format.Fill.Transparency = 0.9
   Next chtS
End Sub
```

**BEISPIEL** Das obige Beispiel befindet sich innerhalb der Beispieldateien zum Buch im Ordner *\Buch\Kap18*. Die Mappe nennt sich *Bsp18_18.xlsm*. Die Prozedur befindet sich im Modul *mdl_01_Transparent*.

# Diagrammereignisse

In Excel stehen für Diagramme eigens vorgesehene Ereignisprozeduren zur Verfügung. Es gibt zwei unterschiedliche Typen von Diagrammereignissen. Die einen beziehen sich auf Diagrammblätter, die anderen auf eingebettete Diagramme.

## Ereignisse für Diagrammblätter

Ereignisprozeduren für Diagrammblätter sind mit Ereignisprozeduren in Tabellenblättern vergleichbar.

Sie können beispielsweise eine Meldung anzeigen, sobald das Diagrammblatt aktiviert wird. Dabei handelt es sich um das `Activate`-Ereignis. Verwandt damit ist das `Deactivate`-Ereignis. Es wird ausgelöst, sobald das Diagrammblatt verlassen wird.

Des Weiteren ist das `Select`-Ereignis verfügbar. Ihm können, falls verfügbar, drei Argumente übergeben werden. Die möglichen Konstanten entnehmen Sie bitte der Tabelle 18.9.

**Tabelle 18.9** Argumente für das *Select*-Ereignis

| ElementID | Arg1 | Arg2 |
|---|---|---|
| xlAxis | AxisIndex | AxisType |
| xlAxisTitle | AxisIndex | AxisType |
| xlDisplayUnitLabel | AxisIndex | AxisType |
| xlMajorGridlines | AxisIndex | AxisType |
| xlMinorGridlines | AxisIndex | AxisType |
| xlPivotChartDropZone | DropZoneType | – |
| xlPivotChartFieldButton | DropZoneType | PivotFieldIndex |
| xlDownBars | GroupIndex | – |
| xlDropLines | GroupIndex | – |
| xlHiLoLines | GroupIndex | – |

Tabelle 18.9 Argumente für das *Select*-Ereignis *(Fortsetzung)*

| ElementID | Arg1 | Arg2 |
|---|---|---|
| xlRadarAxisLabels | GroupIndex | – |
| xlSeriesLines | GroupIndex | – |
| xlUpBars | GroupIndex | – |
| xlChartArea | – | – |
| xlChartTitle | – | – |
| xlCorners | – | – |
| xlDataTable | – | – |
| xlFloor | – | – |
| xlLegend | – | – |
| xlNothing | – | – |
| xlPlotArea | – | – |
| xlWalls | – | – |
| xlDataLabel | SeriesIndex | PointIndex |
| xlErrorBars | SeriesIndex | – |
| xlLegendEntry | SeriesIndex | – |
| xlLegendKey | SeriesIndex | – |
| xlSeries | SeriesIndex | PointIndex |
| xlTrendline | SeriesIndex | TrendLineIndex |
| xlXErrorBars | SeriesIndex | – |
| xlYErrorBars | SeriesIndex | – |
| xlShape | ShapeIndex | – |

Bei der nachfolgenden Ereignisprozedur handelt es sich um ein `Select`-Ereignis. Je nachdem, welches Element des Diagramms angeklickt wird, wird eine entsprechende Meldung ausgegeben. Die Meldung beinhaltet den in der `Case`-Entscheidung zugewiesenen Namen sowie den Index der Argumente.

Listing 18.38 Diagramm-*Select*-Ereignis

```
Private Sub Chart_Select(ByVal ElementID As Long, _
                         ByVal Arg1 As Long, _
                         ByVal Arg2 As Long)
   Dim strMsg As String

   Select Case ElementID
      Case xlChartArea
         strMsg = "Diagrammfläche"
      Case xlPlotArea
         strMsg = "Zeichnungsfläche"
```

**Listing 18.38** Diagramm-*Select*-Ereignis *(Fortsetzung)*

```
        Case xlSeries
            strMsg = "Datenreihe"
        Case xlFloor
            strMsg = "Bodenfläche (3D-Diagramm)"
        Case xlWalls
            strMsg = "Wandfläche (3D-Diagramm)"
        Case xlChartTitle
            strMsg = "Diagrammtitel"
        Case xlLegend
            strMsg = "Legende"
        Case xlAxis
            strMsg = "Achse"
        Case Else
            strMsg = "Keine Zuordnung"
    End Select

    MsgBox strMsg & Chr(10) & _
           "   ElementID: " & ElementID & Chr(10) & _
           "   Arg1: " & Arg1 & Chr(10) & _
           "   Arg2: " & Arg2
End Sub
```

**BEISPIEL** Das obige Beispiel befindet sich innerhalb der Beispieldateien zum Buch im Ordner *\Buch\Kap18*. Die Mappe nennt sich *Bsp18_19.xlsm*. Die Prozedur befindet sich im Modul *Diagramm1 (Diagramm1)*.

# Ereignisse für eingebettete Diagramme

Wenn Sie Ereignisprozeduren für eingebettete Diagramme nutzen möchten, müssen Sie zuerst ein Klassenmodul erstellen, in dem ein Objekt des Typs `Chart` deklariert wird.

**HINWEIS** Mehr zum Thema Klassenprogrammierung erfahren Sie in Kapitel 25.

Fügen Sie in Ihr VBA-Projekt ein Klassenmodul ein, benennen Sie es beispielsweise mit `cls_MyChart`. Hinterlegen Sie die folgende Codezeile, wobei das Schlüsselwort `WithEvents` zwingend erforderlich ist:

**Listing 18.39** Klassenmodul

```
Public WithEvents myChartClass As Chart
```

Nachdem das neue Objekt deklariert wurde, muss es zuerst mit dem eingebetteten Diagramm verbunden werden. Fügen Sie ein gewöhnliches Modul in Ihr Projekt ein und führen Sie den folgenden Code aus:

**Listing 18.40** Normales Modul

```
Dim cls_MyChart As New cls_MyChart

Sub InitializeChart()
```

**Listing 18.40** Normales Modul *(Fortsetzung)*

```
   Set cls_MyChart.myChartClass = _
      Worksheets(1).ChartObjects(1).Chart

   MsgBox "Das Ereignis ist nun verfügbar."
End Sub
```

Sobald die Prozedur `InitializeChart` ausgeführt wurde, und der Link zwischen dem neuen Objekt und dem Diagramm hergestellt wurde, können die Ereignisse für das eingebettete Diagramm innerhalb des Klassenmoduls verwendet werden.

**Listing 18.41** Ereignis im Klassenmodul

```
Private Sub myChartClass_Activate()
   MsgBox "Das Diagramm """ & myChartClass.Parent.Name & _
         """ wurde aktiviert."
End Sub
```

**BEISPIEL** Das obige Beispiel befindet sich innerhalb der Beispieldateien zum Buch im Ordner *\Buch\Kap18*. Die Mappe nennt sich *Bsp18_20.xlsm*. Die Klasse befindet sich im Klassenmodul *cls_MyChart*. Die Prozedur finden Sie im normalen Modul *mdl_MyChart*.

# Ein Diagramm exportieren (Grafikformat)

Oftmals wäre es nützlich, wenn ein Diagramm in einem Grafikformat wie zum Beispiel *.gif* oder *.jpg* abgespeichert werden könnte. Per VBA haben Sie die Möglichkeit, ein Diagramm entsprechend zu exportieren.

**Abbildg. 18.23** Eingebettetes Diagramm oder Diagrammblatt exportieren

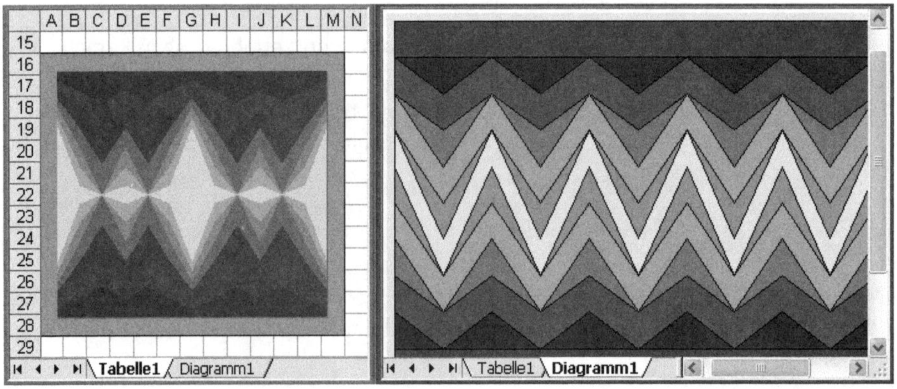


Um ein eingebettetes Diagramm in ein Grafikformat zu exportieren, sprechen Sie zuerst über `Worksheets("Tabelle1")` das Tabellenblatt an und dann über `ChartObjects(1).Chart` das Diagrammobjekt. Danach folgen die `Export`-Methode und schließlich der Name, unter dem die Grafik abgespeichert werden soll.

**HINWEIS** Bevor Sie den Code ausführen stellen Sie sicher, dass der Pfad *C:\Test* existiert. Ansonsten entsteht ein Laufzeitfehler.

**Listing 18.42** Eingebettetes Diagramm exportieren

```
Sub ExportEmbeddedChart()
   Dim strFile As String
   strFile = "C:\test\ChartArt1.gif"

   Worksheets("Tabelle1").ChartObjects(1).Chart.Export (strFile)

   MsgBox "Das eingebettete Diagramm wurde abgespeichert unter: " & _
          strFile
End Sub
```

Wenn sich das Diagramm auf einem Diagrammblatt befindet, muss nur das Diagrammblatt selbst angesprochen werden (`Sheets("Diagramm1")`). Achten Sie darauf, dass das Objekt für ein Diagrammblatt `Sheets` und nicht `Worksheets` lautet. Die Methode heißt wiederum `Export`. Ihr folgt der gewünschte Pfad- und Dateiname.

**Listing 18.43** Diagrammblatt exportieren

```
Sub ExportChartSheet()
   Dim strFile As String
   strFile = "C:\test\ChartArt2.gif"

   Sheets("Diagramm1").Export strFile

   MsgBox "Das Diagrammblatt wurde abgespeichert unter: " & _
          strFile
End Sub
```

**BEISPIEL** Die beiden obigen Beispiele befinden sich innerhalb der Beispieldateien zum Buch im Ordner *\Buch\Kap18*. Die Mappe nennt sich *Bsp18_21.xlsm*. Die Prozeduren befinden sich in Modul *mdl_01_ChartExport*.

# Dynamische Diagramme

In diesem Kapitel haben wir bis hierhin Diagramme erstellt, deren Datenbereich bekannt war. Es wurde beispielsweise ein Diagramm aus dem Datenbereich *A1:C5* erstellt. Oftmals besteht die Schwierigkeit jedoch darin, eine gewisse Dynamik zu erreichen. Das heißt, dass der Bereich, aus dem das Diagramm erstellt werden soll, nicht von Anfang an festgelegt werden kann. Nachfolgend finden Sie einige Beispiele, die Ihnen das Arbeiten mit dynamischen Datenbereichen in Bezug auf Diagramme erleichtern werden.

# Ein dynamisches Diagramm erstellen (*UsedRange*)

Wenn sich auf Ihrem Tabellenblatt lediglich Daten befinden, die in Ihr Diagramm aufgenommen werden sollen, können Sie wahlweise die Eigenschaft `UsedRange` oder `CurrentRegion` verwenden.

Das nachfolgende Beispiel zeigt, wie der benutzte Bereich des Tabellenblattes (`UsedRange`) als Datengrundlage verwendet werden kann. Sie müssen dabei nur das Tabellenblatt angeben und diesem die Eigenschaft `UsedRange` übergeben.

**Listing 18.44** Ein dynamisches Diagramm erstellen mittels *UsedRange*

```
Sub MyDynChartUR()
   ' Vorhandene Diagramme löschen
   ActiveSheet.ChartObjects.Delete

   ' Dynamisches Diagramm erstellen
   With Charts.Add
      .ChartType = xlColumnClustered
      .SetSourceData Source:=Worksheets(1).UsedRange
      .Location Where:=xlLocationAsObject, Name:="Tabelle1"
   End With
End Sub
```

**BEISPIEL** Das obige Beispiel befindet sich innerhalb der Beispieldateien zum Buch im Ordner *\Buch\Kap18*. Die Mappe nennt sich *Bsp18_22.xlsm*. Die Prozedur befindet sich in Modul *mdl_01_UsedRange*.

# Ein dynamisches Diagramm erstellen (*CurrentRegion*)

Die Eigenschaft `CurrentRegion` spricht den umliegenden Bereich einer bestimmten Zelle an. Dies wird vor allem dann verwendet, wenn der Datenbereich, aus dem das Diagramm erstellt werden soll, durch weitere Daten umgeben wird. Zwischen den sonstigen Daten und den Diagrammdaten muss allerdings immer mindestens ein Abstand von einer Zelle bestehen. `CurrentRegion` betrachtet jede befüllte Nebenzelle als Teil des zu verwertenden Bereichs.

**Abbildg. 18.24** Die *CurrentRegion* befindet sich im Bereich *C3:E6*

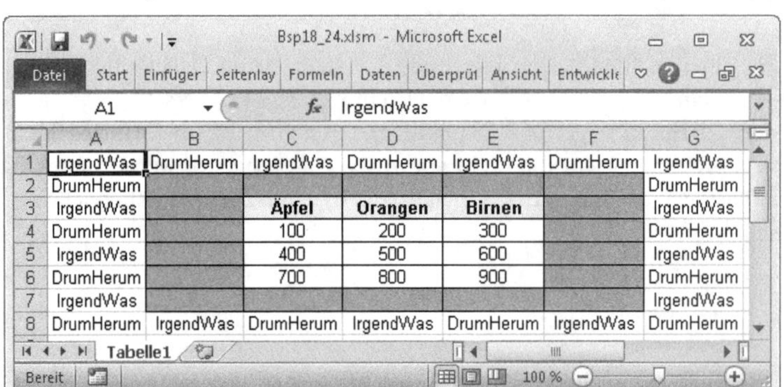

Gemäß Abbildung 18.24 kann eine beliebige Zelle innerhalb des Bereiches *C3:E6* als Grundlage für `CurrentRegion` dienen.

**Listing 18.45** Ein dynamisches Diagramm erstellen mittels *CurrentRegion*

```
Sub MyDynChartCR()
   ' Vorhandene Diagramme löschen
   ActiveSheet.ChartObjects.Delete

   ' Dynamisches Diagramm erstellen
   With Charts.Add
      .ChartType = xlColumnClustered
      .SetSourceData Source:=Worksheets(1).Range("C3").CurrentRegion
      .Location Where:=xlLocationAsObject, Name:="Tabelle1"
   End With
End Sub
```

**BEISPIEL** Das obige Beispiel befindet sich innerhalb der Beispieldateien zum Buch im Ordner *\Buch\Kap18*. Die Mappe nennt sich *Bsp18_23.xlsm*. Die Prozedur befindet sich in Modul *mdl_01_CurrentRegion*.

# Dynamisch in Bezug auf Zeilen

In den meisten Fällen von dynamischen Diagrammen steht die Startzelle fest. Oftmals ist auch die letzte Spalte bekannt, aber die Anzahl an Zeilen kann variieren. Der gesuchte Bereich sieht somit z.B. wie folgt aus: `("A1:C" & n)`. Die Variable »n« stellt den zu ermittelnden Zeilenindex dar.

Der Variablen *n* übergeben Sie somit, gemäß dem folgenden Beispiel, die letzte benutzte Zeile des Tabellenblattes. Bei der Erstellung des Diagramms wird die Variable als zweiter Zeilenindex angegeben. Beachten Sie die Verwendung der Anführungszeichen innerhalb des runden Klammerpaars von `Range`:

```
.SetSourceData Source:=Worksheets(1).Range("A1:C" & n)
```

Der Code sieht letztendlich wie folgt aus:

**Listing 18.46** Dynamisches Diagramm in Bezug auf Zeilen

```
Sub DynChartRows()
   Dim n As Long

   ' Vorhandene Diagramme löschen
   ActiveSheet.ChartObjects.Delete

   ' Die letzte benutzte Zeile ermitteln
   n = Worksheets(1).Cells(1048576, 1).End(xlUp).Row

   ' Dynamisches Diagramm erstellen
   With Charts.Add
      .ChartType = xlColumnClustered
```

**Listing 18.46** Dynamisches Diagramm in Bezug auf Zeilen *(Fortsetzung)*

```
        .SetSourceData Source:=Worksheets(1).Range("A1:C" & n)
        .Location Where:=xlLocationAsObject, Name:="Tabelle1"
    End With
End Sub
```

**BEISPIEL** Das obige Beispiel befindet sich innerhalb der Beispieldateien zum Buch im Ordner *\Buch\Kap18*. Die Mappe nennt sich *Bsp18_24.xlsm*. Die Prozedur befindet sich in Modul *mdl_01_DynChartRows*.

# Dynamisch in Bezug auf Zeilen und Spalten

Wenn nicht nur die Anzahl der Zeilen, sondern auch die Anzahl der Spalten unbekannt ist, muss der vorangegangene Code erweitert werden.

**ACHTUNG** Die Methode `SetSourceData` verlangt bei der Übergabe von Bereichen an die Eigenschaft `Range` oder `Cells` immer auch die Angabe des Tabellenblattes, auf dem sich der Datenbereich befindet. Um den Code möglichst übersichtlich zu gestalten, können Sie das Tabellenblatt referenzieren.

Die Mappe in der Beispieldatei ist so aufgebaut, dass Sie weitere Zeilen und Spalten befüllen können. Per Klick auf die Schaltfläche wird das Diagramm jeweils neu erstellt.

**Abbildg. 18.25** Der Datenbereich kann beliebig um zusätzliche Zeilen oder Spalten erweitert werden.

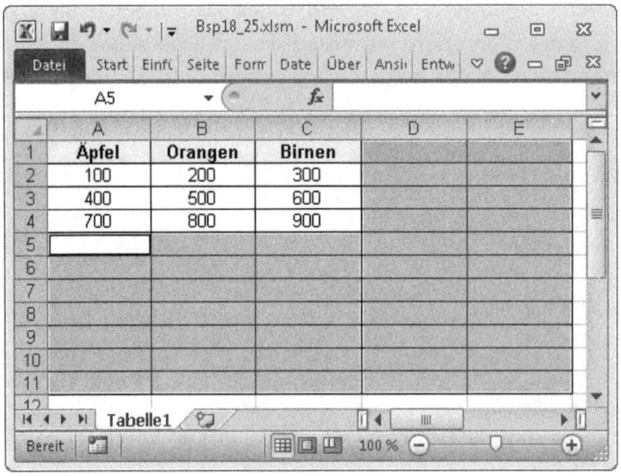

Im folgenden Code speichern wir den Index der letzten benutzten Zeile und Spalte in je einer Variable (`intRow` und `intCol`) zwischen. Beim Erstellen des Diagramms verwenden wir diese beiden Indexe als Argumente für die `Cells`-Eigenschaft. Wir gehen davon aus, dass die Datenquelle ab Zelle *A1* beginnt.

**Listing 18.47** Ein Diagramm dynamisch ein Bezug auf Zeilen und Spalten erstellen

```
Sub DynChartRowsCols()
   Dim intCol As Integer
   Dim intRow As Long
   Dim ws As Worksheet

   Set ws = Worksheets("Tabelle1")

   ' Vorhandene Diagramme löschen
   ws.ChartObjects.Delete

   ' Die letzte benutzte Zeile
   intRow = Cells(1048576, 1).End(xlUp).Row

   ' Die letzte benutzte Spalte
   intCol = Cells(1, 16384).End(xlToLeft).Column

   ' Das Diagramm erstellen
   With Charts.Add
      .ChartType = xlColumnClustered

      ' Dynamischer Bereich
      .SetSourceData Source:=ws.Range(ws.Range("A1"), _
                      ws.Cells(intRow, intCol))
      .Location Where:=xlLocationAsObject, Name:="Tabelle1"
   End With

   Set ws = Nothing
End Sub
```

**BEISPIEL** Das obige Beispiel befindet sich innerhalb der Beispieldateien zum Buch im Ordner *\Buch\Kap18*. Die Mappe nennt sich *Bsp18_24.xlsm*. Die Prozedur befindet sich in Modul *mdl_02_DynChartRowsCols*.

# Unabhängige Spalten ansprechen

Sie haben die Möglichkeit, nur bestimmte Spalten eines Datenbereiches in einem Diagramm abzubilden. Gemäß Abbildung 18.26 sind das die Spalten *A*, *C* und *E*.

Abbildg. 18.26 Nur die Spalten A, C und E im Diagramm anzeigen

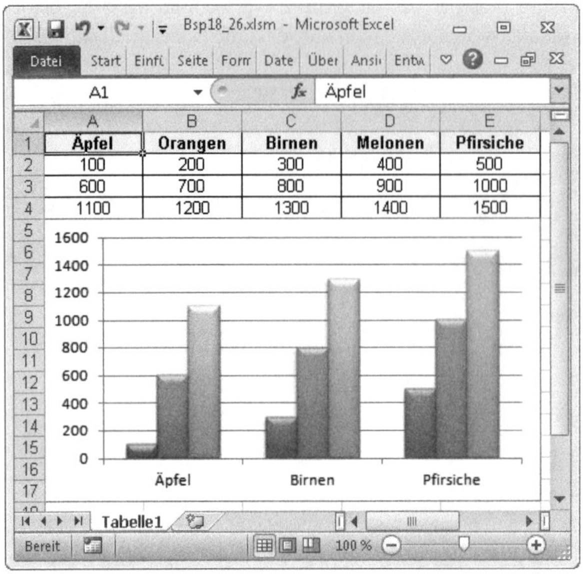


Wenn der Datenbereich nicht variabel ist, das heißt, die Anzahl der Zeilen bekannt ist, sieht der Code wie folgt aus:

Listing 18.48 ur einzelne Spalten im Diagramm abbilden

```
NSub ChartIndependentCols()
   ' Vorhandene Diagramme löschen
   Worksheets("Tabelle1").ChartObjects.Delete

   ' Das Diagramm erstellen
   With Charts.Add
      .ChartType = xlColumnClustered
      .SetSourceData Source:=Worksheets(1). _
                     Range("A1:A4,C1:C4,E1:E4"), _
                     PlotBy:=xlRows
      .Location Where:=xlLocationAsObject, Name:="Tabelle1"
   End With
End Sub
```

Beachten Sie den Range, den wir der Methode SetSourceData übergeben. Er lautet: Range("A1:A4,C1:C4,E1:E4"). Innerhalb von Anführungszeichen werden die Bereichsangaben eingetragen. Sie sind jeweils durch ein Komma voneinander getrennt.

Wenn die Anzahl an Zeilen variieren kann, müssen diese dynamisch gestaltet werden. Wir verwenden die Variable lngR, um ihr den Index der letzten benutzten Zeile zu übergeben. Der Eigenschaft Range übergeben wir jeweils die Variable lngR als letzte Zeile:

```
Range("A1:A" & lngR & ",C1:C" & lngR & ",E1:E" & lngR)
```

Wichtig ist, dass die Anführungs- und Verkettungszeichen (&) an der richtigen Stelle platziert werden, damit das Ganze funktioniert.

**Listing 18.49** Unabhängige Spalten mit dynamischem Zeilenindex

```
Sub ChartDynIndependentCols()
   Dim lngR As Long

   ' Vorhandene Diagramme löschen
   Worksheets("Tabelle1").ChartObjects.Delete

   ' Die letzte benutzte Zeile ermitteln
   lngR = Cells(1048576, 1).End(xlUp).Row

   ' Das Diagramm erstellen
   With Charts.Add
      .ChartType = xlColumnClustered
      .SetSourceData Source:=Worksheets(1). _
            Range("A1:A" & lngR & ",C1:C" & lngR & ",E1:E" & lngR), _
            PlotBy:=xlRows
      .Location Where:=xlLocationAsObject, Name:="Tabelle1"
   End With
End Sub
```

**BEISPIEL** Das obige Beispiel befindet sich innerhalb der Beispieldateien zum Buch im Ordner *\Buch\Kap18*. Die Mappe nennt sich *Bsp18_25.xlsm*. Die Prozedur befindet sich im Modul *mdl_01_ChartDynIndependentCols*.

Kapitel 19

# Grafische Objekte per VBA steuern

**In diesem Kapitel:**

In diesem Kapitel erfahren Sie hauptsächlich, wie Objekte wie Zeichenelemente, AutoFormen, WordArt, ClipArt und Grafiken per VBA angesprochen werden können.

# Objekte korrekt ansprechen

Bevor wir uns den Zeichen- und Grafikelementen im Einzelnen zuwenden, müssen Sie zunächst wissen, welche Objekttypen in Excel verfügbar sind.

## Welche Objekttypen gibt es?

Abgesehen von Grafiken (`Pictures`), auf die wir später zu sprechen kommen, gibt es eine Reihe an Objekten, die mittels `Shapes` angesprochen werden. Ein Shape ist jedoch nicht gleich ein Shape, denn es gibt 26 unterschiedliche Typen, wobei nicht alle in Excel zum Einsatz kommen. Der Tabelle 19.1 können Sie sämtliche Konstanten sowie den Index der einzelnen Typen entnehmen.

**Tabelle 19.1** Konstanten zu Objekt-Typen (*Shapes*)

| Konstante | Index | Beschreibung |
|---|---|---|
| `msoAutoShape` | 1 | AutoFormen |
| `msoCallout` | 2 | AutoForm-Legende |
| `msoCanvas` | 20 | Zeichnungsbereich in Word |
| `msoChart` | 3 | Diagramme |
| `msoComment` | 4 | Kommentare |
| `msoDiagram` | 21 | Schematische Darstellung |
| `msoEmbeddedOLEObject` | 7 | Eingebettete OLE-Objekte |
| `msoFormControl` | 8 | Formularsteuerelemente |
| `msoFreeform` | 5 | Freihandformen |
| `msoGroup` | 6 | Gruppen |
| `msoInk` | 22 | Farbe |
| `msoInkComment` | 23 | Farbe Kommentar |
| `msoLine` | 9 | Linien und Pfeile |
| `msoLinkedOLEObject` | 10 | Verlinkte OLE-Objekte |
| `msoLinkedPicture` | 11 | Verlinkte Bilder |
| `msoMedia` | 16 | Media-Daten |
| `msoOLEControlObject` | 12 | Steuerelemente (Steuerelement-Toolbox) |
| `msoPicture` | 13 | Grafiken |
| `msoPlaceholder` | 14 | Platzhalter |

**Tabelle 19.1** Konstanten zu Objekt-Typen (*Shapes*) *(Fortsetzung)*

| Konstante | Index | Beschreibung |
|---|---|---|
| msoScriptAnchor | 18 | Anker |
| msoShapeTypeMixed | –2 | Gemischte Typen |
| msoSlicer | 25 | Slicer |
| msoSmartArt | 24 | SmartArt |
| msoTable | 19 | Tabellen |
| msoTextBox | 17 | Textfelder |
| msoTextEffect | 15 | Texteffekte (WordArt) |

Es ist entscheidend, die unterschiedlichen Typen zu kennen. Wenn Sie beispielsweise nur Textfelder aus Ihrem Tabellenblatt entfernen möchten, muss der Typ angegeben werden.

# Objekttyp ermitteln

Solange Sie mit den Objekttypen noch nicht vertraut sind, wird es Ihnen schwer fallen, zu erkennen, um welchen Typ es sich handelt, und welche Konstante oder welcher Index in der VBA-Prozedur verwendet werden muss.

Es ist daher hilfreich, eine Prozedur zu schreiben, mit der die gewünschten Informationen ermittelt werden können.

Der erste Gedanke eines Programmierers ist wohl, die gewünschten Daten über eine einfache Codezeile wie z.B. `MsgBox Selection.ShapeRange.Type` zu ermitteln. Wenn Ihnen lediglich die Angabe des Indexes ausreicht, werden Sie damit zufrieden sein. Wenn Sie jedoch den Namen der Konstanten und eventuell noch eine deutsche Bezeichnung erhalten möchten, müssen Sie einen Code schreiben, der sämtliche 26 Typen einzeln überprüft.

Die folgende Prozedur ist so aufgebaut, dass zuerst das Element, dessen Typ ermittelt werden soll, selektiert werden muss. Danach wird der Code ausgeführt. Der Index, die Konstante und die deutsche Bezeichnung werden in einem Nachrichtenfenster `MsgBox` ausgegeben.

Wenn vor dem Ausführen des Codes ein Element selektiert wurde, wird in der `Select Case`-Entscheidung ermittelt, um welchen Typ es sich dabei handelt. Für den Fall einer ungültigen Selektion wird zur Fehlerbehandlung verzweigt.

**Listing 19.1** Objekttyp ermitteln

```
Sub GetShapeType()
   Dim strMsg As String

   ' Bei ungültiger Selektion die Prozedur abbrechen
   On Error GoTo Errorhandler

   ' Über den Index ermitteln, um welchen Typ
   ' Shape es sich handelt
   Select Case Selection.ShapeRange.Type
      Case -2
```

**Listing 19.1** Objekttyp ermitteln *(Fortsetzung)*

```
      strMsg = "-2 / msoShapeTypeMixed / Gemischte Typen"
   Case 1
      strMsg = "1 / msoAutoShape / AutoForm"
   Case 2
      strMsg = "2 / msoCallout / AutoForm-Legende"
   Case 3
      strMsg = "3 / msoChart / Diagramm"
   Case 4
      strMsg = "4 / msoComment / Kommentar"
   Case 5
      strMsg = "5 / msoFreeform / Freihandform"
   Case 6
      strMsg = "6 / msoGroup / Gruppe"
   Case 7
      strMsg = "7 / msoEmbeddedOLEObject / Eingeb. OLE-Objekt"
   Case 8
      strMsg = "8 / msoFormControl / Formular-Element"
   Case 9
      strMsg = "9 / msoLine / Linie oder Pfeil"
   Case 10
      strMsg = "10 / msoLinkedOLEObject / Verlinktes OLE-Objekt"
   Case 11
      strMsg = "11 / msoLinkedPicture / Verlinktes Bild"
   Case 12
      strMsg = "12 / msoOLEControlObject / Steuerelement"
   Case 13
      strMsg = "13 / msoPicture / Grafik"
   Case 14
      strMsg = "14 / msoPlaceholder / Platzhalter"
   Case 15
      strMsg = "15 / msoTextEffect / Texteffekt (WordArt)"
   Case 16
      strMsg = "16 / msoMedia / Media-Daten"
   Case 17
      strMsg = "17 / msoTextBox / Textfeld"
   Case 18
      strMsg = "18 / msoScriptAnchor / Anker"
   Case 19
      strMsg = "19 / msoTable / Tabelle"
   Case 20
      strMsg = "20 / msoCanvas / Zeichnungsbereich in Word"
   Case 21
      strMsg = "21 / msoDiagram / Schematische Darstellung"
   Case 22
      strMsg = "22 / msoInk / Farbe"
   Case 23
      strMsg = "23 / msoInkComment / Farbe Kommentar"
   Case 24
      strMsg = "24 / msoSmartArt  / SmartArt"
   Case 25
      strMsg = "25 / msoSlicer / Slicer"
   Case Else
      strMsg = "Unbekannter Typ"
End Select
```

Listing 19.1 Objekttyp ermitteln *(Fortsetzung)*

```
    ' Nachricht mit den gewünschten Informationen ausgeben
    MsgBox strMsg, vbInformation
    Exit Sub

Errorhandler:
    MsgBox "Es wurde kein gültiges Objekt selektiert.", vbCritical
End Sub
```

**BEISPIEL** Das obige Beispiel befindet sich innerhalb der Beispieldateien zum Buch im Ordner *\Buch\Kap19*. Die Mappe nennt sich *Bsp19_01.xlsm*. Das Modul heißt *mdl_01_GetShapeType*.

# Alle Objekte löschen

Wenn Sie sämtliche Objekte, egal um welchen Typ es sich handelt, aus Ihrem Tabellenblatt entfernen möchten, verwenden Sie eine `For Each`-Schleife, die alle `Shapes` löscht.

Bedenken Sie Folgendes: Falls Ihre Prozedur an eine Schaltfläche gebunden ist, wird auch diese gelöscht. Genau das wird eintreffen, wenn Sie den Code in der Beispielmappe ausführen.

Listing 19.2 Alle Objekte löschen

```
Sub DeleteAllShapes()
    Dim shp As Shape

    For Each shp In ActiveSheet.Shapes
        shp.Delete
    Next shp
End Sub
```

**BEISPIEL** Das obige Beispiel befindet sich innerhalb der Beispieldateien zum Buch im Ordner *\Buch\Kap19*. Die Mappe nennt sich *Bsp19_02.xlsm*. Das Modul heißt *mdl_01_DeleteAllShapes*.

# Objekte eines bestimmten Typs löschen

Wenn Sie aus Ihrem Tabellenblatt nur Objekte eines bestimmten Typs löschen möchten, benötigen Sie, zusätzlich zur Schleife, eine `If`-Entscheidung, in der die zu löschenden Typen abgefragt werden.

Die folgende Prozedur ist so aufgebaut, dass nur Objekte vom Typ AutoForm und Grafiken aus dem Tabellenblatt entfernt werden.

Listing 19.3 Objekte eines bestimmten Typs löschen

```
Sub DeleteShapeType()
    Dim shp As Shape

    For Each shp In ActiveSheet.Shapes
```

Listing 19.3 Objekte eines bestimmten Typs löschen *(Fortsetzung)*

```
      With shp
         If .Type = msoAutoShape Or .Type = msoPicture Then
            .Delete
         End If
      End With
   Next shp
End Sub
```

**BEISPIEL** Das obige Beispiel befindet sich innerhalb der Beispieldateien zum Buch im Ordner *\Buch\Kap19*. Die Mappe nennt sich *Bsp19_03.xlsm*. Das Modul heißt *mdl_01_DeleteShapeType*.

# Ein Objekt über einem Bereich einfügen

Wenn ein Objekt in ein Tabellenblatt eingefügt wird, muss es meist noch ausgerichtet werden. Bei gedrückter [Alt]-Taste kann ein Objekt exakt an einem Zellenrand angedockt werden.

Wenn Sie ein Objekt per VBA einfügen, können Sie dessen Größe einer Zelle oder einem Bereich anpassen. Dabei werden die Koordinaten des Bereiches an das Objekt übergeben.

**WICHTIG** Viele Benutzer gehen davon aus, dass sich ein eingefügtes Objekt *in* einer bestimmten Zelle befindet. Das jedoch ist falsch. Ein Objekt befindet sich immer *über* einer Zelle oder einem bestimmten Bereich. Es besteht somit keine Verbindung zu einer bestimmten Zelle.

In der nachfolgenden Prozedur wird eine Ellipse über dem Bereich *B5:D15* eingefügt.

Listing 19.4 Objekt über einem bestimmten Bereich einfügen

```
Sub FitObjectToRange()
   Dim shp As Shape
   Dim rng As Range

      With Worksheets(1)
         Set rng = .Range("B5:D15")
         Set shp = .Shapes.AddShape _
            (Type:=msoShapeOval, _
             Left:=rng.Left, _
             Top:=rng.Top, _
             Width:=rng.Width, _
             Height:=rng.Height)
      End With

   Set rng = Nothing
   Set shp = Nothing
End Sub
```

**BEISPIEL** Das obige Beispiel befindet sich innerhalb der Beispieldateien zum Buch im Ordner *\Buch\Kap19*. Die Mappe nennt sich *Bsp19_04.xlsm*. Das Modul heißt *mdl_01_FitObjectToRange*.

# Ein Objekt zentrieren

Etwas komplizierter wird es, wenn ein Objekt über einem bestimmten Bereich oder einer Zelle zentriert werden muss.

Um horizontal die gemeinsame Mitte zu finden, muss die Höhe der beiden Flächen *Bereich* (Range) und *Objekt* (Shape) durch den Wert 2 dividiert werden. Der Abstand bis zur ersten Zelle des Bereiches wird zur Höhe des Bereiches addiert.

Dasselbe geschieht für die vertikale Ausrichtung. Am besten lässt sich das Verfahren bildlich darstellen (siehe Abbildung 19.1). Eine Einheit entspricht in dem Bild jeweils der Höhe oder Breite einer Zelle.

**Abbildg. 19.1** Ellipse (*Shape*) über einem Bereich (*Range*) zentrieren

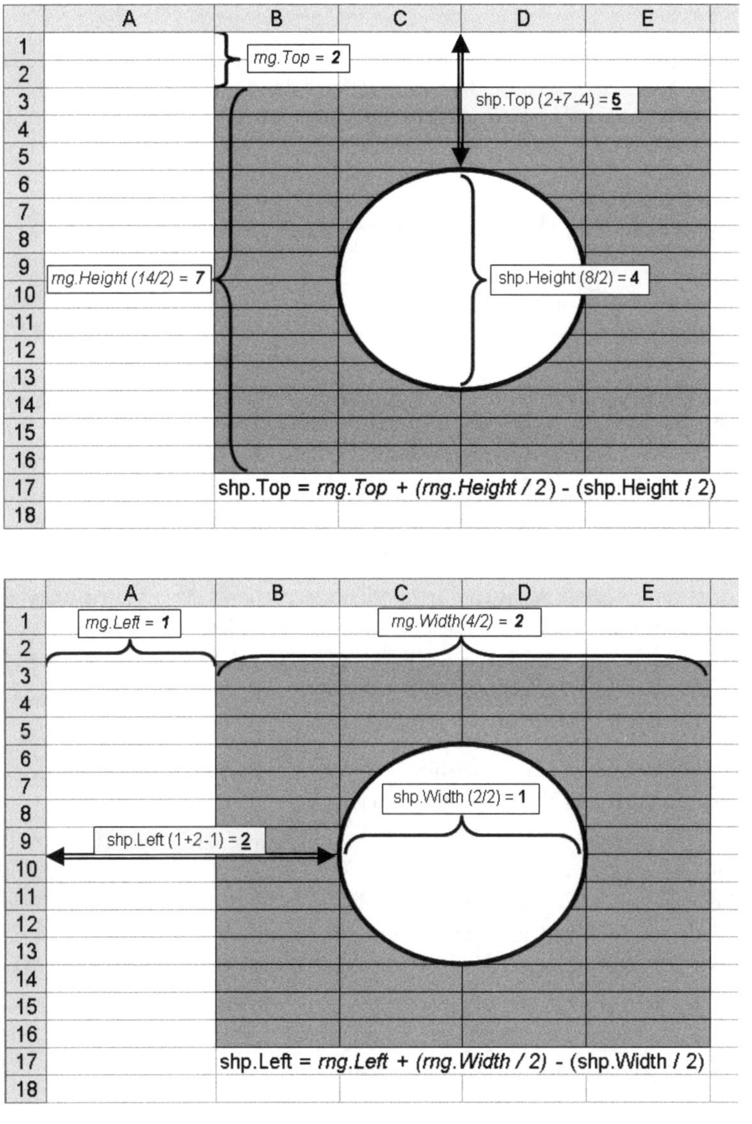

**Listing 19.5** Objekt über Bereich zentrieren

```
Sub CenterShape()
   Dim shp As Shape
   Dim rng As Range

   Set shp = Worksheets(1).Shapes(1)
   Set rng = Worksheets(1).Range("B3:E16")

   shp.Top = rng.Top + (rng.Height / 2) - (shp.Height / 2)
   shp.Left = rng.Left + (rng.Width / 2) - (shp.Width / 2)

   Set shp = Nothing
   Set rng = Nothing
End Sub
```

**BEISPIEL** Das obige Beispiel befindet sich innerhalb der Beispieldateien zum Buch im Ordner *\Buch\Kap19*. Die Mappe nennt sich *Bsp19_05.xlsm*. Das Modul heißt *mdl_01_CenterShape*.

# Zeichenelemente bearbeiten

Zeichenelemente sind zum Beispiel Linien, Pfeile, Rechtecke und Ellipsen. Sie finden diese im Menüband auf der Registerkarte *Einfügen* in der Gruppe *Illustrationen* im Dropdownmenü zur Schaltfläche *Formen*.

Für Zeichenelemente stehen seit Excel Version 2007 schier unerschöpfliche Formatierungsmöglichkeiten zur Verfügung. Sie können diese unter *Zeichentools/Format* (bei aktivem Zeichenelement) einsehen, sobald Sie ein Zeichenelement auf dem Tabellenblatt eingefügt haben. Das folgende Beispiel soll Ihnen eine Idee geben, wie Sie auf einfache Weise zwischen verschiedenen Schatteneinstellungen wechseln können. Wir wenden uns zwei der Formatierungsmöglichkeiten zu, nämlich den 2D-Schatten und den 3D-Schatten.

Es müssen oftmals verschiedene Schatten durchprobiert werden, bis der gewünschte Effekt gefunden wird. Dabei ist es etwas umständlich, manuell zwischen all den Schattenmöglichkeiten zu wechseln.

In unserer Beispielmappe sind zwei ActiveX-Drehfelder enthalten. Über das erste Drehfeld kann zwischen den normalen Schatten gewechselt werden, und über das zweite Drehfeld zwischen den 3D-Schatten.

Da jeweils maximal 20 Schatten zur Auswahl stehen, wird im Eigenschaftenfenster jedes Drehfeldes der `Min`-Wert auf 1 und der `Max`-Wert auf 20 festgelegt.

Jedem der beiden Drehfelder wird eine `Change`-Ereignisprozedur hinterlegt. Damit beide Elemente gleichzeitig verändert werden, verwenden wir eine `For Each`-Schleife. Innerhalb der Schleife muss in einer `If`-Entscheidung geprüft werden, ob es sich bei dem `Shape` um eine AutoForm handelt. Dies ist zwingend erforderlich, da auf dem Tabellenblatt noch die Drehfelder enthalten sind, denen kein Schatten zugewiesen werden kann. Ohne die Abfrage würde die 3D-Schattenprozedur in einem Fehler enden.

Die Eigenschaft für normale Schatten lautet `Shadow`. Um zwischen den 3D-Schatten wechseln zu können, muss zuerst das Objekt `ThreeD` angesprochen werden. Ihm folgt die Methode `SetThreeDFormat`, der schließlich der Index übergeben wird.

**Abbildg. 19.2** Drehfelder zum Wechseln zwischen den Schattenformen

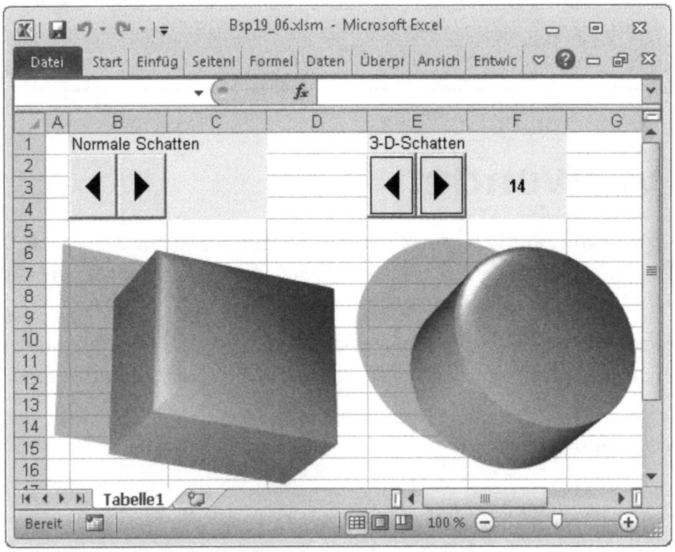


**Listing 19.6** Normale Schatten

```
Private Sub spn_Shadow_Change()
   Dim shp As Shape

   ' Schatten verändern
   For Each shp In ActiveSheet.Shapes
      If shp.Type = msoAutoShape Then
         shp.Shadow.Type = spn_Shadow
      End If
   Next shp

   ' Index in Zelle ausgeben
   Range("C3").Value = spn_Shadow
   Range("F3").Value = ""
End Sub
```

**Listing 19.7** 3D-Schatten

```
Private Sub spn_3DShadow_Change()
   Dim shp As Shape

   ' 3D-Schatten verändern
   For Each shp In ActiveSheet.Shapes
      If shp.Type = msoAutoShape Then
         shp.ThreeD.SetThreeDFormat spn_3DShadow
      End If
   Next shp

   ' Index in Zelle ausgeben
   Range("C3").Value = ""
   Range("F3").Value = spn_3DShadow
End Sub
```

**BEISPIEL** Die beiden obigen Prozeduren befinden sich innerhalb der Beispieldateien zum Buch im Ordner *\Buch\Kap19*. Die Mappe nennt sich *Bsp19_06.xlsm*. Die Ereignisprozeduren sind an das Tabellenblatt gebunden. Das Modul heißt *Tabelle1 (Tabelle1)*.

# AutoFormen verwenden

Es gibt verschiedene Typen von AutoFormen. Wenn Sie im Menüband auf der Registerkarte *Einfügen* in der Gruppe *Illustrationen* auf die Schaltfläche *Formen* klicken, können Sie die verschiedenen Typen einsehen (Linien, Verbindungen, Standardformen usw.).

Zum Erstellen von AutoFormen per VBA stehen je nach Typ unterschiedliche Methoden zur Verfügung. Die Tabelle 19.2 gibt einen Überblick über die Standard-AutoFormen und deren Methoden.

Je nach AutoForm-Typ muss zusätzlich eine Konstante angegeben werden. Es würde jedoch zu weit führen, diese hier alle aufzulisten.

**Tabelle 19.2** Standard-AutoFormen und deren Methoden

| Elemente | Bezeichnung | Methoden |
|---|---|---|
| 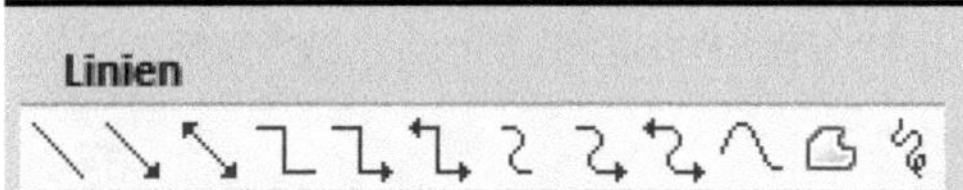  | Linien<br>Freihandformen | `AddLine`<br>`BuildFreeform` |
|   | Rechtecke | `AddShape` |
| 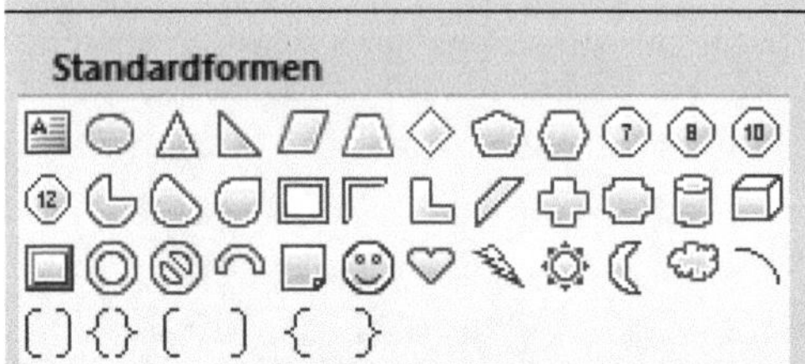  | Standardformen | `AddShape` |
| 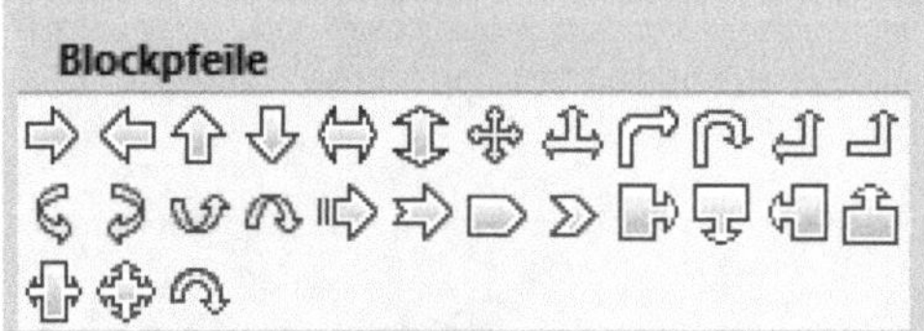  | Blockpfeile | `AddShape` |
|   | Formelformen | `AddShape` |

**Tabelle 19.2** Standard-AutoFormen und deren Methoden *(Fortsetzung)*

| Elemente | Bezeichnung | Methoden |
|---|---|---|
| 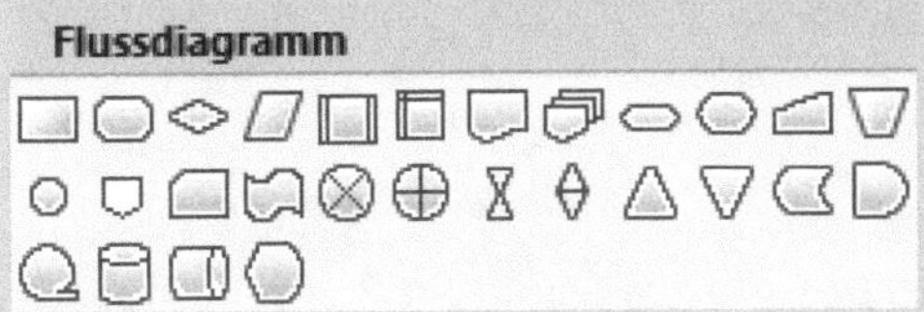 | Flussdiagramm | AddShape |
| 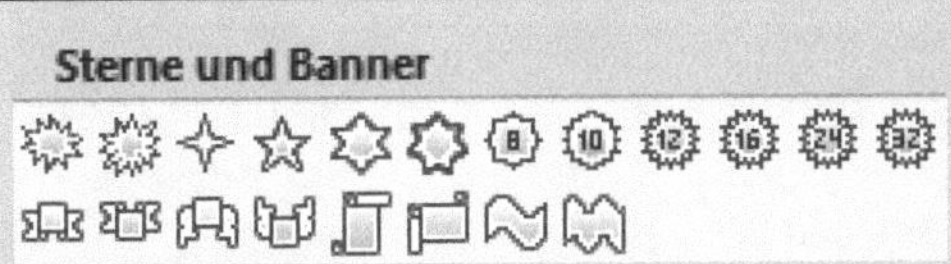 | Sterne und Banner | AddShape |
|  | Legenden | AddShape |

Mittels des nachfolgenden Codes wird in das aktive Tabellenblatt eine fertig formatierte wolkenförmige Legende eingefügt (siehe Abbildung 19.3). Wenn Sie einen derartigen Code aufzeichnen, werden Sie auf eine Unmenge von `Select`- und `Selection`-Anweisungen stoßen, die allesamt überflüssig sind.

**Abbildg. 19.3** Fertig formatierte wolkenförmige Legende

Wichtig ist, dass das über `AddShape` eingefügte Objekt referenziert wird, denn auf die Referenzierung wird im gesamten Code zurückgegriffen. Der Variablen `shpCloud` werden zugleich der Typ des Elements, hier `msoShapeCloudCallout`, sowie dessen Koordinaten übergeben. Bei `Left` handelt es sich um den Abstand vom linken Tabellenrand zum Objekt. Mittels `Top` wird der Abstand von oben her bestimmt. `Width` und `Height` stehen für die Breite und Höhe des Objekts.

Die Beschreibung der weiteren Formatierungen ist direkt im Code untergebracht.

**Listing 19.8** Eine fertig formatierte wolkenförmige Legende per VBA erzeugen

```
Sub AutoFormCloud()
   Dim shpCloud As Shape

   Application.ScreenUpdating = False
```

**Listing 19.8** Eine fertig formatierte wolkenförmige Legende per VBA erzeugen *(Fortsetzung)*

```
    ' Wolkenförmige Legende einfügen
    Set shpCloud = ActiveSheet.Shapes.AddShape _
                   (Type:=msoShapeCloudCallout, _
                    Left:=200, Top:=120, _
                    Width:=220, Height:=170)

    With shpCloud
       With .TextFrame
          ' Den Text einfügen und formatieren
          With .Characters
             .Text = "Excel" & Chr(10) & "VBA"
             With .Font
                .Size = 40
                .Bold = True
                .ColorIndex = 25
             End With
          End With

          ' Textausrichtung: Horizontal und vertikal zentriert
          .HorizontalAlignment = xlCenter
          .VerticalAlignment = xlCenter
       End With

       ' Linienformatierungen
       With .Line
          .Weight = 2
          .ForeColor.RGB = RGB(0, 0, 0)
       End With

       ' Füllformatierungen
       With .Fill
          .Transparency = 0.5
          .ForeColor.SchemeColor = 52
          .BackColor.SchemeColor = 15
          .TwoColorGradient msoGradientFromCenter, 2
       End With

       ' Einen Schatteneffekt einfügen
       .Shadow.Type = msoShadow6
    End With

    Set shpCloud = Nothing
    Application.ScreenUpdating = False
End Sub
```

**BEISPIEL** Das obige Beispiel befindet sich innerhalb der Beispieldateien zum Buch im Ordner *\Buch\Kap19*. Die Mappe nennt sich *Bsp19_07.xlsm*. Das Modul heißt *mdl_01_AutoForm*.

# WordArt-Objekte erstellen

Das WordArt-Objekt erfreut sich im Allgemeinen großer Beliebtheit, da damit auf einfache Weise Texte mit verschiedensten Effekten erzeugt werden können. Der Phantasie sind dabei kaum Grenzen gesetzt. Sie finden es im Menüband auf der Registerkarte *Einfügen* in der Gruppe *Text* im Katalog zur Schaltfläche *WordArt*.

**Abbildg. 19.4** Der WordArt-Katalog umfasst bereits vordefinierte Texteffekte

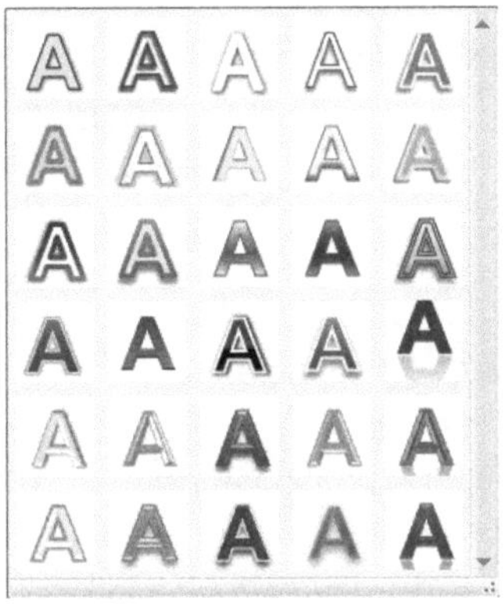

Sobald Sie ein WordArt-Objekt in Ihr Tabellenblatt eingefügt haben und dieses aktiv ist, können Sie verschiedenste Formatierungen vornehmen. Unter anderem Texttransformationen. Sie finden diese bei aktivem WordArt-Objekt unter *Zeichentools/Format/WordArt-Formate/Texteffekte/Transformieren*.

**Listing 19.9** WordArt-Transformationen

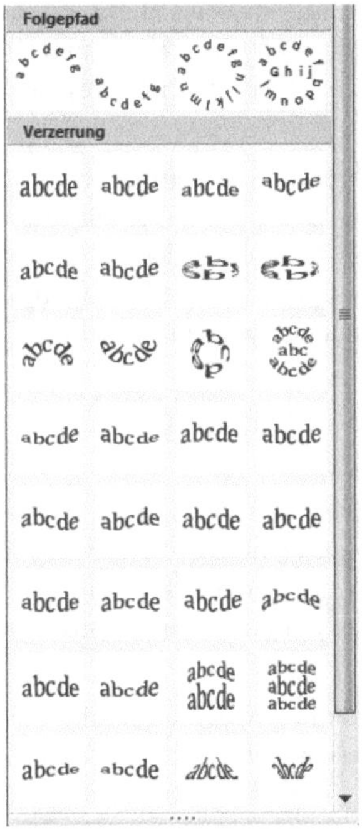

# Ein Wasserzeichen einfügen

WordArt-Objekte eigenen sich unter anderem sehr gut, um ein Wasserzeichen in ein Dokument einzufügen. Mit Wasserzeichen ist hier ein Text gemeint, der dem Anschein nach hinter den Zellen liegt und in heller Farbe formatiert wird.

**Abbildg. 19.5** Wasserzeichen auf jeder Seite erzeugen

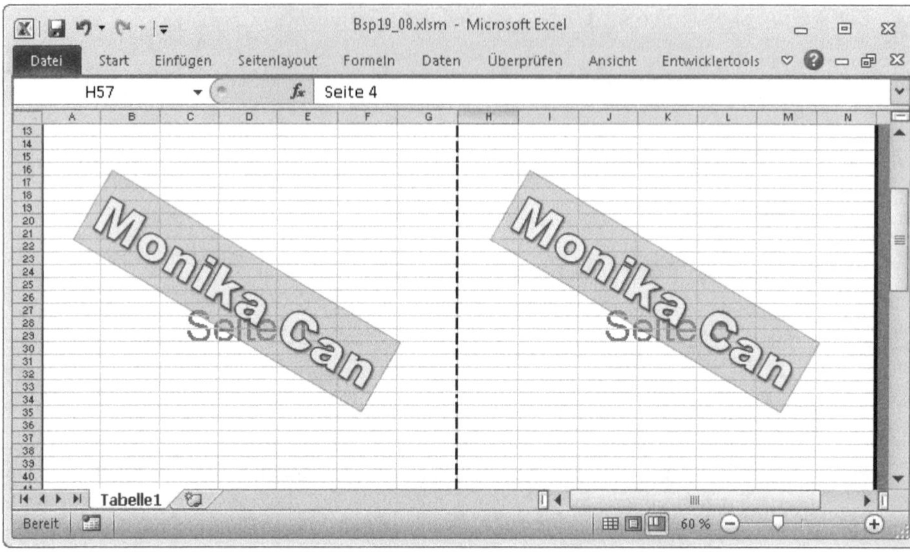


Mittels des nachfolgenden Codes wird auf jeder Seite der Mappe ein Wasserzeichen hinterlegt. Um sicherzustellen, dass das Wasserzeichen auf jeder zu druckenden Seite erscheint, muss eine Ereignisprozedur verwendet werden. Die Ereignisprozedur `Workbook_BeforePrint` ist direkt an die Mappe gebunden. Die Prozedur wird vor jedem Druck ausgeführt.

Das Tabellenblatt wird am Ende der Prozedur geschützt. Dabei wird der Blattschutz nur auf Objekte angewendet (`DrawingObjects:=True`). Der Vorteil liegt darin, dass die Objekte auf diese Weise vermeintlich im Hintergrund liegen und den Anwender beim Bearbeiten des Tabellenblattes nicht behindern. Der Blattschutz muss zu Beginn der Prozedur aufgehoben werden, damit die Objekte neu generiert werden können. Der Zellenschutz muss aufgehoben werden, damit die Textbearbeitung möglich ist.

In der ersten `For`-Schleife werden eventuell bereits vorhandene WordArt-Objekte gelöscht. In der zweiten `For`-Schleife werden die Objekte neu eingefügt.

Damit die Objekte auf jeder druckbaren Seite eingefügt werden, muss das Tabellenblatt mit `PageBreak` auf vorhandene Seitenumbrüche überprüft werden. In einem Excel-Tabellenblatt können zwei unterschiedliche Typen von Seitenumbrüchen auftreten: automatisch erzeugte und manuell eingefügte. Um beides zu berücksichtigen, wird in der `If`-Entscheidung eine entsprechende Prüfung vorgenommen.

In einem Tabellenblatt können zudem vertikale und horizontale Seitenumbrüche auftreten. Um jede der Möglichkeiten abzudecken, sind zwei ineinander verschachtelte `For`-Schleifen erforderlich. In der ersten Schleife wird überprüft, ob und wie viele vertikale Seitenumbrüche vorhanden sind. In der zweiten Schleife werden die horizontalen Seitenumbrüche abgearbeitet. In der inneren For-Schleife wird das WordArt-Objekt aufbereitet.

Der Vorgang, ein Tabellenblatt auf vertikale und horizontale Seitenumbrüche zu überprüfen, nimmt reichlich Zeit in Anspruch. Je nach Umfang der Tabelle ist die Dauer der Prozedur entsprechend zeitaufwändig.

**Listing 19.10** WordArt-Objekte auf jeder Seite einfügen

```
Private Sub Workbook_BeforePrint(Cancel As Boolean)
   Dim shp As Shape
   Dim i As Integer
   Dim x As Integer

   ' Blattschutz aufheben
   ActiveSheet.Unprotect
   ' Zellenschutz aufheben
   Range("A1:XFD1048576").Locked = False

   ' WordArt-Objekte löschen
   For Each shp In ActiveSheet.Shapes
      If shp.Type = msoTextEffect Then
         shp.Delete
      End If
   Next shp

   ' Seitenumbruch horizontal prüfen (Zeilen)
   For i = 1 To ActiveSheet.UsedRange.Rows.Count
      If Rows(i).PageBreak = xlAutomatic Or _
         Rows(i).PageBreak = xlManual Or _
         i = 1 Then

         ' Seitenumbruch vertikal prüfen (Spalten)
         For x = 1 To ActiveSheet.UsedRange.Columns.Count
            If Columns(x).PageBreak = xlAutomatic Or _
               Columns(x).PageBreak = xlManual Or _
               x = 1 Then

               ' Koordinatenzelle selektieren
               Cells(i, x).Select

               ' WordArt-Objekt einfügen
               Set shp = ActiveSheet.Shapes.AddTextEffect( _
                   PresetTextEffect:=msoTextEffect1, _
                   Text:=Application.UserName, _
                   FontName:="Arial Black", _
                   FontSize:=50, _
                   FontBold:=msoFalse, _
                   FontItalic:=msoFalse, _
                   Left:=Selection.Left + 40, _
                   Top:=Selection.Top + 280)

               ' FORMATIERUNGEN:
               With shp

                  ' Objekthintergrund
                  With .Fill
```

**Listing 19.10** WordArt-Objekte auf jeder Seite einfügen *(Fortsetzung)*

```
                     .ForeColor.SchemeColor = 22
                     .Transparency = 0.5
                  End With

                  ' Objektlinie
                  With .Line
                     .Weight = 0.75
                     .Transparency = 0.8
                  End With

                  ' Objekt drehen
                  .LockAspectRatio = msoTrue
                  .Rotation = 30
               End With
            End If
         Next x
      End If
   Next i

   ' Blattschutz auf Objekte einfügen
   ActiveSheet.Protect DrawingObjects:=True

   Set shp = Nothing
End Sub
```

**BEISPIEL** Das obige Beispiel befindet sich innerhalb der Beispieldateien zum Buch im Ordne *\Buch\Kap19*. Die Mappe nennt sich *Bsp19_08.xlsm*. Die Ereignisprozedur ist direkt an die Mapp gebunden. Das Modul heißt *DieseArbeitsmappe*.

# WordArt-Text aus Zelle beziehen

Mittels einer `Worksheet_Change`-Ereignisprozedur, die an das Tabellenblatt gebunden ist, können Si auf einfache Weise den Text eines bestehenden WordArt-Objekts ändern.

**Abbildg. 19.6** Text von WordArt-Objekt aus Zelle beziehen

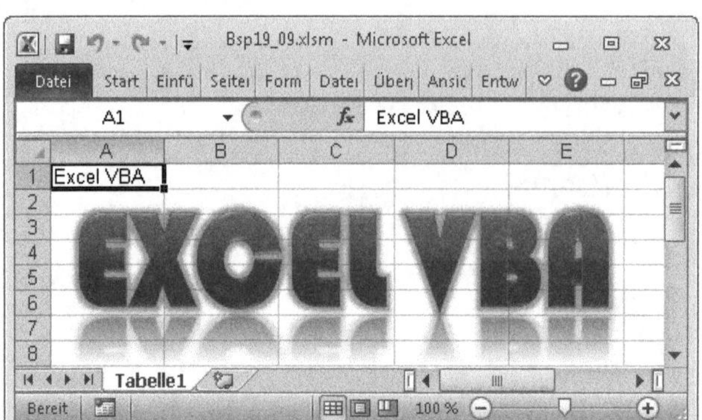

In unserem Beispiel wird vorausgesetzt, dass ein WordArt-Objekt auf dem Tabellenblatt vorhanden ist. Die Ereignisprozedur ist so aufgebaut, dass sie auf Änderungen der Zelle *A1* reagiert. Sie brauchen also lediglich den Text in dieser Zelle zu ändern, um diesen auf das WordArt-Objekt zu übertragen.

**Listing 19.11** Ereignisprozedur, zum automatischen Ändern des WordArt-Textes

```
Private Sub Worksheet_Change(ByVal Target As Range)
   If Target.Address <> "$A$1" Then
      Exit Sub
   End If

   ActiveSheet.Shapes(1).TextEffect.Text = Range("A1")
End Sub
```

**BEISPIEL** Das obige Beispiel befindet sich innerhalb der Beispieldateien zum Buch im Ordner *\Buch\Kap19*. Die Mappe nennt sich *Bsp19_09.xlsm*. Die Ereignisprozedur ist an die *Tabelle1* gebunden.

# WordArt-Farbverlauf per Mausklick ändern

Sie können den Farbverlauf eines WordArt-Objektes sozusagen aus einer Vorlage beziehen. Die Vorlage besteht in unserem Beispiel aus mehreren Rechtecken, die auf dem Tabellenblatt angeordnet sind und verschiedene vordefinierte Farbverläufe enthalten. Jedem der Rechtecke wird eine eigene Prozedur zugewiesen. Gehen Sie dabei wie folgt vor:

1. Fügen Sie auf dem Tabellenblatt ein WordArt-Objekt ein.
2. Fügen Sie eine beliebige Anzahl an Rechtecken mit verschiedenen Farbverläufen auf dem Tabellenblatt ein.
3. Erstellen Sie für jedes Rechteck eine Prozedur in einem Standardmodul.
4. Weisen Sie jedem Rechteck eine der Prozeduren zu, indem Sie mit der rechten Maustaste auf das Rechteck klicken und im Kontextmenü den Eintrag *Makro zuweisen* auswählen. Im gleichnamigen Dialogfeld legen Sie die gewünschte Prozedur fest.
5. Schließen Sie das offene Dialogfeld.

Per Klick auf eines der Rechtecke lässt sich nun der Farbverlauf auf das WordArt-Objekt übertragen.

Was Sie dazu benötigen, ist der Name des WordArt-Objekts und den der einzelnen Rechtecke. Die Namen können Sie bei aktivem Objekt dem *Namenfeld* entnehmen (siehe Abbildung 19.7).

**Abbildg. 19.7** Farbverlauf auf ein WordArt-Objekt übertragen

In den einzelnen Prozeduren verwenden Sie einerseits die Methode `PickUp`, um die Formatierungen zwischenzuspeichern und andererseits die Methode `Apply`, um die gespeicherten Informationen auf das WordArt-Objekt zu übertragen.

**Listing 19.12** Die drei Prozeduren zum Übertragen der Rechteckformate auf das WordArt-Objekt

```
Sub Rectangle1()
   With ActiveSheet
      .Shapes("Rechteck 1").PickUp
      .Shapes("WordArt 1").Apply
   End With
End Sub

Sub Rectangle2()
   With ActiveSheet
      .Shapes("Rechteck 2").PickUp
      .Shapes("WordArt 1").Apply
   End With
End Sub

Sub Rectangle3()
   With ActiveSheet
      .Shapes("Rechteck 3").PickUp
      .Shapes("WordArt 1").Apply
   End With
End Sub
```

**BEISPIEL** Die obigen Beispiele befinden sich innerhalb der Beispieldateien zum Buch im Ordner *\Buch\Kap19*. Die Mappe nennt sich *Bsp19_10.xlsm*. Die Prozeduren sind im Modul *mdl_01_PickUpFormat* untergebracht.

# Grafiken einsetzen

In den bis jetzt behandelten Themen dieses Kapitels stand das Objekt `Shape` im Vordergrund, mit dem nahezu alle auf dem Tabellenblatt liegenden Objekte angesprochen werden können. Grafiken sind dabei im Grunde genommen keine Ausnahme. Um eine Grafik per VBA anzusprechen, ist jedoch das Objekt `Picture(s)` vorgesehen.

Bei der Verwendung von `Pictures` gibt es verschiedene Vorteile. Einer davon ist, dass sich auf den ersten Blick erkennen lässt, wo in der Prozedur Bilder angesprochen werden. Ein weiterer Vorteil beim Einsatz von `Picture` ist, dass auf die Angabe einer Konstante verzichtet werden kann. Wenn Sie mittels `Shape` mehrere Bilder aus einem Tabellenblatt löschen möchten, müssen Sie zuerst in einer `If`-Entscheidung prüfen, ob es sich bei dem `Shape` um ein Bild (`msoPicture`) handelt, damit nicht versehentlich ein falsches Element gelöscht wird. Diese Überprüfung können Sie sich bei der Verwendung von `Picture` sparen. Näheres zum Löschen von Bildern erfahren Sie jedoch später.

## Grafiken einfügen

Um eine Grafik in ein Tabellenblatt einzufügen, klicken Sie im Menüband auf der Registerkarte *Einfügen* in der Gruppe *Illustrationen* auf die Schaltfläche *Grafik*. Wählen Sie aus Ihrem Dateisystem die gewünschte Grafik aus und bestätigen Sie Ihre Auswahl per Klick auf die Schaltfläche *Einfügen*.

Um das Dialogfeld per VBA zu öffnen, verwenden Sie die folgende Anweisung:

```
Application.Dialogs(xlDialogInsertPicture).Show
```

Falls Ihnen der Pfad- und Dateiname bekannt ist, können Sie eine VBA-Prozedur verwenden, die die Grafik direkt in Ihr Tabellenblatt einfügt, ohne zuvor ein Dialogfeld zu öffnen.

Da sich Pfad- und Dateinamen ändern können, ist es empfehlenswert, zu überprüfen, ob beides noch gültig ist. Dies geschieht in der Regel in einer `If`-Entscheidung. Geeignet zur Überprüfung der Gültigkeit ist die Funktion `Dir`. Ihr werden der Pfad- und Dateiname übergeben. Falls ein Leerstring (`""`) zurückgegeben wird, sind die Angaben ungültig. Mittel `Exit Sub` wird die Prozedur vorzeitig verlassen. Es sollte eine entsprechende Meldung ausgegeben werden, um den Anwender über den Abbruch der Prozedur zu informieren.

**TIPP** Es ist generell ratsam, Angaben wie Pfad- und Dateinamen zu Beginn einer Prozedur an eine Variable übergeben, denn falls sich der Speicherort ändern sollte, müssen Sie nicht die gesamte Prozedur nach den zu ändernden Angaben durchsuchen, sondern brauchen lediglich der Variablen den neuen Wert zuzuweisen.

Da sich die Grafik für dieses Beispiel innerhalb der Beispieldateien im selben Pfad befindet, wie die Datei selbst, kann an Stelle der Pfadangabe die Anweisung `ThisWorkbook.Path` verwendet werden. Alternativ dazu können Sie der Variablen den gewünschten Pfad- und Dateinamen übergeben, z.B.:

```
strPath = "C:\Meine Dateien\Cat.bmp"
```

Wenn der Pfad- und der Dateiname korrekt ist, kann die Grafik mit `Insert` eingefügt werden. Die Grafik wird über/ab der aktiven Zelle ausgegeben.

**Listing 19.13** Grafik einfügen

```
Sub InsertPicture()
   Dim strPath As String

   ' Pfad und Dateiname an Variable übergeben
   ' Alternative: "C:\Meine Dateien\Cat.bmp"
   strPath = ThisWorkbook.Path & "\Cat.bmp"

   ' Prüfen, ob eine solche Datei existiert
   If Dir(strPath) = "" Then
      MsgBox "Falscher Pfad oder Dateiname"
      Exit Sub
   End If

   ' Grafik einfügen
   ActiveSheet.Pictures.Insert (strPath)
End Sub
```

**BEISPIEL** Das obige Beispiel befindet sich innerhalb der Beispieldateien zum Buch im Ordner *\Buch\Kap19*. Die Mappe nennt sich *Bsp19_11.xlsm*. Das Modul heißt *mdl_01_InsertPicture*.

# Grafiken der Größe eines Bereichs anpassen

Wie ein Objekt der Größe eines Bereichs angepasst werden kann, haben Sie bereits zu Beginn dieses Kapitels erfahren. Genauso verhält es sich mit dem Einfügen einer Grafik, die exakt über einer bestimmten Zelle oder über einem Bereich eingefügt werden soll. In diesem Beispiel wird jedoch kein bereits bestehendes Objekt ausgerichtet, sondern die Anpassung findet bereits beim Einfügen statt.

**Abbildg. 19.8** Grafik an die Größe eines Bereichs angepasst einfügen

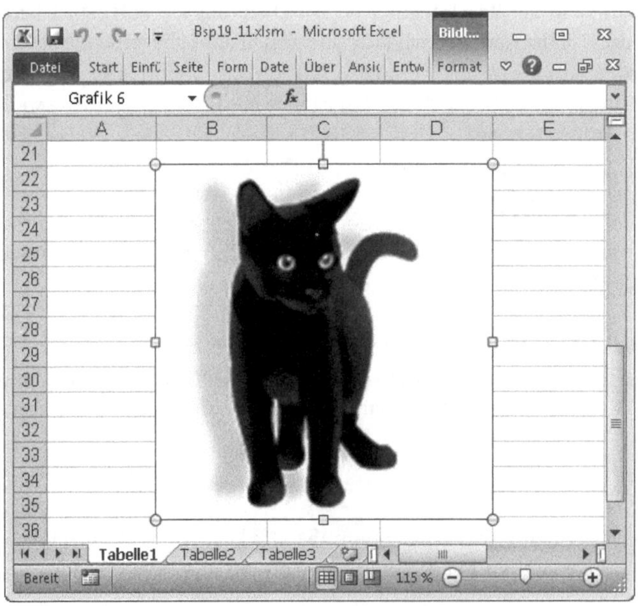

Um dies zu realisieren, müssen wir zu Beginn der Prozedur eine Variable `pic` deklarieren, die entsprechend referenziert wird. Auf das referenzierte Objekt wird innerhalb der Prozedur Bezug genommen, wobei die Koordinaten übergeben werden (`Left`, `Top`, `Height`, `Width`). Zu Beginn der `With`-Anweisung wird der Bereich angegeben, der der Größe der Grafik entsprechen soll.

**Listing 19.14** Grafik in der Größe eines Bereichs einfügen

```
Sub InsertPictureRange()
   Dim strPath As String
   Dim pic As Picture

   strPath = ThisWorkbook.Path & "\Cat.bmp"

   If Dir(strPath) = "" Then
      MsgBox "Falscher Pfad oder Dateiname"
      Exit Sub
   End If

   ' Das Einfügen der Grafik referenzieren
   Set pic = ActiveSheet.Pictures.Insert(strPath)

   ' Die Grafik über dem Bereich B22:D35 einfügen
   With ActiveSheet.Range("B22:D35")
      pic.Left = .Left           ' Abstand links
      pic.Top = .Top             ' Abstand oben
      pic.Height = .Height       ' Höhe der Grafik
      pic.Width = .Width         ' Breite der Grafik
   End With
End Sub
```

**BEISPIEL** Das obige Beispiel befindet sich innerhalb der Beispieldateien zum Buch im Ordner *\Buch\Kap19*. Die Mappe nennt sich *Bsp19_11.xlsm*. Das Modul heißt *mdl_02_InsertPictureRange*.

# Einer Grafik einen Namen zuweisen

Eine Grafik kann über deren Index oder Namen angesprochen werden. Das Problem beim Index besteht darin, dass man nicht sicherstellen kann, ob dieser immer gleichbleibend ist. Sobald Grafiken aus dem Tabellenblatt gelöscht werden und/oder neue Grafiken hinzukommen, kann sich der Index der bestehenden Grafiken ändern. Die sicherste Methode, eine Grafik anzusprechen, geschieht über deren Namen. Beim Einfügen einer Grafik auf ein Tabellenblatt wird dieser automatisch ein Name zugewiesen. Bei aktiver Grafik kann dieser Name dem *Namenfeld* in der *Bearbeitungsleiste* entnommen werden.

Der automatisch zugewiesene Name ist in der Regel genauso wenig aussagekräftig, wie ein Index (siehe Abbildung 19.9). Es empfiehlt sich daher, einer Grafik einen eigenen Namen zuzuweisen. Manuell können Sie einfach den Namen im Namenfeld überschreiben.

**Abbildg. 19.9** Name der Grafik im Namenfeld

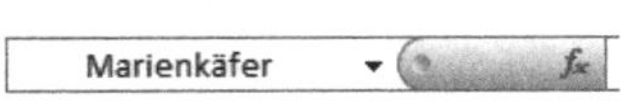

Wenn Sie eine Grafik allerdings per VBA einfügen, empfiehlt es sich, den Namen auch gleich innerhalb des Codes neu zu definieren.

**Listing 19.15** Eine benannte Grafik einfügen

```
Sub InsertPictureName()
   Dim strPath As String
   Dim pic As Picture

   ' Pfad und Dateiname an Variable übergeben
   strPath = ThisWorkbook.Path & "\Marienkaefer.jpg"

   ' Prüfen, ob eine solche Datei existiert
   If Dir(strPath) = "" Then
      MsgBox "Falscher Pfad oder Dateiname"
      Exit Sub
   End If

   ' Grafik einfügen und benennen
   Set pic = ActiveSheet.Pictures.Insert(strPath)
   pic.Name = "Marienkäfer"

   ' Die Grafik über dem Bereich F20:H30 einfügen
   With ActiveSheet.Range("F20:H30")
      pic.Left = .Left
      pic.Top = .Top
      pic.Height = .Height
      pic.Width = .Width
   End With
End Sub
```

**WICHTIG** Es können pro Tabellenblatt mehrere Grafiken mit demselben Namen vorhanden sein. Wenn mehrere Grafiken denselben Namen tragen, kann eine Eindeutigkeit nicht mehr gewährleistet werden.

**BEISPIEL** Das obige Beispiel befindet sich innerhalb der Beispieldateien zum Buch im Ordner *\Buch\Kap19*. Die Mappe nennt sich *Bsp19_11.xlsm*. Das Modul heißt *mdl_03_InsertPictureName*.

# Grafiken löschen

Nachdem Sie nun wissen, wie eine Grafik eingefügt werden kann, möchten Sie bestimmt erfahren, wie Grafiken aus dem Tabellenblatt entfernt werden können. Die Methode dazu lautet `Delete`.

**BEISPIEL** Die Beispiele zum Löschen von Grafiken befinden sich innerhalb der Beispieldateien zum Buch im Ordner *\Buch\Kap19*. Die Mappe nennt sich *Bsp19_11.xlsm*. Das Modul heißt *mdl_04_DeletePictures*.

Bevor die Löschanweisung ausgeführt wird, sollte in jedem Fall überprüft werden, ob überhaupt eine Grafik im Tabellenblatt enthalten ist. Dies, um zu verhindern, dass der Debugger gestartet wird, falls keine Grafik vorhanden sein sollte.

**sting 19.16** Eine Grafik über deren Index löschen

```
Sub DeleteOnePictureIndex()
   With ActiveSheet
      If .Pictures.Count = 0 Then
         MsgBox "Es ist keine Grafik vorhanden."
         Exit Sub
      Else
         .Pictures(1).Delete
      End If
   End With
End Sub
```

Wenn Sie den Namen einer Grafik kennen, können Sie diesen direkt im Code angeben und stellen damit sicher, dass die richtige Grafik(en) gelöscht wird.

**sting 19.17** Eine Grafik über deren Namen löschen

```
Sub DeletePictureName()
   Dim pic As Picture

   With ActiveSheet
      For Each pic In .Pictures
         If pic.Name Like "Marienkäfer" Then
            .Pictures("Marienkäfer").Delete
            Exit For
         End If
      Next pic
   End With
End Sub
```

Wenn Sie sämtliche Grafiken aus einem Tabellenblatt entfernen möchten, gehen Sie wie folgt vor:

**sting 19.18** Alle Grafiken eines Tabellenblattes löschen

```
Sub DeleteAllPicturesSheet()
   ActiveSheet.Pictures.Delete
End Sub
```

Sofern alle Grafiken innerhalb einer Arbeitsmappe gelöscht werden sollten, ist zudem eine `For Each`-Schleife erforderlich:

**sting 19.19** Alle Grafiken aus einer Arbeitsmappe entfernen

```
Sub DeleteAllPicturesWorkbook()
   Dim ws As Worksheet

   For Each ws In ActiveWorkbook.Worksheets
      ws.Pictures.Delete
   Next ws
End Sub
```

# Grafiken bedingt einfügen

Das folgende Beispiel zeigt, wie eine Grafik je nach Bedingung ein- oder ausgeblendet werden kann.

**Abbildg. 19.10** Die Grafik nur einblenden, wenn die Zelle *A1* den Wert 1 aufweist

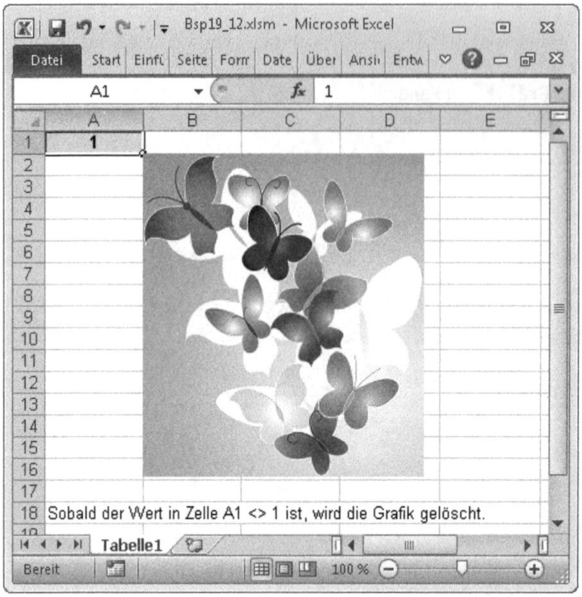


Um dies zu realisieren, muss mit einer Ereignisprozedur gearbeitet werden, die an das betroffene Tabellenblatt gebunden ist. Wir verwenden hier das `Change`-Ereignis. Die Grafik wird nur angezeigt bzw. eingefügt, wenn in der Zelle *A1* der Wert 1 steht. Sobald sich der Wert in Zelle *A1* ändert, wird die Grafik gelöscht.

**Listing 19.20** Grafik bedingt einfügen

```
Private Sub Worksheet_Change(ByVal Target As Range)
   Dim strPath As String

   strPath = ThisWorkbook.Path & "\Butterfly.bmp"

   ' Prüfen, ob ein gültiger Pfad- und Dateiname vorliegt
   If Dir(strPath) = "" Then
      MsgBox "Diese Datei existiert nicht."
      Exit Sub
   End If

   ' Wenn eine andere Zelle als A1 verändert wird,
   ' die Prozedur verlassen
   If Target.Address <> "$A$1" Then
      Exit Sub
   End If

   With ActiveSheet
```

**Listing 19.20** Grafik bedingt einfügen *(Fortsetzung)*

```
      If Range("A1").Value = 1 Then
         .Pictures.Insert (strPath)
            With .Pictures(1)
               .Left = Range("B2").Left
               .Top = Range("B2").Top
            End With
      Else
         If .Pictures.Count = 0 Then
            Exit Sub
         Else
            .Pictures(1).Delete
         End If
      End If
   End With
End Sub
```

**BEISPIEL** Das obige Beispiel befindet sich innerhalb der Beispieldateien zum Buch im Ordner *\Buch\Kap19*. Die Mappe nennt sich *Bsp19_12.xlsm*. Die Ereignisprozedur befindet sich in *Tabelle1 (Tabelle 1)*.

# Grafiken formatieren

Eine Pixelgrafik präsentiert sich als ein kompaktes Bild. Es gibt eine Vielzahl an Formatierungsmöglichkeiten. Welche das sind, erfahren Sie, wenn Sie mit der rechten Maustaste auf die Grafik klicken und aus dem Kontextmenü den Befehl *Grafik formatieren* wählen. Es wird das Dialogfeld *Grafik formatieren* angezeigt, das verschiedene Kategorien enthält. Über die Kategorie *Bildkategorien* können Sie zum Beispiel die Helligkeit und den Kontrast verändern.

**Abbildg. 19.11** Grafik formatieren

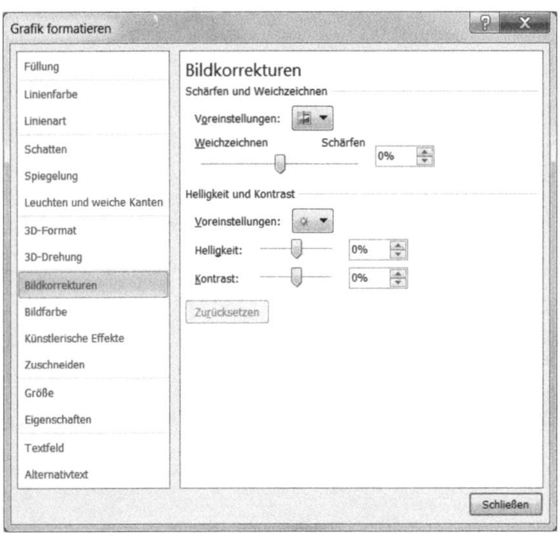

In unserem Beispiel werden zwei dieser Formatierungen per VBA programmiert. Es handelt sich bei den Formatierungen um die *Helligkeit* und um den *Kontrast* einer Grafik. Um diese Einstellungen direkt aus dem Tabellenblatt heraus vornehmen zu können, werden zwei ActiveX-Bildlaufleisten eingefügt.

**Abbildg. 19.12** Helligkeit und Kontrast einer Grafik

Jedem der Steuerelemente wird eine `Change`-Ereignisprozedur hinterlegt. Im Eigenschaftenfenster der beiden Steuerelemente wird der Maximalwert auf 100 festgelegt. Dies entspricht den maximalen 100%, die der Helligkeit oder dem Kontrast einer Grafik zugewiesen werden können.

Das benötigte Objekt zur Zuweisung der Formatierung nennt sich `PictureFormat`. Um die Helligkeit zu verändern, wird die Methode `Brightness` eingesetzt. Ihr wird der aktuelle Wert der Bildlaufleiste übergeben. Da es sich um eine Prozentangabe handelt, muss der Wert durch 100 dividiert werden. Damit der aktuelle Helligkeitswert der Bildlaufleiste auf dem Tabellenblatt ersichtlich ist, wird der Zelle *B13* dieser Wert übergeben.

**Listing 19.21** Helligkeit ändern

```
Private Sub scb_Brightness_Change()
   ActiveSheet.Shapes(1). _
      PictureFormat.Brightness = scb_Brightness / 100
   Range("B13").Value = scb_Brightness
End Sub
```

Die Methode für den Kontrast lautet `Contrast`. Hier geschieht dasselbe, wie bei der Helligkeit. Der aktuelle Wert der Bildlaufleiste, dividiert durch 100, wird der Methode `Contrast` zugewiesen. In Zelle *B16* wird der aktuelle Wert der Bildlaufleiste angezeigt.

**Listing 19.22** Kontrast ändern

```
Private Sub scb_Contrast_Change()
   ActiveSheet.Shapes(1). _
      PictureFormat.Contrast = scb_Contrast / 100
   Range("B16").Value = scb_Contrast
End Sub
```

**BEISPIEL** Die beiden obigen Prozeduren befinden sich innerhalb der Beispieldateien zum Buch im Ordner *\Buch\Kap19*. Die Mappe nennt sich *Bsp19_13.xlsm*. Die Ereignisprozeduren sind an das Tabellenblatt gebunden. Das Modul heißt *Tabelle1 (Tabelle1)*.

# Bereiche einer Tabelle als Grafik abspeichern

Sie haben die Möglichkeit, Bereiche eines Tabellenblattes als Grafik abzuspeichern. Dabei spielt es keine Rolle, ob sich in dem Bereich Grafiken, Diagramme oder lediglich Zellen befinden. Alles, was sich in dem Bereich befindet, wird sozusagen fotografiert. Sie finden die Funktion in der Registerkarte *Start*, Gruppe *Zwischenablage*, im Dropdownmenü *Kopieren*. Der Befehl nennt sich *Als Bild kopieren*.

**Abbildg. 19.13** Bild kopieren

Wie auch immer, der Effekt lässt sich ohne weiteres auch per VBA nachstellen und ist somit immer noch verfügbar.

**Abbildg. 19.14** Ein Teil des Bereiches wurde kopiert und als Bild eingefügt

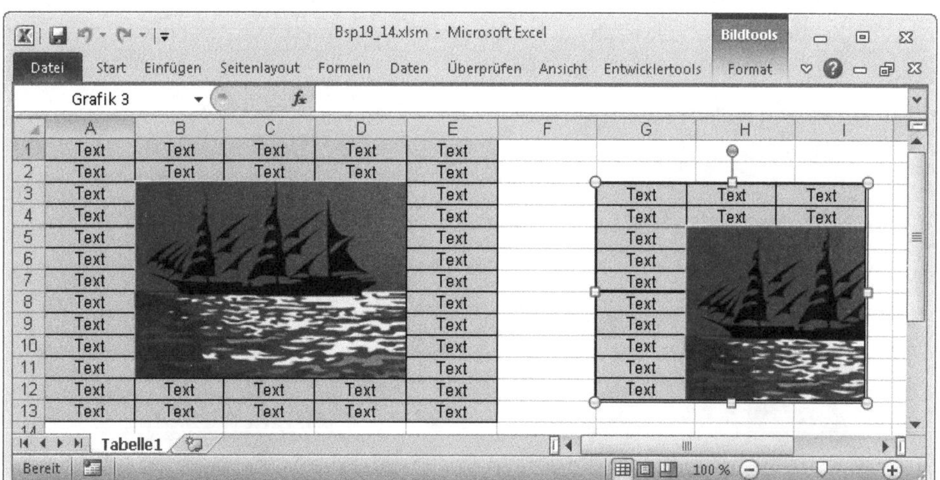


Die Methode, um ein Bild zu kopieren, lautet `CopyPicture`. Ihr werden zwei Argumente übergeben, von denen eines `Appearance` lautet. Um die Grafik *Wie angezeigt* zu speichern, wird die Konstante

`xlScreen` übergeben. Damit die Grafik *Wie ausgedruckt* gespeichert wird, wird die Konstante `xlPrinter` verwendet.

Dem Argument `Format` wird die Konstante `xlPicture` übergeben, wenn der Bereich als Vektorgrafik gespeichert werden soll. Um den Bereich als Bitmap zu speichern, wird die Konstante `xlBitmap` eingesetzt.

**Listing 19.23** Bereich als Grafik speichern

```
Sub CopyPastePicture()
   With ActiveSheet
      ' Zu kopierender Bereich
      .Range("A1:C10").CopyPicture _
         Appearance:=xlScreen, Format:=xlPicture

      ' Grafik ab Zelle G3 einfügen
      .Paste Destination:=ActiveSheet.Range("G3")
   End With
End Sub
```

**BEISPIEL** Das obige Beispiel befindet sich innerhalb der Beispieldateien zum Buch im Ordner *\Buch\Kap19*. Die Mappe nennt sich *Bsp19_14.xlsm*. Die Prozedur befindet sich im Modul *mdl_01_PictureRange*.

# Einen Bereich als Grafik exportieren

Das vorherige Beispiel hat gezeigt, wie ein Zellbereich in die Zwischenablage gespeichert werden kann. Per VBA haben Sie zudem die Möglichkeit, einen Bereich als Grafik in eine Datei beispielsweise im Format *.jpg* oder *.gif* zu speichern. Dabei muss mit einem Trick gearbeitet werden, denn ein Bereich lässt sich nicht ohne weiteres exportieren.

In Kapitel 18 haben Sie erfahren, wie Diagramme exportiert werden können. Dieses Verfahren werden wir nun nutzen, um einen Bereich zu exportieren. Eine andere Möglichkeit gibt es leider nicht.

**Abbildg. 19.15** Bereich als Grafik (Format **.gif*)

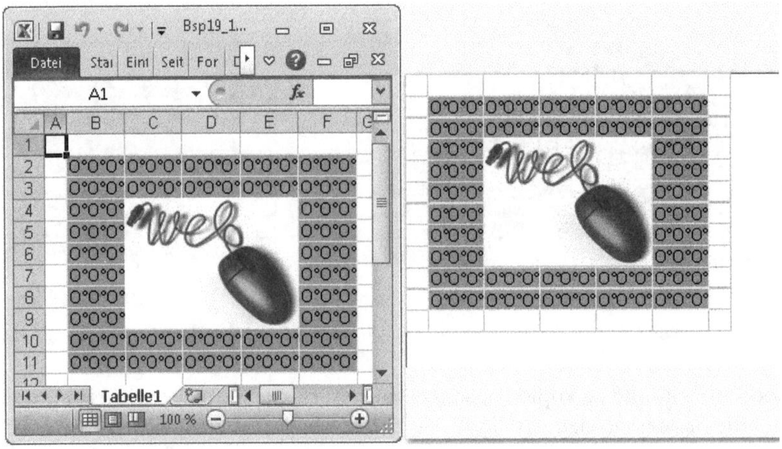

Per VBA wird ein Diagramm erzeugt, das keine Datenreihen enthält. Dies geschieht basierend auf einer leeren Zelle. Da bei bestehenden Tabellenblättern jede Zelle gefüllt sein könnte, erzeugen wir temporär ein neues Tabellenblatt.

Der zu kopierende Bereich wird im Code wiederholt verwendet. Deshalb werden wir ihn mit `Set` referenzieren. Damit kann das Ansprechen des Bereiches innerhalb des Codes verkürzt werden.

Daraufhin wird der Bereich mit `CopyPicture` in die Zwischenablage kopiert. In der ersten `With`-Anweisung wird über `Charts.Add` ein leeres eingebettetes Diagramm erzeugt.

In der zweiten `With`-Anweisung wird das Objekt mit `Paste` aus der Zwischenablage in das Diagrammobjekt eingefügt. Damit das Diagramm die Größe des Grafikbereiches annimmt, werden die Höhe und Breite des Bereiches an das Diagrammobjekt übergeben. Damit der Rahmen des Diagramms die Grafik gleichmäßig umgibt, werden acht Pixel addiert.

Die Diagrammfläche, die nun die Grafik enthält, wird exportiert. Das temporäre Tabellenblatt wird nun nicht mehr benötigt und deshalb aus der Mappe entfernt. Um die Rückfrage zu vermeiden, ob das Tabellenblatt gelöscht werden soll oder nicht, deaktivieren wir mit der Anweisung `DisplayAlerts = False` vor dem Löschen die Warnmeldungen von Excel. Unmittelbar nach dem Löschvorgang werden die Systemmeldungen wieder aktiviert.

Am Ende der Prozedur wird eine Meldung ausgegeben, die über den Abschluss des Exportvorganges informiert. Es wird zudem der Speicherort angezeigt.

**HINWEIS** Stellen Sie vor dem Ausführen des Codes sicher, dass der Pfad *C:\test* existiert. Ansonsten entsteht ein Laufzeitfehler.

**Listing 19.24** Einen Bereich als Grafik exportieren

```
Sub ExportRange()
   Dim strPath As String
   Dim rng As Range

   strPath = "C:\test\ExportRange.gif"

   Application.ScreenUpdating = False

   ' Ein temporäres Tabellenblatt erstellen
   Worksheets.Add Before:=Worksheets(1)

   ' Den zu kopierenden Bereich referenzieren
   Set rng = Worksheets(2).Range("A1:G12")

   ' Den Bereich kopieren
   rng.CopyPicture Appearance:=xlScreen, Format:=xlPicture

   ' Das Diagramm aus einer leeren Zelle erzeugen
   With Charts.Add
      .SetSourceData Source:=Worksheets(1).Range("A1")
      .Location Where:=xlLocationAsObject, Name:=Worksheets(1).Name
   End With

   ' Den Inhalt der Zwischenablage in das Diagramm einfügen
   With Worksheets(1).ChartObjects(1)
      .Chart.Paste
```

Listing 19.24 Einen Bereich als Grafik exportieren *(Fortsetzung)*

```
      ' Die Höhe und Breite des Diagramms an den
      ' kopierten Bereich anpassen
      .Height = rng.Height + 60
      .Width = rng.Width + 140
   End With

   ' Das Diagramm exportieren
   Worksheets(1).ChartObjects(1).Chart.Export (strPath)

   ' Das temporäre Tabellenblatt ohne Rückfrage löschen
   With Application
      .DisplayAlerts = False
      Worksheets(1).Delete
      .DisplayAlerts = True
   End With

   ' Meldung über den Speicherort ausgeben
   MsgBox "Der Bereich wurde exportiert nach: " & strPath

   ' Das Objekt freigeben
   Set rng = Nothing

   Application.ScreenUpdating = True
End Sub
```

**BEISPIEL** Das obige Beispiel befindet sich innerhalb der Beispieldateien zum Buch im Ordner *\Buch\Kap19*. Die Mappe nennt sich *Bsp19_15.xlsm*. Die Prozedur befindet sich in Modul *mdl_01_ExportRange*.

# Verknüpfte Bilder

Eine verknüpfte Grafik ist ebenfalls ein Bereich, aus dem ein Bild erzeugt wurde. Der Unterschied zu den zuvor beschriebenen Beispielen besteht darin, dass die Grafik mit dem Ursprungsbereich verknüpft ist. Dies bedeutet: Wenn sich in der Quelle der Text ändert, wird die Änderung auch im Bild übernommen.

Ein so verknüpftes Bild kann beispielsweise auf einem zweiten Tabellenblatt eingefügt werden. Ohne ständig zwischen den beiden Tabellenblättern hin- und herzuwechseln, können Sie Werte beobachten, die sich durch Formelbezüge auf dem ersten Tabellenblatt verändern.

**Abbildg. 19.16** Das verknüpfte Bild wurde auf dem zweiten Tabellenblatt eingefügt

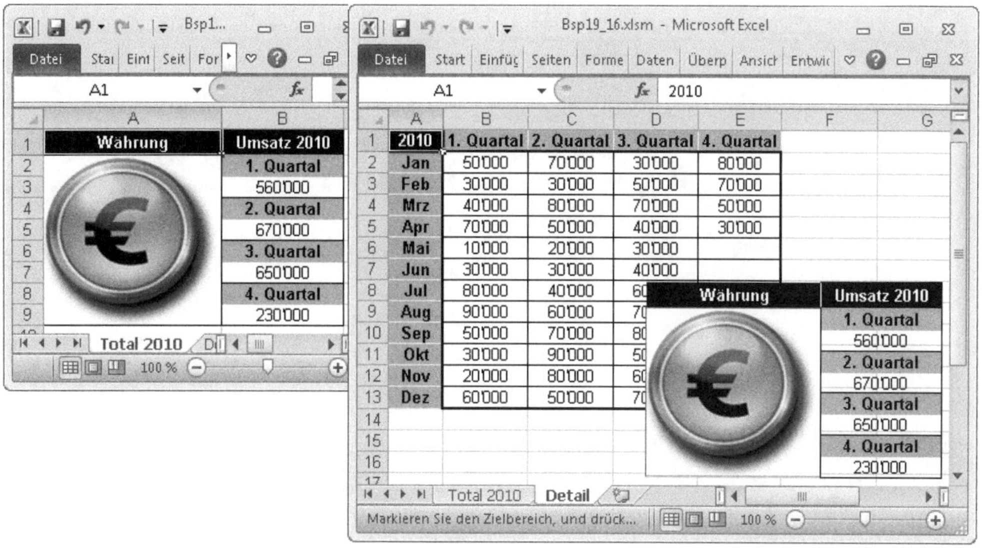


Um ein verknüpftes Bild manuell zu erzeugen, markieren Sie den Bereich, der verknüpft werden soll. Kopieren Sie den Bereich Strg+C und aktivieren Sie danach die Zielzelle. Um das Bild einzufügen, öffnen Sie im Menüband das Dropdownmenü der Schaltfläche *Einfügen* (Registerkarte *Start*, Gruppe *Zwischenablage*) und wählen Sie im Untermenü *Weitere Einfügeoptionen* den Befehl *Verknüpfte Grafik* aus.

Wenn sich nun eine der verknüpften Quellzellen verändert, wird auch die Zelle im Bild entsprechend geändert.

**TIPP** In Excel steht eigens für das Einfügen verknüpfter Grafiken ein Symbol zur Verfügung. Falls Sie häufig mit verknüpften Grafiken arbeiten möchten, empfiehlt es sich, dieses Symbol in den Schnellzugriff zu integrieren.

Gehen Sie dabei wie folgt vor:

1. Wählen Sie im Dialogfeld *Excel-Optionen* (*Datei/Optionen*) die Kategorie *Menüband anpassen* aus.
2. Aktivieren Sie in der Rubrik *Befehle auswählen* den Eintrag *Nicht im Menüband enthaltene Befehle*.
3. Gehen Sie dann im Listenfeld auf *Kamera*.
4. Fügen Sie diesen Befehl mittels der Schaltfläche *Hinzufügen* zur Symbolleiste für den Schnellzugriff hinzu.
5. Schließen Sie das Dialogfeld *Excel-Optionen*.

**Abbildg. 19.17** Die Auswahl der Kamera aus den *Excel-Optionen*

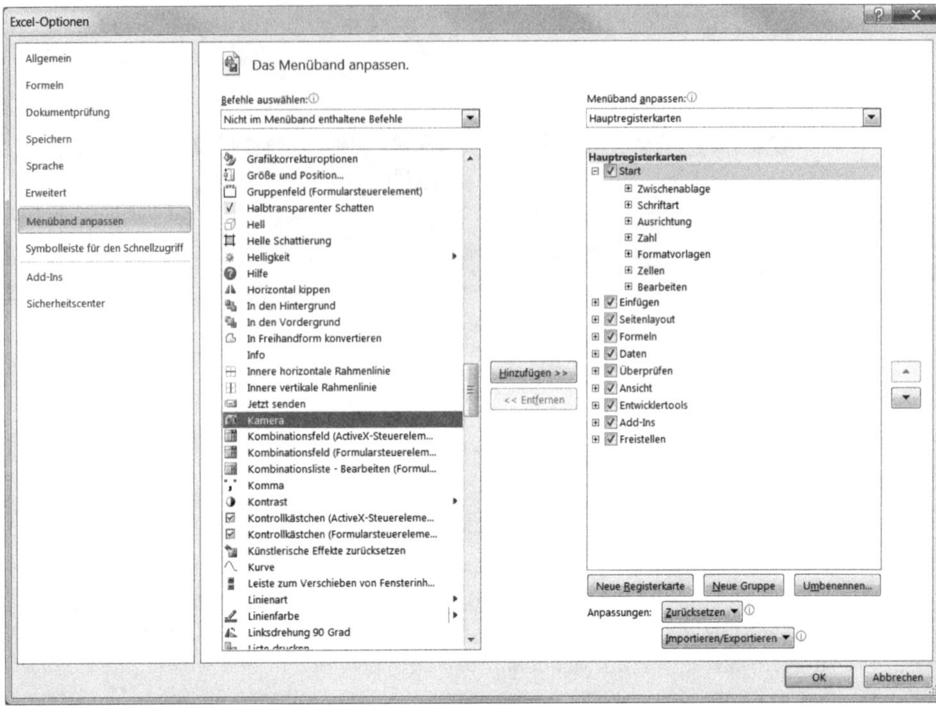


Der Bereich lässt sich nun sehr einfach fotografieren. Markieren Sie den Bereich, der verknüpft werden soll. Klicken Sie auf das Kamerasymbol. Der Bereich wird durch einen Laufrahmen umgeben und der Mauszeiger hat sich in ein Kreuzchen umgewandelt. Ziehen Sie im Tabellenblatt einen Rahmen auf. Der verknüpfte Bereich steht nun zur Verfügung.

Im folgenden Beispiel wird davon ausgegangen, dass sich der Quellbereich im ersten Tabellenblatt befindet. Der verknüpfte Bereich wird auf dem zweiten Tabellenblatt eingefügt. Die Anweisung, um einen verknüpften Bereich einzufügen, lautet `Pictures.Paste`. Wichtig ist, dass das Argument `Link:=True` übergeben wird.

**Listing 19.25** Verknüpftes Bild auf dem zweiten Tabellenblatt einfügen

```
Sub LinkedPictureRange()
   ' Bild kopieren
   Worksheets(1).Range("A1:B9").Copy

   ' Bild mit Verknüpfung einfügen (Link)
   With Worksheets(2).Pictures.Paste(Link:=True)
      .Top = Range("D8").Top + 1
      .Left = Range("D7").Left + 20
   End With
End Sub
```

**BEISPIEL** Das obige Beispiel befindet sich innerhalb der Beispieldateien zum Buch im Ordner *\Buch\Kap19*. Die Mappe nennt sich *Bsp19_16.xlsm*. Die Prozedur befindet sich in Modul *mdl_01_PictureLink*.

# Eine Grafik nur einige Sekunden lang anzeigen

Mittels der bisher gelernten Befehle und einer Zeitsteuerung können Sie eine Grafik befristet einblenden lassen. Das heißt, dass die Grafik nur einige Sekunden lang erscheint und dann automatisch wieder gelöscht wird.

Die Zeitsteuerung besteht aus einer einzelnen Codezeile:

```
Application.Wait (Now + TimeSerial(0, 0, 5))
```

Mittels `Appliation.Wait` wird der komplette Stopp von Excel veranlasst. Das bedeutet, dass während der angegebenen Wartezeit keine Aktivitäten in Excel ausgeführt werden. Im runden Klammerpaar wird angegeben, ab wann (`Now`) und für wie lange (`TimeSerial`) die Unterbrechung erfolgen soll. Die Funktion `TimeSerial` erwartet drei erforderliche Übergabewerte: die Anzahl an Stunden, Minuten und Sekunden. In unserem Beispiel wird die Applikation fünf Sekunden lang angehalten.

**TIPP** Wenn der Vorgang direkt nach dem Öffnen der Arbeitsmappe erfolgen soll, verwenden Sie das `Workbook_Open`-Ereignis.

**Listing 19.26** Eine Grafik nur fünf Sekunden lang einblenden und dann löschen

```
Sub PictureTimer()
   Dim strPath As String
   Dim pic As Picture

   ' Pfad und Dateiname an Variable übergeben
   strPath = ThisWorkbook.Path & "\Marienkaefer.jpg"

   ' Prüfen, ob eine solche Datei existiert
   If Dir(strPath) = "" Then
      MsgBox "Falscher Pfad oder Dateiname"
      Exit Sub
   End If

   ' Grafik einfügen und benennen
   Set pic = ActiveSheet.Pictures.Insert(strPath)
   pic.Name = "Marienkäfer"
   ActiveCell.Select

   ' 5 Sekunden warten, dann Grafik löschen
   Application.Wait (Now + TimeSerial(0, 0, 5))
   ActiveSheet.Pictures("Marienkäfer").Delete
End Sub
```

**BEISPIEL** Das obige Beispiel befindet sich innerhalb der Beispieldateien zum Buch im Ordner *\Buch\Kap19*. Die Mappe nennt sich *Bsp19_17.xlsm*. Die Prozedur befindet sich in Modul *mdl_01_PictureTimer*.

# Formularsteuerelemente automatisieren

Die Formularsteuerelemente befinden sich im Menüband unter *Entwicklertools/Steuerelemente/ Einfügen*.

**Abbildg. 19.18** Die Formularsteuerelemente

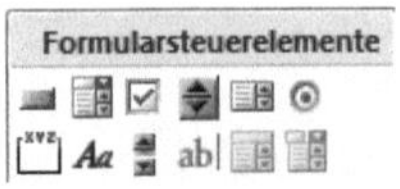


Nicht alle Steuerelemente sind aktiv. Dies bedeutet, dass sie als Formularelemente nicht verwendet werden können. Erweiterte Funktionen erreichen Sie mit den ActiveX-Steuerelementen. Mehr zu diesem Thema erfahren Sie in Kapitel 14.

Grundsätzlich können Sie an jedes Formularsteuerelement eine VBA-Prozedur binden. Am besten dazu geeignet ist die *Schaltfläche*. Wenn diese auf dem Tabellenblatt eingefügt wird, öffnet sich automatisch das Dialogfeld *Makro zuweisen*. Sie können nun ein beliebiges bestehendes Makro mit der Schaltfläche verknüpfen.

Sie können ein Makro auch im Nachhinein zuweisen, indem Sie mit der rechten Maustaste auf die Schaltfläche klicken und aus dem Kontextmenü den Befehl *Makro zuweisen* auswählen.

Ein weiterer Weg, einem Formularsteuerelement ein Makro zuweisen, führt über *Entwicklertools/ Steuerelemente/Code anzeigen*.

Es wird automatisch ein Modul erzeugt, sofern noch keines vorhanden ist. Darin befindet sich das folgende Codegerüst:

```
Sub Schaltfläche1_BeiKlick()

End Sub
```

Der gewünschte Effekt tritt nur ein, wenn sich das Steuerelement im Bearbeitungsmodus befindet. Um diesen Modus zu erreichen, klicken Sie das Steuerelement mit der rechten Maustaste an und drücken die [Esc]-Taste, um das Kontextmenü zu schließen.

Der Name der Prozedur hängt vom Steuerelement ab. Befinden sich mehrere Steuerelemente desselben Typs auf dem Tabellenblatt, werden diese durchnummeriert. Den Namen des Steuerelements können Sie dem *Namenfeld* entnehmen. Auf Wunsch können Sie das Steuerelement dort umbenennen.

**Abbildg. 19.19** Name des Steuerelements

Zwischen der einleitenden und der abschließenden Codezeile können Sie Ihre Prozedur erfassen.

**Listing 19.27** Eine Prozedur einem Steuerelement zuweisen

```
Sub Schaltfläche1_BeiKlick()
   MsgBox "Hallo Welt"
End Sub
```

Der Code wird ausgeführt, sobald die Schaltfläche angeklickt wird. Die Schaltfläche darf sich allerdings nicht mehr im Bearbeitungsmodus befinden. Um diesen aufzuheben, drücken Sie die [Esc]-Taste.

**HINWEIS** Bei der Prozedur, die an das Steuerelement gebunden ist, handelt es sich *nicht* um eine Ereignisprozedur.

Jedes verfügbare Formularsteuerelement kann auch per VBA erzeugt werden.

**ACHTUNG** Um Steuerelemente per VBA zu erzeugen, muss der Verweis auf die Bibliothek *Microsoft Forms 2.0 Object Library* aktiviert sein.

Gehen Sie wie folgt vor, um diesen zu aktivieren:

1. Rufen Sie in der VBE den Menübefehl *Extras/Verweise* auf.
2. Aktivieren Sie die genannte Bibliothek.
3. Schließen Sie das Dialogfeld wieder.

Die Namen der Formularsteuerelemente können Sie der Tabelle 19.3 entnehmen:

**Tabelle 19.3** Objektnamen der Formularsteuerelemente

| Schaltfläche | Name | VBA-Objekt/Sammlung |
|---|---|---|
|  | Bezeichnungsfeld | Label(s) |
|  | Gruppenfeld | GroupBox(s) |
|  | Schaltfläche | Button(s) |
|  | Kontrollkästchen | CheckBox(es) |

Tabelle 19.3 Objektnamen der Formularsteuerelemente *(Fortsetzung)*

| Schaltfläche | Name | VBA-Objekt/Sammlung |
|---|---|---|
|  | Optionsfeld | OptionButton(s) |
|  | Listenfeld | ListBox(es) |
|  | Kombinationsfeld | DropDown(s) |
|  | Bildlaufleiste | ScrollBar(s) |
|  | Drehfeld | Spinner(s) |

# Eine Formular-Schaltfläche per VBA einfügen

Das Verfahren, um eine beliebige Formular-Schaltfläche per VBA auf einem Tabellenblatt einzufügen, ist immer dasselbe. Nehmen wir als Beispiel eine *Schaltfläche.*

Um ein `Select` zu vermeiden, führt der sauberste Weg darüber, das Objekt als Variable zu deklarieren und dann zu referenzieren.

Um die Schaltfläche einzufügen, wird die Methode `Add` verwendet. Im darauf folgenden runden Klammerpaar wird der Abstand von links und rechts angegeben. Als drittes und viertes Argument folgt die Angabe der Breite und Höhe des Elements.

Wenn Sie der Schaltfläche einen bestimmten Namen zuweisen möchten, verwenden Sie die Eigenschaft *Name.* Um die Beschriftung, also die Anzeige auf der Schaltfläche zu definieren, benutzen Sie die Eigenschaft *Caption.*

Listing 19.28 Eine Schaltfläche einfügen

```
Sub MyButton()
   Dim cmd As Button
   Set cmd = ActiveSheet.Buttons.Add _
               (Left:=10, Top:=10, _
                Width:=100, Height:=30)
   cmd.Name = "Meine Schaltfläche"
   cmd.Caption = "Hallo"
End Sub
```

# Steuerelemente automatisch »in« Zellen anordnen

Wie bereits zu Beginn dieses Kapitels angemerkt, können sich grafische Objekte niemals *innerhalb* von Zellen befinden. Sie werden jeweils darüber liegend platziert. Das bedeutet, dass kein Bezug auf eine bestimmte Zelladresse vorgenommen werden kann, um das Element einzufügen. Was Sie jedoch tun können, ist den Abstand vom oberen und linken Rand der Applikation zu einer bestimmten Zelle zu nutzen. Damit erreichen Sie das Ergebnis, dass das Objekt den Effekt hat, sich »in« einer gewissen Zelle zu befinden.

**Listing 19.29** Ein Kontrollkästchen über der aktiven Zelle einfügen

```
Sub MyCheckBox()
   Dim chk As CheckBox
   Set chk = ActiveSheet.CheckBoxes. _
      Add(Left:=ActiveCell.Left, _
          Top:=ActiveCell.Top - 1, _
          Width:=1, _
          Height:=1)
End Sub
```

# Kontrollkästchen bedingt einfügen

Nehmen wir an, Sie verfügen über eine Reihe von Datensätzen. In Abhängigkeit davon, ob die Spalte *C* befüllt ist, soll in Spalte *D* ein Kontrollkästchen eingefügt werden.

Die Kontrollkästchen dienen dazu, Datensätze auszuwählen, die gelöscht werden sollen. Die Löschaktion wird in einer separaten Prozedur ausgeführt.

**Abbildg. 19.20** Datensätze vor und nach der Löschaktion

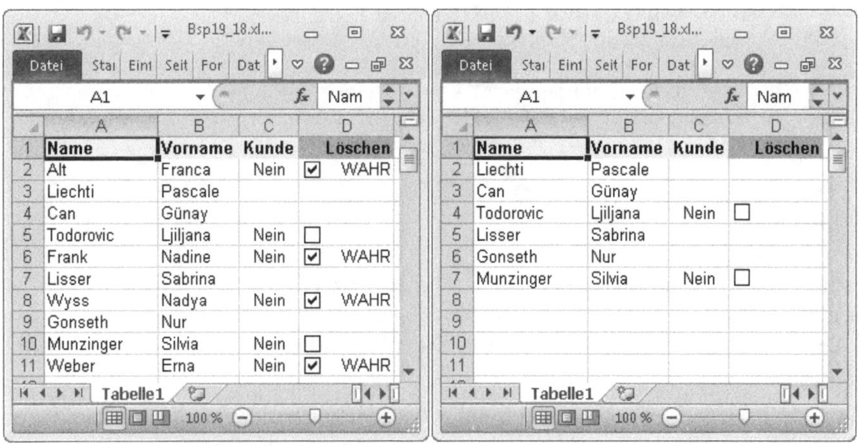


In der `For Each`-Schleife zu Beginn der Prozedur werden alte Kontrollkästchen gelöscht. In der `With`-Anweisung werden die Werte (`WAHR`) in Spalte *D* gelöscht. Die Prozedur kann nun mehrmals ausgeführt werden, wobei die Kontrollkästchen und die damit verbundenen Werte immer neu aufbereitet werden.

In der nächsten `For Each`-Schleife wird geprüft, ob in Spalte *C* ein Eintrag vorhanden ist. Wenn ja, wird ein Kontrollkästchen in Spalte *D* eingefügt. Die Beschriftung des Kontrollkästchens wird entfernt, sodass nur das Kästchen selbst angezeigt wird. Das Kontrollkästchen wird mit der Zelle, über der es angeordnet ist, gelinkt. Dies ist notwendig, damit der Wert `WAHR` eingeblendet wird, wenn das Kontrollkästen aktiviert wird. Bei der späteren Löschaktion wird auf diesen Wert Bezug genommen.

**TIPP** Wenn Sie den Wert `WAHR` nicht sichtbar darstellen möchten, formatieren Sie die Spalte (ausschließlich der Titelzeile) in weißer Schriftfarbe.

**Listing 19.30** Kontrollkästchen bedingt einfügen

```
Sub AddCheckBoxes()
   Dim c As Range
   Dim chk As CheckBox

   ' Alte Kontrollkästchen löschen, sofern vorhanden
   For Each chk In Worksheets(1).CheckBoxes
      chk.Delete
   Next chk

   With Worksheets(1)
      ' Alte Werte löschen
      .Range("D2:D1048576").ClearContents

      For Each c In .Range("C2:C" & Cells(1048576, 1).End(xlUp).Row)
         ' Prüfen, ob ein Eintrag in Spalte "C" besteht
         If c <> "" Then

            ' Kontrollkästchen einfügen
            Set chk = .CheckBoxes.Add( _
               c.Offset(0, 1).Left, c.Top - 2, 1, 1)

            ' Kontrollkästchen-Beschriftung entfernen
            chk.Caption = ""

            ' Verbindung zur Nebenzelle herstellen
            chk.LinkedCell = c.Offset(0, 1).Address
         End If
      Next c
   End With
End Sub
```

Nachdem Sie die Kontrollkästchen aktiviert haben, deren Datensätze gelöscht werden sollen, führen Sie die Prozedur `DeleteRecords` aus. Die `For`-Schleife durchläuft alle vorhandenen Datensätze. In der `If`-Entscheidung wird geprüft, ob in Spalte *D* der Wert `WAHR` enthalten ist. Wenn ja, wird die gesamte Zeile gelöscht.

Am Ende dieser Prozedur wird die Prozedur `AddCheckBoxes` aufgerufen. Dies, damit die alten Kontrollkästchen gelöscht werden, deren Datensätze nicht mehr existieren. Die verbleibenden Datensätze werden mit neuen Kontrollkästchen bestückt, sofern in Spalte *C* Einträge vorhanden sind.

**Listing 19.31** Ausgewählte Datensätze löschen

```
Sub DeleteRecords()
   Dim i As Double

   ' Zeilen mit aktivierten Kontrollkästchen löschen
   With Worksheets(1)
      For i = Cells(1048576, 1).End(xlUp).Row To 2 Step -1
            ' Ausgewählte Datensätze löschen
            If .Cells(i, 4) = True Then
               .Cells(i, 4).EntireRow.Delete
            End If
      Next i
   End With
```

**Listing 19.31** Ausgewählte Datensätze löschen *(Fortsetzung)*

```
   ' Kontrollkästchen neu aufbereiten
   Call AddCheckBoxes
End Sub
```

**BEISPIEL** Das obige Beispiel befindet sich innerhalb der Beispieldateien zum Buch im Ordner *\Buch\Kap19*. Die Mappe nennt sich *Bsp19_18.xlsm*.

Kapitel 20

# Das Menüband manipulieren (RibbonX)

**In diesem Kapitel:**

Die wohl spektakulärste Änderung, die wir seit Excel 2007 erfahren durften, ist, dass die mittlerweile vertraute Menüstruktur und ebenfalls die einzelnen Symbolleisten weggefallen sind. Der Ersatz nennt sich Menüband, oder englisch Ribbon, auch RibbonX (eXtention) genannt. Der Ausdruck Multifunktionsleiste, der in Excel 2007 noch üblich war, wurde also durch Menüband ersetzt.

Für all jene Programmierer, die Symbolleisten mittels VBA erzeugt oder manipuliert haben, dürfte die Änderung anfangs ein Ärgernis darstellen. Der Grund liegt darin, dass das Menüband nicht mehr mittels VBA-Code, sondern per XML gesteuert werden muss. Daher ist ein entsprechendes Umdenken und Umlernen erforderlich.

Um ein gewisses Verständnis zu schaffen, müssen wir die neue Struktur der Arbeitsmappen erforschen, die ja nunmehr auch über neue Dateierweiterungen (Extensions) verfügen. Die folgende Tabelle enthält eine Übersicht über die alten und neuen Extensions.

**Tabelle 20.1** Neue Dateierweiterungen

| Beschreibung | Neu | Alt |
|---|---|---|
| Excel-Arbeitsmappe | *.xlsx | *.xls |
| Excel-Arbeitsmappe mit Makros | *.xlsm | *.xls |
| Excel-Binär-Arbeitsmappe | *.xlsb | *.xls |
| Excel-Arbeitsmappe mit Add-Ins | *.xlam | *.xla |
| Excel-Vorlage | *.xltx | *.xlt |
| Excel-Vorlage mit Makros | *.xltm | *.xlt |

Wie Sie der Tabelle entnehmen können, werden seit Excel 2007 vier Zeichen für die Dateierweiterungen verwendet, anstatt drei Zeichen in den Vorgängerversionen. Die Unterschiede begründen sich unter anderem in strengeren Sicherheitsvorschriften, die nun auf den ersten Blick erkennen lassen, ob eine Arbeitsmappe oder Vorlage Makros enthält. Diese werden jeweils durch ein »m« abgeschlossen (z.B. *.xls*m*)

Für die Programmierung ist es ist hilfreich zu wissen, dass die neuen Dateiformate in Wahrheit gezippte XML-Dateien sind. Sie können sich selbst davon überzeugen, indem Sie eine Datei umbenennen. Aus z.B. *Mappe.xlsm* wird *Mappe.xlsm.zip*. Das heißt, Sie ergänzen die Dateierweiterung um ».*zip*«. Beim Umbenennen der Datei wird eine Meldung ausgegeben, dass die Datei unbrauchbar werden kann, wenn die Namensänderung vollzogen wird. Sie können diese Meldung ignorieren. Sobald die Datei umbenannt ist, verwandelt sich das Excel-Symbol in ein Ordner-Symbol. Öffnen Sie den Ordner, um die darin enthaltenen Dateien zu erforschen. Der Zip-Ordner kann jederzeit durch das Entfernen der Erweiterung *.zip* wieder in eine Excel-Datei umgewandelt werden. Auch hier erscheint ein Warnhinweis, den Sie wiederum ignorieren können.

**TIPP** Wenn Sie vor der Umbenennung der Excel-Datei sichergehen wollen, dass der Datei durch den Vorgang kein Schaden zugefügt wird, erstellen Sie eine Sicherheitskopie der Arbeitsmappe.

Wenn der Zip-Ordner einen Unterordner namens *customUI* enthält, können Sie davon ausgehen, dass das Menüband der Excel-Datei verändert wurde.

**TIPP** VBA-Codes der früheren Symbolleisten sind durchaus immer noch lauffähig und können auf Wunsch mit XML-Codes kombiniert werden. Sie finden innerhalb der Beispieldateien zum Buch im Ordner *\Buch\Kap20\Beispiele_2003* einige Beispiele, die Sie zum Ausprobieren verwenden können. Es würde zu weit führen, diese hier im Detail alle zu erläutern. Sie stammen aus einer Vorgängerversion dieses Buchs. Neben den Beispielen finden Sie in Form einer PDF-Datei auch das Kapitel 20 der Vorgängerversion dieses Buchs.

# Der XML-Editor für Microsoft Office Custom UI

Da es sehr umständlich ist, die Arbeitsmappe in einen Zip-Ordner umzuwandeln, den Ordner *customUI* und die darin enthaltenen Dateien manuell anzulegen etc., empfiehlt es sich, ein geeignetes Werkzeug dafür zu verwenden. Von der folgenden Website können Sie gratis eine einfache Software herunterladen, die Sie tatkräftig bei der Entwicklung Ihres XML-Codes unterstützt:

*http://openxmldeveloper.org/articles/CustomUIeditor.aspx*

Starten Sie das Programm und öffnen Sie die Arbeitsmappe, in der Sie das Menüband manipulieren möchten.

**Abbildg. 20.1** Microsoft Office Custom UI Editor

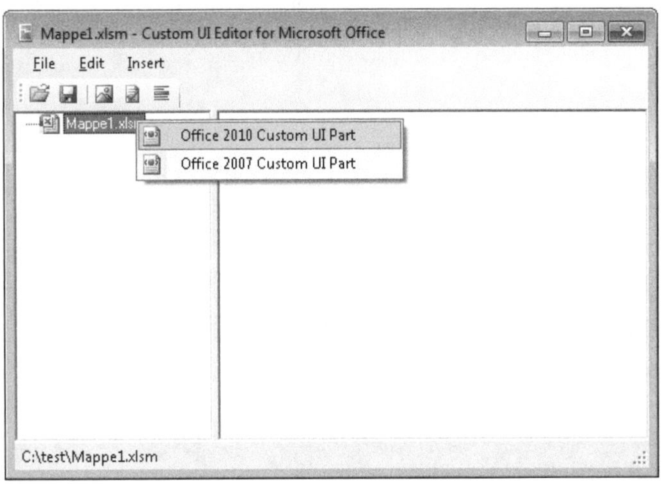


Wenn Sie den Editor installiert und gestartet haben, sehen Sie im linken Frame die geöffnete Mappe. Im rechten Frame können Sie den XML-Code generieren. Da sich das Menüband strukturell verändert hat, muss nun ausgewählt werden, ob der XML-Code für die Version 2007 oder 2010 gedacht ist. Klicken Sie mit der rechten Maustaste auf den Namen der Arbeitsmappe und wählen Sie aus dem Kontextmenü den Eintrag *Office 2010 Custom UI Part.*

Der Editor erweist sich erfreulicherweise als sehr simpel, sodass sich die Arbeit mit ihm intuitiv erlernen lässt. Die Symbole *Öffnen* und *Speichern* sprechen für sich, denn Sie kennen diese bereits von Microsoft Office her. Das Symbol für Grafiken und Rückrufe (*Callbacks*) sehen wir uns später an.

Der Befehl *Validate* wird verwendet, um den XML-Code auf Fehler zu überprüfen. Er erkennt, ob sich im Code ein Fehler befindet, wie zum Beispiel ein Element, das nicht zur entsprechend höheren Hierarchie passt. Oder eine Eigenschaft, die einem Element nicht zugeordnet werden kann. Die Fehlersuche wird dabei erheblich erleichtert.

**HINWEIS** Eine vollständige Liste über alle Elemente, Kind-Elemente, Eigenschaften und Callbacks in Bezug auf RibbonX finden Sie im *Anhang A*.

# Eine erste Veränderung am Menüband

Um Ihre sicherlich gewachsene Neugier an RibbonX zu befriedigen, werden wir nun dem Kapitel etwas vorgreifen und eine erste Veränderung am Menüband vornehmen. Sie werden später in diesem Kapitel Schritt für Schritt an die verschiedenen Veränderungsmöglichkeiten herangeführt. Machen Sie sich also vorerst keine Gedanken über die Bedeutung der einzelnen Codezeilen. Wir erstellen nun eine neue Registerkarte, die eine Gruppe mit einer einzelnen Schaltfläche enthält. Per Klick auf die Schaltfläche lässt sich ein Makro ausführen, das in einer *MsgBox* eine Meldung ausgibt.

**ACHTUNG** Der XML-Code ist casesensitiv. Im Gegensatz zu VBA muss hier also auf die Groß- und Kleinschreibung geachtet werden.

1. Erstellen Sie eine neue Arbeitsmappe
2. Fügen Sie im VBA-Editor ein neues Modul ein und generieren Sie folgenden Code:

**Listing 20.1** VBA-Code zur Erstellung einer eigenen Schaltfläche im Menüband

```
Sub MeinMakro(control As IRibbonControl)
   MsgBox "Hallo RibbonX"
End Sub
```

3. Speichern Sie die Arbeitsmappe unter dem Namen *MeinTest.xlsm* ab
4. Schließen Sie die Arbeitsmappe, denn der XML-Code kann im Editor nicht gespeichert werden, solange die Mappe geöffnet ist
5. Öffnen Sie den XML-Editor, laden Sie die Datei *MeinTest.xlsm* und geben Sie folgenden Code ein:

**Listing 20.2** Ein erster XML-Code, um das Menüband zu ergänzen

```
<customUI
        xmlns="http://schemas.microsoft.com/office/2009/07/customui">

  <ribbon>
    <tabs>
      <tab id="MyTab" label="Mein Register">
        <group id="MyGroup" label="Meine Gruppe">
            <button id="MyButton"
                  label="Meine Schaltfläche"
                  onAction="MeinMakro" />
        </group>
      </tab>
    </tabs>
  </ribbon>
</customUI>
```

6. Speichern Sie den Code im XML-Editor und öffnen Sie danach die Arbeitsmappe *MeinTest.xlsm*

**HINWEIS** Entgegen der Logik, die Sie von VBA her kennen, dürfen XML-Codezeilen nicht mit einem Unterstrich (_) umgebrochen werden.

Nach dem Start der Arbeitsmappe finden Sie im Menüband eine neue Registerkarte mit dem Namen *Mein Register* vor. Aktivieren Sie diese, um die eigens erzeugte Gruppe mit der darin enthaltenen Schaltfläche anzuzeigen. Klicken Sie die Schaltfläche an, um das hinterlegt Makro auszuführen.

**Abbildg. 20.2** Die selbst erzeugte Registerkarte mit einer Gruppe und einer Schaltfläche

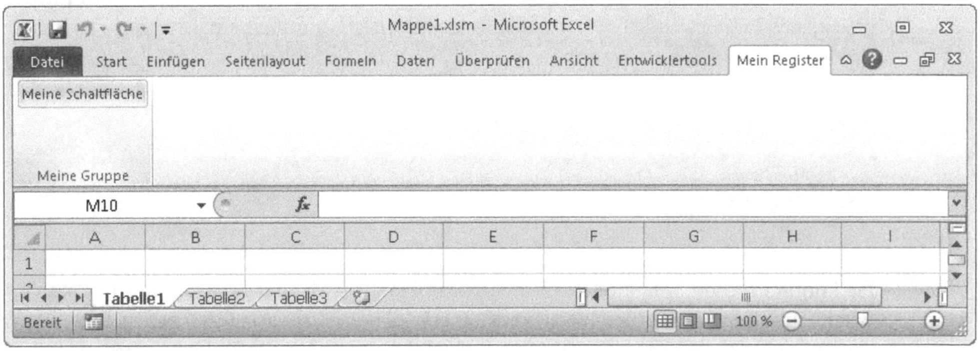


Wie Sie sehen, ist ein Zusammenspiel zwischen VBA und XML erforderlich, um das Menüband wunschgemäß anzupassen.

Nachdem das Menüband modifiziert wurde, enthält der Zip-Ordner der Excel-Datei *MeinTest.xlsm* den Unterordner *customUI*. In ihm finden Sie die Datei *customUI14.xml*, die den erstellten XML-Code enthält.

# Grundlagen in Bezug auf RibbonX

Bevor wir auf die grundlegenden Befehlszeilen von XML in Bezug auf RibbonX eingehen, möchten wir Sie darauf hinweisen, dass XML auch in anderen Bereichen von Excel angewendet werden kann. Diesen Themen haben wir uns gegen Ende des Buchs in Kapitel 27 gewidmet.

Wir gehen fortan davon aus, dass Sie den zuvor empfohlenen Custom UI Editor for Microsoft Office installiert haben.

## Die XML-Struktur

Der Aufbau eines XML-Codes ist, im Vergleich zu VBA, relativ simpel. Jede Befehlszeile wird durch ein Kleiner-Zeichen (<) angeführt und durch ein Größer-Zeichen (>) abgeschlossen. Wenn Sie bereits mit HTML-Codes gearbeitet haben, werden Sie erkennen, dass das Prinzip ähnlich ist. Die Befehle in spitzen Klammern werden als Tags bezeichnet (ausgesprochen als »Täg«).

Der XML-Code baut hierarchisch auf, wobei untergeordnete Elemente als Kind-Elemente bezeichnet werden. Um den Code möglichst übersichtlich zu gestalten, werden untergeordnete Befehlszeilen eingerückt.

Um das Ende einer Befehlszeile zu kennzeichnen, wird ein Querstrich (/) verwendet. Wenn der Befehl auf derselben Zeile, oder im gleichen Block endet und keine Kind-Elemente enthält, kann der Schrägstrich am Ende der Befehlskette vor dem Größer-Zeichen eingefügt werden.

```
<Befehl ... />
```

Wenn weitere Hierarchiestufen, also Kind-Elemente, zum Einsatz kommen, wird für den Abschluss ein eigenes Tag verwendet. Ein abschließendes Tag *beginnt* mit einem Schrägstrich nach dem Kleiner-Zeichen.

```
<Befehl ...>
 <Kind-Element ...>
  <Kind-Element ... />
 </Kind-Element>
</Befehl>
```

Sie können Ihren Code auch kommentieren. Damit XML die Zeile als Kommentar und nicht als Befehl interpretiert, wird nach dem Kleiner-Zeichen ein Ausrufezeichen gefolgt von mindestens zwei Minuszeichen verwendet. Vor dem abschließenden Größer-Zeichen werden ebenfalls mindestens zwei Minuszeichen benötigt. Im XML-Editor werden Kommentare in grüner Schrift dargestellt.

```
<!-- Kommentarzeile -->
```

Die weiteren Farben haben im XML-Editor folgende Bedeutung:

**Tabelle 20.2** Bedeutung der Farben im XML-Code

| Farbe | Bedeutung |
|---|---|
| Blau | Tags sowie benutzerdefinierte Namen oder Verweise |
| Schwarz | Anführungs- und Schlusszeichen, die Namen und Verweise einschließen |
| Braun | Befehle |
| Rot | Eigenschaften |
| Grün | Kommentare |

Für die Arbeit mit RibbonX stellt Microsoft eine Bibliothek mit Befehlen und Eigenschaften zur Verfügung. Um auf diese zugreifen zu können, muss zu Beginn eines jeden XML-Codes eine Referenz auf die Bibliothek erstellt werden. Die Referenz beginnt immer mit dem Wurzel (Root)-Befehl *customUI*, gefolgt von der Eigenschaft *xmlns* und der zu referenzierenden Bibliothek *http://schemas.microsoft.com/office/2009/07/customui*. In der Version 2007 muss *http://schemas.microsoft.com/office/2006/01/customui* verwendet werden. Ohne dieses einleitende und abschließende Hauptelement können Sie das Menüband nicht ansprechen.

```
<customUI
        xmlns="http://schemas.microsoft.com/office/2009/07/customui">
   ...
</customUI>
```

Das nächst tiefere Hierarchieelement, das verwendet werden kann, ist das Menüband. Der Befehl, um es anzusprechen, nennt sich `ribbon`.

```
<ribbon>
   ...
</ribbon>
```

Innerhalb des Menübands befinden sich die Registerkarten. Das Container-Objekt für alle Registerkarten nennt sich `<tabs>`. Innerhalb des Containers `<tabs>` können einzelne Registerkarten mittels `<tab>` angesprochen werden.

Eine Ebene tiefer befinden sich die Gruppen `<group>`. Noch eine Ebene tiefer finden Sie die verschiedenen Steuerelemente.

Die Abbildung 20.3 zeigt die wichtigsten XML-Objekte.

**Abbildg. 20.3** Die wichtigsten XML-Objekte

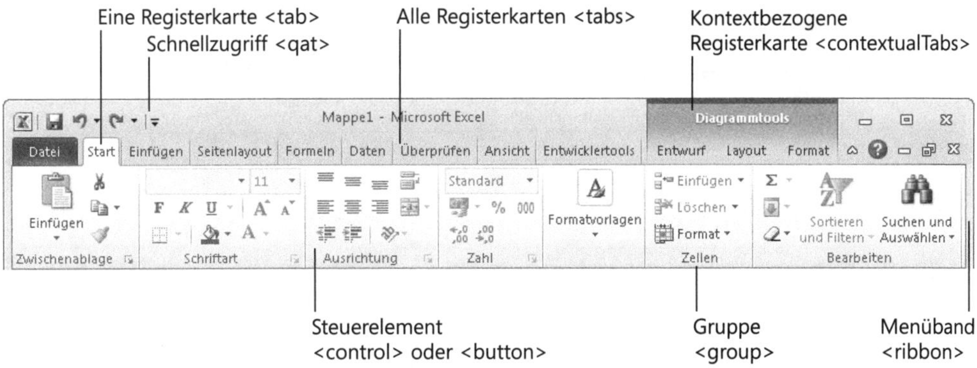


# Die Registerkarten-Ebene

Auf den folgenden Buchseiten finden Sie Beispiele zu nahezu allen möglichen XML-Befehlen, die in Bezug auf das Menüband angewendet werden können. Wir beginnen mit der Registerkarten-Ebene und wenden uns später im Detail den Gruppen und Steuerelementen zu.

## Eine bestehende Registerkarte ausblenden

Das nachstehende Beispiel zeigt, wie Sie die Registerkarte *Start* ausblenden können. Der Eigenschaft `idMso` wird der Name der Registerkarte übergeben. Die Eigenschaft für das Ausblenden lautet `visible` gefolgt von `false`.

Listing 20.3 Die Registerkarte *Start* ausblenden

```
<customUI xmlns=
   "http://schemas.microsoft.com/office/2009/07/customui">
  <ribbon>
    <tabs>
      <tab idMso="TabHome" visible="false" />
    </tabs>
  </ribbon>
</customUI>
```

**BEISPIEL** Das obige Beispiel befindet sich innerhalb der Beispieldateien zum Buch im Ordner *\Buch\Kap20*. Die Mappe nennt sich *Bsp20_01.xlsx*. Öffnen Sie die Mappe im Custom UI Editor, wenn Sie den XML-Code einsehen möchten.

Anbei finden Sie eine Übersicht über die wichtigsten Namen von Registerkarten, wie sie in XML verwendet werden.

Tabelle 20.3 Die wichtigsten Registerkarten im Überblick

| Registerkartenname | XML-Bezeichnung |
|---|---|
| *Datei* | `Backstage` |
| *Start* | `TabHome` |
| *Einfügen* | `TabInsert` |
| *Seitenlayout* | `TabPageLayoutExcel` |
| *Formeln* | `TabFormulas` |
| *Daten* | `TabData` |
| *Überprüfen* | `TabReview` |
| *Ansicht* | `TabView` |
| *Entwicklertools* | `TabDeveloper` |

# Das gesamte Menüband ausblenden

Wenn Sie alle bestehenden Registerkarten ausblenden möchten, ist es nicht notwendig, jede einzelne Registerkarte mit deren Namen anzusprechen.

Verwenden Sie nach dem Element `ribbon` einfach die Eigenschaft `startFromScratch` und übergeben Sie ihr den Wert `true`. Nach dem Neustart der Arbeitsmappe wird das Menüband verschwunden sein. Lediglich die Registerkarte *Datei* wird weiterhin angezeigt.

Listing 20.4 Das Menüband vollständig ausblenden

```
<customUI xmlns=
  "http://schemas.microsoft.com/office/2009/07/customui">
 <ribbon startFromScratch="true" />
</customUI>
```

**BEISPIEL** Das obige Beispiel befindet sich innerhalb der Beispieldateien zum Buch im Ordner *\Buch\Kap20*. Die Mappe nennt sich *Bsp20_02.xlsx*. Öffnen Sie die Mappe im Custom UI Editor, wenn Sie den XML-Code einsehen möchten.

# Eigene Registerkarten erzeugen (*tabs/tab*)

Sie können auf dem zuvor beschriebenen Weg das Menüband ausblenden und darin Ihre eigene Registerkarte (oder auch mehrere) aufbauen. Dazu sind das Element `tabs` und das dazugehörige Kindelement `tab` erforderlich. Dem Kindelement `tab` weisen Sie die Eigenschaft `id` gefolgt von einem beliebigen Namen, hier `MyTab`, zu. Damit die Registerkarte eine sichtbare Beschriftung erhält, verwenden Sie die Eigenschaft `label` und übergeben ihr den Namen, der als Beschriftung der Registerkarte erscheinen soll. In unserem Beispiel nennen wir die Registerkarte `Mein Register`.

**Abbildg. 20.4** Eine benutzerdefinierte Registerkarte erzeugen

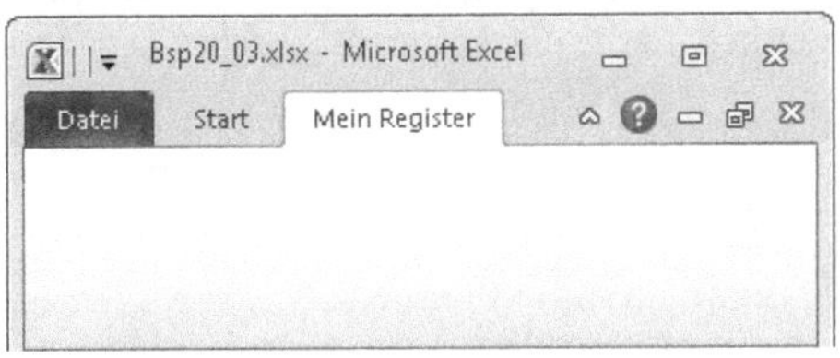


Sie können auf diese Weise verschiedene benutzerdefinierte Registerkarten erzeugen oder bestehende Registerkarten einblenden. Im folgenden Beispiel erstellen wir eine eigene Registerkarte und aktivieren zudem die Office-eigene *Start*-Registerkarte.

**Listing 20.5** Eine eigene Registerkarte erstellen und die Registerkarte *Start* einblenden (*tabs/tab*)

```
<customUI xmlns=
  "http://schemas.microsoft.com/office/2009/07/customui">
 <ribbon startFromScratch="true">
  <tabs>
   <tab id="MyTab" label="Mein Register" />
   <tab idMso="TabHome" visible="true" />
  </tabs>
 </ribbon>
</customUI>
```

**BEISPIEL** Das obige Beispiel befindet sich innerhalb der Beispieldateien zum Buch im Ordner *\Buch\Kap20*. Die Mappe nennt sich *Bsp20_03.xlsx*. Öffnen Sie die Mappe im Custom UI Editor, wenn Sie den XML-Code einsehen möchten.

Wie eine benutzerdefinierte Registerkarte mit Gruppen und Schaltflächen bestückt wird, erfahren Sie später in diesem Kapitel.

## Kontextbezogene Registerkarten (*tabSet*)

Kontextbezogene Registerkarten bzw. Registerkartensätze erscheinen nur bei bestimmten Ereignissen. Wenn Sie beispielsweise eine Grafik oder ein ClipArt einfügen und das Objekt selektiert ist, erscheint der Registerkartensatz *Bildtools*.

**Abbildg. 20.5** Der kontextbezogene Registerkartensatz *Bildtools*

Sie können den kontextbezogenen Registerkartensatz *Bildtools* ausblenden, indem Sie das Element `contextualTab` verwenden. Ihm untergeordnet ist das Element `tabSet`. Durch die Eigenschaft `idMso="TabSetPictureTools" visible="false"` wird der Registerkartensatz komplett ausgeblendet. In unserem Beispiel wird dies dadurch deutlich, dass die kontextbezogene Registerkarte nicht erscheint, wenn die Grafik aktiviert wird.

**Listing 20.6** Kontextbezogene Registerkarte *Bildtools* ausblenden

```
<customUI xmlns=
  "http://schemas.microsoft.com/office/2009/07/customui">
 <ribbon>
  <contextualTabs>
   <tabSet idMso="TabSetPictureTools" visible="false" />
  </contextualTabs>
 </ribbon>
</customUI>
```

**BEISPIEL** Das obige Beispiel befindet sich innerhalb der Beispieldateien zum Buch im Ordner *\Buch\Kap20*. Die Mappe nennt sich *Bsp20_04.xlsx*. Öffnen Sie die Mappe im Custom UI Editor, wenn Sie den XML-Code einsehen möchten.

# Die Gruppen-Ebene

Auf der Gruppen-Ebene können Sie bestehende Gruppen ausblenden oder eigene Gruppen zu erzeugen. Gruppen bilden die Basis, auf der später beliebige Steuerelemente hinzugefügt werden können.

## Eine bestehende Gruppen ausblenden (*group*)

Wenn Sie bestehende Gruppen innerhalb einer Registerkarte unzugänglich machen möchten, können Sie diese ausblenden.

Die beiden nachfolgenden Abbildungen zeigen die *Start*-Registerkarte vor und nach dem Ausblenden der Gruppen.

**Abbildg. 20.6** Die originale und die reduzierte *Start*-Registerkarte

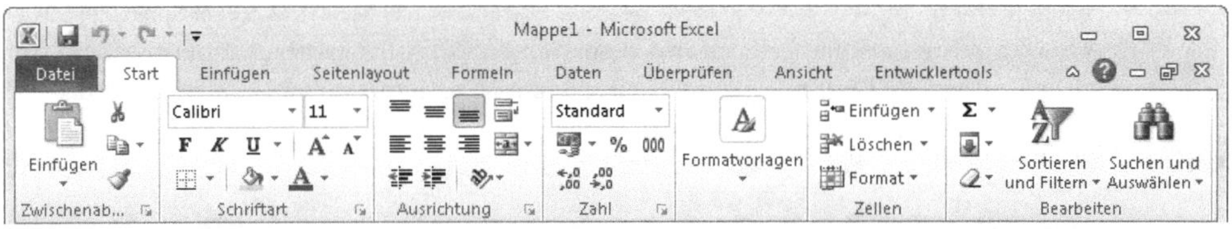


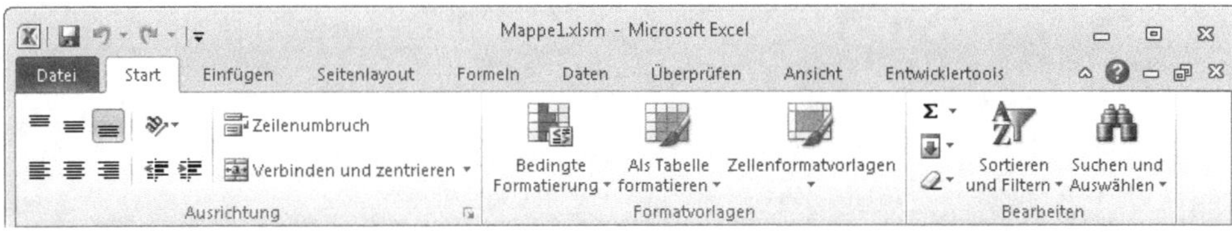


**Listing 20.7** Bestehende Gruppen ausblenden (*group*)

```
<customUI xmlns=
  "http://schemas.microsoft.com/office/2009/07/customui">
 <ribbon>
  <tabs>
   <tab idMso="TabHome">
    <group idMso="GroupClipboard" visible="false" />
    <group idMso="GroupFont" visible="false" />
    <group idMso="GroupNumber" visible="false" />
    <group idMso="GroupCells" visible="false" />
   </tab>
  </tabs>
 </ribbon>
</customUI>
```

**BEISPIEL** Das obige Beispiel befindet sich innerhalb der Beispieldateien zum Buch im Ordner *\Buch\Kap20*. Die Mappe nennt sich *Bsp20_05.xlsx*. Öffnen Sie die Mappe im Custom UI Editor, wenn Sie den XML-Code einsehen möchten.

# Eine benutzerdefinierte Gruppe erzeugen

Das folgende Beispiel zeigt, wie Sie eigene, benutzerdefinierte Gruppen erzeugen können.

**Abbildg. 20.7** Eine benutzerdefinierte Registerkarte mit eigener Gruppe

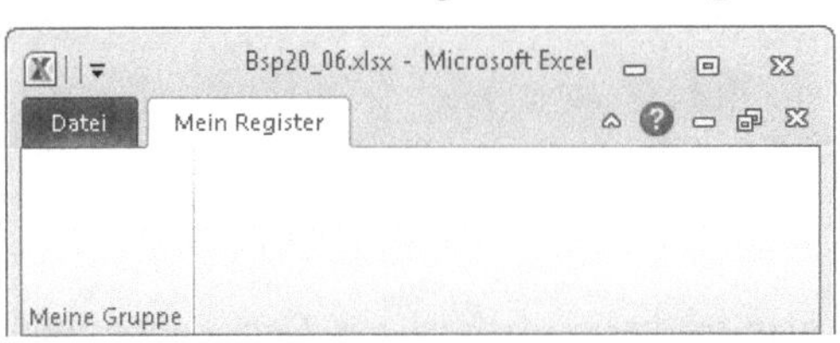

Um den Effekt einer eigenen Registerkarte mit einer benutzerdefinierten Gruppe sichtbar zu machen, blenden wir in unserem Beispiel vorerst alles aus (`startFromScratch="true"`). Danach erzeugen wir eine Registerkarte mit dem Namen `Mein Register` und darin eine Gruppe namens `Meine Gruppe`. Die Gruppe wird später in diesem Kapitel mit verschiedenen Schaltflächen versehen.

**Listing 20.8** Eine benutzerdefinierte Gruppe

```
<customUI xmlns=
  "http://schemas.microsoft.com/office/2009/07/customui">
 <ribbon startFromScratch="true">
  <tabs>
   <tab id="MyTab" label="Mein Register">
    <group id="MyGroup" label="Meine Gruppe " />
   </tab>
  </tabs>
 </ribbon>
</customUI>
```

Sie verfügen nun also über eine eigene Registerkarte, die eine benutzerdefinierte Gruppe enthält, die vorerst noch leer ist.

**BEISPIEL** Das obige Beispiel befindet sich innerhalb der Beispieldateien zum Buch im Ordner *\Buch\Kap20*. Die Mappe nennt sich *Bsp20_06.xlsx*. Öffnen Sie die Mappe im Custom UI Editor, wenn Sie den XML-Code einsehen möchten.

# Die Steuerelement-Ebene

Auf der Steuerelement-Ebene können Sie Ihrer Kreativität freien Lauf lassen. Es gibt schier unbeschränkte Möglichkeiten, um Steuerelemente zu kombinieren. Nachfolgend finden Sie grundlegende Informationen, die Sie nach eigenen Wünschen kombinieren können.

## Eine Schaltfläche anlegen (*button*)

Aufbauend auf den vorangegangenen Beispielen erstellen wir eine neue Registerkarte, die eine Gruppe enthält, in der wir unsere benutzerdefinierte Schaltfläche anlegen.

**Abbildg. 20.8** Eine benutzerdefinierte Schaltfläche

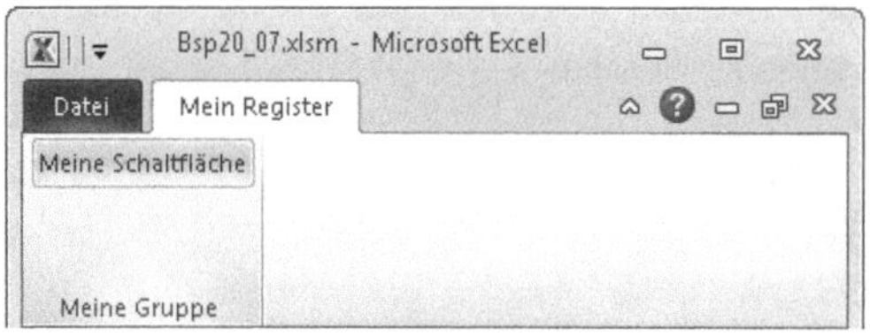


Das Element für das Erstellen einer Schaltfläche nennt sich `button`. Dem Button weisen wir eine interne Identifikation (`id`) zu, sowie einen sichtbaren Namen `label="Meine Schaltfläche"`.

Beim Betätigen der Schaltfläche soll ein Makro gestartet werden. Die Eigenschaft für diese Aktion nennt sich `onAction`. Ihr übergeben wir den Namen des Makros.

**Listing 20.9** Eine Schaltfläche erstellen (*button*)

```
<customUI xmlns=
  "http://schemas.microsoft.com/office/2009/07/customui">
 <ribbon startFromScratch="true">
  <tabs>
   <tab id="MyTab" label="Mein Register">
    <group id="MyGroup" label="Meine Gruppe ">
     <button id="myButton"
             label="Meine Schaltfläche"
             onAction="MeinMakro" />
    </group>
   </tab>
  </tabs>
 </ribbon>
</customUI>
```

Beim Erstellen des Makros müssen Sie im runden Klammerpaar, das nach dem Makronamen folgt, die Anweisung `Control As IRibbonControl` eintragen. Das Makro können Sie ansonsten wie gewohnt programmieren.

**Listing 20.10** Das Schaltflächen-Makro

```
Sub MeinMakro(Control As IRibbonControl)
    MsgBox "Die Schaltfläche funktioniert!"
End Sub
```

Sie verfügen nun über eine eigene Registerkarte, die eine benutzerdefinierte Gruppe mit einer Schaltfläche enthält.

**BEISPIEL** Das obige Beispiel befindet sich innerhalb der Beispieldateien zum Buch im Ordner *\Buch\Kap20*. Die Mappe nennt sich *Bsp20_07.xlsm*. Öffnen Sie die Mappe im Custom UI Editor, wenn Sie den XML-Code einsehen möchten. Das Makro befindet sich im *Modul1* der Excel-Arbeitsmappe.

# Eine Schaltfläche mit Office-Bild (*imageMso*)

Sie können die Schaltfläche bei Bedarf mit einem Bild versehen. Es gibt in Excel, beziehungsweise Office, wohl Tausende an vorgegebenen Grafiken, die benutzt werden können.

Um ein Office-eigenes Bild auf der Schaltfläche erscheinen zu lassen, verwenden Sie die Eigenschaft `imageMso`. Ihr übergeben Sie den Namen des Symbols, hier `HappyFace`.

Sie können die Schaltfläche auch größer darstellen, sodass das Bild besser zur Geltung kommt. Um diesen Effekt zu erzielen verwenden Sie die Eigenschaft `size="large"`.

Im folgenden Beispiel erzeugen wir je eine große sowie eine kleine Schaltfläche.

**Abbildg. 20.9** Zwei Schaltflächen mit Grafik

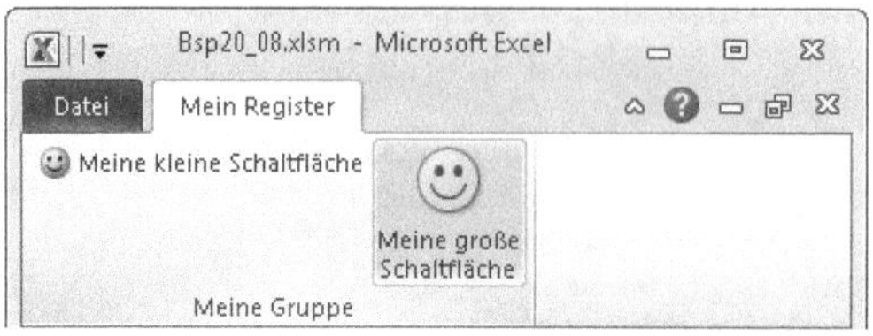


Der XML-Code zu obigem Bild erstellt somit zuerst eine kleine und dann eine große Schaltfläche.

**Listing 20.11** Zwei Schaltflächen mit Bild erzeugen (*imageMso*)

```
<customUI xmlns=
  "http://schemas.microsoft.com/office/2009/07/customui">
 <ribbon startFromScratch="true">
  <tabs>
   <tab id="MyTab" label="Mein Register">
    <group id="MyGroup" label="Meine Gruppe ">
     <button id="myButtonSmall"
             label="Meine kleine Schaltfläche"
             imageMso="HappyFace"
             onAction="MeinMakro" />

     <button id="myButtonLarge"
             label="Meine große Schaltfläche"
             imageMso="HappyFace"
             size="large"
             onAction="MeinMakro" />
    </group>
   </tab>
  </tabs>
 </ribbon>
</customUI>
```

**BEISPIEL** Das obige Beispiel befindet sich innerhalb der Beispieldateien zum Buch im Ordner *\Buch\Kap20*. Die Mappe nennt sich *Bsp20_08.xlsm*. Öffnen Sie die Mappe im Custom UI Editor, wenn Sie den XML-Code einsehen möchten. Das Makro befindet sich im *Modul1* der Excel-Arbeitsmappe.

# Eine Schaltfläche mit eigenem Bild (*image*)

Sie können nach Belieben auch ein eigenes Bild verwenden. Bedenken Sie dabei allerdings, dass die Größe des Bildes der Schaltfläche reduziert wird. Ein hochaufgelöstes Urlaubsfoto wird unter Umständen unkenntlich dargestellt.

**Abbildg. 20.10** Schaltfläche mit eigenem Bild

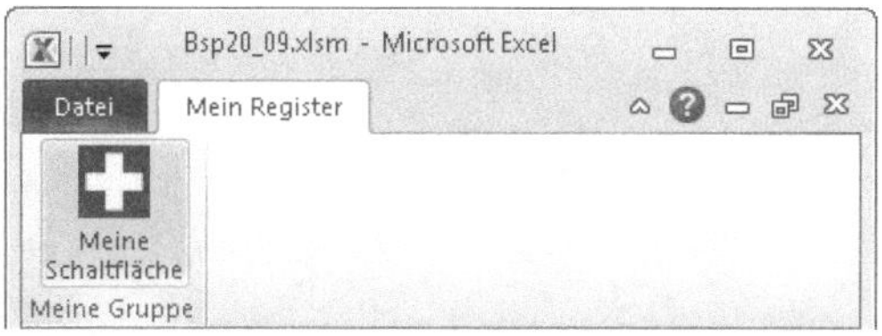


Der Speicherort des Bildes spielt keine Rolle. Wichtig ist, dass Sie es in den Custom UI Editor laden.

1. Öffnen Sie im Custom UI Editor die Excel-Arbeitsmappe, in der Sie das Bild verwenden möchten.
2. Klicken Sie auf die Schaltfläche *Insert Icons*, wählen Sie den Pfad aus, wo Ihr Bild gespeichert ist, und öffnen Sie es.
3. Das Bild wird nun im linken Bereich des Custom UI Editors angezeigt.

**Abbildg. 20.11** Ein Bild in den Custom UI Editor laden

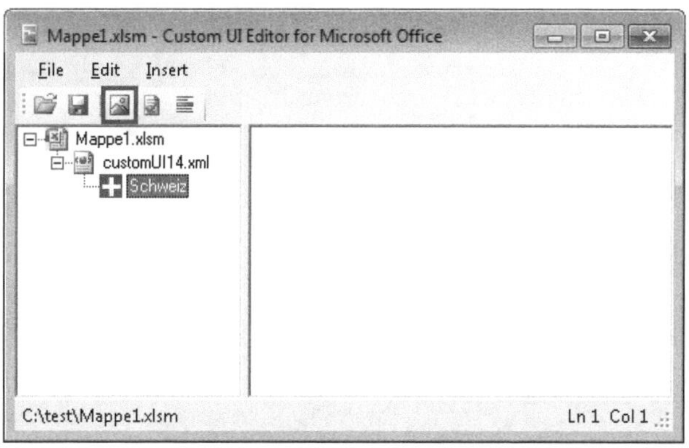


**HINWEIS** Wenn Sie das Bild im Custom UI Editor entfernen möchten, klicken Sie es mit der rechten Maustaste an und wählen im Kontextmenü den Befehl *Remove*.

Um das Bild auf der Schaltfläche sichtbar zu machen, verwenden Sie im XML-Code die Eigenschaft `image` gefolgt vom Namen des Bildes (hier *Schweiz*). Die Angabe der Namensweiterung, wie z.B. *.jpg* ist optional.

**Listing 20.12** Eine Schaltfläche mit eigenem Bild (*image*)

```
<customUI xmlns=
  "http://schemas.microsoft.com/office/2009/07/customui">
 <ribbon startFromScratch="true">
  <tabs>
   <tab id="MyTab" label="Mein Register">
    <group id="MyGroup" label="Meine Gruppe ">
     <button id="myButton"
            label="Meine Schaltfläche"
            image="Schweiz"
```

Listing 20.12 Eine Schaltfläche mit eigenem Bild (*image*) *(Fortsetzung)*

```
                size="large"
                onAction="MeinMakro" />
        </group>
      </tab>
    </tabs>
  </ribbon>
</customUI>
```

Die fertige Schaltfläche mit dem benutzerdefinierten Bild sieht nun wie folgt aus:

**BEISPIEL** Das obige Beispiel befindet sich innerhalb der Beispieldateien zum Buch im Ordner *\Buch\Kap20*. Die Mappe nennt sich *Bsp20_09.xlsm*. Öffnen Sie die Mappe im Custom UI Editor, wenn Sie den XML-Code einsehen möchten. Das Makro befindet sich im *Modul1* der Excel-Arbeitsmappe.

# Eine Trennlinie einfügen (*separator*)

Nach Belieben können Sie zwischen den Schaltflächen eine Trennlinie einfügen.

Abbildg. 20.12 Zwei getrennte Schaltflächen

Das Element nennt sich `separator`, ihm übergeben Sie lediglich eine interne Identifikation (`id=...`).

Listing 20.13 Eine Trennlinie einfügen (*separator*)

```
...
<button id="myButton1"
        label="Meine 1. Schaltfläche"
        imageMso="HappyFace"
        size="large"
        onAction="MeinMakro1" />

 <separator id="mySeparator1" />

 <button id="myButton2"
        label="Meine 2. Schaltfläche"
        imageMso="Heart"
        size="large"
        onAction="MeinMakro2" />
...
```

Die Trennlinie separiert nun die beiden Schaltflächen. Es handelt sich um einen rein optischen Effekt.

**BEISPIEL** Das obige Beispiel befindet sich innerhalb der Beispieldateien zum Buch im Ordner *\Buch\Kap20*. Die Mappe nennt sich *Bsp20_10.xlsm*. Öffnen Sie die Mappe im Custom UI Editor, wenn Sie den XML-Code einsehen möchten. Die Makros befinden sich im *Modul1* der Excel-Arbeitsmappe.

# Office-eigene Schaltflächen verwenden (*control*)

Sie können in Ihre benutzerdefinierten Registerkarten auch Office-eigene Schaltflächen einbinden.

Die Abbildung 20.13 zeigt das Ergebnis des folgenden Codes, der vier Office-eigene Schaltflächen erzeugt.

**Abbildg. 20.13** Office-eigene Schaltflächen

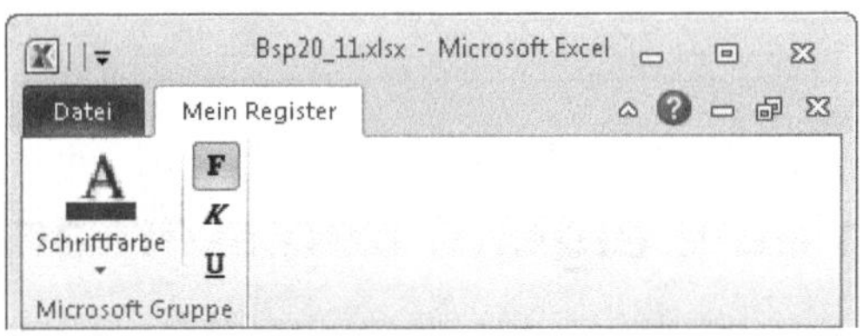


Diese werden über das Element `control` angesprochen. Der Eigenschaft `idMso` wird der Name des Befehls übergeben.

**Listing 20.14** Office-eigene Schaltflächen verwenden (*control*)

```
<customUI xmlns=
  "http://schemas.microsoft.com/office/2009/07/customui">
 <ribbon startFromScratch="true">
  <tabs>
   <tab id="MyTab" label="Mein Register">
    <group id="MyGroup" label="Microsoft Gruppe">
     <control idMso="FontColorPicker" size="large" />

     <separator id="MySeparator1" />

     <control idMso="Bold" />
     <control idMso="Italic" />
     <control idMso="Underline" />
    </group>
   </tab>
  </tabs>
 </ribbon>
</customUI>
```

Nach Belieben können Sie natürlich auch benutzerdefinierte Schaltflächen hinzufügen.

**BEISPIEL** Das obige Beispiel befindet sich innerhalb der Beispieldateien zum Buch im Ordner *\Buch\Kap20*. Die Mappe nennt sich *Bsp20_11.xlsx*. Öffnen Sie die Mappe im Custom UI Editor, wenn Sie den XML-Code einsehen möchten.

**HINWEIS** Einige Befehlsnamen können Sie dem Dialogfeld *Excel-Optionen* in der Rubrik *Anpassen* entnehmen. Sie müssen lediglich mit der Maus auf den gewünschten Befehl zeigen. In der daraufhin geöffneten QuickInfo wird am Ende in Klammern die erforderliche englische Bezeichnung angegeben. Es lassen sich allerdings nur die *control idMso* entnehmen, nicht aber die *group idMso*.

**BEISPIEL** Unter folgendem Link finden Sie ein Programm, das Sie bei der Suche nach *Control IDs* unterstützt:

*http://www.microsoft.com/downloads/details.aspx?displaylang=en&FamilyID=3f2fe784-610e-4bf1-8143-41e481993ac6*

# Microsoft-Gruppe in eine eigene Registerkarte integrieren

Wenn Sie eine eigene Registerkarte anlegen, haben Sie die Möglichkeit, eine Office-eigene Gruppe einzubinden.

**Abbildg. 20.14** Eine Microsoft-Gruppe sowie eine eigene Gruppe

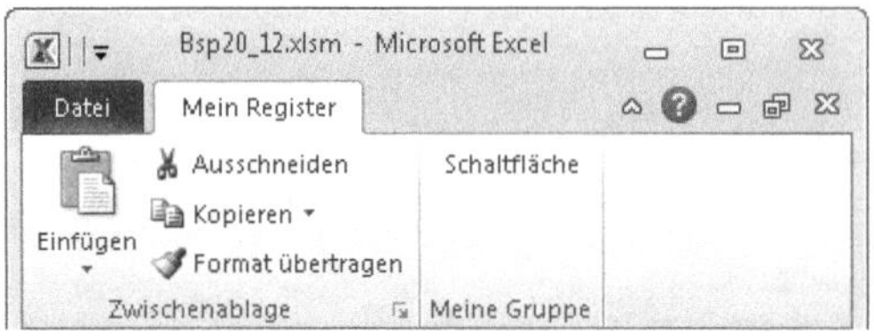


In unserem Beispiel fügen wir zuerst die Gruppe *Zwischenablage* ein und erstellen dann noch eine benutzerdefinierte Gruppe mit einer Schaltfläche.

**Listing 20.15** Die Office-eigene Zwischenablage (*GroupClipboard*) einbinden

```
<customUI xmlns=
  "http://schemas.microsoft.com/office/2009/07/customui">
 <ribbon startFromScratch="true">
  <tabs>
   <tab id="MyTab" label="Mein Register">
    <group idMso="GroupClipboard" />
    <group id="MyGroup" label="Meine Gruppe ">
     <button id="myButton" label="Schaltfläche" onAction="MyMakro" />
```

**Listing 20.15** Die Office-eigene Zwischenablage (*GroupClipboard*) einbinden *(Fortsetzung)*

```
    </group>
   </tab>
  </tabs>
 </ribbon>
</customUI>
```

Unser Musterbeispiel lässt sich nach Belieben um weitere eigene oder bestehende Microsoft-Gruppen und -Schaltflächen ergänzen.

**BEISPIEL** Das obige Beispiel befindet sich innerhalb der Beispieldateien zum Buch im Ordner *\Buch\Kap20*. Die Mappe nennt sich *Bsp20_12.xlsm*. Öffnen Sie die Mappe im Custom UI Editor, wenn Sie den XML-Code einsehen möchten.

# Eine Office-eigene Gruppe ersetzen

Sie haben die Möglichkeit, eine Office-eigene Gruppe zu manipulieren, indem Sie beispielsweise Schaltflächen weglassen oder deaktivieren. Der einfachste Weg, um dies zu bewerkstelligen, besteht darin, die originale Gruppe auszublenden und als neue Gruppe wieder aufzubauen.

Durch die Angabe von `<group idMso="GroupClipboard" visible="false" />` wird die Zwischenablage ausgeblendet. Danach wird eine neue Gruppe mit dem Namen *Zwischenablage* erstellt. Damit sie an der richtigen Stelle, also vor dem unsichtbaren Original erscheint, verwenden wir den Befehl `insertBeforeMso="GroupClipboard"`. In der neuen Gruppe werden die Office-eigenen Befehle integriert. Durch die Angabe von `showLabel` kann festgelegt werden, ob die Schaltflächenbeschriftung angezeigt werden soll oder nicht. Mittels der Eigenschaft `enabled="false"` können Sie eine Schaltfläche deaktivieren, sodass sie zwar angezeigt, aber nicht benutzt werden kann.

**Listing 20.16** Manipulation der Zwischenablage

```
<customUI xmlns=
  "http://schemas.microsoft.com/office/2009/07/customui">
 <ribbon>
  <tabs>
   <tab idMso="TabHome">
    <group idMso="GroupClipboard" visible="false" />
    <group id="MeinClipboard"
          label="Zwischenablage"
          insertBeforeMso="GroupClipboard">
      <control idMso="PasteMenu" size="large" />
      <control idMso="Cut" showLabel="false" enabled="false" />
      <control idMso="Copy" showLabel="false" enabled="false" />
      <control idMso="FormatPainter" showLabel="false" />
    </group>
   </tab>
  </tabs>
 </ribbon>
</customUI>
```

**BEISPIEL** Das obige Beispiel befindet sich innerhalb der Beispieldateien zum Buch im Ordner *\Buch\Kap20*. Die Mappe nennt sich *Bsp20_13.xlsx*. Öffnen Sie die Mappe im Custom UI Editor, wenn Sie den XML-Code einsehen möchten.

# Ausrichten von Steuerelementen (*box*)

Mittels des Elements `box` haben Sie die Möglichkeit, Schaltflächen zusammenzufassen. Durch die Eigenschaft `boxStyle`, der Sie wahlweise `horizontal` oder `vertical` übergeben, können Sie die Richtung bestimmen, in der die Steuerelemente angeordnet werden sollen.

**Abbildg. 20.15** Reihenfolge der Steuerelemente

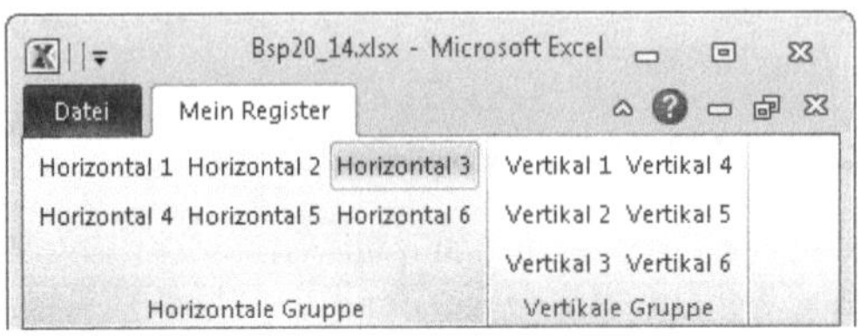


Im folgenden Beispiel erstellen wir zwei Gruppen, wobei die Schaltflächen der ersten Gruppe horizontal ausgerichtet sind und die der zweiten Gruppe vertikal.

**Listing 20.17** Horizontal und vertikal ausgerichtete Steuerelemente (*box/boxstyle*)

```
<customUI xmlns=
  "http://schemas.microsoft.com/office/2009/07/customui">
 <ribbon startFromScratch="true">
  <tabs>
   <tab id="myTab" label="Mein Register">
    <group id="MyHGroup" label="Horizontale Gruppe">

     <box id="MyBoxHr1" boxStyle="horizontal">
      <button id="myHButton1" label="Horizontal 1" />
      <button id="myHButton2" label="Horizontal 2" />
      <button id="myHButton3" label="Horizontal 3" />
     </box>

     <box id="MyBoxHr2">
      <button id="myHButton4" label="Horizontal 4" />
      <button id="myHButton5" label="Horizontal 5" />
      <button id="myHButton6" label="Horizontal 6" />
     </box>
    </group>

    <group id="MyVGroup" label="Vertikale Gruppe">
     <box id="MyBoxVc1" boxStyle="vertical">
       <button id="myVButton1" label="Vertikal 1" />
       <button id="myVButton2" label="Vertikal 2" />
       <button id="myVButton3" label="Vertikal 3" />
    </box>
```

**Listing 20.17** Horizontal und vertikal ausgerichtete Steuerelemente (*box/boxstyle*) *(Fortsetzung)*

```
      <box id="MyBoxVc2" boxStyle="vertical">
       <button id="myVButton4" label="Vertikal 4" />
       <button id="myVButton5" label="Vertikal 5" />
       <button id="myVButton6" label="Vertikal 6" />
      </box>
     </group>
    </tab>
   </tabs>
  </ribbon>
</customUI>
```

Der Abbildung 20.15 können Sie die verschieden ausgerichteten Steuerelemente in den beiden Gruppen entnehmen.

**BEISPIEL** Das obige Beispiel befindet sich innerhalb der Beispieldateien zum Buch im Ordner *\Buch\Kap20*. Die Mappe nennt sich *Bsp20_14.xlsx*. Öffnen Sie die Mappe im Custom UI Editor, wenn Sie den XML-Code einsehen möchten.

# Beschriftungselemente ohne Aktion (*labelControl*)

XML bietet die Möglichkeit, Steuerelemente zu verwenden, die lediglich zur Beschriftung von anderen Elementen dienen. Ihnen kann keine Aktion hinterlegt werden, wie dies sonst bei Steuerelementen der Fall ist.

**Abbildg. 20.16** Schaltflächen kombiniert mit Beschriftungselementen

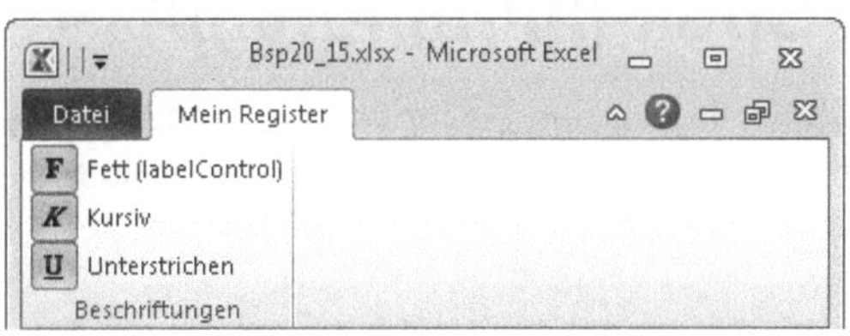


Das Element für die Beschriftung nennt sich `labelControl`. Ihm wird, wie immer, eine interne Identifikation (`id`) übergeben. Diesem folgt das `label`, dem der anzuzeigende Text zugewiesen wird.

Um das Ganze innerhalb der Gruppe übersichtlich zu gestalten, verwenden wir in unserem Beispiel Boxen mit horizontaler Ausrichtung.

**Listing 20.18** Verschiedene Beschriftungselemente (*labelControl*) im Einsatz

```
<customUI xmlns=
  "http://schemas.microsoft.com/office/2009/07/customui">
 <ribbon startFromScratch="true">
  <tabs>
   <tab id="myTab" label="Mein Register">
    <group id="MyGroup" label="Beschriftungen">
     <box id="MyBoxHr1" boxStyle="horizontal">
```

**Listing 20.18** Verschiedene Beschriftungselemente (*labelControl*) im Einsatz *(Fortsetzung)*

```
        <control idMso="Bold" />
        <labelControl id="L1" label="Fett (labelControl)" />
       </box>

       <box id="MyBoxHr2" boxStyle="horizontal">
        <control idMso="Italic" />
        <labelControl id="L2" label="Kursiv" />
       </box>

       <box id="MyBoxHr3" boxStyle="horizontal">
        <control idMso="Underline" />
        <labelControl id="L3" label="Unterstrichen"/>
       </box>
      </group>
     </tab>
    </tabs>
   </ribbon>
  </customUI>
```

Die Abbildung 20.16 zeigt drei Beschriftungselemente: *Fett*, *Kursiv* und *Unterstrichen*. Ihnen vorangestellt ist jeweils die dazu passende Excel-interne Befehlsschaltfläche.

**BEISPIEL** Das obige Beispiel befindet sich innerhalb der Beispieldateien zum Buch im Ordner *\Buch\Kap20*. Die Mappe nennt sich *Bsp20_15.xlsx*. Öffnen Sie die Mappe im Custom UI Editor, wenn Sie den XML-Code einsehen möchten.

# Gruppierungen und Optik (*buttonGroup*)

Wenn Sie eine Registerkarte mit vielen Schaltflächen und Beschriftungen bestücken möchten, kann dies unter Umständen recht unübersichtlich aussehen. XML bietet die Möglichkeit, Schaltflächen in Gruppen zusammenzufassen. Die Schaltflächen werden dabei optisch durch einen Rahmen umgeben.

**Abbildg. 20.17** Drei Gruppierungen

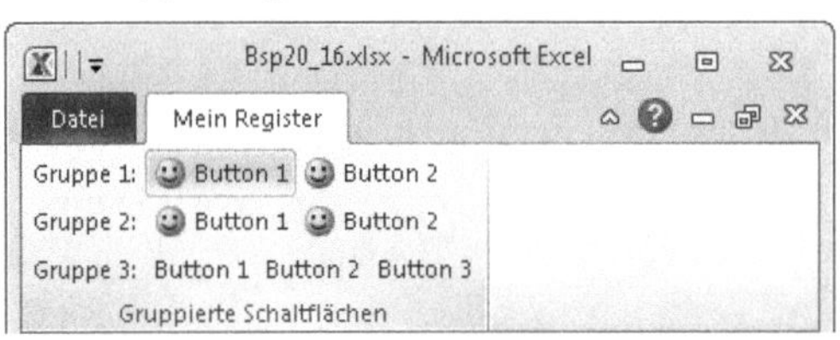


Um Gruppen zu erzeugen, werden die Schaltflächen in einer `buttonGroup` zusammengefasst. Im folgenden Beispiel werden drei Gruppen aufgebaut.

**Listing 20.19** Fünf Schaltflächen in drei unterschiedlichen Gruppen (*buttonGroup*)

```
<customUI xmlns=
  "http://schemas.microsoft.com/office/2009/07/customui">
 <ribbon startFromScratch="true">
  <tabs>
   <tab id="myTab" label="Mein Register">
    <group id="MyGroup" label="Gruppierte Schaltflächen">

     <labelControl id="L1" label="Gruppe 1: " />
     <labelControl id="L2" label="Gruppe 2: " />
     <labelControl id="L3" label="Gruppe 3: " />

      <buttonGroup id="MyButtonGroup1">
       <button id="MyBut1G1" label="Button 1" imageMso="HappyFace" />
       <button id="MyBut2G1" label="Button 2" imageMso="HappyFace" />
      </buttonGroup>

      <buttonGroup id="MyButtonGroup2">
       <button id="MyBut1G2" label="Button 1" imageMso="HappyFace" />
       <button id="MyBut2G2" label="Button 2" imageMso="HappyFace" />
      </buttonGroup>

      <buttonGroup id="MyButtonGroup3">
       <button id="MyBut1G3" label="Button 1" />
       <button id="MyBut2G3" label="Button 2" />
       <button id="MyBut3G3" label="Button 3" />
      </buttonGroup>
     </group>
    </tab>
  </tabs>
 </ribbon>
</customUI>
```

**BEISPIEL** Das obige Beispiel befindet sich innerhalb der Beispieldateien zum Buch im Ordner *\Buch\Kap20*. Die Mappe nennt sich *Bsp20_16.xlsx*. Öffnen Sie die Mappe im Custom UI Editor, wenn Sie den XML-Code einsehen möchten.

# Umschaltflächen erzeugen (*toggleButton*)

Einer Umschaltfläche werden für gewöhnlich zwei Aktionen zugewiesen. Je nach Zustand der Umschaltfläche wird sie hervorgehoben dargestellt oder nicht. Als Vergleich nehmen wir zum Beispiel die Office-eigene Schaltfläche für Fettschrift. Wenn die Schrift der aktiven Zelle fett formatiert ist, ist die Schaltfläche hervorgehoben. Wenn die Fettschrift entfernt wird, ändert sich die Optik der Schaltfläche. Eine solche Schaltfläche werden wir im folgenden Beispiel erstellen.

Zur Veranschaulichung zeigt die Abbildung 20.18 eine Umschaltfläche im aktiven und eine im inaktiven Zustand.

**Abbildg. 20.18** Eine aktive und eine inaktive Umschaltfläche (*toggleButton*)

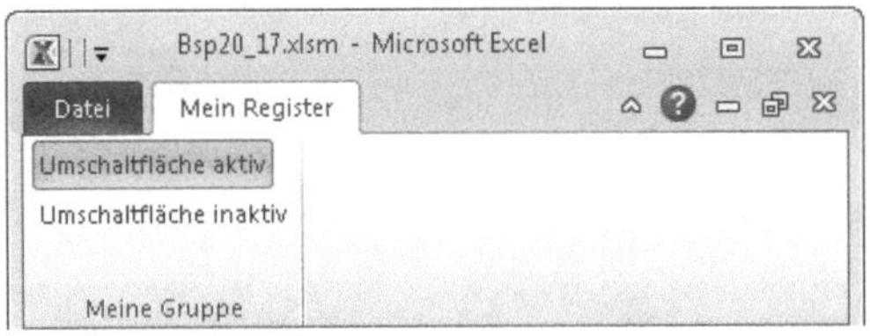


Um unser Codebeispiel möglichst kurz und übersichtlich zu gestalten, erstellen wir darin lediglich eine Umschaltfläche.

Das Element für die Umschaltfläche nennt sich `toggleButton`. Es erhält eine interne Identifikation (`id`).

**Listing 20.20** Eine Umschaltfläche erstellen (*toggleButton*)

```
<customUI xmlns=
  "http://schemas.microsoft.com/office/2009/07/customui">
 <ribbon startFromScratch="true">
  <tabs>
   <tab id="MyTab" label="Mein Register">
    <group id="MyGroup" label="Meine Gruppe">
     <toggleButton id="MyToggleButton1"
                   label="Umschaltfläche 1"
                   getPressed="MyGetPressed"
                   onAction="MyToggleButtonAction" />
    </group>
   </tab>
  </tabs>
 </ribbon>
</customUI>
```

Auf Wunsch können Sie der Umschaltfläche im XML-Code eine Ereignisprozedur übergeben. Dazu wird die Eigenschaft `getPressed` verwendet. Der Name, der `getPressed` übergeben wird, reflektiert den Namen einer Prozedur, die in der Excel-Arbeitsmappe hinterlegt ist. Die Ereignisprozedur dient dazu, der Umschaltfläche einen aktiven oder inaktiven Zustand zuweisen. Der Zustand tritt unmittelbar nach dem Öffnen der Arbeitsmappe ein.

**Listing 20.21** Zustand der Umschaltfläche beim Öffnen der Mappe

```
' GetPressed legt den Zustand des Buttons beim
' Öffnen der Mappe fest
Sub MyGetPressed(control As IRibbonControl, ByRef pressed)
   pressed = True
   Range("B1") = "AKTIV"
   Range("B1").Font.Color = vbRed
End Sub
```

Eine zweite Prozedur wird benötigt, die nach dem Öffnen der Arbeitsmappe auf die Umschaltfläche reagiert. Während die Arbeitsmappe geöffnet ist, wird diese Prozedur ausgeführt, sobald die Umschaltfläche betätigt wird. Der Prozedurname deckt sich mit dem Namen, der dem Ereignis `onAction` übergeben wird.

**Listing 20.22** Zustand der Umschaltfläche nach dem Öffnen der Mappe

```
' Diese Prozedur wird verwendet, um den Zustand
' der Umschaltflächen nach dem Öffnen der Mappe
' beliebig verändern zu können (aktiv/inaktiv)
Sub MyToggleButtonAction _
   (control As IRibbonControl, ByRef pressed)
   If pressed = True Then
      Range("B1") = "AKTIV"
      Range("B1").Font.Color = vbRed
   Else
      Range("B1") = "INAKTIV"
      Range("B1").Font.Color = vbBlue
   End If
End Sub
```

**BEISPIEL** Das obige Beispiel befindet sich innerhalb der Beispieldateien zum Buch im Ordner *\Buch\Kap20*. Die Mappe nennt sich *Bsp20_17.xlsm*. Öffnen Sie die Mappe im Custom UI Editor, wenn Sie den XML-Code einsehen möchten. Die Makros befinden sich im *Modul1* der Excel-Arbeitsmappe.

# Eine unterteilte Schaltfläche (*splitButton*)

Eine unterteilte Schaltfläche ist mit einem Dropdownmenü zu vergleichen. Innerhalb dieses Menüs befinden sich weitere Schaltflächen, sozusagen zusammengefasst in der ersten. Auf diese Weise können Sie Platz im Menüband sparen und Themen zusammenfassen.

**Abbildg. 20.19** Eine unterteilte Schaltfläche

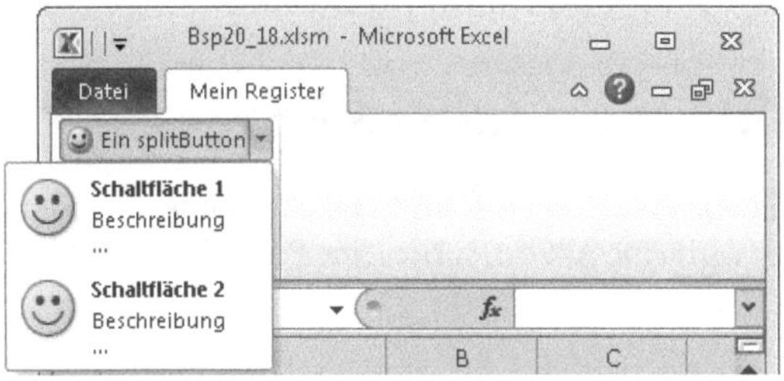


Damit die Software erkennt, dass die Schaltfläche unterteilt werden soll, wird das Element `splitButton` verwendet. Ihm untergeordnet ist die Schaltfläche, die im Menüband sichtbar ist. Innerhalb dieser Schaltfläche wird schließlich das Menü aufgebaut, das die zwei Schaltflächen enthält, denen ein Makro zugewiesen werden kann.

**Listing 20.23** Ein *splitButton* mit zwei Schaltflächen

```
<customUI xmlns=
 "http://schemas.microsoft.com/office/2009/07/customui">
 <ribbon startFromScratch="true">
  <tabs>
```

**Listing 20.23** Ein *splitButton* mit zwei Schaltflächen *(Fortsetzung)*

```
    <tab id="MyTab" label="Mein Register">
     <group id="MyGroup" label="Meine Gruppe">
      <splitButton id="mySplitButton">
       <button id="myButton1"
               label="Ein splitButton"
               imageMso="HappyFace" />
        <menu id="mySplitMenu" itemSize="large">
         <button id="myButton2"
                 label="Schaltfläche 1"
                 description="Beschreibung ..."
                 imageMso="HappyFace"
                 onAction="MeinMakro1"/>
         <button id="myButton3"
                 label="Schaltfläche 2"
                 description="Beschreibung ..."
                 imageMso="HappyFace"
                 onAction="MeinMakro2"/>
        </menu>
      </splitButton>
     </group>
    </tab>
   </tabs>
  </ribbon>
</customUI>
```

**BEISPIEL** Das obige Beispiel befindet sich innerhalb der Beispieldateien zum Buch im Ordner *\Buch\Kap20*. Die Mappe nennt sich *Bsp20_18.xlsm*. Öffnen Sie die Mappe im Custom UI Editor, wenn Sie den XML-Code einsehen möchten. Die Makros befinden sich im *Modul1* der Excel-Arbeitsmappe.

# Kontrollkästchen einfügen (*checkBox*)

Kontrollkästchen können unabhängig voneinander aktiv (mit Häkchen) oder inaktiv sein. Jeweils beim Anklicken des Kontrollkästchens wird eine Aktion, sprich eine Prozedur ausgeführt.

**Abbildg. 20.20** Kontrollkästchen (*checkBox*)

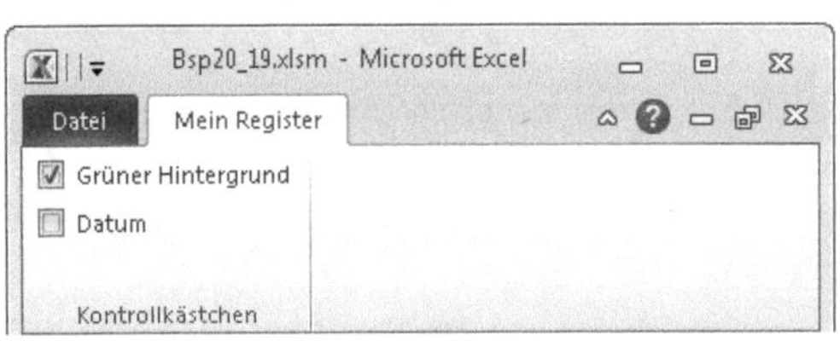


In unserem Beispiel erstellen wir zwei Kontrollkästchen in einer Gruppe. Es wird dazu das Element `checkBox` verwendet. Ähnlich wie bei den Umschaltflächen kann eine Aktion veranlasst werden, die automatisch unmittelbar nach dem Öffnen der Arbeitsmappe ausgeführt wird (`getPressed`). `onAction` wird verwendet, um ein Makro auszuführen, nachdem die Arbeitsmappe geöffnet wurde.

**Listing 20.24** Zwei Kontrollkästchen (*checkBox*) in einer Gruppe

```
<customUI xmlns=
  "http://schemas.microsoft.com/office/2009/07/customui">
 <ribbon startFromScratch="true">
  <tabs>
   <tab id="MyTab" label="Mein Register">
    <group id="MyGroup" label="Kontrollkästchen">
     <checkBox id="MyCheckBox1"
               label="Grüner Hintergrund"
               getPressed="MyGetPressed1"
               onAction="MyCheckBoxAction1" />
     <checkBox id="MyCheckBox2"
               label="Datum"
               getPressed="MyGetPressed2"
               onAction="MyCheckBoxAction2" />
    </group>
   </tab>
  </tabs>
 </ribbon>
</customUI>
```

Nachfolgend sind die beiden Prozeduren aufgeführt, die automatisch nach dem Öffnen der Arbeitsmappe ausgeführt werden und den Zustand des Kontrollkästchens vordefinieren.

**Listing 20.25** Automatisch ausgeführte Prozeduren (*getPressed*)

```
Sub MyGetPressed1(control As IRibbonControl, ByRef pressed)
   pressed = True
   Range("A1").Interior.Color = vbGreen
End Sub

Sub MyGetPressed2(control As IRibbonControl, ByRef pressed)
   pressed = False
End Sub
```

Die beiden nachfolgenden Prozeduren werden ausgeführt, sobald eines der beiden Kontrollkästchen angeklickt wird.

**Listing 20.26** Manuell auszuführende Prozeduren

```
Sub MyCheckBoxAction1 _
  (control As IRibbonControl, ByRef pressed)
   If pressed = True Then
      Range("A1").Interior.Color = vbGreen
   Else
      Range("A1").Interior.Color = xlNone
   End If
End Sub

Sub MyCheckBoxAction2(control As IRibbonControl, ByRef pressed)
   If pressed = True Then
      ActiveCell = Date
   Else
      ActiveCell = ""
   End If
End Sub
```

**BEISPIEL** Das obige Beispiel befindet sich innerhalb der Beispieldateien zum Buch im Ordner *\Buch\Kap20*. Die Mappe nennt sich *Bsp20_19.xlsm*. Öffnen Sie die Mappe im Custom UI Editor, wenn Sie den XML-Code einsehen möchten. Die Makros befinden sich im *Modul1* der Excel-Arbeitsmappe.

# Ein Eingabefeld anwenden (*editBox*)

Ein Eingabefeld kann, wie es der Name schon sagt, verwendet werden, um eine Eingabe zu tätigen. Die Eingabe kann beispielsweise auf dem Tabellenblatt in eine Zelle geschrieben werden. Dazu jedoch später mehr.

**Abbildg. 20.21** Ein Eingabefeld

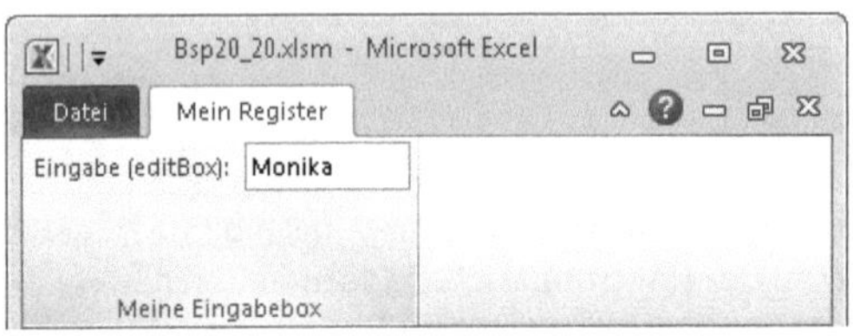


Das Element `editBox`, das für das Eingabefeld steht, erhält eine `id`, sowie ein `label`. Letzteres dient zur Beschriftung des Eingabefeldes. Der Text erscheint vor dem Eingabefeld.

Des Weiteren kann dem Eingabefeld beim Öffnen der Arbeitsmappe ein Text übergeben werden. Die Eigenschaft, um dieses Ereignis auszuführen, nennt sich `getText`. Im VBA Editor der Arbeitsmappe muss eine entsprechende Ereignisprozedur hinterlegt werden, in der die Ausgabe definiert wird.

Zudem benötigen wir ein Ereignis, das eintritt, sobald ein Text in das Eingabefeld eingetippt wurde und die [↵]-Taste gedrückt wurde; beispielsweise den Text in eine Zelle übertragen.

**Listing 20.27** Der XML-Code zum Eingabefeld (*editBox*)

```
<customUI xmlns=
  "http://schemas.microsoft.com/office/2009/07/customui">
 <ribbon startFromScratch="true">
  <tabs>
   <tab id="MyTab" label="Mein Register">
    <group id="MyGroup" label="Meine Eingabebox">
     <editBox id="MyEditBox"
              label="Eingabe (editBox): "
              getText="MyGetText"
              onChange="MyEditBoxChange" />
    </group>
   </tab>
  </tabs>
 </ribbon>
</customUI>
```

Die nachfolgende Prozedur bewirkt, dass das Eingabefeld beim Öffnen der Arbeitsmappe mit einem vordefinierten Text befüllt wird. In unserem Beispiel soll das Eingabefeld leer sein.

**Listing 20.28** Das Ereignis tritt beim Öffnen der Mappe ein

```
Sub MyGetText(control As IRibbonControl, ByRef text)
   text = ""
End Sub
```

Nachdem die Arbeitsmappe geöffnet wurde, kann in das Eingabefeld ein beliebiger Text eingegeben werden. In unserem Beispiel wird nach dem Betätigen der [↵]-Taste der Text des Eingabefeldes in die aktive Zelle kopiert.

**Listing 20.29** Die Prozedur wird bei geöffneter Mappe ausgeführt

```
Sub MyEditBoxChange _
   (control As IRibbonControl, ByRef changetext)
   ActiveCell = changetext
End Sub
```

**BEISPIEL** Das obige Beispiel befindet sich innerhalb der Beispieldateien zum Buch im Ordner *\Buch\Kap20*. Die Mappe nennt sich *Bsp20_20.xlsm*. Öffnen Sie die Mappe im Custom UI Editor, wenn Sie den XML-Code einsehen möchten. Die Makros befinden sich im *Modul1* der Excel-Arbeitsmappe.

# Ein Kombinationsfeld erstellen (*dropDown*)

Sie haben die Möglichkeit, ein Kombinationsfeld in Ihr Menüband zu integrieren. Dem Kombinationsfeld können mehrere Einträge hinzugefügt werden, die als Liste mit einzelnen Aktionen beim Anklicken des Dropdownpfeils angezeigt werden.

**Abbildg. 20.22** Ein Kombinationsfeld

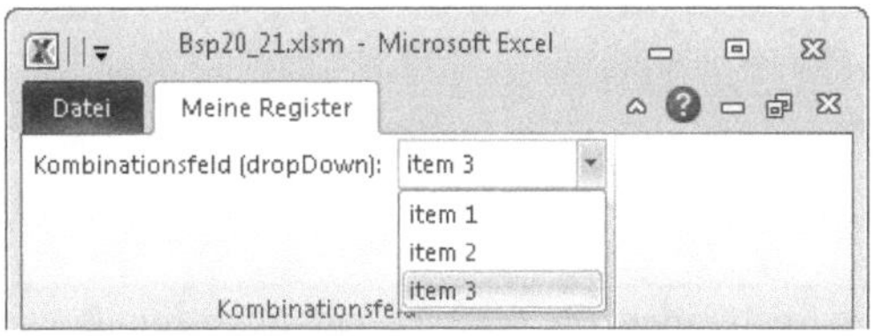


In unserem XML-Code erstellen wir ein einzelnes Kombinationsfeld (`dropDown`), das drei Einträge (`item`) enthält.

**Listing 20.30** Kombinationsfeld (*dropDown*) mit drei Einträgen

```
<customUI xmlns=
 "http://schemas.microsoft.com/office/2009/07/customui">
 <ribbon startFromScratch="true">
  <tabs>
   <tab id="MyTab" label="Meine Register">
    <group id="MyGroup" label="Kombinationsfeld">
     <dropDown id="MyDropDown1"
              label="Kombinationsfeld (dropDown): "
              onAction="MyDropDownAction">
      <item id="id1" label="item 1" />
      <item id="id2" label="item 2" />
      <item id="id3" label="item 3" />
     </dropDown>
    </group>
   </tab>
  </tabs>
 </ribbon>
</customUI>
```

Im VBA-Code erstellen wir eine Entscheidung. Je nach Item, der im Dropdownfeld ausgewählt wird, wird eine andere Aktion ausgeführt. In unserem Beispiel schreiben wir in Zelle *A1* die interne ID, die wir dem Item im XML-Code zugewiesen haben. In Zelle *B1* wird der Index des Items geschrieben.

**Listing 20.31** Eine Aktion für jeden *dropDown*-Eintrag

```
Sub MyDropDownAction(control As IRibbonControl, _
                     ByRef selectedID As String, _
                     ByRef selectedIndex As Integer)
     Select Case selectedID
      Case "id1"
         Range("A1") = selectedID
         Range("B1") = selectedIndex
      Case "id2"
         Range("A1") = selectedID
         Range("B1") = selectedIndex
      Case "id3"
         Range("A1") = selectedID
         Range("B1") = selectedIndex
   End Select
End Sub
```

**BEISPIEL** Das obige Beispiel befindet sich innerhalb der Beispieldateien zum Buch im Ordner *\Buch\Kap20*. Die Mappe nennt sich *Bsp20_21.xlsm*. Öffnen Sie die Mappe im Custom UI Editor, wenn Sie den XML-Code einsehen möchten. Das Makro befindet sich in *Modul1* der Excel-Arbeitsmappe.

# Kombinationsfelder mit Eingaben kreieren (*comboBox*)

Ein Kombinationsfeld mit Eingabe ist eine Mischung aus einem gewöhnlichen Kombinationsfeld und einem Eingabefeld. Sie haben die Möglichkeit, einen Eintrag aus der Liste auszuwählen oder einen Text ins Eingabefeld einzutragen.

**Abbildg. 20.23** Eingabe kombiniert mit Auswahl

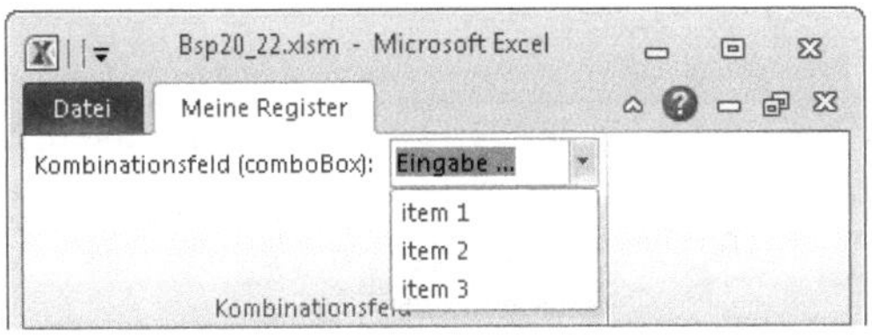


Der Befehl für das Kombinationsfeld mit Eingabe nennt sich in XML `comboBox`. Dem Kombinationsfeld können zwei Ereignisse übergeben werden. Das erste nennt sich `getText`. Das Ereignis tritt automatisch in Kraft, nachdem die Arbeitsmappe geöffnet wurde. Das zweite Ereignis nennt sich `onChange`. Es wird ausgeführt, sobald ein Eintrag aus dem Kombinationsfeld ausgewählt wird oder ein Text ins Eingabefeld eingetragen wurde.

**Listing 20.32** Ein Kombinationsfeld mit Eingabe (*comboBox*)

```
<customUI xmlns=
  "http://schemas.microsoft.com/office/2009/07/customui">
 <ribbon startFromScratch="true">
  <tabs>
   <tab id="MyTab" label="Meine Register">
    <group id="MyGroup" label="Kombinationsfeld">
     <comboBox id="MyComboBox"
               label="Kombinationsfeld (comboBox): "
               getText="MyGetText"
               onChange="MyComboBoxChange">
      <item id="item1" label="item 1" />
      <item id="item2" label="item 2" />
      <item id="item3" label="item 3" />
     </comboBox>
    </group>
   </tab>
  </tabs>
 </ribbon>
</customUI>
```

Sie können optional automatisch nach dem Öffnen der Arbeitsmappe das Eingabefeld im Kombinationsfeld mit einem Text befüllen.

**Listing 20.33** Automatisches Befüllen des Eingabefeldes nach Öffnen der Mappe

```
Sub MyGetText(control As IRibbonControl, ByRef text)
   text = "Eingabe ..."
End Sub
```

Damit das Kombinationsfeld nach dem Öffnen der Arbeitsmappen weitere Aktionen ausführt, wird eine zweite Prozedur benötigt. In unserem Beispiel übergeben wir entweder den im Eingabefeld eingetragenen Text oder die Beschriftung des ausgewählten Item aus dem Kombinationsfeld.

**Listing 20.34** Aktion, die beim Verwenden des Kombinationsfeldes ausgeführt wird

```
Sub MyComboBoxChange _
  (control As IRibbonControl, ByRef text)
   Range("A1") = text
End Sub
```

**BEISPIEL** Das obige Beispiel befindet sich innerhalb der Beispieldateien zum Buch im Ordner *\Buch\Kap20*. Die Mappe nennt sich *Bsp20_22.xlsm*. Öffnen Sie die Mappe im Custom UI Editor, wenn Sie den XML-Code einsehen möchten. Die Makros befinden sich in *Modul1* der Excel-Arbeitsmappe.

# Eine Galerie einsetzen (*gallery/item*)

Eine Galerie ist mit einem Kombinationsfeld vergleichbar. Es kann eine Liste an Einträgen im Dropdownlistenfeld zu Verfügung gestellt werden. Der Vorteil einer Galerie besteht darin, dass die Einträge in Zeilen und Spalten unterteilt werden können, ähnlich einer Tabelle.

**Abbildg. 20.24** Eine Galerie mit Farbauswahl

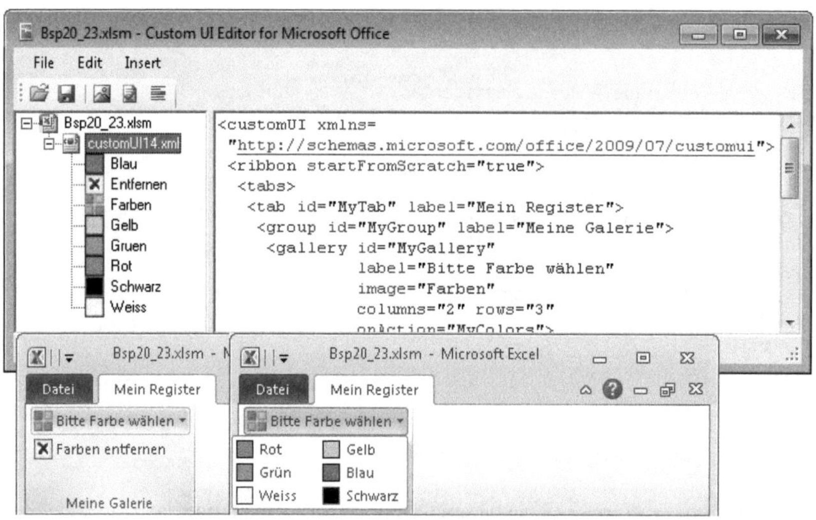


In unserem Beispiel erstellen wir eine Galerie (`gallery`) mit zwei Spalten und drei Zeilen (`columns/rows`). Zudem erstellen wir eine Schaltfläche, über die ausgewählte Farben wieder entfernt werden können.

**Listing 20.35** Eine Galerie (*gallery*) und eine Schaltfläche

```
<customUI xmlns=
 "http://schemas.microsoft.com/office/2009/07/customui">
 <ribbon startFromScratch="true">
  <tabs>
   <tab id="MyTab" label="Mein Register">
    <group id="MyGroup" label="Meine Galerie">
     <gallery id="MyGallery"
              label="Bitte Farbe wählen"
              image="Farben"
              columns="2" rows="3"
              onAction="MyColors">
       <item id="c1r1" label="Rot" image="Rot" />
       <item id="c2r1" label="Gelb" image="Gelb" />
       <item id="c1r2" label="Grün" image="Gruen" />
       <item id="c2r2" label="Blau" image="Blau" />
       <item id="c1r3" label="Weiss" image="Weiss" />
       <item id="c2r3" label="Schwarz" image="Schwarz" />
      </gallery>
      <button id="MyButton"
              label="Farben entfernen"
              image="Entfernen"
              onAction="RemoveColors" />
    </group>
   </tab>
  </tabs>
 </ribbon>
</customUI>
```

Im folgenden VBA-Code werden den einzelnen Einträgen der Galerie Farben zugewiesen. Beim Auswählen einer Farbe aus der Galerie wird der selektierte Bereich der Arbeitsmappe mit der entsprechenden Hintergrundfarbe versehen.

**Listing 20.36** Farben für die Galerie

```
Sub MyColors _
  (control As IRibbonControl, _
   controlID As String, _
   index As String)
   With Selection.Interior
      Select Case controlID
         Case "c1r1"
            .Color = vbRed
         Case "c1r2"
            .Color = vbGreen
         Case "c1r3"
            .Color = vbWhite
         Case "c2r1"
            .Color = vbYellow
         Case "c2r2"
            .Color = vbBlue
         Case "c2r3"
            .Color = vbBlack
      End Select
   End With
End Sub
```

Damit die Farben über die Schaltfläche *Farben entfernen* zurückgesetzt werden können, benötigen wir eine zweite Prozedur.

**Listing 20.37** Entfernen der Farben

```
Sub RemoveColors(control As IRibbonControl)
   Selection.Interior.Color = xlNone
End Sub
```

**BEISPIEL** Das obige Beispiel befindet sich innerhalb der Beispieldateien zum Buch im Ordner *\Buch\Kap20*. Die Mappe nennt sich *Bsp20_23.xlsm*. Öffnen Sie die Mappe im Custom UI Editor, wenn Sie den XML-Code einsehen möchten. Die Makros befinden sich in *Modul1* der Excel-Arbeitsmappe.

# Menüs und Untermenüs generieren (*menu*)

XML bietet die Möglichkeit an, Menüs zu erstellen und diese beliebig mit Untermenüs zu versehen.

**Abbildg. 20.25** Menü mit Untermenü

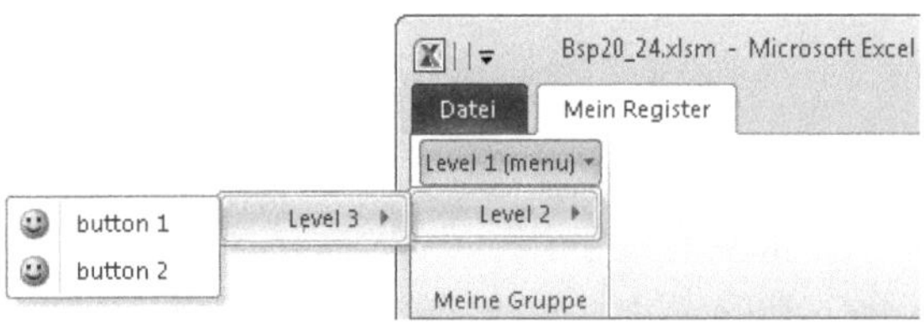


In unserem Beispiel erstellen wir ein Menü, das zwei verschachtelte Untermenüs enthält. Der letzten Ebene werden zudem zwei Schaltflächen zugeordnet.

**HINWEIS** Auch in übergeordneten Menüs können Sie Schaltflächen unterbringen. Wir haben diese hier zugunsten der besseren Übersicht weggelassen.

**Listing 20.38** Drei Stufen von Untermenüs (*menu*)

```
<customUI xmlns=
 "http://schemas.microsoft.com/office/2009/07/customui">
 <ribbon startFromScratch="true">
  <tabs>
   <tab id="MyTab" label="Mein Register">
    <group id="MyGroup" label="Meine Gruppe">
     <menu id="MyLevel1" label="Level 1 (menu)">
      <menu id="MyLevel2" label="Level 2">
       <menu id="MyLevel3" label="Level 3">
        <button id="MyButton1"
                label="button 1"
                imageMso="HappyFace"
                onAction="MeinMakro1" />
        <button id="MyButton2"
```

**Listing 20.38** Drei Stufen von Untermenüs (*menu*) *(Fortsetzung)*

```
                label="button 2"
                imageMso="HappyFace"
                onAction="MeinMakro2" />
        </menu>
      </menu>
     </menu>
    </group>
   </tab>
  </tabs>
 </ribbon>
</customUI>
```

**BEISPIEL** Das obige Beispiel befindet sich innerhalb der Beispieldateien zum Buch im Ordner *\Buch\Kap20*. Die Mappe nennt sich *Bsp20_24.xlsm*. Öffnen Sie die Mappe im Custom UI Editor, wenn Sie den XML-Code einsehen möchten. Die Makros befinden sich im *Modul1* der Excel-Arbeitsmappe.

# Trennlinie in Menüs einfügen (*menuSeparator*)

Das Element `separator`, das Schaltflächen voneinander trennt, haben Sie weiter vorne in diesem Kapitel bereits kennen gelernt. Um einen Trennstrich in einem Menü einzufügen, muss das Element `menuSeparator` verwendet werden.

**Abbildg. 20.26** Trennlinie zwischen Schaltflächen in einem Menü

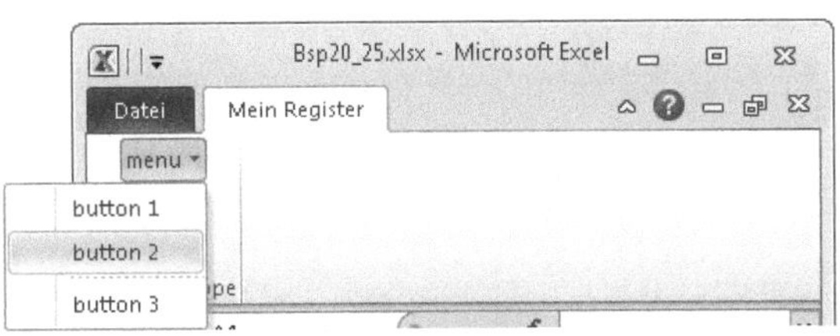


In unserem XML-Code erstellen wir ein Menü, das über drei Schaltflächen verfügt. Vor der dritten Schaltfläche wird ein `menuSeparator` eingefügt.

**Listing 20.39** Eine Menütrennlinie (*menuSeparator*)

```
<customUI xmlns=
 "http://schemas.microsoft.com/office/2009/07/customui">
 <ribbon startFromScratch="true">
  <tabs>
   <tab id="MyTab" label="Mein Register">
    <group id="MyGroup" label="Meine Gruppe">
     <menu id="MyLevel1" label="menu">
      <button id="MyButton1" label="button 1" />
      <button id="MyButton2" label="button 2" />
```

**Listing 20.39** Eine Menütrennlinie (*menuSeparator*) *(Fortsetzung)*

```
      <menuSeparator id="MyMenuSep1" />

      <button id="MyButton3" label="button 3" />
     </menu>
    </group>
   </tab>
  </tabs>
 </ribbon>
</customUI>
```

**BEISPIEL** Das obige Beispiel befindet sich innerhalb der Beispieldateien zum Buch im Ordner *\Buch\Kap20*. Die Mappe nennt sich *Bsp20_25.xlsx*.

# Dynamische Menüs anwenden (*dynamicMenu*)

Ein dynamisches Menü wird erst nach dem Öffnen der Arbeitsmappe erzeugt. Sie haben so die Möglichkeit, ein Menü mittels VBA zu generieren. Dabei müssen Sie allerdings nach wie vor mit XML-Codezeilen arbeiten, wie Sie gleich sehen werden.

**Abbildg. 20.27** Ein dynamisches Menü

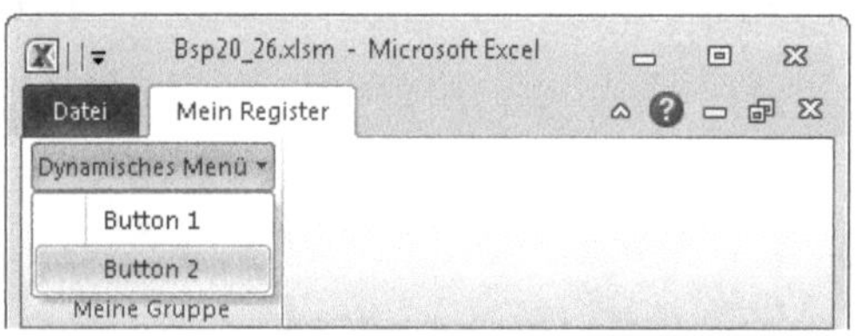


Wie Sie dem nachfolgenden XML-Code entnehmen können, werden im dynamischen Menü (`dynamicMenu`) keine Schaltflächen erzeugt. Dies geschieht erst später im VBA-Code der Arbeitsmappe. Der Befehl `getContent`, dem der Makroname `GetSubContent` übergeben wird, ruft die Ereignisprozedur der Arbeitsmappe auf.

**Listing 20.40** Ein leeres dynamisches Menü (*dynamicMenu*)

```
<customUI xmlns=
 "http://schemas.microsoft.com/office/2009/07/customui">
 <ribbon startFromScratch="true">
  <tabs>
   <tab id="MyTab" label="Mein Register">
    <group id="MyGroup" label="Meine Gruppe">
     <dynamicMenu id="MyDynaMenu"
                  label="Dynamisches Menü"
                  getContent="GetSubContent" />
    </group>
   </tab>
  </tabs>
 </ribbon>
</customUI>
```

Im VBA-Code muss der XML-Code für das Erstellen der Schaltflächen aufbereitet werden. Dies ist recht umständlich, zumindest in Bezug darauf, dass die Anführungs- und Schlusszeichen korrekt gesetzt werden.

**Listing 20.41** Dynamisches Menü zur Laufzeit befüllen

```
Sub GetSubContent _
 (control As IRibbonControl, ByRef XMLString)

 XMLString = "<menu xmlns=""http://" & _
                 "schemas.microsoft.com/" & _
                 "office/2009/07/customui"">" & _
            "<button id=""MyButton1"" " & _
                 "label=""Button 1"" " & _
                 "onAction=""MyMakro1""/>" & _
            "<button id=""MyButton2"" " & _
                 "label=""Button 2"" " & _
                 "onAction=""MyMakro2""/>" & _
           "</menu>"
End Sub
```

**BEISPIEL** Das obige Beispiel befindet sich innerhalb der Beispieldateien zum Buch im Ordner *\Buch\Kap20*. Die Mappe nennt sich *Bsp20_26.xlsm*. Öffnen Sie die Mappe im Custom UI Editor, wenn Sie den XML-Code einsehen möchten. Die Makros befinden sich im *Modul1* der Excel-Arbeitsmappe.

# Hilfeelemente einbringen

XML bietet die Möglichkeit, dem Benutzer verschiedene Hilfeelemente zu Ihren Schaltflächen oder Gruppen zur Verfügung zu stellen.

## Schaltflächen-Hilfe (*screentip* und *supertip*)

Sie können zu Ihren Schaltflächen einen Hilfetext hinterlegen. Dieser wird angezeigt, wenn mit der Maus auf die Schaltfläche gezeigt wird, ohne sie anzuklicken. Es gibt zwei Ebenen. Die erste nennt sich `screentip` und die zweite (untergeordnete) `supertip`.

**Abbildg. 20.28** Schaltflächen-Hilfe

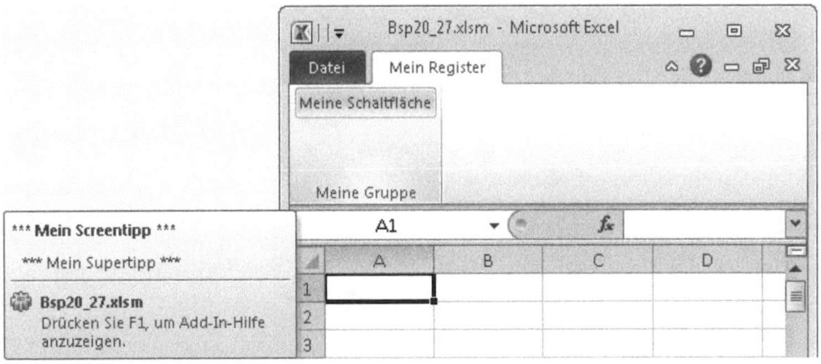

Bei Erstellen einer Schaltfläche im XML-Code brauchen Sie lediglich `screentip` und/oder `supertip` als Eigenschaft zu übergeben. Jeder Eigenschaft weisen Sie den Text zu, der beim Zeigen mit der Maus auf die Schaltfläche angezeigt werden soll.

**Listing 20.42** Zwei Hilfetexte für Ihre Schaltfläche (*screentip* und *supertip*)

```
<customUI xmlns=
 "http://schemas.microsoft.com/office/2009/07/customui">
 <ribbon startFromScratch="true">
  <tabs>
   <tab id="MyTab" label="Mein Register">
    <group id="MyGroup" label="Meine Gruppe">
     <button id="myButton"
             label="Meine Schaltfläche"
             screentip="*** Mein Screentipp ***"
             supertip= "*** Mein Supertipp ***"
             onAction="MyButtonOnAction" />
    </group>
   </tab>
  </tabs>
 </ribbon>
</customUI>
```

**BEISPIEL** Das obige Beispiel befindet sich innerhalb der Beispieldateien zum Buch im Ordner *\Buch\Kap20*. Die Mappe nennt sich *Bsp20_27.xlsm*. Öffnen Sie die Mappe im Custom UI Editor, wenn Sie den XML-Code einsehen möchten.

# Der dialogBoxLauncher

Bestimmt ist Ihnen schon aufgefallen, dass im Menüband einige Gruppen in der rechten unteren Ecke mit einem Pfeil bestückt sind. Er ist recht unauffällig und kann daher leicht übersehen werden.

Sie können diesen so genannten *dialogBoxLauncher* – in der offiziellen Microsoft-Dokumentation auch als *Startprogramm für Dialogfelder* bezeichnet – für verschiedene Zwecke verwenden. Beispielsweise, um ein UserForm anzubinden oder, wie wir es hier tun, schlicht um einen Hilfetext zu hinterlegen.

**Abbildg. 20.29** Einen *dialogBoxLauncher* einfügen

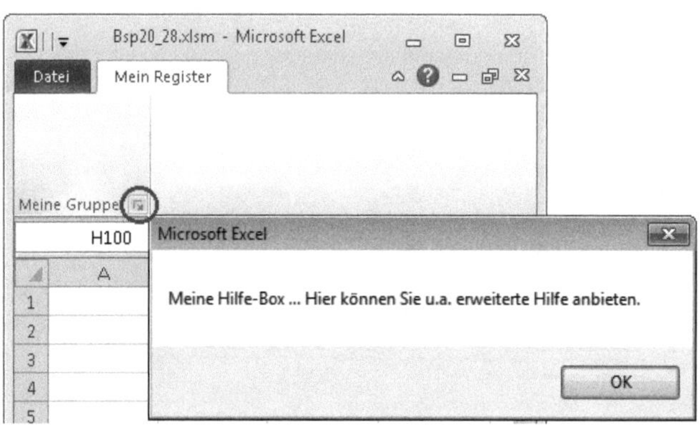

Im XML-Code verwenden Sie das Element `dialogBoxLauncher`. Ihm übergeben Sie eine `id` sowie das Makro (`onAction`), das in der Excel-Arbeitsmappe hinterlegt ist.

**Listing 20.43** dialogBoxLauncher

```
<customUI xmlns=
 "http://schemas.microsoft.com/office/2009/07/customui">
 <ribbon startFromScratch="true">
  <tabs>
   <tab id="MyTab" label="Mein Register">
    <group id="MyGroup" label="Meine Gruppe">
     <dialogBoxLauncher>
      <button id="myLauncher"
              onAction="MyButtonOnAction" />
     </dialogBoxLauncher>
    </group>
   </tab>
  </tabs>
 </ribbon>
</customUI>
```

**BEISPIEL** Das obige Beispiel befindet sich innerhalb der Beispieldateien zum Buch im Ordner *\Buch\Kap20*. Die Mappe nennt sich *Bsp20_28.xlsm*. Öffnen Sie die Mappe im Custom UI Editor, wenn Sie den XML-Code einsehen möchten. Das zugehörige Makro befindet sich in *Modul1* der Excel-Arbeitsmappe.

# Die *Datei*-Registerkarte anpassen (*backstage*)

Die Registerkarte *Datei* hat die *Office-Schaltfläche* von Excel 2007 abgelöst. Sie wird nicht, wie die anderen Registerkarten mittels *ribbon* angesprochen, sondern mit *backstage*. Der nachfolgenden Tabelle können Sie die darin enthaltenen Kind-Elemente entnehmen.

**Tabelle 20.4** Die Kind-Elemente von Datei (Backstage)

| Elementname | XML-Bezeichnung |
|---|---|
| *Speicher* | `FileSave` |
| *Speichern unter* | `FileSaveAs` |
| *Öffnen* | `FileOpen` |
| *Schließen* | `FileClose` |
| *Informationen* | `TabInfo` |
| *Zuletzt verwendet* | `TabRecent` |
| *Neu* | `TabNew` |
| *Drucken* | `TabPrint` |
| *Freigeben* | `TabShare` |

Tabelle 20.4 Die Kind-Elemente von Datei (Backstage) *(Fortsetzung)*

| Elementname | XML-Bezeichnung |
|---|---|
| *Hilfe* | TabHelp |
| *Optionen* | ApplicationOptionsDialog |
| *Beenden* | FileExit |

Das nachfolgende Beispiel zeigt, wie die einzelnen Elemente ausgeblendet werden können, sodass die Registerkarte *Datei* vollständig leer ist und bei Bedarf neu aufgebaut werden kann.

Listing 20.44 Elemente der Registerkarte *Datei* ausblenden

```
<customUI xmlns=
   "http://schemas.microsoft.com/office/2009/07/customui">
    <backstage>
        <button idMso="FileSave" visible="false"/>
        <button idMso="FileSaveAs" visible="false"/>
        <button idMso="FileOpen" visible="false"/>
        <button idMso="FileClose" visible="false"/>
        <button idMso="ApplicationOptionsDialog" visible="false"/>
        <button idMso="FileExit" visible="false"/>
        <tab idMso="TabInfo" visible="false"/>
        <tab idMso="TabRecent" visible="false"/>
        <tab idMso="TabNew" visible="false"/>
        <tab idMso="TabPrint" visible="false"/>
        <tab idMso="TabShare" visible="false"/>
        <tab idMso="TabHelp" visible="false"/>
    </backstage>
</customUI>
```

Im nachfolgenden Code wird in der Registerkarte *Datei* ein eigenes Register (*Mein Register*) erzeugt. Darin sind verschiedene Gruppen und Schaltflächen enthalten.

**BEISPIEL** Das obige Beispiel befindet sich innerhalb der Beispieldateien zum Buch im Ordner *\Buch\Kap20*. Die Mappe nennt sich *Bsp20_29.xlsm*. Öffnen Sie die Mappe im Custom UI Editor, wenn Sie den XML-Code einsehen möchten. Das zugehörige Makro befindet sich in*Modul1* der Excel-Arbeitsmappe.

**Abbildg. 20.30** Das Register Datei ergänzen

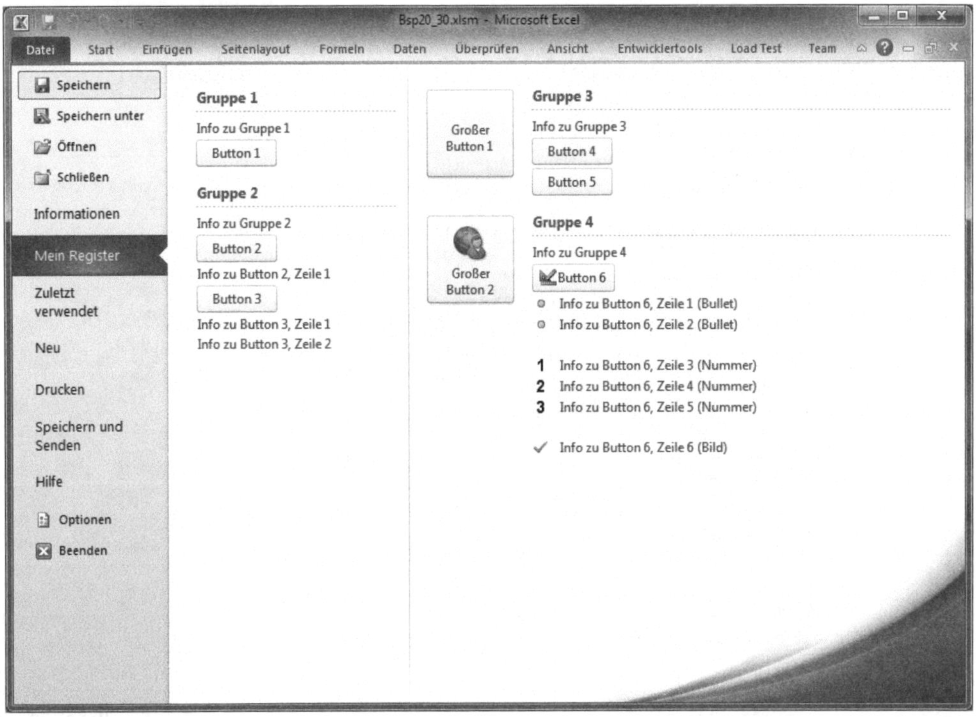


Das Register *Mein Register* enthält zwei Spalten (*firstColumn* und *secondColumn*), sowie vier Gruppen (*group*). Jede Gruppe enthält sogenannte *LayoutContainer*. Damit wird festgelegt, ob die Ausrichtung innerhalb der Gruppe horizontal oder vertikal erfolgen soll (*layoutChildren*). Das Argument *isDefinitive=True* veranlasst, dass nach Ausführen der Aktion zum Tabellenblatt, statt zum Register zurückgekehrt wird.

Innerhalb einer Gruppe können Schaltflächen (*button*) mit oder ohne Bild (*imageControl/imageMso*) erzeugt werden. Zu jeder Gruppe und zu jedem Button kann ein beschreibender Text hinterlegt werden (*labelControl/label*).

Um eine Schaltfläche im Großformat zu gestalten, muss sie innerhalb eines *primaryItem* erzeugt werden. Die kleinen Schaltflächen werden vom Tag *topItems* umgeben.

**Listing 20.45** Registerkarte Datei komplett neu aufbauen

```
<customUI xmlns=
 "http://schemas.microsoft.com/office/2009/07/customui">

 <backstage>
  <tab id="MyTab"                       insertAfterMso="TabInfo"
                                        label="Mein Register"
                                        columnWidthPercent="30">

   <firstColumn>
    <group id="FirstGroup"              label="Gruppe 1" helperText="Info zu Gruppe 1">
```

**Listing 20.45** Registerkarte Datei komplett neu aufbauen *(Fortsetzung)*

```
    <topItems>
     <layoutContainer id="layout1"  layoutChildren="vertical">
      <button id="button1"          label="Button 1" onAction="Makro1"
                                    isDefinitive="true"/>
     </layoutContainer>
    </topItems>
   </group>

   <group id="SecondGroup"          label="Gruppe 2"
                                    helperText="Info zu Gruppe 2">
    <topItems>
     <layoutContainer id="layout2"  layoutChildren="vertical">
      <button id="button2"          label="Button 2" onAction="Makro2"/>
      <labelControl id="label2"     label="Info zu Button 2, Zeile 1"/>
      <button id="button3"          label="Button 3" onAction="Makro3"/>
      <labelControl id="label3"     label="Info zu Button 3, Zeile 1"/>
      <labelControl id="label4"     label="Info zu Button 3, Zeile 2"/>
     </layoutContainer>
    </topItems>
   </group>
  </firstColumn>


  <secondColumn>
   <group id="ThirdGroup"           label="Gruppe 3"
                                    helperText="Info zu Gruppe 3">
    <primaryItem>
     <button id="BigButton1"        label="Großer Button 1" onAction="HauptMakro1"/>
    </primaryItem>

    <topItems>
     <layoutContainer id="layout3"  layoutChildren="vertical">
      <button id="button4"          label="Button 4" onAction="Makro4"/>
      <button id="button5"          label="Button 5" onAction="Makro5"/>
     </layoutContainer>
    </topItems>
   </group>

   <group id="FourthGroup"          label="Gruppe 4"
                                    helperText="Info zu Gruppe 4">
    <primaryItem>
      <button id="BigButton2"       label="Großer Button 2"
                                    imageMso="OutlookGlobe"
                                    onAction="HauptMakro2"/>
    </primaryItem>

    <topItems>
     <layoutContainer id="layout4"  layoutChildren="vertical">
      <button id="button6"          label="Button 6"
                                    imageMso="TableDesign"
                                    onAction="Makro6"/>
     </layoutContainer>

     <layoutContainer id="layout5"  layoutChildren="horizontal">
      <imageControl id="image1"     imageMso="BrowseSelector"/>
```

**Listing 20.45** Registerkarte Datei komplett neu aufbauen *(Fortsetzung)*

```
        <labelControl id="label5"     label="Info zu Button 6, Zeile 1 (Bullet)"/>
       </layoutContainer>

       <layoutContainer id="layout6"  layoutChildren="horizontal">
        <imageControl id="image2"     imageMso="BrowseSelector"/>
        <labelControl id="label6"     label="Info zu Button 6, Zeile 2 (Bullet)"/>
       </layoutContainer>

       <labelControl id="label7"      label=" "/>
       <layoutContainer id="layout7"  layoutChildren="horizontal">
        <imageControl id="image3"     imageMso="_1"/>
        <labelControl id="label8"     label="Info zu Button 6, Zeile 3 (Nummer)"/>
       </layoutContainer>

       <layoutContainer id="layout8"  layoutChildren="horizontal">
        <imageControl id="image4"     imageMso="_2"/>
        <labelControl id="label9"     label="Info zu Button 6, Zeile 4 (Nummer)"/>
       </layoutContainer>

       <layoutContainer id="layout9"  layoutChildren="horizontal">
        <imageControl id="image5"     imageMso="_3"/>
        <labelControl id="label10"    label="Info zu Button 6, Zeile 5 (Nummer)"/>
       </layoutContainer>

       <labelControl id="label11"     label=" "/>
       <layoutContainer id="layout10" layoutChildren="horizontal">
        <imageControl id="image6"     imageMso="AcceptInvitation"/>
        <labelControl id="label12"    label="Info zu Button 6, Zeile 6 (Bild)"/>
       </layoutContainer>
      </topItems>
     </group>
    </secondColumn>
   </tab>
  </backstage>
 </customUI>
```

**TIPP** Weitergehende Beispiele und Erläuterungen zum Thema Backstage finden Sie unter: *http://msdn.microsoft.com/en-us/library/ee815851(office.14).aspx.* Die Webseite ist in Englisch gehalten.

**BEISPIEL** Das obige Beispiel befindet sich innerhalb der Beispieldateien zum Buch im Ordner *\Buch\Kap20*. Die Mappe nennt sich *Bsp20_30.xlsm*. Öffnen Sie die Mappe im Custom UI Editor, wenn Sie den XML-Code einsehen möchten.

# Den Schnellzugriff anpassen (*qat*)

Die einzige »Symbolleiste«, die nach wie vor manuell angepasst werden kann, ist die *Symbolleiste für den Schnellzugriff*. Hier können Office-eigene Befehle eingefügt oder Makros integriert werden. Um ein Makro hinzuzufügen, muss dieses zunächst erstellt werden.

Um den Schnellzugriff zu erweitern (oder zu reduzieren), klicken Sie ihn mit der rechten Maustaste an und wählen im Kontextmenü den Eintrag *Weitere Befehle* aus. Das Dialogfeld *Excel-Optionen* mit aktivierter Kategorie *Symbolleiste für den Schnellzugriff* wird geöffnet. Mittels der Schaltfläche *Hinzufügen* können Sie nun Befehle ergänzen oder mittels *Entfernen* löschen.

Wenn Sie ein Makro erstellt haben und dieses im Schnellzugriff zur Verfügung stellen möchten, klicken Sie im Kombinationsfeld *Befehle auswählen* auf *Makros*, und übertragen dieses mittels der Schaltfläche *Hinzufügen*. Mittels der Schaltfläche *Ändern* können Sie auf Wunsch das dem Befehl vorangestellte Symbol austauschen.

**Abbildg. 20.31** Den Schnellzugriff *qat* anpassen

Dem Schnellzugriff können Befehle aus zwei »Ebenen« zugeordnet werden. Die eine Ebene ist das Tabellenblatt `sharedControls`. Die andere Ebene ist die Arbeitsmappe `documentControls`. In unserem XML-Code fügen wir je drei Befehle beider Ebenen in den Schnellzugriff ein.

**Listing 20.46** Den Schnellzugriff mit verschiedenen Befehlen versehen

```
<customUI xmlns=
 "http://schemas.microsoft.com/office/2009/07/customui">
 <ribbon startFromScratch="true">
  <qat>
   <sharedControls>
    <control idMso="Copy"/>
     <control idMso="Paste"/>
     <control idMso="FontColorPicker"/>
   </sharedControls>

   <documentControls>
    <control idMso="FileNew"/>
    <control idMso="FileOpen"/>
    <control idMso="FileSave"/>
   </documentControls>
  </qat>
 </ribbon>
</customUI>
```

**BEISPIEL** Das obige Beispiel befindet sich innerhalb der Beispieldateien zum Buch im Ordner *\Buch\Kap20*. Die Mappe nennt sich *Bsp20_31.xlsm*. Öffnen Sie die Mappe im Custom UI Editor, wenn Sie den XML-Code einsehen möchten.

Kapitel 21

# Eingabeformulare entwickeln (UserForms)

**In diesem Kapitel:**

Seit Version 97 von Excel können so genannte UserForms in der Excel-Programmierung eingesetzt werden. Bereits zuvor hatten Excel-Programmierer immer schon die Möglichkeit, Formulare zu entwickeln. Damals geschah dies auf eigens vorgesehenen Tabellenblättern, die auch heute, in Excel 2010, noch zur Verfügung stehen. Es ist jedoch kaum vorstellbar, dass diese noch eingesetzt werden, da UserForms weit mehr Möglichkeiten anbieten. Ein Klick mit der rechten Maustaste auf den Bereich der Registerkarte für Tabellenblätter und die Auswahl des Befehls *Einfügen* im Kontextmenü bringt die alten Formulare zum Vorschein (*Microsoft Excel 5.0-Dialog*).

Einfache Dialogfelder wie Eingabefelder (`InputBox`) und Meldungsfelder (`MsgBox`) wurden bereits in Kapitel 5 behandelt. Dort haben Sie erfahren, dass sich diese kaum formatieren oder anderweitig gestalten lassen. Ganz anders sieht es bei UserForms aus. Hier sind der Kreativität kaum Grenzen gesetzt. In Kapitel 14 wurden die ActiveX-Steuerelemente erläutert. Sämtliche der dort behandelten Elemente sind auch in der Werkzeugsammlung der UserForms zu finden. Die Werkzeugsammlung umfasst zudem weitere Elemente wie Rahmen, Registerkarten, Multiseiten und RefEdit, die in diesem Kapitel beschrieben werden. Die Werkzeugsammlung umfasst zudem viele zusätzliche Steuerelemente. Einige davon werden ebenfalls in diesem Kapitel behandelt.

# Ein UserForm erstellen

Um ein UserForm zu erzeugen, wechseln Sie zum VBA-Editor (`Alt`+`F11`). Aktivieren Sie das entsprechende Projekt und rufen Sie im Menü *Einfügen* den Befehl *UserForm* auf. Alternativ dazu können Sie auch mit der rechten Maustaste auf das entsprechende Projekt klicken und im Kontextmenü den Eintrag *Einfügen/UserForm* auswählen.

**HINWEIS** Das Erzeugen eines UserForms aktiviert automatisch den Verweis *Microsoft Forms 2.0 Object Library*. Dies bedeutet, dass zugehörige Objekte, Methoden und Eigenschaften außerhalb von VBA bezogen werden.

UserForms tragen automatisch den Namen `UserForm1`, `UserForm2` usw. Wie auch bei anderen Objekten ist es ratsam, diese aussagekräftig zu benennen. Verwenden Sie zu Beginn des Namens das Präfix `frm`. Die UserForms sind so leichter zu identifizieren. Zur Erinnerung: Bei Modulen wird das Präfix `mdl` eingesetzt. Die Umbenennung findet im Eigenschaftenfenster des UserForms bei *(Name)* statt. Neben der Namensvergabe können im Eigenschaftenfenster weitere Einstellungen vorgenommen werden. *Caption* bezieht sich auf den angezeigten Namen in der Titelleiste des UserForms. Sie haben zudem die Möglichkeit, unter *BackColor* die Hintergrundfarbe und etliche weitere optische und funktionale Einstellungen vorzunehmen.

**Abbildg. 21.1** Ein UserForm

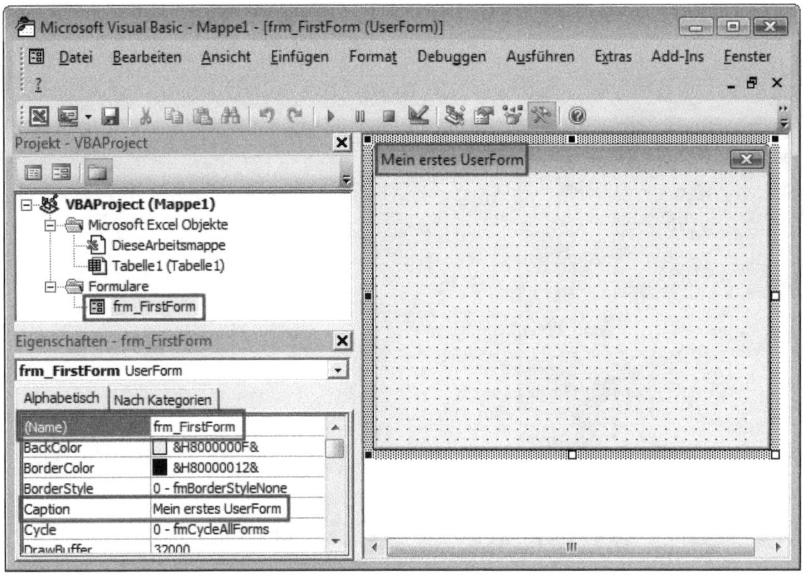


# Farbpaletten verwenden

In Bezug auf Farben (Eigenschaft `BackColor`) stehen immer zwei Registerkarten zur Verfügung. Auf der Registerkarte *System* sind systemeigene Farben und auf der Registerkarte *Palette* die erweiterte Farbpalette zu finden.

**Abbildg. 21.2** Farbpaletten des Eigenschaftenfensters

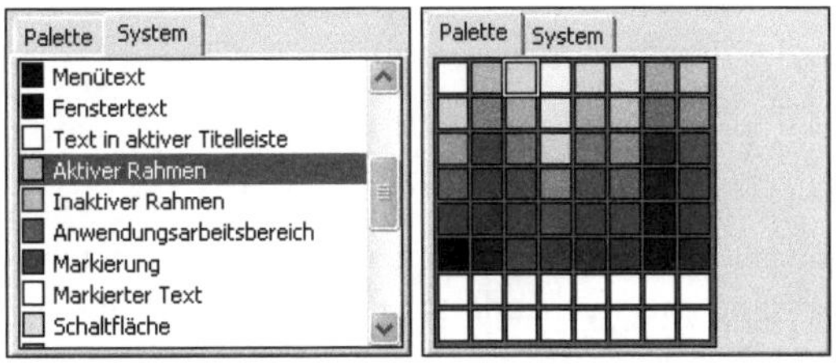


Auf der Registerkarte *Palette* stehen 16 freie Felder zur Verfügung, denen eigene Farbmischungen hinzugefügt werden können. Klicken Sie mit der rechten Maustaste auf eines der weißen Felder, öffnet sich das Dialogfeld *Farbe definieren*. Stellen Sie hier die gewünschte Farbmischung zusammen.

Auf der Farbfläche können Sie einen Farbton auswählen. Rechts daneben finden Sie zudem einen Schieber. Mit dem Pfeil kann die Helligkeit verändert werden. In den sechs Eingabefeldern können Sie zudem die RGB-Farbwerte (Rot, Grün und Blau) sowie die Farbe, Sättigung und Helligkeit bestimmen. Klicken Sie abschließend auf die Schaltfläche *Farbe hinzufügen*, um die Farbe zu übernehmen.

**Abbildg. 21.3** Farbe definieren

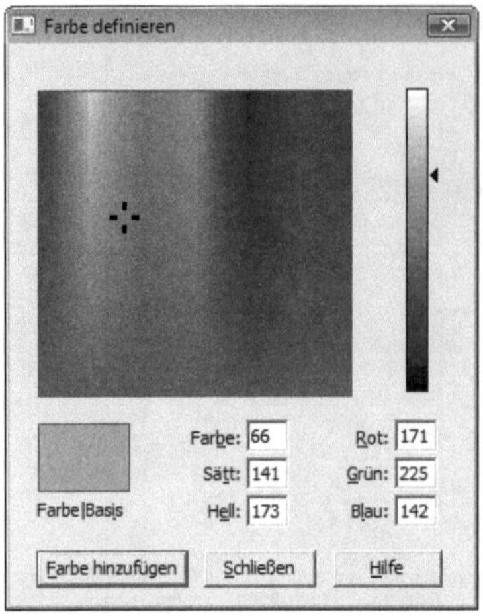


# UserForm aufrufen und schließen

Es gibt verschiedene Wege, um ein UserForm aufzurufen. Wenn Sie ein UserForm von der VBE aus starten möchten, aktivieren Sie zuerst das UserForm und verwenden dann die Taste F5 zur Anzeige am Bildschirm.

Um dem Benutzer ein einfaches Aufrufen des UserForms zu ermöglichen, wird im Tabellenblatt meistens eine Formular-Schaltfläche erstellt, der der Aufruf des UserForms zugewiesen wird. Die Prozedur wird in einem allgemeinen Modul zur Verfügung gestellt. Um ein UserForm aus einer Prozedur heraus aufzurufen, wird die Methode `Show` verwendet. Der Methode wird der Name des UserForms vorangestellt.

**Listing 21.1** UserForm aufrufen

```
Sub CallUserForm()
   frm_FirstForm.Show
End Sub
```

Um das UserForm zu schließen, kann das Kreuz der rechten oberen Ecke verwendet werden. In der Regel wird jedoch im UserForm selbst eine entsprechende Schaltfläche zur Verfügung gestellt. In unserem Beispiel ist es die Schaltfläche *Abbrechen* (siehe Abbildung 21.4) Der Schaltfläche wird ein `Click`-Ereignis hinterlegt.

**Listing 21.2** UserForm schließen

```
Private Sub cmd_Cancel_Click()
   Unload Me
End Sub
```

**BEISPIEL** Die obigen Beispiele befinden sich innerhalb der Beispieldateien zum Buch im Ordner *\Buch\Kap21*. Die Mappe nennt sich *Bsp21_01.xlsm*. Die Prozeduren sind im Modul *mdl_CallUserForm* und *frm_FirstForm* untergebracht.

**Abbildg. 21.4** UserForm aufrufen und schließen

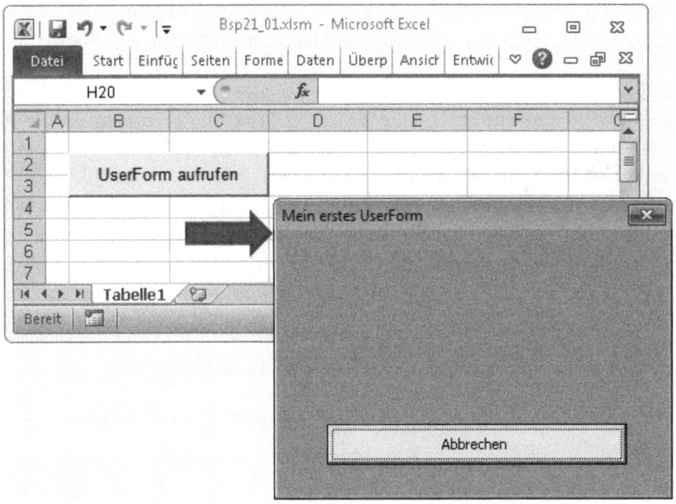


**HINWEIS** Wenn das UserForm auf dem Bildschirm angezeigt wird, ist die Bearbeitung des Tabellenblattes so lange nicht möglich, bis das UserForm geschlossen wird.

Um dem entgegenzuwirken, kann die Konstante `vbModeless` oder der Wert `0` an die Methode `Show` übergeben werden. Alternativ dazu können Sie im Eigenschaftenfenster den Wert `ShowModal` auf `False` setzen. So können Sie jederzeit zwischen dem Tabellenblatt und dem UserForm hin und her wechseln.

```
Sub CallUserForm()
   frm_FirstForm.Show vbModeless
End Sub
```

# Die Werkzeugsammlung kennen lernen

In der Werkzeugsammlung stehen verschiedene Elemente zur Verfügung, die auf dem UserForm eingefügt werden können. Falls die Werkzeugsammlung nicht angezeigt wird, blenden Sie sie über den Menübefehl *Ansicht/Werkzeugsammlung* ein. Der Menübefehl ist nur verfügbar, wenn ein UserForm aktiviert ist.

**Abbildg. 21.5** Die Werkzeugsammlung

Um ein Steuerelement der Werkzeugsammlung in ein UserForm einzufügen, erstellen Sie zuerst das eigentliche UserForm. Klicken Sie anschließend in der Werkzeugsammlung auf das Element, das Sie einfügen möchten, und ziehen Sie mit gedrückter linker Maustaste auf dem UserForm einen Rahmen auf.

Die Größe eines Elements kann nachträglich jederzeit geändert werden. Aktivieren Sie das Steuerelement. Es wird mit einem gepunkteten Rahmen und vier Eck- sowie vier Seitenpunkten umgeben. Die Eck- und Seitenpunkte können mit gedrückter linker Maustaste gehalten und in die gewünschte Größe aufgezogen werden. Um ein Steuerelement an einen anderen Ort zu versetzen, packen Sie mit gedrückter linker Maustaste den gepunkteten Rahmen oder das Element selbst und ziehen es an die gewünschte Stelle. Durch zusätzliches Gedrückthalten der `Strg`-Taste wird das Element dupliziert.

# Ausrichtung von Steuerelementen

Die Rastereinheiten des UserForm sind standardmäßig auf sechs Punkte in der Breite und sechs Punkte in der Höhe eingestellt. Diese Voreinstellung lässt sich nach Aufruf des VBE-Menübefehls *Extras/Optionen* auf der Registerkarte *Allgemein* verändern. Um das Raster gänzlich auszublenden, deaktivieren Sie das Kontrollkästchen *Raster anzeigen*. Um zu verhindern, dass die Steuerelemente im Rasterschritt ausgerichtet werden, deaktivieren Sie das Kontrollkästchen *Am Raster ausrichten*.

**Abbildg. 21.6** Rastereinheiten verändern

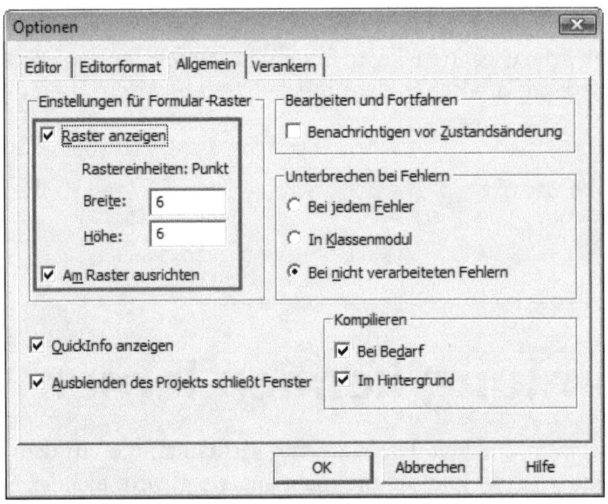


Wenn ein Steuerelement exakt horizontal oder vertikal auf dem UserForm ausgerichtet werden soll, verwenden Sie einen der Befehle im Untermenü *Format/Im Formular zentrieren.*

**TIPP** Um mehrere Elemente gleichzeitig auszurichten, aktivieren Sie das erste Symbol *Objekte auswählen* der Werkzeugsammlung. Ziehen Sie mit gedrückter ⇧-Taste einen Rahmen um die Elemente, die in die Ausrichtung eingeschlossen werden sollen.

Im Menübefehl *Format* stehen zudem weitere hilfreiche Ausrichtungsmöglichkeiten zur Verfügung. So können Sie beispielsweise auf einmal alle selektierten Steuerelemente linksbündig, zentriert usw. ausrichten.

**Abbildg. 21.7** Ausrichtungsmöglichkeiten im Menübefehl *Format*

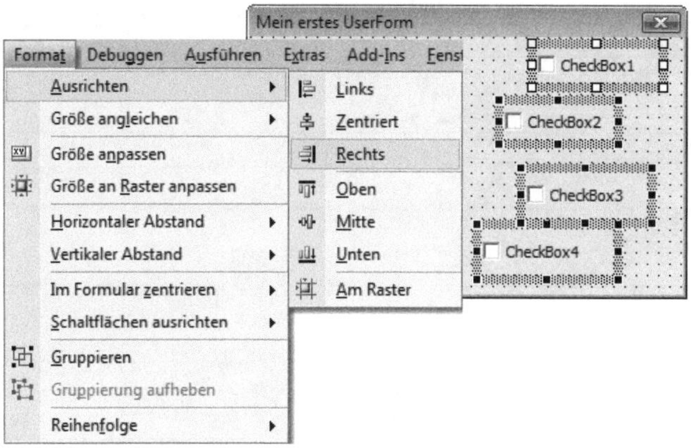


Sie haben außerdem die Möglichkeit, die Höhe (`Height`) und Breite (`Width`) von Steuerelementen im Eigenschaftenfenster festzulegen. Über `Top` (Oben) und `Left` (Links) können Sie den Abstand vom oberen und linken Rand des Elements in Bezug auf das UserForm festlegen.

**TIPP** Beachten Sie bitte, dass im Eigenschaftenfenster zwei Registerkarten zur Verfügung stehen. Durch das Aktivieren *Nach Kategorien* werden die Positionierungseinstellungen zusammengefasst. Um wieder zur alphabetischen Ordnung zurückzukehren, aktivieren Sie die Registerkarte *Alphabetisch*.

# Benennung von Steuerelementen und Präfixe

Wenn ein Steuerelement auf einem UserForm eingefügt wird, trägt es automatisch einen Namen wie zum Beispiel `CommandButton1`, `CommandButton2` usw. Auch hier empfiehlt es sich, die vorgegebenen Namen durch aussagekräftigere zu ersetzen und zudem ein entsprechendes Präfix zu verwenden.

Der nachfolgenden Tabelle können Sie die verfügbaren Steuerelemente der Werkzeugsammlung, deren gebräuchliche Präfixe sowie die deutsche und englische Bezeichnung entnehmen.

**Tabelle 21.1** Elemente der Werkzeugsammlung

| Element | Präfix | Deutsche Bezeichnung | Englische Bezeichnung |
|---|---|---|---|
| – | frm | UserForm (Formular) | UserForm |
|  | – | Objekte auswählen | – |
|  | lbl | Beschriftungsfeld | Label |
|  | txt | Textfeld | TextBox |

**Tabelle 21.1** Elemente der Werkzeugsammlung *(Fortsetzung)*

| Element | Präfix | Deutsche Bezeichnung | Englische Bezeichnung |
|---|---|---|---|
|  | cbo | Kombinationsfeld | ComboBox |
|  | lst | Listenfeld | ListBox |
|  | chk | Kontrollkästchen | CheckBox |
|  | opt | Optionsfeld | OptionButton |
|  | tgl | Umschaltfeld | ToggleButton |
|  | fra | Rahmen | Frame |
|  | cmd | Befehlsschaltfläche | CommandButton |
|  | tbs | Register | TabStrip |
|  | mpg | Multiseiten | MultiPage |
|  | vsb/hsb | Bildlaufleiste | ScrollBar |
|  | spn | Drehfeld | SpinButton |
|  | img | Anzeige | Image |
|  | ref | RefEdit | RefEdit |

# Die Aktivierreihenfolge ändern

Viele Benutzer von UserForms ziehen das Arbeiten mit der Tastatur dem Arbeiten mit der Maus vor. Bei gelerntem Umgang mit der Tastatur ist man so oftmals schneller. Um bei einem ausgeführten UserForm von einem Steuerelement zum nächsten zu gelangen, wird die [Tab]-Taste verwendet. Um in umgekehrter Reihenfolge die Steuerelemente zu erreichen, wird die Tastenkombination [⇧]+[⇆] eingesetzt.

Es ist wichtig, dass die Aktivierungsreihenfolge der Steuerelemente stimmt. Das heißt, wenn mit der [⇆]-Taste von einem Steuerelement zum nächsten gesprungen wird, sollte die Reihenfolge der angesprungenen Elemente stimmen. Für den Benutzer wäre es umständlich und ärgerlich, wenn die Steuerelemente kreuz und quer selektiert würden. Beim Einfügen von Steuerelementen kommt es vor, dass nachträglich ein Element hinzukommt. Die Aktivierreihenfolge kann dadurch durcheinander geraten.

Um die Aktivierreihenfolge zu ändern, aktivieren Sie zuerst das UserForm und wählen dann den Menübefehl *Ansicht/Aktivierreihenfolge*. Sämtliche Steuerelemente, die auf dem UserForm enthalten sind, werden im Dialogfeld *Aktivierreihenfolge* in der aktuellen Anordnung angezeigt. Um ein Steuerelement zu verschieben, wählen Sie es an, sodass es markiert angezeigt wird. Über die Schaltflächen *Nach oben* bzw. *Nach unten* wird das Steuerelement an der gewünschten Stelle neu eingeordnet.

**Abbildg. 21.8** Aktivierreihenfolge

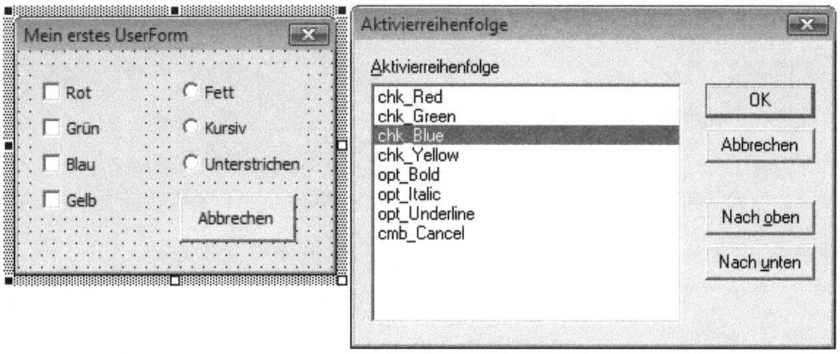


# Arbeiten mit Rahmen (*Frame*)

In Kapitel 14 wurden beim Thema *Steuerelemente* bereits die meisten Steuerelemente behandelt, die auch in UserForms verwendet werden können. An dieser Stelle des Buchs wird deshalb nur auf die Steuerelemente eingegangen, die auf dem Tabellenblatt nicht benutzt werden können.

Eines davon ist der Rahmen. Der Rahmen kann verwendet werden, um Steuerelemente in optisch getrennte Gruppen zusammenzufassen oder um Optionsfelder zu gruppieren. Wenn Sie auf einem Tabellenblatt mehrere Optionsfeldgruppen verwenden möchten, muss den einzelnen Elementen einer Gruppe ein Gruppenname zugewiesen werden (das Thema wurde in Kapitel 14 behandelt). Über den Rahmen, der nur in UserForms zur Verfügung steht, können beliebig viele Gruppen zusammengestellt werden, ohne dass ein Gruppenname verwendet werden muss.

Anders verhält es sich, wenn auf einen Rahmen verzichtet wird. Wenn kein Rahmen verwendet wird und dennoch mehrere Optionsgruppen erstellt werden sollen, kann jedem der Optionsfelder, die einer Gruppe angehören, im Eigenschaftenfenster unter der Eigenschaft `GroupName` ein einheitlicher Gruppenname zugewiesen werden.

Das Ganze lässt sich am einfachsten anhand eines Bildes und eines Beispiels erläutern. Im folgenden Beispiel sind auf dem UserForm zwei Optionsfeldgruppen in je einem Rahmen enthalten. Dementsprechend kann bei diesen Optionsfeldern auf einen Gruppenname verzichtet werden.

Auf dem UserForm sind zudem zwei Optionsfeldgruppen ohne Rahmen enthalten. Jedem Element der ersten Gruppe wurde im Eigenschaftenfenster der Eigenschaft `GroupName` der Name *Schriftgröße* zugewiesen. Um die zweite Gruppe zu bilden, wurde jedem Optionsfeld, das der Gruppe *Schriftart* angehört, im Eigenschaftenfenster der `GroupName` *Schriftart* zugewiesen.

**Abbildg. 21.9** Optionsfelder mit und ohne Rahmen

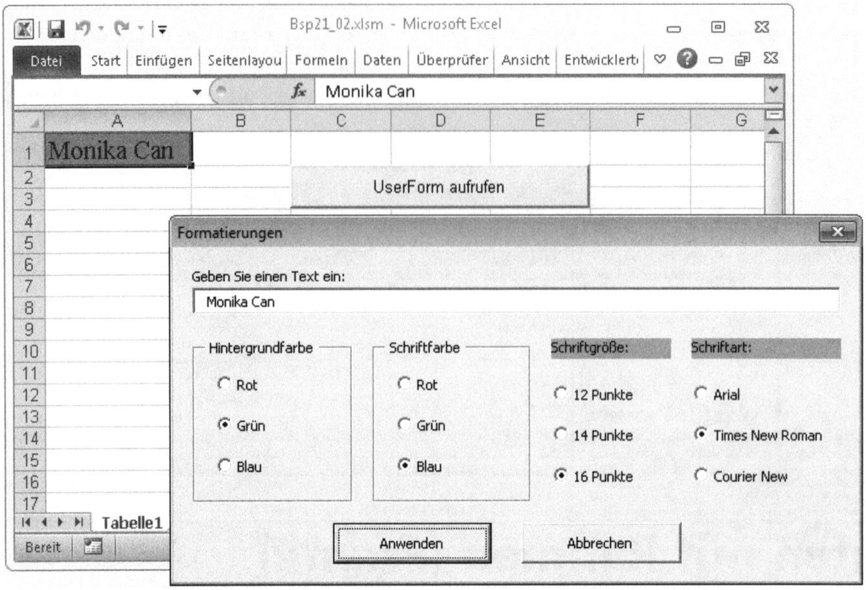


Im Textfeld muss ein Text eingegeben werden; auf bereits vorhandene Tabelleneinträge wirkt sich die neue Formatierung nicht aus. Danach kann aus jeder Optionsfeldgruppe ein Optionsfeld aktiviert werden. Um sowohl den Text als auch die Formatierungen an die aktive Zelle zu übergeben, betätigen Sie die Befehlsschaltfläche *Anwenden*. Um das UserForm zu verlassen, verwenden Sie die Schaltfläche *Abbrechen*.

Die Ereignisprozeduren, die den beiden Schaltflächen hinterlegt wurden, sehen wie folgt aus:

**Listing 21.3** Optionsfeldgruppen mit Rahmen und ohne Rahmen

```
Private Sub cmd_Use_Click()
   With ActiveCell
      .Value = txt_Input.Value

      ' Zellenhintergrundfarbe
      With .Interior
         If opt_BackRed.Value = True Then
            .Color = vbRed
         ElseIf opt_BackGreen.Value = True Then
            .Color = vbGreen
         Else
            .Color = vbBlue
         End If
      End With

      ' Schriftfarbe
      With .Font
         If opt_FontRed.Value = True Then
            .Color = vbRed
         ElseIf opt_FontGreen.Value = True Then
            .Color = vbGreen
```

sting 21.3 Optionsfeldgruppen mit Rahmen und ohne Rahmen *(Fortsetzung)*

```
            Else
                .Color = vbBlue
            End If
        End With

        ' Schriftgröße
        With .Font
            If opt_12pt.Value = True Then
                .Size = 12
            ElseIf opt_14pt.Value = True Then
                .Size = 14
            Else
                .Size = 16
            End If
        End With

        ' Schriftart
        With .Font
            If opt_Arial.Value = True Then
                .Name = "Arial"
            ElseIf opt_Times.Value = True Then
                .Name = "Times New Roman"
            Else
                .Name = "Courier New"
            End If
        End With
    End With
End Sub
```

```
Private Sub cmd_Cancel_Click()
    Unload Me
End Sub
```

**BEISPIEL** Das obige Beispiel befindet sich innerhalb der Beispieldateien zum Buch im Ordner *\Buch\Kap21*. Die Mappe nennt sich *Bsp21_02.xlsm*. Die Prozeduren sind im Modul *frm_Format* untergebracht.

# Multiseiten erstellen (*MultiPage*)

Multiseiten können verwendet werden, um einzelne UserForms zusammenzufassen. Es stehen dabei mehrere Registerkarten zur Verfügung. Auf jeder Seite können verschiedene Steuerelemente platziert werden. Nach dem Erstellen eines Multiseiten-Steuerelementes stehen automatisch zwei Seiten zur Verfügung. Ein Klick mit der rechten Maustaste auf die Multiseiten öffnet ein Kontextmenü mit den folgenden Auswahlmöglichkeiten:

Tabelle 21.2 Kontextmenüauswahl von Multiseiten

| Kontextmenübefehl | Bedeutung |
|---|---|
| *Neue Seite* | Eine weitere Seite einfügen |
| *Seite löschen* | Eine Multiseite löschen |
| *Umbenennen* | Eine Multiseite umbenennen |
| *Verschieben* | Die Anordnung der Multiseiten verändern |

Im Eigenschaftenfenster stehen verschiedene interessante Auswahlmöglichkeiten zur Formatierung der Multiseiten zur Verfügung. Beachten Sie dabei, dass nach dem ersten Klick lediglich ein schraffierter Rahmen um die Multiseiten herum eingeblendet wird. Erst durch einen Klick auf den Rahmen werden die tatsächlichen Eigenschaften der Multiseiten angezeigt. Die wichtigsten davon sind in der nachfolgenden Tabelle beschrieben:

Tabelle 21.3 Interessante Eigenschaften von Multiseiten

| Eigenschaft | Beschreibung |
|---|---|
| *MultiRow* | Diese Eigenschaft wird dann wirksam, wenn der Platz für Registerkartenreiter nicht mehr ausreicht. Ist diese Eigenschaft auf `True`, werden die überschüssigen Reiter in einer zweiten Zeile angezeigt. Andernfalls werden Reiter ausgeblendet und der User kann über zwei Navigationspfeile die Reiterleiste scrollen. |
| *Style* | Es stehen drei Konstanten zur Verfügung. `0 - fmTabStyleTabs` ist die Standardeinstellung. Die Auswahl `1 – fmTabStyleButtons` lässt die Registerkarten als Schaltflächen anzeigen. Die aktive Registerkarte wird dabei dunkelgrau hervorgehoben. Die Einstellung `2 – fmTabStyleNone` unterdrückt die Anzeige der Multiseiten |
| *TabOrientation* | Legt die Ausrichtung der Registerkarten fest. `0 – fmTabOrientationTop` ist die Standardeinstellung und lässt die Registerkarte oberhalb des Steuerelementes erscheinen. Die Einstellung `1 – fmTabOrientationBottom` zeigt die Registerkarte am unteren Rand an. Auswahl `2 – fmTabOrientationLeft` bewirkt, dass die Registerkarten am linken Rand erscheinen und `3 – fmTabOrientationRight` am rechten Rand |

Die einzelnen Multiseiten können im VBA-Code über deren Index angesprochen werden. Dabei ist zu beachten, dass die erste Multiseite den Index 0 trägt: `Page(0)`.

Unser Beispiel enthält drei Multiseiten. Auf der ersten Seite sind drei Kontrollkästchen enthalten. Auf Wunsch werden im Tabellenblatt *Formeln*, *Gitternetzlinien* und *Tabellenreiter* ein- oder ausgeblendet.

**Abbildg. 21.10** Die erste Seite der Multiseiten

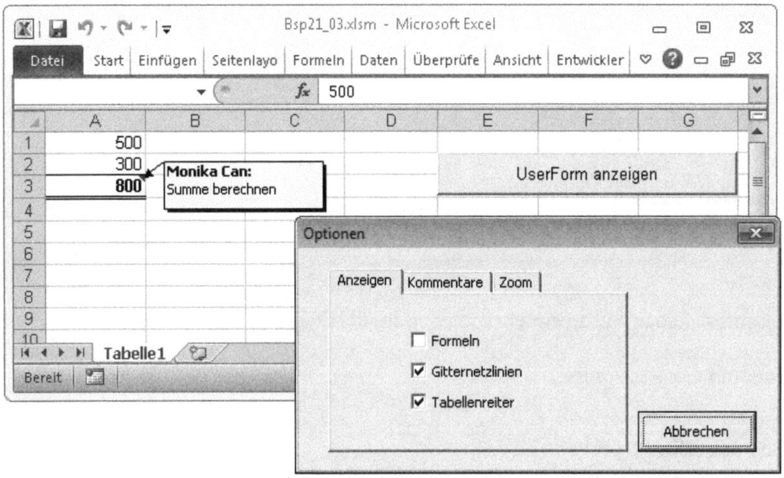


Jedem Kontrollkästchen ist eine eigene Ereignisprozedur hinterlegt.

**Listing 21.4** Multiseitenelemente programmieren

```
' Formeln
Private Sub chk_Formula_Click()
   If chk_Formula.Value = True Then
      ActiveWindow.DisplayFormulas = True
   Else
      ActiveWindow.DisplayFormulas = False
   End If
End Sub

' Gitternetzlinien
Private Sub chk_Gridlines_Click()
   If chk_Gridlines.Value = True Then
      ActiveWindow.DisplayGridlines = True
   Else
      ActiveWindow.DisplayGridlines = False
   End If
End Sub

' Tabellenregisterkarte
Private Sub chk_SheetTabs_Click()
   If chk_SheetTabs.Value = True Then
      ActiveWindow.DisplayWorkbookTabs = True
   Else
      ActiveWindow.DisplayWorkbookTabs = False
   End If
End Sub
```

Die zweite Multiseite bezieht sich auf im Tabellenblatt enthaltene Kommentare. Auf Wunsch werden Indikatoren oder/und Kommentare angezeigt oder gar nichts.

**Abbildg. 21.11** Die zweite Seite der Multiseiten

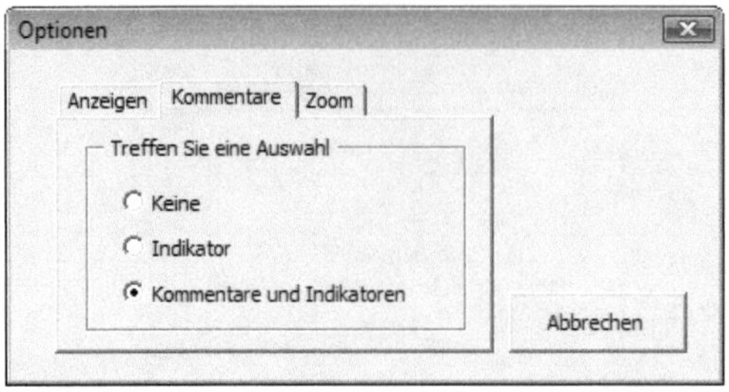


Jedem der Optionsfelder wurde ein entsprechendes `Click`-Ereignis hinterlegt:

**Listing 21.5** Optionsfelder mit *Click*-Ereignissen

```
' Keine
Private Sub opt_None_Click()
   Application.DisplayCommentIndicator = xlNoIndicator
End Sub

' Nur Indikatoren anzeigen
Private Sub opt_Indicator_Click()
   Application.DisplayCommentIndicator = xlCommentIndicatorOnly
End Sub

' Indikatoren und Kommentare anzeigen
Private Sub opt_Both_Click()
   Application.DisplayCommentIndicator = xlCommentAndIndicator
End Sub
```

Auf der dritten und letzten Multiseite befinden sich ein Beschriftungsfeld und eine vertikale Bildlaufleiste. Über die Bildlaufleiste kann der *Zoom* des Tabellenblattes eingestellt werden. Im Eigenschaftenfenster wurden ein Minimalwert von 50 und ein Maximalwert von 100 festgelegt.

**Abbildg. 21.12** Die dritte Seite der Multiseiten

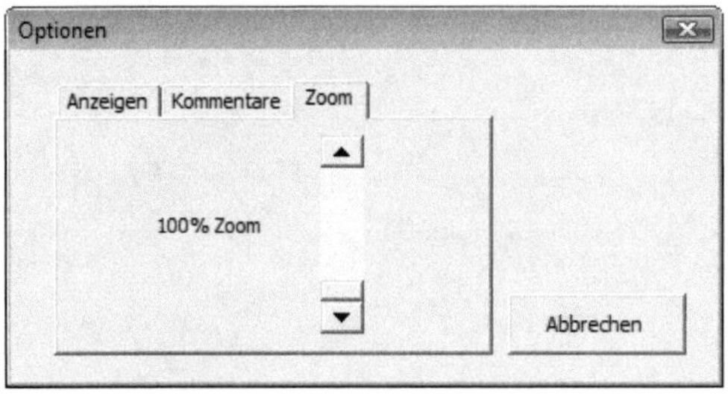


Der Bildlaufleiste wurde ein `Change`-Ereignis hinterlegt, das den Zoom im Tabellenblatt anwendet und zudem im Beschriftungsfeld den aktuell eingestellten Zoomfaktor zur Anzeige übergibt.

**Listing 21.6** Bildlaufleiste mit *Change*-Ereignis

```
' Vertikale Bildlaufleiste (Zoom)
Private Sub vsb_Zoom_Change()
   ActiveWindow.Zoom = vsb_Zoom.Value
   lbl_Zoom.Caption = vsb_Zoom.Value & "% Zoom"
End Sub
```

**BEISPIEL** Das obige Beispiel befindet sich innerhalb der Beispieldateien zum Buch im Ordner *\Buch\Kap21*. Die Mappe nennt sich *Bsp21_03.xlsm*. Die Prozeduren sind im Modul *frm_Options* untergebracht.

# Registerkarten nutzen (*TabStrip*)

Registerkarten sind den Multiseiten auf den ersten Blick sehr ähnlich. Der gravierende Unterschied besteht darin, dass die einzelnen Seiten nicht unabhängig voneinander mit Steuerelementen bestückt werden können. Das heißt, wenn auf einer der Seiten ein Steuerelement eingefügt wird, ist dieses automatisch auch auf den anderen Seiten sicht- und verwendbar. Alle Seiten des Registers weisen somit immer dieselben Steuerelemente an derselben Stelle auf.

Für eine Eingabe muss somit nur ein Textfeld eingefügt werden. Es ist dann automatisch auf allen Registerkarten verfügbar. Dementsprechend wird im Programmcode auch immer nur das eine Textfeld angesprochen. Die Differenzierung findet im Ansprechen des Seitenindex für die Registerkarte statt.

Im folgenden Beispiel existiert eine Mappe mit vier Tabellenblättern. Jedes Tabellenblatt trägt einen Namen, der mit je einer Seite des Registers identisch ist. Genau wie die Registerkarte sind auch die Tabellenblätter identisch aufgebaut. Sie bestehen aus drei Spalten, die durch die Eingaben im UserForm gefüllt werden. Im UserForm kann eine Stückzahl `txt_Piece` und ein Preis `txt_Price` eingegeben werden. Beide Eingaben werden in die Tabelle übertragen. Es wird zudem in der dritten Spalte des Tabellenblattes die Multiplikation der beiden Eingaben ausgegeben.

**Abbildg. 21.13** Registerkarten in der Praxis

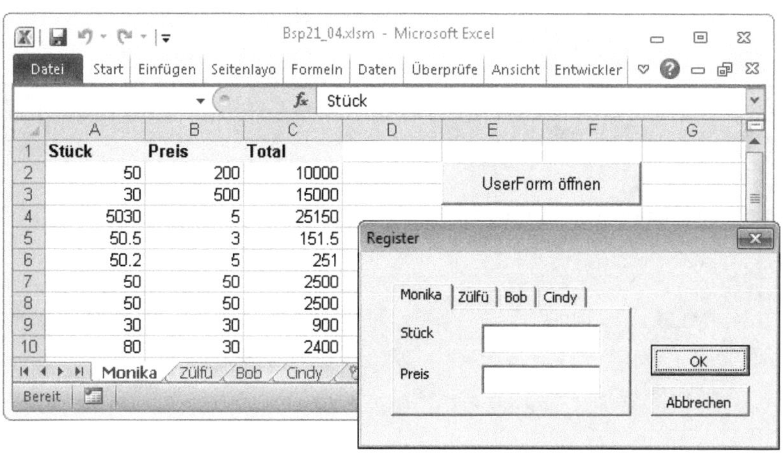

Beim Ausführen des UserForm wird das erste Tabellenblatt aktiviert.

**Listing 21.7** Registerkarte *Monika* aktivieren

```
Private Sub UserForm_Initialize()
   Worksheets("Monika").Activate
End Sub
```

Nach dem Start des UserForm kann pro Registerseite in jedes der beiden Felder ein Wert eingegeben werden (siehe Abbildung 21.13). Damit die Werte nach der Eingabe an das Tabellenblatt übergeben werden, wird die Schaltfläche *OK* betätigt. Dies muss vor jedem Wechsel in eine andere Seite des Registers geschehen.

Die Wertübergabe an die Zellen wird in eine Prozedur ausgelagert. Damit kann die `Click`-Ereignisprozedur, die sich hinter der Schaltfläche *OK* verbirgt, verkürzt werden, denn die Wertübergabe muss so nicht jeder Registerseite einzeln hinterlegt werden. Die Werte werden in den Spalten jeweils in die erste freie Zelle übertragen.

Damit die Werte nicht als Text, sondern als Wert vom Datentyp `Double` an die Zellen übertragen werden, wird über `CDbl` eine Datentypumwandlung vorgenommen. Dies ist erforderlich, da ein Textfeld ansonsten standardmäßig einen Text übergibt.

**Listing 21.8** Typenumwandlung und Berechnung

```
Sub Preparation()
  With ActiveSheet
    .Cells(1048576, 1).End(xlUp).Offset(1, 0) = CDbl(txt_Piece)
    .Cells(1048576, 2).End(xlUp).Offset(1, 0) = CDbl(txt_Price)
    .Cells(1048576, 3).End(xlUp).Offset(1, 0) = txt_Piece * txt_Price
  End With
End Sub
```

In einem weiteren Schritt wird die `Click`-Ereignisprozedur der *OK*-Schaltfläche erstellt.

Um sicherzustellen, dass nur Zahlen eingegeben werden, wird in einer `If`-Entscheidung die Eingabe der beiden Felder mit `IsNumeric` überprüft. Bei fehlerhafter Eingabe wird eine entsprechende Meldung auf dem Bildschirm angezeigt und die beiden Felder werden zurückgesetzt (`""`).

Nach der `If`-Entscheidung werden die Textfelder in jedem Fall für eine Neueingabe zurückgesetzt (`""`).

**Listing 21.9** Die *OK*-Schaltfläche programmieren

```
Private Sub cmd_OK_Click()
   If IsNumeric(txt_Piece) And IsNumeric(txt_Price) Then
      Preparation
   Else
      MsgBox "Nur numerische Eingaben sind erlaubt oder Wert fehlt"
      txt_Piece = ""
      txt_Price = ""
   End If

   txt_Piece = ""
   txt_Price = ""
End Sub
```

Sobald die jeweilige Registerkarte gewechselt wird, wird das entsprechende Tabellenblatt aktiviert. Auf diese Weise kann der Übertrag an das Tabellenblatt kontrolliert bzw. während der Übergabe eingesehen werden.

Die Registerseiten werden über deren Index angesprochen (`SelectedItem.Index`). Die erste Seite trägt den Index 0, die zweite Seite den Index 1 usw.

**Listing 21.10** Der Registerkarte ein *Change*-Ereignis hinterlegen

```
Private Sub tbs_Names_Change()
   Select Case tbs_Names.SelectedItem.Index
      Case 0
         Worksheets("Monika").Activate
      Case 1
         Worksheets("Zülfü").Activate
      Case 2
         Worksheets("Bob").Activate
      Case 3
         Worksheets("Franca").Activate
   End Select
End Sub
```

Der letzte Code ist der Schaltfläche *Abbrechen* zugewiesen und veranlasst das Verlassen des UserForm:

```
Private Sub cmd_Cancel_Click()
   Unload Me
End Sub
```

**BEISPIEL** Das obige Beispiel befindet sich innerhalb der Beispieldateien zum Buch im Ordner *\Buch\Kap21*. Die Mappe nennt sich *Bsp21_04.xlsm*. Die Prozeduren sind in Modul *frm_Register* untergebracht.

# Inaktive und unsichtbare Steuerelemente

Wie zuvor beschrieben, ist das unabhängige Gestalten einzelner Seiten eines Registers kaum umsetzbar, da Registerkarten für den einheitlichen Aufbau der Seiten gedacht sind. Falls Sie dennoch Registerkarten den Multiseiten vorziehen möchten, haben Sie die Möglichkeit, Steuerelemente zu deaktivieren oder vollständig auszublenden.

Um ein Steuerelement inaktiv (hellgrau) anzuzeigen, verwenden Sie die Eigenschaft `Enabled = False`. Um ein Steuerelement auszublenden, verwenden Sie die Eigenschaft `Visible = False`.

Um dies zu verdeutlichen, umfasst unser Beispiel ein UserForm mit drei Registerkarten. Es sind zwei Kontrollkästchen enthalten.

**Abbildg. 21.14** Aktive, inaktive und unsichtbare Steuerelemente

Je nachdem, welche Registerkarte aktiviert wird, verändert sich der Zustand der Steuerelemente. Um dies umzusetzen, wird hier das `Change`-Ereignis des Registers eingesetzt.

**Listing 21.11** Das *Change*-Ereignis des Registers

```
Private Sub tbs_Register_Change()
   Select Case tbs_Register.SelectedItem.Index
      Case 0
         ' Elemente sichtbar und verfügbar
         chk_FontBold.Enabled = True
         chk_BackgroundGrey.Enabled = True
         chk_FontBold.Visible = True
         chk_BackgroundGrey.Visible = True
      Case 1
         ' Elemente sichtbar, aber nicht verfügbar
         chk_FontBold.Enabled = False
         chk_BackgroundGrey.Enabled = False
         chk_FontBold.Visible = True
         chk_BackgroundGrey.Visible = True
      Case 2
         ' Elemente unsichtbar
         chk_FontBold.Visible = False
         chk_BackgroundGrey.Visible = False
      End Select
End Sub
```

**BEISPIEL** Das komplette obige Beispiel befindet sich innerhalb der Beispieldateien zum Buch im Ordner *\Buch\Kap21*. Die Mappe nennt sich *Bsp21_05.xlsm*. Die Prozeduren sind im Modul *frm_RegisterFlexibel* untergebracht.

# Der Einsatz von *RefEdit*

Das letzte Steuerelement, das standardmäßig in der Werkzeugsammlung aufgeführt ist, nennt sich `RefEdit` (sowohl im Deutschen als auch im Englischen). Es kann verwendet werden, um einen Bereich des Tabellenblattes zu referenzieren. Wenn das `RefEdit`-Steuerelement aktiviert ist, kann vom UserForm aus im Tabellenblatt ein beliebiger Bereich selektiert und angesprochen werden. Der Bereichsverweis wird im `RefEdit`-Steuerelement angezeigt.

**ACHTUNG** Da das `RefEdit`-Steuerelement bereits von sich aus einen ungebundenen Zustand erfordert, wie `vbModeless` oder `Modal = False`, darf diese Einstellung auf keinen Fall, weder im Eigenschaftenfenster noch beim Aufruf des UserForm, nochmals eingesetzt werden. Ein erneutes Verwenden hätte zur Folge, dass die gesamte Excel-Anwendung blockiert würde.

Unsere UserForm soll dazu dienen, einem markierten Bereich ein bestimmtes Zellenformat zuzuweisen. Das UserForm enthält ein `RefEdit`-Steuerelement, um den Bereich vom UserForm aus zu markieren. Für die Zuweisung des gewünschten Formates bestehen drei Optionsfelder. Die *Abbrechen*-Befehlsschaltfläche dient dazu, das UserForm zu verlassen.

**Abbildg. 21.15** Mittels *RefEdit* einen Bereich markieren

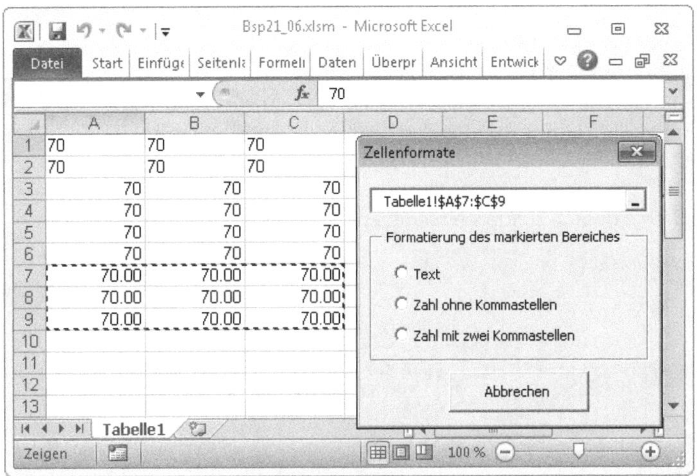


Um den Code, der sich für jedes Optionsfeld wiederholen würde, nur einmal schreiben zu müssen, wird auch diesmal der Kern in eine »Hauptprozedur« ausgelagert. Die Hauptprozedur trägt den Namen `Preparation`. Damit in den einzelnen Ereignisprozeduren, die den Optionsfeldern zugeordnet werden, das entsprechende Format an die Hauptprozedur übergeben werden kann, verwenden wir im runden Klammerpaar die Variable `strFormat`.

In der `If`-Entscheidung wird geprüft, ob das `RefEdit`-Steuerelement einen Wert enthält bzw. ob ein Bereich im Tabellenblatt markiert wurde. Falls nicht, wird die Prozedur verlassen, um den Start des Debuggers zu vermeiden.

Die `For Each`-Schleife wird verwendet, um jede Zelle des markierten Bereichs anzusprechen und ihr dabei das gewünschte Format zuzuweisen. Das Format wird erst in den entsprechenden Ereignisprozeduren übergeben, die den Optionsfeldern zugewiesen sind.

Die Methode `SetFocus` am Ende der Prozedur bewirkt, dass der Cursor für eine Neueingabe wieder ins Feld `ref_Format` gesetzt wird.

Listing 21.12 Aufbereiten des *RefEdit*-Feldes für Neueingaben

```
Sub Preparation(strFormat As String)
   Dim c As Range

   If ref_Format.Value = "" Then
      Exit Sub
   End If

   For Each c In Range(ref_Format.Value)
      c.NumberFormat = strFormat
   Next c

   ref_Format.SetFocus
End Sub
```

Für jedes der drei Optionsfelder wird eine eigene Ereignisprozedur erstellt. Je nachdem, welches Optionsfeld ausgewählt wird, wird die entsprechende Ereignisprozedur ausgeführt. Die Ereignisprozedur ruft einerseits die Hauptprozedur `Preparation` auf und übergibt andererseits das Format an die Variable `strFormat`.

Listing 21.13 Den drei Optionsfeldern ein *Click*-Ereignis hinterlegen

```
Private Sub opt_Text_Click()
   Preparation "@"
End Sub

Private Sub opt_Long_Click()
   Preparation "0"
End Sub

Private Sub opt_Dbl_Click()
   Preparation "0.00"
End Sub
```

Die Prozedur der *Abbrechen*-Schaltfläche lautet:

```
Private Sub cmd_Cancel_Click()
   Unload Me
End Sub
```

Nachdem das UserForm aufgerufen wurde, blinkt der Cursor im `RefEdit`-Feld. Bei geöffnetem UserForm kann nun im Tabellenblatt der gewünschte Bereich markiert werden. Über die Auswahl eines der drei Optionsfelder wird das entsprechende Zellformat dem markierten Bereich zugewiesen.

**BEISPIEL** Das obige Beispiel befindet sich innerhalb der Beispieldateien zum Buch im Ordner *\Buch\Kap21*. Die Mappe nennt sich *Bsp21_06.xlsm*. Die Prozeduren sind in Modul *frm_Format* untergebracht.

# Listenfelder mit Mehrfachauswahl

Listenfelder wurden bereits in Kapitel 14 behandelt. An dieser Stelle werden Sie einige ergänzende Informationen finden. In Listenfeldern können verschiedene Selektionsverfahren verwendet werden. Welche das sind, können Sie der Tabelle 21.4 entnehmen. Die Auswahl kann direkt im Eigenschaftenfenster bei der Eigenschaft `MultiSelect` getroffen werden.

**Tabelle 21.4** Konstanten der *MultiSelect*-Eigenschaft

| Konstante | Beschreibung |
|---|---|
| `0 – fmMultiSelectSingle` | Es kann immer nur ein Eintrag ausgewählt werden |
| `1 – fmMultiSelectMulti` | Es können per Mausklick mehrere Einträge ausgewählt werden |
| `2 – fmMultiSelectExtended` | Unter Zuhilfenahme der [⇧]-Taste können zusammenhängende Einträge selektiert werden. Dies ist auch möglich, indem mit gedrückter linker Maustaste über die Einträge gefahren wird. Mit gedrückt gehaltener [Strg]-Taste können mehrere unabhängige Einträge selektiert werden |

Die in den Listenfeldern enthaltenen Werte (siehe Abbildung 21.16) stammen aus dem zweiten Tabellenblatt. Die Bereichsquelle wurde im Eigenschaftenfenster unter `RowSource` festgelegt, zum Beispiel: `Tabelle2!A1:A5`.

Ein zusätzlicher optischer Effekt kann erzeugt werden, indem im Eigenschaftenfenster bei der Eigenschaft `ListStyle` die Konstante `1 – fmListStyleOpton` gewählt wird. Je nachdem, welche `MultiSelect`-Konstante ausgewählt wurde, wird vor jedem Eintrag im Listenfeld ein Optionsfeld oder ein Kontrollkästchen angezeigt.

**Abbildg. 21.16** Mehrfachauswahl

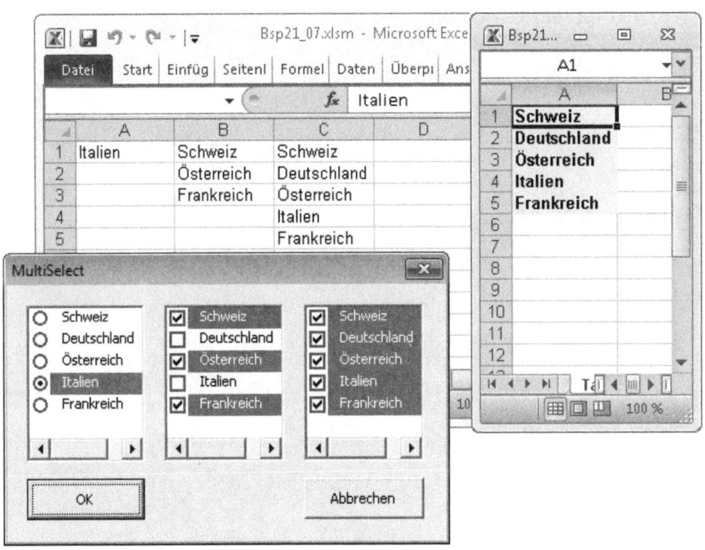

In unserem Beispiel sind, analog der drei Auswahlmöglichkeiten in Bezug auf `MultiSelect`, drei Listenfelder erstellt worden. Jedem Listenfeld wurde ein anderes Auswahlverfahren zugewiesen. Im ersten Listenfeld kann eine Einfachauswahl getroffen werden. Im zweiten Listenfeld können mehrere Einträge selektiert werden. Dem dritten Listenfeld wurde die erweiterte Mehrfachauswahl zugewiesen.

Die Übergabe der ausgewählten Werte an das Tabellenblatt erfolgt, sobald die Schaltfläche *OK* betätigt wird.

In der `If`-Entscheidung der Ereignisprozedur, die an die Schaltfläche *OK* gebunden ist, wird geprüft, ob im ersten Listenfeld eine Auswahl getroffen wurde. Wenn dies zutrifft, wird der Wert an Zelle *A1* übergeben.

Um die markierten Einträge eines Listenfeldes mit *Mehrfachauswahl* auslesen zu können, muss eine Schleife verwendet werden. Da der Index der Einträge bei `0` beginnt, muss auch der Zähler der Schleife bei `0` beginnen. Mittels der Eigenschaft `ListCount` wird geprüft, wie viele Einträge im Listenfeld enthalten sind. Da die Eigenschaft mit dem Zählen bei 1 und nicht bei 0 beginnt, muss der Wert um 1 reduziert werden.

Innerhalb der beiden Schleifen wird in einer `If`-Entscheidung geprüft, welche Einträge selektiert wurden. Die selektierten Einträge werden untereinander an die Spalten *B* und *C* übergeben.

**Listing 21.14** Prüfen, welche Einträge im Listenfeld ausgewählt wurden

```
Private Sub cmd_OK_Click()
   Dim i As Integer
   Dim iCell As Integer

   If lst_MultiSelect1.Value <> "" Then
      Range("A1").Value = lst_MultiSelect1.Value
   End If

   iCell = 1
   For i = 0 To lst_MultiSelect2.ListCount - 1
      If lst_MultiSelect2.Selected(i) = True Then
         Range("B" & iCell).Value = lst_MultiSelect2.List(i)
         iCell = iCell + 1
      End If
   Next i

   iCell = 1
   For i = 0 To lst_MultiSelect3.ListCount - 1
      If lst_MultiSelect3.Selected(i) = True Then
         Range("C" & iCell).Value = lst_MultiSelect3.List(i)
         iCell = iCell + 1
      End If
   Next i
End Sub
```

**Listing 21.15** Die Prozedur der *Abbrechen*-Schaltfläche

```
Private Sub cmd_Cancel_Click()
   Unload Me
End Sub
```

**BEISPIEL** Das obige Beispiel befindet sich innerhalb der Beispieldateien zum Buch im Ordner *\Buch\Kap21*. Die Mappe nennt sich *Bsp21_07.xlsm*. Die Prozeduren sind in Modul *frm_MultiSelect* untergebracht.

# Mehrspaltige Listenfelder

Listenfelder können mehrere Spalten enthalten. Wie viele das sind, lässt sich im Eigenschaftenfenster des Steuerelementes bei der Eigenschaft `ColumnCount` festlegen.

Die Breite der Spalten wird über die Eigenschaft `ColumnWidths` festgelegt. Die Einträge werden durch ein Semikolon (;) voneinander getrennt. Die Eingabe kann in Zentimeter erfolgen (2cm; 2cm; 1cm). Nach dem Drücken der [↵]-Taste findet eine Umrechnung in Punkt statt.

Um zusätzlich eine Titelzeile anzuzeigen, wird (ebenfalls im Eigenschaftenfenster) die Eigenschaft `ColumnHeads` auf `True` umgestellt. Falls die Einträge, die im Listenfeld angezeigt werden sollen, aus der Mappe bezogen werden, wird die Quelle unter `RowSource` festgelegt. Die erste Zeile der Quelle wird automatisch als Titelzeile gewertet, deshalb wird bei `RowSource` die Titelzeile nicht mit einbezogen. In unserem Beispiel befinden sich die Angaben für die Titelzeile im Bereich *A1:C1*. In `RowSource` wird deshalb der Bereich ab Zeile *2* eingetragen: `Tabelle2!A2:C7`.

**Listing 21.16** Mehrspaltiges Listenfeld

```
Private Sub lst_MultiCol_Change()
   Dim str1 As String
   Dim str2 As String
   Dim str3 As String

   With lst_MultiCol
      str1 = .List(.ListIndex, 0)
      str2 = .List(.ListIndex, 1)
      str3 = .List(.ListIndex, 2)
   End With

   With Worksheets("Tabelle1")
      .Range("A1").Value = str1
      .Range("B1").Value = str2
      .Range("C1").Value = str3
   End With
End Sub

Private Sub cmd_Cancel_Click()
   Unload Me
End Sub
```

**BEISPIEL** Das obige Beispiel befindet sich innerhalb der Beispieldateien zum Buch im Ordner *\Buch\Kap21*. Die Mappe nennt sich *Bsp21_08.xlsm*. Die Prozeduren sind in Modul *frm_Yatze* untergebracht

Wenn im Eigenschaftenfenster die Registerkarte *Nach Kategorien* selektiert wird, werden die Eigenschaften nicht mehr alphabetisch sortiert angezeigt, sondern in logische Gruppen zusammengefasst. Die Einstellungen für das Listenfeld werden in der Gruppe *Daten* aufgelistet (siehe Abbildung 21.17).

**Abbildg. 21.17** Eigenschaften für Listenfelder

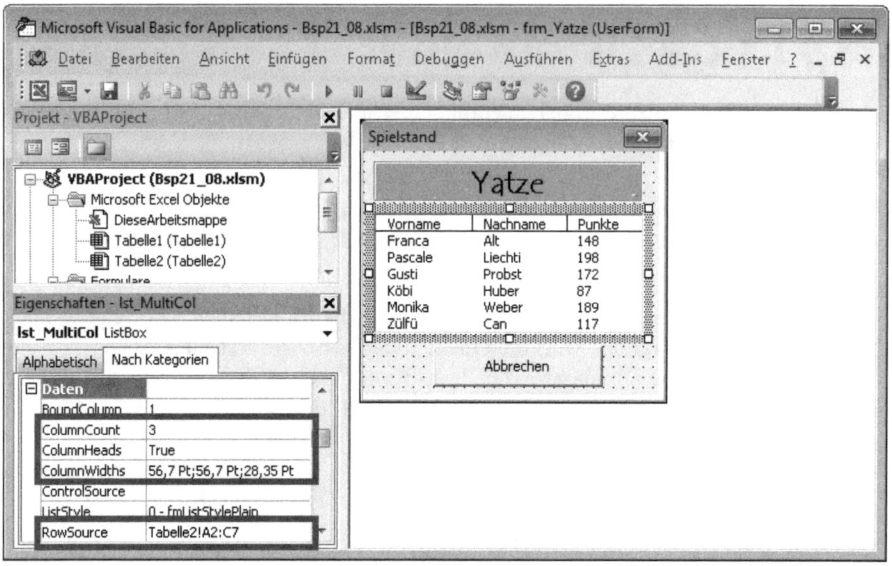


# Größe und Position von UserForms

Die Höhe und Breite eines UserForm wird im Eigenschaftenfenster unter `Height` und `Width` festgelegt. Die Angabe erfolgt in Bildpunkten.

Die Position wird über die Eigenschaften `Top` und `Left` bestimmt. Auch hier erfolgt die Eingabe in Bildpunkten. Wenn beide Werte auf 0 eingestellt sind, wird das UserForm am linken oberen Rand des Bildschirms angezeigt. Die Eigenschaft `StartUpPosition` wird dabei auf `0 – Manuell` umgestellt.

Insgesamt stehen vier verschiedene Einstellungsmöglichkeiten für die Eigenschaft `StartUpPosition` zur Verfügung:

**Tabelle 21.5** Einstellungsmöglichkeiten für die Eigenschaft *StartUpPosition*

| Eigenschaft | VBA-Schlüsselwort | Index | Beschreibung |
|---|---|---|---|
| *0 – Manuell* | `Manual` | 0 | Der Abstand vom linken und oberen Rand wird manuell über die Eigenschaften `Top` und `Left` vorgenommen |
| *1 – Fenstermitte* | `CenterOwner` | 1 | Auf dem Element zentrieren, zu dem das UserForm-Objekt gehört |
| *2 – Bildschirmmitte* | `CenterScreen` | 2 | Auf dem gesamten Bildschirm zentrieren |
| *3 – Windows-Standard* | `WindowsDefault` | 3 | In der oberen linken Ecke des Bildschirms positionieren |

In unserem Beispiel benutzen wir die Eigenschaften `Height` und `Width`, um die Größe des UserForm während der Laufzeit zu verändern. Das Beispiel enthält ein Listenfeld mit den Namen verschiedener Orchideen sowie das jeweils zugehörige Bild. Beim Klick auf einen Orchideennamen wird rechts daneben das entsprechende Bild angezeigt. Beim Start des UserForm ist die Größe so eingestellt, dass das Bild nicht sichtbar ist. Erst beim Klick auf die Umschaltfläche *Bild anzeigen* wird das UserForm vergrößert und das Bild wird sichtbar. Gleichzeitig ändert sich die Beschriftung der Schaltfläche auf *Bild ausblenden*.

**Abbildg. 21.18** UserForm vor und nach dem Einblenden des Bildes

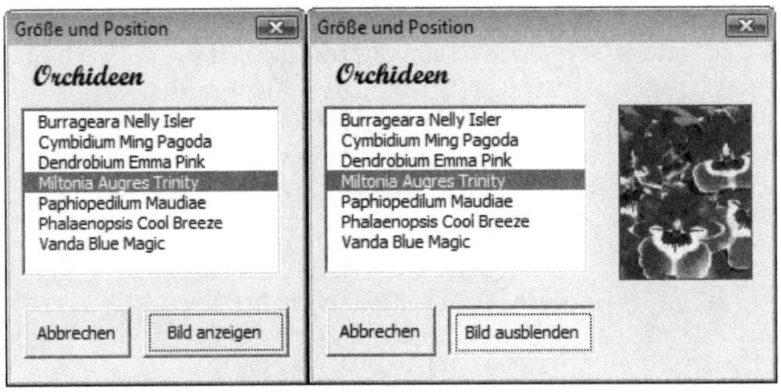


Beim Erstellen des UserForm werden sämtliche Steuerelemente eingefügt und die dazugehörigen Ereignisprozeduren hinterlegt. Nachdem das UserForm komplett erstellt ist, kann dessen erforderliche Größe im Eigenschaftenfenster den Eigenschaften `Height` und `Width` entnommen werden. Am besten notieren Sie sich diese beiden Zahlen. Danach wird das UserForm so verkleinert, dass das Bild nicht mehr sichtbar ist. Notieren Sie sich die neuen Zahlen.

Um das Ganze umzusetzen, werden insgesamt vier Ereignisprozeduren erstellt. Die Erste wird direkt an das UserForm gebunden und fügt dem Listenfeld die gewünschten Einträge hinzu `AddItem`.

**Listing 21.17** UserForm mit Werte befüllen

```
Private Sub UserForm_Initialize()
   With lst_Orchid
      .AddItem "Burrageara Nelly Isler"
      .AddItem "Cymbidium Ming Pagoda"
      .AddItem "Dendrobium Emma Pink"
      .AddItem "Miltonia Augres Trinity"
      .AddItem "Paphiopedilum Maudiae"
      .AddItem "Phalaenopsis Cool Breeze"
      .AddItem "Vanda Blue Magic"
   End With
End Sub
```

Die zweite Ereignisprozedur wird dem Listenfeld hinterlegt. Hier wird bei der Selektion eines Listenfeldeintrages über `LoadPicture` das entsprechende Bild geladen. In einer `Select Case`-Entscheidung wird über den Index des Listenfeldes geprüft, welche Zeile selektiert wurde.

Da die Bilder im selben Verzeichnis abgelegt sind, wie die Arbeitsmappe, kann `ThisWorkbook.Path` verwendet werden. Um den Pfad bei Bedarf schnell abändern zu können, wird dieser zu Beginn der

Prozedur an die Variable `strPath` übergeben. Im runden Klammerpaar nach `LoadPicture` wird der Pfad mit dem Namen der Bilddatei verknüpft.

**Listing 21.18** Ein *Click*-Ereignis für das Listenfeld erstellen

```
Private Sub lst_Orchid_Click()
   Dim strPath As String

   strPath = ThisWorkbook.Path

   Select Case lst_Orchid.ListIndex
      Case 0
         img.Picture = LoadPicture(strPath & "\burrageara.jpg")
      Case 1
         img.Picture = LoadPicture(strPath & "\cymbidium.jpg")
      Case 2
         img.Picture = LoadPicture(strPath & "\dendrobium.jpg")
      Case 3
         img.Picture = LoadPicture(strPath & "\miltonia.jpg")
      Case 4
         img.Picture = LoadPicture(strPath & "\paphiodelium.jpg")
      Case 5
         img.Picture = LoadPicture(strPath & "\phalaenopsis.jpg")
      Case 6
         img.Picture = LoadPicture(strPath & "\vanda.jpg")
   End Select
End Sub
```

Der Umschaltfläche wird die dritte Ereignisprozedur hinterlegt. Je nach Zustand der Umschaltfläche (`True` oder `False`) wird das UserForm in der gewünschten Größe angezeigt. Da das UserForm lediglich in der Breite und nicht in der Höhe verändert werden soll, reicht die Angabe der Bildpunkte bei `Width`. Zudem wird die Beschriftung der Umschaltfläche `Caption` entsprechend angepasst (siehe Abbildung 21.18).

**Listing 21.19** Ein *Click*-Ereignis für die Umschaltfläche programmieren

```
Private Sub tgl_Size_Click()
   If tgl_Size.Value = False Then
      frm_SizePosition.Width = 150
      tgl_Size.Caption = "Bild anzeigen"
   Else
      frm_SizePosition.Width = 230
      tgl_Size.Caption = "Bild ausblenden"
   End If
End Sub
```

Die vierte und letzte Ereignisprozedur wird der Schaltfläche *Abbrechen* hinterlegt und dient dazu, das UserForm zu schließen:

**Listing 21.20** Das UserForm verlassen

```
Private Sub cmd_Cancel_Click()
   Unload Me
End Sub
```

**BEISPIEL** Das obige Beispiel befindet sich innerhalb der Beispieldateien zum Buch im Ordner *\Buch\Kap21*. Die Mappe nennt sich *Bsp21_09.xlsm*. Die Prozeduren sind in Modul *frm_SizePosition* untergebracht.

# Weitere Steuerelemente

Neben den bereits behandelten Standardsteuerelementen haben Sie die Möglichkeit, der Werkzeugsammlung weitere Steuerelemente hinzuzufügen. Klicken Sie dazu mit der rechten Maustaste auf die Werkzeugsammlung und wählen Sie im Kontextmenü den Eintrag *Zusätzliche Steuerelemente* aus. Ein entsprechendes Dialogfeld mit einer ziemlich umfangreichen Liste wird geöffnet. Wenn Sie die Bildlaufleiste nach unten bewegen, gelangen Sie zu den Microsoft-Steuerelementen. Die Standardsteuerelemente sind bereits aktiviert. Wenn Sie nur die Steuerelemente anzeigen möchten, die bereits geladen sind, aktivieren Sie das Kontrollkästchen *Nur ausgewählte Elemente.*

**Abbildg. 21.19** Wählen Sie in diesem Dialogfeld zusätzlich benötigte Steuerelemente aus

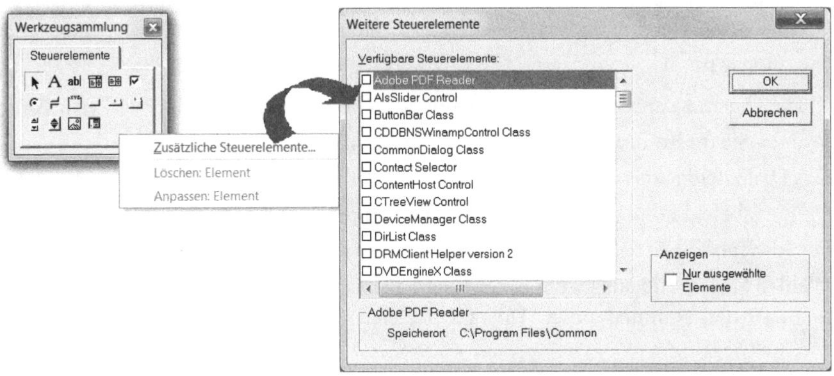


Um der Werkzeugsammlung eines der Steuerelemente hinzuzufügen, aktivieren Sie es und bestätigen die Auswahl über die Schaltfläche *OK.* Das Steuerelement wird danach in der Werkzeugsammlung angezeigt. Um das Steuerelement wieder zu entfernen, klicken Sie es mit der rechten Maustaste an und wählen aus dem Kontextmenü den Eintrag *Löschen.*

## Steuerelement-Gruppen erzeugen

Eine weitere Möglichkeit, die Werkzeugsammlung zu erweitern, besteht darin, eigene Steuerelementgruppen zu erzeugen. Dies ist vor allem dann sinnvoll, wenn Sie immer wieder die gleichen Steuerelemente auf UserForms einfügen möchten.

Um eine eigene Gruppe zu erzeugen, gehen Sie wie folgt vor:

1. Erstellen Sie am besten ein leeres UserForm.
2. Stellen Sie die gewünschten Steuerelemente zusammen.
3. Markieren Sie die Steuerelemente.

4. Ziehen Sie die gesamte Markierung mit gedrückter Maustaste in die Werkzeugsammlung.

Es wird ein neues Symbol angezeigt. Sie können nun die selbst erstellte Gruppe beliebig auf Ihren UserForms einfügen.

**Abbildg. 21.20** Eine Steuerelement-Gruppe erzeugen

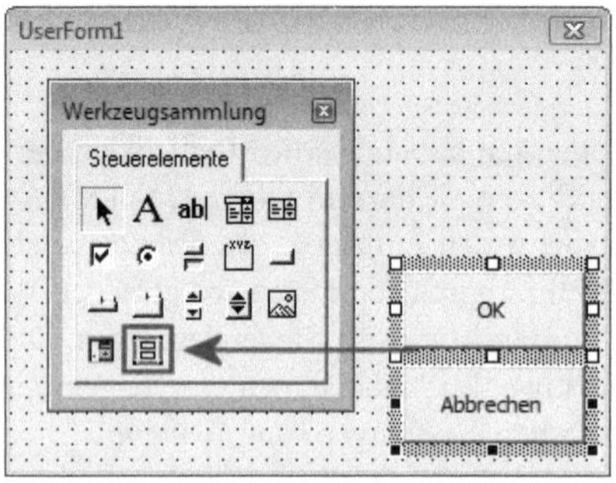


Um die Gruppe wieder zu löschen, klicken Sie sie mit der rechten Maustaste an und wählen aus dem Kontextmenü den Befehl *Löschen: Neue Gruppe.*

Sie können das Bild eines Steuerelements auch verändern:

1. Klicken Sie mit der rechen Maustaste auf das neue Steuerelement der Werkzeugsammlung.
2. Wählen Sie im Kontextmenü den Befehl *Anpassen: Neue Gruppe* aus.
3. Das Dialogfeld *Steuerelement anpassen* wird geöffnet.
4. Im Eingabefeld können Sie einen neuen Namen für das Steuerelement eintippen.
5. Per Klick auf die Schaltfläche *Bild laden* wird das gleichnamige Dialogfeld geöffnet.
6. Wählen Sie ein Bild aus Ihrem Dateisystem aus. Das Bild sollte möglichst klein sein, weil es sonst nicht in den Rahmen passt. Um alle Dateien zu sehen, ändern Sie den Dateityp auf *Alle Dateien(*.*).*
7. Schließen Sie alle offenen Dialogfelder.

**Abbildg. 21.21** Das Symbol eines Steuerelements ändern

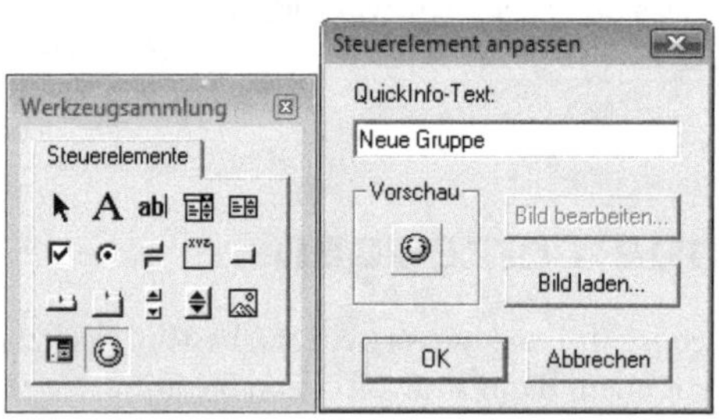


Sie können neue Steuerelemente auch auf einer eigenen Registerkarte in der Werkzeugsammlung platzieren. Dazu müssen Sie zuerst eine Registerkarte anlegen:

1. Klicken Sie mit der rechten Maustaste auf die Registerlasche.
2. Wählen Sie im Kontextmenü den Befehl *Neue Seite* aus.
3. Die neue Registerkarte ist nun verfügbar.

**Abbildg. 21.22** Eine neue Registerkarte einfügen

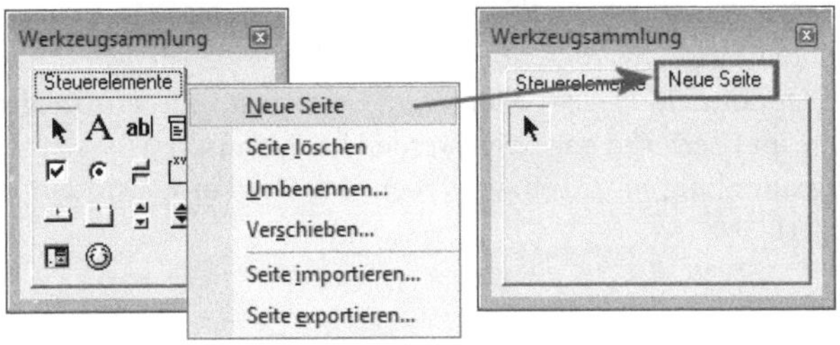


Wenn Sie die neue Registerkarte umbenennen möchten, klicken Sie sie mit der rechten Maustaste an und wählen im Kontextmenü den Befehl *Umbenennen* aus. Im nun geöffneten Dialogfeld geben Sie einen neuen *Namen* ein und auf Wunsch eine *Steuerelement-Info*. Diese wird später als QuickInfo angezeigt, wenn Sie mit der Maus auf die Registerlasche zeigen und einen kurzen Moment warten. Auf der neuen Registerkarte können Sie nun nach Belieben Ihre Steuerelemente einfügen.

**Abbildg. 21.23** Die neue Registerkarte umbenennen

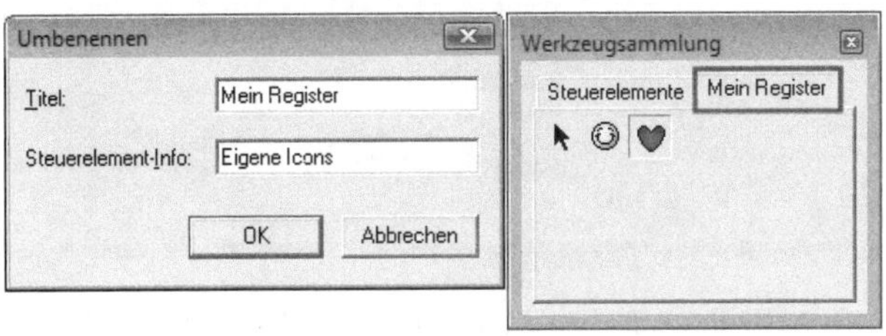


# UserForm mit Hyperlink

Gleich vorweg: Es gibt kein Steuerelement, das einen Hyperlink darstellt. Es muss mit einem kleinen Trick gearbeitet werden. Um einen Hyperlink auf einem UserForm zu simulieren, wird ein Beschriftungsfeld eingefügt.

Ein Hyperlink wird in der Regel blau und unterstrichen dargestellt. Die blaue Schriftfarbe für den Text des Beschriftungsfeldes wird im Eigenschaftenfenster über die Eigenschaft `ForeColor` festgelegt. Die Unterstreichung kann über die Eigenschaft `Font` eingestellt werden.

Mouse-Pointer

Um das Ganze abzurunden, soll der Mauszeiger beim Überfahren des »Hyperlinks« von einem Pfeil in eine Hand wechseln. Bei aktiviertem Beschriftungsfeld stehen bei der Eigenschaft `MousePointer` verschiedene Mauszeiger zur Verfügung. Leider jedoch keine Hand. Mit etwas Glück liefert die Windows-Suche verschiedene Cursor-Dateien, wenn der Dateiname *Hand.cur* eingetippt wird. Um Ihnen die Suche danach zu ersparen, finden Sie im selben Verzeichnis, in der die Beispieldatei abgelegt ist, ein entsprechendes Cursor-Symbol.

Um das Cursor-Symbol dem Beschriftungsfeld zuzuweisen, aktivieren Sie zuerst das Steuerelement und klicken dann rechts neben der Eigenschaft `MouseIcon` auf die Schaltfläche mit den drei Punkten. Sie können nun aus dem Dateisystem die gewünschte Cursor-Datei auswählen. Jetzt muss nur noch die Eigenschaft `MousePointer` auf `99 – fmMousePointerCustom` umgestellt werden. Nach dem Start des UserForm wird beim Überfahren dieses Beschriftungsfeldes der Mauszeiger wie gewünscht in eine Hand verwandelt.

Follow-Hyperlink

Damit eine Webseite geöffnet wird, sobald eines der Beschriftungsfelder angeklickt wird, verwenden wir die Methode `FollowHyperlink`, gefolgt von der Webadresse.

Webbrowser

In unserem UserForm soll die Möglichkeit gegeben sein, die Webseite entweder in einem externen Browserfenster zu öffnen (Optionsfeld *Extern*) oder sie im UserForm selbst anzuzeigen (Optionsfeld *Intern*). Damit die Webseite im UserForm angezeigt werden kann, muss das Steuerelement *Microsoft Webbrowser* der Werkzeugsammlung hinzugefügt werden. Im UserForm wird auf diese Weise ein Webbrowserfenster integriert.

**Abbildg. 21.24** UserForm mit Webbrowser

Control-TipText

Beim Überfahren des Beschriftungsfeldes mit dem Mauszeiger soll der URL der Webseite in Form einer QuickInfo angezeigt werden. Um dies umzusetzen, wird im Eigenschaftenfenster bei der Eigenschaft `ControlTipText` der gewünschte Text eingetragen.

Nachdem das UserForm fertig gestaltet ist und die benötigten Steuerelemente eingefügt wurden, können die Ereignisprozeduren für die Beschriftungsfelder erstellt werden. In unserem Beispiel sind es drei, für jede Webseite eine.

In jeder Ereignisprozedur muss geprüft werden, ob das Optionsfeld *Extern* oder *Intern* aktiviert wurde. Wenn *Extern* aktiv ist, wird mit der Methode `FollowHyperlink` gearbeitet, die über die aktive Mappe `ActiveWorkbook` gesteuert wird.

Wenn *Intern* aktiv ist, muss über das Browserfenster `WebBrowser1` des UserForms navigiert werden (`Navigate`).

**Listing 21.21** UserForm mit Hyperlinks

```
Private Sub lbl_MS_Click()
   On Error Resume Next

   If opt_Extern.Value = True Then
      ActiveWorkbook.FollowHyperlink _
         Address:="http://www.microsoft.de"
   Else
      frm_Web.WebBrowser1.Navigate _
         "http://www.microsoft.de"
   End If
End Sub
```

**Listing 21.21** UserForm mit Hyperlinks *(Fortsetzung)*

```
Private Sub lbl_Office_Click()
   On Error Resume Next

   If opt_Extern.Value = True Then
      ActiveWorkbook.FollowHyperlink _
         Address:="http://www.microsoft-press.de"
   Else
      frm_Web.WebBrowser1.Navigate _
         "http://www.microsoft-press.de"
   End If
End Sub

Private Sub lbl_Orchid_Click()
   On Error Resume Next

   If opt_Extern.Value = True Then
      ActiveWorkbook.FollowHyperlink _
         Address:="http://www.cameleonorchidee.nl"
   Else
      frm_Web.WebBrowser1.Navigate _
         "http://www.cameleonorchidee.nl"
   End If
End Sub
```

```
Private Sub cmd_Cancel_Click()
   Unload Me
End Sub
```

**WICHTIG** Der Microsoft Internet Explorer muss installiert sein, damit das Browserfenster mit der Webseite geöffnet werden kann.

Stellen Sie vor dem Klick auf den Hyperlink sicher, dass Sie mit dem Internet verbunden sind. Ansonsten kann die Webseite nicht geladen werden.

**BEISPIEL** Das obige Beispiel befindet sich innerhalb der Beispieldateien zum Buch im Ordner *\Buch\Kap21*. Die Mappe nennt sich *Bsp21_10.xlsm*. Die Prozeduren sind im Modul *frm_Web* untergebracht.

# UserForms in der Praxis

Nachdem Sie nun die einzelnen Steuerelemente für sich kennen gelernt haben, finden Sie nachfolgend einige kombinierte Beispiele, wie sie in der Praxis verwendet werden könnten.

## Datenerfassung via UserForm

In der Praxis werden UserForms häufig zur Datenerfassung und -bearbeitung verwendet. Es wird dabei ein UserForm erstellt, über das die entsprechenden Funktionen ausgeführt werden können.

Unser Beispiel ermöglicht die folgenden Aktionen:

- Datensätze können über ein Drehfeld gewechselt werden
- Neue Datensätze können erfasst werden
- Änderungen an bestehenden Datensätzen können vorgenommen und gespeichert werden
- Ein bestehender Datensatz kann gelöscht werden

Auf dem UserForm befinden sich die folgenden Steuerelemente:

**Tabelle 21.6** Steuerelemente, die sich auf dem UserForm befinden

| Steuerelement(e) | Name | Beschreibung |
|---|---|---|
| Drehfeld | spn_Change | Wechseln zwischen Datensätzen |
| Beschriftungsfelder | lbl_Surname<br>lbl_FirstName<br>lbl_Country<br>lbl_Joining | Beschriftungen der Textfelder |
| Textfelder | txt_Surname<br>txt_FirstName<br>txt_Country<br>txt_Joining | Nachname<br>Vorname<br>Land<br>Beitritt |
| Schaltflächen | cmd_Clear<br>cmd_New<br>cmd_Save<br>cmd_Delete<br>cmd_Quit | Eingabefelder leeren<br>Neuen Datensatz speichern<br>Änderungen speichern<br>Aktuellen Datensatz löschen<br>UserForm verlassen |

**Abbildg. 21.25** Vorhandene Datensätze und das eingeblendete UserForm

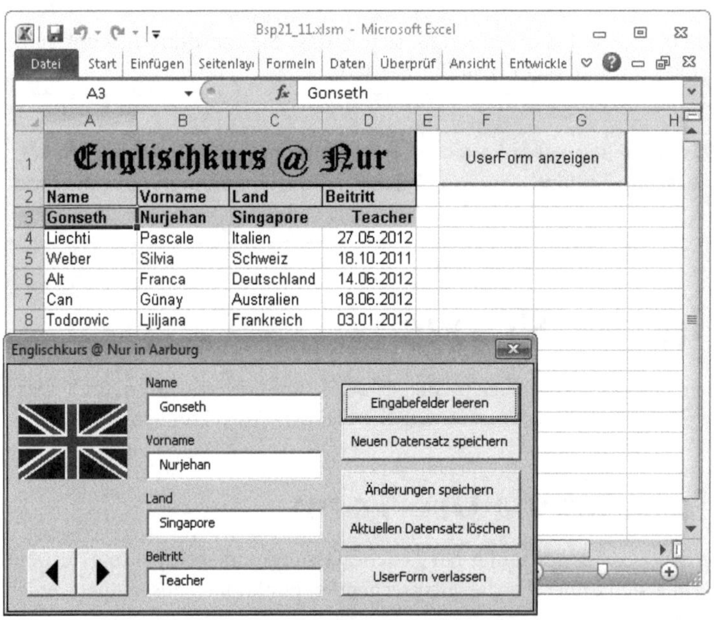

An das UserForm selbst, das Drehfeld und die einzelnen Schaltflächen ist je eine Ereignisprozedur gebunden.

In unserem Bespiel beginnt der erste Datensatz in der Zeile 3. Die Zeilen 1 und 2 enthalten Überschriften, die wir mittels des UserForm nicht ansprechen möchten. Damit beim Start des UserForm und beim späteren Betätigen des Drehfeldes nicht eine der Überschriften in den Eingabefeldern erscheint, müssen wir ein `UserForm_Initialize`-Ereignis erstellen. In der `If`-Entscheidung wird geprüft, ob die aktive Zelle einen Index kleiner 3 aufweist. Wenn dies zutrifft, wird der Index 3 übergeben. Damit wird der erste Datensatz selektiert. Wenn der Zeilenindex gleich oder größer 3 ist, wird der aktuelle Zeilenindex an die Drehfeldvariable `spn_Change` übergeben.

**Listing 21.22** Datensatz, der beim Start des UserForms angezeigt wird, aufbereiten

```
Private Sub UserForm_Initialize()
   ' Startzeile für das Drehfeld festlegen
   If ActiveCell.Row < 3 Then
      spn_Change = 3
   Else
      spn_Change = ActiveCell.Row
   End If
End Sub
```

Für das Drehfeld verwenden wir ein `Change`-Ereignis. Hier legen wir *3* als Minimalwert und *1.048.576* als Maximalwert fest. Damit ist sichergestellt, dass kein Überlauf erfolgen kann und zudem die Zeile 3 die oberste ist.

Den aktuellen Wert des Drehfeldes nutzen wir, um die Zeilen zu wechseln.

Damit beim Wechseln der Zeilen die entsprechenden Felder befüllt werden, übergeben wir die Zellinhalte an die Variablen der Textfelder.

**Listing 21.23** Das Drehfeld zum Wechseln zwischen den Datensätzen

```
Private Sub spn_Change_Change()
   ' Erste und letzte Zeile festlegen
   spn_Change.Min = 3
   spn_Change.Max = 1048576

   ' Zeile per Drehfeld wechseln
   Cells(spn_Change, 1).Select

   ' Datensätze einblenden
   txt_Surname = ActiveCell
   txt_FirstName = ActiveCell.Offset(0, 1)
   txt_Country = ActiveCell.Offset(0, 2)
   txt_Joining = ActiveCell.Offset(0, 3)
End Sub
```

An die Schaltfläche *Eingabefelder leeren* binden wir ein `Click`-Ereignis, das den aktuellen Inhalt der Textfelder entfernt. Die Eingabefelder sind nur für die Eingabe eines neuen Datensatzes aufbereitet.

**Listing 21.24** Felder leeren, damit ein neuer Datensatz erfasst werden kann

```
Private Sub cmd_Clear_Click()
   ' Eingabefelder leeren
   txt_Surname = ""
   txt_FirstName = ""
   txt_Country = ""
   txt_Joining = ""
End Sub
```

Nachdem die Felder geleert und neue Daten erfasst wurden, wird die Schaltfläche *Neuen Datensatz speichern* angeklickt. Die neu befüllten Eingabefelder werden daraufhin an die Zellen der ersten leere Zeile übergeben.

Um die erste leere Zeile zu finden, verwenden wir eine `For`-Schleife, die die vier zu befüllenden Spalten durchläuft. In der Variablen `lngMax` wird der höchste Zeilenindex gespeichert, der in den vier Spalten gefunden wird. Der Aufwand ist notwendig für den Fall, dass nicht alle Felder lückenlos befüllt sind.

Nachdem der höchste Zeilenindex ermittelt wurde, kann die erste leere Zeile mit den Einträgen der Textfelder befüllt werden.

**Listing 21.25** Befüllte Felder als neuen Datensatz speichern

```
Private Sub cmd_New_Click()
   Dim i As Long
   Dim lngMax As Long

   ' Letzte belegte Zelle finden
   For i = 1 To 4
      If Cells(1048576, i).End(xlUp).Row > lngMax Then
         lngMax = Cells(1048576, i).End(xlUp).Row
      End If
   Next i

   ' Daten an Zellen übergeben
   Cells(lngMax + 1, 1) = txt_Surname
   Cells(lngMax + 1, 2) = txt_FirstName
   Cells(lngMax + 1, 3) = txt_Country
   Cells(lngMax + 1, 4) = txt_Joining
End Sub
```

Ein Datensatz, der im UserForm angezeigt wird, kann geändert und gespeichert werden. Die dafür vorgesehene Schaltfläche trägt die Beschriftung *Änderungen speichern*.

**Listing 21.26** Änderungen an Datensätzen speichern

```
Private Sub cmd_Save_Click()
   ActiveCell = txt_Surname
   ActiveCell.Offset(0, 1) = txt_FirstName
   ActiveCell.Offset(0, 2) = txt_Country
   ActiveCell.Offset(0, 3) = txt_Joining
End Sub
```

Mittels der Schaltfläche *Aktuellen Datensatz löschen* haben Sie die Möglichkeit, den aktiven Datensatz zu entfernen. Da sich nach dem Löschvorgang noch die Daten in den Eingabefeldern befinden, sollten diese Felder auch geleert werden, um keine Missverständnisse zu verursachen.

**Listing 21.27** Den aktuellen Datensatz löschen

```
Private Sub cmd_Delete_Click()
   ActiveCell.EntireRow.Delete
   txt_Surname = ""
   txt_FirstName = ""
   txt_Country = ""
   txt_Joining = ""
End Sub
```

Zu guter Letzt benötigen wir noch ein `Click`-Ereignis, um das UserForm zu schließen.

**Listing 21.28** Das UserForm verlassen

```
Private Sub cmd_Quit_Click()
   Unload Me
End Sub
```

**BEISPIEL** Das obige Beispiel befindet sich innerhalb der Beispieldateien zum Buch im Ordner *\Buch\Kap21*. Die Mappe nennt sich *Bsp21_11.xlsm*. Die Prozeduren sind den entsprechenden Steuerelementen hinterlegt.

# Formatierungen via UserForm

Sie können ein UserForm unter anderem dazu nutzen, um Zellenformatierungen vorzunehmen. Im folgenden Beispiel wird gezeigt, wie bestimmte Zeilen einer Tabelle mit einer gewünschten Hintergrundfarbe hervorgehoben werden.

Die Funktion des UserForms ist entfernt mit dem AutoFilter verwandt. Gefiltert werden die Einträge in Spalte *C*. In unserem UserForm wird ein Kombinationsfeld zur Verfügung gestellt, das die möglichen Filtereinträge, sprich die unterschiedlichen Einträge aus Spalte *C*, enthält. Sie können darin auswählen, welche Zeilen farbig hinterlegt werden sollen.

Mittels der vorhandenen Optionsfelder auf dem UserForm können Sie eine Farbe auswählen. Per Klick auf die Schaltfläche *Farbe übertragen* werden die entsprechenden Datensätze in der ausgewählten Farbe hinterlegt. Über die Schaltfläche *Farben entfernen* können Sie die angewendeten Farben im Datenbereich zurücksetzen.

**Abbildg. 21.26** Hintergrundfarbe über Optionsfelder definieren

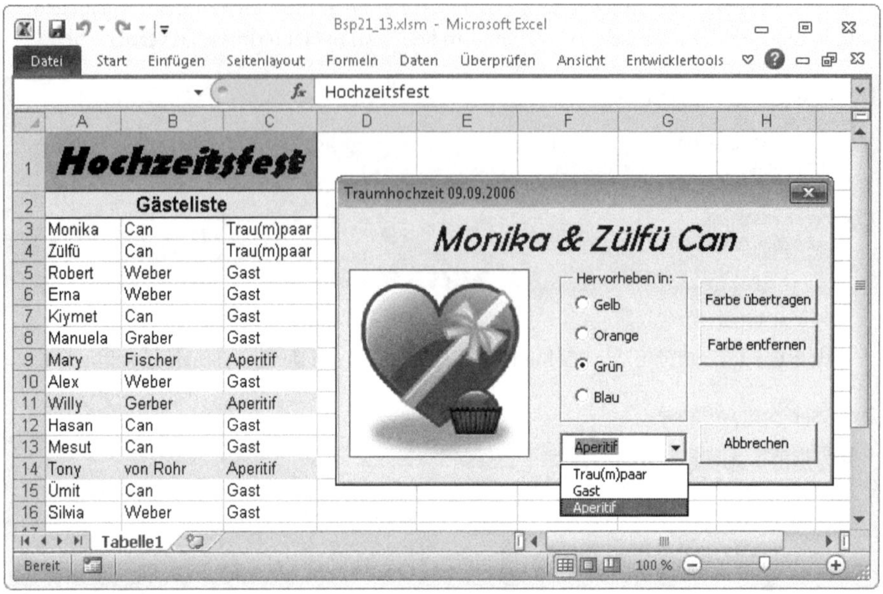


Auf dem UserForm befinden sich die folgenden Steuerelemente:

**Tabelle 21.7** Steuerelemente, die sich auf dem UserForm befinden

| Steuerelement(e) | Name | Beschreibung |
|---|---|---|
| Kombinationsfeld | `cmb_Choose` | Filterauswahl |
| Beschriftungsfelder | `lbl_Header` | Überschrift |
| Rahmen | `frm_Color` | Rahmen, der die Optionsfelder zusammenfasst |
| Optionsfelder | `opt_Yellow`<br>`opt_Orange`<br>`opt_Green`<br>`opt_Blue` | Für einen gelben Zellenhintergrund<br>Für einen orangefarbenen Zellenhintergrund<br>Für einen grünen Zellenhintergrund<br>Für einen blauen Zellenhintergrund |
| Schaltflächen | `cmd_Apply`<br>`cmd_Remove`<br>`cmd_Quit` | Farbe übertragen<br>Farbe entfernen<br>UserForm verlassen |

In einem Standardmodul erstellen wir eine Funktion, die ermittelt, welches Optionsfeld ausgewählt wurde. Den Rückgabewert verwenden wir später beim `Click`-Ereignis, das an die Schaltfläche *Farbe übertragen* gebunden ist.

**Listing 21.29** Auswahl der Farbe (Optionsfeld) abfragen

```
Function MyBackColor(MyColor As String) As Byte
   Select Case MyColor
      Case Is = "opt_Yellow"
```

**Listing 21.29** Auswahl der Farbe (Optionsfeld) abfragen *(Fortsetzung)*

```
         MyBackColor = 36
      Case Is = "opt_Orange"
         MyBackColor = 40
      Case Is = "opt_Green"
         MyBackColor = 35
      Case Is = "opt_Blue"
         MyBackColor = 34
   End Select
End Function
```

Dem UserForm werden vier Ereignisprozeduren hinterlegt. Die Erste dient dazu, das Kombinationsfeld mit Auswahlmöglichkeiten zu befüllen. Damit diese direkt nach dem Laden des UserForm zur Verfügung stehen, verwenden wir das `UserForm_Initialize`-Ereignis. Jeder Eintrag wird mittels der `AddItem`-Methode hinzugefügt.

**HINWEIS** Sie können das Kombinationsfeld auch dynamisch befüllen, unabhängig davon, wie viele unterschiedliche Einträge sich in der Spalte C befinden. Den Code dazu finden Sie am Ende dieses Beispiels.

**Listing 21.30** Das Kombinationsfeld befüllen

```
Private Sub UserForm_Initialize()
   With cmb_Choose
      .AddItem ("Trau(m)paar")
      .AddItem ("Gast")
      .AddItem ("Aperitif")
   End With
End Sub
```

Den Kern aller Aktionen bildet das `Click`-Ereignis, das an die Schaltfläche *Farbe übertragen* gebunden ist. Zu Beginn der Prozedur werden alle Hintergrundfarben im Bereich *A3:C16* entfernt.

In der ersten `For Each`-Schleife werden alle Optionsfelder, die sich auf dem UserForm befinden, durchlaufen. Der Name des aktiven Optionsfeldes wird in der Variablen `str` zwischengespeichert.

In der zweiten `For Each`-Schleife werden die Einträge der Spalte *C* durchlaufen (*C3:C16*). Jeder Zelleneintrag wird mit der Auswahl aus dem Kombinationsfeld verglichen. Wurde eine Übereinstimmung gefunden, wird der ganze Datensatz in der ausgewählten Farbe hinterlegt.

Die Variable `r` stellt eine Zelle in der Spalte *C* dar. Da wir nicht nur diese Zelle, sondern den Bereich bis zurück zur Spalte *A* auf der gleichen Zeile einfärben möchten, verwenden wir `Offset(0, -2)`. Damit erreichen wir die Zelle in der Spalte *A*. Wir haben nun die Zelle der Spalte *C* und die Zelle der Spalte *A* ermittelt. Damit der gesamte Bereich zwischen diesen beiden Zellen »markiert« wird, müssen wir noch die Eigenschaft `Resize` verwenden. Im runden Klammerpaar von `Resize` tragen wir ein, dass der zu »markierende« Bereich eine Zeile und drei Zellen umfasst.

`MyBackColor` ist der Name der Funktion, die wir zu Beginn des Beispiels erstellt haben. Ihr übergeben wir den Namen des aktiven Optionsfeldes, das wir zu Beginn der Prozedur ermittelt haben. Die Funktion sucht den zugehörigen Farbindex und übergibt diesen an unseren Bereich.

**Listing 21.31** Das *Click*-Ereignis der Schaltfläche *Farbe übertragen*

```
Private Sub cmd_Apply_Click()
   Dim r As Range
   Dim c As Control
   Dim str As String

   Range("A3:C16").Interior.ColorIndex = xlNone

   ' Prüfen, welches Optionsfeld aktiv ist
   For Each c In frm_Color.Controls
      If c = True Then
         str = c.Name
      End If
   Next c

   ' Die Datensätze einfärben
   For Each r In Range("C3:C16")
      If r = cmb_Choose Then
         r.Offset(0, -2).Resize(1, 3). _
           Interior.ColorIndex = MyBackColor(str)
      End If
   Next r
End Sub
```

Das dritte Ereignis dient dazu, per Mausklick sämtliche Hintergrundfarben aus dem Datenbereich zu entfernen.

**Listing 21.32** Das *Click*-Ereignis der Schaltfläche *Farbe entfernen*

```
Private Sub cmd_Remove_Click()
   Range("A3:C16").Interior.ColorIndex = xlNone
End Sub
```

Das letzte Ereignis ist an die Schaltfläche *Abbrechen* gebunden und dient dazu, das UserForm zu schließen.

**Listing 21.33** Das *Click*-Ereignis der Schaltfläche *Abbrechen*

```
Private Sub cmd_Quit_Click()
   Unload Me
End Sub
```

**BEISPIEL** Das obige Beispiel befindet sich innerhalb der Beispieldateien zum Buch im Ordner *\Buch\Kap21*. Die Mappe nennt sich *Bsp21_12.xlsm*. Die Prozeduren sind den entsprechenden Steuerelementen hinterlegt. Die Funktion ist im Modul *mdl_Function* hinterlegt.

Unser Kombinationsfeld wird im obigen Beispiel mit festen (hartcodierten) Werten befüllt. Dies ist erstens nicht besonders flexibel und kann zweitens ein Problem verursachen, wenn sich die Einträge der Spalte *C* ändern.

Um das Kombinationsfeld dynamisch zu befüllen, können Sie mit einem Array arbeiten, das die unterschiedlichen Werte der Spalte *C* aufnimmt. Jeder Eintrag des Arrays wird dann an das Kombinationsfeld übergeben.

Die Problematik, die es zu meistern gilt, besteht darin, dem Array nur eindeutige Werte zu übergeben. Es sollen ja keine doppelten Einträge vorhanden sein. Da wir zu Beginn nicht wissen können, wie viele unterschiedliche Einträge es sind, müssen wir mit einem dynamischen Array arbeiten.

Zu Beginn der Prozedur wird dem Array ein Feld zugewiesen. Dies, damit es den ersten Eintrag aufnehmen kann.

In der äußeren Schleife werden alle Zellen im Bereich *C3:C16* durchlaufen. Die innere Schleife dient dazu, doppelte Einträge im Array zu vermeiden. Die vorhandenen Felder des Arrays werden durchlaufen und mit dem aktuellen Zelleninhalt verglichen. Sollte der Zellinhalt einen Eintrag aufweisen, der im Array bereits enthalten ist, so wird der Variablen `x` der Wert 1 zugewiesen. Die Schleife wird dann verlassen.

In der `If`-Entscheidung wird geprüft, ob die Variable `x` den Wert 0 aufweist. Das würde bedeuten, dass der Eintrag im Array noch nicht vorhanden ist. Der Eintrag wird dem Array ergänzt. Der Zähler des Array (`intArr`) muss nun um den Wert 1 erhöht werden. Danach wird das Array neu dimensioniert, das heißt um ein Feld erweitert. Es wird damit der Platzhalter für einen möglichen weiteren Eintrag geschaffen.

Nachdem die äußere Schleife vollständig durchlaufen ist, beinhaltet das Array die eindeutigen Einträge. Diese können nun in einer `For`-Schleife durchlaufen und an das Kombinationsfeld übergeben werden. Das Array enthält am Ende immer einen leeren Eintrag. Dies ist der Platzhalter, der für einen möglichen weiteren Eintrag geschaffen wurde. Da wir diesen im Kombinationsfeld nicht anzeigen möchten, muss (im Kopf der Schleife) von der Variablen `intArr` der Wert 1 subtrahiert werden.

**Listing 21.34** Das Kombinationsfeld dynamisch befüllen

```
Private Sub UserForm_Initialize()
   Dim arr() As String    ' Das Array
   Dim intArr As Integer ' Zähler für den Array-Inhalt
   Dim c As Range         ' Zellen durchlaufen
   Dim x As Integer       ' Doppelte Werte im Array vermeiden
   Dim i As Integer       ' Zähler zum Befüllen des Arrays

   ' Array für ersten Eintrag dimensionieren
   intArr = 1
   ReDim arr(intArr)

   ' Spalte C durchlaufen
   For Each c In Range("C3:C16")
      ' Array auf bereits vorhanden Werte prüfen
      x = 0
      For i = 1 To intArr
         If arr(i) = c Then
            x = 1
            Exit For
         End If
      Next i

      ' Array mit neuem Eintrag befüllen
```

**Listing 21.34** Das Kombinationsfeld dynamisch befüllen *(Fortsetzung)*

```
        If x = 0 Then
            arr(intArr) = c
            intArr = intArr + 1
            ReDim Preserve arr(intArr)
        End If
    Next c

    ' Kombinationsfeld befüllen
    For i = 1 To intArr - 1
        cmb_Choose.AddItem (arr(i))
    Next i
End Sub
```

**BEISPIEL** Das obige Beispiel befindet sich innerhalb der Beispieldateien zum Buch im Ordner *\Buch\Kap21*. Die Mappe nennt sich *Bsp21_13.xlsm*. Die Prozeduren sind den entsprechenden Steuerelementen hinterlegt. Die Funktion ist im Modul *mdl_Function* hinterlegt.

# Ein E-Mail-Formular entwickeln

Sie können UserForms auch dazu nutzen, um E-Mails an verschiedene Adressen zu versenden und dabei auf Wunsch einen Dateianhang hinzufügen.

Unser Bespiel ermöglicht die folgenden Aktionen:

- An- und Cc-Felder können über einen Adressenpool bezogen werden
- Ein Betreff für die E-Mail kann eingegeben werden
- Die eigentliche Nachricht kann erfasst werden
- Die aktive Mappe kann als Dateianhang versendet werden

Auf unserem UserForm befinden sich die folgenden Steuerelemente:

**Tabelle 21.8** Steuerelemente, die sich auf dem UserForm befinden

| Steuerelement(e) | Name | Beschreibung |
|---|---|---|
| Listenfelder | `lst_Address`<br>`lst_To`<br>`lst_CC` | E-Mail-Adressen<br>An<br>Cc |
| Beschriftungsfelder | `lbl_Address`<br>`lbl_To`<br>`lbl_CC`<br>`lbl_Subject`<br>`lbl_Body`<br>`lbl_Attachment` | Beschriftungen der Textfelder |
| Textfelder | `txt_Subject`<br>`txt_Body` | Betreff<br>Nachricht |

**Tabelle 21.8** Steuerelemente, die sich auf dem UserForm befinden *(Fortsetzung)*

| Steuerelement(e) | Name | Beschreibung |
|---|---|---|
| Schaltflächen | `cmd_To`<br>`cmd_CC`<br>`cmd_RemoveTo`<br>`cmd_RemoveCC`<br>`cmd_Send`<br>`cmd_Cancel` | An<br>Cc<br>An-Empfänger entfernen<br>Cc-Empfänger entfernen<br>Senden<br>Abbrechen |
| Kontrollkästchen | `chk_Attachment` | Aktive Mappe als Dateianhang mitsenden |

**Abbildg. 21.27** Ein UserForm als E-Mail-Formular

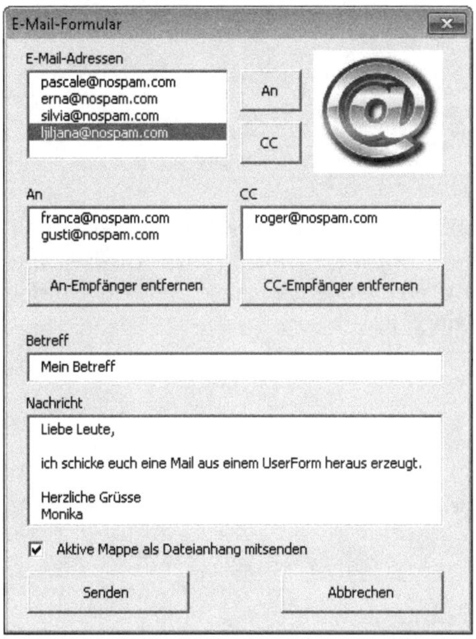


Die E-Mail-Adressen für unser Listenfeld *E-Mail-Adressen* werden direkt beim Initialisieren des UserForm aufbereitet. Alternativ dazu können Sie sie auch aus einem Tabellenblatt beziehen.

**Listing 21.35** Das Listenfeld *E-Mail-Adressen* befüllen

```
Private Sub UserForm_Initialize()
   With lst_Address
      .AddItem "franca@nospam.com"
      .AddItem "gusti@nospam.com"
      .AddItem "pascale@nospam.com"
      .AddItem "erna@nospam.com"
      .AddItem "silvia@nospam.com"
      .AddItem "roger@nospam.com"
      .AddItem "ljiljana@nospam.com"
   End With
End Sub
```

Per Klick auf die Schaltflächen *An* oder *CC* soll die ausgewählte E-Mail-Adresse an eins der beiden Listefelder übergeben werden. Damit die E-Mail-Adressen nicht versehentlich zweimal ausgewählt werden können, werden Sie aus dem Listenfeld *E-Mail-Adressen* entfernt.

**Listing 21.36** Die Schaltfläche *An* programmieren

```
Private Sub cmd_To_Click()
   If lst_Address <> "" Then
      lst_To.AddItem lst_Address
      lst_Address.RemoveItem (lst_Address.ListIndex)
   End If
End Sub
```

**Listing 21.37** Die Schaltfläche *CC* programmieren

```
Private Sub cmd_CC_Click()
   If lst_Address <> "" Then
      lst_CC.AddItem lst_Address
      lst_Address.RemoveItem (lst_Address.ListIndex)
   End If
End Sub
```

Um versehentlich eingefügte E-Mail-Adressen bequem wieder aus den Listenfeldern *An* und *CC* zu löschen, können die beiden Schaltflächen *An-Empfänger entfernen* oder *CC-Empfänger entfernen* betätigt werden. Die markierten Adressen werden aus den entsprechenden Listenfeldern entfernt und wieder ins Listenfeld *E-Mail-Adressen* eingefügt.

**Listing 21.38** E-Mail-Adressen aus dem Listenfeld *An* entfernen

```
Private Sub cmd_RemoveTo_Click()
   If lst_To <> "" Then
      lst_Address.AddItem lst_To
      lst_To.RemoveItem (lst_To.ListIndex)
   End If
End Sub
```

**Listing 21.39** E-Mail-Adressen aus dem Listenfeld *CC* entfernen

```
Private Sub cmd_RemoveCC_Click()
   If lst_CC <> "" Then
      lst_Address.AddItem lst_CC
      lst_CC.RemoveItem (lst_CC.ListIndex)
   End If
End Sub
```

Per Klick auf die Schaltfläche *Senden* soll die E-Mail-Nachricht verschickt oder als Vorschau angezeigt werden. Da mehrere E-Mail-Adressen in den Listenfeldern *An* oder *CC* enthalten sein können, werden diese in je einer `For`-Schleife an eine Variable (`strTo` und `strCC`) übergeben.

Danach folgt das eigentliche Aufbereiten der E-Mail, wobei die befüllten UserForm-Felder an die E-Mail-Felder übergeben werden. An dieser Stelle wird auch überprüft, ob das Kontrollkästchen für den Dateianhang aktiviert wurde. Dementsprechend wird ein Dateianhang aufbereitet oder nicht.

**HINWEIS** Näheres zum Thema Internet und E-Mail erfahren Sie in Kapitel 26.

**Listing 21.40** Den E-Mail-Versand aufbereiten

```
Private Sub cmd_Send_Click()
   Dim i As Integer
   Dim strTo As String
   Dim strCC As String
   Dim strAttachment As String
   Dim objOL As Object
   Dim objMail As Object

   ' Variable für "An" befüllen
   For i = 0 To lst_To.ListCount - 1
      strTo = strTo & lst_To.List(i) & ";"
   Next i

   ' Variable für "CC" befüllen
   For i = 0 To lst_CC.ListCount - 1
      strCC = strCC & lst_CC.List(i) & ";"
   Next i

   ' Variable für Dateianhang befüllen
   strAttachment = ThisWorkbook.Path & "\" & ThisWorkbook.Name

   ' E-Mail-Versand aufbereiten
   Set objOL = CreateObject("Outlook.Application")
   Set objMail = objOL.createitem(0)

   With objMail
      .To = strTo                          ' An
      .CC = strCC                          ' CC

      .Subject = txt_Subject               ' Betreff
      .Body = txt_Body                     ' Nachricht

      If chk_Attachment = True Then
         .Attachments.Add strAttachment    ' Dateianhang
      End If

      .Display   ' .Send = Versand ohne vorherige Anzeige

   End With
End Sub
```

Nach dem Klick auf die *Senden*-Schaltfläche wird die E-Mail angezeigt. Das Beispiel ist auf Outlook ausgerichtet.

**Abbildg. 21.28** Die Outlook-E-Mail in der Vorschau-Ansicht

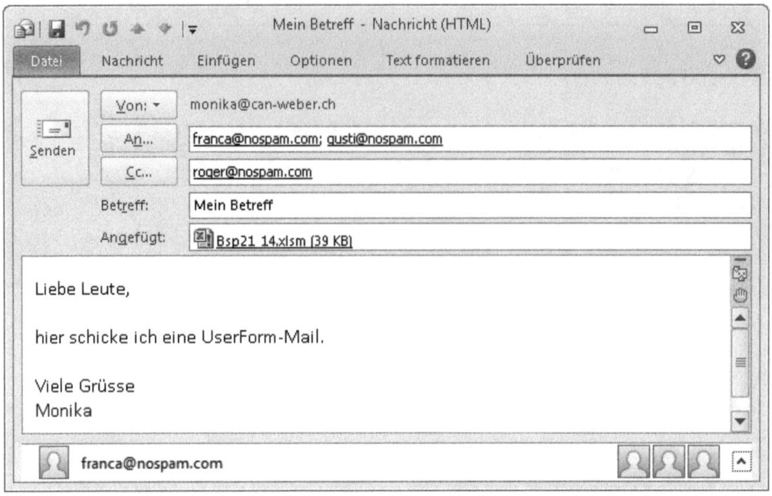


Damit Sie das UserForm auch ohne Versenden einer Nachricht verlassen können, hinterlegen wir der *Abbrechen*-Schaltfläche ein entsprechendes `Click`-Ereignis.

**Listing 21.41** Das UserForm über die *Abbrechen*-Schaltfläche verlassen

```
Private Sub cmd_Cancel_Click()
   Unload Me
End Sub
```

**BEISPIEL** Das obige Beispiel befindet sich innerhalb der Beispieldateien zum Buch im Ordner *\Buch\Kap21*. Die Mappe nennt sich *Bsp21_14.xlsm*. Die Prozeduren sind den entsprechenden Steuerelementen hinterlegt.

# Farbnummern ermitteln

Die meisten Programmierer, die mit VBA arbeiten, stehen hin und wieder vor der Frage, wie der Index einer bestimmten Farbe lautet. Mittels eines UserForm können Sie sich diese Arbeit erleichtern. Unser UserForm enthält als Grafik das Abbild der Excel-eigenen Farbpalette. Unterhalb der Farbtabelle besteht ein Beschriftungsfeld, das die gewählte Farbnummer anzeigt. Wir gehen hier sogar noch einen Schritt weiter, indem wir die Farben zur Formatierung von selektierten Zellen bereitstellen.

**Abbildg. 21.29** Eine Farbpalette zum Ermitteln des Farbindexes

Um das Bild (`Image`) für die Farbpalette zu erstellen, gehen Sie wie folgt vor:

1. Rufen Sie im Menüband den Befehl *Start/Schriftart/Füllfarbe* auf.
2. Kopieren Sie das offene Dialogfeld durch Drücken der Tastenkombination `Alt`+`Druck` in die Zwischenablage.
3. Die Ansicht des Dialogfeldes befindet sich nun in der Zwischenablage. Fügen Sie es in ein beliebiges Grafikprogramm ein und schneiden Sie es so zu, dass nur noch die Farbpalette zu sehen ist.
4. Speichern Sie das Bild in einem Grafikformat (z.B. *.bmp*) ab. Innerhalb der Beispieldateien zum Buch finden Sie im zugehörigen Kapitelordner unter dem Dateinamen *Farbpalette.bmp* ein entsprechendes Bild.

Führen Sie die folgenden Schritte aus, um das Bild im UserForm anzeigen zu lassen:

1. Fügen Sie eine entsprechend große *Anzeige* ein.
2. Im Eigenschaftenfenster der *Anzeige* klicken Sie bei der Eigenschaft *Picture* auf die Schaltfläche mit den drei Punkten.
3. Das Dialogfeld *Bild laden* wird angezeigt. Wählen Sie hier den Pfad aus, in welchem sich die Grafik befindet. Aktivieren Sie diese und klicken Sie auf die Schaltfläche *Öffnen*. Die Farbpalette erscheint nun in der *Anzeige*.
4. Damit das Bild die gesamte Fläche der *Anzeige* einnimmt, wählen Sie im Eigenschaftenfenster bei der Eigenschaft *PictureSizeMode* die Auswahl *0 – fmPictureSizeModeClip*.

Fügen Sie nun unterhalb der *Anzeige* ein Beschriftungsfeld ein. In diesem soll der Index der ausgewählten Farbe angezeigt werden.

Damit jede einzelne Farbe angeklickt werden kann, muss über jedes Farbfeld ein Beschriftungsfeld gelegt werden. Über der Grafik müssen somit insgesamt 71 Beschriftungsfelder eingefügt werden. Das 71. Feld steht für *Keine Farbe*.

Damit die Grafik hinter den Beschriftungsfeldern durchschimmert, stellen Sie die Eigenschaft *BackStyle* auf *0 – FmBackStyleTransparent* ein. Die Eigenschaft *Caption* lassen wir leer, damit kein Text im Beschriftungsfeld angezeigt wird.

Um das Ausrichten der Beschriftungsfelder zu erleichtern, sollten Sie das Raster deaktivieren. Rufen Sie dazu den Menübefehl *Extras/Optionen* auf und aktivieren Sie die Registerkarte *Allgemein*. Deaktivieren Sie das Kontrollkästchen *Am Raster ausrichten*.

Die Beschriftungsfelder benennen Sie am besten aufsteigend nummeriert. Um die Farbnummer für das gewünschte Farbfeld zu ermitteln, können Sie den Makrorekorder benutzen.

Jedem Beschriftungsfeld muss nun ein `Click`-Ereignis hinterlegt werden, das in unserem Beschriftungsfeld am unteren Rand der Farbpalette die Farbnummer ausgibt. Nachfolgend sind die ersten drei Prozeduren zu finden. Das vollständige Beispiel finden Sie innerhalb der Beispieldateien zum Buch.

**Listing 21.42** *Click*-Ereignisse für die einzelnen Farbfelder

```
Private Sub lbl_xlNone_Click()
   lbl_Output = " Die Farbnummer lautet: xlNone"
End Sub

Private Sub lbl_01_Click()
   lbl_Output = " Die Farbnummer lautet: 16777215"
End Sub

Private Sub lbl_02_Click()
   lbl_Output = " Die Farbnummer lautet: 0"
End Sub
```

Damit die Farben auch auf dem Tabellenblatt verwendet werden können, müssen wir das UserForm erweitern. Wir fügen dem UserFrom drei Schaltflächen hinzu (siehe Abbildung 21.30).

**Abbildg. 21.30** Die Farbpalette zur Festlegung der Schrift- und Hintergrundfarbe nutzen

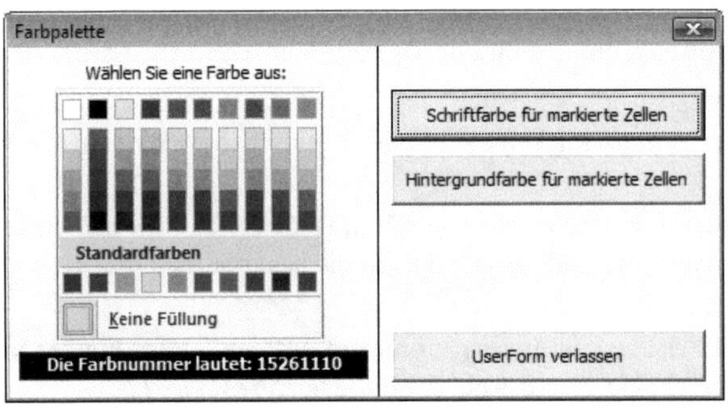


Um die Farbnummer der einzelnen Felder verwenden zu können, müssen wir einerseits eine öffentliche Variable deklarieren und andererseits jede der 71 Prozeduren um eine Codezeile erweitern. In der Variablen wird der jeweils aktuelle Farbindex zwischengespeichert.

**Listing 21.43** Eine öffentliche Variable zur Zwischenspeicherung des Farbindexes

```
Public lngColor As Long

Private Sub lbl_xlNone_Click()
   lbl_Output = " Die Farbnummer lautet: xlNone"
   lngColor = xlNone
End Sub

Private Sub lbl_01_Click()
   lbl_Output = " Die Farbnummer lautet: 16777215"
```

**Listing 21.43** Eine öffentliche Variable zur Zwischenspeicherung des Farbindexes *(Fortsetzung)*

```
   lngColor = 16777215
End Sub

Private Sub lbl_02_Click()
   lbl_Output = " Die Farbnummer lautet: 0"
   lngColor = 0
End Sub
```

Beim Betätigen der Schaltfläche *Schriftfarbe für markierte Zellen* soll die ausgewählte Farbe als Schriftfarbe für die selektierten Zellen verwendet werden. Wir hinterlegen der Schaltfläche eine entsprechende `Click`-Ereignisprozedur.

Das *xlNone* steht für das Entfernen einer Farbe. Da Schriftfarben nicht komplett entfernt werden können, müssen wir in einer Entscheidung die Farbnummer abfangen und eine entsprechende Meldung ausgeben.

**Listing 21.44** Die Schaltfläche zum Übertragen der Schriftfarbe

```
Private Sub cmd_FontColor_Click()
   If lngColor = xlNone Then
      MsgBox "Der Index xlNone kann nicht auf eine " & _
             "Schriftfarbe angewendet werden. Wählen " & _
             "Sie eine andere Farbe aus."
      Exit Sub
   End If

   Selection.Font.Color = lngColor
End Sub
```

Für die Hintergrundfarbe gilt im Grunde dieselbe Vorgehensweise, nur dass hier das Entfernen der Farbe mittels xlNone ohne Fehlermeldung zulässig ist.

**Listing 21.45** Die Schaltfläche zum Übertragen der Hintergrundfarbe

```
Private Sub cmd_BackColor_Click()
   Selection.Interior.Color = lngColor
End Sub
```

Nun fehlt nur noch der Code zum Verlassen des UserForms.

**Listing 21.46** Das UserForm verlassen

```
Private Sub cmdQuit_Click()
   Unload Me
End Sub
```

**BEISPIEL** Das obige Beispiel befindet sich innerhalb der Beispieldateien zum Buch im Ordner *\Buch\Kap21*. Die Mappe nennt sich *Bsp21_15.xlsm*. Die Prozeduren sind den entsprechenden Steuerelementen hinterlegt.

# ASCII- und ANSI-Zeichen ermitteln (*Chr*)

Der standardisierte ASCII-Zeichensatz (*ASCII* = American Standard Code for Information Interchange) stellt druckbare und nicht druckbare Zeichen im Bereich von 0 bis 127 dar. Die nichtdruckbaren Zeichen sind im Bereich 0 bis 31 zu finden.

Der ANSI-Zeichensatz (*ANSI* = American National Standards Institut) wurde später zusätzlich entwickelt, um weitere Zeichen darstellen zu können. Er bewegt sich im Bereich von 128 bis 255.

Mittels der `Chr`-Funktion, die wir auf den bisherigen Buchseiten schon mehrfach verwendet haben, lassen sich solche Zeichen anwenden. Die Funktion wird häufig verwendet, um nicht druckbare Zeichen, wie zum Beispiel `Chr(10)` zu erzeugen. `Chr(10)` steht für einen Zeilenvorschub. Der Index im runden Klammerpaar entspricht dem ASCII- oder ANSI-Zeichensatz.

Wir wollen nun ein UserForm entwickeln, das sowohl `Chr` als auch das zugehörige Zeichen ausgibt.

**Abbildg. 21.31** *Chr* und zugehöriges Zeichen in UserForm ausgeben

Auf unserem UserForm befinden sich die folgenden Steuerelemente:

**Tabelle 21.9** Steuerelemente, die sich auf dem UserForm befinden

| Steuerelement(e) | Name | Beschreibung |
|---|---|---|
| Beschriftungsfelder | `lbl_Sign`<br>`lbl_Chr` | Beschriftungen der Textfelder |
| Textfelder | `txt_Sign`<br>`txt_Sign` | Zeichen<br>Chr |
| Bildlaufleiste | `hsb_Change` | Horizontale Bildlaufleiste |
| Schaltfläche | `cmd_Quit` | UserForm verlassen |

Der Bildlaufleiste hinterlegen wir ein `Change`-Ereignis. Zuerst wird der Minimal- und Maximalwert festgelegt, der die `Chr`-Funktion aufnehmen kann.

Dem ersten Textfeld wird das Zeichen dargestellt, das nach der Umwandlung mittels `Chr` angezeigt wird. Im zweiten Textfeld wird die `Chr`-Funktion mit deren Index ausgegeben.

**Listing 21.47** Die Bildlaufleiste zum Wechseln der Werte

```
Private Sub hsb_Change_Change()
   hsb_Change.Min = 0
   hsb_Change.Max = 255

   txt_Sign = Chr(hsb_Change)
   txt_Chr = "Chr(" & hsb_Change & ")"
End Sub
```

Nun fehlt nur noch der Code, der zum Verlassen des UserForm über eine Schaltfläche dient.

**Listing 21.48** Die Schaltfläche zum Verlassen des UserForm

```
Private Sub cmd_Quit_Click()
   Unload Me
End Sub
```

**BEISPIEL** Das obige Beispiel befindet sich innerhalb der Beispieldateien zum Buch im Ordner *\Buch\Kap21*. Die Mappe nennt sich *Bsp21_16.xlsm*. Die Prozeduren sind den entsprechenden Steuerelementen hinterlegt.

# Passwörter verschlüsseln

In der heutigen Zeit werden Passwörter immer wichtiger. Passwörter können auf verschiedenste Weise verschlüsselt werden. Ein nach wie vor beliebtes System beruht darauf, im Alphabet jeweils einen Schritt nach vorne zu tun. Sprich aus »a« wird »b«, aus »b« wird »c« und so weiter. Wenn das Passwort »Sonnenschein« lautet, so wird es nach dem genannten Prinzip zu »Tpoofotdifjo«.

Nicht jedes EDV-System ist in der Lage, diese Verschlüsselung automatisch vorzunehmen. Für den Administrator ist es somit immer recht umständlich, sich durch das Alphabet zu kämpfen und den jeweils nächsten Buchstaben zu ermitteln. VBA kann diese Arbeit erleichtern. Eine elegante Methode bietet ein UserForm. Unser Ziel ist es, das unverschlüsselte Passwort in ein Eingabefeld einzutippen und das verschlüsselte Ergebnis in einem Beschriftungsfeld auszugeben.

**Abbildg. 21.32** Passwort verschlüsseln

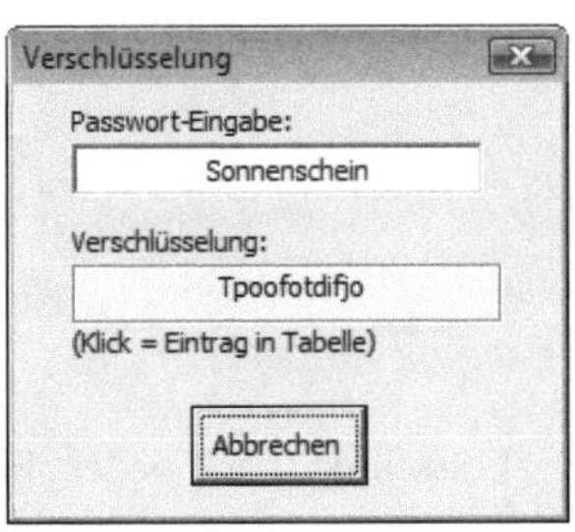

Auf unserem UserForm sind die folgenden Steuerelemente angeordnet:

**Tabelle 21.10** Steuerelemente, die sich auf dem UserForm befinden

| Steuerelement(e) | Name | Beschreibung |
|---|---|---|
| Beschriftungsfelder | `lbl_PWD`<br>`lbl_CryptTitle`<br>`llb_Crypt`<br>`lbl_Info` | Beschriftung Eingabefeld<br>Beschriftung Verschlüsselung<br>Ausgabe Verschlüsselung<br>Info unter Ausgabe »Verschlüsselung« |
| Textfeld | `txt_Crypt` | Passworteingabe |
| Listenfeld | `lst_ASCII` | Verstecktes Listenfeld für die ASCII-Zeichen |
| Schaltfläche | `cmd_Quit` | UserForm verlassen |

Ein wichtiges Steuerelement ist das Listenfeld. Ihm wird beim Start des UserForm der gesamte ASCII-Zeichensatz übergeben. Damit verfügen wir über das Alphabet und haben eine Basis, auf der wir jeweils einen Buchstaben vorrücken können. Das Listenfeld ist für die Passworteingabe nicht relevant und deshalb ändern wir deren Eigenschaft `Visible` von `True` auf `False`. Beim Start des UserForm ist es somit nicht sichtbar (siehe Abbildung 21.32).

**Abbildg. 21.33** Das Listenfeld verbergen

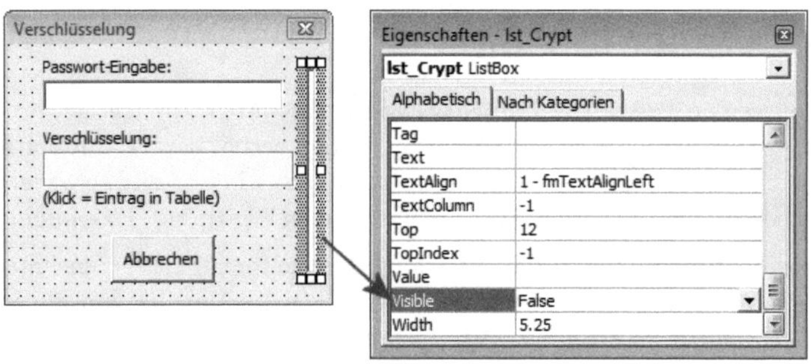


Das versteckte Listenfeld wird beim Start des UserForms mit dem ASCII-Zeichensatz befüllt:

**Listing 21.49** Das »unsichtbare« Listenfeld mit ASCII-Zeichen befüllen

```
Private Sub UserForm_Initialize()
   Dim i As Integer
   For i = 1 To 255
      lst_Crypt.AddItem Chr(i)
   Next i
End Sub
```

Das `Change`-Ereignis des Textfeldes bewirkt, dass die Verschlüsselung nach jeder Eingabe im Beschriftungsfeld (Ausgabefeld) sichtbar ist.

**Listing 21.50** Passwort an Beschriftungsfeld übergeben

```
Private Sub txt_PWD_Change()
   Dim i As Integer
   Dim x As Integer
   Dim strTmp As String

   ' Alle Zeichen des Eingabefeldes durchlaufen
   For x = 1 To Len(txt_PWD)
      ' Alles ASCII-Zeichen des Listenfeldes durchlaufen
      For i = 1 To 255
         ' Zeichenweiser Vergleich (Eingabefeld <-> Listenfeld)
         If Mid(txt_PWD, x, 1) = Chr(lst_Crypt.ListIndex + i) Then
            ' Ergebnis in Variable aufbereiten
            ' Das + 1 verschiebt die Codierung um 1 Zeichen
            strTmp = strTmp & Chr(lst_Crypt.ListIndex + i + 1)
         End If
      Next i
   Next x

   ' Variable an Beschriftungsfeld übergeben
   lbl_Crypt = strTmp
End Sub
```

Bei einem einfachen Klick auf das Beschriftungsfeld, das die Verschlüsselung enthält, werden die Werte an die aktive Zelle und deren Nebenzelle übergeben.

**Listing 21.51** Werte an das Tabellenblatt übergeben

```
Private Sub lbl_Crypt_Click()
   ActiveCell = txt_PWD
   ActiveCell.Offset(0, 1) = lbl_Crypt
End Sub
```

Die Schaltfläche, um das UserForm zu verlassen:

**Listing 21.52** UserForm verlassen

```
Private Sub cmd_Quit_Click()
   Unload Me
End Sub
```

**BEISPIEL** Das obige Beispiel befindet sich innerhalb der Beispieldateien zum Buch im Ordner *\Buch\Kap21*. Die Mappe nennt sich *Bsp21_17.xlsm*. Die Prozeduren sind den entsprechenden Steuerelementen hinterlegt.

# Thermometer (Celsius/Fahrenheit)

Wir Europäer sind es gewohnt, dass die Temperaturanzeige in Celsius erfolgt. Wenn wir jedoch z.B. nach Amerika reisen, müssen wir umdenken, denn dort wird die Temperatur in Fahrenheit vermittelt.

Um von Celsius nach Fahrenheit umzurechnen, müssen Sie folgende Formel verwenden:

$°F = °C * 9 / 5 + 32$

oder

*°F = °C * 1,8 + 32*

Um von Fahrenheit nach Celsius umzurechnen, muss die Formel umgedreht werden und sieht dann wie folgt aus:

*°C = (°F ? 32) * 9 / 5*

oder

*°C = (°F ? 32) / 1,8*

Mittels eines UserForm kann die Umrechnung etwas benutzerfreundlicher gestaltet werden. Im folgenden Beispiel kann in ein Textfeld ein beliebiger Wert eingegeben werden. Per Klick auf eines der Optionsfelder wird angegeben, ob der eingegebene Wert in Celsius oder Fahrenheit dargestellt werden soll. Dementsprechend erfolgt die umgerechnete Ausgabe im dafür vorgesehenen Beschriftungsfeld.

**Abbildg. 21.34** Temperaturumrechnung (Celsius/Fahrenheit)

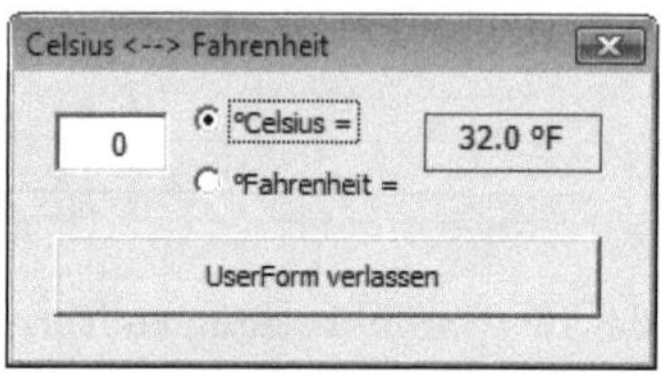


Den beiden Optionsfeldern wird je ein Code hinterlegt, der die Umrechnung in Celsius oder Fahrenheit vornimmt.

**Listing 21.53** Optionsfeld *Celsius* programmieren

```
Private Sub opt_C_Click()
   If txt_Input <> "" And IsNumeric(txt_Input) Then
      lbl_Output = Format(9 / 5 * CDbl(txt_Input) + 32, "0.0") & " °F"
   Else
      MsgBox "Geben Sie einen Wert ein."
      opt_C = False
      opt_F = False
      txt_Input.SetFocus
   End If
End Sub
```

**Listing 21.54** Optionsfeld *Fahrenheit* programmieren

```
Private Sub opt_F_Click()
   If txt_Input <> "" And IsNumeric(txt_Input) Then
      lbl_Output = Format(CDbl(txt_Input - 32) * 5 / 9, "0.0") & " °C"
   Else
      MsgBox "Geben Sie einen Wert ein."
      opt_C = False
      opt_F = False
      txt_Input.SetFocus
   End If
End Sub
```

Beim Anklicken des Textfeldes müssen die beiden Optionsfelder deaktiviert werden, damit eine neue Berechnung erfolgen kann. Zu diesem Zweck verwenden wir das `Enter`-Ereignis des Textfeldes.

**Listing 21.55** Die Werte der Optionsfeld zurücksetzen

```
Private Sub txt_Input_Enter()
   opt_C = False
   opt_F = False
End Sub
```

**Listing 21.56** Das UserForm verlassen

```
Private Sub cmd_Quit_Click()
   Unload Me
End Sub
```

**BEISPIEL** Das obige Beispiel befindet sich innerhalb der Beispieldateien zum Buch im Ordner *\Buch\Kap21*. Die Mappe nennt sich *Bsp21_18.xlsm*. Die Prozeduren sind den entsprechenden Steuerelementen hinterlegt.

Mit etwas mehr Aufwand lässt sich das Ganze auch visuell gestalten. Das folgende Beispiel zeigt, wie ein Thermometer entworfen werden kann. Es ist darauf ausgerichtet, Celsius nach Fahrenheit umzurechnen. Bei einem Wert >0 nimmt das Thermometer die Farbe rot an, ansonsten blau.

**Abbildg. 21.35** Ein Umrechnungsthermometer

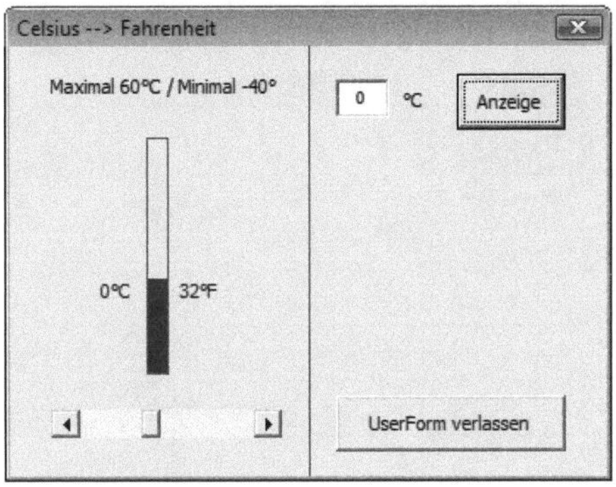


Der Maximalwert beträgt 60 Grad Celsius und der Minimalwert –40 Grad Celsius. Dies ergibt eine Spanne von 100 Grad. Das Ganze ist zwar recht hübsch, aber weniger flexibel als das vorangegangene Beispiel, wo keine Einschränkung besteht. Bei der visuellen Darstellung muss eine Ober- und Untergrenze definiert werden, um die Farbanzeige im entsprechenden Label befüllen zu können.

Für die visuelle Anzeige sind zwei Beschriftungsfelder (`Label`) erforderlich. Das eine stellt den Rahmen dar, der das Thermometer umgibt und das andere wird für die Füllfarbe verwendet.

Links und rechts vom Thermometer bestehen zwei weitere Beschriftungsfelder. Diese bewegen sich mit dem Thermometer und zeigen Celsius und Fahrenheit gleichzeitig an. Sie befinden sich also immer auf gleicher Höhe wie die Füllfarbe.

Der Wert kann über eine Bildlaufleiste verändert werden. Sie haben zudem die Möglichkeit, in einem Eingabefeld den gewünschten Celsius-Wert einzugeben. Per Klick auf die Schaltfläche *Anzeige* wird das Thermometer sowohl Celsius als auch Fahrenheit anzeigen.

Das Label mit der Füllfarbe (`lbl_Color`) ist exakt 100 Punkt hoch. Dies entspricht der Spanne zwischen 60°C und –40°C. Das Label, das lediglich den Rahmen darstellt (`lbl_Back`), ist um zwei Punkt höher, sodass das `lbl_Color` das Label `lbl_Back` voll ausfüllt, wenn es seinen Höchstwert von 60°C erreicht.

Der Abstand von `lbl_Color` zum oberen Rand des UserForms beträgt 40 Punkt, was dem Tiefstwert von –40°C entspricht. Der Abstand von `lbl_Back` zum oberen Rand beträgt 39 Punkt. Es liegt somit um einen Punkt höher. Dies, damit der obere Rand nicht durch das Label `lbl_Color` überlagert wird und somit immer sichtbar ist.

Die Breite von `lbl_Back` beträgt 10 Punkt und die von `lbl_Color` 8 Punkt. Der Abstand von `lbl_Back` zum linken Rand beträgt 60 Punkt und der Abstand von `lbl_Color` zum linken Rand 61 Punkt. Die unterschiedlichen Größen und Abstände begründen sich auch hier darin, dass das Label `lbl_Color` im `lbl_Back` Platz hat, sodass die schwarze Umrandung immer sichtbar ist.

Wir benötigen zwei Ereignisprozeduren. Die eine ist dem Textfeld für die Eingabe hinterlegt und die andere der Bildlaufleiste.

**Listing 21.57** Das *Click*-Ereignis, das an die Schaltfläche *Anzeige* gebunden ist

```
Private Sub cmd_CtoF_Click()
   If txt_InputC > 60 Or txt_InputC < -40 Then
      MsgBox "Zu hoher oder zu tiefer Wert " & _
             "bzw. falsche oder keine Eingabe."
      Exit Sub
   End If

   ' Farbe Thermometer
   If txt_InputC <> "" And txt_InputC > 0 Then
      lbl_Color.BackColor = RGB(255, 0, 0)
   Else
      lbl_Color.BackColor = RGB(0, 0, 255)
   End If

   ' Füllbalken Thermometer
   lbl_Color.Top = 100 - txt_InputC
   lbl_Color.Height = txt_InputC + 40

   ' Beschriftungsfelder Temperatur neben Thermometer
   lbl_C.Top = 100 - txt_InputC
   lbl_F.Top = 100 - txt_InputC

   ' Inhalt Beschriftungsfelder
   lbl_C = txt_InputC & "°C"
   lbl_F = 9 / 5 * CDbl(txt_InputC) + 32 & "°F"
End Sub
```

**Listing 21.58** Das *Change*-Ereignis, das an die Bildlaufleiste gebunden ist

```
Private Sub scv_Degree_Change()
   scv_Degree.Max = 60
   scv_Degree.Min = -40

   ' Farbe Thermometer
   If scv_Degree > 0 Then
      lbl_Color.BackColor = RGB(255, 0, 0)
   Else
      lbl_Color.BackColor = RGB(0, 0, 255)
   End If

   ' Füllbalken Thermometer
   lbl_Color.Top = 100 - scv_Degree
   lbl_Color.Height = scv_Degree + 40

   ' Beschriftungsfelder Temperatur neben Thermometer
   lbl_C.Top = 100 - scv_Degree
   lbl_F.Top = 100 - scv_Degree

   ' Inhalt Beschriftungsfelder
   lbl_C = scv_Degree & "°C"
   lbl_F = 9 / 5 * CDbl(scv_Degree) + 32 & "°F"

   txt_InputC = Val(lbl_C)
End Sub
```

**BEISPIEL** Das obige Beispiel befindet sich innerhalb der Beispieldateien zum Buch im Ordner *\Buch\Kap21*. Die Mappe nennt sich *Bsp21_19.xlsm*. Die Prozeduren sind den entsprechenden Steuerelementen hinterlegt.

# Listenfelder automatisch mit Wochentagen oder Monatsnamen befüllen

In Excel gibt es so genannte *Benutzerdefinierte Listen*. Diese können mit der AutoAusfüllen-Funktion angewendet werden. Geben Sie beispielsweise in die Zelle *A1* den Text *Montag* ein. Ziehen Sie die rechte untere Ecke der Zelle *A1* mit gedrückter Maustaste nach unten oder nach rechts. Es werden automatisch die weiteren Wochentage in die Nebenzellen eingefügt.

Die *Benutzerdefinierten Listen* finden Sie nach einem Klick auf die *Datei/Optionen/Erweitert/Allgemein*. Klicken Sie hier auf die Schaltfläche *Benutzerdefinierte Listen bearbeiten*. Es sind verschiedene vordefinierte Listen vorhanden, unter anderem die ausgeschriebenen Wochentage.

**Abbildg. 21.36** Benutzerdefinierte Listen

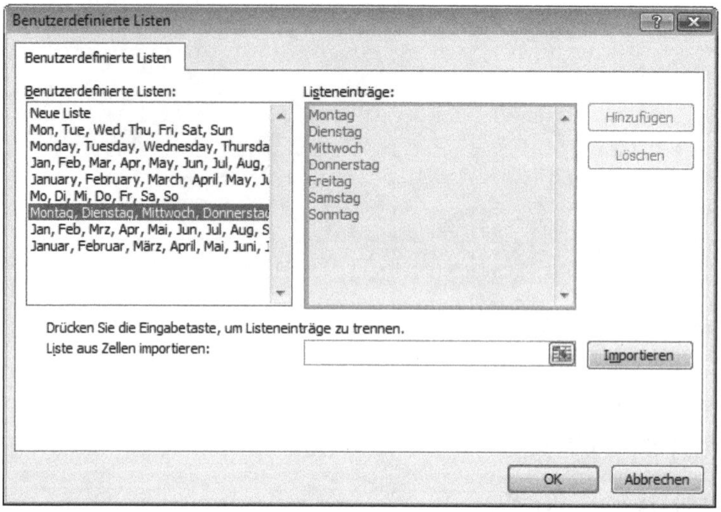


Sie können diese Liste verwenden, um beispielsweise das Listenfeld eines UserForm zu befüllen. Die Methode dazu lautet `GetCustomListContents`. Sie ist direkt an die Applikation gebunden. Der Index 2 entspricht dem zweiten Eintrag in den *Benutzerdefinierten Listen*. Wenn Sie den Index 1 wählen, werden die englischen Wochentage in Kurzform angezeigt. Mit dem Index 3 können Sie die englischen Monatsnamen in Kurzform verwenden und mit dem Index 4 die englischen Monatsnamen in Langform.

Damit das Listenfeld direkt nach dem Aufrufen des UserForm befüllt wird, fügen wir es in das Ereignis `Initialize` des UserForm ein:

**Listing 21.59** Wochentage in ein Listenfeld laden

```
Private Sub UserForm_Initialize()
   ListBox1.List = Application.GetCustomListContents(6)
End Sub
```

Der Index 6 sagt aus, dass die 6. Liste, also deutsche Wochentage in Langform, verwendet werden sollen.

**Abbildg. 21.37** Das UserForm mit automatisch befülltem Listenfeld

**BEISPIEL** Das obige Beispiel befindet sich innerhalb der Beispieldateien zum Buch im Ordner *\Buch\Kap21*. Die Mappe nennt sich *Bsp21_20.xlsm*. Die Prozedur ist direkt dem UserForm hinterlegt.

# Eine Rechentabelle erstellen

In diesem Beispiel erstellen wir eine Rechentabelle. Die Rechentabelle enthält zwei Eingabefelder, in die je ein Wert eingetragen werden kann. Sie können zwischen den beiden Werten eine Addition, Subtraktion, Multiplikation oder Division vornehmen. Es steht dazu ein Kombinationsfeld zur Verfügung. Nach der Auswahl der gewünschten Berechnungsart wird das Ergebnis im Listenfeld angezeigt. Das Listenfeld befüllt sich immer weiter. Das heißt, die Berechnungen bleiben erhalten. Per Doppelklick auf ein Ergebnis wird dieses an die aktive Zelle der Arbeitsmappe übergeben.

Es stehen zwei Schaltflächen zur Verfügung, mit denen Sie wahlweise einen oder alle Einträge aus dem Listenfeld entfernen können.

**Abbildg. 21.38** Die Rechentabelle

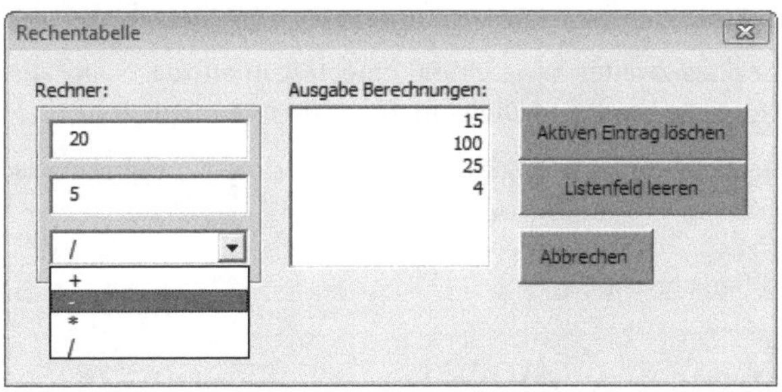


Zusammengefasst enthält das UserForm die folgenden Steuerelemente:

**Tabelle 21.11** Steuerelemente, die sich auf dem UserForm befinden

| Steuerelement(e) | Name | Beschreibung |
|---|---|---|
| Beschriftungsfelder | `lbl_Calculator`<br>`lbl_Frame`<br>`lbl_Result` | Beschriftungen der Textfelder und Hintergrundrahmen für den Rechner |
| Textfelder | `txt_V1`<br>`txt_V2` | Eingabe des ersten Wertes<br>Eingabe des zweiten Wertes |
| Listenfeld | `lst_Result` | Listenfeld für die Ausgabe |
| Schaltflächen | `cmd_DeleteOne`<br>`cmd_DeleteAll`<br>`cmd_Cancel` | Aktiven Eintrag löschen<br>Listenfeld leeren<br>Abbrechen |

Damit die Berechnungsarten nach dem Start des UserForms im Kombinationsfeld zur Verfügung stehen, werden diese im Ereignis `Initialize` aufbereitet.

**Listing 21.60** Das Kombinationsfeld befüllen

```
Private Sub UserForm_Initialize()
   cmb_Fact.AddItem "+"
   cmb_Fact.AddItem "-"
   cmb_Fact.AddItem "*"
   cmb_Fact.AddItem "/"
End Sub
```

Nachdem die beiden Werte in die Eingabefelder eingetragen sind und im Kombinationsfeld die Berechnungsart ausgewählt wurde, wird das Ergebnis an das Listenfeld übergeben. Die Berechnung selbst wird in einer `Function` aufbereitet (`Calculate`).

**Listing 21.61** Die Berechnung ausführen

```
Private Sub cmb_Fact_Change()
   lst_Result.AddItem Calculate
End Sub
```

Die Funktion `Calculate` prüft, ob ein numerischer Wert in beide Eingabefelder eingetragen wurde. Falls dies zutrifft, wird geprüft, welche Berechnungsart aus dem Kombinationsfeld ausgewählt wurde. Dementsprechend wird das Ergebnis an die Funktion `Calculate` übergeben.

Bei der Division wird geprüft, ob als zweiter Wert eine 0 eingetragen wurde. Sollte dies zutreffen, wird eine `MsgBox` angezeigt, die aussagt, dass eine Division durch 0 nicht möglich ist.

Wenn in einem der beiden Eingabefelder eine ungültige Eingabe erfolgte, beispielsweise ein Buchstabe, wird dem Listenfeld das Wort *Fehler* übergeben.

**Listing 21.62** Funktion mit den verschiedenen Berechnungen

```
Function Calculate()
   If IsNumeric(txt_V1) And IsNumeric(txt_V2) Then
      If cmb_Fact = "+" Then
         Calculate = CDbl(txt_V1) + CDbl(txt_V2)
      ElseIf cmb_Fact = "-" Then
         Calculate = CDbl(txt_V1) - CDbl(txt_V2)
      ElseIf cmb_Fact = "*" Then
         Calculate = CDbl(txt_V1) * CDbl(txt_V2)
      ElseIf cmb_Fact = "/" Then
         If txt_V2 > 0 Then
            Calculate = CDbl(txt_V1) / CDbl(txt_V2)
         Else
            MsgBox "Division durch 0 nicht möglich."
         End If
      End If
   Else
      Calculate = "Fehler"
   End If
End Function
```

Per Doppelklick auf einen der Werte im Listenfeld kann der Eintrag an die aktive Zelle der Arbeitsmappe übergeben werden. Wir verwenden dazu das `DblClick`-Ereignis des Listenfeldes.

**Listing 21.63** Daten aus dem Listenfeld an Excel übertragen

```
Private Sub lst_Result_DblClick(ByVal Cancel As _
                              MSForms.ReturnBoolean)
   If lst_Result <> "Fehler" Then
      ActiveCell = CDbl(lst_Result)
   Else
      ActiveCell = lst_Result
   End If
End Sub
```

Um einen Listenfeldeintrag zu löschen, verwenden wir die Methode `RemoveItem`. Ihr übergeben wir den aktuellen Listenindex (`ListIndex`). Damit kein Fehler entsteht, wenn kein Eintrag ausgewählt oder das Listenfeld leer ist, verwenden wir eine `If`-Entscheidung, die eine entsprechende Prüfung vornimmt.

**Listing 21.64** Einen Listenfeldeintrag löschen

```
Private Sub cmd_DeleteOne_Click()
   If lst_Result.ListIndex >= 0 Then
      lst_Result.RemoveItem (lst_Result.ListIndex)
   End If
End Sub
```

Um alle Listenfeldeinträge zu löschen, verwenden wir die Methode `Clear`.

**Listing 21.65** Alle Listenfeldeinträge löschen

```
Private Sub cmd_DeleteAll_Click()
   lst_Result.Clear
End Sub
```

Das UserForm kann über die Schaltfläche *Abbrechen* verlassen werden.

**Listing 21.66** Das UserForm verlassen

```
Private Sub cmd_Cancel_Click()
   Unload Me
End Sub
```

**BEISPIEL** Das obige Beispiel befindet sich innerhalb der Beispieldateien zum Buch im Ordner *\Buch\Kap21*. Die Mappe nennt sich *Bsp21_21.xlsm*.

# Ein dynamischer Fragebogen

Unser letztes Beispiel in diesem Kapitel behandelt einen dynamischen Fragebogen. Fragebögen müssen in der Regel von Zeit zu Zeit überarbeitet werden. Dabei werden Fragen ergänzt oder entfernt. Wenn Sie einen Fragebogen in Form eines UserForm zur Verfügung stellen, ist es jedes Mal ärgerlich, dieses neu gestalten zu müssen.

Unser UserForm basiert auf Fragen, die auf dem Tabellenblatt erfasst werden können. Das Muster enthält zwei Listenfelder. Im ersten Listenfeld werden dynamisch Kontrollkästchen erzeugt und im zweiten Optionsfelder.

Es handelt sich um eine Zufriedenheitsumfrage im Feriensektor mit einer Abstimmschaltfläche. Die Auswertung basiert auf den angeklickten Feldern im UserForm. Die Fragen, die der Kunde ausgewählt hat, werden gezählt und ins Tabellenblatt übertragen. So können Sie schnell erkennen, welche Punkte zufriedenstellend sind und welche nicht. Dies wird optisch unterstützt durch eine bedingte Formatierung, die der Spalte *B* hinterlegt wurde.

**Abbildg. 21.39** Ein dynamischer Fragebogen

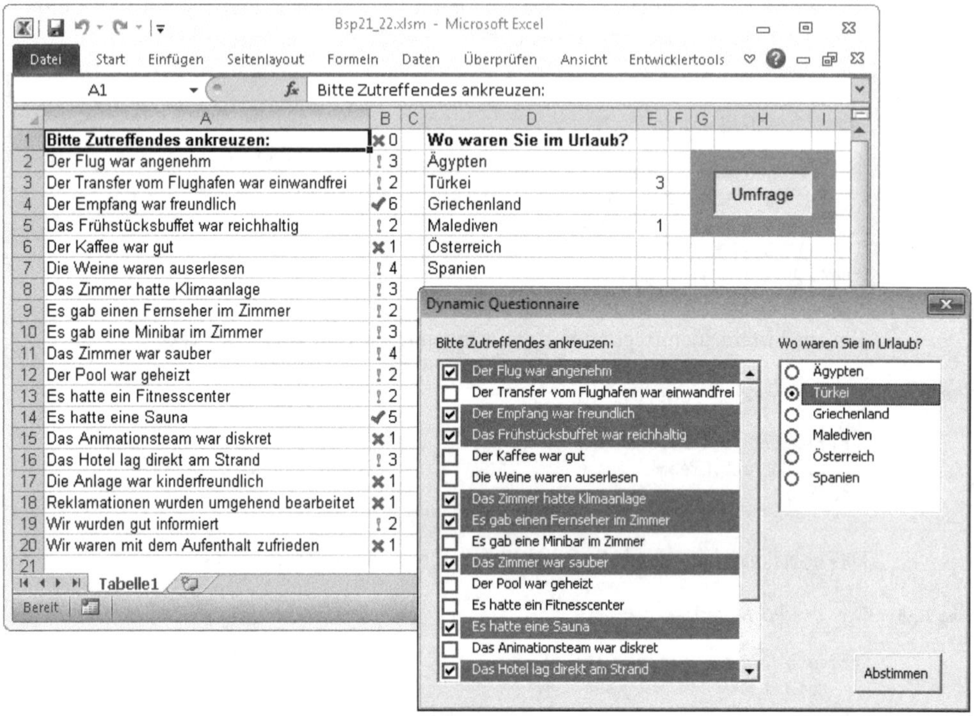


Das UserForm selbst besteht lediglich aus einer Schaltfläche. Alle anderen Elemente werden während der Laufzeit erzeugt.

**Abbildg. 21.40** Das UserForm

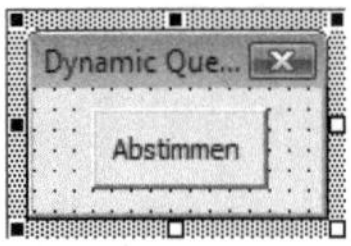


Die Beschreibung zu den einzelnen Codeblöcken können Sie den Kommentarzeilen im folgenden Listing entnehmen.

**Listing 21.67** Das UserForm aufbauen

```
Option Explicit

Dim intCheck As Integer
Dim intOption As Integer

Private Sub UserForm_Initialize()
    Dim ctrListBox As Control
    Dim ctrLabel As Control
    Dim i As Integer

    ' Anzahl Zeilen in Spalte A und D ermitteln
    intCheck = Cells(Rows.Count, 1).End(xlUp).Row
    intOption = Cells(Rows.Count, 4).End(xlUp).Row

    ' ---------------------------------------------------------------

    ' Listenfeld mit Kontrollkästchen
    Set ctrListBox = Controls.Add("Forms.ListBox.1")
    With ctrListBox
        .Width = 200
        .Height = 200
        .Top = 25
        .Left = 10
        .ListStyle = 1          ' Kontrollkästchen aktivieren
        .MultiSelect = 1        ' 1 = Kontrollkästchen
        .Name = "LB1"
    End With

    ' Einträge im 1. Listenfeld
    For i = 2 To intCheck
        ctrListBox.AddItem Cells(i, 1)
    Next i

    ' Beschriftung 1. Listenfeld
    Set ctrLabel = Controls.Add("Forms.Label.1")
    With ctrLabel
        .Caption = Range("A1")
        .Width = Controls("LB1").Width
        .Top = Controls("LB1").Top - 15
        .Left = Controls("LB1").Left
    End With

    ' ---------------------------------------------------------------

    If Range("D1") <> "" Then
        ' Listenfeld mit Optionsfeldern
        Set ctrListBox = Controls.Add("Forms.ListBox.1")
        With ctrListBox
            .Width = 100
            .Height = 100
            .Top = 25
            .Left = 220
            .ListStyle = 1          ' Optionsfeld aktivieren
            .MultiSelect = 0        ' 0 = Optionsfeld
            .Name = "LB2"
        End With
```

**Listing 21.67** Das UserForm aufbauen *(Fortsetzung)*

```
    End If

    ' Einträge im 2. Listenfeld
    For i = 2 To intOption
        ctrListBox.AddItem Cells(i, 4)
    Next i

    ' Beschriftung 2. Listenfeld
    Set ctrLabel = Controls.Add("Forms.Label.1")
    With ctrLabel
        .Caption = Range("D1")
        .Width = Controls("LB2").Width
        .Top = Controls("LB2").Top - 15
        .Left = Controls("LB2").Left
    End With

    ' ---------------------------------------------------------------
    ' Größe des UserForm
    frmQuestions.Width = Controls("LB1").Width + _
                         Controls("LB2").Width + 40
    frmQuestions.Height = Controls("LB1").Height + 60

    ' Position der Schaltfläche
    With cmbVote
        .Left = frmQuestions.Width - .Width - 20
        .Top = frmQuestions.Height - .Height - 30
    End With
End Sub

Private Sub cmbVote_Click()
    Dim i As Integer

    ' 1. Listenfeld auslesen
    For i = 1 To intCheck - 1
       If Controls("LB1").Selected(i - 1) = True Then
           Cells(i + 1, 2) = Cells(i + 1, 2) + 1
       End If
    Next i

    ' 2. Listenfeld auslesen
    For i = 1 To intOption - 1
       If Controls("LB2").Selected(i - 1) = True Then
           Cells(i + 1, 5) = Cells(i + 1, 5) + 1
       End If
    Next i

    Unload Me
End Sub
```

**BEISPIEL** Das obige Beispiel befindet sich innerhalb der Beispieldateien zum Buch im Ordner *\Buch\Kap21*. Die Mappe nennt sich *Bsp21_22.xlsm*.

# Teil G

# Interessantes für Fortgeschrittene

**In diesem Teil:**

Kapitel 22

# Verschiedene Tipps und Tricks

**In diesem Kapitel:**

In diesem Kapitel finden Sie eine Zusammenstellung verschiedener Tipps und Tricks. Sie erfahren unter anderem, wie bestehende Verknüpfungen aufgehoben werden können, ohne dass der Zellinhalt verloren geht. Es wird gezeigt, wie das Scrollen auf einen bestimmten Bereich eingeschränkt werden kann. Sie lernen die Zwischenablage per VBA auszulesen und zu befüllen. Und neben weiteren Themen erfahren Sie, wie über WMI (Windows Management Instrumentation) Informationen gesammelt werden können.

# Verknüpfungen löschen und durch Werte ersetzen

Manchmal erscheint beim Öffnen einer Arbeitsmappe die Meldung *Diese Arbeitsmappe enthält mindestens eine Verknüpfung, die nicht aktualisiert werden kann.* Dies kann vorkommen, wenn in der Mappe Verknüpfungen zu einer anderen Mappe bestehen, deren Speicherort oder Name geändert wurde.

**Abbildg. 22.1** Fehlende Verknüpfung

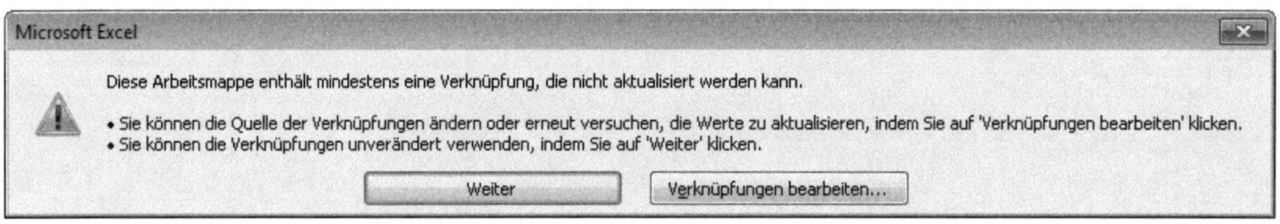


Das folgende Beispiel zeigt, wie Sie solche Verknüpfungen aufspüren und bei Bedarf in einen Wert umwandeln können. Es werden dabei sämtliche Tabellenblätter der Mappe in die Überprüfung mit einbezogen.

In der `If`-Entscheidung wird geprüft, ob in der Zelle ein externer Bezug zu einem anderen Tabellenblatt oder einer anderen Mappe besteht. Dies ist in der Formel an einer eckigen Klammern [ oder am Ausrufezeichen ! zu erkennen.

Bei Zutreffen wird ein Meldungsfeld angezeigt, dem Sie entnehmen können, in welcher Zelle und in welchem Tabellenblatt die Verknüpfung gefunden wurde. Es wird zudem die Formel selbst angezeigt. Wenn die Verknüpfung gelöscht werden soll, betätigen Sie im Meldungsfeld die Schaltfläche *Ja*, ansonsten klicken Sie auf *Nein*.

**Abbildg. 22.2** Das selbst erzeugte Meldungsfeld

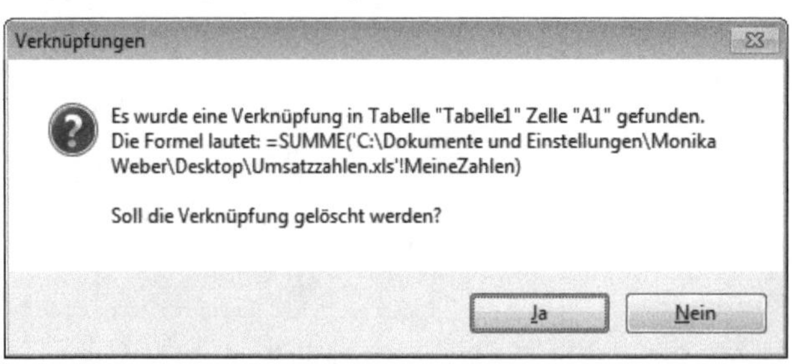

Wenn die Meldung mit *Ja* bestätigt wird, wird die Verknüpfung aufgehoben, indem die in der Zelle enthaltene Formel in einen Wert umgewandelt wird. Falls die Zelle eine Fehlermeldung, wie z.B. *#BEZUG!* enthalten sollte, wird die Zelle rot hinterlegt, ansonsten grün. So können Sie nach Beendigung der Prozedur erkennen, welche Zellen umgewandelt wurden.

**Listing 22.1** Verknüpfungen in Werte umwandeln

```
Sub DeleteLinks()
   Dim i As Integer
   Dim c As Range
   Dim intQuestion As Integer

   ' Alle Tabellenblätter der Mappe überprüfen
   For i = 1 To ActiveWorkbook.Worksheets.Count
      For Each c In Worksheets(i).UsedRange
         With c

            ' Prüfen, ob ein externer Bezug vorliegt
            If Left(.Formula, 1) = "=" And _
               InStr(.Formula, "[") Or _
               Left(.Formula, 1) = "=" And _
               InStr(.Formula, "!") Then

               ' Rückfragen, ob die Verknüpfung gelöscht werden soll
               intQuestion = MsgBox _
                   ("Es wurde eine Verknüpfung in Tabelle """ & _
                    Worksheets(i).Name & """ Zelle """ & _
                    c.Address(False, False) & """ gefunden. " & _
                    Chr(10) & _
                    "Die Formel lautet: " & c.FormulaLocal & _
                    Chr(10) & Chr(10) & _
                    "Soll die Verknüpfung gelöscht werden?", _
                    vbYesNo + vbQuestion, "Verknüpfungen")

               ' Wenn die Verknüpfung gelöscht werden soll,
               ' wird sie in deren Wert umgewandelt
               If intQuestion = vbYes Then
                  .Copy
                  .PasteSpecial Paste:=xlPasteValues
                  Application.CutCopyMode = False

                  ' Fehler, wie z.B. #BEZUG! werden rot hinterlegt
                  ' Umgewandelte Verknüpfungen grün
                  If Left(.Formula, 1) = "#" Then
                     .Interior.Color = vbRed
                  Else
                     .Interior.Color = vbGreen
                  End If
               End If
            End If
         End With
      Next c
   Next i
End Sub
```

**BEISPIEL** Das obige Beispiel befindet sich innerhalb der Beispieldateien zum Buch im Ordner *\Buch\Kap22*. Die Mappe nennt sich *Bsp22_01.xlsm*.

**HINWEIS** Es kann sein, dass die Mappe nach dem erneuten Öffnen immer noch Verknüpfungen meldet. Sollte dies der Fall sein, sind möglicherweise benannte Bereiche die Ursache. Um diese zu entfernen, klicken Sie im Menüband von Excel auf der Registerkarte *Formeln* in der Gruppe *Definierte Namen* auf die Schaltfläche *Namens-Manager* und löschen dort jede einzelne Verknüpfung.

# Tabellenübergreifende Suche

Nehmen wir an, Sie verfügen über eine umfangreiche Arbeitsmappe mit zahlreichen Tabellenblättern und suchen darin eine bestimmte Zahl oder einen Text. Der Suchbegriff kann in der gesamten Arbeitsmappe ein oder mehrmals vorkommen. Die folgende VBA-Prozedur ist ein Beispiel dafür, wie Sie eine solche tabellenblattübergreifende Suche gestalten können. Die Prozedur ist so aufgebaut, dass die Zelle, die den Suchbegriff enthält, selektiert wird.

Nach der Variablendeklaration wird ein Eingabedialog (`InputBox`) aufbereitet. In der Variablen `strFind` wird der Suchbegriff gespeichert, den Sie in die `InputBox` eingeben.

**Abbildg. 22.3** Eine *InputBox* für den Suchbegriff

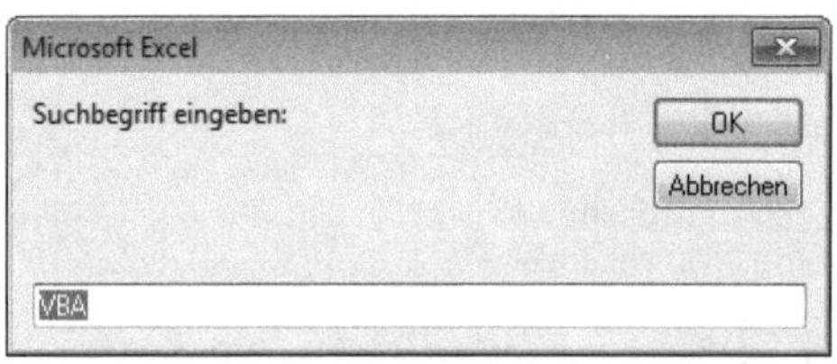


In der `If`-Entscheidung wird geprüft, ob eine Eingabe in die `InputBox` erfolgte. Falls nicht oder wenn die *Abbrechen*-Schaltfläche geklickt wurde, wird die Prozedur mittels `Exit Sub` verlassen.

Wurde ein Suchbegriff eingegeben, wird in die `For Each`-Schleife eingetreten. Diese veranlasst, dass nach und nach jedes Tabellenblatt durchsucht wird.

Direkt nach dem Schleifenkopf wird die eigentliche Suche aufbereitet. Es wird dazu die Methode `Find` verwendet. Der Suchbegriff wird in der Variablen `rng` zwischengespeichert. In der darauf folgenden `If`-Entscheidung wird geprüft, ob die Suche erfolgreich war. Wenn der Suchbegriff (`rng`) nicht leer ist, wird die Zelladresse von `rng` an die Variable `strAddress` übergeben. Diese müssen wir uns merken, um nicht endlos auf ein und demselben Tabellenblatt weiterzusuchen (siehe `Do`-Schleife).

In der `Do`-Schleife wird die Zelle, die den Suchbegriff enthält, angesprungen. Um ein Aktivieren des Tabellenblattes und ein Selektieren der Zelle zu vermeiden, verwenden wir `Application.Goto`. Die Schleife wird nur so lange durchlaufen, bis der erste Suchbegriff auf dem Tabellenblatt wieder erreicht ist. Diesen haben wir ja zuvor in `strAddress` zwischengespeichert. Danach wird das Tabellenblatt gewechselt, sprich erneut in die `For Each`-Schleife eingetreten.

Die `If`-Entscheidung innerhalb der `Do`-Schleife beinhaltet die Rückfrage, ob die Suche weitergeführt werden soll. Falls Sie dies wünschen, wird mittels der Methode `FindNext` fortgefahren.

**Abbildg. 22.4** Rückfrage, ob weitergesucht werden soll

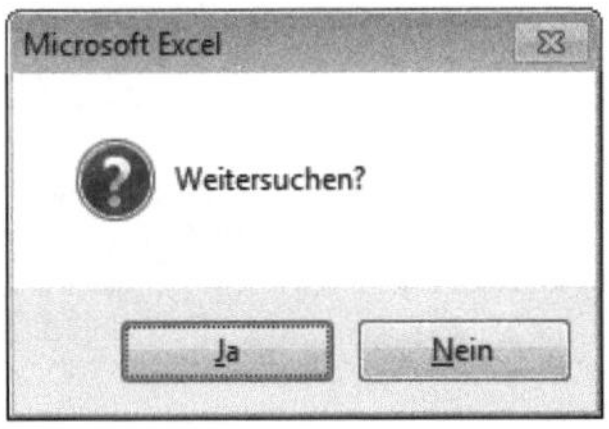


Wenn Sie bis zum Ende weitersuchen und der Suchbegriff nicht mehr gefunden wird, wird eine entsprechende Meldung ausgegeben. Dieselbe Meldung erscheint auch, wenn zu Beginn ein Suchbegriff eingegeben wurde, der in der Arbeitsmappe nicht vorhanden ist.

**Abbildg. 22.5** Meldung, wenn der Suchbegriff nicht oder nicht mehr gefunden wird

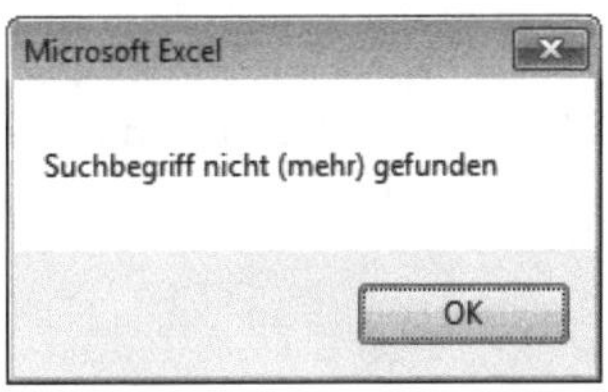


In diesem Falle wird Zelle *A1* des ersten Tabellenblattes selektiert.

**Listing 22.2** Nach einem beliebigen Text suchen und weitersuchen

```
Sub MySearch()
   Dim strFind As String
   Dim ws As Worksheet
   Dim rng As Range
   Dim strAddress As String

   strFind = InputBox("Suchbegriff eingeben:")

   If strFind = "" Then
      Exit Sub
   Else
      For Each ws In Worksheets
         Set rng = ws.Cells.Find(strFind)

         If Not rng Is Nothing Then
            strAddress = rng.Address

            Do
               Application.Goto rng

               If MsgBox("Weitersuchen?", 36) = vbNo Then
                  Exit Sub
               Else
```

**Listing 22.2** Nach einem beliebigen Text suchen und weitersuchen *(Fortsetzung)*

```
                    Set rng = ws.Cells.FindNext(After:=ActiveCell)
                 End If

              Loop While rng.Address <> strAddress
           End If
        Next ws
     End If

     MsgBox "Suchbegriff nicht (mehr) gefunden"
     Application.Goto Worksheets(1).Range("A1")

     Set rng = Nothing
  End Sub
```

**BEISPIEL** Das obige Beispiel befindet sich innerhalb der Beispieldateien zum Buch im Ordner *\Buch\Kap22*. Die Mappe nennt sich *Bsp22_02.xlsm*.

**HINWEIS** Die Suche ist so aufgebaut, dass nur ganze Zellen gesucht werden. Wenn Sie beispielsweise nach »VBA« suchen, und in einer Zelle »Excel VBA« steht, wird diese Fundstelle ignoriert. Wenn Sie auch eine Teilsuche zulassen möchten, ergänzen Sie die Codezeile

```
Set rng = ws.Cells.Find(strFind)
```

mit der Konstanten `xlPart`:

```
Set rng = ws.Cells.Find(strFind, LookAt:=xlPart)
```

Welche weiteren Argumente sich der `Find`-Methode übergeben lassen, können Sie der Tabelle 22.1 entnehmen.

**Tabelle 22.1** Die *Find*-Methode und deren Argumente

| Argument | Beschreibung |
|---|---|
| `What` | Erforderlicher Variant-Wert. Der Inhalt, nach dem gesucht werden soll. Dabei kann es sich um eine Zeichenfolge oder einen beliebigen Microsoft Excel-Datentyp handeln. |
| `After` | Optionaler Variant-Wert. Gibt die Zelle an, nach der die Suche beginnen soll. Dies entspricht der Position der aktiven Zelle, wenn eine Suche von der Benutzeroberfläche aus durchgeführt wird. Bitte beachten Sie, dass **`After`** eine einzelne Zelle im Bereich sein muss. Beachten Sie, dass die Suche nach dieser Zelle beginnt, die angegebene Zelle wird also erst durchsucht, wenn der Suchlauf zur Ausgangszelle zurückkehrt. Wird das Argument nicht angegeben, ist die obere linke Zelle des Bereichs der Startpunkt für die Suche. |
| `LookIn` | Optionaler Variant-Wert. Der Typ der Informationen. |
| `LookAt` | Optional Variant. Kann eine der folgenden **`XlLookAt`**-Konstanten sein: **`xlWhole`** oder **`xlPart`** (siehe Hinweis oben). |

**Tabelle 22.1** Die *Find*-Methode und deren Argumente *(Fortsetzung)*

| Argument | Beschreibung |
|---|---|
| `SearchOrder` | Optional Variant. Kann eine der folgenden `XlSearchOrder`-Konstanten sein: `xlByRows` oder `xlByColumns`. |
| `SearchDirection` | Optionaler `XlSearchDirection`-Wert. Die Suchrichtung. `XlSearchDirection` kann eine der folgenden `XlSearchDirection`-Konstanten sein: `xlNext` (Standard) oder `xlPrevious`. |
| `MatchCase` | Optionaler Variant-Wert. Wenn `True`, wird bei der Suche zwischen Groß- und Kleinschreibung unterschieden. Der Standardwert ist `False`. |
| `MatchByte` | Optionaler Variant-Wert. Wird nur verwendet, wenn eine Double-Byte-Sprachunterstützung ausgewählt oder installiert wurde. Wenn `True`, werden Double-Byte-Zeichen nur mit Double-Byte-Zeichen verglichen. Wenn `False`, können Double-Byte-Zeichen mit den entsprechenden Single-Byte-Zeichen übereinstimmen. |
| `SearchFormat` | Optionaler Variant-Wert. Das Format für die Suche. |

**TIPP** Es mag etwas beschwerlich sein, die oben genannten Konstanten anzuwenden. Die beste Unterstützung erhalten Sie, wenn Sie den Makrorekorder benutzen. Zeichnen Sie die Suche auf und nehmen Sie im Dialogfeld *Suchen und Ersetzen* die gewünschten Einstellungen vor. Sie erreichen das Dialogfeld über das Menüband auf der Registerkarte *Start* in der Gruppe *Bearbeiten*. Öffnen Sie dort das Dropdownmenü zur Schaltfläche *Suchen und Auswählen* und klicken Sie auf den Befehl *Ersetzen*. Wesentlich schneller geht's über die Tastenkombination [Strg]+[H].

# Datumssuche

Etwas komplizierter gestaltet sich die Suche, wenn ein Datum ins Spiel kommt. Die vorherige Prozedur findet keine Datumsangaben. Dies begründet sich darin, dass ein Datum im Grunde genommen ein numerischer Wert ist. So verbirgt sich beispielsweise hinter der Zahl 40426 das Datum 05.09.2010. Leider schlägt auch die Suche danach fehl, wenn das Datum nicht entsprechend umformatiert wird. So oder so ist nicht anzunehmen, dass Sie die Zahl anstelle des Datums suchen möchten.

Der Code aus dem vorigen Beispiel muss entsprechend erweitert werden. Damit sowohl nach einem Datum, als auch nach Text und Zahlen gesucht werden kann, bauen wir vor dem Eintritt in die `For Each`-Schleife die folgende Rückfrage ein.

```
strDate = MsgBox("Suchen Sie ein Datum?", 36)
```

**Abbildg. 22.6** Rückfrage, ob nach einem Datum gesucht wird

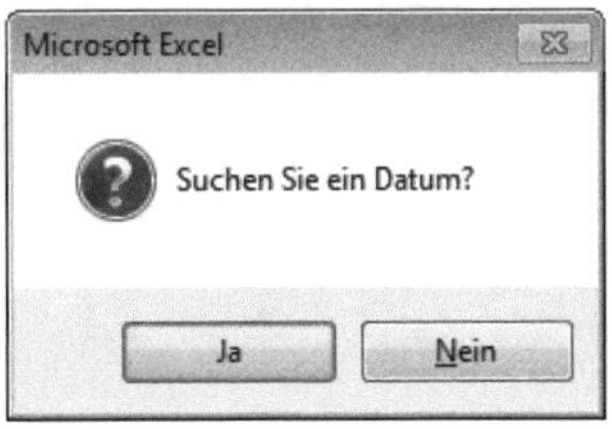

Betätigen Sie die Schaltfläche *Ja* nur dann, wenn tatsächlich nach einem Datum gesucht werden soll.

Innerhalb der `For Each`-Schleife ergänzen wir eine `If`-Entscheidung. Diese prüft, ob die Schaltfläche *Ja* geklickt wurde. Wenn dies zutrifft, müssen wir zuerst kontrollieren, ob ein Datum in die `InputBox` eingegeben wurde. Wenn nicht, geben wir eine Fehlermeldung aus.

**Abbildg. 22.7** Fehlermeldung bei Eingabe eines nicht numerischen Wertes

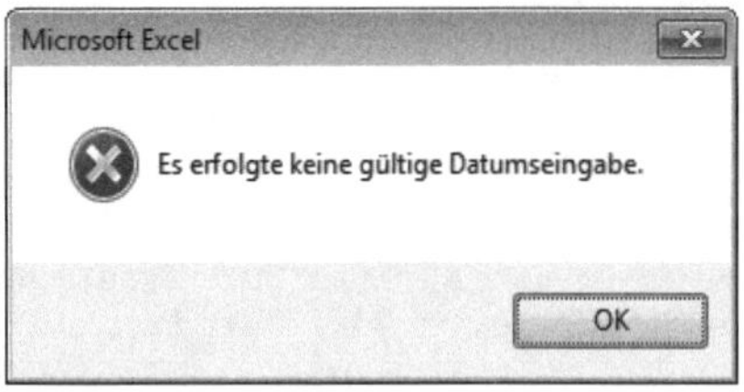


Die Prüfung ist notwendig, um einen Fehler zu vermeiden, wenn eine Buchstabenfolge in die `InputBox` eingegeben und dennoch eine Datumssuche gestartet wird.

Wenn eine korrekte Datumseingabe erfolgt ist, müssen wir ein gültiges Format für die Suche hinterlegen. Dies geschieht mittels der Eigenschaften `FindFormat` und `NumberFormat`:

```
Application.FindFormat.NumberFormat = "m/d/yyyy"
```

Das alleine reicht noch nicht aus. Wir müssen bei der Suche zudem angeben, dass das Format berücksichtigt werden muss. Dies tun wir, indem wir der Methode `Find` als Argument `SearchFormat:=True` übergeben. Auch das ist noch nicht alles. Unsere Eingabe in die `InputBox` muss zusätzlich noch in ein Datumsformat (`CDate`) gebracht werden. Die vollständige Suchzeile sieht dann wie folgt aus:

```
Set rng = ws.Cells.Find(CDate(strFind), SearchFormat:=True)
```

Der vollständige Code zur Suche von Datum, Zahlen und Texten sieht nun so aus:

**Listing 22.3** Nach einem Datum, Text oder einer Zahl suchen

```
Sub MyGeneralSearch()
   Dim strFind As String
   Dim ws As Worksheet
   Dim rng As Range
   Dim strAddress As String
   Dim intDate As Integer

   strFind = InputBox("Suchbegriff eingeben:", Default:="21.05.2011")

   If strFind = "" Then
      Exit Sub
   Else
      ' Rückfrage, ob nach einem Datum gesucht wird
      intDate = MsgBox("Suchen Sie ein Datum?", 36)

      For Each ws In Worksheets
```

**Listing 22.3** Nach einem Datum, Text oder einer Zahl suchen *(Fortsetzung)*

```
        ' Entscheidung ob Datum, oder nicht
        If intDate = vbYes Then
           If Not IsDate(strFind) Then
              MsgBox "Es erfolgte keine gültige Datumseingabe.", _
                     vbCritical
              Exit Sub
           End If

           Application.FindFormat.NumberFormat = "m/d/yyyy"
           Set rng = ws.Cells.Find(CDate(strFind), _
                                   SearchFormat:=True)
        Else
           Set rng = ws.Cells.Find(strFind)
        End If

        If Not rng Is Nothing Then
           strAddress = rng.Address

           Do
              Application.Goto rng

              If MsgBox("Weitersuchen?", 36) = vbNo Then
                 Exit Sub
              Else
                 Set rng = ws.Cells.FindNext(After:=ActiveCell)
              End If
           Loop While rng.Address <> strAddress
        End If
     Next ws
  End If

  MsgBox "Suchbegriff nicht (mehr) gefunden"
  Application.Goto Worksheets(1).Range("A1")

  Set rng = Nothing
End Sub
```

**BEISPIEL** Das obige Beispiel befindet sich innerhalb der Beispieldateien zum Buch im Ordner *\Buch\Kap22*. Die Mappe nennt sich *Bsp22_03.xlsm*.

# Gefundene Zelladressen ausgeben

Wenn Sie die Zellen, die den Suchbegriff enthalten, nicht anspringen möchten, sondern lieber eine Zusammenfassung aller gefundenen Zellen auf einem separaten Tabellenblatt zur Verfügung haben wollen, nehmen Sie die nachfolgend beschriebenen Änderungen vor.

Interessantes für Fortgeschrittene

**Abbildg. 22.8** Die Ausgabe der Zelladressen und Tabellenblattnamen

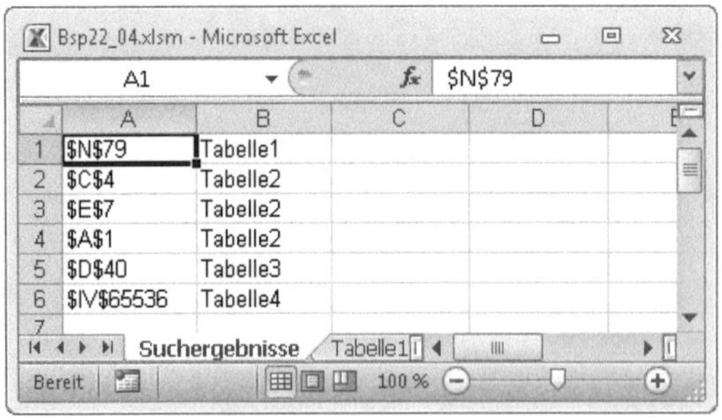


1. Zu Beginn der Prozedur wird ein neues Tabellenblatt erzeugt. Dies, um keine bestehenden Daten zu überschreiben. Sollte das Tabellenblatt bereits existieren, wird es gelöscht.
2. Die `Do`-Schleife muss dahingehend ergänzt werden, dass die Zelladressen und Tabellenblattnamen auf dem neu erzeugten Tabellenblatt ausgegeben werden.
3. Auf eine Rückfrage nach Suchen und Weitersuchen kann verzichtet werden. Die entsprechenden Codezeilen können Sie löschen oder auskommentieren.

**Listing 22.4** Tabellennamen und Zelladressen auf einem separaten Tabellenblatt ausgeben

```
Sub GetCellAddresses()
   Dim strFind As String
   Dim ws As Worksheet
   Dim rng As Range
   Dim strAddress As String
   Dim intDate As Integer
   Dim i As Integer

   i = 1
   strFind = InputBox("Suchbegriff eingeben:")

   If strFind = "" Then
      Exit Sub
   Else
      intDate = MsgBox("Suchen Sie ein Datum?", 36)

      ' Für die Ausgabe ein neues Tabellenblatt einfügen
      Application.DisplayAlerts = False
      For Each ws In Worksheets
         If ws.Name = "Suchergebnisse" Then ws.Delete
      Next ws
      Application.DisplayAlerts = True

      Worksheets.Add Before:=Worksheets(1)
      ActiveSheet.Name = "Suchergebnisse"
      ' -------

      For Each ws In Worksheets
         If intDate = vbYes Then
            If Not IsDate(strFind) Then
               MsgBox "Es erfolgte keine gültige Datumseingabe.", _
                       vbCritical
```

**Listing 22.4** Tabellennamen und Zelladressen auf einem separaten Tabellenblatt ausgeben *(Fortsetzung)*

```
            Exit Sub
         End If

         Application.FindFormat.NumberFormat = "m/d/yyyy"
         Set rng = ws.Cells.Find(CDate(strFind), _
                                 SearchFormat:=True)
      Else
         Set rng = ws.Cells.Find(strFind)
      End If

      If Not rng Is Nothing Then
         strAddress = rng.Address

         Do
            Application.Goto rng

            ' Ausgabe in Tabellenblatt "Suchergebnisse"
            With Worksheets("Suchergebnisse")
               .Cells(i, 1) = rng.Address
               .Cells(i, 2) = rng.Worksheet.Name
            End With
            i = i + 1

            ' If MsgBox("Weitersuchen?", 36) = vbNo Then
            '    Exit Sub
            ' Else
               Set rng = ws.Cells.FindNext(After:=ActiveCell)
            ' End If
            ' -------
         Loop While rng.Address <> strAddress
      End If
   Next ws
End If

MsgBox "Suchbegriff nicht (mehr) gefunden"
Application.Goto Worksheets(1).Range("A1")

Set rng = Nothing
End Sub
```

**BEISPIEL** Das obige Beispiel befindet sich innerhalb der Beispieldateien zum Buch im Ordner *\Buch\Kap22*. Die Mappe nennt sich *Bsp22_04.xlsm*.

# Formeln ermitteln

Bei umfangreichen Arbeitsmappen ist es nicht immer einfach, den Überblick über die erstellten Formeln zu bewahren. Nach Aufruf von *Datei/Optionen/Erweitert/Optionen für dieses Arbeitsblatt anzeigen* können Sie zur Formelansicht wechseln, indem Sie das Kontrollkästchen *Anstelle der berechneten Werte Formeln in Zellen anzeigen* aktivieren. Der lange Weg über das Menü ist etwas umständlich. Um das Ganze zu vereinfachen, fügen Sie eine Formular-Umschaltfläche in das Tabellenblatt ein und hinterlegen dem Element die folgende Ereignisprozedur.

Über die Umschaltfläche können Sie nun bequem zwischen der Formel- und der Normalansicht wechseln. Die Eigenschaft für das Ein- oder Ausblenden der Formeln lautet `DisplayFormulas`.

**Listing 22.5** Formeln ein- oder ausblenden

```
Private Sub ToggleButton1_Click()
   If ToggleButton1 = True Then
      ActiveWindow.DisplayFormulas = True
      ToggleButton1.Caption = "Formeln ausblenden"
   Else
      ActiveWindow.DisplayFormulas = False
      ToggleButton1.Caption = "Formeln einblenden"
   End If
End Sub
```

Wenn mehrere Tabellenblätter in Ihrer Mappe enthalten sind, muss auf jedem eine entsprechende Umschaltfläche eingefügt werden, denn die Formelansicht wird pro Tabellenblatt angewendet.

Wenn Sie sich einen Überblick über sämtliche Formeln der Mappe verschaffen möchten, arbeiten Sie am besten mit einer VBA-Prozedur, die die Formeln auf einem separaten Tabellenblatt ausgibt.

**Abbildg. 22.9** Sämtliche Formeln einer Mappe auf einem separaten Tabellenblatt ausgeben

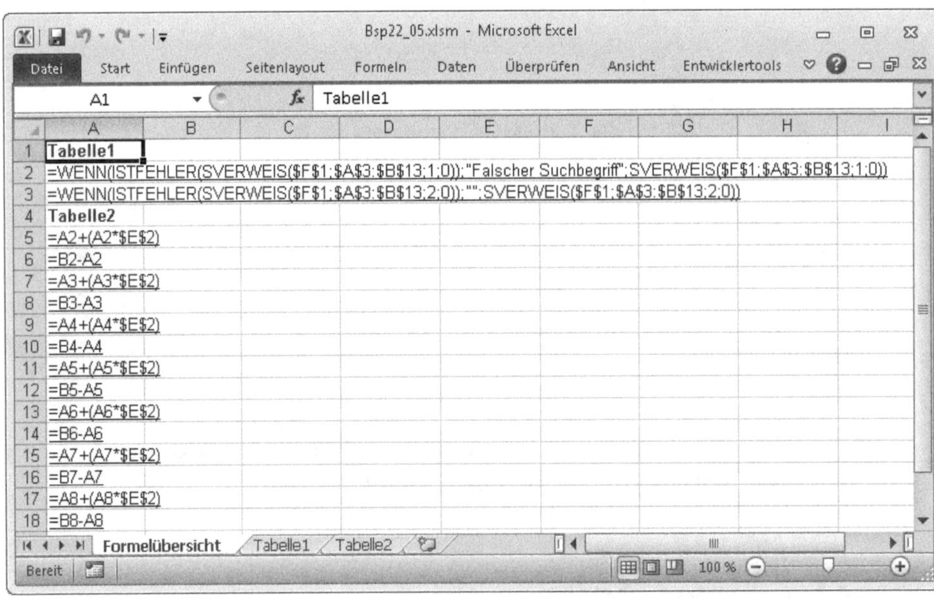


Damit keine Daten der Mappe überschrieben werden, erstellen Sie am besten ein eigenes Tabellenblatt, auf dem die Formeln ausgegeben werden können. Damit die Prozedur mehrmals ausgeführt werden kann, wird im nachfolgenden Code zuerst geprüft, ob bereits ein Tabellenblatt mit dem Namen *Formelübersicht* in der Mappe vorhanden ist. Wenn ja, wird das Tabellenblatt gelöscht. Danach wird das Tabellenblatt *Formelübersicht* neu erstellt und an erster Stelle in die Mappe eingefügt.

Die Formeln sollen pro Tabellenblatt untereinander aufgeführt werden (siehe Abbildung 22.9). Damit zu erkennen ist, welche Formeln auf welchen Tabellenblatt stehen, wird innerhalb der With-Anweisung in der äußeren For-Schleife zuerst der Tabellenblattname ermittelt. Dieser wird rot und fett formatiert in das neue Tabellenblatt geschrieben.

In der inneren For-Schleife werden die Zellen der einzelnen Tabellenblätter auf Formeln überprüft. Wenn eine Formel (FormulaLocal) gefunden wird, wird diese ins neue Tabellenblatt geschrieben und mit einem Hyperlink versehen. Dadurch kann jederzeit vom Tabellenblatt *Formelübersicht* zu der Zelle gesprungen werden, die die entsprechende Formel enthält. Nähere Informationen zum Thema Hyperlink finden Sie in Kapitel 26.

**Listing 22.6** Alle Formeln einer Mappe ermitteln

```
Sub GetFormulas()
   Dim ws As Worksheet
   Dim wsNew As Worksheet
   Dim wsTarget As Worksheet
   Dim c As Range
   Dim i As Long

   ' Altes Tabellenblatt für Ausgabe löschen,
   ' sofern bereits vorhanden
   For Each ws In Worksheets
      If ws.Name = "Formelübersicht" Then
         ws.Delete
      End If
   Next ws

   ' Neues Tabellenblatt für Formeln erstellen
   Worksheets.Add Before:=Worksheets(1)
   Worksheets(1).Name = "Formelübersicht"
   Set wsTarget = Worksheets("Formelübersicht")

   With wsTarget
      ' Tabellenblattname einfügen und formatieren
      For Each ws In Worksheets
         If ws.Name <> "Formelübersicht" Then
            With wsTarget.Cells(i, 1)
               .Value = ws.Name
               With .Font
                  .Bold = True
                  .Color = vbRed
               End With
            End With
         End If
         i = i + 1

         ' Formeln ermitteln und in die Zieltabelle schreiben
         ' Zellen mit Hyperlink versehen
         For Each c In ws.UsedRange
            If c.HasFormula Then
               With wsTarget.Cells(i, 1)
                  .Value = "'" & c.FormulaLocal
                  .Hyperlinks.Add _
                     Anchor:=Cells(i, 1), _
                     Address:="", _
```

Interessantes für Fortgeschrittene

**Listing 22.6** Alle Formeln einer Mappe ermitteln *(Fortsetzung)*

```
                    SubAddress:=ws.Name & "!" & c.Address
              End With
              i = i + 1
           End If
        Next c
     Next ws
  End With

  Set wsTarget = Nothing
End Sub
```

**BEISPIEL** Die obigen Beispiele befinden sich innerhalb der Beispieldateien zum Buch im Ordner *\Buch\Kap22*. Die Mappe nennt sich *Bsp22_05.xlsm*. Die Prozedur der Umschaltfläche ist als Ereignisprozedur hinter dem Tabellenblatt *Tabelle1* zu finden. Die zweite Prozedur befindet sich im Modul *mdl_01_GetFormulas*.

# Scrollen verhindern (*ScrollArea*)

Per VBA können Sie eine so genannte ScrollArea festlegen. Eine ScrollArea ist ein fest vorgegebener Bereich. Benutzer der Tabelle können sich ausschließlich in diesem Bereich bewegen. Weder per Mausklick noch per Scrollen mit den Bildlaufleisten lassen sich Zellen außerhalb dieses Bereiches selektieren.

Anwählbar sind jedoch sämtliche Objekte, die auf dem Tabellenblatt angeordnet sind, wie zum Beispiel Grafiken, Diagramme, Steuerelemente usw.

**Abbildg. 22.10** Die ScrollArea befindet sich im Bereich *C3:F9*

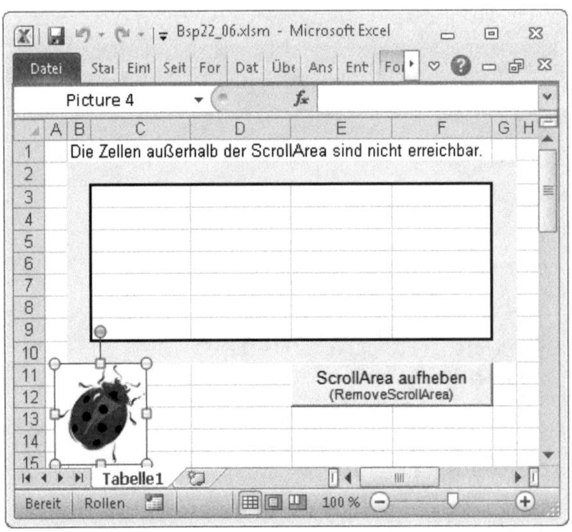

Das Festlegen der ScrollArea ist ein flüchtiger Befehl. Das heißt, der festgelegte ScrollArea-Bereich wird automatisch beim Verlassen der Arbeitsmappe wieder aufgehoben. Aus diesem Grund wird die ScrollArea in der Regel in Kombination mit dem `Workbook_Open`-Ereignis eingesetzt. Auf diese Weise wird der fixe Bereich bei jedem Öffnen der Arbeitsmappe erneut festgelegt.

Um den Bereich zu fixieren, wird die Eigenschaft `ScrollArea` verwendet. Ihr wird in Anführungszeichen der gewünschte Bereich übergeben.

**Listing 22.7** Die ScrollArea festlegen

```
Private Sub Workbook_Open()
   Worksheets(1).ScrollArea = "C3:F9"
End Sub
```

Um die ScrollArea aufzuheben, übergeben Sie der Eigenschaft einen Leerstring.

**Listing 22.8** Die ScrollArea aufheben

```
Sub RemoveScrollArea()
   Worksheets(1).ScrollArea = ""
End Sub
```

**BEISPIEL** Das obige Beispiel befindet sich innerhalb der Beispieldateien zum Buch im Ordner *\Buch\Kap22*. Die Mappe nennt sich *Bsp22_06.xlsm*. Die Prozedur zum Fixieren des Bereichs ist im Modul *DieseArbeitsmappe* hinterlegt. Die Prozedur zum Aufheben des Bereichs ist im Modul *mdl_01_RemoveScrollArea* untergebracht.

# Dateinamen über Dialogfelder ermitteln

Wie Sie im bisherigen Verlauf dieses Buchs gelernt haben, kann mittels der Anweisung `Application.Dialogs`, gefolgt von der entsprechenden Konstanten im runden Klammerpaar und der Methode `Show` ein Excel-eigenes Dialogfeld angezeigt werden.

Der Befehl, um das Dialogfeld *Öffnen* anzuzeigen, lautet:

```
Application.Dialogs(xlDialogOpen).Show
```

Um das Dialogfeld *Speichern unter* zu öffnen, verwenden Sie:

```
Application.Dialogs(xlDialogSaveAs).Show
```

Der Benutzer kann aus dem offenen Dialogfeld eine beliebige Datei auswählen, oder einen Dateinamen eingeben. Bei der Ausführung des Befehls wird nirgendwo der Dateiname zwischengespeichert. Dies kann unter Umständen ein Nachteil sein. Beispielsweise dann, wenn mit dem Dateinamen weitergearbeitet werden muss.

Um diese Anforderung zu erfüllen, stellt VBA zwei eigene Methoden zur Verfügung.

# Dateiname beim Öffnen zwischenspeichern (*GetOpenFilename*)

Die Methode für das *Öffnen*-Dialogfeld nennt sich `GetOpenFilename`. Ihr können verschiedene Argumente übergeben werden.

Tabelle 22.2 Argumente für die Methode *GetOpenFilename*

| Argument | Beschreibung |
|---|---|
| `FileFilter` | Optionaler Variant-Wert. Eine Zeichenfolge, die die Dateifilterkriterien angibt.<br>Diese Zeichenfolge besteht aus Zeichenfolgepaaren für den Dateifilter, gefolgt von einer MS-DOS-Platzhalterspezifikation für den Dateifilter, wobei jeder Teil und jedes Paar durch Kommas getrennt sind. Jedes einzelne Paar wird im Dropdownlistenfeld *Dateityp* angezeigt. Die folgende Zeichenfolge gibt beispielsweise die beiden Dateifilter *Text* und *Add-In* an:<br>*"Textdateien (*.txt),*.txt,Add-In-Dateien (*.xlam),*.xlam"*<br>Um mehrere MS-DOS-Platzhalterausdrücke für einen einzelnen Dateifiltertyp anzugeben, trennen Sie die Platzhalterausdrücke mit Semikolons. Beispiel:<br>*"Visual Basic-Dateien (*.bas; *.txt),*.bas;*.txt"*<br>Wird dieses Argument ausgelassen, wird der folgende Standardwert verwendet:<br>*"Alle Dateien (*.*),*.*"* |
| `FilterIndex` | Optionaler Variant-Wert. Gibt die Indexnummern der Standarddatei-Filterkriterien an, von 1 bis zu der Anzahl von in **`FileFilter`** angegebenen Filtern. Wenn Sie dieses Argument nicht angeben oder es größer als die Anzahl von vorhandenen Filtern ist, wird der erste Dateifilter verwendet. |
| `Title` | Optionaler Variant-Wert. Gibt den Titel des Dialogfeldes an. Wenn Sie dieses Argument nicht angeben, wird der Titel *Öffnen* verwendet. |
| `MultiSelect` | Optionaler Variant-Wert. **`True`**, damit mehrere Dateinamen ausgewählt werden können. **`False`**, damit nur ein Dateiname ausgewählt werden kann. Der Standardwert ist **`False`**. |

**HINWEIS** Das Argument `GetOpenFilename` für sich veranlasst *nicht* das Öffnen einer Datei. Wenn Sie dies wünschen, müssen Sie zusätzlich die Methode `OpenText` verwenden.

Nachdem eine Datei aus dem Dialogfeld *Öffnen* ausgewählt wurde, kann diese mittels der `OpenText`-Methode geöffnet werden. Ihr kann eine Vielzahl an Argumenten übergeben werden, wobei die meisten davon optional sind. Nachfolgend ein Auszug aus der VBA-Hilfe:

Tabelle 22.3 Argumente für die Methode *OpenText*

| Argument | Beschreibung |
|---|---|
| `Filename` | Erforderlicher String-Wert. Gibt den Dateinamen der zu öffnenden und zu analysierenden Textdatei an. |
| `Origin` | Optionaler Variant-Wert. Gibt die Herkunft der Textdatei an. Dies kann eine der folgenden **`XlPlatform`**-Konstanten sein: **`xlMacintosh`**, **`xlWindows`** oder **`xlMSDOS`**. Dies kann eine Ganzzahl sein, die die Codepagenummer der gewünschten Codepage darstellt. Beispielsweise gibt 1256 an, dass die Codierung der Quelltextdatei Arabisch (Windows) ist. Wenn Sie dieses Argument nicht angeben, werden die aktuellen Einstellungen der Option *Dateiursprung* des Textkonvertierungs-Assistenten verwendet. |

**Tabelle 22.3** Argumente für die Methode *OpenText* *(Fortsetzung)*

| Argument | Beschreibung |
|---|---|
| StartRow | Optionaler Variant-Wert. Die Zeilennummer, ab der der Text analysiert werden soll. Der Standardwert ist 1. |
| DataType | Optionaler Variant-Wert. Bestimmt das Spaltenformat der Daten in der Datei. Kann eine der folgenden XlTextParsingType-Konstanten sein: xlDelimited oder xlFixedWidth. Wenn dieses Argument nicht angegeben wird, versucht Microsoft Excel das Spaltenformat zu ermitteln, wenn es die Datei öffnet. |
| TextQualifier | Optionaler XlTextQualifier-Wert. Gibt das Texterkennungszeichen an. Dabei handelt es sich um das Zeichen, das vorhandene Zeichenketten umschließt. (xlTextQualifierDoubleQuote Standard, xlTextQualifierNone, xlTextQualifierSingleQuote) |
| ConsecutiveDelimiter | Optionaler Variant-Wert. True, falls aufeinander folgende Trennzeichen als ein Zeichen interpretiert werden sollen. Der Standardwert ist False. |
| Tab | Optionaler Variant-Wert. True, falls das Tabulatorzeichen das Trennzeichen ist (DataType muss den Wert xlDelimited haben). Der Standardwert ist False. |
| Semicolon | Optionaler Variant-Wert. True, falls das Semikolon das Trennzeichen ist (DataType muss den Wert xlDelimited haben). Der Standardwert ist False. |
| Comma | Optionaler Variant-Wert. True, falls das Komma das Trennzeichen ist (DataType muss den Wert xlDelimited haben). Der Standardwert ist False. |
| Space | Optionaler Variant-Wert. True, falls das Leerzeichen das Trennzeichen ist (DataType muss den Wert xlDelimited haben). Der Standardwert ist False. |
| Other | Optionaler Variant-Wert. True, falls das durch das Argument OtherChar angegebene Zeichen das Trennzeichen ist (DataType muss den Wert xlDelimited haben). Der Standardwert ist False. |
| FieldInfo | Optionaler xlColumnDataType-Wert. Eine Matrix mit Parserinformationen zu einzelnen Datenspalten. Die Interpretation hängt vom Wert von DataType ab. Wenn die Daten getrennt sind, ist dieses Argument eine Matrix aus Matrizen mit zwei Elementen. Jede Matrix mit zwei Elementen gibt die Umwandlungsoptionen für eine bestimmte Spalte an. Das erste Element ist die Spaltennummer (beginnend mit 1), und das zweite Element ist eine der in der folgenden Tabelle aufgeführten XlColumnDataType-Konstanten, die angeben, wie die Spalte analysiert wird.<br>xlGeneralFormat - Allgemein<br>xlTextFormat - Text<br>xlMDYFormat – MDY-Datumsformat<br>xlDMYFormat - DMY-Datumsformat<br>xlYMDFormat - YMD-Datumsformat<br>xlMYDFormat - MYD-Datumsformat<br>xlDYMFormat - DYM-Datumsformat<br>xlYDMFormat - YDM-Datumsformat<br>xlEMDFormat - EMD-Datumsformat<br>xlSkipColumn - Spalte überspringen |
| TextVisualLayout | Optionaler Variant-Wert. Das visuelle Layout des Textes. |
| DecimalSeparator | Optionaler Variant-Wert. Das Dezimaltrennzeichen, das Microsoft Excel beim Erkennen von Zahlen verwendet. Standardeinstellung ist die Systemeinstellung. |

Tabelle 22.3 Argumente für die Methode *OpenText* *(Fortsetzung)*

| Argument | Beschreibung |
|---|---|
| ThousandsSeparator | Optionaler Variant-Wert. Das 1.000er-Trennzeichen, das Excel beim Erkennen von Zahlen verwendet. Die Systemeinstellung ist die Standardeinstellung. |
| TrailingMinusNumbers | Optionaler Variant-Wert |
| Local | Optionaler Variant-Wert |

Im nachfolgenden Beispiel wird das Dialogfeld *Öffnen* angezeigt. Nach dem Auswählen der Datei wird deren Dateiname in der Variablen `strFile` zwischengespeichert. Damit kein Fehler entsteht, wenn der Pfad ungültig ist, verwenden wir eine `If`-Entscheidung.

In einer weiteren `If`-Entscheidung wird geprüft, ob eine Datei ausgewählt wurde. Wenn die *Abbrechen*-Schaltfläche angeklickt wird, wird der String *Falsch*, statt des Dateinamens an die Variable `strFile` übergeben. Diesen nutzen wir in der `If`-Entscheidung, um zu prüfen, ob eine Auswahl erfolgte oder nicht.

Wenn eine Datei zum Öffnen ausgewählt wurde, wird deren Name am Ende der Prozedur in einer `MsgBox` auf dem Bildschirm ausgegeben.

Listing 22.9 Dateiname beim Öffnen zwischenspeichern

```
Sub GetTextFileNameOpen()
   Dim strPfad As String
   Dim strFile As String

   strPfad = "C:\"
   ' Prüfen, ob der Pfad existiert und den Pfad wechseln
   If Dir(strPfad) <> "" Then
      ChDir strPfad
   End If

   ' Übergabe des Dateinamens
   strFile = Application.GetOpenFilename("Textdateien (*.txt), *.txt")

   ' Prüfen, ob eine Datei ausgewählt wurde
   If strFile = "Falsch" Then
      MsgBox "Es wurde keine Datei ausgewählt."
   Else
      ' Die Datei öffnen
      Workbooks.OpenText Filename:=strFile, _
                         DataType:=xlDelimited, _
                         Tab:=True

      ' Anzeige des Dateinamens
      MsgBox strFile
   End If
End Sub
```

**BEISPIEL** Das obige Beispiel befindet sich innerhalb der Beispieldateien zum Buch im Ordner *\Buch\Kap22*. Die Mappe nennt sich *Bsp22_07.xlsm*. Die Prozedur ist in Modul *mdl_01_GetFileName* untergebracht.

# Pfad und Dateiname beim »Speichern unter« zwischenspeichern (*GetSaveAsFilename*)

Als Methode für das *Speichern unter*-Dialogfeld wird `GetSaveAsFilename` verwendet.

Der Methode `GetSaveAsFilename` können verschiedene Argumente übergeben werden. Viele davon sind den Argumenten von `GetOpenFilename` ähnlich.



**Tabelle 22.4** Argumente für die Methode *GetSaveAsFilename*

| Argument | Beschreibung |
|---|---|
| `InitialFilename` | Optionaler Variant-Wert. Gibt den vorgeschlagenen Dateinamen an. Wenn Sie dieses Argument nicht angeben, verwendet Microsoft Excel den Namen der aktiven Arbeitsmappe. |
| `FileFilter` | Optionaler Variant-Wert. Eine Zeichenfolge, die Dateifilterkriterien angibt.<br>Diese Zeichenfolge besteht aus Zeichenfolgepaaren für den Dateifilter, gefolgt von einer MS-DOS-Platzhalterspezifikation für den Dateifilter, wobei jeder Teil und jedes Paar durch Kommas getrennt sind. Jedes einzelne Paar wird im Dropdownlistenfeld *Dateityp* angezeigt. Die folgende Zeichenfolge gibt beispielsweise die beiden Dateifilter *Text* und *Add-In* an: *"Textdateien (*.txt),*.txt,Add-In-Dateien (*.xlam),*.xlam"*. |
| `FilterIndex` | Optionaler Variant-Wert. Gibt die Indexnummer der Standarddatei-Filterkriterien an, von 1 bis zu der Anzahl von in **`FileFilter`** angegebenen Filtern. Wenn Sie dieses Argument nicht angeben oder es größer als die Anzahl von vorhandenen Filtern ist, wird der erste Dateifilter verwendet. |
| `Title` | Optionaler Variant-Wert. Gibt den Titel des Dialogfeldes an. Wenn Sie dieses Argument nicht angeben, wird der Standardtitel verwendet. |

**Abbildg. 22.11** Das benutzerdefinierte Dialogfeld *Speichern unter*

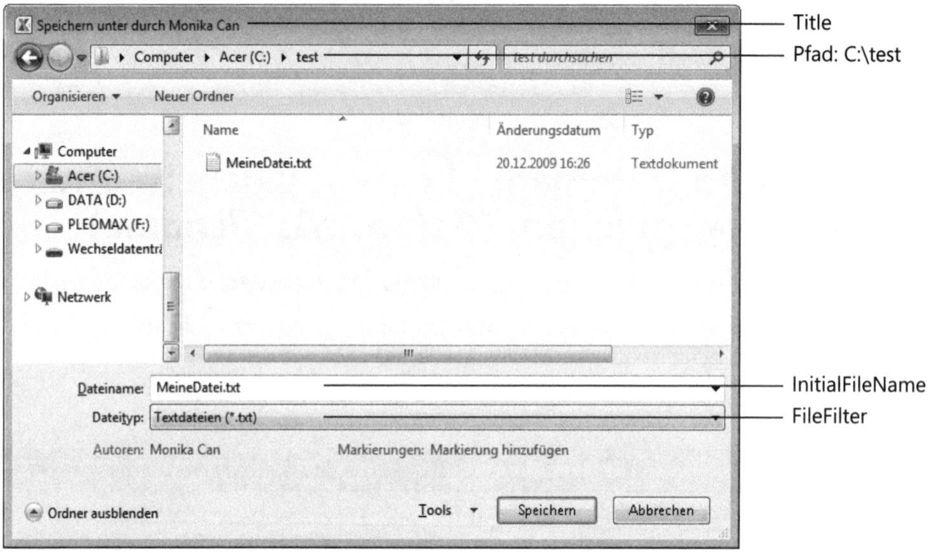


**HINWEIS** Beim Ausführen des folgenden Codes wird die Datei *nicht* gespeichert. Das Verfahren dient lediglich der Simulation, um einen möglichen Pfad und Dateinamen zwischenzuspeichern.

Wenn die Datei bereits einen Namen hat, also schon einmal gespeichert wurde, wird der Pfadwechsel nicht vorgenommen.

In der folgenden Prozedur wird nach der Variablendeklaration der Pfad gewechselt. In der `If`-Entscheidung wird geprüft, ob der Pfad vorhanden ist.

Danach wird das Dialogfeld *Speichern unter* geöffnet. Sollte die Datei gespeichert werden, so wird der eingegebene Dateiname an die Variable `strFile` übergeben. Der Methode `GetSaveAsFilename` werden die gewünschten Argumente übergeben. Die Angabe der Argument**namen** (z.B. `InitialFileName:=`, `FileFilter:=` oder `Title:=`) sind optional. Das heißt, Sie können sie auch weglassen. Sie dienen in diesem Beispiel lediglich der besseren Erkennbarkeit der unterschiedlichen Argumente.

Am Ende der Prozedur wird in einer `If`-Entscheidung geprüft, ob auf die Schaltfläche *Abbrechen* geklickt oder ob tatsächlich ein Dateiname eingegeben wurde. Ist abgebrochen worden, wird eine entsprechende Meldung auf dem Bildschirm angezeigt. Der Pfad und Dateiname wird dann in einer `MsgBox` angezeigt.

**Abbildg. 22.12** Ausgabe des Pfads und Dateinamens

**Listing 22.10** Dateiname bei »Speichern unter« zwischenspeichern

```
Sub GetTextFileNameSave()
   Dim strPfad As String
   Dim strFile As String

   strPfad = "C:\Test\"
   ' Prüfen, ob der Pfad existiert und den Pfad wechseln
   If Dir(strPfad) <> "" Then
      ChDir strPfad
   End If

   ' Dateiname vorschlagen und "Textdateien" auswählen
   strFile = Application.GetSaveAsFilename _
           (InitialFileName:="MeineDatei", _
            FileFilter:="Textdateien (*.txt), *.txt", _
            Title:="Speichern unter durch " & Application.UserName)

   ' Prüfen, ob ein Dateiname eingegeben wurde
   If strFile = "Falsch" Then
      MsgBox "Es wurde abgebrochen."
   Else
      ' Dateiname ausgeben
      MsgBox strFile
   End If
End Sub
```

**BEISPIEL** Das obige Beispiel befindet sich innerhalb der Beispieldateien zum Buch im Ordner *\Buch\Kap22*. Die Mappe nennt sich *Bsp22_07.xlsm*. Die Prozedur ist im Modul *mdl_02_GetFileNameSave* untergebracht.

# Die Zwischenablage

Auf den folgenden Seiten erfahren Sie, wie Sie die Zwischenablage mit Text füllen und wie Sie die Zwischenablage leeren sowie auslesen können.

**WICHTIG** VBA stellt leider kein eigenes Objekt für die Zwischenablage zur Verfügung. Das Objekt muss aus einer externen Datenquelle bezogen werden. Bevor Sie einen der folgenden Codes ausführen können, müssen Sie somit den Verweis auf die Bibliothek *Microsoft Forms 2.0 Object Library* aktivieren. Sollte in Ihrem Projekt ein UserForm bestehen, müssen die folgenden Schritte nicht ausgeführt werden, denn das Einfügen eines UserForm aktiviert die Bibliothek automatisch.

Gehen Sie wie folgt vor, um die genannte Bibliothek zu aktivieren:

1. Rufen Sie aus der VBE heraus den Menübefehl *Extras/Verweise* auf.
2. Aktivieren Sie die Bibliothek *Microsoft Forms 2.0 Object Library*.
3. Schließen Sie das offene Dialogfeld.

# Die Zwischenablage befüllen

Manuell wird die Zwischenablage beispielsweise befüllt, indem eine Zelle, die einen Text enthält, in den Kopiermodus versetzt wird. Dazu kann die Tastenkombination [Strg]+[C] benutzt werden. Solange die Zelle durch einen Laufrahmen umgeben ist, kann der Text in einer beliebigen anderen Zelle eingefügt werden ([Strg]+[V]). Wenn der Laufrahmen aufgehoben wird (durch das Drücken der [Esc]-Taste), wird die Zwischenablage geleert. Das heißt, dass das Drücken der Tastenkombination [Strg]+[V] keinen Effekt mehr hat.

Mittels VBA und der aktiven *Forms*-Bibliothek können Sie einen Text »dauerhaft« in die Zwischenablage befördern. Nach dem Ausführen des folgenden Codes befindet sich in der Zwischenablage der Text »Hallo Welt«. Sie können nun beliebig oft die Tastenkombination [Strg]+[V] drücken, um den Text in irgendeine Zelle einzufügen. Die Zwischenablage wird erst wieder neu befüllt, wenn Sie ihr manuell oder per VBA einen neuen Text zuweisen.

Beim Referenzieren eines Codes, der auf die Zwischenablage zugreifen soll, muss ein neues `DataObject` erzeugt werden. Der Methode `SetText` wird der Text übergeben, der in der Zwischenablage aufgenommen werden soll. Sie ist sozusagen ein Zwischenspeicher. Mittels der Methode `PutInClipboard` wird der angegebene Text schließlich der Zwischenablage übergeben.

**Listing 22.11** Die Zwischenablage befüllen

```
Sub PutTextInCB()
   Dim objData As New DataObject

   objData.SetText "Hallo Welt"
   objData.PutInClipboard
End Sub
```

# Die Zwischenablage leeren

Das Verfahren, um die Zwischenablage zu leeren, ist dem vorangegangenen Beispiel sehr ähnlich. Statt der Methode `SetText` einen Text zu übergeben, wird ein Leerstring verwendet.

**Listing 22.12** Die Zwischenablage leeren

```
Sub ClearCB()
   Dim objData As New DataObject

   objData.SetText ""
   objData.PutInClipboard
End Sub
```

## Text aus Zwischenablage auslesen

Um Daten per VBA aus der Zwischenablage auszulesen, muss das Verfahren umgedreht werden. Auch die Methoden ändern sich. An Stelle von `PutInClipboard` wird `GetFromClipboard` verwendet und `SetText` wird durch `GetText` ersetzt. Die Reihenfolge der Anwendung der Methoden ändert sich ebenfalls.

Da das Verfahren nur Text unterstützt, entsteht beim Ausführen des Codes ein Fehler, wenn sich in der Zwischenablage beispielsweise eine Grafik befindet. Um den Fehler zu umgehen, verwenden wir hier eine Fehlerbehandlung, die eine entsprechende Nachricht ausgibt.

**Listing 22.13** Text auslesen

```
Sub GetTextFromCB()
   Dim objData As New DataObject
   Dim str As String

   objData.GetFromClipboard
   On Error GoTo Errorhandler
   str = objData.GetText

   MsgBox str
   Exit Sub

Errorhandler:
   MsgBox "In der Zwischenablage befindet sich kein Text."
End Sub
```

**BEISPIEL** Die obigen Beispiele in Bezug auf die Zwischenablage befinden sich innerhalb der Beispieldateien zum Buch im Ordner *\Buch\Kap22*. Die Mappe nennt sich *Bsp22_08.xlsm*. Die Prozeduren sind in Modul *mdl_01_ClipBoard* untergebracht.

# Über das *Namenfeld* zu einer Prozedur gelangen

Was viele Excel-VBA-Programmierer nicht wissen, ist die Tatsache, dass man über das *Namenfeld* zu einer bestimmten Prozedur in der VBE gelangen kann. Voraussetzung dafür ist, dass Sie den Namen der Prozedur kennen und sich diese in einem Standardmodul befindet.

Geben Sie einfach im *Namenfeld* von Excel den Prozedurnamen ein. Sofern die Prozedur vorhanden ist, wird der Visual Basic-Editor geöffnet. Der Cursor blinkt direkt innerhalb der entsprechenden Prozedur.

Abbildg. 22.13 Über das Namenfeld zu einer Prozedur gelangen

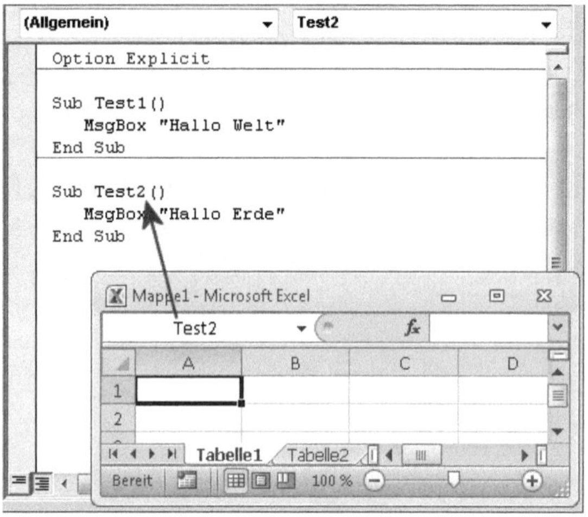


Sie können von Excel her auch direkt in einzelne Dokumentmodule gelangen. Um zu sehen, welcher Code hinter einem Tabellenblatt steckt, klicken Sie mit der rechten Maustaste auf die Tabellenregisterkarte und wählen aus dem Kontextmenü den Befehl *Code anzeigen* aus.

# Informationen sammeln

Windows Management Instrumentation (WMI) bietet einfachen Zugriff auf alle möglichen Systeminformationen und steht als Verwaltungsdienst ab Windows 2000 zur Verfügung. Unter Windows 9x und Windows NT 4 muss sie jedoch nachinstalliert werden.

Die folgenden Seiten liefern Ihnen lediglich ein paar kurze Informationen zum Thema. Im Rahmen dieses Buches kann leider nicht näher darauf eingegangen werden. Wer sich beruflich damit beschäftigt, sollte sich geeignete Literatur anschaffen. Auch online ist einiges verfügbar, Microsoft bietet beispielsweise in der *MSDN* kostenlos weitergehende Informationen:

*http://msdn.microsoft.com/de-de/library/Aa713456*

## Provider

Der Zugriff auf das System erfolgt ausschließlich über Provider, die von WMI bei Bedarf nachgeladen werden können.

Es gibt dabei drei Arten von Providern. Das sind zum einen die *Property Provider*, die zur Beschaffung von Daten dienen, dann die *Method Provider*, welche die Methodenaufrufe von *WMI-Klassen* umsetzen und schließlich die *Event Provider*, die zum Übermitteln von Ereignissen zuständig sind.

Mit diesen Providern hat der Anwender aber normalerweise wenig zu tun.

# Klassen

Für alle erdenklichen Themenbereiche werden von den *WMI-Providern* Klassen zur Verfügung gestellt. Diese wiederum stellen Objekte zur Verfügung, mit denen man Zugriff auf die Eigenschaften und Methoden der darin enthaltenen Elemente bekommt. Eine reichhaltige Auswahl an Klassen findet man im Quellcode des folgenden Beispiels.

# Verbinden mit WMI

Um auf die einzelnen Elemente einer WMI-Klasse zuzugreifen, muss zunächst eine Verbindung zum lokalen WMI hergestellt sein. Dies erfolgt über die Erzeugung eines Objektes mittels `CreateObject`. Das Objekt der Begierde ist dabei `"winmgmts:"`:

```
Set objWMI = GetObject ("winmgmts:")
```

Ohne Angabe des Namensraumes werden die aktuellen Anmeldeinformationen benutzt. Meist wird aber bereits bei der Objekterzeugung eine Verbindung mit dem Standard-Namensraum `root/cimv2` hergestellt.

```
Set objWMI = GetObject ("winmgmts://./root/cimv2")
```

Dabei wäre prinzipiell auch der Zugriff auf die Systeminformationen anderer Rechner über DCOM möglich.

# Abfragen

Bei der Objekterzeugung kann man auch gleich eine Abfrage auf das gewünschte Element der Klasse starten, sodass es danach sofort zur Verfügung steht. Die Methode `ExecQuery` ist dafür zuständig.

Der Abfragetext, der dabei verwendet wird, ähnelt sehr stark dem einer SQL-Abfrage:

```
Set varWMI = GetObject("winmgmts://./root/cimv2") _
   .ExecQuery("SELECT * FROM " & strClass)
```

In diesem Fall bekommt man wie bei einer SQL-Abfrage durch den Stern (*) nach SELECT den Zugriff auf alle Elemente der in der Variablen `strClass` angegebenen Klasse. Ersetzt man den Stern durch einen gültigen Elementnamen, wird nur dieses spezifizierte Element als Objekt zurückgeliefert.

Die als Objekte zurückgelieferten Elemente besitzen wiederum Elemente in Form von Objekten, die Zugriff auf die Eigenschaften und Methoden geben.

Bei einer Abfrage ist auch ein WHERE-Abschnitt zur weiteren Eingrenzung auf eine bestimmte Eigenschaft möglich:

```
Set varWMI = GetObject("winmgmts://./root/cimv2" ).ExecQuery( _
   "SELECT * FROM win32_process WHERE NAME='iexplore.exe'")
```

# Systeminformationen des eigenen Rechners auslesen

Nachfolgend sehen Sie ein Beispiel (Listing 22.14), mit dem sich nach einem Doppelklick auf den Eintrag eines Listenfeldes (Abbildung 22.14) alle verfügbaren Informationen der gewählten Klasse abrufen lassen.

**Abbildg. 22.14** UserForm mit Listenfeld zur Klassenauswahl

Nach einem Doppelklick auf einen Eintrag wird das Ergebnis im Tabellenblatt *WMI* ab Zeile 6 ausgegeben, der ausgewählte Klassenname wird in Zelle *B3* geschrieben. Das Ergebnis sieht wie folgt aus (Abbildung 22.15):

**Abbildg. 22.15** Ausgabe der Informationen

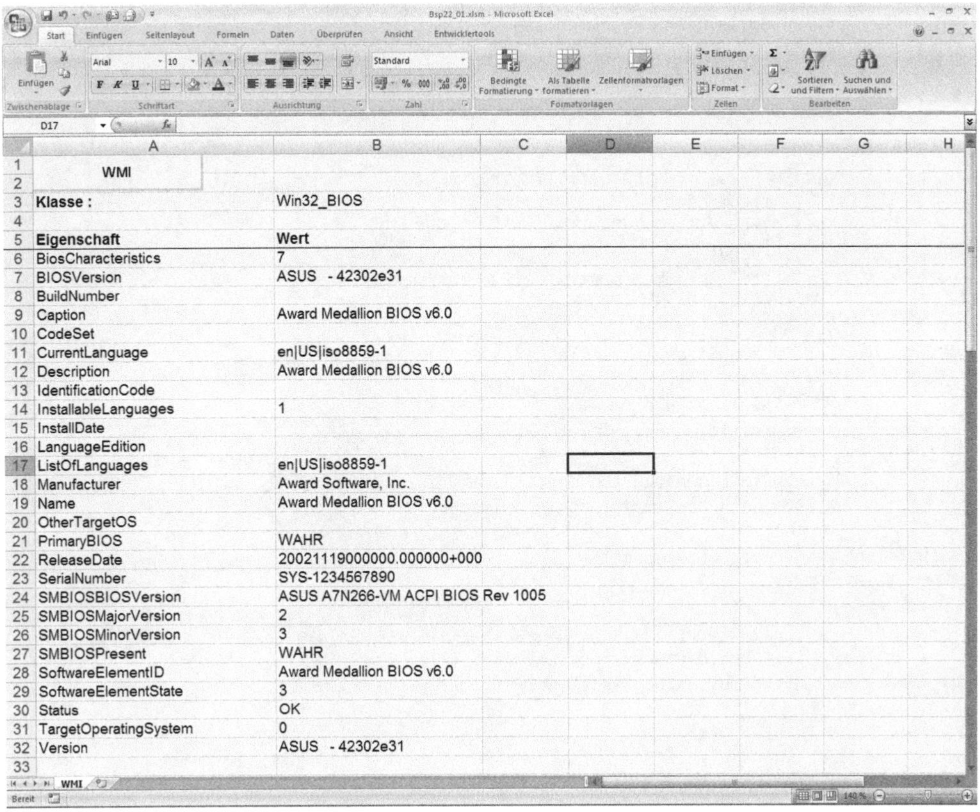


Nachfolgend finden Sie den Code der UserForm:

**Listing 22.14** WMI-Infos

```
Option Explicit
Private Sub WMIInfos( _
   strClass As String, _
   Optional strComputer As String = ".")
   Dim varClass           As Variant
   Dim objItem            As Object
   Dim objProperties      As Object
   Dim blnNoInfos         As Boolean
   Dim objDestWorksheet   As Worksheet
   Dim i                  As Long
   Set objDestWorksheet = Worksheets("WMI")

   ' Ausgabebereich löschen
   objDestWorksheet.Range("A6:B1000").ClearContents

   ' Klassennamen ausgeben
   objDestWorksheet.Range("B3").Value = strClass
```

**Listing 22.14** WMI-Infos *(Fortsetzung)*

```
   On Error GoTo Fehlerbehandlung

   ' Keine Infos verfügbar
   blnNoInfos = True

   ' Zugriff auf die Klasse
   Set varClass = GetObject("winmgmts://" _
      & strComputer _
      & "/root/cimv2" _
      ).ExecQuery( _
      "SELECT * FROM " & strClass)

   i = 5
   For Each objItem In varClass

      ' Infos verfügbar
      blnNoInfos = False

      ' Alle Eigenschaften durchlaufen
      For Each objProperties In objItem.Properties_

         With objProperties

            i = i + 1
            ' Wert und Name dieser Eigenschaft ausgeben
            objDestWorksheet.Cells(i, 1).Value = .Name
            objDestWorksheet.Cells(i, 2).Value = .Value

         End With

      Next

   Next

   If blnNoInfos Then MsgBox "Keine Infos verfügbar", , strClass

   Exit Sub
Fehlerbehandlung:
   MsgBox "Fehler!", , strClass
End Sub

Private Sub lsbClass_DblClick(ByVal Cancel As MSForms.ReturnBoolean)
   WMIInfos lsbClass.List(lsbClass.ListIndex)
End Sub

Private Sub UserForm_Initialize()
With lsbClass
   .AddItem "CIM_DataFile"
   .AddItem "CIM_DirectoryContainsFile"
   .AddItem "CIM_ProcessExecutable"
   .AddItem "CIM_VideoControllerResolution"
   .AddItem "Msft_Providers"
   .AddItem "Msft_WmiProvider_Counters"
   .AddItem "NetDiagnostics"
   .AddItem "Win32_1394Controller"
```

**Listing 22.14** WMI-Infos *(Fortsetzung)*

```
    ' ...Weitere Einträge einfügen...
    ' Eine vollständige Liste entnehmen Sie bitte dem Quellcode auf der CD

    .AddItem "Win32_VolumeQuotaSetting"
    .AddItem "Win32_VolumeUserQuota"
    .AddItem "Win32_WindowsProductActivation"
    .AddItem "Win32_WMIElementSetting"
    .AddItem "Win32_WMISetting"
  End With
  End Sub
```

**BEISPIEL** Das obige Beispiel befindet sich innerhalb der Beispieldateien zum Buch im Ordner *\Buch\Kap22*. Die Mappe nennt sich *Bsp22_09.xlsm*, der vollständige Code befindet sich im Klassenmodul der UserForm *ufWMI*.



# UserForm_Initialize

In dieser Ereignisprozedur wird lediglich das Listenfeld der UserForm `lsbClass` mit den verfügbaren Klassen gefüllt. Dazu wird die Methode `AddItem` verwendet.

# lsbClass_DblClick

In dieser Ereignisprozedur, die bei einem Doppelklick auf einen Eintrag des Listenfeldes ausgeführt wird, übergibt man den angeklickten Eintrag an die Prozedur `WMIInfos`.

# WMIInfos

Dieser Prozedur wird der ausgewählte Klassenname und optional ein Computername übergeben.

Zu Beginn wird die Variable `blnNoInfos` auf *WAHR* gesetzt. Ist diese am Ende der Prozedur immer noch *WAHR*, wird eine Meldung ausgegeben, dass für die angegebene Klasse keine Informationen verfügbar sind.

Anschließend löscht man den Ausgabebereich im Tabellenblatt. Danach wird die Verbindung zu WMI hergestellt und gleichzeitig werden mit Hilfe der Methode `ExecQuery` alle verfügbaren Objekte der gewünschten Klasse zurückgegeben. Die Variable `varClass` nimmt alle diese Objekte auf.

Mit einer `For Each`-Schleife holt man sich nacheinander alle Objekte von `varClass` in die Variable `objItem`. Ist ein solches Objekt vorhanden, wird die Variable `blnNoInfos` auf *FALSCH* gesetzt.

In einer weiteren `For Each`-Schleife holt man sich nacheinander alle `Property`-Objekte von `objItem`, welche die einzelnen Eigenschaften repräsentieren, in die Variable `objProperties`. Die Namen und die Eigenschaftswerte werden ausgelesen und auf dem Tabellenblatt ausgegeben. Zuvor wird die Zählvariable `i`, welche die Ausgabezeile repräsentiert, um 1 erhöht.

Kapitel 23

# Manipulationen innerhalb des VBA-Editors



**In diesem Kapitel:**

Im Verlauf dieses Buchs haben Sie zahlreiche Module und Codes vorgefunden und bestimmt schon selbst welche erstellt. Sie haben sich dazu jeweils im VBA-Editor bewegt und wissen, dass dieser dazu dient, Module und Prozeduren zu erstellen, zu verändern und zu verwalten. Mittels VBA können Arbeitsmappen und Tabellenblätter verändert werden, wobei Excel immer die Schnittstelle bildet.

VBA erlaubt es aber auch, VBA-Komponenten und Codemodule zu bearbeiten. Dabei stellt die Visual Basic-Entwicklungsumgebung (VBE) das Interface, also die Schnittstelle dar.

In diesem Kapitel lernen Sie einige Objekte, Methoden und Eigenschaften der *VBE* kennen, mit denen Sie in der Lage sein werden, VBA zu manipulieren.

**WICHTIG** Für sämtliche Programmierungen am *VBE* muss der Verweis auf die Bibliothek *Extensibility* gesetzt werden. Das Vorgehen dazu ist wie folgt:

1. Rufen Sie im Visual Basic-Editor den Menübefehl *Extras/Verweise* auf.
2. Aktivieren Sie das Kontrollkästchen *Microsoft Visual Basic for Applications Extensibility.*
3. Schließen Sie das offene Dialogfeld

Dies ermöglicht es VBA, die Objekte zu finden, die wir verwenden werden. Es ist sehr wichtig, dass diese Bibliothek immer aktiv ist, wenn Sie interne Programmierungen vornehmen. Ansonsten wird der Debugger beim Ausführen des Codes einen Fehler melden.

In der Excel-Version 2002 wurde ein zusätzlicher Sicherheitslevel eingeführt. Um *VBE*-Objekte manipulieren zu können, so wie wir es in diesem Kapitel tun werden, müssen Sie Ihren Sicherheitslevel ändern:

1. Rufen Sie in Excel über das Menüband den Befehl *Makrosicherheit* auf (Registerkarte *Entwicklertools*, Gruppe *Code*).
2. Aktivieren Sie die Kategorie *Einstellungen für Makros.*
3. Aktivieren Sie darin das Kontrollkästchen *Zugriff auf das VBA-Projektobjektmodell vertrauen.*
4. Schließen Sie das offene Dialogfeld.

Des Weiteren gilt für sämtliche Excel-Versionen, dass das Projekt nicht geschützt werden darf. Sollte dies doch zutreffen, wird das Ausführen der Prozedur fehlschlagen.

Weitere Fehler können entstehen, wenn aus einem Modul heraus versucht wird, dasselbe Modul zu verändern. Damit ist zum Beispiel der Zugriff auf *Modul1* über das *Modul1* gemeint.

# Welche *VBE*-Objekte gibt es?

Bevor wir mit dem Programmieren der VBE beginnen, sollten Sie die wichtigsten Objekte kennen, mit denen wir arbeiten werden.

**Tabelle 23.1** Die wichtigsten *VBE*-Objekte

| Objekt | Beschreibung |
|---|---|
| `VBProject` | Der gesamte Satz an VBA-Modulen und -Referenzen,. die mit einer Arbeitsmappe verbunden sind |
| `VBComponent` | Die individuellen Komponenten innerhalb von `VBProject`. Beispielsweise ein Standard-Modul oder ein UserForm. Die `VBComponent`-Sammlung enthält alle existierenden `VBComponent`-Objekte. |

**Tabelle 23.1** Die wichtigsten *VBE*-Objekte *(Fortsetzung)*

| Objekt | Beschreibung |
|---|---|
| CodeModule | Dieses Objekt repräsentiert den aktuellen Code innerhalb von **VBComponent**. Wenn Sie beispielsweise einen Code in *Modul1* eingeben, so bewegen Sie sich im **CodeModule**-Objekt **VBComponent**, das den Namen *Modul1* trägt. |

**HINWEIS** Wir werden programmiertechnisch über das Workbook-Objekt zu diesen Komponenten »navigieren«. Die Komponenten könnten theoretisch auch über den Application.VBE-Objektpfad angesteuert werden. Auf dieses Verfahren werden wir hier allerdings verzichten, um keine Verwirrung zu stiften.

Es gibt verschiedene VBComponent-Typen. Sie werden durch die Typeneigenschaft des VBComponent-Objekt identifiziert.



**Tabelle 23.2** Die verschiedenen *VBComponent*-Typen

| Konstanten (Typen) | Index | Beschreibung |
|---|---|---|
| vbext_ct_ClassModule | 2 | Dies ist ein Klassenmodul, das verwendet werden kann, um eigene Objekte zu erzeugen |
| vbext_ct_Document | 100 | Dies ist die Komponente für ein Tabellenblatt, Diagrammblatt oder eine Arbeitsmappe |
| vbext_ct_MSForm | 3 | Dies ist die Komponente für ein UserForm |
| vbext_ct_StdModule | 1 | Dies ist die Komponente für ein Standard-Modul |

# Ein Objekt referenzieren

Der erste Schritt in der Programmierung der VBE ist, das für die Arbeit benötigte Objekt zu referenzieren. Dies wird hauptsächlich getan, um den Kern des Codes möglichst übersichtlich zu halten. Es ist zudem einfacher, eventuelle Fehler im Code zu lokalisieren.

**Tabelle 23.3** Vorschläge zur Referenzierung der drei Objekte

| Objekt | Referenzierung |
|---|---|
| VBProject | `Dim VBProj As VBProject`<br>`Set VBProj = ThisWorkbook.VBProject` |
| VBComponent | `Dim VBComp As VBComponent`<br>`Set VBComp = ThisWorkbook.VBProject. _`<br>`    VBComponents("Modul1")` |
| CodeModule | `Dim VBCodeMod as CodeModule`<br>`Set VBCodeMod = ThisWorkbook.VBProject. _`<br>`    VBComponents("Modul1").CodeModule` |

Wir werden in diesem Kapitel für sämtliche Beispiele das Objekt ThisWorkbook verwenden. Dies bedeutet, wir werden die VBA-Komponenten über die Mappe ansprechen, in der sich der Code befindet. Sie können natürlich auch andere Arten von offenen Arbeitsmappen als Objekt verwenden, zum Beispiel `ActiveWorkbook` oder `Workbooks("IhreMappe.xlsx")`.

# Die Arbeit an Modulen

In diesem Teil des Kapitels lernen Sie die Arbeit an Standardmodulen kennen. Sie erfahren, wie Module per VBA erzeugt, verändert und gelöscht werden können.

**BEISPIEL** Sämtliche Prozeduren in Bezug auf die Arbeit mit Modulen befinden sich innerhalb der Beispieldateien zum Buch im Ordner *\Buch\Kap23*. Die Mappe nennt sich *Bsp23_01.xlsm*.

## Ein Modul in eine Mappe einfügen

Um ein neues Modul in einer Arbeitsmappe zu erstellen, verwenden Sie die Methode `Add`. Im runden Klammerpaar tragen Sie die Konstante für den gewünschten Modultyp ein. Auf Wunsch können Sie dem Modul auch gleich einen Namen zuweisen. Verwenden Sie dazu die Eigenschaft `Name` und übergeben Sie ihr einen Namen. Damit das Modul direkt nach dem Ausführen des Codes geöffnet wird, verwenden Sie die Eigenschaft `Visible = True` und übergeben es dem Objekt `Application`.

**Listing 23.1** Ein neues Modul erstellen

```
Sub AddModule()
   Dim VBComp As VBComponent

   Set VBComp = ThisWorkbook.VBProject. _
             VBComponents. _
             Add(vbext_ct_StdModule)

   VBComp.Name = "MeinModul"
   Application.Visible = True

   Set VBComp = Nothing
End Sub
```

Wenn Sie den Code von Excel her ausführen, während die VBE geöffnet ist, werden Sie direkt zum neuen Modul geführt, nachdem die Prozedur beendet ist. Wenn die VBE während des Ausführens des Codes geschlossen ist, wird der Fokus an die Excel-Applikation zurückgegeben. Die VBE wird somit nicht geöffnet.

**HINWEIS** Wenn der Code zweimal ausgeführt wird, entsteht ein Fehler, weil das Modul bereits existiert. Direkt im Anschluss finden Sie Beispiele zur Fehlerbehandlung.

Innerhalb der Beispieldateien zum Buch in der Datei *Bsp23_01.xlsm*, Modul *mdl_01_AddModule* ist der Code aus Listing 23.1 nicht enthalten, sondern lediglich die erweiterte Form (Listing 23.5).

# Prüfen, ob ein Modul existiert

In vielen Fällen solcher Codes wird der Einfachheit halber ein `On Error Resume Next` verwendet, um mögliche Fehler zu unterdrücken. Ein Fehler kann beispielsweise entstehen, wenn der Versuch unternommen wird, ein Modul mit einem bereits vorhandenen Namen zu erstellen oder zu löschen.

Die nachfolgende Prozedur zeigt, wie geprüft werden kann, ob ein Modul existiert.

**Listing 23.2** Prüfen, ob ein Modul existiert

```
Sub CheckExistence()
   Dim VBComp As VBComponent
   Dim strName As String
   Dim bln As Boolean

   strName = "MeinModul"

   For Each VBComp In ThisWorkbook.VBProject.VBComponents
      If VBComp.Name = strName Then
         bln = True
         Exit For
      End If
   Next VBComp

   If bln = True Then
      MsgBox "Das Modul """ & strName & """ existiert."
   Else
      MsgBox "Das Modul """ & strName & """ existiert nicht."
   End If
End Sub
```

Da der Code durchaus etwas umfangreicher ist, können Sie sicherlich verstehen, weshalb die Anweisung `On Error Resume Next` so häufig verwendet wird.

Alternativ zum obigen Code können Sie auch eine `Function` erstellen, die den booleschen Wert `True` oder `False` aufnimmt, in Abhängigkeit davon, ob das Modul existiert oder nicht.

**Listing 23.3** Eine *Function* zur Prüfung, ob ein Modul existiert

```
Function ModuleExists(ModuleName As String) As Boolean
   Dim VBComp As VBComponent

   For Each VBComp In ThisWorkbook.VBProject.VBComponents
      If VBComp.Name = ModuleName Then
         ModuleExists = True
      End If
   Next VBComp
End Function
```

**HINWEIS** Die Funktion `ModuleExists` werden wir auch in weiteren Codes zur Fehlervermeidung verwenden.

Wenn Sie die Codezeilen etwas reduzieren möchten, können Sie auch die Anweisung `On Error Resume Next` verwenden. Das tut dem folgenden Beispiel keinen Abbruch, weil der Funktion letztendlich nur der Wert `True` übergeben werden muss, sofern das Modul existiert.

Es wird hier die Länge des Modulnamens (`Len`) ermittelt. Ein Fehler würde entstehen, wenn der Wert 0 auftritt und das Modul somit nicht vorhanden wäre. Wenn der Modulname gefunden wird, nimmt die Funktion den Wert `True` an.

**Listing 23.4** Prüfen, ob ein Modul existiert

```
Function ModuleExists(ModuleName As String) As Boolean
   On Error Resume Next
   ModuleExists = Len(ThisWorkbook.VBProject. _
                     VBComponents(ModuleName).Name) <> 0
End Function
```

Der Vorteil einer `Function` ist, dass sie nur einmal erstellt werden muss und in jedem beliebigen Code verwendet werden kann.

Das nachfolgende Beispiel zeigt, wie versucht werden kann, ein gleichnamiges Modul zu erstellen, ohne dass dabei der Debugger gestartet wird. Sollte das Modul bereits vorhanden sein, wird eine entsprechende Meldung auf dem Bildschirm angezeigt.

**Listing 23.5** Ein Modul erzeugen mit Fehlerbehandlung

```
Sub AddModule()
   Dim VBComp As VBComponent
   Dim strName As String

   strName = "MeinModul"

   If ModuleExists(strName) = False Then
      Set VBComp = ThisWorkbook.VBProject. _
                   VBComponents. _
                   Add(vbext_ct_StdModule)

      VBComp.Name = "MeinModul"
      Application.Visible = True

   Else
      MsgBox "Ein Modul mit dem Namen """ & strName & _
      """ existiert bereits."
   End If

   Set VBComp = Nothing
End Sub
```

# Ein Modul aus einer Mappe entfernen

Um ein bestehendes Modul zu löschen, geben Sie bei der Referenzierung den Namen des Moduls an. Mittels der Methode Remove wird das Modul entfernt.

**Listing 23.6** Ein Modul löschen

```
Sub RemoveModule()
   Dim VBProj As VBProject
   Dim VBComp As VBComponent
   Dim strName As String

   strName = "MeinModul"

   If ModuleExists(strName) = True Then
      Set VBProj = ThisWorkbook.VBProject
      Set VBComp = VBProj.VBComponents(strName)

      VBProj.VBComponents.Remove VBComp
   Else
      MsgBox "Das Modul """ & strName & """ existiert nicht."
   End If

   Set VBProj = Nothing
   Set VBComp = Nothing
End Sub
```

**HINWEIS** Ein ThisWorkbook-, Sheet- oder Chart-Codemodul kann nicht gelöscht werden.

# Alle Module einer Mappe auflisten

Die folgende Prozedur durchläuft in einer For-Schleife sämtliche im Projekt bzw. ThisWorkbook enthaltenen Module. Am Ende der Prozedur werden in einem Meldungsfeld (MsgBox) eine Zusammenfassung der gefundenen Module sowie deren Typ ausgegeben.

**Abbildg. 23.1** Alle Module einer Mappe auflisten

Zur Ermittlung des Modultyps verwenden wir eine benutzerdefinierte Funktion. Diese enthält eine `Select Case`-Entscheidung, die alle möglichen Typen umfasst. Die Funktion finden Sie direkt im Anschluss an die folgende Prozedur.

**Listing 23.7** Modultypen ausgeben

```
Sub ListModules()
   Dim VBComp As VBComponent
   Dim str As String

   For Each VBComp In ThisWorkbook.VBProject.VBComponents
       str = str & VBComp.Name & " <---> " & _
             CompTypeToName(VBComp) & Chr(13)
   Next VBComp

   MsgBox str
End Sub
```

**Listing 23.8** Funktion zur Ermittlung des Modultyps

```
Function CompTypeToName(VBComp As VBComponent) As String
   Select Case VBComp.Type
      Case vbext_ct_ClassModule
          CompTypeToName = "Class Module"
      Case vbext_ct_Document
          CompTypeToName = "Document"
      Case vbext_ct_MSForm
          CompTypeToName = "MS Form"
      Case vbext_ct_StdModule
          CompTypeToName = "Standard Module"
      Case Else
   End Select
End Function
```

# Alle Module in einen Ordner exportieren

Prozeduren können bekanntlich exportiert werden. Dies geschieht meistens dann, wenn von einem Modul eine Sicherheitskopie oder eine bestimmte Version gespeichert werden soll, oder wenn ein Modul für den »Transport« auf einen anderen Computer bereitgestellt werden soll, wo das Modul dann wieder importiert wird.

Die nachfolgende Prozedur exportiert alle Module in den Ordner, in dem die Arbeitsmappe gespeichert ist. Sie können damit auf schnelle Weise eine Sicherung der VBA-Prozeduren vornehmen, ohne jedes einzelne Modul separat exportieren zu müssen. Die Methode zum Exportieren der Module nennt sich schlicht `Export`.

**Listing 23.9** Alle Module exportieren

```
Sub ExportAllModules()
   Dim VBComp As VBIDE.VBComponent
   Dim str As String

   For Each VBComp In ThisWorkbook.VBProject.VBComponents
      Select Case VBComp.Type
```

Listing 23.9 Alle Module exportieren *(Fortsetzung)*

```
            Case vbext_ct_ClassModule, vbext_ct_Document
               str = ".cls"
            Case vbext_ct_MSForm
               str = ".frm"
            Case vbext_ct_StdModule
               str = ".bas"
            Case Else
               str = ""
         End Select

         If str <> "" Then
            VBComp.Export _
               Filename:=ThisWorkbook.Path & "\" & _
               VBComp.Name & str
         End If
   Next VBComp
End Sub
```



# Ein Projekt importieren

Die nachfolgende Prozedur zeigt, wie ein Modul, das auf der Festplatte gespeichert ist, also zuvor exportiert wurde, in das Projekt von `ThisWorkbook` importiert werden kann. Die Methode zum Importieren eines Moduls nennt sich `Import`.

Listing 23.10 Ein Modul in ein Projekt importieren

```
Sub ImportModule()
   Dim strFName As String
   Dim strPath As String

   strFName = "Modul2.bas"
   strPath = ThisWorkbook.Path & "\" & strFName

   If Dir(strPath) <> "" Then
      ThisWorkbook.VBProject.VBComponents.Import strPath
   Else
      MsgBox "Das Modul """ & strFName & """ existiert nicht."
   End If
End Sub
```

**HINWEIS** Wenn bereits ein Modul mit dem angegebenen Namen existiert, wird dieses nicht überschreiben, sondern erhält die Erweiterung 1. Ein Beispiel: Wenn versucht wird, das *Modul2* in ein Projekt zu importieren, und dieses bereits besteht, wird es dennoch importiert, trägt dann jedoch den Namen *Modul21*.

# Module zwischen Projekten kopieren

Wenn Sie die Methoden `Export` und `Import` kombinieren, können Sie Module zwischen Projekten kopieren. Leider gibt es nicht einfach eine Methode, die das Kopieren von Modulen zwischen Projekten ermöglicht. Der Code eines Projektes muss zuerst exportiert werden. Danach kann er in ein anderes Projekt importiert werden.

Die folgende Prozedur exportiert das *Modul1* der *Mappe2* in die *Mappe1.*

**HINWEIS** Damit kein Fehler beim Ausführen des folgenden Codes entsteht, müssen Sie gegebenenfalls den Namen des Moduls und den der beiden Mappen anpassen.

**Listing 23.11** Ein Modul kopieren

```
Sub CopyOneModule()
   On Error Resume Next
   Dim strFName As String

   With Workbooks("Mappe2")
       strFName = .Path & "\code.txt"
       .VBProject.VBComponents("Modul1").Export strFName
   End With

   Workbooks("Mappe1").VBProject.VBComponents.Import strFName
End Sub
```

Wenn Sie sämtliche Module eines Projektes kopieren möchten (mit Ausnahme von *DieseArbeitsmappe* und den Tabellenmodulen), können Sie den folgenden Code verwenden:

**Listing 23.12** Alle Module kopieren

```
Sub CopyAllModules()
   On Error Resume Next
   Dim strFName As String
   Dim VBComp As VBIDE.VBComponent

   With Workbooks("Mappe2")

      strFName = .Path & "\code.txt"

      If Dir(strFName) <> "" Then
         Kill strFName
      End If

      For Each VBComp In .VBProject.VBComponents
         If VBComp.Type <> vbext_ct_Document Then
            VBComp.Export strFName
            Workbooks("Mappe1").VBProject.VBComponents. _
               Import strFName
            Kill strFName
         End If
      Next VBComp
   End With
End Sub
```

# Alles rund um Prozeduren

Nachdem Sie nun mit dem Umgang mit Modulen vertraut sind, lernen Sie, wie darin Prozeduren erstellt, bearbeitet und gelöscht werden können.

**BEISPIEL** Sämtliche Prozeduren zu diesem Thema befinden sich innerhalb der Beispieldateien zum Buch im Ordner *\Buch\Kap23*. Die Mappe nennt sich *Bsp23_02.xlsm*.

## Eine Prozedur in ein Modul einfügen



Die folgende Prozedur fügt eine neue Prozedur mit dem Namen *MeineProzedur* in das Modul mit dem Namen *MeinModul* in `ThisWorkbook` ein. Voraussetzung, dass die Prozedur fehlerfrei ausgeführt werden kann, ist das Vorhandensein eines Moduls mit dem Namen *MeinModul*.

**Listing 23.13** Eine Prozedur erstellen

```
Sub AddProcedure()
   Dim VBCodeMod As CodeModule
   Dim lngMyLine As Long

   Set VBCodeMod = ThisWorkbook.VBProject. _
                   VBComponents("MeinModul"). _
                   CodeModule

   With VBCodeMod
      lngMyLine = .CountOfLines + 1

      .InsertLines lngMyLine, _
         "Sub MeineProzedur()" & Chr(13) & _
         "   MsgBox ""Die neue Prozedur"" " & Chr(13) & _
         "End Sub"
   End With

   Application.Run "MeineProzedur"

   Set VBCodeMod = Nothing
End Sub
```

**HINWEIS** Wenn der obige Code zweimal ausgeführt wird, entsteht ein Fehler, da ein Prozedurname in einem Modul immer nur einmal vorkommen darf. Direkt im Anschluss finden Sie ein Beispiel zum Erzeugen einer Prozedur, das eine Fehlerbehandlung enthält.

Innerhalb der Beispieldateien zum Buch in der Datei *Bsp23_02.xlsm*, Modul *mdl_01_AddProcedure* ist der Code aus Listing 23.13 nicht enthalten, sondern lediglich die erweiterte Form (Listing 23.16).

Beachten Sie, wie die Methode `InsertLines` verwendet wird. Die gesamte Prozedur wird als ein Argument aufbereitet. Mit der `Chr(13)`-Funktion werden die Zeilenumbrüche erzeugt.

Die folgende Anweisung bewirkt, dass die Prozedur gleich ausgeführt wird:

```
Application.Run "MeineProzedur"
```

Anstatt die Prozedur direkt mittels `Call` aufzurufen, müssen Sie die Anweisung `Application.Run` verwenden. Damit kann ein eventueller Laufzeitfehler vermieden werden. Die Methode `Call` wird funktionieren, wenn Sie den Code in ein anderes Modul einfügen. Wenn der Code im selben Modul eingefügt wird, in dem die Prozedur ausgeführt wird, muss ein `Application.OnTime` eingesetzt werden. Auf diese Weise wird die Kontrolle an Excel zurückgegeben und das Modul kann kompiliert und geladen werden. Unter der Verwendung von `Application.OnTime` können unter Umständen Synchronisierungsprobleme entstehen. Sie sollten vermeiden, eine Prozedur aufzurufen, die eben erst ins Modul eingefügt wurde, ohne dass zuvor alle VBA-Prozeduren die Möglichkeit hatten, beendet zu werden.

```
Application.OnTime New, "MeineProzedur"
```

# Prüfen, ob eine Prozedur existiert

Um zu ermitteln, ob eine Prozedur in einem Modul bereits existiert oder nicht, muss zuerst geprüft werden, ob das Modul vorhanden ist, in dem sich die Prozedur befindet.

Genauso wie beim Prüfen, ob ein Modul existiert, benötigen wir auch hier letztendlich nur den Wert `True`, der angibt, ob das Modul existiert. Um das Verfahren etwas zu verkürzen bzw. die Anzahl an Codezeilen möglichst übersichtlich zu halten, verwenden wir ein `On Error Resume Next`.

In der folgenden Funktion wird zuerst geprüft, ob das Modul existiert. Dies geschieht direkt im Kopf der `If`-Entscheidung. Sollte das Modul vorhanden sein, wird ermittelt, ob die Prozedur im angegebenen Modul vorhanden ist. Wenn auch dies der Fall ist, nimmt die Funktion den Wert `True` an.

Die Eigenschaft `ProcStartLine` gibt eine Zeile zurück, an der eine festgelegte Prozedur beginnt. Als erstes Argument wird der Name der Prozedur angegeben und als zweites die Konstante, die die Art der Prozedur angibt. Der Tabelle 23.4 können Sie die verfügbaren Konstanten entnehmen.

**Tabelle 23.4** Konstanten für die Eigenschaft *ProcStartLine*

| Konstante | Beschreibung |
|---|---|
| vbext_pk_Get | Legt eine Prozedur fest, die den Wert einer Eigenschaft zurückgibt |
| vbext_pk_Let | Legt eine Prozedur fest, die einer Eigenschaft einen Wert zuweist |
| vbext_pk_Set | Legt eine Prozedur fest, die einen Verweis auf ein Objekt angibt |
| vbext_pk_Proc | Legt alle Prozeduren **mit Ausnahme von Eigenschaftenprozeduren** fest |

**Listing 23.14** Prüfen, ob eine Prozedur existiert

```
Function ProcedureExists(ModuleName As String, _
                         ProcedureName As String) As Boolean
   On Error Resume Next

   ' Prüfen, ob das Modul existiert
   If Len(ThisWorkbook.VBProject. _
                   VBComponents(ModuleName). _
                   Name) <> 0 Then

      ' Prüfen, ob die Prozedur existiert
```

**Listing 23.14** Prüfen, ob eine Prozedur existiert *(Fortsetzung)*

```
      ProcedureExists = ThisWorkbook.VBProject. _
         VBComponents(ModuleName).CodeModule. _
         ProcStartLine(ProcedureName, vbext_pk_Proc) <> 0
   End If
End Function
```

Mittels einer Prozedur können Sie nun den Inhalt der benutzerdefinierten Funktion abfragen. In der `If`-Entscheidung wird der Funktion als erstes Argument der Modulname übergeben und als zweites Argument der Prozedurname.

**Listing 23.15** Den Wert der Funktion abfragen

```
Sub CheckIfExists()
   If ProcedureExists("MeinModul", "MeineProzedur") Then
      MsgBox "TRUE: Die Prozedur existiert im angegebenen Modul."
   Else
      MsgBox "FALSE: Das Modul oder die Prozedur existiert nicht."
   End If
End Sub
```

Genau diese Abfrage kann als Fehlerbehandlung in Codes verwendet werden, in denen ein Fehler entstehen könnte. Beispielsweise beim Erzeugen einer Prozedur in einem Modul.

**Listing 23.16** Eine Prozedur erstellen mit Fehlerprüfung

```
Sub AddProcedure()
   Dim VBCodeMod As CodeModule
   Dim lngMyLine As Long

   If ProcedureExists("MeinModul", "MeineProzedur") Then
      MsgBox "Das Modul existiert nicht, oder die Prozedur " & _
             "ist bereits in angegebenen Modul vorhanden."
   Else
      Set VBCodeMod = ThisWorkbook.VBProject. _
                      VBComponents("MeinModul"). _
                      CodeModule

      With VBCodeMod
         lngMyLine = .CountOfLines + 1

         .InsertLines lngMyLine, _
            "Sub MeineProzedur()" & Chr(13) & _
            "   MsgBox ""Die neue Prozedur"" " & Chr(13) & _
            "End Sub"
      End With

      Application.Run "MeineProzedur"
   End If

   Set VBCodeMod = Nothing
End Sub
```

Interessantes für Fortgeschrittene

# Eine Ereignisprozedur erzeugen

Das `CodeModul`-Objekt verfügt über eine Methode namens `CreateEventProc`. Diese kann benutzt werden, um eine Ereignisprozedur in einem Dokumentmodul zu erstellen. Zum Beispiel im Modul *DieseArbeitsmappe* oder in einem Tabellenmodul. Das Schöne bei der Benutzung von `CreateEventProc` über `InsertLines` ist, dass das `CreateEventProc` automatisch die gesamte Prozedurdeklaration inklusive aller korrekten Parameter einfügt.

`CreateEventProc` gibt die Zeilennummer zurück, in der die Prozedur beginnt. Wenn Sie also `CreateEventProc` aufrufen, müssen Sie nur noch den Wert 1 addieren, um die Startzeile nach dem Kopf der Prozedur zu erhalten. Diese Startzeile wird der Methode `InsertLines` übergeben, um den Kern der Prozedur einzufügen.

Der nachfolgende Code erzeugt ein `Workbook_Open`-Ereignis, das eine `MsgBox` aufbereitet. Der Code wird im Dokumentmodul *DieseArbeitsmappe* eingefügt.

**Listing 23.17** Ein *Workbook_Open*-Ereignis programmieren

```
Sub CreateEvent()
   Dim StartLine As Long

   With ActiveWorkbook.VBProject. _
      VBComponents("DieseArbeitsmappe").CodeModule

      StartLine = .CreateEventProc("Open", "Workbook") + 1
      .InsertLines StartLine, _
      "MsgBox ""Hallo Welt"",vbOkOnly"
   End With
End Sub
```

Nach dem Ausführen des Codes befindet sich die Ereignisprozedur im Dokumentmodul *DieseArbeitsmappe*.

**Abbildg. 23.2** Das Ereignis, das in *DieseArbeitsmappe* erzeugt wird

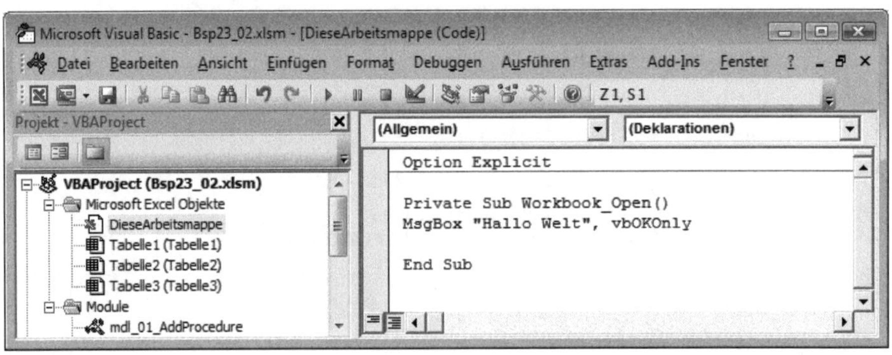

# Eine Prozedur aus einem Modul entfernen

Wenn Sie eine Prozedur aus einem Modul entfernen möchten, müssen Sie immer auf die Zeilen der Prozedur Bezug nehmen. Der Grund liegt darin, dass in einem Modul mehrere Prozeduren vorhanden sein können. Es muss somit einerseits die Position der ersten Zeile der Prozedur ermittelt werden und andererseits die Anzahl an Zeilen, die die Prozedur einnimmt.

Mittels der Eigenschaft `ProcStartLine` wird die Zeile ermittelt, in der die Prozedur beginnt. Die Eigenschaft `ProcCountLines` gibt die Anzahl an Zeilen zurück, die die Prozedur umfasst. Die Methode `DeleteLines` wird verwendet, um den Prozedurblock zu löschen. Ihr wird sowohl die Startzeile als auch die Anzahl an Zeilen übergeben.



**Listing 23.18** Eine Prozedur aus einem Modul entfernen

```
Sub DeleteProcedure()
   Dim strModName As String
   Dim strProcName As String

   Dim VBCodeMod As CodeModule
   Dim lngStartLine As Long
   Dim lngHowManyLines As Long

   strModName = "MeinNeuesModul"
   strProcName = "MeineNeueProzedur"

   If ProcedureExists(strModName, strProcName) Then
      Set VBCodeMod = ThisWorkbook.VBProject. _
                 VBComponents(strModName).CodeModule

      ' Die Prozedur löschen
      With VBCodeMod
         lngStartLine = .ProcStartLine(strProcName, vbext_pk_Proc)
         lngHowManyLines = .ProcCountLines(strProcName, vbext_pk_Proc)
         .DeleteLines lngStartLine, lngHowManyLines
      End With

      MsgBox "Die Prozedur " & strProcName & " wurde gelöscht."
   Else
      MsgBox "Modul oder Prozedur nicht vorhanden."
   End If

   Set VBCodeMod = Nothing
End Sub
```

# Alle Prozeduren aus einem Modul entfernen

Das Verfahren, um alle Prozeduren aus einem Modul zu entfernen, ist dem vorangegangenen Beispiel sehr ähnlich. Der Unterschied besteht darin, dass diesmal nicht auf eine einzelne Prozedur Bezug genommen werden muss, sondern nur auf das Modul. Des Weiteren werden diesmal sämtliche im Modul enthaltenen Codezeilen gezählt, was über die Eigenschaft `CountOfLines` geschieht.

Listing 23.19 Alle Prozeduren aus einem Modul entfernen

```
Sub DeleteAllCodeInModule()
   Dim strModName As String
   Dim VBCodeMod As CodeModule
   Dim lngStartLine As Long
   Dim lngHowManyLines As Long

   strModName = "MeinNeuesModul"

   If ModuleExists(strModName) Then
      Set VBCodeMod = ThisWorkbook.VBProject. _
                      VBComponents(strModName). _
                      CodeModule
      With VBCodeMod
          lngStartLine = 1
          lngHowManyLines = .CountOfLines
         .DeleteLines lngStartLine, lngHowManyLines
      End With
   Else
      MsgBox "Das Modul existiert nicht."
   End If
End Sub
```

# Sämtlichen VBA-Code eines Projekts entfernen

**ACHTUNG** Die nachfolgende Prozedur ist mit äußerster Vorsicht zu genießen. Sie löscht sämtliche Codezeilen aus dem gesamten Projekt. Die Codes können nach dem Löschen nicht wieder hergestellt werden. Es werden Standardmodule, UserForms und Klassenmodule entfernt. Ebenso wird der Code aus den Dokumentmodulen entfernt. Sichern Sie vor dem Ausführen des Codes Ihre Module oder erstellen Sie eine Sicherheitskopie der gesamten Arbeitsmappe. Der Code zerstört auch sich selbst.

In diesem Code wurde sicherheitshalber eine Rückfrage eingefügt. Nach dem Start des Codes wird zuerst erfragt, ob wirklich alle Prozeduren aus dem Projekt entfernt werden sollen. Sie haben dann die Möglichkeit, die Schaltfläche *Nein* anzuklicken, um den Vorgang abzubrechen.

Abbildg. 23.3 Rückfrage, ob wirklich sämtlicher Code gelöscht werden soll

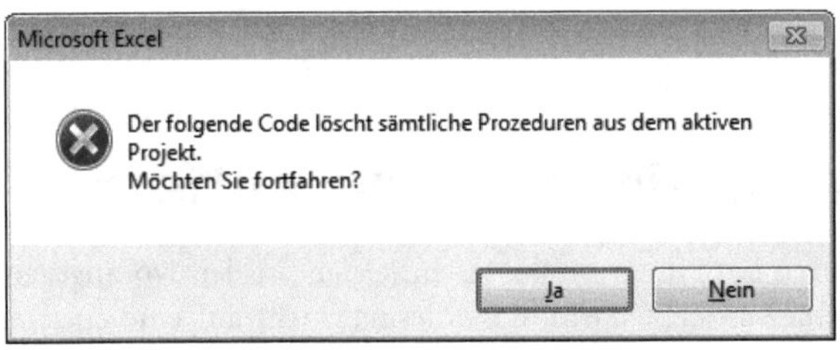


In einer `For Each`-Schleife werden sämtliche Module durchlaufen und gelöscht. Des Weiteren werden die nicht löschbaren Module durchlaufen, wobei deren Inhalt entfernt wird.

**Listing 23.20** Sämtlichen VBA-Code eines Projekts entfernen

```
Sub DeleteAllVBA()
   Dim VBComp As VBComponent
   Dim VBComps As VBComponents
   Dim str As String

   str = MsgBox("Der folgende Code löscht sämtliche " & _
                "Prozeduren aus dem aktiven Projekt." & Chr(10) & _
                "Möchten Sie fortfahren?", vbCritical + vbYesNo)

   If str = vbYes Then
      Set VBComps = ActiveWorkbook.VBProject.VBComponents

      For Each VBComp In VBComps
         Select Case VBComp.Type
            Case vbext_ct_StdModule, _
                 vbext_ct_MSForm, _
                 vbext_ct_ClassModule
                 VBComps.Remove VBComp
            Case Else
               With VBComp.CodeModule
                  .DeleteLines 1, .CountOfLines
               End With
         End Select
      Next VBComp
   End If

   Set VBComps = Nothing
End Sub
```



# Alle Prozeduren eines Moduls auflisten

Wenn Sie erfahren möchten, welche Prozeduren sich in einem Modul befinden, führen Sie den nachfolgenden Code aus. Die Ausgabe der Prozedurnamen erfolgt in einem Meldungsfeld (`MsgBox`).

In der `With`-Anweisung wird geprüft, wie viele Codezeilen sich im öffentlichen Deklarationsteil befinden. Dies geschieht mittels der Eigenschaft `CountOfDeclarationLines`. Dies ist erforderlich, um die erste Zeile einer eigentlichen Prozedur zu finden, denn diese beginnt immer direkt nach im Anschluss.

In einer `Do`-Schleife werden die restlichen Codezeilen im angegebenen Modul durchlaufen. Die Eigenschaft `ProcOfLine` gibt den Namen der Prozeduren zurück. Sie werden in einer Variablen zwischengespeichert und am Ende der Prozedur in einer `MsgBox` ausgegeben.

Bei jedem Schleifendurchlauf wird die Variable `lngStartLine` um die Anzahl an Zeilen erhöht, die die soeben erreichte Prozedur umfasst. Damit gelangen Sie bei einem weiteren Schleifendurchlauf zur nächsten Prozedur.

**Listing 23.21** Alle Prozeduren eines Moduls auflisten

```
Sub ListProcedures()
   Dim VBCodeMod As CodeModule
   Dim lngStartLine As Long
   Dim strMsg As String
```

**Listing 23.21** Alle Prozeduren eines Moduls auflisten *(Fortsetzung)*

```
   Dim strModName As String

   strModName = "MeinNeuesModul"

   If ModuleExists(strModName) Then
      Set VBCodeMod = ThisWorkbook.VBProject. _
                 VBComponents(strModName).CodeModule
      With VBCodeMod
          lngStartLine = .CountOfDeclarationLines + 1

          Do Until lngStartLine >= .CountOfLines
              strMsg = strMsg & .ProcOfLine(lngStartLine, _
                                      vbext_pk_Proc) & _
                     Chr(13)
                     lngStartLine = lngStartLine + _
                     .ProcCountLines(.ProcOfLine _
                     (lngStartLine, vbext_pk_Proc), _
                     vbext_pk_Proc)
          Loop

      End With
      MsgBox strMsg
   Else
      MsgBox "Das Modul """ & strModName & """existiert nicht."
   End If
   MsgBox VBCodeMod.CountOfDeclarationLines
End Sub
```

# UserForms per Code erstellen

Auch komplette UserForms können per VBA-Code erzeugt werden. Im letzten Abschnitt dieses Kapitels lernen Sie von Grund auf, wie ein einfaches oder ein komplexes UserForm erstellt und wieder gelöscht werden kann.

**BEISPIEL** Sämtliche Prozeduren in Bezug auf UserForms befinden sich innerhalb der Beispieldateien zum Buch im Ordner *\Buch\Kap23*. Die Mappe nennt sich *Bsp23_03.xlsm*.

## Prüfen, ob ein UserForm vorhanden ist

Sie können denselben Code verwenden, um zu prüfen, ob ein UserForm vorhanden ist oder nicht, wie derjenigen, der prüft, ob ein Standardmodul existiert.

**Listing 23.22** Prüfen, ob ein UserForm existiert

```
Function ModuleExists(ModuleName As String) As Boolean
   On Error Resume Next
   ModuleExists = Len(ThisWorkbook.VBProject. _
                  VBComponents(ModuleName).Name) <> 0
End Function
```

# Ein UserForm löschen

Um ein UserForm aus einem Projekt zu entfernen, arbeiten Sie am besten mit einer `With`-Anweisung. Im Kopf der `With`-Anweisung wird Bezug auf das Projekt genommen. Innerhalb von `With` verwenden Sie `Remove` als Löschanweisung und geben dann noch den Namen des UserForms an.

Diese Methode ist sehr elegant, da auf das Referenzieren verzichtet werden kann und für den eigentlichen Löschvorgang nur eine Codezeile erforderlich ist.

**Listing 23.23** Ein UserForm löschen

```
Sub DeleteUserForm()
   Dim strFRMName As String

   strFRMName = "UserForm1"

   If ModuleExists(strFRMName) Then
      With ThisWorkbook.VBProject
         .VBComponents.Remove .VBComponents(strFRMName)
      End With
   Else
      MsgBox "Das UserForm """ & strFRMName & """ existiert nicht."
   End If
End Sub
```



# Alle UserForms aus einem Projekt entfernen

**ACHTUNG** Der folgende Code ist mit Vorsicht zu genießen, denn er löscht sämtliche UserForms aus einem Projekt.

Wir verwenden hier sicherheitshalber eine Rückfrage, bevor wir alle UserForms löschen. Sie haben so die Möglichkeit, den Code noch abzubrechen, wenn Sie ihn versehentlich aufgerufen haben.

In einer `For`-Schleife werden sämtliche Module des Projekts durchlaufen. Die `If`-Entscheidung prüft, ob um es sich bei dem Modul um ein UserForm handelt. Falls dies zutrifft, wird das Modul gelöscht.

**Listing 23.24** Alle UserForms löschen

```
Sub DeleteAllUserForms()
   Dim VBComp As VBComponent
   Dim VBComps As VBComponents
   Dim str As String

   Set VBComps = ActiveWorkbook.VBProject.VBComponents

   str = MsgBox("Der folgende Code löscht sämtliche " & _
            "UserForms aus dem aktiven Projekt." & Chr(10) & _
            "Möchten Sie fortfahren?", vbCritical + vbYesNo)

   If str = vbYes Then
      For Each VBComp In VBComps
```

Listing 23.24 Alle UserForms löschen *(Fortsetzung)*

```
         If VBComp.Type = vbext_ct_MSForm Then
            VBComps.Remove VBComp
         End If
      Next VBComp
   End If
End Sub
```

# Ein leeres UserForm erstellen

Das Erstellen von UserForms kann eine komplexe Angelegenheit sein, wie Sie noch sehen werden. Die Komplexität entsteht erst dann, wenn auf dem UserForm verschiedenen Steuerelemente angeordnet werden.

Um uns an die Materie heranzutasten, erstellen wir zuerst ein leeres UserForm, also ein UserForm, das keine Steuerelemente enthält.

Abbildg. 23.4 Ein leeres UserForm per VBA erzeugt

Das Erstellen von UserForms ist dem Verfahren von Modulen sehr ähnlich. Entscheidend ist, dass beim Einfügen des Moduls (`Add`) die Konstante `vbext_ct_MSForm` verwendet wird, die für Formular steht.

In der `With`-Anweisung können Sie optional einige Eigenschaften des UserForms verändern. Die Eigenschaften werden über `Properties` angesprochen. Im runden Klammerpaar wird der Name der Eigenschaft eingetragen. Dieser ist mit dem Namen im Eigenschaftenfenster identisch.

Damit das UserForm direkt nach dem Ausführen des Codes angezeigt wird, verwenden wir die folgende Codezeile:

```
VBA.UserForms.Add(.Properties("Name")).Show
```

Listing 23.25 Ein leeres UserForm per VBA erzeugen

```
Sub EmptyUserForm()
   Dim VBComp As VBComponent

   Set VBComp = ThisWorkbook.VBProject. _
                VBComponents.Add(vbext_ct_MSForm)

   ' Eigenschaften von UserForm ändern
   With VBComp
      .Properties("Caption") = "Einfaches UserForm"
      .Properties("Width") = 200
```

**Listing 23.25** Ein leeres UserForm per VBA erzeugen

```
        .Properties("Height") = 100

        ' UserForm anzeigen
        VBA.UserForms.Add(.Properties("Name")).Show
    End With

    Set VBComp = Nothing
End Sub
```

# Ein UserForm mit einer Schaltfläche erstellen

Ein leeres UserForm macht wenig Sinn. Wir werden deshalb nun ein UserForm erstellen, das eine Schaltfläche enthält.

**HINWEIS** Um Steuerelemente per VBA einfügen zu können, muss der Verweis auf die *Microsoft Forms 2.0 Object Library* aktiviert werden.

1. Rufen Sie dazu in der VBE den Menübefehl *Extras/Verweise* auf.
2. Aktivieren Sie die Bibliothek *Microsoft Forms 2.0 Object Library*, sofern diese nicht bereits aktiv ist.
3. Schließen Sie das offene Dialogfeld.

Um die Schaltfläche einzufügen, werden wir sie zuerst referenzieren. Es wird dazu die `Designer`-Eigenschaft verwendet, gefolgt von der Anweisung `Control.Add`. Im runden Klammerpaar geben wir an, dass wir einen `CommandButton`, also eine Schaltfläche, erstellen möchten. Weitere Steuerelemente werden Sie im nächsten Beispiel vorfinden.

In der `With`-Anweisung legen wir den Text fest, der auf der Schaltfläche angezeigt werden soll (`Caption`). Zudem bestimmen wir den Abstand vom linken und oberen (`Left` und `Top`) Rand des UserForm, um die Schaltfläche zu positionieren.

**Abbildg. 23.5** Ein UserForm mit einer Schaltfläche

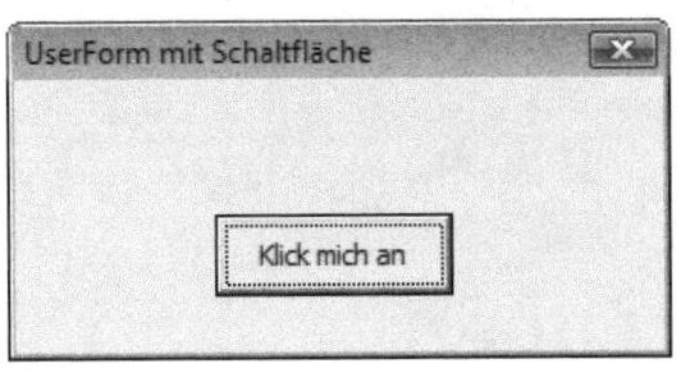


Damit beim Anklicken der Schaltfläche etwas ausgeführt wird, muss ihr eine Ereignisprozedur hinterlegt werden. Das Verfahren entspricht dem der Erstellung einer gewöhnlichen Ereignisprozedur, wie wir Sie in diesem Kapitel bereits behandelt haben. Wir erstellen hier ein `Click`-Ereignis, und der Name der Schaltfläche lautet `CommandButton1`. Wenn das Ereignis ausgeführt wird, wird ihr Benutzername in einem Meldungsfeld (`MsgBox`) angezeigt. Nach dem Schließen des Meldungsfeldes wird das UserForm automatisch geschlossen (`Unload Me`).

**Listing 23.26** Ein UserForm mit einer Schaltfläche erstellen

```
Sub UserFormWithCommandButton()
   Dim VBComp As VBComponent
   Dim frmCommandButton As CommandButton
   Dim strName As String
   Dim intRow As Integer

   Set VBComp = ThisWorkbook.VBProject. _
             VBComponents.Add(vbext_ct_MSForm)

   ' Eigenschaften von UserForm ändern
   With VBComp
      .Properties("Caption") = "UserForm mit Schaltfläche"
      .Properties("Width") = 200
      .Properties("Height") = 100
      strName = .Properties("Name")
   End With

   ' Eine Schaltfläche einfügen
   Set frmCommandButton = VBComp.Designer. _
                          Controls.Add("Forms.CommandButton.1")
   With frmCommandButton
      .Caption = "Klick mich an"
      .Left = 60
      .Top = 40
   End With

   ' Der Schaltfläche ein Ereignis hinterlegen
   With VBComp.CodeModule
      intRow = .CreateEventProc("Click", "CommandButton1")
      .InsertLines intRow + 1, _
          "   MsgBox ""Hallo "" & Application.UserName"
      .InsertLines intRow + 2, _
          "   Unload Me"
   End With

   ' UserForm anzeigen
   VBA.UserForms.Add(strName).Show

   Set VBComp = Nothing
   Set frmCommandButton = Nothing
End Sub
```

# Ein komplexes UserForm erzeugen

Das nachfolgende Beispiel zeigt, wie ein komplett formatiertes UserForm mit verschiedenen Steuerelementen erzeugt werden kann. Das UserForm ist voll funktionsfähig.

**Abbildg. 23.6** Ein UserForm mit verschiedenen Steuerelementen

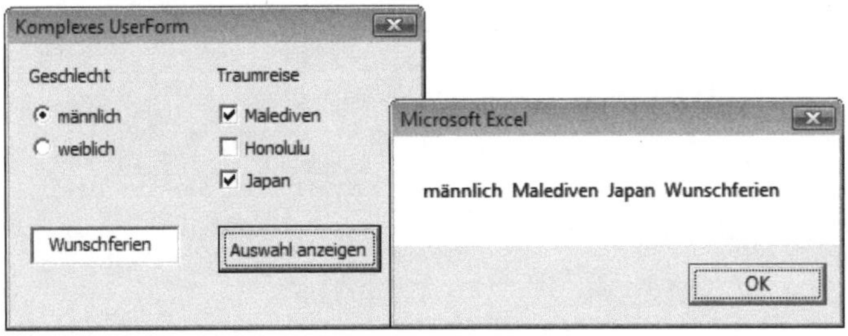


Die Steuerelemente können aktiviert oder deaktiviert werden. Nach dem Anklicken der Schaltfläche *Auswahl anzeigen* wird eine Zusammenfassung der ausgefüllten und aktiven Steuerelemente in einem Meldungsfeld (`MsgBox`) angezeigt.

Die Beschreibung zu den einzelnen Codeblöcken finden Sie als Kommentarzeilen in der Prozedur.

**Listing 23.27** Ein komplexes UserForm erzeugen

```
Sub ComplexUserForm()
   Dim VBComp As VBComponent
   Dim strName As String
   Dim frmCommandButton As MSForms.CommandButton
   Dim frmOptionButton As MSForms.OptionButton
   Dim frmLabel As MSForms.Label
   Dim frmCheckBox As MSForms.CheckBox
   Dim frmTextBox As MSForms.TextBox
   Dim intRow As Integer

   Set VBComp = ThisWorkbook.VBProject. _
                VBComponents.Add(vbext_ct_MSForm)

   ' ---------------------------------------------------------
   ' Eigenschaften von UserForm ändern
   ' ---------------------------------------------------------
   With VBComp
      .Properties("Caption") = "Komplexes UserForm"
      .Properties("Width") = 200
      .Properties("Height") = 150
      strName = .Properties("Name")
   End With

   ' ---------------------------------------------------------
   ' Ein Beschriftungsfeld einfügen
   ' ---------------------------------------------------------
   Set frmLabel = VBComp.Designer. _
                  Controls.Add("Forms.Label.1")
   With frmLabel
      .Caption = "Geschlecht"
      .Left = 10
      .Top = 10
   End With

   ' ---------------------------------------------------------
   ' Zwei Optionsfelder
```

**Listing 23.27** Ein komplexes UserForm erzeugen *(Fortsetzung)*

```
' ------------------------------------------------------------
Set frmOptionButton = VBComp.Designer. _
                      Controls.Add("Forms.OptionButton.1")
With frmOptionButton
   .Caption = "männlich"
   .Left = 10
   .Top = 25
   .Value = True
End With

Set frmOptionButton = VBComp.Designer. _
                      Controls.Add("Forms.OptionButton.1")
With frmOptionButton
   .Caption = "weiblich"
   .Left = 10
   .Top = 40
End With

' ------------------------------------------------------------
' Beschriftungsfeld einfügen
' ------------------------------------------------------------
Set frmLabel = VBComp.Designer. _
               Controls.Add("Forms.Label.1")
With frmLabel
   .Caption = "Traumreise"
   .Left = 100
   .Top = 10
End With

' ------------------------------------------------------------
' Drei Kontrollkästchen einfügen
' ------------------------------------------------------------
Set frmCheckBox = VBComp.Designer. _
                  Controls.Add("Forms.CheckBox.1")
With frmCheckBox
   .Caption = "Malediven"
   .Left = 100
   .Top = 25
   .Value = True
End With

Set frmCheckBox = VBComp.Designer. _
                  Controls.Add("Forms.CheckBox.1")
With frmCheckBox
   .Caption = "Honolulu"
   .Left = 100
   .Top = 40
End With

Set frmCheckBox = VBComp.Designer. _
                  Controls.Add("Forms.CheckBox.1")
With frmCheckBox
   .Caption = "Japan"
   .Left = 100
   .Top = 55
End With
```

**Listing 23.27** Ein komplexes UserForm erzeugen *(Fortsetzung)*

```
   ' ---------------------------------------------------------------
   ' Ein Textfeld einfügen
   ' ---------------------------------------------------------------
   Set frmTextBox = VBComp.Designer. _
                    Controls.Add("Forms.TextBox.1")
   With frmTextBox
      .Left = 10
      .Top = 85
   End With

   ' ---------------------------------------------------------------
   ' Eine Schaltfläche einfügen
   ' ---------------------------------------------------------------
   Set frmCommandButton = VBComp.Designer. _
                          Controls.Add("Forms.CommandButton.1")
   With frmCommandButton
      .Caption = "Auswahl anzeigen"
      .Left = 100
      .Top = 85
      .AutoSize = True
   End With

   ' ---------------------------------------------------------------
   ' Der Schaltfläche ein Ereignis (CreateEventProc) hinterlegen
   ' ---------------------------------------------------------------
   With VBComp.CodeModule
      intRow = .CreateEventProc("Click", "CommandButton1")
      .InsertLines intRow + 1, _
         "   Dim strTemp, i As Integer, ctr As Control"
      .InsertLines intRow + 2, _
         "   For Each ctr In Me.Controls"
      .InsertLines intRow + 3, _
         "      If ctr = True Then"
      .InsertLines intRow + 4, _
         "         strTemp = strTemp & ""   "" & ctr.Caption"
      .InsertLines intRow + 5, _
         "      End If"
      .InsertLines intRow + 6, _
         "   Next ctr"
      .InsertLines intRow + 7, _
         "   MsgBox strTemp & ""   "" & TextBox1.Value"
      .InsertLines intRow + 8, _
         "   Unload Me"
   End With

   ' ---------------------------------------------------------------
   ' UserForm anzeigen
   ' ---------------------------------------------------------------
   VBA.UserForms.Add(strName).Show
End Sub
```

Kapitel 24

# Ein Ausflug in die API-Welt



**In diesem Kapitel:**

In diesem Kapitel finden Sie eine kleine Einführung in die Benutzung der Windows-API. Dazu werden erst einmal einige grundlegende Themen behandelt, die für das Verständnis besonders wichtig sind. Dabei werden auch die Fallstricke aufgedeckt, die auf Sie lauern und es wird beschrieben, wie man diese erfolgreich umgehen kann.

Da ein Beispiel in den meisten Fällen mehr sagt, als tausend Worte, existiert ein solches auch für nahezu jedes angesprochene Thema. Was der Code der Beispiele im Einzelnen macht, wird jeweils im Anschluss daran erläutert.

Um das Gelernte zu vertiefen, sollten Sie mit den vorgestellten Beispielen spielerisch umgehen. Verändern Sie beispielsweise den Code über Regionen derart, dass statt einer dreieckigen eine sechseckige UserForm das Ergebnis ist. Setzen Sie Haltepunkte und gehen Sie einzelne Codeteile im Einzelschrittmodus durch. Schauen Sie sich dabei auch die aktuellen Werte der einzelnen Variablen an.

Der nächste Schritt wäre, die Funktionalitäten in eigenen Projekten einzusetzen. Zu Beginn sollte man aber darauf verzichten, Arbeitsmappen zu verwenden, mit denen Geld verdient werden muss. Führen Sie auch grundsätzlich vor jeder Programmausführung eine Sicherung durch, wenn Sie zuvor den Code verändert haben.

Im Laufe der Zeit werden Sie dann feststellen, dass an API-Funktionen nichts Geheimnisvolles dran ist. Und je häufiger man diese Funktionen selbst eingesetzt hat, umso größer wird der Appetit auf mehr.

Aber beginnen wir mit der Vorspeise …

# Grenzen von VBA

Mittels VBA kann man sich sehr leicht eigene Funktionen schreiben und diese wie jede andere eingebaute Excel-Funktion in Formeln einsetzen. Durch den Einsatz von Ereignisprozeduren ist es zudem möglich, auf die unterschiedlichsten Ereignisse von Objekten automatisch zu reagieren. Das alles erweitert die natürlichen Grenzen von Excel sehr.

VBA bietet aber noch weitaus mehr, als man gemeinhin glaubt. So lässt sich beispielsweise durch das Verwenden von OLE-Objekten (*Object Linking and Embedding*) die Funktionalität fremder automatisierungsfähiger Programme benutzen. Dazu wird einfach in der Entwicklungsumgebung von Excel ein Verweis auf das fremde OLE-Objekt gesetzt und schon kann es wie jedes andere Excel-Objekte verwendet werden.

Der Haken liegt dabei aber in den gesetzten Verweisen. Bei der Verwendung der Arbeitsmappen auf anderen Rechnern muss sichergestellt sein, dass die benutzten OLE-Objekte auf diesen Rechnern in der richtigen Version verfügbar sind und sich zudem auch korrekt in die Registry eingetragen haben.

Das Versionsproblem kann man dabei etwas entschärfen, indem man statt eines Verweises die späte Bindung (*late binding*) einsetzt. Dazu muss mit `CreateObject` gearbeitet werden. Der Nachteil dabei ist das Fehlen einer Typenbibliothek.

Es sind in diesem Fall keine vordefinierten Konstanten des fremden Objekts verfügbar, auch IntelliSense funktioniert mit diesem Objekt nicht (IntelliSense ist die Funktionalität, die bei der Eingabe eines Punktes hinter einer Objektvariablen die Eigenschaften und Methoden eines Objektes auflistet und die einfache Auswahl aus dieser Liste ermöglicht).

Aber auch mit OLE-Objekten stößt man irgendwann an Grenzen. Man wird sicher schwerlich ein Objekt finden, mit dem man beispielsweise einem UserForm ein Menü spendieren kann.

# API-Funktionen

Die API-Funktionen (Application Programming Interface) sind eine große Menge offengelegter Funktionen, die vom Betriebssystem anderen Anwendungen zur Verfügung gestellt werden. Frei ins Deutsche übersetzt bedeutet API in etwa »Programmierschnittstelle für Anwendungen«.

Nahezu alle Betriebssystemfunktionen befinden sich in Standardbibliotheken und werden nicht über OLE-Objekte zur Verfügung gestellt. Diese Bibliotheken besitzen die Dateierweiterung *.dll* (*Dynamic Link Library*) und können von Anwendungen in den eigenen Prozessarbeitsraum eingeblendet und benutzt werden.

Gegenüber OLE-Objekten haben die meisten API-Funktionen den entscheidenden Vorteil, dass sie auf fast jedem Rechner mit dem Betriebssystem Microsoft Windows ohne zusätzliche Installationen verfügbar sind. Es gibt zwar ein paar Unterschiede, die bei den verschiedenen Betriebssystemversionen zu beachten sind; wenn man während der Laufzeit eine Versionsabfrage durchführt, kann man aber darauf sehr leicht reagieren.

Selbst die bekannten Standarddialoge wie das Dialogfeld zum Öffnen von Dateien (Abbildung 24.1) oder zum Auswählen einer Farbe (Abbildung 24.2) stecken in solchen Standardbibliotheken. Für diese Dialogfelder ist beispielsweise die Bibliothek *comdlg32.dll* zuständig.



**Abbildg. 24.1** Dialogfeld zur Dateiauswahl

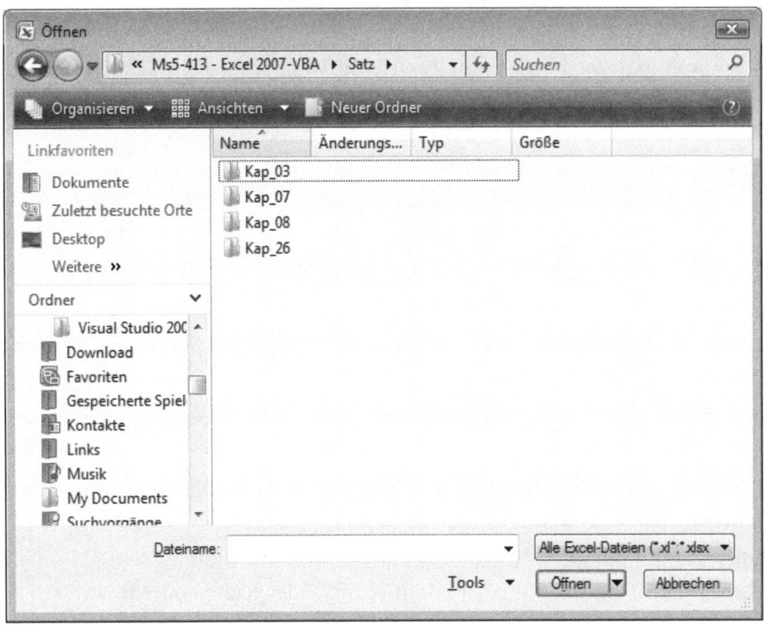

**Abbildg. 24.2** Dialogfeld zur Farbauswahl

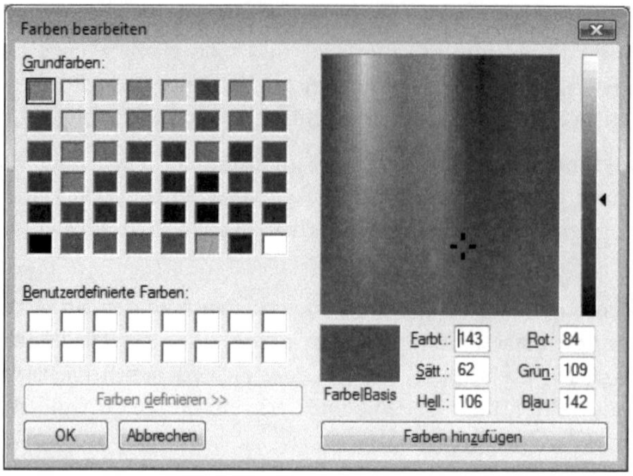


Damit soll erreicht werden, dass Anwendungsentwickler entlastet werden und Anwendungsprogramme für gleiche Aufgaben, wie die Auswahl von Dateien oder Farben, auch gleiche Dialogfelder benutzen. Nebenbei gesagt wäre es auch nicht sonderlich ökonomisch, wenn jede Anwendung ihre eigenen Dialogfelder für gleiche Aufgaben mitbringen müsste.

Aber nicht nur das Betriebssystem stellt über Standardbibliotheken Funktionalitäten zur Verfügung. Viele Anwendungsprogramme werden von ihren Programmierern mit solchen Bibliotheken ausgestattet, um anderen Entwicklern auch ohne OLE den Zugriff auf die Programmfunktionen zu ermöglichen.

Wenn Sie sich das Systemverzeichnis von Windows ansehen, werden Sie feststellen, dass sich dort jede Menge DLLs tummeln. Jede dieser Bibliothek stellt eine oder mehrere Funktionen oder Prozeduren zur Verfügung. Insgesamt dürften das auch bei einem minimal ausgestatteten System weit über tausend Funktionen sein, die dadurch verfügbar werden.

Die wichtigsten auf allen Systemen vorhandenen Bibliotheken sind folgende:

- **kernel32.dll** Diese Bibliothek enthält Funktionen, die mit dem Betriebssystemkern (*Kernel*) zu tun haben, wie beispielsweise mit der Ein- und Ausgabe oder der Speicherverwaltung
- **user32.dll** Diese Bibliothek enthält Funktionen, die mit der Benutzeroberfläche zusammenhängen, wie z.B. Funktionen zur Erstellung von Fenstern, Steuerelementen und Dialogfeldern
- **gdi32.dll** Diese Bibliothek enthält Funktionen, die mit der grafischen Ausgabe auf dem Bildschirm und dem Drucker zu tun haben, hierzu gehört auch die Textausgabe
- **winmm.dll** Diese Bibliothek enthält Funktionen, die mit Multimediafunktionen in Verbindung stehen, wie z.B. die Steuerung von Audio- und Videogeräten oder Joysticks
- **shell32.dll** Diese Bibliothek enthält Funktionen, die mit der Benutzerschnittstelle auf einer hohen Ebene zu tun haben, wie z.B. Drag & Drop-Operationen für Dateien, oder die Verwaltung von Verknüpfungen zwischen Dateien

Leider besitzen API-Funktionen den Ruf, besonders schwierig und nur etwas für absolute Profis zu sein. Das ist aber ganz und gar nicht so.

# Die *Declare*-Anweisung

Den Entwicklern von VB(A) ist es zu verdanken, dass man einen großen Teil der Funktionen und Prozeduren, die sich in Standardbibliotheken befinden, auch benutzen kann. Den Schlüssel dazu bietet die `Declare`-Anweisung.

Als Prozedur ist die Anweisung wie folgt aufgebaut (optionale Parameter sind dabei in eckige Klammern »[]« eingeschlossen):

```
[Public/Private] Declare Sub SubName _
   Lib "Dll-Name" [ _
   Alias "Aliasname"] ( _
   [Argumente])
```

Das Gleiche als Funktion:

```
[Public/Private] Declare Function FuncName _
   Lib " Dll-Name " [ _
   Alias "Aliasname"] ( _
   [Argumente] _
   ) [As Typ]
```



- **[Public/Private]** Der optionale Parameter `[Public/Private]` zu Beginn der Anweisung legt den Gültigkeitsbereich der deklarierten Prozedur oder Funktion fest. `Public` bedeutet dabei, dass die Funktion oder die Prozedur allen Modulen zur Verfügung steht, bei `Private` ist sie nur in dem Modul verfügbar, in dem die Deklaration steht.
- **Declare** Anschließend muss das Wort `Declare` folgen. Je nachdem, ob es sich dabei um eine Prozedur oder eine Funktion handelt, schließt sich eines der Wörter `Sub` oder `Function` zur Kennzeichnung an.
- **Prozedur- und Funktionsname** Darauf folgt der Name der Prozedur oder Funktion, die in der Bibliothek aufgerufen werden soll. Anführungszeichen um diesen Namen sind nicht zulässig, der gewählte Name muss mit dem tatsächlichen Funktionsnamen in der Bibliothek exakt übereinstimmen.

  Dabei wird grundsätzlich auf Groß- und Kleinschreibung geachtet. Wenn man einen *Alias* verwendet, kann man an dieser Stelle einen beliebigen anderen Namen verwenden, unter dem man anschließend im Code die Funktion ansprechen kann.
- **Lib** Der so genannte *Lib*-Abschnitt beginnt mit der Zeichenfolge `Lib`, darauf folgt der Name der Bibliothek, in der diese Funktion zu finden ist. Falls sich die Bibliothek nicht im Systemverzeichnis befindet, muss man auch den Pfad mit angeben.

  Bei einigen Bibliotheken braucht die Dateinamenserweiterung *.dll* nicht angehängt zu werden. Das ist bei den drei Hauptbibliotheken *kernel32.dll*, *user32.dll* und *gdi32.dll* der Fall.
- **[Alias]** Falls der Name, unter dem die Funktion in der Bibliothek zu finden ist, mit einem anderen Namen kollidiert oder aus einem anderen Grund nicht gefällt, kann man einen optionalen *Alias* benutzen. Nach dem Schlüsselwort `Alias` folgt der eigentliche Funktionsname, der diesmal aber in Anführungszeichen gesetzt wird. Auch bei der Verwendung eines *Alias* wird auf Groß- und Kleinschreibung des Funktionsnamens geachtet.

Mit einem *Alias* ist es zum Beispiel möglich, einer einzigen Funktion verschiedene Namen zu geben, beispielsweise um typensichere Deklarationen zu schreiben. Statt bei einem der Parameter den typenlosen Datentyp `As Any` zu verwenden, kann man ihn mit dem gewünschten Datentyp deklarieren, und dieser Funktion dabei einen anderen Namen geben.

Ein *Alias* wird auch sehr oft bei Funktionen verwendet, die mit Zeichenketten (*Strings*) arbeiten. Häufig gibt es in der API nämlich zwei Varianten der gleichen Funktion, eine für *ANSI* (A), und eine für *Unicode* (W für Wide), erkennbar an einem der Buchstaben »A« oder »W« am Ende des Funktionsnamen.

- **Parameterliste** Auf den *Lib*-Abschnitt und den optionalen `Alias` folgt die Parameterliste. Dabei müssen die Datentypen mit angegeben werden. An dieser Stelle ist auch der typenlose Datentyp `Any` erlaubt, den man aber sehr sparsam verwenden sollte. Besser ist es in jedem Fall, den Datentyp anzugeben, der auch übergeben werden soll, notfalls kann man ja durch die Verwendung eines *Alias* mehrere Deklarationen schreiben.

  Sehr wichtig ist es, anzugeben, ob der Parameter als Wert `ByVal` oder als Referenz `ByRef` übergeben werden soll. Merken kann man sich, dass Zeichenketten immer als Wert (`ByVal`) deklariert sein müssen, auch wenn der Parameter eine geänderte Zeichenkette zurückgeben soll. Man sollte nicht auf die Idee kommen, dies eigenmächtig zu ändern.

- **[Rückgabetyp]** Bei Funktionen muss man am Ende unbedingt den Rückgabetyp mit angeben. Das ist in den meisten Fällen `Long`. Vergisst man dies, wird `Variant` angenommen, was zu schwerwiegenden Fehlern führen kann.

Da die API fast ausschließlich aus Funktionen besteht, werden wir im weiteren Verlauf dieses Kapitels nur noch von API-Funktionen sprechen, selbst wenn es sich hin und wieder doch um eine Prozedur handelt.

# Grundlagen

Mit der `Declare`-Anweisung wird dafür gesorgt, dass API-Funktionen unter VBA verfügbar gemacht werden. Man kann nach der Deklaration also sofort loslegen und alle möglichen Funktionen selbst ausprobieren.

Aber selbst wenn man weiß, welchen Zweck die Funktionen erfüllen sollen und man zudem noch die richtige Deklaration benutzt, stellt sich recht bald die große Ernüchterung ein. Es funktioniert meistens nicht so, wie es soll, oder die Anwendung, in diesem Fall Excel, stürzt einfach ab.

Nach diesen ersten negativen Erfahrungen lassen viele VBA-Programmierer frustriert die Finger von diesen Funktionen. Das ist sehr schade, denn gerade der Einsatz der API erweitert den Funktionsumfang von VBA ganz enorm, und manche Sachen lassen sich ohne API erst gar nicht realisieren. Mit dem entsprechenden Hintergrundwissen ist es aber gar nicht so schwer, API-Funktionen erfolgreich einzusetzen.

Das große Problem beim Einsatz von API-Funktionen ist, dass diese in einer anderen Sprache als VBA geschrieben sind. Außerdem sind sie eigentlich nicht dafür vorgesehen, von VBA benutzt zu werden. VB (Visual Basic) oder das verwandte VBA (Visual Basic für Applikationen) als eine Hochsprache verbirgt fast alles, was sich tatsächlich bei der Programmausführung auf Betriebssystemebene abspielt. Das ist auch gut so, denn nur deshalb konnte diese Programmiersprache überhaupt ihren Siegeszug antreten.

Um aber API-Funktionen zu verstehen und erfolgreich einzusetzen, muss man schon etwas mehr wissen als der durchschnittliche VBA-Programmierer. In den folgenden Abschnitten finden Sie daher eine kleine Einführung in die zugrunde liegenden Mechanismen.

# Speicherverwaltung

Windows stellt jeder Anwendung 4.294.967.296 Bytes linearen Speicher zur Verfügung, das sind somit 232 unterschiedliche Speicheradressen. Die Anwendung kann (mit Einschränkungen) beliebig in diesem Speicherbereich auf Daten oder Programmcode zugreifen. Zur Adressierung werden 32-Bit-Zeiger benutzt; ein solcher Zeiger ist ganz einfach ein Longwert, der als nicht vorzeichenbehaftet interpretiert wird.



Tatsächlich wird aber nur die erste Hälfte des vier Gigabyte großen Speicherbereichs zum Speichern von Anwendungsdaten benutzt. Der Bereich oberhalb von etwa zwei Gigabyte ist reserviert für gemeinsam benutzte Objekte, Bibliotheken, System-DLLs und Gerätetreiber. Auch die ersten vier Megabyte sind nicht frei verfügbar.

Es wäre technisch und preislich kaum machbar, jeder Anwendung diese vier Gigabyte Speicher in Form von eigenen Speicherriegeln zur Verfügung zu stellen. Der tatsächlich vorhandene Speicher wird deshalb vom Betriebssystem so verwaltet, dass die Anwendungen der Meinung sind, ihnen steht dieser Speicher tatsächlich ohne Einschränkungen zur Verfügung. Die eigentliche Abbildung des virtuellen in den physischen Speicher und der Zugriff darauf wird von der virtuellen Speicherverwaltung des Betriebssystems geregelt.

Aus dieser Tatsache ergibt sich zwangsläufig, dass gleiche Speicheradressen von mehreren Anwendungen gleichzeitig und unabhängig voneinander benutzt werden können. An welcher Stelle im physischen Speicher die Daten nun tatsächlich abgelegt werden, ist nicht vorhersehbar. Für die Anwendung selbst ist das aber auch vollkommen uninteressant. Die Daten können je nach Speicherauslastung sogar in die *Swapdatei* (Auslagerungsdatei) ausgelagert werden. Der Zugriff darauf ist aber langsamer als auf den Hauptspeicher.

Jeden einzelnen der vier Gigabyte großen, verfügbaren Speicherbereiche nennt man den Prozessarbeitsraum der Anwendung, beziehungsweise des zugehörigen Prozesses. Die einzelnen Prozessarbeitsräume der Anwendungen sind zumindest bei NT und dessen Nachfolger Windows 2000, Windows Server 2003, Windows XP, Windows Vista oder Windows 7 strikt voneinander getrennt.

# VBA im 64-Bit-Betrieb

Mit der Ankunft von Office 2010 kommt auch eine massive, architektonische Änderung: In Zukunft werden Sie Office auch in einer 64-Bit-Variante installieren können. Mit dieser Umstellung erfolgt auch der Versionswechsel der Programmiersprache mit der Sie entwickeln von VBA 6 auf VBA 7.

Was heißt das für Sie als VBA-Programmierer? Erst mal gar nicht so viel. VBA-Skripts werden von Office recht weit vom System abgekapselt und sind in den meisten Fällen nicht betroffen. Anders sieht es allerdings mit Programmen aus, die auf die Unterstützung der Windows-API setzen. Hier wird sehr oft mit Pointern auf Speicher und Funktionen gearbeitet.

Die Speichergröße eines Pointers, so wie er vom System verwendet wird, richtet sich immer nach der Architektur des Systems. Pointer auf einer 32-Bit-CPU und dem passenden 32-Bit-Betriebssystem arbeiten mit einer Pointergröße von – ja, Sie ahnen es schon – 32 Bit. Auf einem 64-Bit-

Betriebssystem muss daher etwas umgedacht werden. Für Programme, die mit systemnahen Programmiersprachen wie beispielsweise C++ entwickelt wurden, muss das Programm entsprechend neu kompiliert werden, wenn es mit 64 Bit arbeiten soll.

Bei VBA bleibt zum Glück alles gleich, weswegen ältere Programme aus vorherigen Office- bzw. VBA-Versionen normalerweise weiterhin laufen. Sobald aber Pointer ins Spiel kommen, müssen Sie etwas umdenken. Bisher haben Sie für die Speicherung eines Pointers unter VBA den Variablentyp `Long` verwenden können. Dieser entspricht der Größe von 32 Bit und reichte zur Speicherung eines solchen Pointers aus.

Beginnen Sie nun Ihre Arbeit auf 64 Bit, wird Ihnen die Entwicklungsumgebung mitteilen, dass die bisherige Vorgehensweise zu Fehlern führt und Sie Ihren Quellcode bereit für 64 Bit machen sollen. Damit diese Fehlermeldung nicht mehr erscheint, müssen Sie zu Ihrer Deklaration der API-Methoden das Schlüsselwort `PtrSafe` einfügen, um zu bescheinigen, dass Sie sich Gedanken über diese Deklaration gemacht haben.

Das reicht jedoch nicht aus. Für die Verwendung von Pointern wurde in der neuen Office-Version ein neuer Datentyp eingeführt: `LongPtr`. Dessen Speichergröße ist abhängig vom darunter liegenden Office-System und passt sich somit der Umgebung an – Sie sind also bei der Änderung des Datentyps bei Pointern von `Long` auf `LongPtr` fein raus.

**Listing 24.1** Anpassung des Pointer-Datentyps für 64-Bit-Systeme

```
Declare PtrSafe Function RegOpenKeyA Lib "advapire32.dll" (ByVal hKey As _
    LongPtr, ByVal lpSubKey As String, phkResult As LongPtr) As Long
```

Leider trifft das nur zu, wenn Sie vorhaben, nur noch für Office 2010 (und höher) zu entwickeln, weil nur dort dieser neue Datentyp und auch das Schlüsselwort für die Deklaration existieren. Soll Ihr Code weiterhin auf älteren Office-Produkten lauffähig sein, können Sie auf zwei neue Präprozessor-Konstanten prüfen, um eine bedingte Deklaration Ihrer API-Aufrufe zu ermöglichen.

**Listing 24.2** Bedingte Deklaration

```
#if VBA7 then
   Declare PtrSafe Sub MessageBeep Lib "User32" (ByVal N AS Long)
#else
   Declare Sub MessageBeep Lib "User32" (ByVal N AS Long)
#end if
```

Um es zusammenzufassen: Vorhandene API-Aufrufe sind lauffähig in vorherigen Version und in der 32-Bit-Version von Office 2010. Eine überarbeitete Version der API-Deklarationen mit `PtrSafe` und `LongPtr` läuft in beiden Ausführungen von Office 2010, nicht aber in älteren Versionen. Erst die bedingte Deklaration auf Basis der System-Konstanten `VBA7` macht Ihren Code kompatibel mit allen Office-Varianten.

Weiterführende Informationen zu diesem Thema finden Sie auf MSDN unter *http://msdn.microsoft.com/de-de/library/ee691831(en-us,office.14).aspx*

# Stapel (Stack)

Jede Anwendung reserviert sich einen eigenen Speicherbereich, der sich *Stack* oder auf Deutsch *Stapel* nennt. Dieser extrem wichtige Speicherbereich wird aber nicht vom Anwendungsprogramm selbst verwaltet, sondern ausschließlich von der CPU (*Central Processing Unit* oder *Prozessor*). Der Zugriff darauf geschieht unter Zuhilfenahme eines Prozessorregisters, das sich *Stackpointer* oder *Stapelzeiger* nennt. Dieses Register enthält immer einen Zeiger auf den letzten Eintrag im Stapel.

Der Stapel wird unter anderem zur Parameterübergabe an Funktionen und Prozeduren benutzt. Die aufgerufene Prozedur legt einen Zeiger oder die Daten selbst auf den Stapel. Von dort werden die Parameter von der aufgerufenen Prozedur eingelesen, egal ob an dieser Stelle etwas Sinnvolles vorhanden ist oder nicht.

Unter der schützenden Hülle von VBA wird dafür gesorgt, dass dort nichts hineinkommt, was die Anwendung gefährden könnte. Sobald Sie mit API-Funktionen arbeiten, verlassen Sie aber den gesicherten Bereich. Beim Einsatz von API-Funktionen prüft VBA zwar noch, ob gemäß der Deklarationsanweisung der richtige Datentyp übergeben wurde. Ob die Deklaration überhaupt stimmt, kann VBA aber nicht erkennen.

Eine aufgerufene API-Funktion holt sich die übergebenen Parameter vom Stack ab, und zwar an der Stelle, die sie unter Zuhilfenahme des Stapelzeigers berechnet hat. Die Daten an dieser Stelle werden als das interpretiert, was von der API erwartet wird. Steht dort etwas anderes, stürzt die Anwendung ab, oder – was noch etwas schlimmer ist – sie arbeitet möglicherweise falsch. So kann es sogar vorkommen, dass ein Fehler über einen längeren Zeitraum unbemerkt bleibt.

# Parameterübergabe

Nahezu alle groben Fehler beim Umgang mit der API werden bei der Parameterübergabe gemacht. Es können beispielsweise die falschen Werte übergeben werden, oder man übergibt Parameter als Wert, wenn eine Referenz angebracht ist und umgekehrt.

## Deklaration

Im Zusammenhang mit der Parameterübergabe kann auch die Deklaration, die verwendet wird, bereits fehlerhaft sein. Die eingesetzte Bibliothek gibt keinerlei Auskunft darüber, welche Parameter mit welchem Datentyp von der enthaltenen Funktion überhaupt erwartet werden. Man muss sich dabei auf die Dokumentationen von MSDN verlassen oder sich die *Headerdateien* besorgen, die für die Programmiersprache C geschrieben sind. Im letzten Fall muss man diese Dateien aber auch interpretieren können.

Das *Microsoft Platform SDK* enthält auch eine komplette Dokumentation für die Windows-API und ist bei Microsoft kostenlos über die *Microsoft Developer Network-Website (MSDN)* unter *http://www.microsoft.com/germany/msdn* verfügbar.

Microsoft hat den Programmierern von Visual Basic eine Textdatei (*WIN32API.TXT*) mitgegeben, die die Umsetzung eines großen Teils der Funktionen in die Visual Basic-Welt enthält. Darin sind die Deklarationen, die benutzerdefinierten Typen und die notwendigen Konstanten enthalten. Unter der Internetadresse *http://support.microsoft.com/kb/178020* kann man diese Datei herunterladen.

Der ultimative Klassiker unter den (englischsprachigen) Büchern zum Thema API ist das Buch von Dan Appleman »Visual Basic Programmer's Guide to the Win32 API«, weitergehende Informationen darüber findet man auf der Internetseite *http://www.desaware.com/products/books/com/vbpj32/index.aspx.*

Ein weiteres, hervorragendes Hilfsmittel ist das seit einiger Zeit leider nicht mehr weiter gepflegte Freeware-Programm *API-Guide.exe,* welches beispielsweise unter *http://allapi.mentalis.org/agnet/apiguide.shtml* heruntergeladen werden kann. Zu allen dort angeführten API-Funktionen existiert neben der Parameterbeschreibung (englisch) noch ein Beispiel.

Hilfreich ist auch das Tool »ApiViewer 3.10«, welches die meisten existierenden API-Deklarationen, die benötigten Konstanten und Typen auf Wunsch in die Zwischenablage befördert, sodass diese in der VB-Notation direkt in ein Codemodul eingefügt werden können. Eine Anlaufstelle zum Herunterladen ist beispielsweise *http://www.freeware-archiv.de/formular.php?id=10943.*

## ByVal/ByRef

Während unter VBA die Übergabe einer Variablen als Referenz (`ByRef`) lediglich zur Folge hat, dass die aufgerufene Prozedur auch Schreibzugriff auf das Original in der aufrufenden Prozedur besitzt, kann eine falsche Übergabe an eine API-Funktion fatale Folgen haben.

Viele API-Funktionen erwarten als Argument oder Parameter einen Zeiger, den es in VBA als gesonderten Datentyp gar nicht gibt. Solch ein Zeiger ist lediglich ein nicht vorzeichenbehafteter 32-Bit-Wert, der die Anfangsadresse eines Speicherblocks enthält. Die aufgerufene Funktion holt sich den gewünschten Zeiger vom Stapel, den die aufrufende Prozedur dort abgelegt hat.

Die vier Bytes, die an der Stelle des erwarteten Parameters stehen, werden dann von der aufgerufenen Funktion als ein Zeiger behandelt. Übergibt man an dieser Stelle eine Variable als Referenz (`ByRef`), die einen Wert enthält, steht dort auch tatsächlich ein solcher Zeiger.

Bei der Übergabe als Wert (`ByVal`) wird statt eines Zeigers der Wert dieser Variablen auf den Stapel gelegt. Die aufgerufene Prozedur interpretiert diesen Wert aber konsequenterweise als einen Zeiger auf eine Speicherstelle.

Wird von dieser Speicherstelle gelesen, passiert möglicherweise gar nichts, außer dass die Funktion falsche Werte verarbeitet. Bei einem Schreibzugriff stürzt unter Umständen die Anwendung augenblicklich ab, weil der Speicher dann ab dieser Adresse überschrieben wird. In diesem Fall merkt man wenigstens sofort, dass etwas schief gelaufen ist.

Umgekehrt ist es mindestens genauso schlimm. Nehmen wir an, die Funktion erwartet einen Wert, beispielsweise die Länge eines übergebenen Puffers, der überschrieben werden darf. Wenn man die Variable, die diesen Wert enthält, als Referenz übergibt, hat man bereits einen schwerwiegenden Fehler gemacht.

Eine Variable ist nämlich in Wirklichkeit ein Zeiger auf einen Speicherbereich, der den Wert enthält. Auf den Stapel wird bei der Übergabe als Referenz aber nicht der Wert gelegt, sondern der Zeiger auf die Speicherstelle, ab der der Wert zu finden ist.

Interpretiert eine API-Funktion solch einen Zeiger als den eigentlich relevanten Wert, werden möglicherweise Speicherbereiche außerhalb des Puffers überschrieben. Der Wert eines Zeigers ist nämlich meist größer als die Länge des angelegten Puffers.

## Strukturen

Strukturen, die von API-Funktionen verlangt werden, haben unter VBA in den benutzerdefinierten Typen ihre Entsprechung. Übergibt man als Referenz eine Variable, die einen benutzerdefinierten Typen enthält, wird die Speicherstelle auf den Stapel gelegt, ab der die Daten beginnen. Die API-Funktion holt sich dann ab dieser Speicherstelle die Daten. Stimmen Struktur und benutzerdefinierter Typ überein, gibt es damit kaum Probleme.

Leider richtet VBA Elemente benutzerdefinierter Typen unter bestimmten Umständen an Doppelwortgrenzen aus. Das heißt, endet ein Element des benutzerdefinierten Datentyps nicht an einer Doppelwortgrenze (Adresse ohne Rest durch den Wert 4 teilbar) und das nächste Element ist eines vom Datentyp `Long`, beginnt dieses Element nicht etwa sofort nach dem Ende des vorherigen Elements, sondern erst ab der nächsten Doppelwortgrenze.

Im folgenden Beispiel (Listing 24.3) ist das erste Element des benutzerdefinierten Typs `TestTyp` vom Datentyp `Integer`, das zweite Element ist vom Typ `Long`. Der Speicherbedarf für diesen Datentyp würde theoretisch bei sechs Bytes liegen, zwei Bytes für `Integer` und vier Bytes für `Long`, tatsächlich werden aber im Speicher acht Bytes belegt.



Listing 24.3 Ausrichten an Doppelwortgrenzen

```
Private Declare Sub CopyMemory Lib "kernel32" Alias _
    "RtlMoveMemory" ( _
    pDst As Any, _
    pSrc As Any, _
    ByVal ByteLen As Long)

Private Type TestTyp
   intX As Integer
   lngY As Long
End Type

Public Sub UDTAufbau()
   Dim udtTest          As TestTyp
   Dim i                As Long
   Dim strResult        As String
   Dim abytDest(1 To 8) As Byte

   ' Alle 6 Bytes mit dem Wert 255 füllen
   With udtTest
      .intX = &HFFFF
      .lngY = &HFFFFFFFF
   End With

   ' Typ in ein Byte-Array kopieren
   CopyMemory abytDest(1), ByVal udtTest, UBound(abytDest)

   ' Ausgabestring vorbereiten
   For i = 1 To 8
      strResult = strResult & "Byte " & i & " : " & abytDest(i) & vbCrLf
   Next

' Ausgabe der einzelnen Bytes als Text
   MsgBox "UDT=" & vbCrLf & _
         "Integer:FFFF" & vbCrLf & _
         "Long   :FFFFFFFF" & vbCrLf & _
```

**Listing 24.3** Ausrichten an Doppelwortgrenzen *(Fortsetzung)*

```
            "Result=" & vbCrLf & _
            Left(strResult, Len(strResult) - 2)

End Sub
```

**BEISPIEL** Das obige Listing befindet sich innerhalb der Beispieldateien zum Buch im Ordner *\Buch\Kap24*. Die Mappe nennt sich *Bsp24_01.xlsm*, der Code befindet sich im Modul *mdlUDT*.

Es werden also von VBA zwei Füllbytes eingefügt (Abbildung 24.3), wovon die API-Funktion natürlich nichts ahnt.

**Abbildg. 24.3** Ausrichten an Doppelwortgrenzen, Ausgabe der Bytes im Speicher

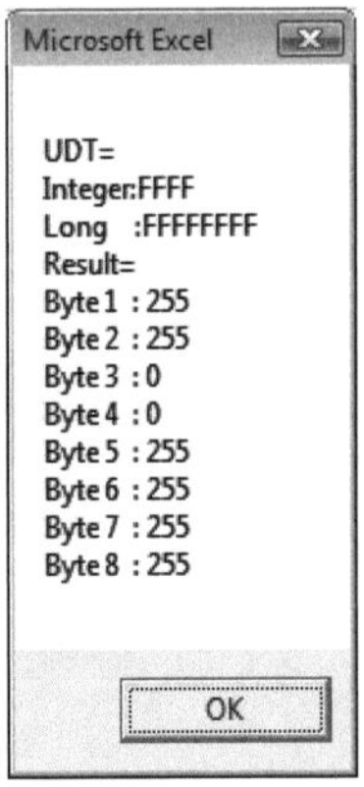


Glücklicherweise kommt es recht selten vor, dass man in die Verlegenheit kommt, darauf zu reagieren.

Werden von API-Funktionen *Strukturen* zurückgeliefert, handelt es sich oft nur um einen Zeiger auf die Speicherstelle, ab der diese Struktur beginnt. Um die Daten dort auszulesen und unter VBA weiterzuverarbeiten, legt man sich eine Variable mit dem entsprechenden benutzerdefinierten Datentyp an und kopiert dann mittels der API-Funktion `CopyMemory` den Speicherinhalt dort hinein.

# Datentypen

Die kleinste Informationseinheit in der Informatik ist das *Bit*. Es handelt sich dabei um eine Einheit, die zwei Zustände (An/Aus, 1/0, Wahr/Falsch) annehmen kann. Diese Informationen werden bei einem Computer in Speicherzellen als unterschiedliche Spannungspegel oder Ladungen abgelegt.

Mit den zwei Zuständen eines Bits kann man zwei unterschiedliche Buchstaben, einen Wahrheitswert oder zwei Zahlen darstellen, beispielsweise die von Null bis Eins. Die Welt besteht aber nicht nur aus zwei Zuständen, wenn man beispielsweise Text speichern oder übertragen will, sind 128 eindeutige Kombinationen sicher nicht zu viel.

Das entspricht der Anzahl der Kombinationen, die von sieben Bits (27=128) dargestellt werden können. Damit hat auch die Kommunikation im Internet begonnen und auf diese sieben Bits stützt sich heute noch das gesamte E-Mail System. Damit 8-Bit-Binärdaten mit 256 Kombinationen übertragen werden können, wird auch heute noch die so genannte *Base64-Codierung* eingesetzt.

Der momentan gebräuchliche ANSI- oder ASCII-Zeichensatz benötigt 256 Kombinationen. Auch deshalb werden 8 Bits (28=256) zu einem Byte zusammengefasst. Bleibt man bei der Speicherung von Zeichen, reichen diese 256 Kombinationen aber oft nicht mehr aus, wenn man zum Beispiel an asiatische Schriftzeichen denkt.

Deshalb wird häufig *Unicode* eingesetzt. In diesem Zeichensatz sind alle Zeichen definiert, die weltweit auf Rechnern verwendet werden. Momentan sind das etwa 40.000 Stück, wobei auch mathematische Formelzeichen und Steuerzeichen darin zu finden sind. Um auch für die Zukunft gerüstet zu sein, sind 65.536 Zeichen möglich. Benötigt werden dafür 216 unterschiedliche Kombinationen, somit ist ein Unicode-Zeichen zwei Bytes lang.

VBA verwendet intern generell Unicode. Unter NT und dessen Nachfolgern wie 2000, 2003, XP, Vista und Windows 7 werden auch unabhängig von VBA alle Zeichen als Unicode abgelegt.



## Nibbles

Es ist irgendwann einmal festgelegt worden, dass ein Byte acht Bit lang ist. Jedes der einzelnen Bits eines Bytes hat dabei eine bestimmte Wertigkeit (Tabelle 24.1).

**Tabelle 24.1** Wertigkeit einzelner Bits

| Bitfolge | Bitnummer | Wertigkeit |
|---|---|---|
| 00000001 | 0 | 1 |
| 00000010 | 1 | 2 |
| 00000100 | 2 | 4 |
| 00001000 | 3 | 8 |
| 00010000 | 4 | 16 |
| 00100000 | 5 | 32 |
| 01000000 | 6 | 64 |
| 10000000 | 7 | 128 |

Das niederwertigste Bit wird als Bitnummer Null bezeichnet, hat die Wertigkeit 1 (20=1) und erscheint bei der Darstellung der Bitfolge äußerst rechts. Das höchstwertige Bit eines Bytes ist nach dieser Rechnung das Bit mit der Nummer 7 und der Wertigkeit 128 (27=128), das in der Bitfolge als achtes von rechts erscheint.

Um zu dem gesamten Wert eines Bytes zu gelangen, addiert man die Wertigkeiten der einzelnen gesetzten Bits.

Jeweils vier Bits mit 16 Kombinationsmöglichkeiten werden zur besseren Darstellung zusammengefasst und als ein *Nibble* bezeichnet. Jede einzelne Kombination (Tabelle 24.2) der vier Bits wird durch ein anderes Zeichen (Hexcode) dargestellt. Für die Werte 0 bis 9 benutzt man die Ziffern, ab dem Wert 10 bis zum Wert 15 werden die Buchstaben A bis F verwendet.

Tabelle 24.2 Nibbles

| Dezimalwert | Hexcode | Binär |
|---|---|---|
| 0 | 0 | 0 |
| 1 | 1 | 1 |
| 2 | 2 | 10 |
| 3 | 3 | 11 |
| 4 | 4 | 100 |
| 5 | 5 | 101 |
| 6 | 6 | 110 |
| 7 | 7 | 111 |
| 8 | 8 | 1000 |
| 9 | 9 | 1001 |
| 10 | A | 1010 |
| 11 | B | 1011 |
| 12 | C | 1100 |
| 13 | D | 1101 |
| 14 | E | 1110 |
| 15 | F | 1111 |

Man kann also ein Byte, das sich aus zwei *Nibbles* zusammensetzt, auch durch die zwei *Hexziffern* darstellen. Damit funktioniert die Umrechnung in die Binärdarstellung mit Nullen und Einsen sehr flott, da man es lediglich mit 16 unterschiedlichen Kombinationen zu tun hat.

Datentypen wie `Byte`, `Integer`, `Long` und auch der skalierte Ganzzahlentyp `Currency` stellen Ganzzahlen durch eine eindeutige Kombination von gesetzten und nicht gesetzten Bits exakt dar. Mit einem Byte kann man 256 Zahlen darstellen, was dem Datentyp `Byte` entspricht. Zwei Bytes, oder ein Wort (`WORD`), wird für `Integer` verwendet. Und vier Bytes, also ein Doppelwort (`DWORD`), benötigt der Datentyp `Long`.

## Little Endian/Big Endian

Schreibt man die Bitfolge einer Ganzzahl auf ein Blatt Papier, wird das niederwertigste Bit immer rechts außen hingeschrieben, das höchstwertige Bit kommt nach links außen. Von rechts nach links werden die Ordnungszahlen der Bits also immer größer.

Beispielweise wird ein Integer-Wert folgendermaßen dargestellt:

| | |
|---|---|
| Wert: | 3 |
| Hexzahl: | &H0003 |
| Bitfolge: | 0000 0000 0000 0011 |

Man könnte also meinen, dass das linke Byte, welches das höchstwertige Bit enthält, an einer niedrigeren Speicherstelle steht, das andere Byte an der nächst höheren. Dem ist aber nicht so. In der Intel-Welt steht an der kleineren Speicheradresse tatsächlich das niederwertige Byte. Das Format nennt sich *Little Endian*.

Ein Speicherauszug der Integer-Zahl mit dem Wert &H00FF (255) in Hexdarstellung würde also folgendermaßen aussehen:

*FF 00*

Bei Longwerten sind aber nicht nur die einzelnen Bytes getauscht, sondern auch die einzelnen Wörter. Ein Wort (WORD) besteht dabei aus zwei Bytes, ein Longwert enthält also zwei Wörter oder ein Doppelwort (DWORD).

Nachfolgend ein kleines Listing zur Demonstration des Sachverhaltes bei Longwerten:

**Listing 24.4** Little Endian im Speicher

```
Private Declare Sub CopyMemory Lib "kernel32" _
   Alias "RtlMoveMemory" ( _
   pDst As Any, _
   pSrc As Any, _
   ByVal ByteLen As Long)

Public Sub LittleEndian()
   Dim lngLongwert          As Long
   Dim abytAufbau(1 To 4)   As Byte
   Dim strAusgabe           As String
   Dim i                    As Long
   lngLongwert = &H000000FF
   CopyMemory abytAufbau(1), lngLongwert, 4
   For i = 1 To 4
      strAusgabe = strAusgabe & _
         IIf(Len(Hex(abytAufbau(i))) = 1, "0", "") & _
         Hex(abytAufbau(i))
   Next
   strAusgabe = "Speicherauszug : " & strAusgabe
   MsgBox "Little Endian-" & Trim(strAusgabe), , "Wert : &H000000FF"
End Sub
```

**BEISPIEL** Das obige Listing befindet sich innerhalb der Beispieldateien zum Buch im Ordner *\Buch\Kap24*. Die Mappe nennt sich *Bsp24_01.xlsm*, der Code befindet sich im Modul *mdlLittleEndian*.

Das kleine Programm macht nichts anderes, als die vier Bytes, in denen der Longwert im Speicher abgelegt ist, in ein Byte-Array zu kopieren und auszugeben. Das entspricht dann einem aufsteigenden Speicherauszug. Das Ergebnis sehen Sie in Abbildung 24.4.

**Abbildg. 24.4** Speicherauszug eines Longwerts

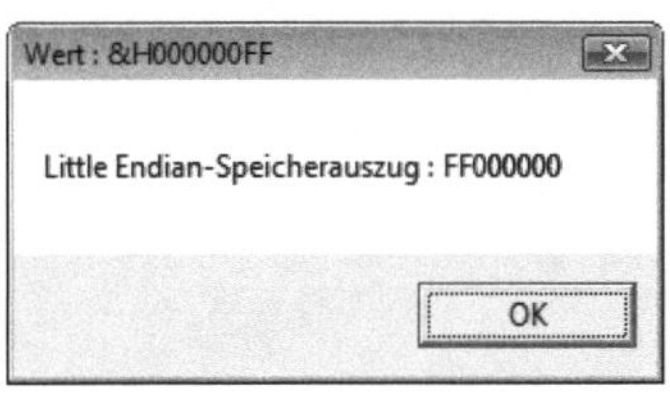

Ein Speicherauszug des gleichen Longwerts im *Big Endian*-Format würde dagegen folgendermaßen aussehen:

*00 00 00 FF*

Im Internet wird sogar in diesem Format übertragen.

## Vorzeichenlose Datentypen

Bei vorzeichenbehafteten Ganzzahlen, die in VBA üblich sind, wird das höchstwertige Bit (in der Bitfolgendarstellung äußerst links) als *Vorzeichenbit* verwendet. Ist dieses Bit gesetzt, wird die Zahl als negativ interpretiert.

Zum Berechnen der negativen Zahlen aus der Bitfolge kann man so vorgehen, dass erst alle Bits invertiert werden und anschließend der Wert 1 hinzugezählt wird. Das Ergebnis wird anschließend noch mit –1 multipliziert und ergibt den Wert der Variablen.

**Beispiel:**

| | |
|---|---|
| Bitfolge: | 1111 1111 1111 1111 1111 1111 1111 1111 |
| Hexcode: | F F F F F F F F |
| Bits invertieren: | 0000 0000 0000 0000 0000 0000 0000 0000 |
| Wert 1 hinzuzählen: | 0000 0000 0000 0000 0000 0000 0000 0001 |
| Wert ermitteln: | 1 |
| Mit –1 multiplizieren: | –1 |

Der Wert dieses vorzeichenbehafteten (*signed*) Longwertes `&HFFFFFFFF`, bei dem alle Bits gesetzt sind, stellt also die Zahl –1 dar.

Viele API-Funktionen benötigen aber vorzeichenlose Longwerte, die es in VBA nicht gibt. Im Aufbau besteht zwischen diesen beiden Datentypen jedoch kein Unterschied. Es handelt sich in beiden Fällen um eine Folge von 32 Bits, die lediglich unterschiedlich interpretiert werden.

Das Problem ist, einen positiven Wert, bei dem das höchstwertige Bit gesetzt ist, in eine vorzeichenbehaftete Variable zu bekommen. Ein einfaches Zuweisen ist wegen eines Überlaufs nicht möglich.

Nachfolgend (siehe Listing 24.5) sehen Sie einige Möglichkeiten, einen positiven Longwert, bei dem das höchstwertige Bit gesetzt ist, in einen vorzeichenbehafteten Longwert umzuwandeln:

**Listing 24.5** Umwandeln vorzeichenloser in vorzeichenbehaftete Longwerte

```
Private Declare Sub CopyMemory Lib "kernel32" Alias _
    "RtlMoveMemory" ( _
    pDst As Any, _
    pSrc As Any, _
    ByVal ByteLen As Long)

Private Type Tcur
    Cur As Currency
End Type

Private Type Tlong
    Lng As Long
End Type
```

**Listing 24.5** Umwandeln vorzeichenloser in vorzeichenbehaftete Longwerte *(Fortsetzung)*

```
Private Sub test()
   Dim curUnsignedLong  As Currency
   Dim strBits          As String
   Dim lngDestination   As Long

   ' 4294967295 ist zu groß für ein vorzeichenbehafteten
   ' Longwert, also wird Currency benutzt. Typkennzeichen @
   ' Currency ist eine skalierte Ganzzahl mit vier
   ' festen Nachkommastellen, deshalb wird durch 10000
   ' geteilt
   curUnsignedLong = 4294967295@

   lngDestination = MakeUnsignedLong1(curUnsignedLong)
   strBits = HexInBinStr(Hex(lngDestination))

   MsgBox "Zahl: " & curUnsignedLong & vbCrLf & _
      "Bitfolge: " & strBits & vbCrLf _
      & "Vorzeichenbehafteter Wert: " & lngDestination _
      , , "Bitschiebereien"

   lngDestination = MakeUnsignedLong2(curUnsignedLong)
   strBits = HexInBinStr(Hex(lngDestination))

   MsgBox "Zahl: " & curUnsignedLong & vbCrLf & _
      "Bitfolge: " & strBits & vbCrLf _
      & "Vorzeichenbehafteter Wert: " & lngDestination _
      , , "Copy Memory"

   lngDestination = MakeUnsignedLong3(curUnsignedLong)
   strBits = HexInBinStr(Hex(lngDestination))

   MsgBox "Zahl: " & curUnsignedLong & vbCrLf & _
      "Bitfolge: " & strBits & vbCrLf _
      & "Vorzeichenbehafteter Wert: " & lngDestination _
      , , "LSet"

End Sub

Private Function MakeUnsignedLong1( _
   ByVal curUnsigned As Currency) As Long
   If curUnsigned > 2 ^ 31 Then
      MakeUnsignedLong1 = (curUnsigned - 2 ^ 31)
      MakeUnsignedLong1 = MakeUnsignedLong1 Or &H80000000
   Else
      MakeUnsignedLong1 = curUnsigned
   End If
End Function

Private Function MakeUnsignedLong2( _
   ByVal curUnsigned As Currency) As Long
   Dim lngRet  As Long
   curUnsigned = curUnsigned / 10000
   ' Mit CopyMemory Speicher an andere Stelle kopieren
   CopyMemory lngRet, curUnsigned, 4
   MakeUnsignedLong2 = lngRet
End Function
```

Interessantes für Fortgeschrittene

**Listing 24.5** Umwandeln vorzeichenloser in vorzeichenbehaftete Longwerte *(Fortsetzung)*

```
Private Function MakeUnsignedLong3( _
   ByVal curUnsigned As Currency) As Long
   Dim udtCur        As Tcur
   Dim udtLong       As Tlong
   ' Currency in einen benutzerdefinierten Datentyp
   udtCur.Cur = curUnsigned / 10000
   ' LSet kopiert die rechte Struktur in die linke
   LSet udtLong = udtCur
   MakeUnsignedLong3 = udtLong.Lng
End Function

Function HexInBinStr(ByVal strHex As String) As String
Dim i          As Long
Dim bytDummy   As Byte

On Error GoTo Fehlerbehandlung

strHex = UCase(strHex)
Do While Len(strHex) > 0
    bytDummy = CByte("&H" & Right$(strHex, 1))
    For i = 0 To 3
        HexInBinStr = ((bytDummy And 2 ^ i) > 0) * -1 & HexInBinStr
    Next
    strHex = Left$(strHex, Len(strHex) - 1)
Loop

Fehlerbehandlung:
End Function
```

**BEISPIEL** Das obige Listing befindet sich innerhalb der Beispieldateien zum Buch im Ordner *\Buch\Kap24*. Die Mappe nennt sich *Bsp24_01.xlsm*, der Code befindet sich in Modul *mdlUnsigned*.

- **MakeUnsignedLong1** In dieser Version wird überprüft, ob in dem gewünschten vorzeichenlosen Longwert das höchstwertige Bit gesetzt ist. Ist das der Fall, wird von dem Wert die Zahl 2.147.483.648 ($2^{31}$) subtrahiert und das Ergebnis der vorzeichenbehafteten Longvariablen zugewiesen. Anschließend wird das Bit Nummer 31 gesetzt, indem die Zielvariable mit dem `Or`-Operator und dem Hexadezimalwert &H80000000 ($2^{31}$) verknüpft wird.
- **MakeUnsignedLong2** Mit `CopyMemory` wird ein Speicherbereich in einen anderen kopiert. Der Zielspeicherbereich ist der Speicherbereich, auf den die Variable `lngRet` verweist. Der Quellbereich ist durch die Variable `curUnsigned` definiert. Es werden in diesem Fall vier Bytes vom Quell- in den Zielbereich kopiert.

  Da die Variable `curUnsigned` vom Typ `Currency` eine skalierte Ganzzahl mit vier Nachkommastellen ist, muss man die eigentliche Zahl erst einmal durch 10.000 teilen, um die Bitkombination am niederwertigsten Bit auszurichten.
- **MakeUnsignedLong3** Die `Lset`-Anweisung kopiert neben dem Ausrichten einer Zeichenfolge auch eine Variable eines benutzerdefinierten Datentyps in eine Variable eines anderen benutzerdefinierten Datentyps. Das kann man sich hier zunutze machen, indem man die Variable `udtCur` vom Typ `Tcur` in die Variable `udtLong` vom Typ `Tlong` kopiert.

- **HexInBinStr** Diese Funktion wandelt eine Zahl, die im Hexcode als Zeichenkette übergeben wurde, in eine Zeichenfolge von Nullen und Einsen um, die dem Binärcode der Zahl entspricht.

Umgekehrt funktioniert dies ähnlich (siehe Listing 24.6).

**Listing 24.6** Umwandeln vorzeichenloser in vorzeichenbehaftete Longwerte

```
Private Function FromUnsignedToCur1(ByVal lngUnsigned _
   As Long) As Currency
   If lngUnsigned And &H80000000 Then
      FromUnsignedToCur1 = lngUnsigned And Not (&H80000000)
      FromUnsignedToCur1 = FromUnsignedToCur1 + 2147483648@
   Else
      FromUnsignedToCur1 = lngUnsigned
   End If
End Function

Private Function FromUnsignedToCur2(ByVal lngUnsigned _
   As Long) As Currency
   lngUnsigned = lngUnsigned
   CopyMemory FromUnsignedToCur2, lngUnsigned, 4
   FromUnsignedToCur2 = FromUnsignedToCur2 * 10000
End Function

Private Function FromUnsignedToCur3(ByVal lngUnsigned _
   As Long) As Currency
   Dim udtCur        As Tcur
   Dim udtLong       As Tlong
   udtLong.Lng = lngUnsigned
   LSet udtCur = udtLong
   FromUnsignedToCur3 = udtCur.Cur * 10000
End Function
```

**BEISPIEL** Das obige Listing befindet sich innerhalb der Beispieldateien zum Buch im Ordner *\Buch\Kap24*. Die Mappe nennt sich *Bsp24_01.xlsm*, der Code befindet sich im Modul *mdlUnsigned*.

- **FromUnsignedToCur1** In dieser Funktion wird zuerst überprüft, ob das höchstwertige Bit in der übergebenen Longvariablen gesetzt ist. Ist das der Fall, wird dieses Bit auf Null gesetzt und der verbliebene Wert wird dem Rückgabewert zugewiesen. Anschließend wird noch der Wert hinzuaddiert, der bei einem nicht vorzeichenbehafteten Longwert dem Wert des höchstwertigen (&H80000000) Bits entspricht.

  Würde man den Wert direkt zuweisen, ohne erst das höchstwertige Bit auf Null zu setzen, wäre das Ergebnis die negative Zahl, die dem vorzeichenbehafteten Longwert entspricht.

- **FromUnsignedToCur2** Mit `CopyMemory` wird ein Speicherbereich in einen anderen kopiert. Der Zielspeicherbereich ist der Speicherbereich, auf den der Rückgabewert der Funktion verweist. Der Quellbereich ist durch die Variable `lngUnsigned` definiert. Es werden in diesem Fall vier Bytes vom Quell- in den Zielbereich kopiert.

  Da die Variable `curUnsigned` vom Typ `Currency` eine skalierte Ganzzahl mit vier Nachkommastellen ist, muss man anschließend die Zahl mit 10.000 multiplizieren, da sonst die letzten vier Ziffern hinter dem Komma erscheinen würden.

- **FromUnsignedToCur3** Die `Lset`-Anweisung kopiert neben dem Ausrichten einer Zeichenfolge auch eine Variable eines benutzerdefinierten Datentyps in eine Variable eines anderen benutzerdefinierten Datentyps. Dies kann man sich hier zunutze machen, indem man die Variable `udtLong` vom Typ `Tlong` in die Variable `udtCur` vom Typ `Tcur` kopiert.

## Präfixe von API-Datentypen

In Deklarationsanweisungen findet man immer wieder Präfixe am Anfang eines Parameternamens. Diese Präfixe (Tabelle 24.3) kennzeichnen die Datentypen, die von den API-Funktionen gewünscht werden. Nachfolgend eine Liste der gebräuchlichsten API-Präfixe:

**Tabelle 24.3** Präfix von Datentypen

| Präfix | Typ | Beschreibung |
|---|---|---|
| *b* | Boolean | 32-Bit-Wahrheitswert. Null bedeutet Falsch, alles andere Wahr |
| *ch* | Char, Byte, Tchar | Vorzeichenloser 8 Bit-Wert. Bei `Tchar` auch 16 Bit |
| *lpfn* | FARPROC | 32-Bit-Funktionszeiger |
| *h* | Handle | Vorzeichenloser 32-Bit-Wert |
| *n* | Integer | Vorzeichenbehafteter 32-Bit-Wert |
| *l* | Long | Vorzeichenbehafteter 32-Bit-Wert |
| *lp* | Long Pointer | 32-Bit-Zeiger auf einen Speicherbereich |
| *lpi* | Long Pointer | 32-Bit-Zeiger auf einen vorzeichenbehafteten Wert |
| *w* | Word | Vorzeichenloser 16-Bit-Wert |
| *dw* | DoubleWord | Vorzeichenloser 32-Bit-Wert |
| *f* | Flag | 32-Bit-Wert, bei dem die einzelnen Bits besondere Bedeutung haben, sozusagen als Flagge dienen |

# Zeichenketten

Der Datentyp `String` stellt in VBA eine Besonderheit dar. Eine unkomplizierte Übergabe an eine API-Funktion ist zudem nicht immer möglich, deshalb wird diesem Datentyp ein eigener Abschnitt spendiert.

Zeichenketten (*Strings*) sind in VBA *BSTR*-Unicode-Strings (*BSTR = Basic String*). Im Gegensatz dazu werden von den meisten API-Funktionen *LPSTR*-Strings (*LPSTR = Long Pointer String*) benötigt.

Diese *BSTR*-Zeichenketten besitzen vor dem Speicherbereich, an dem die eigentlichen Zeichen beginnen, einen vier Byte großen Bereich, der die Anzahl der zum Speichern des Textes benötigten Bytes angibt. Dieser Speicherbereich wird als Longwert interpretiert.

Der gleiche Wert wird von der Funktion `LenB` geliefert. Wenn man die Anzahl der Zeichen ermitteln will, muss die Funktion `Len` benutzt werden. Da es sich in VBA um Unicode handelt, nimmt jedes Zeichen zwei Bytes in Anspruch. Hinter dem letzten Zeichen folgt zudem noch ein Nullwert.

Das abschließende Nullzeichen am Ende von *BSTR* und *LPSTR* ist bei Unicode zwei Bytes lang. Dieses Kennzeichen für das Ende der Zeichenkette darf man nicht mit dem Zeichen »0« verwechseln.

Die zwei abschließenden Bytes enthalten lediglich den Wert Null. Dieses Zeichen wird von der in VBA gültigen Konstante `vbNullChar` oder der Funktion `Chr(0)` geliefert.

Verwechseln sollte man `vbNullChar` aber nicht mit der Konstante `vbNullString`, die eine Zeichenfolge mit dem Wert Null darstellt, die wiederum nicht mit der leeren Zeichenkette »""« verwechselt werden darf.

Mit der API-Funktion `CopyMemory` kann man sich den Aufbau einer Zeichenkette im Speicher ansehen (Listing 24.7).

**Listing 24.7** Auslesen des Speicherinhalts einer BSTR-Zeichenkette

```
Private Declare Sub CopyMemory Lib "kernel32" Alias _
    "RtlMoveMemory" ( _
    pDst As Any, _
    pSrc As Any, _
    ByVal ByteLen As Long)

Sub Stringaufbau()
Dim strBSTR    As String
Dim abytBSTR() As Byte
Dim lngBytes   As Long
Dim i          As Long
Dim strResult  As String

strBSTR = "ab"
' Anzahl der Zeichen mal zwei plus den Longwert (4 Byte)
' für die Länge plus dem abschließenden Zeichen (2 Byte)
lngBytes = Len(strBSTR) * 2 + 4 + 2

ReDim abytBSTR(1 To lngBytes)

CopyMemory abytBSTR(1), ByVal StrPtr(strBSTR) _
   - 4, UBound(abytBSTR)

For i = 1 To lngBytes
   strResult = strResult & abytBSTR(i) & " - "
Next

' Ausgabe der einzelnen Bytes als Text
MsgBox """" & strBSTR & """" & vbCrLf & _
   "Länge (4 Bytes), " _
   & "a (2 Bytes), " & "b (2 Bytes), " & _
    "Endekennung (2 Bytes)" & vbCrLf & _
   Left(strResult, Len(strResult) - 3)

End Sub
```

**BEISPIEL** Das obige Listing befindet sich innerhalb der Beispieldateien zum Buch im Ordner *\Buch\Kap24*. Die Mappe nennt sich *Bsp24_01.xlsm*, der Code befindet sich im Modul *mdlString*.

Nachfolgend eine kurze Beschreibung des Codes.

Zu Beginn wird die Länge in Bytes ermittelt, die die Zeichenkette im Speicher insgesamt in Anspruch nimmt. Das sind die Anzahl der Zeichen, multipliziert mit zwei (Unicode), plus die Bytes des Longwertes, der die Länge angibt. Zu diesem Wert werden noch zwei Bytes für den abschließenden Nullwert am Ende hinzugezählt.

Danach wird ein Datenfeld vom Typ `Byte` in dieser Größe angelegt, das letztendlich den Speicherinhalt aufnimmt. `CopyMemory` kopiert anschließend den Speicherinhalt der Zeichenkette in das Datenfeld und zwar ab dem als Parameter übergebenen Element.

Wird von einem Datenfeld ein Element als Referenz übergeben, legt man dessen Speicheradresse auf den Stapel. Bei einem Datenfeld stehen die einzelnen Elemente nebeneinander im Speicher, deshalb wird an dieser Stelle das erste Element übergeben.

Die Speicheradresse der Zeichenkette wird mit der Funktion `StrPtr` ermittelt, von dieser Adresse wird dann noch die Anzahl (vier) der Bytes der Längenangabe abgezogen, da dieser Longwert noch vor der mit `StrPtr` ermittelten Speicheradresse liegt. Somit ist man im Besitz der Adresse auf den eigentlichen Beginn der Zeichenkette.

Diese Adresse wird an `CopyMemory` explizit als Wert (`ByVal`) übergeben. Vergisst man das Wort `ByVal`, liegt an der entsprechenden Stelle auf dem Stapel die Speicheradresse der Variable, an der die eigentliche Speicheradresse steht. Wie Sie sehen, ist auch hier die korrekte Parameterübergabe wichtig

So sieht das Ergebnis für die Zeichenkette »ab« aus:

**Tabelle 24.4** Unicodestring unter VBA

| Byte 1 | Byte 2 | Byte 3 | Byte 4 | Byte 5 | Byte 6 | Byte 7 | Byte 8 | Byte 9 | Byte 10 |
|---|---|---|---|---|---|---|---|---|---|
| 4 | 0 | 0 | 0 | 97 | 0 | 98 | 0 | 0 | 0 |
| Anzahl der Bytes | | | | Buchstabe a | | Buchstabe b | | Ende | |

Unter VBA ist zur Verwaltung der Zeichenkette lediglich der Longwert vor dem ersten Zeichen wichtig, das abschließende Zeichen hat keinerlei Bedeutung. In anderen Programmiersprachen gibt es diesen Longwert nicht, der die Länge der Zeichenkette beschreibt. Der String ist beim ersten Auftreten eines Nullzeichens zu Ende. In solchen Zeichenketten, die *LPSTR* genannt werden, ist also kein Zeichen mit dem ASCII-Code Null erlaubt, da dieses als Ende der Zeichenkette interpretiert würde.

Man kann das sehr leicht an der `MsgBox`-Funktion demonstrieren. Diese VBA-Funktion kapselt eigentlich nur die API-Funktion `MessageBoxA` aus der Bibliothek *user32*. Eine API-Funktion interpretiert ein Nullzeichen als Zeichenende, weshalb die dahinter liegenden Zeichen nicht mehr dargestellt werden.

Zur Demonstration kann man die folgende Codezeile im Direktfenster der Entwicklungsumgebung von Excel (VBE) eingeben und mit der [↵]-Taste abschließen.

```
MsgBox "Anfang-" & Chr(0) & "Ende"
```

Im Meldungsfeld wird nur der Text »Anfang-« ausgegeben (Abbildung 24.5)

**Abbildg. 24.5** Nullzeichen als Ende einer Zeichenkette

Unter VBA spielt dies keine Rolle. Dort sind alle Zeichen möglich, weil die Länge der Zeichenkette dem Longwert entnommen wird und ein auftretender Nullwert das Auslesen der Zeichenkette nicht beendet.

Eine Variable vom Typ `String` ist ein Zeiger auf den ersten Buchstaben, nicht auf den davor liegenden Longwert, der die Länge beschreibt. Auch *LPSTR*-Zeichenketten werden durch einen Zeiger auf das erste Zeichen referenziert. Darin gibt es also keinen Unterschied zu *BSTR*.

Wie bereits erwähnt, bestehen Zeichenketten in VBA aus Unicode-Zeichen. Jedes Zeichen belegt also im Speicher zwei Bytes. API-Funktionen verlangen aber Zeichenketten in ANSI, jedenfalls war das so, als VB(A) entwickelt wurde.

Mittlerweile gibt es schon für fast alle API-Funktionen, die mit Zeichenketten arbeiten, auch Unicode-Varianten. Unterscheiden kann man die Funktionen am letzten Buchstaben im Funktionsnamen. Bei ANSI-Funktionen ist der letzte Buchstabe ein großes »A«, bei Unicode steht dort stattdessen ein großes »W« für »Wide«.

Nun haben sich die Entwickler von VB(A) etwas ganz Raffiniertes einfallen lassen, um den VBA-Programmierer von der Umwandlung Unicode nach ANSI und zurück zu entlasten. Jede Zeichenkette, die man an eine API-Funktion übergibt, wird intern in eine Zeichenkette aus ANSI-Zeichen umgewandelt. Diese Speicheradresse wird letztendlich an die Funktion übergeben und der an dieser Stelle beginnende Speicherbereich wird bei Bedarf von der API-Funktion überschrieben.

Man sollte sich dabei nicht an dem Schlüsselwort `ByVal` in den Deklarationsanweisungen stören. Die übergebene Zeichenkette kann trotzdem von der API-Funktion verändert werden. Nach der Rückkehr wandelt VBA die ANSI-Kopie wieder in Unicode um, und wenn diese Kopie von der API-Funktion vorher verändert wurde, schlägt das also auch auf die Originalvariable durch.

Durch die automatische Umwandlung in die ANSI-Variante hat man Probleme, wenn man eine Unicode-Funktion der API benutzen möchte. In einem derartigen Fall muss man mit anderen Typen wie Byte-Arrays arbeiten, oder die Zeichenkette so umwandeln, dass sie anschließend beide Bytes des Unicode-Zeichens als ein eigenes Zeichen enthält. Dies lässt sich mit der `StrConv`-Funktion erledigen.

Das Ergebnis können Sie sehen, wenn Sie die folgende Codezeile im Direktfenster der Entwicklungsumgebung von Excel (VBE) eingeben und mit der [↵]-Taste abschließen:

```
Print StrConv("a",vbUnicode)
```

Zur Demonstration, was sich im Speicher abspielt, erst einmal einen Speicherauszug der Zeichenkette »a« in VBA (Tabelle 24.5):

**Tabelle 24.5** VBA-Zeichenkette, Speicherauszug

| Byte 1 | Byte 2 | Byte 3 | Byte 4 | Byte 5 | Byte 6 | Byte 7 | Byte 8 |
|---|---|---|---|---|---|---|---|
| 2 | 0 | 0 | 0 | 97 | 0 | 0 | 0 |
| Anzahl der Bytes | | | | Buchstabe a | | Ende | |

Nach der Umwandlung mit `StrConv` (Tabelle 24.6):

**Tabelle 24.6** VBA-Zeichenkette, Speicherauszug nach Umwandlung mit *StrConv*

| Byte 1 | Byte 2 | Byte 3 | Byte 4 | Byte 5 | Byte 6 | Byte 7 | Byte 8 | Byte 9 | Byte 10 |
|---|---|---|---|---|---|---|---|---|---|
| 4 | 0 | 0 | 0 | 97 | 0 | 0 | 0 | 0 | 0 |
| Anzahl der Bytes | | | | Buchstabe a | | | | Ende | |

Bei der Übergabe an eine API als *ANSI*-Kopie (Tabelle 24.7):

**Tabelle 24.7** ANSI-Kopie einer Zeichenkette bei der Übergabe an eine API-Funktion

| Byte 1 | Byte 2 | Byte 3 |
|---|---|---|
| 97 | 0 | 0 |
| Buchstabe a | | Ende |

Wie Sie sehen, ist hier die Unicode-Zeichenkette aber noch nicht richtig abgeschlossen, da dort am Ende zwei Nullzeichen stehen müssten. Deshalb hängt man vor der Umwandlung mit `StrConv` noch ein Nullzeichen an die Zeichenkette:

```
StrConv("a" & Chr(0) ,vbUnicode)
```

Nun sieht die an die API übergebene Zeichenkette folgendermaßen aus (Tabelle 24.8):

**Tabelle 24.8** ANSI-Kopie einer Zeichenkette

| Byte 1 | Byte 2 | Byte3 | Byte 4 |
|---|---|---|---|
| 97 | 0 | 0 | 0 |
| Buchstabe a | | Ende | |

Leichter ist in den meisten Fällen die Verwendung eines dynamischen Byte-Arrays (eindimensionales Datenfeld mit Elementen vom Typ `Byte`), dessen erstes Element man als Referenz statt einer Zeichenkette übergibt. Die Deklaration muss aber dementsprechend angepasst werden.

Die Umwandlung einer Zeichenkette in ein Byte-Array ist sehr leicht. Sie müssen sie lediglich deklarieren und zuweisen:

```
Dim abytText() As Byte
abytText = "Text" & Chr(0)
MsgBox abytText
MsgBox Left(abytText, 2)
```

Das an den Text gehängte Zeichen mit dem ASCII-Code Null ist dafür da, das abschließende Nullzeichen zu generieren. Die folgende Tabelle stellt die Elemente des Byte-Arrays (Tabelle 24.9) nach der Zuweisung dar:

**Tabelle 24.9** Inhalt des Byte-Arrays *abytText*

| Element Nummer | 0 | 1 | 2 | 3 | 4 | 5 | 6 | 7 | 8 | 9 |
|---|---|---|---|---|---|---|---|---|---|---|
| **Wert** | 84 | 0 | 101 | 0 | 120 | 0 | 116 | 0 | 0 | 0 |
| **Buchstabe** | T | | e | | x | | t | | | |

Das Byte-Array kann in VBA wie jede andere Zeichenkette behandelt werden.



# Datenfelder (Arrays)

Datenfelder oder Arrays sind eine Menge von gleichartigen Elementen, die durch ihren Index eindeutig identifiziert werden können. Es sind auch mehrdimensionale Arrays möglich, wobei die obere Grenze bei 60 Dimensionen liegt. Wenn man den kleinsten Index bei der Deklaration nicht mit angibt und die `Option Base`-Anweisung nichts anderes vorgibt, beginnt die Zählung beim Index Null.

Dynamische Arrays, in der die Größe und die Dimensionen während der Laufzeit angepasst werden können, kann man anlegen, indem man bei der Deklaration die Klammer, in der man die untere und obere ganzzahlige Grenze angibt, leer lässt.

Mit der `ReDim`-Anweisung kann man anschließend die Anzahl der Dimensionen, die Anzahl der Elemente und die oberen und unteren Grenzen anpassen. Die `ReDim Preserve`-Anweisung erlaubt es sogar, die obere Grenze der letzten Dimension anzupassen, ohne die schon gespeicherten Werte im Array zu überschreiben.

Für den Inhalt des Arrays wird im Speicher ein Bereich reserviert, in dem die Daten der Elemente abgelegt werden. Bei eindimensionalen Arrays (Tabelle 24.10) stehen alle Daten nach dem Index aufsteigend geordnet direkt nebeneinander, bei zweidimensionalen (Tabelle 24.11) erst alle Elemente der ersten Dimension, dann folgen die der anderen Dimensionen.

**Tabelle 24.10** Eindimensionales Datenfeld im Speicher

| Index | (0) | (1) | (2) | (3) | (4) | (5) |
|---|---|---|---|---|---|---|
| Adresse | 0 | +1 | +2 | +3 | +4 | +5 |

**Tabelle 24.11** Mehrdimensionales Datenfeld im Speicher

| Index | (0,0) | (1,0) | (2,0) | (0,1) | (1,1) | (2,1) |
|---|---|---|---|---|---|---|
| Adresse | 0 | +1 | +2 | +3 | +4 | +5 |

Wie Sie erkennen können, ist es bei mehrdimensionalen Arrays ziemlich schwierig, unter Beibehaltung der bereits vorhandenen Daten die erste Dimension zu ändern. Man müsste dazu genau so oft Speicherinhalte verschieben, wie Elemente der zweiten Dimension vorhanden sind. Wahrscheinlich ist deshalb etwas derartiges in VBA auch nicht realisiert worden. Um dagegen die letzte Dimension zu ändern, muss lediglich Speicherplatz hinzugefügt oder entfernt werden.

# Funktionszeiger

Manche API-Funktionen benötigen einen Zeiger auf eine in VBA geschriebene Funktion, damit die API-Funktion die Möglichkeit bekommt, diese Funktion zurückzurufen.

Das kann bei dem Windows-Timer der Fall sein, der die durch diesen Zeiger referenzierte Funktion nach der abgelaufenen Zeit aufruft. Der Vorteil solch eines Timers gegenüber der `OnTime`-Methode besteht darin, dass nach der abgelaufenen Zeit die Funktion abgearbeitet wird, obwohl möglicherweise noch ein Dialogfeld offen ist, das den Code normalerweise in den Haltemodus versetzt.

Auch bei einem *Hook* (Haken), bei dem die Fensternachrichten auf eine eigene Prozedur umgeleitet werden, ist ein solcher Zeiger wichtig. Verschiedene API-Funktionen benachrichtigen auch über solch eine Rückruffunktion (Callbackfunktion), wenn bestimmte Ereignisse eingetreten sind.

Um solch einen Funktionszeiger zu übergeben, gibt es den `AddressOf`-Operator. Dieser übergibt die Adresse der nachgestellten Funktion, legt den Zeiger also direkt auf den Stapel:

```
AddressOf NameDerProzedur
```

Die angegebene Prozedur muss in einem Standardmodul stehen, das sich wiederum im gleichen VBA-Projekt befinden muss.

Manchmal benötigt man aber den Funktionszeiger als Wert, weil beispielsweise das Element eines benutzerdefinierten Datentyps diesen Wert annehmen muss. In diesem Fall muss man sich eine kleine Funktion schreiben, die den erforderlichen Wert liefert:

```
Private Function AddressOf_ToLong(ByVal FPointer As Long) _
   As Long
   AddressOf_ToLong = Fpointer
End Function
```

Beispielsweise wird das Element `lpfnCallback` des benutzerdefinierten Datentyps `BrowseInfo` wie folgt mit dem erforderlichen Wert gefüllt:

```
udtBrowseInfo.lpfnCallback = _
   AddressOf_ToLong(AddressOf MyCallback)
```

# CopyMemory

Eine sehr wichtige Funktion ist die API-Funktion `CopyMemory`. `CopyMemory` ist zwar eine der wichtigsten, aber andererseits auch eine der gefährlichsten API-Funktionen überhaupt. Es ist damit relativ leicht, Speicherbereiche zu überschreiben, die eigentlich unangetastet bleiben sollten. Die Verwechslung der Parameterübergabe `ByVal` mit `ByRef` ist dabei die häufigste Ursache für einen Absturz.

Die API-Funktion CopyMemory wird sehr häufig benutzt, um API-Strukturen in benutzerdefinierte Datentypen zu kopieren. Die Einsatzgebiete sind aber nicht nur darauf beschränkt. Sobald API-Funktionen irgendwelche Zeiger auf Speicherbereiche als Wert zurückliefern, muss der Speicherinhalt ab dieser Adresse in die VBA-Welt transferiert werden. Genau dafür ist CopyMemory bestens geeignet.

Nachfolgend die Deklaration und eine kurze Beschreibung:

```
Private Declare Sub CopyMemory _
   Lib "kernel32" Alias "RtlMoveMemory" ( _
   Destination As Any, _
   Source As Any, _
   ByVal Length As Long)
```



- **Funktionalität** Die Prozedur CopyMemory kopiert Daten von einem Datenblock im Speicher an eine andere Stelle im Speicher. Das gilt ausschließlich für Daten im gleichen Prozessarbeitsraum. Über Prozessgrenzen hinweg können damit keine Daten ausgetauscht werden.
- **Destination** Der Parameter Destination ist ein Zeiger auf den Zieldatenblock, der mit den Daten ab dem Zeiger Source überschrieben werden soll. Sie sollten sicherstellen, dass der Zieldatenblock größer oder gleich der Länge ist, die in Length angegeben wurde.

  Viele Abstürze rühren daher, dass dieser Parameter falsch übergeben wird. Übergeben Sie beispielsweise das erste Element eines Byte-Arrays als Wert (ByVal x(1)), haben Sie schon verloren. Der Wert des ersten Elements wird dann als Zeiger betrachtet und Speicher ab dieser Adresse überschrieben. Richtig wäre hier die Übergabe als Referenz (ByRef x(1)).
- **Source** Der Parameter Source ist ein Zeiger auf den Quelldatenblock, von dem Daten in den Zieldatenblock ab dem Zeiger Destination geschrieben werden sollen.
- **Length** Der Parameter Length gibt die Anzahl der Bytes an, die kopiert werden sollen

Diese API-Prozedur (eine der wenigen Prozeduren) erwartet für die ersten beiden Parameter einen Longwert auf dem Stack, der die Ziel- bzw. die Quelladresse angibt. Übergibt man das Element eines Arrays als Referenz (ByRef), wird genau so ein 4 Byte breiter Longwert mit der Adresse auf den Stack gelegt, selbst wenn man es bei den Daten mit einem Byte-Array zu tun hat.

Die Übergabe als Wert (ByVal) führt dagegen in fast allen Fällen zum sofortigen Absturz der Anwendung, da dabei der Wert, also der gespeicherte Inhalt der Variablen, auf den Stack gelegt wird. Und dieser Wert wird dann von der aufgerufenen API-Funktion/Prozedur vom Stack geholt und als Speicheradresse interpretiert.

Die gleiche Problematik gilt auch für andere Variablen, deren Speicheradresse man übergeben will. Nur die Übergabe als Referenz legt wirklich die Adresse zum Wert der Variablen auf den Stack.

Besitzt man statt einer Speicheradresse in Form einer Variablen eine Longvariable, die eine Speicheradresse als Wert enthält, muss man diese als Wert (ByVal) übergeben, sonst gibt es wiederum einen Absturz. Übergibt man in einem derartigen Fall diese Longvariable als Referenz (ByRef), wird die Speicheradresse zum Wert auf den Stack gelegt und nicht der Wert selbst, der in diesem Fall auf die eigentliche Adresse zeigt.

Solch einen Longwert mit einer Speicheradresse bekommt man beispielsweise mit den undokumentierten Funktionen VarPtr, ObjPtr und StrPtr. Übergibt man eine Variable, die einen solchen Wert enthält, als Referenz, wird auf den Stack zwar ein Longwert abgelegt, dieser verweist aber auf die Speicherstelle, an welcher der eigentliche Zeiger steht.

# Datenpuffer

Um Daten von API-Funktionen zu bekommen, wird neben dem eigentlichen Rückgabewert der Funktion häufig ein Datenpuffer eingesetzt. Die Adresse auf diesen Puffer wird als Parameter übergeben, das heißt man übergibt eine Variable als Referenz.

In den meisten Fällen wird dazu ein String-Puffer in der entsprechenden Größe verwendet. Dazu deklariert man eine String-Variable und weist dieser eine Zeichenkette in der gewünschten Länge des Puffers zu. Dazu bietet sich die VBA-Funktion `String` an. Als Füllzeichen verwenden wir fast durchgehend den Zeichencode Null, es lassen sich aber ohne Probleme auch andere Zeichen verwenden:

```
Dim strPuffer As String
strPuffer=String(50,0)
```

Arbeitet man mit Unicode-Funktionen, ist es meistens leichter, als Puffer entsprechend groß deklarierte Byte-Arrays zu verwenden:

```
Dim abytPuffer(1 To 100) As Byte
```

Muss man mit dem manipulierten Puffer noch weitere Berechnungen durchführen, oder die API-Funktion selbst wird sehr häufig aufgerufen, kann es einen Zeitvorteil bringen, statt mit einem String-Puffer gleich mit Byte-Arrays zu arbeiten.

Zum einen entfällt die Unicode/ANSI-Umwandlung bei jedem Aufruf einer API-Funktion. Zum anderen ist das Ansprechen eines Elements bei einem Datenfeld schneller, als mit der VBA-Funktion `Mid$` Teile der Zeichenkette zu extrahieren.

Übergeben wird im Falle eines Datenfeldes in den meisten Fällen das erste Element als Referenz (`ByRef`). Wie bereits mehrfach angesprochen, wird dabei die vier Byte große Adresse des Elementes auf den Stapel gelegt und nicht der Wert selbst. Diesen Sachverhalt kann man nicht oft genug wiederholen. Er ist einer der Grundpfeiler beim Verständnis der Arbeitsweise dieser Funktionen.

# Koordinaten (Größenangaben)

Koordinaten beginnen links oben beim Punkt 0,0 und werden nach rechts unten größer. Bei negativen Koordinaten liegt der Punkt außerhalb des sichtbaren Bereichs. Bei diesen Angaben muss man immer darauf achten, worauf sie sich beziehen. Manche API-Funktionen liefern beispielsweise Koordinaten in Bezug auf den Bildschirm und andere auf den Container, in dem sich das Objekt befindet.

Die Größenangaben in Excel sind in den meisten Fällen *Punkt*, was laut Hilfe etwa 0,35 mm entspricht. Die ab und zu verwendete Einheit *Twips* liegt bei 1/20 *Punkt*, oder auch 1/1.440 *Zoll*. Die Maßeinheit für API-Funktionen ist *Pixel*.

Eine weitere Maßeinheit ist *HIMETRIC*, welche definiert ist als ein Tausendstel eines Zentimeters. Bilder vom Typ *IPictureDisp* verwenden diese Maßeinheit. Noch exotischer ist *EM* (für engl. *equal M*) oder *GEVIERT*, welches die Schriftbreite und Schrifthöhe einer Schriftart angibt. Damit kann man recht wenig anfangen, aber kurz gesagt ist 1 EM die Browser-Standardschriftgröße.

Die Maßeinheiten *Zoll* und die metrische Einheit *Millimeter* sind in diesem Zusammenhang aber keine physisch greifbaren Einheiten, sie sind ein virtuelles Maß und entsprechen nicht einem mit dem Zollstock oder Lineal nachmessbaren *Zoll* oder *Millimeter*.

Bei den Einheiten muss man zum einen die Bildschirmauflösung, (Abbildung 24.6), zum anderen die physische Breite des Monitors und zum dritten die Auflösung in *DPI* (*Dots per Inch*) mit berücksichtigen (Abbildung 24.7).

**Abbildg. 24.6** Bildschirmauflösung

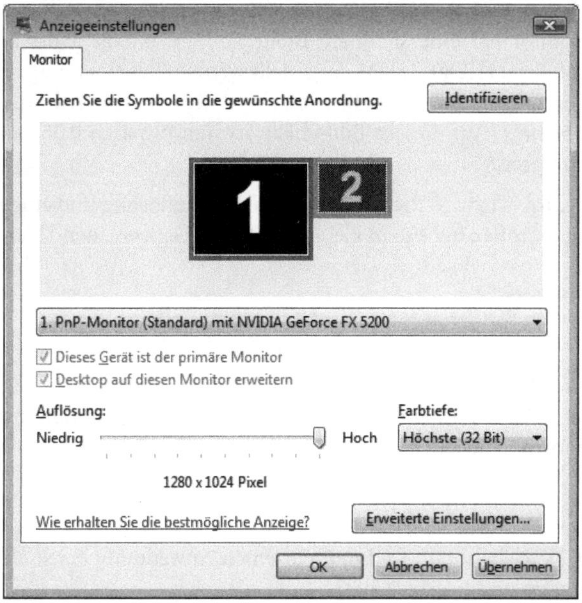


**Abbildg. 24.7** DPI-Wert

Auf den beiden Bildern ist zu erkennen, dass die Bildschirmauflösung auf 1.280x1.024 Pixel eingestellt ist, die DPI-Einstellung liegt bei 96 DPI.

Die Größe eines Punktes ist zudem abhängig vom Ausgabegerät. Dies kann neben dem Bildschirm auch ein Drucker oder ein anderes grafisches Ausgabegerät sein.

Nehmen wir im folgenden Beispiel einen Punkt am Bildschirm.

Ein fiktiver 20 Zoll großer Monitor hat eine sichtbare Breite von 15,75 Zoll. Dort können laut Einstellung nebeneinander 1.280 Pixel (1.280x1.024) dargestellt werden. Bei einer eingestellten Auflösung von 96 DPI sind also horizontal 13,33 virtuelle Zoll, also 33,86 virtuelle Zentimeter verfügbar (1.280/96). Ein Punkt (0,35 mm). Auf diesem Bildschirm ist nun physisch 0,35 mm mal 1,18 (15,75/13,33), also etwa 0,41 mm groß.

Bei der gleichen Anzahl der Pixel in X- bzw. Y-Richtung, der gleichen Auflösung und einem größeren Bildschirm ist demnach ein Punkt größer, bei einem kleineren Monitor entsprechend kleiner.

# Fenster

Wie man schon dem Namen (Windows) der Betriebssysteme von Microsoft entnehmen kann, spielen Fenster in diesen Betriebssystemen die alles entscheidende Rolle. Die meisten grafischen Objekte, Steuerelemente und auch UserForms sind solche Fenster.

## Fensternachrichten

Die Kommunikation zwischen Betriebssystem und den einzelnen Anwendung spielt sich fast ausschließlich zwischen Betriebssystem und Fenstern ab.

Windows ist vom Prinzip her ein ereignisgesteuertes System, das heißt, Ereignisse wie die Bewegung der Maus lösen Nachrichten aus. Der Empfänger solcher vom Betriebssystem abgesetzter Nachrichten ist erst einmal die *Thread Message Queue*, das ist ein Programm, welches in jedem Thread (Programmfaden) kontinuierlich läuft und nur auf solche Nachrichten lauscht. Dieses Programm wertet die eingehenden Nachrichten aus und sendet diese Nachrichten, zum Teil in modifizierter Form, weiter an die Fenster des eigenen Threads, für die diese Nachrichten wichtig sind.

Jedes Fenster besitzt wiederum ein Programm, das sich `WindowProc` nennt und für solche eingehenden Nachrichten zuständig ist. Nachfolgend finden Sie den Funktionskopf dieser Funktion:

```
Public Function WndProc( _
   ByVal hwnd As Long, ByVal wMsg As Long, _
   ByVal wParam As Long, ByVal lParam As Long _
   ) As Long
```

Die empfangenen Nachrichten werden darin ausgewertet und verschiedene Aktionen, wie beispielsweise das Neuzeichnen eines vorher überdeckten Bereichs, automatisch durchgeführt.

Aber auch die Interaktion mit dem laufenden Anwendungsprogramm wird in der `WindowProc` angestoßen, indem zum Beispiel die Ereignisprozedur `Click` einer Schaltfläche ausgelöst wird. Mittels *Subclassing* oder *Hook* ist es sogar möglich, sich in die Nachrichtenübermittlung einzuklinken und die Nachrichten zu empfangen, bevor diese die eigentliche `WindowProc` erreichen.

Da man die eingehenden Nachrichten anschließend selbst an die normalerweise zuständigen Fensterprozeduren weiterleiten muss, kann man bei einem Fehler recht schnell ein Anwendungsprogramm völlig blockieren. Andererseits lassen sich damit sehr schön unliebsame Nachrichten unterdrücken, indem man diese einfach nicht mehr weiter an die `WindowProc` schickt.

Man kann so bestimmte Nachrichten abfangen und durch andere ersetzen. Beispielsweise könnten Sie die Fensternachrichten, die beim Drücken und Loslassen der [,]-Taste gesendet werden, abfangen und durch die Nachrichten ersetzen, die durch die [.]-Taste ausgelöst werden.

## Fensterhierarchie

Die Fensterstruktur des Systems ist baumartig aufgebaut, mit dem Desktop als Wurzel, darunter befinden sich die Hauptfenster der einzelnen Anwendungen. Diese Fenster wiederum können Kind-Fenster, also Unterfenster besitzen, welche auch wieder Kind-Fenster besitzen können, die aber alle dem gleichen Prozess des Hauptfensters angehören.

Ein Fenster kann aber nicht nur ein Kind-Fenster besitzen, es sind auf einer Ebene mehrere Fenster möglich, die das gleiche Eltern-Fenster besitzen. Die Fenster auf einer Ebene sind also sozusagen Geschwister.



## Fensterklasse (*Class*)

Analog zu Objekten, die aus Klassen erzeugt werden, werden aus Fensterklassen Fensterobjekte. Die zugrunde liegende Fensterklasse legt grundlegende Eigenschaften der daraus erzeugten Fenster fest.

Mittels der API-Funktion `GetClassName` lässt sich mit Hilfe des Fensterhandles dessen Klassennamen ermitteln:

```
Private Declare Function GetClassName _
   Lib "user32" Alias "GetClassNameA" ( _
   ByVal hwnd As Long, _
   ByVal lpClassName As String, _
   ByVal nMaxCount As Long _
   ) As Long
```

- **Funktionalität** Mit der Funktion `GetClassName` kann man den Klassennamen des Fensters ermitteln. Als Funktionsergebnis liefert diese Funktion die Anzahl der in den Puffer kopierten Zeichen, wenn die Aktion erfolgreich war.
- **hwnd** Der Parameter `hwnd` ist das Handle des Fensters, dessen Klassenname gesucht wird.
- **lpClassName** Der Parameter `lpClassName` ist ein Puffer, in den die Funktion den Klassennamen schreibt. Der Puffer muss mindestens so groß sein, wie im Parameter `nMaxCount` angegeben ist.
- **nMaxCount** Der Parameter `nMaxCount` gibt die Größe des Puffers an, in den die Funktion den Klassennamen schreibt. Es muss sichergestellt sein, dass der Puffer mindestens so groß ist wie dieser Wert.

## Fenstertitel (*Caption*)

Die `Caption` oder der Fenstertitel ist eine weitere wichtige Eigenschaft eines Fensters. Dabei handelt es sich um den Text, der in der Titelleiste eines Fensters steht. Bei manchen Fensterklassen, die keine Titelleiste besitzen, wie beispielsweise bei der Klasse `Static` (Kind-Fenster eines Meldungsfeldes) ist das der Text, der im Fenster selbst angezeigt wird.

Mit Hilfe der API-Funktion GetWindowText kann man unter Zuhilfenahme des Fensterhandles diesen Text auslesen:

```
Private Declare Function GetWindowText _
    Lib "user32" Alias "GetWindowTextA" ( _
    ByVal hwnd As Long, _
    ByVal lpString As String, _
    ByVal cch As Long _
    ) As Long
```

- **Funktionalität** Mit der Funktion GetWindowText lässt sich der Fenstertitel ermitteln, also die Caption des Fensters. Als Ergebnis liefert diese Funktion die Anzahl der in den Puffer kopierten Zeichen, wenn die Aktion erfolgreich war.
- **hwnd** Der Parameter hwnd ist das Handle des Fensters, dessen Caption gesucht wird.
- **lpString** Der Parameter lpString ist ein Puffer, in den die Funktion den Fenstertitel schreibt. Der Puffer muss mindestens so groß sein, wie im Parameter cch angegeben ist.
- **cch** Der Parameter nMaxCount gibt die Größe des Puffers an, in den die Funktion den Fenstertitel schreibt. Es muss sichergestellt sein, dass der Puffer mindestens so groß ist wie dieser Wert.

## Fensterstil

Verschiedene Eigenschaften eines Fensters, wie beispielsweise das Vorhandensein von Bildlaufleisten und den Schaltflächen zum Minimieren oder Maximieren, werden durch den Fensterstil festgelegt. Darüber befinden zwei Longwerte, deren gesetzte und nicht gesetzte Bits darüber entscheiden, ob eine bestimmte Eigenschaft vorhanden ist. Das sind zum einen der normale und zum anderen der erweiterte Fensterstil.

Die API-Funktion GetWindowLong kann unter anderen den normalen und den erweiterten Stil eines Fensters liefern, mit SetWindowLong kann man diesen auch setzen.

Solche Longwerte, deren einzelne Bits unabhängig voneinander verschiedene Funktionen haben, werden auch *Flagfelder* genannt. Diese findet man immer wieder im Zusammenhang mit API-Funktionen. Meistens gibt es für jedes einzelne gesetzte Bit eine Konstante, deren Name schon weitgehend den Stil beschreibt.

Nachfolgend einige dieser Stilkonstanten (siehe Listing 24.8); mehr davon finden Sie im Code des Beispiels »Liste aller vorhandenen Fenster« ab Seite 823.

**Listing 24.8** Verschiedene Stilkonstanten

```
' Konstanten normaler Fensterstil
Private Const GWL_STYLE = -16

Private Const WS_MINIMIZE = &H20000000
Private Const WS_MAXIMIZE = &H1000000
Private Const WS_VSCROLL = &H200000
Private Const WS_HSCROLL = &H100000
Private Const WS_SYSMENU = &H80000
Private Const WS_MINIMIZEBOX = &H20000
Private Const WS_MAXIMIZEBOX = &H10000

' Konstanten erweiterter Fensterstil
```

**Listing 24.8** Verschiedene Stilkonstanten *(Fortsetzung)*

```
Private Const GWL_EXSTYLE = (-20)

Private Const WS_EX_DLGMODALFRAME = &H1&
Private Const WS_EX_MDICHILD = &H40&
Private Const WS_EX_RIGHTSCROLLBAR = &H0&
Private Const WS_EX_TOPMOST = &H8&
```

**BEISPIEL** Die obigen Deklarationen befinden sich innerhalb der Beispieldateien zum Buch im Ordner *\Buch\Kap24*. Die Mappe nennt sich *Bsp24_02.xlsm*, die Deklarationen befinden sich im Klassenmodul der UserForm *ufReadWindow*

Um zu überprüfen, ob das entsprechende Bit gesetzt ist, werden das Flagfeld und eine dieser Konstanten mit dem And-Operator verknüpft. Das Ergebnis ist anschließend ein Wert, der nur die gemeinsam gesetzten Bits beider verknüpfter Werte enthält:

```
If (lngStyle And WS_POPUPWINDOW) = WS_POPUPWINDOW Then
```

Benutzen sollte man ausschließlich die vorgegebenen Konstanten. Dies macht den Code lesbarer und auch erheblich wartbarer, als wenn man reine Zahlenwerte zum Überprüfen verwendet.

Zum Setzen eines oder mehrerer Bits wird der Or-Operator benutzt:

```
lngStyle = lngStyle Or WS_POPUPWINDOW
```

Zum Löschen wird die And-Verknüpfung benutzt, die Bits der Konstanten werden vorher aber invertiert (Not):

```
lngStyle = lngStyle And Not WS_POPUPWINDOW
```

## Fensterhandle

Auf einem System, bei dem mehrere Programme gleichzeitig laufen, können sehr leicht mehrere hundert Fenster zusammenkommen. Jedes einzelne Fenster besitzt dabei eine eigene unverwechselbare Zugriffsnummer, auch *Fensterhandle* (*HWnd*) genannt. Solch ein Fensterhandle ist wie jedes andere Handle ein Zeiger und somit ein Longwert.

Nahezu alle API-Funktionen, die mit Fenstern zu tun haben, benötigen ein Handle auf ein Fenster. Mit der API-Funktion FindWindow kann man mit Hilfe des Fenstertitels und/oder des Klassennamens das Handle eines Hauptfenster ermitteln.

Nachfolgend die Deklaration und Beschreibung dieser wichtigen Funktion:

```
Private Declare Function FindWindow _
   Lib "user32" Alias "FindWindowA" ( _
   ByVal lpClassName As String, _
   ByVal lpWindowName As String _
   ) As Long
```

- **Funktionalität** Die Funktion `FindWindow` durchsucht alle Hauptfenster, um das Fenster zu finden, welches den Suchkriterien entspricht. Ein Hauptfenster ist ein Kind-Fenster des Desktops. Nur Fenster auf dieser Ebene können mit dieser Funktion gefunden werden. Kind-Fenster der Hauptfenster oder deren Kinder müssen mit anderen Funktionen gesucht werden.

  Als Ergebnis liefert diese Funktion die Zugriffsnummer zurück. Ist das Ergebnis Null, wurde kein entsprechendes Fenster gefunden.

- **lpClassName** Der Parameter `lpClassName` ist eine Zeichenkette mit dem Klassennamen des Fensters. Wenn man den Klassennamen nicht kennt, wird ein Nullstring übergeben. Dafür verwendet man am besten die Konstante `vbNullString`.

  Vorsicht: Ein Nullstring ist nicht das Gleiche wie ein doppeltes Anführungszeichen (""). Wird eine solche leere Zeichenkette verwendet, sucht diese Funktion ein Fenster mit einer leeren Zeichenkette als Klassennamen, statt diesen Parameter zu ignorieren.

- **lpWindowName** Der Parameter `lpWindowName` ist eine Zeichenkette mit dem Text in der Titelleiste des Fensters. Wenn man den Fenstertitel nicht kennt, wird ein Nullstring übergeben. Dafür verwendet man am besten die Konstante `vbNullString`.

  Vorsicht: Ein Nullstring ist nicht das Gleiche wie ein doppeltes Anführungszeichen ("").Wird eine solche leere Zeichenkette verwendet, sucht diese Funktion ein Fenster mit einer leeren Zeichenkette als Fenstertitel, statt diesen Parameter zu ignorieren.

  Die Angabe des Klassennamens einer UserForm schränkt die Suche nach dem Fensterhandle zwar gewaltig ein, wenn man aber versionsunabhängigen Code schreiben will, sollte man darauf verzichten. Dies liegt daran, dass sich die Klassennamen seit Excel 97 bereits einmal verändert haben und man sich nicht darauf verlassen sollte, dass diese Namen zukünftig gleich bleiben.

Es gibt aber noch andere Möglichkeiten, an das Handle eines Fenstern zu kommen. Mit Hilfe der API-Funktion `GetWindow` kann man die komplette Fensterstruktur eines Systems durchlaufen. Das ist wichtig, da man mit der API-Funktion `FindWindow` nur auf der Ebene der Hauptfenster ein Handle ermitteln kann.

Nachfolgend die Deklaration und Beschreibung der Funktion `GetWindow`:

```
Private Declare Function GetWindow _
   Lib "user32" ( _
   ByVal hwnd As Long, _
   ByVal wCmd As Long _
   ) As Long
```

- **Funktionalität** Die Funktion `GetWindow` liefert das Handle des Fensters, das sich relativ zu einem anderen befindet. Das kann ein Kind-Fenster, das Eltern-Fenster oder ein anderes Fenster auf der gleichen Ebene, also mit dem gleichen Eltern-Fenster sein. Existiert kein solches gesuchtes Fenster, wird Null zurückgeliefert.

- **hwnd** Der Parameter `hwnd` enthält die Fensterzugriffsnummer des Fensters, zu dem sich das gesuchte Fenster relativ, wie im Parameter `wCmd` angegeben, befindet.

- **wCmd** Der Parameter `wCmd` enthält einen Wert, der angibt, in welcher Position sich das gesuchte Fenster relativ zu dem im Parameter `hwnd` angegebenen befindet.

  Die folgende Anweisung sucht ein Kind-Fenster des im Parameter `hwnd` angegebenen Fensters:

  ```
  Private Const GW_CHILD = 5
  ```

Die folgende Anweisung sucht das erste Fenster auf der Ebene des im Parameter hwnd angegebenen Fensters:

```
Private Const GW_HWNDFIRST = 0
```

Die folgende Anweisung sucht das letzte Fenster auf der Ebene des im Parameter hwnd angegebenen Fensters:

```
Private Const GW_HWNDLAST = 1
```

Die folgende Anweisung sucht das nächste Fenster relativ zu dem im Parameter hwnd angegebenen Fenster:

```
Private Const GW_HWNDNEXT = 2
```

Die folgende Anweisung sucht das vorherige Fenster relativ zu dem im Parameter hwnd angegebenen Fenster:

```
Private Const GW_HWNDPREV = 3
```

Die folgende Anweisung sucht den Besitzer des im Parameter hwnd angegebenen Fensters:

```
Private Const GW_OWNER = 4
```



## Devicekontext (DC)

Den Zugriff auf die grafische Oberfläche eines Fensters bekommt man über ein weiteres Handle, dem Handle auf den Devicekontext (Device Context, DC). Wenn also auf einem Fenster etwas gezeichnet oder geschrieben werden soll, benötigt man dessen DC.

Dazu leiht man sich mit der API-Funktion GetDC den aktuellen DC eines Fensters aus. Es ist wichtig, dass der ausgeliehene DC so schnell wie möglich mit ReleaseDC zurückgegeben wird, sonst gibt es Probleme mit den Funktionen, die normalerweise auf diese Zeichenflächen zugreifen.

Nachfolgend die Deklaration und Beschreibung der Funktion GetDC:

```
Private Declare Function GetDC _
   Lib "user32" ( _
   ByVal hwnd As Long _
   ) As Long
```

- **Funktionalität** Die Funktion GetDC liefert ein Handle auf die grafische Oberfläche eines Fensters. Es wird Null zurückgeliefert, wenn die Aktion fehlgeschlagen ist.
- **hwnd** Der Parameter hwnd muss das Handle auf das Fenster enthalten, dessen DC man sich ausleihen will.

Um den ausgeliehenen DC zurückzugeben, wird die API-Funktion `ReleaseDC` benutzt.

```
Private Declare Function ReleaseDC _
   Lib "user32" ( _
   ByVal hwnd As Long, _
   ByVal hdc As Long _
   ) As Long
```

- **Funktionalität** Die Funktion `ReleaseDC` gibt einen mit `GetDC` ausgeliehenen DC (Devicekontext) an das Fenster zurück. Als Ergebnis liefert diese Funktion einen Longwert zurück, der den Wert 1 hat, wenn die Funktion erfolgreich war. Bei einem Fehlschlag wird 0 (Null) zurückgeliefert.
- **hwnd** Der Parameter `hwnd` ist die Fensterzugriffsnummer des Fensters, an das der DC zurückgegeben wird.
- **hdc** Der Parameter `hdc` ist der DC, der an das Fensters zurückgegeben werden soll.

Man kann sich mit der API `CreateCompatibleDC` eine eigene grafische Oberfläche im Speicher anlegen, die zu einem vorhandenen Gerätekontext kompatibel ist. Dort können die gleichen grafischen Operationen durchgeführt werden, wie in dem als Vorlage dienenden Gerätekontext. Der angelegte DC muss aber nach Gebrauch wieder gelöscht werden; dies erledigt die Funktion `DeleteDC`.

Das Ergebnis kann mit der Funktion `BitBlt` oder `StretchBlt` auf einen Rutsch in einen vorhandenen DC kopiert werden. Damit können aufwändige Operationen erst einmal im Speicher durchgeführt werden, der Benutzer am Bildschirm bekommt davon noch überhaupt nichts mit. Dadurch, dass lediglich das Ergebnis in den sichtbaren DC kopiert wird, kann ein unschönes Flimmern verhindert werden.

Dabei kann man sogar beim »Blitten« in den Ziel-DC das Quellbild verzerren, invertieren, auf den Kopf stellen und mit allen möglichen (und unmöglichen) Operatoren mit dem Zielbild verknüpfen. Nachfolgend eine kurze Beschreibung der am häufigsten verwendeten Funktion `StretchBlt`:

```
Private Declare Function StretchBlt _
   Lib "gdi32" ( _
   ByVal hdc As Long, _
   ByVal X As Long, ByVal Y As Long, _
   ByVal nWidth As Long, ByVal nHeight As Long, _
   ByVal hSrcDC As Long, _
   ByVal xSrc As Long, ByVal ySrc As Long, _
   ByVal nSrcWidth As Long, ByVal nSrcHeight As Long, _
   ByVal dwRop As Long _
   ) As Long
```

- **Funktionalität** Die Funktion `StretchBlt` kopiert den grafischen Inhalt eines Devicekontextes in einen anderen Devicekontext. Dabei kann jeder beliebige rechteckige Bereich im Quell-DC in einen beliebig großen rechteckigen Bereich im Ziel-DC kopiert werden. Verzerrungen sind dabei möglich. Als Ergebnis liefert diese Funktion einen Longwert zurück, der ungleich Null ist, wenn die Funktion erfolgreich war.
- **hdc** Der Parameter `hdc` ist ein Handle auf einen Devicekontext (Ziel-DC), in den geblittet werden soll
- **x** Der Parameter `x` ist die X-Position der linken oberen Ecke des Bereichs im Ziel-DC
- **y** Der Parameter `y` ist die Y-Position der linken oberen Ecke des Bereichs im Ziel-DC

- **nWidth** Der Parameter `nWidth` ist die Breite des Bereichs im Ziel-DC. Ist dieser Wert Negativ, wird das Bild horizontal gespiegelt. Das heißt, die einzelnen Bildpunkte werden ausgehend von der angegebenen X-Position nach links eingefügt.
- **nHeight** Der Parameter `nHeight` ist Höhe des Bereichs im Ziel-DC. Ist dieser Wert Negativ, wird das Bild vertikal gespiegelt. Das heißt, die einzelnen Bildpunkte werden ausgehend von der angegebenen Y-Position nach oben eingefügt.
- **hSrcDC** Der Parameter `hSrcDC` ist ein Handle auf einen Devicekontext (Quell-DC), aus dem geblittet werden soll
- **xSrc** Der Parameter `xSrc` ist X-Position der linken oberen Ecke des Bereichs im Quell-DC
- **ySrc** Der Parameter `ySrc` ist Y-Position der linken oberen Ecke des Bereichs im Quell-DC
- **nSrcWidth** Der Parameter `nSrcWidth` ist Breite des Bereichs im Quell-DC. Ist dieser Wert negativ, wird das Bild horizontal gespiegelt. Das heißt, die einzelnen Bildpunkte werden ausgehend von der angegebenen X-Position von rechts nach links kopiert und in den Zielbereich eingefügt.
- **nSrcHeight** Der Parameter `nSrcHeight` ist die Höhe des Bereichs im Quell-DC. Ist dieser Wert negativ, wird das Bild vertikal gespiegelt. Das heißt, die einzelnen Bildpunkte werden ausgehend von der angegebenen Y-Position von unten nach oben kopiert und in den Zielbereich eingefügt.
- **dwRop** Der Parameter `dwRop` gibt an, welche Rasteroperation durchgeführt werden soll. Damit wird festgelegt, wie der Rasterpunkt der Quelle mit dem entsprechenden Rasterpunkt des Zielhintergrundes verknüpft wird. Es gibt weitaus mehr Rasteroperationen als die hier angeführten. Die meisten ergeben aber in der Praxis nicht viel Sinn, deshalb haben wir nur die am häufigsten eingesetzten aufgelistet:
  - `Private Const SRCPAINT = &HEE0086`

  Das Quellbit wird mit dem logischen Operator `Or` mit dem Zielbit verknüpft.
  - `Private Const MERGEPAINT = &HBB0226`

  Das Quellbit wird mit dem logischen Operator `Or` mit dem Zielbit verknüpft. Vorher wird aber das Quellbit invertiert.
  - `Private Const SRCCOPY = &HCC0020`

  Das Zielbit entspricht dem Quellbit. Das ist wohl die häufigste Operation.
  - `Private Const NOTSRCCOPY = &H330008`

  Das Zielbit entspricht dem Quellbit. Vorher wird aber das Quellbit invertiert.
  - `Private Const SRCAND = &H8800C6`

  Das Quellbit wird mit dem logischen Operator `And` mit dem Zielbit verknüpft.
  - `Private Const SRCERASE = &H440328`

  Das Quellbit wird mit dem logischen Operator `And` mit dem Zielbit verknüpft. Vorher wird das Zielbit invertiert.
  - `Private Const NOTSRCERASE = &H1100A6`

  Das Quellbit wird mit dem logischen Operator `And` mit dem Zielbit verknüpft. Vorher werden das Zielbit und das Quellbit invertiert.
  - `Private Const SRCINVERT = &H660046`

  Das Quellbit wird mit dem logischen Operator `Xor` mit dem Zielbit verknüpft.

## Regionen

Eine Region ist ein aus beliebigen Formen zusammengesetzter Bereich in einen Koordinatensystem. Mit verschiedenen API-Funktionen, wie `CreateRectRgn`, `CreateRoundRectRgn`, `CreateEllipticRgn`, `CreatePolygonRgn` und `CreatePolyPolygonRgn` kann man sich eine solche Region selbst erzeugen.

Nachfolgend die Deklaration von zwei Funktionen, die auch in den Beispielen verwendet werden:

```
Private Declare Function CreateRoundRectRgn _
   Lib "gdi32" ( _
   ByVal X1 As Long, ByVal Y1 As Long, _
   ByVal X2 As Long, ByVal Y2 As Long, _
   ByVal X3 As Long, ByVal Y3 As Long _
   ) As Long
```

- **Funktionalität** Mit der Funktion `CreateRoundRectRgn` kann man eine runde oder ovale Region erzeugen. Im Prinzip werden dabei nur die Ecken eines Rechtecks gerundet. Als Ergebnis liefert diese Funktion einen Handle auf diese Region zurück.
- **X1, Y1** Die Parameter `X1`, `Y1` geben die linke obere Ecke des Rechtecks an, in welches der Kreis/Ellipse gezeichnet wird.
- **X2, Y2** Die Parameter `X2`, `Y2` geben die rechte untere Ecke des Rechtecks an, in welches der Kreis/Ellipse gezeichnet wird.
- **X3, Y3** Die Parameter `X3`, `Y3` geben die Breite und Höhe der Ellipse an. Wenn `X3` so groß ist wie die Breite des Rechtecks, und `Y3` so hoch wie die Höhe des Rechtecks, ist die Rundung am größten. Wenn man also ein Quadrat benutzt, und setzt die Parameter `X3`, `Y3` auf die Seitenlänge, erhält man eine saubere, kreisförmige Region. Sind die Werte Null, erhält man ein Rechteck in der ursprünglichen Größe.

```
Private Declare Function CreatePolygonRgn _
   Lib "gdi32" Alias "CreatePolygonRgn" ( _
   lpPoint As POINTAPI, _
   ByVal nCount As Long, _
   ByVal nPolyFillMode As Long _
   ) As Long
```

- **Funktionalität** Mit der Funktion `CreatePolygonRgn` lässt sich eine vieleckige Region erzeugen. Als Ergebnis liefert diese Funktion einen Handle auf diese Region zurück.
- **lpPoint** Dieser Parameter ist ein Datenfeld vom Typ `POINTAPI`. Jedes Element beschreibt einen Eckpunkt des Vielecks.

```
Private Type POINTAPI
    X As Long
    Y As Long
End Type
```

`X` beschreibt dabei die horizontale, `Y` die vertikale Position eines Punktes.

- **nCount** Anzahl der Eckpunkte

- **nPolyFillMode** Einer von zwei möglichen Werten für den Füllmodus. Im Allgemeinen wird der Wert `WINDING` benutzt.

```
Private Const ALTERNATE = 1
Private Const WINDING = 2
```

Verschiedene solcher erzeugter Regionen kann man mit `CombineRgn` zu einer einzigen in einem gemeinsamen Koordinatensystem verknüpfen, wobei man vielfältige Verknüpfungsmöglichkeiten hat. Beispielsweise kann man in der Zielregion den gemeinsamen Teil beider Regionen benutzen, oder man kann nur den Teil verwenden, der nicht gemeinsam ist. Es lässt sich also quasi ein Bereich aus einem anderen ausstanzen.

Das Wichtigste bei Regionen ist aber, dass man einem Fenster mit der API `SetWindowRgn` eine solche selbst erzeugte Region zuweisen kann. Anschließend wird das Fenster nur noch in der Form der erzeugten Region dargestellt. Man kann damit beispielsweise aus UserForms Löcher ausstanzen, sogar ein Mausklick auf das Loch geht durch die UserForms hindurch auf das darunter liegende Fenster.

Damit kann man ohne viel Aufwand UserForms mit beliebigen Formen herstellen.



## Menüs

Die klassischen Menüs, wie etwa das vom Windows-Editor, sind an Hauptfenster gebunden, die direkt dem Desktop untergeordnet sind. Die Menüstruktur ähnelt sehr stark der Struktur von Fenstern und entspricht somit auch einer Baumstruktur. An der Wurzel sitzt das direkt dem Fenster zugeordnete *Mainmenü*, welches alle anderen Untermenüs enthält.

Um an das *Mainmenü* eines Fensters zu kommen, wird die Funktion `GetMenu` verwendet. Nachfolgend die Deklaration und eine kurze Beschreibung:

```
Private Declare Function GetMenu _
   Lib "user32" ( _
   ByVal hwnd As Long _
   ) As Long
```

- **Funktionalität** Die API-Funktion `GetMenu` liefert das Menühandle eines Fensters.

  Diese Funktion liefert Null zurück, wenn das Hauptfenster (ein Fenster, das direkt dem Desktop untergeordnet ist) kein Menü enthält. Ist das Fenster ein Kind-Fenster, ist der Rückgabewert undefiniert.
- **hwnd** Der Parameter `hwnd` ist ein Fensterhandle, dessen Menühandle zurückgegeben werden soll.

Jedes Menü kann einen oder mehrere *Items* (Einträge, in diesem Fall Menüpunkte) enthalten. Die Anzahl dieser Items kann man mit der API `GetMenuItemCount` ermitteln. Wenn es sich bei einem Item nicht gerade um einen Trennstrich handelt, kann jeder dieser Menüpunkte ein eigenes *Submenü* (Untermenü) enthalten, das nach einem Klick darauf geöffnet wird.

Um zu ermitteln, ob ein Menüpunkt ein Submenü enthält, benutzt man die API `GetSubMenu`:

```
Private Declare Function GetSubMenu _
   Lib "user32" ( _
   ByVal hMenu As Long, _
   ByVal nPos As Long _
   ) As Long
```

- **Funktionalität** Die Funktion `GetSubMenu` liefert das Handle eines *Dropdown-* oder *Submenüs*, falls der entsprechende Menüpunkt über ein solches verfügt.

  Als Ergebnis liefert diese Funktion dieses Menühandle zurück. Wenn kein Menü vorhanden ist, wird Null zurückgeliefert.
- **hMenu** Der Parameter `hMenu` ist ein gültiges Menühandle des übergeordneten Menüs.
- **nPos** Der Parameter `nPos` gibt die Position des Menüpunktes im übergeordneten Menü an, dessen *Dropdown-* oder *Submenü* geliefert werden soll.

Die Items des Mainmenüs sind die direkt unter der Titelleiste sichtbaren Menüpunkte wie beispielsweise *Datei*, *Bearbeiten*, *Format*, *Ansicht* und so weiter.

Das Submenü des Items *Datei* (Abbildung 24.8) mit einem eigenen Menühandle enthält beispielsweise die Menübefehle *Neu*, *Öffnen*, *Speichern*, *Speichern unter*, *Seite einrichten*, *Drucken* und *Beenden*.

**Abbildg. 24.8** Das Menü des Windows-Editors

Jeder Menüpunkt der gesamten Struktur besitzt eine eigene Identifikationsnummer, die zusammen mit dem Menühandle des Fensters jeden einzelnen Punkt eindeutig kennzeichnet.

Mit `GetMenuItemID` kann man diese ID-Nummer ermitteln. Dazu benötigt man das Menühandle des übergeordneten Menüs und die Nummer des Eintrags. Die Anzahl der Einträge kann man vorher mit der API-Funktion `GetMenuItemCount` abfragen.

Mit dieser ID und dem Menühandle des Fensters hat man die Möglichkeit, diese Menüpunkte zu manipulieren. Man kann diese anklicken, abblenden, Häkchen setzen, Symbole einfügen und vieles andere mehr. Sogar gesperrte Menüpunkte lassen sich so unter Umständen entsperren.

Mit `ModifyMenu` kann man einen Menüpunkt manipulieren, mit `EnableMenuItem` deaktivieren oder wieder aktivieren. Der aktuelle Status wird mit `GetMenuState` abgefragt und `CheckMenuItem` ist für das Häkchen an einem Menüpunkt zuständig.

Den Text eines Menüpunkts kann man mit der API-Funktion `GetMenuString` erfragen. Eine Besonderheit an dem zurückgelieferten Text ist das kaufmännische »Und« (&). Dieses Zeichen wird im Menütext nicht dargestellt, kennzeichnet aber das darauf folgende Zeichen als das Zeichen, welches zusammen mit der [Alt]-Taste diesen Menüpunkt auslöst. Dieses Zeichen wird im Menütext unterstrichen dargestellt.

Die API-Funktion `CreateMenu` legt ein neues Mainmenü an, mit `CreatePopupMenu` wird ein Untermenü erstellt und mit `InsertMenuItem` wird dieses zusammen mit einem neuen Menüpunkt hinzugefügt. Gelöscht wird wieder mit `DestroyMenu`.

# Beispiele



Die folgenden Beispiele sollen demonstrieren, was man mit der Windows-API alles anfangen kann. Selbstverständlich lässt sich im eingeschränkten Umfang dieses Buchs nur ein recht kurzer Ausschnitt der Möglichkeiten darstellen, die Ihnen tatsächlich zur Verfügung stehen.

Die Beispiele sind so gewählt, dass zu den meisten in diesem Kapitel angesprochenen Themen jeweils ein Beispiel vorhanden ist. Leider lässt sich aufgrund der übergreifenden Technologien nicht immer klar bestimmen, zu welchem Thema das Beispiel am besten passt.

Im Codeabschnitt der Beispiele ist aus Platzgründen darauf verzichtet worden, die Deklarationsanweisungen der eingesetzten API-Funktionen und die der zugehörigen Konstanten und Datentypen mit abzudrucken.

Die Deklarationsanweisungen im Code bringen zum Verständnis auch keinen sehr großen Informationsgewinn, weshalb man meiner Ansicht nach getrost darauf verzichten kann. Außerdem wird dadurch Redundanz vermieden, denn einige API-Funktionen wie beispielsweise `FindWindow` kommen in nahezu jedem Beispiel vor.

Selbstverständlich finden Sie innerhalb der Beispieldateien zum Buch den kompletten Code mitsamt den Deklarationsanweisungen, sonst wären die Beispiele auch nicht lauffähig. Bei Bedarf haben Sie also problemlos Zugriff auf die Deklarationsanweisungen.

## Liste aller vorhandenen Fenster

Möchte man Fenster manipulieren, benötigt man deren Handle. Mit der Funktion `FindWindow` kann man aber nur Hauptfenster suchen. Wird ein Handle auf ein anderes, untergeordnetes Fenster benötigt, muss man anders vorgehen.

Dieses Beispiel zeigt, wie man den kompletten Fensterbaum eines Systems durchläuft und sich dabei Informationen über den Fenstertext, den Klassennamen, die Größe und Position, die Prozess- und Thread-ID und den Namen der zugehörigen Anwendung verschafft. Außerdem werden noch ein paar Informationen über die aktuell gesetzten Fensterstile geliefert.

Näheres zu den in diesem Beispiel behandelten Themen finden Sie im Abschnitt »Fenster« ab Seite 812.

Ausgegeben wird das Ergebnis in einem *Treeview*-Steuerelement, welches sich auf einem UserForm befindet. Nach einem Klick auf die Schaltfläche mit der Beschriftung *Fensterliste aktualisieren* werden die Informationen aller aktuell vorhandenen Fenster ausgelesen.

Für jedes Fenster wird ein eigener Knoten mit der zugehörigen ausführbaren Datei als Beschriftung angelegt. Die zugehörigen Informationen des Fensters werden als untergeordnete Knoten dargestellt und enthalten als Text die eigentlichen Informationen.

Enthält ein Fenster untergeordnete Fenster, werden diese als untergeordnete Knoten des entsprechenden Fensterknotens angelegt. Es entsteht also eine baumartige Struktur, welche die baumartige Fensterstruktur abbildet.

**Abbildg. 24.9** Fensterliste

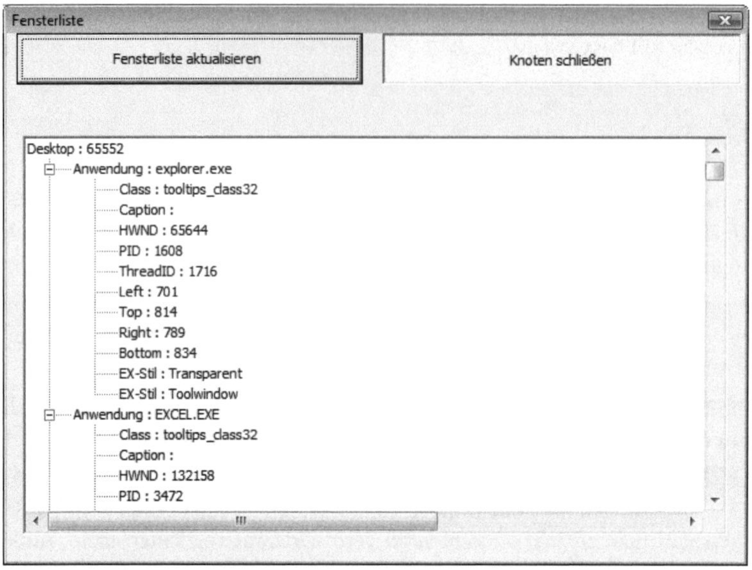


Um die Auflistung der Fensterinfos zu starten, wird das `Click`_Ereignis einer Schaltfläche mit dem Namen `cmdWindows` (Listing 24.9) in einem Tabellenblatt benutzt.

**Listing 24.9** Fensterliste – Start

```
Private Sub cmdWindows_Click()
   ufReadWindow.Show
End Sub
```

**BEISPIEL** Das obige Beispiel befindet sich innerhalb der Beispieldateien zum Buch im Ordner *\Buch\Kap24*. Die Mappe nennt sich *Bsp24_02.xlsm*, der Code befindet sich im Tabellenblatt *Fenster*.

Hier der Code der UserForm `ufReadWindow` (Listing 24.10):

**Listing 24.10** Fensterliste

```
Option Explicit
Private Const GW_CHILD = 5
Private Const GW_HWNDNEXT = 2
Private Const GW_HWNDFIRST = 0

' Konstanten Fensterstil
Private Const GWL_STYLE = -16
```

**Listing 24.10** Fensterliste *(Fortsetzung)*

```
Private Const WS_OVERLAPPED = &H0&
Private Const WS_POPUP = &H80000000
Private Const WS_CHILD = &H40000000
Private Const WS_MINIMIZE = &H20000000
Private Const WS_VISIBLE = &H10000000
Private Const WS_DISABLED = &H8000000
Private Const WS_CLIPSIBLINGS = &H4000000
Private Const WS_CLIPCHILDREN = &H2000000
Private Const WS_MAXIMIZE = &H1000000
Private Const WS_CAPTION = &HC00000
Private Const WS_BORDER = &H800000
Private Const WS_DLGFRAME = &H400000
Private Const WS_VSCROLL = &H200000
Private Const WS_HSCROLL = &H100000
Private Const WS_SYSMENU = &H80000
Private Const WS_THICKFRAME = &H40000
Private Const WS_GROUP = &H20000
Private Const WS_TABSTOP = &H10000
Private Const WS_MINIMIZEBOX = &H20000
Private Const WS_MAXIMIZEBOX = &H10000
Private Const WS_TILED = WS_OVERLAPPED
Private Const WS_ICONIC = WS_MINIMIZE
Private Const WS_SIZEBOX = WS_THICKFRAME
Private Const WS_OVERLAPPEDWINDOW = ( _
    WS_OVERLAPPED Or WS_CAPTION Or _
    WS_SYSMENU Or WS_THICKFRAME Or _
    WS_MINIMIZEBOX Or WS_MAXIMIZEBOX)
Private Const WS_TILEDWINDOW = WS_OVERLAPPEDWINDOW
Private Const WS_POPUPWINDOW = (WS_POPUP Or WS_BORDER Or WS_SYSMENU)
Private Const WS_CHILDWINDOW = (WS_CHILD)

' Konstanten erweiterter Fensterstil
Private Const GWL_EXSTYLE = (-20)
Private Const WS_EX_ACCEPTFILES = &H10&
Private Const WS_EX_APPWINDOW = &H40000
Private Const WS_EX_CLIENTEDGE = &H200&
Private Const WS_EX_CONTEXTHELP = &H400&
Private Const WS_EX_CONTROL = &H10000
Private Const WS_EX_DLGMODALFRAME = &H1&
Private Const WS_EX_LAYERED = &H80000
Private Const WS_EX_LAYOUTRTL = &H400000
Private Const WS_EX_LEFTSCROLLBAR = &H4000&
Private Const WS_EX_MDICHILD = &H40&
Private Const WS_EX_NOACTIVATE = &H8000000
Private Const WS_EX_NOINHERITLAYOUT = &H100000
Private Const WS_EX_RIGHT = &H1000&
Private Const WS_EX_RIGHTSCROLLBAR = &H0&
Private Const WS_EX_RTLREADING = &H2000&
Private Const WS_EX_STATICEDGE = &H20000
Private Const WS_EX_TOOLWINDOW = &H80&
Private Const WS_EX_TOPMOST = &H8&
Private Const WS_EX_TRANSPARENT = &H20&
Private Const WS_EX_WINDOWEDGE = &H100&
Private Const WS_EX_OVERLAPPEDWINDOW = _
   (WS_EX_WINDOWEDGE Or WS_EX_CLIENTEDGE)
Private Const WS_EX_PALETTEWINDOW = _
```

**Listing 24.10** Fensterliste *(Fortsetzung)*

```
   (WS_EX_WINDOWEDGE Or WS_EX_TOOLWINDOW Or WS_EX_TOPMOST)


Private Const MAX_PATH = 260
Private Const TH32CS_SNAPPROCESS As Long = 2
Private Type PROCESSENTRY32
   dwSize As Long
   cntUsage As Long
   th32ProcessID As Long
   th32DefaultHeapID As Long
   th32ModuleID As Long
   cntThreads As Long
   th32ParentProcessID  As Long
   pcPriClassBase As Long
   dwFlags As Long
   szExeFile As String * MAX_PATH
End Type

Private Type RECT
    Left As Long
    Top As Long
    Right As Long
    Bottom As Long
End Type

Private Declare Function FindWindow _
   Lib "user32" Alias _
   "FindWindowA" ( _
   ByVal lpClassName As String, _
   ByVal lpWindowName As String _
   ) As Long

Private Declare Function GetWindow _
   Lib "user32" ( _
   ByVal hwnd As Long, _
   ByVal wCmd As Long _
   ) As Long

Private Declare Function GetClassName _
   Lib "user32" Alias _
   "GetClassNameA" ( _
   ByVal hwnd As Long, _
   ByVal lpClassName As String, _
   ByVal nMaxCount As Long _
   ) As Long

Private Declare Function GetWindowText _
   Lib "user32" Alias _
   "GetWindowTextA" ( _
   ByVal hwnd As Long, _
   ByVal lpString As String, _
   ByVal cch As Long _
   ) As Long

Private Declare Function GetWindowRect _
   Lib "user32" ( _
```

**Listing 24.10** Fensterliste *(Fortsetzung)*

```
   ByVal hwnd As Long, _
   lpRect As RECT _
   ) As Long

Private Declare Function GetWindowLong _
   Lib "user32" _
   Alias "GetWindowLongA" ( _
   ByVal hwnd As Long, _
   ByVal nIndex As Long _
   ) As Long

Private Declare Function GetWindowThreadProcessId _
   Lib "user32" ( _
   ByVal hwnd As Long, _
   lpdwProcessId As Long _
   ) As Long

Private Declare Function CreateToolhelp32Snapshot _
   Lib "kernel32" ( _
   ByVal dwFlags As Long, _
   ByVal th32ProcessID As Long _
   ) As Long

Private Declare Function CloseHandle _
   Lib "kernel32" ( _
   ByVal hObject As Long _
   ) As Long

Private Declare Function Process32First _
   Lib "kernel32" ( _
   ByVal hSnapshot As Long, _
   ByRef lppe As PROCESSENTRY32 _
   ) As Long

Private Declare Function Process32Next _
   Lib "kernel32" ( _
   ByVal hSnapshot As Long, _
   ByRef lppe As PROCESSENTRY32 _
   ) As Long

Private Declare Function _
   GetDesktopWindow Lib "user32" ( _
   ) As Long


Private mobjTreeView As Object

Public Sub FensterInfos( _
   Optional ByVal lngAct As Long, _
   Optional objParent As Object)

Dim lngChild       As Long
Dim strCaption     As String
Dim strExe         As String
Dim strClass       As String
Dim udtRect        As RECT
```

Interessantes für Fortgeschrittene

**Listing 24.10** Fensterliste *(Fortsetzung)*

```
Dim lngLen        As Long
Dim lngStyle      As Long
Dim lngPID        As Long
Dim lngThreadID   As Long
Dim objChild      As Object

If lngAct = 0 Then

   ' Ein Top Level-Fenster unter dem Desktop finden
   lngAct = FindWindow(vbNullString, vbNullString)

   ' Sourceknoten anlegen
   Set objParent = mobjTreeView.Nodes.Add( _
      , 0, , "Desktop : " & GetDesktopWindow())

   objParent.Expanded = True

End If

lngAct = GetWindow(lngAct, GW_HWNDFIRST)

Do While lngAct <> 0

   With mobjTreeView

      ' Klassenname des Fensters ermitteln
      strClass = String(255, 0)
      lngLen = GetClassName(lngAct, strClass, Len(strClass))
      strClass = Left(strClass, lngLen)

      ' Fensterüberschrift ermitteln
      strCaption = String(255, 0)
      lngLen = GetWindowText(lngAct, strCaption, Len(strCaption))
      strCaption = Left(strCaption, lngLen)

      ' Die Abmessungen des Fensters ermitteln
      GetWindowRect lngAct, udtRect

      ' Ausführbare Datei ermitteln
      strExe = GetExeFromWindow(lngAct, lngPID, lngThreadID)

      Set objChild = .Nodes.Add( _
         objParent, 4, , "Anwendung : " & strExe)
      objChild.Expanded = True


      .Nodes.Add objChild, 4, , "Class : " & strClass

      .Nodes.Add objChild, 4, , "Caption : " & strCaption

      .Nodes.Add objChild, 4, , "HWND : " & lngAct

      .Nodes.Add objChild, 4, , "PID : " & lngPID

      .Nodes.Add objChild, 4, , "ThreadID : " & lngThreadID
```

**Listing 24.10** Fensterliste *(Fortsetzung)*

```
.Nodes.Add objChild, 4, , "Left : " & udtRect.Left
.Nodes.Add objChild, 4, , "Top : " & udtRect.Top
.Nodes.Add objChild, 4, , "Right : " & udtRect.Right
.Nodes.Add objChild, 4, , "Bottom : " & udtRect.Bottom

' Aktuellen Fensterstil ermitteln
lngStyle = GetWindowLong(lngAct, GWL_STYLE)

' Nachschauen, welche Stilbits gesetzt sind
If (lngStyle And WS_POPUPWINDOW) = WS_POPUPWINDOW Then _
   .Nodes.Add objChild, 4, , "Stil : Popupfenster"

If (lngStyle And WS_VISIBLE) = WS_VISIBLE Then _
   .Nodes.Add objChild, 4, , "Stil : Sichtbar"

If (lngStyle And WS_CAPTION) = WS_CAPTION Then _
   .Nodes.Add objChild, 4, , "Stil : Titelleiste"

If (lngStyle And WS_VSCROLL) = WS_VSCROLL Then _
   .Nodes.Add objChild, 4, , "Stil : V-Scrollbar"

If (lngStyle And WS_HSCROLL) = WS_HSCROLL Then _
   .Nodes.Add objChild, 4, , "Stil : H-Scrollbar"

If (lngStyle And WS_SYSMENU) = WS_SYSMENU Then _
   .Nodes.Add objChild, 4, , "Stil : Systemmenü"

If (lngStyle And WS_MINIMIZEBOX) = WS_MINIMIZEBOX Then _
   .Nodes.Add objChild, 4, , "Stil : Minimierbox"

If (lngStyle And WS_MAXIMIZEBOX) = WS_MAXIMIZEBOX Then _
   .Nodes.Add objChild, 4, , "Stil : Maximierbox"

' Aktuellen erweiterten Fensterstil ermitteln
lngStyle = GetWindowLong(lngAct, GWL_EXSTYLE)
If (lngStyle And WS_EX_LEFTSCROLLBAR) = WS_EX_LEFTSCROLLBAR Then _
   .Nodes.Add objChild, 4, , "EX-Stil : Scrollbar Links"

If (lngStyle And WS_EX_TRANSPARENT) = WS_EX_TRANSPARENT Then _
   .Nodes.Add objChild, 4, , "EX-Stil : Transparent "

If (lngStyle And WS_EX_TOOLWINDOW) = WS_EX_TOOLWINDOW Then _
   .Nodes.Add objChild, 4, , "EX-Stil : Toolwindow"

If (lngStyle And WS_EX_MDICHILD) = WS_EX_MDICHILD Then _
   .Nodes.Add objChild, 4, , "EX-Stil : MDI Child"

If (lngStyle And WS_EX_APPWINDOW) = WS_EX_APPWINDOW Then _
   .Nodes.Add objChild, 4, , "EX-Stil : APPWINDOW"

If (lngStyle And WS_EX_DLGMODALFRAME) = WS_EX_DLGMODALFRAME Then _
   .Nodes.Add objChild, 4, , "EX-Stil : Dialog"


' Ein eventuell vorhandenes Kind-Fenster finden
lngChild = GetWindow(lngAct, GW_CHILD)
```

Interessantes für Fortgeschrittene

**Listing 24.10** Fensterliste *(Fortsetzung)*

```
      ' Wenn ein Kindfenster vorhanden ist, die Fensterliste
      ' unterhalb dem aktuellen durchsuchen. Dazu diese
      ' Funktion rekursiv aufrufen.
      If lngChild Then FensterInfos lngChild, objChild

      ' Das nächste Fenster auf dieser Ebene finden
      lngAct = GetWindow(lngAct, GW_HWNDNEXT)
   End With
Loop

End Sub

Private Function GetExeFromWindow( _
   lngWindow As Long, _
   lngPID As Long, _
   lngThreadID As Long _
   ) As String

Dim lngSnapshot      As Long
Dim udtProzessInfo   As PROCESSENTRY32
Dim lngRet           As Long

lngPID = -1

' PID und ThreadID vom Fenster ermitteln
lngThreadID = GetWindowThreadProcessId(lngWindow, lngPID)

' Schnappschuss aller momentan laufenden Prozesse erzeugen
lngSnapshot = CreateToolhelp32Snapshot(TH32CS_SNAPPROCESS, 0&)

With udtProzessInfo

    ' Länge der Struktur
    .dwSize = Len(udtProzessInfo)

    ' Infos über ersten Prozess holen
    lngRet = Process32First(lngSnapshot, udtProzessInfo)

    Do While lngRet
        ' Alle Prozesse durchlaufen

        If .th32ProcessID = lngPID Then

            ' Der richtige Prozess ist gefunden
            ' Die Exe-Datei extrahieren, Schleife verlassen
            GetExeFromWindow = StringVonAsciiZ(.szExeFile)
            Exit Do

        End If

        ' Infos über nächsten Prozess
        lngRet = Process32Next(lngSnapshot, udtProzessInfo)
    Loop

End With
```

**Listing 24.10** Fensterliste *(Fortsetzung)*

```
CloseHandle lngSnapshot

End Function

Private Function StringVonAsciiZ(ASCIIZ As String)
' ASCIIZ-String kürzen
If InStr(1, ASCIIZ, Chr(0)) > 0 Then
    StringVonAsciiZ = Left$(ASCIIZ, InStr(1, ASCIIZ, Chr(0)) - 1)
Else
    StringVonAsciiZ = ASCIIZ
End If
End Function

Private Sub ExpandedNodes( _
   blnExpanded As Boolean, _
   Optional objParent As Object)
   Dim objNode As Object
   If objNode Is Nothing Then
      For Each objNode In mobjTreeView.Nodes
         objNode.Expanded = blnExpanded
      Next
   Else
      For Each objNode In objParent.ChildNodes
         objNode.Expanded = blnExpanded
         ExpandedNodes blnExpanded, objNode
      Next
   End If
End Sub

Private Sub cmdRead_Click()
   On Error Resume Next
   ' Vorhandenes Steuerelement entfernen
   Me.Controls.Remove mobjTreeView.Name
   On Error GoTo 0

   ' Treeview in Form einfügen
   Set mobjTreeView = Me.Controls.Add( _
      "MSComCtlLib.TreeCtrl.2")

   tglExpand.Locked = False

   With mobjTreeView
      ' Größe anpassen
      .Name = "Tree"
      .Left = 10
      .Top = 60
      .Width = Me.Width - 25
      .Height = Me.Height - 95
   End With

   FensterInfos

End Sub

Private Sub tglExpand_Click()
```

Interessantes für Fortgeschrittene

Listing 24.10 Fensterliste *(Fortsetzung)*

```
   ExpandedNodes tglExpand.Value
   If tglExpand Then
      tglExpand.Caption = "Knoten schließen"
   Else
      tglExpand.Caption = "Knoten expandieren"
   End If
End Sub
```

**BEISPIEL** Das obige Beispiel befindet sich innerhalb der Beispieldateien zum Buch im Ordner *\Buch\Kap24*. Die Mappe nennt sich *Bsp24_02.xlsm*, der Code befindet sich im Modul des UserForm *ufReadWindow*.

Ein großer Teil des Codes besteht aus den Deklarationsanweisungen der API-Funktionen und der Definition von Konstanten und Typen.

## Prozedur *tglExpand_Click*

Die Ereignisprozedur `tglExpand_Click`, welche durch einen Klick auf die Umschaltfläche `tglExpand` ausgelöst wird, sorgt dafür, dass alle Knoten des Treeview-Steuerelements je nach aktuellem Zustand geöffnet oder geschlossen werden. Dazu wird die Prozedur `ExpandedNodes` aufgerufen und anschließend die Beschriftung der Umschaltfläche geändert. Sie wird auf *Knoten schließen* gesetzt, wenn die Knoten geöffnet sind, oder auf *Knoten expandieren*, wenn diese geschlossen sind.

## Prozedur *ExpandedNodes*

Die Prozedur `ExpandedNodes` durchläuft alle Kindknoten des als optionalen Parameter `objParent` übergebenen Knotens und schließt oder expandiert diese, je nachdem, wie der übergebene Parameter `blnExpanded` gesetzt ist. Wird der Parameter `objParent` nicht übergeben, werden die Hauptknoten des Treeview-Steuerelements durchlaufen. Enthält ein Knoten einen Kindknoten, ruft sich die Prozedur noch einmal selbst auf, dieses Mal wird der zweite Parameter `objParent` mit übergeben, sodass dort die Kindknoten des aktuellen Knotens durchlaufen werden.

## Ereignisprozedur *cmdRead_Click*

Die Ereignisprozedur `cmdRead_Click`, welche durch einen Klick auf die Schaltfläche `cmdRead` ausgelöst wird, löscht ein aktuell vorhandenes Treeview-Steuerelement. Anschließend wird mit der `Controls.Add`-Methode ein neues Steuerelement hinzugefügt und dessen Position und Größe angepasst. Schließlich wird noch die Prozedur `FensterInfos` aufgerufen, welche das Treeview-Steuerelement mit den Fensterinformationen füllt.

## Funktion *StringVonAsciiZ*

Die Prozedur `StringVonAsciiZ` übernimmt als Parameter eine Zeichenkette, kürzt diese am ersten Nullzeichen und liefert als Funktionsergebnis die gekürzte Zeichenkette zurück. API-Funktionen liefern nullterminierte Zeichenketten, VBA benötigt aber BSTR-Zeichenketten. Da die Längenangaben bei nullterminierten Zeichenketten nicht mitgeliefert werden, muss man beim ersten Auftreten eines Nullzeichens die Zeichenkette kürzen.

## Funktion *FensterInfos*

Die Prozedur `FensterInfos` übernimmt als optionalen Parameter ein Fensterhandle (`lngAct`) und optional einen Knoten (`objParent`) des Treeview-Steuerelements. Mit dem Parameter `lngAct` wird das Fensterhandle übergeben, auf und unterhalb dessen Ebene nach weiteren Fenstern gesucht werden soll.

Ist dieser Wert Null, wird als Eltern-Fenster der Desktop angenommen. Mit Hilfe der API `FindWindow` und den auf `vbNullString` gesetzten Parametern wird in dem Fall irgendein *Top-Level-*Fenster gesucht. Gleichzeitig wird im Treeview-Steuerelement unter dem Variablennamen `objParent` ein erster Knoten angelegt, als Text wird das Fensterhandle des Desktops verwendet, welches mit der API-Funktion `GetDesktopWindow` ermittelt wurde.

Anschließend liefert die Funktion `GetWindow` in Verbindung mit der Konstanten `GW_HWNDFIRST` das erste Fenster auf dieser Ebene.

In einer `Do While...Loop` Schleife werden nun nacheinander die Informationen aller Fenster dieser Ebene ausgelesen. Die Funktion `GetClassName` liefert dabei den Klassennamen, die Funktion `GetWindowText` den Fenstertext.

Die Abmessungen und die Position des Fensters werden mit der API-Funktion `GetWindowRect` ermittelt. In der von dieser Funktion ausgefüllten Struktur `udtRect` vom Typ `RECT` stecken dann die Koordinaten der linken oberen und der rechten unteren Ecke des Fensters in Pixel.

Mit der Unterfunktion `GetExeFromWindow` wird der Name der ausführbaren Datei, gleichzeitig die *Prozess-* und die *ThreadID* ermittelt. Ist der Name der ausführbaren Datei ermittelt, wird ein Kindknoten des aktuellen Knotens `objParent` angelegt, als Text wird der Name der ausführbaren Datei verwendet. Dieser Knoten wird in der Objektvariablen `objChild` gespeichert.

Die Funktion `GetWindowLong` liefert bei der Übergabe der Konstanten `GWL_STYLE` oder `GWL_EXSTYLE` jeweils einen Longwert mit Informationen zum Stil des gewünschten Fensters. Jedes gesetzte oder nicht gesetzte Bit hat dabei eine spezielle Bedeutung. Die Konstanten mit dem Präfix `WS_EX_` und `WS_` liefern die Bitmaske, das heißt, sind diese Bits im zurückgelieferten Wert gesetzt, ist auch der entsprechende Stil vorhanden.

Alle ermittelten Informationen des aktuellen Fensters werden nun als Kindknoten des Knotens `objChild` im Treeview-Steuerelements gespeichert.

Anschließend prüft man mit `GetWindow` zusammen mit dem auf `GW_CHILD` gesetzten Parameter `wCmd`, ob ein Kind-Fenster des aktuellen Fensters existiert.

Ist das der Fall, ruft sich die Prozedur Fensterinfos rekursiv auf, als Parameter wird das aktuelle Fensterhandle und der Knoten `objChild` übergeben, der in der aufgerufenen Prozedur anschließend als `objParent` vorkommt. Alle Fenster auf dieser Ebene werden dort auf die gleiche Weise abgehandelt.

Dient das Fenster nicht als Container für andere Fenster, wird das nächste Fensterhandle dieser Ebene geholt und es werden mit dem gleichen Code innerhalb der Schleife die Informationen ausgelesen und als Knoten gespeichert.

Die Schleife wird erst dann verlassen, wenn alle Fenster auf dieser Suchebene durchlaufen wurden und die Funktion `GetWindow` mit der Konstante `GW_HWNDNEXT` den Wert Null zurückliefert.

### Funktion *GetExeFromWindow*

In der Funktion `GetExeFromWindow` wird die zu dem im ersten Parameter übergebenen Fenster gehörende, ausführbare Datei ermittelt. Über die Parameter `lngPID` und `lngThreadID` gibt diese Funktion als Nebeneffekt noch die entsprechenden Nummern des aktuellen Prozesses und Threads zurück. Zum Ermitteln der ausführbaren Datei wird eigentlich nur die Prozess-ID benötigt, die API `GetWindowThreadProcessId` liefert aber ohne großen Mehraufwand auch die Thread-ID des Fensters.

Mit der Funktion `CreateToolhelp32Snapshot` wird eine Momentaufnahme aller zu diesem Zeitpunkt laufenden Prozesse erstellt und ein Handle auf diesen Schnappschuss zurückgeliefert. Die API `Process32First` liefert dann den ersten Prozess dieser Prozessliste. Mit der API `Process32Next` kommt man anschließend an den nächsten Prozess in der Liste.

Man durchläuft nun in einer Schleife die gesamte Liste und vergleicht die Prozess-ID des Fensters mit der in der Struktur `PROCESSENTRY32` steckenden Prozess-ID des gerade aktuell ausgelesenen Prozesses der Liste. Bei einer Übereinstimmung holt man sich dann aus dem Element `szExeFile` der Struktur `PROCESSENTRY32` den Namen der ausführbaren Datei.

Dieser Name wird anschließend durch die Funktion `StringVonAsciiZ` beim ersten Auftreten eines Nullzeichens gekürzt.

## UserForms und Regionen

Mit Hilfe von Regionen (siehe den Abschnitt »Regionen« ab Seite 820) lassen sich UserForms in nahezu beliebigen Formaten herstellen. Der Fantasie sind dabei keinerlei Grenzen gesetzt, man muss sich lediglich aus ein paar Grundformen die gewünschte Zielform selbst zusammenstellen.

Das folgende Beispiel erstellt eine dreieckige UserForm, die ein elliptisches Loch in der Mitte enthält. Das Ergebnis sieht folgendermaßen aus (Abbildung 24.10):

**Abbildg. 24.10** Dreieckige UserForm

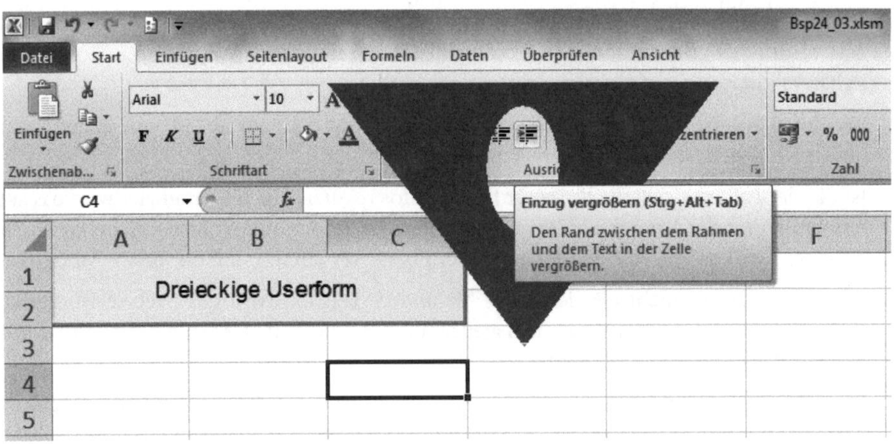


Wird die UserForm *nicht modal* mit `ufRegion.Show False` aufgerufen, wirkt sich ein Klick auf das Loch auf das darunter liegende Fenster aus. Das elliptische Loch ist also nicht nur transparent, es gehört auch nicht mehr zur UserForm.

Nachfolgend der Code im Klassenmodul der UserForm (Listing 24.11):

**Listing 24.11** Dreieckige UserForm

```
Private mlngMyHandle As Long
Private mlngDest     As Long
Private mlngRegion1  As Long
Private mlngRegion2  As Long

Private Sub UserForm_MouseDown( _
   ByVal Button As Integer, _
   ByVal Shift As Integer, _
   ByVal X As Single, _
   ByVal Y As Single)

   If Button = 1 Then
   ' Linke Maustaste

      ReleaseCapture

      ' Klick auf Titelleiste simulieren
      SendMessage mlngMyHandle, WM_NCLBUTTONDOWN, HTCAPTION, 0

   Else

      'Zum Beenden jeder andere Klick
      Unload Me

   End If

End Sub

Private Sub UserForm_Activate()
' Fensterhandle holen, wenn noch nicht ermittelt
If mlngMyHandle = 0 Then mlngMyHandle = GetWindowHandle

If mlngRegion1 = 0 Then
' Form ändern, wenn noch nicht geändert

   'Dreieckige Region erzeugen
   mlngRegion1 = CreateRegion1

   ' Elliptische Region erzeugen
   mlngRegion2 = CreateRegion2

   ' Regionen kombinieren,
   ' dabei elliptische Region ausstanzen
   CombineRgn mlngRegion1, mlngRegion1, mlngRegion2, RGN_DIFF

   ' Fensterregion ändern
   mlngDest = SetWindowRgn(mlngMyHandle, mlngRegion1, True)

End If

End Sub

Private Sub UserForm_Terminate()
```

Interessantes für Fortgeschrittene

**Listing 24.11** Dreieckige UserForm *(Fortsetzung)*

```
    ' Aufräumen und erzeugte Regionen zerstören
    DeleteObject mlngDest
    DeleteObject mlngRegion2
    DeleteObject mlngRegion1

End Sub

Private Function GetWindowHandle()
Dim strCaption          As String
Dim strSearchCaption    As String
' Handle der UserForm ermitteln

    ' Suchstring für Fenster festlegen
    strSearchCaption = "asdfghjklöä"

    ' Alten Fenstertext speichern
    strCaption = Me.Caption

    ' Fenstertext ändern
    Me.Caption = strSearchCaption

    ' Fensterhandle ermitteln
    GetWindowHandle = FindWindow(vbNullString, _
       strSearchCaption)

    ' Alten Fenstertext zurückschreiben
    Me.Caption = strCaption

End Function

Private Function CreateRegion1() As Long
Dim udtDimension           As RECT
Dim audtEckpunkte(0 To 2)  As POINTAPI
Dim lngRegionDreieck       As Long
' Dreieckige Region erzeugen

    ' Position und Größe der Form in Pixel ermitteln
    ' Position in Bildschirmkoordinaten
    GetWindowRect mlngMyHandle, udtDimension

    With udtDimension

       ' Erster Punkt des Polygons
       audtEckpunkte(0).X = 3:  audtEckpunkte(0).Y = 30

       ' Zweiter Punkt  des Polygons
       audtEckpunkte(1).X = .Right - .Left - 3
       audtEckpunkte(1).Y = 30

       ' Dritter Punkt  des Polygons
       audtEckpunkte(2).X = (.Right - .Left) / 2
       audtEckpunkte(2).Y = .Bottom - .Top

    End With

    ' Region erzeugen
```

**Listing 24.11** Dreieckige UserForm *(Fortsetzung)*

```
   lngRegionDreieck = CreatePolygonRgn(audtEckpunkte(0), _
      3, WINDING)

   ' Region zurückliefern
   CreateRegion1 = lngRegionDreieck
End Function

Private Function CreateRegion2() As Long
Dim udtDimension     As RECT
Dim lngRegionRound   As Long
Dim lngMidWidth      As Long
Dim lngMidHeigth     As Long
' Elliptische Region erzeugen

   ' Position und Größe der Form in Pixel ermitteln
   ' Position in Bildschirmkoordinaten
   GetWindowRect mlngMyHandle, udtDimension

   With udtDimension

      ' Mitte der Form ermitteln
      lngMidWidth = (.Right - .Left) / 2
      lngMidHeigth = (.Bottom - .Top) / 2

      ' Elliptische Region erstellen
      lngRegionRound = CreateRoundRectRgn( _
         lngMidWidth - 30, lngMidHeigth - 70, _
         lngMidWidth + 30, lngMidHeigth + 30, _
         60, 100)

   End With

   ' Region zurückliefern
   CreateRegion2 = lngRegionRound
End Function
```

**BEISPIEL** Das obige Beispiel befindet sich innerhalb der Beispieldateien zum Buch im Ordner *\Buch\Kap24*. Die Mappe nennt sich *Bsp24_03.xlsm,* der Code befindet sich im Klassenmodul der UserForm *ufRegion*.

## Ereignis *UserForm_Activate*

Zeigt man das UserForm an (`ufRegion.Show`), wird das Ereignis `UserForm_Activate` ausgelöst. In dieser Prozedur wird zuerst überprüft, ob das Fensterhandle der UserForm bereits ermittelt wurde. Ist die Variable `mlngMyHandle` noch Null, wird die Funktion `GetWindowHandle` aufgerufen, um die modulweit gültige Variable `mlngMyHandle` mit dem Fensterhandle zu füllen.

Falls das UserForm noch nicht verändert wurde, ist die Variable `mlngRegion1` Null. Ist das der Fall, werden mit den Funktionen `CreateRegion1` und `CreateRegion2` eine dreieckige und eine elliptische Region erzeugt, die mit der API `CombineRgn` miteinander kombiniert werden.

Als letzter Parameter der API-Funktion `CombineRgn` wird die Konstante `RND_DIFF` verwendet, das heißt, nur die nicht gemeinsamen Teile beider Regionen werden in die Zielregion `mlngRegion1` übernommen, die elliptische wird dabei quasi aus der dreieckigen Region ausgestanzt.

Mit `SetWindowRegion` wird anschließend die aktuelle Region des UserForm geändert, sodass das UserForm in der Form der neu angelegten Region angezeigt wird.

## Funktion *GetWindowHandle*

In dieser Funktion wird die aktuelle `Caption` (Fenstertext) des UserForm zwischengespeichert und anschließend so verändert, dass die neue `Caption` unverwechselbar ist. Mit der API-Funktion `FindWindow` wird nach einem Fenster mit dem entsprechenden Fenstertext gesucht. Als Klassenname wird dabei `vbNullString` verwendet, damit dieser Parameter bei der Suche ignoriert wird.

Hat man das Handle ermittelt, wird der Fenstertext auf den ursprünglichen Wert zurückgesetzt.

## Funktion *CreateRegion1*

Mit der API-Funktion `GetWindowRect` wird die Struktur `RECT` ausgefüllt. Sie enthält anschließend die Position der linken oberen und rechten unteren Ecke des UserForm, beschreibt also deren Position und Größe.

Mit Hilfe dieser Informationen wird ein Datenfeld vom Typ `POINTAPI` ausgefüllt, das die einzelnen Eckpunkte der zu erstellenden Region enthält. Die drei Punkte des Dreiecks sind so gewählt, dass eine vorhandene Titelleiste und die Randlinie ausgespart werden.

Die Anzahl der Eckpunkte, die Konstante `WINDING` und das Datenfeld selbst werden an die Funktion `CreatePolygonRgn` (siehe den Abschnitt »Regionen« ab Seite 820) übergeben, welche die Region erzeugt und das Handle darauf zurückgibt.

## Funktion *CreateRegion2*

Wiederum wird mit der API-Funktion `GetWindowRect` die Position und Größe des UserForm ermittelt.

Ausgehend vom Mittelpunkt der Form wird mit der Funktion `CreateRoundRectRgn` (siehe den Abschnitt »Regionen« ab Seite 820) eine elliptische Region erzeugt und das Handle darauf zurückgegeben.

## Prozedur *UserForm_MouseDown*

Da das UserForm keine sichtbare Titelleiste mehr besitzt, die zum Verschieben der Form wichtig ist, muss man eine andere Möglichkeit dafür vorsehen. Bei einem Klick mit der linken Maustaste wird dazu mittels `ReleaseCapture` die Maus freigegeben und es wird mit `SendMessage` ein Drücken der linken Maustaste auf die (immer noch unsichtbar vorhandene) Titelleiste simuliert.

Ein Klick mit einer anderen Maustaste entlädt das UserForm.

## Prozedur *UserForm_Terminate*

Mittels der API `DeleteObject` werden die erzeugten Regionen vor dem Entladen des UserForm wieder zerstört.

# UserForms und Fensterstile

UserForms unterliegen standardmäßig gewissen Beschränkungen. Die Symbolschaltflächen zum Minimieren und Maximieren links neben dem Kreuz fehlen beispielsweise. Auch kann man die Größe nicht durch das Ziehen mit der Maus am Rahmen verändern.

Dennoch sind UserForms echte Fenster, die von Natur aus so etwas können, lediglich die entsprechenden Stilbits (siehe den Abschnitt »Fensterstil« ab Seite 814) sind dabei nicht gesetzt. Dem kann man aber recht leicht abhelfen, indem man den Fensterstil ausliest, das entsprechende Stilbit setzt und den veränderten Stil zurückschreibt.

Im folgenden Beispiel wird gezeigt, wie man die Titelleiste und das Systemmenü entfernen, das UserForm mit einer Minimieren- und Maximieren-Schaltfläche ausstatten (Abbildung 24.11) und den Rahmen so verändern kann, dass eine stufenlose Größenänderung möglich wird.



**Abbildg. 24.11** Fensterstil ändern

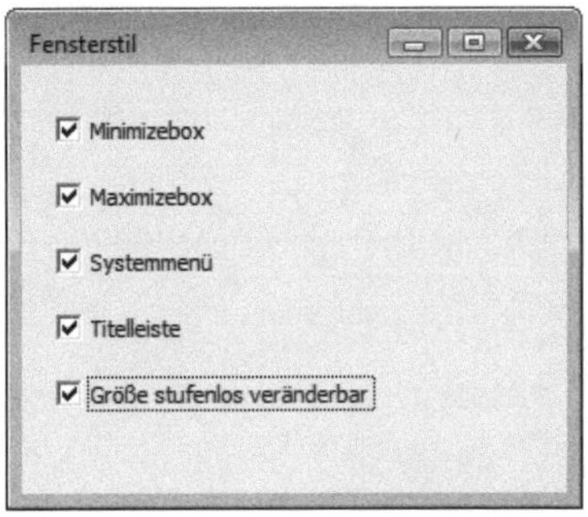


Dazu wird ein UserForm erstellt, auf dem sich fünf Kontrollkästchen mit den Namen `chkMinimizebox`, `chkMaximizebox`, `chkSysmenu`, `chkTitle`, `chkResize` befinden.

Nachfolgend der zugehörige Code (Listing 24.12) im Klassenmodul des UserForm:

**Listing 24.12** Fensterstil eines UserForm ändern

```
Private mblnEnableClose     As Long
Private mlngMyHandle        As Long

Private Sub StilAnpassen()
Dim lngStyle As Long
    ' Die Fensterstile ermitteln
    lngStyle = GetWindowLong(mlngMyHandle, GWL_STYLE)

    If chkMaximizebox Then
        ' Stilbit WS_MAXIMIZEBOX setzen
        lngStyle = lngStyle Or WS_MAXIMIZEBOX
    Else
        ' Stilbit WS_MAXIMIZEBOX löschen
        lngStyle = lngStyle And Not WS_MAXIMIZEBOX
    End If

    If chkMinimizebox Then
        ' Stilbit WS_MINIMIZEBOX setzen
```

**Listing 24.12** Fensterstil eines UserForm ändern *(Fortsetzung)*

```
      lngStyle = lngStyle Or WS_MINIMIZEBOX
   Else
      ' Stilbit WS_MINIMIZEBOX löschen
      lngStyle = lngStyle And Not WS_MINIMIZEBOX
   End If

   If chkSysmenu Then
      ' Stilbit WS_SYSMENU setzen
      lngStyle = lngStyle Or WS_SYSMENU
      mblnEnableClose = True
   Else
      ' Stilbit WS_SYSMENU löschen
      lngStyle = lngStyle And Not WS_SYSMENU
      mblnEnableClose = False
   End If

   If chkResize Then
      ' Stilbit WS_THICKFRAME setzen
      lngStyle = lngStyle Or WS_THICKFRAME
   Else
      ' Stilbit WS_THICKFRAME löschen
      lngStyle = lngStyle And Not WS_THICKFRAME
   End If

   If chkTitle Then
      ' Stilbit WS_DLGFRAME setzen
      lngStyle = lngStyle Or WS_DLGFRAME
   Else
      ' Stilbit WS_DLGFRAME löschen
      lngStyle = lngStyle And Not WS_DLGFRAME
   End If


   ' Den geänderten Stil setzen
   SetWindowLong mlngMyHandle, GWL_STYLE, lngStyle

   ' Menübar neu zeichnen
   DrawMenuBar mlngMyHandle
End Sub

Private Sub chkMaximizebox_Click()
   StilAnpassen
End Sub

Private Sub chkMinimizebox_Click()
   StilAnpassen
End Sub

Private Sub chkResize_Click()
   StilAnpassen
End Sub

Private Sub chkSysmenu_Click()
   StilAnpassen
End Sub
```

**Listing 24.12** Fensterstil eines UserForm ändern *(Fortsetzung)*

```
Private Sub chkTitle_Click()
   StilAnpassen
End Sub

Private Sub UserForm_Initialize()
   ' Fensterhandle ermitteln
   mlngMyHandle = GetWindowhandle()
   StilAnpassen
End Sub

Private Sub UserForm_QueryClose(Cancel As Integer, _
   CloseMode As Integer)

   ' Mit Alt+F4 kann die Form trotz ausgeblendetem Systemmenü
   ' geschlossen werden. Das wird hiermit verhindert
   Cancel = True

   ' Außerdem wird das Entladen verhindert, nur noch
   ' verstecken ist möglich
   If mblnEnableClose Then Me.Hide

End Sub

Private Function GetWindowhandle()
   Dim strCaption          As String
   Dim strSearchCaption    As String

   ' Suchstring für Fenster festlegen
   strSearchCaption = "asdfghjklöä"

   ' Alten Fenstertext speichern
   strCaption = Me.Caption

   ' Fenstertext ändern
   Me.Caption = strSearchCaption

   ' Fensterhandle ermitteln
   GetWindowhandle = _
      FindWindow(vbNullString, strSearchCaption)

   ' Alten Fenstertext zurückschreiben
   Me.Caption = strCaption

End Function
```

**BEISPIEL** Das obige Beispiel befindet sich innerhalb der Beispieldateien zum Buch im Ordner *\Buch\Kap24*. Die Mappe nennt sich *Bsp24_04.xlsm*, der Code befindet sich im Klassenmodul des UserForm *ufResize*.

### Klickereignisse der Kontrollkästchen (*chkMinimizebox, chkMaximizebox, chkSysmenu, chkTitle, chkResize*)

In diesen Ereignissen wird lediglich die Prozedur `StilAnpassen` aufgerufen

### Funktion *GetWindowHandle*

In dieser Funktion wird die aktuelle *Caption* (Fenstertext) des UserForm zwischengespeichert und anschließend so verändert, dass die neue *Caption* unverwechselbar ist. Mit der API-Funktion `FindWindow` wird nach einem Fenster mit dem entsprechenden Fenstertext gesucht, als Klassenname wird dabei `vbNullString` verwendet, damit dieser Parameter bei der Suche ignoriert wird.

Hat man das Handle ermittelt, wird der Fenstertext auf den ursprünglichen Wert zurückgesetzt.

### Ereignis *UserForm_Initialize*

In diesem Ereignis, das beim Initialisieren des UserForm ausgeführt wird, wird die klassenweit gültige Variable `mlngMyHandle` mit dem Fensterhandle des UserForm gefüllt. Anschließend wird die Prozedur `StilAnpassen` aufgerufen.

### Ereignis *UserForm_QueryClose*

In diesem Ereignis, das vor dem Entladen des UserForm ausgeführt wird, wird das Entladen komplett verhindert, indem der Parameter `Cancel` auf `Wahr` (`True`) gesetzt wird.

Ist das Systemmenü des UserForm aktiviert, was durch die klassenweit gültige Variable `mblnEnableClose` angezeigt wird, wird statt eines Entladens das UserForm versteckt (`Me.Hide`).

### Prozedur *StilAnpassen*

Diese Prozedur ist das eigentliche Arbeitstier und beinhaltet die tatsächliche Funktionalität.

Zu Beginn wird der aktuelle Fensterstil ermittelt. Dazu wird die API-Funktion `GetWindowLong` eingesetzt, der man als ersten Parameter das Fensterhandle übergibt. Der zweite Parameter entscheidet darüber, welche Information über ein Fenster zurückgeliefert werden soll.

Da man den Fensterstil ermitteln möchte, wird an dieser Stelle die Konstante `GWL_STYLE` übergeben. Als Ergebnis bekommt man einen Longwert zurückgeliefert, der die Informationen zum Stil des gewünschten Fensters beinhaltet. Jedes gesetzte oder nicht gesetzte Bit der Variablen `lngStyle`, die den zurückgelieferten Wert enthält, hat dabei eine spezielle Bedeutung.

Nacheinander werden anschließend alle Kontrollkästchen daraufhin geprüft, ob der Haken gesetzt ist, die Default-Eigenschaft `Value`, also `Wahr` (`True`) ist. Ist dies der Fall, wird das entsprechende Stilbit gesetzt, andernfalls gelöscht.

Die Konstanten `WS_MAXIMIZEBOX`, `WS_MINIMIZEBOX`, `WS_SYSMENU`, `WS_THICKFRAME` und `WS_DLGFRAME` enthalten ausschließlich das gesetzte Bit des entsprechenden Stils.

Zusammen mit dem Operator `Or` und der Variablen `lngStyle` wird das entsprechende Bit gesetzt.

Invertiert (`Not`) und mit dem Operator `And` eingesetzt, wird das entsprechende Bit der Variablen `lngStyle` auf Null gesetzt.

Der gewünschte Stil der UserForm, der in der Variablen `lngStyle` steckt, wird mit der API-Funktion `SetWindowLong` zurückgeschrieben. Anschließend wird noch die API-Funktion `DrawMenuBar` aufgerufen, die ein Neuzeichnen der Menüleiste, in der die Symbole zum Minimieren und Maximieren stecken, anstößt.

# UserForm mit Menü

UserForms sind standardmäßig ohne ein benutzerdefiniertes Menü ausgestattet. Das ist schade, denn Menüs sind übersichtlich und die einzelnen Menüpunkte lassen sich sehr schön ausschließlich mit der Tastatur bedienen. Für Maushasser sicherlich ein schlagendes Argument für Menüs.

Mit ein paar API-Funktionen ist aber nicht sehr schwer, sich selbst ein Menü nach seinen Wünschen zu erstellen (Abbildung 24.12). Die Gestaltungsmöglichkeiten sind dabei sehr vielfältig, im Rahmen dieses Beispiels kann aber nicht näher auf alle Einzelheiten eingegangen werden.

**Abbildg. 24.12** UserForm mit eigenem Menü

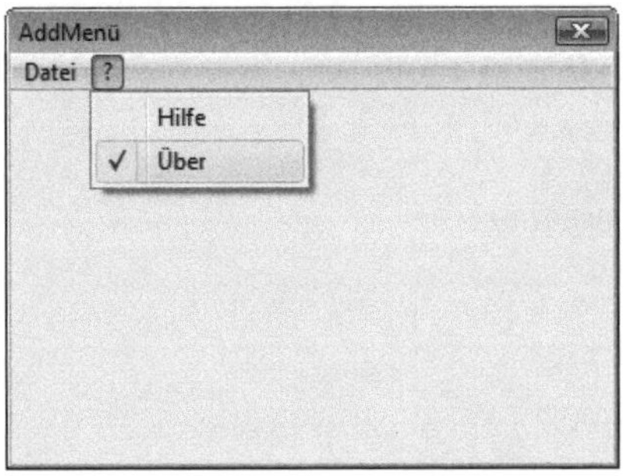




Das Problem ist nicht das Erstellen eines Menüs, problematisch wird erst das Reagieren auf die Auswahl eines Menüpunktes. Dazu muss man die Fensternachrichten abhören, die an das UserForm gehen und dafür benötigt man einen Funktionszeiger auf eine benutzerdefinierte Funktion. An diese Funktion werden die Nachrichten, die normalerweise an `WindowProc` gehen, umgeleitet.

Weitere Informationen zu den in diesem Beispiel behandelten Themen finden Sie in den Abschnitten »Funktionszeiger« (Seite 808) und »Menüs« (Seite 821).

Nachfolgend der Code des UserForm (Listing 24.13):

**Listing 24.13** UserForm mit Menü, Code der Form

```
Private mlngUserform    As Long
Private mlngMenuParent  As Long

Private Sub MakeMenu()
Dim udtMnuItem As MENUITEMINFO
Dim lngSub     As Long
Dim lngBMP     As Long
Dim strBMP     As String

   ' Mainmenü anlegen
   mlngMenuParent = CreateMenu()

   With udtMnuItem
      ' Länge der Struktur
      .cbSize = Len(MnuItem)

      ' 1. Submenü anlegen
      lngSub = CreatePopupMenu()

      ' 1. Hauptmenü
```

Listing 24.13 UserForm mit Menü, Code der Form *(Fortsetzung)*

```
      .fMask = MIIM_TYPE Or MIIM_ID Or MIIM_SUBMENU
      .fType = MF_STRING ' Text als Menüpunkt
      .wID = 100& ' Eindeutige ID
      .hSubMenu = lngSub ' Angabe des verbundenen Submenüs
      .dwTypeData = "&Datei" ' Menütext
      ' Menüpunkt ins Mainmenü einfügen
      InsertMenuItem mlngMenuParent, 0&, True, udtMnuItem

      ' 1. Submenüpunkt, 1. Hauptmenü
      strBMP = Application.GetOpenFilename( _
         "Bitmaps (*.bmp), *.bmp", , _
         "Bitte eine Bitmap auswählen, die als Icon" & vbCrLf & _
         "für den Menüpunkt 'Beenden' angezeigt wird")
      If Dir$(strBMP) <> "" Then
         ' Bitmap laden
         lngBMP = LoadImage(GetModuleHandle(0), _
            strBMP, IMAGE_BITMAP, 0, 0, LR_LOADFROMFILE)
      End If

     .fMask = MIIM_TYPE Or MIIM_ID Or _
         MIIM_CHECKMARKS Or MIIM_STATE
      .fType = MF_STRING ' Text als Menüpunkt
      '.fState = MF_GRAYED ' Ausgegraut
      .wID = 120& ' Eindeutige ID
      .hSubMenu = 0 ' enthält kein Submenü
      .dwTypeData = "&Beenden" ' Menütext
      .hbmpChecked = lngBMP ' Bitmap Checked
      .hbmpUnchecked = lngBMP ' Bitmap Unchecked
      ' Menüpunkt ins 1. Submenü einfügen
      InsertMenuItem lngSub, 0&, True, udtMnuItem

      ' 2. Submenü anlegen
      lngSub = CreatePopupMenu()

      ' 2. Hauptmenü
      .fMask = MIIM_TYPE Or MIIM_ID Or MIIM_SUBMENU
      .fType = MF_STRING ' Text als Menüpunkt
      .wID = 200& ' Eindeutige ID
      .hSubMenu = lngSub ' Angabe des verbundenen Submenüs
      .dwTypeData = "&?" ' Menütext
      ' Menüpunkt ins Mainmenü einfügen
      InsertMenuItem mlngMenuParent, 1&, True, udtMnuItem

      ' 1. Submenüpunkt, 2. Hauptmenü
      .fMask = MIIM_TYPE Or MIIM_ID
      .fType = MF_STRING ' Text als Menüpunkt
      .wID = 210& ' Eindeutige ID
      .hSubMenu = 0 ' enthält kein Submenü
      .dwTypeData = "&Hilfe" ' Menütext
      ' Menüpunkt ins 2. Submenü einfügen
      InsertMenuItem lngSub, 0&, True, udtMnuItem

      ' 2. Submenüpunkt, 2. Hauptmenü
      .fMask = MIIM_TYPE Or MIIM_ID Or _
         MIIM_CHECKMARKS Or MIIM_STATE
      .fType = MF_STRING ' Text als Menüpunkt
```

**Listing 24.13** UserForm mit Menü, Code der Form *(Fortsetzung)*

```
      .fState = MF_CHECKED ' Haken gesetzt
      .wID = 220& ' Eindeutige ID
      .hSubMenu = 0 ' enthält kein Submenü
      .dwTypeData = "&Über" ' Menütext
      .hbmpChecked = 0 ' Default Haken
      .hbmpUnchecked = 0 ' Default Leer
      ' Menüpunkt ins 2. Submenü einfügen
      InsertMenuItem lngSub, 2&, True, udtMnuItem

   End With

   ' Menü mit UserForm verbinden
   SetMenu mlngUserform, mlngMenuParent
   DrawMenuBar mlngUserform

   ' WindowProc umleiten
   glngOldProc = SetWindowLong(mlngUserform, _
      GWL_WNDPROC, AddressOf NewProc)
End Sub

Private Function GetWindowhandle()
   Dim strCaption          As String
   Dim strSearchCaption    As String

   ' Suchstring für Fenster festlegen
   strSearchCaption = "asdfghjklöä"

   ' Alten Fenstertext speichern
   strCaption = Me.Caption

   ' Fenstertext ändern
   Me.Caption = strSearchCaption

   ' Fensterhandle ermitteln
   GetWindowhandle = _
      FindWindow(vbNullString, strSearchCaption)

   ' Alten Fenstertext zurückschreiben
   Me.Caption = strCaption

End Function

Private Sub UserForm_QueryClose(Cancel As Integer, _
   CloseMode As Integer)
   Unload Me
End Sub

Private Sub UserForm_Terminate()
   DestroyMenu mlngMenuParent
   SetWindowLong mlngUserform, GWL_WNDPROC, glngOldProc
End Sub

Private Sub UserForm_Initialize()
   mlngUserform = GetWindowhandle
   MakeMenu
End Sub
```

**BEISPIEL** Das obige Beispiel befindet sich innerhalb der Beispieldateien zum Buch im Ordner *\Buch\Kap24*. Die Mappe nennt sich *Bsp24_05.xlsm*, der Code befindet sich im Klassenmodul der UserForm *ufMenu*.

Um die Fensternachrichten abzufangen und auf eine Menüauswahl zu reagieren, muss `WindowProc` umgangen werden. Dazu werden mit `SetWindowLong` die Fensternachrichten zu einer eigenen Prozedur umgeleitet. Diese Prozedur muss sich in einem Standardmodul befinden (Listing 24.14):

**Listing 24.14** UserForm mit Menü (*NewProc*)

```
Public glngOldProc          As Long

Public Function NewProc(ByVal hwnd As Long, _
   ByVal Msg As Long, ByVal wParam As Long, _
   ByVal lParam As Long ) As Long
   If Msg = WM_COMMAND Then
      If lParam = 0 Then
         Select Case wParam
             Case Is = 120
                 MsgBox "'Beenden' gewählt"
             Case Is = 210
                 MsgBox "'Hilfe' gewählt"
             Case Is = 220
                 MsgBox "'Über' gewählt"
         End Select
      End If
   End If
   NewProc = CallWindowProc(glngOldProc, hwnd, _
      Msg, wParam, lParam)
End Function
```

**BEISPIEL** Das obige Beispiel befindet sich innerhalb der Beispieldateien zum Buch im Ordner *\Buch\Kap24*. Die Mappe nennt sich *Bsp24_05.xlsm*, der Code befindet sich im Modul der *mdlMenuUF*.

## Ereignis *UserForm_Initialize*

Diese Ereignisprozedur wird beim Initialisieren des UserForm abgearbeitet. Darin wird der klassenweit gültigen Variablen `mlngUserform` das Fensterhandle der UserForm zugewiesen, das vorher die Funktion `GetWindowhandle` geliefert hat. Anschließend wird die Prozedur `MakeMenu` aufgerufen, die das Menü erstellt.

## Ereignis *UserForm_Terminate*

In der beim Entladen des UserForm ausgeführten Ereignisprozedur wird das erstellte Menü zerstört und die umgeleitete Fensterprozedur wird wieder auf die Original-`WindowProc` geleitet.

## Ereignis *UserForm_QueryClose*

Die vor dem Schließen des UserForm ausgeführte Ereignisprozedur stellt durch die Methode `Unload Me` sicher, dass das UserForm entladen und das `Terminate`-Ereignis ausgeführt wird.

## Funktion *GetWindowHandle*

In dieser Funktion wird die aktuelle `Caption` (Fenstertext) des UserForm zwischengespeichert und anschließend so verändert, dass die neue `Caption` unverwechselbar ist. Mit der API-Funktion `FindWindow` wird nach einem Fenster mit dem entsprechenden Fenstertext gesucht, als Klassenname wird dabei `vbNullString` verwendet, damit dieser Parameter bei der Suche ignoriert wird.

Hat man das Handle ermittelt, wird der Fenstertext auf den ursprünglichen Wert zurückgesetzt.



## Prozedur *MakeMenu*

Zu Beginn wird mit der API `CreateMenu` ein neues Menü erzeugt, das zu diesem Zeitpunkt aber noch mit keinem Fenster verbunden ist. Dies ist das Mainmenü und bildet die Wurzel der gesamten Menüstruktur.

Danach muss noch die komplette Menüstruktur angelegt werden.

### Menüpunkt *Datei*

Der erste Menüpunkt auf der Ebene unterhalb des Mainmenüs soll den Text »&Datei« erhalten. Dieser wird schließlich als der erste Hauptmenüpunkt erscheinen. Da dieser untergeordnete Menüpunkte enthalten soll, wird erst einmal mit `CreatePopupMenu` das erste Submenü (Untermenü) erzeugt.

Danach muss die Variable `udtMnuItem` vom benutzerdefinierten Datentyp `MENUITEMINFO` ausgefüllt werden. Den einzelnen Elementen dieses Datentyps werden die folgenden Werte zugewiesen:

- **fMask** Als Element `fMask` werden die Konstanten `MIIM_TYPE`, `MIIM_ID` und `MIIM_SUBMENU` mit dem `Or`-Operator verknüpft und zugewiesen. Das bedeutet, dass die entsprechenden Bits des Flagfeldes gesetzt werden. Das gesetzte Bit der Konstanten `MIIM_CHECKMARKS` wird nicht benötigt, da an dieser Stelle kein Häkchen vorgesehen ist. Ein Submenü ist vorgesehen, also wird auch `MIIM_SUBMENU` gesetzt.
- **fType** Im Flagfeld `fType` wird das Bit der Konstanten `MF_STRING` gesetzt, damit der Typ dieses Menüpunktes als Text festgelegt wird. Möglich ist aber auch eine Trennlinie, wenn die Konstante `MF_SEPARATOR` benutzt wird.
- **fState** Das Element `fState` wird nicht gesetzt.
- **wID** Das Element `wID` bekommt die eindeutige Nummer 100 zugewiesen, damit wird in der umgeleiteten `WinProc` dieser ausgewählte Punkt identifiziert.
- **hSubMenu** Soll der Menüpunkt ein Submenü erhalten, was hier der Fall ist, bekommt das Element `hSubMenu` das Handle des zuvor mit `CreatePopupMenu` erzeugten Menüs zugewiesen.
- **dwTypeData** Der Text des Menüs wird dem Element `dwTypeData` übergeben. Das kaufmännische Und (&) kennzeichnet den nachfolgenden Buchstaben, der unterstrichen dargestellt werden soll, es wird aber selbst nicht dargestellt.

  Mit dem derart markierten Buchstaben kann der Menüpunkt mit der Tastatur gewählt werden.

- **hbmpChecked** An dieses Element kann man das Handle einer Bitmap übergeben, die an Stelle des gesetzten Häkchens vor dem Menüpunkt erscheint. Beim ersten Menüpunkt ist dies aber nicht vorgesehen.
- **hbmpUnchecked** An dieses Element kann man das Handle einer Bitmap übergeben, die an Stelle des nicht gesetzten Häkchens vor dem Menüpunkt erscheint. Beim ersten Menüpunkt ist dies aber nicht vorgesehen.

Mit der API-Funktion `InsertMenuItem` wird dann dieser Menüpunkt mit den gesetzten Eigenschaften erstellt. Das übergeordnete Menü wird dabei im ersten Parameter der API-Funktion angegeben. Da es sich um einen Menüpunkt des Mainmenüs handelt, übergibt man dort dessen Handle.

### Menüpunkt *Datei/Beenden*

Für den Menüpunkt mit dem Namen »&Beenden«, der ein Element des Submenüs vom Hauptmenüpunkt *Datei* sein soll, wird wiederum die Variable `udtMnuItem` mit den gewünschten Eigenschaften gefüllt.

Vorher wird eine eventuell gewünschte Bitmap (Bilddatei mit der Namenserweiterung *.bmp*) mit der API-Funktion `LoadImage` in den Speicher geladen und man erhält dabei ein Handle darauf.

- **fMask** `Als Element fMask werden die Konstanten MIIM_TYPE, MIIM_ID, MIIM_STATE und MIIM_CHECKMARKS mit dem Or-Operator verknüpft und zugewiesen`
- **fType** Im Flagfeld `fType` wird das Bit der Konstanten `MF_STRING` gesetzt, damit der Typ dieses Menüpunktes als Text festgelegt wird
- **fState** Das Element `fState` wird nicht gesetzt
- **wID** Das Element `wID` bekommt die eindeutige Nummer 120 zugewiesen
- **hSubMenu** Das Element `hSubMenu` wird auf Null gesetzt, weil dieser Menüpunkt kein Submenü erhalten soll
- **dwTypeData** Der Text des Menüs »&Beenden« wird dem Element `dwTypeData` übergeben
- **hbmpChecked** An dieses Element wird das Handle der Bitmap übergeben, welches vor dem Menüpunkt erscheint
- **hbmpUnchecked** An dieses Element wird das Handle der Bitmap übergeben, welches vor dem Menüpunkt erscheint

Mit der API-Funktion `InsertMenuItem` wird auch dieser Menüpunkt erstellt, als übergeordnetes Menü wird aber das Submenü des ersten Hauptmenüpunktes benutzt.

### Menüpunkt *?*

Der Name des zweiten Hauptmenüpunkt soll »&?« lauten. Da dieser ein Submenü, also Einträge enthalten soll, wird mit `CreatePopupMenu` ein weiteres Popupmenü angelegt. Für diesen Hauptmenüpunkt wird wieder die Variable `udtMnuItem` ausgefüllt:

- **fMask** `Als Element fMask werden die Konstanten MIIM_TYPE, MIIM_ID, und MIIM_CHECKMARKS mit dem Or-Operator verknüpft und zugewiesen`
- **fType** Im Flagfeld `fType` wird das Bit der Konstanten `MF_STRING` gesetzt, damit der Typ dieses Menüpunktes als Text festgelegt wird
- **fState** Das Element `fState` wird nicht gesetzt

- **wID** Das Element `wID` bekommt die eindeutige Nummer 200 zugewiesen
- **hSubMenu** Das Element `hSubMenu` bekommt das Handle des zuvor mit `CreatePopupMenu` erzeugten Popupmenüs zugewiesen
- **dwTypeData** Der Text des Menüs »&?« wird dem Element `dwTypeData` übergeben

Mit der API-Funktion `InsertMenuItem` wird dann dieser Menüpunkt mit den gesetzten Eigenschaften erstellt. Das übergeordnete Menü wird dabei im ersten Parameter der API-Funktion angegeben. Da es sich um einen Menüpunkt des Mainmenüs handelt, übergibt man dort dessen Handle.

### Menüpunkt *?/Hilfe*

Für den ersten Menüpunkt »&Hilfe« des zweiten Hauptmenüpunktes »&?« wird wiederum die Variable `udtMnuItem` gefüllt:

- **fMask** `Als Element fMask werden die Konstanten MIIM_TYPE und MIIM_ID mit dem Or-Operator verknüpft und zugewiesen`
- **fType** Im Flagfeld `fType` wird das Bit der Konstanten `MF_STRING` gesetzt, damit der Typ dieses Menüpunktes als Text festgelegt wird
- **fState** Das Element `fState` wird nicht gesetzt
- **wID** Das Element `wID` bekommt die eindeutige Nummer 210 zugewiesen
- **hSubMenu** Das Element `hSubMenu` wird auf Null gesetzt, weil der Menüpunkt kein Submenü erhalten soll
- **dwTypeData** Der Text des Menüs »&Hilfe « wird dem Element `dwTypeData` übergeben

Wieder wird mit der API-Funktion `InsertMenuItem` dieser Menüpunkt erstellt. Als übergeordnetes Menü wird das Submenü des zweiten Hauptmenüpunktes benutzt.

### Menüpunkt *?/Über*

Für den zweiten Menüpunkt »&Über« des Hauptmenüpunktes »&?« wird wiederum die Variable `udtMnuItem` mit den gewünschten Eigenschaften gefüllt:

- **fMask** `Als Element fMask werden die Konstanten MIIM_TYPE, MIIM_ID, MIIM_STATE und MIIM_CHECKMARKS mit dem Or-Operator verknüpft und zugewiesen`
- **fType** Im Flagfeld `fType` wird das Bit der Konstanten `MF_STRING` gesetzt, damit der Typ dieses Menüpunktes als Text festgelegt wird
- **fState** Bei dem Element `fState` wird das gesetzte Bit der Konstanten `MF_CHECKED` gesetzt
- **wID** Das Element `wID` bekommt die eindeutige Nummer 220 zugewiesen
- **hSubMenu** Das Element `hSubMenu` wird auf Null gesetzt, weil der Menüpunkt kein Submenü erhalten soll
- **dwTypeData** Der Text des Menüs »&Über« wird dem Element `dwTypeData` übergeben
- **hbmpChecked** An dieses Element wird eine Null übergeben, da ein Häkchen (Defaultwert) und keine Bitmap vor dem Menüpunkt erscheinen soll, wenn der Status auf »Aktiviert« gesetzt wurde.
- **hbmpUnchecked** An dieses Element wird eine Null übergeben, da nichts vor dem Menüpunkt erscheinen soll, wenn der Status auf »Deaktiviert« gesetzt wurde.

Mit der API-Funktion `InsertMenuItem` wird dieser Menüpunkt erstellt. Als übergeordnetes Menü wird das Submenü des zweiten Hauptmenüpunktes benutzt.

#### Verbinden mit der UserForm

Mit der API-Funktion `SetMenu` wird am Schluss das angelegte Mainmenü `mlngMenuParent` mit dem UserForm verbunden. Damit es auch sofort angezeigt wird, benutzt man anschließend die API-Funktion `DrawMenuBar`.

#### Umleiten der *WindowProc*

Um auf das Auswählen eines Menüpunktes reagieren zu können, werden die Fensternachrichten auf eine eigene Prozedur mit dem Namen `NewProc` in einem Standardmodul umgeleitet. Dazu wird die API-Funktion `SetWindowLong` mit dem Parameter `GWL_WNDPROC` benutzt.

### Funktion *NewProc*

Die Funktion `NewProc` hat einen festgelegten Funktionskopf, der nicht geändert werden darf.

Ist der an diese Funktion übergebene Parameter `Msg` gleich der Konstante `WM_COMMAND`, wird überprüft, ob der Parameter `lParam` den Wert Null hat. Ist beides der Fall, wird der Parameter `wParam` auf die Menü-ID hin überprüft.

Der ausgewählte Menüpunkt ist an diesem Wert zu erkennen, es ist der Wert, der als Element `wID` des benutzerdefinierten Datentyps `MENUITEMINFO` übergeben wurde. Welcher Menüpunkt ausgewählt wurde, wird anschließend in einem Meldungsfeld ausgegeben.

Das Wichtigste ist, dass die Fensternachrichten an die originale Fensterprozedur weitergeleitet werden. Unterlässt man dies, reagiert das UserForm auf nichts mehr. Dazu wird die API-Funktion `CallWindowProc` benutzt, mit der man die Fensternachrichten an die originale Prozedur weiterleitet.

## UserForm als Zeichenfläche

Nahezu jedes Fenster enthält eine grafische Oberfläche, in der das Anwendungsprogramm Text, Bilder und sonstige Grafiken darstellen kann.

Bei UserForms ist die grafische Oberfläche aber nicht im eigentlichen, sondern in einem Clientfenster (untergeordnetes Fenster) untergebracht. Den Devicekontext dieses Clientfensters kann man sich nun ausleihen und beliebig darin zeichnen.

In diesem Beispiel wird eine Screenkopie (Kopie des gerade angezeigten Bildschirms) angefertigt, und zwar, bevor das Benutzerfenster sichtbar wird. Ist die Bitmap erst in der Zwischenablage, wird sie zur Zwischenspeicherung in einen selbst erzeugten unsichtbaren Devicekontext kopiert.

Anschließend wird das UserForm in der Größe und Position derart verändert, dass der Clientbereich den gesamten Bildschirm überdeckt. In den Devicekontext des Clientbereichs wird nun mit der API-Funktion `StretchBlt` das Bild aus dem unsichtbaren Devicekontext kopiert.

Dabei wird beim ersten Mal das Bild invertiert, also die weißen Stellen werden schwarz dargestellt und umgekehrt. Nach ein paar Sekunden wird das invertierte Bild horizontal, also in X-Richtung gespiegelt.

Anschließend wird die Bildschirmkopie nicht mehr invertiert, dafür vertikal (in Y-Richtung) gespiegelt (Abbildung 24.13).

**Abbildg. 24.13** Screenkopie in Y-Richtung gespiegelt

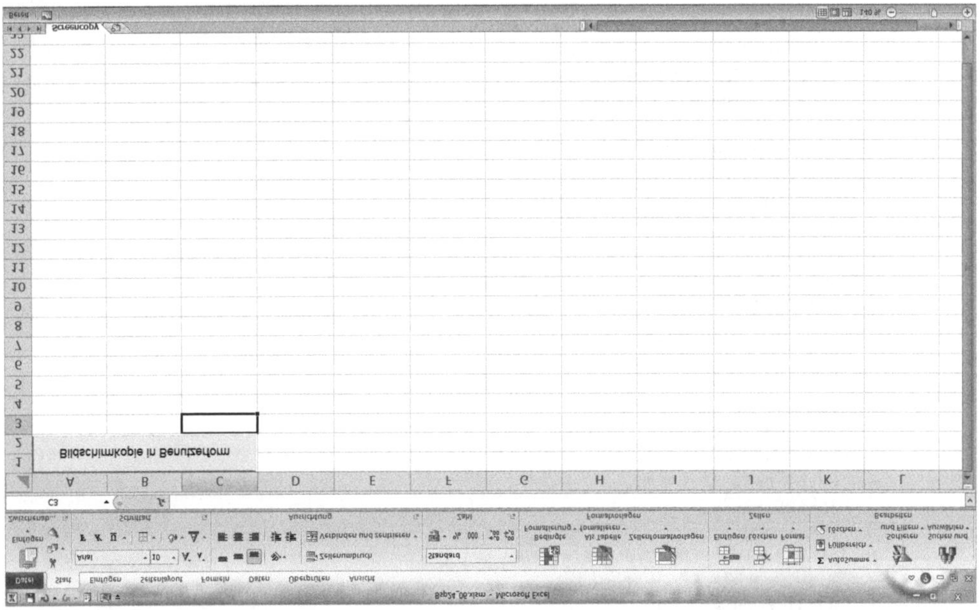

Zuletzt wird noch das komplette Bild auf den Kopf gestellt.

Näheres zu den in diesem Beispiel behandelten Themen finden Sie im Abschnitt »Devicekontext (DC)« ab Seite 817.

Nachfolgend finden Sie den Code des UserForm (Listing 24.15):

**Listing 24.15** UserForm als Zeichenfläche

```
Private Type RECT
   Left As Long
   Top As Long
   Right As Long
   Bottom As Long
End Type
Private Type BITMAP
   bmType As Long
   bmWidth As Long
   bmHeight As Long
   bmWidthBytes As Long
   udtBMPlanes As Integer
   bmBitsPixel As Integer
   bmBits As Long
End Type
Private Declare Sub keybd_event _
   Lib "user32" ( _
   ByVal bVk As Byte, _
   ByVal bScan As Byte, _
   ByVal dwFlags As Long, _
   ByVal dwExtraInfo As Long _
   )
```

**Listing 24.15** UserForm als Zeichenfläche *(Fortsetzung)*

```
Private Declare Function FindWindow _
   Lib "user32" Alias "FindWindowA" ( _
   ByVal lpClassName As String, _
   ByVal lpWindowName As String _
   ) As Long
Private Declare Function GetWindow _
   Lib "user32" ( _
   ByVal hwnd As Long, _
   ByVal wCmd As Long _
   ) As Long
Private Declare Function GetDesktopWindow _
   Lib "user32" () As Long
Private Declare Function GetDC _
   Lib "user32" ( _
   ByVal hwnd As Long _
   ) As Long
Private Declare Function GetWindowRect _
   Lib "user32" ( _
   ByVal hwnd As Long, _
   lpRect As RECT _
   ) As Long
Private Declare Function ReleaseDC _
   Lib "user32" ( _
   ByVal hwnd As Long, _
   ByVal hDC As Long _
   ) As Long
Private Declare Function CreateCompatibleDC _
   Lib "gdi32" ( _
   ByVal hDC As Long _
   ) As Long
Private Declare Function DeleteDC _
   Lib "gdi32" ( _
   ByVal hDC As Long _
   ) As Long
Private Declare Function GetObject _
   Lib "gdi32" Alias "GetObjectA" ( _
   ByVal hObject As Long, _
   ByVal nCount As Long, _
   lpObject As Any _
   ) As Long
Private Declare Function CloseClipboard _
   Lib "user32" () As Long
Private Declare Function OpenClipboard _
   Lib "user32" ( _
   ByVal hwnd As Long _
   ) As Long
Private Declare Function GetClipboardData _
   Lib "user32" ( _
    ByVal wFormat As Long _
    ) As Long
Private Declare Function IsClipboardFormatAvailable _
    Lib "user32" ( _
    ByVal wFormat As Long _
    ) As Long
Private Declare Function SelectObject _
   Lib "gdi32" ( _
```

**Listing 24.15** UserForm als Zeichenfläche *(Fortsetzung)*

```
   ByVal hDC As Long, _
   ByVal hObject As Long _
   ) As Long
Private Declare Function StretchBlt _
   Lib "gdi32" ( _
   ByVal hDC As Long, _
   ByVal x As Long, ByVal y As Long, _
   ByVal nWidth As Long, ByVal nHeight As Long, _
   ByVal hSrcDC As Long, _
   ByVal xSrc As Long, ByVal ySrc As Long, _
   ByVal nSrcWidth As Long, ByVal nSrcHeight As Long, _
   ByVal dwRop As Long _
   ) As Long
Private Declare Function SetWindowPos _
   Lib "user32" ( _
   ByVal hwnd As Long, _
   ByVal hWndInsertAfter As Long, _
   ByVal x As Long, ByVal y As Long, _
   ByVal cx As Long, ByVal cy As Long, _
   ByVal wFlags As Long _
   ) As Long
Private Declare Sub Sleep _
   Lib "kernel32" ( _
   ByVal dwMilliseconds As Long _
   )
Private Const RDW_INVALIDATE = &H1
Private Const CF_BITMAP = 2
Private Const GW_CHILD = 5
Private Const GW_HWNDFIRST = 0
Private Const GW_HWNDNEXT = 2
Private Const SRCCOPY = &HCC0020
Private Const SRCINVERT = &H660046
Private Const HWND_TOPMOST = -1
Private Const HWND_NOTOPMOST = -2
Private Const SWP_SHOWWINDOW = &H40
Private Const KEYEVENTF_KEYUP = &H2
Private Const VK_MENU = &H12
Private Const VK_SNAPSHOT = &H2C

Private Sub BadForm()
Dim lngBitmap        As Long
Dim lngMemoryBMP     As Long
Dim lngOldBitmap     As Long
Dim lngHandle        As Long
Dim lngFormDC        As Long
Dim lngMemDC         As Long
Dim udtBMP           As BITMAP
Dim lngWidth         As Long
Dim lngHeight        As Long
Dim udtAbmessungen   As RECT
Dim lngAnzeigedauer  As Long

On Error GoTo fehlerbehandlung

' Anzeigedauer in Millisekunden
lngAnzeigedauer = 5000
```

Interessantes für Fortgeschrittene

**Listing 24.15** UserForm als Zeichenfläche *(Fortsetzung)*

```
' Form in den unsichtbaren Bereich verschieben
Me.Left = -1000

DoEvents ' Zeit lassen
CopyToClip ' Screencopy ins Clipboard
DoEvents ' Zeit lassen

' Abmessungen des Desktops holen
GetWindowRect GetDesktopWindow, udtAbmessungen

' Handle auf das UserForm holen
lngHandle = GetWindowhandle()

With udtAbmessungen
   ' UserForm verschieben und vergrößern, so
   ' dass der Clientbereich den ganzen Bildschirm
   ' überdeckt. Wenn der zweite Parameter HWND_TOPMOST
   ' ist, kann kein anderes Fenster mehr in den Vordergrund
   SetWindowPos lngHandle, HWND_NOTOPMOST, -3, -30, _
      .Right + 6, .Bottom + 30, SWP_SHOWWINDOW
End With

' Handle auf den Clientbereich der Form holen
lngHandle = GetWindow(lngHandle, GW_CHILD)

' Clipboard öffnen
OpenClipboard 0&

If IsClipboardFormatAvailable(CF_BITMAP) Then
   'Im Clipboard ist eine Bitmap

   'Einen zum Screen kompatiblen Devicekontext erzeugen
   lngMemDC = CreateCompatibleDC(0)

   'Zugriffsnummer auf Bitmap im Clip holen
   lngBitmap = GetClipboardData(CF_BITMAP)

   If (lngBitmap) Then
      ' Im Clipboard ist eine Bitmap

      'Die Struktur udtBMP mit Infos füllen
      GetObject lngBitmap, Len(udtBMP), udtBMP

      'Die Bitmap in den erzeugten DC stellen
      lngOldBitmap = SelectObject(lngMemDC, lngBitmap)

      'Abmessungen holen
      GetWindowRect lngHandle, udtAbmessungen


      'DC ausleihen
      lngFormDC = GetDC(lngHandle)

      'Bild maximiert einfügen
      With udtAbmessungen
```

**Listing 24.15** UserForm als Zeichenfläche *(Fortsetzung)*

```
            ' Breite und Höhe der Bitmap
            lngWidth = udtBMP.bmWidth
            lngHeight = udtBMP.bmHeight

            ' Invertieren
            StretchBlt lngFormDC, _
               0, 0, _
               .Right - .Left, .Bottom - .Top, _
               lngMemDC, _
               0, 0, _
               lngWidth, lngHeight, _
               SRCINVERT
            Sleep lngAnzeigedauer
            DoEvents ' Zeit lassen

            ' Invertieren, Spiegeln in X-Richtung
            StretchBlt lngFormDC, _
               0, 0, _
               .Right - .Left, .Bottom - .Top, _
               lngMemDC, _
               lngWidth, 0, _
               lngWidth * -1, lngHeight, _
               SRCINVERT
            Sleep lngAnzeigedauer
            DoEvents ' Zeit lassen

            ' Normal, Spiegeln in Y-Richtung
            StretchBlt lngFormDC, _
               0, 0, _
               .Right - .Left, .Bottom - .Top, _
               lngMemDC, _
               0, lngHeight, _
               lngWidth, lngHeight * -1, _
               SRCCOPY
            Sleep lngAnzeigedauer
            DoEvents ' Zeit lassen

            ' Normal, Spiegeln in X- und Y-Richtung
            StretchBlt lngFormDC, _
               0, 0, _
               .Right - .Left, .Bottom - .Top, _
               lngMemDC, _
               lngWidth, lngHeight, _
               lngWidth * -1, lngHeight * -1, _
               SRCCOPY
            Sleep lngAnzeigedauer

         End With

      End If

   End If

fehlerbehandlung: ' Und Ausgang
```

**Listing 24.15** UserForm als Zeichenfläche *(Fortsetzung)*

```
    'Clipboard schließen
    CloseClipboard

    If lngOldBitmap <> 0 Then

       ' Die alte Bitmap in den MemoryDC
       SelectObject lngMemDC, lngOldBitmap

    End If

    ' DC zurückgeben
    ReleaseDC lngHandle, lngFormDC

    'Erzeugten Memory DC löschen
    DeleteDC lngMemDC

End Sub

Private Function GetWindowhandle()
    Dim strCaption          As String
    Dim strSearchCaption    As String

    ' Suchstring für Fenster festlegen
    strSearchCaption = "asdfghjklöä"

    ' Alten Fenstertext speichern
    strCaption = Me.Caption

    ' Fenstertext ändern
    Me.Caption = strSearchCaption

    ' Fensterhandle ermitteln
    GetWindowhandle = _
       FindWindow(vbNullString, strSearchCaption)

    ' Alten Fenstertext zurückschreiben
    Me.Caption = strCaption

End Function

' Bildschirmkopie, wenn Mode=False. Fensterkopie,
' wenn Mode=True
Public Sub CopyToClip(Optional Mode As Boolean)
Dim lngParam As Long
If Mode Then
    keybd_event VK_MENU, 0, 0, 0
    keybd_event VK_SNAPSHOT, 0, 0, 0
    keybd_event VK_SNAPSHOT, 0, KEYEVENTF_KEYUP, 0
    keybd_event VK_MENU, 0, KEYEVENTF_KEYUP, 0
Else
    keybd_event VK_SNAPSHOT, lngParam, 0, 0
    keybd_event VK_SNAPSHOT, lngParam, KEYEVENTF_KEYUP, 0
End If
End Sub

Private Sub UserForm_Activate()
```

**Listing 24.15** UserForm als Zeichenfläche *(Fortsetzung)*

```
    BadForm
    Unload Me
End Sub
```

**BEISPIEL** Das obige Beispiel befindet sich innerhalb der Beispieldateien zum Buch im Ordner *\Buch\Kap24*. Die Mappe nennt sich *Bsp24_06.xlsm*, der Code befindet sich im Klassenmodul des UserForm *ufScreencopy*.



## Ereignis *UserForm_Activate*

Diese Ereignisprozedur wird beim Aktivieren der UserForm abgearbeitet. Darin wird die Prozedur `BadForm` aufgerufen. Ist diese abgearbeitet, wird das UserForm entladen.

## Funktion *GetWindowHandle*

In dieser Funktion wird die aktuelle `Caption` (Fenstertext) der UserForm zwischengespeichert und anschließend so verändert, dass die neue `Caption` unverwechselbar ist. Mit der API-Funktion `FindWindow` wird nach einem Fenster mit dem entsprechenden Fenstertext gesucht, als Klassenname wird dabei `vbNullString` verwendet, damit dieser Parameter bei der Suche ignoriert wird.

Ist das Handle ermittelt, wird der Fenstertext auf den ursprünglichen Wert zurückgesetzt.

## Funktion *CopyToClip*

Diese Funktion stellt eine Bildschirmkopie als Bitmap in die Zwischenablage, wenn der Übergabeparameter falsch oder nicht gesetzt ist. Ansonsten wird eine Kopie des aktiven Fensters angefertigt.

Wird eine Fensterkopie benötigt, werden über die API-Funktion `keybd_event` die entsprechenden Tastendrücke simuliert, die dafür notwendig sind. Bei der Simulation des Tastendrucks ist der dritte Parameter Null, bei der Simulation des Loslassens wird dafür der Wert `KEYEVENTF_KEYUP` benutzt. Die gewünschte Taste wird dabei im ersten Parameter festgelegt.

## Prozedur *BadForm*

Zu Beginn wird das UserForm in einen Bereich außerhalb des sichtbaren verschoben, wobei als horizontale Position die Koordinate `–1000` benutzt wird. Anschließend wird eine Bildschirmkopie der Zwischenablage zur Verfügung gesellt. Dazu wird die benutzerdefinierte Funktion `CopyToClip` aufgerufen.

Mit der Funktion `GetWindowRect` wird anschließend die Variable `udtAbmessungen` mit den Abmessungen des Desktops gefüllt. Das Fensterhandle auf den Desktop liefert dabei die API-Funktion `GetDesktopWindow`. Die ermittelten Daten bilden die Grundlage für die zukünftige Größe des UserForm, die mit der API-Funktion `SetWindowsPos` gesetzt werden.

Dabei wird die Position des UserForm um 30 Pixel nach oben verschoben, damit die Titelleiste nicht mit angezeigt wird. Um dennoch den gesamten Bildschirm auszufüllen, wird die gesamte Höhe um diese 30 Pixel vergrößert. Die drei Pixel, um die die Form nach links verschoben wird, sind dazu da, den Rand zu verbergen. Aus dem gleichen Grund wird auch die Breite um zwei mal drei Pixel erhöht.

Ist die Größe und Position des UserForm festgelegt, wird die Variable lngHandle mit dem Handle des Clientbereichs gefüllt. Dieses Fenster ist das erste Fenster unterhalb des UserForm. Die API-Funktion GetWindow mit dem Parameter GW_CHILD liefert dieses Handle.

Die eingeschobenen DoEvents dienen dazu, verschiedene Zeitprobleme etwas zu entschärfen. DoEvents übergibt dazu die Ablaufsteuerung unverzüglich an das Betriebssystem weiter. Erst wenn alle wartenden Ereignisse verarbeitet und alle wartenden Tastenanschläge abgearbeitet sind, wird mit dem weiteren Codeablauf fortgefahren.

Ein Grund für ein DoEvents ist, dass die Bildschirmkopie in Form einer Bitmap erst einmal in der Zwischenablage vorhanden sein muss, wenn darauf zugegriffen wird. Man simuliert für eine Bildschirmkopie ja lediglich die Tastaturereignisse, sodass der Zeitpunkt nicht exakt vorhergesagt werden kann, an der die Bitmap verfügbar ist. Erst nach einem DoEvents sind die Tastaturereignisse abgearbeitet.

Ein weiteres Problem ist ein Neuzeichnen des UserForm. Normalerweise geschieht das automatisch, wenn beispielsweise ein Teil der Oberfläche von einem anderen Fenster überdeckt wurde und aktualisiert werden muss. Das Betriebssystem sendet eine Nachricht an das Fenster, welches das Neuzeichnen anstößt. Während des Programmablaufs werden diese Nachrichten aber nicht abgearbeitet, erst DoEvents lässt das zu.

In diesem Zusammenhang muss auch angemerkt werden, dass die Änderungen, die man durch das Malen in solch einen Devicekontext vornimmt, nicht von Dauer sind. Bei einem Neuzeichnen sind alle Änderungen hinfällig, die Fläche wird mit dem ursprünglichen Inhalt überschrieben, der irgendwo in einem unsichtbaren Devicekontext existiert und auf den man leider keinen Zugriff hat.

Solch ein unsichtbarer Devicekontext wird übrigens auch in diesem Beispiel benutzt. Dieser nimmt die Bitmap aus der Zwischenablage auf und aus diesem wird bei Bedarf der Inhalt in den sichtbaren DC kopiert. Dazu wird mit der API-Funktion CreateCompatibleDC ein DC erzeugt, der die Eigenschaften des Screens besitzt. In diesem Devicekontext, der hier als *MemoryDC* bezeichnet wird, stellt man mit der API-Funktion SelectObject die Bitmap aus der Zwischenablage hinein.

Das dafür benötigte Handle auf die Bitmap bekommt man, indem man mit OpenClipboard die Zwischenablage für diese Anwendung öffnet und anschließend die Funktion GetClipboardData einsetzt. Als Parameter wird dieser API-Funktion die Konstante CF_BITMAP mit dem Wert 2 übergeben.

Um sicherzustellen, dass sich überhaupt eine Bitmap in der Zwischenablage befindet, wird vorher die Funktion IsClipboardFormatAvailable bemüht. Diese liefert einen Wert ungleich Null, wenn sich Daten darin befinden, die in dem übergebenen Parameter angegeben wurden. In diesem Fall ist das die Konstante CF_BITMAP.

Es ist prinzipiell egal, welche Bitmap sich in der Zwischenablage befindet. Jede andere, auch ein beliebiger Bereich eines Excel-Arbeitsblattes, den man als Bitmap in die Zwischenablage befördert hat, ist somit möglich.

**TIPP** Um einen Bereich aus einem Arbeitsblatt als Bitmap in die Zwischenablage zu befördern, gibt es verschiedene Möglichkeiten.

Zum einen kann man über das Dialogfeld *Excel-Optionen* in der Kategorie *Symbolleiste für den Schnellzugriff* das Kamerasymbol in die Symbolleiste für den Schnellzugriff einfügen, den Bereich markieren und anschließend den Befehl aktivieren.

Ohne Anpassungen funktioniert dies über die Multifunktionsleiste, indem Sie nach dem Markieren des Zellbereichs auf der Registerkarte *Start* in der Gruppe *Zwischenablage* das Dropdownmenü der Schaltfläche *Einfügen* nutzen.Kann ich in meiner Version so leider nicht nachvollziehen.

Per VBA funktioniert das wie folgt:

```
Worksheets(1).Range("A1:F18").CopyPicture _
   Appearance:=xlScreen, Format:=xlBitmap
```

In diesem Fall wird der Bereich *A1:F18* in der ersten Tabelle als Bitmap in die Zwischenablage gestellt.

Mit der API-Funktion `GetObject` wird anschließend die Variable `udtBitmap` vom Datentyp `BITPAP` mit Informationen über die Bitmap gefüllt.

Die Funktion `GetDC` liefert ein Handle auf die grafische Oberfläche des Clientbereichs, dessen Fensterhandle in der Variablen `lngHandle` steckt. Diese Variable wird als Argument an die Funktion übergeben. Anschließend kann man in diesen DC nach Herzenslust zeichnen:

- **Blitting 1** Als Erstes soll das Bild invertiert eingefügt werden. Dazu wird die Funktion `StretchBlt` mit dem Argument `SRCINVERT` benutzt. Als Ziel-DC wird der Devicekontext `lngFormDC` und als Quell-DC `lngMemoryDC` übergeben.

  Die im Ziel-DC gewünschte Position und Größe des Bildes werden in den Parametern zwei bis fünf festgelegt. Als Position verwendet man dafür die Koordinaten 0,0 und als Breite und Höhe benutzt man die zuvor mit `GetWindowRect` ermittelte Größe des Clientbereichs.

  Der Bereich in der Quell-DC, aus dem die Bildinformationen stammen, wird in den Parametern sieben bis zehn übergeben. Als Position werden dafür die Koordinaten 0,0 verwendet und als Breite und Höhe benutzt man die Abmessungen der Bitmap, die in den MemoryDC gestellt wurde.

  Mit der API-Funktion `Sleep` wird anschließend die Anwendung für die im Parameter übergebene Zeit in den Tiefschlaf versetzt. Das sollen in dem Fall fünf Sekunden sein, also wird der Variablen `lngAnzeigedauer` zu Beginn der Wert von 5.000 (Millisekunden) zugewiesen.

  Bevor man das nächste Bild in den Ziel-DC kopiert, was wir im weiteren Verlauf »Blitten« nennen werden, wird noch ein `DoEvents` ausgeführt.

- **Blitting 2** Als Nächstes soll das Bild invertiert und horizontal gespiegelt werden. Dazu wird wiederum die Funktion `StretchBlt` mit dem Argument `SRCINVERT` benutzt.

  Als Zielposition werden die Koordinaten 0,0 verwendet und als Breite und Höhe verwendet man die Größe des Clientbereichs.

  Da man das Bild horizontal spiegeln will, negiert man beim Übergeben an `StretchBlt` die Breite des Quellbereichs und setzt die X-Koordinate des Quellbereichs auf die rechte Ecke der Bitmap im Quell-DC.

- **Blitting 3** Nach einer weiteren Wartezeit von fünf Sekunden und einem erneuten `DoEvents`, wird `StretchBlt` mit dem Parameter `SRCCOPY` benutzt. Das bedeutet, dass das Bild im Zielbereich normal angezeigt wird, das heißt, die Bildpunkte im Ziel werden einfach überschrieben.

  Als Zielposition werden die Koordinaten 0,0 verwendet und als Breite und Höhe verwendet man die Größe des Clientbereichs.

  Da man das Bild vertikal spiegeln will, negiert man beim Übergeben an `StretchBlt` die Höhe des Quellbereichs und setzt die Y-Koordinate des Quellbereichs auf die untere Ecke der Bitmap im Quell-DC.

- **Blitting 4** Nach weiteren fünf Sekunden und einem erneuten `DoEvents` wird wiederum `StretchBlt` mit dem Parameter `SRCCOPY` benutzt.

  Als Zielposition werden die Koordinaten 0,0 verwendet und als Breite und Höhe verwendet man die Größe des Clientbereichs.

  Da man das Bild vertikal und horizontal spiegeln will, negiert man beim Übergeben an `StretchBlt` die Höhe und die Breite des Quellbereichs und setzt die X-Koordinate des Quellbereichs auf die rechte Ecke und die Y-Koordinate des Quellbereichs auf die untere Ecke der Bitmap im Quell-DC.

Zum Schluss wird noch die Zwischenablage geschlossen. Anschließend wird die alte Bitmap, deren Handle man beim Hineinstellen den Bitmap aus der Zwischenablage bekommen hat, mit `SelectObject` in den MemoryDC zurückgestellt. Wichtig ist auch das Zurückgeben des ausgeliehenen DC des Clientbereichs mit `ReleaseDC` und das Zerstören des MemoryDC mit `DeleteDC`.

Diese letzten Schritte sind dabei so wichtig, dass sie auch bei einem unerwarteten Fehler ausgeführt werden sollten. Deshalb stehen sie nach der Sprungmarke `fehlerbehandlung`.

Die Fehlerbehandlung zu Beginn (`On Error GoTo fehlerbehandlung`) verweist auf diese Sprungmarke, sodass der nachstehende Code nach einem Fehler auch ausgeführt wird. Um den Code nicht doppelt zu schreiben, haben wir ausnahmsweise auf ein `Exit Sub` vor der Sprungmarke verzichtet.

Kapitel 25

# Klassenprogrammierung



**In diesem Kapitel:**

In diesem Kapitel erfahren Sie, was Klassen überhaupt sind und lernen deren Vor-, aber auch Nachteile kennen. Mit der Entwicklung einer Beispielklasse wird demonstriert, wie man Klassen anlegt und anschließend auch einsetzt.

Weiterhin wird vorgeführt, wie man mit Hilfe von Klassen und den Schlüsselwörtern `With Events` Ereignisse von dynamisch hinzugefügten Steuerelementen wie Befehlsschaltflächen oder Textfeldern überwacht.

# Objektorientiertes Programmieren

Alle modernen Programmiersprachen bedienen sich heutzutage des Konzepts der objektorientierten Programmierung (OOP). Auch VBA unter Office bietet seit langem diese Möglichkeit. Leider werden jedoch die Chancen, die darin liegen, von den meisten Anwendern immer noch nicht richtig erkannt. Das ist schade, denn die Vorteile der Benutzung von Objekten sind bestechend.

Objekte stellen ihre Funktionalität über offengelegte Eigenschaften, Methoden und Funktionen zur Verfügung. Sie kapseln also die eigentliche Funktionalität und stellen klar definierte Schnittstellen zum Zugriff darauf zur Verfügung.

Benutzer dieser Objekte brauchen deren innere Funktionalität nicht zu kennen, um mit diesen Objekten umzugehen. Durch diese Kapselung kann man den übergeordneten Programmablauf übersichtlicher gestalten und ihn auch viel besser verstehen.

Zudem lassen sich Verbesserungen und Fehlerkorrekturen der eingesetzten Objekte sehr leicht bewerkstelligen. Dazu muss lediglich das Klassenobjekt selbst angepasst werden, der Code des Anwenders, der dieses Objekt benutzt, kann dagegen unverändert bleiben.

Selbst neue Eigenschaften und Methoden der Objekte stören nicht, wenn die ursprünglich offengelegten unverändert geblieben sind. Unverändert bedeutet in diesem Zusammenhang aber nicht deren interne Implementierung. Lediglich die ursprünglichen Namen, Datentypen, Funktionsköpfe und die Übergabeparameter der bisherigen Eigenschaften und Methoden müssen gleich bleiben.

Selbst wenn Sie sich ziemlich sicher sind, bisher mit Objekten wenig oder gar nichts zu tun gehabt zu haben, müssen Sie zur Kenntnis nehmen, dass Sie, wenn Sie Excel benutzen, zwangsläufig mit Objekten in Berührung kommen. Zu diesen benutzten Objekten in Excel gehören beispielsweise Arbeitsmappen, Tabellenblätter, Diagramme, ja sogar die Anwendung selbst ist ein Objekt mit Eigenschaften und Methoden.

# Klassen und Objekte

Untrennbar mit Objekten verbunden ist das Konzept der Klassen!

Sie werden sich jetzt sicherlich fragen, was Klassen überhaupt mit Objekten zu tun haben, diese Frage lässt sich aber glücklicherweise recht leicht beantworten.

Klassen sind die Schablonen zu Objekten, also die Vorlagen dazu. Sie enthalten auch den eigentlichen Programmcode, der die daraus erzeugten Objekte mit Leben erfüllt. Mit Hilfe solch einer Schablone lassen sich im Prinzip beliebig viele gleichartige Objekte erzeugen, die aber unabhängig von allen anderen existieren.

Praktisch sind der Anzahl der erzeugten Objekte natürlich Grenzen gesetzt, beispielsweise durch die interne Speicherverwaltung von Excel. Seit Excel 2007 scheint sich aber in dieser Beziehung einiges getan zu haben, ein Indiz dafür ist, dass die Tabellenfunktionen *=INFO("GesamtSpeich")*, *=INFO("VerfSpeich")*, *=INFO("BenutztSpeich")*, welche den gesamten verfügbaren, den aktuell verfügbaren und den benutzten Speicher geliefert haben, nicht mehr existieren. Auch die analogen Eigenschaften `MemoryTotal`, `MemoryFree` und `MemoryUsed` des `Application`-Objekts können per VBA nicht mehr ausgelesen werden.

Wenn Sie sich den Objektkatalog von Excel ansehen, erkennen Sie erst richtig die Bedeutung der Klassen. Das Symbol für eine Klasse ist nebenstehend abgebildet.

Den Objektkatalog (Abbildung 25.1) von Excel erreichen Sie im Visual Basic-Editor über den Menübefehl *Ansicht/Objektkatalog*, das Symbol *Objektkatalog* in der Symbolleiste *Voreinstellung*, oder über die Funktionstaste F2.

**Abbildg. 25.1** Objektkatalog von Excel

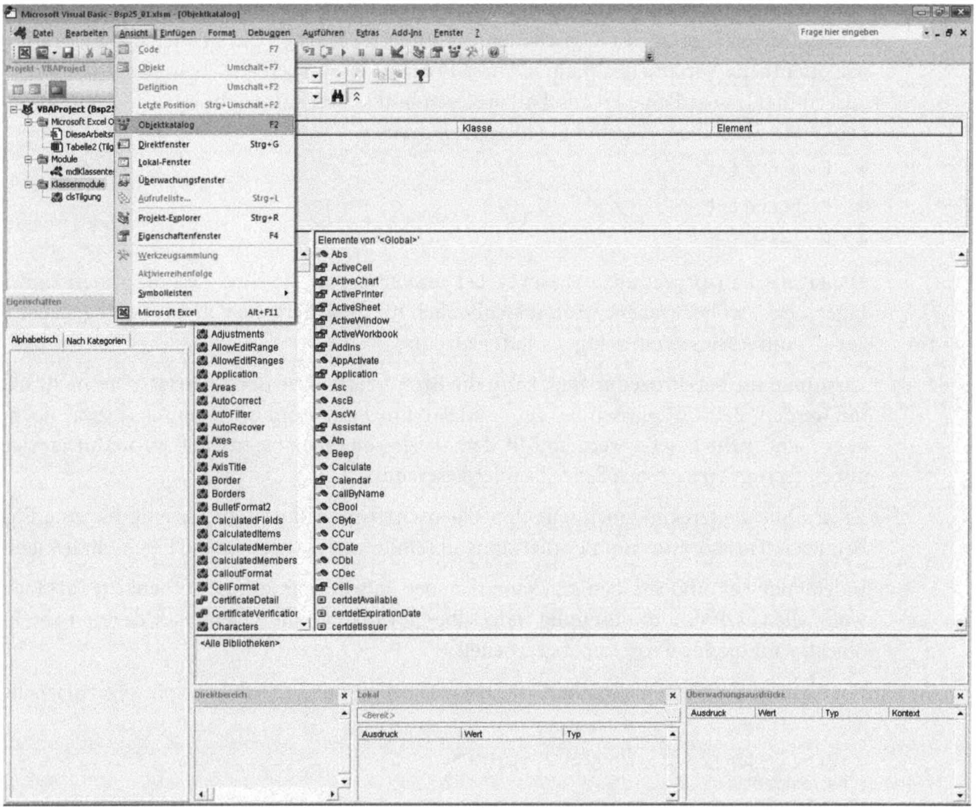


Wie Sie im Objektkatalog an dem Symbol für Klassen erkennen können, gibt es Hunderte von verschiedenen Klassen, die in Excel verfügbar sind. Um diesem Katalog selbst einen Klasseneintrag hinzuzufügen, müssen Sie lediglich eine eigene Klasse kreieren.

Eigenschaften einer Klasse

Öffentliche Eigenschaften können auf verschiedene Arten realisiert werden. Im einfachsten Fall reicht dafür eine im Klassenmodul mit `Public` deklarierte Variable. Dieser Variablen können Sie von außen einen Wert zuweisen und den Wert dieser Variablen auch wieder auslesen. Auf eine solche Eigenschaft hat man also generell einen Lese- und Schreibzugriff.

```
Public Tabelle As String
```

Möchten Sie Eigenschaftswerte lediglich auslesen, können Sie auch eine öffentlich deklarierte Funktion verwenden, die einen Wert zurückliefert.

```
Public Function Tabelle() As String
   Tabelle=mobjTabelle.Name
End Function
```

Klassen bieten aber auch Eigenschaftsprozeduren (`Property`), die sich nach außen hin fast genau so wie öffentliche Variablen verhalten. Diese Prozeduren werden aber beim Zugriff auf die Eigenschaft ausgeführt. Da man eine Eigenschaft auslesen und setzen kann, gibt es auch eigene Prozeduren zum Lesen und Schreiben, das sind die folgenden drei:

- `Property Let`
- `Property Set`
- `Property Get`

Die Eigenschaftsprozeduren `Property Let` und `Property Set` sind die Prozeduren zum Setzen einer Eigenschaft, wobei `Property Set` ausschließlich für die Übergabe von Objekten gedacht ist. `Property Get` ist zum Auslesen einer Eigenschaft gedacht.

Lässt man die `Get`-Prozedur weg, kann die Eigenschaft zwar noch gesetzt, aber nicht mehr ausgelesen werden. Beim Weglassen der `Let`- und `Set`-Prozedur kann die Eigenschaft zwar noch ausgelesen, aber nicht mehr gesetzt werden. Mit dem Auslassen einer Eigenschaftsprozedur erreichen Sie also auf einfachste Weise einen Schreib- oder Leseschutz.

Es ist ohne weiteres möglich, alle drei Eigenschaftsprozeduren gleichzeitig für eine Eigenschaft zu benutzen. Das könnte zum Beispiel sinnvoll sein, wenn eine Klasse die Eigenschaft `Tabelle` besitzt.

Indem man `Let` und `Set` benutzt, kann man den Tabellennamen als Zeichenkette (`String`) übergeben, wofür die `Let`-Prozedur zuständig wäre. Übergibt man an die Eigenschaft dagegen ein Tabellenblattobjekt, wird die `Set`-Prozedur abgearbeitet.

Für die angesprochene Eigenschaft `Tabelle` würden die drei Prozedurrümpfe folgendermaßen aussehen:

```
Public Property Get Tabelle() As String
End Property
Public Property Let Tabelle(ByVal vNewValue As String)
End Property
Public Property Set Tabelle(ByVal vNewValue As Object)
End Property
```

Zumindest die Let- und Get-Prozeduren brauchen Sie nicht selbst einzutippen. Im Visual Basic-Editor wird Ihnen nach Aufruf des Menübefehls *Einfügen/Prozedur* ein Dialogfeld angezeigt (Abbildung 25.2), bei dem lediglich der Typ, der Gültigkeitsbereich und der Name der Prozedur erfragt werden. Die Prozedurrümpfe werden anschließend automatisch generiert.

**Abbildg. 25.2** Dialogfeld *Prozedur hinzufügen*

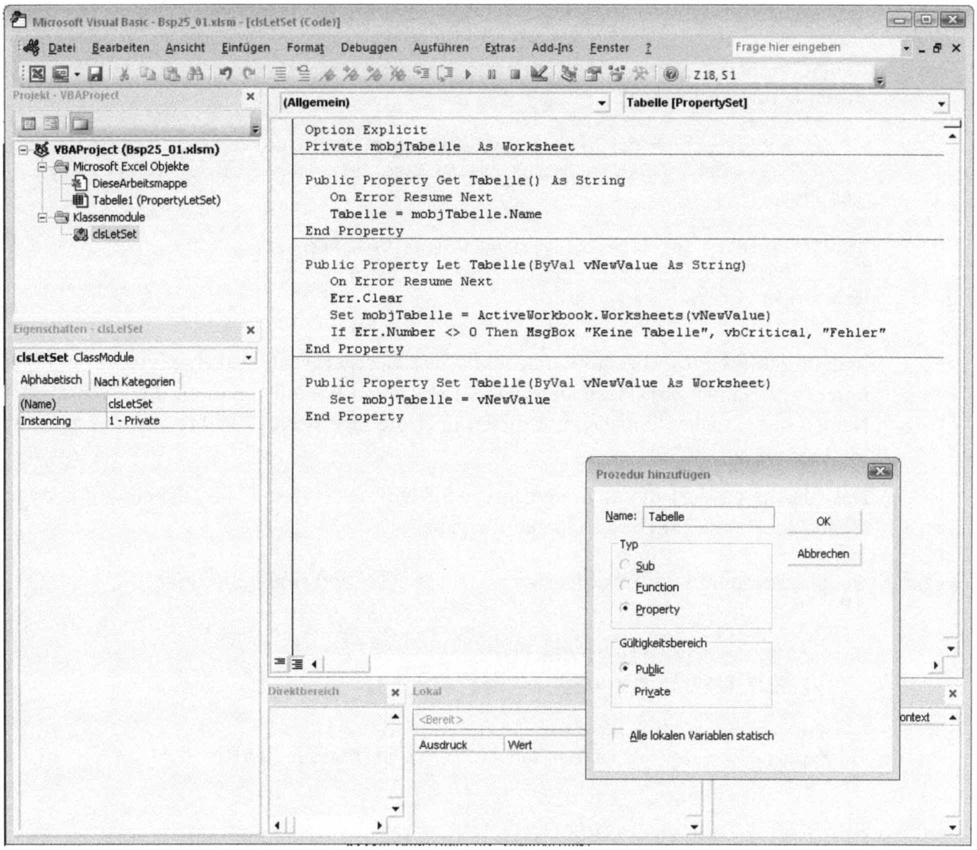


Zur Demonstration finden Sie nachfolgend eine Beispielklasse mit dem Namen clsLetSet. Dort sind drei Property-Prozeduren mit Namen Tabelle vorhanden und zwar eine Get, eine Let und eine Set-Prozedur. Übergibt man der Let-Prozedur einen existierenden Tabellennamen der aktuellen Arbeitsmappe, wird ein Tabellenobjekt mit Namen mobjTabelle angelegt, andernfalls wird eine Fehlermeldung ausgegeben. Übergibt man der Set-Prozedur eine Tabelle als Objekt, wird der Objektvariablen mobjTabelle dieses Tabellenblatt zugewiesen. Die Get-Prozedur liefert den Tabellennamen, der in der Objektvariablen mobjTabelle steckenden Tabelle.

Listing 25.1 Komplette Klasse *clsLetSet*

```
Option Explicit
Private mobjTabelle  As Worksheet

Public Property Get Tabelle() As String
   On Error Resume Next
   Tabelle = mobjTabelle.Name
End Property

Public Property Let Tabelle(ByVal vNewValue As String)
   On Error Resume Next
   Err.Clear
   Set mobjTabelle = ActiveWorkbook.Worksheets(vNewValue)
   If Err.Number <> 0 Then MsgBox "Keine Tabelle", vbCritical, "Fehler"
End Property

Public Property Set Tabelle(ByVal vNewValue As Worksheet)
   Set mobjTabelle = vNewValue
End Property
```

In der Klick-Ereignisprozedur der Schaltfläche `cmdPropertyLet` wird eine Instanz der Klasse `clsLetSet` unter dem Namen `objKlasse` angelegt. Anschließend übergibt man an die Eigenschaft `Tabelle` den Namen der aktuellen Tabelle, liest diesen über die Eigenschaft `Tabelle` aus und gibt diesen in einer Messagebox aus.

Das Gleiche passiert in der Ereignisprozedur `cmdPropertySet_Click`, dabei wird aber an die Eigenschaft `Tabelle` die Tabelle als Objekt übergeben.

Listing 25.2 Ereignisprozeduren der Schaltflächen *cmdPropertyLet* und *cmdPropertySet*

```
Option Explicit
Private Sub cmdPropertyLet_Click()
   Dim objKlasse As New clsLetSet

   objKlasse.Tabelle = Me.Name
   MsgBox "Name der aktuellen Tabelle : " & objKlasse.Tabelle
End Sub

Private Sub cmdPropertySet_Click()
   Dim objKlasse As New clsLetSet

   Set objKlasse.Tabelle = Me
   MsgBox "Name der aktuellen Tabelle : " & objKlasse.Tabelle
End Sub
```

**BEISPIEL** Das obige Beispiel befindet sich innerhalb der Beispieldateien zum Buch im Ordner *\Buch\Kap25*. Die Mappe nennt sich *Bsp25_01.xlsm*, der Code befindet sich im Klassenmodul der Tabelle *PropertyLetSet* und im Klassenmodul *clsLetSet*.

# Methoden einer Klasse

Um Methoden zu realisieren, bietet sich eine öffentliche (Public) Prozedur (Sub) oder Funktion (Function) an, wobei Funktionen noch einen Wert zurückgeben können, beispielsweise ein Ergebnis, ob die Aktion erfolgreich war.

```
Public Function LöscheTabelleninhalt() As Boolean
    On Error Resume Next
    Err.Clear
    mobjTabelle.Cells.Clear
    If Err.Number=0 then LöscheTabelleninhalt=True
End Function
```

# Beispielklasse entwerfen

Im weiteren Verlauf dieses Abschnittes werden wir Schritt für Schritt eine Beispielklasse anlegen. Diese Klasse soll Berechnungen von Annuitätsdarlehen kapseln. Die notwendigen Vorgaben und die Ergebnisse werden dann mittels einer Handvoll Eigenschaften und ein paar Funktionen verfügbar gemacht.



**HINWEIS** Ein Annuitätsdarlehen ist ein Darlehen, bei dem beispielsweise monatlich ein bestimmter Betrag an den Darlehensgeber gezahlt wird. Über die gesamte Laufzeit wird also ein konstanter Betrag gezahlt, der sich aus Zinsen und Tilgung zusammensetzt. Die Tilgung verringert bei jeder Zahlung die tatsächliche Schuld und damit werden auch die anfallenden Zinsen geringer. Dies bedeutet bei der nächsten Zahlung, dass der Tilgungsanteil der gleich gebliebenen Rate größer wird.

# Planung der Beispielklasse

Im Vorfeld sollte man sich bereits Gedanken darüber machen, was für Daten überhaupt benötigt werden. Für ein Annuitätsdarlehen wären das beispielsweise die Angaben über den Kunden selbst, wie:

- Nachname
- Vorname
- Geburtsdatum
- Kundennummer

Weiterhin benötigt man noch einige darlehensspezifische Angaben wie:

- Darlehenssumme
- Laufzeit
- Rate

Als Ergebnis kommt neben der Laufzeit oder der Rate auch die Zinsbelastung, die Restschuld und Tilgung in einem bestimmten Monat in Betracht. Auch die Restrate nach der letzten Rate ist ein weiterer wichtiger Wert.

# Anlegen der Beispielklasse

Zum Anlegen einer Klasse müssen Sie sich im Visual Basic-Editor von Excel befinden. Mit der Tastenkombination [Alt]+[F11] oder über das Menüband von Excel (Registerkarte *Entwicklertools*/ Gruppe *Code*/Schaltfläche *Visual Basic*) gelangen Sie von Excel aus in diese Entwicklungsumgebung.

Rufen Sie dort, wie in Abbildung 25.3 dargestellt, den Menübefehl *Einfügen/Klassenmodul* auf.

**Abbildg. 25.3** Klassenmodul hinzufügen

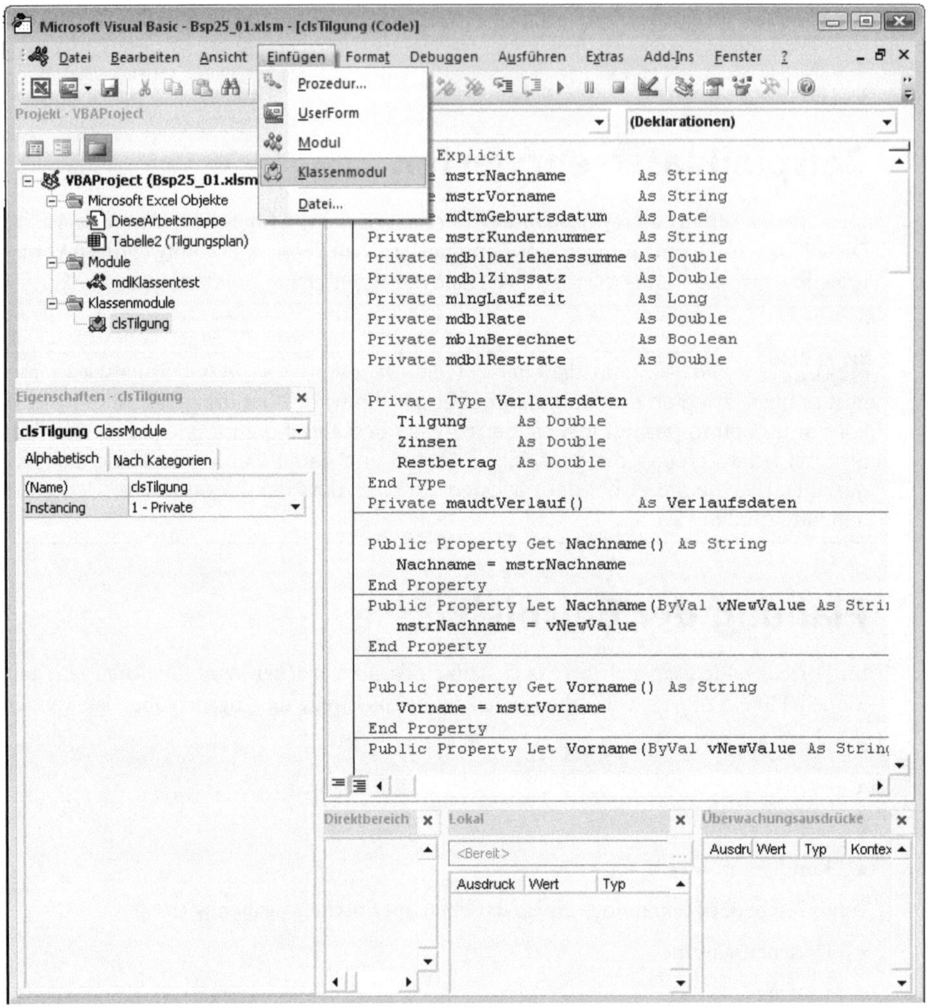


Im Eigenschaftenfenster der Klasse (eventuell muss dieses vorher mit [F4] oder dem Menübefehl *Ansicht/Eigenschaftsfenster* eingeblendet werden) weisen Sie dann dieser Klasse sofort einen aussagekräftigen Namen zu, wie in Abbildung 25.4 zu sehen ist.

**Abbildg. 25.4** Klassenmodul auswählen und umbenennen

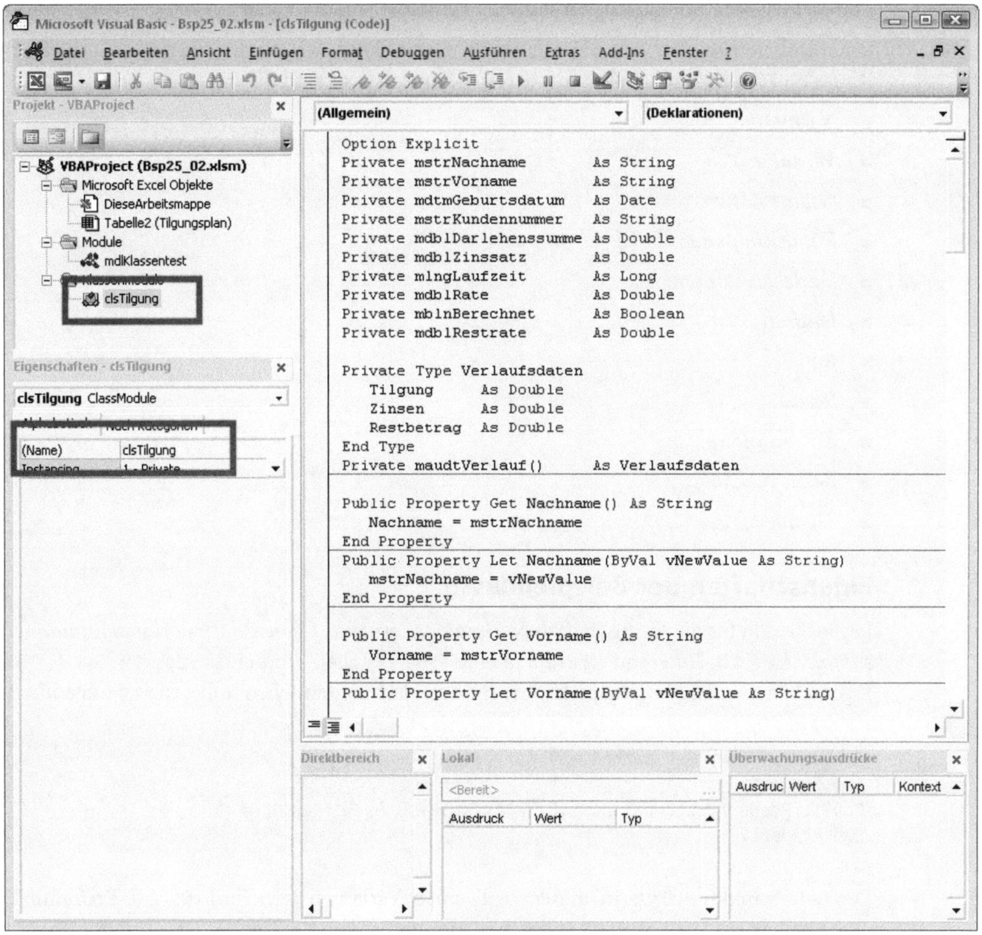


Wir haben in diesem Beispiel den Namen `clsTilgung` gewählt. Die drei klein geschriebenen Buchstaben zu Beginn des Namens bilden das so genannte Präfix und geben den Typ an, in diesem Fall `cls` für eine Klasse (engl. class).

# Programmieren der Beispielklasse

Wenn Sie im Visual Basic-Editor im Projekt-Explorer (in Abbildung 25.4 Mitte links) einen Doppelklick auf den Eintrag `clsTilgung` ausführen, erscheint rechts daneben im Codefenster der Code der gewählten Klasse. Dort dürfte zu diesem Zeitpunkt aber noch nicht besonders viel stehen.

Lediglich die zwei Wörter `Option Explicit` sollten vorhanden sein, unter Excel 2010 ist das glücklicherweise der Standard. Damit geben Sie die Anweisung, dass Variablen in diesem Modul deklariert werden müssen. Das mag auf den ersten Blick zwar lästig sein und bedeutet zusätzliche Arbeit, beugt jedoch schwer auffindbaren Fehlern vor. Der Mehraufwand hält sich in Grenzen und nach einer kurzen Eingewöhnungszeit geht das wie von selbst von der Hand.

Rekapitulieren wir an dieser Stelle noch einmal kurz, welche Eigenschaften und Funktionen die Klasse `clsTilgung` nach außen hin bereitstellen soll. Das sind die Eigenschaften

- *Nachname*
- *Vorname*
- *Geburtsdatum*
- *Kundennummer*
- *Darlehenssumme*
- *Laufzeit*
- *Rate*
- *Restrate*
- *Zinsbelastung*
- *Restschuld*
- *Tilgung*

## Eigenschaften der Beispielklasse

Legen Sie nun für die Eigenschaften *Nachname*, *Vorname*, *Geburtsdatum*, *Kundennummer*, *Darlehenssumme*, *Laufzeit*, *Rate* und *Restrate* je eine `Property Let`- und eine `Property Get`-Prozedur an. Die Eigenschaftsprozeduren, beispielsweise für den Nachnamen sehen unbearbeitet folgendermaßen aus:

```
Public Property Get Nachname() As Variant
End Property
Public Property Let Nachname(ByVal vNewValue As Variant)
End Property
```

Die `Get`-Prozedur würde in diesem Fall einen Variant liefern und der `Let`-Prozedur könnten Sie einen beliebigen Variablentyp übergeben, der von einem Variant aufgenommen werden kann.

Das sollten Sie aber schnellstmöglich ändern. Variant ist in den meisten Fällen unnötig. Dieser Datentyp ist zwar ausgesprochen flexibel und kann nahezu alle Daten mit Ausnahme von benutzerdefinierten Typen und Strings fester Länge aufnehmen.

Diese Flexibilität wird durch einen größeren Verwaltungsaufwand erkauft, der sich durch einen höheren Speicherbedarf und eine geringere Verarbeitungsgeschwindigkeit negativ bemerkbar macht. Außerdem kann es durch die automatische Typenumwandlung Probleme geben. Am besten verwendet man also von Anfang an den richtigen Datentyp und deklariert dementsprechend.

Der Nachname ist ein Text, also sollte man die Eigenschaftsprozeduren für den Nachnamen so ändern, dass nur ein Text übergeben und geliefert werden kann. Der Datentyp für einen Text ist `String`. Schreiben Sie also die Prozeduren folgendermaßen um:

```
Public Property Get Nachname() As String
End Property
Public Property Let Nachname(ByVal vNewValue As String)
End Property
```

Das können Sie jetzt mit allen Eigenschaftsprozeduren machen, die einen Text als Datentyp verlangen. Bei der Eigenschaft Geburtsdatum bietet sich der Datentyp Date an. Diese Eigenschaftsprozedur sollten folgendermaßen geändert werden:

```
Public Property Get Geburtsdatum() As Date
End Property
Public Property Let Geburtsdatum(ByVal vNewValue As Date)
End Property
```

Ähnlich wie in den vorher beschriebenen Eigenschaftsprozeduren ändern Sie die Eigenschaftsprozedur Laufzeit auf den Ganzzahlentyp Long. Eine Fließkommazahl ist für diese Eigenschaft nicht angebracht, da es bei der Laufzeit immer um eine ganze Anzahl von Monaten geht.

Die Eigenschaften Darlehenssumme, Rate und Restrate benötigen dagegen einen Datentyp, der Fließkommazahlen aufnehmen kann; hier bieten sich die Typen Single oder Double an. Man könnte dafür auch die skalierten Ganzzahlentypen Currency oder den Variant-Untertyp Decimal benutzen. In diesem Beispiel benutzen wir aber den Datentyp Double, der für diesen Zweck ausreichend genau ist.

Mit den bisher angelegten Eigenschaftsprozeduren kann man aber allein noch nicht viel anfangen. Spricht man die Eigenschaften von außen an, werden die entsprechenden Prozeduren auch abgearbeitet, mehr aber auch nicht. Man möchte aber, dass sich das Objekt, das aus dieser Klasse hervorgeht, die gesetzten Eigenschaftswerte auch merkt und diese auf Wunsch auch wieder zurückgibt.

Das geschieht in der Regel durch Variablen, die auf Klassenebene deklariert sind und die Eigenschaftswerte während der Lebenszeit des Objektes zwischenspeichern. In der Let-Prozedur wird dieser Variablen der gesetzte Wert zugewiesen, in der Get-Prozedur wird der in der Variablen gespeicherte Wert als Eigenschaftswert des Objektes zurückgeliefert.

```
Private mstrNachname As String
Public Property Get Nachname() As String
   Nachname = mstrNachname
End Property
Public Property Let Nachname(ByVal vNewValue As String)
   mstrNachname = vNewValue
End Property
```

**HINWEIS** Der Variablenname mstrNachname in diesem Beispiel beginnt mit dem klein geschriebenen Präfix mstr. Das Zeichen vor der aus drei Buchstaben bestehenden Kennung für den Datentyp gibt die Gültigkeit dieser Variablen an. Der Buchstabe m bedeutet, dass diese Variable modulweit gültig ist, also innerhalb der Klasse überall verfügbar ist. Die Kennung str gibt den Datentyp an, in diesem Fall ist das der Datentyp String. Das System dieser Kennzeichnung nennt sich »Ungarische Notation«.

Während die Eigenschaftsprozeduren Nachname, Vorname, Geburtsdatum, Kundennummer nach der Änderung des Datentyps und dem Hinzufügen der Funktionalität zum Zwischenspeichern in einer Variablen fertig sind, müssen die anderen Eigenschaftsprozeduren noch weiter angepasst werden.

Wird auf die Eigenschaft Laufzeit oder Rate schreibend zugegriffen, soll eine Berechnung durchgeführt werden. Diese muss auf Grundlage der Darlehenssumme, und des Zinssatzes den jeweils anderen Wert errechnen. Setzt man die Laufzeit (in Monaten), wird die optimale Rate, beim Setzen der Rate die notwendige Laufzeit in Monaten errechnet.

In den Let-Eigenschaftsprozeduren setzt man dazu die jeweils andere interne Variable auf Null. Außerdem wird anschließend die Funktion BerechnungDurchführen aufgerufen, die die eigentlichen Berechnungen durchführt.

```
Public Property Let Laufzeit(ByVal vNewValue As Long)
   mblnBerechnet = False
   mlngLaufzeit = vNewValue
   mdblRate = 0
   BerechnungDurchführen
End Property
Public Property Let Rate(ByVal vNewValue As Double)
   mblnBerechnet = False
   mdblRate = vNewValue
   mlngLaufzeit = 0
   BerechnungDurchführen
End Property
```

Mit der Variablen mblnBerechnet (*mbln* = Modulweit gültig, Datentyp *boolean*), die auf False gesetzt wird, hat es folgende Bewandtnis:

Die Berechnungsfunktion wird noch aus anderen öffentlichen Funktionen aufgerufen. Um nur eine komplette Neuberechnung durchzuführen, wenn sich die grundlegenden Parameter geändert haben, wird diese Variable nach erfolgreicher Berechnung auf True gesetzt. In der Funktion BerechnungDurchführen wird am Anfang der Wert dieser Variablen überprüft und die Funktion verlassen, wenn diese den Wahrheitswert Wahr (True) entspricht, also sich die grundlegenden Parameter wie Zinssatz oder Darlehenssumme seit der letzten Berechnung nicht geändert haben.

## Methoden der Beispielklasse

Methoden sind Prozeduren (Sub) oder Funktionen (Function), deren Gültigkeitsbereich öffentlich (Public) ist. Die Bezeichnung Methode ist unserer Ansicht nach aber für eine Funktion etwas unglücklich.

Um die Werte *Zinsbetrag*, *Tilgungsbetrag* und *Restbetrag* eines bestimmten Monats der Beispielklasse clsTilgung geliefert zu bekommen, bieten sich öffentliche Funktionen an. Diesen übergibt man den Monat als Ganzzahl, dessen errechnete Werte zurückgeliefert werden sollen.

Beim Abarbeiten der Funktion sollte auch noch die Funktion zum Neuberechnen aufgerufen werden, es könnten sich ja in der Zwischenzeit grundlegende Parameter geändert haben:

```
Private maudtVerlauf()   As Verlaufsdaten
Private Type Verlaufsdaten
   Tilgung     As Double
   Zinsen      As Double
   Restbetrag  As Double
End Type
Public Function Zinsbetrag(Monat As Long) As Double
   On Error Resume Next
   BerechnungDurchführen
   Zinsbetrag = maudtVerlauf(Monat).Zinsen
End Function
```

Die Fehlerbehandlung mit `On Error Resume Next` dient dazu, eine Unterbrechung des Programmablaufs abzufangen, wenn beispielsweise ein Monat jenseits der Laufzeit eingegeben wurde. Das kann man aber noch eleganter machen, indem man beispielsweise überprüft, ob der Monat größer als die Laufzeit ist.

Das Array `maudtVerlauf` (*maudt* = modulweit gültig, Array, benutzerdefinierter Datentyp) vom Typ `Verlaufsdaten` enthält die berechneten Daten, der Index entspricht dem gewünschten Monat.

Die Klasse enthält außerdem noch zwei weitere Ereignisprozeduren.

Da ist zum einen die Prozedur `Class_Initialize` zu nennen, die beim Erzeugen eines Objektes aus dieser Klasse abgearbeitet wird. Damit ist es möglich, gewisse Voreinstellungen vorzunehmen. Beispielsweise könnte man einen Zinssatz vorgeben, der benutzt wird, wenn die Eigenschaft `Zinssatz` nicht gesetzt wird. Dazu muss man in dieser Initialisierungsprozedur lediglich die Variable `mdblZinssatz` auf einen bestimmten Wert setzen.

Als Zweites gibt es noch die Prozedur `Class_Terminate`, die beim Zerstören eines Objektes abgearbeitet wird. In dieser Prozedur kann man noch verschiedene Aufräumarbeiten erledigen, bevor sich dieses Objekt endgültig ins Nirwana verabschiedet.



## Allgemeine Funktionalität der Beispielklasse

Nachfolgend (Listing 25.3) der komplette Code der Beispielklasse:

**Listing 25.3** Komplette Klasse *clsTilgung*

```
Option Explicit
Private mstrNachname         As String
Private mstrVorname          As String
Private mdtmGeburtsdatum     As Date
Private mstrKundennummer     As String
Private mdblDarlehenssumme   As Double
Private mdblZinssatz         As Double
Private mlngLaufzeit         As Long
Private mdblRate             As Double
Private mblnBerechnet        As Boolean
Private mdblRestrate         As Double
Private maudtVerlauf()       As Verlaufsdaten
Private Type Verlaufsdaten
   Tilgung     As Double
   Zinsen      As Double
   Restbetrag  As Double
End Type

Public Property Get Nachname() As String
   Nachname = mstrNachname
End Property
Public Property Let Nachname(ByVal vNewValue As String)
   mstrNachname = vNewValue
End Property

Public Property Get Vorname() As String
   Vorname = mstrVorname
End Property
Public Property Let Vorname(ByVal vNewValue As String)
   mstrVorname = vNewValue
```

**Listing 25.3** Komplette Klasse *clsTilgung* *(Fortsetzung)*

```
End Property

Public Property Get Geburtsdatum() As Date
   Geburtsdatum = mdtmGeburtsdatum
End Property
Public Property Let Geburtsdatum(ByVal vNewValue As Date)
   mdtmGeburtsdatum = vNewValue
End Property

Public Property Get Kundennummer() As String
   Kundennummer = mstrKundennummer
End Property
Public Property Let Kundennummer(ByVal vNewValue As String)
   mstrKundennummer = vNewValue
End Property

Public Property Get Darlehenssumme() As Double
   Darlehenssumme = mdblDarlehenssumme
End Property
Public Property Let Darlehenssumme(ByVal vNewValue As Double)
   mblnBerechnet = False
   mdblDarlehenssumme = vNewValue
End Property

Public Property Get Zinssatz() As Double
   Zinssatz = mdblZinssatz
End Property
Public Property Let Zinssatz(ByVal vNewValue As Double)
   mblnBerechnet = False
   mdblZinssatz = vNewValue
End Property

Public Property Get Laufzeit() As Long
   Laufzeit = mlngLaufzeit
End Property
Public Property Let Laufzeit(ByVal vNewValue As Long)
   mblnBerechnet = False
   mlngLaufzeit = vNewValue
   mdblRate = 0
   BerechnungDurchführen
End Property

Public Property Get Rate() As Double
   Rate = mdblRate
End Property
Public Property Let Rate(ByVal vNewValue As Double)
   mblnBerechnet = False
   mdblRate = vNewValue
   mlngLaufzeit = 0
   BerechnungDurchführen
End Property

Public Property Get Restrate() As Double
   BerechnungDurchführen
   Restrate = Round(mdblRestrate, 2)
End Property
```

**Listing 25.3** Komplette Klasse *clsTilgung* *(Fortsetzung)*

```
Public Function Zinsbetrag(Monat As Long) As Double
   On Error Resume Next
   BerechnungDurchführen
   Zinsbetrag = maudtVerlauf(Monat).Zinsen
End Function
Public Function Tilgungsbetrag(Monat As Long) As Double
   On Error Resume Next
   BerechnungDurchführen
   Tilgungsbetrag = maudtVerlauf(Monat).Tilgung
End Function
Public Function Restbetrag(Monat As Long) As Double
   On Error Resume Next
   BerechnungDurchführen
   Restbetrag = maudtVerlauf(Monat).Restbetrag
End Function

Private Function BerechnungDurchführen() As Boolean
Dim i          As Long
Dim dblBetrag  As Double
Dim dblZins    As Double

' Wenn schon einmal berechnet wurde, beenden
If mblnBerechnet Then BerechnungDurchführen = True: _
Exit Function
If mdblDarlehenssumme = 0 Then _
   MsgBox "Darlehenssumme fehlt": Exit Function

If mdblZinssatz = 0 Then _
   MsgBox "Zinssatz fehlt": Exit Function

If mlngLaufzeit < 1 And mdblRate = 0 Then _
   MsgBox "Rate oder Laufzeit fehlt": Exit Function

' Aus dem Zinssatz einen Faktor machen
dblZins = (mdblZinssatz / 100) / 12

With Application.WorksheetFunction

   If mlngLaufzeit < 1 Then
      ' Laufzeit fehlt, mit Tabellenfunktion
      ' ZZR (DE) berechnen
      mlngLaufzeit = Int(.NPer( _
         dblZins, -1 * mdblRate, mdblDarlehenssumme) + 0.001)
   Else
      ' Annuität fehlt, mit Tabellenfunktion
      ' RMZ (DE) berechnen
      mdblRate = Abs(.Pmt( _
         dblZins, mlngLaufzeit, mdblDarlehenssumme))
   End If

End With

ReDim maudtVerlauf(1 To mlngLaufzeit)

dblBetrag = mdblDarlehenssumme
```

Interessantes für Fortgeschrittene

**Listing 25.3** Komplette Klasse *clsTilgung* *(Fortsetzung)*

```
For i = 1 To mlngLaufzeit

   With maudtVerlauf(i)

      ' Verlauf berechnen
      .Zinsen = dblBetrag * dblZins
      .Tilgung = mdblRate - .Zinsen
      .Restbetrag = dblBetrag - .Tilgung

      dblBetrag = .Restbetrag

      If (dblBetrag + dblBetrag * dblZins) < mdblRate Then
         ' Restrate berechnen
         mdblRestrate = dblBetrag * dblZins + dblBetrag
      End If

   End With

Next
BerechnungDurchführen = True
mblnBerechnet = True
End Function

Private Sub Class_Initialize()
   Application.StatusBar = _
      "Objekt der Klasse clsTilgung angelegt"
End Sub

Private Sub Class_Terminate()
   Application.StatusBar = False
End Sub
```

**BEISPIEL** Das obige Beispiel befindet sich innerhalb der Beispieldateien zum Buch im Ordner *\Buch\Kap25*. Die Mappe nennt sich *Bsp25_02.xlsm*, der Code befindet sich im Klassenmodul der Klasse *clsTilgung*.

Die eigentliche Berechnung findet in der Funktion `BerechnungDurchführen` statt. Man hätte dafür aber auch ohne Probleme eine Prozedur verwenden können. Die Vorteile einer Funktion liegen aber auf der Hand. Ohne modulweit gültige Variablen können Sie deren erfolgreiche Ausführung als Wahrheitswert zurückliefern. In diesem Beispiel wird dieser Rückgabewert zwar nicht ausgewertet, der Mehraufwand beim Programmieren einer Funktion gegenüber einer Prozedur ist aber nur sehr gering und wurde deshalb in Kauf genommen.

Beim Ausführen der Funktion wird bereits am Anfang überprüft, ob schon einmal mit den gleichen Parametern gerechnet wurde, wenn ja, wird abgebrochen. Dazu wird die modulweit gültige Variable `mblnBerechnet` ausgewertet.

Danach stellt man sicher, dass alle zur Berechnung notwendigen Variablen Daten enthalten, fehlt eine, wird dies gemeldet und die Funktion ebenfalls abgebrochen.

Um nicht immer wieder gleiche Berechnungen durchzuführen, wird aus dem Prozentsatz einmal ein Faktor mit dem Variablennamen `dblZins` gemacht, mit dem man leicht weiterrechnen kann.

Anschließend wird überprüft, ob die Laufzeit oder die Rate berechnet werden muss. Fehlt die Laufzeit, wird diese mit der Tabellenfunktion *ZZR()* (Anzahl der Zahlungszeiträume) berechnet. Da die Tabellenfunktion in VBA benutzt wird, muss der englische Name *Nper* verwendet werden.

Die Funktion *ZZR()* liefert eine Fließkommazahl, berechnet also die Anzahl der Zahlungen mit Nachkommastellen. Man möchte aber die Laufzeit als Ganzzahl und der Restbetrag sollte als Restrate unabhängig davon gezahlt werden, also schneidet man einfach von den errechneten Zahlungen die Nachkommastellen ab. Dabei ergibt sich aber ein weiteres Problem und zwar mit der Darstellung von Fließkommazahlen im binären System eines Computers. Um das zu umgehen, wird deshalb der Wert 0,0001 vorher hinzugezählt.

**HINWEIS** Die Darstellung einer Fließkommazahl im binären System ist mit einer prinzipiellen Ungenauigkeit verbunden. Deshalb ergibt ein Abschneiden der Nachkommastellen einer vermeintlich ganzen Zahl nicht immer diese Zahl. Das passiert immer dann, wenn die Fließkommazahl intern etwas kleiner als die darzustellende Zahl ist, selbst wenn es nur ein paar Stellen hinter dem Komma sind und vom Betrag her vernachlässigbar ist.

Ist dagegen die gewünschte Laufzeit vorhanden, muss die notwendige Rate berechnet werden, um in dem angegebenen Zeitraum die Schuld zu tilgen. Dazu verwendet man die Tabellenfunktion *RMZ()*. Wiederum muss der englische Name, in diesem Fall *Pmt*, benutzt werden.

Besitzt man nun auch die Informationen zur Rate und Laufzeit, kann man sich ein Array anlegen, das die Daten jedes Monats bis zum Ende der Laufzeit aufnimmt. Dieses Array besteht aus Elementen vom Typ `Verlaufsdaten`.

Angefangen beim ersten Monat kann man anschließend die Zinsbelastung des jeweiligen Monates errechnen. Die Differenz zur feststehenden Rate ist dann der aktuelle Tilgungsbetrag, welche die aktuelle Restschuld mindert.

Die Restzahlung errechnet sich aus dem Restbetrag der letzten Rate plus den Zinsen daraus.

Im Objektkatalog sieht die selbst angelegte Klasse folgendermaßen (Abbildung 25.5) aus:

**Abbildg. 25.5** Eigene Klasse im Objektkatalog

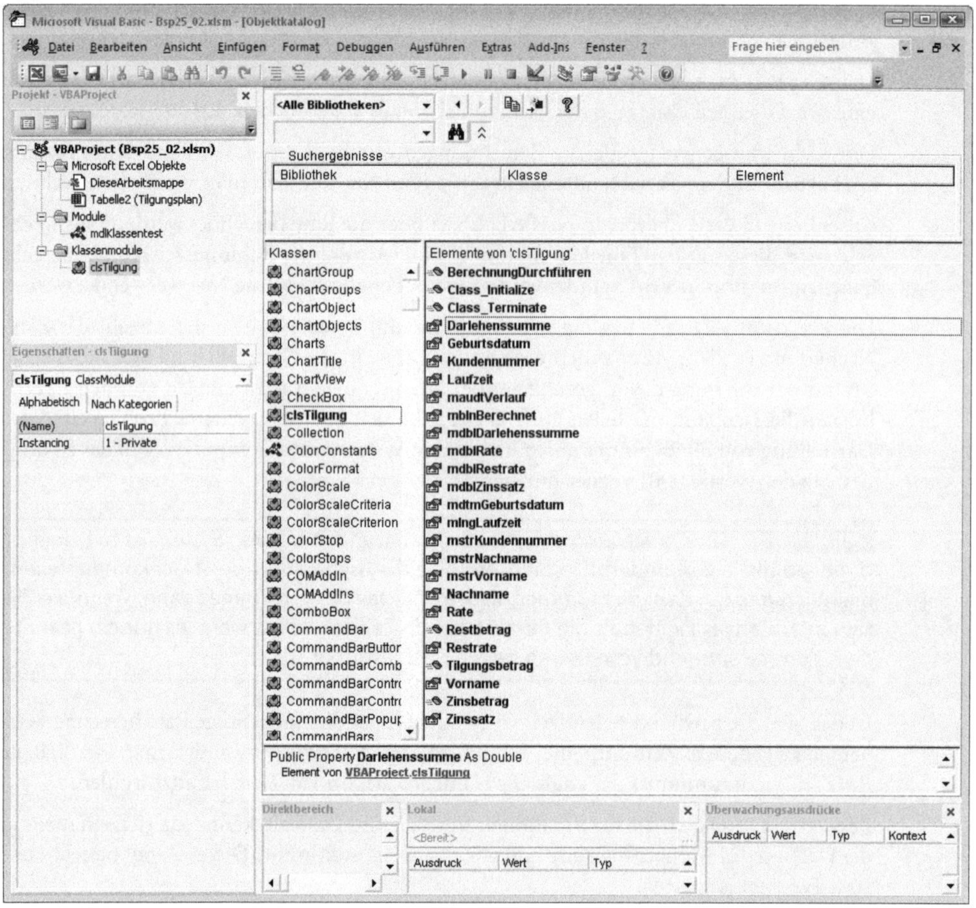


# Benutzen der Beispielklasse

Mit der nun vorhandenen Klasse kann man aber noch nicht viel anfangen. Es muss erst aus der Klasse ein Objekt werden, um die Funktionalität, die darin steckt, auch wirklich zu benutzen.

## Instanzierung

Das Erzeugen eines neuen Objektes nennt man *Instanzierung* der Objektklasse. Erst damit besitzt man eine von vielen möglichen Instanzen dieses Objektes. Objekte werden grundsätzlich mit dem Schlüsselwort `New` angelegt.

`New` kann je nach gewünschtem Gültigkeitsbereich und Lebensdauer zusammen mit den Deklarationsanweisungen `Dim`, `Private`, `Public` oder `Static` angewendet werden. Folgendes würde eine Objektvariable vom Typ `clsTilgung` erzeugen:

```
Sub Klassentest1()
Dim Tilgung    As New clsTilgung
   Tilgung.Zinssatz = 3.5

   Set Tilgung = Nothing
End Sub
```

Das Objekt selbst wird mit der Deklarationsanweisung aber noch nicht erzeugt, wie man vielleicht annehmen könnte. Erst der Zugriff auf irgendeine Eigenschaft oder Methode der Objektvariablen lässt das Objekt tatsächlich entstehen. Geht man das Listing im Einzelschrittmodus durch, lässt sich erkennen, dass die Ereignisprozedur `Class_Initialize` erst durch das Setzen der Eigenschaft `Zinssatz` angestoßen wird.

Wann das Objekt tatsächlich erzeugt wird, hängt also vom Zugriffszeitpunkt auf irgendeine Objekteigenschaft oder -methode ab. Das bringt Vorteile, wenn sich im Programmverlauf erst entscheidet, ob man überhaupt Eigenschaften und Methoden dieses Objektes benutzen will.

Greift man nicht auf das Objekt zu, wird auch keine Instanz erzeugt. Der Speicherbedarf ist also geringer, der Zeitaufwand für die Objekterstellung entfällt und die Ereignisprozedur `Class_Initialize` muss auch nicht abgearbeitet werden.

Der Nachteil dieser Methode besteht darin, dass der Zeitpunkt der Objekterzeugung nicht immer von vornherein feststeht. Bei größeren Programmen mit vielen Verzweigungspunkten kommt die Objekterzeugung oft zu einem ungünstigen Zeitpunkt und bringt den ansonsten flüssigen Programmablauf etwas ins Stocken.

Dem kann man abhelfen, indem man explizit den Zeitpunkt der Objekterstellung selbst bestimmt. Das kann man mit einer anderen Methode der Instanzierung erreichen.

Dazu legt man eine Objektvariable an und weist dieser mit `Set` und `New` einen Objektverweis zu:

```
Sub Klassentest2()
Dim Tilgung    As clsTilgung
   Set Tilgung = New clsTilgung
   Set Tilgung = Nothing
End Sub
```

Im Einzelschrittmodus erkennt man, dass die Zeile `Set ... New` das Initialisierungsereignis `Class_Initialize` der Klasse sofort auslöst. Damit legt man den Zeitpunkt der Initialisierung selbst fest, ohne erst auf eine Eigenschaft oder Methode zugreifen zu müssen.

Ist die Objektvariable `Tilgung` der einzige Verweis auf ein Objekt und setzt man diese Variable auf `Nothing`, wird dieses Objekt entladen. Das heißt, auch die Ereignisprozedur `Class_Terminate` des entsprechenden Objektes wird ausgelöst.

Wenn die Objektvariable nicht `Static` ist, und sich die Gültigkeit nur auf eine Prozedur oder Funktion beschränkt, wird die Klasse auch entladen, wenn der Gültigkeitsbereich verlassen wird. Das passiert dann beim Beenden der entsprechenden Prozedur oder Funktion.

Die immer wieder ausgesprochene Behauptung, dass Objektvariablen immer auf `Nothing` gesetzt werden müssen, bevor eine Prozedur beendet ist, entspricht also nicht den Tatsachen. Wie auch schon beim Instanzieren ist es aber in manchen Fällen vorteilhaft, den Zeitpunkt selbst zu bestimmen.

## Zugriff auf Eigenschaften und Methoden der Beispielklasse

Das Listing 25.4 zeigt den Zugriff auf ein Objekt der Klasse `clsTilgung`.

**Listing 25.4** Verwenden der Klasse *clsTilgung*

```
Private Sub Klassentest()
Dim Tilgung    As clsTilgung
Dim lngMonat   As Long
Dim strPlan    As String
Dim i          As Long

' Objekt aus Klasse erzeugen
Set Tilgung = New clsTilgung

With Tilgung

   .Nachname = "Schwimmer"
   .Vorname = "Michael"
   .Kundennummer = "12345"
   .Geburtsdatum = DateSerial(1960, 1, 24)
   .Darlehenssumme = 10000
   .Zinssatz = 7.5
'   .Rate = 1187
   .Laufzeit = 15

   MsgBox _
      "Name : " & .Vorname & " " & .Nachname _
      & vbCrLf & _
      "Geb. : " & Format(.Geburtsdatum, "DD.MM.YYYY") _
      & vbCrLf & _
      "Kundennummer : " & .Kundennummer _
      & vbCrLf & _
      "Darlehen : " & Format(.Darlehenssumme, "#,##0.00 ?") _
      & vbCrLf & _
      "Zinssatz : " & Format(.Zinssatz, "0.00") & " %" _
      & vbCrLf & _
      "Monatsrate :" & Format(.Rate, "#,##0.00 ?") _
      & vbCrLf & _
      "Laufzeit :" & .Laufzeit & " Monate" _
      & vbCrLf & _
      "Restrate :" & Format(.Restrate, "#,##0.00 ?")

   strPlan = strPlan & "Tilgung   ,  Zinsen   ,  Restbetrag" _
      & vbCrLf & vbCrLf

   For i = 1 To .Laufzeit
      strPlan = strPlan & _
      Format(.Tilgungsbetrag(i), "#,##0.00 ?") & "   ,   " & _
      Format(.Zinsbetrag(i), "#,##0.00 ?") & "   ,   " & _
      Format(.Restbetrag(i), "#,##0.00 ?") & vbCrLf
   Next

   strPlan = strPlan & vbCrLf & "Restrate :" _
      & Format(.Restrate, "#,##0.00 ?")
```

**Listing 25.4** Verwenden der Klasse *clsTilgung* *(Fortsetzung)*

```
    MsgBox strPlan, , "Tilgungsplan "

End With
End Sub
```

**BEISPIEL** Das obige Beispiel befindet sich innerhalb der Beispieldateien zum Buch im Ordner *\Buch\Kap25*. Die Mappe nennt sich *Bsp25_02.xlsm*, der Code befindet sich im Modul *mdlKlassentest*.

Im Deklarationsbereich der Prozedur wird gleich zu Beginn eine Objektvariable vom Typ `clsTilgung` angelegt. Wie bereits angesprochen, wird bei der Deklaration nicht mit `New` gearbeitet, um den Zeitpunkt der Objekterzeugung selbst zu bestimmen.



## Bindung

Anstatt explizit mit dem entsprechenden Klassentyp zu deklarieren, könnte man auch eine Objektvariable vom Typ `Object` erzeugen und später einen Objektverweis auf die gewünschte Klasse setzen:

```
Dim Tilgung As Object
Set Tilgung = New clsTilgung
```

Diese Vorgehensweise nennt man die »späte Bindung« (late binding). Gibt man den Typ bei der Deklaration mit an, spricht man von »früher Bindung« (early binding). Beide Verfahren haben Vor- aber auch Nachteile.

Beschreiben wir erst einmal kurz die Vorteile der frühen Bindung:

Da bereits bei der Deklaration der Typ feststeht, kann man beim Programmieren die Vorteile von IntelliSense nutzen. IntelliSense ist die Funktionalität, die bei der Eingabe eines Punktes hinter einer Objektvariablen die Eigenschaften und Methoden eines Objektes auflistet und die leichte Auswahl aus dieser Liste ermöglicht.

Da der Interpreter, der Ihren geschriebenen Code umsetzen und ausführen muss, bereits zu Beginn über die Eigenschaften und Methoden des Objektes informiert ist, kann dies die Programmausführung beschleunigen. Ob das bei kleineren Programmen einen spürbaren Geschwindigkeitsvorteil bringt, sei allerdings dahingestellt.

Der Vorteil der späten Bindung:

Der wichtigste Punkt ist der, dass die Variable vom Typ `Object` jeden beliebigen Objekttyp aufnehmen kann. Es ist somit ohne weiteres möglich, auf gleiche Eigenschaften verschiedener Objekte zuzugreifen, ohne den Code zu verändern. Sie brauchen einfach nur der Variablen ein anderes Objekt zuzuweisen.

Benutzen Sie ActiveX-Objekte (Objekte, die über Automatisierungsschnittstellen für andere Anwendungen zugänglich gemacht werden), können Sie ohne Verweise arbeiten. Das heißt, Sie deklarieren eine Variable und stellen einen Objektverweis mit `CreateObject` her. ▶

Bei gesetzten Verweisen ist man immer auf eine bestimmte installierte und registrierte Version eines ActiveX-Objektes angewiesen. Mit `CreateObject` wird dagegen in der Registry nach dem ActiveX-Objekt gesucht und ein Verweis auf die aktuelle Version zurückgegeben. In den meisten Fällen existieren die gewünschten Eigenschaften und Methoden auch bei neueren Versionen, weshalb man ohne Probleme damit arbeiten kann.

Wollen Sie trotz der späten Bindung die Vorteile von IntelliSense nutzen, können Sie während der Entwicklung mit einem Verweis und der frühen Bindung arbeiten. In der endgültigen Version setzen Sie den Datentyp auf `Object` und entfernen den Verweis.

Da nach der Entfernung des Verweises auch die Typenbibliothek fehlt, müssen Sie eventuell eingesetzte Konstanten des Objektes durch Zahlenwerte oder besser durch eigene deklarierte Konstanten ersetzen.

Anschließend setzt man die Eigenschaften der Klasse und liest sie wieder aus, um das Ergebnis in einem Meldungsfeld (Abbildung 25.6) auszugeben. Beim Auslesen werden dabei die monatliche Rate, der Restbetrag und ein Tilgungsplan errechnet.

**Abbildg. 25.6** Ausgabe der Klasseneigenschaften

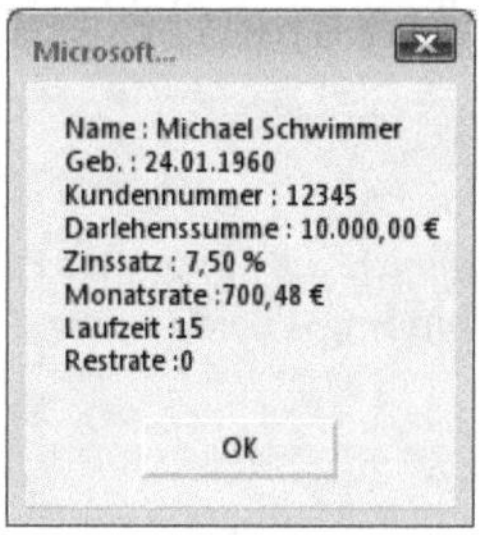


Die Funktionen Tilgungs-, Zins- und Restbetrag liefern für den als Argument mitgegebenen Monat die errechneten Beträge. Nacheinander werden alle Werte eines jeden Monats zu einer Zeichenkette zusammengesetzt und ausgegeben (Abbildung 25.7).

Zur Vereinfachung wurde dabei ein Meldungsfeld verwendet. Da dieses nur ca. 1.024 Zeichen darstellen kann, kann es bei längeren Laufzeiten zu Problemen bei der Darstellung kommen, das heißt, es werden möglicherweise nicht alle Beträge angezeigt.

In der Realität wird man aber die Beträge in einem Tabellenblatt ausgeben, genau so wie es in der Beispielmappe *Bsp25_02.xlsm* innerhalb der Beispieldateien zum Buch gemacht wird.

**Abbildg. 25.7** Ausgabe des Tilgungsplans

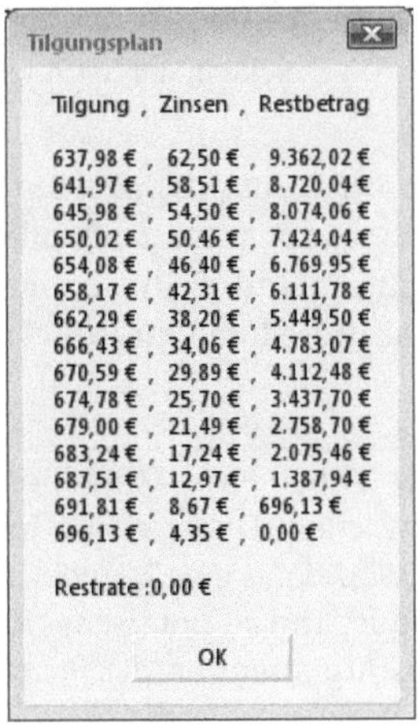




# Klassen und Ereignisse

Klassen sind die natürlichen Container für Ereignisprozeduren. Nur dort machen diese Prozeduren überhaupt Sinn.

## Vordefinierte Ereignisprozeduren

Die vordefinierten Ereignisprozeduren in Excel findet man ausschließlich bei Objekten, die auf Klassen beruhen. Als Beispiel kann man die Ereignisse eines Tabellenblattes wie `Worksheet_SelectionChange` oder `Worksheet_Change` anführen. Dies sind Objekte, die auf der Klasse `Worksheet` beruhen.

**HINWEIS** Wie Sie an der Ereignisprozedur `Worksheet_Change` erkennen, ist beim Prozedurnamen das Ereignis `Change` mit dem Objekt `Worksheet` durch einen Unterstrich verbunden. Dies ist standardmäßig bei Ereignisprozeduren der Fall. Deshalb sollte man, um Irritationen zu vermeiden, Unterstriche in normalen Prozedur-, Konstanten- und auch in Variablennamen vermeiden.

Diese Ereignisprozeduren gehören nicht in ein normales Standardmodul, sondern in das Klassenmodul des entsprechenden Objektes.

In das Klassenmodul eines Tabellenblattes kommen Sie am einfachsten mit einem Rechtsklick auf die Tabellenregisterkarte eines Arbeitsblattes, wenn Sie im zugehörigen Kontextmenü den Eintrag *Code anzeigen* wählen.

Im Visual Basic-Editor finden Sie die Klassenmodule der Tabellenblätter und UserForms, wenn Sie im Projekt-Explorer ebenfalls mit der rechten Maustaste auf das Objekt klicken und in dem sich öffnenden Kontextmenü den Eintrag *Code anzeigen* wählen.

# Ereignisprozeduren mit *WithEvents*

Eine weitere wichtige Eigenschaft von Klassen ist, dass sie Ereignisse von Objekten, deren Objektvariablen mit `WithEvents` deklariert wurden, empfangen können.

OLE-Ojekte wie Textfelder oder Befehlsschaltflächen der Microsoft Forms, die in einen Container wie ein Tabellenblatt eingefügt werden, können ohne Probleme Ereignisse auslösen. Wollen Sie diese Objekte jedoch dynamisch einfügen, das heißt während der Laufzeit und nicht während der Entwicklungszeit, haben Sie das Problem, dass die benötigten Ereignisprozeduren für jedes Objekt auch hinzugefügt werden müssen.

**HINWEIS** Ein Objekt- oder Steuerelemente-Array wie in Visual Basic wäre hervorragend geeignet, Ereignisse mehrerer gleichartiger Objekte zu überwachen. Dabei erhält jedes dieser Objekte den gleichen Namen, jedoch einen anderen Index. Es wird dann eine gemeinsame Ereignisprozedur angelegt, die für alle Elemente des Arrays zuständig ist. Um zu unterscheiden, welches Element das Ereignis nun ausgelöst hat, wird der Index mit als Argument an die Prozedur übergeben. Leider funktioniert das nicht in Office.

Möglich wäre es, sich im Klassenmodul des Containers einen Vorrat an Ereignisprozeduren anzulegen, und dann die dynamisch hinzugefügten Objekte entsprechend zu benennen. Das wird aber sehr schnell unübersichtlich.

Eine weitere Möglichkeit besteht darin, entsprechenden Code programmgesteuert in das jeweilige Klassenmodul einzufügen. Das funktioniert zwar, trotzdem aber würden wir davon abraten. Einige Virenscanner erkennen in solch einem Ansinnen einen vermeintlichen Makrovirus, und die Warnungen bei jeder Weitergabe der Arbeitsmappe sind unerfreulich.

Auch wenn man eine solche Mappe zugesendet bekommt, wird man diese nach einer derartigen Warnung nicht ohne weiteres öffnen, selbst wenn die Quelle an sich vertrauenswürdig ist. Wenn man ein paar Mal eine solche Warnung wissentlich ignoriert hat, weil die Mappe tatsächlich keinen Virus enthält, wird man irgendwann einmal unvorsichtig und darin liegt die größte Gefahr.

Die Lösung für solch ein Problem sind Klassen, die Deklaration von Objektvariablen mit `WithEvents` und das Benutzen von `Collections`. Das Konzept ist anfangs nicht einfach zu verstehen. Wenn Sie es aber ein paar Mal durchgespielt haben, ist es gar nicht mehr so schwer.

## WithEvents

`WithEvents` wird als Schlüsselwort definiert, das angibt, dass die Objektvariable auf Ereignisse, die von dem zugewiesenen ActiveX-Objekt ausgelöst wurden, reagieren kann. Es funktioniert dabei nicht, den allgemeinen Typ `Object` zu benutzen. Das benutzte ActiveX-Objekt muss angegeben werden:

```
Private WithEvents objTextfeld As MSForms.TextBox
```

Reagieren bedeutet in diesem Fall, dass Ereignisse des ActiveX-Objektes eine Prozedur anstoßen können, deren Prozedurname aus dem deklarierten Objektvariablennamen, einem Unterstrich und anschließend dem Ereignis selbst besteht.

Das Objekt muss natürlich ein solches Ereignis auch besitzen. Das `Change`-Ereignis der Objektvariablen `objTextfeld` würde beispielsweise folgendermaßen aussehen:

```
Private Sub objTextfeld_Change()
End Sub
```

Bei dieser Ereignisprozedur setzt sich der Prozedurname `objTextfeld_Change` aus dem Objektvariablennamen `objTextfeld`, dem verbindenden Unterstrich »_« und dem Ereignis `Change` zusammen.

Bei anderen Ereignissen wie beispielsweise `KeyPress` müssen zusätzlich noch die korrekten Übergabeparameter, die vom Objekt zusätzlich an die Ereignisprozedur übergeben werden, in der Klammer im Prozedurkopf angegeben werden:

```
Private Sub objTextfeld_KeyPress( _
   ByVal KeyAscii As MSForms.ReturnInteger)
End Sub
```



Glücklicherweise werden Sie aber kaum in die Verlegenheit kommen, die Prozedurrümpfe selbst einzutippen. Wurde die Objektvariable auf Modulebene mit `WithEvents` deklariert, können Sie im Visual Basic-Editor das gewünschte Ereignis aus einer Liste auswählen (Abbildung 25.8). Der entsprechende Prozedurrumpf wird dann automatisch in das Klassenmodul eingefügt.

**Abbildg. 25.8** Das *KeyPress*-Ereignis einer mit *WithEvents* deklarierten Objektvariable im VBE auswählen

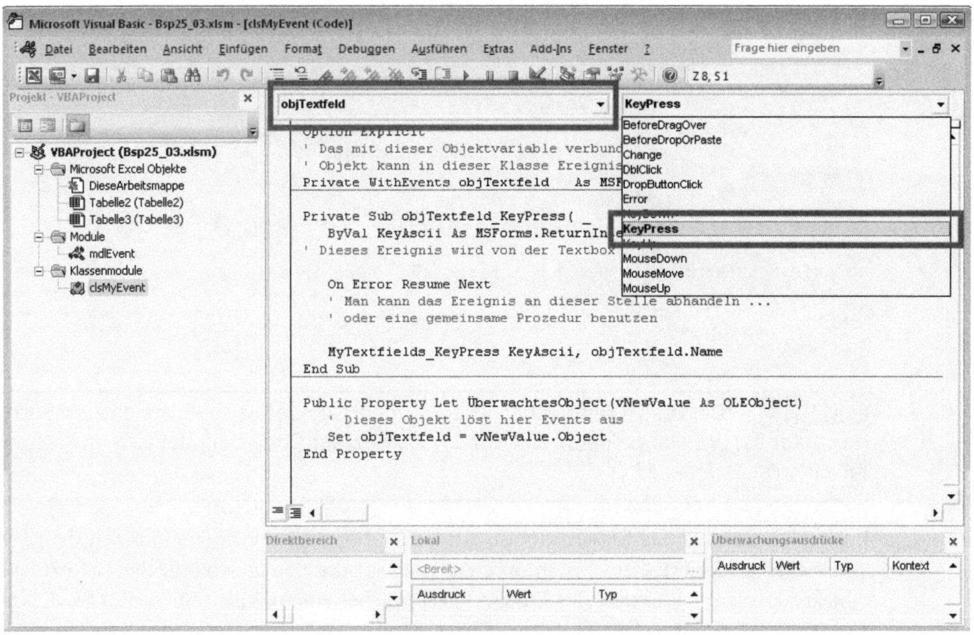

Man kann mit WithEvents beliebig viele Variablen deklarieren, könnte also Hunderte gleicher Ereignisprozeduren erzeugen, die auch alle beim gleichen Ereignis des Objektes abgearbeitet werden. Mit mehr Prozeduren für das gleiche Ereignis hat man aber noch nichts gewonnen, der Aufwand beim Schreiben des Codes wird auch nicht weniger.

Was kann man dann überhaupt mit WithEvents anfangen? Nun, man könnte sich damit erst einmal eine einzige Ereignisprozedur anlegen. Das Objekt, das momentan mit der mit WithEvents deklarierten Objektvariablen verbunden ist, löst diese Ereignisprozedur dann aus. Da man die Zuordnung zwischen dem Objekt und der Objektvariable jederzeit ändern kann, lässt sich die gleiche Prozedur für mehrere Objekte verwenden.

Im folgenden Listing 25.5, welches sich im Klassenmodul eines Tabellenblattes befindet, wird dies demonstriert. Im entsprechenden Tabellenblatt sind zwei Befehlsschaltflächen mit den Namen cmdTextbox1, cmdTextbox2 und zwei Textfelder mit den Namen TextBox1, TextBox2 untergebracht.

**Listing 25.5** *WithEvents* und Ereignisprozedur

```
Option Explicit
Private WithEvents objTextbox As MSForms.TextBox

Private Sub objTextbox_Change()
   MsgBox objTextbox.Text
End Sub

Private Sub cmdTextbox1_Click()
   Set objTextbox = TextBox1
End Sub

Private Sub cmdTextbox2_Click()
   Set objTextbox = TextBox2
End Sub

Private Sub TextBox1_Change()
   MsgBox "TextBox1_Change"
End Sub

Private Sub TextBox2_Change()
   MsgBox "TextBox2_Change"
End Sub
```

**BEISPIEL** Das obige Beispiel befindet sich innerhalb der Beispieldateien zum Buch im Ordner *\Buch\Kap25*. Die Mappe nennt sich *Bsp25_03.xlsm*, der Code befindet sich im Klassenmodul des Tabellenblattes *Tabelle3*.

Im Deklarationsteil des Klassenmoduls wird die Objektvariable objTextbox mit dem Schlüsselwort WithEvents deklariert. Klickt man anschließend auf die Befehlsschaltfläche cmdTextbox1, wird der Objektvariablen objTextbox das Objekt TextBox1, bei einem Klick auf cmdTextbox2 wird TextBox2 zugewiesen. Bei jeder Änderung des Textes des zugewiesenen Textfeldes wird dann das Ereignis objTextbox_Change ausgelöst.

Mit einer Ereignisprozedur kann man aber immer noch nicht mehrere Objekte gleichzeitig überwachen.

# Ereignisprozeduren vervielfältigen

**ACHTUNG** Um in diesem Kapitel Verwechslungen mit den zu überwachenden Objekten, die Ereignisse auslösen, zu vermeiden, nennen wir ab jetzt die Objekte, die aus einer selbst angelegten Klasse erzeugt werden, *Klassenobjekte*.

Sie können sich sehr viel Schreibarbeit ersparen, wenn Sie eine Ereignisprozedur in eine selbst angelegte Klasse packen. Es können nämlich beliebig viele Klassenobjekte aus einer Klasse erzeugt werden und Sie besitzen mit jedem neuen Klassenobjekt auch eine neue Ereignisprozedur.

Damit die Ereignisprozeduren in den erzeugten Klassenobjekten überhaupt aufgerufen werden können, müssen die mit dem Schlüsselwort `WithEvents` deklarierten Objektvariablen auf Klassenebene mit den zu überwachenden Objekten verknüpft werden. Dies ist mit jedem einzelnen Klassenobjekt durchzuführen.

Verknüpfen bedeutet in dem Zusammenhang, dass mit der `Set`-Anweisung ein zusätzlicher Objektverweis auf das Objekt erzeugt, also keine Kopie des Objektes erstellt wird. Das heißt, eine Änderung an dem Objekt wirkt sich immer auch auf alle Variablen mit einem Verweis auf das Objekt aus.

Wichtig ist auch, dass die aus den Klassen erzeugten Klassenobjekte genau so lange am Leben erhalten werden, wie die Objekte, die überwacht werden sollen. Das heißt aber auch, dass beim erneuten Öffnen der Arbeitsmappe die zu überwachenden Objekte auch erneut mit den Objektvariablen der Klassenobjekte verbunden werden müssen. Das sollte dann durch das `Workbook_Open`-Ereignis im Klassenmodul *DieseArbeitsmappe* geschehen.

**HINWEIS** Ein Klassenobjekt existiert so lange, wie eine Referenz darauf gesetzt ist. Mit jeder Objektvariablen, die einen Objektverweis darauf hält, wird der interne Referenzzähler des Objektes erhöht. Wird eine der Objektvariablen mit einem Verweis auf das Klassenobjekt auf `Nothing` gesetzt oder die Prozedur verlassen, in der diese Variable gültig ist, wird der Referenzzähler um den Wert 1 verringert.

Erst wenn der Referenzzähler bei Null angelangt ist, wird das Klassenobjekt entladen und auch erst dann wird die eventuell vorhandene Ereignisprozedur `Class_Terminate` abgearbeitet.

Es ist leider nicht möglich, ein Array anzulegen, das aus Klassenobjekten besteht. Auf Vorrat deklarierte Objektvariablen machen den Code unflexibel und unübersichtlich, weshalb darauf verzichtet werden sollte. Abhilfe schaffen dabei `Collections` (`Collection`-Objekte), die beliebige Elemente, darunter auch Objektverweise, aufnehmen können.

## Collections

Ein `Collection`-Objekt ist laut VBA-Hilfe »eine geordnete Folge von Elementen, auf die als Einheit Bezug genommen werden kann«.

Bei `Collections` ist man nicht an einen einzelnen Datentyp gebunden. Man kann jedem Element der `Collection` einen anderen Datentyp zuweisen, Objektverweise sind möglich und sogar neue `Collections` können als Element benutzt werden.

Jedes Element einer `Collection` lässt sich direkt über den Index oder über seinen eindeutigen Schlüsselnamen ansprechen. ▶

Ohne vorheriges Verschieben lassen sich an jeder Stelle der `Collection` Elemente mit der Methode `Add` einfügen oder mit `Remove` herauslöschen. Das Löschen und Einfügen von Elementen ist aber recht langsam.

`Collections` sind flexibel, dadurch ist der Verwaltungsaufwand aber weitaus höher als bei einem Array. Die zusätzlichen Informationen schlagen mit einem höheren Speicherbedarf zu Buche, außerdem ist das Durchlaufen von `Collections` langsamer als dies bei einem Array der Fall ist.

Man legt also ein Klassenobjekt mit `Set … New` an, verknüpft eine mit `WithEvents` deklarierte Variable darin mit dem zu überwachenden Objekt und fügt das Klassenobjekt der `Collection` hinzu.

So lange die `Collection` existiert, existiert dann auch eine Referenz auf das Klassenobjekt und hält dieses am Leben. Während der Lebensdauer des Klassenobjektes können auch die Ereignisse des verknüpften Objektes empfangen werden.

# Textfelder in Tabellenblättern überwachen

Im folgenden Beispiel werden programmgesteuert Textfelder in ein Tabellenblatt eingefügt und Änderungen darin überwacht. Gibt man in das Textfeld statt einer Zahl einen Buchstaben ein, wird dies über ein Meldungsfeld bemängelt.

Nachfolgend ist der Code der Klasse `clsMyEvent` aufgeführt.

**Listing 25.6** Die Klasse *clsMyEvent*

```
Option Explicit
' Das mit dieser Objektvariable verbundene
' Objekt kann in dieser Klasse Ereignisse auslösen
Private WithEvents objTextfeld   As MSForms.TextBox

Private Sub objTextfeld_KeyPress( _
   ByVal KeyAscii As MSForms.ReturnInteger)
   ' Dieses Ereignis wird von der Textbox ausgelöst

   On Error Resume Next
   ' Man kann das Ereignis an dieser Stelle abhandeln ...
   ' oder eine gemeinsame Prozedur benutzen

   MyTextfields_KeyPress KeyAscii, objTextfeld.Name
End Sub

Public Property Let ÜberwachtesObject(vNewValue As OLEObject)
   ' Dieses Objekt löst hier Events aus
   Set objTextfeld = vNewValue.Object
End Property
```

**BEISPIEL** Das obige Beispiel befindet sich innerhalb der Beispieldateien zum Buch im Ordner *\Buch\Kap25*. Die Mappe nennt sich *Bsp25_03.xlsm*, der Code befindet sich im Klassenmodul *clsMyEvent*.

An die Eigenschaft ÜberwachtesObject wird ein Objektverweis auf ein OLE-Objekt übergeben. In der Let-Prozedur, die dabei abgearbeitet wird, wird dieses der Objektvariablen objTextfeld zugewiesen. Da diese Variable auf Klassenebene mit WithEvents deklariert ist, können Ereignisse des verbundenen Objektes in diesem Klassenobjekt ausgelöst werden.

In diesem Beispiel wird das Ereignis KeyPress verwendet, die Ereignisprozedur dazu hat also den Namen objTextfeld_KeyPress. Darin könnte man auf eine falsche Eingabe reagieren, wenn beispielsweise etwas anderes als eine Ziffer oder ein Punkt eingegeben wird.

**HINWEIS** Um einen Tastendruck im Ereignis KeyPress zu ignorieren, wird der an die Ereignisprozedur mit übergebene Parameter KeyAscii auf Null gesetzt. Der an diese Prozedur übergebene Wert stellt den Standard-ANSI-Tastencode der gerade gedrückten Taste dar.

Das funktioniert, obwohl der Parameter als Wert (ByVal) und nicht als Referenz übergeben wird.

Oftmals möchte man aber eine einzige gemeinsame Prozedur haben, die von allen überwachten Objekten aufgerufen wird. Diese Prozedur legen Sie einfach in einem allgemeinen Modul an, setzen deren Gültigkeitsbereich auf Public und rufen diese aus den Ereignisprozeduren in den verschiedenen Klassenobjekten auf.

Nachfolgend ist die öffentliche Prozedur MyTextfields_KeyPress abgedruckt, die sich in einem Standardmodul befinden muss.

**Listing 25.7** Öffentliche gemeinsame Prozedur *MyTextfields_KeyPress*

```
Public Sub MyTextfields_KeyPress( _
   ByRef KeyAscii As MSForms.ReturnInteger, _
   strFeldname As String)
   ' Eine gemeinsame Prozedur, die von den
   ' KeyPress-Ereignissen in den angelegten
   ' Klassenobjekten aufgerufen wird
   If InStr("0123456789,", Chr(KeyAscii)) = 0 Then
      MsgBox "In das Textfeld " & vbCrLf & strFeldname & _
         vbCrLf & " wurde keine Zahl eingegeben"
      KeyAscii = 0
   End If
End Sub
```

**BEISPIEL** Das obige Beispiel befindet sich innerhalb der Beispieldateien zum Buch im Ordner *\Buch\Kap25*. Die Mappe nennt sich *Bsp25_03.xlsm*, der Code befindet sich im Modul *mdlEvent*.

In diesem Beispiel übergibt man im KeyPress-Ereignis den Parameter KeyAscii und den Namen des Objektes an die gemeinsame öffentliche Prozedur. Der Parameter KeyAscii wird aber diesmal als Referenz übergeben, damit Änderungen daran auch in der aufrufenden, also der eigentlichen Ereignisprozedur wirksam werden.

Dazu muss im Prozedurkopf der gemeinsamen Prozedur beim Parameter KeyAscii einfach das Schlüsselwort ByVal weggelassen werden. Die Übergabe als Referenz (ByRef) ist die Standardeinstellung. Um den Unterschied zu der originalen Ereignisprozedur deutlich zu machen, haben wir aber das Schlüsselwort ByRef verwendet.

Der Parameter strFeldname dient dazu, die auslösenden Objekte auseinanderhalten zu können.

Um Textfelder in Tabellenblättern überhaupt überwachen zu können, muss für jedes Textfeld ein eigenes Klassenobjekt angelegt, die Eigenschaft `ÜberwachtesObject` dieser Klasse gesetzt und das Klassenobjekt als neues Element einer Collection übergeben werden.

Den Code dazu, der sich in einem allgemeinen Modul befindet, finden Sie im folgenden Listing 25.8.

**Listing 25.8** Überwachung anstoßen

```
Private mcolReferenzenAufKlassen As Collection

Public Sub MakeMyEvent(Optional strSource As String)
   Dim objDummy   As OLEObject
   Dim objKlasse  As clsMyEvent
   Dim wsDummy    As Worksheet
   Set mcolReferenzenAufKlassen = New Collection
   For Each wsDummy In ActiveWorkbook.Worksheets

      If strSource <> "" Then
         ' Es wurde eine Tabelle übergeben
         Set wsDummy = Worksheets(strSource)
      End If

      ' Alle OLE-Objekte nacheinander ansprechen
      For Each objDummy In wsDummy.OLEObjects

         ' Typ überprüfen
         If TypeOf objDummy.Object Is MSForms.TextBox Then

            ' Objekt ist Textbox
            ' Neues Klassenobjekt anlegen
            Set objKlasse = New clsMyEvent

            ' Das zu überwachende Objekt an die Klasse
            objKlasse.ÜberwachtesObject = objDummy

            ' Klassenobjekt haltbar machen
            mcolReferenzenAufKlassen.Add objKlasse

         End If

      Next

      If strSource <> "" Then Exit For

   Next
End Sub
```

**BEISPIEL** Das obige Beispiel befindet sich innerhalb der Beispieldateien zum Buch im Ordner *\Buch\Kap25*. Die Mappe nennt sich *Bsp25_03.xlsm*, der Code befindet sich in Modul *mdlEvent*.

Dieser Prozedur kann optional der Name eines Tabellenblattes übergeben werden. Ist dies der Fall, werden nur die Textfelder dieses Tabellenblattes in die Überwachung mit einbezogen. Wird nichts oder ein leerer String übergeben, werden die Textfelder aller Tabellenblätter überwacht.

Um alle Tabellenblätter anzusprechen, wird die Auflistung `Worksheets` durchlaufen, die alle Tabellenblätter enthält. Die `For Each`-Schleife liefert dazu nacheinander einen Objektverweis auf jedes darin enthaltene Tabellenblatt (`Worksheet`)

## For Each

Um nacheinander alle Elemente einer Auflistung oder eines Datenfeldes zurückzugeben, werden Schleifen mit der `For Each...Next`-Anweisung benutzt:

```
For Each Element In Auflistung
   ' Schleifenkörper
Next [Element]
```

`Element` ist eine Variable, die bei jedem Durchlauf eine Referenz oder den Wert jedes einzelnen Elementes der Auflistung zurückgibt. Durchläuft man Datenfelder, kann als Variablentyp nur `Variant` gewählt, bei Auflistungen gleichartiger Objekte kann man dagegen `Variant`, `Object` oder den speziellen Objekttyp verwenden.

Wird ein Variant für Element verwendet, werden die Elementinhalte als Wert (`ByVal`) zurückgeliefert. Verwenden Sie bei Objektauflistungen Objektvariablen des entsprechenden Typs, bekommen Sie eine Referenz auf das jeweilige Originalelement.

Eine Auflistung mit `For Each` zu durchlaufen ist übrigens weitaus schneller, als jedes Element nacheinander über den Index anzusprechen.

Im Schleifenkörper dieser ersten Schleife wird eine weitere Auflistung durchlaufen. Das ist die Auflistung `OleObjects` des als Objektverweis gelieferten Tabellenblattes. Diese wird wiederum mit einer `For Each`-Schleife durchlaufen, dabei wird bei jedem Durchlauf ein Objektverweis auf ein `Ole`-Objekt geliefert. Mit dem Operator `TypeOf` wird anschließend überprüft, ob der Typ des Objektes gleich dem eines Textfeldes (`MSForms.TextBox`) der Bibliothek `MSForms` ist.

**HINWEIS** Der Operator `TypeOf` liefert im Zusammenhang mit `Is` einen Wahrheitswert:

```
TypeOf Objektname Is Objekttyp
```

Dabei ist `Objektname` ein beliebiger Objektverweis und `Objekttyp` ein beliebiger Objekttyp. Entspricht der Typ des Objektes dem hinter dem Schlüsselwort `Is` angegebenen Objekttyp, wird `Wahr` (`True`), ansonsten `Falsch` (`False`) zurückgegeben.

Ist das der Fall, wird mit `Set ... New` ein neues Klassenobjekt der Klasse `clsMyEvent` angelegt. Anschließend wird das aktuelle `Ole`-Objekt an die Eigenschaft `ÜberwachtesObject` übergeben.

Um das Klassenobjekt dauerhaft (persistent) zu machen, wird es als neues Element an die am Anfang der Prozedur neu erzeugte Collection `mcolReferenzenAufKlassen` übergeben (`Set mcolReferenzenAufKlassen = New Collection`).

Da die Variable vom Typ `Collection` auf Modulebene deklariert wurde, ist diese auch nach dem Beenden der Prozedur noch vorhanden. Das heißt, die Objektverweise darin existieren so lange, bis die Mappe geschlossen, die Prozedur neu aufgerufen oder das VBA-Projekt zurückgesetzt wird.

Der bisherige Code diente dazu, Änderungen an Textfeldern zu überwachen. Das hätte natürlich einfacher mit einer Ereignisprozedur pro Textfeld im jeweiligen Klassenmodul des Tabellenblattes funktioniert.

Der Grund für den Umweg über Klassen war aber der, dass diese Textfelder dynamisch sein sollten, also programmgesteuert zumindest hinzugefügt werden können. Ereignisprozeduren auf Vorrat zu programmieren, oder Code programmgesteuert in das VBA-Projekt, ist, wie schon angesprochen, keine so gute Idee.

Das Listing 25.9 zeigt den Code, mit dem Sie programmgesteuert Textfelder in ein Tabellenblatt einfügen können. Diese Ereignisprozedur gehört in das Klassenmodul eines Tabellenblattes mit einer Befehlsschaltfläche mit dem Namen `cmdDynamicTextboxes`.

**Listing 25.9** Textfelder programmgesteuert hinzufügen

```
Private Sub cmdDynamicTextboxes_Click()
   Dim objDummy   As OLEObject
   Dim i          As Long

   ' Alle OLE-Objekte nacheinander ansprechen
   For Each objDummy In Me.OLEObjects

      ' Typ überprüfen
      If TypeOf objDummy.Object Is MSForms.TextBox Then

         ' Textboxen zählen
         i = i + 1

      End If

   Next

   If i > 4 Then
      ' Bei mehr als vier Textboxen verlassen
      MsgBox "Mehr als fünf Textboxen sind nicht vorgesehen!"
      Exit Sub
   End If

   Set objDummy = Me.OLEObjects.Add( _
      ClassType:="Forms.TextBox.1", _
      Left:=0, Top:=i * 50 + 50, _
      Width:=200, Height:=50)

   ' Name vergeben. Setzt sich aus Tabellenname,
   ' dem Wort "Textfeld" und dem Index zusammen
   ' Trennzeichen ist der Unterstrich, kann mit
   ' Split einfach wieder getrennt werden
   objDummy.Name = Me.Name & "_Textfeld_" & i + 1

   ' Zeitversetzt eine Prozedur zum Überwachen aufrufen
   ' Als Argument den Tabellennamen übergeben
   Application.OnTime Now + TimeSerial(0, 0, 1), _
      "'MakeMyEvent """ & _
      Me.Name & """'"
End Sub
```

**BEISPIEL** Das obige Beispiel befindet sich innerhalb der Beispieldateien zum Buch im Ordner *\Buch\Kap25*. Die Mappe nennt sich *Bsp25_03.xlsm*, der Code befindet sich im Klassenmodul des Tabellenblattes *Tabelle2*.

Zu Beginn der Prozedur wird überprüft, wie viele Textfelder sich bereits in dem Tabellenblatt befinden. Die `OleObjects`-Auflistung enthält aber nicht nur Textfelder, alle `Ole`-Objekte des Tabellenblattes sind darin verzeichnet, also auch beispielsweise eine vorhandene Befehlsschaltfläche. Deshalb können Sie mit der `Count`-Eigenschaft der `OleObjects`-Auflistung (`Me.OLEObjects.Count`) falsche Werte geliefert bekommen.

Daher wird die gesamte Auflistung mit `For Each` durchlaufen und zählt nur die darin verzeichneten Textfelder. Mehr als fünf sind in diesem Beispiel nicht zulässig. Mit der `Add`-Methode wird anschließend der `OleObjects`-Auflistung ein neues Element hinzugefügt, und zwar ein Textfeld (`Forms.TextBox.1`). Den richtigen `ClassType` für das gewünschte Objekt finden Sie am besten heraus, indem Sie beim Einfügen eines Steuerelements den Makrorekorder mitlaufen lassen und sich anschließend den erzeugten Code anschauen.

Der Name wurde in diesem Beispiel so gewählt, dass er sich aus dem Tabellennamen, dem Wort »Textfeld« und dem Index zusammensetzt. Das Trennzeichen zwischen diesen Angaben ist der Unterstrich. Benutzt man die VBA-Funktion `Split` und setzt als `delimiter` (Zeichen, mit der die Grenzen von untergeordneten Zeichenfolgen festgelegt werden) den Unterstrich ein, lassen sich ohne große Umstände die Informationen aus diesem Namen wieder auslesen.



# Zusammenfassung

In diesem Abschnitt werden die bisher behandelten Themen kurz zusammengefasst, zusätzliche Informationen geliefert und auch die Vor- bzw. Nachteile werden noch einmal angesprochen.

## Vorteile von Klassen

Nachfolgend werden die Vorteile von Klassen dargestellt:

- Klassen kapseln Funktionalitäten und kommunizieren nach außen hin über eine klar definierte Schnittstelle
- Durch das Benutzen der Eigenschaften und Methoden von Klassen ist der übergeordnete Programmablauf leichter zu verstehen
- Aus einer Klasse lassen sich beliebig viele gleichartige Objekte erzeugen, die trotzdem voneinander unabhängig existieren
- Die Wiederverwendbarkeit von Klassen ist groß. Statt jedes Mal bestimmte Codeabschnitte zu kopieren und in anderen VBA-Projekten einzufügen, wird einfach die Klasse weitergegeben.
- Die Klasse lässt sich beliebig erweitern, wenn die ursprünglichen Eigenschaften und Methoden gleich bleiben
- Intern kann der Code der Klasse beliebig verändert werden, beispielsweise um die Geschwindigkeit zu erhöhen. Voraussetzung ist, dass die offengelegten Eigenschaften und Methoden gleich bleiben

- Fehler in der Klasse lassen sich vom Entwickler beheben, ohne dass der Benutzer der Klasse seinen Code ändern muss. Lediglich die Klasse selbst wird ausgetauscht.
- In Klassen können Ereignisprozeduren von Objekten ausgeführt werden.

# Nachteile von Klassen

Nachfolgend eine kurze Zusammenfassung der Nachteile beim Einsatz von Klassen:

- Durch die zusätzliche Abstraktionsebene ist es anfangs nicht leicht, sich mit Klassen anzufreunden.
- Um den Code der Klasse zu testen, muss man erst ein Klassenobjekt erzeugen und auf die Eigenschaften und Methoden zugreifen. Möglicherweise muss man sogar Eigenschaften setzen, die man momentan noch gar nicht testen will.
- Die Objekterzeugung (Instanzierung) aus einer Klasse kostet Zeit.

# Planung von Klassen

Schon bei der Planung sollte man sich darüber klar werden, welche Eigenschaften und Methoden die Klasse einmal haben soll. Dazu gehört auch, dass die Datentypen der Eigenschaften festgelegt werden. Bei Eigenschaften sollte man sich auch überlegen, ob ein Schreib- oder Leseschutz angebracht ist.

Wichtig sind auch die Rückgabewerte und Übergabeparameter von Methoden, sowie deren Datentypen.

Am besten nimmt man einen Zettel zur Hand und notiert sich gleich alles. Benutzen Sie aber bitte einen Bleistift, denn unter Garantie wird bereits während der Planungsphase vieles wieder verworfen oder modifiziert und ein Radiergummi wirkt da oft Wunder.

# Hinzufügen eines Klassenmoduls

Im VBE wird der Menübefehl *Einfügen/Klassenmodul* aufgerufen. Damit wird ein Klassenmodul zum aktuellen VBA-Projekt hinzugefügt. Anschließend vergibt man im Eigenschaftsfenster einen aussagekräftigen Namen.

# Der Code im Klassenmodul

In einem Klassenmodul gelten bezüglich der VBA-Syntax die gleichen Regeln wie in anderen Modulen. Ein paar Einschränkungen gibt es allerdings. So sind benutzerdefinierte Datentypen zwar erlaubt, können aber vom Gültigkeitsbereich her nicht auf `Public` gesetzt werden. Das Gleiche gilt für Konstanten, Zeichenfolgen fester Länge und `Declare`-Anweisungen.

## Eigenschaften

Eigenschaften können auf verschiedenen Arten realisiert werden. Am einfachsten wird eine auf `Public` gesetzte Variable dafür verwendet. Damit kann man aber den Zugriff darauf nicht einschränken, man hat immer auf diese Eigenschaft Lese- und Schreibrechte. Eine Funktion ist eine weitere Möglichkeit, Eigenschaft zu realisieren, diese ist aber schreibgeschützt.

Das Benutzen von Property-Prozeduren für eine Eigenschaft bietet einige Vorteile. Zum einen wird bei jedem Schreib- oder Lesezugriff eine eigene Prozedur ausgeführt, in der man schon Fehlerüberprüfungen durchführen kann:

- Die Let- oder Set-Prozedur wird bei einem Schreibzugriff ausgeführt
- Die Get-Prozedur wird bei einem Lesezugriff ausgeführt

Zum anderen führt das Weglassen einer Prozedur dazu, dass der weggelassene Zugriff nicht mehr funktioniert. Lässt man die Let- oder Set-Prozedur weg, hat man einen Schreibschutz, beim Auslassen der Get-Prozedur einen Leseschutz.

Verwendet man als Eigenschaft eine Property-Prozedur, ist eine klassenweit gültige Variable nötig, die den Eigenschaftswert während der Lebenszeit eines Klassenobjektes zwischenspeichert



## Methoden

Methoden werden durch öffentliche (Public) Funktionen (Function) oder Prozeduren (Sub) realisiert. Funktionen bieten aber gegenüber Prozeduren den Vorteil, Werte zurückgeben zu können. Selbst wenn bei der Methode an sich kein Rückgabewert benötigt wird, kann man durch einen zurückgegebenen Wahrheitswert den Erfolg signalisieren.

In der aufrufenden Prozedur kann die Funktion problemlos so wie eine Prozedur aufgerufen werden, so dass der Rückgabewert bei Bedarf ins Nichts verschwindet.

## Parameterübergabe, Eigenschaftswerte

Sollen als Eigenschaften Arrays verwendet, kann es zu Problemen kommen. Arrays müssen dabei als Variant übergeben werden. Es kann keine Referenz (Übergabe ByRef) verwendet werden, mit der es möglich wäre, auch das Originalarray zu verändern.

In Listing 25.10 finden Sie ein Beispiel, wie man ein Array an eine Property-Prozedur übergibt.

Der nachfolgende Code gehört in ein allgemeines Modul:

**Listing 25.10** Array an Property

```
Public Sub MyArrayToProperty()
   Dim objUDT              As New clsBenutzerdefinierteTypen
   Dim astrArray(1 To 2)   As String
   Dim strAusgabe          As String
   astrArray(1) = "Wert1"
   astrArray(2) = "Wert2"
   objUDT.MyArray = astrArray
   strAusgabe = astrArray(1) & vbCrLf & astrArray(2)
   MsgBox "Originalarray, nachdem in der Klasse der 2. Wert" & _
      " geändert wurde:" & vbCrLf & strAusgabe
End Sub
```

Der Code in der Klasse clsBenutzerdefinierteTypen:

**Listing 25.11** Code der Klasse *clsBenutzerdefinierteTypen*

```
Public Property Let MyArray(ByVal vNewValue As Variant)
   Dim i           As Long
   Dim strAusgabe As String
```

**Listing 25.11** Code der Klasse *clsBenutzerdefinierteTypen* *(Fortsetzung)*

```
   If IsArray(vNewValue) Then
      For i = LBound(vNewValue) To UBound(vNewValue)
         strAusgabe = strAusgabe & vNewValue(i) & vbCrLf
      Next
      MsgBox "Übergabe Array 'ByVal vNewValue As Variant'" & vbCrLf & _
         Left$(strAusgabe, Len(strAusgabe) - 2) & vbCrLf & _
         "Wert des letzten Elementes wird auf Wert3 'geändert'"
         vNewValue(UBound(vNewValue)) = "Wert3"
   End If
End Property
```

**BEISPIEL** Das obige Beispiel befindet sich innerhalb der Beispieldateien zum Buch im Ordner *\Buch\Kap25*. Die Mappe nennt sich *Bsp25_04.xlsm*, der Code befindet sich in Modul *mdlArray* und im Klassenmodul *clsBenutzerdefinierteTypen*.

Benötigen Sie in einem Klassenobjekt eine Referenz auf ein Array, können Sie anstatt einer Eigenschaft eine Methode verwenden. Änderungen eines Elements im Klassenobjekt ändern dann auch das Originalarray in der aufrufenden Prozedur (Listing 25.12).

Der nachfolgende Code gehört in ein allgemeines Modul:

**Listing 25.12** Array an Methode

```
Public Sub MyArrayToSub()
   Dim objUDT               As New clsBenutzerdefinierteTypen
   Dim astrArray(1 To 2)    As String
   Dim strAusgabe           As String
   astrArray(1) = "Wert1"
   astrArray(2) = "Wert2"
   objUDT.MyArray1 astrArray
   strAusgabe = astrArray(1) & vbCrLf & astrArray(2)
   MsgBox "Originalarray, nachdem in der Klasse der 2. Wert" & _
      " geändert wurde:" & vbCrLf & strAusgabe
End Sub
```

Der Code in der Klasse `clsBenutzerdefinierteTypen`:

**Listing 25.13** Code der Klasse *clsBenutzerdefinierteTypen*

```
Public Sub MyArray1(ByRef vNewValue() As String)
   Dim i          As Long
   Dim strAusgabe As String
   For i = LBound(vNewValue) To UBound(vNewValue)
      strAusgabe = strAusgabe & vNewValue(i) & vbCrLf
   Next
   MsgBox "Übergabe Array 'ByRef vNewValue() As String'" & vbCrLf & _
      Left$(strAusgabe, Len(strAusgabe) - 2) & vbCrLf & _
      "Wert des letzten Elementes wird auf Wert3 'geändert'"
   vNewValue(UBound(vNewValue)) = "Wert3"
End Sub
```

**BEISPIEL** Das obige Beispiel befindet sich innerhalb der Beispieldateien zum Buch im Ordner *\Buch\Kap25*. Die Mappe nennt sich *Bsp25_04.xlsm*, der Code befindet sich in Modul *mdlArray* und in Klassenmodul *clsBenutzerdefinierteTypen*.

Der zum ursprünglichen Array unterschiedliche Parametername (hier `vNewValue`) spielt dabei überhaupt keine Rolle, die Verwendung von `ByRef` oder das Weglassen des Schlüsselwortes `ByVal` übergibt eine Referenz auf das Original.

Ein weiteres Problem ist, dass benutzerdefinierte Datentypen nicht an eine Klasse als Eigenschaft oder Parameter übergeben werden können. Selbstverständlich hat man aber innerhalb einer Klasse auch Zugriff auf Variablen und Typen, die in einem allgemeinen Modul als Öffentlich (`Public`) deklariert sind. Der Datenaustausch über solche öffentlichen Variablen widerspricht dem Gedanken der Kapselung. Um dennoch diese Typen zu verwenden, können Sie mit Zeigern und Speichermanipulationen arbeiten (Listing 25.14).

Falls Sie dies tun, sollten Sie sich aber im Klaren darüber sein, dass ein kleiner Fehler Ihre Anwendung zum Absturz bringen kann. Wenn Sie API-Funktionen einsetzen, verlassen Sie auf der Stelle den sicheren Hafen von VBA. Lesen Sie sich also lieber noch einmal das Kapitel über API-Funktionen durch.



Der nachfolgende Code gehört in ein allgemeines Modul:

**Listing 25.14** Arbeiten mit Zeigern

```
Option Explicit
Private Type POINTAPI
        x As Long
        y As Long
End Type

Sub UDT()
   Dim objUDT      As New clsBenutzerdefinierteTypen
   Dim udtPointapi As POINTAPI
   With udtPointapi
      .x = 10
      .y = 20
   End With
   objUDT.Position = VarPtr(udtPointapi)
End Sub
```

Der Code in der Klasse `clsBenutzerdefinierteTypen`:

**Listing 25.15** Code der Klasse *clsBenutzerdefinierteTypen*

```
Option Explicit
Private Type POINTAPI
        x As Long
        y As Long
End Type
Private Declare Sub CopyMemory _
   Lib "kernel32" Alias "RtlMoveMemory" ( _
   Destination As Any, _
   Source As Any, _
   ByVal Length As Long _
```

**Listing 25.15** Code der Klasse *clsBenutzerdefinierteTypen* *(Fortsetzung)*

```
)

Public Property Let Position(ByVal vNewValue As Long)
   Dim udtPointapi As POINTAPI
   CopyMemory udtPointapi, ByVal vNewValue, Len(udtPointapi)
   MsgBox "X = " & udtPointapi.x & vbCrLf & _
      "Y = " & udtPointapi.y, , _
      "Übergabe UDT an Property"
End Property
```

**BEISPIEL** Das obige Beispiel befindet sich innerhalb der Beispieldateien zum Buch im Ordner *\Buch\Kap25*. Die Mappe nennt sich *Bsp25_04.xlsm*, der Code befindet sich im Modul *mdlArray* und im Klassenmodul *clsBenutzerdefinierteTypen*.

An die Eigenschaft `Position` der Klasse `clsBenutzerdefinierteTypen` wird statt des benutzerdefinierten Typs ein Longwert übergeben, der die Speicheradresse des benutzerdefinierten Typs enthält. Mit der undokumentierten Funktion `VarPtr` wird die Speicheradresse der Variablen ermittelt.

In der `Property`-Prozedur wird mittels der API-Funktion `CopyMemory` ab dieser übergebenen Speicheradresse der Speicherinhalt an die Adresse kopiert, die durch die Variable `udtPointapi` festgelegt ist.

Die Übergabe der Variablen `udtPointapi` als Referenz an `CopyMemory` ist eine Übergabe der Speicheradresse, an der sich der Datentyp befindet. Wird die Variable `vNewValue` als Referenz bei `CopyMemory` verwendet, würde man einen Zeiger auf die Speicheradresse übergeben, ab der sich der Wert der Variablen befindet.

Da der Wert selbst aber die wichtige Speicheradresse ist, wird die Variable `vNewValue` als Wert übergeben (`ByVal`). Es werden bei `CopyMemory` so viele Bytes kopiert, wie im letzten Parameter angegeben, hier die Länge des Datentyps.

## Ereignisse *Class_Initialize* und *Class_Terminate*

Diese zwei Ereignisprozeduren sind der Konstruktor bzw. Destruktor der Klasse. Bei jeder Objekterzeugung aus einer Klasse wird die Ereignisprozedur `Class_Initialize`, beim Entladen die Prozedur `Class_Terminate` ausgeführt. Darin werden Voreinstellungen gesetzt, oder Aufräumarbeiten durchgeführt.

## Ereignisprozeduren mit *WithEvents*

Eine Eigenschaft von Klassen ist, dass sie Ereignisse von Objekten, deren Objektvariablen mit `WithEvents` deklariert wurden, empfangen können. Der Typ des benutzten *ActiveX*-Objektes muss bei der Deklaration zwingend angegeben werden

Die diesen Objektvariablen zugewiesenen ActiveX-Objekte können anschließend Ereignisprozeduren im Klassenmodul auslösen. Der Prozedurname setzt sich aus dem Objektvariablennamen, dem verbindenden Unterstrich »_« und dem Ereignis zusammen. In Klammern folgen dahinter die Übergabeparameter, die vom Objekt mit an die Ereignisprozedur übergeben werden.

Wurde die Objektvariable auf Modulebene mit `WithEvents` deklariert, können Sie in der VBE das gewünschte Ereignis aus einer Liste (Abbildung 25.2) auswählen und der Prozedurrumpf wird dann in das Klassenmodul eingefügt.

# Klassen/Objekte

Klassen sind die Schablonen zu Objekten und enthalten den eigentlichen Programmcode. Mit Hilfe einer solchen Schablone lassen sich beliebig viele gleichartige Objekte erzeugen, die ein voneinander unabhängiges Leben führen.

## Objekte aus Klassen erzeugen

Das Erzeugen eines Objektes nennt man *Instanzierung* der Objektklasse. Objekte werden grundsätzlich mit dem Schlüsselwort `New` angelegt:

```
Dim Tilgung As New clsTilgung
```

`New` kann zusammen mit den Deklarationsanweisungen `Dim`, `Private`, `Public` oder `Static` angewendet werden. Das Objekt selbst wird bei der Deklaration mit `New` nicht erzeugt. Erst der Zugriff auf irgendeine Eigenschaft oder Methode der Objektvariablen lässt das Objekt tatsächlich entstehen.

Ohne Zugriff auf das Objekt wird keine Instanz erzeugt, der Speicherbedarf ist geringer, der Zeitaufwand für die Objekterstellung entfällt und eine möglicherweise vorhandene Ereignisprozedur `Class_Initialize` muss auch nicht abgearbeitet werden.

Möchten Sie den Zeitpunkt der Objekterstellung selbst bestimmen, können Sie eine andere Methode der Instanzierung wählen. Dazu legen Sie eine Objektvariable an und weisen dieser mit `Set` und `New` einen Objektverweis zu:

```
Dim Tilgung    As clsTilgung
Set Tilgung = New clsTilgung
```

Die Zeile `Set` ... `New` erzeugt sofort das Objekt.

## Objekte zerstören

Wird der letzte Verweis auf ein Objekt auf `Nothing` gesetzt, wird dieses Objekt entladen:

```
Dim Tilgung    As clsTilgung
Set Tilgung = New clsTilgung
Set Tilgung = Nothing
```

Wenn die Objektvariable nicht statisch (`Static`) ist, und sich die Gültigkeit nur auf eine Prozedur oder Funktion beschränkt, wird die Klasse entladen, wenn der Gültigkeitsbereich verlassen wird. Dies geschieht beim Beenden der entsprechenden Prozedur oder Funktion.

# Teil H

# Kommunikation mit der Außenwelt

**In diesem Teil:**

Kapitel 26

# Internet und E-Mail per VBA steuern



**In diesem Kapitel:**

Dieses Kapitel ist dem Umgang mit Hyperlinks gewidmet. Außerdem erfahren Sie, wie E-Mails per VBA versendet werden können, wie sich eine Webabfrage erzeugen lässt und wie Datenbereiche in ein HTML-Format konvertiert werden können.

# Hyperlinks erstellen

Hyperlinks werden verwendet, um per Mausklick innerhalb eines Dokuments zu navigieren oder auf externe Websites zuzugreifen. Um manuell einen Hyperlink zu erstellen, klicken Sie im Menüband auf der Registerkarte *Einfügen* in der Gruppe *Hyperlinks* auf die Schaltfläche *Hyperlink* oder betätigen die Tastenkombination Strg+K. Daraufhin öffnet sich das Dialogfeld *Hyperlink einfügen*. Im linken Bereich wählen Sie die Art des Links aus. Je nach Auswahl ändert sich die Ansicht im rechten Teil des Dialogfeldes.

## Interne und externe Hyperlinks

Wenn Sie Hyperlinks innerhalb einer Mappe setzen möchten, klicken Sie im Dialogfeld *Hyperlink einfügen* in der linken Leiste auf *Aktuelles Dokument*. Im mittleren Bereich des Fensters werden nun die in der Mappe enthaltenen Tabellenblätter sowie alle benannten Bereiche angezeigt. Wählen Sie die gewünschte Tabelle oder den Bereich aus, zu dem der Hyperlink führen soll. Im Feld *Anzuzeigender Text* geben Sie den Namen ein, der in der Zelle angezeigt werden soll. Im Eingabefeld *Geben Sie den Zellbezug ein* geben Sie die Zelle an, zu der der Hyperlink im angegebenen Tabellenblatt führen soll.

**Abbildg. 26.1** Dialogfeld *Hyperlink einfügen*

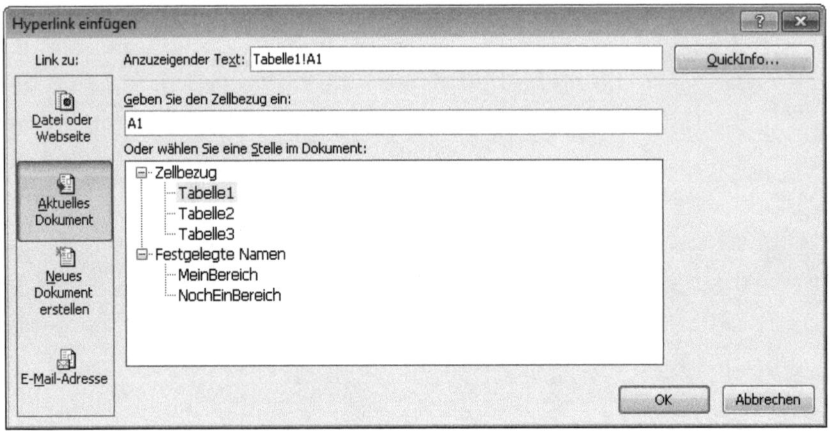


Um einen internen Hyperlink per VBA zu erstellen, verwenden Sie die Anweisung `Hyperlinks.Add`. Es können verschiedene Argumente übergeben werden, wobei zwei davon zwingend erforderlich sind. Das eine Argument lautet `Anchor`, was ins Deutsche übersetzt Anker heißt. An `Anchor` wird die Zelladresse übergeben, in die der Hyperlink eingefügt werden soll. Das zweite erforderliche Argument lautet `Address`. Diesem wird bei internem Gebrauch ein Leerstring übergeben. Bei einem Verweis auf eine Webseite wird die Webadresse (URL) zugewiesen.

Alle weiteren Argumente sind optional. Die SubAddress muss angegeben werden, wenn es sich um einen internen Hyperlink handelt. Es werden der Name der Tabelle, sowie die Zelladresse angegeben. Die beiden Werte werden durch ein Ausrufezeichen (!) voneinander getrennt.

Bei TextToDisplay kann der Text angegeben werden, der in der Zelle angezeigt werden soll. Dieser Text kann sich von der Hyperlinkadresse unterscheiden.

Ein weiteres optionales Argument nennt sich ScreenTip. Es wird verwendet, um einen eigenen Text für die QuickInfo zu bestimmen. Dieser Text erscheint in einem gelben Feld, wenn mit der Maus – ohne zu klicken – auf den Hyperlink gezeigt wird und der Mauszeiger einen Moment darauf verbleibt.

Ein Hyperlink, der innerhalb einer Mappe gesetzt wird, könnte demnach entsprechend dem folgenden Listing aussehen.

**Listing 26.1** Interner Hyperlink

```
Sub AddInternalHyperlink()
   ActiveSheet.Hyperlinks.Add _
      Anchor:=Range("A1"), _
      Address:="", _
      SubAddress:="Tabelle2!B5", _
      TextToDisplay:="Mein Link zu Tabelle2 Zelle B5"
End Sub
```

Der nachfolgende Code zeigt, wie ein externer Hyperlink, also ein Link zu einer Webseite, erzeugt werden kann.

**Listing 26.2** Externer Hyperlink

```
Sub AddExternalHyperlink()
    ActiveSheet.Hyperlinks.Add _
      Anchor:=Range("A2"), _
      Address:="http://www.jumper.ch", _
      ScreenTip:="Auf der Webseite sind viele Beispiele zu finden", _
      TextToDisplay:="Office-Help-Desk"
End Sub
```

**ACHTUNG** Damit ein Hyperlink auf eine externe Webseite funktioniert, muss die Verbindung zum Internet aktiv sein.

**BEISPIEL** Die obigen Beispiele befinden sich innerhalb der Beispieldateien zum Buch im Ordner *\Buch\Kap26*. Die Mappe nennt sich *Bsp26_01.xlsm*. Die Prozeduren befinden sich in Modul *mdl_01_Hyperlinks*.

# Hyperlinks aus Tabellenblattnamen erzeugen

In einer Arbeitsmappe, die viele Tabellenblätter umfasst, ist es oft mühsam zwischen den einzelnen Tabellenblättern zu wechseln, indem die vier Pfeiltasten der linken unteren Ecke von Excel verwendet werden. Per Klick mit der rechten Maustaste auf diese vier Pfeile wird ein Kontextmenü geöffnet, das die vorhandenen Tabellenblätter auf einen Blick anzeigt.

**Abbildg. 26.2** Zwischen Tabellenblättern wechseln

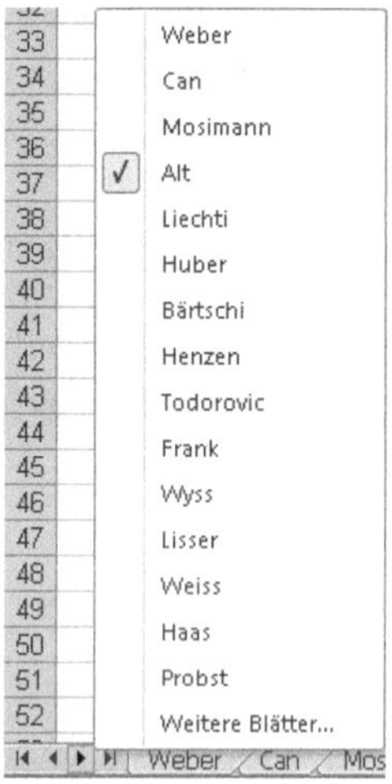


Mehr als 15 Tabellenblätter werden in dem Kontextmenü allerdings nicht auf einmal angezeigt. Wenn die Liste aller Tabellenblätter angezeigt werden soll, muss im Kontextmenü über die Auswahl des Eintrags *Weitere Blätter* das Dialogfeld *Aktivieren* geöffnet werden.

Alternativ zu den bestehenden Möglichkeiten könnten Sie mit Hyperlinks arbeiten, um zwischen den Tabellenblättern zu wechseln. Im folgenden Beispiel wird ein Tabellenblatt erstellt, das als Inhaltsverzeichnis dient. In dem Tabellenblatt werden sämtliche Tabellenblattnamen der Mappe eingefügt und mit einem Hyperlink versehen. Auf diese Weise können Sie vom Inhaltsverzeichnis aus zu den anderen Blättern navigieren. Die Tabellenblattnamen werden jeweils in 10er-Blöcken pro Spalte angeordnet. Dadurch kann vermieden werden, dass bei sehr vielen Tabellenblättern nach unten gescrollt werden muss. Die Übersicht über die vorhandenen Tabellenblätter wird damit erhöht. Sie können die Blöcke natürlich auch auf mehr als zehn Zeilen ausdehnen.

**Abbildg. 26.3** Inhaltsverzeichnis und Tabellenblätter mit Navigation zurück

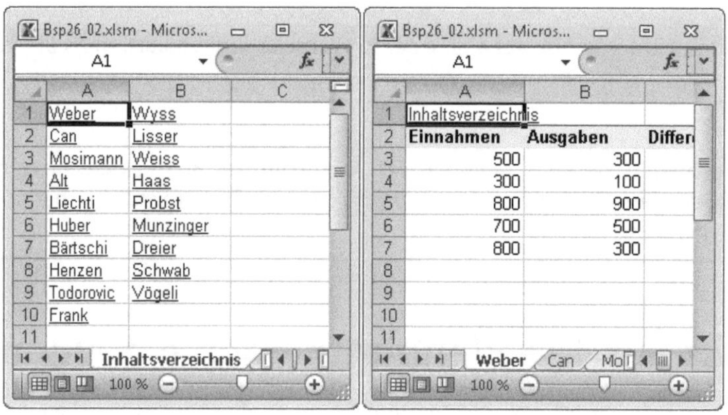

Um von den einzelnen Tabellenblättern zurück zum Inhaltsverzeichnis zu gelangen, wird auf jedem bestehenden Tabellenblatt eine neue Zeile zu Beginn des Blattes eingefügt. In der Zelle *A1* wird ein Hyperlink zurück zum Inhaltsverzeichnis angelegt.

Wenn die Tabellenblätter viele Einträge enthalten, ist die Navigationsleiste nicht mehr sichtbar, sobald weit genug nach unten gescrollt wird. Um dem abzuhelfen, kann die erste Zeile über den Menübefehl *Ansicht/Fenster/Fenster einfrieren* fixiert werden. Zuvor muss die Zelle *A2* selektiert werden. Die Eigenschaft `FreezePanes` wird für die Fensterfixierung eingesetzt.

**Listing 26.3** Fensterfixierung festlegen

```
Sub AddFreezePanes()
   Dim i As Integer

   Application.ScreenUpdating = False
      For i = 2 To Worksheets.Count
         Application.Goto(Worksheets(i).Range ("A2"))

         ActiveWindow.FreezePanes = True
      Next i
   Application.ScreenUpdating = True
End Sub
```

**Listing 26.4** Fensterfixierung aufheben

```
Sub DeleteFreezePanes()
   Dim i As Integer

   Application.ScreenUpdating = False
      For i = 2 To Worksheets.Count
         Application.Goto(Worksheets(i).Range ("A2"))

         ActiveWindow.FreezePanes = False
      Next i
   Application.ScreenUpdating = True
End Sub
```



Wenden wir uns der Hauptprozedur zu. Nach der Variablendeklaration wird zuerst die Bildschirmaktualisierung (`ScreenUpdating`) aufgehoben.

In einem zweiten Schritt wird die Prozedur `DeleteFreezePanes` aufgerufen, die zum Aufheben der Fensterfixierungen dient.

In der ersten `For`-Schleife wird überprüft, ob in der Mappe bereits ein Tabellenblatt mit dem Namen *Inhaltsverzeichnis* existiert. Wenn ja, wird es gelöscht. Danach werden die Zähler, die in der Prozedur erforderlich sind, aufbereitet.

Ein neues Tabellenblatt mit dem Namen *Inhaltsverzeichnis* wird an letzter Stelle in der Mappe eingefügt. Es muss an der letzten Stelle sein, damit es beim Erstellen der Hyperlinks auf die Tabellenblätter ausgeschlossen werden kann.

In der zweiten `For`-Schleife wird in einer `If`-Entscheidung geprüft, ob bereits Navigationszeilen auf den einzelnen Tabellenblättern vorhanden sind. Dies könnte sein, wenn die Prozedur bereits einmal ausgeführt wurde. Falls Navigationszeilen vorhanden sind, werden diese gelöscht. Danach wird auf jedem Tabellenblatt eine leere Zeile eingefügt. In Zelle *A1* kann nun auf jedem Tabellenblatt der Hyperlink *Inhaltsverzeichnis* eingefügt werden, der zum gleichnamigen Tabellenblatt führt.

Nachdem die Navigationszeilen erstellt wurden, werden die Namen aller Tabellenblätter ins Tabellenblatt *Inhaltsverzeichnis* geschrieben und mit einem Hyperlink versehen.

Um zu realisieren, dass nach zehn Einträgen die Spalte gewechselt wird, verwenden wir den Operator `Mod`. Dieser gibt den ganzzahligen Rest einer Division zurück. In der `If`-Entscheidung wird geprüft, ob der Zähler `i` dividiert durch 10 einen Rest von 0 zurückgibt. Wenn dies zutrifft, hat der Zähler einen Wert erreicht, der durch 10 dividiert werden kann. Der Spaltenzähler `intCol` wird um den Wert 1 erhöht. Damit die neuen Einträge für die nächste Spalte wieder bei Zeile 1 beginnen, muss zudem der Zeilenzähler `lngRows` auf 0 gesetzt werden. Es darf nicht der Wert 1 zugewiesen werden, da der Zähler zudem vor dem Schleifenende immer um den Wert 1 erhöht wird.

Nach der `For`-Schleife wird das Tabellenblatt *Inhaltsverzeichnis* mit `Move` an die erste Stelle in der Mappe verschoben. Danach wird die Prozedur `AddFreezePanes` aufgerufen. Sie sorgt dafür, dass auf den einzelnen Tabellenblättern die Fensterfixierung über der zweiten Zeile eingefügt wird.

Vor dem Ende der Prozedur wird das erste Tabellenblatt aktiviert. Die Bildschirmaktualisierung wird ebenfalls wieder aktiviert.

**Listing 26.5** Inhaltsverzeichnis und Navigationsleisten erstellen

```
Sub TableOfContents()
   Dim i As Integer
   Dim ws As Worksheet
   Dim intWS As Integer
   Dim lngRow As Long
   Dim intCol As Integer

   ' Bildschirmaktualisierung aufheben
   Application.ScreenUpdating = False

   ' Fensterfixierung aufheben
   Call DeleteFreezePanes

   ' Falls bereits ein Tabellenblatt mit dem Namen
   ' "Inhaltsverzeichnis" vorhanden ist, dieses löschen
   For Each ws In Worksheets
      If ws.Name = "Inhaltsverzeichnis" Then
         ws.Delete
      End If
   Next ws

   ' Variablen für Zähler aufbereiten
   intWS = Worksheets.Count
   lngRow = 1
   intCol = 1

   ' Tabelle "Inhaltsverzeichnis" an letzter Stelle
   ' in der Mappe einfügen
   Worksheets.Add After:=Worksheets(intWS)
   Worksheets(intWS + 1).Name = "Inhaltsverzeichnis"

   For i = 1 To intWS
      ' In jedem Tabellenblatt die Navigationszeile
```

**Listing 26.5** Inhaltsverzeichnis und Navigationsleisten erstellen *(Fortsetzung)*

```
      ' mit Link zum Inhaltsverzeichnis erstellen
      With Worksheets(i)
         ' Alte Navigationszeile löschen
         If .Range("A1").Value = "Inhaltsverzeichnis" Then
            .Rows(1).Delete
         End If

         ' Neue Navigationszeile einfügen
         .Rows(1).Insert
         .Hyperlinks.Add _
            Anchor:=.Range("A1"), _
            Address:="", _
            SubAddress:="Inhaltsverzeichnis!A1", _
            TextToDisplay:="Inhaltsverzeichnis"

         ' Hyperlinks im Tabellenblatt "Inhaltsverzeichnis"
         ' erstellen
         Worksheets(intWS + 1).Hyperlinks.Add _
            Anchor:=Cells(lngRow, intCol), _
            Address:="", _
            SubAddress:="'" & .Name & "'!A1", _
            TextToDisplay:=.Name

         ' Bei 10 Einträgen die Spalte wechseln
         If i Mod 10 = 0 Then
            Worksheets(intWS + 1).Columns(intCol).AutoFit
            intCol = intCol + 1
            lngRow = 0
         End If
      End With

      lngRow = lngRow + 1
   Next i

   ' Tabelle "Inhaltsverzeichnis an erste Stelle verschieben
   Worksheets("Inhaltsverzeichnis").Move Before:=Worksheets(1)

   ' Fensterfixierung festlegen
   Call AddFreezePanes

   ' Das Tabellenblatt "Inhaltsverzeichnis" aktivieren
   Worksheets(1).Activate

   ' Bildschirmaktualisierung wieder aktivieren
   Application.ScreenUpdating = True
End Sub
```

**BEISPIEL** Das obige Beispiel befindet sich innerhalb der Beispieldateien zum Buch im Ordner *\Buch\Kap26*. Die Mappe nennt sich *Bsp26_02.xlsm*. Die Prozedur befindet sich in Modul *mdl_01_TableOfContent*.

# Schaltfläche mit Hyperlink

Eine ActiveX-Befehlsschaltfläche ist grundsätzlich nicht so konzipiert, dass ihr ein Hyperlink zugewiesen werden kann. Einer Arbeitsmappe jedoch schon. In Kombination mit dem Objekt `ActiveWorkbook` kann die Methode `FollowHyperlink` eingesetzt werden. Ihr können verschiedene Argumente übergeben werden, wobei `Address` das einzige zwingend erforderliche Argument ist. Ein weiteres Argument, das in diesem Zusammenhang eingesetzt werden kann, nennt sich `NewWindow`. Wenn der Wert `False` übergeben wird, wird die Webseite in einem Vollfenster geöffnet, bei `True` in verkleinerter Ansicht.

**ACHTUNG** Wenn der Hyperlink zu einer Webseite im Internet führt, müssen Sie mit dem Internet verbunden sein.

**Abbildg. 26.4** Eine Schaltfläche mit Hyperlink

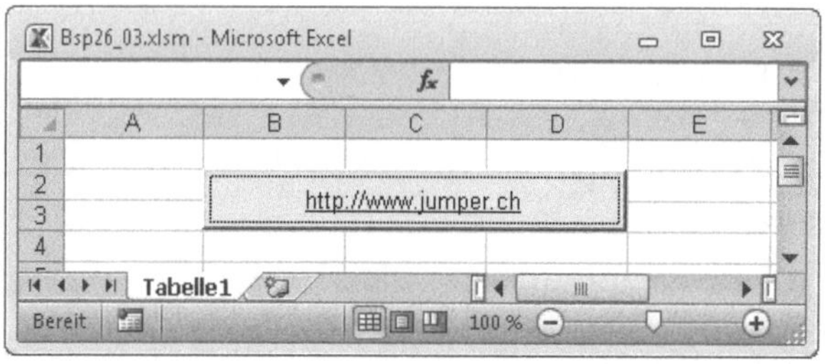


Um den Text auf der Schaltfläche als Hyperlink darzustellen, weisen wir ihr im Eigenschaftenfenster eine blaue, unterstrichene Schrift zu. Die Ereignisprozedur, die der Schaltfläche hinterlegt wird, sieht beispielsweise wie folgt aus:

**Listing 26.6** Schaltfläche mit Hyperlink

```
Private Sub CommandButton1_Click()
   ActiveWorkbook.FollowHyperlink _
      Address:="http://www.jumper.ch", _
      NewWindow:=True
End Sub
```

**BEISPIEL** Das obige Beispiel befindet sich innerhalb der Beispieldateien zum Buch im Ordner *\Buch\Kap26*. Die Mappe nennt sich *Bsp26_03.xlsm*. Die Ereignisprozedur befindet sich in Modul *Tabelle1 (Tabelle1)*.

# Hyperlinks an Zellen bestimmten Inhalts zuweisen

Wenn Sie Zellen, die einen bestimmten Inhalt aufweisen, einen Hyperlink zuweisen möchten, prüfen Sie am besten in einer `Select Case`- oder `If`-Entscheidung, ob der Suchbegriff auf einen Zellinhalt passt. Bei Zutreffen wird der gewünschte Hyperlink eingefügt.

**Listing 26.7** Hyperlinks an Zellen bestimmten Inhalts zuweisen

```
Sub AddHyperlinks()
   Dim c As Range

   With ActiveSheet
      For Each c In .UsedRange
         Select Case c
            Case "Microsoft"
               .Hyperlinks.Add _
                  Anchor:=c, _
                  Address:="http://www.microsoft.de"
            Case "Monika"
               .Hyperlinks.Add _
                  Anchor:=c, _
                  Address:="http://www.jumper.ch"
         End Select
      Next c
   End With
End Sub
```

**Abbildg. 26.5** Hyperlinks bei bestimmten Suchbegriffen einfügen

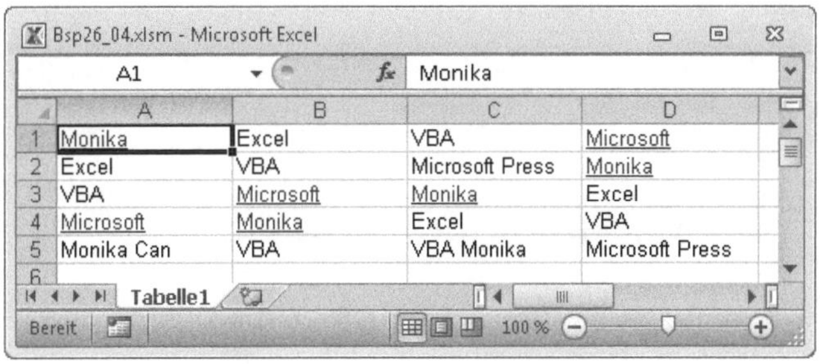




Wenn ein Hyperlink auch eingefügt werden soll, wenn der Suchbegriff nur ein Teil des Inhalts einer Zelle ausmacht, nehmen Sie die Prüfung am besten in einer `If`-Entscheidung vor. Über die Funktion `InStr` kann überprüft werden, ob ein Teil des Zellinhalts mit dem gewünschten Suchbegriff übereinstimmt.

**Listing 26.8** Teilstrings mit einbeziehen

```
Sub AddHyperlinksInstr()
   Dim c As Range

   With ActiveSheet
      For Each c In .UsedRange
         If InStr(c, "Microsoft") > 0 Then
            .Hyperlinks.Add _
               Anchor:=c, _
               Address:="http://www.microsoft.de"
         ElseIf InStr(c, "Monika") > 0 Then
            .Hyperlinks.Add _
               Anchor:=c, _
               Address:="http://www.jumper.ch"
         End If
```

**Listing 26.8** Teilstrings mit einbeziehen *(Fortsetzung)*

```
      Next c
   End With
End Sub
```

**BEISPIEL** Das obige Beispiel befindet sich innerhalb der Beispieldateien zum Buch im Ordner *\Buch\Kap26*. Die Mappe nennt sich *Bsp26_04.xlsm*. Die Prozedur befindet sich in Modul *mdl_01_AddHyperlinks*.

# Hyperlinks ersetzen

Wenn sich die Webadresse zu einer Internetseite ändert, muss diese auch in Excel-Dokumenten angepasst werden. In einer Mappe, die viele Hyperlinks umfasst, ist es oft umständlich, zu ermitteln, hinter welcher Zelle die zu ändernden Hyperlinks zu finden sind. Es kann sehr zeitaufwändig sein, diese alle manuell anzupassen.

**Abbildg. 26.6** Bestimmte Hyperlinkadressen finden und ersetzen

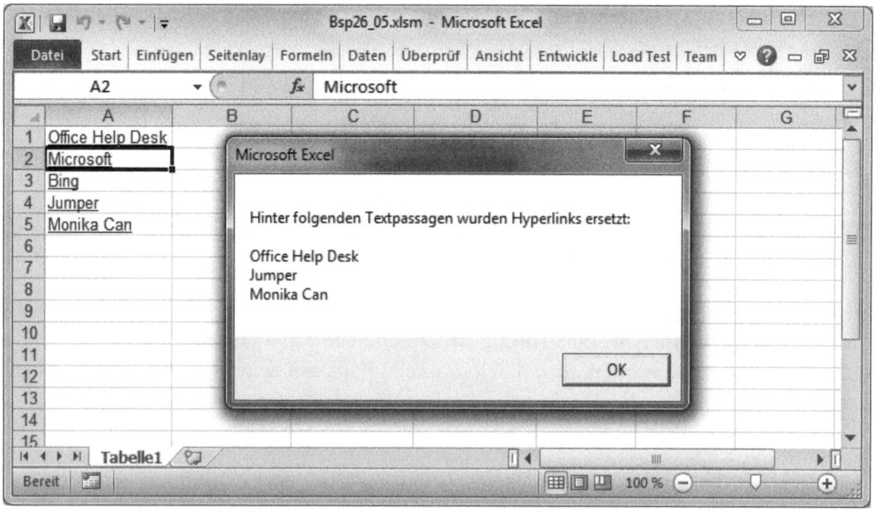


Mit der folgenden Prozedur werden die Zellen auf vorhandene Hyperlinkadressen (hier *http://www.jumper.ch*) überprüft. Wurde eine Übereinstimmung gefunden, wird die Hyperlinkadresse ersetzt (hier *http://jumper.ch*).

In der Variablen `strDummy` wird der Inhalt von Zellen gespeichert, deren Hyperlink ersetzt wurde. Am Ende der Prozedur wird der Inhalt der Variablen auf dem Bildschirm angezeigt. Falls keine übereinstimmenden Hyperlinkadressen gefunden werden, wird eine andere Meldung ausgegeben.

**Listing 26.9** Hyperlinks ersetzen

```
Sub ReplaceHyperlinks()
   Dim hypLink As Hyperlink
   Dim strDummy As String

   For Each hypLink In ActiveSheet.Hyperlinks
      If hypLink.Address = "http://www.jumper.ch/" Then
         hypLink.Address = "http://jumper.ch/"
         strDummy = strDummy & Chr(10) & hypLink.Name
      End If
   Next hypLink

   If strDummy <> "" Then
      MsgBox "Hinter folgenden Textpassagen wurden " & _
             "Hyperlinks ersetzt: " & Chr(10) & _
             strDummy
   Else
      MsgBox "Es konnte keine Übereinstimmung gefunden werden."
   End If
End Sub
```

**BEISPIEL** Das obige Beispiel befindet sich innerhalb der Beispieldateien zum Buch im Ordner *\Buch\Kap26*. Die Mappe nennt sich *Bsp26_05.xlsm*. Die Prozedur befindet sich in Modul *mdl_01_ReplaceHyperlinks*.



# Hyperlinks entfernen

Wenn Sie einen Hyperlink manuell entfernen möchten, klicken Sie mit der rechten Maustaste auf die Zelle, die den Hyperlink enthält und wählen im Kontextmenü den Eintrag *Hyperlink entfernen* aus. Auch in der Version 2010 von Excel ist es (noch) nicht möglich, sämtliche Hyperlinks eines Tabellenblattes oder einer Mappe auf einmal zu entfernen. Wenn in einer Mappe alle Hyperlinks entfernt werden müssen, kann es sehr mühsam werden, diese alle von Hand zu löschen. Die Benutzung einer VBA-Prozedur vereinfacht das Ganze erheblich.

Die nachfolgende Prozedur zeigt, wie ein einzelner Hyperlink aus einer Zelle entfernt werden kann.

**Listing 26.10** Einen Hyperlink entfernen

```
Sub DeleteOneHyperlink()
   Range("A1").Hyperlinks.Delete
End Sub
```

Unter Zuhilfenahme einer `For Each`-Schleife werden sämtliche Hyperlinks des aktiven Tabellenblattes entfernt:

**Listing 26.11** Alle Hyperlinks eines Tabellenblattes entfernen

```
Sub DeleteHyperlinksWorksheet()
   Dim hypLink As Hyperlink

   For Each hypLink In ActiveSheet.Hyperlinks
```

**Listing 26.11** Alle Hyperlinks eines Tabellenblattes entfernen *(Fortsetzung)*

```
      hypLink.Delete
   Next hypLink
End Sub
```

Wenn alle Hyperlinks einer ganzen Arbeitsmappe entfernt werden müssen, wird die vorherige Prozedur durch eine weitere `For Each`-Schleife umgeben, die sämtliche Tabellenblätter durchläuft.

**Listing 26.12** Alle Hyperlinks einer Mappe entfernen

```
Sub DeleteHyperlinksWorkbook()
   Dim hypLink As Hyperlink
   Dim ws As Worksheet

   For Each ws In Worksheets
      For Each hypLink In ws.Hyperlinks
         hypLink.Delete
      Next hypLink
   Next ws
End Sub
```

**BEISPIEL** Die obigen drei Beispiele befinden sich innerhalb der Beispieldateien zum Buch im Ordner *\Buch\Kap26*. Die Mappe nennt sich *Bsp26_06.xlsm*. Die Prozeduren befinden sich in Modul *mdl_01_DeleteHyperlinks*.

# E-Mail-Adressen einfügen

Eine E-Mail-Adresse wird manuell ebenfalls, wie Hyperlinks, über das Menüband mit dem Befehl *Hyperlink* (Registerkarte *Einfügen*, Gruppe *Hyperlinks*) oder die Tastenkombination Strg+K in eine Zelle eingefügt. Aktivieren Sie im Dialogfeld *Hyperlink einfügen* im linken Teil des Fensters die Schaltfläche *E-Mail-Adresse*. Ins Eingabefeld *Anzuzeigender Text* geben Sie den Text ein, der in der Zelle angezeigt werden soll. Im Feld *E-Mail-Adresse* geben Sie die E-Mail-Adresse an. Noch während der Eingabe wird der Text *mailto:* vorangestellt. Unter *Betreff* können Sie einen vordefinierten Text für den Betreff der E-Mail eingeben.

**Abbildg. 26.7** E-Mail-Adresse einfügen

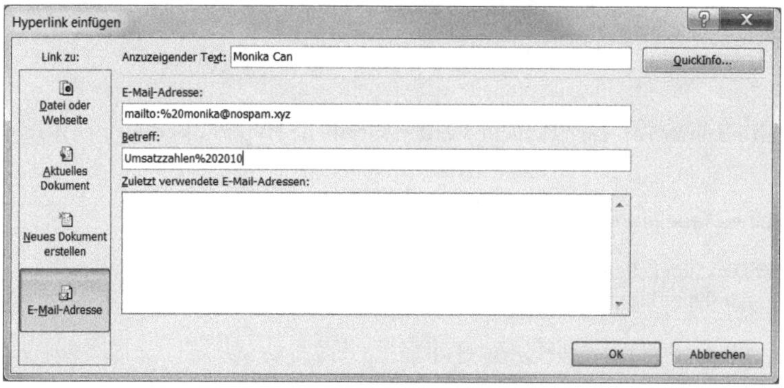

Des Weiteren haben Sie die Möglichkeit, eine QuickInfo zu hinterlegen. Klicken Sie auf die entsprechende Schaltfläche und hinterlegen Sie einen Text. Dieser Text wird angezeigt, wenn (ohne zu Klicken) der Mauszeiger einen Moment über dem E-Mail-Hyperlink positioniert wird. Sobald alle Eingaben getätigt sind, schließen Sie das Dialogfeld über die Schaltfläche *OK*. Der Zelle wird der E-Mail-Hyperlink hinzugefügt. Per Klick auf den Hyperlink öffnet sich – sofern installiert – Microsoft Outlook. Die Nachricht kann nun vervollständigt werden.

**Abbildg. 26.8** Outlook wird beim Anklicken des E-Mail-Links geöffnet

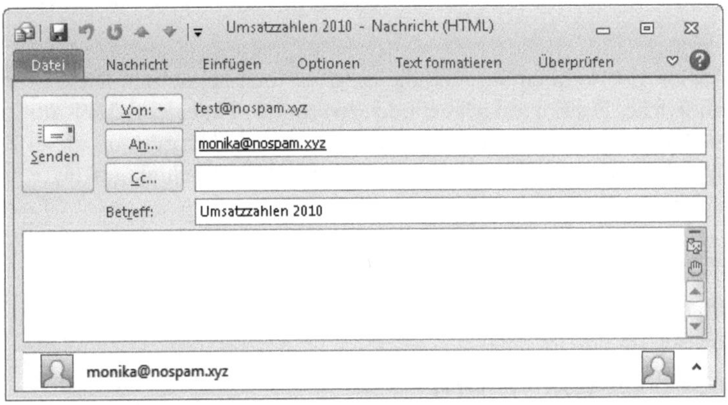


Die VBA-Prozedur, um eine E-Mail-Adresse in eine Zelle einzufügen, ist der eines Hyperlinks sehr ähnlich. Es wird ebenso die Anweisung `Hyperlinks.Add` verwendet. Entscheidend ist, dass beim Argument `Address` noch vor der E-Mail-Adresse das `mailto:` eingesetzt wird. Um einen Betreff zu erhalten, wird zudem `?subject` gefolgt vom gewünschten Text ergänzt. Die Angabe `%20` im Betreff entspricht einem Leerzeichen. Der `ScreenTip`-Text steht für die QuickInfo.



**Listing 26.13** Eine E-Mail-Adresse einfügen

```
Sub AddEMailLink()
   ActiveSheet.Hyperlinks.Add _
      Anchor:=Range("A1"), _
      Address:="mailto: monika@nospam.xyz" & _
               "?subject=Umsatzzahlen%202010", _
      ScreenTip:=" monika@nospam.xyz" & Chr(10) & _
                 "Umsatzzahlen 2010 versenden", _
      TextToDisplay:="Monika Can"
End Sub
```

# E-Mail-Adressen entfernen

Beim Löschen von Hyperlinks, wie es auf den vorangegangenen Seiten beschrieben wurde, werden auch E-Mail-Hyperlinks mit einbezogen. Wenn *nur* E-Mail-Hyperlinks entfernt werden sollen, nehmen Sie die Funktion `Left` zu Hilfe. Wenn die ersten sieben Zeichen bei `Address` die Zeichenfolge `mailto:` aufweisen, handelt es sich um eine E-Mail-Adresse. Der Hyperlink wird entfernt.

Listing 26.14 E-Mail-Adressen entfernen

```
Sub DeleteEMailLink1()
   Dim hypLink As Hyperlink

   For Each hypLink In ActiveSheet.Hyperlinks
      If InStr(hypLink.Address, "mailto:") > 0 Then
         hypLink.Delete
      End If
   Next hypLink
End Sub
```

Alternativ zur Funktion `Left` können Sie auch die Funktion `InStr` einsetzen. Diese ist in der Lage, ein Zeichen, egal an welcher Position es sich befindet, zu ermitteln. In einer E-Mail-Adresse befindet sich immer das At-Zeichen (`@`). In der folgenden Prozedur wird überprüft, ob dieses Zeichen ein Bestandteil der Hyperlink-Adresse ist. Wenn ja, müsste der Wert der Funktion `InStr` größer als 0 sein. Trifft dies zu, wird der Hyperlink entfernt.

Listing 26.15 Eine weitere Möglichkeit, um E-Mail-Adressen zu entfernen

```
Sub DeleteEMailLink2()
   Dim hypLink As Hyperlink

   For Each hypLink In ActiveSheet.Hyperlinks
      If InStr(hypLink.Address, "@") > 0 Then
         hypLink.Delete
      End If
   Next hypLink
End Sub
```

**BEISPIEL** Die obigen drei Beispiele befinden sich innerhalb der Beispieldateien zum Buch im Ordner *\Buch\Kap26*. Die Mappe nennt sich *Bsp26_07.xlsm*. Die Prozeduren befinden sich in Modul *mdl_01_DeleteMailLinks*.

# E-Mails versenden

Um manuell eine E-Mail zu versenden, verwenden Sie den Menübefehl *Datei/Speichern und Senden/ Per E-Mail senden/Als Anlage senden*.

Um mittels Excel oder per VBA eine E-Mail zu versenden, muss entweder Outlook, Windows Live Mail (bei Windows 7), Windows Mail (bei Windows Vista), Outlook Express (bei Windows XP/2003) oder eine andere Mail-Software auf Ihrem System installiert sein.

## Eine E-Mail versenden

Von Excel aus gesehen handelt es sich bei Outlook um eine externe Applikation, die entsprechend referenziert werden muss, damit Objekte, Eigenschaften usw. zur Verfügung stehen. Eine ausführliche Beschreibung des Zugriffs auf externe Applikationen finden Sie in Kapitel 13. Wir werden uns an dieser Stelle entsprechend kurz halten.

Damit der folgende VBA-Code lauffähig ist, muss der Verweis auf die Applikation Outlook gesetzt werden. Dies geschieht in der VBE mittels des Menübefehls *Extras/Verweise* im Dialogfeld *Verweise – VBAProject*. Blättern Sie mit der Bildlaufleiste so weit nach unten, bis der Eintrag *Microsoft Outlook 14.0 Object Library* sichtbar wird, und aktivieren Sie diesen. Das 14.0 steht für die Version 14, also 2010. Wenn Sie mit einer älteren Version arbeiten, wird eine andere Versionsnummer angezeigt. Dies spielt für unser Beispiel keine Rolle.

Sobald der Verweis gesetzt ist, stehen die Objekte, Eigenschaften, Methoden usw. von Outlook zur Verfügung. Dies erleichtert das Arbeiten, denn IntelliSense steht zur Verfügung und liefert Unterstützung.

Zuerst werden die beiden erforderlichen Objekte referenziert. Dies sind zum einen das Objekt `Application`, das für Outlook selbst steht, und zum anderen `MailItem`. Das zweite Objekt ermöglicht das Versenden von Nachrichten. Das vorangestellte `Outlook` ist optional, jedoch empfehlenswert, da daran bereits bei der Variablendeklaration zu erkennen ist, auf welche Applikation zugegriffen wird.

Nachdem die Variablen deklariert wurden, kann mit `Set` referenziert werden. Zuerst wird das Objekt `Outlook` erzeugt, danach über `CreateItem(olMailItem)` die eigentliche E-Mail.

Im `With`-Block werden die gewünschten Outlook-Eigenschaften an das Mail-Objekt übergeben. Eine Beschreibung der einzelnen Eigenschaften können Sie Tabelle 26.1 entnehmen.

**Tabelle 26.1** E-Mail-Eigenschaften

| Eigenschaft | Beschreibung |
|---|---|
| `To` | *An*<br>Der oder die Hauptempfänger. Wenn es mehrere sind, werden diese durch ein Semikolon (;) voneinander getrennt. |
| `CC` | *Cc*<br>Cc ist die Abkürzung für *Carbon Copy*, zu Deutsch Durchschlag. Hier können die Empfänger eingetragen werden, die eine »Kopie« der E-Mail erhalten sollen. Dies ist eher symbolisch gedacht, denn die E-Mail ist dieselbe. |
| `BCC` | *Bcc*<br>Bcc steht für *Blind Carbon Copy*, zu Deutsch Blindkopie. Die Empfänger, die unter **To** und **CC** eingetragen sind, sehen die Empfänger, die unter **BCC** eingetragen sind, nicht. Diese Einstellung ist mit Vorsicht zu genießen, denn beim Versand einer E-Mail über das Internet kann es vorkommen, dass Einträge in **BCC** zu **CC** konvertiert werden. |
| `Subject` | *Betreff*<br>Hier wird der Betreff für die E-Mail eingetragen |
| `Body` | *Text*<br>Der eigentliche Nachrichtentext |
| `ReadReceiptRequested` | Falls Sie eine Empfangsbestätigung erhalten möchten, übergeben Sie den Wert `True`. Ansonsten können Sie die Zeile gänzlich weglassen. |
| `Display` | Die E-Mail wird vor dem Versand angezeigt |
| `Send` | Die E-Mail wird direkt versendet |

**Listing 26.16** Eine E-Mail per VBA versenden

```
' Der Verweis auf die Bibliothek
' "Microsoft Outlook 14.0 Object Library"
' muss aktiviert sein
Sub SendMail()
   Dim olApp As Outlook.Application
   Dim objMail As Outlook.MailItem

   Set olApp = Outlook.Application
   Set objMail = olApp.CreateItem(olMailItem)

      With objMail
      .To = "monika@nospam.xyz; zulfu@nospam.xyz"
      .CC = "irgendwer@nospam.xyz"
      .BCC = "jemand@nospam.xyz"
      .Subject = "Hier steht der Betreff"
      .Body = "Hier steht der Nachrichtentext" & Chr(10) & _
            "... eine weitere Zeile"
      .ReadReceiptRequested = True
      .Display   ' Send = Versand ohne vorherige Anzeige
   End With

   Set olApp = Nothing
   Set objMail = Nothing
End Sub
```

**BEISPIEL** Das obige Beispiel befindet sich innerhalb der Beispieldateien zum Buch im Ordner *\Buch\Kap26*. Die Mappe nennt sich *Bsp26_08.xlsm*. Die Prozedur befindet sich in Modul *mdl_01_EMail*.

# Eine E-Mail mit Anhang versenden

Einer E-Mail können eine oder mehrere Dateien angehängt werden. In der nachfolgenden Prozedur sind es zwei. Die Eigenschaft, die zum Anhängen einer Datei dient, lautet `Attachments`, und die erforderliche Methode `Add`. Ihr wird der Name der Datei übergeben.

**Abbildg. 26.9** Eine E-Mail mit zwei Dateianhängen versenden

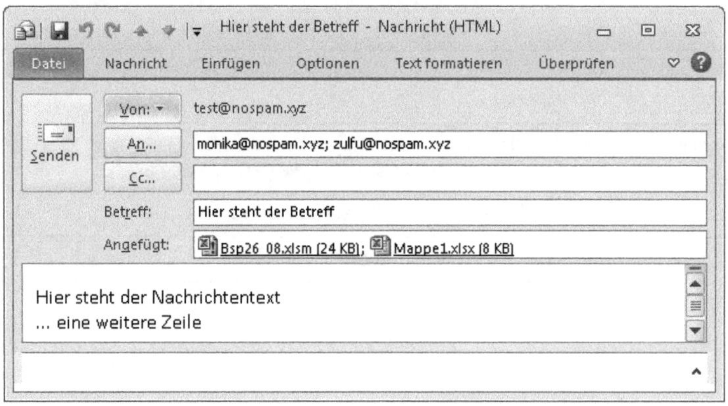

Es soll die Datei angehängt werden, aus der die E-Mail versendet wird (`ThisWorkbook.FullName`). Dies bedingt, dass die Datei zuvor gespeichert wurde.

Es wird zudem eine weitere Datei angehängt, die sich auf der Festplatte befindet. In einer `If`-Entscheidung wird geprüft, ob die angegebene Datei existiert. Wenn nicht, wird eine Meldung ausgegeben und die Prozedur wird abgebrochen.

**Listing 26.17** Eine E-Mail mit Datei anhängen

```
' Der Verweis auf die Bibliothek
' "Microsoft Outlook 14.0 Object Library"
' muss aktiviert sein
Sub SendMailWithAttachment()
   Dim olApp As Outlook.Application
   Dim objMail As Outlook.MailItem
   Dim strAttachment As String

   Set olApp = Outlook.Application
   Set objMail = olApp.CreateItem(olMailItem)

   ' Prüfen, ob die Datei, die angehängt werden
   ' soll, existiert
   strAttachment = "C:\test\Mappel.xlsx"
   If Dir(strAttachment) = "" Then
      MsgBox "Die Datei " & strAttachment & " existiert nicht."
      Exit Sub
   End If

   With objMail
      .To = "monika@nospam.xyz; zulfu@nospam.xyz"
      .Subject = "Hier steht der Betreff"
      .Body = "Hier steht der Nachrichtentext" & Chr(10) & _
              "... eine weitere Zeile"
      .Display

      ' Zwei Dateien werden angehängt
      With .Attachments
         .Add ThisWorkbook.FullName ' Diese Arbeitsmappe
         .Add strAttachment         ' Eine weitere Mappe
      End With
   End With

   Set olApp = Nothing
   Set objMail = Nothing
End Sub
```

**BEISPIEL** Das obige Beispiel befindet sich innerhalb der Beispieldateien zum Buch im Ordner *\Buch\Kap26*. Die Mappe nennt sich *Bsp26_08.xlsm*. Die Prozedur befindet sich in Modul *mdl_02_Attachments*.

Kommunikation mit der Außenwelt

# Eine E-Mail mit HTML-Tags

Sie haben die Möglichkeit, den Nachrichtentext einer E-Mail zu formatieren. Dabei muss mit zwei weiteren Eigenschaften gearbeitet werden. Die eine lautet `BodyFormat`. Ihr wird die Konstante `olFormatHTML` übergeben.

**Abbildg. 26.10** Eine E-Mail im HTML-Format

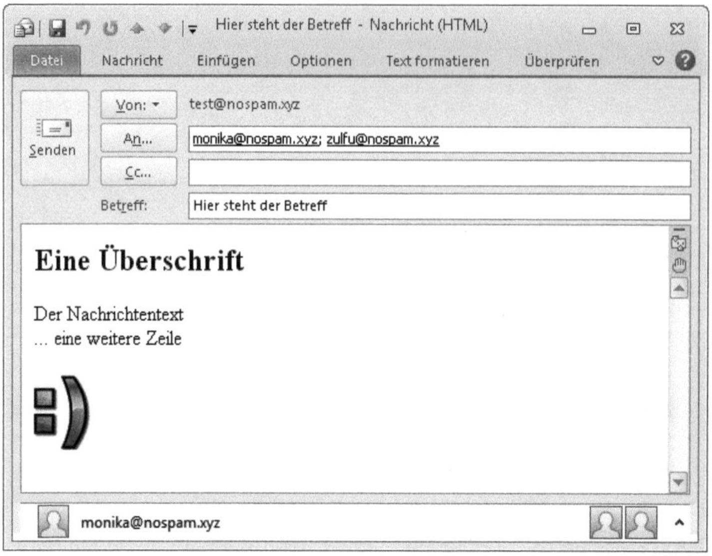


Die bis jetzt eingesetzte Eigenschaft `Body` wird durch `HTMLBody` ersetzt. Mit diesen Angaben haben Sie nun die Möglichkeit, eine Nachricht in der Seitenbeschreibungssprache HTML (Hypertext Markup Language) zu erstellen und zu gestalten.

Die Formatierungen werden unter Zuhilfenahme so genannter Tags realisiert. Gewisse Grundkenntnisse in HTML sind dabei erforderlich. Es ist wichtig zu wissen, dass sämtliche Tags in VBA als Zeichen, also `String` gewertet werden. Dies bedeutet, dass jedes Tag in Anführungs- und Schlusszeichen geschrieben werden muss. Der eigentliche Text, der innerhalb der Tags verwendet wird, muss zweifach in Anführungszeichen geschrieben werden.

**Listing 26.18** HTML-Tags in einer E-Mail

```
' Der Verweis auf die Bibliothek
' "Microsoft Outlook 14.0 Object Library"
' muss aktiviert sein
Sub CreateHTMLMail()
  Dim olApp As Outlook.Application
  Dim objMail As Outlook.MailItem

  Set olApp = Outlook.Application
  Set objMail = olApp.CreateItem(olMailItem)

  With objMail
     .To = "monika@nospam.xyz; zulfu@nospam.xyz"
```

**Listing 26.18** HTML-Tags in einer E-Mail *(Fortsetzung)*

```
        .Subject = "Hier steht der Betreff"

        ' Der in HTML formatierte Text
        .BodyFormat = olFormatHTML
        .HTMLBody = "<HTML>" & _
                        "<H2>" & _
                           "Eine Überschrift" & _
                        "</H2>" & _
                        "<BODY>" & _
                           "<P>" & _
                              "Der Nachrichtentext" & _
                           "<BR>" & _
                              "... eine weitere Zeile" & _
                           "</P>" & _
                           "<P>" & _
                             "<IMG BORDER=""0""" & _
                             "SRC=""http://www.jumper.ch/smile.gif"">" & _
                           "</P>" & _
                        "</BODY>" & _
                     "</HTML>"
        .Display
    End With

    Set olApp = Nothing
    Set objMail = Nothing
End Sub
```

**HINWEIS** Damit das eingebundene Bild in der E-Mail sichtbar ist, muss eine aktive Verbindung zum Internet bestehen.

Wenn sich das Bild, das Sie versenden möchten auf Ihrer Festplatte befindet, verwenden Sie statt einer URL die Pfadangabe (`"SRC=""C:\smile.gif""`). Sie müssen sich allerdings darüber bewusst sein, dass das Bild beim Empfänger nicht angezeigt wird, wenn es auf seiner Festplatte nicht vorhanden ist oder sich in einem anderen Verzeichnis befindet.

**BEISPIEL** Das obige Beispiel befindet sich innerhalb der Beispieldateien zum Buch im Ordner *\Buch\Kap26*. Die Mappe nennt sich *Bsp26_08.xlsm*. Die Prozedur befindet sich im Modul *mdl_03_HTMLMail*.

# Einen Bereich versenden

Seit Excel 2003 steht die Eigenschaft `EnvelopeVisible` zur Verfügung. Über diese Eigenschaft kann der so genannte E-Mail-Editierkopf eingeblendet werden `ActiveWorkbook.EnvelopeVisible = True`.

Um den Befehl manuell verwenden zu können, muss dieser in Excel 2010 explizit in die Symbolleiste für den Schnellzugriff eingebunden werden:

1. Klicken Sie mit der rechten Maustaste auf den Bereich für den *Schnellzugriff* und wählen Sie aus dem Kontextmenü den Eintrag *Symbolleiste für den Schnellzugriff anpassen*.
2. Wählen Sie im Kombinationsfeld *Befehle auswählen* den Eintrag *Alle Befehle*.

3. Suchen Sie im Listenfeld nach *An E-Mail-Empfänger senden* und selektieren Sie diesen.
4. Klicken Sie auf die Schaltfläche *Hinzufügen* und schließen Sie das offene Dialogfeld.

**Abbildg. 26.11** Eingeblendeter E-Mail-Editierkopf

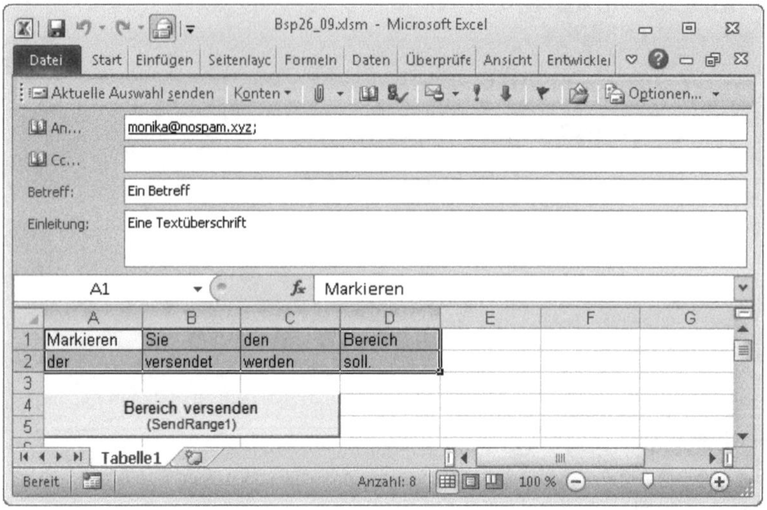


Durch diese neue Eigenschaft haben Sie seit Excel 2003 die Möglichkeit, einen bestimmten Bereich per VBA als E-Mail zu versenden, wobei die Nachricht als Text in die E-Mail integriert wird.

Im folgenden Code wird zuerst der Bereich selektiert, der versendet werden soll. Danach wird sichergestellt, dass der Editierkopf eingeblendet ist. Mittels der Eigenschaft `Introduction` können Sie eine Überschrift innerhalb des Nachrichtentextes festlegen. Danach werden die Outlook-spezifischen Informationen programmiert.

**Listing 26.19** Einen Bereich in den Nachrichtentext integrieren

```
' Der Verweis auf die Bibliothek
' "Microsoft Outlook 14.0 Object Library"
' muss aktiviert sein
Sub SendRange1()
   ' Den zu versendenden Bereich festlegen
   ActiveSheet.Range("A1:D2").Select

   ' Den E-Mail-Editierkopf einblenden
   ActiveWorkbook.EnvelopeVisible = True

   ' Die E-Mail versenden
   With ActiveSheet.MailEnvelope
      .Introduction = "Eine Textüberschrift"
      With .Item
         .To = "monika@nospam.xyz"
         .Subject = "Ein Betreff"

         ' Fehler abfangen, falls auf "Nein" geklickt wird
         On Error Resume Next
         .Display ' .Send verwenden, wenn direkt
```

**Listing 26.19** Einen Bereich in den Nachrichtentext integrieren *(Fortsetzung)*

```
                    ' gesendet werden soll
        On Error GoTo 0
      End With
   End With
End Sub
```

**BEISPIEL** Das obige Beispiel befindet sich innerhalb der Beispieldateien zum Buch im Ordner *\Buch\Kap26*. Die Mappe nennt sich *Bsp26_09.xlsm*. Die Prozedur befindet sich in Modul *mdl_01_SendRange*.

# Einen Bereich als Anhang versenden

Excel selbst bietet keine Möglichkeit, lediglich einen Bereich per E-Mail als Anhang zu versenden. Um dies zu realisieren, muss mit VBA gearbeitet werden. Die nachfolgende Prozedur ist so aufgebaut, dass unter Zuhilfenahme einer `InputBox` der zu versendende Bereich markiert werden kann. Die Adresse des markierten Bereiches wird an die Variable `rngSend` übergeben.

Wenn in der `InputBox` die Schaltfläche *Abbrechen* geklickt wird, entsteht eine Fehlermeldung. Leider gibt es bis heute keine vernünftige Möglichkeit, diesen Fehler sauber abzufangen. Deshalb arbeiten wir mit einem `On Error Resume Next`. Um beim Abbruch wenigstens eine Meldung auf dem Bildschirm anzuzeigen, überprüfen wir in der `If`-Entscheidung, ob ein Fehler vorliegt oder nicht, geben die gewünschte Meldung aus und verlassen die Prozedur.

```
If Err.Number <> 0 Then
```

Für den Fall, dass in der Prozedur kein Fehler entsteht, deaktivieren wir die Fehlerbehandlungsroutine nach dem kritischen Bereich mit `On Error GoTo 0`.

**Abbildg. 26.12** Einen Bereich versenden

Wenn der Variablen rngSend ein Bereich übergeben wurde, wird dieser mit Copy kopiert. Danach wird eine neue Mappe erzeugt. In dieser Mappe wird der kopierte Bereich ins erste Tabellenblatt eingefügt. Die Datei wird dann unter einem temporären Namen gespeichert. Bitte beachten Sie, dass in unserem Beispiel für das temporäre Zwischenspeichern ein Ordner namens *C:\test* verwendet wird, der vorhanden sein muss. Ansonsten bricht die Prozedur mit einem Laufzeitfehler ab.

Die E-Mail, die den kopierten Bereich enthält, kann nun versendet werden. Nach der Versandanweisung wird die neu erzeugte Mappe mit Close geschlossen und schließlich mit Kill gelöscht.

**Listing 26.20** Einen Bereich als Anhang versenden

```
' Der Verweis auf die Bibliothek
' "Microsoft Outlook 14.0 Object Library"
' muss aktiviert sein
Sub SendRange2()
   Dim olApp As Outlook.Application
   Dim objMail As Outlook.MailItem
   Dim rngSend As Range

   Set olApp = Outlook.Application
   Set objMail = olApp.CreateItem(olMailItem)

   ' Den zu versendenden Bereich abfragen
   On Error Resume Next
      Set rngSend = Application.InputBox _
                 ("Markieren Sie den zu versendenden Bereich.", _
                  Title:="Bereich versenden", _
                  Default:=Selection.Address, Type:=8)

      If Err.Number <> 0 Then
         MsgBox "Die Prozedur wurde abgebrochen"
         Exit Sub
      End If
   On Error GoTo 0

   ' Den Bereich kopieren
   rngSend.Copy

   ' Eine neue Mappe erzeugen
   Workbooks.Add

   With ActiveWorkbook
      ' Den kopierten Bereich in die neue Mappe einfügen
      .Worksheets("Tabelle1").Paste

      ' Die neue Mappe speichern
      .SaveAs "C:\test\Temp.xlsx"

      ' Die E-Mail mit Anhang aufbereiten
      With objMail
         .To = "monika@nospam.xlsx"
         .Subject = "Dies ist der Betreff"
         .Body = "Dies ist der Nachrichtentext."
         .Attachments.Add ActiveWorkbook.FullName
         .Display
      End With
```

**Listing 26.20** Einen Bereich als Anhang versenden *(Fortsetzung)*

```
      ' Die neue Mappe schließen
      .Close
   End With

   ' Die neu erzeugte Mappe wieder löschen
   Kill "C:\test\Temp.xlsx"

   Set olApp = Nothing
   Set objMail = Nothing
   Set rngSend = Nothing
End Sub
```

**Abbildg. 26.13** Die E-Mail wird mit Anhang versendet

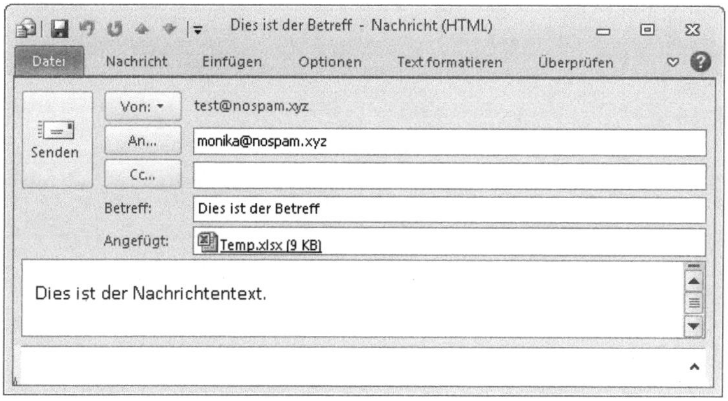




**BEISPIEL** Das obige Beispiel befindet sich innerhalb der Beispieldateien zum Buch im Ordner *\Buch\Kap26*. Die Mappe nennt sich *Bsp26_09.xlsm*. Die Prozedur befindet sich in Modul *mdl_01_SendRange*.

# Eine Serien-E-Mail versenden

Es kann vorkommen, dass ein und dieselbe E-Mail an verschiedene Personen versendet werden muss. Zwar kann man im Feld *An* mehrere unterschiedliche E-Mail-Empfänger unterbringen, aber je nach Inhalt der E-Mail ist das unpersönlich. Es wäre freundlicher, wenn die einzelnen Personen mit ihren Namen angesprochen würden.

Mit Excel-VBA lässt sich das umsetzen. Unsere Excel-Tabelle ist so aufgebaut, dass in der Spalte *A* beliebig viele E-Mail-Adressen eingegeben werden können. In Spalte *B* wird die Anrede eingetippt. In Zelle *C2* steht der Betreff und im Bereich *C4:C7* der Nachrichtentext. Der Bereich kann bei Bedarf natürlich erweitert werden.

In unserem Beispiel werden insgesamt fünf E-Mails erzeugt. Für jede E-Mail-Adresse in Spalte *A* eine.

Den E-Mails wird zudem ein Dateianhang angefügt. Dieser wird in unserem Beispiel direkt in der Prozedur untergebracht.

**Abbildg. 26.14** Serien-E-Mail versenden

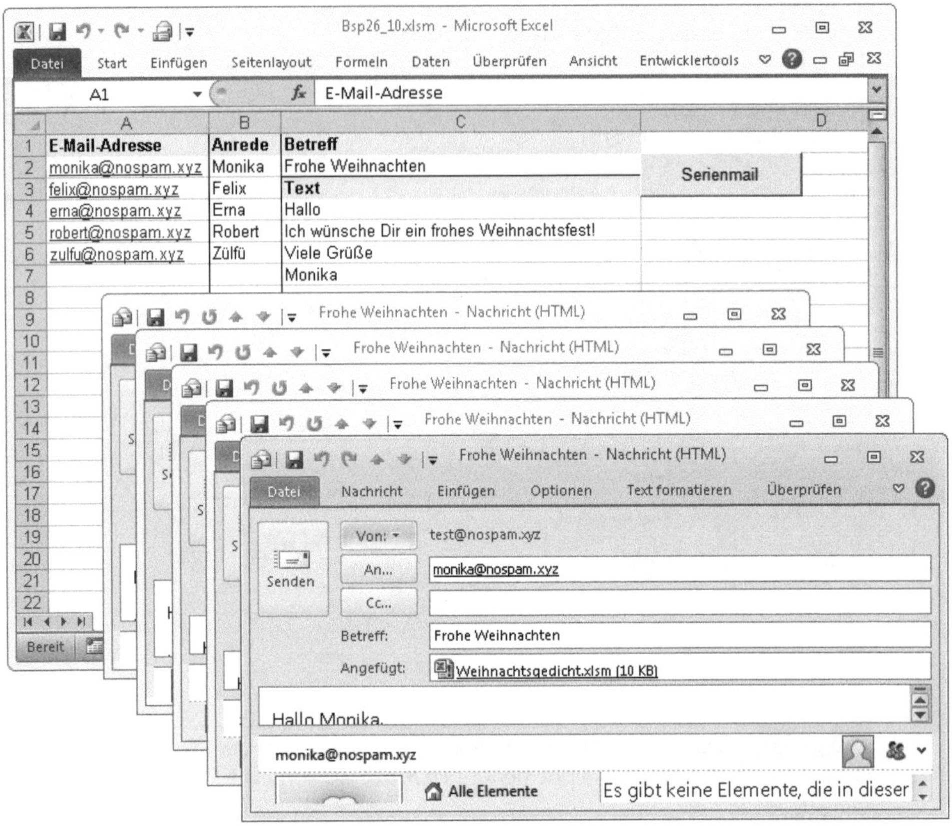


Zu Beginn der Prozedur wird der Pfad für den Anhang an die Variable `strAttachment` übergeben. In der `If`-Entscheidung wird geprüft, ob die Datei im angegebenen Pfad existiert.

Wir arbeiten diesmal mit einer `Do Until`-Schleife. Diese wird so lange durchlaufen, bis in Spalte *A* eine leere Zelle gefunden wird.

Die E-Mail selbst wird nicht, wie in den vorangegangenen Beispielen, bei der Referenzierung erzeugt, sondern erst innerhalb der Schleife in der `With`-Anweisung. Damit erreichen wir, dass für jeden Empfänger eine separate E-Mail erstellt wird.

Innerhalb der `With`-Anweisung wird der individuelle Empfänger mit seiner persönlichen Anrede erstellt, wobei der Betreff, der Nachrichtentext und der Anhang immer derselbe ist.

Damit nicht jede E-Mail zuerst auf dem Bildschirm angezeigt wird, ersetzen Sie die Eigenschaft `Display` durch `Send`. Dadurch gelangen die E-Mails ohne vorherige Anzeige in den Postausgang von Outlook oder werden direkt versendet.

**Listing 26.21** Serien-E-Mail

```
' Der Verweis auf die Bibliothek
' "Microsoft Outlook 14.0 Object Library"
' muss aktiviert sein
Sub SendSeriesMail()
   Dim olApp As Outlook.Application
   Dim strAttachment As String
   Dim i As Long

   Set olApp = Outlook.Application

   ' Prüfen, ob die Datei, die angehängt werden
   ' soll, existiert
   strAttachment = ThisWorkbook.Path & "\Weihnachtsgedicht.xlsm"
   If Dir(strAttachment) = "" Then
      MsgBox "Die Datei existiert nicht."
      Exit Sub
   End If

   ' An jede E-Mail-Adresse in Spalte A wird die Mail verschickt
   i = 2
   Do Until Cells(i, 1) = Empty
      With olApp.CreateItem(olMailItem)
         .To = Cells(i, 1)
         .Subject = Range("C2")
         .Body = Range("C4") & " " & Cells(i, 2) & "," _
                           & Chr(10) & Chr(10) & _
                  Range("C5") & Chr(10) & Chr(10) & _
                  Range("C6") & Chr(10) & _
                  Range("C7")
         .Attachments.Add strAttachment
         .Display  ' Auf Wunsch durch ".Send" ersetzen
      End With
      i = i + 1
   Loop

   Set olApp = Nothing
End Sub
```

**BEISPIEL** Das obige Beispiel befindet sich innerhalb der Beispieldateien zum Buch im Ordner *\Buch\Kap26*. Die Mappe nennt sich *Bsp26_10.xlsm*. Die Prozedur befindet sich in Modul *mdl_01_SeriesMail*.

# Webabfragen ausführen

Mittels einer Webabfrage können Daten aus einer Webseite in ein Tabellenblatt importiert werden. Bei Bedarf und bei einer aktiven Verbindung zum Internet können die Daten auf Tastendruck aktualisiert werden. Dies wird oft verwendet, wenn es sich um Aktien- oder Währungskurse handelt.

Um eine Webabfrage zu erstellen, klicken Sie im Menüband auf der Registerkarte *Daten* in der Gruppe *Externe Daten abrufen* auf den Befehl *Aus dem Web*, um das Dialogfeld *Neue Webabfrage* zu öffnen. Geben Sie bei *Adresse* die Webadresse ein und klicken Sie auf die Schaltfläche *OK*. Die Webseite wird als Vorschau ins geöffnete Dialogfeld geladen. Häufig sind Webseiten in verschiedene Bereiche unterteilt. Wenn dies der Fall ist, können Sie wählen, welche(n) Bereich(e) Sie importieren möchten. Die Bereiche sind durch gelbe Vierecke, in denen ein schwarzer Pfeil enthalten ist, gekennzeichnet. Wenn Sie auf eines der gelben Vierecke klicken, ändert sich die Farbe in grün und das Pfeilsymbol ändert sich in ein Häkchen.

**Abbildg. 26.15** Eine neue Webabfrage

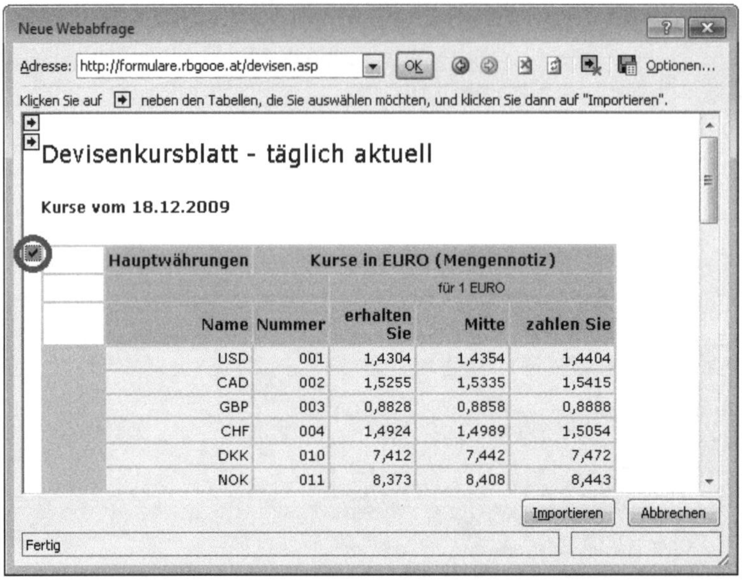


Nachdem Sie den oder die gewünschten Bereich(e) ausgewählt haben, betätigen Sie die Schaltfläche *Importieren*, um das Dialogfeld *Daten importieren* zu öffnen. Geben Sie die Zielzelle des aktiven Tabellenblattes an oder wählen Sie die Option *Neues Arbeitsblatt*. Hinter der Schaltfläche *Eigenschaften* finden Sie verschiedene Einstellungsmöglichkeiten zum Import. Klicken Sie auf die Schaltfläche *OK*, um den Datenimport zu starten. Die Übertragung kann, je nach Geschwindigkeit der Internetverbindung und der Menge der zu übertragenden Daten, einige Sekunden dauern.

# Eine Webabfrage per VBA erzeugen

Der einfachste Weg, um den VBA-Code für eine Webabfrage zu erhalten, führt über den Makrorekorder. Zeichnen Sie alle erforderlichen Schritte auf.

Eine Beschreibung zu den einzelnen Codezeilen finden Sie als Kommentare in der nachfolgenden Prozedur.

**Listing 26.22** Eine Webabfrage erstellen

```
Sub Webquery()
   ' Alte Webabfrage löschen
   Range("A4").CurrentRegion.Delete
```

**Listing 26.22** Eine Webabfrage erstellen *(Fortsetzung)*

```
 ' Neue Webabfrage einfügen
 With ActiveSheet.QueryTables.Add _
    (Connection:= _
       "URL;http://formulare.rbgooe.at/devisen.asp", _
       Destination:=Range("A4"))

    ' Ein Name für die Webabfrage
    .Name = "Devisenkurse"

    ' Spaltenüberschrift (falls aktiv)
    .FieldNames = False

    ' Zeilennummern (falls aktiv)
    .RowNumbers = False

    ' Falls Formeln vorhanden sind, diese aktualisieren
    .FillAdjacentFormulas = False

    ' Formatierungen (Pivot)
    .PreserveFormatting = True

    ' Aktualisierung (Pivot)
    .RefreshOnFileOpen = False

    ' Abfrage im Hintergrund ausführen
    .BackgroundQuery = True

    ' xlInsertDeleteCells:
    ' - Teile von Zeilen werden hinzugefügt oder gelöscht
    ' xlOverwrite:
    ' - Keine neuen Zeilen, nur bestehende überschreiben
    ' xlInsertEntireRows:
    ' - Falls erforderlich, ganze Zeilen hinzufügen
    .RefreshStyle = xlInsertDeleteCells

    ' Kennwortinformationen, falls erforderlich
    .SavePassword = False

    ' Pivot-Informationen speichern
    .SaveData = True

    ' Automatische Spaltenbreite
    .AdjustColumnWidth = True

    ' Anzahl automatischer Aktualisierungen pro Minute
    .RefreshPeriod = 0

    ' xlEntirePage:
    ' - Gesamte Seite importieren
    ' xlAllTables:
    ' - Alle Tabellen importieren (Standard)
    ' xlSpecifiedTables:
    ' - Nur bestimmte Zeilen importieren
    .WebSelectionType = xlSpecifiedTables

    ' xlWebFormattingAll:
```

Listing 26.22 Eine Webabfrage erstellen *(Fortsetzung)*

```
        ' - Alle Formatierungen übernehmen
        ' xlWebFormattingRTF
        ' - Nur RTF-Formatierungen übernehmen
        ' xlWebFormattingNone
        ' - Keine Formatierungen übernehmen
        .WebFormatting = xlWebFormattingNone

        ' Durch Komma getrennte Angabe, welche Webseiten importiert
        ' werden sollen (Wenn Webselection = xlSpecifiedTables)
        .WebTables = "2"

        ' Gibt zurück oder legt fest, ob die Analyse der Daten in
        ' HTML <PRE>-Tags der Webseite beim Importieren der Seite
        ' in eine Abfragetabelle in Spalten erfolgen soll
        .WebPreFormattedTextToColumns = True

        ' True, wenn aufeinander folgende Trennzeichen beim Importieren
        ' von Daten aus HTML <PRE>-Tags in einer Webseite in eine
        ' Abfragetabelle als einzelnes Zeichen behandelt werden, und
        ' die Datenanalyse in Spalten erfolgen soll
        .WebConsecutiveDelimitersAsOne = True

        ' True, wenn die Daten aus den HTML <PRE>-Tags in der
        ' angegebenen Webseite beim Importieren der Seite in
        ' eine Abfragetabelle gleichzeitig verarbeitet werden sollen
        .WebSingleBlockTextImport = False

        ' True, wenn Daten, die Datumsangaben darstellen, beim
        ' Importieren einer Webseite in eine Abfragetabelle als Text
        ' analysiert werden
        .WebDisableDateRecognition = False

        ' True, falls die Umleitung von Webabfragen für ein
        ' QueryTable-Objekt deaktiviert wird
        .WebDisableRedirections = False

        ' True, wenn Abfragen der PivotTable-Berichte oder
        ' Abfragetabelle asynchron (im Hintergrund) durchgeführt werden
        .Refresh BackgroundQuery:=False
    End With
End Sub
```

**BEISPIEL** Das obige Beispiel befindet sich innerhalb der Beispieldateien zum Buch im Ordner *\Buch\Kap26*. Die Mappe nennt sich *Bsp26_11.xlsm*. Die Prozedur befindet sich in Modul *mdl_01_CreateWebquery*.

# Webabfragen aktualisieren

Wenn Sie mit der rechten Maustaste auf die Webabfrage klicken und im Kontextmenü den Befehl *Aktualisieren* wählen, werden die Daten auf den aktuellsten Stand gebracht, wobei eine Verbindung zur Quelle hergestellt wird. Falls sich die Quelle im Internet befindet, stellen Sie zuvor sicher, dass Sie mit dem Internet verbunden sind bzw. dass eine aktive Datenleitung besteht.

Die Übertragung kann, je nach Umfang der Daten, einige Sekunden andauern. Während dieser Dauer wird in der Statusleiste eine kleine Weltkugel angezeigt. Solange die Weltkugel sichtbar ist, sind noch nicht alle Daten übertragen worden.

Falls Sie die Aktualisierung per VBA vornehmen möchten, verwenden Sie die Methode `Refresh`, die Sie an die Eigenschaft `QueryTable` übergeben.

**Listing 26.23** Eine Webabfrage aktualisieren

```
Sub RefreshWebquery()
   On Error GoTo Errorhandler
   ActiveSheet.Range("A4").QueryTable.Refresh
   Exit Sub
Errorhandler:
   MsgBox "An besagter Stelle befindet sich keine Abfrage."
End Sub
```

Der Nachteil der obigen Prozedur ist, dass nur eine einzige Webabfrage innerhalb der Mappe aktualisiert wird. Zudem wird der Debugger gestartet, wenn sich keine Webabfrage an der angegebenen Stelle befindet. Dies kann nur durch eine Fehlerunterdrückung wie beispielsweise mit `On Error` umgangen werden.

Die nachfolgende Prozedur aktualisiert sämtliche Webabfragen *und* Pivot-Tabellen, die sich in der Mappe befinden. Wenn sich in der Mappe keine zu aktualisierende Tabelle befindet, entsteht dennoch keine Fehlermeldung.

**Listing 26.24** Alle Abfragen einer Mappe aktualisieren

```
Sub RefreshAllTablesWorkbook()
   ActiveWorkbook.RefreshAll
End Sub
```

**BEISPIEL** Die beiden obigen Beispiele befinden sich innerhalb der Beispieldateien zum Buch im Ordner *\Buch\Kap26*. Die Mappe nennt sich *Bsp26_11.xlsm*. Die Prozeduren befinden sich in Modul *mdl_02_Refresh*.

# Webabfragen löschen

Beim Ausdruck »Webabfrage löschen« entsteht oftmals Verwirrung, denn die einen verstehen darunter, die gesamte Tabelle, die die Webabfrage darstellt, zu löschen. Andere wiederum sprechen lediglich davon, die Verbindung zum Internet zu trennen.

Wenn Sie tatsächlich die Tabelle mitsamt den Daten löschen möchten, geben Sie explizit den Bereich an, z.B. `Range("A1:D20")` oder verwenden Sie die Eigenschaft `CurrentRegion`, wenn die Größe des Bereichs nicht bekannt ist oder variieren kann.

**Listing 26.25** Bereich der Webabfrage löschen

```
Sub DeleteTablerange()
   Range("A4").CurrentRegion.Delete
End Sub
```

Wenn nur die Verbindung getrennt werden soll, dann verwenden Sie die Eigenschaft `QueryTable` in Kombination mit der Methode `Delete`.

**Listing 26.26** Die Verbindung einer Tabelle aufheben

```
Sub CancelConnection()
   On Error GoTo Errorhandler
   Range("A4").QueryTable.Delete
   Exit Sub
Errorhandler:
   MsgBox "An besagter Stelle befindet sich keine aktive Abfrage."
End Sub
```

Sollten sich mehrere Webabfragen in einem Tabellenblatt befinden, verwenden Sie zudem eine `For Each`-Schleife.

**Listing 26.27** Alle Verbindungen einer Tabelle aufheben

```
Sub CancelAllConnectionsActiveSheet()
   Dim qt As QueryTable

   On Error Resume Next
   For Each qt In ActiveSheet
      qt.Delete
   Next qt
End Sub
```

**BEISPIEL** Die obigen Beispiele befinden sich innerhalb der Beispieldateien zum Buch im Ordner *\Buch\Kap26*. Die Mappe nennt sich *Bsp26_11.xlsm*. Die Prozeduren befinden sich in Modul *mdl_03_DeleteQuery*.

# Excel-Datei als Webseite abspeichern

Sie haben verschiedene Möglichkeiten, eine Excel-Datei im Internet zur Verfügung zu stellen. Der einfachste Weg besteht darin, die Excel-Datei per FTP (File Transfer Protocol) auf einen Webserver hochzuladen.

Um die Mappe herunterzuladen, geben Sie in Ihrem Webbrowser die Webadresse ein. Im Webbrowser wird dabei die komplette Mappe angezeigt. Ein Muster für dieses Buch finden Sie auf meiner Webseite *http://www.jumper.ch/Handbuch.xlsx*. Sie haben die Möglichkeit, die Mappe auf Ihrer Festplatte an einem beliebigen Ort als Kopie abzuspeichern.

Eine weitere Möglichkeit besteht darin, die Mappe zuerst im HTML-Format abzuspeichern und dann auf einen Webserver hochzuladen. Klicken Sie dazu im Menüband von Excel auf *Datei/Speichern unter* und legen im Kombinationsfeld *Dateityp* den Eintrag *Webseite (*.htm;*.html)* fest. Die Ansicht des Dialogfelds *Speichern unter* ändert sich entsprechend (siehe Abbildung 26.16).

**Abbildg. 26.16** Speichern als Webseite

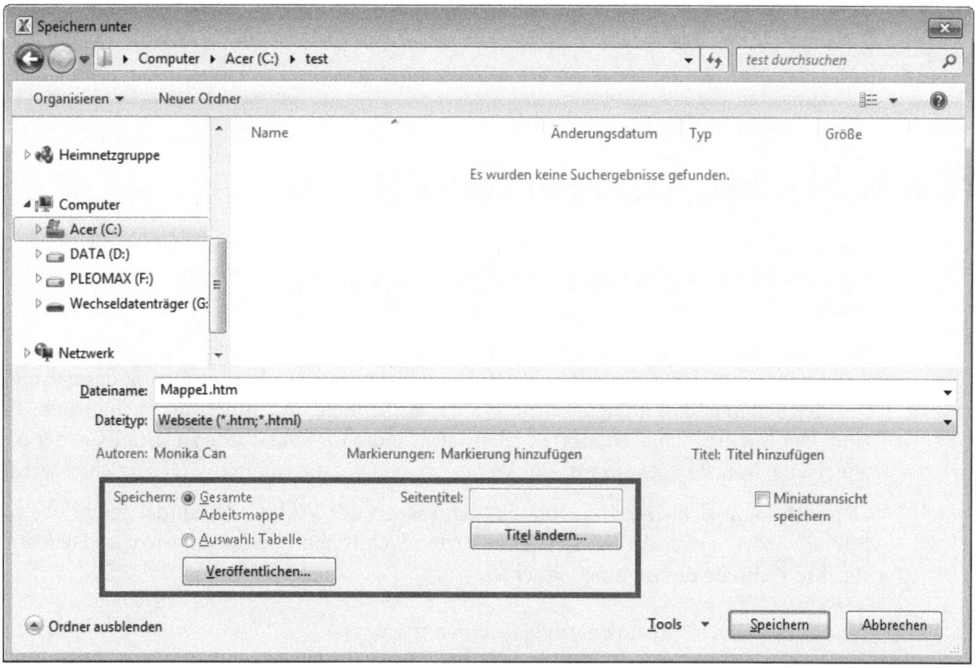


Sie können wählen, ob die *Gesamte Arbeitsmappe* gespeichert werden soll, oder nur ein Bereich der Tabelle. Wenn nur ein Bereich veröffentlicht werden soll, markieren Sie vor dem Speichern den gewünschten Bereich. Dieser wird dann neben der Optionsschaltfläche *Auswahl* angezeigt.

Ein Nachteil besteht darin, dass Mappen, die auf diese Weise in Webseiten umgewandelt wurden, sich mit relativ viel unnötigem Ballast im HTML-Code präsentieren. Sie können sich selbst davon überzeugen, indem Sie die Datei mit einem Texteditor öffnen. Entsprechend nachteilig wirkt sich das auf die Dateigröße der HTML-Seite aus.

**Abbildg. 26.17** Automatisch erzeugte HTML-Codierung

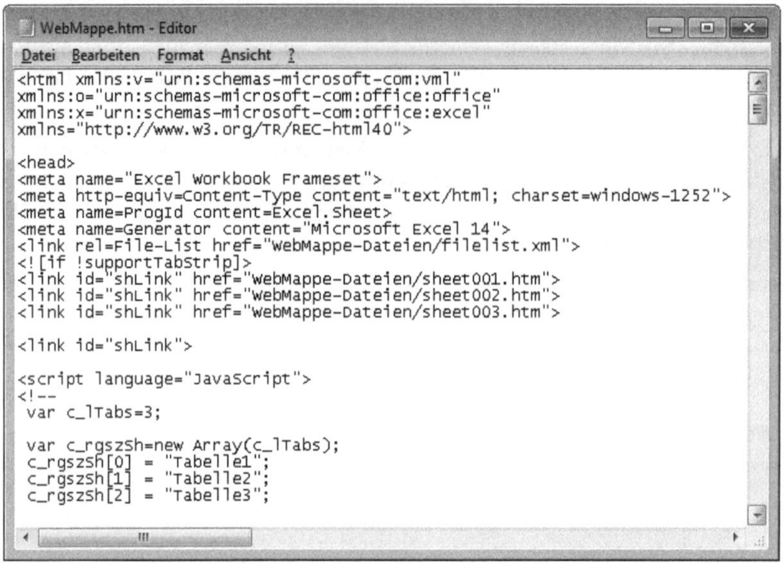

```
<html xmlns:v="urn:schemas-microsoft-com:vml"
xmlns:o="urn:schemas-microsoft-com:office:office"
xmlns:x="urn:schemas-microsoft-com:office:excel"
xmlns="http://www.w3.org/TR/REC-html40">

<head>
<meta name="Excel Workbook Frameset">
<meta http-equiv=Content-Type content="text/html; charset=windows-1252">
<meta name=ProgId content=Excel.Sheet>
<meta name=Generator content="Microsoft Excel 14">
<link rel=File-List href="WebMappe-Dateien/filelist.xml">
<![if !supportTabStrip]>
<link id="shLink" href="WebMappe-Dateien/sheet001.htm">
<link id="shLink" href="WebMappe-Dateien/sheet002.htm">
<link id="shLink" href="WebMappe-Dateien/sheet003.htm">

<link id="shLink">

<script language="JavaScript">
<!--
 var c_lTabs=3;

 var c_rgszSh=new Array(c_lTabs);
 c_rgszSh[0] = "Tabelle1";
 c_rgszSh[1] = "Tabelle2";
 c_rgszSh[2] = "Tabelle3";
```

# Nach HTML konvertieren

Wie Sie auf den vorherigen Seiten erfahren haben, enthält eine Excel-Mappe, die im HTML-Format abgespeichert wird, viele unnötige HTML-Tags. Zudem ist nicht jeder Browser in der Lage, eine solche Webseite anzuzeigen.

Alternativ zu der Möglichkeit, die Excel anbietet, können Sie einen VBA-Code schreiben, der einen Tabellenbereich in ein sauberes HTML-Format umwandelt. Voraussetzung dafür ist, dass Sie sich mit der Seitenbeschreibungssprache HTML auskennen und Ihnen die verfügbaren Tags vertraut sind. Der Nachteil dabei ist, dass es relativ aufwändig ist, VBA-Code zu schreiben, der die Formatierungen der Tabelle übernimmt. Des Weiteren muss auf die Interaktivität verzichtet werden.

Dennoch kann sich die Mühe lohnen, denn wenn der VBA-Code einmal geschrieben ist, kann er immer wieder verwendet werden. Es ist letztendlich Ihnen überlassen, wie viele Formatierungen Sie für Ihre Webseite übernehmen möchten.

**Abbildg. 26.18** Tabelle, die nach HTML umgewandelt werden soll

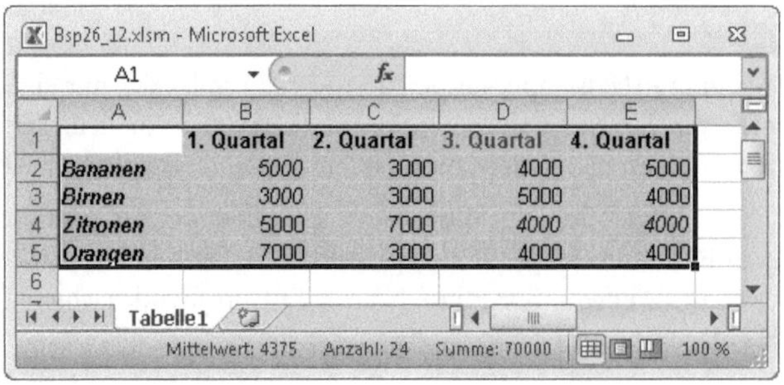

| | 1. Quartal | 2. Quartal | 3. Quartal | 4. Quartal |
|---|---|---|---|---|
| Bananen | 5000 | 3000 | 4000 | 5000 |
| Birnen | 3000 | 3000 | 5000 | 4000 |
| Zitronen | 5000 | 7000 | 4000 | 4000 |
| Orangen | 7000 | 3000 | 4000 | 4000 |

Unser Beispiel baut auf einer einfachen Excel-Tabelle auf (siehe Abbildung 26.18). Es sind Formatierungen vorhanden wie Fett, Kursiv, Fett/Kursiv und eine rote Textfarbe (Zelle *D1*).

Das Ergebnis der Umwandlung, die durch den HTML-Code stattfindet, können Sie der Abbildung 26.19 entnehmen.

**Abbildg. 26.19** Umgewandelte Tabelle im Webbrowser

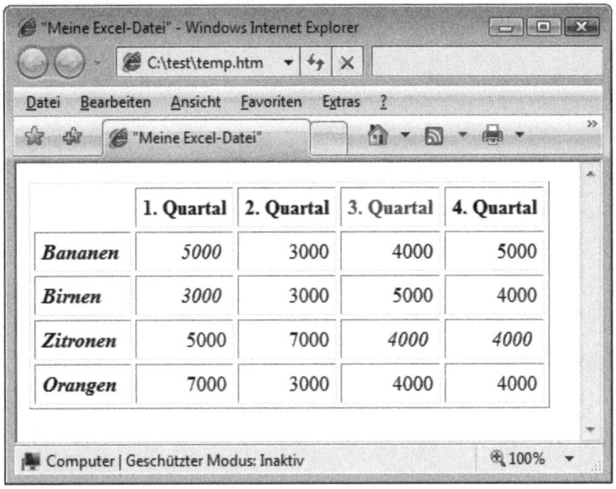


| | 1. Quartal | 2. Quartal | 3. Quartal | 4. Quartal |
|---|---|---|---|---|
| ***Bananen*** | *5000* | 3000 | 4000 | 5000 |
| ***Birnen*** | *3000* | 3000 | 5000 | 4000 |
| ***Zitronen*** | 5000 | 7000 | *4000* | *4000* |
| ***Orangen*** | 7000 | 3000 | 4000 | 4000 |



Um eine HTML-Datei zu erstellen, können die Tags in eine einfache Textdatei geschrieben werden. Dabei greifen wir etwas vor, denn der Zugriff auf externe Applikationen wird im Detail erst in Kapitel 28 behandelt. Was Sie hier wissen müssen, ist, dass in der VBE ein Verweis gesetzt werden muss. Wählen Sie in der VBE den Menübefehl *Extras/Verweise*. Aktivieren Sie in der Liste den Eintrag *Microsoft Scripting Runtime*. Es stehen Ihnen nun die erforderlichen Objekte, Eigenschaften und Methoden zum Befüllen einer Textdatei zur Verfügung.

In der Prozedur wird nach der Variablendeklaration die Textdatei erzeugt. Sie trägt den Namen *temp.htm* und wird nach *C:\test* gespeichert.

**ACHTUNG** Bitte beachten Sie, dass zum korrekten Ablauf der Prozedur aus Listing 26.28 auf Ihrem Laufwerk C:\ ein Ordner namens *test* vorhanden sein muss. Wenn Sie möchten, können Sie auch den in der Prozedur unter `strPath` angegebenen Pfad anpassen.

Nachdem die Textdatei erzeugt wurde, wird auf den Bereich des Tabellenblattes referenziert, der in ein HTML-Format umgewandelt werden soll.

In der `With`-Anweisung werden die einzelnen Textzeilen in die Textdatei geschrieben. Dazu verwenden wir die Methode `WriteLine`. Die Beschreibung zu den einzelnen Formatierungen ist als Kommentar im Code untergebracht.

Um sämtliche Zeilen und Spalten zu durchlaufen, werden zwei ineinander verschachtelte `For`-Schleifen eingesetzt. Innerhalb der zweiten `For`-Schleife werden in einer `If`-Entscheidung die einzelnen Formatierungen abgefragt und mit den entsprechenden Tags in die Textdatei geschrieben.

**Listing 26.28** Eine HTML-Datei per VBA erstellen

```
' Der Verweis auf die Bibliothek
' "Microsoft Scripting Runtime"
' muss aktiviert sein
Sub CreateHTMLFile()
   Dim strPath As String
   Dim objFSO As New FileSystemObject
   Dim objNewFile As Object
   Dim Row As Long, Col As Integer
   Dim obj As Object
   Dim strDummy As String

   ' Textdatei erzeugen
   strPath = "C:\test\temp.htm"
   Set objNewFile = objFSO.CreateTextFile _
                 (strPath, OverWrite:=True)

   ' Excel-Tabellenbereich referenzieren
   Set obj = Worksheets(1).Range("A1:E5")

   With objNewFile
      ' Einleitende HTML-Informationen
      .WriteLine ("<HEAD>")
      .WriteLine ("<TITLE>""Meine Excel-Datei""</TITLE>")
      .WriteLine ("</HEAD>")
      .WriteLine

      ' Einleitende HTML-Kopf und -Tabelleninformationen
      .WriteLine ("<HTML>")
      .WriteLine ("<BODY>")
      .WriteLine ("<TABLE BORDER=1 CELLPADDING=5 CELLSPACING=3>")

      For Row = 1 To obj.Rows.Count
         ' Einleitendes Tag für eine Tabellenzeile
         .WriteLine ("<TR>")

         ' Formatierungen ermitteln
         For Col = 1 To obj.Columns.Count
            With Cells(Row, Col).Font

               ' Zelle fett und rot
               If .Bold And .Color = vbRed Then
                  strDummy = "<TD>" & "<B>" & "<FONT COLOR=RED>" & _
                             obj.Cells(Row, Col) & _
                            "</B>" & "</FONT>" & "</TD>"

               ' Zelle fett und kursiv
               ElseIf .Bold And .Italic Then
                  strDummy = "<TD>" & "<B>" & "<I>" & _
                             obj.Cells(Row, Col) & _
                            "</I>" & "</B>" & "</TD>"

               ' Zelle nur fett
               ElseIf .Bold Then
                  strDummy = "<TD>" & "<B>" & _
                             obj.Cells(Row, Col) & _
                            "</B>" & "</TD>"
```

**Listing 26.28** Eine HTML-Datei per VBA erstellen *(Fortsetzung)*

```
                ' Zelle nur kursiv
                ElseIf .Italic Then
                   strDummy = "<TD ALIGN=RIGHT>" & "<I>" & _
                                   obj.Cells(Row, Col) & _
                                  "</I>" & "</TD>"

                ' Zellen ohne Formatierungen
                Else
                   strDummy = "<TD ALIGN=RIGHT>" & _
                                   obj.Cells(Row, Col) & _
                                  "</TD>"
                End If
             End With

             ' Tabellenzelle übertragen
             .WriteLine strDummy
          Next Col

          ' Abschließendes Tag einer Tabellenzeile
          .WriteLine ("</TR>")
       Next Row

       ' Abschließende HTML-Informationen
       .WriteLine ("</TABLE>")
       .WriteLine ("</BODY>")
       .WriteLine ("</HTML>")
    End With

    ' Meldung ausgeben
    MsgBox "Die HTML-Datei wurde erfolgreich erzeugt. " & _
           Chr(10) & _
           "Sie finden sie unter: " & strPath

    ' Objekte freigeben
    Set objNewFile = Nothing
    Set obj = Nothing
End Sub
```

**BEISPIEL** Das obige Beispiel befindet sich innerhalb der Beispieldateien zum Buch im Ordner *\Buch\Kap26*. Die Mappe nennt sich *Bsp26_12.xlsm*. Die Prozedur befindet sich in Modul *mdl_01_HTMLTags*.

Kapitel 27

# XML und XSL(T) erforschen

Kommunikation mit der Außenwelt

**In diesem Kapitel:**

In diesem Kapitel werden zwei Themen behandelt, die im Grunde genommen kaum etwas gemeinsam haben.

---

**BEISPIEL** Die Beispiele zu diesem Kapitel befinden sich innerhalb der Beispieldateien zum Buch im Ordner *\Buch\Kap27*.

---

# XML in Verbindung mit Excel anwenden

Vermutlich werden Sie sich jetzt fragen, was XML ist und was es mit Excel zu tun hat. Eine berechtigte Frage. Die drei Buchstaben XML sind die Abkürzung für *Extensible Markup Language*. XML wird als Metasprache bezeichnet und oftmals wird fälschlicherweise davon ausgegangen, dass XML eine Programmiersprache sei. Dem ist jedoch nicht so. Es können mittels XML keine Algorithmen programmiert werden. XML ist vielmehr dazu da, auf relativ einfache Weise hierarchisch strukturierte Datenbanken aufzubauen.

Es besteht eine gewisse Verwandtschaft zur Seitenbeschreibungssprache HTML (*Hypertext Markup Language*), denn beides sind *Markup Languages*, wobei die beiden Sprachen dennoch nicht miteinander verwechselt werden dürfen. In HTML wird mit so genannten Tags gearbeitet. Die Tags sind Formatierungsanweisungen, die in spitze Klammern <> geschrieben werden. Dabei sind die Ausdrücke im spitzen Klammerpaar fest vorgeschrieben.

In XML werden ebenfalls spitze Klammern verwendet, den darin enthaltenen Text können Sie jedoch selbst bestimmen. Es werden keine Formatierungen übergeben, so wie dies bei HTML der Fall ist, sondern es wird die Struktur des Datenaufbaus festgelegt.

Dadurch, dass der Inhalt der Tags selbst bestimmt werden kann, zeichnet sich XML in seiner Flexibilität aus. HTML wird hauptsächlich verwendet, um Webseiten zu erstellen und zu formatieren. XML jedoch eignet sich ausgezeichnet zum Datenaustausch, denn XML ist plattformunabhängig. Dies bedeutet, dass XML nicht an Excel oder eine bestimmte Applikation gebunden ist. Seit der Version 2003 ist Office jedoch so konzipiert, dass der XML-Standard erstmals wirklich unterstützt wird und eingesetzt werden kann (hauptsächlich zum Datenaustausch).

Genauso wie HTML ist XML keine Software, die man kaufen kann, sondern ein Standard, der durch das neutrale W3C-Konsortium am 10. Februar 1998 verabschiedet wurde. W3C ist die Abkürzung für *World Wide Web Consortium*. Besuchen Sie deren Webseite, um Näheres über die universellen Standards zu erfahren: *http://www.w3.org/*. Die Webseite ist in englischer Sprache gehalten. Sie finden jedoch Übersetzungen unter der URL *http://www.edition-w3c.de*.

Wenn Sie sich tiefer gehende Kenntnisse in XML aneignen möchten, empfiehlt es sich, eigens dafür vorgesehene Literatur zu erwerben. In diesem Kapitel werden lediglich die Grundlagen von XML behandelt. Sie lernen, wie eine XML-Datenbank manuell aufgebaut und strukturiert werden kann. Wenn Sie in Excel mit XML arbeiten, sind Kenntnisse in XML nicht unbedingt erforderlich. Es ist jedoch von Vorteil, die Grundlagen zu kennen, um die Ereignisse, die im Hintergrund ausgeführt werden, zu verstehen.

# Wann wird XML eingesetzt?

Im Office-Paket bestand zwar schon immer die Möglichkeit, Daten zwischen den einzelnen Applikationen auszutauschen, jedoch verlief der Austausch nicht in allen Fällen unproblematisch. Die größte Hürde sind die unterschiedlichen Dateiformate. Eine Excel-Mappe wird im Format *.xls** gespeichert, ein Word-Dokument im Format *.doc**, eine Access-Datenbank im Format *.mdb** usw.

Allein schon innerhalb von Excel kann ein Problem entstehen. Beispielsweise kann eine Excel-Datei, die seit Version 2007 im Format (z.B. *.xlsx*) abgespeichert wurde, auf einem anderen Rechner, auf dem Excel 97 installiert ist, nicht geöffnet werden.

Aufgrund solcher Probleme hat Microsoft den vernünftigen Entschluss gefasst, XML als gemeinsame Basis zum Datenaustausch zu nutzen. In einigen der Office-Applikationen stehen nun Mechanismen zur Verfügung, um Daten per XML auszutauschen.

# Eine Excel-Datei im *.xml*-Format abspeichern

Seit Excel-Version 2002 haben Sie die Möglichkeit, eine Mappe im Format *.xml* abzuspeichern. Damit kann eine Datei erzeugt werden, die sich unabhängig von der eingesetzten Excel-Version verwenden lässt.

XML ist rein textbasierend. Dies bedeutet, dass keinerlei Grafiken in eine XML-Datei eingebunden werden können. Das wird spätestens dann deutlich, wenn Sie versuchen, eine Excel-Mappe als XML-Datei zu speichern, die ein Diagramm oder sonstige grafische Elemente enthält.

Um eine Datei im *.xml*-Format abzuspeichern, rufen Sie *Datei/Speichern unter* auf oder betätigen die Taste F12, um das Dialogfeld *Speichern unter* zu öffnen. Wählen Sie bei *Dateityp* den Eintrag *XML-Kalkulationstabelle 2003 (*.xml)* aus.



**Abbildg. 27.1** Eine Excel-Datei im *.xml*-Format abspeichern

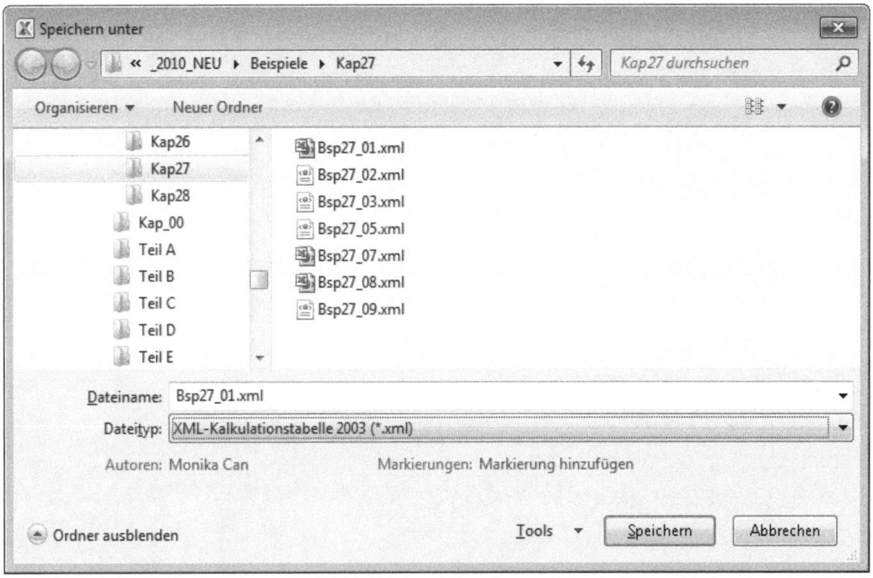

Sollte die Mappe noch grafische Elemente enthalten, wird die folgende Meldung angezeigt. Wenn Sie mit *Ja* bestätigen, wird die Datei ohne Grafiken im Format *.xml* abgespeichert. Dass die Grafiken entfernt wurden, wird deutlich, wenn Sie die *.xml*-Datei mittels Excel öffnen.

**Abbildg. 27.2** Rückfrage, falls grafische Elemente in der Mappe enthalten sind

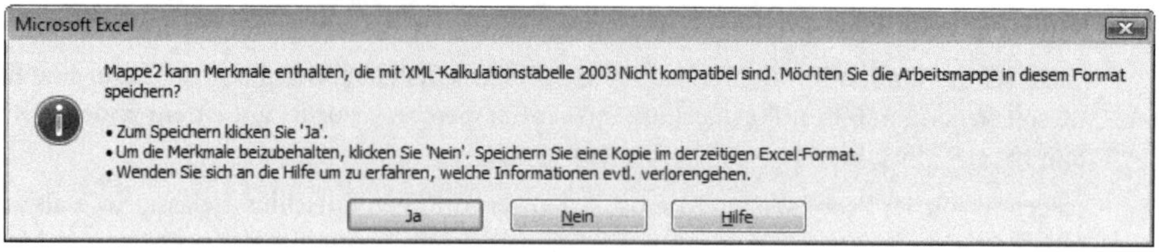


Durch das Speichern im XML-Format wurde im Hintergrund eine Datei erzeugt, die die Tags enthält. Um diese einzusehen, klicken Sie im Windows-Explorer mit der rechten Maustaste auf die Datei und wählen aus dem Kontextmenü den Befehl *Öffnen mit/Editor.* Die darin enthaltenen Informationen sind erstaunlich umfangreich. Erst wenn Sie über die Bildlaufleiste einige Zeilen nach unten blättern, finden Sie die Daten der Tabelle.

Die Datei ist so umfangreich, weil sämtliche Informationen der Mappe und alle darin enthaltenen Formatierungen in Tags festgehalten wurden. Nur so wird ermöglicht, dass die Mappe mittels Excel originalgetreu wieder geöffnet werden kann. Eine detaillierte Erläuterung zum Inhalt einer solchen Datei finden Sie später in diesem Kapitel.

**Abbildg. 27.3** Vergleich der Excel-Tabelle mit der Quelle der XML-Datei

**BEISPIEL** Das obige Beispiel befindet sich innerhalb der Beispieldateien zum Buch im Ordner *\Buch\Kap27*. Die Datei nennt sich *Bsp27_01.xml*.

# Eine XML-Datei manuell erzeugen

Eine XML-Datei kann, völlig unabhängig von Excel, mit einem beliebigen Texteditor erstellt werden. Wenn Sie Microsoft Windows im Einsatz haben, können Sie den *Windows-Editor* verwenden. Entscheidend ist, dass die Datei im richtigen Format abgespeichert wird. Verwenden Sie im *Windows-Editor* den Menübefehl *Datei/Speichern unter*. Geben Sie den gewünschten Dateinamen ein, gefolgt von der Dateierweiterung *.xml*, zum Beispiel *MeineDatei.xml*.

Zu Beginn einer XML-Datei wird deren Version angegeben. Am 4. Februar 2004 wurde der Standard 1.1 verabschiedet. Die Erweiterungen gegenüber der Version 1.0 können Sie der Webadresse *http://www.w3.org/TR/2004/REC-xml11-20040204/* entnehmen. Da Version 1.1 nicht durch alle Webbrowser unterstützt wird, verwenden wir hier noch die Version 1.0.

In XML, genauso wie in HTML, ist ein Starttag `<Text>` und ein Endtag `</Text>` erforderlich. Das Endtag ist am Querstrich zu erkennen, der der öffnenden spitzen Klammer folgt. Die Daten werden zwischen die einzelnen Tags geschrieben.

Dem nachfolgenden Codebeispiel können Sie eine mögliche hierarchische Struktur einer XML-Datenbank entnehmen. Wie Sie unschwer erkennen können, wurden die Informationen, die innerhalb der spitzen Klammern hinterlegt wurden, selbst definiert. In der Wahl der Namen sind Sie völlig frei.

Die oberste Hierarchiestufe stellt das Tag `<MVPs>` dar. Es leitet das Dokument ein und schließt es am Ende ab mit `</MVPs>`. Es stellt somit die Excel-Tabelle bzw. Liste dar. Eine Stufe tiefer in der Hierarchie ist das Tag `<Mitglied>` zu finden. Jedes Mitglied wird in Excel als eine eigene Zeile behandelt. Im `<Mitglied>`-Tag eingeschlossen sind weitere Tags zu finden `<Vorname>`, `<Nachname>` und `<Land>`. Diese Tags bilden die letzte Hierarchiestufe unserer kleinen Datenbank. Die Namen dieser Tags werden als Spaltenüberschrift verwendet. Die Daten, die in die Tags eingeschlossen sind, erscheinen in den einzelnen Zellen der Tabelle (siehe Abbildung 27.6).

Kommunikation mit der Außenwelt

**Listing 27.1** Eine XML-Datenquelle

```
<?xml version="1.0"?>

<MVPs>
   <Mitglied>
      <Vorname>Bob</Vorname>
      <Nachname>Umlas</Nachname>
      <Land>USA</Land>
   </Mitglied>

   <Mitglied>
      <Vorname>Masaru</Vorname>
      <Nachname>Kaji</Nachname>
      <Land>Japan</Land>
   </Mitglied>

   <Mitglied>
      <Vorname>Monika</Vorname>
```

**Listing 27.1** Eine XML-Datenquelle *(Fortsetzung)*

```
        <Nachname>Can</Nachname>
        <Land>Schweiz</Land>
    </Mitglied>
</MVPs>
```

Da das manuelle Erfassen der Tags fehlerbehaftet sein könnte, empfiehlt es sich, die *.xml*-Datei mit einem Browserfenster, z.B. dem Internet Explorer, zu öffnen. Mögliche Fehler werden durch den Browser erkannt und gekennzeichnet. Dies ist auf jeden Fall eine nützliche und effektive Fehlerprüfung.

**Abbildg. 27.4** Bei fehlerhaften Codes wird die entsprechende Stelle gekennzeichnet

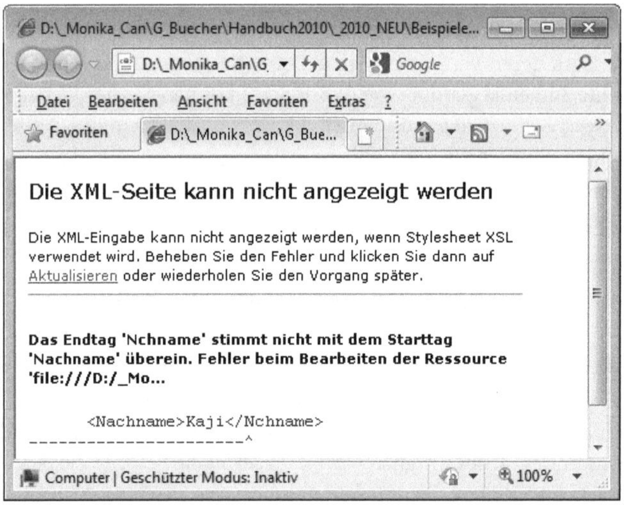


Sobald alle Fehler behoben sind, wird im Browserfenster der gesamte Quellcode der XML-Datei angezeigt.

Wenn der Code fehlerfrei vorliegt, können Sie ihn problemlos mit Excel oder Word lesen. Klicken Sie im Windows-Explorer mit der rechten Maustaste auf die Datei und wählen Sie im Kontextmenü den Befehl *Öffnen mit/Microsoft Excel* oder *Öffnen mit/Microsoft Word*.

Es werden nacheinander zwei Dialogfelder geöffnet, die mit *OK* bestätigt werden können. Näheres dazu erfahren Sie auf den folgenden Seiten.

In Excel werden die Daten in einzelne Zellen der Tabelle verteilt. Es wird eine XML-Liste erzeugt.

**Abbildg. 27.5** Anzeige eines fehlerfreien Codes im Internet Explorer

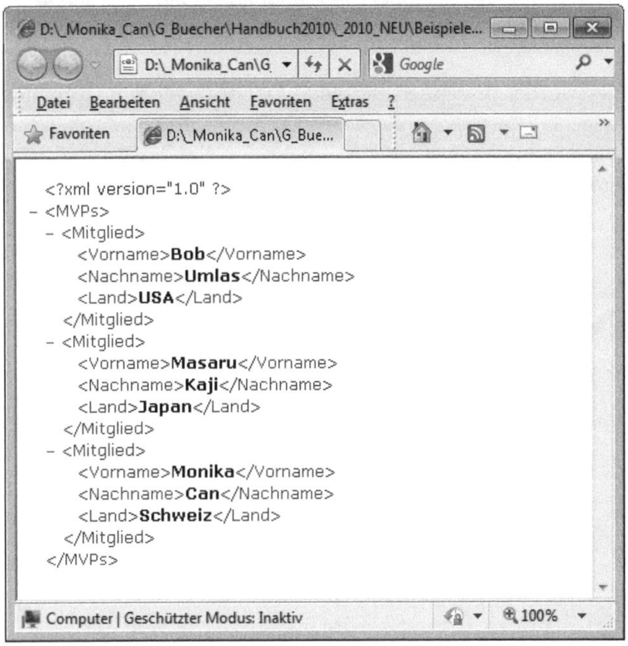


**Abbildg. 27.6** In Excel geöffnete Datei

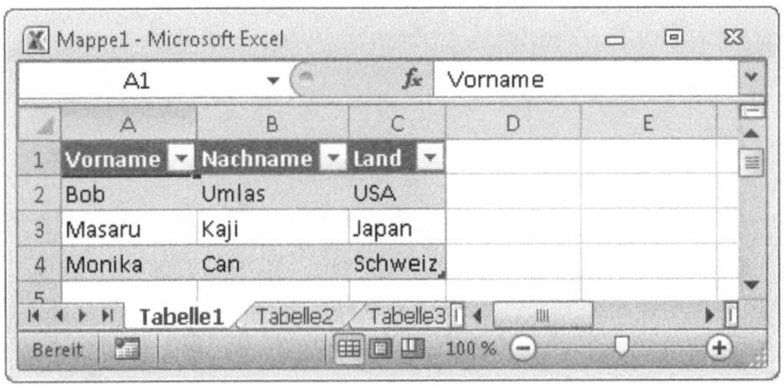


# XML-Liste importieren

Wenn Sie eine XML-Datei in Excel öffnen, wird das Dialogfeld *XML öffnen* angezeigt. Aktivieren Sie darin die Option *Als XML-Tabelle* und klicken Sie auf *OK*.

**Abbildg. 27.7** Liste erstellen

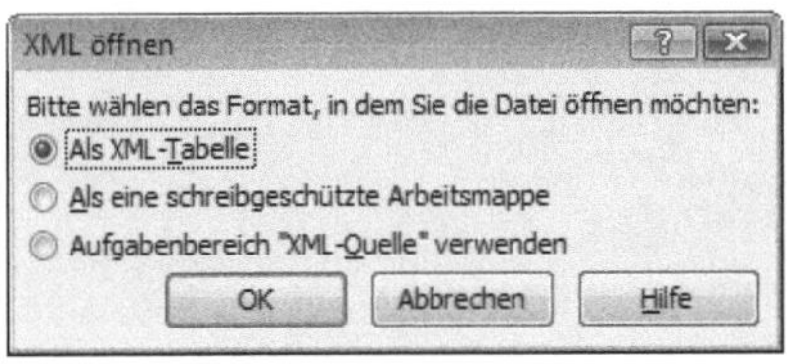

**HINWEIS** Sie können eine XML-Liste auch über das Menüband laden (Registerkarte *Entwicklertools*, Gruppe *XML*, Schaltfläche *Importieren*).

Nachdem die Datei geöffnet wurde, präsentiert sich der Tabellenbereich in formatierter Form. Zudem wird die kontextbezogene Registerkarte *Tabellentools* eingeblendet. Sie haben hier die Möglichkeit, die Tabelle nach Wunsch zu gestalten, oder beispielsweise eine *Ergebniszeile* einzublenden. Diese erleichtert gewisse Berechnungsmöglichkeiten.

**Abbildg. 27.8** Die XML-Tabelle

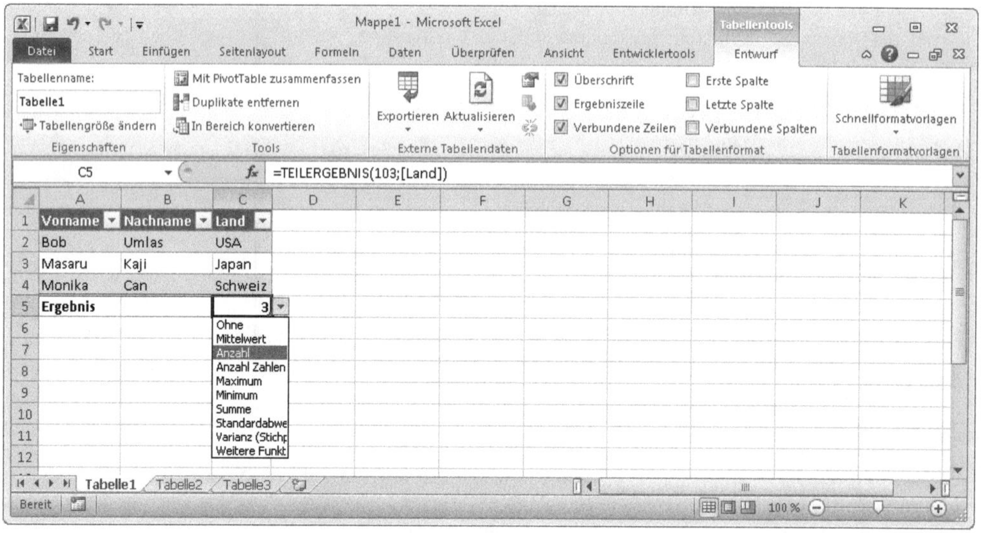


Um die Struktur des hinterlegen XML-Codes einzusehen, klicken Sie im Menüband auf der Registerkarte *Entwicklertools* in der Gruppe *XML* auf die Schaltfläche *Quelle*. Der Aufgabenbereich *XML-Quelle* wird eingeblendet.

**Abbildg. 27.9** XML-Quelle

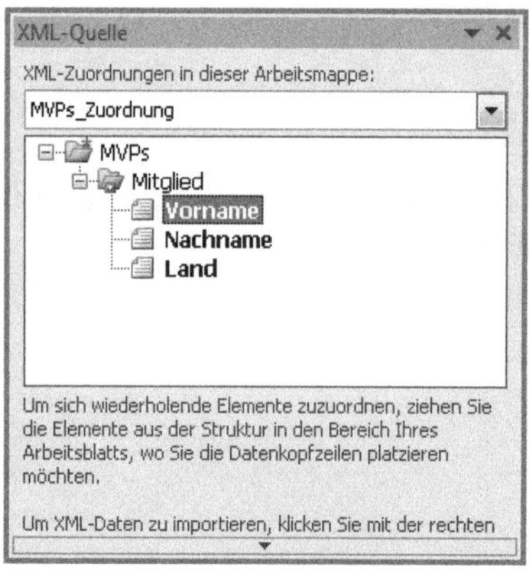

# XML-Listen exportieren

Wenn Sie eine XML-Datei als Liste importiert haben, können Sie die Liste bequem in Excel um weitere Zeilen ergänzen. Um die zusätzlichen Daten in die XML-Datei zurückzuschreiben, verwenden Sie im Menüband auf der Registerkarte *Entwicklertools* in der Gruppe *XML* den Befehl *Exportieren*. Das Dialogfeld *XML exportieren* wird angezeigt, wobei der Dateityp bereits auf *XML-Dateien (*.xml)* eingestellt ist. Überschreiben Sie die alte Datei oder vergeben Sie einen neuen Namen, um eine zusätzliche Datei zu erstellen.

Wenn Sie nun im Windows-Explorer die XML-Datei mit dem Texteditor öffnen, können Sie sehen, dass die Datei erweitert wurde. Es wurden automatisch zusätzliche Tags erstellt.

**Abbildg. 27.10** Die XML-Datei wurde um die neuen Daten erweitert

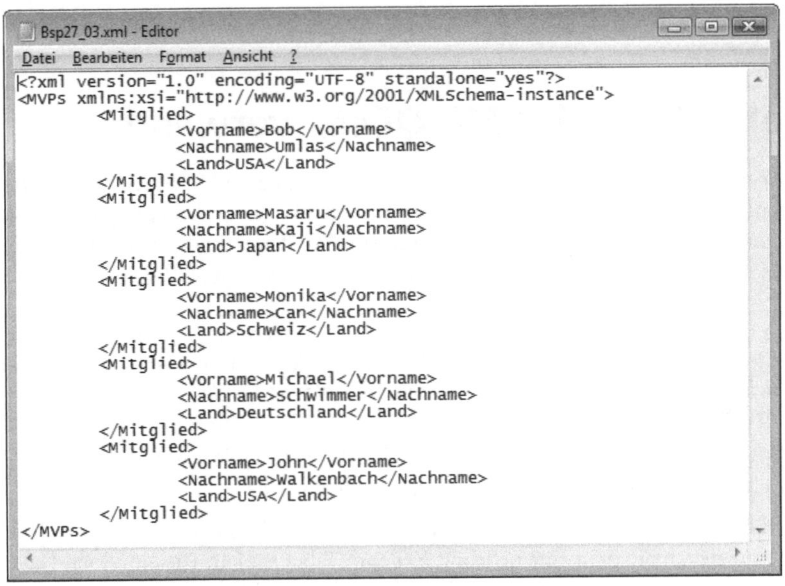


```
<?xml version="1.0" encoding="UTF-8" standalone="yes"?>
<MVPs xmlns:xsi="http://www.w3.org/2001/XMLSchema-instance">
	<Mitglied>
		<Vorname>Bob</Vorname>
		<Nachname>Umlas</Nachname>
		<Land>USA</Land>
	</Mitglied>
	<Mitglied>
		<Vorname>Masaru</Vorname>
		<Nachname>Kaji</Nachname>
		<Land>Japan</Land>
	</Mitglied>
	<Mitglied>
		<Vorname>Monika</Vorname>
		<Nachname>Can</Nachname>
		<Land>Schweiz</Land>
	</Mitglied>
	<Mitglied>
		<Vorname>Michael</Vorname>
		<Nachname>Schwimmer</Nachname>
		<Land>Deutschland</Land>
	</Mitglied>
	<Mitglied>
		<Vorname>John</Vorname>
		<Nachname>Walkenbach</Nachname>
		<Land>USA</Land>
	</Mitglied>
</MVPs>
```



# XML in einer schreibgeschützten Arbeitsmappe

Sie können eine XML-Datei auch als schreibgeschützte Arbeitsmappe öffnen. Wichtig ist, dass Sie die Datei vom Windows-Explorer her öffnen, oder mittels des *Öffnen*-Befehls im Menü *Datei*, damit das Dialogfeld *XML öffnen* angezeigt wird (Abbildung 27.7). Aktivieren Sie das Optionsfeld *Als eine schreibgeschützte Arbeitsmappe*. Die Originaldaten können nun lediglich betrachtet, jedoch nicht verändert werden.

**Abbildg. 27.11** Schreibgeschützte XML-Daten

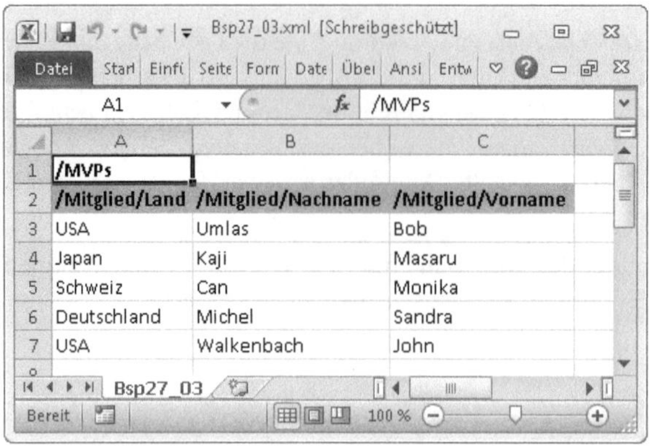


# Aufgabenbereich *XML-Quelle* verwenden

Wenden wir uns der dritten Importmöglichkeit zu. Wenn Sie eine XML-Datei über den Befehl *Datei/ Öffnen* importieren, wird das Dialogfeld *XML öffnen* angezeigt (siehe Abbildung 27.7 ). Aktivieren Sie die Option *Aufgabenbereich "XML-Quelle" verwenden*. Bestätigen Sie die Auswahl über die Schaltfläche *OK*. Am rechten Rand der Applikation wird der Aufgabenbereich *XML-Quelle* eingeblendet.

**TIPP** Der Aufgabenbereich kann auch nachträglich eingeblendet werden, wenn die XML-Datei lediglich als Liste importiert wurde. Klicken Sie dazu im Menüband auf der Registerkarte *Entwicklertools* in der Gruppe *XML* auf die Schaltfläche *Quelle*.

In der XML-Quelle können Sie deutlich die Hierarchie der zu Grunde liegenden XML-Datei erkennen. Es werden alle Tags angezeigt, die in der XML-Datei erstellt wurden.

Um die Felder auf dem Tabellenblatt einzufügen, fassen Sie eines der Felder mit gedrückter linker Maustaste und ziehen Sie es in eine beliebige Zelle im Tabellenblatt. Die einzelnen Datenfelder der XML-Quelle können auf diese Weise beliebig auf dem Tabellenblatt angeordnet werden. Die Handhabung erinnert an das Prinzip von Pivot-Tabellen.

Nach dem Anordnen der Felder auf dem Tabellenblatt werden zunächst lediglich die Überschriften angezeigt. Es sind noch keine Daten enthalten, diese müssen erst importiert werden. Verwenden Sie dazu im Menüband auf der Registerkarte *Entwicklertools* in der Gruppe *XML* den Befehl *Daten aktualisieren*.

Wenn Sie XML-Blöcke aus dem Tabellenblatt entfernen möchten, klicken Sie mit der rechten Maustaste auf eine der Überschriften auf dem Tabellenblatt und wählen Sie aus dem Kontextmenü den Befehl *Zeile/Spalte löschen/Tabellenspalten*. Felder, die auf dem Tabellenblatt im Einsatz sind, werden in der XML-Quelle fett dargestellt.

**Abbildg. 27.12** Die XML-Quelle

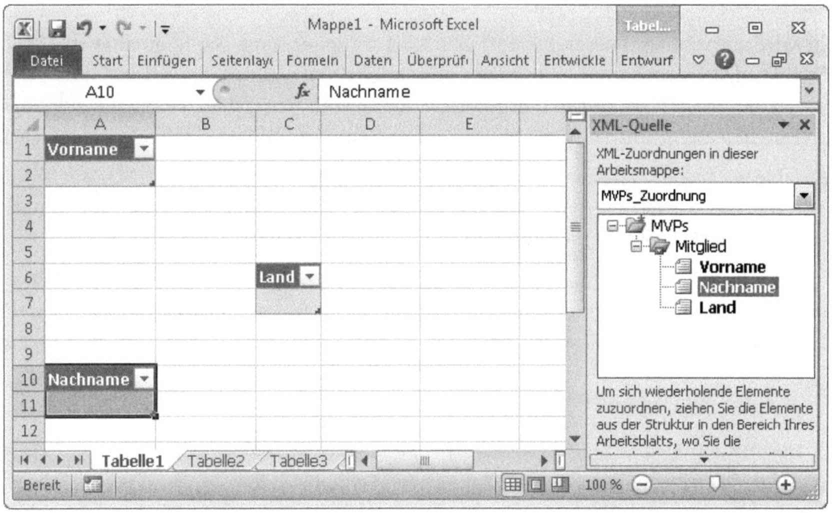


# Exportmechanismus per VBA programmieren

Wenn Sie nicht manuell eine XML-Datei anlegen möchten, können Sie alternativ dazu eine VBA-Prozedur schreiben, die das für Sie erledigt.

Bevor wir jedoch eine bestehende Excel-Tabelle per VBA in eine XML-Tabelle exportieren, werden wir uns das Grundprinzip des Exports ansehen. In jedem Fall müssen wir mit einer externen Bibliothek arbeiten. Wir greifen mit diesem Thema etwas vor, denn der Zugriff auf externe Applikation wird erst im folgenden Kapitel 28 behandelt. Um die XML-Bibliothek zu aktivieren, wechseln Sie in die VBE und rufen den Menübefehl *Extras/Verweise* auf. Suchen und aktivieren Sie in der Liste den Eintrag *Microsoft XML, v6.0*. Wenn Sie mit der Version 2003 arbeiten, verwenden Sie *Microsoft XML, v5.0*.

Die Objekte, die wir nun verwenden, werden aus der XML-Bibliothek bezogen. Zu Beginn der Prozedur werden die Elemente deklariert, die wir zum Erzeugen der Datenfelder benötigen. Das Objekt `MSXML2` stellt die XML-Datei dar. Es ist nicht zwingend erforderlich, das Element zu verwenden. Das Objekt `DOMDocument60` wird verwendet, wenn ein neues Dokument mittels der Version 2010 erzeugt werden soll. Frühere Versionen haben tiefere Nummern.

In der `Set`-Anweisung wird das neue Dokument als `New` deklariert. In der letzten Codezeile wird das Dokument im angegebenen Pfad und dem Dateinamen `XMLFile.xml` mit `Save` gespeichert. Nach dem Ausführen des Codes ist im angegebenen Pfad eine leere XML-Datei vorhanden.

**Listing 27.2** Eine XML-Datei erzeugen

```
Sub BildXMLFile()
   Dim xml As MSXML2.DOMDocument60

   Set xml = New MSXML2.DOMDocument60

   xml.Save "C:\test\XMLFile.xml"
End Sub
```

Die nächste Codezeile, die wir in das nun vorhandene Gerüst einbauen, lautet:

```
xml.loadXML "<?xml version=""1.0""?><MVPs/>"
```

Mit ihr wird die oberste Hierarchiestufe der XML-Datei erzeugt. Sie beinhaltet die Versionsangabe des XML-Standards sowie das erste hierarchische Element. Achten Sie darauf, dass bei `<MVPs/>` der Querstrich *nach* dem Namen des Tags folgt. Damit wird ein vorerst leeres Feld erzeugt, das bei Bedarf weitere Datenelemente aufnehmen kann. Dies wiederum geschieht in den folgenden Schritten.

Die Variable `xmlMember` wird als `IXMLDOMElement` deklariert und referenziert. Damit wird jeweils das Objekt `<Mitglied>` innerhalb von `<MVPs/>` angesprochen. Um ein Element zu erzeugen, wird die Anweisung `createElement` verwendet.

Um innerhalb des `<Mitglied>`-Tags weitere Unterelemente einzufügen, wird die Anweisung `appendChild` eingesetzt. Innerhalb des runden Klammerpaars nach `appendChild` werden die Datenfelder der hier tiefsten Hierarchiestufe übergeben. Diesen wiederum werden die Daten `Text` zugewiesen.

**Listing 27.3** Eine neue XML-Datei erzeugen

```
' Der Verweis auf die Bibliothek
' Microsoft XML, v6.0 muss aktiviert sein
Sub XMLFile()
   Dim xml As MSXML2.DOMDocument60
   Dim xmlMember As MSXML2.IXMLDOMElement

   Set xml = New MSXML2.DOMDocument60

   ' Die erste Hierarchiestufe erstellen
   xml.loadXML "<?xml version=""1.0""?><MVPs/>"

   ' Die zweite Hierarchiestufe erstellen
   Set xmlMember = xml.createElement("Mitglied")
   With xmlMember
      ' Die dritte Hierarchiestufe mit den Datenfeldern erzeugen
      .appendChild(xml.createElement("Vorname")).Text = "Masaru"
      .appendChild(xml.createElement("Nachname")).Text = "Kaji"
      .appendChild(xml.createElement("Land")).Text = "Japan"
   End With
   xml.documentElement.appendChild xmlMember

   Set xmlMember = xml.createElement("Mitglied")
   With xmlMember
      .appendChild(xml.createElement("Vorname")).Text = "Bob"
      .appendChild(xml.createElement("Nachname")).Text = "Umlas"
      .appendChild(xml.createElement("Land")).Text = "USA"
   End With
   xml.documentElement.appendChild xmlMember

   ' Zwei weitere Datensätze erstellen
   Set xmlMember = xml.createElement("Mitglied")
   With xmlMember
      .appendChild(xml.createElement("Vorname")).Text = "Monika"
      .appendChild(xml.createElement("Nachname")).Text = "Can"
      .appendChild(xml.createElement("Land")).Text = "Schweiz"
   End With
   xml.documentElement.appendChild xmlMember

   ' Datei speichern
```

**Listing 27.3** Eine neue XML-Datei erzeugen *(Fortsetzung)*

```
   xml.Save "C:\test\XMLFile.xml"
   Set xml = Nothing

   MsgBox "Die Datei ""C:\test\XMLFile.xml"" wurde erzeugt."
End Sub
```

Nachdem die Prozedur ausgeführt wurde, können Sie die erzeugte Datei mit einem Webbrowser öffnen. Das Bild, das sich nun präsentiert, ist vertraut, denn genau dieselbe Datei haben wir zu Beginn des Kapitels manuell mit dem Windows-Editor erzeugt.

**Abbildg. 27.13** Die XML-Datei, die per VBA erzeugt wurde

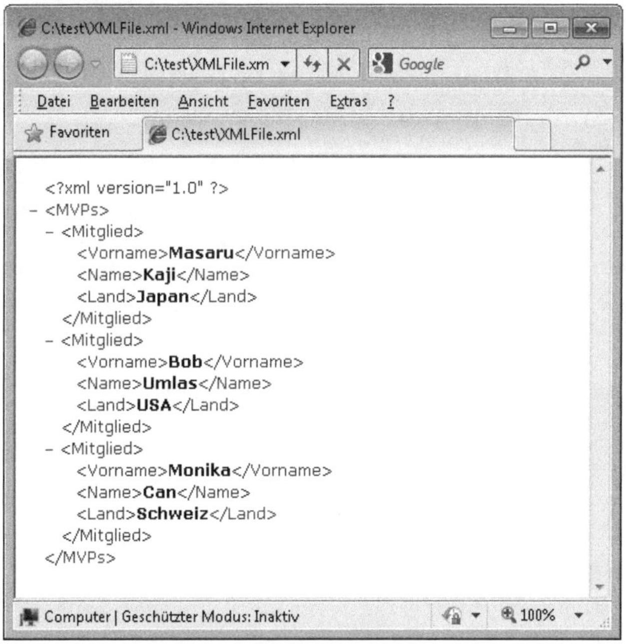


Gehen wir unserem Ziel, aus einer bestehenden Excel-Liste eine XML-Datei zu erzeugen, weiter nach. In der vorangegangenen Prozedur sind die Daten direkt im Code hinterlegt. Wir wollen die Prozedur nun so anpassen, dass die Daten aus dem Tabellenblatt gezogen werden.

**Abbildg. 27.14** Die zu exportierende Liste

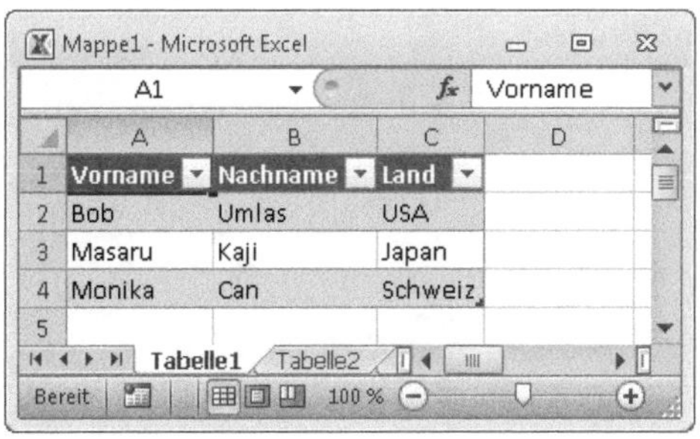

Was wir zusätzlich zur vorangegangenen Prozedur benötigen, sind zwei For-Schleifen, die die Zeilen und Spalten der Liste durchlaufen. Im Grunde genommen spielt es keine Rolle, ob eine Liste vorliegt oder nicht. In unserem Beispiel handelt es sich tatsächlich um eine Liste. Deshalb verwenden wir in der Zählschleife die entsprechenden Objekte ListObjects(1).ListRows und ListObjects(1).ListColumns.

With-Anweisungen sind nicht mehr erforderlich, da nur noch eine einzelne Zeile benötigt wird, um alle gewünschten Daten aus der Excel-Liste in die XML-Datei zu schreiben. Der Code ist so flexibel, dass es keine Rolle spielt, wie viele Spalten oder Zeilen die Liste umfasst. Die Liste kann beliebig erweitert werden.

**Listing 27.4** Automatischer Exportmechanismus

```
' Der Verweis auf die Bibliothek
' Microsoft XML, v6.0 muss aktiviert sein
Sub XMLFileFromExcel()
   Dim xml As MSXML2.DOMDocument60
   Dim xmlMember As MSXML2.IXMLDOMElement
   Dim iR As Integer
   Dim iC As Integer

   Set xml = New MSXML2.DOMDocument60

   ' 1. Stufe
   xml.loadXML "<?xml version=""1.0""?><MVPs/>"

      For iR = 2 To ActiveSheet.ListObjects(1).ListRows.Count + 1
         ' 2. Stufe
         Set xmlMember = xml.createElement("Mitglied")
         For iC = 1 To ActiveSheet.ListObjects(1).ListColumns.Count
            ' 3. Stufe plus Daten
            xmlMember.appendChild(xml.createElement _
               (Cells(1, iC))).Text = Cells(iR, iC)
         Next iC
         xml.documentElement.appendChild xmlMember
      Next iR

   ' Datei speichern
   xml.Save "C:\test\XMLFile.xml"
   Set xml = Nothing

   MsgBox "Die Datei ""C:\test\XMLFile.xml"" wurde erzeugt."
End Sub
```

Nachdem die XML-Datei erzeugt wurde, können Sie sie in Excel öffnen. Dabei stehen nun alle Listenfunktionen zur Verfügung und auch der Aufgabenbereich *XML-Quelle* kann verwendet werden, um die Daten in der gewünschten Form anzuordnen.

# XSL(T) – Externe Formatvorlagen erstellen

Alle XML-Dateien, mit denen wir bis jetzt gearbeitet haben, entbehrten jeglicher Formatierungen, bis auf die Überschrift, die immer fett geschrieben wird. XML-Dateien können jedoch durchaus auch formatiert werden. Sie können Farben verwenden, verschiedene Schriften einsetzen usw.

Vorzugsweise werden die Formatierungen in einer getrennten Datei abgelegt, denn so bleibt der Kern der Daten, die XML-Datei, immer übersichtlich. Sie haben allerdings auch die Möglichkeit, sowohl Daten als auch Formatierungen in einer einzigen Datei verschmelzen zu lassen. Wie das umgesetzt werden kann, werden wir uns jedoch erst in einem späteren Schritt ansehen.

Eine Datei, die lediglich Formatierungsanweisungen für eine XML-Datei enthält, wird mit der Dateierweiterung *.xsl* abgespeichert. Die Abkürzung XSL(T) steht für *Extensible Stylesheet Language (Transformation)*. Vereinfacht übersetzt könnte man XSL-Dateien als Formatvorlagen für XML-Dateien bezeichnen.

Das Prinzip ist recht einfach. In der XML-Datei werden die Datenstruktur sowie die Daten gespeichert, und in der XSL-Datei die Formatierungen für die Daten der XML-Datei. In der XSL-Datei sind somit keinerlei Datensätze zu finden, und in der XML-Datei keine Formatierungen. Die beiden Dateien werden jedoch miteinander verknüpft.

In der XML-Datei muss angegeben werden, welche XSL-Datei als Formatvorlage dient. Die Deklaration wird in der zweiten Zeile der XML-Datei vorgenommen. Der Beginn der Zeile entspricht der Standardisierung des *W3C*. Nach der Anweisung `href` (Hyperlink Reference) folgt der Dateiname der XSL-Datei `href="Bsp27_06.xsl`. Diese Datei werden wir direkt im Anschluss erstellen.

**ACHTUNG** Achten Sie auf die korrekte Schreibweise der Referenzzeile. Bereits ein fehlendes oder falsches Zeichen kann dazu führen, dass die XSL-Datei später nicht verknüpft werden kann.

Kommunikation mit der Außenwelt

**Listing 27.5** Die XML-Datei

```
<?xml version="1.0"?>
<?xml-stylesheet type="text/xsl" href="Bsp27_06.xsl"?>

<MVPs>
   <Mitglied>
      <Vorname>Bob</Vorname>
      <Nachname>Umlas</Nachname>
      <Land>USA</Land>
   </Mitglied>

   <Mitglied>
      <Vorname>Masaru</Vorname>
      <Nachname>Kaji</Nachname>
      <Land>Japan</Land>
   </Mitglied>

   <Mitglied>
      <Vorname>Monika</Vorname>
      <Nachname>Can</Nachname>
      <Land>Schweiz</Land>
   </Mitglied>
</MVPs>
```

Sehen wir uns nun den Aufbau einer XSL-Datei an. Wichtig ist die Deklaration zu Beginn der Datei. Deshalb werden wir uns diese hier separat ansehen. In der ersten Codezeile wird, genauso wie in der XML-Datei, die Version angegeben. Die Verschlüsselung erfolgt nach dem ISO-Standard 8859-1. Diese Codezeile können Sie immer 1:1 übernehmen.

In der zweiten Codezeile findet die eigentliche Einleitung in die Formatvorlage statt. Es wird auf den Transformierungsstandard des W3C verwiesen. Seit Version 5.0 ist im Internet Explorer ein so genannter Parser enthalten, der die Transformation zu Microsoft-Programmen ermöglicht. Wenn Sie mit einer älteren Version arbeiten, müssen Sie den Parser aus dem Internet herunterladen und installierten. Zudem muss bei älteren Versionen die Webadresse des W3C in *http://www.w3.org/TR/WD-xsl* geändert werden.

Die dritte Codezeile der Deklaration lautet `template match="/"`. Damit können bestimmte Regeln für die XML-Datei festgelegt werden. Das Argument `match="/"` sagt aus, dass die Formatvorlagen auf das gesamte Dokument angewendet werden sollen.

**Listing 27.6** Der Aufbau einer XSL-Datei

```
<?xml version="1.0" encoding="ISO-8859-1"?>

<xsl:stylesheet xmlns:xsl="http://www.w3.org/1999/XSL/Transform"
                version="1.0">
   <xsl:template match="/">

      <!-- Ab hier können die Formatierungsanweisungen -->
      <!-- erstellt werden. -->

   </xsl:template>
</xsl:stylesheet>
```

Um eine Formatvorlage zu erstellen, sollten Sie sich vorzugsweise mit HTML und CSS auskennen. CSS (*Cascading Stylesheets*) sind Formatvorlagen für HTML-Dateien, also für Webseiten. Im folgenden Code wird beides angewendet. Im Folgenden finden Sie eine kurze Einführung bzw. eine Beschreibung der verwendeten Tags.

Eine HTML-Seite wird immer durch das Tag `<HTML>` eingeleitet und durch ein entsprechendes Endtag `</HTML>` abgeschlossen. Eine Webseite besteht grundsätzlich aus zwei Teilen. Der Kopf wird mittels des Tags `<HEAD>` eingeleitet. Darin kann eine CSS-Formatvorlage untergebracht werden. Diese wiederum wird durch das Tag `<STYLE>` eingeleitet.

In unserem Beispiel werden zwei CSS-Formate erstellt. Das eine trägt den Namen `MyHeader`. Vor dem Namen wird ein Punkt geschrieben. Den Ausdruck für den Namen können Sie selbst bestimmen. In geschweiften Klammern erfolgen die Formatierungen. Für die Überschrift wird ein roter Hintergrund gewählt. Die Schrift soll kursiv geschrieben werden.

Das zweite Format ist für die Daten bestimmt. Es erhält den Namen `MyData`. Diesmal wird eine graue Hintergrundfarbe festgelegt. Die Schrift soll eine blaue Farbe erhalten.

Nachdem die Formatierungen vorgenommen worden sind, folgen die zwei abschließenden Tags für die Formatvorlage (`</STYLE>`) und den Kopf der Webseite (`</HEAD>`).

Innerhalb des `<BODY>`-Tags werden die zuvor erstellten Formatvorlagen angewendet. Die Tabelle wird durch das Tag `<TABLE>` eingeleitet. Das Argument `border="1"` besagt, dass die Tabelle ein sichtbares Gitternetz erhalten soll. Der Wert 1 legt die Stärke der Rahmenlinien auf 1 Pixel fest.

Mittel COLGROUP können die Spalten formatiert werden. Das Argument Width steht für die Breite, die in Pixel angegeben wird. Mittels Align wird die Textausrichtung bestimmt.

Das Tag <TR> (*Table Row*) leitet immer eine Tabellenzeile ein. Das Tag <TH> (*Table Header*) umschließt jeweils eine Überschrift, wobei die Namen der Überschriften mit den Tags der XML-Datei übereinstimmen müssen. Achten Sie darauf, dass innerhalb des <TH>-Tags das Argument CLASS verwendet wird. Ihm folgt der Name der ersten Formatvorlage, die wir im Kopf festgelegt haben. Kopfzeilen werden immer fett und zentriert dargestellt. Damit werden die Ausrichtungsanweisungen von COLGROUP übersteuert. Wenn Sie dies nicht tun möchten, ersetzten Sie das TH jeweils durch TD.

Da die Anzahl der Datenreihen unbekannt bzw. veränderlich ist, muss mit einer Schleife gearbeitet werden. Wir verwenden dazu den XSL-Befehl xsl:for each. Nach select müssen die Namen der Tags aus der XML-Datei eingetragen werden. Das erste Tag MVPs ist das Haupttag aus unserer XML-Datei, das die Tabelle an sich darstellt. Das Mitglied-Tag steht für die einzelnen Datenzeilen.

Bei jedem Schleifendurchlauf wird die Formatierung auf eine Datenzeile <TR> angewendet. Die einzelnen Werte werden durch das Tag <TD> *(Table Data)* umgeben. Als Argument verwenden wir unsere zweite Formatierungsanweisung, die wir im Kopf festgelegt haben CLASS="MyData".

Es wird wiederum eine XSL-Anweisung eingesetzt. Diesmal muss angegeben werden, welcher Überschrift die Datenfelder zugeordnet sind xsl:value-of select="..."/>. Nach select folgt somit jeweils einer der Feldnamen der XML-Datei. Der Querstrich vor der abschließenden spitzen Klammer deutet auf ein leeres Datenfeld hin, das gefüllt werden kann.

**Listing 27.7** Die XSL-Datei mit den Formatierungsanweisungen

```
<?xml version="1.0" encoding="ISO-8859-1"?>

<xsl:stylesheet xmlns:xsl="http://www.w3.org/1999/XSL/Transform"
                version="1.0">
  <xsl:template match="/">
    <HTML>
      <HEAD>
        <!-- Formatierungen -->
        <STYLE>
          .MyHeader { background-color: yellow; font-style: italic; }
          .MyData { background-color: silver; color: blue; }
        </STYLE>
      </HEAD>

      <BODY>
        <TABLE border="1">
          <COLGROUP WIDTH="80" ALIGN="LEFT"></COLGROUP>
          <COLGROUP WIDTH="80" ALIGN="LEFT"></COLGROUP>
          <COLGROUP WIDTH="60" ALIGN="RIGHT"></COLGROUP>

          <!-- Überschriften -->
          <TR>
            <TH CLASS="MyHeader">Vorname</TH>
            <TH CLASS="MyHeader">Nachname</TH>
            <TH CLASS="MyHeader">Land</TH>
          </TR>

          <!-- Daten -->
          <xsl:for-each select="MVPs/Mitglied">
            <TR>
```

**Listing 27.7** Die XSL-Datei mit den Formatierungsanweisungen *(Fortsetzung)*

```
                    <TD CLASS="MyData">
                       <xsl:value-of select="Vorname"/>
                    </TD>
                    <TD CLASS="MyData">
                       <xsl:value-of select="Nachname"/>
                    </TD>
                    <TD CLASS="MyData">
                       <xsl:value-of select="Land"/>
                    </TD>
                 </TR>
              </xsl:for-each>
           </TABLE>
        </BODY>
     </HTML>
  </xsl:template>
</xsl:stylesheet>
```

Es erscheint wohl im ersten Moment etwas umständlich, eine Formatvorlage zu erzeugen. Wenn die Formatierungsanweisungen jedoch einmal erstellt worden sind, können diese immer wieder verwendet werden.

Änderungen sind sehr leicht angebracht. Wenn Sie beispielsweise die Farben für die Tabelle ändern möchten, können Sie ganz einfach die Farbbezeichnungen im Kopf austauschen.

**BEISPIEL** Nachdem nun sowohl die XML- als auch die XSL-Datei erstellt worden ist, kann die XML-Datei mit Excel geöffnet werden. Innerhalb der Beispieldateien zum Buch ist dies die Datei *Bsp27_05.xml* im Ordner *\Buch\Kap27*.

Wenn Sie die Datei von Excel her öffnen, wird nun neu das Dialogfeld *XML importieren* angezeigt. Es stehen zwei Optionsfelder zur Auswahl. Wenn Sie das erste aktivieren, wird die XML-Datei als Liste importiert. Die Formatvorlage wird nicht geladen.

**Abbildg. 27.15** XML-Datei mit Vorlage importieren

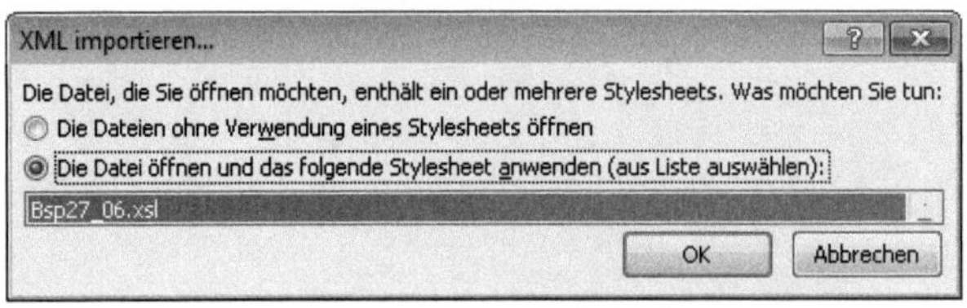


Wenn Sie das zweite Optionsfeld aktivieren, wird die angegebene Formatvorlage geladen. In einer XML-Datei können theoretisch mehrere Formatvorlagen gelinkt sein. Sie haben hier die Möglichkeit zu wählen, mit welchen Formatierungen die Tabelle angezeigt werden soll.

Wenn beim Öffnen der XML-Datei eine Formatvorlage ausgewählt wird, wird die Datei mit einem Schreibschutz belegt.

**Abbildg. 27.16** Die formatierte XML-Datei

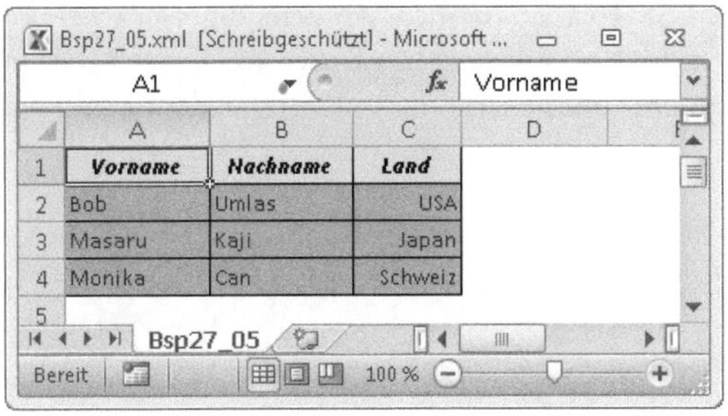


# XML-SS-Schemas – Integrierte Formatierungen verwenden

Bereits seit der Version 2000 kann mit so genannten XML-Schemas gearbeitet werden. Der Fachbegriff lautet XML-SS (*Extensible Markup Language SpreadSheet*). Ein XML-Schema wird im Hintergrund automatisch erzeugt, sobald Sie eine Excel-Datei im Format *.xml* abspeichern. Beim Speichervorgang werden ziemlich viele Formatierungsanweisungen erzeugt. Dies ist erforderlich, damit keine der vorgenommenen Formatierungen verloren gehen.

Die Formatierungen, die erzeugt werden, können Sie sehr leicht selbst erforschen. Damit möglichst wenig XML-Code erzeugt wird, erstellen wir eine Excel-Mappe mit nur einem Tabellenblatt. In Zelle *A1* schreiben wir den Text »VBA«. Der Zelle weisen wir eine rote Farbe zu und formatieren den Text fett. Die Datei speichern wir als *XML-Kalkulationstabelle 2003 (*.xml)* ab.

Wechseln Sie in den Windows-Explorer und öffnen Sie die Datei mit einem Texteditor. Das Ergebnis ist erstaunlich. Das Wort »VBA«, das wir in die Zelle *A1* geschrieben haben, ist erst ziemlich weit unten zu finden.

Was ist hier geschehen? Zu Beginn des Codes finden wir die wohlbekannte Deklaration der XML-Version. Die zweite Codezeile ist interessant, denn Sie legt fest, dass die Datei mit Excel geöffnet werden soll. Diese Codezeile können Sie theoretisch auch in manuell erstellte XML-Dateien einfügen. Wenn Sie die Datei mit einem Doppelklick aus dem Windows-Explorer öffnen, wird nicht der Internet Explorer gestartet, sondern die Datei wird direkt mit Excel geöffnet.

In den nächsten fünf Zeilen sind verschiedene Referenzen zu finden. Die Variablen `x` und `ss` werden später wieder verwendet. Mittels `x` wird die Applikation Excel referenziert und mittels `ss` ein Tabellenblatt.

Nach den Referenzzeilen sind Dateiinformationen aufgeführt (`DocumentProperties`), beispielsweise, wer die Datei erstellt hat, wer die Datei zuletzt gespeichert hat, wann die Datei erstellt worden ist, wann die Datei zuletzt gespeichert und welche Excel-Version dazu verwendet wurde.

Interessant wird es eigentlich erst ab dem einleitenden Tag `<Styles>`, denn hier sind die Formatierungen zu finden. Es sind zwei Formatvorlagen vorhanden. Beide werden durch `<Style>` angeführt. In der ersten Formatvorlage sind Standardeinstellungen enthalten. Viele der Felder sind leer, was am Schrägstrich vor der schließenden Klammer zu entnehmen ist.

Unsere vorgenommenen Formatierungen tragen die Identifikationsnummer s22. Das Verfahren ist ähnlich wie bei den zuvor behandelten CSS-Formatvorlagen. Ab dem Tag `<Worksheet>` beginnt die eigentliche Tabelle mit den Zeilen `<Row>` und den Zellen `<Cell>`. Unserer Zelle wird die zuvor erstellte Formatvorlage s22 zugewiesen. Es ist zudem zu erkennen, dass es sich bei dem Feldinhalt um einen `String`, also Text handelt.

**Abbildg. 27.17** Der Quellcode einer Excel-Datei, die im XML-Format gespeichert wurde

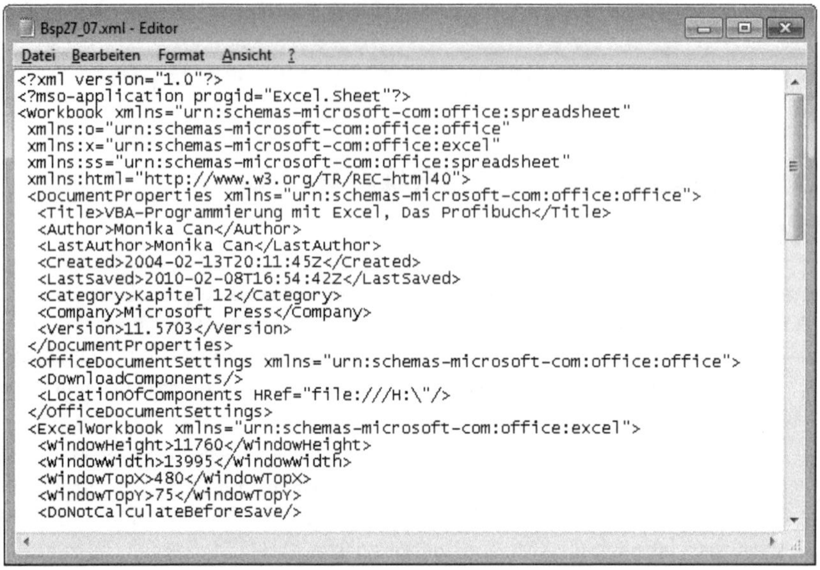


```
<?xml version="1.0"?>
<?mso-application progid="Excel.Sheet"?>
<Workbook xmlns="urn:schemas-microsoft-com:office:spreadsheet"
 xmlns:o="urn:schemas-microsoft-com:office:office"
 xmlns:x="urn:schemas-microsoft-com:office:excel"
 xmlns:ss="urn:schemas-microsoft-com:office:spreadsheet"
 xmlns:html="http://www.w3.org/TR/REC-html40">
 <DocumentProperties xmlns="urn:schemas-microsoft-com:office:office">
  <Title>VBA-Programmierung mit Excel, Das Profibuch</Title>
  <Author>Monika Can</Author>
  <LastAuthor>Monika Can</LastAuthor>
  <Created>2004-02-13T20:11:45Z</Created>
  <LastSaved>2010-02-08T16:54:42Z</LastSaved>
  <Category>Kapitel 12</Category>
  <Company>Microsoft Press</Company>
  <Version>11.5703</Version>
 </DocumentProperties>
 <OfficeDocumentSettings xmlns="urn:schemas-microsoft-com:office:office">
  <DownloadComponents/>
  <LocationOfComponents HRef="file:///H:\"/>
 </OfficeDocumentSettings>
 <ExcelWorkbook xmlns="urn:schemas-microsoft-com:office:excel">
  <WindowHeight>11760</WindowHeight>
  <WindowWidth>13995</WindowWidth>
  <WindowTopX>480</WindowTopX>
  <WindowTopY>75</WindowTopY>
  <DoNotCalculateBeforeSave/>
```

Kapitel 28

# Schnittstellen zu anderen Microsoft-Anwendungen



**In diesem Kapitel:**

Mit Microsoft-Anwendungen sind hier ausschließlich Programme der Office-Familie gemeint, die sich außerhalb von Excel befinden, wie beispielsweise Word, Outlook, Access usw.

In diesem Kapitel werden Sie unter anderem erfahren, wie Daten aus anderen Applikationen per VBA in Excel importiert oder aus Excel heraus exportiert werden können. Das Gebiet rund um externe Applikationen ist so umfangreich, dass man dazu ein eigenes Buch schreiben könnte. Jede der externen Applikationen hat ihre eigenen Objekte, Methoden und Eigenschaften, die von Excel aus angesprochen werden können.

# Objekte aus externen Applikationen verwenden

Es gibt zwei unterschiedliche Vorgehensweisen, um Objekte aus externen Applikationen zu verwenden. Man unterscheidet zwischen *Early Binding* (frühe Bindung) und *Late Binding* (späte Bindung). Im Grunde genommen wird mit beiden Praktiken dasselbe erreicht. Die Bibliothek der externen Applikation wird in die Entwicklungsumgebung von Excel eingebunden, sodass die Objekte der externen Applikation verwendet werden können. An einigen Stellen der vorangegangen Seiten haben wir bereits mit dem einen oder anderen Verfahren gearbeitet.

## Early Binding

Eine frühe Bindung findet statt, wenn die Objektbibliothek der externen Applikation eingebunden wird, noch bevor die erste Codezeile geschrieben wird.

Um eine solche Bibliothek zu aktivieren, wählen Sie in der VBE den Menübefehl *Extras/Verweise*. Im Dialogfeld *Verweise – VBAProject* stehen eine Vielzahl aktivierbarer Bibliotheken zur Verfügung. Die Anzahl hängt davon ab, welche Applikationen, auch außerhalb der Microsoft-Palette, auf Ihrer Festplatte installiert sind.

Wenn Sie beispielsweise auf die Objekte von Microsoft Word zugreifen möchten, aktivieren Sie die *Microsoft Word 14.0 Object Library*. Die Angabe *14.0* steht für die Version 2010. In der Version 2007 war es *12.0* und in der Version 2003 *11.0*. Noch ältere Versionen haben jeweils eine niedrigere Nummer. Early Binding ist somit oftmals an eine bestimmte Version gebunden.

Eine aktivierte Bibliothek steht nur in dem einen VBA-Projekt zur Verfügung, in dem sie aktiviert wurde.

**Abbildg. 28.1** Einen Verweis auf eine externe Applikation aktivieren

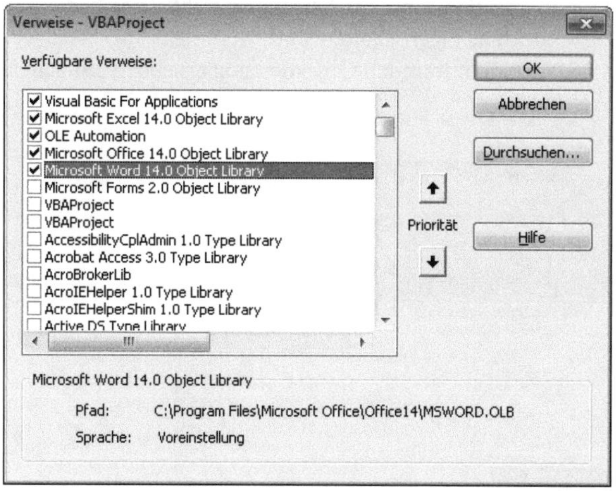


Nachdem die Bibliothek ausgewählt wurde, können die Objekte, Eigenschaften und Methoden der Applikation im *Objektkatalog* eingesehen werden. Drücken Sie dazu in der Entwicklungsumgebung die F2-Taste oder rufen Sie den Menübefehl *Ansicht/Objektkatalog* auf.

**Abbildg. 28.2** Die Objekte der aktivierten Bibliothek werden im Objektkatalog angezeigt

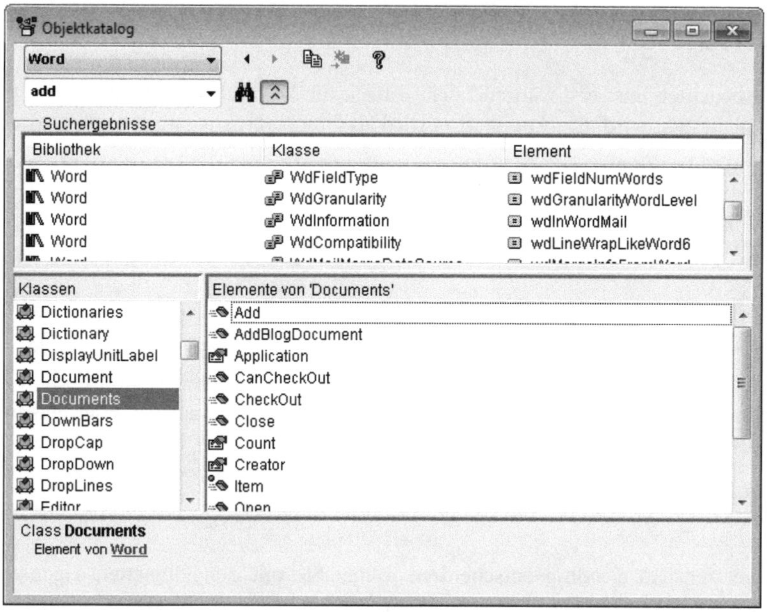


Wenn Sie mit Early Binding arbeiten, sollten Sie das neue Objekt zu Beginn der Prozedur referenzieren. Für gewöhnlich wird damit eine höhere Geschwindigkeit der Prozedur erreicht.

```
Dim WordApp As New Word.Application
```

Ein großer Vorteil beim Verwenden von Early Binding gegenüber Late Binding ist, dass nach der Deklaration automatisch die IntelliSense-Funktion zur Verfügung steht. Dies bedeutet, dass während der Eingabe Vorschläge zu Objekten, Eigenschaften und Methoden angezeigt werden (siehe Abbildung 28.3). So wird die Arbeit mit dem fremden Objektkatalog erheblich einfacher.

**Abbildg. 28.3** IntelliSense

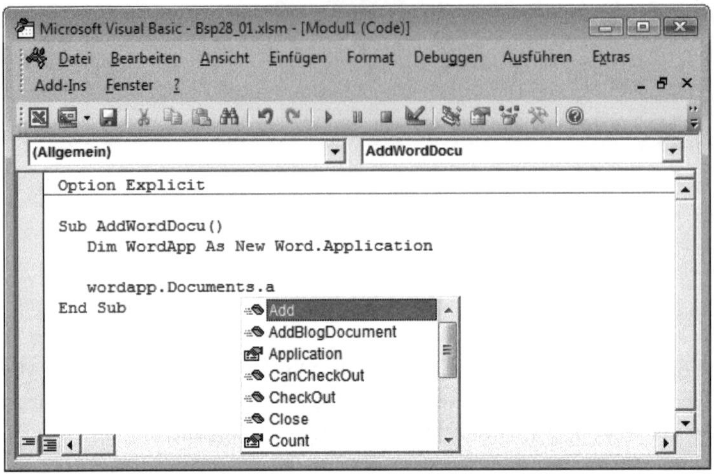


# Late Binding

*Late Binding* bedeutet, dass erst während der Laufzeit die Verbindung zur Bibliothek der externen Applikation hergestellt wird. Die Applikation wird als Objekt dimensioniert und entsprechend referenziert:

```
Dim WordApp As Object
Set WordApp = CreateObject("Word.Application")
```

Der Vorteil bei der Verwendung von Late Binding besteht hauptsächlich darin, dass unabhängig von der Version gearbeitet werden kann.

Wenn jedoch mehrere Word-Applikationen auf Ihrem Rechner installiert sind und Sie gezielt eine Version ansprechen möchten, können Sie die Versionsnummer mit angeben. Hier beispielsweise die Version 2003:

```
Set WordApp = CreateObject("Word.Application.11")
```

Wenn Sie sich für Late Binding entscheiden, sollten Sie mit den Objekten, Eigenschaften und Methoden der externen Applikation vertraut sein, denn weder der Objektkatalog noch IntelliSense stehen zur Verfügung.

# Zusammenarbeit mit Word

Word ist die erste externe Applikation, der wir uns nun zuwenden. Sie finden nachfolgend zwei Beispiele. Das erste zeigt, wie Daten aus einer Excel-Tabelle nach Word exportiert werden können. Im zweiten Beispiel wird gezeigt, wie Daten aus Word in eine Excel-Tabelle importiert werden können.

## Daten nach Word exportieren

Der einfachste Weg, um Daten von Excel nach Word zu exportieren, besteht darin, die Funktion *Copy* & *Paste* (Kopieren und Einfügen) zu verwenden. Der Vorgang kann auch manuell ausgeführt werden.

**Abbildg. 28.4** Excel-Tabelle nach Word kopieren

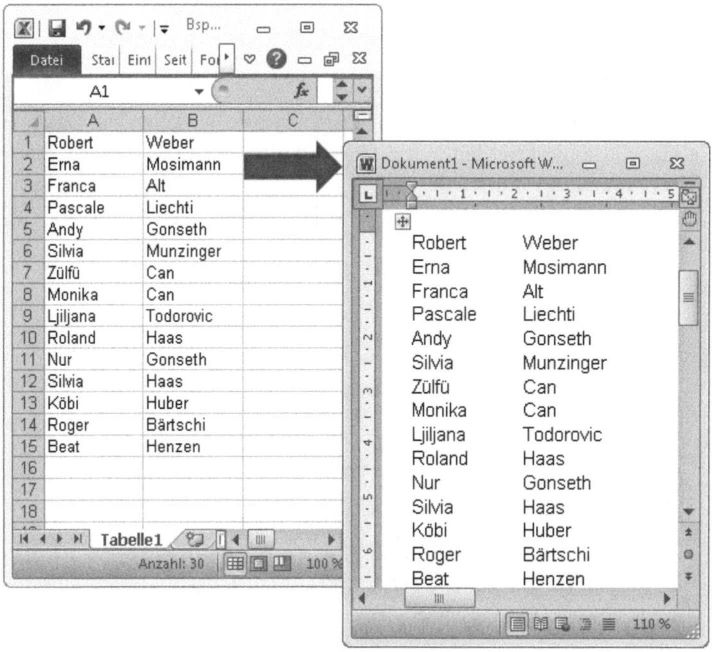


Nach der Dimensionierung wird der gewünschte Bereich der Excel-Tabelle kopiert. Innerhalb der `With`-Anweisung wird zuerst die Word-Applikation gestartet (`Visible = True`) und ein neues Dokument erzeugt (`Documents.Add`). Danach wird der kopierte Bereich eingefügt (`Selection.Paste`).

**Listing 28.1** Daten nach Word exportieren

```
' Die Bibliothek "Microsoft Word x.x Object Library"
' muss aktiviert sein (EARLY BINDING)
Sub ExportToWord()
   Dim WordApp As New Word.Application

   ' Excel-Bereich kopieren
```

**Listing 28.1** Daten nach Word exportieren *(Fortsetzung)*

```
    ActiveSheet.Range("A1:B15").Copy

    With WordApp
       .Visible = True      ' Word-Applikation starten
       .Documents.Add       ' Neues Dokument erzeugen
       .Selection.Paste     ' Kopierten Bereich einfügen
    End With
End Sub
```

**BEISPIEL** Das obige Beispiel befindet sich innerhalb der Beispieldateien zum Buch im Ordner *\Buch\Kap28*. Die Mappe nennt sich *Bsp28_01.xlsm*. Die Prozedur befindet sich in Modul *mdl_01_Export*.

# Word-Daten importieren

Erstellen wir nun das Gegenstück zum vorangegangenen Beispiel. Es sollen die Daten einer Word-Tabelle in eine Excel-Tabelle kopiert werden. Wir gehen davon aus, dass eine gespeicherte Word-Datei vorliegt, die nach Excel exportiert werden soll.

**Abbildg. 28.5** Word-Tabelle nach Excel exportieren

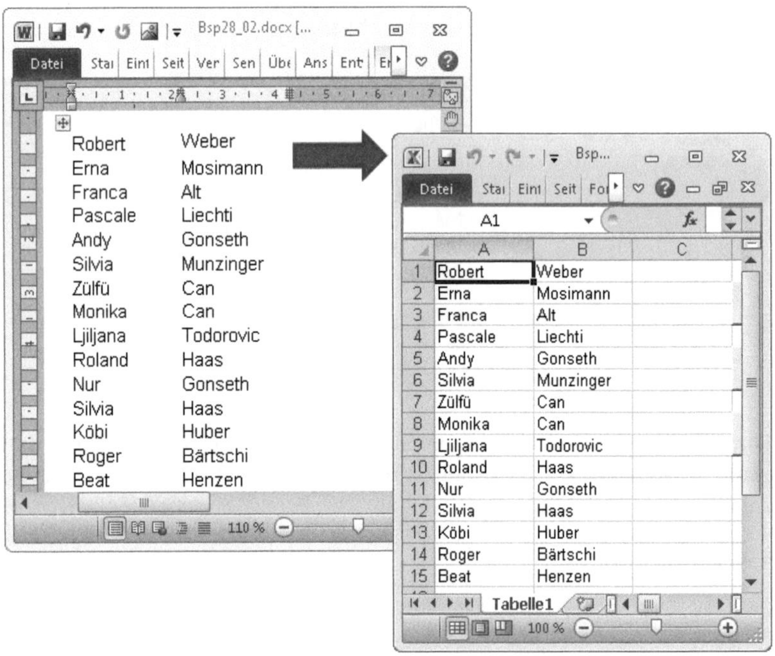

Zu Beginn der Prozedur werden der Pfad und der Dateiname je an eine Variable übergeben. In der With-Anweisung wird, innerhalb von Word, zuerst mit ChangeFileOpenDirectory der Pfad gewechselt und dann über Documents.Open das Dokument geöffnet.

In der verschachtelten With-Anweisung wird der gesamte Bereich des Word-Dokuments kopiert.

Danach wird in Excel eine neue Mappe erzeugt und die Daten aus der Zwischenablage werden eingefügt.

**Listing 28.2** Import der Daten aus einem Word-Dokument

```
' Die Bibliothek "Microsoft Word x.x Object Library"
' muss aktiviert sein (EARLY BINDING)
Sub ImportFromWord()
   Dim WordApp As New Word.Application
   Dim strPath As String
   Const strFile As String = "Bsp28_02.docx"

   strPath = ThisWorkbook.Path

   ' Word
   With WordApp
      .ChangeFileOpenDirectory strPath
      .Documents.Open strFile
      With .Selection
         .WholeStory
         .Copy
      End With
   End With

   ' Excel
   Workbooks.Add
   ActiveSheet.Paste
End Sub
```



**BEISPIEL** Das obige Beispiel befindet sich innerhalb der Beispieldateien zum Buch im Ordner *\Buch\Kap28*. Die Mappe nennt sich *Bsp28_01.xlsm*. Die Prozedur befindet sich in Modul *mdl_02_Import*.

# Ein Word-Dokument mit Formatierungen

Diesmal arbeiten wir nicht mit Kopieren und Einfügen, sondern bauen das Word-Dokument Schritt für Schritt auf. Über der Tabelle soll eine Überschrift erscheinen, der verschiedene Formatierungen zugewiesen werden.

Nach der Überschrift werden die Formatierungen für den folgenden Text aufbereitet. Danach wird eine Tabelle eingefügt. In der For-Schleife werden die Zellen der Excel-Tabelle ausgelesen und in die Word-Tabelle geschrieben.

**Abbildg. 28.6** Ein formatiertes Word-Dokument

Weitere Erläuterungen sind als Kommentarzeilen direkt im Code untergebracht.

**Listing 28.3** Ein formatiertes Word-Dokument erstellen

```
' Die Bibliothek "Microsoft Word x.x Object Library"
' muss aktiviert sein (EARLY BINDING)
Sub WordFormatted()
   Dim WordApp As New Word.Application
   Dim i As Integer

   With WordApp
      .ScreenUpdating = False
      .Visible = True
      .Documents.Add
      .Activate

      With .Selection
         ' Überschrift formatieren
         With .Font
            .Name = "Arial"
            .Size = 14
            .Bold = True
            .Color = wdColorBlue
         End With
         ' Text und Absatzmarke einfügen
         .TypeText Text:="Mitarbeiter"
         .TypeParagraph

         ' Formatierungen für weiteren Text
         With .Font
            .Name = "Arial"
            .Size = 10
```

**Listing 28.3** Ein formatiertes Word-Dokument erstellen *(Fortsetzung)*

```
                .Bold = False
                .Color = wdColorBlack
            End With
            .TypeParagraph

            ' Tabelle in Word einfügen
            .Tables.Add Range:=.Range, NumRows:=15, NumColumns:=2

            ' Spaltenbreite auf vier Zentimeter festlegen
            .Tables(1).Columns(1).PreferredWidth = CentimetersToPoints(4)
            .Tables(1).Columns(2).PreferredWidth = CentimetersToPoints(4)

            ' Excel-Daten in Word-Tabelle schreiben
            For i = 1 To 15
                .TypeText Text:=Cells(i, 1).Value
                .MoveRight Unit:=wdCell     ' Zelle nach rechts wechseln

                .TypeText Text:=Cells(i, 2).Value
                .MoveRight Unit:=wdCell
            Next i
        End With
    .ScreenUpdating = True
    End With
End Sub
```

**BEISPIEL** Das obige Beispiel befindet sich innerhalb der Beispieldateien zum Buch im Ordner *\Buch\Kap28*. Die Mappe nennt sich *Bsp28_01.xlsm*. Die Prozedur befindet sich in Modul *mdl_03_Formatting*.



# Kommunikation mit PowerPoint

Wenden wir uns der Microsoft-Applikation PowerPoint zu. Um mit den Objekten, Eigenschaften und Methoden von PowerPoint arbeiten zu können, muss die Bibliothek *Microsoft PowerPoint x.x Object Library* aktiviert werden.

## Daten nach PowerPoint exportieren

Die Ausgangslage für unser Beispiel ist eine Excel-Tabelle, die einen Tabellenbereich und ein Diagramm enthält. Es soll eine neue PowerPoint-Präsentation mit einer Folie erstellt werden. Das Excel-Diagramm wird kopiert und vergrößert auf der Präsentation eingefügt.

**Abbildg. 28.7** Excel-Daten nach PowerPoint exportieren

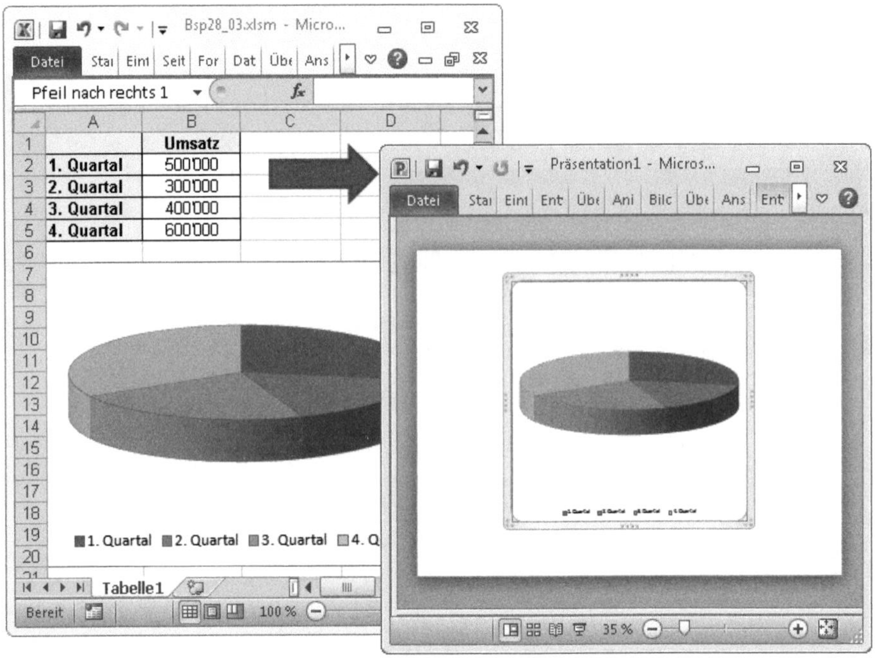


Die wichtigsten PowerPoint-Objekte in unserem Beispiel sind die Präsentation selbst und die Folie. Das Objekt für die Präsentation lautet `Presentations` und das Objekt für die Folie `Slides`.

Im Code finden Sie Kommentare, die die einzelnen Codezeilen beschreiben.

**Listing 28.4** Eine PowerPoint-Präsentation aus Excel-Daten erstellen

```
' Die Bibliothek "Microsoft PowerPoint x.x Object Library"
' muss aktiviert sein (EARLY BINDING)
Sub ExportToPPT()
   Dim PPTApp As New PowerPoint.Application

   With PPTApp
      .Visible = msoTrue                   ' PowerPoint starten
      .Presentations.Add                   ' Präsentation einfügen

      With .ActivePresentation
         .Slides.Add 1, ppLayoutBlank      ' Neue Folie einfügen

         ActiveSheet.ChartObjects(1).Copy  ' Excel-Diagramm kopieren
         .Slides(1).Shapes.Paste           ' Diagramm einfügen
         With .Slides(1).Shapes(1)
            .Height = 400                  ' Diagramm vergrößern
            .Width = 400
            .Top = 50                      ' Diagramm positionieren
            .Left = 160
         End With

         .SlideShowSettings.Run            ' Präsentation starten
```

**Listing 28.4** Eine PowerPoint-Präsentation aus Excel-Daten erstellen *(Fortsetzung)*

```
      End With
   End With
End Sub
```

**BEISPIEL** Das obige Beispiel befindet sich innerhalb der Beispieldateien zum Buch im Ordner *\Buch\Kap28*. Die Mappe nennt sich *Bsp28_03.xlsm*. Die Prozedur befindet sich in Modul *mdl_01_Export*.

# PowerPoint-Daten importieren

Diesmal soll der Transfer in die Gegenrichtung erfolgen. Es existiert eine PowerPoint-Präsentationen, deren Folien in eine neue Mappe eingefügt werden. Jede Folie soll in ein eigenes Tabellenblatt kopiert werden.

**Abbildg. 28.8** Folien aus PowerPoint-Präsentation in Excel importieren

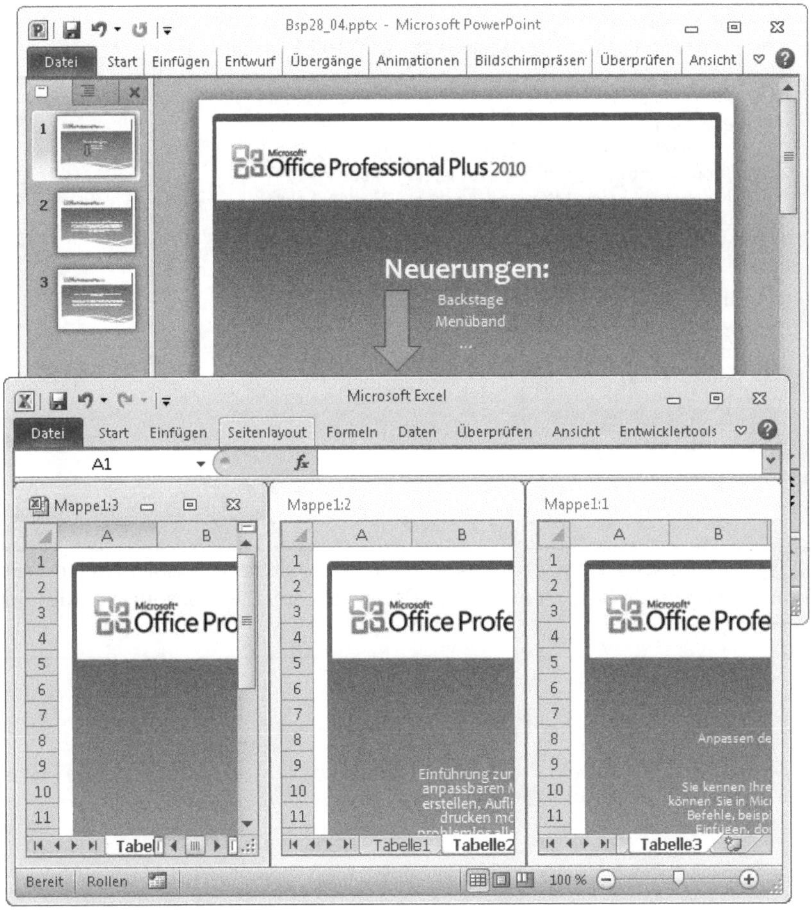

Zu Beginn der Prozedur wird die Applikation PowerPoint gestartet (`Visible = msoTrue`). Danach wird die gewünschte Präsentation geöffnet (`Open`).

In Excel kann voreingestellt werden, wie viele Tabellenblätter in einer neuen Mappe vorhanden sein sollen. Diese Einstellung ist nach Aufruf von *Datei/Optionen* im Menüband in der Kategorie *Allgemein* unter *Die folgende Anzahl Blätter aufnehmen* zu finden. Zu Beginn der `With`-Anweisung wird dieser Wert `SheetsInNewWorkbook` in der Variablen `bytTemp` zwischengespeichert. Der Wert wird umgestellt, sodass die Anzahl der Tabellenblätter der Folienanzahl entspricht. Danach wird die neue Mappe angelegt. Der Wert wird wieder zurückgesetzt, indem der Inhalt der Variablen `bytTemp` zurückgeschrieben wird.

In der `For`-Schleife wird jede Folie kopiert und auf einem eigenen Tabellenblatt eingefügt.

**Listing 28.5** PowerPoint-Folien in Excel-Tabellenblätter einfügen

```
Sub ImportFromPPT()
   Dim PPTApp As New PowerPoint.Application
   Dim bytTemp As Byte
   Dim i As Integer

   With PPTApp
      ' PowerPoint starten und Präsentation öffnen
      .Visible = msoTrue
      .Presentations.Open ThisWorkbook.Path & "\Bsp28_04.pptx"

      With .ActivePresentation
         ' Neue Mappe erstellen
         ' Die Anzahl Tabellenblätter entspricht der Anzahl Folien
         bytTemp = Application.SheetsInNewWorkbook
         Application.SheetsInNewWorkbook = .Slides.Count
         Workbooks.Add
         Application.SheetsInNewWorkbook = bytTemp

         ' Auf jedes Tabellenblatt eine Folie einfügen
         For i = 1 To .Slides.Count
            .Slides(i).Copy
            Worksheets(i).Paste
         Next i
      End With
   End With
End Sub
```

**BEISPIEL** Das obige Beispiel befindet sich innerhalb der Beispieldateien zum Buch im Ordner *\Buch\Kap28*. Die Mappe nennt sich *Bsp28_03.xlsm*. Die Prozedur befindet sich in Modul *mdl_02_Import*.

# Datenaustausch mit Access

Um Daten zwischen Access und Excel zu transferieren, kann wahlweise mit der Bibliothek DAO (*Data Access Objects*) oder ADO (*ActiveX Data Objects*) gearbeitet werden. Bei DAO handelt es sich um den Vorgänger von ADO. Wir werden uns hier ausschließlich mit ADO befassen.

Um mit ADO arbeiten zu können, müssen Sie die Bibliothek *Microsoft ActiveX Data Objects 2.8 Library* aktivieren.

## Daten nach Access exportieren

Um Excel-Daten nach Access-Tabellen zu übertragen, sollten Sie zuerst eine leere Access-Datenbank mit den nötigen Tabellen und Relationen erstellen. Innerhalb der Beispieldateien zum Buch finden Sie eine Access-Datei (*Bsp28_06.mdb*), die zwei Tabellen enthält, die wir mit Daten befüllen werden.

**Abbildg. 28.9** Zwei Access-Tabellen die in Beziehung zueinander stehen

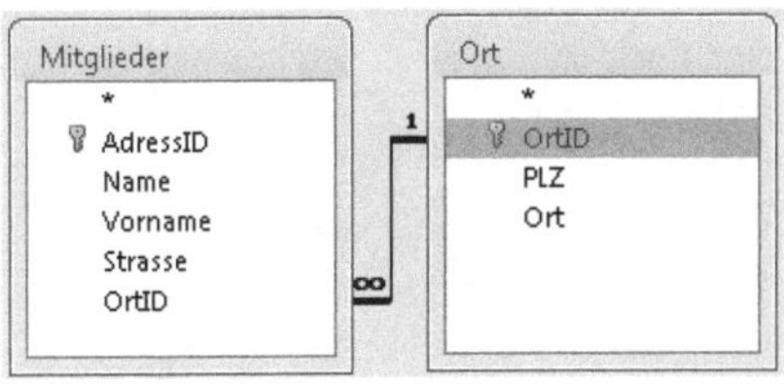


Zu Beginn der Prozedur sind zwei Referenzierungen wichtig. Die erste bezieht sich auf die Datenbank `Connection` und die zweite auf die Datensätze `Recordset`.

Nachdem die beiden Dimensionierungen erfolgt sind, kann eine Verbindung zur Datenbank hergestellt werden. Die Datenbank wird dabei nicht geöffnet, der Vorgang läuft im Hintergrund ab. Dennoch wird die Methode `Open` verwendet. Mit `Provider=Microsoft.Jet.OLEDB.4.0;` muss der Provider angegeben werden. Diesem folgt die Quellangabe `Data Source`, das heißt die Pfad- und Dateiangabe der Datenbank.

Kommunikation mit der Außenwelt

**HINWEIS** Leider stellt Microsoft diese Schnittstelle nur für 32-Bit-Rechner zur Verfügung. Auf einem 64-Bit-Rechner sind die folgenden Prozeduren somit nicht lauffähig.

Da eine n:1-Beziehung von der Tabelle *Mitglieder* zur Tabelle *Ort* in der Access-Datenbank besteht, muss zuerst die Tabelle *Ort* aufbereitet werden. Ohne Einträge in der Tabelle *Ort* könnte die Tabelle *Mitglieder* nicht gefüllt werden.

Es werden also zuerst die Datensätze für die Tabelle *Ort* übertragen. Auch hier wird die Methode `Open` verwendet, diesmal jedoch in Bezug auf den Datensatz. Die Angaben `CursorType:=adOpenKeyset, LockType:=adLockOptimistic` sind zwingend erforderlich. Sie heben die vorbelegte Sperrung der Datensätze auf und lassen das Bewegen des Cursors zwischen den Feldern zu. Die Datensätze werden nach der Aktualisierung (`Update`) wieder gesperrt.

In der `For`-Schleife werden die Daten aus der Excel-Tabelle ausgelesen und in die Access-Datenbank geschrieben. Um eine neue Zeile in der Access-Datenbank zu erstellen, wird die Methode `AddNew` verwendet. Danach werden die Felder angesprochen. Erst mittels der Methode `Update` wird der Datensatz aktualisiert. Nach der `For`-Schleife wird die Verbindung zur Tabelle *Ort* getrennt.

**Abbildg. 28.10** Daten aus Excel-Tabelle nach Access übertragen

In einem weiteren Schritt wird nun die Tabelle *Mitglieder* aufbereitet. Das Verfahren ist dem der Tabelle *Ort* identisch. Achten Sie darauf, dass das Feld `OrtID`, das die Verbindung der Tabelle *Mitglieder* zur Tabelle *Ort* darstellt, gefüllt werden muss.

Am Ende der Prozedur muss auch die Verbindung zur Datenbank getrennt werden. Es wird zudem eine Meldung ausgegeben, die das Ende der Übertragung signalisiert.

Bei mehrmaligem Ausführen der Prozedur werden die Datensätze erneut übertragen und sind somit mehrmals in Access vorhanden.

**Listing 28.6** Daten nach Access exportieren

```
' Die Bibliothek "Microsoft ActiveX Data Objects 2.8 Library"
' muss aktiviert sein (EARLY BINDING)
Sub ExportToAccess()
   Dim i As Integer
   ' Verbindung und Datensätze dimensionieren
   Dim ADODBConnection As New ADODB.Connection
   Dim ADODBRecordset As New ADODB.Recordset

   ' Verbindung herstellen
   ADODBConnection.Open "Provider=Microsoft.Jet.OLEDB.4.0;" & _
```

**Listing 28.6** Daten nach Access exportieren *(Fortsetzung)*

```
                        "Data Source= " & ThisWorkbook.Path & _
                        "\Bsp28_06.mdb;"

    ' Tabelle "Ort" ansprechen
    ADODBRecordset.Open "Ort", _
                        ADODBConnection, _
                        CursorType:=adOpenKeyset, _
                        LockType:=adLockOptimistic
    ' Daten übertragen
    For i = 1 To ActiveSheet.UsedRange.Rows.Count
       With ADODBRecordset
          .AddNew
          .Fields("PLZ") = Cells(i, 4)
          .Fields("Ort") = Cells(i, 5)
          .Update
       End With
    Next i

    ' Tabelle "Ort" schließen
    ADODBRecordset.Close

    ' Tabelle "Mitglieder" ansprechen
    ADODBRecordset.Open "Mitglieder", _
                        ADODBConnection, _
                        CursorType:=adOpenKeyset, _
                        LockType:=adLockOptimistic

    ' Daten übertragen
    For i = 1 To ActiveSheet.UsedRange.Rows.Count
       With ADODBRecordset
          .AddNew
          .Fields("Name") = Cells(i, 1)
          .Fields("Vorname") = Cells(i, 2)
          .Fields("Strasse") = Cells(i, 3)
          .Fields("OrtID") = i
          .Update
       End With
    Next i

    ' Tabelle "Mitglieder" schließen
    ADODBRecordset.Close

    ' Verbindung zur Datenbank trennen
    ADODBConnection.Close
    MsgBox "Die Daten wurden erfolgreich übertragen."
End Sub
```

**BEISPIEL** Das obige Beispiel befindet sich innerhalb der Beispieldateien zum Buch im Ordner *\Buch\Kap28*. Die Mappe nennt sich *Bsp28_05.xlsm*. Die Prozedur befindet sich im Modul *mdl_02_Export*.

Kommunikation mit der Außenwelt

# Daten aus Access importieren

Das Verfahren funktioniert auch in der Gegenrichtung. Dies bedeutet, dass Daten aus einer Access-Datenbank nach Excel übertragen werden können. Das Verhalten ist dem Export ähnlich. Es werden zu Beginn der Prozedur ebenso die Access-Objekte referenziert. Danach wird die Verbindung zur Access-Datenbank hergestellt.

**Abbildg. 28.11** Datentransfer von Access nach Excel

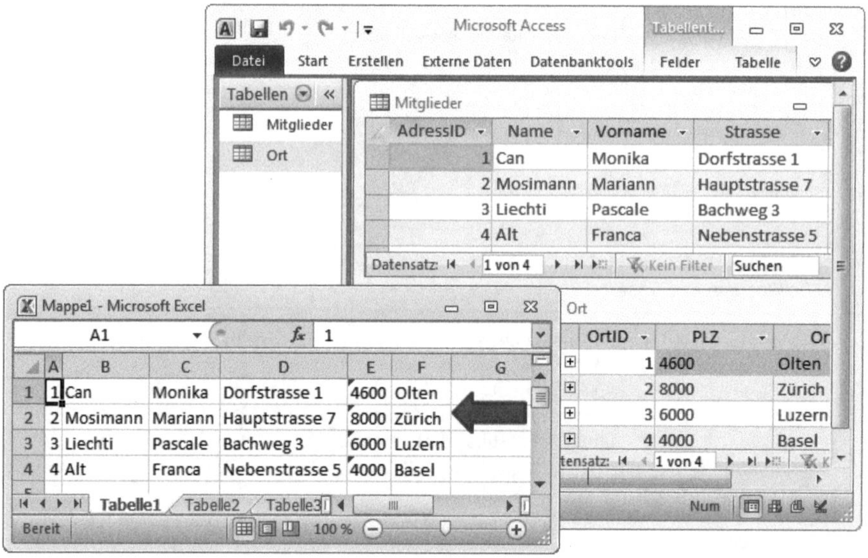

In der `With`-Anweisung werden zuerst die Daten der Tabelle *Mitglieder* übertragen und danach die Daten der Tabelle *Ort*. Beim Auslesen von bestehenden Daten aus einer Access-Datenbank spielt die Reihenfolge des Ansprechens der Tabellen keine Rolle. Mittels der Methode `CopyFromRecordset` wird der gesamte Inhalt einer Access-Tabelle kopiert.

Nach Abschluss der `With`-Anweisung wird die Verbindung zur Datenbank getrennt und die Excel-Tabelle bearbeitet. Am Ende der Prozedur wird eine Meldung angezeigt, die besagt, dass die Daten erfolgreich ausgelesen wurden.

**Listing 28.7** Daten von Access nach Excel importieren

```
' Die Bibliothek "Microsoft ActiveX Data Objects x.x Library"
' muss aktiviert sein (EARLY BINDING)
Sub ImportFromAccess()
   ' Verbindung und Datensätze dimensionieren
   Dim ADODBConnection As New ADODB.Connection
   Dim ADODBRecordset As New ADODB.Recordset

   ' Verbindung herstellen
   ADODBConnection.Open "Provider=Microsoft.Jet.OLEDB.4.0;" & _
                        "Data Source= " & ThisWorkbook.Path & _
                        "\Bsp28_07.mdb;"
```

**Listing 28.7** Daten von Access nach Excel importieren *(Fortsetzung)*

```
    With ADODBRecordset
        ' Daten aus Tabelle "Mitglieder" übertragen
        .Open "Mitglieder", ADODBConnection, _
                            CursorType:=adOpenKeyset, _
                            LockType:=adLockOptimistic
        Workbooks.Add
        Worksheets(1).Range("A1").CopyFromRecordset ADODBRecordset
        .Close

        ' Daten aus Tabelle "Ort" übertragen
        .Open "Ort", ADODBConnection, _
                     CursorType:=adOpenKeyset, _
                     LockType:=adLockOptimistic
        Worksheets(1).Range("E1").CopyFromRecordset ADODBRecordset
        .Close
    End With

    ' Verbindung zur Datenbank trennen
    ADODBConnection.Close

    ' Excel-Tabelle bearbeiten
    With ActiveSheet
        .Columns("E").Delete
        .Columns("A:F").AutoFit
    End With

    MsgBox "Die Daten wurden erfolgreich übertragen."
End Sub
```

**BEISPIEL** Das obige Beispiel befindet sich innerhalb der Beispieldateien zum Buch im Ordner *\Buch\Kap28*. Die Mappe nennt sich *Bsp28_05.xlsm*. Die Prozedur befindet sich in Modul *mdl_01_Import*.

# Auf Outlook zugreifen

Wenn Sie von Outlook aus Daten auslesen möchten, stellt sich vorerst die Frage, welchen der elf Standardordner Sie ansprechen möchten. Outlook wird dadurch komplex, dass in den vielen Ordnern zusätzlich unterschiedliche Felder zu finden sind.

**HINWEIS** Wenn Sie Näheres zu den Feldern von Outlook erfahren möchten, kontaktieren Sie am besten die Onlinehilfe der VBE von Outlook. Es würde zu weit führen, diese hier alle aufzulisten.

Wenn Sie Outlook-Daten auslesen möchten, müssen Sie den Verweis auf die Bibliothek *Microsoft Outlook x.x Object Library* aktivieren.

Egal, welchen Ordner Sie auslesen möchten, die Dimensionierung und Referenzierung erfolgt immer nach den gleichen Regeln. Diese stützen sich auf die hierarchische Struktur von Outlook:

```
Dim OLApp As New Outlook.Application
Dim OLNameSpace As Outlook.Namespace
Dim OLFolder As Outlook.MAPIFolder
Dim OLItems As Outlook.Items
Dim objItem As Object
Set OLNameSpace = OLApp.GetNamespace("MAPI")
Set OLFolder = OLNameSpace.GetDefaultFolder(olFolderInbox)
Set OLItems = OLFolder.Items
```

An oberster Stelle der Hierarchie steht die Applikation (`Outlook.Application`). Bei der Dimensionierung wird ein neues Objekt erzeugt (`New`).

MAPI (*Microsoft Application Programming Interface*) ist die Schnittstelle zwischen Outlook und, von Outlook aus gesehen, der externen Applikation. Diese Verbindung muss in jedem Fall hergestellt werden, wenn Daten ausgelesen werden sollen.

Mittels `Outlook.MAPIFolder` wird das Ordner-Objekt dimensioniert. Bei der Referenzierung wird im runden Klammerpaar nach `.GetDefaultFolder(xxx)` die Konstante des Ordners eingetragen, der ausgelesen werden soll (siehe Tabelle 28.1).

In Abhängigkeit davon, welcher Ordner ausgelesen werden soll, ist die Dimensionierung und Referenzierung der Felder erforderlich (`Outlook.Items`). Meist muss dabei noch ein Objekt dimensioniert werden, das es ermöglicht, auf ein einzelnes Feld Bezug zu nehmen (`Object`). Damit sind wir bei der tiefsten Stufe der Outlook-Hierarchie angelangt.

Der Tabelle 28.1 können Sie die Konstanten der elf Standardordner von Outlook entnehmen.

**Tabelle 28.1** Die Standardordner von Outlook

| Ordner | Konstante |
|---|---|
| Kalender | `olFolderCalendar` |
| Kontakte | `olFolderContacts` |
| Gelöschte Objekte | `olFolderDeletedItems` |
| Entwürfe | `olFolderDrafts` |
| Posteingang | `olFolderInbox` |
| Journal | `olFolderJournal` |
| Notizen | `olFolderNotes` |
| Postausgang | `olFolderOutbox` |
| Gesendete Objekte | `olFolderSentMail` |
| Aufgaben | `olFolderTasks` |
| Alle öffentlichen Ordner | `olPublicAllPublicFolders` |

# Den Posteingang auslesen

Wie zuvor beschrieben, werden die Objekte hierarchisch dimensioniert und referenziert. In unserem Beispiel wird danach eine neue Excel-Mappe erzeugt, in die die Daten geschrieben werden. In der For-Schleife werden einige der Daten des Posteingangs ausgelesen und über mehrere Spalten verteilt in die erste Excel-Tabelle der Mappe geschrieben.

**Listing 28.8** Posteingang auslesen

```
' Die Bibliothek "Microsoft Outlook x.x Object Library"
' muss aktiviert sein (EARLY BINDING)
Sub ReadInbox()
   Dim OLApp As New Outlook.Application
   Dim OLNameSpace As Outlook.Namespace
   Dim OLFolder As Outlook.MAPIFolder
   Dim OLItems As Outlook.Items
   Dim objItem As Object
   Dim i As Integer

   Set OLNameSpace = OLApp.GetNamespace("MAPI")
   Set OLFolder = OLNameSpace.GetDefaultFolder(olFolderInbox)
   Set OLItems = OLFolder.Items

   ' Eine neue Excel-Mappe erstellen
   Workbooks.Add

   ' Daten auslesen
   i = 1
   For Each objItem In OLItems
      ' Prüfen, ob es sich um eine Mail handelt
      If objItem.Class = olMail Then
         Cells(i, 1) = objItem.SenderName    ' Absender
         Cells(i, 2) = objItem.Subject       ' Betreff
         Cells(i, 3) = objItem.ReceivedTime  ' Datum
         Cells(i, 4) = objItem.Size          ' Größe
      End If
      i = i + 1
   Next objItem

   ' Automatische Spaltengröße in Excel
   Columns("A:D").AutoFit

   ' Objekte freigeben
   Set OLNameSpace = Nothing
   Set OLFolder = Nothing
   Set OLItems = Nothing
End Sub
```

**BEISPIEL** Das obige Beispiel befindet sich innerhalb der Beispieldateien zum Buch im Ordner *\Buch\Kap28*. Die Mappe nennt sich *Bsp28_08.xlsm*. Die Prozedur befindet sich in Modul *mdl_01_Inbox*.

# Kalender auslesen

Der Aufbau, um Daten aus dem Kalender auszulesen, ist im Grunde genommen derselbe wie beim Posteingang. Der Unterschied besteht hauptsächlich darin, dass andere Feldnamen verwendet werden.

**Listing 28.9** Kalender auslesen

```
' Die Bibliothek "Microsoft Outlook x.x Object Library"
' muss aktiviert sein (EARLY BINDING)
Sub ReadCalendar()
   Dim OLApp As New Outlook.Application
   Dim OLNameSpace As Outlook.Namespace
   Dim OLFolder As Outlook.MAPIFolder
   Dim OLItems As Outlook.Items
   Dim objItem As Object
   Dim i As Integer

   Set OLNameSpace = OLApp.GetNamespace("MAPI")
   Set OLFolder = OLNameSpace.GetDefaultFolder(olFolderCalendar)
   Set OLItems = OLFolder.Items

   ' Eine neue Excel-Mappe erstellen
   Workbooks.Add

   ' Daten auslesen
   i = 1
   For Each objItem In OLItems
      Cells(i, 1) = objItem.Subject    ' Betreff
      Cells(i, 2) = objItem.Location   ' Ort
      Cells(i, 3) = objItem.Start      ' Startdatum / -zeit
      Cells(i, 4) = objItem.End        ' Enddatum / -zeit
      i = i + 1
   Next objItem

   ' Automatische Spaltengröße in Excel
   Columns("A:D").AutoFit

   ' Objekte freigeben
   Set OLNameSpace = Nothing
   Set OLFolder = Nothing
   Set OLItems = Nothing
End Sub
```

**BEISPIEL** Das obige Beispiel befindet sich innerhalb der Beispieldateien zum Buch im Ordner *\Buch\Kap28*. Die Mappe nennt sich *Bsp28_08.xlsm*. Die Prozedur befindet sich im Modul *mdl_02_Calendar*.

# Kontakte auslesen

Das letzte Beispiel, das wir uns in Bezug auf Outlook ansehen, behandelt das Auslesen von Kontaktinformationen. Das Verfahren ist wiederum dasselbe. Das einzige, was sich ändert, sind die Felder sowie die Konstante des Ordners `olFolderContacts`.

Auf weitere Beispiele in Bezug auf Outlook kann verzichtet werden, da diese jeweils abgeleitet werden können.

**Listing 28.10** Kontakte auslesen

```
' Die Bibliothek "Microsoft Outlook x.x Object Library"
' muss aktiviert sein (EARLY BINDING)
Sub ReadContact()
   Dim OLApp As New Outlook.Application
   Dim OLNameSpace As Outlook.Namespace
   Dim OLFolder As Outlook.MAPIFolder
   Dim OLItems As Outlook.Items
   Dim objItem As Object
   Dim i As Integer

   Set OLNameSpace = OLApp.GetNamespace("MAPI")
   Set OLFolder = OLNameSpace.GetDefaultFolder(olFolderContacts)
   Set OLItems = OLFolder.Items

   ' Eine neue Excel-Mappe erstellen
   Workbooks.Add

   ' Daten auslesen
   i = 1
   For Each objItem In OLItems
      ' Prüfen, ob es sich einen Kontakt handelt
      If objItem.Class = olContact Then
         Cells(i, 1) = objItem.FirstName       ' Vorname
         Cells(i, 2) = objItem.LastName        ' Nachname
         Cells(i, 3) = objItem.HomeAddress     ' Privatadresse
         Cells(i, 4) = objItem.BusinessAddress ' Geschäftsadresse
         Cells(i, 5) = objItem.Email1Address   ' E-Mail 1
         Cells(i, 6) = objItem.Email2Address   ' E-Mail 2
      End If
      i = i + 1
   Next objItem

   ' Automatische Spaltengröße in Excel
   Columns("A:H").AutoFit

   ' Objekte freigeben
   Set OLNameSpace = Nothing
   Set OLFolder = Nothing
   Set OLItems = Nothing
End Sub
```

**BEISPIEL** Das obige Beispiel befindet sich innerhalb der Beispieldateien zum Buch im Ordner *\Buch\Kap28*. Die Mappe nennt sich *Bsp28_08.xlsm*. Die Prozedur befindet sich in Modul *mdl_03_Contact*.

Kommunikation mit der Außenwelt

# Der Umgang mit Textdateien

Um auf Textdateien zuzugreifen, muss ebenfalls mit dem *File System Object* gearbeitet werden. Das heißt, die Bibliothek *Microsoft Scripting Runtime* muss aktiviert werden.

In den meisten Fällen werden Daten einer Excel-Tabelle in eine Textdatei geschrieben, um damit eine Schnittstelle zu einem anderen Programm zu generieren. Vielfach geschieht dies zum Datenaustausch zwischen Excel und einem Großsystem, respektive einer Datenbank.

## Daten nach Textdatei exportieren

Sie können manuell aus einer Excel-Tabelle eine Textdatei erzeugen, indem Sie *Datei/Speichern unter* wählen und als Dateityp eine Auswahl treffen, die eine Datei mit der Erweiterung *.txt* erzeugt. Der Nachteil ist, dass das Feldtrennzeichen nicht frei bestimmt werden kann.

Eine VBA-Prozedur zu erstellen, erscheint im ersten Moment etwas umständlich. Wenn die Prozedur jedoch einmal erstellt wurde, kann sie immer wieder verwendet werden.

**Abbildg. 28.12** Eine durch Semikolon getrennte Textdatei erzeugen

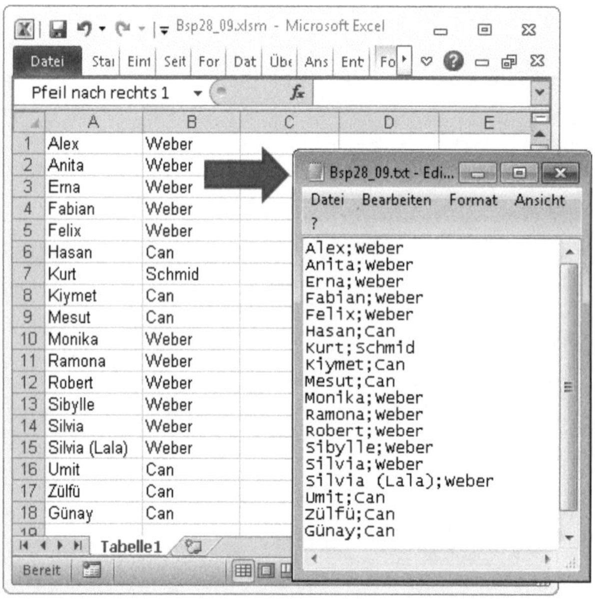


Damit die Prozedur im Nachhinein schnell angepasst werden kann, sollten die veränderlichen Werte zu Beginn der Prozedur an entsprechende Variablen übergeben werden. Bei den veränderlichen Werten handelt es sich um die Pfad- und Dateiangabe, den Bereich, der exportiert werden soll, sowie das gewünschte Trennzeichen. Bei einer späteren Anpassung des Codes müssen nur diese drei Zeilen überarbeitet werden.

Um eine Textdatei zu erzeugen, wird die Methode `CreateTextFile` eingesetzt. Ihr folgt die Pfad- und Dateiangabe.

In der ersten For-Schleife innerhalb der With-Anweisung werden sämtliche Zeilen des angegebenen Bereichs durchlaufen. Bei jedem Schleifendurchlauf wird ein Datensatz mit WriteLine in die Textdatei geschrieben.

In der inneren For-Schleife werden die Spalten durchlaufen. Die Variable strRecord wird Spalte für Spalte mit Werten gefüllt. Die Werte werden dabei durch das angegebene Trennzeichen getrennt. Dadurch entsteht zwangsläufig immer am Ende eines Datensatzes ein überflüssiges Trennzeichen. Dieses wird vor dem Schreiben des Datensatzes in der äußeren For-Schleife mit der Anweisung `Left(strRecord, (Len(strRecord)) - 1)` entfernt. Wenn Sie sich eine Codezeile ersparen möchten, können Sie das Entfernen des Trennzeichens direkt mit dem Schreiben des Datensatzes verbinden: `objTXT.WriteLine Left(strRecord, (Len(strRecord)) - 1)`.

**Listing 28.11** Eine Textdatei erzeugen

```
' Die Bibliothek "Microsoft Scripting Runtime"
' muss aktiviert sein (EARLY BINDING)
Sub ExportTextFile()
   Dim FSO As New FileSystemObject
   Dim objTXT As Object
   Dim rng As Range
   Dim strSeparator As String
   Dim lngRow As Long
   Dim intCol As Integer
   Dim strRecord As String
   Const strPath As String = "C:\test\Bsp28_09.txt"

   ' VERÄNDERLICHE WERTE ZU BEGINN DEKLARIEREN
   ' Datei, Bereich und Trennzeichen
   Set rng = ActiveSheet.Range("A1:B18")
   strSeparator = ";"

   ' Textdatei erzeugen
   Set objTXT = FSO.CreateTextFile(strPath)

   With rng
      ' Alle Zeilen des Bereichs durchlaufen
      For lngRow = 1 To .Rows.Count
         ' Alle Spalten des Bereichs durchlaufen
         For intCol = 1 To .Columns.Count
            ' Datensatz für Textdatei aufbereiten
            strRecord = strRecord & .Cells(lngRow, intCol) & _
                        strSeparator
         Next intCol

         ' Abschließendes Semikolon entfernen
         strRecord = Left(strRecord, (Len(strRecord)) - 1)

         ' Zeile in Textdatei schreiben
         objTXT.WriteLine strRecord

         ' Variable für nächsten Datensatz zurücksetzen
         strRecord = ""
      Next lngRow
   End With
```

Kommunikation mit der Außenwelt

**Listing 28.11** Eine Textdatei erzeugen *(Fortsetzung)*

```
    MsgBox "Die Textdatei " & strPath & " wurde erzeugt."

    Set objTXT = Nothing
    Set rng = Nothing
End Sub
```

**BEISPIEL** Das obige Beispiel befindet sich innerhalb der Beispieldateien zum Buch im Ordner *\Buch\Kap28*. Die Mappe nennt sich *Bsp28_09.xlsm*. Die Prozedur befindet sich in Modul *mdl_01_ExportTextFile*.

# Daten aus einer Textdatei importieren

Die Import-Funktion in Excel ist ausgereifter als die Export-Funktion. Dies wird deutlich, wenn manuell eine Textdatei importiert wird.

Sehen wir uns zuerst an, wie eine Datei auf dem manuellen Weg importiert werden kann, um später den Vorgang per VBA zu automatisieren.

Um eine Textdatei zu importieren, verwenden Sie *Datei/Öffnen*. Wählen Sie den Pfad und die Datei aus. Damit Textdateien im Dialogfeld *Öffnen* angezeigt werden, muss der *Dateityp* auf *Textdateien (*.prn;*.txt;*.csv)* umgestellt werden.

**Abbildg. 28.13** Textdatei öffnen

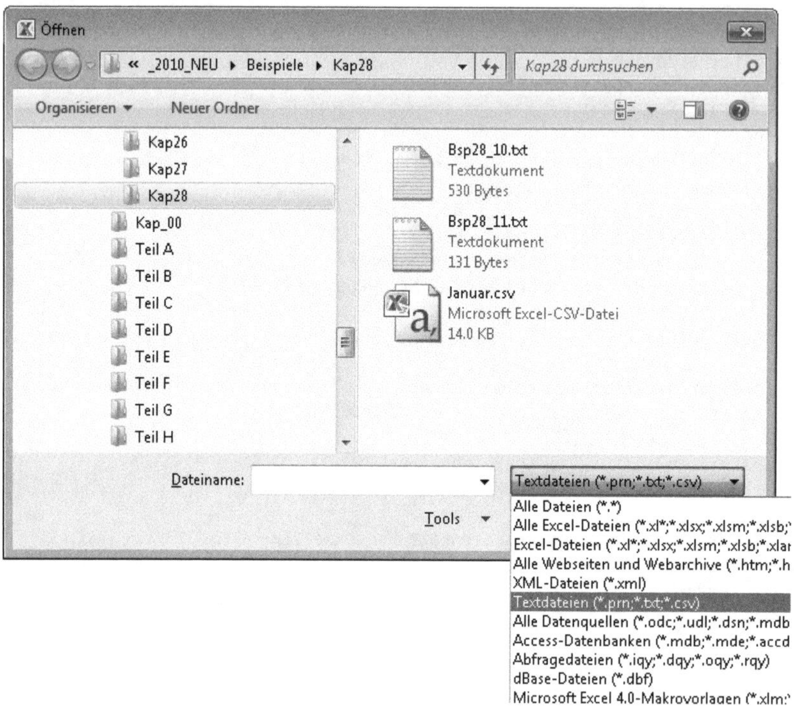

Der *Textkonvertierungs-Assistent* wird geöffnet. Im Dialogfeld stehen zwei Optionsfelder zur Auswahl. Die Standardeinstellung ist *Getrennt*. Diese wird gewählt, wenn ein eindeutiges Datentrennzeichen in der Quelldatei vorhanden ist. *Feste Breite* wird eingesetzt, wenn in der Quelle die Daten lediglich durch Leerzeichen getrennt sind. Für unser Beispiel treffen wir die Auswahl *Getrennt* und betätigen dann die Schaltfläche *Weiter*.

**Abbildg. 28.14** Trenntyp auswählen

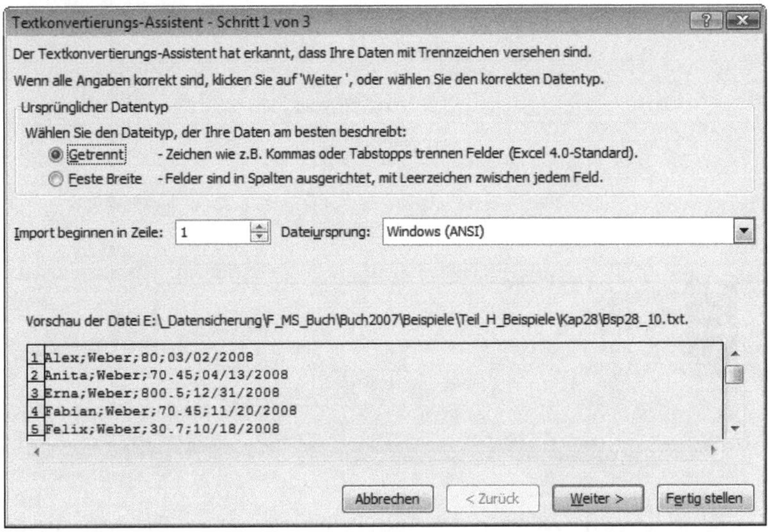


Im zweiten Schritt des Assistenten wird das Trennzeichen ausgewählt. Bei unserer Datei handelt es sich um das Semikolon. Sobald das entsprechende Kontrollkästchen aktiviert wurde, werden die Daten im Vorschaufenster bereits in Spalten aufgeteilt angezeigt.

**Abbildg. 28.15** Trennzeichen auswählen

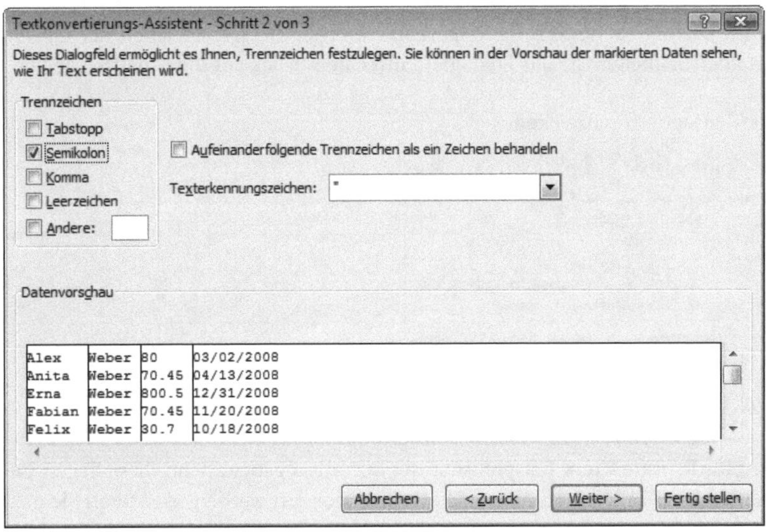

Per Klick auf die Schaltfläche *Weiter* wird das letzte Dialogfeld des Assistenten geöffnet. Hier können verschiedene Einstellungen pro Spalte vorgenommen werden. Im Vorschaufenster lassen sich die Spalten einzeln selektieren. Vorsicht ist jedoch geboten, wenn Zahlen und Datumsangaben vorliegen.

**Abbildg. 28.16** Datenformate auswählen

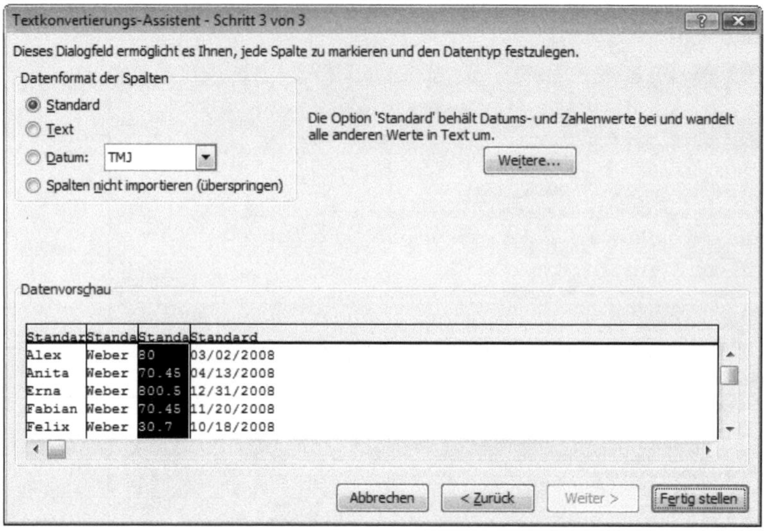


In unserer Quelldatei liegen die Zahlen durch einen Punkt getrennt vor. Dies hängt davon ab, welche *Regions- und Sprachoptionen* in Ihren *Windows-Systemeinstellungen* eingestellt sind. Wenn Sie in Deutschland wohnhaft sind, ist Ihr Dezimaltrennzeichen vermutlich ein Komma (,). In der Schweiz ist es ein Punkt (.).

Damit die Zahlenwerte in Excel auch tatsächlich als Zahlen und nicht als Text importiert werden, müssen Sie unter Umständen eine Anpassung vornehmen. Aktivieren Sie die betreffende Spalte und klicken Sie auf die Schaltfläche *Weitere.*

Wählen Sie im Dialogfeld *Weitere Textimporteinstellungen* die Trennzeichen der *Quelldatei* (!) aus, also der Textdatei. Schließen Sie das Dialogfeld mit einem Klick auf die Schaltfläche *OK.*

**Abbildg. 28.17** Dezimal- und Tausendertrennzeichen

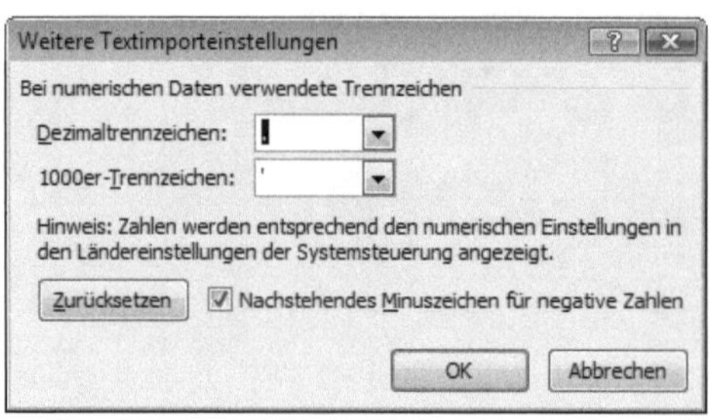


Eine weitere Hürde in unserem Beispiel sind die Datumsangaben, denn diese liegen im amerikanischen Format vor (MTJ). Damit die Daten korrekt importiert werden, aktivieren Sie die letzte Spalte und wählen in Schritt 3 des Assistenten das richtige Format aus. Auch hier muss das Format der Quelldatei angegeben werden.

**Abbildg. 28.18** Datenformat auswählen

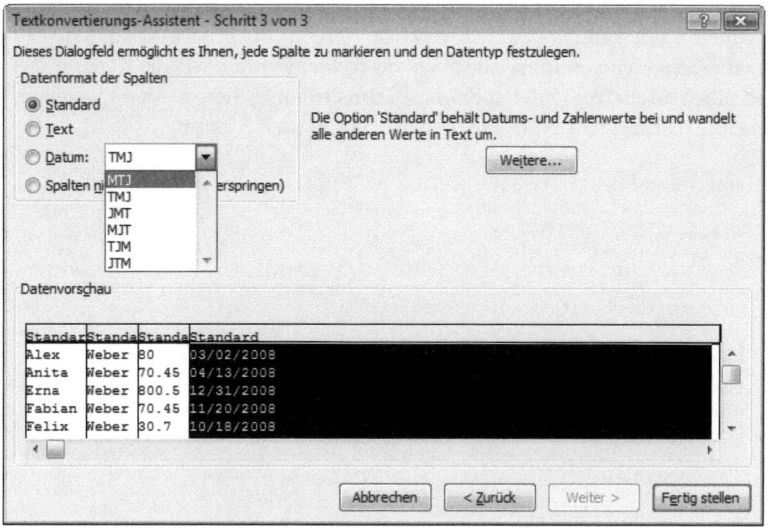


Der Import kann nun abgeschlossen werden. Klicken Sie dazu auf die Schaltfläche *Fertig stellen.* Die Daten liegen jetzt über mehrere Spalten verteilt im korrekten Format in der Excel-Datei vor.

**Abbildg. 28.19** Datenimport aus Textdatei

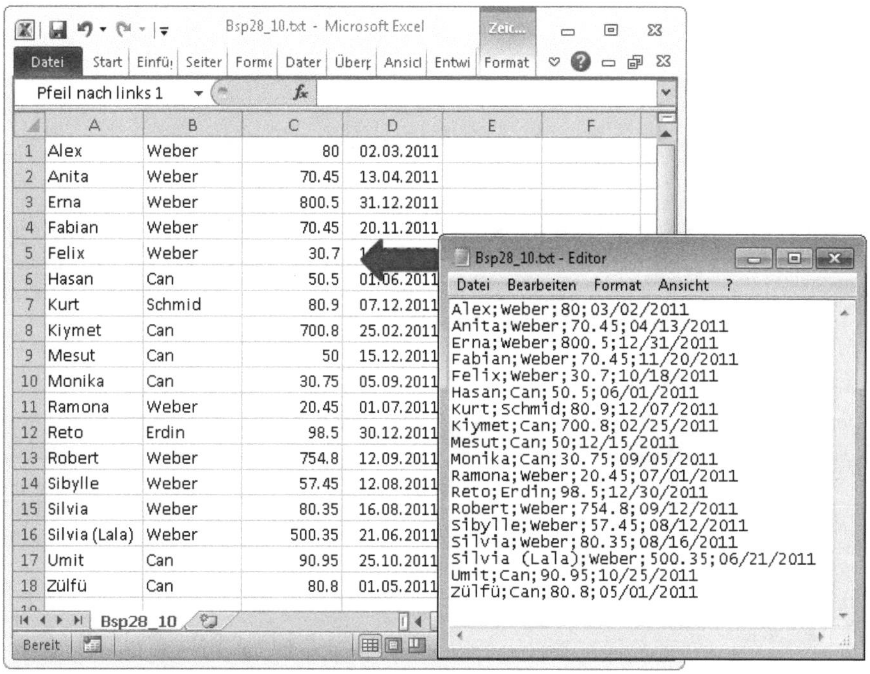

Die einzelnen Schritte sind manuell zwar recht schnell durchgeführt. Wenn der Import jedoch regelmäßig wiederholt werden muss, kann eine geeignete VBA-Prozedur die Arbeit erheblich verkürzen.

Der einfachste Weg führt in diesem Fall über den Makrorekorder. Zeichnen Sie die einzelnen Schritte auf und passen Sie anschließend den VBA-Code an.

Der aufgezeichnete Code kann erstaunlich verkürzt werden. Benötigt wird auf jeden Fall die Pfad- und Dateiangabe. Des Weiteren muss nur noch angegeben werden, wie die Daten in der Quelldatei getrennt sind (`Semicolon=True`) und welches Dezimaltrennzeichen in der Quelldatei verwendet wurde (`DecimalSeparator:="."`). Alles andere wird automatisch erkannt.

**Listing 28.12** Eine Textdatei importieren

```
Sub ImportTextFile()
   Dim strPath As String

   strPath = ThisWorkbook.Path & "\Bsp28_10.txt"

   If Dir(strPath) <> "" Then
      Workbooks.OpenText _
         Filename:=strPath, _
         Semicolon:=True, _
         DecimalSeparator:="."
   Else
      MsgBox "Pfad oder Dateiangabe falsch " & strPath
   End If
End Sub
```

**BEISPIEL** Das obige Beispiel befindet sich innerhalb der Beispieldateien zum Buch im Ordner *\Buch\Kap28*. Die Mappe nennt sich *Bsp28_09.xlsm*. Die Prozedur befindet sich im Modul *mdl_02_ImportTextFile*.

# Eine bestehende Textdatei ergänzen

VBA bietet Ihnen auch die Möglichkeit, eine bestehende Textdatei am Ende um weitere Zeilen zu ergänzen. Um eine Textdatei zu öffnen, wird mit der Methode `OpenTextFile` gearbeitet. Wichtig dabei ist, dass im runden Klammerpaar nach der Angabe des Pfads und Dateinamens die Konstante `ForAppending` oder der Wert 8 eingetragen wird. Es handelt sich dabei um den E/A-Modus (Eingabe/Ausgabe). In VBA lautet dieser Modus `IOMode` (Input/Output).

**Tabelle 28.2** Konstanten des E/A-Modus

| E/A-Modus | Wert | Beschreibung |
|---|---|---|
| `ForReading` | 1 | Öffnet eine Datei nur zum Lesen. Sie können nicht in diese Datei schreiben. |
| `ForAppending` | 8 | Öffnet eine Datei und schreibt am Ende der Datei weiter |

Nach dem `IOMode` kann, getrennt durch ein Komma, eine weitere Konstante verwendet werden. Diese gibt das Format der Textdatei vor. Sie können erzwingen, dass die Datei im ASCII- oder Unicode-Format geöffnet wird. In der Regel kann darauf verzichtet werden.

**Tabelle 28.3** Das Format der Textdatei festlegen

| Konstante | Wert | Beschreibung |
|---|---|---|
| `TristateUseDefault` | –2 | Öffnet die Datei mit den Systemvorgaben |
| `TristateTrue` | –1 | Öffnet die Datei als Unicode-Datei |
| `TristateFalse` | 0 | Öffnet die Datei als ASCII-Datei |

Mittels der Methode `WriteLine` wird die zu ergänzende Textzeile angefügt. Ihr wird der gewünschte Text, in Anführungs- und Schlusszeichen, übergeben.

**Listing 28.13** Eine Textdatei mittels Early Binding ergänzen

```
' Die Bibliothek "Microsoft Scripting Runtime"
' muss aktiviert sein (EARLY BINDING)
Sub AddTextToExistingFile1()
   Dim FSO As New FileSystemObject
   Dim objFile As Object
   Dim strFile As String

   strFile = ThisWorkbook.Path & "\Bsp28_11.txt"

   ' Die Textdatei öffnen
   Set objFile = FSO.OpenTextFile(strFile, ForAppending, _
                                  TristateFalse)

   With objFile
      .WriteLine "5.) --> Neue Textzeile am Ende <--"
      .WriteLine "6.) --> Neue Textzeile am Ende <--"
   End With

   MsgBox "Die Textdatei " & strFile & " wurde erfolgreich ergänzt."

   Set objFile = Nothing
End Sub
```

**Abbildg. 28.20** Dieselbe Textdatei vor und nach dem Ausführen des VBA-Codes, der zwei Zeilen einfügt

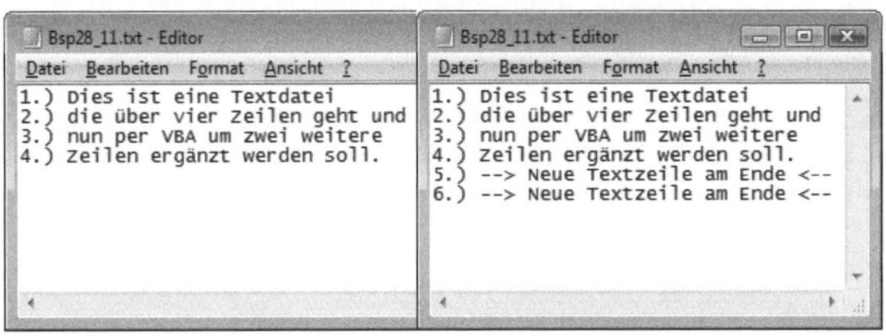


Sie können das Verfahren auch mittels Late Binding umsetzen. Beachten Sie dabei, dass in diesem Falle das Objekt `FileSystemObject` als Objekt deklarieren und später referenzieren müssen.

**Listing 28.14** Eine Textdatei mittels Late Binding ergänzen

```
' Mittels LATE BINDING würde der Code wie folgt lauten
' (ohne Aktivierung einer Bibliothek)
Sub AddTextToExistingFile2()
   Dim objFSO As Object
   Dim objFile As Object
   Dim strFile As String

   strFile = ThisWorkbook.Path & "\Bsp28_11.txt"

   Set objFSO = CreateObject("Scripting.FileSystemObject")
   Set objFile = objFSO.OpenTextFile(strFile, ForAppending)

   With objFile
      .WriteLine "7.) --> Neue Textzeile am Ende <--"
      .WriteLine "8.) --> Neue Textzeile am Ende <--"
   End With

   MsgBox "Die Textdatei " & strFile & " wurde erfolgreich ergänzt."

   Set objFSO = Nothing
   Set objFile = Nothing
End Sub
```

**BEISPIEL** Die obigen Beispiele befinden sich innerhalb der Beispieldateien zum Buch im Ordner *\Buch\Kap28*. Die Mappe nennt sich *Bsp28_11.xlsm* und die zu ergänzende Textdatei *Bsp28_11.txt*. Die Prozedur befindet sich in Modul *mdl_01_AddText*.

# Zusammenarbeit mit dem Windows-Explorer

Um mit Objekten des Windows-Explorers arbeiten zu können, muss auf das *File System Object* (FSO) zugegriffen werden. Dazu muss die Bibliothek *Microsoft Scripting Runtime* aktiviert werden. Sobald die Bibliothek aktiv ist, können Dateien manipuliert werden. Sie haben zudem die Möglichkeit, Datei-, Verzeichnis- oder Ordnerstrukturen per VBA zu verändern.

Zu Beginn einer VBA-Prozedur wird das `FSO`-Objekt erzeugt. Danach stehen die verwendbaren Methoden und Eigenschaften zur Verfügung. Dies wird deutlich, sobald die Variable `FSO` gefolgt von einem Punkt eingetippt wird. Die IntelliSense-Liste zeigt die verfügbaren Befehle zum *File System Object* an.

**Abbildg. 28.21** IntelliSense-Liste zum File System Object

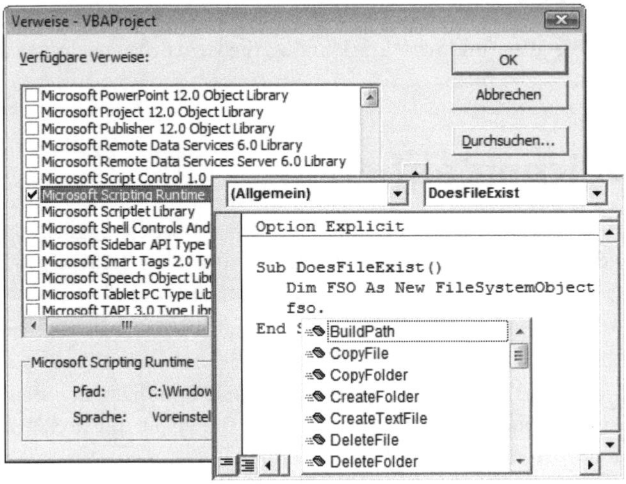


# Windows-Befehle ohne FSO

Nachfolgend finden Sie einige generelle Befehle, mit denen auf das Dateisystem zugegriffen werden kann, ohne dass die Bibliothek *Microsoft Scripting Runtime* aktiviert sein muss.

**Tabelle 28.4** Allgemeine Befehle

| Befehl | Beschreibung | Beispiel |
|---|---|---|
| `ChDir` | Verzeichnis wechseln | `ChDir ("F:\MyFiles")` |
| `ChDrive` | Laufwerk wechseln | `ChDrive ("F:")` |
| `CurDir` | Aktueller Speicherpfad | `MsgBox CurDir` |
| `Dir` | Dateien auflisten | `MsgBox Dir("C:\Test.txt")` |
| `Environ` | Systeminformationen | `MsgBox Environ("UserName")` |
| `FileCopy` | Datei kopieren | `FileCopy "C:\Test.txt", "C:\Test\Test.txt"` |
| `FileDateTime` | Datum und Zeit der letzten Änderung | `MsgBox FileDateTime("C:\Test.txt")` |
| `FileLen` | Dateigröße in Byte | `MsgBox FileLen("C:\Test.txt")` |
| `Kill` | Datei löschen | `Kill ("C:\Test.txt")` |
| `MkDir` | Verzeichnis erstellen | `MkDir ("C:\Test")` |
| `Name As` | Datei umbenennen | `Name ("C:\Test.txt") As ("C:\MyTest.txt")` |
| `RmDir` | Verzeichnis löschen | `RmDir ("C:\Test")` |

# Verzeichnisse verwalten

In diesem Abschnitt erfahren Sie alles rund um Verzeichnisse. Sie lernen, Verzeichnisse auszulesen, zu kopieren, zu verschieben und vieles mehr.

## Aktuelles Verzeichnis abfragen

Es kann vorkommen, dass Pfadangaben sehr lang sind. Des Weiteren ist es möglich, dass sich der Pfad der Arbeitsmappe, in dem sich ein Code befindet, ändert. Von daher kann es gefährlich sein, einen Pfad hartcodiert in einem VBA-Code zu hinterlegen. Natürlich lässt sich dies nicht in jedem Fall vermeiden. Wenn jedoch der Pfad der Arbeitsmappe ermittelt werden soll, in dem sich die VBA-Prozedur befindet, so kann dieser Pfad sehr leicht ermittelt werden.

In unserem Beispiel wird der Pfad unserer Beispielarbeitsmappe innerhalb der Beispieldateien ermittelt. Da sich der Code in derselben Arbeitsmappe befindet, können Sie mit `ThisWorkbook` arbeiten. Um den Pfad zu erfahren, wird die Eigenschaft `Path` benutzt.

Wenn der Pfad in weiteren Prozeduren verwendet werden soll, können Sie ihn an eine öffentliche Variable übergeben, mittels einer ersten Prozedur befüllen und später wieder verwenden sowie bei Bedarf ergänzen. In unserem Beispiel wird mit einer zweiten Prozedur gearbeitet, die noch den Dateinamen der Arbeitsmappe ergänzt. Die Informationen werden in einem Meldungsfeld ausgegeben.

**Abbildg. 28.22** Die Ausgabe eines Pfads mit und ohne Dateinamen

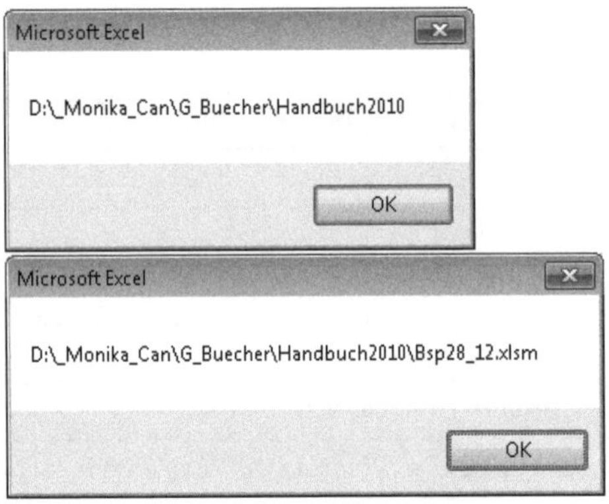


Wenn die Prozedur in einer Arbeitsmappe verwendet wird, die noch nicht gespeichert wurde, werden zwei leere Meldungsfelder ausgegeben. Um dies zu verhindern, arbeiten wir mit einer `If`-Entscheidung, die eine entsprechende Prüfung vornimmt.

**Listing 28.15** Den Namen dieser Arbeitsmappe ermitteln und an eine öffentliche Variable übergeben

```
Public strPath As String

Sub ThisWorkbookPath()
   With ThisWorkbook
      If .Path <> "" Then
         MsgBox .Path
```

**Listing 28.15** Den Namen dieser Arbeitsmappe ermitteln und an eine öffentliche Variable übergeben *(Fortsetzung)*

```
         strPath = .Path
         Call GetPathAndName
      Else
         MsgBox "Die Datei wurde noch nicht gespeichert."
         Exit Sub
      End If
   End With
End Sub

Sub GetPathAndName()
   MsgBox strPath & "\" & ThisWorkbook.Name
End Sub
```

**BEISPIEL** Das obige Beispiel befindet sich innerhalb der Beispieldateien zum Buch im Ordner *\Buch\Kap28*. Die Mappe nennt sich *Bsp28_12.xlsm*. Die Prozedur befindet sich in Modul *mdl_01_GetPath*.

# Prüfen, ob ein Pfad existiert

Wenn Sie einen Pfad hartcodiert in einem Code hinterlegen müssen, denken Sie daran, dass sich der Pfad ändern könnte. Beispielsweise, wenn eine Datei in ein anderes Verzeichnis verschoben oder per E-Mail versendet werden soll. Um zu vermeiden, dass ein Fehler auftritt, sollten Sie auf jeden Fall prüfen, ob der Pfad existiert.

Um zu prüfen, ob ein Pfad existiert, verwenden Sie die Funktion `Dir` in einer `If`-Entscheidung. Im runden Klammerpaar der Funktion hinterlegen Sie den Pfad. Wenn die Abfrage einen Leerstring zurückgibt, existiert der Pfad nicht und Sie sollten eine entsprechende Meldung auf dem Bildschirm erscheinen lassen.

**Listing 28.16** Prüfen, ob ein Pfad existiert

```
Sub PathExist()
   Const strPath As String = "C:\Test\"

   If Dir(strPath, vbDirectory) = "" Then
      MsgBox "Der Pfad """ & strPath & """ existiert nicht."
   Else
      MsgBox "Der Pfad """ & strPath & """ existiert."
   End If
End Sub
```

**WICHTIG** Wichtig ist, dass innerhalb des runden Klammerpaars nach der Funktion `Dir` die Konstante `vbDirectory` als Attribut-Argument angegeben wird. Wenn Sie die Angabe weglassen, wird auf eine bestimmte *Datei* innerhalb des Verzeichnisses Bezug genommen.

Tabelle 28.5 Die Konstanten zum *Attribute*-Argument

| Konstante | Wert | Beschreibung |
|---|---|---|
| vbNormal | 0 | (Voreinstellung) Dateien ohne Attribute |
| vbReadOnly | 1 | Schreibgeschützte Dateien, zusätzlich zu Dateien ohne Attribute |
| vbHidden | 2 | Versteckte Dateien, zusätzlich zu Dateien ohne Attribute |
| vbSystem | 4 | Systemdatei, zusätzlich zu Dateien ohne Attribute |
| vbVolume | 8 | Datenträgerbezeichnung. Falls andere Attribute angegeben wurden, wird `vbVolume` ignoriert |
| vbDirectory | 16 | Verzeichnis oder Ordner, zusätzlich zu Dateien ohne Attribute |

Alternativ zum zuvor aufgezeigten Code können Sie auch das `FileSystemObject` verwenden, um zu prüfen, ob ein Pfad oder eine Datei existiert.

Listing 28.17 Prüfen, ob Pfad existiert, unter Verwendung von *FileSystemObject*

```
Sub PathExistFSO()
   If CreateObject("Scripting.FileSystemObject"). _
                FolderExists("C:\Test\") = True Then
      MsgBox "Der Pfad existiert."
   Else
      MsgBox "Der Pfad existiert nicht."
   End If
End Sub
```

**BEISPIEL** Die obigen Beispiele befinden sich innerhalb der Beispieldateien zum Buch im Ordner *\Buch\Kap28*. Die Mappe nennt sich *Bsp28_12.xlsm*. Die Prozedur befindet sich in Modul *mdl_02_CheckPath*.

# Ein Verzeichnis wechseln

Um ein Verzeichnis zu wechseln, verwenden Sie die Anweisung `ChDir`. Um zu prüfen, in welchem Verzeichnis Sie sich momentan befinden, können Sie die Funktion `CurDir` einsetzen.

**WICHTIG** Es ist entscheidend zu wissen, dass beim Wechseln des aktuellen Verzeichnisses die Anweisung `ChDir` in der Regel nicht ausreicht. Es muss auch das Laufwerk gewechselt werden. Verwenden Sie dazu die Anweisung `ChDrive`. Deutlich wird dies anhand der beiden folgenden Beispiele.

Unser erstes Beispiel zeigt die korrekte Vorgehensweise. Es werden zuerst das Laufwerk und dann der Pfad gewechselt.

Listing 28.18 Korrekter Laufwerk- und Pfadwechsel

```
Sub ChangeDirCorrect()
   Dim strMsg As String
```

**Listing 28.18** Korrekter Laufwerk- und Pfadwechsel *(Fortsetzung)*

```
   ChDrive ThisWorkbook.Path
   ChDir ThisWorkbook.Path
   strMsg = CurDir & Chr(10)

   ChDrive "C:\test"
   ChDir "C:\test"
   strMsg = strMsg & CurDir

   MsgBox strMsg, vbInformation, "Pfadwechsel"
End Sub
```

Die Ausgabe der `MsgBox` zeigt, dass Sie sich jeweils im gewünschten Pfad befinden.

**Abbildg. 28.23** Das Laufwerk und der Pfad wurden korrekt gewechselt

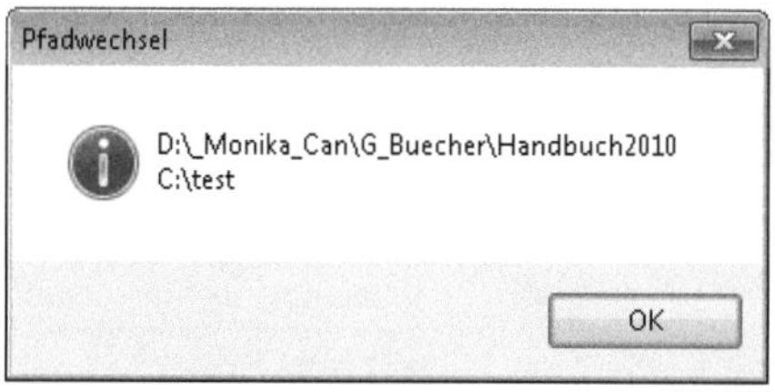




Wir lassen nun die Anweisung `ChDrive` weg und wechseln (vermeintlich) ins Verzeichnis der Arbeitsmappe auf der CD-ROM. Wie Sie der Abbildung 28.24 entnehmen können, hat VBA den Laufwerks- und Pfadwechsel nicht vorgenommen. Sie befinden sich nach wie vor im Pfad *C:\test*.

**Listing 28.19** Nicht vollzogener Pfadwechsel

```
Sub ChangeDirIncorrect()
   Dim strMsg As String

   ChDir ThisWorkbook.Path
   strMsg = CurDir & Chr(10)

   MsgBox strMsg, vbInformation, "Pfadwechsel"
End Sub
```

**Abbildg. 28.24** Sie befinden sich im falschen Pfad

**BEISPIEL** Die obigen Beispiele befinden sich innerhalb der Beispieldateien zum Buch im Ordner *\Buch\Kap28*. Die Mappe nennt sich *Bsp28_12.xlsm*. Die Prozeduren befinden sich in Modul *mdl_03_ChangeDir*.

# Ein Verzeichnis relativ wechseln

Sie können einen Pfad auch relativ wechseln. Das heißt, ausgehend von einem bestehenden Verzeichnis in ein übergeordnetes Verzeichnis wechseln. Sie übergeben dazu der Anweisung `ChDir` in Anführungs- und Schlusszeichen zwei Punkte: `ChDir ".."`.

Das Verfahren ist nicht ganz ungefährlich. Wenn ein Code mit einem relativen Pfadwechsel mehrmals ausgeführt wird, wird bei jedem Ausführen in ein weiteres Verzeichnis oberhalb gewechselt.

**Listing 28.20** Ein relativer Pfadwechsel

```
Sub ChangeDirRelative1()
   Dim strPath As String
   Dim str As String

   strPath = ThisWorkbook.Path

   ' Der Pfad dieser Arbeitsmappe
   str = strPath & Chr(10)

   ' Ein Verzeichnis nach oben (relativ)
   ChDir ".."
   str = str & CurDir & Chr(10)

   MsgBox str, vbInformation, "Pfadwechsel"
End Sub
```

Nach dem ersten Ausführen des Codes mögen Sie sich im richtigen Verzeichnis befinden, nicht jedoch, nachdem Sie den Code wiederholt ausgeführt haben.

**Abbildg. 28.25** Bei jedem Ausführen des Codes wird ein Verzeichnis nach oben gewechselt

Um das zu vermeiden, sollten Sie vor dem Wechsel in den relativen Pfad wieder zurück in den Originalpfad wechseln.

**Listing 28.21** Zuerst in den Originalpfad wechseln und erst dann den relativen Verweis ausführen

```
Sub ChangeDirRelative2()
   Dim strPath As String
   Dim str As String

   strPath = ThisWorkbook.Path

   ' Der Pfad dieser Arbeitsmappe
   str = strPath & Chr(10)

   ' Zum Originalpfad wechseln
   ' und dann ein Verzeichnis nach oben (relativ)
   ChDrive strPath
   ChDir strPath
   ChDir ".."
   str = str & CurDir & Chr(10)

   MsgBox str, vbInformation, "Pfadwechsel"
End Sub
```

**BEISPIEL** Die obigen Beispiele befinden sich innerhalb der Beispieldateien zum Buch im Ordner *\Buch\Kap28*. Die Mappe nennt sich *Bsp28_12.xlsm*. Die Prozeduren befinden sich in Modul *mdl_04_ChangeDirRelative*.



# Ein Verzeichnis anlegen

Um ein neues Verzeichnis anzulegen, verwenden Sie die Anweisung `MkDir`, gefolgt vom gewünschten Pfad. Es empfiehlt sich, in einer Entscheidung zu prüfen, ob das Verzeichnis bereits vorhanden ist, um eine mögliche Fehlermeldung zu vermeiden.

**Listing 28.22** Ein neues Verzeichnis anlegen

```
Sub MakeDir()
   Const strPath As String = "C:\Temp"

   If Dir(strPath, vbDirectory) <> "" Then
      MsgBox "Der Pfad " & strPath & " existiert bereits.", vbCritical
   Else
      MkDir strPath
      MsgBox "Der Pfad " & strPath & " wurde erstellt."
   End If
End Sub
```

**BEISPIEL** Das obige Beispiel befindet sich innerhalb der Beispieldateien zum Buch im Ordner *\Buch\Kap28*. Die Mappe nennt sich *Bsp28_12.xlsm*. Die Prozedur befindet sich im Modul *mdl_05_MakeDir*.

# Ein Verzeichnis löschen

Bevor Sie ein Verzeichnis entfernen können, müssen Sie sicherstellen, dass darin weder Dateien noch Unterverzeichnisse vorhanden sind. Sollten sich nur Verknüpfungen im Verzeichnis befinden, werden diese kommentarlos mit dem Verzeichnis gelöscht.

Um das Verzeichnis zu löschen, verwenden Sie die Anweisung RmDir.

**Listing 28.23** Ein Verzeichnis löschen, sofern möglich

```
Sub RemoveDirectory()
   Const strPath As String = "C:\Temp"

   If Dir(strPath, vbDirectory) = "" Then
      MsgBox "Der Pfad " & strPath & " existiert nicht.", vbCritical
   Else
      On Error GoTo Errorhandler
      RmDir (strPath)
      MsgBox "Das Verzeichnis " & strPath & " wurde gelöscht.", _
             vbInformation
   End If
   Exit Sub

Errorhandler:
   MsgBox "Es sind noch Unterverzeichnisse oder Dateien vorhanden. " _
          & Chr(10) & _
          "Das Verzeichnis kann nicht gelöscht werden.", vbCritical
End Sub
```

**BEISPIEL** Das obige Beispiel befindet sich innerhalb der Beispieldateien zum Buch im Ordner *\Buch\Kap28*. Die Mappe nennt sich *Bsp28_12.xlsm*. Die Prozedur befindet sich in Modul *mdl_06_RemoveDir*.

# Ein Verzeichnis verschieben

Um einen Ordner mitsamt dessen Inhalt zu verschieben, verwenden Sie die Methode MoveFolder des FileSystemObject.

Um eine Fehlermeldung zu vermeiden, wenn die Pfadangaben nicht korrekt sind, oder der Ordner bereits verschoben wurde, sollten Sie eine entsprechende Prüfung vornehmen.

**Listing 28.24** Ein Verzeichnis verschieben

```
Sub MoveFolder()
   Dim objFSO As Object
   Const strPathOld As String = "C:\Quellordner"
   Const strPathNew As String = "C:\Zielordner"

   Set objFSO = CreateObject("Scripting.FileSystemObject")

   If objFSO.FolderExists(strPathOld) = True And _
      objFSO.FolderExists(strPathNew) = False Then
```

**Listing 28.24** Ein Verzeichnis verschieben *(Fortsetzung)*

```
      CreateObject("Scripting.FileSystemObject"). _
         MoveFolder strPathOld, strPathNew
   Else
      MsgBox "Eine der Pfadangaben ist inkorrekt."
   End If
End Sub
```

**BEISPIEL** Das obige Beispiel befindet sich innerhalb der Beispieldateien zum Buch im Ordner *\Buch\Kap28*. Die Mappe nennt sich *Bsp28_12.xlsm*. Die Prozedur befindet sich in Modul *mdl_07_MoveFolder*.

# Ein Verzeichnis kopieren

Das Verfahren, um einen Ordner zu kopieren, ist dem des Verschiebens sehr ähnlich. Lediglich die Methode ändert sich. Zum Kopieren eines Verzeichnisses verwenden Sie `CopyFolder`.

**Listing 28.25** Ein Verzeichnis verschieben

```
Sub CopyFolder()
   Dim objFSO As Object
   Const strPathOld As String = "C:\Quellordner"
   Const strPathNew As String = "C:\Zielordner"

   Set objFSO = CreateObject("Scripting.FileSystemObject")

   If objFSO.FolderExists(strPathOld) = True And _
      objFSO.FolderExists(strPathNew) = False Then

      CreateObject("Scripting.FileSystemObject"). _
         CopyFolder strPathOld, strPathNew
   Else
      MsgBox "Eine der Pfadangaben ist inkorrekt."
   End If
End Sub
```

**BEISPIEL** Das obige Beispiel befindet sich innerhalb der Beispieldateien zum Buch im Ordner *\Buch\Kap28*. Die Mappe nennt sich *Bsp28_12.xlsm*. Die Prozedur befindet sich in Modul *mdl_08_CopyFolder*.

# Systeminformationen zu einer Datei auslesen

Mittels VBA haben Sie die Möglichkeit, verschiedene Dateiinformationen zu ermitteln. In der folgenden Prozedur wird ermittelt, wann die Datei erstellt wurde, wann der letzte Zugriff erfolgte und wann die Datei zuletzt geändert wurde.

**Listing 28.26** Systeminformationen auslesen

```
Sub SystemInfo()
  Dim twb As Workbook
  Dim objFSO As Object
  Dim objFile As Object
  Dim str As String

  Set twb = ThisWorkbook
  Set objFSO = CreateObject("Scripting.FileSystemObject")
  Set objFile = objFSO.GetFile(twb.Path & "\" & twb.Name)

  str = UCase(objFile.Path) & Chr(10) & Chr(10)
  str = str & "Erstellt am: " & objFile.DateCreated & Chr(10)
  str = str & "Letzter Zugriff: " & objFile.DateLastAccessed & Chr(10)
  str = str & "Zuletzt geändert: " & objFile.DateLastModified

  MsgBox str, vbInformation, "Systeminformationen"
End Sub
```

**Abbildg. 28.26** Einige der Dateieigenschaften wurden ausgelesen

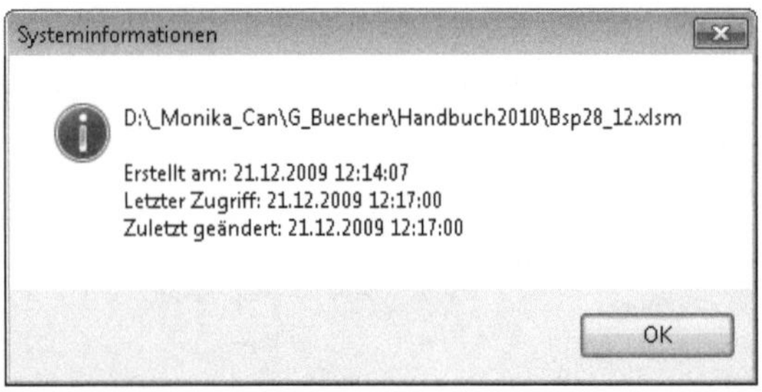


**BEISPIEL** Das obige Beispiel befindet sich innerhalb der Beispieldateien zum Buch im Ordner *\Buch\Kap28*. Die Mappe nennt sich *Bsp28_12.xlsm*. Die Prozedur befindet sich in Modul *mdl_09_SystemInfo*.

Der Tabelle 28.6 können Sie die Eigenschaften entnehmen, die zum Ermitteln von Systeminformationen dienen.

**Tabelle 28.6** Systeminformationen auslesen

| Eigenschaft | Beschreibung |
|---|---|
| `Attributes` | Legt die Attribute von Dateien oder Ordnern fest bzw. gibt diese zurück |
| `DateLastAccessed` | Gibt das Datum und die Uhrzeit des letzten Zugriffs auf die angegebene Datei bzw. den angegebenen Ordner zurück. Schreibgeschützt. |

**Tabelle 28.6** Systeminformationen auslesen *(Fortsetzung)*

| Eigenschaft | Beschreibung |
|---|---|
| `DateLastModified` | Gibt das Datum und die Uhrzeit der letzten Änderung der angegebenen Datei oder des angegebenen Ordners zurück. Schreibgeschützt. |
| `Drive` | Gibt den Laufwerkbuchstaben des Laufwerks zurück, auf dem sich die angegebene Datei bzw. der angegebene Ordner befindet. Schreibgeschützt. |
| `Files` | Gibt eine `Files`-Auflistung zurück, die aus allen in dem angegebenen Ordner enthaltenen `File`-Objekten besteht, einschließlich derer, für die verborgene Attribute und Systemdateiattribute festgelegt wurden. |
| `IsRootFolder` | Gibt `True` zurück, wenn es sich beim angegebenen Ordner um den Stammordner handelt; andernfalls wird `False` zurückgegeben. |
| `Name` | Legt den Namen der angegebenen Datei oder des angegebenen Ordners fest bzw. gibt diesen zurück. Lese-/Schreibzugriff. |
| `ParentFolder` | Gibt das Ordnerobjekt des übergeordneten Ordners der angegebenen Datei bzw. des angegebenen Ordners zurück. Schreibgeschützt. |
| `Path` | Gibt den Pfad einer angegebenen Datei, eines angegebenen Ordners oder Laufwerks zurück. |
| `ShortName` | Gibt den von Programmen, für die die frühere Benennungskonvention aus acht Zeichen für den Namen und einer Erweiterung von drei Zeichen notwendig ist, verwendeten Kurznamen zurück. |
| `ShortPath` | Gibt den von Programmen, für die die frühere Benennungskonvention aus acht Zeichen für den Namen und einer Erweiterung von drei Zeichen notwendig ist, verwendeten Kurzpfad zurück. |
| `Size` | Bei Dateien gibt diese Eigenschaft die Größe der angegebenen Datei in Byte zurück. Bei Ordnern gibt sie die Größe aller im Ordner enthaltenen Dateien und Unterordner in Byte zurück. |
| `SubFolders` | Gibt eine `Folders`-Auflistung zurück, die aus allen in einem bestimmten Ordner enthaltenen Ordnern, einschließlich derer mit dem Attribut »Verborgen« und »Systemdatei«, besteht. |
| `Type` | Gibt Informationen über den Datei- oder Ordnertyp zurück. Bei Dateien mit der Erweiterung *.txt*, wird z.B. »Textdokument« zurückgegeben. |



# Dateien verwalten

Wir kehren nun den Verzeichnissen den Rücken zu. Auf den folgenden Buchseiten erfahren Sie alles rund um die Arbeit mit Dateien.

## Ermitteln, ob eine Datei existiert

Wenn Sie eine Datei ansprechen wollen, sollten Sie in jedem Fall immer prüfen, ob diese tatsächlich im angegebenen Pfad existiert. Verwenden Sie dazu die Methode `Dir`.

**Listing 28.27** Prüfen, ob eine Datei existiert

```
Sub CheckIfFileExists()
   Const strPath As String = "C:\test\temp.xlsx"

   If Dir(strPath) <> "" Then
      MsgBox "Datei """ & strPath & """ vorhanden."
   Else
      MsgBox "Datei """ & strPath & """ nicht vorhanden."
   End If
End Sub
```

**BEISPIEL** Das obige Beispiel befindet sich innerhalb der Beispieldateien zum Buch im Ordner *\Buch\Kap28*. Die Mappe nennt sich *Bsp28_13.xlsm*. Die Prozedur befindet sich in Modul *mdl_01_CheckIfFileExists*.

# Dateien löschen

Um eine Datei aus einem Verzeichnis zu löschen, verwenden Sie die Anweisung `Kill`.

**WICHTIG** Vor dem Löschen der Datei erfolgt vom System keine Rückfrage, ob dies wirklich geschehen soll. Wenn Sie eine solche Rückfrage wünschen, müssen Sie sie selbst in Ihr Programm integrieren.

**Listing 28.28** Eine Datei löschen

```
Sub DeleteOneFile()
   Const strPath As String = "C:\test\MeinExcel.xlsx"
   Dim intMsg As Integer

   ' Rückfrage, ob die Datei wirklich gelöscht werden soll
   intMsg = MsgBox("Wollen Sie die Datei " & strPath & _
                   " wirklich löschen?", vbYesNo)


   If Dir(strPath) <> "" And intMsg = vbYes Then
      Kill (strPath)
      MsgBox "Die Datei " & strPath & " wurde gelöscht."
   ElseIf intMsg = vbNo Then
      MsgBox "Der Löschvorgang wurde abgebrochen."
   Else
      MsgBox "Datei " & strPath & " ist nicht vorhanden."
   End If
End Sub
```

## Sämtliche Dateien eines Verzeichnisses löschen

Sie können auch alle Dateien aus einem Verzeichnis entfernen. Verwenden Sie dazu, anstelle eines Dateinamens, die Zeichenfolgen `"*.*"`. Auch diese Prozedur kann bei Bedarf um eine Sicherheitsrückfrage ergänzt werden.

Listing 28.29 Alle Dateien eines Verzeichnisses löschen

```
Sub DeleteAllFiles()
   Const strPath As String = "C:\test\"

   If Dir(strPath) <> "" Then
      Kill (strPath & "*.*")
      MsgBox "Alle Dateien in " & strPath & " wurden gelöscht."
   Else
      MsgBox "Keine Dateien in " & strPath & " vorhanden."
   End If
End Sub
```

**BEISPIEL** Die obigen Beispiele befinden sich innerhalb der Beispieldateien zum Buch im Ordner *\Buch\Kap28*. Die Mappe nennt sich *Bsp28_13.xlsm*. Die Prozeduren befinden sich in Modul *mdl_02_DeleteFiles*.

# Dateien umbenennen

Wenn Sie Dateien umbenennen möchten, arbeiten Sie mit der Anweisung `Name As`. Nach `Name` wird der alte Name eingetragen und nach `As` der neue Name: `Name "AlterName.xlsx" As "NeuerName.xlsx"`. Die Angabe des Pfades ist unerlässlich.

Listing 28.30 Eine Datei umbenennen

```
Sub RenameOneFile()
   Const strPathOld As String = "C:\test\AlterName.xlsx"
   Const strPathNew As String = "C:\test\NeuerName.xlsx"

   If Dir(strPathOld) <> "" Then
      Name strPathOld As strPathNew
      MsgBox "Die Datei """ & strPathOld & _
             """ wurde umgenannt in """ & strPathNew & """"
   Else
      MsgBox "Die Datei " & strPathOld & " ist nicht vorhanden."
   End If
End Sub
```

Abbildg. 28.27 Nach erfolgreichem Umbenennen wird eine Nachricht ausgegeben

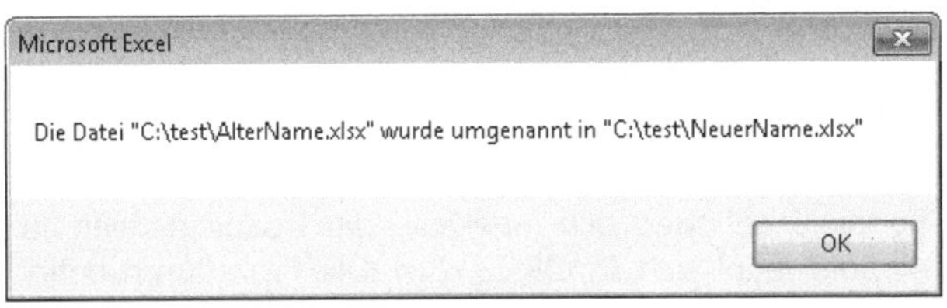


**BEISPIEL** Das obige Beispiel befindet sich innerhalb der Beispieldateien zum Buch im Ordner *\Buch\Kap28*. Die Mappe nennt sich *Bsp28_13.xlsm*. Die Prozeduren befinden sich in Modul *mdl_03_Rename*.

# Dateien verschieben

Mit der Anweisung `Name As`, die wir bereits benutzt haben, um Dateien umzubenennen, können auch Dateien verschoben werden. Es ist dabei noch nicht einmal erforderlich, das Verzeichnis mittels `ChDir` und das Laufwerk mittels `ChDrive` zu wechseln. Übergeben Sie die beiden Pfad- und Dateiangaben lediglich an zwei Variablen und verwenden Sie diese wie folgt: `Name strPathOld As strPathNew`.

Um Fehler zu vermeiden, sollten Sie in einer Entscheidung prüfen, ob die Datei im angegebenen alten Pfad bereits vorhanden ist. Zudem sollten Sie abfragen, ob die Datei im neuen Pfad nicht bereits existiert. Möglich wäre auch, dass im Zielordner bereits eine Datei mit diesem Namen vorhanden ist.

**Listing 28.31** Eine Datei verschieben

```
Sub MoveFile()
   Const strPathOld As String = "C:\Quellordner\MeineDatei.xlsx"
   Const strPathNew As String = "J:\Zielordner\MeineDatei.xlsx"

   If Dir(strPathOld) <> "" And Dir(strPathNew) = "" Then
      Name strPathOld As strPathNew
   ElseIf Dir(strPathOld) = "" Then
      MsgBox "Die Datei existiert nicht in: " & strPathOld
   ElseIf Dir(strPathNew) <> "" Then
      MsgBox "Die Datei existiert bereits in: " & strPathNew
   End If
End Sub
```

Alternativ zu `Name As` können Sie auch mit dem `FileSystemObject` arbeiten. Die Methode zum Verschieben einer Datei lautet `MoveFile`.

**Listing 28.32** Eine Datei verschieben (FSO)

```
Sub MoveFileFSO()
   Const strPathOld As String = "C:\Quellordner\MeineDatei.xlsx"
   Const strPathNew As String = "J:\Zielordner\MeineDatei.xlsx"

   If Dir(strPathOld) <> "" And Dir(strPathNew) = "" Then
      CreateObject("Scripting.FileSystemObject"). _
         MoveFile strPathOld, strPathNew
      MsgBox "Die Datei wurde verschoben."
   Else
      MsgBox "Die Datei konnte nicht verschoben werden."
   End If
End Sub
```

**BEISPIEL** Die obigen Beispiele befinden sich innerhalb der Beispieldateien zum Buch im Ordner *\Buch\Kap28*. Die Mappe nennt sich *Bsp28_13.xlsm*. Die Prozeduren befinden sich im Modul *mdl_04_Move*.

# Eine Datei kopieren

Um eine Datei zu kopieren, verwenden Sie die Anweisung `FileCopy`. Ihr übergeben Sie zuerst die Quellangaben und, getrennt durch ein Komma, die Zielangaben.

**Listing 28.33** Eine Datei kopieren

```
Sub CopyFile()
   Const strPathOld As String = "C:\Quellordner\"
   Const strPathNew As String = "J:\Zielordner\"
   Const strFile As String = "MeineDatei.xlsx"

   If Dir(strPathOld & strFile) <> "" And _
      Dir(strPathNew, vbDirectory) <> "" Then

      FileCopy strPathOld & strFile, strPathNew & strFile
      MsgBox "Die Datei wurde kopiert."
   Else
      MsgBox "Falsche Pfad- oder Dateiangabe."
   End If
End Sub
```

Alternativ zu `FileCopy` können Sie auch mit dem `FileSystemObject` arbeiten. Die Methode zum Kopieren einer Datei lautet `CopyFile`.

**Listing 28.34** Eine Datei kopieren (FSO)

```
Sub CopyFileFSO()
   Const strPathOld As String = "C:\Quellordner\"
   Const strPathNew As String = "J:\Zielordner\"
   Const strFile As String = "MeineDatei.xlsx"

   If Dir(strPathOld & strFile) <> "" And _
      Dir(strPathNew, vbDirectory) <> "" Then

      CreateObject("Scripting.FileSystemObject"). _
         CopyFile strPathOld & strFile, strPathNew & strFile
      MsgBox "Die Datei wurde kopiert."
   Else
      MsgBox "Falsche Pfad- oder Dateiangabe."
   End If
End Sub
```

**BEISPIEL** Die obigen Beispiele befinden sich innerhalb der Beispieldateien zum Buch im Ordner *\Buch\Kap28*. Die Mappe nennt sich *Bsp28_13.xlsm*. Die Prozeduren befinden sich im Modul *mdl_05_Copy*.

# Nützliche Helfer

Die nachfolgenden Themen enthalten weitere hilfreiche Beispiele zur Zusammenarbeit mit Windows-Explorer.

## Kontrollieren, ob ein Wechseldatenträger eingelegt ist

Wenn Sie Daten von einem Wechseldatenträger auslesen möchten, sollten Sie zuerst prüfen, ob der Datenträger eingelegt ist. Das `FileSystemObject` stellt dafür die Methode `GetDrive` zur Verfügung. Im runden Klammerpaar, das nach der Methode folgt, wird der Laufwerksbuchstabe eingetragen. Um zu prüfen, ob ein Wechseldatenträger eingelegt ist, wird die Eigenschaft `IsReady` hinzugezogen.

In vielen der vorangegangenen Beispiele haben wir mit Late Binding gearbeitet. Dies können Sie tun, wenn Ihnen die erforderlichen Methoden und Eigenschaften des FSO bekannt sind. Wenn nicht, erleichtern Sie sich das Leben mit Early Binding, denn nur damit steht die IntelliSense-Liste zur Verfügung. Nicht alle der Methoden und Eigenschaften des FSO sind in der Hilfe beschrieben. IntelliSense zeigt wenigstens die verfügbaren Methoden und Eigenschaften zu einem Objekt an und ist somit sicherlich eine wertvolle Unterstützung.

Unser nachfolgendes Beispiel ist so aufgebaut, dass ein rekursiver Aufruf ermöglicht wird, wenn zunächst kein Datenträger eingelegt ist. Die Abfrage, ob der Code nochmals ausgeführt werden soll, erfolgt in einem Meldungsfeld, das die Schaltflächen *Wiederholen* und *Abbrechen* aufweist. Durch das Betätigen der Schaltfläche *Wiederholen* rufen wir die Prozedur erneut auf (`Call`).

**Abbildg. 28.28** Soll der Code nochmals ausgeführt werden?

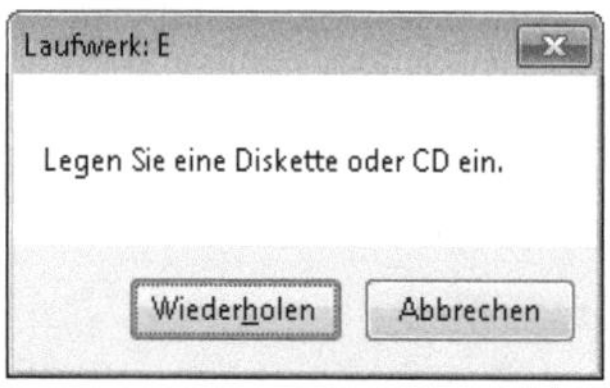


**Listing 28.35** Prüfen, ob ein Wechseldatenträger eingelegt ist

```
' Die Bibliothek "Microsoft Scripting Runtime"
' muss aktiviert sein (EARLY BINDING)
Sub CheckDrive()
   Dim FSO As New FileSystemObject
   Dim intMsg As Integer
   Const strDrive As String = "E"

   ' Ein Laufwerk prüfen
   If FSO.GetDrive(strDrive).IsReady Then
      MsgBox "Ein Wechseldatenträger ist eingelegt."
   Else
      ' Ermöglichen, den Vorgang zu wiederholen
      intMsg = MsgBox("Legen Sie einen Wechseldatenträger ein.", _
               vbRetryCancel, "Laufwerk: " & strDrive)
```

**Listing 28.35** Prüfen, ob ein Wechseldatenträger eingelegt ist *(Fortsetzung)*

```
      ' Neuer Versuch
      If intMsg = vbRetry Then
         Call CheckDrive
      End If
   End If
End Sub
```

**BEISPIEL** Das obige Beispiel befindet sich innerhalb der Beispieldateien zum Buch im Ordner *\Buch\Kap28*. Die Mappe nennt sich *Bsp28_14.xlsm*. Die Prozedur befindet sich in Modul *mdl_01_CheckDrive*.

# Freien Speicherplatz ermitteln

Mittels der Eigenschaft `TotalSize` können Sie die Speicherkapazität eines Laufwerks zurückgeben. Die Eigenschaft `FreeSpace` ermittelt, wie viel freier Speicher noch zur Verfügung steht.

**Listing 28.36** Speicherplatz prüfen

```
' Die Bibliothek "Microsoft Scripting Runtime"
' muss aktiviert sein (EARLY BINDING)
Sub CheckSpace()
   Dim FSO As New FileSystemObject
   Dim strMsg As String
   Const strDrv As String = "C"

   ' Ausgabe in Byte
   strMsg = "Speicherkapazität: " & _
            FSO.GetDrive(strDrv).TotalSize & " Byte" & Chr(10)
   strMsg = strMsg & "Freier Speicher: " & _
            FSO.GetDrive(strDrv).FreeSpace & " Byte"
   MsgBox strMsg, vbInformation, "Laufwerk: " & strDrv
End Sub
```

**Abbildg. 28.29** Die Speicherkapazität zurückgeben

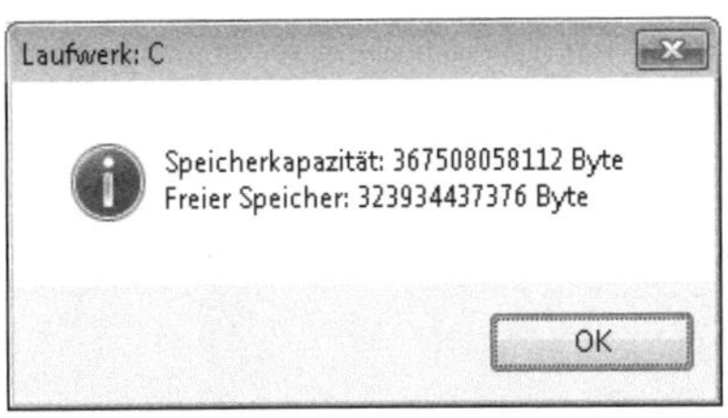


**BEISPIEL** Das obige Beispiel befindet sich innerhalb der Beispieldateien zum Buch im Ordner *\Buch\Kap28*. Die Mappe nennt sich *Bsp28_14.xlsm*. Die Prozedur befindet sich in Modul *mdl_02_CheckSpace*.

Kapitel 29

# Über den Tellerrand hinaus: Anwendungen mit .NET und VSTO

**In diesem Kapitel:**

Im bisherigen Verlauf dieses Buchs haben Sie sich ausschließlich mit der Entwicklung von VBA beschäftigt und sind mit umfangreichem Fachwissen zu diesem Thema versorgt worden. Es wird also Zeit, Ihnen noch ein paar weitere Methoden vorzustellen, mit Office zu kommunizieren.

Die Office-Produkte sind nicht nur sehr umfassend und mächtig, sondern daneben auch noch sehr flexibel und programmierbar. VBA stellt eine von vielen Arten dar, mit den Monstern zu sprechen. Wo VBA hauptsächlich zum Einsatz kommt, um dokumentenbezogene Aufgaben zu automatisieren, geht die Idee einer Office-basierten Anwendung wesentlich weiter.

Die klassische Integration per VBA ist immer auf diese eine Skriptsprache beschränkt. Die Einbindung von externen Programmen, Datenquellen oder gar Webdiensten ist nur sehr umständlich möglich. Außerdem sind VBA-Skripts immer an die Dokumente gebunden, in denen sie entwickelt wurden. Im Beispiel von Excel liefern Sie Ihre Skripts immer mit einem Excel-Dokument an den Benutzer aus. Für viele Anwendungsgebiete ist das sicher die geeignetste Auslieferungsmethode, doch gibt es Bereiche, in denen das unlogisch erscheint oder gar unprofessionell wirkt.

Dieses Kapitel soll Ihnen einen Überblick über alle Methoden liefern, mit denen Sie Office in Ihre Anwendung einbinden können. Dies gibt Ihnen über die Grenzen von VBA hinaus einen Blick dafür, welche Lösungen Sie mit welcher Technologie am besten umsetzen können.

# Die Möglichkeiten

Um es auf den Punkt zu bringen: Die Möglichkeiten sind sehr vielseitig. Neben dem ausgesprochen umfangreichen Schnittstellenangebot innerhalb von VBA, das Sie ja bereits im Laufe dieses Buchs kennen lernen durften, gibt es ähnlich umfassende Schnittstellen für klassische Entwicklungsmethoden. Wo VBA hauptsächlich innerhalb der Office-Produkte als Skriptcode agiert, erlauben andere Herangehensweisen auch den umgekehrten Weg.

Der Ansatz, der VBA vermutlich am ähnlichsten ist, ist die Integration von eigenem Code in Excel mit Hilfe von Add-Ins. Diese werden, im Gegensatz zu den Makros, als eigenständige Anwendung auf dem System installiert und integrieren sich nahtlos in das Office-Produkt. Die Add-In-Integration bringt aber zusätzlich noch einige interessante Aspekte ins Spiel, die für verteilte Anwendungen, mehrköpfige Entwicklerteams oder Anwendungen, die über die Office-Grenzen hinaus gehen, nicht zu vernachlässigen sind – die Power von .NET Framework und der Entwicklungsumgebung Visual Studio. In beiden Fällen verwenden Sie Excel aber als Hauptanwendung, die von Ihren Applikationen sinnvoll erweitert wird.

Der umgekehrte Weg ist aber ebenso denkbar. Stellen Sie sich eine eigenständige Anwendung vor, die auf die Funktionalitäten von Word oder Excel zurückgreifen möchte, ohne diese Anwendungen dem Benutzer anzuzeigen. Dies beginnt beim Import/Export von Dokumenten oder der Verwendung von Excel als Berechnungsplattform.

Nicht immer ist es notwendig, gleich Excel zu starten, wenn Sie nur mal ein paar Daten aus einem Dokument importieren wollen. Dank des neuen Dokumentenformats, dem Open XML-Format, das seit Office 2007 verwendet wird, ist es möglich, diese Dateien zu bearbeiten, ohne dafür die eigentliche Anwendung zu bemühen. Auch das ist eine Alternative, die hier auf jeden Fall eine Rolle spielen sollte.

**Abbildg. 29.1** Übersicht der Automatisierungsmöglichkeiten

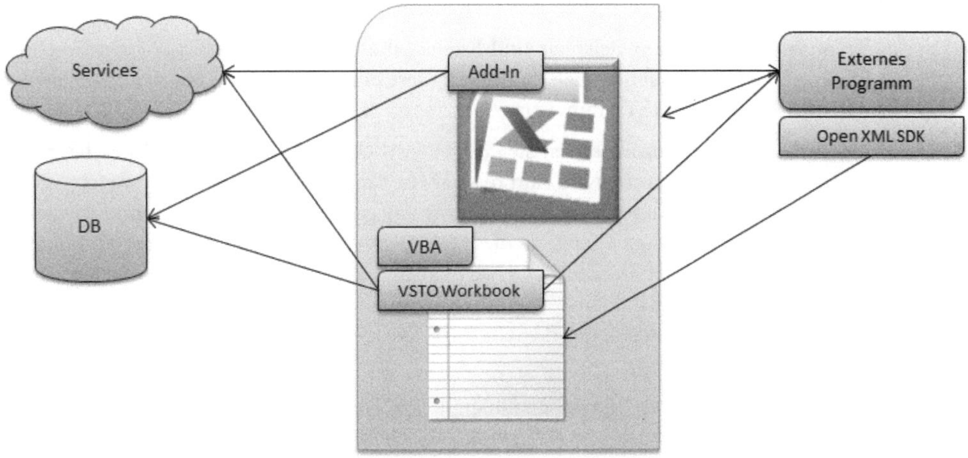


Dieses Diagramm soll eine Übersicht der Technologien aufzeigen. Zentraler Baustein ist Excel als Anwendung. Darin enthalten sind auch die geöffneten Dokumente, die bei der Office-Programmierung eine zentrale Rolle spielen. Anpassungsmethoden wie VBA und die VSTO Workbooks finden ihren Platz genau dort, da diese dokumentenorientiert arbeiten und auch im Dokument selbst gespeichert werden. Technologien wie die Add-Ins sind bei Excel direkt angebunden und werden demnach dort platziert. Die Kommunikationswege sind auch klar zu erkennen. Add-Ins und VSTO Workbooks sprechen ohne Probleme zur Außenwelt. Datenbanken, Services, externe Programme sollen hier die nahezu grenzenlosen Möglichkeiten symbolisieren.

Externe Programme haben ebenso die Möglichkeit, mit Excel zu kommunizieren oder über den Weg des Open XML SDK direkt Dokumente zu öffnen und zu manipulieren. Viele Wege führen nach Rom. Ein Spruch, den man bei der Programmierung von Office durchaus verwenden darf. Aber jeder Weg hat seine speziellen Vorzüge, die Sie nun kennen lernen werden.

All diese VBA-Alternativen haben eines gemeinsam: Sie benötigen eine eigene Entwicklungsplattform, um entsprechende Anwendungen zu entwerfen. Zwar lassen sich die Automatisierungsschnittstellen, die dieses Kapitel vorstellt, auch mit klassischen Sprachen wie C++ oder VB6 ansprechen, aber die Empfehlung geht ganz klar in Richtung des sogenannten Managed Code – die Standardtechnologie für Clientanwendungen auf diesem Abstraktionslevel. Sie können in diesem Umfeld zwischen den verschiedensten Programmiersprachen wählen. Die Hauptsprache ist hier zwar C# mit einer C-basierten Syntax, aber da Sie nun mit VBA vertraut sind, fällt Ihre Wahl vermutlich auf VB.NET. Diese Sprache stammt vom ursprünglichen Visual Basic ab und erleichtert Ihnen sicher den Einstieg.

# .NET Framework

Bevor wir unsere ersten Beispiele und Szenarien anschauen, sollten wir zuvor noch einen kurzen Blick auf die Grundlagen werfen, auf die all diese alternativen Integrationsmöglichkeiten aufbauen: .NET Runtime und .NET Framework.

Ihre bisherigen Programme haben Sie in VBA entwickelt. Das ist eine Skriptsprache, die innerhalb der Office-Produkte verwendet wird, um die Funktionalitäten von Office zu erweitern. Der entstandene Code wurde immer innerhalb von Dokumenten gespeichert und war somit an dieses Dokument gebunden. Dies ergibt auch Sinn, da diese Office-Erweiterungen in der Regel im Kontext bestimmter Dokumente verwendet werden. Und wenn nicht, dann lässt sich das Dokument immer noch als Dokumentenvorlage installieren und erfüllt dann einen globalen Zweck. Dennoch muss immer das Dokument vorhanden sein, das den Code im Klartext enthält und im gegebenen Fall von Office zur Laufzeit interpretiert wird.

Möchte man sein Produkt aber unabhängig von Dokumenten ausliefern, greift man auf Entwicklungsumgebungen zurück, die aus dem geschriebenen Code eine vollwertige Anwendung erstellen. Diese Anwendungen liegen dann in der Regel als *.exe*- oder *.dll*-Datei vor und können vom Betriebssystem direkt gelesen und ausgeführt werden. In diesem Fällen wird der geschriebene Sourcecode von einem Compiler in Maschinencode übersetzt und benötigt keinen Interpreter wie Office mehr.

Ähnlich läuft's mit der .NET-Technologie. Eine Entwicklungsumgebung, Visual Studio, übersetzt Ihren Code in eine eigenständige Datei, einer sogenannten Assembly, die von .NET Runtime dann direkt ausgeführt werden kann. Ihr Code kann sich dabei von einem sehr umfangreichen Angebot an Hilfsmethoden, dem .NET Framework, für die verschiedensten Aufgaben bedienen. Das Spektrum reicht hier von einer einfachen Datenverwaltung über Datenbankzugriffe bis hin zu komplexen Aufrufen verschiedener Onlineangebote.

## Benötigte Tools

Sobald Sie sich in den Bereich der .NET-Entwicklung begeben, brauchen Sie auch eine Reihe von neuen Werkzeugen für die Entwicklung. Hauptsächlich ist damit Visual Studio, das Entwickler-Flaggschiff von Microsoft, gemeint. Dieses Entwicklungswerkzeug gibt es in verschiedensten Ausbaustufen – je nachdem, wie viel Funktionalität Sie tatsächlich benötigen. Das Spektrum reicht dabei von Visual Studio 2010 Express (*http://www.microsoft.de/express*), dem kostenfreien Vertreter der Reihe, bis hin zu Visual Studio 2010 Ultimate mit all den Architektur- und Teamfunktionalitäten.

Für die meisten der Dinge, denen wir uns hier widmen werden, reicht Ihnen die Express-Variante, die kostenfrei im Downloadbereich der Microsoft-Website zum Herunterladen angeboten wird. Allerdings brauchen wir für den Abschnitt zur Add-In-Entwicklung auch die »Visual Studio Tools for Office« (VSTO), die allerdings erst mit den kostenpflichtigen Versionen verfügbar sind. Die Tools sind schon ab der kleinsten Kaufversion (Visual Studio 2010 Professional) enthalten.

Für den Zugriff auf Open XML-Dokumente ohne eine installierte Office-Version benötigen Sie eine weitere Werkzeugkomponente, die es ebenfalls kostenfrei bei Microsoft zum Download gibt – »Open XML SDK 2.0 for Microsoft Office« (*http://www.microsoft.com/downloads/details.aspx?FamilyId=C6E744E5-36E9-45F5-8D8C-331DF206E0D0*). Die darin enthaltenen Bibliotheken verschaffen Ihnen einen bequemen Zugriff auf die Inhalte von Word- und Excel-Dokumenten, ohne dass das Office-Paket auf dem Rechner, auf dem die Anwendung ausgeführt wird, installiert sein muss.

# Erste Applikation

Als kleine Fingerübung werden wir mit Ihnen eine Beispielanwendung erstellen, die die Funktionsweise der .NET-Komponenten veranschaulichen soll. Hierbei wird es noch nicht um die Integration von Office-Komponenten gehen, sondern wir möchten Ihnen eher ein Gefühl für die Arbeitsweise der Werkzeuge und den Code geben, den wir erstellen werden.

Das Programm wird keine umfangreiche Funktionalität besitzen. Es wird lediglich ein Formular angezeigt, das eine Schaltfläche enthält. Durch einen Klick auf die Schaltfläche soll die aktuelle Uhrzeit in einem Beschriftungsfeld dargestellt werden. Nicht gerade weltbewegend, aber auf dem Weg dorthin benutzen Sie die neue Entwicklungsumgebung, navigieren durch die wichtigsten Assistenten und stellen sicher bald fest, dass Ihnen viele Konzepte bereits aus VBA sehr bekannt vorkommen.

Beginnen wir am besten damit, die Entwicklungsumgebung Visual Studio zu öffnen. Für diese kleine Beispielanwendung macht es keinen Unterschied, mit welcher Version Sie arbeiten. Die Oberfläche gestaltet sich in allen Ausführungen ähnlich und Sie sollten sich ohne Probleme dort zurecht finden.

In der neu gestarteten Oberfläche erhalten Sie die Möglichkeit, ein neues Projekt zu erzeugen. Das darauf folgende Dialogfeld erlaubt Ihnen die Auswahl des Projekttyps.

**Abbildg. 29.2** Das Dialogfeld zur Auswahl neuer Projekte

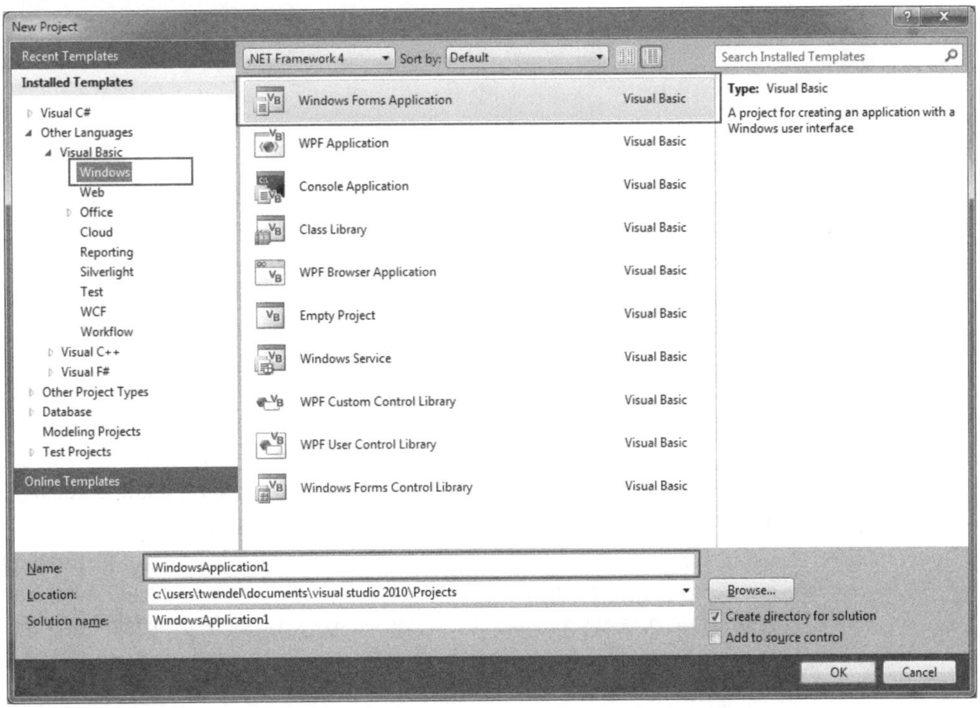


Bitte wählen Sie hier als Vorlage im Bereich *Visual Basic/Windows* den Eintrag *Windows Forms Application* aus. Diese Vorlage generiert ein Standardformular ähnlich den Formularen, die Sie bereits aus der VBA-Entwicklung kennen. Den Namen des Projekts können Sie dann gerne ändern, wir jedoch haben es in unserem Quellcode bei »WindowsApplication1« belassen.

Das darauf folgende Fenster ist die Hauptanwendung. Auch hier sollten Sie stark an die Umgebung erinnert werden, die Ihnen bereits in den VBA-Projekten immer vor Augen war. Die wichtigsten Bereiche möchten wir Ihnen dennoch kurz erläutern.

**Abbildg. 29.3** Visual Studio-Hauptfenster

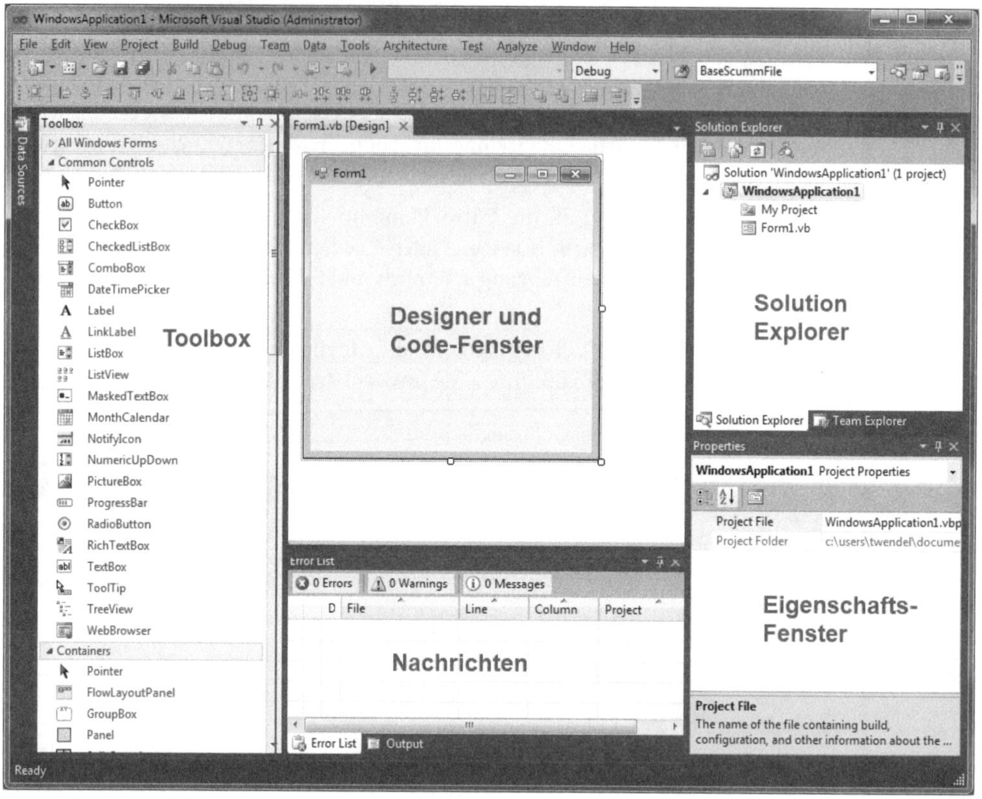


Beginnen wir mit dem wichtigsten und zentralen Bereich – dem Designer- bzw. Codefenster in der Mitte. Hier finden Sie zu Beginn eine Designfläche für ein Formular. Hier stellen Sie die Oberfläche Ihrer Windows-Anwendung zusammen. Je nachdem, ob Sie sich in der Designansicht oder im Code befinden, finden Sie hier immer den Inhalt des aktuell geöffneten Dokumentes in Code- oder Designform. Diesen Bereich kennen Sie bereits aus dem Visual Basic-Editor von Excel.

Ebenso bekannt vorkommen sollte Ihnen der Solution Explorer rechts oben. Er ist am ehesten vergleichbar mit der Dokumentenübersicht, die Sie im VBA-Editor normalerweise links oben finden. Darunter befindet sich das Eigenschaftsfenster, das sein Gegenstück in Visual Studio rechts unten hat.

Die Toolbox, die im VBA-Editor gewöhnlich als zusätzliches Fenster existiert, enthält dann die Bausteine, die wir gleich auf unserer Formularfläche verwenden werden. Neu für Sie ist vermutlich das Nachrichtenfeld um unteren Rand. Hier finden Sie die Nachrichten des Compilers, sollte mit Ihrem Code irgendwas nicht in Ordnung sein. Haben Sie hier immer ein Auge darauf. Hier werden Sie mit hilfreichen Hinweisen über Ursachen von Fehlern versorgt.

Beginnen wir am besten damit, die Zeichenfläche mit den nötigen Steuerelementen auszustatten. Die Beispielanwendung benötigt eine Schaltfläche (Button) und ein Beschriftungsfeld (Label). Ziehen Sie also direkt aus der Toolbox die benötigten Teile auf die Oberfläche und arrangieren Sie diese entsprechend. Sobald Sie platzierte Steuerelemente markieren, haben Sie die Möglichkeit, deren Eigenschaften im Eigenschaftenfenster zu manipulieren. Das alles ist nichts Neues für Sie, da hier im Grunde alles ähnlich funktioniert wie im VBA-Editor. Weisen Sie der Schaltfläche eine geeignete Aufschrift wie »Aktuelle Uhrzeit« zu und benennen Sie die Steuerelemente zur Übung geeignet um.

Im nächsten Schritt möchten wir mit Ihnen die fehlende Funktionalität hinterlegen. Sie denken sich vermutlich schon, wie das funktionieren könnte? Genau, einfach auf die Schaltfläche doppelklicken, und Sie gelangen in die Codeansicht des Formulars. Der passende Eventhandler ist bereits vorbereitet. Auch der Code, den wir gleich schreiben werden, fällt nicht aus dem bisher gelernten Konzept heraus. Sie weisen dem Beschriftungsfeld einfach den Inhalt der aktuellen Uhrzeit zu. Diese finden Sie in der Klasse *DateTime*. Der Zugriff darauf läuft etwas objektorientierter, als Sie das von VBA gewohnt sind. Anstatt einfach den Befehl *Time* aufzurufen, gehen Sie hier über die Klasse *DateTime*, die Ihnen über die Eigenschaft *Now* den aktuellen Stand zurückliefert. Anschließend müssen Sie, da es sich ja nicht um eine Zeichenkette handelt, sondern um ein Objekt *DateTime*, alles in eine Zeichenkette umwandeln, indem Sie ein *ToString()* anhängen. Möglicherweise wollen Sie die Zeit aber in einem bestimmten Format erhalten, weswegen *ToString* weitere Parameter, nämlich einen *FormatString*, erlaubt.

Wollen Sie eine Ausgabe im Format »Stunde:Minute:Sekunde« erreichen, lässt sich das im Parameter mit der Zeichenkette »HH:mm:ss« codieren. Für jeden Teil des Datums und der Uhrzeit gibt es spezielle Platzhalter, die Sie in der Zeichenkette frei verwenden können, um die Ausgabe nach Ihren Wünschen zu formatieren. Welche Platzhalter das sind, erfahren Sie über die Hilfe von *ToString*, indem Sie den Cursor auf den Befehl platzieren und F1 drücken. »HH« beispielsweise bedeutet eine zweistellige Stundenzahl im 24-Stunden-Format und »hh« würde die Stundenzahl im 12-Stunden-Format ausgeben.



**Listing 29.1** Quellcode zur .NET-Beispielanwendung

```
Public Class Form1
    Private Sub Button1_Click(ByVal sender As System.Object, _
                              ByVal e As System.EventArgs) Handles Button1.Click
        Label1.Text = DateTime.Now.ToString("HH:mm:ss")
    End Sub
End
```

Sie haben nun zum ersten Mal bewusst auf eine Komponente aus .NET Framework zugegriffen und somit auch den extremsten Unterschied zur bisherigen VBA-Programmierung kennen gelernt: .NET Framework ist streng objektorientiert und erlaubt Zugriffe auf Ressourcen ausschließlich über Objekte, während Sie bei VBA hauptsächlich globale Methoden zum Einsatz gebracht haben.

**Abbildg. 29.4** Die fertige Beispielanwendung zur Anzeige der aktuellen Uhrzeit

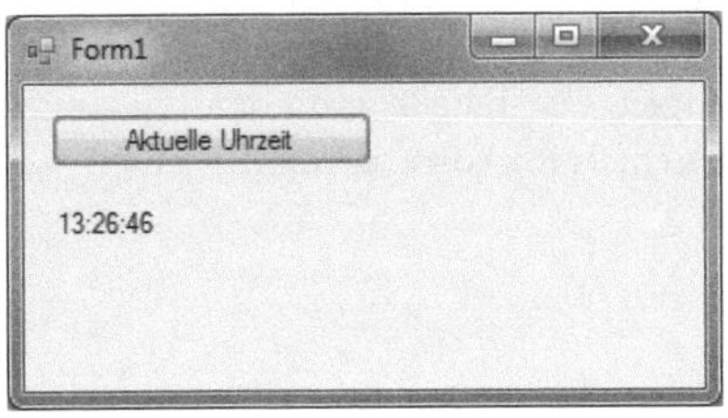

Dieses kleine Beispiel war für Sie vermutlich nicht allzu anspruchsvoll. Wir hoffen aber, dass Sie daraus ersehen konnten, wie einfach Ihnen der Einsatz von .NET Framework fallen sollte.

## Weitere Quellen

Es ist eine große Herausforderung, die .NET-Technologien in wenigen Seiten zusammenzufassen. Um ehrlich zu sein, ist es abwegig, dies überhaupt versuchen zu wollen. Dennoch haben wir uns bemüht, die wichtigsten Dinge in Kurzform für Sie auf den Punkt zu bringen, damit Sie die ersten Schritte in der .NET-Welt unternehmen und die folgenden Beispiele nachvollziehen können.

Sollten Sie im Laufe des Kapitels feststellen, dass einige der Anwendungsmöglichkeiten, die Ihnen hier vorgestellt werden, durchaus auch auf Ihre Anwendungen, Probleme und Szenarien anzuwenden sind, dann möchten wir Ihnen hier einige gute Quellen ans Herz legen, wo Sie auch noch weitere Informationen – im realistischen Umfang – finden und gut starten können.

Die Hauptquelle für weitere Informationen zu Visual Studio, .NET Framework und allgemeine Entwicklerthemen ist das Microsoft Developer Network. Möglicherweise sind Sie bei Ihrem Download von Visual Studio Express bereits auf passende Links gestoßen. So finden Sie auf der Express-Website (*http://www.microsoft.de/express/*) ein Learning Center für Ein- und Umsteiger mit Videos und guten Beispielen. Dies ist die erste Anlaufstelle für einen Einstieg.

Anschließend können Sie verschiedene Details über spezielle Tutorials der MSDN-Website (*http://www.msdn-online.de*) vertiefen, um sich über einzelne Themen weiter zu informieren.

# Excel-Automatisierung

Nun geht's aber endlich richtig los. Wir werden unsere erste Verbindung zu Office aufbauen. Um genau zu sein, mit Excel. Mit der Excel-Automatisierung betrachten wir die erste von insgesamt drei alternativen Zugriffsmethoden auf die Excel-Anwendung. Bei dieser Methode wird die Excel-Anwendung von einem fremden Programm aufgerufen und für den Benutzer unsichtbar im Hintergrund verwendet.

Die aufrufende Anwendung kann in dieser Konstellation im Grunde jegliche Excel-Funktionalität nutzen, die auch aus der normalen Oberfläche heraus verwendbar ist. Hauptsächlich geht es meist darum, auf die Inhalte von Dokumenten zuzugreifen – sei es lesend oder schreibend – und dabei die Vorteile und den vollen Funktionsumfang von Excel im Hintergrund zu wissen.

Beispiel: Sie entwickeln eine Software zum Verwalten von Artikeln und pflegen diese Daten in einer Datenbank. Angezeigt wird alles in einem Raster in Ihrer Hauptanwendung. Eine der Funktionalitäten, die Sie zukünftig anbieten wollen, ist der Export von Verkaufszahlen bestimmter Artikel. Die Frage nach dem geeigneten Ausgabeformat stellt sich nicht lange: Eine Excel-Tabelle ist hier perfekt geeignet. Die Anwendung kann über die Excel-Automatisierung im Hintergrund Excel aktivieren, die selektierten Daten in eine neue Tabelle eintragen, noch einige Summenformeln aktivieren und für eine gute Übersicht ein paar Diagramme einfügen. Die Tabelle kann dann gespeichert werden, Excel wird geschlossen und war für den Benutzer niemals im Vordergrund zu sehen.

**Abbildg. 29.5** Kapselung von Excel-Funktionalität in einer eigenen Anwendung

# Anwendungen fernsteuern

In einer ersten Anwendung möchten wir mit Ihnen die erste Verbindung zu Excel aufbauen. Wir werden eine Instanz von Excel erzeugen, diese dann anzeigen und einige Werte in die ersten Zellen eines neuen Tabellensatzes schreiben.

In den ersten Schritten erstellen Sie über den Projekt-Browser wieder eine Standard-Windows-Anwendung, so wie wir das bereits im .NET-Abschnitt einmal gemacht haben. Sie finden sich dann im Formular-Designer wieder, mit dem sich folgende Oberfläche erstellen lässt.

**Abbildg. 29.6** Oberfläche der Beispielanwendung

Mit diesen drei Schaltflächen soll Excel nun ferngesteuert werden. Mit einer davon wird eine neue Excel-Anwendung gestartet und angezeigt. Eine weitere soll die Tabellenkalkulation im Hintergrund wieder schließen. Mit der dritten Schaltfläche sollen zeilenweise die Nachrichten, die in das Textfeld eingegeben wurden, in die aktuelle Arbeitstabelle eingetragen werden.

Damit dies geschehen kann, müssen einige Vorkehrungen getroffen werden. Zuerst muss nämlich eine Referenz auf die COM-Komponente erstellt werden, die den Excel-Zugriff erlaubt. Klicken Sie dazu im Projektmappen-Explorer auf der rechten Seite mit der rechten Maustaste auf das Projekt und wählen Sie den Eintrag *Referenz hinzufügen* aus.

**Abbildg. 29.7** Referenz auf die Excel Object Library herstellen

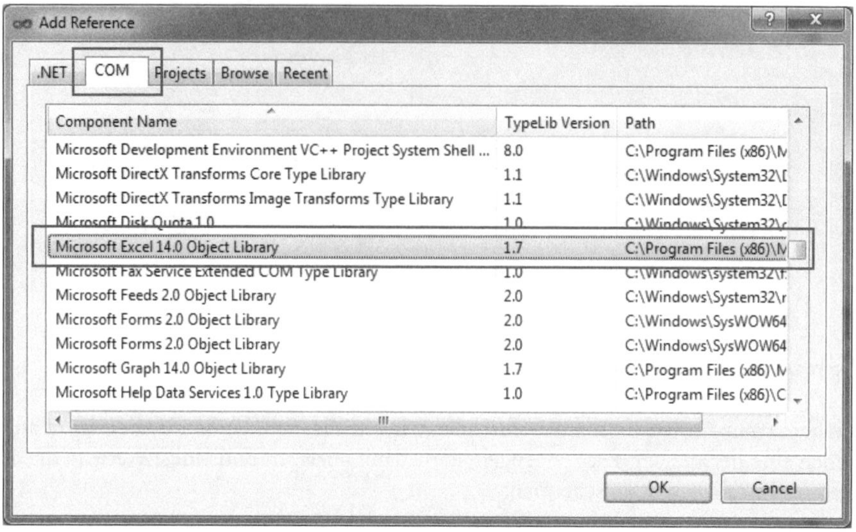


Auf der Registerkarte *COM* finden Sie eine Auflistung aller installierten COM-Komponenten. Dabei handelt es sich sozusagen um eine große Spielwiese für viele interessante Integrationsmöglichkeiten verschiedenster Software. Wir sind aber auf der Suche nach *Microsoft Excel 14.0 Object Library*. Die Zahl »14« gibt Aufschluss über die installierte Office 2010-Version. Was wir hier tun, funktioniert mit vielen Vorgängergenerationen auf die gleiche Weise. Es ist also kein Problem, wenn bei Ihnen noch *Microsoft Excel 12.0* steht.

Bestätigen Sie dieses Dialogfeld und kehren Sie damit zur Designer-Oberfläche von Visual Studio zurück. Sie können nun mit der Implementierung der Funktionalität anfangen. Beginnen wir am besten damit, eine Excel-Instanz in unserer Anwendung zu erzeugen. Ein Doppelklick auf die erste Schaltfläche führt Sie an die richtige Stelle im Sourcecode.

Was muss getan werden, um Excel zu starten? Ganz einfach: Es muss eine Instanz von Excel als Objekt erstellt werden – das ist auch schon alles. Mit der eben erstellten Referenz stehen Ihnen nun ein paar neue Klassen und Schnittstellen zur Verfügung, die Sie nun direkt verwenden können. Excel ist unter *Microsoft.Office.Interop.Excel.Application* zu finden.

**Listing 29.2** Quelltext zur Beispielanwendung

```
Public Class Form1
    Private App As Microsoft.Office.Interop.Excel.Application
    Private Workbook As Microsoft.Office.Interop.Excel.Workbook
    Private Sheet As Microsoft.Office.Interop.Excel.Worksheet
    Private row As Integer

    Private Sub Button1_Click(ByVal sender As System.Object, _
                              ByVal e As System.EventArgs) Handles Button1.Click
        App = New Microsoft.Office.Interop.Excel.Application()
        Workbook = App.Workbooks.Add
        Sheet = Workbook.Sheets(1)
        row = 1
        App.Visible = True
```

**Listing 29.2** Quelltext zur Beispielanwendung *(Fortsetzung)*

```
    End Sub

    Private Sub Button2_Click(ByVal sender As System.Object, _
                              ByVal e As System.EventArgs) Handles Button2.Click
        App.Quit()
    End Sub

    Private Sub Button3_Click(ByVal sender As System.Object, _
                              ByVal e As System.EventArgs) Handles Button3.Click
        Sheet.Cells(row, 1) = TextBox1.Text
        row = row + 1
    End Sub
End Class
```

In einer Reihe von klassenweiten Variablen werden die Referenzen auf die Excel-Instanz, das neu erzeugte Workbook und schließlich das Worksheet zwischengespeichert. In der Laufvariable *row* wird festgehalten, in welcher Zeile der nächste Eintrag erfolgen wird.

*Button1* erstellt hier einfach eine neue Instanz der Excel-Anwendung. Im Hintergrund – Sie können es im Task-Manager beobachten – wird ein neuer Excel-Prozess gestartet, der ab hier zu Ihrer Verfügung steht. Standardmäßig wird kein Dokument geladen, geöffnet oder erstellt. Sie müssen, wenn Sie eine neue Tabelle erstellen wollen, erst der Workbooks-Liste ein neues Workbook hinzufügen. Aus dieser Liste greifen Sie den ersten Eintrag, die erste Tabelle, heraus.

*App.Visible = true* sorgt dafür, dass das eben erzeugte Excel-Fenster für Sie sichtbar wird. Lassen Sie diese Zeile einfach weg, bleibt Excel für die restliche Arbeit unsichtbar, verrichtet aber ohne Einschränkung seine Arbeit. Bei den üblichen Automatisierungsarbeiten lassen Sie das Fenster eher versteckt.

Wie Sie im Eventhandler der zweiten Schaltfläche erkennen können, lässt sich das eben erstellte Excel auch wieder ordnungsgemäß mit *Quit* schließen. Dies entspricht dem Klick auf die *Schließen*-Schaltfläche der echten Anwendungen. Sie müssen hier unbedingt darauf achten, dass Excel hier bei ungespeicherten Inhalten noch mal den Benutzer fragt, was mit diesen Inhalten geschehen soll. Achten Sie darauf, dass keine ungespeicherten Inhalte geöffnet sind oder forcieren Sie mit den geeigneten Parametern den Schließvorgang.

Was Sie mit *Button3* anstellen, sollte Ihnen im Grunde auch schon wieder aus den vorherigen VBA-Kapiteln bekannt vorkommen. Hier treffen Sie erneut auf das Objekt-Modell, wie Sie es bereits gelernt haben, und können sich sicher bereits denken, welche Möglichkeiten ab hier zur Verfügung stehen.



# Was kann ich noch machen?

Schon das erste Beispiel sollte Ihnen gezeigt haben, dass Sie schnell wieder an die Stelle der API kommen, die Ihnen aus VBA bereits sehr bekannt vorkommen sollte. Wir brauchen Ihnen an dieser Stelle also nicht mehr zu erklären, welche Möglichkeiten hier noch verfügbar sind. Nur für die Dramatik: Ab hier können Sie auf das gesamte Objekt-Modell von Excel und auch der anderen Office-Produkte zugreifen. Das funktionierte ja schon in VBA, also warum sollten Sie sich für diese Variante entscheiden?

Der große Unterschied zwischen der Office-Automatisierung und der Programmierung mit VBA liegt in der Anwendungsoberfläche. VBA verwendet Office als Oberfläche und erweitert die Office-Suite um die Funktionalitäten der von Ihnen erstellten Makros. Die Office-Automatisierung dagegen kommt von außen. Sie haben hier bereits ein eigenständiges Programm und holen sich Office nur als Hilfsmittel in Ihre Anwendung.

Übliche Anwendungsbeispiele sind alle aus anderen Anwendungen hervorgegangen und nutzen die Office-Funktionalitäten nur als Hilfsmittel. So können Sie auf diese Art Daten, die Sie in Ihrer Anwendung in Tabellen vorhalten, perfekt formatiert an den Anwender ausgeben – nämlich als Excel-Tabelle. Das muss nicht beim Export von *.xlsx*-Dateien enden, sondern wird gerne auch für die grafische Aufbereitung von Daten verwendet, beispielsweise für den Druck. Es können hier, wie Sie bereits wissen, problemlos Diagramme und sonstige grafische Highlights gesetzt werden, die ohne ein Hilfsmittel wie Excel oder Word nur schwer zu realisieren wären.

Auch der umgekehrte Weg wird häufig genutzt: Importieren Sie Werte aus Excel in Ihre Anwendung, indem Sie auf die Automatisierungsmethoden zurückgreifen und die Dokumente mit dem richtigen Tool öffnen.

Und eines ist nicht zu vernachlässigen: Anwendungen, die auf Automatisierung zurückgreifen, basieren auf .NET Framework und können somit dessen Mächtigkeit nutzen. Dies umfasst im Grunde alle Freiheiten, die eigenständige Software-Pakete mit sich bringen. Sie greifen beispielsweise problemlos auf Datenbanken zu, rufen Webservices im Internet auf oder sind Teile einer größeren Software-Architektur mit anderen Clients und Servern. Makros hingegen sind nur mit viel Mühe, wenn überhaupt, zu solchen Möglichkeiten fähig.

## Weiterführende Informationen

Leider handelt es sich bei diesem Kapitel lediglich um ein kurzes Informationskapitel. Schließlich geht es in diesem Buch ja eigentlich nur um VBA. Aus diesem Grund ist auch nicht genug Platz, um Ihnen wirklich alle Einzelheiten der Automatisierung offen zu legen. Wir hoffen aber, dass die kurze Einführung und die kleinen Beispiele Ihnen einen Eindruck davon verschafft haben, welche Möglichkeiten Ihnen diese Art der Office-Kommunikation bieten und wofür diese Anwendung besonders geeignet ist.

Selbstverständlich möchten wir Sie nicht ganz ohne Hinweise auf weiterführende Informationen zurück lassen. Den besten Start erhalten direkt im Developer Center für Office-Anwendungen im Microsoft Developer Network (*http://msdn.microsoft.com/de-de/office/default.aspx*).

# Open XML

Bisher drehte sich unsere Arbeit in diesem Buch um die Erweiterung oder Fernsteuerung von Office. In den meisten Fällen dient dies aber lediglich dem Zugriff auf Inhalte in Dokumenten, die ausgelesen werden sollen. Um Werte aus einer Excel-Tabelle zu entnehmen oder neue Tabellen zu erstellen, haben wir einen recht hohen Aufwand betrieben.

Oft ist nur eine Kleinigkeit aus einem Dokument auszulesen oder zu manipulieren, ohne dass man den Overhead einer Excel-Instanz haben möchte. Besonders hinderlich ist das, wenn Sie dies vielleicht auf einem Rechner durchführen wollen, auf dem überhaupt kein Excel installiert ist. Ein anderes Extrembeispiel sind Serveranwendungen. Wollen Sie beispielsweise Dokumente nachbearbeiten, die von Anwendern über eine Website auf Ihren Server geladen werden, kann dies schnell in einem Ressourcenchaos enden, wenn jeder Webseitenaufruf eine eigene Excel-Instanz zum Durchsuchen des Dokuments öffnet.

Oder stellen Sie sich den umgekehrten Weg vor: Sie betreiben eine Website, die Ihrem User per Mausklick die angezeigte Produkttabelle als Excel-Datei zum Herunterladen anbieten soll. Die Tabelle ist vom Benutzer vorgefiltert und sortiert. Das heißt für Sie, dass Sie diese Tabelle nicht vorgeneriert auf Ihrem Server ablegen können – das Dokument muss zum Zeitpunkt des Klicks erzeugt werden. Eine einfache Aufgabe mit der Excel-Automatisierung, aber ein Super-GAU, wenn dieser Vorgang von vielen Benutzern gleichzeitig angestoßen wird.

Um den bloßen Zugriff auf Dokumentinhalte zu vereinfachen, gibt es seit der Office-Version 2007 das einheitliche Dokumentenformat Open XML. Dabei handelt es sich um ein ZIP-komprimiertes Format, das auf XML-Basis die Inhalte von Dokumenten auch ohne die Office-Software offen bearbeitbar macht.

Beschränkt sich Ihre Aufgabe nur auf die Bearbeitung von Dokumenten, d.h. ohne auf Resultate von Formelberechnungen oder Diagrammen angewiesen zu sein, ist das durchaus eine gute Alternative zu den anderen Zugriffsmethoden.

# Das Open XML-Format

Das Open XML-Format ist ein Dateiformat, das Microsoft mit den Office-Produkten der Version 2007 eingeführt hat. Dateien dieses Formates haben die übliche Office-Dateiendung, gefolgt von einem »x«. Aus *xls* wird *xlsx*, aus *doc* wird *docx* und aus *ppt* wird *pptx*.

Dieses Dateiformat ist explizit darauf ausgelegt, Inhalte in einem klar lesbaren Format zu hinterlegen, um die Kompatibilität zwischen unterschiedlichsten Produkten zu verbessern. Aus diesem Grund finden übliche Standardformate hier ihre Anwendung.

Das Dokument ist auf Basis des ZIP-Verfahrens komprimiert und enthält hauptsächlich XML-Dateien, die den Aufbau des Dokumentes beschreiben. Versuchen Sie es doch einfach mal mit einem beliebigen Dokument. Ändern Sie die Dateierweiterung eines Excel-Dokuments in *.zip* (den Warnhinweis können Sie ignorieren) und entpacken Sie den Inhalt der Datei. Sie werden feststellen, dass sich dahinter eine Struktur aus XML-Dokumenten und Ressourcen verbirgt.

Damit Sie sich aber nicht selbst durch dieses Durcheinander aus XML-Dateien schlagen müssen, gibt es das Open XML SDK, das ihnen diese Arbeit abnimmt und die Struktur des Dokumentes ordentlich aufbereitet.

Um die Bibliotheken des Open XML SDK zu verwenden, müssen diese zuvor installiert sein. Einen passenden Download finden Sie auf der Microsoft-Homepage im Downloadbereich. Sie können hier zum einen das SDK installieren. Darin enthalten sind die Dateien, die Sie zum Bearbeiten von Dokumenten aus Ihrem Code heraus benötigen. Es gibt aber auch noch die Open XML Tools, mit deren Hilfe Sie vorhandene Dokumente öffnen und auf die Struktur hin untersuchen können. Zu Beginn ist es sicher ratsam, beide Komponenten zu installieren.

# Die Open XML Tools

Nachdem Sie die Open XML Tools auf Ihrem Computer installiert haben, finden Sie im Startmenü einen weiteren Eintrag für die Open XML SDK 2.0 Productivity Tools vor. Rufen Sie dieses Tool auf und klicken Sie auf die *Öffnen*-Schaltfläche innerhalb der Anwendung, um auf ein vorhandenes Excel-Dokument zuzugreifen.

**Abbildg. 29.8** Open XML 2.0 Productivity Tools

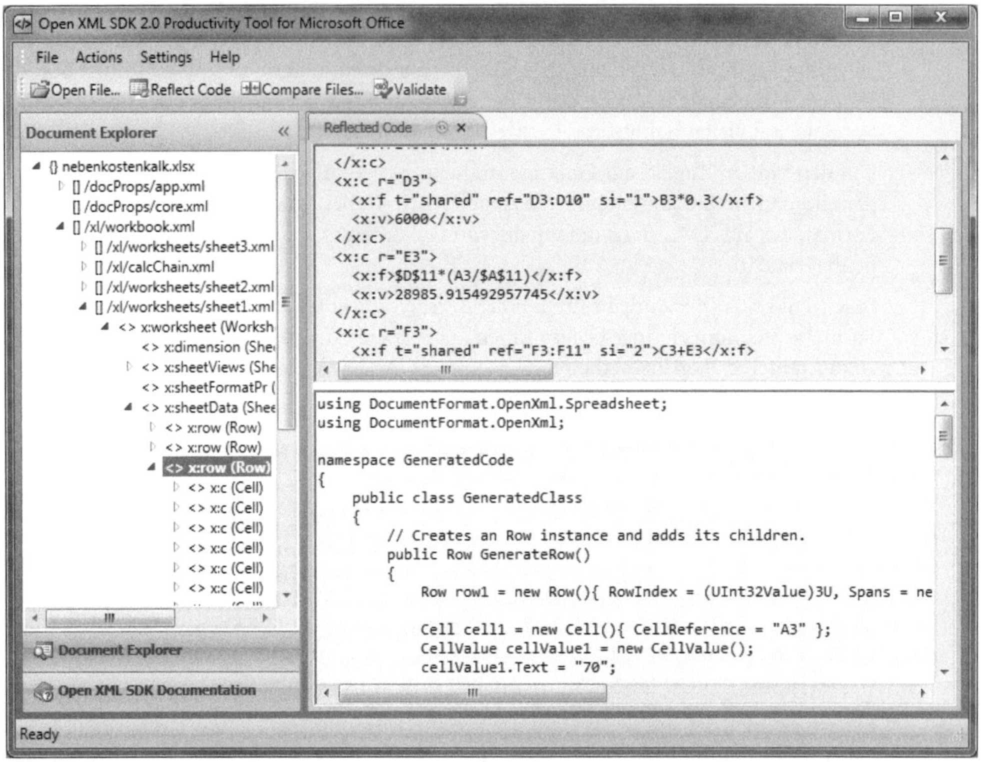


Nutzen Sie dieses Tool, um die Struktur von Dokumenten zu erforschen und mehr über die Open XML SDK-API zu erfahren. Ähnlich wie Sie das vielleicht von der Aufzeichnung von Makros in Office gewohnt sind, können Sie hier aus einem vorhandenen Code den Quellcode generieren lassen, der für die Erzeugung des markierten Knotens auf der linken Seite erforderlich wäre. Klicken Sie dazu einfach auf den gewünschten Knoten und wählen Sie im Kontextmenü den Eintrag *Reflect Code* aus. Im selben Kontextmenü finden Sie auch den Eintrag *View Documentation*. Wählen Sie diesen Befehl aus, um ausführliche Informationen zur entsprechenden Stelle der Formatspezifikation und der API-Dokumentation zu sehen.

# Ein Dokument selbst erstellen

Als erste Übung versuchen wir das letzte Szenario einmal nachzustellen. Sie versuchen aus Ihrem Programmcode heraus eine neue Excel-Datei zu erzeugen, um dort beliebige Daten zu speichern. Wir machen es uns einfach und beginnen damit, die aktuelle Jahreszahl in die erste Zelle einer einzigen Tabelle zu schreiben.

Wie gehen wir dabei vor? Wir brauchen wieder eine Windows-Anwendung mit einer Schaltfläche, welche die Aktion ausführen soll. Wie das funktioniert, haben Sie in vorherigen Absätzen bereits gelernt. Wenn Sie möchten, können Sie für dieses Beispiel auch eine vorhandene Beispielanwendung erweitern.

Bevor wir anfangen, sollten wir einen Blick auf ein fertiges Excel-Dokument werfen, um eine grobe Vorstellung davon zu erhalten, wie ein solches Open XML-Dokument überhaupt aufgebaut ist. Immerhin wird hier ein komplexes Excel-Dokument in das XML-Format gepresst. Dies scheint auf den ersten Blick recht verwirrend zu sein, hat aber eine ordentliche Struktur. In Abbildung 29.9 finden Sie die Struktur, die auch unser Dokument haben soll, das wir gleich erstellen werden. Sie können natürlich selbst etwas mit dem Format experimentieren. Erstellen Sie einfach das gewünschte Dokument mit Excel, speichern Sie es ab und öffnen Sie es anschließend mit dem Open XML Viewer.

**Abbildg. 29.9** Die Open XML-Struktur des resultierenden Dokuments

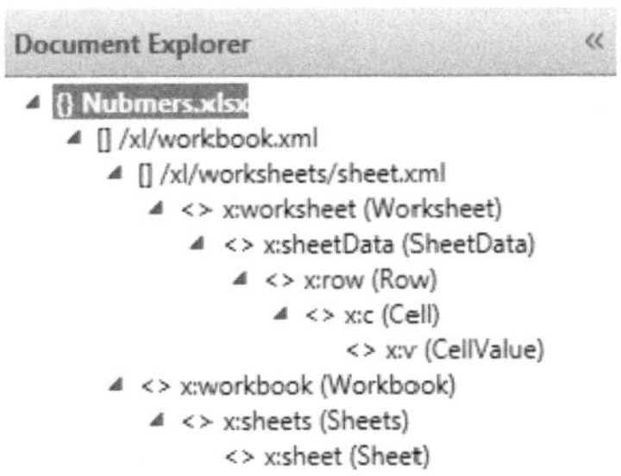


Wir sehen hier klar abgebildet die logische Struktur, die uns aus Excel und dem Objekt-Modell bereits bekannt war. Die oberste Ordnungsstruktur bildet das Workbook, also das Dokument. Darin enthalten ist ein Element mit dem Namen *Worksheet*. Es enthält die Auflistung aller Tabellen. Da Tabellen neben den eigentlichen Zelldaten noch jede Menge Metadaten enthalten können, wird innerhalb von *Worksheet* noch ein Element *SheetData* eingeführt. Erst darin sind die Dokumentendaten zu finden – sortiert nach Rows, also Zeilen, und Zellen. Auch bei Zellen können Unmengen von Metadaten enthalten sein, weshalb die Inhaltsdaten noch mal in *CellValue* gekapselt werden.

Bevor wir unser Projekt starten können, brauchen wir neben einem neuen Projekt auch noch die passenden Referenzen zu den Open XML-Bibliotheken.

**Listing 29.3** Vollständiger Quellcode zum Erstellen eines einfachen Excel-Dokuments

```
Imports Excel = DocumentFormat.OpenXml.Spreadsheet
Imports Package = DocumentFormat.OpenXml.Packaging

Public Class Form1
    Private Sub Button1_Click(ByVal sender As System.Object, _
                              ByVal e As System.EventArgs) Handles Button1.Click

        ' Erzeuge Package
        Dim document As Package.SpreadsheetDocument
        document = Package.SpreadsheetDocument.Create( _
            "c:\temp\Nubmers.xlsx", _
            DocumentFormat.OpenXml.SpreadsheetDocumentType.Workbook)

        ' Erzeuge WorkbookPart
        Dim workbookPart As Package.WorkbookPart
        workbookPart = document.AddWorkbookPart()

        ' Erzeuge Workbook und verknüpfe mit WorkbookPart
```

**Listing 29.3** Vollständiger Quellcode zum Erstellen eines einfachen Excel-Dokuments *(Fortsetzung)*

```
        Dim workbook As Excel.Workbook
        workbook = New Excel.Workbook()
        workbookPart.Workbook = workbook

        ' Erzeuge WorksheetPart
        Dim worksheetPart As Package.WorksheetPart
        worksheetPart = workbookPart.AddNewPart(Of _
            Package.WorksheetPart)("table1")

        ' Erzeuge Worksheets und verknüpfe mit WorksheetPart
        Dim worksheet As Excel.Worksheet
        Dim sheets As Excel.Sheets
        Dim sheet As Excel.Sheet
        worksheet = New Excel.Worksheet()
        sheets = New Excel.Sheets()
        sheet = New Excel.Sheet()
        sheet.Name = "Aktuelle Jahreszahl"
        sheet.SheetId = 1
        sheet.Id = "table1"
        sheets.Append(sheet)
        workbook.Append(sheets)
        worksheetPart.Worksheet = worksheet

        ' Erzeuge Content
        Dim sheetData As Excel.SheetData
        Dim row As Excel.Row
        Dim cell As Excel.Cell
        Dim cellValue As Excel.CellValue
        sheetData = New Excel.SheetData
        row = New Excel.Row
        cell = New Excel.Cell
        cellValue = New Excel.CellValue
        cellValue.Text = DateTime.Now.Year.ToString()
        cell.Append(cellValue)
        row.Append(cell)
        sheetData.Append(row)
        worksheet.Append(sheetData)

        document.Close()
    End Sub
End Class
```

Eine ganze Menge Code für so ein einfaches Dokument. Das rührt aber bei genauem Hinsehen von dem hohen Verschachtelungsgrad des XML-Dokumentes. Wir benötigen nämlich ein passendes Objekt für jedes XML-Element des Dokuments.

Wir beginnen natürlich damit, das Root-Element (also das Workbook) zu erstellen. Dies gibt es offenbar direkt in zweifacher Ausführung. Betrachtet man das Dokument mit dem Open XML Tool, gibt es auch dort das Workbook und Worksheet in doppelter Ausführung. Jeweils eines davon hat die Endung *.xml*. Die Objekte mit der Endung *.part* existieren jeweils auch als physisch vorhandene XML-Dateien im Dokumentenarchiv. Alle anderen Elemente sind XML-Elemente innerhalb der XML-Dateien.

Innerhalb des Workbooks werden die Elemente *Sheets*, *Sheet*, *Row*, *Cell* und *CellValue* benötigt. Die meisten davon reichen als Standardinstanz aus. Sie brauchen keine weiteren Angaben zu machen. Lediglich der *WorksheetPart* benötigt eine eindeutige ID im Konstruktor und muss mit der ID des verknüpften *Sheet*-Elements übereinstimmen. Ebenso braucht das *Sheet*-Element eine fortlaufende *SheetId*, damit die Tabelle in korrekter Reihenfolge eingefügt werden kann. Damit sind Sie bereits in der Lage, ein Dokument mit Minimalausstattung zu erstellen.

Wenn Sie ein bisschen mit fertigen Excel-Dokumenten experimentieren, stellen Sie sicher schnell fest, welche weiteren Möglichkeiten hinsichtlich der Formatierung und der Metadaten verfügbar sind.

# Das erste Dokument auslesen

Der nächste logische Schritt ist jetzt natürlich, auch mal ein vorhandenes Dokument zu öffnen, um Inhalte auszulesen. Dies ist nun denkbar einfach, da Sie ja jetzt die Struktur kennen und nur noch gezielt auf die richtigen XML-Elemente zugreifen müssen.

Mit einer zweiten Schaltfläche in unserer Anwendung soll das gerade eben erstellte Dokument wieder geöffnet werden. Element für Element hangeln wir uns dem Baum entlang bis zum Ende, dem *CellValue*. Dieser kann dann per Messagebox an den User ausgegeben werden.

**Listing 29.4** Quellcode zum Auslesen der gespeicherten Daten

```
Private Sub Button2_Click(ByVal sender As System.Object, _
    ByVal e As System.EventArgs) Handles Button2.Click

    Dim document As Package.SpreadsheetDocument
    document = Package.SpreadsheetDocument.Open("c:\temp\Nubmers.xlsx", False)

    Dim workbookPart As Package.WorkbookPart
    Dim worksheetPart As Package.WorksheetPart
    Dim worksheet As Excel.Worksheet
    Dim sheetData As Excel.SheetData
    Dim row As Excel.Row
    Dim cell As Excel.Cell
    Dim cellValue As Excel.CellValue

    workbookPart = document.WorkbookPart
    worksheetPart = workbookPart.WorksheetParts.First()
    worksheet = worksheetPart.Worksheet
    sheetData = worksheet.GetFirstChild(Of Excel.SheetData)()
    row = sheetData.GetFirstChild(Of Excel.Row)()
    cell = row.GetFirstChild(Of Excel.Cell)()
    cellValue = cell.GetFirstChild(Of Excel.CellValue)()

    MsgBox(cellValue.Text)
End Sub
```

Natürlich lässt sich dieser Quellecode auch etwas kompakter schreiben. Aber gerade für Debug- und Experimentierzwecke haben wir uns für diese ausführliche Variante entschieden. Wie Sie sehen, ist die Struktur innerhalb eines Excel-Dokuments zwar ziemlich verschachtelt, aber dennoch klar strukturiert und leicht verständlich.

Sollten Sie sich mal nicht darauf verlassen können, dass die gesuchten Inhalte direkt im ersten Element stehen – und das ist zugegebenermaßen quasi immer der Fall –, können Sie die einzelnen Elemente auch einfach mit einer Schleife durchlaufen, um nach den korrekten IDs, Namen oder was immer Ihnen zur Verfügung steht, zu suchen.

# Was geht damit noch?

Die kleinen Beispielanwendungen, die wir gerade zusammen erstellt haben, sind zwar nicht besonders spektakulär gewesen, zeigten aber sicherlich, wozu Open XML verwendet werden soll und kann. Selbstverständlich sind Ihnen bezüglich Komplexität und Vielfalt der Anwendungen keine Grenzen gesetzt. Wir haben in den Beispielen bisher auch nur mit Text in Zellen gearbeitet, aber die Möglichkeiten sind keineswegs auf diese einfache Anwendung limitiert.

In den Open XML-Dokumenten sind eben nicht nur die strukturierten Daten enthalten, sondern auch Berechnungsformeln, Bilder und die Farbgebung des Dokuments. Und was im Dokument enthalten ist, kann auch von Ihnen über das SDK angepasst werden.

Einige klassische Anwendungsgebiete sind offensichtlich: Erstellen Sie eigene Dokumente aus Ihrer Anwendung heraus, um Daten strukturiert an den Benutzer weiterzugeben, diese vielleicht mit etwas Farbgebung ansprechender zu gestalten oder durch farbliche Akzente die Verständlichkeit zu erhöhen. Das hört natürlich nicht bei der Einfärbung von Zellen auf, sondern geht bis hin zu Diagrammen, die Sie in die Dokumente einbetten können.

Oder verwenden Sie das Open XML SDK zur Validierung von hochgeladenen Dokumenten auf Ihren Server, ohne damit die »echte« Excel-Anwendung zu behelligen und wertvolle Ressourcen zu vergeuden – ganz zu schweigen von der benötigten Produktlizenz für den Server. Diese Validierung könnte triviale Dinge wie Formatierung von Tabellen, Mindest- bzw. Maximalanzahl von Elementen oder eine richtige Anordnung prüfen. Fragen wie »Verfügt die Arbeitszeitabrechnung des Mitarbeiters wirklich über zwölf Registerkarten für jeden Monat?« könnten mit ein paar Codezeilen problemlos vorab geprüft werden.

Was noch? Nun, Sie könnten beispielsweise bei einer Umfirmierung oder dem Wechsel des Geschäftsführers, Ihrer Bankverbindung oder Ihrer Telefonnummer alle Ihre Word- und Excel-Dokumente auf Ihrem zentralen Fileshare automatisch durchforsten, um die Änderung in allen Dokumenten und Briefköpfen in einem Rutsch anzupassen.

Natürlich können Sie auch die offensichtlichste aller Anwendungen damit in Angriff nehmen: Zahlen in vorhandenen Excel-Dokumenten auf den aktuellen Stand bringen.

Eines sollten Sie jedoch unbedingt beachten: Ein Open XML-Dokument, das Sie auf diese Weise bearbeiten, ist ein statisches Dokument. Um genau zu sein ist es ein XML-basierter Baum aus Elementen, dessen Äste Sie mit der API verändern können. Was hier vollständig fehlt, ist die Berechnungsengine von Excel, die Sie bei VBA gewohnt sind. Ändern Sie den Inhalt in Zelle X, wird der Inhalt in Zelle Y, deren Inhalt möglicherweise von X abhängt, nicht aktualisiert. Berücksichtigen Sie also unbedingt, dass das Open XML SDK keine Berechnungen durchführt und Sie hier nur auf den letzten von Excel erzeugten Stand zugreifen.

Im Developer Center für Office-Entwickler (*http://msdn.microsoft.com/de-de/office/bb906068.aspx*) wurde speziell um das Thema Open XML eine Sammlung von guten Hilfsmitteln und Artikeln zusammengestellt. Über Webcasts, Tutorials bis hin zu guten Buchtipps finden Sie dort alles, was Sie für den Einstieg in diese Thematik benötigen.

# Visual Studio Tools for Office

Sie haben in den vorherigen Abschnitten zwei Technologien kennen gelernt, mit deren Hilfe Sie von außen auf Excel-Dokumente und auf Excel selbst zugreifen können. Zwei Technologien, die sicher interessant für Sie sein werden, wenn Sie eigene Anwendungen schreiben und hier Hand in Hand mit all den Office-Produkten arbeiten wollen.

Für die bisherige Art, mit Excel zu arbeiten – von innen heraus mit Makros – war aber bislang keine wirkliche Alternative dabei. Aber es gibt eine. Die Tools für Visual Studio und die damit verbundenen Workbooks und Add-Ins. Sie sind die ideale Verbindung zwischen der Office-Integration und der Power von .NET-Add-Ins werden in Office installiert und tun im Grunde das, was VBA auch tut: Sie erweitern die Funktionalitäten von Office, verwenden Office aber als die Schnittstelle zum Anwender.

VBA-Makros stehen bekanntlich immer mit einem Dokument in Verbindung und werden erst bei Verwendung dieses Dokuments in Office aktiv. Will man Funktionalitäten immer aktiv haben, implementiert man seine Makros einfach in die Dokumentenvorlage. Mit den Tools für Office lässt sich das Gleiche erreichen. Sie müssen sich auch hier vor Projektstart entscheiden, ob Ihre Funktionalität dokumentbezogen oder global verfügbar sein soll. In Abhängigkeit dieser Entscheidung erstellen Sie entweder ein Add-In (globale, Excel-weite Funktionalität) oder eine Excel-Arbeitsmappe (Funktionen sind an das Dokument gebunden).

## Wie funktionieren Add-Ins?

Add-Ins sind im Grunde Plug-Ins für einzelne Office-Produkte. Sie werden in Visual Studio erstellt, kompiliert und als Bibliothek ausgeliefert. Sie benötigen ein kleines Installationsskript zur Installation am Clientrechner. Dabei wird das Add-In in das System integriert und Office bekannt gegeben. Beim nächsten Start des Office-Produkts steht dann die entsprechende Funktionalität zur Verfügung. Alternativ können Sie die *.dll*-Datei aber auch direkt in Excel registrieren.

Wenn Sie nachsehen wollen, welche Add-Ins bereits auf dem System installiert sind, finden Sie diese Liste in den Office-Einstellungen im Backstage-Bereich.

Add-Ins, die hier installiert und auch aktiviert wurden, erhalten Informationen über den Start der Anwendungen und haben dann die Möglichkeit, auf die Applikation, die Dokumente und den entsprechenden Ereignisse zuzugreifen.

Neben den Funktionalitäten, die Sie bereits mit VBA implementiert haben, kommen hier noch die Möglichkeiten hinzu, die .NET Framework mitbringt. Add-Ins können demnach neben Office-eigenen Dingen (Ribbons anpassen, Dokumente manipulieren etc.) auch eine externe Kommunikation betreiben (Datenbank ansprechen, Webservice kontaktieren etc.)

**Abbildg. 29.10** Add-In-Übersicht in den Excel-Optionen

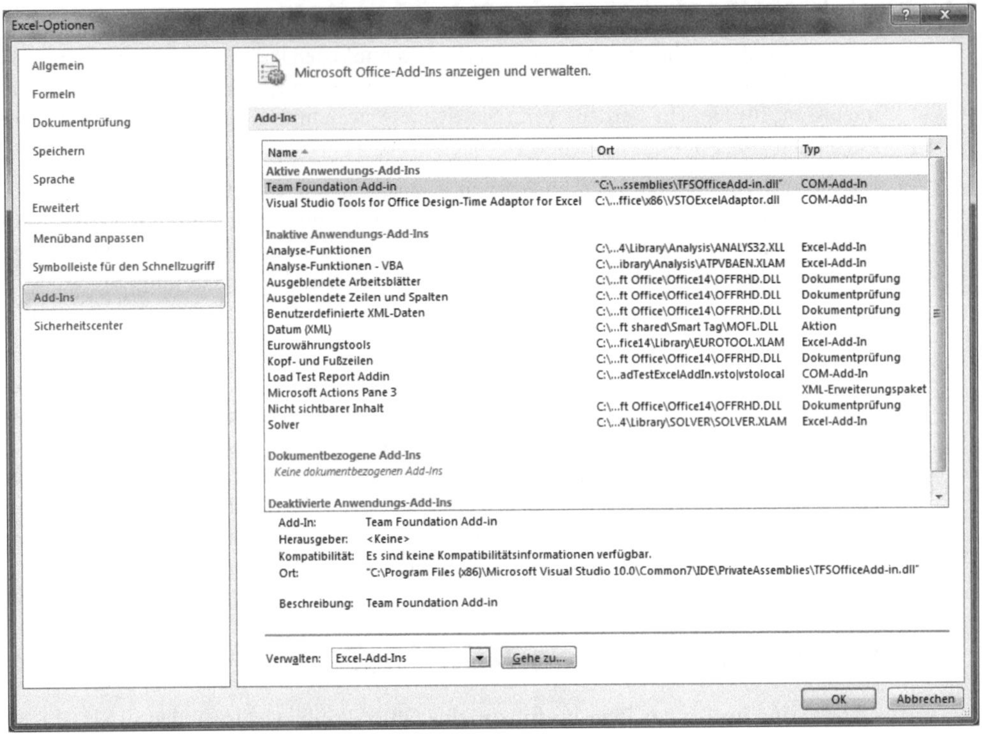


# Das erste Add-In

Eine Demo sagt mehr als tausend Worte, weshalb wir am besten mit einer einfachen Anwendung beginnen. Im ersten Schritt bauen wir zusammen ein Add-In, das einfach nur beim Programmstart eine Nachricht an den Benutzer ausgeben soll.

Wie gewohnt gibt es dafür auch wieder eine passende Projektvorlage. Sobald Sie in Visual Studio ein neues Projekt anlegen, zeigt Ihnen das Dialogfeld für die Projekt-Vorlagen eine eigene Kategorie *Office* an. Darin enthalten sind Add-In-Vorlagen für die gängigsten Office-Produkte, darunter natürlich auch Excel. Wählen Sie hier bitte das Excel-Add-In und beobachten Sie, was passiert.

Visual Studio wird Ihnen bereits etwas Code vorbereiten. Es handelt sich dabei um zwei Eventhandler für die wichtigsten Ereignisse eines Add-In: der Programmstart und das Programmende. An diesen Stellen können Sie später die wichtigsten Dinge erledigen, eine Bindung zu den wichtigen Events herstellen und Ihre eigenen Menüs installieren.

Doch für den Anfang reicht uns eine einfache Messagebox beim Programmstart, damit wir die ersten Installationsprozesse einmal nachvollziehen können. Fügen Sie also ein Stück Messagebox-Code in den Eventhandler für den Programmstart und drücken Sie die F5-Taste. Durch den Start des Debugvorgangs wird Visual Studio dazu veranlasst, Ihr Add-In fertig zu kompilieren, zu installieren und Excel zu starten. Bewundern Sie die Früchte Ihrer Arbeit.

**Listing 29.5** Das einfachste Add-In der Welt: »Hallo Welt« als Excel-Add-In

```
Public Class ThisAddIn
    Private Sub ThisAddIn_Startup() Handles Me.Startup
        MsgBox("Ich bin installiert")
    End Sub

    Private Sub ThisAddIn_Shutdown() Handles Me.Shutdown
    End Sub
End Class
```

Sobald Sie die Messagebox geschlossen haben, können Sie auch in das Optionenfenster wechseln, um zu sehen, an welcher Stelle das neue Add-In seinen Platz gefunden hat. Das ist auch die Stelle, an der Sie nutzlose Add-Ins wieder aus Ihrer Anwendung entfernen können. Visual Studio tut das nämlich nicht für Sie.

**Abbildg. 29.11** Die Excel-Optionen mit dem installierten Demo-Add-In

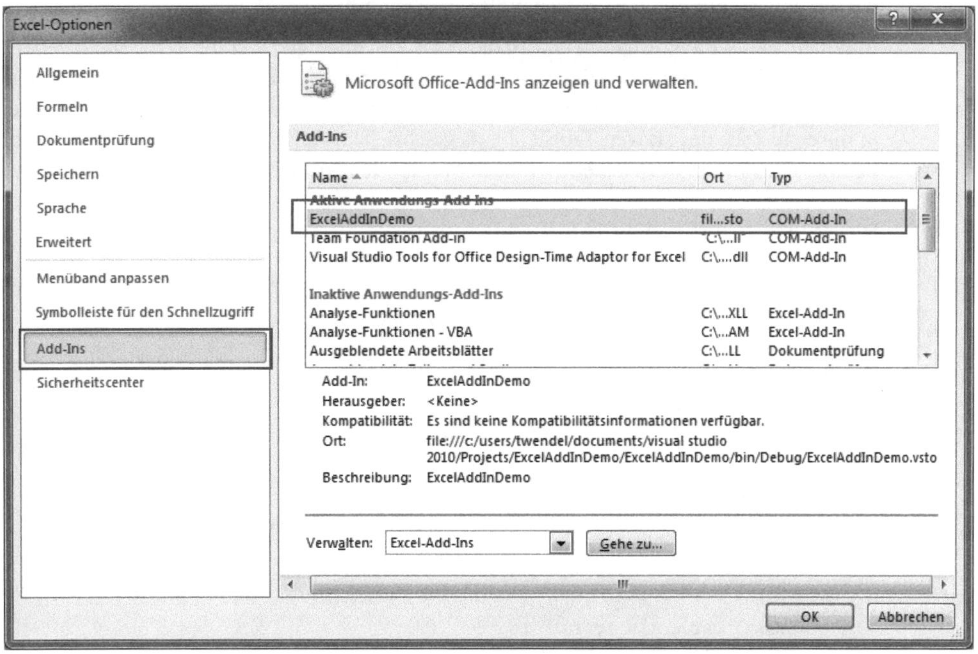


Sie haben bereits gesehen, was Sie sehen wollten. Ihr Add-In hat erfolgreich beim Programmstart eine Nachricht ausgegeben. Natürlich wollen wir mit unseren Add-Ins weitaus nützlichere Dinge erledigen.

# Auf das Dokument zugreifen

Wenn Sie Programmcode in Excel integrieren, wollen Sie in der Regel auch eine bestimmte Funktionalität implementieren, die in irgendeiner Form mit dem Inhalt eines Excel-Dokumentes interagiert.

Add-Ins verfügen von Anfang an über einen Verweis auf die Applikation, in der sie laufen. Dieser Verweis liefert Ihnen im Grunde den Vollzugriff auf die aktuelle Excel-Instanz und damit auch den Zugriff auf aktuelle Dokumente und auch auf die jeweiligen Vorgänge.

Das Add-In, das wir in diesem Abschnitt entwickeln möchten, soll in jedes Feld, in das der Anwender mit dem Cursor springt, einen Smiley malen. Außerdem soll gezählt werden, wie viele Smileys die Anwendung bereits gemalt hat und die Summe soll dann in die Zelle *A1* der aktuell aktiven Tabelle geschrieben werden. Sie sollten also davon absehen, wichtige Dokumente zu öffnen, solange das Demo-Add-In aktiv ist.

Was ist dafür zu tun? Zuerst brauchen wir eine Möglichkeit, herauszufinden, wann der Anwender die Zelle wechselt. Dafür stellt uns der Verweis auf Excel ein passendes Ereignis zur Verfügung, für das wir einfach nur einen Ereignishandler erstellen müssen.

Innerhalb dieses Ereignishandlers wird dann der Rest erledigt. Über die *ActiveSheet*-Verweise erhalten wir Zugriff auf das aktuell aktive Worksheet. In einer lokalen Zählervariable zählen wir alle Smileys, die von unserer Applikation gemalt werden. Der Stand des Zähler wird dann bei jedem Ereignisaufruf in die erste Zelle des aktiven Tabellenblatts geschrieben. Außerdem liefert uns das Ereignis die Position des Cursors, an dessen Stelle wir auch prompt den Smiley einfügen.

**Listing 29.6** Quellcode des Smiley-Generators

```
Public Class ThisAddIn
    Dim counter As Integer
    Private Sub ThisAddIn_Startup() Handles Me.Startup
        counter = 0
    End Sub

    Private Sub ThisAddIn_Shutdown() Handles Me.Shutdown
    End Sub

    Private Sub Selection(ByVal Sh As Object, _
                          ByVal range As Excel.Range) Handles
Application.SheetSelectionChange
        Dim Worksheet As Excel.Worksheet = Application.ActiveSheet
        counter = counter + 1
        Worksheet.Cells(1, 1) = counter
        range.Cells(1, 1) = ":o)"
    End Sub
End Class
```

Gedanken, wie Sie diese Möglichkeiten sinnvoll nutzen können, haben Sie sich sicher schon bei den vielen vorangegangenen Kapiteln über VBA gemacht – nichts anderes passiert hier.

# Eigene Steuerelemente

Doch nicht nur die Integration in die Dokumente und die damit verbundenen Ereignisse sind möglich. Auch die Integration eigener Eingabedialogfelder ist durchaus Teil des Repertoires. Das heißt aber nicht zwangsläufig nur das Öffnen von zusätzlichen Formularen – ja, aber auch das geht. Vielmehr sind hier eigene, sog. »Action Panes« gemeint. Das sind Assistenten-Fenster, die in die Oberfläche von Office integriert sind. Sie werden standardmäßig am rechten Fensterrand der Anwendung angedockt, können aber grundsätzlich überall eingefügt werden.

Sie erweitern die bisher implementiere Funktionalität um eine zusätzliche, allgegenwärtige Eingabe- und Anzeigemöglichkeit. Wollen Sie beispielsweise einen Übersetzungsdienst für Excel implementieren, könnten Sie eine solche Action Pane am rechten Rand anzeigen. Enthalten wäre ein Eingabefeld und eine *Übersetzen*-Schaltfläche. Im Eingabefeld könnten Sie immer den Inhalt der aktuell markierten Zelle platzieren und bei einem Klick auf die Schaltfläche wird der Feldinhalt an einen Übersetzungsdienst im Internet gesendet. Die Rückmeldung, der übersetzte Text, könnte dann direkt in das markierte Feld zurückgeschrieben werden. Aber auch die eigenständigen Formulare finden weiterhin Verwendung. Verpacken Sie beispielsweise die Konfiguration der Sprache in ein Optionsdialogfeld, das bei Bedarf modal in einem zusätzlichen Dialogfeld angezeigt werden kann.

Bauen wir doch das vorhandene Add-In in diesem Stil um. Wir brauchen dafür im Projekt zwei neue Elemente – ein Formular und ein Steuerelement. Das erreichen Sie durch einen Rechtsklick auf das Projekt, um dort ein neues Element hinzuzufügen. Das daraufhin folgende Dialogfeld hilft Ihnen bereits weiter.

Dieses Dialogfeld bereiten wir auf die Übersetzung von Zelleninhalten vor. Wir benötigen dazu zwei Textfelder und zwei Schaltflächen. Ein Textfeld wird den Inhalt der aktuell gewählten Zelle aufnehmen, das andere die Übersetzung, die vom Webservice zurückkommt. Mit der einen Schaltfläche soll das Ergebnis dann auch direkt in die Zelle zurück geschrieben werden. Mit der zweiten Schaltfläche lässt sich später ein Optionendialogfeld öffnen. Damit Excel das Steuerelement auch kennt und anzeigt, muss ein neues Action Pane erstellt werden, in dem das Steuerelement eingebettet wurde. Unser Smiley-Generator wird jetzt gemäß des Quellcodes weiter unten angepasst. Bereits dann können Sie bei einem Start Ihr eigenes Steuerelement in Office bewundern. In *TextBox1* wird sogar schon der Inhalt der aktuell markierten Zelle gefüllt.



**Listing 29.7** Quelltext zur Erstellung und Anzeige einer eigenen Action Pane

```
Public Class ThisAddIn
    Dim paneControl As CustomPane
    Public Shared pane As Microsoft.Office.Tools.CustomTaskPane

    Private Sub ThisAddIn_Startup() Handles Me.Startup
        paneControl = New CustomPane()
        paneControl.Application = Application
        pane = CustomTaskPanes.Add(paneControl, "Bing Translator")
        pane.Visible = True
    End Sub

    Private Sub ThisAddIn_Shutdown() Handles Me.Shutdown
    End Sub

    Private Sub Selection(ByVal Sh As Object, _
                          ByVal range As Excel.Range) Handles
Application.SheetSelectionChange
        Dim Worksheet As Excel.Worksheet = Application.ActiveSheet
        paneControl.TextBox1.Text = range.Cells(1, 1).Text
    End Sub
End Class
```

Der nächste logische Schritt ist nun die Übersetzung des Zelleninhalts in das zweite Textfeld. Für dieses Beispiel möchten wir dazu den Bing Translator Service einbinden, der eine Übersetzung über einen Webservice ermöglicht. Um einen solchen Service zu verwenden, brauchen Sie im Groben zwei Dinge: Sie müssen die URL zum Service kennen, und Sie brauchen einen Applikationsschlüssel (ApplicationKey), der Ihre Applikation eindeutig identifiziert. Einen Schlüssel können Sie kostenfrei direkt im Developer-Bereich von Bing (*http://www.bing.com/developers/default.aspx*) erstellen lassen. Services binden Sie in Visual Studio über die *Service References* in Ihren Projektmappen-Explorer ein. Klicken Sie dort mit der rechten Maustaste und starten Sie den Assistenten über das Kontextmenü durch Auswahl von *Add Service Reference*. Ab hier ist die passende Option etwas versteckt. Sie finden am linken unteren Rand eine Schaltfläche mit der Aufschrift *Advanced* und im darauf folgenden Fenster eine Schaltfläche *Add Web Reference*, die Sie letztendlich zu einem Dialogfeld für klassische Webservices bringt. Im *URL*-Feld tragen Sie bitte die Adresse des Bing Translators (*http://api.bing.net/search.wsdl?AppID=[AppId]&Version=2.2*) ein und ersetzen den Platzhalter *AppID* mit Ihrem eigenen Applikationsschlüssel.

**Abbildg. 29.12** Dialogfeld zum Einbinden von Webservices

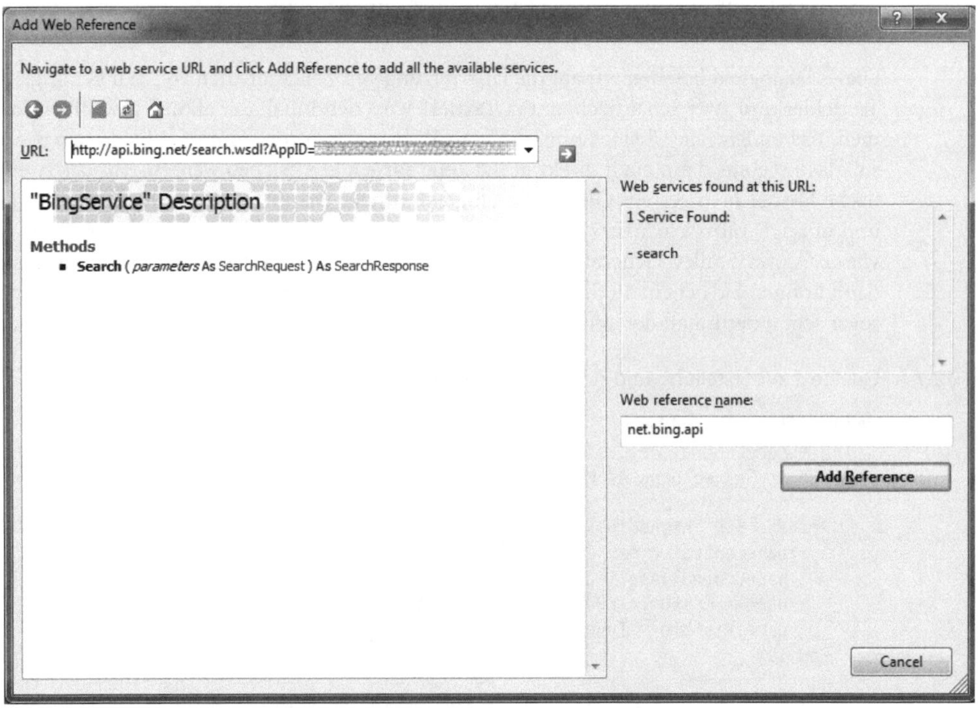


Mit *Add Reference* wird von Visual Studio alles Nötige erledigt, damit im Quellcode dieser Service gleich zur Verfügung steht.

Alles Weitere passiert dann direkt im neuen Steuerelement. Sobald sich der Inhalt im ersten Textfeld ändert – wir reagieren hier am besten auf das *Changed*-Ereignis – soll der enthaltene Text an Bing geschickt werden, um ihn dort in eine andere Sprache zu übersetzen und zurückzuschicken. Das Ergebnis kommt dann in das zweite Textfeld. Der Benutzer prüft die Übersetzung und kann bei Gefallen per Tastendruck alles zurück in die aktuelle Zelle schreiben. Innerhalb des *Click*-Handlers ist deshalb eine ganze Reihe von Code zu erstellen. Hauptsächlich bauen wir hier unsere Anfrage für den Server zusammen und schicken anschließend diese Anfrage ab. Es ist hier unbedingt zu empfehlen, diese Anfrage über einen *Try*-Block zu erledigen, da Serviceanfragen ins Internet durch viele Dinge gestört werden können.

**Listing 29.8** Quellcode für die Serviceanfrage

```
Imports ExcelAddInDemo.net.bing.api

Public Class CustomPane
    Public Application As Excel.Application
    Public SourceLanguage As String = "de"
    Public TargetLanguage As String = "en"
    ' TODO: Eigene ApplicationId einfügen
    Public ApplicationId As String = "[AppId]"

    Private Sub Button1_Click(ByVal sender As System.Object, _
                              ByVal e As System.EventArgs) Handles Button1.Click
        Application.ActiveCell.Value = TextBox2.Text
    End Sub

    Private Sub TextBox1_TextChanged(ByVal sender As System.Object, _
                                  ByVal e As System.EventArgs) Handles TextBox1.TextChanged
        TextBox2.Text = String.Empty
        Dim searchRequest As SearchRequest = New SearchRequest()
        Dim translationRequest As TranslationRequest = New TranslationRequest()

        ' Anfragebasis zusammenstellen
        With searchRequest
            .AppId = ApplicationId
            .Version = "2.2"
            .Query = TextBox1.Text
            .Sources = New SourceType() {SourceType.Translation}
            .Translation = translationRequest
        End With

        ' Übersetzungsparameter setzen
        With translationRequest
            translationRequest.SourceLanguage = SourceLanguage
            translationRequest.TargetLanguage = TargetLanguage
        End With

        ' Übersetzungsservice fragen
        Using service As BingService = New BingService
            Try
                Dim response As SearchResponse = service.Search(searchRequest)
                TextBox2.Text = response.Translation.Results(0).TranslatedTerm
            Catch ex As Exception
                TextBox2.Text = ex.Message
            End Try
        End Using
    End Sub
End Class
```

Kommunikation mit der Außenwelt

Was nun noch fehlt, ist *Button2*. Diese Schaltfläche hatten wir für das Optionsdialogfeld reserviert. Per Klick auf die Schaltfläche soll ein Formular geöffnet werden, in dem Sie die Sprachen einstellen können, in die der Text übersetzt werden soll. Erstellen Sie dafür ein neues Formular (Rechtsklick auf das Projekt, Neues Element, Windows Form) und befüllen Sie es mit zwei Kombinationsfeldern, die die Quell- und Zielsprache auswählen lassen. Als Liste der Items können Sie hier einfach die Zeichenfolgen »de«, »en« und »fr« verwenden. Zuletzt brauchen Sie noch eine *Speichern*-Schaltfläche, deren Eigenschaft *Dialog-Result* Sie auf *OK* setzen müssen. Im Gegenzug bestimmen Sie in den Eigenschaften des Formulars die neue Schaltfläche als *Accept-Button*.

**Abbildg. 29.13** Das Optionendialogfeld

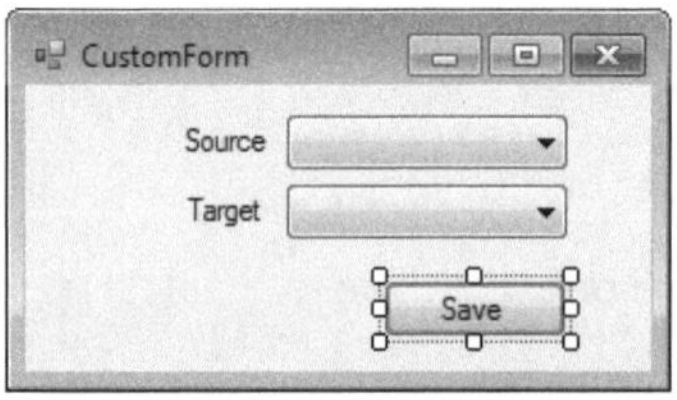


Da sich auf die beiden Kombinationsfelder von außen zugreifen lässt, ist im Formular kein weiterer Code notwendig, und Sie können folgenden Quellcode im Eventhandler des *Click*-Ereignisses unserer zweiten Schaltfläche hinterlegen.

**Listing 29.9** Quellcode zum Starten des Optionendialogfelds

```
Private Sub Button2_Click(ByVal sender As System.Object, ByVal e As System.EventArgs)
Handles Button2.Click
    Dim form As CustomForm = New CustomForm()
    form.ComboBox1.Text = SourceLanguage
    form.ComboBox2.Text = TargetLanguage
    If (form.ShowDialog() = Windows.Forms.DialogResult.OK) Then
        SourceLanguage = form.ComboBox1.Text
        TargetLanguage = form.ComboBox2.Text
    End If
End Sub
```

Zugegeben, der Code ist nicht besonders robust gegen Probleme jeglicher Art, veranschaulicht aber sicher schnell, wie großartig die Möglichkeiten an dieser Stelle sind. Binden Sie einfach Services ein, die online zur Verfügung stehen. Suchen Sie direkt bei Bing nach Schlagwörtern, übersetzen Sie in Word direkt Texte oder suchen Sie in einem Online-Thesaurus nach alternativen Begriffen.

# Menüband (Ribbons)

Dass Office an allen Ecken und Enden programmierbar ist, brauchen wir Ihnen nicht zu erzählen. Das haben Sie schließlich in den vorherigen Kapiteln im Detail erfahren. Ein kleines Highlight der Visual Studio Tools ist aber der integrierte Ribbon-Designer für eigene Menüband-Registerkarten. Wenn Sie wieder über den Assistenten zum Einfügen von neuen Projektelementen gehen, finden Sie in der Rubrik *Office* auch die Vorlage für Ribbons. Fügen Sie ein solches Element hinzu. Im Designer können Sie das neu hinzugefügte Menüband mit passenden Steuerelementen bestücken und mit Funktion hinterlegen.

Um bei unserem Beispiel zu bleiben: Das Übersetzungsfenster ist in der bisherigen Ausführung immer offen. Das ist möglicherweise nicht ganz das, was Sie haben wollen, wenn Sie vielleicht gerade eher Schaubilder erstellen oder mit Formeln beschäftigt sind. Einmal weggeklickt, ist es bis zum nächsten Neustart von Excel verschwunden. Wir haben uns ja bisher nicht um eine Möglichkeit gekümmert, es wieder einzublenden.

Eine Möglichkeit, eine solche Funktionalität dem Benutzer bereitzustellen, könnte eine eigene Registerkarte im Menüband sein. Mit einer einfachen Schaltfläche möchten wir die Pane ein- oder ausschalten können. Bereiten wir dafür also ein neues Menüband vor, indem wir eine entsprechende Vorlage in unser Projekt einfügen. Den Weg dahin kennen Sie bereits: Rechtsklick auf das Projekt, neues Element, im Bereich *Office* die Vorlage für ein Ribbon (Visual Designer) auswählen und bestätigen. Im Designer können Sie dieses Menüband nun wie gewohnt anpassen, neue Gruppen, Schaltflächen und sonstige Steuerelemente einfügen. In unserem einfachen Beispiel soll nur eine einzige Schaltfläche dafür sorgen, unsere eigene Action Pane ein- und auszuschalten.

**Abbildg. 29.14** Ribbon-Designer mit einer einzigen Schaltfläche

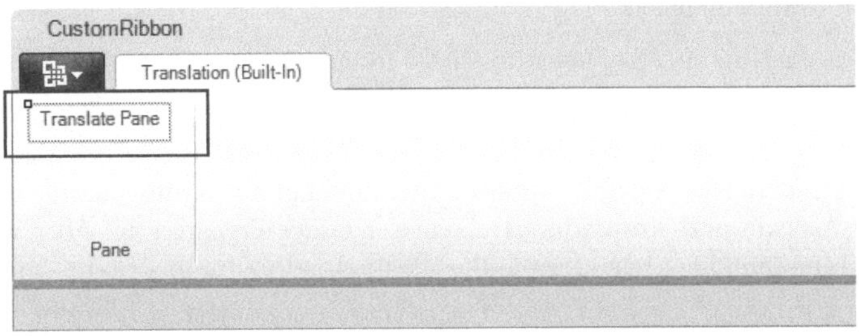


Code wird hier, genau wie in all den anderen Komponenten, per Doppelklick hinterlegt. Es wird ein Ereignishandler für Sie angelegt, der den folgenden Code enthalten sollte. Im Unterschied zu den anderen Add-In-Teilen ist der Zugriff auf die restlichen Bauteile nicht direkt möglich. Aus diesem Grund haben wir vorhin die erstellte Action Pane in einer statischen Variable, in VB.NET durch das Schlüsselwort *Shared* gekennzeichnet, zwischengespeichert. Dies bedeutet, dass der Inhalt der Variable unabhängig von Klasseninstanzen gespeichert wird und ohne direkten Verweis auf das Objekt zugreifbar bleibt. Sie können daher über die Klasse *ThisAddIn* direkt auf die erstellte Pane zugreifen und deren Status prüfen und verändern.

Per Klick auf die Schaltfläche soll einfach der *Visible*-Status umgeschaltet werden. Steht er auf *True*, ist die Pane gerade sichtbar und soll versteckt werden. Im Falle von *False* muss *Visible* auf *True* gesetzt werden, damit der Anwender unser Steuerelement zu Gesicht bekommt.

**Listing 29.10** Code hinter der einzigen Schaltfläche im Menüband zum Umschalten des Sichtbarkeitsstatus

```
Private Sub Button1_Click(ByVal sender As System.Object, _
                          ByVal e As Microsoft.Office.Tools.Ribbon.RibbonControlEventArgs) _
                          Handles Button1.Click
    If (ThisAddIn.pane.Visible = True) Then
        ThisAddIn.pane.Visible = False
    Else
        ThisAddIn.pane.Visible = True
    End If
End Sub
```

Nachdem Sie das alles eingefügt haben, kann die Anwendung gestartet werden. Sie werden feststellen, dass das schon ansatzweise ein wirklich brauchbares Tool darstellt. Und es war wenig zu tun, um eine sinnvolle Funktionalität in Office zu integrieren.

## Wie geht's weiter?

Sie haben mit dem Übersetzer-Beispiel eine interessante Anwendung der Add-In-Funktionalitäten gesehen. Wir greifen im Beispiel auf das Dokument zu, fügen neue Schaltfläche in das Menüband ein und verwenden eigene Steuerelement als Office-Panels, die zusätzlich eingeblendet werden können. All diese Dinge sollten Sie bereits aus VBA kennen.

Neu hinzu kam aber eine essenzielle Fähigkeit der Add-Ins: die unkomplizierte Kommunikation mit anderen Anwendungen, Diensten und Systemen. Wir haben über einen Webservice eine zusätzliche Funktionalität in Office implementiert. Und Sie müssen zugeben, dass das nicht allzu kompliziert war. Ähnlich einfach binden Sie Datenbanken ein, holen Daten aus dem Internet oder sprechen andere Prozesse und Anwendungen an.

Sie verbinden mit den Add-Ins also die Welt von VBA – innerhalb eines Office-Produkts – mit dem Rest der Software-Welt. Und das mit mächtigen und professionellen Tools wie Visual Studio.

Weiterführende Links knüpfen an die Empfehlungen der vorangegangenen Technologie-Abschnitte an. Microsoft liefert mit dem Developer Center für Office umfangreiches Informationsmaterial über die verschiedensten Aspekte und Anwendungsgebiete der Office-Erweiterung. Aber wir sind uns sicher, dass Sie ohnehin schon konkrete Ideen im Kopf haben.

# Zusammenfassung

Das war jetzt ein schneller Überflug über eine ganze Reihe von alternativen Herangehensweisen zur ursprünglich vorgestellten VBA-Anwendung. Für diejenigen unter Ihnen, die noch keinen Kontakt mit .NET Framework hatten, war das sicher an der einen oder anderen Stelle etwas undurchsichtig, aber lassen Sie sich davon nicht verunsichern. Experimentieren Sie ein wenig herum, beschaffen Sie sich weitere Literatur zum Thema oder durchstöbern Sie die Online-Bibliotheken nach weiterführenden Artikeln.

Sinn und Zweck dieses Kapitels war es, Ihnen eine grobe Vorstellung davon zu geben, was Office noch so alles leisten kann und wie Ihre Anwendung am besten davon profitiert. Nachfolgend möchten wir diese Technologien noch einmal zusammenfassen und gegenüberstellen, damit Sie in Zukunft vielleicht auch Ihre Entscheidung, zu welcher Sie tendieren, leichter treffen können.

*VBA* ist Hauptinhalt dieses Buchs. Es handelt sich um eine Skriptsprache, die zur Laufzeit interpretiert wird und ausschließlich in Office-Dokumenten enthalten ist. Die Kommunikation mit der Außenwelt ist hier eher schwierig, weshalb VBA meist für Applikationen verwendet wird, die dokumentbezogen sind. Dabei ist Office stets die Hauptanwendung, die der Anwender zum Verwenden der Applikationen nutzt.

Die Variante, die VBA am ähnlichsten kommt, sind die *Visual Studio Tools für Office*. Man unterscheidet hier zwischen dokumentbezogenen Anwendungen (ähnlich wie bei VBA) und den Add-Ins. Beide Varianten werden kompiliert, aber nur die dokumentbezogene Version wird im Dokument hinterlegt. Add-Ins werden auf dem Rechner registriert und Office greift global, ohne Dokumentenkontext, auf Add-Ins zu. Programmiert wird mit .NET-Sprachen, was das einfache Einbinden von externen Komponenten sehr einfach macht. Dennoch läuft alles in Office ab. Der Anwender benutzt Add-Ins also nur als Erweiterung eines Office-Clients.

Der umgekehrte Weg wird mit der *Office-Automation* beschritten. Hier liegt der Ursprung in einem bereits vorhandenen Programm, das vielleicht gar keinen Bezug zu Office hat. Um hier eine Office-Funktionalität einzubinden, werden die nötigen Komponenten im Hintergrund geladen, eingebunden und ohne Sichtbarkeit für den Anwender ferngesteuert. Dadurch werden die vollständigen Möglichkeiten von Office auch anderen Programmen verfügbar gemacht. Dies kann sehr sinnvoll für den Import und Export von Office-Dokumenten oder Druckausgaben sein.

Manchmal reicht es aber auch, einfach nur Dokumente öffnen oder erstellen zu können – ganz ohne Excel im Hintergrund. Für diese Fälle gibt es das *Open XML SDK*, das es Ihnen erlaubt, Dokumente ohne vorherige Office-Installation zu öffnen. Zum Erstellen einfacher Tabellen oder zum Auslesen von Inhalten reicht das problemlos aus.

**Tabelle 29.1** Gegenüberstellung der Fähigkeiten und Bedingungen

| | VBA | VSTO | Automation | Open XML SDK |
|---|---|---|---|---|
| .NET Framework | Nein | Ja | Ja | Ja |
| Oberfläche | Office | Office/Applikation | Applikation | Applikation |
| Office notwendig | Ja | Ja | Ja | Nein |
| Codeposition | Dokument | Dokument/Office | Applikation | Applikation |

# Teil I

# Anhang

**In diesem Teil:**

Anhang A

# Präfixe, Konstanten, Datentypen und mehr

**In diesem Anhang:**

Im Verlauf dieses Buches sind Sie auf einige Tabellen gestoßen, die jeweils Präfixe, Konstanten und vieles mehr zum entsprechenden Thema aufgelistet haben. Hier im Anhang finden Sie einige der Tabellen wieder. Der Anhang soll Ihnen eine Übersicht bieten und Ihnen das Zusammensuchen der einzelnen Tabellen in den entsprechenden Kapiteln ersparen.

# Präfixe

Präfixe werden verwendet, um die Übersicht über verschiedene eingesetzte Objektvariablen zu erhalten. Sie setzen sich in der Regel aus drei Zeichen zusammen.

## Präfixe zu Modulen

Nachfolgend die Präfixe zu den Modultypen, die sich in ein Projekt einfügen lassen.

**Tabelle A.1** Modul-Präfixe

| Präfix | Modultyp |
|---|---|
| *mdl* | Allgemeines Modul |
| *frm* | UserForm |
| *cls* | Klassenmodul |

## Präfixe zu Datentypen

Die Tabelle A.2 fasst die Präfixe in Bezug auf Datentypen zusammen.

**Tabelle A.2** Datentypen und deren Präfixe

| Präfix | Datentyp |
|---|---|
| *byt* | Byte |
| *bln* | Boolean |
| *int* | Integer |
| *lng* | Long |
| *sng* | Single |
| *dbl* | Double |
| *cur* | Currency |
| *dec* | Decimal |
| *dat* | Date |
| *obj* | Object |
| *str* | String |
| *var* | Variant |

# Präfixe zu Elementen der Steuerelement-Toolbox

Der Tabelle A.3 können Sie eine Zusammenfassung zu den Präfixen der Elemente der Symbolleiste *Steuerelement-Toolbox* entnehmen.

**Tabelle A.3** Steuerelement-Toolbox-Präfixe

| Präfix | Deutsche Bezeichnung | Englische Bezeichnung |
|---|---|---|
| *chk* | Kontrollkästchen | CheckBox |
| *txt* | Textfeld | TextBox |
| *cmd* | Befehlsschaltfläche | CommandButton |
| *opt* | Optionsfeld | OptionButton |
| *lst* | Listenfeld | ListBox |
| *cbo* | Kombinationsfeld | ComboBox |
| *tgl* | Umschaltfläche | ToggleButton |
| *spn* | Drehfeld | SpinButton |
| *vsb/hsb* | Bildlaufleiste (vertikal/horizontal) | ScrollBar |
| *lbl* | Bezeichnung | Label |
| *img* | Bild | Image |

# Präfixe zu UserForm-Objekten

Die nachfolgende Zusammenstellung beinhaltet die Präfixe zu den Elementen der Werkzeugsammlung von UserForms.

**Tabelle A.4** UserForm-Objekt-Präfixe

| Präfix | Deutsche Bezeichnung | Englische Bezeichnung |
|---|---|---|
| *frm* | UserForm (Formular) | UserForm |
| *lbl* | Bezeichnungsfeld | Label |
| *txt* | Textfeld | TextBox |
| *cbo* | Kombinationsfeld | ComboBox |
| *lst* | Listenfeld | ListBox |
| *chk* | Kontrollkästchen | CheckBox |
| *opt* | Optionsfeld | OptionButton |
| *tgl* | Umschaltfeld | ToggleButton |
| *fra* | Rahmen | Frame |
| *cmd* | Befehlsschaltfläche | CommandButton |

**Tabelle A.4** UserForm-Objekt-Präfixe *(Fortsetzung)*

| Präfix | Deutsche Bezeichnung | Englische Bezeichnung |
|---|---|---|
| *tbs* | Registerkarten | TabStrip |
| *mpg* | Multiseiten | MultiPage |
| *vsb/hsb* | Bildlaufleiste | ScrollBar |
| *spn* | Drehfeld | SpinButton |
| *img* | Anzeige | Image |
| *ref* | RefEdit | RefEdit |

# Datentypen prüfen

Die Tabelle A.5 bietet eine Zusammenfassung über die Funktionen, die zur Überprüfung von Datentypen dienen.

**Tabelle A.5** Datentypen prüfen

| Funktion | Beschreibung |
|---|---|
| `IsArray (VarName)` | Prüft, ob ein Array vorliegt |
| `IsDate (Ausdruck)` | Prüft, ob ein Datum vorliegt |
| `IsEmpty (Ausdruck)` | Prüft, ob eine Variable initialisiert wurde |
| `IsError (Ausdruck)` | Prüft, ob ein Fehlerwert vorliegt |
| `IsMissing (ArgName)` | Prüft, ob einer Prozedur ein optionales Argument vom Typ Variant übergeben wurde |
| `IsNull (Ausdruck)` | Prüft, ob die Variable einen gültigen Wert enthält |
| `IsNumeric (Ausdruck)` | Prüft, ob der Ausdruck als Zahl gewertet werden kann |
| `IsObject (Bezeichner)` | Prüft, ob ein Bezeichner eine Objekt-Variable darstellt |

# Umwandlungsfunktionen

Die Tabelle A.6 bietet eine Übersicht über die zur Verfügung stehenden Umwandlungsfunktionen.

**Tabelle A.6** Umwandlungsfunktionen

| Funktion | Beschreibung | Beispiel |
|---|---|---|
| `Var (Zeichenfolge)` | Wandelt eine Zeichenfolge in eine Zahl um | Ausgangslage:<br>`Val("8000 Zürich")`<br>Ergebnis:<br>8000 |
| `Str (Zahl)` | Wandelt eine Zahl in eine Zeichenfolge um | Ausgangslage:<br>`Str(8000)`<br>Ergebnis:<br>"8000" |
| `Hex (Zahl)` | Wandelt eine Zahl in einen Hexadezimalwert um | Ausgangslage:<br>`Hex(8000)`<br>Ergebnis:<br>1F40 |
| `Oct (Zahl)` | Wandelt eine Zahl in einen Oktalwert um | Ausgangslage:<br>`Oct(8000)`<br>Ergebnis:<br>17500 |

# Datum und Zeit

Die nachfolgenden Zusammenfassungen beziehen sich auf das Datum und die Uhrzeit.

## Weekday

Nachfolgend finden Sie eine Zusammenfassung über die Wochentag-Konstanten.

**Tabelle A.7** Wochentage (*Weekday*)

| Konstante | Wert | Beschreibung |
|---|---|---|
| `vbSunday` | 1 | Sonntag |
| `vbMonday` | 2 | Montag |
| `vbTuesday` | 3 | Dienstag |
| `vbWednesday` | 4 | Mittwoch |
| `vbThursday` | 5 | Donnerstag |
| `vbFriday` | 6 | Freitag |
| `vbSaturday` | 7 | Samstag |

# Format-Funktion

Der Tabelle A.8 können Sie Formatierungsmöglichkeiten in Bezug auf Datumsformate entnehmen.

**Tabelle A.8** Formatierungsmöglichkeiten mit der Format-Funktion

| Format | Beschreibung |
|---|---|
| s | Sekunde ohne führende Nullen (0–59) |
| ss | Sekunde mit führenden Nullen (00–59) |
| n | Minute ohne führende Nullen (0–59) |
| nn | Minute mit führenden Nullen (00–59) |
| h | Stunde ohne führende Nullen (0–23) |
| hh | Stunde mit führenden Nullen (00–23) |
| ttttt | Komplett ausgeschriebene Zeit (08:15:30) |
| d | Tag ohne führende Nullen (1–31) |
| dd | Tag mit führenden Nullen (01–31) |
| ddd | Tag im Kurzformat (So–Sa) |
| dddd | Tag im Langformat (Sonntag–Samstag) |
| ddddd | Ausgeschriebenes Datum mit nur Zahlen (01.01.2011) |
| dddddd | Komplett ausgeschriebenes Datum (Samstag, 1. Januar 2011 |
| w | Wochentagnummer (1 für Sonntag bis 7 für Samstag) |
| ww | Kalenderwoche (1–53) |
| m | Monat in Zahlen ohne führende Nullen (1–12) |
| mm | Monat in Zahlen mit führenden Nullen (01–12) |
| mmm | Monat im Kurzformat (Jan–Dez) |
| mmmm | Monat im Langformat (Januar–Dezember) |
| q | Quartal in Zahlen (1–4) |
| y | Kalendertag (1–366) |
| yy | Jahr im Kurzformat (00–99) |
| yyyy | Jahr im Langformat (000–9999) |

# DateDiff

Verwendbare Einstellungen im Zusammenhang mit `DateDiff`.

**Tabelle A.9** Einstellungsmöglichkeiten für die Funktion *DateDiff*

| Einstellung | Beschreibung |
|---|---|
| s | Sekunde |
| h | Stunde |

**Tabelle A.9** Einstellungsmöglichkeiten für die Funktion *DateDiff* *(Fortsetzung)*

| Einstellung | Beschreibung |
|---|---|
| n | Minute |
| d | Tag |
| y | Tag des Jahres |
| w | Wochentag |
| ww | Woche |
| m | Monat |
| q | Quartal |
| yyyy | Jahr |

# Funktionskategorien

Eine Zusammenfassung über die verfügbaren Funktionskategorien.

**Tabelle A.10** Funktionskategorien

| Index | Kategorienamen |
|---|---|
| 1 | Finanzmathematik |
| 2 | Datum & Zeit |
| 3 | Math. & Trigonom. |
| 4 | Statistik |
| 5 | Matrix |
| 6 | Datenbank |
| 7 | Text |
| 8 | Logik |
| 9 | Informationen |
| 10 | Menübefehle |
| 11 | Benutzerorientiert |
| 12 | Makrosteuerung |
| 13 | DDE/Extern |
| 14 | Benutzerdefiniert |
| 15 | Technisch |

# SpecialCells

Der Tabelle A.11 können Sie die verfügbaren Konstanten in Bezug auf die Methode `SpecialCells` entnehmen.

**Tabelle A.11** SpecialCells

| xlCellType-Konstante | Beschreibung |
|---|---|
| `xlCellTypeAllFormatConditions` | Zellen mit beliebigem Format |
| `xlCellTypeAllValidation` | Zellen mit Gültigkeitskriterien |
| `xlCellTypeBlanks` | Leerzellen |
| `xlCellTypeComments` | Zellen mit Kommentaren |
| `xlCellTypeConstants` | Zellen mit Konstanten |
| `xlCellTypeFormulas` | Zellen mit Formeln |
| `xlCellTypeLastCell` | Die letzte Zelle im verwendeten Bereich |
| `xlCellTypeSameFormatConditions` | Zellen mit gleichem Format |
| `xlCellTypeSameValidation` | Zellen mit gleichen Gültigkeitskriterien |
| `xlCellTypeVisible` | Alle sichtbaren Zellen |

# Farbkonstanten

Der Tabelle A.12 können die in Excel-VBA verfügbaren Farbkonstanten entnommen werden.

**Tabelle A.12** Farbkonstanten

| Farbkonstante | Farbe |
|---|---|
| `vbBlack` | Schwarz |
| `vbBlue` | Blau |
| `vbCyan` | Cyan |
| `vbGreen` | Grün |
| `vbMagenta` | Magenta |
| `vbRed` | Rot |
| `vbWhite` | Weiß |
| `vbYellow` | Gelb |

# Tastenkombinationen für Makros

Wenn Sie ein Makro erzeugen, haben Sie die Möglichkeit, eine Tastenkombination zuzuweisen, um das Starten der Prozedur zu verkürzen (siehe Kapitel 1)

Die Kombination besteht immer aus [Strg] oder [Strg]+[⇧], sowie einem Buchstaben. Da viele Tastenkombinationen bereits durch Excel vorbelegt sind, besteht immer die Gefahr, dass man Excel-eigene außer Betrieb setzt. Sie finden deshalb nachfolgend eine Tabelle, die die belegten Tastenkombinationen und deren Funktionen aufzeigt, sowie eine Tabelle mit den frei verfügbaren Tastenkombinationen, die Sie verwenden können, ohne eine bestehende zu überschreiben.

**ACHTUNG** Wir können keine Gewähr für die aufgelisteten Tastenkombinationen übernehmen. Zwischen den verschiedenen auf dem Markt erhältlichen Versionen können Unterschiede bestehen. Des Weiteren sind die Tastenkombinationen sprachabhängig. Die Tabellen basieren auf der Excel-Version 2010.

## Belegte Tastenkombinationen

Der Tabelle A.13 können Sie die belegten Tastenkombinationen entnehmen, die mit einem Buchstaben kombiniert sind. Es liegt in Ihrem Ermessen zu entscheiden, ob Sie eine davon überschreiben möchten.

**Tabelle A.13** Belegte Tastenkombinationen

| Tastenkombination | Aktion |
|---|---|
| [Strg]+[A] | Bereiche oder Tabelle markieren. Nach Eingabe eines Funktionsnamens: Öffnen des Dialogfeldes *Funktionsargumente*. |
| [Strg]+[⊞] | Markieren aller Zellen, deren Formel die aktuelle Zelle direkt referenziert |
| [Strg]+[B] * | Formatierung *Fett* (*Bold*) |
| [Strg]+[C] | Markierten Bereich kopieren |
| [Strg]+[D] * | Zelleninhalt nach unten kopieren (*Fill Down*) |
| [Strg]+[F] | Dialogfeld *Suchen* öffnen |
| [Strg]+[G] | Dialogfeld *Gehe zu* öffnen |
| [Strg]+[H] | Dialogfeld *Suchen und Ersetzen* öffnen |
| [Strg]+[I] * | Formatierung *Kursiv* (*Italic*) |
| [Strg]+[K] | Hyperlink einfügen |
| [Strg]+[L] | Liste erstellen |
| [Strg]+[N] | Neue Arbeitsmappe erstellen |
| [Strg]+[O] | Dialogfeld *Öffnen* anzeigen |
| [Strg]+[P] | Dialogfeld *Drucken* anzeigen |
| [Strg]+[R] | Zelleninhalt nach rechts kopieren (zu befüllender Bereich muss markiert sein) |

**Tabelle A.13** Belegte Tastenkombinationen *(Fortsetzung)*

| Tastenkombination | Aktion |
|---|---|
| Strg+S | Dialogfeld *Speichern unter* anzeigen, falls die Datei noch nicht gespeichert wurde |
| Strg+U | Zelleninhalt nach unten kopieren (zu befüllender Bereich muss markiert sein) |
| Strg+⌘ | Markieren aller Zellen, die sich direkt auf die aktuelle Formel beziehen |
| Strg+V | Einfügen aus der Zwischenablage |
| Strg+W | Fenster schließen |
| Strg+X | Ausschneiden der Markierung |
| Strg+Y | Wiederholen der letzten Aktion |
| Strg+Z | Rückgängigmachen der letzten Aktion |
| Strg+⇧+A | Nach Eingabe eines Funktionsnamens: Einfügen der Argumentnamen und Klammern<br>Markieren aller Zellen, deren Formel die aktuelle Zelle referenziert (direkt oder indirekt) |
| Strg+⇧+⊞ | Öffnet das Adressbuch (bei aktiver E-Mail) |
| Strg+⇧+B | Markieren aller Zellen, deren Formel die aktuelle Zelle referenziert (direkt oder indirekt) |
| Strg+⇧+F | Formatierung *Fett* |
| Strg+⇧+G | Zur Nachverfolgung kennzeichnen (bei aktiver E-Mail) |
| Strg+⇧+K | Formatierung *Kursiv* |
| Strg+⇧+O | Markieren aller Zellen, die Kommentare enthalten |
| Strg+⇧+P | Dialogfeld *Zellen formatieren* mit aktivierter Registerkarte *Schrift* aufrufen |
| Strg+⇧+U | Formatierung *Unterstrichen* |
| Strg+⇧+⌘ | Markieren aller Zellen, auf die sich die aktuelle Formel bezieht (direkt oder indirekt) |
| Strg+⇧+Z | Wenn die Smarttags *AutoKorrektur* angezeigt werden, die letzte automatische Korrektur rückgängig machen bzw. wiederholen |

* = In englischen Versionen

# Frei verfügbare Tastenkombinationen

Der Tabelle A.14 können Sie die frei verfügbaren Tastenkombinationen der *deutschen* Excel-Version 2010 entnehmen.

**Tabelle A.14** Tastenkombinationen, die Sie verwenden können

| Verfügbare Buchstaben | Verfügbare Buchstaben |
|---|---|
| Strg+B | Strg+⇧+C |
| Strg+D | Strg+⇧+D |
| Strg+E | Strg+⇧+E |
| Strg+I | Strg+⇧+H |

Tabelle A.14 Tastenkombinationen, die Sie verwenden können *(Fortsetzung)*

| Verfügbare Buchstaben | Verfügbare Buchstaben |
|---|---|
| Strg + J | Strg + ⇧ + I |
| Strg + M | Strg + ⇧ + J |
| Strg + Q | Strg + ⇧ + M |
| | Strg + ⇧ + N |
| | Strg + ⇧ + Q |
| | Strg + ⇧ + R |
| | Strg + ⇧ + T |
| | Strg + ⇧ + V |
| | Strg + ⇧ + W |
| | Strg + ⇧ + X |
| | Strg + ⇧ + Y |

# Tastenkombinationen (*OnKey*)

Tasten, die beim Erstellen von Tastenkombinationen unter Verwendung von *OnKey* verwendet werden können. Beispiele und Erläuterungen dazu finden Sie in Kapitel 12.

Tabelle A.15 Kombinationstasten

| Kombinieren mit | Vorangestelltes Zeichen |
|---|---|
| ⇧ | + (Pluszeichen) |
| Strg | ^ (Caret-Zeichen) |
| Alt | % (Prozentzeichen) |

Tabelle A.16 Weitere Tasten

| Taste | Code |
|---|---|
| Bild ↓ | {PGDN} |
| Bild ↑ | {PGUP} |
| Einfg | {INSERT} |
| ↵ | ~ (Tilde) |
| ↵ | {RETURN} |
| ↵ (Zehnertastatur) | {ENTER} |
| Ende | {END} |
| Entf | {CLEAR} |

**Tabelle A.16** Weitere Tasten *(Fortsetzung)*

| Taste | Code |
|---|---|
| Entfernen oder [Entf] | {DELETE} oder {DEL} |
| [Esc] | {ESCAPE} oder {ESC} |
| [F1] bis [F12] | {F1} bis {F12} |
| [CapsLock] | {CAPSLOCK} |
| Hilfe | {HELP} |
| [←] | {LEFT} |
| [↑] | {UP} |
| [→] | {RIGHT} |
| [↓] | {DOWN} |
| [Num] | {NUMLOCK} |
| [Pos1] | {HOME} |
| [Rollen] | {SCROLLOCK} |
| [Rück] | {BACKSPACE} oder {BS} |
| [↹] | {TAB} |
| [Untbr] | {BREAK} |

# Operatoren und Kriterien für den Autofilter

In der nachfolgenden Tabelle finden Sie alle Operatoren und einige der Platzhaltermöglichkeiten, die in Kriterien eingesetzt werden können.

**Tabelle A.17** Operatoren für Kriterien

| Operatoren für Kriterien | Beschreibung |
|---|---|
| Das genaue Kriterium eingeben (z.B. Criteria1:=»Weber« | Entspricht |
| <> (z.B. Criteria1:=»<>«100) | Entspricht nicht |
| > | Ist größer als |
| >= | Ist größer oder gleich |
| < | Ist kleiner als |
| <= | Ist kleiner oder gleich |
| =W* | Alle Einträge, die mit »W« beginnen |
| <>W* | Alle Einträge, nicht die mit »W« beginnen |
| =*W | Alle Einträge, die mit dem Buchstaben »W« enden |

**Tabelle A.17** Operatoren für Kriterien *(Fortsetzung)*

| Operatoren für Kriterien | Beschreibung |
|---|---|
| <>*W | Alle Einträge, die nicht mit »W« enden |
| <>*W* | Einträge, die den Buchstaben »W« nicht enthalten |

Nachfolgend eine Zusammenstellung aller im AutoFilter zur Verfügung stehenden Operatoren:

**Tabelle A.18** Operatoren

| Operator | Index | Beschreibung |
|---|---|---|
| `xlAnd` | 1 | Und |
| `xlBottom10Items` | 4 | Die niedrigsten x Werte |
| `xlBottom10Percent` | 6 | Die niedrigsten x Prozent |
| `xlOr` | 2 | Oder |
| `xlTop10Items` | 3 | Die höchsten x Werte |
| `xlTop10Percent` | 5 | Die höchsten x Prozent |

# Gültigkeit

Nachfolgend eine Übersicht über die Konstanten, die in Bezug auf die *Datenüberprüfung* eingesetzt werden können.

Der Tabelle A.19 können Sie eine Zusammenstellung der Konstanten, die sich bei `Type` einsetzen lassen, entnehmen:

**Tabelle A.19** Konstanten zu *Type*

| Type | Index | Beschreibung |
|---|---|---|
| `xlValdiateCustom` | 7 | Benutzerdefiniert |
| `xlValidateDate` | 4 | Datum |
| `xlValidateDecimal` | 2 | Dezimal |
| `xlValidateInputOnly` | 0 | Jeden Wert |
| `xlValidateList` | 3 | Liste |
| `xlValidateTextLength` | 6 | Textlänge |
| `xlValidateTime` | 5 | Zeit |
| `xlValidateWholeNumber` | 1 | Ganze Zahl |

Beim Argument `AlertStyle` sehen drei verschiedene Symbole zur Auswahl:

Tabelle A.20 Symbol (*AlertStyle*)

| AlertStyle | Index | Beschreibung |
|---|---|---|
| `xlValidAlertInformation` | 3 | Weiße Sprechblase mit blauem Ausrufezeichen |
| `xlValidAlertStop` | 1 | Roter Kreis mit weißem Kreuz |
| `xlValidAlertWarning` | 2 | Gelbes Dreieck mit schwarzem Ausrufezeichen |

Beim Argument `Operator` können folgende Konstanten verwendet werden:

Tabelle A.21 Konstanten zu den verschiedenen Operatoren

| Operator | Index | Beschreibung |
|---|---|---|
| `xlBetween` | 1 | Zwischen |
| `xlEqual` | 3 | Gleich |
| `xlGreater` | 5 | Größer als |
| `xlGreaterEqual` | 7 | Größer oder gleich |
| `xlLess` | 6 | Kleiner als |
| `xlLessEqual` | 8 | Kleiner oder gleich |
| `xlNotBetween` | 2 | Nicht zwischen |
| `xlNotEqual` | 4 | Ungleich |

# Objekttypen (*Shapes*)

Die folgende Tabelle enthält eine Auflistung aller Konstanten, die in Bezug auf das Objekt `Shapes` eingesetzt werden können.

Tabelle A.22 Konstanten zu Objekt-Typen (*Shapes*)

| Konstante | Index | Beschreibung |
|---|---|---|
| `msoAutoShape` | 1 | AutoFormen |
| `msoCallout` | 2 | Callout |
| `msoCanvas` | 20 | Canvas |
| `msoChart` | 3 | Diagramme |
| `msoComment` | 4 | Kommentare |
| `msoDiagram` | 21 | Schematische Darstellung |
| `msoEmbeddedOLEObject` | 7 | Eingebettete OLE-Objekte |
| `msoFormControl` | 8 | Formular-Elemente (Formular-Symbolleiste) |
| `msoFreeform` | 5 | Freihandformen |
| `msoGroup` | 6 | Gruppen |

**Tabelle A.22** Konstanten zu Objekt-Typen (*Shapes*) *(Fortsetzung)*

| Konstante | Index | Beschreibung |
|---|---|---|
| `msoIgxGraphic` | 24 | SmartArt-Grafik |
| `msoInk` | 22 | Farbe |
| `msoInkComment` | 23 | Farbe Kommentar |
| `msoLine` | 9 | Linien und Pfeile |
| `msoLinkedOLEObject` | 10 | Verlinkte OLE-Objekte |
| `msoLinkedPicture` | 11 | Verlinkte Bilder |
| `msoMedia` | 16 | Mediadaten |
| `mdoOLEControlObject` | 12 | Steuerelemente (Steuerelemente-Toolbox) |
| `msoPicture` | 13 | Grafiken |
| `msoPlaceholder` | 14 | Platzhalter |
| `msoScriptAnchor` | 18 | Anker |
| `msoShapeTypeMixed` | –2 | Gemischte Typen |
| `msoTable` | 19 | Tabellen |
| `msoTextBox` | 17 | Textfelder |
| `msoTextEffect` | 15 | Texteffekte (WordArt) |

# RibbonX-Steuerelemente

Die nachfolgende Auflistung enthält eine Übersicht über alle verfügbaren Steuerelemente, die Sie in Ihrem XML-Code verwenden können.

**HINWEIS** Beispiele zum Menüband finden Sie in Kapitel 20.

**Tabelle A.23** RibbonX-Steuerelemente

| Steuerelement | Kind-Elemente | Beschreibung |
|---|---|---|
| backstage | button<br>tab | Registerkarte *Datei* |
| box | box<br>button<br>buttonGroup<br>checkBox<br>control<br>dropDown<br>dynamicMenu<br>gallery<br>labelControl<br>menu<br>splitButton<br>toggleButton | Horizontales oder vertikales Ausrichten von Steuerelementen |

Anhang

**Tabelle A.23** RibbonX-Steuerelemente *(Fortsetzung)*

| Steuerelement | Kind-Elemente | Beschreibung |
|---|---|---|
| button | | Schaltfläche |
| buttonGroup | button<br>control<br>dynamicMenu<br>gallery<br>menu<br>splitButton<br>toggleButton | Gruppieren von Steuerelementen und optische Hervorhebung der Gruppen |
| checkBox | | Kontrollkästchen |
| comboBox | item | Kombinationsfeld, das beim Ändern angezeigten Inhalt zurückgibt |
| contextualTabs | tabSet | Kontextbezogene Registerkarte |
| control | | Microsoft-eigene Schaltflächen |
| customUI | backstage<br>ribbon | Grafische Benutzeroberfläche |
| dialogBoxLauncher | button | Anfügen eines DialogBox-Launchers (rechte untere Ecke) |
| documentControls | button<br>control<br>separator | Schaltflächen der Symbolleiste *Schnellzugriff* auf Mappen-Ebene |
| dropDown | item | Kombinationsfeld |
| dynamicMenu | button<br>checkbox<br>control<br>dynamicMenu<br>gallery<br>menu<br>menuSeparator<br>splitButton<br>toggleButton | Dynamisches Menü, das zur Laufzeit des VBA-Codes erzeugt wird. |
| editBox | | Eingabefeld |
| gallery | button<br>item | Ein Kombinationsfeld, das verschiedene Elemente enthalten kann |
| group | box<br>button<br>buttonGroup<br>checkbox<br>comboBox<br>control<br>dialogBoxLauncher<br>dropDown<br>editBox<br>gallery<br>labelControl<br>menu<br>separator<br>toggleButton | Gruppe in einer Registerkarte |

**Tabelle A.23** RibbonX-Steuerelemente *(Fortsetzung)*

| Steuerelement | Kind-Elemente | Beschreibung |
|---|---|---|
| item | | Element in einem Kombinationsfeld |
| labelControl | | Steuerelement, das zur Beschriftung dient. Es können keine Aktionen hinterlegt werden. |
| menu | button<br>checkbox<br>control<br>dynamicMenu<br>gallery<br>menu<br>menuSeparator<br>splitButton<br>toggleButton | Menu, das Steuerelemente und/oder Untermenüs enthalten kann |
| menuSeparator | | Trennlinie innerhalb eines Menüs |
| qat | documentControls<br>sharedControls | Symbolleiste für den Schnellzugriff |
| ribbon | contextualTabs<br>qat<br>tabs | Menüband |
| separator | | Trennlinie |
| sharedControl | button<br>control<br>separator | Schaltflächen Symbolleiste Schnellzugriff auf Tabellenblatt-Ebene |
| splitButton | button<br>toggleButton | Eine unterteilte Schaltfläche |
| tab | group<br>firstColumn<br>secondColumn<br>... | Register |
| tabs | tab | Register-Container |
| tabSet | tab | Kontextsensitives Register |
| toggleButton | | Umschaltfläche |

# RibbonX-Eigenschaften

Die nachfolgende Tabelle enthält sämtliche Eigenschaften, die Steuerelementen zugeordnet werden können.

**Tabelle A.24** RibbonX-Eigenschaften

| Eigenschaft | Datentyp | Werte | Beschreibung |
|---|---|---|---|
| boxStyle | String | horizontal, vertikal | Anordnung der Steuerelemente innerhalb der Box |
| columns | Long | | Anzahl Spalten in einer Galerie |
| description | String | | Beschriftung eines Menü-Elements. Nur sichtbar, wenn `itemSize` auf `large` eingestellt ist. |
| enabled | Boolean | false, true, 0, 1 | Ein Steuerelement aktivieren oder deaktivieren |
| id | String | | Eindeutige ID für ein benutzerdefiniertes Steuerelement |
| idMso | Long | | Eindeutige ID für ein Microsoft-Steuerelement |
| idQ | Long | | Steuerelement-ID, die Namespace-Bezeichnung enthält |
| image | String | | Angabe des Namens der Bilddatei |
| imageMso | String | | Verweis auf ein Microsoft-Bild |
| insertAfterMso | String | | Bestimmen, an welcher Stelle nach einem bestehenden Steuerelement ein neues Element erscheinen soll |
| insertAfterQ | String | | Bestimmen, hinter welchem `idQ` ein neues Steuerelement eingefügt werden soll |
| insertBeforeMso | String | | Bestimmen, an welcher Stelle vor einem bestehenden Steuerelement ein neues Element erscheinen soll |
| insertBeforeQ | String | | Bestimmen, vor welchem `idQ` ein neues Steuerelement eingefügt werden soll |
| itemHeight | Long | | Die Höhe eines Steuerelements einer Galerie in Pixel angeben |
| itemSize | String | normal, large | Die Größe eines Menü-Elements festlegen |
| itemWidth | Long | | Die Breite eines Steuerelements einer Galerie in Pixel angeben |
| keytip | String | | Tastenkombination, beim Betätigen der Alt-Taste einblenden |
| label | String | | Bezeichnungsfeld eines Steuerelements |
| maxLength | Long | | Maximale Länge einer Zeichenkette |
| rows | Long | | Anzahl Zeilen in einer Galerie |
| screentip | String | | QuickInfo für ein Steuerelement |
| showImage | String | false, true, 0, 1 | Anzuzeigendes Bild |
| showItemImage | String | false, true, 0, 1 | Anzuzeigendes Bild für ein `comboBox`-, `dropDown`- oder `gallery`-Steuerelement |

**Tabelle A.24** RibbonX-Eigenschaften *(Fortsetzung)*

| Eigenschaft | Datentyp | Werte | Beschreibung |
|---|---|---|---|
| showItemLabel | String | false, true, 0, 1 | Bestimmen, ob eine Beschriftung für ein `comboBox`-, `dropDown`- oder `gallery`-Steuerelement angezeigt werden soll |
| showLabel | String | false, true, 0, 1 | Ein- oder Ausblenden der Bezeichnung eines Steuerelements |
| size | String | normal, large | Festlegen der Größe eines Steuerelements |
| sizeString | String | | Automatische Breite für ein Steuerelement |
| startFromScratch | String | false, true, 0, 1 | Bestimmen, ob das Menüband komplett neu aufgebaut werden soll |
| supertip | String | | QuickInfo anzeigen |
| tag | String | | Eine bestimmte Registerkarte ansprechen |
| title | String | | Beschriftung für einen Trennstrich eines `menu`-Steuerelements |
| visible | String | false, true, 0, 1 | Steuerelement ein- oder ausblenden |

# RibbonX-Ereignisse (*Callbacks*)

In der folgenden Übersicht finden Sie alle verwendbaren Ereignisse, die in Bezug auf das Menüband eingesetzt werden können. Die angegebene VBA-Syntax enthält die Eintrittszeile eines VBA-Codes sowie deren erforderliche Übergabe-Argumente.

**Tabelle A.25** RibbonX-Ereignisse

| Ereignis | Steuerelement | VBA-Syntax |
|---|---|---|
| getContent | dynamicMenu | Sub MakroName(control As iRibbonControl, _<br>ByRef return) |
| getDescription | (Verschiedene) | Sub MakroName(control As iRibbonControl, _<br>ByRef description) |
| getEnabled | (Verschiedene) | Sub MakroName(control As iRibbonControl, _<br>ByRef enabled) |
| getImage | (Verschiedene) | Sub MakroName(control As iRibbonControl, _<br>ByRef image) |
| getImageMso | (Verschiedene) | Sub MakroName(control As iRibbonControl, _<br>ByRef imageMso) |
| getItemCount | comboBox<br>dropDown<br>gallery | Sub MakroName(control As iRibbonControl, _<br>ByRef count) |
| getItemHeight | gallery | Sub MakroName(control As iRibbonControl, _<br>ByRef height) |

Anhang

**Tabelle A.25** RibbonX-Ereignisse *(Fortsetzung)*

| Ereignis | Steuerelement | VBA-Syntax |
|---|---|---|
| getItemId | comboBox<br>dropDown<br>gallery | Sub MakroName(control As iRibbonControl, _<br>index as Integer, ByRef id) |
| getItemImage | comboBox<br>dropDown<br>gallery | Sub MakroName(control As iRibbonControl, _<br>index as Integer, ByRef image) |
| getItemLabel | comboBox<br>dropDown<br>gallery | Sub MakroName(control As iRibbonControl, _<br>index as Integer, ByRef label) |
| getItemScreentip | comboBox<br>dropDown<br>gallery | Sub MakroName(control As iRibbonControl, _<br>index as Integer, ByRef screentip) |
| getItemSupertip | comboBox<br>dropDown<br>gallery | Sub MakroName(control As iRibbonControl, _<br>index as Integer, ByRef supertip) |
| getItemWidth | gallery | Sub MakroName(control As iRibbonControl, _<br>ByRef width) |
| getKeytip | (Verschiedene) | Sub MakroName(control As iRibbonControl, _<br>ByRef keytip) |
| getLabel | (Verschiedene) | Sub MakroName(control As iRibbonControl, _<br>ByRef label) |
| getPressed | checkBox<br>toggleButton | Sub MakroName(control As iRibbonControl, _<br>ByRef return) |
| getScreentip | (Verschiedene) | Sub MakroName(control As iRibbonControl, _<br>ByRef screentip) |
| getSelectedItemID | dropDown<br>gallery | Sub MakroName(control As iRibbonControl, _<br>ByRef index) |
| getSelectedItemIndex | dropDown<br>gallery | Sub MakroName(control As iRibbonControl, _<br>ByRef index) |
| getShowImage | button | Sub MakroName(control As iRibbonControl, _<br>ByRef showimage) |
| getShowLabel | button | Sub MakroName(control As iRibbonControl, _<br>ByRef showlabel) |
| getSize | (Verschiedene) | Sub MakroName(control As iRibbonControl, _<br>ByRef size) |
| getSupertip | (Verschiedene) | Sub MakroName(control As iRibbonControl, _<br>ByRef supertip) |
| getText | comboBox<br>editBox | Sub MakroName(control As iRibbonControl, _<br>ByRef text) |
| getTitle | menuSeparator | Sub MakroName(control As iRibbonControl, _<br>ByRef title) |
| getVisible | (Verschiedene) | Sub MakroName(control As iRibbonControl, _<br>ByRef visible) |

**Tabelle A.25** RibbonX-Ereignisse *(Fortsetzung)*

| Ereignis | Steuerelement | VBA-Syntax |
|---|---|---|
| loadImage | customUI | Sub MakroName(imageID As String, ByRef image) |
| onAction | button | Sub MakroName(control As IRibbonControl, _<br>ByRef text As String) |
| onAction | checkBox<br>toggleButton | Sub MakroName(control As IRibbonControl, _<br>ByRef pressed As Boolean) |
| onAction | dropDown<br>Gallery | Sub MakroName(control As IRibbonControl, _<br>Byref selectedID As String, _<br>ByRef selectedIndex As Integer) |
| onChange | comboBox<br>editBox | Sub MakroName(control As IRibbonControl, _<br>ByRef text As String) |
| onLoad | customUI | Sub MakroName(ribbon As IRibbonUI) |

# RibbonX-Kombinationsmöglichkeiten

Im Zusammenhang mit dem Menüband und XML gibt es verschiedenste Kombinationsmöglichkeiten an Steuerelementen mit deren Eigenschaften und/oder Ereignissen. Der nachfolgenden Tabelle können Sie eine Auswahl an Kombinationen entnehmen.

**Tabelle A.26** RibbonX-Kombinationsmöglichkeiten

| Steuerelement | Eigenschaften | Ereignisse |
|---|---|---|
| backstage | button<br>tab | |
| button | description<br>enabled<br>id<br>idMso<br>idQ<br>image<br>imageMso<br>insertAfterMso<br>insertAfterQ<br>insertBeforeMso<br>insertBeforeQ<br>keytip<br>label<br>screentip<br>size<br>supertip<br>tag<br>visible | getDescription<br>getEnabled<br>getImage<br>getImageMso<br>getKeytip<br>getLabel<br>getScreentip<br>getShowImage<br>getShowLabel<br>getSize<br>getSupertip<br>getVisible<br>onAction |

**Tabelle A.26** RibbonX-Kombinationsmöglichkeiten *(Fortsetzung)*

| Steuerelement | Eigenschaften | Ereignisse |
|---|---|---|
| buttonGroup | id<br>idQ<br>insertAfterMso<br>insertAfterQ<br>insertBeforeMso<br>insertBeforeQ<br>visible | getVisible |
| checkBox | description<br>enabled<br>id<br>idMso<br>idQ<br>insertAfterMso<br>insertAfterQ<br>insertBeforeMso<br>insertBeforeQ<br>keytip<br>label<br>screenTip<br>showLabel<br>supertip<br>tab<br>visible | getDescription<br>getEnabled<br>getKeytip<br>getLabel<br>getPressed<br>getScreentip<br>getShowLabel<br>getSupertip<br>getVisible<br>onAction |
| comboBox | enabled<br>id<br>idMso<br>idQ<br>image<br>imageMso<br>insertAfterMso<br>insertAfterQ<br>insertBeforeMso<br>insertBeforeQ<br>keytip<br>label<br>maxLength<br>screentip<br>showImage<br>showItemImage<br>showLabel<br>sizeString<br>supertip<br>tab<br>visible | getEnabled<br>getImage<br>getImageMso<br>getItemCount<br>getItemID<br>getImageLabel<br>getItemScreentip<br>getItemSupertip<br>getKeytip<br>getLabel<br>getScreentip<br>getShowImage<br>getShowItemImage<br>getShowLabel<br>getSupertip<br>getText<br>getVisible<br>onChange |
| contextualTabs | | |
| control | | |
| customUI | loadImage | onLoad |
| dialogBoxLauncher | | |
| documentControls | | |

**Tabelle A.26** RibbonX-Kombinationsmöglichkeiten *(Fortsetzung)*

| Steuerelement | Eigenschaften | Ereignisse |
|---|---|---|
| dropDown | enabled<br>id<br>idMso<br>idQ<br>image<br>imageMso<br>imageAfterMso<br>imageAfterQ<br>insertBeforeMso<br>insertBeforeQ<br>keytip<br>label<br>maxLength<br>screentip<br>showImage<br>showItemImage<br>showItemLabel<br>showLabel<br>sizeString<br>supertip<br>tag<br>visible | getEnabled<br>getImage<br>getImageMso<br>getItemCount<br>getItemId<br>getItemImage<br>getItemLabel<br>getItemScreentip<br>getItemSupertip<br>getKeytip<br>getLabel<br>getScreentip<br>getSelectedItemID<br>getSelectedItemIndex<br>getShowImage<br>getShowItemImage<br>getShowLabel<br>getSupertip<br>getText<br>getVisible<br>onAction |
| dynamicMenu | description<br>enabled<br>id<br>idMso<br>idQ<br>image<br>imageMso<br>insertAfterMso<br>insertAfterQ<br>insertBeforeMso<br>insertBeforeQ<br>keytip<br>label<br>screentip<br>showImage<br>showLabel<br>supertip<br>tag<br>visible | getContent<br>getDescription<br>getEnabled<br>getImage<br>getImageMso<br>getKeytip<br>getLabel<br>getScreentip<br>getShowImage<br>getShowLabel<br>getSupertip<br>getVisible |

Anhang

**Tabelle A.26** RibbonX-Kombinationsmöglichkeiten *(Fortsetzung)*

| Steuerelement | Eigenschaften | Ereignisse |
|---|---|---|
| editBox | enabled<br>id<br>idMso<br>idQ<br>image<br>imageMso<br>insertAfterMso<br>insertAfterQ<br>insertBeforeMso<br>insertBeforeQ<br>keytip<br>label<br>maxLength<br>screentip<br>showLabel<br>sizeString<br>supertip<br>tag<br>visible | getEnabled<br>getImage<br>getImageMso<br>getKeytip<br>getLabel<br>getScreentip<br>getShowImage<br>getShowLabel<br>getSupertip<br>getText<br>getVisible<br>onChange |
| gallery | columns<br>description<br>enabled<br>id<br>idMso<br>idQ<br>image<br>imageMso<br>insertAfterMso<br>insertAfterQ<br>insertBeforeMso<br>insertBeforeQ<br>itemHeight<br>itemWidth<br>label<br>maxLength<br>supertip<br>tab<br>visible | getDescription<br>getEnabled<br>getImage<br>getImageMso<br>getItemContent<br>getItemHeight<br>getItemId<br>getItemImage<br>getItemLabel<br>getItemScreentip<br>getItemSupertip<br>getItemWidth<br>getKeytip<br>getLabel<br>getScreentip<br>getSelectedItemID<br>getSelectedItemIndex<br>getShowImage<br>getShowItemImage<br>getShowLabel<br>getSupertip<br>getText<br>onAction |
| group | | |
| item | id<br>image<br>imageMso<br>label<br>screentip<br>supertip | |

**Tabelle A.26** RibbonX-Kombinationsmöglichkeiten *(Fortsetzung)*

| Steuerelement | Eigenschaften | Ereignisse |
|---|---|---|
| labelControl | description<br>enabled<br>id<br>idMso<br>idQ<br>insertAfterMso<br>insertAfterQ<br>insertBeforeMso<br>insertBeforeQ<br>label<br>screentip<br>showLabel<br>supertip<br>tag<br>visible | getEnabled<br>getLabel<br>getScreentip<br>getShowLabel<br>getSupertip<br>getVisible |
| menu | description<br>enabled<br>id<br>idMso<br>idQ<br>image<br>imageMso<br>insertAfterMso<br>insertAfterQ<br>insertBeforeMso<br>insertBeforeQ<br>itemSize<br>keytip<br>label<br>keytip<br>label<br>screentip<br>showImage<br>showLabel<br>supertip<br>tag<br>visible | getDescription<br>getEnabled<br>getImage<br>getImageMso<br>getKeytip<br>getLabel<br>getScreentip<br>getShowLabel<br>getSize<br>getSupertip<br>getVisible |
| menuSeparator | id<br>idQ<br>insertAfterMso<br>insertAfterQ<br>insertBeforeMso<br>insertBeforeQ | getTitle |
| qat | | |
| ribbon | startFromScratch | |

Anhang

**Tabelle A.26** RibbonX-Kombinationsmöglichkeiten *(Fortsetzung)*

| Steuerelement | Eigenschaften | Ereignisse |
|---|---|---|
| separator | id<br>idQ<br>insertAfterMso<br>insertAfterQ<br>insertBeforeMso<br>insertBeforeQ<br>supertip<br>tag<br>visible | getVisible |
| sharedControl | | |
| splitButton | enabled<br>id<br>idMso<br>idQ<br>insertAfterMso<br>insertAfterQ<br>insertBeforeMso<br>insertBeforeQ<br>keytip<br>label<br>showLabel<br>size<br>supertip<br>tag<br>visible | getEnabled<br>getKeytip<br>getShowLabel<br>getSize<br>getSupertip<br>getVisible |
| tab | id<br>idMso<br>idQ<br>insertAfterMso<br>insertAfterQ<br>insertBeforeMso<br>insertBeforeQ<br>keytip<br>label<br>tag<br>visible | getKeytip<br>getLabel<br>getVisible |
| tabs | | |
| tabSet | imageMso<br>visible | getVisible |

**Tabelle A.26** RibbonX-Kombinationsmöglichkeiten *(Fortsetzung)*

| Steuerelement | Eigenschaften | Ereignisse |
|---|---|---|
| toggleButton | description<br>enabled<br>id<br>idMso<br>idQ<br>image<br>imageMso<br>insertAfterMso<br>insertAfterQ<br>insertBeforeMso<br>insertBeforeQ<br>keytip<br>label<br>screentip<br>showImage<br>supertip<br>tag<br>visible | getDescription<br>getEnabled<br>getImage<br>getImageMso<br>getKeytip<br>getLabel<br>getPressed<br>getScreentip<br>getShowLabel<br>getSize<br>getSupertip<br>getVisible<br>onAction |

Anhang B

# Die Beispieldateien zum Buch

**ACHTUNG** Die meisten im Buch abgedruckten Beispielprozeduren sind innerhalb der Beispieldateien zu diesem Buch zu finden. Davon ausgeschlossen sind lediglich die kurzen Codebeispiele oder Codefragmente.

Der Tabelle B.1 können Sie eine Zusammenfassung der innerhalb der Beispieldateien zum Buch enthaltenen Dateien entnehmen. In der Spalte *Verzeichnis* finden Sie die Pfadangaben zu den einzelnen Kapiteln. In der Spalte *Dateinamen oder Ordner* sind die Namen sämtlicher innerhalb der Beispieldateien verfügbaren Dateien oder Ordner abgedruckt. Die Spalte *Beschreibung* enthält eine kurze Beschreibung zu den jeweiligen Kapiteln oder deren Überschrift.

**HINWEIS** Die Kapitel 1, 2 und 3 enthalten keine Beispieldateien, da hier vorwiegend Grundlagen und theoretische Grundkenntnisse vermittelt werden.

**Tabelle B.1** Zusammenfassung der innerhalb der Beispieldateien enthaltenen Beispielmappen

| Verzeichnis | Dateinamen oder Ordner | Beschreibung |
|---|---|---|
| *\Buch\Kap04* | *Bsp04_01.xlsm* | Im Kapitel 4 werden Fehler erkannt und behoben. |
| *\Buch\Kap05* | *Bsp05_01.xlsm*<br>*bis*<br>*Bsp05_03.xlsm* | Hier finden Sie die Beispieldateien zur Programmierung eigener Dialogfelder. |
| *\Buch\Kap06* | *Bsp06_01.xlsm* | Das Kapitel 6 befasst sich mit Entscheidungen und Sprungmarken. |
| *\Buch\Kap07* | *Bsp07_01.xlsm*<br>*und*<br>*Bsp07_02.xlsm* | Im Kapitel 7 dreht sich alles rund um Schleifen und Zusammenfassungen. |
| *\Buch\Kap08* | *Bsp08_01.xlsm*<br>*bis*<br>*Bsp08_04.xlsm* | Das Kapitel 8 widmet sich dem Thema »Subprozeduren und Arrays«. |
| *\Buch\Kap09* | *Bsp09_01.xlsm*<br>*bis*<br>*Bsp09_07.xlsm* | Im Kapitel 9 liegt das Schwergewicht auf »Datum und Uhrzeit«. |
| *\Buch\Kap10* | *Bsp10_01.xlsm*<br>*bis*<br>*Bsp10_26.xlsm* | Im Kapitel 10 dreht sich alles rund um die Thematik »Basisobjekte«. |
| *\Buch\Kap11* | *Bsp11_01.xlsm*<br>*bis*<br>*Bsp11_11.xlsm*<br>*ExcelLogo.jpg* | Im Kapitel 11 wird die »Oberfläche von Excel« behandelt. |
| *\Buch\Kap12* | *Bsp12_01.xlsm*<br>*bis*<br>*Bsp12_19.xlsm* | Die Überschrift zu diesem Kapitel lautet »Nützliche Helfer«. Sie finden hier generelle Tipps, die den Einstieg erleichtern. |
| *\Buch\Kap13* | *Bsp13_01.xlsm*<br>*bis*<br>*Bsp13_07.xlsm* | Im Kapitel 13 lernen Sie »Funktionen« zu erstellen. |

**Tabelle B.1** Zusammenfassung der innerhalb der Beispieldateien enthaltenen Beispielmappen *(Fortsetzung)*

| Verzeichnis | Dateinamen oder Ordner | Beschreibung |
|---|---|---|
| *\Buch\Kap14* | *Bsp14_01.xlsm*<br>*bis*<br>*Bsp14_012.xlsm*<br>*Animation.gif*<br>*Cat.gif*<br>*Feet.gif*<br>*Flower.gif* | Das Kapitel 14 umfasst die »Ereignisorientierte Programmierung«. Neben den Mappennamen finden Sie in dem Ordner auch die in den Beispielen verwendeten Bilder. |
| *\Buch\Kap15* | *Bsp15_01.xlsm*<br>*bis*<br>*Bsp15_12.xlsm* | In diesem Teil des Buches lernen Sie »Datenauswertung« per VBA kennen. |
| *\Buch\Kap16* | *Bsp16_01.xlsm*<br>*bis*<br>*Bsp16_04.xlsm* | Die Beispiele zu diesem Kapitel betreffen den »Auto- und Spezialfilter«. |
| *\Buch\Kap17* | *Bsp17_01.xlsm*<br>*bis*<br>*Bsp17_08.xlsm* | In Kapitel 17 erlernen Sie den Umgang mit »Pivot-Tabellen«. |
| *\Buch\Kap18* | *Bsp18_01.xlsm*<br>*bis*<br>*Bsp18_25.xlsm* | Das Kapitel 18 widmet sich dem Thema »Diagramme«. |
| *\Buch\Kap19* | *Bsp19_01.xlsm*<br>*bis*<br>*Bsp19_18.xlsm*<br>*Butterfly.bmp*<br>*Butterfly2.bmp*<br>*Car.bmp*<br>*Cat.bmp*<br>*Dragon.bmp*<br>*Euro1.bmp*<br>*Euro2.bmp*<br>*Euro3.bmp*<br>*Marienkaefer.jpg*<br>*Oldtimer.bmp*<br>*Penguin.bmp*<br>*PieChart.png*<br>*Safari.bmp*<br>*Ship.bmp*<br>*Sunflower.bmp* | Im Kapitel 19 werden »Grafische Objekte« per VBA gesteuert. Es sind in dem Ordner, neben den Mappen, einige Grafikdateien zu finden. |
| *\Buch\Kap20* | *Bsp20_01.xls**<br>*bis*<br>*Bsp20_30.xls**<br>Zusätzlich Beispiele zu Excel 2003 und Freeware | Dieses Kapitel zeigt auf, wie das »Menüband« programmiert werden kann. |

**Tabelle B.1** Zusammenfassung der innerhalb der Beispieldateien enthaltenen Beispielmappen *(Fortsetzung)*

| Verzeichnis | Dateinamen oder Ordner | Beschreibung |
|---|---|---|
| *\Buch\Kap21* | *Bsp21_01.xlsm*<br>*bis*<br>*Bsp21_22.xlsm*<br>*at.bmp*<br>*Farbpalette.bmp*<br>*img_copy.bmp*<br>*img_cut.bmp*<br>*img_paste.bmp*<br>*img_print.bmp*<br>*img_save.bmp*<br>*Hand.cur*<br>*wedding.bmp*<br>*burrageara.jpg*<br>*cymbidium.jpg*<br>*dendrobium.jpg*<br>*miltonia.jpg*<br>*paphiopedilum.jpg*<br>*phalaenopsis.jpg*<br>*vanda.jpg* | Hier werden Sie mit der Thematik »UserForms« vertraut gemacht.<br>Neben den Beispielmappen finden Sie auch hier verschiedene, in den Mappen verwendete Grafiken. Für ein Beispiel, das einen Hyperlink in einem UserForm simuliert, wird zudem ein Cursorsymbol (**.cur*) eingesetzt. |
| *\Buch\Kap22* | *Bsp22_01.xlsm*<br>*bis*<br>*Bsp22_09.xlsm* | Das Kapitel umfasst verschiedene generelle »Tipps und Tricks«. |
| *\Buch\Kap23* | *Bsp23_01.xlsm*<br>*bis*<br>*Bsp23_03.xlsm* | Das Kapitel 23 zeigt, wie der Visual Basic-Editor per VBA gesteuert werden kann. |
| *\Buch\Kap24* | *Bsp24_01.xlsm*<br>*bis*<br>*Bsp24_06.xlsm* | API-Grundlagen<br>Verschiedene Beispiele:<br>Fensterliste<br>Dreieckige Benutzerformen<br>Benutzerformen mit Menü<br>Benutzerformen mit Min-/MaxButton<br>Benutzerform als Zeichenfläche |
| *\Buch\Kap25* | *Bsp25_01.xlsm*<br>*bis*<br>*Bsp25_04.xlsm* | Klassen<br>Vorteile, Entwickeln einer Beispielklasse.<br>Klassen als Container für Ereignisprozeduren mit WithEvents<br>Dynamisch hinzugefügte Textfelder mit Ereignisprozedur überwachen. |
| *\Buch\Kap26* | *Bsp26_01.xlsm*<br>*bis*<br>*Bsp26_12.xlsm*<br>*Weihnachtsgedicht.xlsm* | In diesem Kapitel sind wir auf der Spur zu »Externen Applikationen«.<br>Das *Weihnachtsgedicht* wird lediglich in einem der Beispiele verwendet, das den Versand von Dateianhängen erläutert. |

**Tabelle B.1** Zusammenfassung der innerhalb der Beispieldateien enthaltenen Beispielmappen *(Fortsetzung)*

| Verzeichnis | Dateinamen oder Ordner | Beschreibung |
|---|---|---|
| *\Buch\Kap27* | *Bsp27_01.xml*<br>*Bsp27_02.xml*<br>*Bsp27_03.xml Bsp27_04.xlsm*<br>*Bsp27_05.xml*<br>*Bsp27_06.xsl*<br>*Bsp27_07.xml*<br>*Bsp27_08.xml*<br>*Bsp27_09.xml*<br>*Bsp27_10.xlsm* | Im Kapitel 27 wird die Arbeit mit »XML und XSL(T).<br>Beachten Sie, dass neben den Excel-Mappen auch *.xml*- und *.xsl*-Dateien vorhanden sind. |
| *\Buch\Kap28* | *Bsp28_01.xlsm*<br>*Bsp28_02.docx*<br>*Bsp28_03.xlsm*<br>*Bsp28_04.pptx*<br>*Bsp28_05.xlsm*<br>*Bsp28_06.mdb*<br>*Bsp28_07.mdb*<br>*Bsp28_08.xlsm*<br>*Bsp28_09.xlsm*<br>*Bsp28_10.txt*<br>*Bsp28_11.txt*<br>*Bsp28_11.xlsm*<br>*Bsp28_12.xlsm*<br>*Bsp28_13.xlsm*<br>*Bsp28_14.xlsm* | Hier werden Schnittstellen zu »Externen Applikationen« generiert.<br>Entsprechend der behandelten Applikation werden unterschiedliche Dateitypen verwendet. |

# Stichwortverzeichnis

# B

# C

# D

# E

## G

# M

## N



## O

# P

## S

# T

## W

## X



## Z